SZKICE PIÓRKIEM

Andrzej Bobkowski

Szkice piórkiem

Wydawnictwo CiS
Warszawa - Stare Groszki 2014

Przekład tekstów francuskich: Roma Fiszer
Przekład tekstów niemieckich: Małgorzata Łukasiewicz

Korekta: Grażyna Mastalerz

Projekt okładki i stron tytułowych: Studio Gonzo & Co.
wg projektu Dariusza Piaskowskiego

Wydawnictwo CiS
ul. Opoczyńska 2A/5
02-526 Warszawa
e-mail: cis@cis.pl
www.cis.pl

Warszawa – Stare Groszki 2014

ISBN 978-83-61710-15-8

OD WYDAWCY

Niniejsze wydanie oparte jest na oryginalnej edycji Instytutu Literackiego w Paryżu z roku 1957. Nie mając dostępu do rękopisu, poza usunięciem ewidentnych błędów i literówek zdecydowaliśmy się pozostawić tekst *Szkiców piórkiem* w kształcie nadanym przez pierwsze wydanie. Jedynym odstępstwem od tej reguły jest dodanie przez nas przekładu tekstów francuskich i niemieckich.

Spis rzeczy

Spis rzeczy

1940

20.5.1940

Cisza i upał. Paryż opustoszał i pustoszeje z dnia na dzień. Odbywa się to jednak jakby po kryjomu. Ludzie wyjeżdżają chyłkiem, zapewniając znajomych do ostatniej chwili, że „my się nie ruszamy". I tylko coraz częściej dostrzega się na ulicach samochody prześlizgujące się z ciężkim bagażem umocowanym na dachu i mknące na południe. Nie należy ich dostrzegać. Ale niepewność i tajemnica opadły na miasto. Idąc ulicą, ciągle łapałem się na tym, że najnormalniejsze zjawiska codziennego życia wydawały mi się tajemnicze. Samochody jeździły tak jakoś dziwnie, jakby ciszej i prędzej, a na dworcach metra czekało się nie tylko na pociąg, lecz na coś więcej. W powietrzu wisiały kłamstwo i niedomówienie.

Dopiero dziś rano ta próżnia w dołku, z którą każdy chodził, zniknęła. Weygand mianowany wodzem naczelnym na miejsce Garnelina, Pétain w rządzie. Weygand od razu objął dowództwo i pojechał na front. Oczywiście zaczęły chodzić słuchy o zdradzie: podobno Gamelin popełnił samobójstwo, są dowody, że... i tak dalej. Wierzy się w Weyganda, wierzy się, że naprawi i załata. Tymczasem pierwszą fazę tej bitwy Francuzi przegrali na całej linii.

Niemcy są już w Arras i w Amiens, starają się otoczyć armię belgijską.

21.5.1940

Reynaud powiedział dziś w Senacie prawdę, a raczej część prawdy. Okazało się, że armia generała Corap, broniąca linii Ardenów na odcinku Mézières–Sedan, była źle skompletowana, obsadzona dywizjami źle uzbrojonymi — w listopadzie zeszłego roku widziałem ich chodzących po mieście w nocnych pantoflach — a ponadto mosty na Meuse nie zostały wysadzone. Po prostu skandal. Najsilniejsze uderzenie Niemców poszło oczywiście w tym kierunku, bo na pewno wiedzieli oni o tym, zanim M. Reynaud został poinformowany. Ale za to tradycji stało się zadość: wszyscy są podniesieni na duchu tym skandalem. Francuzi klną, złorzeczą i w końcu dochodzą do ostatecznej konkluzji, że „teraz my im pokażemy" i *Weygand va montrer*[1]. Co? Cud nad Wisłą?

Ogólne przygnębienie wyładowało się w skandalu, w zmianie gabinetu, i wszyscy jakby przebudzili się z koszmarnego snu. Patrząc na nich dziś rano, miałem wrażenie, że każdy z nich jest uosobieniem Marsylianki. Hasłem dnia jest wytrwać — to odwiecznie francuskie, ale już dobrze pogryzione przez mole — *tenir*[2].

22.5.1940

Od 10 maja nieprzerwana pogoda. Słońce i upał. Do Francji napływają tysiące uciekinierów z Belgii i z północnych departamentów. Kierują ich na południe. Francuzi odebrali Arras. W mieście nastrój normalny. Do codziennych rozrywek należy strzelanie artylerii przeciwlotniczej. Niemcy nie zaczęli jeszcze bombardować Paryża, ale dość często przylatują. I wtedy zaczyna się kanonada, czyli nadmuchiwanie pająków. Między wystrzałami słychać bzyk samolotu. Budzimy się i znowu zasypiamy. Jestem ciekawy, kiedy zabiorą się wreszcie do Paryża.

23.5.1940

Francuzi za wszelką cenę dążą do uformowania jednolitej linii frontu. Niestety, Niemcy prześlizgnęli się jakimś otworem i grożą zajęciem Boulogne. Abbeville już zajęli. Armie belgijska, angielska i francuska nie są jeszcze otoczone całkowicie, ale z tego, co piszą, wynika, że nie zdołały nawiązać łączności. Tworzą one osobną jednostkę, tak zwaną Armię Flandrii. Niemcy codziennie atakują w innym miejscu, nie licząc się z olbrzymimi — jak piszą w gazetach — stratami.

24.5.1940

Nic nowego. Francuzom nie udało się zapchać otworu między Arras i Sommą i Niemcy pchają tamtędy jednostki zmotoryzowane, tak że pod Boulogne i Calais toczą się ostre walki. Kapusta z grochem, *Eintopfgericht*[3], z którego Niemcy wyłapują skwarki, czyli nowa taktyka, polegająca na zupełnym ogłupianiu przeciwnika. Pogoda bez przerwy cudowna.

25.5.1940

Sobota. Basia przyjechała po mnie na Porte d'Orléans. Poszliśmy do kina. Policja paryska urządza wielkie obławy, wszyscy — nawet rodowici Francuzi —

---

[1] Weygand pokaże.
[2] Wytrwać.
[3] Danie z różnych składników przygotowane w jednym garnku.

muszą zaopatrzyć się w dowody osobiste. W Prefekturze nie mogę się z nikim dogadać — wszystko rzeczywiście rychło w czas... Policjanci chodzą uzbrojeni w karabiny, ale gdy dziś przypatrzyłem się uważniej tej broni, miałem ochotę zapytać, czy naboje do tej pukawki nie znajdują się przypadkiem w Muzeum Inwalidów. Jakiś ostatni model z roku 1870, który służył prawdopodobnie do obrony Paryża — teraz wyciągnięto je przeciwko spadochroniarzom.

26.5.1940

W wieczornych gazetach ukazała się krótka notatka, mówiąca jednak bardzo wiele. Piętnastu generałów pozbawiono dowodzenia. Dalszy ciąg skandalu zgodnie z zasadą, iż ryba zawsze śmierdzi od głowy. Mianowano siedmiu nowych. Armia Flandrii jest już właściwie odcięta. Tworzy ona teraz półkole, którego ramiona opierają się z jednej strony na północ od Dunkierki, a z drugiej strony na północ od Calais. Szereg punktów dotyka rzek Lys i Escaut. Armię tę zaopatrują podobno z powietrza. Niemcy pchają ich do wody.

28.5.1940

Coraz lepiej. Dziś nad ranem poddał się Leopold belgijski, a z nim razem 18 dywizji. Wiadomość ta ścięła z nóg wszystkich. Wygląda to na jawną i oczywistą zdradę. Poddał się bez uprzedzenia Francuzów i Anglików, odsłaniając w ten sposób ich tyły. Co nastąpi? Jest to wyrok śmierci na Armię Flandrii.

29.5.1940

Po południu wyjechałem z fabryki z Jeanem jego fordem. Wczoraj poddał się Leopold, 18 dywizji diabli wzięli, wszystko się wali, a my załatwiamy *cartes d'identité de travailleur étranger*[1] dla polskich robotników państwowej fabryki amunicji. Urzędują z zimną krwią. Nie pomagają podpisy dyrektora fabryki, zaświadczenia — całe partie robotników trzeba wozić z odległej o dziesięć kilometrów od Paryża fabryki, odrywać ich na pół dnia od pracy, bo „muszą stawić się osobiście". Złożenie podpisu poza Prefekturą jest nieważne, ba — jest nie do pomyślenia.

Po niezałatwieniu niczego wstąpiliśmy do Duponta na piwo. Gorąco i duszno. U Duponta czerwono i srebrno. Po piwie Jean dostał napadu szału. Wsiedliśmy do samochodu i ruszyli pełnym gazem naprzód. Biedny ford rzęził i policjanci gwizdali na skrzyżowaniach bulwarów, a my pędziliśmy. Już za Paryżem wpadliśmy na śliczną drogę, wysadzoną drzewami. Całe pokryte bladoliliowymi kwiatami. Zapaliłem papierosa i otworzyłem okno. Zapadłem w siedzenie i przymrużyłem oczy. Było to jak wbijanie się w zaspę kwiatową. Przez okno wpadał powiew i zapach. Nie wiem, o czym myślałem. Jakieś wspomnienia dawnych wiosen, ciszy,

[1] Dowody tożsamości zatrudnionych cudzoziemców.

pomieszane ze smutkiem, jaki odczuwa się na dworcu kolejowym przy odjeździe kogoś bardzo drogiego. Straszliwy przeciąg wewnętrzny, od którego zapiera dech w gardle. Skręciliśmy w polną drogę, nie zmniejszając szybkości. Ford skakał i klekotał. Wczoraj spadło trochę deszczu i na drodze było pełno kałuż. Woda pryskała na boki i szybę przed nami. Droga zbiegała w dół, do lasu. Na skraju mała restauracja ogródkowa. Jean zatrzymał się przed nią i powiedział: „Tutaj grałem w orkiestrze. Byłem skrzypkiem, grywałem także na banjo — i z tego żyłem". Zamyślił się. Miałem wrażenie, że i on odczuwa to samo co ja. Może przyjechał pożegnać się ze wspomnieniami? Poszliśmy na piwo. Patronka przywitała Jeana jak syna. Ja wziąłem szklankę z piwem i usiadłszy w oknie, patrzyłem w las. Oni wspominali dawne czasy. Dolatywały do mnie jakieś oderwane słowa, jakieś *fleurs, Suzanne, mignonne*[1]. Piwo nie chciało mi przejść przez ściśnięte gardło.

Od lasu dolatywał już przedwieczorny chłód, zapach mokrej zieleni i zgniłych liści; kilka promieni słońca przebijających się poprzez wysokie drzewa załamywało się na piramidzie starych butelek od szampana, ułożonych starannie pod płotem ogródka. Piwo wylałem do beczki z deszczówką. Jean pożegnał się z patronką i wsiedliśmy do samochodu, nic do siebie nie mówiąc. Potem jeździliśmy po leśnych dróżkach pełnym gazem. Rzucało nami, trzęsło, aż nagle zaczęliśmy się śmiać — zaśmiewać się głupio i histerycznie.

30.5.1940

Co robią Włosi? Jeszcze tego brakuje.

31.5.1940

Armię Flandrii ewakuują statkami do Anglii. Część już uratowali. Belgijska defekcja należy już do przeszłości. Mówi się, że to Holendrzy i Belgowie, w porozumieniu z Niemcami, wyciągnęli Francuzów i Anglików z umocnionych pozycji, dzięki czemu Niemcom udało się narzucić taktykę najkorzystniejszą dla nich. W każdym razie Niemcy operują jak na manewrach, według wszelkich reguł sztuki.

1.6.1940

Jak zwykle w sobotę. Basia przyjechała po mnie na Porte d'Orléans. Poszliśmy na piechotę do Luksemburgu. Był śliczny, ciepły wieczór. Usiedliśmy na żelaznych fotelach koło sadzawki i czytali gazety. W ogrodzie pusto, a sadzawka bez dziecinnych żaglowców martwa i smutna. Z lektury gazet wynika jedno: nieprzebrane zasoby bohaterstwa żołnierzy i dowódców wyczerpują się na łataniu błędów krótkowzrocznych polityków i tak zwanych mężów stanu. Przerażająca jest ta precyzja operacji niemieckich. Jak w zegarku.

---

[1] Kwiaty, Suzanne, milutka.

Urywana rozmowa, myśli znane, lecz niedopowiadane. Klęska. Ze smutnego otępienia wyrwał nas głos trąbki. Gdzieś w głębi ogrodu strażnik trąbił wesołą melodyjkę. Wypłaszał ludzi przed zamknięciem parku. Mrok już zapadał i zieleń była czarna. Koło nas przejechał na rowerze inny strażnik i krzyknął:

— *On ferme*[1].

„Chodź — zamykają Francję" — powiedziałem. Powlekliśmy się ku wyjściu. Na rue d'Assas weszliśmy do małej restauracyjki. Białe mrożone wino.

3.6.1940

Przed południem w Ministerstwie Pracy na rue de Vaugirard. Przed wejściem jest tam trawnik i drzewa. Po trawniku chodzą dwaj policjanci, pochylają się, przystają, znowu pochylają. Nie mam czasu, ale zatrzymuję się zaciekawiony. W końcu podchodzę bliżej i pytam, czy czegoś szukają.

— *Mais oui, Monsieur*[2], szukamy czterolistnych koniczyn. Chce pan jedną? — To mówiąc, jeden z nich podaje mi piękny okaz z miłym uśmiechem. Biorę i chowam w notesiku. Uśmiecham się także. Ludwik XVI w dzień zdobycia Bastylii zapisał w swoim dzienniku: *Rien*[3].

Obiad zjadłem w fabryce. Potem poszedłem do mojego pokoju pracować. Zaostrzone przepisy policyjne nawaliły mi mnóstwo „kawałków". Kilkanaście minut po pierwszej alarm lotniczy na mieście. Alarmu fabrycznego nie było, więc dalej siedziałem przy biurku. W kilka minut potem artyleria przeciwlotnicza zaczęła szaleć. Jeden nieprzerwany grzmot. Nagle przenikliwy świst — ułamki sekundy ciszy — i łomot. Potem — już bliżej — to samo. Bomby. Ludzie zaczęli zbiegać na parter. Zaczęło się wyczekiwanie na następną serię. Alarmu fabrycznego jeszcze ciągle nie było. Siedziałem spokojnie przy biurku, udając zimną krew, choć bałem się piekielnie. Podobno prawdziwa odwaga na tym polega. Po półgodzinnej strzelaninie wszystko ucichło. O drugiej z minutami odgwizdali alarm. W okolicach Porte de Versailles paliły się domy. W chwilę później wyszedłem do Ministerstwa Pracy. Na jednej z ulic w Châtillon szyby powylatywały z okien niemal wszystkich domów. Ludzie skupiali się w grupki i gadali. Zapytałem, czy bomby spadły gdzieś blisko. Powiedzieli mi, że tak. A za chwilę dwóch strażników aresztowało mnie pod pozorem zadawania podejrzanych pytań. Odwieźli mnie na komisariat policji. Po sprawdzeniu papierów i wysłuchaniu moich wyjaśnień wypuszczono mnie. Koło komisariatu cały dwupiętrowy dom rozwalony. Koło Porte de Versailles palił się dom. Wojna...

Z wieczornych gazet wynika, że bombardowali wszędzie po trochu i są już ofiary w Paryżu.

---

1 Zamykamy.

2 Ależ tak, proszę pana.

3 Nic.

4.6.1940

Zrzucili 1084 bomby, 900 ofiar, 250 zabitych – reszta ranni. Jak na początek wystarczy.

Marynarka francuska i angielska dokonały cudu zręczności. Wywiozły z Dunkierki całą Armię Flandrii – około 330 tysięcy żołnierzy. W czasie bezustannego ataku Niemców ze wszystkich stron. Ratowano tylko ludzi. Całe uzbrojenie dwudziestu dywizji zostało na piasku. Chyba jedna z najbardziej bohaterskich klęsk. Zaczynają nam robić konkurencję.

Poza tym wszystko po staremu. Pogoda cudowna, a nawet upały. Kuchnia dla uchodźców na Lamandé, gdzie pracuje Basia, zwinie się prawdopodobnie w tych dniach. Co będzie ze mną, nie wiem.

5.6.1940

Od 10 maja Niemcy nie schodzą z wysokiego C. Ciągną je na jednym oddechu. Zaledwie wczoraj skończyli z Armią Flandrii, dziś o czwartej rano rozpoczęli ofensywę na całej linii od morza aż po Soissons. Nie wiadomo jeszcze, czy i gdzie poszli naprzód, ale nie zdziwiłbym się, gdyby jutro byli w Compiègne, a za pięć dni w Paryżu.

Piekielny upał. W naszej mansardzie jak w piecu piekarskim. Po kolacji poszliśmy na Bulwary do „Kardynała" posiedzieć trochę w mniej dusznym powietrzu. Piłem rum, zapijając to wodą sodową z lodem. Na Bulwarach pusto i ciemno. Spojrzałem na Basię i śmiejąc się, powiedziałem: „No – wywróżyłaś".

Rzeczywiście, nie wiem jak, ale od roku, jeszcze zanim wojna wybuchła, już wiedziała i ciągle mi odpowiadała na moje zachwyty nad Francją, że gdy Niemcy w to uderzą, rozsypie się ten kraj jak purchawka. Nie wierzyłem. Wychowałem się na micie Francji. A teraz co? Wali się – i to wali się jakby po cichu, pęka jak fastryga, właściwie bez trzasku.

6.6.1940

Upał. Pogoda taka, że wprost żal, iż trzeba równocześnie myśleć o tym całym kramie. Nad Sommą i Aisne'ą bitwa. Niemcy rzucili znowu 2000 czołgów. Francuzi cofają się na wybrzeżu.

7.6.1940

Idą ciągle naprzód, głównie na lewym skrzydle. Opierają się o Bresle. To już właściwie znęcanie się nad trupem. W fabryce nie mówi się jeszcze o ewakuacji, ale już niedługo tego dobrego.

W Paryżu spokój, na zewnątrz nie widać żadnego zdenerwowania. Czasem tylko przemyka ulicą samochód wyładowany walizkami, z pościelą na dachu. Ludzie wyjeżdżają, jak mogą. Czuję dosłownie pod ręką szybkość przebiegania wypadków – jest to tak szybkie, że wydaje się nierealne. Pracuję normalnie, piję zimne piwo po bistrach, czytam gazety i trudno mi uwierzyć, że Niemcy są już o 120 km od Paryża. Teraz już tylko czekam, co dalej, i patrzę. Ciekawe toto jest — na pewno.

9.6.1940

Niedziela. Jak każda inna. Ludzie zaczęli wyjeżdżać, ale ciągle w tajemnicy, na własną rękę. Nic nie mówi się o ewakuacji.

Upał straszliwy. Po obiedzie poszliśmy do Bagatelle. Słońce, kwitną tysiące róż. Gdzieś z bardzo daleka dolatywały grzmoty. Może artyleria, może bombardowanie. Stanąłem przy jednym z krzaków i wsłuchiwałem się w te dalekie odgłosy. Jakiś huk zabrzmiał głośniej niż inne i w tym momencie rozkwitła biała róża osypała się cicho na ziemię.

Miałem uczucie, że stojąc przy tym krzaku róż, w pustym, prześlicznym ogrodzie, żegnam się bezpowrotnie ze wszystkim: z tą Francją, która była jak sen i pryska jak sen; z całą młodością — może z całą epoką. W upalnym powietrzu róże pachniały i jakiś odległy, kobiecy głos uspokajał płaczące dziecko: *Ne pleure donne pas, voyons...*[1]

10.6.1940

Kordon pękł, jak mawiał Dymsza. Nagła ewakuacja. W samochodzie z Jeanem. Ministerstwo Spraw Wewnętrznych opuściło Paryż dziś w nocy. I tak wszędzie. Dostałem rozkaz wyprawienia partiami wszystkich pracowników polskich. Pierwsza partia odjechała o pierwszej w nocy.

To, co dzieje się na dworcach, jest nie do opisania. Paryż nagle przebudził się, nagle uświadomił sobie klęskę — i ruszył do dworców. Teraz było pusto. Gdzieniegdzie na peronach spali ludzie, czekając na jutrzejsze pociągi. Wstąpiłem do kantyny Czerwonego Krzyża, napiłem się piwa i zapaliłem papierosa. Wyszedłem potem wolno, przeskakując w ciemnościach przez śpiących na ziemi ludzi. Spali nawet na chodnikach przed dworcem. Taksówki nigdzie nie mogłem znaleźć. Już pewnie wszystkie wyjechały. Poszedłem do domu na piechotę. Lazłem wolno przez ciemny Bld. Raspail. Policjant sprawdził moje papiery i puścił dalej. Przeszedłem wolno przez Louvre, wdechując głęboko świeży powiew przylatujący od Tuileries. Niebo zupełnie ciemne. Koło Opery zaskoczyły mnie strzały artylerii przeciwlotniczej. W tej pustej i ciemnej nocy echo ich przelatywało po martwych ulicach i zwiększało jeszcze bardziej uczucie pustki. Było to jak hukanie w głąb bezdennej studni — przeciągłe, smutne, groźne i beznadziejne.

Nad zgiełkiem tego całego dnia, nad bulgotem tłumu, nad całym miastem unosi się może nie tyle groza, co zupełny, absolutny smutek. To koniec.

Dziś wieczorem Włochy wypowiedziały wojnę. Dochodzi trzecia. Muszę wstać o piątej.

---

[1] No już nie płacz...

11.6.1940

Wstałem o piątej i pojechałem na Gare Montparnasse. W metrze ścisk i piekło. Wszyscy jechali na dworzec z całym dobytkiem — walizki, kosze, pościel, klatki z kanarkami. Wydawało się, że wąskie wagony metra są z gumy, bo kiedy już było pełno, ludzie jeszcze wchodzili, jeszcze wstawiali walizki i jeszcze znajdowali miejsce. Przed dworcem, wokoło całego dworca pierścień ludzi, stumetrowej grubości przekładaniec. Walizki, kufry, materace, wózki, rowery, klatki z kanarkami — wszystko, co stanowi całe mienie biedoty i co ta uważa za swój obowiązek zabrać ze sobą. Żeby to wszystko wywieźć, trzeba by pociągów z kraju olbrzymów.

Moją grupę ludzi wyłapałem częściowo jakimś cudem i znowu cudem wprowadziłem ich na peron bocznym wejściem. Jeszcze nigdy w życiu nie mówiłem tyle i tak dobrze po francusku. Przeprowadziłem ich przez kordon policji, przez kordon kolejarzy, dołapałem zawiadowcę stacji i z nim razem wsadziłem ich do wagonu, który tym razem stał na bocznym torze i nie był zajęty. Potem wróciłem przed dworzec wyłapać maruderów, którzy w tym piekielnym tłumie pogubili się. Na peronie skonała jakaś staruszka — położyli ją na wózku bagażowym i przykryli twarz chustką do nosa. Nad całym Paryżem unosiła się czarna mgła. Podobno Niemcy, przechodząc na zachód od Paryża Sekwanę, puścili tę sztuczną mgłę. Dziś przyszła nad miasto i osłania. Niemcy ciągle idą naprzód i otaczają Paryż.

Wyskoczyłem przed dworzec i wyłuskiwałem z tłumu naszych ludzi, grupując ich pod jedną z bocznych bram. Wszyscy mieliśmy twarze poczerniałe od tej mgły — jakaś sadza osiadająca powoli. Około dziewiątej rano wyłapałem wszystkich i wpakowałem do wagonu. Byli w dobrych humorach, częstowali mnie koniakiem. Wypiłem prawie pół butelki bez żadnego skutku. Może zmęczenie. Pociąg w końcu ruszył.

Gazety przestały już wychodzić, autobusów do Châtillon nie było. Poszedłem do fabryki na piechotę. Od Porte d'Orléans w kierunku na Châtillon, to znaczy na południe, ciągnął nieprzerwany sznur samochodów wyładowanych bagażami i ludźmi. Widok niesamowity. W przeciągu minuty naliczyłem 26 samochodów przesuwających się przez miejsce, gdzie się zatrzymałem. Ten sznur ciągnął bez przerwy od wczoraj wieczora. W fabryce ruch, już i Francuzi przerwali pracę i na gwałt zabierali się do odjazdu. U nas, w polskim biurze, zbierali trzecią grupę na wyjazd dziś wieczorem. Pożegnałem się z Francuzami i poszedłem do domu, żeby się spakować.

Znowu upał nie do zniesienia. Byłem tak zmęczony, że w ogóle myśleć mi się nie chciało o pakowaniu i przechodzeniu po raz trzeci tego piekła na dworcu. Basia zlikwidowała wczoraj rano swoją kuchnię na Lamandé i zaczęła pakować. Zeszliśmy razem do restauracji na obiad. Po obiedzie dalszy ciąg pakowania. Nie wiadomo, co brać ze sobą w takich wypadkach. Spakowaliśmy cztery walizki, ciężkie jak młyńskie kamienie. Państwo P. chcieli wczoraj wyjechać, ale już nie dostali się na dworzec. Postanowili zostać. My z Basią już od dwóch dni rozważaliśmy tę możliwość. Koło godziny piątej zacząłem znosić walizki na dół. Byłem już tak osłabiony i wyczerpany, że ledwo mogłem je unieść, choć normalnie bardzo dobrze radzę sobie z ciężarami. Na schodach spotkaliśmy panią P. Powiedziała nam, że wszyscy ich opuścili i że teraz z nami jeszcze musi się żegnać. I wreszcie zaczęła nam mówić, że cały ten nasz wyjazd nie ma sensu, że i tak Francja już przegrała, że to już koniec. Staliśmy w klatce schodowej nad czterema walizkami (nasze całe życie, Basi i moje, to właściwie ciągle walizki) i prawie płakaliśmy. Spojrzałem na walizki i ogarnęła mnie wściekłość. Nie ruszam się. Niech się dzieje, co chce, ja mam dość. Wstawiłem to do mieszkania stróża (konsjerż znowu uciekł) i spokój. Postanowiłem tylko pojechać na dworzec, zawagonować trzecią grupę, spełnić swój obowiązek do końca, a potem wrócić do domu i położyć się spać.

Na dworcu czekała już trzecia grupa. W bardzo krótkim czasie połapałem się, że pociągi już nie odchodzą. Z inżynierem mającym prowadzić tę grupę poszliśmy do zawiadowcy stacji. Żadnej nadziei na pociąg — może jutro rano, ale i to niepewne. Co robić? Z komisariatu policji dzwonię do Châtillon. Dyrektor C. mówi mi, żeby tych ludzi przysłać z powrotem i żeby poczekali do jutra. Po godzinie przyjechała ciężarówka i przewiozła ich do fabryki. Ja wróciłem do domu. Było mi już wszystko jedno. Postanowiłem jeszcze nazajutrz skoczyć do fabryki i zobaczyć, co słychać. Ale przede wszystkim spać.

12.6.1940

Wstałem rano i dojechawszy metrem do Porte d'Orléans, poszedłem na piechotę do fabryki. Pakowali ostatnie skrzynie. Dyrekcja kazała Francuzom i Polakom iść na piechotę w kierunku Nemours. Na jednym z wozów ciężarowych, cudem wydartym Francuzom, pojechały bagaże Polaków, żony i dzieci ich — ten najgorszy bagaż w takich wypadkach.

Nie było już co robić i zabrałem się do powrotu do domu. Idąc, kupiłem jakąś gazetę, jakby biuletyn na jednej kartce. Niemcy przeszli Sekwanę, wszyscy mężczyźni w wieku poborowym mają opuścić Paryż. Przeczytałem i zbuntowałem się. Nie — nie wyjdę. Ale po chwili zastanowiłem się. Zostać w Paryżu to właściwie dezercja. Może jeszcze nie wszystko stracone. Muszę się rozłączyć z Basią, bo jeżeli opuszczę Paryż, nie chcąc być dezerterem, to dlatego, aby gdzieś tam i kiedyś jeszcze się bić. A w takim razie po co z żoną. Do wojska nie idzie się z żoną. Skręcałem się wewnętrznie, miałem wstręt do siebie samego za to tchórzostwo: bo mogliby powiedzieć „dezerter". No to co? Nie — nie wypada, muszę wyjść.

Myśli pracowały coraz jaśniej i ze wstrętem, z bólem, z ochotą do wymiotowania na wszystkie „wypada" i „obowiązki wobec Ojczyzny" zdecydowałem się na to, co najgorsze. Byłem już spokojny, jak po zażyciu jakiegoś ohydnego lekarstwa. Przyszedłem do domu, wchodziłem na szóste piętro powoli, otworzyłem drzwi, pocałowałem Basię i powiedziałem jej, że musimy się rozstać.

Patrzyliśmy sobie w oczy i nic nie mówili. Zdaje mi się, że ona rozumiała tę konieczność lepiej niż ja. Milczała. A potem powiedziała: „Chyba się już nigdy nie zobaczymy". Po co to powiedziałaś? Te słowa utknęły mi gdzieś pod sercem i bolą od chwili rozstania z tobą. Nie — zobaczymy się — ja w to głęboko wierzę i ty musisz w to wierzyć. Zanadto się kochamy, aby życie nasze miało tak prysnąć. Przecież nie wzięliśmy prawie nic od życia — jak dotąd dawało nam ono walizki, ciężkie, wypchane, i niezliczoną ilość pocałunków pożegnania. Cień tego czaił się nawet w naszych szczęśliwych chwilach. A to się przełamie i musimy się znowu odnaleźć. Ja w to wierzę. „Uwierz" — to jedyne słowo, które powtarzałem w czasie tej godziny. Pomagała mi pakować do koca najkonieczniejsze rzeczy. Zwinąłem koc i z pasków zrobiłem szelki. Wyszło z tego coś na kształt plecaka. Zeszliśmy do metra. Przed zejściem na dół, na stację, pocałowałem ją. Łkaliśmy obydwoje. „Wrócę" — wykrztusiłem i potem już zaciąłem się w sobie. Stanąłem na peronie i półgłosem powiedziałem do siebie coś, od czego wszystkie polskie matrony i oficerowie sztabowi pomdleliby na miejscu. Zacząłem od razu myśleć o wojsku, bo o czym myśleć w takiej sytuacji? I na samą myśl ciemniało mi w oczach. Tak zawsze kochałem to nasze wojsko, że od razu przy poborze wsadzili mnie do kryminału. Za dobrze ich poznałem. Od dziecka.

Gdy przyszedłem do fabryki, Polacy już poszli na piechotę. W naszym biurze zastałem Roberta, kolegę biurowego. Doszliśmy obydwaj do wniosku, że nie warto iść na piechotę. Sporo ciężarówek stało jeszcze na dziedzińcu i postanowiliśmy doczepić się do jednej z nich. Tymczasem siedzieliśmy w biurze i rozważali wypadki na przestrzeni ostatnich dwóch dni. Nasi polscy przełożeni, już z wprawą nabytą w ojczyźnie, powtórzyli tutaj to samo. Zostawili wszystko i wszystkich i ulotnili się na własną rękę. Kupiliśmy teraz sporo jedzenia i upakowaliśmy je w torbach od masek gazowych, które nam porozdawano kilka dni temu. Maski zostawiliśmy na stole. Potem przenieśliśmy delikatnie nasze bagaże do jednej z ciężarówek i sami też wślizgnęliśmy się pod plandekę, układając się między stosami opon, dwoma motocyklami i akumulatorami. Trzeba było się schować, bo przed fabryką stały jeszcze kobiety, których nie zabrali z powodu braku miejsca, i te na widok nas urządziłyby na pewno rewolucję. Wyjechaliśmy schowani zupełnie i dopiero na szosie zaczerpnęliśmy świeżego powietrza.

Droga za Paryżem przedstawiała widok niesamowity. Niekończący się sznur samochodów, toczących się dwoma, a gdzieniegdzie trzema rzędami. Wszystko to wyładowane pościelą, betami, walizkami, skrzynkami, pudłami, klatkami z wszelkiego rodzaju ptactwem wewnątrz. Toczyło się to krok za krokiem, bo jeżeli z jakiegoś samochodu uciekł piesek, to samochód się zatrzymywał, łapano pieska i wszystko stawało. Gdy jakiś wóz zepsuł się, a dużo tych gratów psuło się na drodze, bo ciągła jazda na pierwszym biegu grzała motory, wszystko stawało. Brzegami drogi przeciskali się rowerzyści i ludzie idący na piechotę. Wszyscy obładowani tłumokami i walizkami. Cokolwiek miało koła, stało się użyteczne. Jakaś staruszka pchała taczki wyładowane gratami, gdzie indziej rower trzykołowy z pudłem na przodzie. Na tym pudle siedziała staruszka, trzymając na kolanach dużego psa. Mężczyzna z wysiłkiem obracał pedałami. I tak ciągnęło się to całymi kilometrami, jak okiem sięgnąć. Patrzyłem na to, siedząc w mojej ciężarówce, i zastanawiałem się, po co ta biedota i ci starzy ludzie uciekają. Na pewno nikt tu nie wiedział, dokąd idzie. Szli bez celu, byle przed siebie, bo inni szli. Opętani, zatruci trucizną ucieczki. A jednocześnie odbywało się to jakby poza mną. Jedynym uczuciem we mnie jest teraz ciekawość, intensywna, gęsta, zbierająca się wprost w ustach, jak ślina. Patrzeć, patrzeć, wchłaniać, zapamiętać. Pierwszy raz w życiu piszę, notuję. I tylko to mnie pochłania. I poza tym nasycić się tą wspaniałą wolnością, chaosem, wśród którego trzeba sobie radzić.

Niebo zachmurzyło się i zaczął popadywać letni deszcz. Wleźliśmy pod plandekę. Z Paryża do Nemours jest około 84 km. Od wpół do szóstej po południu do zapadnięcia zmroku, to znaczy do wpół do dziesiątej, ujechaliśmy najwyżej 15 do 20 kilometrów. Ogarnęła mnie senność. Ułożyłem się na oponach, skuliłem i usypiałem z nieopisaną rozkoszą. Z drogi dochodził bezustanny warkot motorów, krzyki, nawoływania, zgiełk.

13.6.1940

Właściwie nie spałem. Drzemałem. W nocy lał deszcz i kilka razy musiałem wstawać, unosić plandekę i wylewać wodę. Nie była napięta i we wszystkich zagłębieniach tworzyły się stawki. Na szczęście nie przeciekała. Nad ranem zrobiło się zimno. W nocy staliśmy kilka godzin, unieruchomieni przed jakimś miasteczkiem. O świcie ruszyliśmy dalej, w tempie konduktu pogrzebowego. Skierowali nas na boczne drogi. Dzień pogodny i upalny. Od pól zapach parujących zbóż i kwiatów. Jak daleko okiem sięgnąć ciągnęły się kolumny samochodów. Teraz czekaliśmy, kiedy przylecą Niemcy i zrobią z tego flaki. Ale nie przylecieli. Po drodze części kolumn wojskowych, wycofujących się w kompletnym nieładzie. Grupowali się do dalszej ucieczki. W południe zatrzymaliśmy się i zjedli obiad, a potem dalej. Już pod wieczór zajechaliśmy do Nemours. 84 km w ciągu dwudziestu sześciu godzin. Przez Nemours przelatywały kolumny cofających się oddziałów — nikt się nie zatrzymywał. O zmroku przyszła pierwsza partia Polaków, którzy wczoraj rano wyszli na piechotę. Samochody fabryczne nie zatrzymały się w Nemours i pojechały do następnego etapu, do Sully-sur-Loire. Jedynym samochodem, który mógł zabrać tych ludzi, zmęczonych i z pokaleczonymi nogami, była ta ciężarówka, na której przyjechałem z R. Poza tym należało czekać na tych, którzy jeszcze nie doszli i powinni byli nadejść nazajutrz rano. Czułem, że Francuzi zmuszą naszych do dalszego marszu, tym bardziej że Francuzów ogarnęła panika i nalegali, aby Nemours opuścić jeszcze tego wieczora. Wziąłem naszego szofera na stronę i powiedziałem mu, żeby udawał, iż jest coś niedobrze z samochodem i żeby poszedł spać. Tego nie trzeba mu było powtarzać dwa razy. Leciał z nóg. Potem przekonałem dyrektora, że nie trzeba się spieszyć i że oni też mogliby spać spokojnie. Przekonałem ich. Zacząłem szukać noclegu dla siebie. Na rzece, przepływającej przez środek miasta, stała krypa — schronisko protestanckiej misji. Odszukałem pastora. Był uprzejmy i podobny do Schuberta. Powiedział mi, że na krypie nie ma miejsca, bo tam pełno kobiet z dziećmi i matek tuż przed lub tuż po porodzie. Powiedział mi, że jest Szwajcarem. „Po co to wszystko, dlaczego?" —

wzdychał, spoglądając w niebo. „Żeby było mniej nudno" — odpowiedziałem. Spojrzał na mnie przerażony. Zapytałem go o nowiny polityczne. Reynaud tego wieczoru zwrócił się wprost do Roosevelta o pomoc. Rząd francuski czeka teraz na odpowiedź Ameryki. Niech czekają.

Zapadła noc. Pastor wynalazł jakąś stodołę i nasi ludzie poszli tam spać. Ja wyszedłem jeszcze dokupić żywności, a specjalnie chleba, o który wszędzie trudno. Byłem brudny, włosy pokryte skorupą, bo nie zabrałem nic na głowę. Kupiłem beret. Uradziliśmy z Robertem, że ja będę spał w samochodzie, bo trzeba go pilnować. Mogliby chyłkiem wyjechać w nocy. Ułożyłem się na siedzeniu szofera. Rzeka szumiała i pluskała w ciemnościach, z dala dolatywał jednostajny warkot motorów wycofujących się oddziałów. Patrzyłem w ciemną szybę i modliłem się, jak codziennie wieczorem.

14.6.1940

Wstałem o szóstej. Po chwili nadszedł Robert i poszliśmy nad rzekę. Rozebraliśmy się i weźli do wody. Powietrze było chłodne, przesycone jeszcze zimnem świtu, i szczękałem zębami. Ale woda, wygrzana trzytygodniowymi upałami, była letnia i przyjemna. Rozkosz. Ogoliłem się nawet. Potem zacząłem rozglądać się za gorącą kawą. Było to marzeniem — bistra wymiecione, nic, pustka. Pozostawało białe wino. Tego nie brakowało. Dyrekcja francuska zeszła się w komplecie i zaczęła nas popędzać. Na szczęście szofer gdzieś się zawieruszył. Tymczasem co kilka minut przychodziły jeszcze grupki polskich robotników, idących z Paryża na piechotę. Pakowałem ich na „naszą" ciężarówkę. Wtem zaczęli nadchodzić Francuzi, i to z żonami i dziećmi. Też szli na piechotę. Sytuacja stała się naprężona, bo kazano naszym opuścić ciężarówkę, aby umieścić w niej kobiety i dzieci. Nasi zaczęli się buntować i groziła bitka. Francuzi mieli rację. Nasi w końcu ustąpili. Nagle zajechała wielka ciężarówka fabryczna. Wróciła z Sully-sur-Loire po maruderów. Ulga. Załadowano nas na nią. Wyjechaliśmy z Nemours o drugiej po południu.

Jechaliśmy prędzej. Drogi już się przeczyściły i panował większy porządek. Wojsko kierowało ruchem. Jechaliśmy znowu w tłumie kolumn wojskowych, pomieszanych z cywilnymi uciekinierami. Wojsko nie cofało się — też uciekało. Żołnierze pętali się bez żadnej dyscypliny. Pospolite ruszenie. Jedynie wozy z żarciem szły w porządku i w południe cała ta banda stawała się wzorowo zdyscyplinowana w obliczu konserw, chleba i zupy. Pod wieczór wjechaliśmy na most na Loire. Rzeka prawie wyschnięta i nie bardzo chciało mi się wierzyć, ażeby ta struga mogła stanowić linię jakiegokolwiek oporu. Sully było zapchane uciekinierami. Musiałem schować moje dwa bochenki chleba, bo mi je zjadali oczami.

W Sully zgromadziła się już cała fabryka. Nazajutrz rano mieli jechać na Bourges i Moulins. Co do nas, nie było żadnych dyspozycji. Poszedłem na dworzec dowiedzieć się o pociągi. Powiedzieli mi, że może nazajutrz odejdzie pociąg do Bourges. Nie interesowałem się już tym, bo całą sprawą zajął się H., jako kierownik grupy. Zrobiłem jeszcze spis naszych — dojechali niemal wszyscy, a potem poszedłem na kolację. Wypiliśmy we dwóch z Robertem flaszkę koniaku do kolacji i ulokowaliśmy się na strychu jakiegoś domu. Wieczorem rozeszła się wiadomość, że jeśli Ameryka nie przystąpi do wojny, to Francuzi będą prosić o zawieszenie broni. Wydało mi się to bardzo prawdopodobne, choć Francuzi zapewniali mnie, że na Loire ma być stawiany opór. Miałem ochotę zapytać się: czym? Tym wojskiem, które widzę wokoło? To już nie wojsko.

15.6.1940

Rano spaliśmy długo. Kiedy przyszliśmy do punktu zbornego, okazało się, że większość naszych już wyjechała pociągiem do Bourges. Reszta ładowała się na ciężarówkę. Robert i ja mieliśmy już dość tego ścisku. Zdjęliśmy z samochodu jakieś dwa rowery i postanowiliśmy jechać do Bourges na rowerach. Samochód z rodakami odjechał, a my wolno i z namaszczeniem zabraliśmy się do śniadania. Koniec z wrzaskami, pośpiechem i zdenerwowaniem mężczyzn, roztrzęsionych kobiet i wrzeszczących dzieci. Około jedenastej wyjechaliśmy.

Droga do Bourges była z początku zapchana, ale rowerem można się zawsze przemknąć pomiędzy samochodami. Po półgodzinie jazdy w mętliku wyrwaliśmy się na wolną szosę. Droga świetna. Koło drugiej zatrzymaliśmy się na obiad, mając poza sobą około 40 kilometrów. Potem dalej. Jechało się wspaniale. Łagodne podjazdy pod górę i długie zjazdy w dół. Na 15 km przed Bourges kazali nam zjechać na boczną drogę. Musieliśmy nadłożyć z 5 km. Byliśmy jednak zmęczeni. Koło szóstej wjechaliśmy na przedmieścia. Robert był tak zmęczony, że jadąc zupełnie wolno, wywrócił się i rąbnął nosem o asfalt. Zadrapał nos i dostał straszliwego krwotoku. Krew wlewała mu się do gardła i ciekła z dziurek na zewnątrz. Jacyś chłopcy przynieśli wody, a jacyś dwaj panowie zaczęli udzielać rad. Usłyszawszy, że mówimy po polsku, zaczęli i oni po polsku. Żydzi, uciekinierzy z Antwerpii. Od razu doszukaliśmy się znajomych, bo wuj jednego z nich miał skład futer w Krakowie. „Pan wie — to on miał futra na Wiślnej — pan szedłeś z Rynku, to po prawej stronie"... Robertowi tymczasem krew przestała cieknąć i wjechaliśmy po chwili do miasta. Naszych odnaleźliśmy w komplecie na dworcu. Francuzi kazali oddać samochód i powiedzieli nam, że stąd mamy już jechać pociągiem do Quimperlé. Tam załadują nas do Anglii. Ehe — specjalnie czeka krążownik, a na krążowniku przyjmą nas z kwiatami. Poszedłem do komisarza wojskowego. Był uprzejmy, ale wprost mi powiedział, że już żadne pociągi na zachód nie odchodzą. Należy jechać dalej na południe, a stamtąd może na Bretanię. Bez Pekin do Otwocka.

Mrok już zapadał, gdy kupiłem gazetę. Niemcy już w Paryżu. Nie pisali o tym dosłownie, ale można się było domyślić z treści. Usiedliśmy z Robertem przy stoliku jakiegoś zamkniętego bistra i wyładowawszy nasze zapasy, zjedliśmy kolację. Robert jest wspaniałym towarzyszem: spokojny, pedantyczny, wie, czego chce, i tak samo jak ja nie znosi ścisku. Bardzo go polubiłem. Wróciliśmy na dworzec i tam okazało się, że rower nie jest własnością nikogo z Polaków. Jakiś Francuz wsadził go do ciężarówki i więcej nie pokazał się. Mieliśmy wobec tego „nasz rower". Trzeba było teraz wynaleźć drugi rower, bo po tym jednym dniu się do tego środka lokomocji przekonałem.

Już w nocy wyszliśmy na miasto szukać noclegu. Księżyc świecił jasno na niebie bez chmurki. Wszędzie pełno. Całą noc przedrzemaliśmy na betonie peronu.

16.6.1940

Po betonowej nocy wstaliśmy już o piątej rano. H., który dotąd kierował grupą, nie zjawił się już w Bourges. Koło dziewiątej rano rozpoczęliśmy szturm do pociągu towarowego. Wagony były już pełne kobiet i dzieci. Robert i ja znaleźliśmy jeszcze dwa miejsca tuż przy drzwiach. Siedzieliśmy ze zwieszonymi na zewnątrz nogami. Ścisk w wagonie wynikał z bezdennie głupiego rozstawienia bagaży. Chcieliśmy zrobić porządek, ale mowy o tym nie było. Podparyski ludek okazał się nieprzejednany. Jakiś sparaliżowany staruszek na wózku zaczął wygrażać Robertowi laską. Nikt nikomu nie chciał pomóc. Kiedy jednej z kobiet przyniosłem flaszkę wody, wydarła mi ją z rąk i spojrzała jak na wroga. Pociąg ruszył, jechaliśmy do Montluçon. Zaraz za Bourges stanęliśmy. Nadleciał niemiecki samolot, ale nie strzelał. Znowu ruszyliśmy. Dzień upalny, w wagonie smród. Staruszek zaczął się niecierpliwić. Widząc, że na stacjach ludzie wysiadają i kładą się na trawie, chciał koniecznie wysiąść i *prendre un peu d'air*[1]. Potem dostał napadu szału, klął i okładał laską wszystkich wokoło. Córka zaczęła płakać i krzyczeć, że zwariował, zrobił się rwetes. Opowiadziała całemu wagonowi, co ona dla swego ojca zrobiła, a stary klął, że Bosze już są tu, że Francja nie jest już Francją, a po prostu gównem — w sumie bardzo do rzeczy i wcale nie po wariacku. *Vivent les fous*[2] — powiedziałem do Roberta.

Niebo zachmurzyło się i zaczął padać deszcz. Piliśmy wstrętne, zatęchłe białe wino, bo w Bourges innego już nie dostaliśmy. Zaschło mi w gardle, zgaga paliła i ledwie trzymałem się na nogach. Pod wieczór dojechaliśmy do Montluçon. Zebraliśmy graty i na miasto, pomimo iż większość twierdziła, że jedziemy dalej. Ani mi się śniło. W mieście udało nam się wreszcie zjeść normalną kolację z zupą i mięsem. Potem rozglądanie się za jakimś noclegiem. Do jednego z kin wnoszą snopy siana. Wchodzimy do środka — luksus. Miękkie fotele, dużo miejsca, można sobie przynieść słomy. Tylko nie rozumiem, dlaczego nie mają puścić jakiegoś filmu. Byłoby wspaniale leżeć na snopku i oglądać Marlenę. Od razu wróciliśmy na dworzec po rzeczy. Tam okazało się, że część naszej grupy pojechała już jednym pociągiem, a druga część, nie mogąc wywalczyć miejsc, gotowała się do innego pociągu, którego jeszcze nie było. Spojrzałem na Roberta, postukałem palcem w czoło i zabrawszy rower i bagaż, poszliśmy do kina. Złożyliśmy graty w kinie, oddali pod opiekę jakiegoś drzemiącego na snopku uciekiniera i poszliśmy do miasta.

---

[1] Odetchnąć świeżym powietrzem.

[2] Niech żyją wariaci.

W mieście pełno wojska i uchodźców. Siedzą w bistrach, piją wino i kawę i dyskutują. Wieczorem gazeta narobiła ruchu, bo zmienił się rząd francuski, wyewakuowany do Bordeaux. Reynaud podał się do dymisji, na jego miejsce wszedł Pétain, wicepremierem został Weygand — prawie cały rząd wojskowy. Na wszystkich twarzach widać obawę, czy przypadkiem nie oznacza to projektów obrony do upadłego. Ale tymczasem Niemcy przeszli już w kilku miejscach Loire. To już koniec.

Z ciekawości poszliśmy na dworzec. Już i druga grupa odjechała. Ale w chwilę potem zjawiło się dwóch robotników. Tadzio wziął mnie na stronę i wręcz oświadczył, że umyślnie spóźnił się na pociąg, bo już nie mógł wytrzymać. Zaprowadziliśmy ich do kina, a potem jeszcze wyszli. Nie wiem, co mi strzeliło do głowy, ale widząc jakieś dwie porządnie ubrane kobiety, podszedłem do nich i zapytałem, czy nie wiedzą, gdzie można by tu przenocować. Jedna z nich z miejsca odpowiedziała, że u niej. Robert mnie trącił, ale postanowiłem brnąć dalej. Poszliśmy razem z nią. W jakiejś ciasnej uliczce wprowadziła nas w korytarz, potem na podwórze, a w końcu do wozowni. Na ziemi słoma, jakiś stary dywan, przyniosła nam koc, wiadro wody do mycia. To najważniejsze. Wróciliśmy do kina, przynieśli część rzeczy i spać.

17.6.1940

Wstaliśmy o dziewiątej. *Madame* zrobiła nam gorącej kawy i pozwoliła wypić śniadanie w kuchni. Z zawodu krawcowa. Ma sklep z garderobą damską, mąż ma sklep z radiami i obecnie jest na froncie. Obydwa sklepy zamknięte. Właśnie dziś rano telefonował do niej, że jest zdrów i ma się dobrze, cofa się razem z wojskiem obok Montluçon. Mówiła nam, że to wszystko jest okropne, że pewnie lada dzień Francja poprosi o zawieszenie broni, ale co robić, grunt, żeby mąż wrócił. I żeby mogli być znowu razem. Pewnie miała rację.

Na dworcu dowiedzieliśmy się, że już żadne pociągi nie odchodzą. Było południe. Przed jakimś bistrem stał tłum ludzi i z wewnątrz dolatywały dźwięki radia. Marsylianka. Podeszliśmy. Zacząłem się pytać, o co chodzi. Zobaczyłem zapłakane twarze kobiet i posępne mężczyzn. W końcu jakiś młody robotnik powiedział mi tonem obojętnym: „Francja prosi Hitlera o zawieszenie broni". Marsylianka kończyła się i jeszcze raz powtarzała się druga część. Mimo woli powtarzałem w myśli słowa *formez vos bataillons — marchons, marchons*[1], a równocześnie uświadomiłem sobie śmieszność tych słów w zestawieniu z sytuacją. Francja prosi o pokój. Miałem ochotę płakać, a uśmiechałem się ironicznie, szepcząc zamiast *marchons — fuyons*[2]. Złapałem Roberta za rękaw i powiedziałem: „Zażądali pokoju — koniec". Obok nas przechodziły zapłakane kobiety, a ulicami pędziły samochody wypełnione obszarpanym wojskiem.

---

[1] Twórzmy bataliony — maszerujmy, maszerujmy.
[2] Maszerujmy — uciekajmy.

Ochłonęliśmy. Co robić? W tym momencie podszedł do nas Tadzio, uśmiechnięty i uradowany, że w końcu nas spotkał. Tadzia zawsze lubiłem. Z zawodu szofer, urodził się w Warszawie, skąd wywiózł bogatą przeszłość taksówkowo-autobusową i wspaniały język. Tadzio teraz stał, spoglądał na jadące samochody, spluwał, i wreszcie sucho stwierdził: „Trzeba stąd koniecznie odpłynąć dalej, a potem zobaczymy". Zaczęliśmy się zastanawiać, jak to zrobić. Pociągi już nie odchodzą, iść na piechotę nie ma sensu. Tadzio skręcał mozolnie papierosa, czyli „spirocheta", i wreszcie oświadczył, że najlepiej kupić rowery.

Zdecydowałem się w jednej chwili. Po długich poszukiwaniach znaleźliśmy sklep. Używanych już nie było, tylko nowe. Tadzio kupił sobie półwyścigówkę za 630 franków, ja doskonałą szosówkę za 715 franków. W sklepie ogarnęła mnie zupełnie dzika i bezsilna wściekłość. Dlaczego ten wspaniały kraj, w którym nowy rower kosztuje jedną trzecią przeciętnego zarobku robotnika, dlaczego ten kraj biorą diabli? Ciągle odczuwam to jako definitywny koniec. To już chyba nie wróci. I może właśnie to uczucie, uczucie bezgranicznego smutku, jest w tym wszystkim najgorsze. Robert pakuje teraz nasze rzeczy. Obawiam się, że te rowery pojadą raczej na nas, a nie my na nich.

18.6.1940

Wstaliśmy rano koło siódmej. Niebo pochmurne i deszcz wisiał w powietrzu. Niemcy załatwili się już z Francją i nie potrzebują pogody. Polski wrzesień i francuski maj-czerwiec były jednakowo słoneczne i pogodne. *Hitlerwetter*[1]. Biedna i niezasobna Polska i wielka i bogata Francja broniły się jednako długo. My i obcy uważali naszą obronę za skandal. Obrona francuska na tym tle jest po prostu kryminałem. My chcieliśmy się bronić, ale nie mieliśmy czym. Oni mieli czym i nie chcieli się bronić. Jestem ciekawy, czy Francja potrafi dźwignąć się z tego ciosu. Ciągłe myśli, które mnie nurtują od wczoraj.

Wydostanie się z Montluçon było sztuczką cyrkową. Kilka dobrych kilometrów musieliśmy prowadzić rowery i przepychać się w zbitej masie samochodów, dział, ciągników i czołgów. Mieli — mieli tego żelastwa. Dalej było luźniej i można było jechać. Zaczął padać deszcz. Przy jakimś samochodzie ciężarowym stała grupa żołnierzy. Zatrzymali nas i zaprosili na rum. Mieli go kilka beczek i poili nim wszystkich po drodze. Tadzio wypił podane mu pół szklanki duszkiem, splunął i zwrócił ją z dodatkiem jakichś zupełnie niesamowitych przymiotników pod adresem żabojadów. Jedziemy w kierunku Bordeaux. Pod wieczór zjazd w dolinę Creuse. Wieczór zapadał chłodny. Leżałem na kierownicy i brałem ostre wiraże, pokładając się całym rowerem. Było coś upajającego w tej jeździe. W pewnej chwili najwyraźniej poczułem, że wszystko przestaje mnie obchodzić. Teraz, kiedy to piszę, czuję, że pękło coś we mnie. Może nastąpiło zerwanie z przeszłością. Nareszcie. Jestem wolny w tym zamieszaniu. Może nawet zerwałem z samym sobą. Wspaniale. Rozpiera mnie. Żal? Za

[1] Hitlerowska pogoda.

czym, do diabła? Za tamtym życiem? To był koszmar, bezustanne duszenie się. Koszmar lat gimnazjalnych, koszmar tego życia, do którego przykrawałem się, nie mogąc się nigdy spotkać z samym sobą. Rozmawiałem z sobą poprzez innych. I to poprzez kogo? Poprzez co? Cholera!

Na dnie doliny jakiś drogowskaz mówił o wsi o 1500 metrów stąd z dopiskiem: „Kościół z XII wieku i most rzymski". Bez namysłu skręciłem. Trzeba zwiedzić. Proboszcz romańskiego klejnotu umieścił nas w jakimś domu na siennikach. Po zjedzeniu czegoś wyszedłem. Nad wilgotnymi łąkami unosiła się mgła, grały świerszcze i świecił księżyc. Wszedłem na most. Ogarnęło mnie wzruszenie. Przewracałem w myślach kartki realiów Terlikowskiego (nudne toto było) i patrzyłem na okrągłe, wąskie luki z szarego kamienia. Przy wjeździe resztki głazów tej drogi, po której toczyły się wozy i maszerowały ciężkim krokiem legiony rzymskie. *Gallia est omnis divisa*... Dlaczego wtedy bronili się, pomimo że ich sprzęt i technika były o tyle gorsze od rzymskich? Z odległej drogi dolatywał bezustanny ryk motorów, a pod mostem odezwały się żaby. W mroku zamajaczyła krępa postać Tadzia. Zapalił papierosa. „Panie B., nic się pan nie martw. Jutro szatkujem dalej. To aż przyjemnie uciekać po takich drogach. Co cywilizacja, to cywilizacja — wszystko jakoś gładziej idzie. Nie tak jak u nas. Ale że łapciuchy z nich p... to prawda". Jest cisza. Robert i Tadzio głośno oddychają, świeca pryska.

19.6.1940

Pogoda się poprawiła. Od rana słońce i gorąco. Na śniadanie gorąca kawa z mlekiem. O dziesiątej w kierunku na Guéret. Słońce paliło już bezlitośnie, ale szosa wysadzana platanami i jedzie się jak w altanie. Po półtorej godziny dojeżdżamy do Guéret. Na drodze ludzie z taczkami, znowu ogłupiali, z wózkami dziecinnymi, idący w odwrotnym kierunku. Nie można się było od nich nic dowiedzieć. Otępiali. Jedziemy dalej. Wpadamy na przedmieście. Tu dowiadujemy się, że przed godziną było bombardowanie. W mieście pełno wojska, rynek zapchany samochodami, działami. Jakieś dwa domy dopalają się, a na środku drogi lej od bomby i szkielety spalonych samochodów. Tadzio rozglądnął się i stwierdził rzeczowo: „Trzeba stąd koniecznie spłynąć, bo s... wrócą. Ja ich znam: do wieczora nie dadzą spokoju; dopiero po szóstej mają fajerant". Nie szukaliśmy już nic do picia. Przepychamy się pomiędzy setkami samochodów. Odnajdujemy drogę na Saint-Sulpice. Upał. Za Guéret postanowiliśmy zjeść obiad. Chcieliśmy przysiąść koło przydrożnego bistra, tuż przy drodze, ale Tadzio nie pozwolił. „Ja chcę spokojnie jeść". Odciągnął nas od szosy, w pola. Zabraliśmy się do otwierania puszek z pasztetem i sardynkami, nasmarowaliśmy sobie chleb, gdy nagle zaczyna coś warczeć. Tadzio wstał, wyszedł spod drzewa i wrzasnął: „Idą sk... tutaj... raz, dwa, pięć, osiem, dziesięć". Zostawiliśmy jedzenie w trawie i biegiem pod drzewa, do płytkiego rowu przy łące. W Guéret łomot, zrzucili bomby. Potem trzask karabinów maszynowych. Tadzio krzyknął: „Rąbią z karabinów, niech ich wyrok spotka". Samoloty były nad nami. Spłaszczyłem się w rowie jak papierek, ale odwróciłem głowę, żeby popatrzeć. Przeciągły gwizd tuż, tuż, huk. Szarpnęło powietrzem. Trzask karabinów maszynowych. Siekli po szosie. „Włoskie maszyny – Fiat B.R.20" – mówię do Tadzia. Tadzio klnie. Wracamy do jedzenia. Po dwudziestu minutach znowu warkot. Szli nad Guéret i bombardowali zajadle. Potem znowu przeszli nad nami, siekąc po szosie z karabinów maszynowych. Leżałem w rowie i bałem się. Po tym nalocie dokończyliśmy szybko jedzenie i jazda dalej od tego zapowietrzonego miejsca. Bomba spadła niemal w to samo miejsce, gdzie chcieliśmy usiąść. Z bistra wyleciały wszystkie szyby i pospadało trochę dachówek, na drodze leżały gałęzie, a na progu bistra leżał skrwawiony trup jakiegoś człowieka. Pomyślałem sobie tylko: „Grunt, że to nie ja". O kilkadziesiąt metrów dalej, przy bocznej dróżce, stały dwie butelki wina. Ktoś je zostawił i uciekł. Tadzio zabrał je ze sobą. Patrzymy teraz bardziej w niebo niż na drogę. Ujechaliśmy może z 10 km i znowu ich diabli nadali. Ta sama dziesiątka. Obok nas jedzie spokojnie samochód. Zamknięci w limuzynie nic nie słyszą. Dajemy im znaki. Stają i rzucają się jak szaleni w pole. Dziecko zostawili w samochodzie. Wziąłem chłopczyka na ręce, przeniosłem przez płot do sadu obok szosy i przykucnąłem w rowie. Biedne dziecko trzęsło się i z oczu ciekły mu łzy. Już nawet nie mógł głośno płakać – po prostu lało mu się z oczu. Przytuliłem go do siebie i uspokajałem, myśląc sobie, że sam też boję się straszliwie. Tadzio skądś krzyknął: „Idą bokiem!". Pocałowałem chłopczyka i odniosłem do samochodu. Matka była tak wystraszona, że zapomniała o nim. Tulił się teraz do niej i płakał w milczeniu. *La prochaine fois ne l'oubliez pas*[1], powiedziałem, wyładowując całą złość za mój własny strach. Ona pewnie pomyślała, że ja jestem bardzo odważny.

Tadzio spojrzał na zegarek, zobaczył, że już po siódmej: „Można spokojnie jechać, już po fajerancie. Teraz wylądują, uchleją się, mordy zaszargają, a jutro abarot. Gdzie ta potęga Francuzów? Latają jak u nas". Ma rację. Pełno wojska wokoło, pełno działek przeciwlotniczych i karabinów maszynowych i nic; nikt się nie odezwał. Koło dziewiątej zjechałem z drogi w poszukiwaniu noclegu. Znalazłem fermę. Wszyscy byli przy kolacji. Patron chętnie zgodził się na nasz nocleg w stodole. Poczęstowali nas zupą i winem. Po kolacji zagrzebałem się w sianie. Terkanie świerszczy i kumkanie żab. Już w piżamie wyszedłem jeszcze i usiadłem na kamieniach przy studni. Rosa osiadała i papieros zawilgł. Już późno w nocy przyszło spać do stodoły dwóch robotników z Paryża. Wyjechali o dzień później od nas. Mówili, że przez radio ogłoszono, iż ktokolwiek w wieku poborowym nie opuści Paryża trzynastego czerwca do dwunastej w nocy, potraktowany zostanie jako dezerter. Kiedy i przez kogo? Podobno z przechowalni bagażów na Gare du Nord rozdano ludziom około 6000 rowerów, byleby mieli czym wyjechać.

20.6.1940

Wyjechaliśmy późno, bo Robert rano uprawia takie ablucje, czyszczenia, pakowania swoich rzeczy, że nie możemy wyjechać przed dziesiątą. Podobno

---

[1] Następnym razem niech go pani nie zapomina.

Niemcy idą ciągle naprzód, ale są dość daleko za nami. Robert twierdzi, że nie należy się spieszyć. W południe przejechaliśmy przez Saint-Sulpice. Miasteczko położone w dolinie, otoczone górami. Upał tropikalny. Z kupionej tam gazety wynika, że rokowania o zawieszenie broni są w toku, ale do chwili definitywnego podpisania tego aktu łaski Niemcy będą szli dalej i walki trwają nadal. Jakie walki? Linia Maginota otoczona. Dwie dywizje polskie, które pod koniec weszły do akcji, odmawiają wszędzie cofania się i biją się po bohatersku. Część jednej dywizji została podobno wybita, osłaniając odwrót wojsk i uciekinierów francuskich w kierunku Szwajcarii. Piszą, że nasi rzucali się z butelkami benzyny na czołgi. To już trochę lepiej niż z kawalerią, ale jeszcze źle, jeżeli to prawda. Nie — jesteśmy bez konkurencji. Rząd francuski jest w Bordeaux. O drugiej wleźliśmy w las i przespali do szóstej. Tadzio śpiewa krwawe tanga i klnie, bo górzysto. Już o zmroku znajduję fermę. Jestem przewodnikiem, nadaję tempo i wyszukuję kwatery. Przyjmują nas z wylaniem. Są aż cztery młode dziewczęta. Jemy kolację z naszych zapasów przy stole gospodarzy i ja gadam za wszystkich. Dziewczęta przyglądają się nam z ciekawością, a jedna z nich zna parę słów po polsku. Tadzio przymila się do niej i plecie głupstwa. Potem do mnie: „Panie B. — zostaję na sznurku — za nią pójdę. Dziewczę cud, palce lizać, nóżki moczyć. W sam raz na wiatraczek". Jesteśmy zmęczeni. Wyleźliśmy po drabinie na siano. Pod nami słychać było dźwięk łańcuchów i żucie krów. Cisza. Zapach mleka i gnoju. W ciemności błysnął świętojański robaczek, zielonkawy pyłek. Noc bez księżyca, ale jasna od gwiazd. Cudownie.

21.6.1940

Śniadanie, mycie, golenie. Jedziemy ciągle w kierunku Limoges. Bez mapy trudno to idzie. Nigdzie nie można kupić mapy, bo wszystkie rozkupili. Koło pierwszej dojeżdżamy do Limoges. Nie wpuszczają do miasta. Zsiadam z roweru i po dłuższym wykładzie wpuszczają tylko mnie. Zostawiam rower i idę na piechotę. W środku miasta łapie mnie ulewa. Przeczekuję w bramie i idę na dworzec. Dworzec też zamknięty i dopiero po dłuższym gadaniu dopuszczają mnie do komisarza wojskowego. Pytam o naszą grupę. Nic nie wie. Wracam. Nasze zapasy kończą się i szukam jedzenia. O chleb wszędzie trudno. Nie ma konfitur, konserw mięsnych, sklepy puste. Łażę. Wreszcie dostaję kiełbasy i kilka puszek pasztetu, banany i pomarańcze. Także mapę Francji, wydaną przez „l'Auto" w czasie Tour de France w 1936 roku. Jakiś księgarz miał stos tej makulatury i sprzedawał teraz po franku sztuka. Szło jak woda. Znalazłem także jakiś samotny tom korespondencji Byrona i kupiłem za 50 centimów. Okazja. Zjedliśmy obiad na drodze, potem na Angoulême, 84 km. Tadzio jedzie teraz obok mnie i opowiada: „Panie B., mnie wszystkie kurwy z Gastronomii i z Café Clubu znały na pamięć. Jak taka dorwała gościa z uszarganym pyskiem, to go brzdęk w moje taksówkie, tam go robiła, forsę wszystką zabrała, co miał, faceta wysadzała, mnie dwadzieścia złotych na serduszko i prysk". W tym momencie dwóch ludzi idących drogą zaczęło za nami wymachiwać i wołać. Dwaj Polacy emigranci. Usłyszeli niepokalaną polszczyznę Tadzia i zatrzymali nas.

„Wy skąd?" — „Z obozu wojskowego w Bretanii". Zmobilizowali ich, a trzy dni temu, w nocy, powiedzieli ratuj się kto może. Oficerowie uciekli samochodami do portów i jazda do Anglii; żołnierzy też podobno trochę wyjechało, głównie tych z Polski. Co z Jaśkiem? Jak to dobrze, że mnie nie chcieli wziąć do tego wojska. Spanie na fermie, tym razem w słomie.

22.6.1940

Rano padał deszcz. Spaliśmy. Wyjechaliśmy dopiero koło drugiej. Przelotne deszcze. Przemokliśmy zupełnie. Wleźliśmy znowu w tłum cofającego się wojska. Jechali na wariata. Na drodze co krok wywrócone samochody. Tadzio spoglądał i klął. Asfalt śliski i zagliniony. Stonoga połamałaby na tym wszystkie nogi. Po trzydziestu kilometrach dałem spokój. Znalazłem fermę. Kupa słomy pod dachem, osłonięta tylko z dwóch stron. Przy kolacji towarzyszyły nam koty i psy, deszcz mżył, z drogi dolatywał bezustanny warkot, zgrzyt i zachłystywanie się motorów, dartych bez litości; senność; spokój.

23.6.1940

„Marne wakacje, sezon się nie udał" — powiada Tadzio. Robert opowiada nam cuda o słońcu południowej Francji, o Morzu Śródziemnym. Tymczasem taplamy się w błocie na asfaltowych szosach zachodniego krańca Massif Central. Zbliżamy się do Angoulême. Nie puszczają, objazd, błądzimy po bocznych drogach. Już w nocy znajdujemy malutką i ubogą fermę. Kończą kolację i są uprzejmi. Patron prowadzi nas na siano. W dużej misce na stole widzę sałatę zieloną. Listki ociekają oliwą i jest to tak apetyczne, że nie wytrzymuję: „Czy można kupić sałatę?". Patronka od razu wstaje i powiada, że przyrządzi nam dwie główki. Wyszła i po chwili wniosła całą miednicę sałaty. Zjadamy w mgnieniu oka, zagryzając chlebem z pasztetem. Cudowne te noce na sianie, wśród monotonnego plusku deszczu.

24.6.1940

Rano znowu deszcz. Patronka przyniosła nam pół wiadra mleka na śniadanie. Zalewamy się mlekiem, leżę i piszę. Deszcz leje. Potem jem czekoladę, palę, usypiam, budzę się, gryzę czekoladę i drzemię. Koło czwartej po południu włazi do nas po drabinie patron, coś tam gaworzy i nagle spokojnie mówi: „Niemcy są już stąd o 12 km — zajęli Angoulême". Przynajmniej dowiedzieliśmy się, że Angoulême jest stąd o 12 km. Skoczyliśmy do rowerów. Bocznymi drogami wjechaliśmy na szosę do Périgueux. Postanowiliśmy już teraz jechać na południe. Po półtorej godziny jazdy Mareuil. Po drodze wleźliśmy znowu w sam środek wojska. Widać było, że cofały się nie tyły, lecz pierwsza linia — wojsko frontowe. Ścisk i wrzask, ciężarówki, ciągniki, czołgi, działa.

Zatory i wszystko staje. Jadąc na rowerach, udawało nam się przecisnąć i dojeżdżać do czoła kolumny. Jedziemy i znowu zator. Oficerowie biegają wokoło i klną, 15-centymetrowe działa, zepchnięte na brzeg drogi, obsuwają się do rowów, krzyki. Dokazując cyrkowych sztuk, dojeżdżamy do przodu. Cztery samochody ciężarowe stoją i żołnierze nie chcą jechać, bo nie wiedzą, co się stało z ich samochodem aprowizacyjnym. Dopiero jakiś łącznik na motocyklu podjechał i gdy powiedział, że żarcie jedzie o kilometr stąd, ruszyli. Za godzinę to samo. Działa 15-centymetrowe chciały wyminąć stojącą w miejscu kolumnę i wszystkie poobsuwały się do rowów. To, co się tam działo, trudno opisać. Piekło. Przedzieramy się i po kilku kilometrach odkrywamy sielankę. Czoło kolumny siedzi na skraju lasku, rozstawiono stoły i krzesła (wieźli to ze sobą) i kolacja odchodzi najspokojniej w świecie. Garden party. Z muzyką. Patefon gra, rubinowe butelki wina na stołach i wesoło. Mam jeszcze ciągle w uszach kwik wyprzęganych koni, zgiełk, szczęk. Tadzio spoglądał, splunął i stwierdził: „Słaba łączność w tym ichnim wojsku".

Jakże inaczej przedstawia się naród w czasie pokoju i w czasie wojny. Wojna jest dla narodu jak rzucenie monety na marmurową płytkę; i choć nienawidzę wojny, to wydaje mi się, że trudno o lepszy probierz. Przypominam sobie, co myślałem o Francji z dawnych lat. Dziś zrozumiałem jedno; cechy, które są czarujące w czasie pokoju, które ceni się wysoko — te cechy francuskie są zgubne w tej epoce. W czasie pokoju zapomnieli o wojnie, w czasie wojny nie potrafili zapomnieć o pokoju. Było już szaro, gdy wjechaliśmy do jakiegoś miasteczka. Ulice zapchane wojskiem, przed domami pełno ludzi. Jakiś mężczyzna kiwał ręką do żołnierzy i krzyczał radośnie: *C'est signé, c'est signé!*[1]. Podszedłem do niego. Z ożywieniem, jak o jakimś bardzo pomyślnym wydarzeniu, opowiedział mi o podpisaniu zawieszenia broni z Niemcami i z Włochami. Akcja wojenna ma ustać o godzinie 1.35 w nocy. Tymczasem ulicami dalej ciągnęły samochody i wojsko. Wiadomość o zawieszeniu broni rozeszła się w mgnieniu oka. Zapanował nastrój radosnego podniecenia. Ludność miasteczka siedziała w oknach lub stała w drzwiach i kiwała z uśmiechem rękami do żołnierzy. Oni jechali ze śpiewem, z harmonijkami w ustach. Zawieszenie broni jakby ich wyprostowało, ubuńczuczniło. Miałem wrażenie, jakby w jednej chwili poczuli się rozgrzeszeni. Bohaterowie, którzy do końca wypełnili swój obowiązek. W miasteczku było święto. W bistrach pozapalane światła, otwarte szeroko drzwi, pijatyka i śpiewy. I tylko w snopach światła przesuwały się nadal czarne sylwetki samochodów, dział i bezładnie idących żołnierzy.

Wyjechaliśmy poza miasto szukać noclegu. Ale wszędzie pełno wojska. Podeszło do nas jakichś dwóch pijanych żołnierzy. Zaczęli pytać, kim jesteśmy. Tu strefa wojskowa i cywile nie mają wstępu. Mówię, że jesteśmy Polakami. I wtedy robią nam wykład: Ta cała wojna jest z powodu Polski. Polska, zamiast ugodzić się, wzięła stronę kapitalistów i Anglii, a Anglia wciągnęła Francję. A zresztą tu jest wszystko napisane. Wyciąga jakąś zmiętą ulotkę. Chcę mu ją zabrać, ale on z uporem stara się ją odczytać na głos, choć jest już prawie ciemno. Bełkoce coś o trustach międzynarodowych, o kapitalistach, wreszcie

---

[1] Podpisane! Podpisane!

konkluduje z brawurą: *Fini — nous sommes trop intelligents pour nous casser la gueule...*[1] Tadzio odciąga mnie wściekły: „Co pan będzie z ciemniakami gadał. To samo co w Polsce. Niemcy z jednej strony, Stalin z drugiej i po herbacie. Tylko do nas to musieli przyjść, bo na to ich pisanie naród był za głupi, a tu oni są «*intelligent*», to bibuła wystarczy".

Jedziemy dalej już w zupełnych ciemnościach. Świateł nie wolno zapalać i wszystko kotłuje się w kompletnej czerni. Jedynie przydrożne bistra buchają światłem, jak otwarte piece w hucie, wypełnione po brzegi pijącymi żołnierzami. Taka Sicz z „Ogniem i mieczem". Było już po dwunastej w nocy, gdy zagrzebywaliśmy się w sianie. W stodole było elektryczne światło i odkryliśmy beczki z winem. Tadzio spojrzał na zegarek i powiedział: „Panie B. — za piętnaście minut sztyki do pochwy, w kozły broń i święto morza". Głowa mi pękała od bezustannego wdechiwania spalin na drodze i od warkotu motorów.

25.6.1940

Pogoda pod psem. Z rozmowy z patronką dowiedziałem się, że około 3 km stąd jest wielka ferma i pałac. Właścicielem jest Polak, bardzo bogaty, *un millionnaire*[2]. Podobno gromadzili się u niego uciekinierzy polscy i jeszcze ktoś tam jest. Uradziliśmy, że warto zajechać. Może uda się zjeść coś solidniejszego i czegoś dowiedzieć. Po dwudziestu minutach wjechaliśmy w aleję, a w chwilę potem przed wielki i zapuszczony pałac. Kiedyś musiała to być śliczna posiadłość. Ogród, klomby, fontanna. Tadzio mówi do mnie: „Zaraz wyjdzie ordynat". Zapytaliśmy o pana Budzyńskiego. Powiedziano nam, że jest przy robocie. Znalazłem go w ogrodzie za pałacem. Ordynat i dziedzic na trzystu hektarach z pałacem okazał się zwyczajnym chłopem z poznańskiego. Był w koszuli, w podartych spodniach uwieszonych na szelkach z pętelkami z postronka, w zabłoconych butach. Nosił jakieś deski i zbierał gałęzie. Dowiedziałem się potem, że przyjechał do Francji jako górnik, zaczął sprzedawać wędliny, nosząc towar w pudełku. Potem kupił rower, potem wózek z koniem, potem sam zaczął robić wędliny, wreszcie kupił fermę na północy, założył większą fabryczkę wędlin, następnie otworzył wielki sklep kolonialny, powiększył fabrykę, zarobił miliony, kupił tu na południu tę posiadłość i teraz, musząc uciekać z północy, zjechał do swoich włości w pięć samochodów, uwożąc ze sobą trzy tony suchych kiełbas i wędlin, szynek w puszkach i tak dalej. Postawił krzyżyk na swoim majątku na północy (wartość pięć milionów franków) i wesoło zabrał się do pracy tutaj. Ponieważ zdołał wywieźć także kilka maszyn do wyrobu wędlin, ma zamiar urządzić tu drugą fabrykę, bydła ma tu na miejscu trochę, początek jest, reszta pójdzie, „bo za dwa miesiące Francuzy zaczną zdychać z głodu" — jak mi to sam powiedział. Sam wszystkiego dogląda, sam umie wszystko zrobić i sam się wszystkiego chwyta. Przyjął nas uprzejmie i z wielką godnością.

---

[1] Już po wszystkim — jesteśmy za inteligentni, żeby dać się sprać...

[2] Milioner.

Opowiedział nam, że jeszcze tydzień temu był u niego cały konsulat z Lille, ale na wieść o zbliżaniu się Niemców wszyscy mężczyźni wyjechali i zostały tylko żony. Pokazał nam pawilon, w którym mieszkały, i powiedział: „Niech się te hrabiny wami zaopiekują. Cały dzień nic nie robią, papierosy smalą – polskie panie...". Strasznie mi się podobał. Hrabinom oddał do dyspozycji cały pawilon z kuchnią i jadalnią. Spały w pałacu. Przyjęły nas życzliwie. Zrobiły nam od razu gorącej kawy z górą chleba, kiełbasą i marmoladą. Rozmawialiśmy o ostatnich wypadkach.

Z deklaracji radiowej Pétaina wynika, że Francuzi w ogóle nie mieli się czym bić. O pół miliona żołnierzy mniej niż w 1917 roku, nie mówiąc o nierówności w uzbrojeniu. Pétain zwala winę na Anglików. Przysłali tylko dziesięć dywizji. Teraz Anglicy postanowili się bić sami. *Depuis la victoire, l'esprit de jouissance l'a emporté sur l'esprit de sacrifice. On a revendiqué plus qu'on n'a servi. On a voulu épargner l'effort; on rencontre aujourd'hui le malheur*[1]. Nareszcie trochę prawdy. Ale Pétain nie mówi wprost, że to było przyczyną klęski. Nie. „Za mało dzieci, za mało broni, za mało sprzymierzeńców, oto przyczyny naszej klęski". Żeby nie obrazić. Poza tym wszystko normalnie. Jean Prouvost został mianowany wysokim komisarzem propagandy. Propagandy czego?

Po kawie zabrałem się do roweru, bo trzeba było coś naprawić. Potem podano obiad. Wspaniały. Objadłem się niemożliwie. Po obiedzie panie poszły położyć się, a ja, korzystając z pralni, wyprałem całą bieliznę Roberta i moją. Rozwiesiłem na strychu w pałacu. Kolacja był znowu wspaniała, po czym siedzieliśmy jeszcze długo i rozmawiali z paniami. W polskim dworze na wakacjach. Powiedziałem, że mam zamiar zostać dłużej i odpocząć.

26.6.1940

Na śniadanie dzban kawy z mlekiem. Objadam się na całego. Całe rano przechodziłem z dziedzicem, rozmawiając. Jest wspaniały.

Nikt nic nie wie i wobec tego decydujemy się jechać dalej na południe. Francuzi z fabryki mówili mi jeszcze w Sully, że pojadą najprawdopodobniej do Carcassonne. Nie mówiąc o pieniądzach, które nam się jeszcze należą, mnie ciągnie na południe. Dwa razy nie zdarza się taka okazja. Postanowiłem jechać dalej, przeczekać, zobaczyć, co dalej, a potem wracać do Paryża. Tymczasem kierunek na Tuluzę.

Panie troszczą się o nas jak stado matek; obiad piramidalny. Po południu prasowałem. Przyjechał jakiś oddział francuski i rozlokował się w pałacu. Mieli ze sobą gramofony, grali, weselili się. Od jakiegoś podoficera wyłudziłem doskonałą mapę drogową. Teraz można będzie już jechać z planem. Z rozmów z żołnierzami wywnioskowałem, że ta cała wojna była spacerem Niemców po

---

[1] Od momentu zwycięstwa chęć używania wzięła górę nad duchem poświęcenia. Częściej domagaliśmy się, niż służyli. Chcieliśmy oszczędzić sobie wysiłku; dziś spotyka nas nieszczęście.

Francji. Ten oddział tu nie był nigdy w walce. Na widok jednego samochodu pancernego (przez lornetkę) – wiali.

27.6.1940

Nareszcie znowu słońce. Postanowiliśmy zjeść obiad jeszcze tutaj i zaraz po obiedzie jechać dalej. Od dziedzica Budzyńskiego kupiliśmy sporo suchej kiełbasy i odświeżyli tym nasze zapasy. Zjedliśmy znowu wspaniały obiad. Przy pożegnaniu chciałem paniom zapłacić za nasze utrzymanie, ale nie chciały nic wziąć. Muszę przyznać, że jak na żony urzędników konsularnych poziom wysoki. Byłem mile zdziwiony. Około trzeciej wyjechaliśmy. Po dwóch godzinach Périgueux. Pełno wojska i uciekinierów. Zatrzymaliśmy się na chwilę, żeby zjeść pięć kilogramów brzoskwiń, i dalej. Cahors–Montauban–Toulouse. „Ciach Mańkie w piach" – powiedział Tadzio i poszedł na prowadzącego w tempie wyścigowym. Droga cudowna, zielone wzgórza po obydwu stronach, wieczór wolno zapada, chłód. Darliśmy jak szaleni. Opanował nas południowy humor. Nocleg w malutkiej fermie. Wspaniałe czerwone wino.

28.6.1940

Słońce, oślepiające słońce, w dole wije się Garonna. Wdechuję zapach rozgrzanych łąk i przymykam oczy, bo wypolerowany asfalt lśni jak lustro. Denerwują mnie miasta. Mijam je szybko i z ulgą oddycham przy wyjeździe. Wspaniałe, zwierzęce uczucie rozkoszy, w której cała uwaga koncentruje się na szybkości, drogowskazach, jedzeniu i znalezieniu noclegu. Mam wrażenie, że jeszcze nigdy w życiu nie miałem wszystkiego do tego stopnia, tak absolutnie gdzieś – i pewnie dlatego jest mi tak dobrze.

Czujemy, że wjechaliśmy w inny kraj, w inny klimat. Koło południa upał staje się nie do zniesienia. Droga jest z białego kamienia i jadę niemal z zamkniętymi oczami. Tadzio podjeżdża ciągle do mnie i gada. Gęba mu się nie zamyka. „Panie Be – denerwuje się Tadzio – pan ciągle swoje. Niemcy i Niemcy. Pan widzi tylko Niemcy. Wcale nie... Francję zrobili tak samo do sitwy jak Polskę. Czy pan wie, że kiedy Polak robił w fabryce za dobrze, to Francuz po cichu rozregulowywał maszynę? Ja prawie codziennie traciłem czas na regulowanie automatu, bo mnie znali, że ja i do 700 zapalników na godzinę odstawiam, a jak dobrze szło, to i więcej. A oni mieli nakaz z partii: nie więcej jak 400. I jak tylko mógł, to trzaskał na rozregulowanej, żeby jak najwięcej sztuk było do odrzucenia. Panie, szmelc spod automatów szedł całymi skrzynkami. Ile razy widziałem w nocy, jak sobie podawali jakieś papiery. Chował do kieszeni i za chwilę leciał do wychodka czytać".

– Czemu pan mi o tym wcześniej nie mówił? – pytam Tadzia.

– A co mogliście zrobić? Nic. Za czym się ta sitwa nie rozleci, to jesteśmy ugotowane z sosikiem na szaro.

Tadzio ma rację. Francja, tak samo jak my, uległa straszliwemu naporowi i musiała mu ulec. Fizycznie rozbił ją Hitler, psychicznie rozładował komunizm. Czuję, że pewien rozdział został zamknięty. Francja była dogmatem. Teraz patrzę na nią i nie mam siły go odrzucić.

Na jakimś skrzyżowaniu, nie będąc pewny, która droga prowadzi do Belvès, wchodzę do jednej z ferm, aby zapytać o kierunek. Na tapczanie leży jakiś mężczyzna. Pytam się go po francusku. Spogląda na mnie chwilę i pyta po polsku: „Pan Polak?". Okazało się, że dzierżawcą tej fermy jest Polak. Zaprosił nas do środka, po chwili zeszła się cała rodzina. Mężczyzna, którego zastałem, wchodząc, był zięciem gospodarza. Zmobilizowany do wojska polskiego, zdążył uciec z Bretanii przed zajęciem jej przez Niemców. Opowiedział to samo co ci dwaj Polacy spotkani na drodze. Zasiedliśmy razem do obiadu. My jedliśmy nasze jedzenie, oni swoje, ale poczęstowali nas kwaśnym mlekiem z kartoflami. Na deser. Dowiedziałem się, że w tych okolicach jest sporo Polaków, którzy dzierżawią fermy „na połowę". Jest to system dzierżawy dosyć uciążliwy, ale powiedzieli mi, że można wyżyć. Francuzi uciekają od ziemi do miast, fermę można łatwo dostać, bo są okolice, gdzie całe wsie stoją opustoszałe, a ziemia leży odłogiem. Tadzio do mnie: „Bierz pan fermę — będę u pana parobkiem". Około czwartej ruszyliśmy dalej. Góry, ciężkie podejścia. Nagle Belvès, przyczepione do stoku stromego wzgórza. Wąskie uliczki lecące w dół na złamanie karku. W drzwiach domów i sklepów zasłony, wszystko przesycone słońcem. Pędziliśmy na dół, potem na przeciwstok — Belvès w całości, góra oblepiona domkami i spowita w festony uliczek. Droga dnem rozległej doliny, biały wiadukt na tle zieleni. Pędzimy. Znowu pod górę. Tadzio wściekły: „A k... aż cię do chrztu niosła — znowu góra!". W tym samym momencie, to znaczy w chwili niesienia góry do chrztu przez ladacznicę, dwie kobiety pracujące w polu kiwają do nas rękami. Zatrzymujemy się. „Panowie Polacy? Zaraz poznałyśmy". Tadzio szepnął mi: „Trudno nie poznać" i od razu zaczął się szastać do młodszej i mrugać do mnie. Matka z córką pracowały przy pieleniu buraków. Dzierżawią fermę opodal i zapraszają nas na nocleg. Wieczór zapadał łagodny, cichy, ciepły — rozleniwiło nas i postanowiliśmy zostać. Ferma czysta, wszędzie porządek. Ojciec okazał się murarzem z zawodu. Nie mogąc znaleźć pracy w swoim fachu, zabrał się do roli. I idzie mu. Wesoły, godny, uśmiechnięty. „A Polaczki, Polaczki!". Z cieniem ironii. Tadzio spojrzał na niego: „Jak pan masz co do naprawienia, to mów pan lepiej od razu i nie natrząsaj się pan z Polaczków". A stary rzeczywiście miał do naprawienia pług dwuskibowy — w okropnym stanie. Oglądnęliśmy to z Tadziem — bez nitowania ani rusz. Tadzio spojrzał na mnie: „Będziem nitować?". Przynieśliśmy węgla drzewnego, pompki rowerowe zamiast miecha, młotek, obcęgi — kuźnia na całego. Tadzio wybijał stare nity, ja ciąłem jakiś stary pręt żelazny na nity. Po trzech godzinach stary miał pług w porządku. Wtedy zrobił się czuły i wylewny. Jedliśmy kolację z nimi — nie zgodzili się, żebyśmy jedli swoje. Wypuczyło nam brzuchy od zupy i chleba i było cudownie. W końcu pan Krukowski powiedział: „Co będziecie jutro jechać — jutro Piotra i Pawła. Zostańcie — pomożecie mi odwracać siano". „Zostajemy, panie dziedzicu".

29.6.1940

Po śniadaniu poszliśmy na łąkę odwracać siano. Słońce świeciło — trawa jeszcze wilgotna od rosy. Krukowski przyniósł zimnego cidre'u i tytoniu własnego chowu. Co rząd siana, popijaliśmy i skręcali papierosa. Po skończonej robocie poszedłem do lasu na poziomki. Nazbierałem sobie całą menażkę i zjadłem z mlekiem kondensowanym po obiedzie. (Rosół z kury i kura gotowana). Drzema w trawie, pisanie. Wieczór biały od gwiazd i grający świerszczami, opada rosa. Siedzieliśmy i gadali i w końcu, jak jeden mąż, zgodziliśmy się z Tadziem, że „Francuzi to łapciuchy i mineciarze".

30.6.1940

Tadzio obudził mnie: „Panie Be — dzień jak carski rubel — płyniem dalej". Pojechaliśmy. W miasteczkach pełno wojska. Czekają na zdemobilizowanie. Francuzi podpisali zawieszenie broni na warunkach bardzo ciężkich. Muszą wydać Niemcom cały materiał wojenny, zgodzić się na okupację połowy kraju i całego wybrzeża Atlantyku, wyżywić i utrzymać całą armię okupacyjną. Podobno na terenach okupowanych ma być administracja francuska. Mówi się także o możliwości powrotu „rządu" do Paryża. Czym dalej na południe, tym łatwiej o chleb i jedzenie. Natomiast konserw mięsnych nigdzie nie można dostać. Za to po pięciuset kilometrach pustki pojawiły się znowu piwo i lemoniada.

Białe budynki stacji benzynowych przy drodze są jak zabawki i bielą się w słońcu, w ogrodach gdzieniegdzie palmy. Po południu wjeżdżamy do Cahors. Lot płynie dołem skalistym jarem, pędzimy po szosie prawego brzegu. Droga kuta w skale. Nic nie myślę i tylko patrzę. W Cahors kupujemy brzoskwinie, ser i białe wino, siadamy na ławce i jemy. O zmroku wyjeżdżamy z miasta. Noc ciepła i wygwieżdżona. Okolica pełna skalistych wzgórz, sucha, nigdzie żadnej fermy. Zapomniałem na ławce w Cahors tytoń i nie mamy co palić. Jestem zdecydowany jechać całą noc i położyć się spać o świcie, bo o znalezieniu fermy nie ma mowy. Na jakimś zakręcie przystajemy, bo Robert coś zobaczył i podchodzi sprawdzić. Obok nas zatrzymuje się patrol motocyklowy i dwaj podoficerowie pytają grzecznie, czy nie mogą nam w czymś pomóc. Nie mają papierosów. Przystaje także jakiś samochód i ci dają nam cztery papierosy. Teraz już łatwiej pomyśleć o nocy na drodze. Robert wraca i powiada, że można spać. Coś tam jest, ale nie wie dokładnie co. Podchodzimy. Pusty szałas z luźno ułożonych kamieni. Płaskie kamienie są tak kładzione, że koliste ściany, zwężając się ku górze, schodzą się i tworzą dach. Igloo z kamiennych płytek. Świecę latarką i podziwiam ten cud pasterskiego budownictwa. Naścinaliśmy gałęzi z karłowatych dębów i z krzaków jałowca, robiąc elastyczną podściółkę. Rozkoszuję się usypianiem.

1.7.1940

Już o piątej rano obudziło nas zimno. Przenikliwy chłód wciskał się przez niczym nieosłonięte wejście do kamiennego igloo i nie dawał spać. Mgła leżała jeszcze w dolinach i słońce nie wyszło spoza wzgórz. Szczękając zębami, zbieramy graty i jedziemy dalej. Około dziewiątej zajechaliśmy do Caussade i zjedli śniadanie. Miasteczko objedzone, ale udało nam się kupić sera i pasty kasztanowej w puszkach. Wielki bochen chleba na kierownicę i dalej do Montauban. Niedaleko za Caussade o mały włos nie było czterech trupów na drodze. Wydawało się, że droga jest pusta i Robert nie troszcząc się o nic, zjechał z prawej strony na lewą. W tej samej chwili usłyszeliśmy pisk opon na asfalcie, o dziesięć centymetrów od tylnego koła Roberta śmignął samochód, sunąc na czterech zahamowanych kołach. Przeleciał na lewą stronę, wpadł na krawężnik szosy, podskoczył na rowie ściekowym i zatrzymał się o pół metra od grubego platana. Cisza. Zmartwieliśmy. Tadzio tylko powiedział półgłosem: „Jak on teraz wylezie i da panu po mordzie, to ja się będę tylko patrzył, bo on ma rację. Żebyś pan tak mnie zrobił, tobyś pan pluł zębami". Po chwili z samochodu wysiadł jakiś Francuz z rozciętym czołem. Krew tamował chustką do nosa. Nie wiem — albo nie rozpoznał w Robercie sprawcy wypadku, albo był przekonamy, że to była jego wina. Nic nie mówił. Chodził i dyszał ciężko, wydechując nerwy. Dwie kobiety, siedzące jeszcze wewnątrz, też wyszły teraz zupełnie ogłuszone. Starałem się zagadać, oglądaliśmy razem samochód. Żadnego uszkodzenia nie było. Pojechaliśmy dalej. Tadzio: „Panie Be, to nie naród. Oni mieli wygrać wojnę? Nawet lunąć w pysk nie potrafią".

Po godzinie dojechaliśmy do Montauban i za miastem, nad brzegiem Tarnu, rozłożyliśmy się na południowy odpoczynek. Myślę o pustce tych okolic. Wzdłuż drogi widzieliśmy dziesiątki domów, kiedyś zamieszkanych, nieraz całe zagrody — wszystko opuszczone, przegniłe, rozwalone. O trzy czy cztery kilometry od głównej drogi można znaleźć miejsca, gdzie nie spotka się żywego ducha. Pustynia.

Do kolacji pijemy jakieś wspaniałe czerwone wino po 1 fr 50 litr. Tego nigdzie tu nie brak.

2.7.1940

Rano mycie i golenie, czyszczenie ubrań. O dziewiątej rano upał był już piekielny. Po dziesiątej pojechaliśmy dalej. Od trzech dni spotykamy ludzi wracających na północ. Jadąc z powrotem, kiwają do nas rękami i dają do zrozumienia, że jedziemy w złym kierunku. Koło dwunastej wjeżdżamy na przedmieścia Tuluzy. Jedziemy wzdłuż niekończącego się sznura paryskich autobusów. Wewnątrz mieszkają teraz uciekinierzy. Suszą bieliznę na poręczach, siedzą obok w trawie, palą ogień, gotują i piją. Wjeżdżamy do miasta. W Tuluzie jest jeszcze polski konsulat, jak nas zapewniano po drodze. Zajeżdżamy przed budynek. W bramie i na podwórzu pełno rodactwa. Robotnicy, żony oficerów, polscy żołnierze. Konsulat płaci podobno jakieś zapomogi i ludzie czekają. Nastrój jest potworny. Wszyscy są wystraszeni, opowiadają niestworzone rzeczy, marzą o otrzymaniu wiz hiszpańskich lub portugalskich, byle jechać dalej. Inni już wracają do Polski, natychmiast, w tej chwili; Niemcy mają już podobno specjalną placówkę w Lyonie, która namawia i werbuje Polaków do powrotu.

Ten już wyjechał prosto do Warszawy, tamten wyjeżdża dzisiaj. Jakiś jegomość biega i zaklina się na wszystkich świętych, że można otrzymać wizę chińską. Mam słabość do takich okazów i zaczepiam go. „Można?... Chińską? Panie, gdzie?" — „To nie takie proste" — i uśmiecha się tajemniczo. Mówię szeptem: „A ja chcę do Andorry... Zakochałem się w tej spikerce z radio-Andorra... słyszał ją pan?". Trzepie oczami. Śmieję się.

Postanawiam dowiedzieć się przede wszystkim, czy w Carcassonne jest nasza fabryka. Idę do Prefektury i do wydziału Ministerstwa Uzbrojenia, ale tam już jest pożegnanie z bronią i nikt nic nie wie. Wobec tego idziemy do Domu Polskiego. Ludzie nocują tu w ogródku, dyskutują. Poza tym wydają tanie obiady. Zupełnie przypadkiem dowiedziałem się od jakiegoś Francuza, że w Carcassonne jest część naszej fabryki. Wobec tego ani chwili dłużej nie mam zamiaru tu siedzieć. Atmosfera jest zadżumiona. Tadzio bał się, że go chcemy tu zostawić. „Jakbyś pan mnie nie wziął dalej ze sobą, to ja i tak za Boga nie zostałbym z tymi baranami. Panie — tu co kto powie, to zawsze słyszał to od głupszego od siebie i powtarza jeszcze głupszemu". Ściskam go i zapewniam, że ani przez chwilę nie myślałem o pozbyciu się takiego skarbu. Jest zachwycony. Kupujemy trochę jedzenia na drogę i wyjeżdżamy. Podobno nie wypuszczają z Tuluzy i na drodze są patrole żandarmerii. Jadę pierwszy, ostrożnie. Po chwili są — zapora w poprzek drogi i czarne mundury. Zjeżdżam w bok, kręcimy się po bocznych uliczkach, potem o kilometr dalej z powrotem na drogę. Nikogo nie było. Gdzieżby im się chciało pilnować wszystkich wyjazdów z miasta. Jest szósta i do Carcassonne mamy jeszcze 92 km. Biorę tempo wyścigowe. W pierwszej godzinie robimy 23 km, w drugiej 22 — jest ósma. Zaczynamy szukać noclegu. Droga prześliczna — po bokach łagodne wzgórza, łąki, czasem bieli się cmentarz obstawiony kolumnami ciemnych cyprysów. Spokój, cisza i harmonia. Zupełnie odruchowo zaczynam myśleć o Grecji. Gdzieś z daleka zegar wieżowy wydzwania całą melodię. Potem Tadzio gwizda coś z cicha, milknie. Podjeżdża i mówi półgłosem: „Panie — jakie to cudne...". Zapada noc. Bladoniebieskie niebo szarzeje i cyprysy na cmentarzach stają się jeszcze czarniejsze. Znajdujemy fermę, a przy niej stertę koniczyny pod dachem. Noc jest gorąca. Leżę na koniczynie i mam przed oczami wzgórze, a na nim, na tle ciemnego nieba rysuje się ostro dach małego kościoła. Dzwonią dzwony — jeden większy i stado mniejszych. Dzwonią. A czarne cyprysy, łąki, pola i winnice niosą ich dźwięk, podają sobie coraz dalej, coraz słabiej. Słucham i patrzę. Piękno może być tak samo trudne do zniesienia jak ból. Można je znosić tylko do pewnej granicy, przeżywać do pewnej głębokości. I potem mdleje się wewnętrznie.

Niebo jeszcze bardziej pociemniało i stało się fiołkowe. Błysnęły gwiazdy. Poszliśmy się myć do wielkiego basenu koło źródła. Rozebraliśmy się do naga, czerpali wodę menażką i wolno polewali. Czy Francja jest Grecją z tego okresu, w którym zaczęto nazywać ją — Achają? Wokoło terczały świerszcze, ślizgały się nietoperze. Wielki spokój. Długo nie mogłem usnąć. Wszystko, co było, przestało istnieć. Nie było mi niczego żal; wydawało mi się, jakbym w tej nocy tu, na południu, po raz pierwszy stąpał po ziemi.

3.7.1940

Wstaliśmy rano przebudzeni koncertem dzwonów. Słońce. Jedziemy dalej. Zaczęły się już żniwa. Po dwudziestu kilometrach usiedliśmy w rowie. Łany zboża wydawały się w tym słońcu białe. Jakaś żniwiarka, ostatni model z czasów Marii Antoniny – coś na kształt maszyny do szycia i maszynki do strzyżenia włosów – wlokła się wolno, ciągnięta przez krowy.

Koło pierwszej wjechaliśmy do Carcassonne. Miasteczko małe i urocze. Po drugiej stronie rzeki zamek, cały gród warowny, jak dekoracja w teatrze. W Carcassonne pusto, bo południe i upał. W Hôtel Vitrac odnajdujemy siedmiu naszych kolegów z paryskiego biura. W Carcassonne jest część naszej fabryki, jest nawet coś w rodzaju dyrekcji. Można dostać 500 franków, potem 675 – jako *indemnité de repliement*[1], czyli odszkodowanie za wianie, a właśnie dziś wszyscy zapisują się na listę zasiłków – 23 franki dziennie – płatne od jutra. Polaków traktują jak swoich – bez żadnych różnic.

Po obiedzie rozkładamy się w wielkim pokoju z pięcioma łóżkami. Śpiąc po dwóch na jednym łóżku, pokój wypada nam bardzo tanio. Jedziemy do naszej „fabryki". Mieści się w budynku jakiejś opustoszałej fabryki kapeluszy. Zapisują nas, jutro mają wypłacić 500 franków. Wyszliśmy z „fabryki" i poszli nad rzekę wykąpać się. Tadzio, rozbierając się, nachylił się i prawie w samo ucho wyszeptał: „Panie Be, od jutra przechodzim w stan spoczynku. Urlop, fajerant". To chyba tylko możliwe we Francji.

14.7.1940

Carcassonne? Nie, wioska olimpijska. Wypłacili nam wszystko, teraz 23 franki dziennego zasiłku. Hotel 3 fr dziennie, obiad 14 fr z winem i chlebem *à volonté*[2]. Jak za dawnych czasów. Czerwone wino; podają je mrożone w wielkich karafkach. Kiedy wytrąbi się całą karafkę, bierze się drugą z sąsiedniego stołu. Wojna? Tu wiedzą o niej jedynie z opowiadań przyjezdnych. Słońce, wspaniałe i soczyste; jedwabiste wieczory i noce, jak sierść czarnego kota. Od samego rana woda, rozleniwienie przeciąganych pływaniem członków. Bezgranicznie dobrze. Dogoniłem tu dawną Francję. I teraz wypiję ją wolno, wolniutko, jak kieliszek dobrego wina. A potem? Mój Boże... „Jutro", „potem", „w przyszłości" to są słowa z tamtej epoki. Przepadła, zginęła i niech jej historia lekką będzie. Gdyby tych słów nie potrafiło się odrzucić, to „teraz" straciłoby cały sens, cały urok. Chcę żyć tylko „teraz". Od pierwszego dnia tutaj poczułem najdokładniej, że los pozwolił mi wyciągnąć jakąś olbrzymią wygraną i że trzeba cenić każdą minutę. Magazynuję je. Pełne, okrągłe, pachnące minuty i godziny.

---

[1] Odszkodowanie ewakuacyjne.

[2] Do woli.

Najpierw był Dakar. Anglicy, nie chcąc dopuścić do powrotu floty francuskiej pod opiekę Niemców, zbombardowali, utopili lub uszkodzili połowę najlepszych jednostek morskich Francji. Wywiązała się regularna bitwa morska między Francuzami i Anglikami. Anglicy zrobili, co mogli. Żałosny widok. Najważniejsze jest jednak to, że Francuzi jednak bili się. Wprawdzie w Dakarze i przeciwko Anglikom, ale bili się. Zachowali się po tym jak żigolo, który dostał w twarz — wszystkie gazety płakały: to ja z tobą tańczyłem, a ty, a ty — buuu, buuu jesteś taka. Teraz zerwali stosunki dyplomatyczne z tymi paskudnymi Anglikami. Cała nienawiść do Niemców, cały żal za tę ich wojnę ucieczki wyładowują teraz na Anglikach. Gdy mówię, że jestem Polakiem, kiwają smutno głową: „Też ofiara Anglików". Dziś 14 lipca. Rząd francuski, znajdujący się obecnie w Clermont-Ferrand, wydał zarządzenie, że dzień ten ma być obchodzony jako dzień żałoby narodowej; w kościołach msze żałobne. Jak przez mgłę przypominam sobie ten dzień rok temu. Tłumy ludzi na Champs-Elysées. Jakie to wojsko było wspaniałe... Dlaczego wszędzie to przeklęte kłamstwo? Czy warto wspominać? Na pewno nie. Piszę to i mimo woli uśmiecham się. Ogarnia mnie jakaś złośliwa radość, że to wszystko pękło, trzasło, że jeszcze będą jakieś szwy pękać.

Byłem dziś w zamku, w katedrze. Przed ołtarzem stał sztandar, ksiądz w czarnym ornacie, msza bez dzwonków. Po nabożeństwie organy huknęły Marsyliankę. Kolana mi się ugięły, ściskało w gardle. Tadzio miał łzy w oczach. A Francuzi wychodzili z kościoła uśmiechnięci, wielu jeszcze przed wyjściem tkało papierosa w usta, nakładali kapelusze, grzebiąc po kieszeniach w poszukiwaniu zapałek lub zapalniczki. Zaciskałem pięści. O ileż trudniej żyć, gdy się jest — barbarzyńcą. Nie — przyszłość nie należy do żołądka i mózgu; pomimo wszystko — do serca.

Wielki hotel w obrębie zamku zajęty jest przez lotników. Słysząc, że mówimy po polsku, jeden z nich podszedł do nas i powiedział nam, że jest Czechem. Mówił łamaną polszczyzną, ale zupełnie dobrze można było go zrozumieć. Zaczął nam opowiadać o Francuzach, mówił o nich z politowaniem. „Oni dopiero zobaczą za dwa miesiące, co się stało". Zobaczą. Ale czy im może się cokolwiek stać?

28.7.1940

Czy znasz nastrój i życie w południowych miasteczkach Francji? Zawsze o tobie myślę i tak mi żal, że nie jesteśmy razem. Mielibyśmy tyle tematów do rozmowy i tyle okazji do przeżywania tego, co innym wymyka się, przecieka między palcami i wydaje się nudną monotonią.

Była wojna, jeszcze trwa, lecz dla nich podobno już minęła, a tu w ogóle nie dotarła. I oni się nie zmienili. Wychodzę pod wieczór. Słońce zapadło za domami i czuć je jedynie w wąskich uliczkach, grzeje jeszcze poprzez spopielałe w żarze dnia kamienie, bucha gorącem od ścian domów. Godziny między zachodem a zapadnięciem nocy są godzinami bez kolorów: na co spojrzysz, wszystko ma ten sam odcień popielatobiały, mglisty jak spłowiała akwarela.

Zamknięte w dzień okiennice otwierają się teraz, a przed drzwi domów wynoszą stołki, taborety, fotele i ławki. Siedzą na nich ubrane w czerń stare kobiety; szyją, szydełkują, cerują i mówią. Mówią śpiewną, niemal fonetyczną mową francuskiego południa. Jak w „Fanny" i „Mariuszu" Pagnola. O szarej godzinie wszyscy są przed domem i siedzą tak do późnej nocy. Młode dziewczęta są śniade i mają czarne włosy, chłopcy też są ciemni i zwykle mali. Wieczorem uganiają na rowerach.

Idę na zamek... Jest już zupełnie ciemno. Podchodzę na wał i obchodzę mury od zewnątrz. Na niebie wypryskują gwiazdy, jak bańki gazu w wodzie sodowej, wyraźnieje tuman pyłu drogi mlecznej. Zamek, całe miasteczko wewnątrz opasane murami, stają się tajemnicze. Jak ilustracje do bajek. Przez most, niegdyś zwodzony, wchodzę do środka. Znam tu już wszystkie przejścia i włazy. Wspinam się po murze, potem po kamiennych schodach na wieżę. Wdechuję głęboko świeży powiew nadlatujący od Pirenejów. Kładę się na podłodze i patrzę w niebo. Wtedy jest naprawdę sklepieniem. Czasem prawie usypiam.

Wracam powoli i przed hotelem wstępuję do mojego bistra na rum. Za stolikiem kilku malowniczo brudnych i malowniczo ubranych Cyganów hiszpańskich. Piją piwo i charczą. A przy innym stoliku obywatele miejscowi grają w belotte[1] — grają rękami, nogami, głowami, całym ciałem, i krzyczą. Wrzeszczą z emocji. Piję rum i zapalam papierosa. Noc jest znowu upalna i będzie się spało półsnem. O jedenastej zamykają bistro. Siwa patronka człapie do balustrady skwerku i woła przeciągle: „*Toto, Toto, minou, minou...*"[2]. Ale Toto, wielki czarny kocur, znikł. Poniosła go upalna noc. Rano odnajdzie się pod drzwiczkami lodowni, węsząc zamknięte wewnątrz mięso. Staruszka powie mu: *Mechant Toto, la viande n'est pas pour toi — oh non!*[3] i obejrzawszy się, czy druga staruszka, jej siostra, nie widzi, odkraje kawał mięsa i schowa Toto ze zdobyczą za ladę. A potem krzyknie piskliwym głosem: *Du café pour monsieur!*[4]. Będę pił kawę...

Skąpanymi w słońcu uliczkami jadę do merostwa. Chcę wyjechać nad morze i trzeba zbadać, jak taki wyjazd wygląda od strony administracyjnej. Nie wolno opuszczać teraz miejsca pobytu bez *sauf-conduit*[5], a do tego ważność moich papierów zaczyna się kończyć.

W wydziale „*étrangers*"[6] merostwa zagaduję żandarma o rybich oczach. Jak oni wszyscy tutaj, tak i on mówi o tej porze głosem przypominającym szwedzką gimnastykę w tempie zwolnionym. Najpierw należy przedłużyć papiery, wnosząc podanie do Prefektury. W Prefekturze odsyłają mnie na merostwo po pieczątkę przyjazdu i zameldowania. Owszem, ale Prefektura zabroniła stawiania tych pieczątek na dokumentach uchodźców. Jeżeli ona pozwoli, to dobrze.

---

[1] Popularna gra w karty.

[2] Kici, kici...

[3] Niedobry Toto, nie dla ciebie mięsko, o nie!

[4] Kawa dla pana!

[5] Przepustki.

[6] Dla cudzoziemców.

Wracam na Prefekturę. Tak — mogą wydać polecenie merostwu, ale muszę przynieść zaświadczenie z fabryki. Jadę do fabryki. Wracam z zaświadczeniem. Tam odbierają mi wszystkie papiery i każą przyjść pojutrze. Pojutrze stałem się już drugim człowiekiem. Jestem cały w ślicznej teczce i *mademoiselle* mówi mi tajemniczo: *Votre cas a été examiné et Monsieur le Préfet signera cela à cinq heures*[1]. Przyjeżdżam o piątej i dowiaduję się, że *mon cas*[2] został właśnie wysłany pocztą do merostwa. Merostwo odlegle jest od Prefektury o 500 metrów. Nazajutrz *après-midi*[3] merostwo stawia mi pieczątkę na *arrivée*...[4] Wracam do Prefektury. *Demain après-midi*[5] otrzymam przedłużenie ważności. Już wszyscy mnie znają. *Sauf-conduit?* Żandarm spogląda na mnie groźnie. Jaki motyw? Chcę jechać nad morze, po prostu nad morze. Chwila namysłu: to proszę wpisać „Rodzina w Narbonne", brzmi surowy nakaz. Uśmiecham się. I on uśmiecha się pod wąsem. *Demain après-midi.*

Czemu nie jesteśmy razem? Śmialibyśmy się razem, chodząc po wąskich uliczkach pełnych słońca, i chodzilibyśmy tak wolno i leniwie, jak szły moje papiery z Prefektury do merostwa: 500 metrów w 24 godziny. *Demain après-midi* znowu bez ciebie...

31.7.1940

Jadę nad rzekę. Wyjeżdżam poza miasto i drogą wśród winnic dostaję się do „pływalni". Leżę na słońcu. Właściwie Francuzi nigdy nie mają złudzeń; nie mają tego, co można określić „pędem do osiągnięcia niemożliwości". Jedynie pragnienie złapania ryby na wędkę w Sekwanie w Paryżu może stanowić tu pewien wyjątek. Chociaż podobno i to nie leży tak całkiem w granicach niemożliwości. Posiadają fenomenalnie rozwinięty, a tak trudny dla nas do osiągnięcia zmysł życia bez ideału i bez iluzji. Ann Bridge w „Pikniku w Pekinie" (też tytuł) dowcipnie to określiła, mówiąc, że noc księżycowa i miłość są dla Francuza dwoma zjawiskami natury, których nigdy nie miesza. Noc księżycowa — tak — jest rzeczą piękną, a miłość w czterech ścianach na wygodnym łóżku jest równie piękna, *mais il ne faut pas confondre ces deux choses*[6]. Nie należy mieszać. Ich rozmowy czy dyskusje są przesypywaniem błyszczących paciorków i cekinów i nigdy na ogół nie starają się dojść w tym do jakiegoś rezultatu; nie chcą nikogo przekonać. Jest to krajanie wszystkiego na wielką ilość próbek (ale nie bez wartości) i rozłożenie tych próbek na stole przed oczami zachwyconego ich elegancją i finezją klienta. Potrafią mówić godzinami o sprawach codziennego życia, które jest dla nich jedynym istotnym zagadnieniem. Dziś lubi się ich, jutro nienawidzi, pojutrze znowu skokietują jakąś błyskotką lub łatwością

---

[1] Pańska sprawa została zbadana i pan prefekt podpisze o piątej.
[2] Moja sprawa.
[3] Po południu.
[4] Przyjazd.
[5] Jutro po południu.
[6] Ale nie należy mieszać tych dwóch rzeczy.

podejścia do tego, co uważa się za „PROBLEM". Jakaś wspaniała umiejętność materializowania ducha, która jest chyba właśnie ich duchem. Niepokoją mnie, nie pozwalają nie myśleć, nie pozwalają wykręcić się jakimś ogólnikiem, który sam ciśnie się teraz na usta. Chciałoby się nami pogardzać, a nie można tak całkiem. Nie wolno? Czyżby Francja była religią?

W ciągu tego miesiąca pobytu tutaj na świecie toczą się wypadki. Francja zmieniła konstytucję, rozwiązano parlament i wprowadzono autorytatywny rząd Pétaina. Odebrano Francuzom to, do czego byli najbardziej przywiązani — bałagan parlamentarny. Ale to nic nie szkodzi — przywiążą się do niego jeszcze bardziej... I z kolei zaczyna się im odbierać drugą rzecz, która była istotą ich życia: jedzenie. Kartki żywnościowe zostały wprowadzone rygorystycznie, zakaz sprzedaży świeżego chleba. Wszyscy oczekują ataku niemieckiego na Anglię. Tak biegną dni, mijają ranki i wieczory tego dziwnego życia.

Gruissan, 3.8.1940

Mieszkam w czerwonym domku na palach. Idę wolno plażą. Od lądu wieje ciepły wiatr, morze jest zupełnie spokojne. Błękit nieba zlewa się z błękitem wody i wszystko pogrążone jest w bezlitosnym świetle słońca. Zdejmuję ciemne okulary i mam wrażenie, że jestem aparatem fotograficznym bez filtra. Oko zatraca w tej jasności zdolność wyraźnego odcinania kolorów i niebo, morze, piasek, dalekie góry zamieniają się w popielatą, płaską masę. Idę daleko, zostawiając za sobą kolorowy placek domków na palach. Rozkładam koc na piaszczystej wydmie i rozbieram się do naga. Butelkę z wodą do picia zakopuję w mokrym piasku i kładę się. Wszędzie pusto. Płyną godziny rozmowy ze słońcem. Do mojej butelki skrada się ciekawym krokiem mały krab. Chrząknąłem i krab rzuca się od razu do ucieczki. Biegnie bokiem, tyłem, przodem — zawsze w prostej linii. Nie potrafi zakręcać. Można by używać określenia: prostolinijny jak krab. Wślizguje się szybko do wody. Po ręce chodzi mi jakiś gatunek biedronki piaskowej. Wchodzi na koniec palca, kręci się w miejscu, otwiera pancerz i odlatuje. Wiatr zmienił się i teraz powiało od morza. Błękitna, nieruchoma tafla wody zaczyna drgać i perlić się. Wyskakują miliony świetlistych igiełek. Strzały wymierzone prosto w słońce. Wchodzę wolno do wody i idę daleko, zanurzony po pas. Mój koc na brzegu zrobił się już bardzo mały, gdy zaczynam płynąć. Ramiona i nogi pracują miarowo jak maszyna. Dlaczego Byron twierdził, że najładniejsza kobieta jedząca i pijąca co innego niż langustę i szampana wygląda zawsze wulgarnie? Snob, ale świetnie pływał. Ciekaw jestem jakim stylem. Heksametrem — śmieję się sam do siebie. Cały czas widać dno, choć już jest bardzo głęboko. Plaża jest żółtym paskiem, daleko, daleko. Nurkuję z otwartymi oczami, ale woda uparcie wyrzuca mnie na powierzchnię. Wracam. Ciągnę wolnym, leniwym crawlem. Wychodzę na brzeg przyjemnie zmęczony. Jest cisza i tylko krótka fala rzuca się z pluskiem na brzeg. Ciekawy krab zakrada się znowu do mojej butelki...

Wracam do domku na palach. Słońce przetoczyło się już na drugą stronę nieba i kłuje w oczy. Na obmurowaniu kanału stoi mój patron, właściciel kolonii domków, trzymając w ręce długą tykę zakończoną dziesięciozębem. Ubrany jest w granatowe spodnie z płótna żaglowego, jasnoniebieską koszulę i przepasany niebiesko-popielatą szarfą z bawełny w drobną siatkę. Na tle ciągnącej się bez granic plaży, w oślepiającym świetle słońca, wygląda jak kleks atramentu na żółtej serwecie. Co chwila przysiada, przysłania dłonią oczy, obciera pot końcem szarfy i bada pilnie dno kanału. Nagle przegina się, jedwabistym i ledwo dostrzegalnym ruchem wpuszcza do wody tykę i podnosi ją w górę. Na ostrzach dziesięciozębu trzepoce się duża ryba. Uśmiecha się do mnie wąsaty M. Louis i zdejmując rybę, powiada wesoło: „Trzeba przecież coś zjeść na obiad...".

Rano. Nad morzem mgła. Odległe o kilkanaście metrów domki są tylko ciemniejszą plamą. Jest duszno i czuję, że słońce rozpuszczone w tym mleku pali niemiłosiernie. Panuje atmosfera słonecznego pokoju, w którym zamknięto okna, przysłaniając je cienką firanką z tiulu. Siadam na rower i jadę do miasteczka po chleb, wino i wodę. Na plaży nie ma słodkiej wody. Wjeżdżam na długą groblę pomiędzy zalewami i wystraszam po obu stronach tysiące małych rybek. Uciekają na głębsze miejsca z pluskiem, pchają się jedna przez drugą, porysowując gładką wodę w zygzaki i prążki. Mgła ma jakiś nieuchwytny zapach — jak świeżo zerwana szyszka. Zapach sosnowych lasów grzęźnie w niej i dochodzi aż tu. Panuje skondensowana, gęsta cisza.

Wchodzę do piekarza. Jest jak zbudzony kot — senny, giętki, przeciągający się. Śpiącym głosem mówi mi: „Mgła to upał...". Podaje chleb i zapada w czeluściach mrocznej piekarni. Potem wstępuję po kartki z widokami tutejszej plaży. Wita mnie moja czarownica i tym samym drzemliwym tonem co piekarz wydechuje z siebie: „Mgła to upał...".

Kiedy pierwszy raz wszedłem do tego sklepu, nikogo nie było. Nagle w półmroku otworzyły się za ladą drzwi i weszło coś, na widok czego kolana ugięły się pode mną. Kobieta olbrzym, z rozłożystymi wąsami i krzaczastą brodą. Musiałem mieć głupią minę, coś w rodzaju „tylko mnie nie zjedz", bo uśmiechnęła się z wielką czułością i powiedziała pieszczotliwie: *Vous désirez, mon pauvre?*[1]. Dziś rozłożyła przede mną całe pudło kolorowych widokówek, otarła fartuchem pot z czoła i przewracała je z lubością, zachwycając się każdą po kolei i objaśniając, co oznacza — „A tam na lewo, czego już nie widać na kartce, to jest ta kawiarnia: *monsieur connaît ce café...*[2]. W końcu na każdej kartce najważniejsze było to, czego nie było na niej widać, ale *monsieur connaît ça sûrement...*[3]. A ja patrzyłem na jej wąsy i brodę, marząc o widokówce, na której byłaby tylko ona. Kupiłem trzy kartki za franka. Usiadła zmęczona i na pożegnanie przypomniała mi: *Vous savez*[4], mgła to upał...

---

[1] Czego sobie życzysz, biedaku?
[2] Zna pan tę kawiarnię...
[3] Na pewno pan to zna...
[4] Wie pan.

Jutro znowu do niej wstąpię, bo ma w tym sklepie wszystko. Mgła podarła się nagle i słońce wlało się do miasteczka jak strumień stali do kadzi. Pusto. Tylko gdzieniegdzie, lgnąc do ocienionych ścian domów, miękkim krokiem przesuwają się lśniące koty. Kupiłem litr białego wina, puszkę fasoli z mięsem i nabrałem z fontanny wody. Nadstawiając butelkę pod strumień tryskający z kolumny, drażnię pływającego w basenie wielkiego karpia. Wyciąga łapczywie ryj, myśląc, że mu coś rzucę, a ja robię tylko „*marionnettes*"[1] palcami. Zawsze go drażnię, bo nie lubię karpi. Ten jest jak ospały bankier, a resztki złotych łusek połyskują mu na brzuchu niby breloki przy kamizelce. Wracam do domku spocony i piję moją kawę w *monsieur connaît ce café*[2], zagryzając ją chlebem z konfiturą. Potem smaruję się oliwą od stóp do głów.

Od morza nadlatują zbite kłęby mgły. Po półgodzinie niebo jest błękitne i głębokie. Słońce oszalało. Wydaje mi się, że skwierczę jak sadzone jajko na patelni. Na brzegu, u moich stóp, mlaska fala, i to głośne oblizywanie brzegu zwiększa panującą wokół ciszę. Powietrze marszczy się ponad piaskiem i widać wszystko wokoło jak poprzez zmięty celofan. Myśl ustaje chwilami i tylko tłucze się w uszach, uporczywie i męcząco, „Bolero" Ravela. Jest w tej niemelodyjnej melodii coś, co może jedynie oddać nastrój tych godzin bezruchu; to rytm bezwładu, gorący i jednocześnie lodowaty i okrutny; rytm czegoś, co jest wewnątrz zimne, zupełnie nieruchome i tylko potwornie ogrzewane od zewnątrz.

Słońce wyjada ze mnie wszystkie kolory, wybiela wewnątrz i czerni tylko skórę. Jestem bryłą mięsa. Wchodzę do wody i jestem rybą. Chłód wody podziałał na mnie jak przejechanie ręką po całej klawiaturze fortepianu. Zapełniam się tonami i półtonami, barwię się. Wyśnił się sen o morzach południowych Londona i Maughama. Nurkuję. Woda jest zielonkawa. Odwracam się na wznak i jadę wolno w górę, jak cichy *lift*. Na którymś piętrze mijam zawieszoną w szmaragdzie różową meduzę. A potem znowu słońce.

Po południu upał zgęstniał. Wyciągnąłem materac z łóżka i rozłożyłem go na werandzie. Czytałem. Książkę pożyczyłem od poznanych kilka dni temu Belgów. Jest ich tu trochę — też uciekinierów. Mój znajomy, Dr G., jest dyrektorem Muzeum Sztuki Afrykańskiej w Namur. Przemiła żona. Obydwoje młodzi i sympatyczni. Śmieją się, gdy rzucam im uwagi o Francuzach; są poważni, gdy im mówię o Polsce, choć ja sam nieraz słabo w to wierzę, co mówię. Każda klęska ma jedno wielkie niebezpieczeństwo: w poszukiwaniu błędów łatwo przekracza się granicę, poza którą poszukiwanie to staje się zwykłą podłością i opluwaniem siebie samego. My opluwamy nasze głupie bohaterstwo, Belgowie własne tchórzostwo i króla. Oni mówią, że my mieliśmy rację, mnie wydaje się, że oni. Polska, Belgia, Holandia, Francja zaczynają myśleć. Ale dokąd w tym myśleniu nie przekroczą granicy godności własnej, nie będą naprawdę podbite.

---

[1] Fiku-miku.

[2] Zna pan tę kawiarnię.

Poprzez sztachety werandy widzę pasmo wzgórz. Kilka chmurek wisi nad nim nieruchomo. Nagle silny powiew wiatru zakołysał całym domkiem. Potem drugi i trzeci. Zerwał się huragan, gorący i gwałtowny. Poszczególne uderzenia wiatru, przypominające najpierw kolejne otwieranie i zamykanie butli z tlenem, zamieniły się w nieprzerwany świst. Od północnego zachodu parła ściana gorącego powietrza. Spojrzałem na plażę.

Pasmo szafirowej wody i złotego piasku przedzielone było żółtawą mgiełką. Wybiegłem na brzeg. Kilkaset metrów poza domkami rozebrałem się i biegłem. Przy brzegu morze było zupełnie spokojne. Nawiany od lądu piasek tworzył nad wodą wielkie wydmy i nawisy; wiatr huczał i siekł nim po nogach. Słychać było w krótkich przerwach metaliczny dźwięk, jakby dzwonienie opadających na wodę miliardów ziarenek.

Biegłem po linii wody, wykopując co chwila całe fontanny. Ogarnęła mnie jakaś dzika radość i choć czułem zmęczenie, przebiegłszy już ponad kilometr, biegłem dalej. Wiatr świstał mi w uszach, miedziane słońce chyliło się ku zachodowi, a na wodzie tańczył mój olbrzymi cień. W gubiącej się na horyzoncie płaszczyźnie plaży zobaczyłem coś czarnego. Podbiegłem bliżej. Zagrzebany do połowy w piasku, sterczał wrak niewielkiego holownika. Wokoło pustka, świst wichru, światło w kolorze lekko przypalonego cukru i wysoko wytknięty w niebo, pochylony komin statku. Na resztkach stalowych lin wiatr wygwizdywał jeszcze przeraźliwiej, buczał w kominie i sypiąc piaskiem, grzebał stalowego trupa. Było coś dziwnego w całym otoczeniu, jakaś trupia pustka i martwota, z której wiatr naśmiewał się, chichocząc w każdej szparze, telepiąc kawałkami blachy i tańcząc wokoło na lejkach z piasku.

Usiadłem na dziobie i nagle przypomniała mi się „Wyspa Skarbów". Wydało mi się, że z na wpół zasypanego luku ktoś mi się przypatruje. A kapitan Flint, umierając w Savannah, krzyczał: Rumu, Darby, McGraw... Wtem jakaś blacha oderwała się zupełnie, wyskoczyła ze statku i kulejąc, potoczyła się z brzękiem do morza. Uciekłem, oglądając się, czy nie goni za mną. Skakałem po wydmach, brałem garściami piasek i rzucałem go w górę. Rozsypywał się w chmurę, lecąc z wiatrem daleko w morze.

Wieczorem niebo zachmurzyło się i noc stała się czarna, absolutna. Mój domek wyginał się na palach, trzeszczał i skrzypiał wstrząsany podmuchami oszalałego wichru. Po kolacji wyszedłem. Stąpałem po twardym jak beton piasku, ubitym na tej wielkiej płaszczyźnie zimowymi burzami. Trzymałem się słupów telefonicznych, żeby w tej pustce nie błądzić. Kładłem się na wietrze jak na miękkim tapczanie. Pomimo nocy i wiatru było duszno. Zdjąłem koszulkę i szedłem dalej. Gorący wicher, przylatujący z ciemnej dali, jednostajny i męczący. Słupy telefoniczne stały się całą orkiestrą symfoniczną. Chwilami staję i słucham. Jest w tym coś z uwertury do „Wilhelma Tella" Rossiniego. Nie – to 12 Etiuda Skriabina. Słysząc ją, zawsze myślałem o takim szerokim, gorącym wietrze.

Błądzą wspomnienia, porównania, zapomniane obrazy. Szedłem raz sam w Gorcach w czasie halnego wiatru... Żal jest najgłupszym uczuciem, smutek obezwładnia. Pewnie całą noc nie będę mógł spać. Będę patrzył na siebie i od czasu do czasu stwierdzę, że dobrze to zagrałem; tę scenę bezsenności, melancholii i smutku. To zabawne, gdy czuje się równocześnie, że życie kipi tam wewnątrz i śmieje się. Jutro o piątej rano wyjeżdżam stąd, a jeszcze nie skończyłem książki. Wystarczy jej do rana. Zaczął padać deszcz. Zgubiłem tu czas – nie było dni ani nocy, godzin, pór... sam sobie byłem czasem.

Carcassonne, 10.8.1940

Carcassonne. Zaszyłem się w kącie naszego bistra, kazałem sobie podać szklankę rumu, wrzuciłem cztery kostki cukru i jest mi dobrze. Tylko gdzieś na dnie niepokój o Basię. Dostałem od niej list z Paryża. I teraz myślę o niej tak, jak Staś myślał o Nel, kiedy zostawił ją w baobabie i poszedł na poszukiwanie pomocy. Wiem, że wszystko będzie dobrze. Teraz jest ciepły wieczór, popaduje deszcz i jest świeżo. Rum ma kolor (oczywiście) ciemnego bursztynu i pachnie. Rum... Wtulam się jeszcze głębiej w róg kanapki i zapalam fajkę. Ogarnia mnie cudowna, spokojna bezcelowość. Tuwim napisał raz, że krowy mają „spojrzenie zaświatowe". Moje spojrzenia są właśnie takie. Ludzie są beznadziejni z tym ich natychmiastowym poszukiwaniem sensu. To całe towarzystwo ze „wspólnego pokoju" jest ciężkie. Wojna? Wojna! Dla S. skończyła się ona tam, któregoś września. Ciągle tkwi w niej i mówi, że „gdyby", to nawet można było utrzymać się przez pewien czas na dwóch frontach. Jeszcze tego brakowało... Wojna! Ta zaczynała się już dwa razy i dwa razy skończyła. Teraz jest dwudziestominutowa przerwa i trzeba ją wykorzystać tak, jak się wykorzystywało przerwę w szkole. Dwa razy już nas pytano i dwa razy dostaliśmy dwóję. Na następnych godzinach też będą pytać i trzeba się przygotować. Sens? Nie – życie, zwykłe życie jest najważniejsze. Są ludzie, którzy jadąc pociągiem, stają w oknie i patrzą wstecz. Że niby inaczej, to wieje i może coś wpaść do oka. I jak zobaczą coś ciekawego, to się jeszcze przez pół godziny wychylają (pomimo tej tabliczki: *e pericoloso sporgersi*) i nie widzą tego, co nadleciało, mignęło i znikło. Zostaje taki na którymś tam kilometrze i cześć, jak mówi Tadzio. A ja lubiłem zawsze patrzeć w przód. (*Madame, remettez, s'il vous plaît*)[1]. Dlaczego o rumie nie można powiedzieć inaczej niż koloru „ciemnego bursztynu"? To taka „zimna stal rewolweru" – nieunikniona, jak „głębokie-nie-nerwowe zaciągnięcie się papierosem". Jaka szkoda, że Flaubert umarł, zanim zdążył ułożyć ten słownik kretynizmów. Langusta to samica homara, i tak dalej... Myśli bywają straszne. Jedna nie daje mi spokoju: w Eskorialu, jeszcze za Filipa II, był świecznik na 300 (słownie: trzysta) świec. Jak oni go zapalali? Bo przecież zanim zapalili ostatnie, to te zapalone na początku już się pewnie wypaliły. Już wiem: ciągle zapalali. Jasne! Intelekt? – życie, nie intelekt. Wracam nad morze. Wielka przerwa. Za chwilę przyjdzie Tadzio i będziemy grali w szachy. Da mi, oczywiście, mata. Deszcz przestał padać, a z ulicy dochodzą śmiechy dziewcząt. Toto stanął na progu i zadarł ogon. Stoi tyłem do mnie i wygląda jak wieża Eiffla od

[1] Poproszę jeszcze raz to samo.

strony Trocadéro. Dwie nogi łączą się w gruby pień i cienieją coraz wyżej, wyżej. Wszedł Tadzio i zapytał mnie, czemu tak zadzieram głowę. „Patrzę na wieżę Eiffla". Ta hiszpańska rozkosz, co mieszka o trzy numery dalej, przyszła teraz na piwo. Ma trochę brudne nogi i kostkę obwiązaną czarną aksamitką. Dzięki temu ta noga z aksamitką wydaje się czyściejsza. Tadzio przysiadł się do niej i łapie ją za tę nogę z aksamitką. Teraz wstał i przyniósł pudło z szachami. Ale robi okropny hałas, bo łapie w nim wielką pchłę. Te pchły tutaj są naprawdę wspaniałe. Zadusił ją właśnie białym laufrem na stole. Mat!

12.8.1940

Mam wszystko. Jestem wyekwipowany i wracam nad morze. W jakimś koszyku na targu znalazłem kilka książek i zabieram je ze sobą. „Comentarii de bello Gallico" Cezara, pełne wydanie po łacinie z objaśnieniami za 3 franki. „Manon Lescaut" za 1,50 fr i „Climats"[1] Maurois za 5 franków. Cóż za rozkosz... Trzeba korzystać z ostatnich błysków tego kraju taniego jedzenia, napojów i książek. Równowaga to urok Francji. Bo cóż mi z taniej książki, gdy jedzenie drogie, lub z taniego jedzenia, gdy książka droga? Podszedł do mnie jakiś staruszek i zaczął gadać. Tu, na południu, nie poznają, że jestem obcy, i w najgorszym wypadku biorą mnie za Belga. Rozgadał się o polityce i w końcu powiedział, mrugając filuternie okiem: „Wszyscy klną na głos Anglików, a każdy po cichu pragnie ich zwycięstwa. To teraz ostatnia nadzieja — a pan co myśli? Wygrają czy przegrają?". Odpowiedziałem po normandzku: „Niemcy są silni, ale i Anglicy wiedzą, co robią — *on va voir!*"[2]. Uśmiechnął się porozumiewawczo. — *Je comprends*[3]. Zapytałem go, gdzie tu jest *pissoir*[4], bo wokoło nie dostrzegłem nigdzie tej — jak to nazwał Tadzio „ściany płaczu". Usłyszała to jakaś przekupka i z całą wylewnością objaśniła mnie skwapliwie: — *Ici, à gauche, mon pauvre!*[5]. Wyśpiewała „e" końcowe i wskazała kierunek. Wzruszająca. Dziś ich bardzo lubię.

Kiedy myślę o tobie, a myślę ciągle, wydaje mi się, że jestem swawolnym chłopcem, bezmyślnym, który wyciąga z obecnej sytuacji wszystkie plusy i bawi się, szaleje — bawi się nawet tęsknotą za tobą, znajdując w niej sens swojej samotności wśród słońca. Wstyd mi — miałbym ochotę cię przepraszać. Miałbym ochotę przepraszać wszystkich, co cierpią teraz. „Wiesz, Nel"... Nel, nie gniewaj się...

---

1 „Klimaty".
2 Zobaczymy!
3 Rozumiem.
4 Pisuar.
5 Tędy, na lewo, biedaku.

13.8.1940

Wiał wspaniały wiatr w plecy i jechałem w zawrotnym tempie. Serce biło mi szybko — hm — po prostu z radości. Słońce świeciło, puste ścierniska. Do Narbonne zajechałem przed siódmą. W mieście panował nastrój letniego wieczoru. Granatowi mężczyźni siedzieli w bistrach, pijąc wieczorny aperitif. Właściwie oni tu przez cały dzień coś piją. Było cicho, spokojnie, błogo. Stara Narbonne układała się do snu. Ja też wszedłem do bistra. Rum? — Nie, lemoniada. Jacyś obywatele mrugnęli do mnie porozumiewawczo sponad szklanek żółtego pastis z górą lodową wewnątrz i powiedzieli: *Tour de balade, hein? — Wuj, on se promène*[1] — odrzekłem i zabrałem się do mojej lemoniady, w której pływała gęsta kra. Znowu było mi wstyd... Letni wieczór, lemoniada, za pół godziny będę nad morzem, kupię chleba, zjem pudełko sardynek, pomidora, ser, napiję się wody z cytryną i zagryzę to czekoladą; wskoczę już przy księżycu do wody, a potem usnę, kołysząc się z całym domkiem, tańczącym wiater-polkę na swoich sześciu palach. Aż mnie zamroczyło i musiałem się cucić drugą szklanką zimnej lemoniady. Potem wsiadłem na rower i o zmroku byłem pod fontanną.

Kupiłem chleba, napełniłem flaszkę wodą (stary karp już spał) i groblą dojechałem nad morze. M. Louis przywitał mnie kieliszkiem grenache, narzekał na pustki (zły sezon w tym roku — naprawdę), dał klucz do domku i życzył dobrej nocy i pogody. Słońce już zaszło, domek kołysał się, a ja jadłem sardynki, pomidory i ser. Rzeczywiście zły sezon w tym roku; no ale to chyba dlatego, że tak się jakoś złożyło, iż przegrali wojnę... co? co? W-o-j-n-ę?

Wyszedł wielki księżyc. Kryształki soli zmieszane z piaskiem błysnęły białym światłem. Wskoczyłem do kanału i kąpałem się w żywym srebrze. Bawiłem się wodą, wpadłem do domku i wycierałem się na werandzie; gorący wiatr suszył mnie. Położyłem się do łóżka i zacząłem czytać „Manon Lescaut", usiłując wygwizdać arię kawalera de Grieux. Cały czas myślałem o tobie; bo pamiętasz — raz wieczorem, u nas, siedzieliśmy na moim tapczanie i słuchali całej „Manon". Opowiadałaś mi treść. Za oknami był śnieg i mróz, od pieca biło łagodne ciepło, a w kasetce na moim biurku stały papierosy. Gryzłem orzechy z rodzynkami i prosiłem cię o papierosa. Przyniosłaś mi całą kasetkę. Oparłaś głowę na moim ramieniu i powiedziałaś jak zwykle: „Tylko nie dmuchaj mi w nos". W szufladzie biurka leżało jeszcze kilka zawiadomień o naszym ślubie. Przestałem czytać i wpatrywałem się w dach. Podrzucany wiatrem, podskakiwał jak pokrywka na czajniku z kipiącą wodą. Pomyślałem sobie, że gdyby nagle oderwał się i poleciał, to byłoby jak z naszym. Nasz dach zerwało już tak dawno...

14.8.1940

Obudziło mnie słońce. Weszło przez szpary w deskach i przekroiło mój pokoik na kilkanaście części. Wstałem, narąbałem drzewa i zagotowałem kawy.

---

[1] Przejażdżka, co? — Taa, jeżdżę sobie.

Potem wypakowałem moje skarby i umeblowałem się. Cieszę się każdym głupstwem, każdym rondelkiem, puszką, nożykiem. Układam starannie, a na widok aluminiowego talerzyka z cytryną, pomidorami i jajkami na tle kraciastej serwetki popadłem w zachwyt. Położyłem na to nożyk; nabrało życia i sensu. A gdy postawiłem obok tego małą solniczkę z zielonym czubkiem i kromkę chleba, stwierdziłem, że to już prawie przeżycie. Miałem ochotę malować. I to koniecznie tak jak Cézanne.

Potem poszedłem bardzo daleko, czytałem, pływałem i drzemałem. Cezar jest okropny. Teraz naprawdę rozumiem, dlaczego stary Bogucki nie mówił inaczej jak „ci barbarzyńcy Rzymianie". Przy tym wszystkim ten Cezar — koloryzuje niesłychanie. Takie pomysły jak z Disneya. Rzymianie przebijali oszczepami kilka tarcz helweckich naraz, pod rząd, i unieruchamiali lewe ręce jednym oszczepem kilku wojownikom za jednym zamachem. Oczywiście ci rzucali tarcze i musieli walczyć *nudo corpore*. Czytam to z nienawiścią. Jego łacina jest mi tak samo wstrętna jak niemiecki z „Mein Kampf" Hitlera. Te książki mają coś pokrewnego. I jeden, i drugi zbawiają podbojem. Ta sama jest w nich obłuda, to samo kłamstwo i buta. Germański król Ariovist spotyka się z Cezarem i mówi mu, że to nie on Gallom, lecz Gallowie jemu wypowiedzieli wojnę. Cezar mówi to samo. A pomiędzy nimi jest rozdarty świat, który szuka zbawienia to u jednego, to u drugiego. Swoją drogą technika Cezara jest zadziwiająca: doskonały wywiad, wszędzie piąta kolumna, zawsze pozycja umocniona i świetna propaganda. *Vulgus militum* jest zawsze odpowiednio poinformowany *qua arrogantia in colloquio Ariovistus usus* i pali się do walki. Już Cezar używa w odniesieniu do Germanów słowa *arrogantia*. Widać z tego, że to wcale nie tylko cecha pruska, ale narodowa. Prusacy wzięli ją znad Renu. Smakuje mi ta *arrogantia* niebywale. Całego zdania nauczyłem się na pamięć.

W domu zrobiłem sobie wspaniały obiad. Ryby są tu prawie za darmo. Smażę je na ruszcie. Pachną i złocą się powoli, smarowane oliwą, jak drzewo pociągnięte politurą i glansowane. Jutro nałapię muli. A moja czarownica ma jeszcze angielski tytoń fajkowy St. Bruno Flake. Czytałem do wieczora, wyciągnięty na materacu, na werandzie. Uważaj to za spowiedź z ciężkich grzechów...

15.8.1940

Zgasiłem świecę i patrzyłem na wielki księżyc. Wieczór był gorący i cichy, tylko od morza dolatywał jednostajny szum. Zamknąłem domek i poszedłem nad kanał. Bezszelestnie płynęły łodzie na nocny połów. Zdjąłem szybko sweter, szorty i espadryle. Nadpływała łódź. Skoczyłem do wody i uczepiłem się burty. Rybacy zaczęli żartować i śmiać się. Sunąc w pianie i ślizgając się za łodzią, odcinałem się, jak mogłem. Śmiechy — któryś pochylił się i wyciągając do mnie paczkę papierosów, chciał mnie częstować. Tak lubię te ich śmiechy i dowcip. Wypłynęliśmy z kanału na morze. Pociągnęli mnie bardzo daleko, zatrzymali się i zaczęli zapuszczać sieci. *Bonne nuit!*[1] Puściłem łódź i zawróciłem do brzegu. Po chwili zostałem na morzu sam, daleko od plaży. Woda była zupełnie srebrna, od strony Pirenejów błyskała latarnia. Cisza. Jest coś tak dziwnego w takim osamotnieniu na morzu, w nocy, że nie zapomnę tego chyba nigdy. Zdjąłem spodenki i owinąłem je sobie koło szyi. Najlepiej pływa się nago, a teraz miałem do brzegu przeszło godzinę. Płynąłem miarowo i wolno. Właściwie nic nie myślałem. Wsłuchiwałem się tylko w rytmiczne uderzenia serca, gdy ciało pchnięte do przodu ślizga się nieruchomo i bezgłośnie; patrzyłem w płuca, sprzężone z ramionami, i cieszyłem się ich pracą, jak konstruktor pracą silnika na hamowni. Zlizywałem z warg słoną wodę i miałem ochotę na coś słodkiego. Potem przestraszyłem się, że nie dopłynę i zacząłem od razu tracić rytm i męczyć się niepotrzebnie. Naprawiłem defekt szybko i płynąłem dalej. Wyszedłem na brzeg zmęczony i zmarznięty. Leżałem chwilę na piasku jak zdechła ryba.

17.8.1940

Nie — nie jestem w stanie zrozumieć „Manon Lescaut". Jest to może bardzo finezyjne, ale nie przeszkadza, że w sumie de Grieux jest alfonsem, a Manon k... Widzę ich świetnie w wagonie metro, w godzinach przepełnienia, sklejonych pod ścianą i oblizujących się nawzajem. Na République ona jemu daje 100 franków, on ją cmoka i wysiada, a ona dojeżdża do Bastille i idzie spać z kimś innym. On może być z „dobrej rodziny", a ją, jeżeli złapią i zobaczą, że „niekontrolowana", to też wsadzą do La Roquette. Tylko dziś nie wywiozą jej do Ameryki, lecz dadzą *une carte*[2]. Cała różnica. Z tego punktu widzenia książka ta jest na pewno nieśmiertelna.

Cezar jest natomiast pasjonujący. Z początku szedł mi trudno, ale po dwudziestu kilku rozdziałach wszedłem w tę jego łacinę, przypominającą tabliczkę mnożenia. Teraz łapię się na tym, że mimo woli jakieś myśli zaczynam układać po łacinie. Mógłbym na przykład powiedzieć jakiemuś Niemcowi, że *Germani multum ab nostra consuetudine differunt: latrocinia nullam habent infamiam, quae extra fines cujusque civitatis fiunt* itd., czyli grabieże uprawiane poza granicami ich państwa nie są uważane za nic złego i służą, jak to oni mówią, jako zaprawa dla młodych ludzi, u których zmniejszają lenistwo. Cezar stwierdza poza tym, że ich najulubieńszą formą ustroju jest dyktatura. A on się pewnie od nich tego nauczył. Gallów ocenia trzeźwo: łatwo zapalają się, łatwo poddają. Właściwie Cezar traktuje Gallów tak, jak ma się ochotę traktować obecnie Francuzów: Były takie czasy, w których Gallowie, dzielniejsi od Germanów, wypowiadali im wojny i zakładali kolonie za Renem. (*Ac fuit antea tempus, quum Germanos Galli virtute superarent...*). To *Ac fuit antea tempus* miałoby się przecież ochotę powtarzać teraz na każdym kroku. W dzisiejszej sytuacji ten czas przeszły, użyty już przez Cezara, ma w sobie jakiś tragizm, coś, co mi nie

---

[1] Dobranoc!

[2] Dokument potwierdzający wpis do rejestru prostytutek.

daje spokoju. Postać Vercingetorixa jest piękna i tragiczna. Czy de Gaulle'owi powiedzie się lepiej? Dr G. ocenił go bardzo pozytywnie. Twierdzi, że on jeden zdolny jest uratować dobre imię Francji. Wie się jednak o nim bardzo mało – po prostu jakieś przebąkiwania. W moich wszystkich myślach o Francji doszedłem tymczasem do jednego: Francja absolutnie była swego rodzaju dogmatem, i to dogmatem tak wielkim, że całkowite uwolnienie się od niego jest prawie niemożliwe. Francji nie można przemyśliwać tak obiektywnie jak Anglię, Stany Zjednoczone itd. Ona jest wyjątkiem, wielkim wyjątkiem.

18.8.1940

Poznałem tutaj, na plaży, dwie starsze panny. Ojciec ich był kapitanem okrętu i mieszkały razem z matką w Marsylii. Gdy ojciec umarł, wróciły do swego domku tutaj i żyją z renty. Pożyczyły mi „Historię Gruissan" i kilka jakichś romansideł. Książki ich noszą daty i określenie miejsca, w jakim były czytane: „28.11.1924 – Singapore", „25.1.1926 – Równik" i wymowny dopisek *quelle chaleur*[1]. Codziennie, jak w zegarku, przychodzą o piątej na plażę, kąpią się o siódmej, gną się w świetnie zsynchronizowanej gimnastyce szwedzkiej, ubierają się z tą sarnią szybkością, co do sekundy, i o ósmej wracają. Gdy widzę dwie białe suknie na długiej grobli, mam wrażenie, że patrzę na wskazówkę zegara, która zbliża się do piątej lub ósmej. Są raczej sztywne, milczące i życzliwie prowincjonalne. Oburzyły się na mnie, że wolę Balzaka od George Sand. Straszne! Po raz pierwszy poznałem G. Sand, gdy matka czytała mi listy Słowackiego. Miałem wtedy 14 lat i znienawidziłem babę od dziecka. Właściwie nie wiem dlaczego. Słowacki pisze, że spotkał ją na Jeziorze Genewskim, na promie, w spodniach, i jakoś wyraził się o niej z przekąsem. I to wystarczyło. Dziś zareagowałem z gwałtownością i w obronie Balzaka, w uniesieniu, powiedziałem, że G. Sand to była po prostu *une loutre intellectuelle insupportable*[2], tłumacząc dosłownie na francuski nasze określenie „intelektualna wydra".

Panny B. idealnie równoczesnym ruchem zesztywniały, zaczerwieniły się i obydwie naraz zapytały tonem przypominającym cukier lodowaty: *Plaît-il?*[3] To *plaît-il* zarżnęło mnie zupełnie i chcąc być lepiej zrozumianym, wpadłem jeszcze głębiej: *Je voulais dire une grue intellectuelle*[4].

Gdybym nagle zdjął spodenki, efekt byłby prawdopodobnie nieskończenie mniejszy. Zabulgotały tylko *mais Monsieur...*[5], spojrzały na siebie i chłodno zmieniły temat rozmowy. Uznały widocznie, że wobec takiego ogromu prymitywu nawet nie można się obrazić.

---

1 Ależ upał.

2 Nieznośna intelektualna wydra.

3 Słucham?

4 Chciałem powiedzieć – intelektualna kurwa (autor gra na dwuznaczności słowa *grue* – żuraw, ale także kurwa).

5 Ależ proszę pana...

Wieczorem stoczyłem walkę z Dr. G. o „Klimaty" Maurois. Powiedział mi w końcu, że za dobrze pływam, abym mógł to zrozumieć. Dlatego że, moim zdaniem, takim ludziom jak w „Klimatach" nie należy dawać miłości do ręki. Co oni z tego zrobili? Ludzie na ogół lubią jeść dobre rzeczy i odżywiać się porządnie, a mają dziwną skłonność do karmienia swojej duszy jakimiś namiastkami lub odpadkami. Nie, nie — to książka o temperaturze cieplarni, duszna i bezcelowa. Tak się zwykle dzieje, gdy ludziom zaczyna się za dobrze powodzić. Na pewno nie mam racji. W historii Gruissan wyczytałem, że ten wiatr był tutaj zawsze i już Rzymianie nazywali go Circius. Pliniusz Młodszy pisał o nim, że „jest to najsłynniejszy wiatr w prowincji narbońskiej i wszystkie inne ustępują mu gwałtownością i siłą". Teraz gasi mi ciągle świecę.

20.8.1940

Rano otrzymałem kartkę od Tadzia. Pisze mi, że już nie może wytrzymać z tą „świętą inteligencją" w Carcassonne i zapytuje mnie, czy mógłby do mnie przyjechać. „Robinzon Kruzoe także samo nie był ciągle sam i miał Piętaszka. Czy mogę się zgłosić za Piętaszka?". Zapytuje mnie, co ma przywieźć i czy może przyjechać z Señoritą. Señorita to ta Hiszpanka z aksamitką na kostce. Widocznie Tadzio ma zamiar porwać ją. Odpisałem mu od razu, że przyjmuję go za Piętaszka, żeby przywiózł konfitur, mleka kondensowanego i cukru, a Señority niech nie przywozi. Pojechałem z kartką do Narbonne, żeby prędzej doszła.

Mocowałem się z wiatrem przez godzinę. Łaziłem po Narbonne. Miasta południa należy oglądać tylko pomiędzy zachodem słońca i nocą. Całe bogactwo przesłonecznionego dnia osiada pod wieczór, milknie, zastyga i nie rozprasza się w hałasie i gwarze rozhukanego światła. Błąkam się po wąskich uliczkach, tak wąskich, że trzeba się nimi prawie przepychać. Bokiem, zawsze przylepione do murów, majestatyczne koty, a w drzwiach domów siedzą ludzie i gadają. Tu czuć cebulę, stamtąd dolatuje czosnek, płynący na lekkiej chmurce smażonej oliwy, a pod to wkrada się często niepozorny, ale zjadliwy rynsztok. Lubisz bajki — tu miałbyś tło do wszystkich bajek razem wziętych. Te uliczki i domy, zakamarki i podwórka można ożywić wszelkimi postaciami, najbardziej nieprawdopodobnymi. Kto wie, czy nie stałyby się prawdziwe w tym otoczeniu. W jakieś okropnej uliczce odkryłem lokal masonów. Na brudnych drzwiach wspaniale złociły się emblematy loży. Kto tu do nich należy?

Wracam o zmroku, jadąc wśród winnic. Winogrona już dojrzewają. Zsiadłem z roweru i zerwałem ciężką kiść czarnych owoców, pokrytych prześlicznym, sinawym puszkiem. Wgryzłem się w nie spragniony — było mi gorąco i usta miałem wyschnięte. Niebo już pociemniało i tylko nad górami, w stronie słońca, było jeszcze popielatobłękitne. Wiał wiatr. Siedziałem na rozgrzanym kamieniu, patrzyłem w niebo głaskany gorącym wiatrem, a po brodzie ciekł mi purpurowy sok zerwanych z krzaka winogron. Znowu nic nie myślałem — jadłem winogrona. Czułem tylko, jak intensywność życia wzmogła się we mnie do ostateczności. Czułem swoją młodość, przeżyłem ją w tych kilku chwilach tak, że krew powinna była mi trysnąć ze wszystkich por i pomieszać się z sokiem winogron. Złapałem życie, na moment, ale wyraźnie. To było wspaniałe.

W nocy ustał wiatr.

23.8.1940

Tadzio nawarzył piwa. Rąbałem dziś rano drzewo na obiad, gdy nagle wpada na rowerze zdyszany Tadzio, blady, półprzytomny i wrzeszczy: „Señorita się zabiła, Señorita się zabiła". Okazuje się, że zabrał jednak ze sobą Señoritę nad morze i kiedy zjeżdżali z przełęczy w paśmie wzgórz koło Gruissan, Señorita nie hamowała i wyleciała na tym najgorszym zakręcie na kamienie. Tadzio dyszy: „Panie Be, to siła odśrodkowa — pan rozumie? Teraz leży cała we krwi. — Jak jej dotknąłem, to już stygła" — jęczy Tadzio. Pędzimy na miejsce wypadku. Rower leży, kałuża krwi, Señorita ulotniła się. Musiał ją ktoś zabrać do szpitala w Narbonne. Pędzimy do Narbonne. Po drodze spotykamy samochód doktora z Gruissan. Mówi nam, że to on odtransportował *la jeune fille*[1] (żeby on wiedział) stan niegroźny, na tym zakręcie ciągle ktoś się tłucze. Walimy do szpitala. Lekarz widzi, że jesteśmy Polakami (raczej słyszy) i uśmiechnięty, przedstawia się dowcipnie: „Trocki jestem — nie Lew!". Zaprowadził mnie do Señority. Leżała nieprzytomna, połowa twarzy krwawa maska. Trocki powiedział, że musi „się poleżeć" i po opatrunku może wracać do Carcassonne. Niech leży. Tadzio chodził niespokojnie po korytarzu. Wyszliśmy na rum. Wypiłem z nim „na ty". Rozpogodził się prędko i zaczął bajtlować o Opatrzności i że „widocznie tak było zapisane". Opowiedziałem mu, że przed nim już był taki jeden i nazywał się Kubuś Fatalista. Tadzio nauczył się ode mnie zwrotu „może podyskutowalibyśmy na ten temat". Bardzo mu się podoba i okropnie śmieszy. Chichotał i powiedział mi: „Słuchaj, może podyskutowalibyśmy na ten temat". — „Czy na temat Diderota?" — zapytałem. — „Nie, na temat Señority. Szkoda — to dobra robotnica...". — „A ty będziesz płacił za opatrunki — dobrze ci tak!".

25.8.1940

Tadzio pojechał eskortować Señoritę. Ma wrócić dziś wieczorem. Przywiązałem się do niego. Ja inteligent, on prosty, mało wykształcony chłopak. Jesteśmy w jednym wieku. Jeszcze raz przekonuję się, jakim idiotyzmen jest to tak zwane „ustawianie się frontem do ludu", to „umiejętne podejście" do „prostego człowieka". Wystarczy tylko jeden z przepisów tego inteligenckiego katechizmu, żeby w ogóle nic nie wyszło. Nie ma chyba śmieszniejszej figury jak taki inteligent „podchodzący do ludu". Wystarczy tylko starać się świadomie mówić „prostym językiem", żeby ten język stał się mało zrozumiały. Tu nie ma „systemu". Demagogia działa na masę, ale z jednostkami demagogią nie ujedzie się daleko. A jednak prawdziwy kontakt, prawdziwe przenikanie nie wytwarza

[1] Pannę.

się na wiecach przy pomocy haseł – to jedynie tysiące i miliony kontaktów osobistych w codziennym życiu i obcowaniu „prostych" z inteligentami. I na odwrót. W sumie chodzi o bardzo mało i bardzo dużo. Przede wszystkim o zaprzestanie klasyfikacji na „prosty", „półinteligentny" i tak dalej. Jest człowiek. Uznania tego faktu należałoby żądać tak od jednych, jak i od drugich. Niestety o to najtrudniej. Najczęściej inteligent nie uważa prostego tak całkiem za „człowieka", a prosty widzi w inteligencie też wiele, ale mało z „człowieka". Obustronna pogarda, wrodzona, zaostrzona z jednej strony zawiścią, z drugiej obawą „masy", nie ułatwia przekroczenia tego małego ząbka. Szczególniej u nas. Inteligencja nasza była czymś w rodzaju Banku Polskiego lub Kasy Chorych. Nie – gorzej, to był „Sim" lub „Swann". Snobska kawiarnia dla zdolnych, ale i dla skończonych mydłków. Nie – nie mogę spokojnie pisać. Jeszcze nie mogę. Byłbym na pewno niesprawiedliwy. Ale wiem jedno i przyznaję się do tego otwarcie: gdy napływała ta „śmietanka" w zeszłym roku, w jesieni, do Paryża, nie było mi ich nic żal. Polsce ubyło w tym sporo wartościowych ludzi, ale odciążyła się także wspaniale i za jednym zamachem od hołoty; od tych paniuś, panów i wojskowych o infantylnej umysłowości „gebirgstrottlów". Tych ludzi nic nie byłoby w stanie zmienić i chyba nic nie zmieni. Nadają się do słoików „wecka". Nie – muszę przestać. Eksperyment dopiero się zaczął i nie wiadomo, jakie będą wyniki. A mnie na słowo „inteligencja" uderza krew do głowy i nie potrafię być sprawiedliwy. Ryzykuję od razu sentymentalne wybielanie „ludu", ZNMS-owskie zachłystywanie się koleżanki Haliny klasą, która kiedyś „uderzy znienackiem", jak to deklamował jej kolega na ulicy Czerwonego Krzyża. Pamiętam, że to „znienackiem" mnie z lekka wykończyło.

Jaka jest różnica między mną a Tadziem? Różnica w odczuwaniu. Bo dziś jesteśmy w tej samej sytuacji materialnej. Dla mnie pogłaskanie rozłożonego na słońcu kota, jego bladozielone spojrzenie spod kilku pręcików rzęs, mieniących się na krawędziach kolorami tęczy, jest przeżyciem. Dla Tadzia to nie jest przeżyciem. A może po prostu tylko jeszcze nie jest przeżyciem. Jego syn, wychowany w jakim takim dobrobycie, wykształcony, może już mnie prześcignąć w odczuwaniu. Może i nie. To są rzeczy przypadkowe, ale wierzę w rachunek prawdopodobieństwa. Zwiększa się ono w miarę powiększania się Tadziów żyjących w ludzkich warunkach i Tadziów stykających się nie z warstwą, która uważa, że w każdym kontakcie z nimi trzeba się „zniżyć", lecz z warstwą, która po prostu zachowuje się naturalnie. Problem formy. Tą formą, i tylko formą, Francuzi potrafili wmówić reszcie świata, że u nich jest demokracja. Tymczasem przenikanie społeczne we Francji jest znacznie mniejsze niż u nas. Demokracja istnieje na zewnątrz. Podawanie rąk, naturalność, *Monsieur*, *Merci* i *Pardon*.

26.8.1940

Tadzio wrócił z alarmującymi plotkami: Francuzi mają zamiar zamykać Polaków w obozach. Zakończył to swoim ulubionym: „Święto morza i cześć". Przejąłem się tym. Poznałem tu młodego Hiszpana, który pracuje w fabryce soli, i ten opowiadał mi, że Francuzi potrafią być w takich wypadkach okrutni, bezmyślnie okrutni. Jego trzymali przez długi czas w obozie Argelès. Pole otoczone drutami, wpędzeni jak owce do zagrody. Gdy noce były zimne, żandarmi zabraniali im rozpalać ogień. Drążyli w ziemi dziury i palili ogień potajemnie, żeby się choć jakoś ogrzać. Przyłapanych na gorącym uczynku (dosłownie) łamania zakazu wsadzano do ciasnych klatek z drutu kolczastego. Skazany nie mógł się w takiej klatce ani położyć, ani wygodniej usiąść. Sterczał tam na deszczu, wietrze i zimnie. Sami budowali baraki, a co młodszych i silniejszych wyprowadzano do wsi i do miasteczek, ustawiano na placu, i chłopi wybierali ich sobie do roboty. Oni stali, zaś francuskie „*paysany*"[1] macali im nogi, ręce, cmokali albo krzywili się — zależnie od „towaru". Zwyczajny targ niewolników jak za czasów Cezara. Młody Hiszpan, student z Barcelony, opowiadał mi to ze spokojną goryczą i nie miałem wrażenia, że kłamał. Uśmiechał się ironicznie i powiedział mi nie bez odcienia satysfakcji, że „teraz oni zobaczą, co to jest, jak Niemcy zaczną ich wsadzać za druty".

Po długiej rozmowie z Tadziem zdecydowaliśmy się wracać do Paryża, gdy tylko fabryka wypłaci nam wszystkie „końcówki". Francuzi zaczęli wracać już masowo. Pojedziemy zobaczyć „co tam słychać", a w razie czego „bierzem twoją żonę do plecaka i przefajtniemy się z powrotem do tej tak zwanej wolnej Francji" — zakończył dysputę Tadzio. Po czym zabrał się do skręcenia foremnego „spirocheta", czyli papierosa. Podoba mu się ta naukowa nazwa.

Señoricie wsadził do pantofelka 300 franków i odstawił do domu w Carcassonne. Niech się leczy. Zostajemy nad morzem tak długo, jak się da. Robert ma nam napisać, gdyby trzeba było wracać. Tadzio właśnie wziął Cezara i mozolnie sylabizuje. Powiedział mi, że jak mu pójdzie gładko, „to ja ci odstawię mszę śpiewaną". Tadzio podobny jest naprawdę do szczygła.

27.8.1940

Właściwie człowiek powinien być zawsze jak biała kartka papieru, na której jest miejsce na wszystko. A tak naprawdę to ludzie bardzo szybko stają się zeszytem kratkowanym, liniowanym albo w ogóle książką buchalteryjną. Piszą siebie tylko w jeden sposób, bo to „lepiej" wygląda.

Często wydaje mi się, że tak zwany rozsądek jest najbardziej zakłamanym kątem duszy człowieka. Siedlisko bakcyli najzgubniejszego zakłamania. Bardzo często.

Wiara w coś nie jest właściwie niczym innym jak laską podpierającą kulawe myśli. Zerwanie z kimś, kogo się lubi lub kocha, jest często dlatego tak przykre i trudne, bo jest zerwaniem z sobą samym.

Dlaczego jako przykład kultury danego narodu stawia się zawsze (zwykle) tę kulturę, w której ten naród rozpadł się? To nieprawda, że kultury rozpadają się

---

[1] Właściwie: *paysans* – chłopi.

pod wpływem uderzeń z zewnątrz. One rozpadają się najpierw same. Uderzenie z zewnątrz jest tylko ciosem barbarzyńskiej „*sica*".

Kultura i cywilizacja naszych czasów przypominają mi wariata, który pociął na kawałki stos starych gazet, na każdym z nich napisał „milion dolarów", schował wszystko do portfela i powiedział z wielką pewnością siebie: jestem bogaty.

Siedziałem na piasku, jadłem marynowane oliwki z chlebem. Opychałem się nieludzko. Oliwki doprowadzą mnie do bankructwa. Tadzio kręcił się koło mnie i zbierał muszle „dla Janeczki". Niektóre są prześliczne. Podbiegał do mnie i pokazywał mi co ładniejsze okazy. Nagle zjawił się koło niego jakiś mały chłopczyk i zaczął ciekawie zaglądać do jego puszki. Tadzio z dumą pokazuje mu wszystkie muszle, wysypuje na piasek, mówi „żoli"[1], ale mały wcale nie jest zachwycony. Wreszcie machnął ręką z pogardą, popatrzył na Tadzia jak na dziecko i stwierdził sucho: *C'est pas bon pour manger*[2]. Po czym zaczął się wykręcać na pięcie ze śmiechem. Tadzio zrozumiał, zbladł, potem nagle zaczerwienił się, szukał jakichś francuskich słów, bulgotał i w końcu wybuchnął wprost, po polsku: „Ach że ty ślimakojadzie, ty nieletni wińskochlaju, ty z minety poczęta latoroślo francuska — „pa bą pur manże"[3] — ty wyrostku robaczkowy; jak się nie da źreć, to to już dla ciebie nic, ty lejtku, a kysz stąd, jak nie wiesz co ładne, bo cię, łapciuchu, bo cię...". Chłopak uciekł przerażony, ja dławiłem się ze śmiechu, a Tadzio cały rozdygotany patrzył na mnie i kończył swoje „*potpourri*": „No sam powiedz — czyż te łapserdaki mogą w ogóle czymś być, jak to od dziecka tylko o żarciu myśli? No sam powiedz...".

Kopnął puszkę do morza, położył się obok mnie i zapatrzył gdzieś w dal. Nie wiedziałem, co mu powiedzieć. On mówił półgłosem, jakby do siebie: „Żebym tylko o boczku myślał i o włażeniu do łóżka na ciepłe nóżki do żony, to nie byłbym dziś tu... Rumuny, Cyganie i Francuzy to jedno".

— Tadziu — zacząłem — musisz jednak wziąć pod uwagę, że... — Mówiłem może godzinę, może więcej. Karol Wielki, Dziewica Orleańska (czytał o niej), Ludwik XIV, Descartes, Rewolucja, Napoleon, XIX wiek — ten wiek, o którym można by mówić przez dwadzieścia wieków, tak był wielki i płodny, Wielka Wojna...

Tadzio słuchał uważnie, przesypując piasek z garści w garść. Zawsze po pewnym czasie nie zostawało na dłoni nic. A ja mówiłem, wpatrzony w tę zabawę... W końcu Tadzio przerwał: „Dobrze, ale ty ciągle mówisz «było», «byli», Napoleon, Dziewica Orleańska. Co mnie to obchodzi? Ja wiem to, co jest: Kurwa, królu kochany, a nie żadna Dziewica!".

---

[1] Fonetycznie: *jolis* — ładne.

[2] To jest nie do jedzenia.

[3] Fonetycznie: *pas bon pour manger* — nie do jedzenia.

28.8.1940

Te dni płyną jak sen (oczywiście). Kupiliśmy sobie z Tadziem w Narbonne malutkie szachy i wieczorem, przebrawszy się w białe shorty, chodzimy do kawiarni nad kanałem i gramy, popijając białe wino z lodem. Dziś spotkała nas bardzo charakterystyczna przygoda. Siedzieliśmy, jak zwykle, grając i pijąc spokojnie. Przy stoliku naprzeciw nas zasiadła grupa oficerów francuskich. Przyjechali samochodem na kolację. Pili w szybkim tempie i byli coraz bardziej hałaśliwi. Nagle jeden z nich wstał i podszedł do mnie kogucim krokiem.

— Czy pan mnie zna? — zapytuje.

— Nie mam zaszczytu... o co panu chodzi?

— Pytam się, czy pan mnie zna. *Eh bien, répondez!*[1] — i podnosi głos. Krzyczy. Tadzio skurczył się i zapytał półgłosem: „Ociec, prać?".

— Nie, jeszcze nie.

Tadzio wyprostował się.

Oficer wrzasnął:

— *Alors*[2], czy pan mnie zna?

Głosem zupełnie równym i cichym odpowiedziałem:

— Nie mam zaszczytu, o co chodzi?

— Bo pan się jakoś tak dziwnie uśmiechał, patrząc na nas. Czy pan jest Niemcem? Czy pan jest Francuzem? Jakiej pan jest narodowości?

(*Qu'ils sont chatouilleux, maintenant*[3] — pomyślałem sobie). Tadzio wywrócił wszystkie figury i zaczął je wolno układać w pudełku.

— Jeżeli się śmiałem, to nie z panów. To zbyt smutne... Nie jestem ani Niemcem, ani Francuzem. Jestem t y l k o Polakiem. — To „tylko" wyskandowałem z ironicznym uśmiechem.

Oficer zamilkł i bardzo zmieszany powiedział cicho:

— Przepraszam, nie chciałem... zdawało mi się, że pan jest Niemcem i nie chciałem dopuścić...

Przerwałem mu sucho:

— Teraz już za późno! Następnym razem...

Podchwycił:

— Tak, następnym razem wspólnie odprowadzimy ich do Berlina.

— *Avec plaisir! Monsieur*[4] — Ukłoniłem się, już nie patrząc na niego, i wysypałem szachy z pudełka. Odszedł, coś poszeptał z kolegami i dalej pili. Tadzio patrzył na mnie i widziałem, że mu było żal. Zawiedziona szlachecka fantazja przeglądała mu z niebieskich oczek. Bigosować, mościpanowie!

— Tadziu, skąd znasz to powiedzenie „Ociec — prać?" — zapytałem.

— Z „Potopu", Andrzejku. Te dwa flimy Kiemlicze zawsze się tak pytali starego, jak ktoś zaczynał tak podskakiwać, jak ten gifrajter wycofany z obiegu.

---

[1] No, proszę odpowiedzieć!

[2] To jak.

[3] Jacy się zrobili drażliwi.

[4] Z przyjemnością! Żegnam.

Zadanie na pół godziny przed zaśnięciem: przemyśleć wpływ „Trylogii" na Polskę.

— Białe zaczynają!

29.8.1940

Tadzio zadaje często zupełnie nieoczekiwane pytania i żąda konkretnej odpowiedzi. Te nasze rozmowy są jak partia szermierki, w której ja jestem wytrawnym florecistą; znam wszystkie pchnięcia, terce, kwarty, oktawy, podczas gdy mój przeciwnik złapał floret do ręki, wywija nim i kiedy chlaśnie mnie w twarz, uśmiecha się z wyższością i powiada: cacy, ładnie to robisz, ale i tak dostałeś, chociaż nieprzepisowo. Kiedy indziej przypomina mi tę dziewczynę z opowiadania Światopełka-Karpińskiego: Ojciec miał syna, który świata bożego poza nauką nie widział. W pewnym czasie uznał, że trzeba go rozruszać. Wpuścił więc synalkowi do pokoju śliczną dziewczynę. Chłopak był oczarowany: Masz twarz piękną jak elipsa, oczy twe są jak dwa jej ogniska, i tak dalej w tym guście aż do równania elipsy włącznie. A dziewczyna powiada mu na to rzeczowo: Dobrze, dobrze, ale za tę elipsę płaci się drożej.

Dziś leżeliśmy na piasku. Cisza zupełna. Słońce było wprost gęste i wyciekało z nieba powoli i ciężko, jak morelowa konfitura z puszki. Tadzio nagle usiadł, zgarnął wypłowiałe włosy i wypalił:

— Faktycznie powiedz mi, co to się robi na tym świecie?

Już, od razu, natychmiast. Dla niego świat jest silnikiem spalinowym, który dotąd szedł i teraz nagle „nawala". Wydaje mu się, że potrafię mu od razu odpowiedzieć, tak po prostu: karburator się zatkał, trzeba przedmuchać i będzie wszystko w porządku. Nie — nie potrafię, choć wiem, że najprościej byłoby właśnie w ten sposób; tak po szofersku, jak mnie uczyli na Basztowej w Krakowie: Kapitalizm, proszę Tadzia! Nie — kapitalizm to tylko jeden z czynników, najbardziej uchwytnych, tego „co się robi na tym świecie". Mnie wydaje się, że w tego rodzaju procesach to, co jest aż tak uchwytne, nie stanowi istoty. „Uchwytne" to raczej tylko wykładnik pewnych istotnych procesów, z reguły nieuchwytnych.

Chwilę myślałem i potem zacząłem. Były to długie godziny „koronkowej roboty" floretem. Tadzio słuchał z zainteresowaniem, ale w końcu uniósł się na łokciach zniecierpliwiony:

— Jędruś, jak pragnę zdrowia! Ja ci nie chcę ubliżać, ale to wszystko o tym Egipcie, o Grecji, o Rzymianach, o średnim wieku i tym Resenansie czy jak mu tam to ciekawe, ale ty wpadasz w korkociąg.

To są te genialne, intuicyjne określenia Tadzia. Nie wiem, czy można lepiej oddać istotę intelektualnego zaplątania się, jak właśnie tym określeniem, które on wyniósł ze służby w lotnictwie: wpadasz w korkociąg. Rzeczywiście wpadłem. Trzeba wyrównać. Usiadłem. Przyznałem mu rację, pytając jednak, czy mnie w sumie zrozumiał i czy go to interesowało.

— Rzecz pewna, ciemny całkiem nie jestem; ale proszę cię, królu kochany, chodzi o to, że Hitler przyszedł, ch...m postraszył i nagle wszystko krugom leży. Cały ten świat, rozumiesz?

Śmieszne. W tych rozmowach on myśli zwykle, że ja jego nie dosyć rozumiem, a ja mam wrażenie, że on mnie nie pojmuje. A tymczasem rozumiemy się znacznie lepiej, niż myślimy. Teraz uklękłem, wyciągnąłem nad nim rękę i zacząłem:

— Słuchaj, to wszystko, o czym ci tak długo mówiłem, to będziesz musiał uważnie sobie łączyć z tym, co ci powiem teraz. To jest zupełnie proste. Otóż jak towarzystwo zaczyna grać w karty, to jak wiesz, każdy wpłaca coś do puli.

— Znaczyt sia do banku — poprawił mnie Tadzio.

— Niech będzie do banku. Otóż cały ten świat, o który ci chodzi, rozpoczął grę prawie w tym samym czasie. Do banku wpłaciło trzech partnerów — każdy pokaźną sumę. To były wpłaty grecka, rzymska i chrześcijańska. Ale każda z tych wpłat, równa co do wartości, rzucona została w innej walucie. Uważaj: Grecy wpłacili pojęcie człowieka i rozum, zwyczajny ludzki rozum, jako miarę wszystkiego. Rozum i człowiek byli dla nich tym, czym dla ciebie jest calówka. Dzięki temu stworzyli teorię. Co to jest teoria, to rozumiesz (Ehe!). Rzymianie wpłacili praktykę, a w niej głównie prawo i naukę o jego poszanowaniu. A teraz na odmianę wyobraź sobie ten świat jako termometr z podziałką. Grecy i Rzymianie wpłacili swoje stawki poniżej zera. Panował mróz. To wszystko było zimne pomimo usiłowań wielkich filozofów, którzy czuli ten chłód, ale nie potrafili z niego wyjść i nie potrafili ogrzać temperatury świata, bo brakło im — pomimo wszystko — poczucia człowieczeństwa. Człowiek był dla nich myślącą bryłą mięsa.

I nagle w tym miejscu, w którym na termometrze jest czerwona kreska, rodzi się Chrystus. Temperatura od razu wzrasta, bo z jego narodzeniem rodzi się dopiero prawdziwy człowiek. On i jego uczniowie niosą słowo o nowym człowieku, o jego życiu doczesnym i o życiu duszy, o wieczności. Dopiero w tym człowieku krąży naprawdę ciepła krew, nieraz aż za ciepła. Dopiero ten człowiek zaczyna mieć prawdziwe poczucie godności ludzkiej. Krótko mówiąc, Chrystus odkrywa i podbija cenę człowieka na tym ludzkim jarmarku, odbywającym się w punkcie zero. Czy rozumiesz to?

Tadzio wpatruje się we mnie swoimi niebieskimi oczami i kiwa głową.

— Nachalnie proste! Daj mi tytoń i zasuwaj dalej.

A więc reasumuję:

— Grecja wpłaca do banku rozum, poszukiwanie prawdy, walkę z ciemnotą, przesądami i fanatyzmem. Pozwala ona ludziom porozumieć się, stwarza dyskusję. Rzym dorzuca prawo, naukę o prawach i obowiązkach; zaś chrystianizm odróżnienie życia doczesnego od życia wiecznego, pojęcie godności osoby ludzkiej, jej wartość nie tylko użytkową. Wytycza on wreszcie granice władzy państwa nad człowiekiem. W momencie zero, od kreski czerwonej począwszy, zaczyna się gra. Te trzy wpłaty zostają na stole historii tego naszego świata. Pierwsi gracze umierają — przychodzą następni. Oczywiście każdy coś wpłaca albo przegrywa z kapitału wpłaconego przez poprzedników. Wpłaty są nieraz małe, czasem żadne, kiedy indziej znaczne. Jedni powiększają lub umniejszają wpłatę chrześcijańską, inni grecką, jeszcze inni rzymską. Ta gra raz jest mniej uczciwa, raz więcej, ale jedno jest pewne: nikt nie podaje w wątpliwość wielkiej i chyba bezcennej wartości — tak, wbij to sobie w głowę — bezcennej wartości wpłat greckiej, rzymskiej i chrześcijańskiej. Dyskutuje się je, kurs ich jest zmienny, ale mowy nie ma o wycofaniu ich z obiegu, z gry. Na świecie jest źle — to prawda, ale dokąd nikt nie traci wiary w te trzy wielkie wpłaty, istnieje nadzieja, że przy ich pomocy uda się rozwiązać wiele problemów. Wiele już rozwiązano i wartość ich nigdy nie zawiodła, gdy starano się umiejętnie je przemieszać. Przyrządzano gorsze lub lepsze mieszanki, ale — powtarzam — nigdy dotąd nie zwątpiono całkowicie w wartość zasadniczych składników: Grecji, Rzymu i Chrystusa. Na świecie robi się tymczasem coraz ciężej. Całe to zjawisko wyjaśnię ci potem, żeby nie zaciemniać rysunku. (Tu będzie miejsce na kapitalizm). I oto przychodzi najpierw faszyzm, po nim Hitler. To mają być lekarstwa.

Czuję, jak coś zaczyna we mnie wzbierać. Nie myślałem o tym dotąd. Świadomie przerobiłem się wśród tych dni na aparat tylko odbiorczy, o bardzo ograniczonym zasięgu. A teraz zaczęło się... Już nie mówię tego dla Tadzia; wiem, że mówię to przede wszystkim dla siebie. Sumuję dla siebie, ażeby dodawanie nie było kiedyś za długie.

Cechą charakterystyczną tych lekarstw jest to, co nazwano totalizmem, to znaczy, w sumie, absolutne i zupełne zaprzeczenie wartości tych trzech wielkich wpłat. Dla totalizmu nie ma nic nietykalnego, a ty jako człowiek, zależnie od twoich umiejętności, nie jesteś przede wszystkim Tadziem, lecz tylko łopatą, kilofem, śrubokrętem, pilnikiem i tak dalej. Ludzie tacy jak ja są tam tylko piórem, pędzlem, płytą gramofonową albo w ogóle — i najczęściej kataryną. Można z nimi robić, co się chce. Los ich, ich życie zależą od jakiegoś centralnego wykresu i wykres ten dyktuje, czy ludziom tym ma być gorzej lub lepiej. Rtęć, która z takim trudem wyskoczyła powyżej zera, opada gwałtownie. Nastaje z powrotem chłód pogańskiego świata, jakieś pogańskie „państwochwalstwo", w którym z takich czy innych powodów wypędza się Einsteina, Mannów i Werflów, tak jak wypędzało się Anaksagorasa, Owidiusza, a innych zmusza się do samobójstwa, tak jak Sokratesa. Potworne i beznadziejne. Co z tego wyniknie?

Niemal krzyczę. Co mnie to obchodzi, że Tadzio nie wie, kim byli. Ja to mówię do siebie. O tym nie wolno zapomnieć. Kłębią się myśli. Jaki ten piasek jest gorący. Co robić, co robić? Tymczasem nie zapomnieć ani na chwilę. Czułem, że tym razem Tadzio spoglądał na mnie z prawdziwym szacunkiem. Nic nie mówił i tylko siedząc z podwiniętymi nogami, spluwał od czasu do czasu do wody.

30.8.1940

Ułożyliśmy trasę powrotu. Carcassonne–Nicea 570 km. Cały czas brzegiem morza. W Bandol zajadę do willi „Pauline" odwiedzić cień Katarzyny Mansfield. Dużo dałbym teraz za jej „Listy". Z Nicei pojedziemy przez Alpy.

Tymczasem wypoczywamy i jemy od rana do wieczora. Ja zjadłem już chyba pół faski oliwek, które stoją w kącie u mojej czarownicy. Pod wieczór jeździmy na trening, żeby nogi nie zesztywniały. Poza tym Tadzio zadaje mi setki pytań, a ja staram się mu na nie odpowiedzieć. Opowiadam mu o budowie piramid, o świątyni w Karnaku, o Partenonie. Ciekawią go najbardziej szczegóły techniczne i nie może się nadziwić różnym rzeczom. Na przykładzie naszej flaszki z wodą wyjaśniam mu system stawiania przez Egipcjan obelisków za pomocą podsypywania piasku. Na przykładzie dwóch flaszek, jednej na tle koca i drugiej na tle nieba, zdradzam mu tajemnice harmonii architektonicznej Partenonu i różnych grubości kolumn tej świątyni. To wywołuje inne pytania: O ile stopni odchylony był pierwszy rząd kolumn? O ile centymetrów grubsze były kolumny na tle nieba? Jak wielkie było odchylenie od prostej dłuższego boku Partenonu? A jak się nazywał ten architekt? A w którym to roku? I tak dalej, i tak dalej...

W końcu mam zawsze ochotę wołać „Królestwo za małego Larousse'a", bo oczywiście nie pamiętam tych szczegółów. Na deser muszę mu zawsze opowiedzieć coś o Napoleonie. Tej epopei może słuchać godzinami. Cieszy się, że zobaczy Toulon, że pojedzie Drogą Napoleona z Nicei. My się chyba wszyscy jeszcze ciągle rodzimy z tym jakimś sentymentem do Napoleona. Obiecuję mu, że po powrocie do Paryża pojedziemy zobaczyć Malmaison. I wtedy bolesne ukłucie: Na miłość boską, tam SĄ teraz NIEMCY. Ciągle o nich zapominam. Co myśli cień Napoleona o Francji, siedząc teraz w tym letnim pawilonie wśród przekwitniętych róż? On w tym pawilonie tworzył jej wielkość.

Co mi z tego, że wiem to wszystko? Dziś żałuję, że nie mam żadnego fachu; gdybym był frezerem, tokarzem lub spawaczem, wiedziałbym, że jestem czymś. A tak? Ludzie mojego pokroju to przeżytek do pewnego stopnia niezależnie od wyniku tej wojny. Świat pęknie tak czy owak i trzeba będzie iść z nim razem. Trzeba będzie tworzyć nowy porządek i zapomnieć, że zostało się wychowanym dla podtrzymywania starego. Będę miał w najlepszym wypadku trzydzieści lat, gdy będzie można zacząć nowe życie. To bardzo ciekawe, jak się je zacznie i od czego. Gdybym... Nie. Najwięcej złoszczą mnie zawsze myśli w trybie warunkowym. Zdolne są wpędzić najzdrowszego człowieka do grobu. W takich chwilach jak te najlepiej stosować system Scarlett: „Pomyślę o tym później!".

Po południu zawołała mnie patronka kawiarni: *Monsieur Bonbonski, une dépêche pour vous*[1]. Aha — Robert telegrafuje. Rozerwałem telegram — trzeba wracać, fabryka likwiduje się. Usiedliśmy z Tadziem na werandzie i zapatrzyliśmy się smutno w niebo. Obydwaj, będąc jeszcze ciągle tu, zaczęliśmy już tęsknić za Gruissan. Tęsknota na zapas. A właśnie pogoda zrobiła się wspaniała. Słońce i leciutki wiatr od morza. No trudno; dziś nie ma sensu jechać, a jutro niedziela, więc i tak ta nasza buda zamknięta. Jutro pożegnalne wizyty, pakowanie manatków.

---

[1] Panie Bonbonski, telegram do pana.

Dziś wyjeżdżali stąd ostatni Belgowie. Państwo G. wyjechali już dziesięć dni temu, ale mam ich adres. Są teraz w Montpellier i on jest kierownikiem tamtejszego Czerwonego Krzyża belgijskiego. Belgowie mają doskonałe przysłowie jeżeli chodzi o francuską gościnność: coś w rodzaju „czarujące powitanie, kwaśne pożegnanie". Twierdzę, że tym razem przysłowie to znowu się sprawdziło. Dużo z nimi gadałem, a że znam Belgię nieźle z czasów, kiedy to „panicz jeździł zagranicę", więc rozmowa była ułatwiona. Na ogół usprawiedliwiają poddanie się Leopolda (Tadzio czuje do niego jakieś bliżej nieokreślone pretensje i mówi o nim zawsze „Ten Belgiak Poldzie"). Twierdzą, że nie miał innego wyjścia; widział, że armia francuska to w ogóle nic, a Anglicy wybrali się na tę wojnę tak, jakby to chodziło o polowanie na tygrysy w Bengalu. Może po prostu nie był... romantykiem. Ale nam, myślącym w takich wypadkach kategoriami „Reduty Ordona", trudno to zrozumieć. Chociaż mnie nie przychodzi to zbyt trudno. Przypominam sobie, jak ojciec mój, szef sztabu 11. Dywizji Piechoty w czasie wojny bolszewickiej, został otoczony razem z całym sztabem i z generałem (nie pamiętam nazwiska) w czasie słynnego odwrotu. Opowiadał mi, że siedzieli za jakimś wzgórzem i wtedy to generał zaczął odprawę słowami: Panowie, musimy teraz umrzeć itd. Mój ojciec ośmielił się wtedy zauważyć, że „jakkolwiek wydostanie się z tej sytuacji proponowane przez pana generała jest najprostsze, to warto byłoby przedtem spróbować jakiegoś bardziej skomplikowanego środka ocalenia". Oczywiście w końcu wydostali się. Wyobrażam sobie, że generał ten wspominał do końca życia nie to, że się wydostali, lecz pełne patosu przemówienie, w którym „wszyscy byli gotowi umrzeć". Wcale nie wszyscy. Na przykład mnie byłoby potrzeba bardzo wiele, żebym tak był całkiem „gotów". I chyba każdemu. Ale u nas uchodzi to za rzecz nieprzyzwoitą mówić o tym po prostu, bez tego jakiegoś zupełnie specyficznego zakłamania. W sumie ma się wrażenie, że łatwiej nam jest umrzeć niż odpisać na list lub oddać pożyczone „do jutra" pięć złotych.

Wieczorem pożegnalny rum i pożegnalna partia szachów w kawiarni nad kanałem.

1.9.1940

Pod wieczór z pożegnalną wizytą u panien P. Musiałem iść w szortach, bo nie mam ze sobą spodni. Mieszkają w malutkim domku, w jednej z tych krętych i uroczych uliczek, pełnej kotów, zapachu ryb, smoły, i rozedrganej jednostajnym dźwiękiem komarów. Na plaży, w pobliżu morza, nie ma ich; tu w przeciągu jednej minuty nogi miałem pokryte bąblami.

Panny P. przyjęły mnie kawą i kruchymi ciasteczkami. One są przekomiczne. Ciągle patrzą na siebie, zupełnie jakby się bezustannie nawzajem pilnowały. Gdy jedna zacznie zdanie, to druga je kończy. Ich matka, miła i siwa staruszka, ubrana w czarną suknię i siedząca cały czas w fotelu. Czarna aksamitka na szyi i złoty łańcuszek z lorgnon, które od czasu do czasu zawiesza na ręce i huśta nim jak wahadłem. Ni stąd, ni zowąd w rozmowie o Polsce powiedziała mi: „Koło Białegostoku jest dużo Żydów — *n'est-ce pas?*"[1]. Utkwił jej ten szczegół z jakiegoś artykułu o Polsce, który czytała jeszcze w XIX wieku. Potem kołowała i w końcu zrozumiałem, o co jej chodzi, bo wypaliła: *Eh bien, vous savez, je n'aime pas les Juifs*[2]. Obydwie panny skrzyżowały ostre spojrzenia i chórem zawołały: *Maman, pourquoi tu parles toujours de tes Juifs? Monsieur 'est pas curieux de connaître tes opinions là-dessus*[3]. Widziałem, że były okropnie zawstydzone. Staruszka umilkła, zacięła usta i już się prawie nie odzywała. Czułem, że ten jej antysemityzm jest czymś w rodzaju tabaki i że córki ciągle zabraniają jej go poniuchać. To ciekawe, ale z antysemityzmem bywa tak bardzo często. Niektórzy ludzie potrzebują go tak jak papierosa, czarnej kawy lub alkoholu. U nas, szczególniej wśród starszego pokolenia, miał on charakter przede wszystkim używki. Niestety u młodych przybierał często postać narkotyku.

Panny P. pytały mnie, czy wracam do Polski. Nie — oni naprawdę jeszcze ciągle nie rozumieją, CO się stało... Nie miałem ochoty im wyjaśniać, „co to się faktycznie robi na tym świecie". Wobec tego były bardzo zdziwione, że opuszczam dobrowolnie „Wolną Francję" i pcham się do Niemców. Bardzo ostrożnie, ale dobitnie wytłumaczyłem im, że „Wolna Francja" wcale nie jest wolna, po drugie mam po tamtej stronie żonę, a po trzecie nie mam ochoty siedzieć w obozie koncentracyjnym w „Wolnej Francji". Tam, po drugiej stronie, sytuacja ma przynajmniej tę zaletę, że jest jasna. Zresztą jeszcze zawsze mogę tu wrócić. Raczyły zgodzić się ze mną.

Cała jedna ściana w salonie zawieszona jest pudełkami, w których pod szkłem tkwią wspaniałe motyle z pięciu części świata. Swoją drogą motyle brazylijskie wyglądają tak, jakby w ogóle nie były z tego świata. Okazy, których nigdy nie widziałem. Wyliczyły mi jakąś zupełnie fantastyczną sumę, za jaką można by te motyle sprzedać. Oceniały sztuka po sztuce. Ach, te ciągłe podejrzliwe spojrzenia, rzucane sobie nawzajem wprost ze strachem, że jedna mogłaby się wyrwać z czymś, czego druga nie myśli, że mogłaby to inaczej powiedzieć. Kiedy patrzyłem na nie, miałem ochotę od razu notować, pisać, palnąć kilka tych określeń, które nagle przychodzą i od razu bezpowrotnie znikają. Właściwie wszelkie pisanie ma tylko wtedy wartość, kiedy już zupełnie „nie można wytrzymać".

Jedząc kruche ciasteczka, miałem zupełnie uczucie, że połykam nie ciasteczka, ale już kartki tego jakiegoś opowiadania, które o nich napisałem i którego pewnie nie napiszę. Patrzę na nie i męczę się niesamowicie, bo muszę rozmawiać, a równocześnie układają mi się całe zdania, sytuacje. Wzajemna tyrania, absolutnie jednakowa z każdej strony zarówno w tyranizowaniu, jak i w poddawaniu się tyranii. Nacisk i strach są świetnie sprzężone i występują zupełnie równocześnie. Moja „czarownica" mówiła mi, że jedna z nich kocha się w dok-

---

[1] Nieprawdaż?

[2] No bo, widzi pan, nie lubię Żydów.

[3] Mamo, po co ciągle mówisz o tych Żydach! Pana wcale nie interesują twoje opinie na ten temat.

torze, *mais c'est très compliqué*[1]. Wyobrażam sobie... Opowiadają mi o Rio de Janeiro (oczywiście ojciec zabrał je obydwie) zupełnie tak, jakby opowiadały mi o targu w Narbonne. „*Qui, c'est une belle ville...*[2] papa kupił wtedy tego motyla — nie, nie — tego! Już sobie przypominam...". Potem rozmawialiśmy o skorpionach, których tutaj dużo. Są łagodne i ukąszenie nie jest niebezpieczne. Ale ten sam gatunek po drugiej stronie Morza Śródziemnego jest już bardzo jadowity. Były zdziwione, gdy im powiedziałem, że skorpiony są śliczne. Patrzę na nie zawsze jak na dzieło sztuki. Potem przeglądnęliśmy nuty, w których oczywiście musiał być zeszyt sonatinek Clementiego i cała masa walców w okładkach z girlandami, floresami, tańczącymi parami — ona w gorsecie, on z wąsikiem. Ale pianino już nie działało, „bo w tym klimacie trudno utrzymać je w porządku".

Wyszedłem od nich pod wieczór zupełnie wybity z czasu i z epoki. One, ich dom, stara matka, podwieczorek, zapach w mieszkaniu — wszystko było skończone, doskonałe. To coś francuskiego, co jedynie można nazwać „*praesens plusquamperfecti*". Teraźniejszość czasu więcej niż dokonanego.

3.9.1940

Fabryka wydała nam dziś świadectwa zwolnienia i dopłaciła resztę pieniędzy. Dostałem około 800 franków i razem mam teraz 1600. Od trzeciego lipca wypłacili mi tutaj 4353 fr, czyli 2126 fr 50 miesięcznie za jeżdżenie na rowerze, kąpiele morskie i tak dalej. Francja zaczyna płacić kontrybucje za przegraną wojnę nie tylko Niemcom, ale i swojemu narodowi. W tym jest mimo wszystko jakaś niedzisiejsza rzetelność i matczyny stosunek do narodu. Cały czas wydaje mi się, że Francja ze smutnym uśmiechem stara się pocieszyć swoje dzieci: „Trudno, nie wyszło, macie chociaż to". Gdy mi wypłacali te pieniądze, miałem ochotę długo całować w rękę — Francję. Całować tak, jak całuje się przemiłą, piękną i czasem nieznośną starszą kobietę.

Potem bieganie po mieście, co w Carcassonne przypomina krzątanie się po pokoju. Kupiłem okazyjnie lekki namiot za 150 franków, sporo żywności. Przebrałem się do kolacji — w jadalni już pustki, nikogo z dawnych znajomych. Uczucie końca wakacji i początku nowego roku szkolnego. Dziś jak zwykle była msza, kochany ksiądz C. mówił „Kochana młodzieży w Chrystusie Panu", wiedząc doskonale, że wcale nie jesteśmy „w Chrystusie Panu" i że większość z nas będzie w Nim dopiero z wiekiem. A w każdym razie na pewno ci, co teraz w czasie mszy opychali się śliwkami i w czasie dzwonków przy ołtarzu mówili z ponurym odcieniem przybyszewszczyzny w głosie: „Hehe — same robaczywe, psiekrwie!". Wielką i prawdziwą myśl nie sposób przejąć do głębi, nie odbiwszy jej kilka razy jak piłki. A poznać ją można chociażby po tym (jej wielkość), że ona p o z w a l a się odbijać, że pozwala na to w okręgu swego działania. Z tego punktu widzenia hitleryzm i wiele innych „izmów", niedopuszczających takiej

[1] Ale to bardzo skomplikowane.
[2] Tak, to piękne miasto...

gry, będzie prędzej czy później leżało. Siedząc przy stole, zapatrzony w kieliszek czerwonego wina, zastanawiałem się, kto na przykład będzie uczył greki. Czyżby znowu Schnayder? Ładna historia – w takim razie źle ze mną. Potem Tadzio przyszedł, wychylił „kubeł" wina i zameldował mi, że zrobił gruntowny przegląd maszyn. Są w świetnym stanie i nie warto ich ruszać. Wobec tego jutro skoro świt startujemy. Pierwszy etap to Carcassonne–Monte-Carlo przez Béziers, Montpellier, Arles, Marsylię i potem te wszystkie cuda Riwiery. Jak my to wszystko upakujemy?

5.9.1940

Wczoraj rano Tadzio powiedział, że bez szwedzkiego klucza nie wyjedzie. Wobec tego poszliśmy do miasta szukać szwedzkiego klucza. Jak zaczęliśmy szukać klucza, to przypomnieliśmy sobie, że nie mamy żadnego papieru na powrót. Wyrabianie *sauf-conduit*, bez którego nie można przejechać linii demarkacyjnej. I tak nam zeszło. Mieliśmy jechać dzisiaj, już wszyscy razem, każdy oczywiście gdzie indziej. Tymczasem jest to zupełnie niemożliwe: cały „wspólny pokój" chodzi pijany. Teraz siedzę i myślę – o LOGICE w ogóle. Strasznie mnie to męczy. Tadzio od rana śpiewa i zaraz na czczo, żeby przyjść do formy, poszliśmy na rum. I tak przyszliśmy do formy, że patrzę na Carcassonne jak na koniki na karuzeli. Jeździmy wokoło i gra. Wczoraj to było jakoś tak:

Wszyscy ubrali się do kolacji wytwornie i założyli nawet „inteligencje", czyli krawatki (określenie Tadzia). Po zjedzeniu kolacji zaczęliśmy pić. Postawiłem wniosek, żeby pić tylko „*mousseux*"[1]. Wniosek ogólnie przyjęto – butelka 18 franków. Nie warto pić nic innego. I zaczęło się. Po sześciu butelkach Señorita (i ona została zaproszona) już miała dość i poszła położyć się do naszego pokoju. Potem ja ciągle przynosiłem nowe butelki. Patronka siedziała w bramie, bo noc była ciepła, i pilnowała nas. Prosiła, żeby nie hałasować. Oczywiście – ale jej powiedziałem, że *apud Polonos nunquam sine clamore et strepitu gaudia fiunt*. Pokiwała głową i powiedziała: *ça va, ça va*[2]. Dała mi klucz od lodówki i kazała nosić butelki, bo jej się nie chciało wstawać za każdym razem. Potem S. deklamował jakiś patriotyczny wiersz Tetmajera i wszyscy popłakali się. Potem wstał Tadzio i miał długą mowę, zaczynającą się od słów: „Gdy ten stary obszarnik Budrys wyprawiał swoich trzech synów na wędrówkie, powiedział im: «Niech was cholera udusi – płyńcie i przywieźcie mi dużo siajbków». Teraz my także samo jedziemy na wędrówkie, ale naszym mamom przywieziemy g..., a daj Boże, żebyśmy siebie zdrowo dowieźli...". Mówił dużo i długo, ja wpadłem pod stół ze śmiechu. Coś takiego słyszy się chyba tylko raz w życiu. Potem śpiewaliśmy „Pierwszą Brygadę" i znowu popłakaliśmy się (?), chociaż ja utrzymywałem, że tu nie ma co płakać, bo to jest po prostu melodia „*Totenkopfhuzarenmarsch*", a oni są teraz Gestapem. „Tak, Giestapo, Giestapo" – wrzeszczał

---

1 Wino musujące.
2 Dobrze, dobrze.

Tadzio. We wszystkich dyskusjach Tadzio bierze zawsze moją stronę. Wynikł spór o „obrazę świętości" i dopiero J. załagodził go, intonując „Pannę Franciszkę". Potem ja miałem mowę, ale co mówiłem, to już absolutnie nie pamiętam. Zaśpiewaliśmy Marsyliankę i „Jeszcze Polska" i znowu popłakaliśmy się, ale Tadzio dał występ polskich tang „Apaszem był, w krąg znały go ulice..." śpiewał rzewnie, a mnie przypomniały się powieści Kamila Nordena. Przy „Tylko ty mnie nie zdradź, suko, bo cię pięści me zatłuką" siadłem na podłodze i śmiałem się. A butelki szły i szły. Potem S. śpiewał cygańskie romanse, oczywiście po rosyjsku, i deklamował Puszkina. Zapamiętałem jeden wiersz i teraz nie daje mi żyć: „Moskwa spaliennaja pożarom Francuzu oddana" czy coś takiego. Poprosiłem go o „Eugeniusza Oniegina", którego zna na pamięć całymi ustępami. Zaczarował nas. To trudno i darmo — rosyjski język żyje naprawdę, kołysze, upaja i zachwyca właśnie podlany alkoholem. To jest język jak kiszony ogórek: naprawdę smakuje „w gazie". W końcu już nie wiem, co było, ale było wspaniale. Dopiero sobie przypominam, że u nas w pokoju była niesamowita zabawa. Señorita była nieprzytomna i spała zupełnie nago na którymś łóżku. Wiedziałem, że S. od kilku dni zawziął się na nią i mógłby ją teraz „zgwałcić". Trzeba ją było schować, bo ona na S. nigdy nie miała ochoty i mogłaby być bitka. W pokoju ciemno, bo Tadzio wyłączył na korytarzu światło, żeby „ciągle nie palili" (?). S. dostrzegł Señoritę w mroku i przygotowywał się do akcji. Wtedy my z Tadziem cichutko przenieśliśmy ją na nasze łóżko. S. zaczął szukać Señority — zaczęła się zabawa w ciuciubabkę. Co podchodził do tego łóżka, na którym ona leżała, to my z Tadziem transportowaliśmy ją na inne; wszystko wśród ciemności i przekleństw ogłupiałego S. Siedem łózek, na każdym ktoś śpi sam lub we dwóch i Señorita przerzucana z łóżka na łóżko. W końcu S. wszystko tak się poplątało, że zaczął się zabierać — do J. Tadzio kwiczał, szczypał mnie, bo J. wstał i zaczął okładać S. Zwalił go na łóżko i S., wyczerpany, usnął. Nasz podrzutek został gdzieś na czyimś łóżku i wszystko się uspokoiło.

Żal mi rozstawać się z tym hotelem, z całym Carcassonne, z tym wszystkim. Siedzę teraz na ławce na skwerku, jest cudowny dzień, ciepło i spokojnie. Minął jeden rozdział życia i młodości — prześliczny, rozhukany i swobodny. I to właśnie w tym czasie, gdy miliony ludzi cierpią, gdy co noc spada na Londyn ulewa bomb i gdy na świecie jest wojna. Tu, na ławce, w tym słońcu, nie mogę w to uwierzyć. Pamiętam, jak poszliśmy na Szpitalną kupować książki. Trzy pokolenia Taffetów robiły teraz, o tej porze, najlepsze interesy. Wchodzimy do dziadka Taffeta i pytamy: „Panie Taffet, czy jest logika?". Stary pochodził po sklepie, szepcąc: „Łogika, łogika?", i wrócił: „Nie — łogika wyszła, może bedżie kiedy indżej". Nie, kochany dziadziu Taffet, nie będzie jej i kiedy indziej. Ona z życia tak samo „wyszła" jak z twojego kochanego sklepu na Szpitalnej, do którego wchodziło się, żeby kupować i — co jeszcze przyjemniejsze — sprzedawać na papierosy i na wódkę i mówiąc szatańskie „hehe", czytać Renana i Spenglera „Der Untergang das Abendlandes", studiować „Manifest" Engelsa i zapędzać księdza w kozi róg na godzinach etyki ku radości profesora historii. Po czym nie zdało się matury... Dotąd wszystko było logiczne. Potem już nic.

Przeżyłem tutaj okres jakiejś ultramłodości, rozświeconej słońcem, winno-winogronowej, skąpanej w szafirowym morzu; bawiłem się złotem piasku, srebrem wody księżycowej, gorącym wiatrem. Nie będę miał nigdy wyrzutów sumienia, że nie doceniłem młodych lat i — braku logiki. Po koronach zakurzonych drzew przeleciał upalny podmuch, a z bistra obok dolatuje bełkot kruszonego w wiaderku lodu. Cisza południowego miasta, jedzącego teraz obiad. Chrzęszczą zasłony z koralików, jakby odmawiały cicho różaniec spokoju, nawleczone na swoje długie sznurki. Czasem, gdy ten pierwszy koralik na dole zerwie węzełek, sypią się wszystkie na chodnik, skaczą wesoło i przekornie, jak dzieci wybiegające ze szkoły; pędzą i potrącają się. Są wolne i cieszą się z tego. Mam ich kilka w kieszeni na pamiątkę. Może ja sam jestem takim koralikiem, co urwał się ze sznurka? Podszedł Tadzio. Piszę, patrząc na niego, i mówię to, co piszę:

— Tadziu, ja jestem koralikiem. Udało mi się urwać ze sznurka, na który mnie kiedyś nawlekli... I już nigdy nie chcę...

— Jesteś pijany, królu! Kazałem drypie wsadzić dla nas dwie flaszki „Wiszy" do lodu. Będziem się trzeźwić. Wypuściłem trzy pawie (określenie Tadzia na różnokolorową dolegliwość poalkoholową) i dobrze mi...

Upał. Wolałbym się obłożyć cały lodem. Tadzio mówi: „Ależ dzisiaj biała gorączka na dworzu". Chłopak się kształci — nie ma co mówić. Ma rację — ten upał jest biały. Oparłem mu głowę na ramieniu i widzę tylko jego wargi z olbrzymim papierosem. Dym wypełza z jego ust spokojnie, rozwleka się i po kilku drgawkach nagle ucieka z wiatrem. Jak wszystko.

6.9.1940

Wyruszyliśmy. Wczoraj po południu spakowaliśmy prawie wszystko. Dziś wstaliśmy o szóstej rano i kończyli przygotowania. Koledzy mieli pociąg do Tuluzy o siódmej z minutami i wyszli. Tadzio i ja zostaliśmy w pokoju sami, jak na pobojowisku. Przykre uczucie. Przywiązaliśmy się już do tego hotelu, do pokoju, do ludzi, do wszystkiego. I teraz rzucaj to. Z ciężkim sercem znosiliśmy nasze juki do garażu. Zaczęła się komedia pakowania. Układaliśmy nasze rzeczy przez dwie godziny i rowery zamieniły się w coś w rodzaju dwugarbnych wielbłądów. Na tylnym bagażniku miałem pełny plecak, na tym koc owinięty w gumowy płaszcz, na tym duży chlebak z jedzeniem, a na tym komplet menażek, przyczepiony do chlebaka, czyli do „śpiżarni". Na przednim bagażniku miałem chlebak z całą bielizną i butelkę wina. Cały ten bagaż ważył około 30 kilo. Rower Tadzia niósł trochę mniej, ale co do ciężaru niemal tyle samo, bo jego plecak upchany był konserwami. Gdy spróbowaliśmy ruszyć rowery od ściany, włosy stanęły nam dęba na głowie. Ledwo można prowadzić, a jak jechać? Poszliśmy do drypci na pożegnalną kawę. Już cała ulica, poczciwa „rue du Pont-Vieux" wiedziała, że rozjeżdżamy się. Sklepikarka dała nam kilo makaronu bez kartek, czekolady, i żegnała nas jak swoich synów. Drypcia, podając nam dzisiaj kawę, miała łzy w oczach. Po kawie poszliśmy się pożegnać z patronką hotelu. Podziękowałem jej za wszystko i przeprosiłem za to, co może jej nie „podchodziło", pocałowałem serdecznie w rękę. Ta chwilę kręciła głową i w płacz. Tuli mnie do swego pulchnego biustu i całuje w policzki. Wtedy i ja ją wycałowałem, i mnie zbierało się na płacz. Tadzio uśmiechał się niewyraźnie i mówił: „Jędruś, jak mi Bóg miły, ryknę". Gdy z kolei pocałowała i jego, rzeczywiście o mały włos nie ryknął. Madame Vitrac pochlipywała cały czas. Nie przypuszczałem nigdy, że tak ciężko będzie się nam rozstać. Wyprowadziliśmy rowery na ulicę. Ona stała w bramie, za szybą bistra łzawo uśmiechała się drypcia, Señorita wychyliła się przez okno w szlafroczku i kiwając ręką, ukazywała zalotnie rowek między piersiami, a z daleka, stojąc przy swoim sklepie, kiwała nam ręką „episjerka"[1].

Była godzina dziesiąta. Spoza chmur wyszło słońce i zapowiedziało ładny dzień. Rowery wyprowadziliśmy za zakręt, bo baliśmy się na nie wsiadać. Wreszcie ja odważyłem się pierwszy. Tadzio za mną. Okropne! Opadł mnie strach. Zdawało mi się, że cały rower gnie się, że rama wichruje i że lada chwila coś trzaśnie. Tadzio zbladł i wyszczękał: „Nie ujedzie ani dwadzieścia kilometrów". Obaj trzęśliśmy się ze zdenerwowania, skupiliśmy całą uwagę na kierownicy i po kwadransie jazdy przez miasto wytoczyliśmy się na szosę jak dwa ciężkie czołgi. Tu już szło lepiej. Powoli, powoli rozkręcamy się. Po piętnastu kilometrach ustały drgania w kierownicy, rower przestał się „giąć". Tadzio stwierdza to samo. Ożywiliśmy się i wrócił nam dobry humor. Jedziemy na Narbonne — stara trasa. Pogoda cudowna, upał. W Lézignan zatrzymaliśmy się. Kupiłem chleba, mleka i pomidorów, kawałek sera. Koło drugiej zjechaliśmy w bok od szosy popod kilka pinii i zabraliśmy się do obiadu, wyciągnięci na suchej trawie w cieniu. Rozkosz nie do opisania. Gadamy i jemy, a przy papierosie zastanawiamy się, kiedy będzie można dojechać do Paryża. Na „krótsze" drogi mamy 1600 kilometrów. Może pod koniec miesiąca? Jak wytrzymają maszyny? Przypomina nam się pierwsza podróż. Teraz komfort: mamy namiot i nie potrzebujemy szukać noclegów w fermach, wieczorem gorące jedzenie. Niestety nigdzie nie można kupić spirytusu do palenia i trzeba gotować na ogniu. Ogarnia nas znowu to cudowne uczucie włóczęgi i swobody.

Około czwartej jesteśmy w Narbonne. Tadzio został przy rowerach, a ja poszedłem do sklepu z wędkami kupić dwa bambusy do namiotu, bo nie mamy drążków. W mieście panuje popołudniowa senność, idę uliczkami i drzemię. Wydaje mi się, że śnię. Kupiłem dwa bambusy, przywiązałem je do ramy i jedziemy dalej. Kierunek Béziers. Żegnamy Narbonne; to jeszcze resztki tego, co było. Teraz już zupełnie oddalamy się od „naszych" okolic. Kiedy je znowu ujrzę? Droga na Béziers jest świetna. Rowery idą coraz lepiej i bierzemy już śmiało kilka wzniesień. Przy zjeździe z góry opony śpiewają na asfalcie i cały rower toczy się jak ołowiana kula. Do Béziers jest 27 km. Odwalamy je w godzinę z minutami i dojeżdżamy do miasta. Leży na wzgórzu. Już zapada wieczór. Wyciągamy z wysiłkiem krętą ulicą pod górę. Miasto otoczone winnicami, przepojone tym jakimś specjalnym urokiem miasteczek południa.

[1] *Épicière* — sklepikarka.

Ludzie łażą, piją w bistrach i widać, że jest im dobrze. Nie zatrzymaliśmy się tutaj, bo nie było po co. Po kilku kilometrach za miastem zaczęliśmy się rozglądać za miejscem na nocleg. Po chwili zjechaliśmy w lewo do wydmy piasku, pod kilka parasoli sosen. Było już szaro. Tadzio zbierał drzewo na ogień, ja rozstawiałem namiot. Jest świetny i wygodny. Zapadła upalna noc. Rozpaliliśmy ogień i gotowali jedzenie. Po 90 kilometrach z małą przegryzką w południe nie można się było doczekać, kiedy się to ugotuje. Wobec tego przez ten czas notowałem, a Tadzio poszedł narwać winogron na deser. Objedliśmy się nieludzko. Potem papieros na leżąco, błądzenie wzrokiem po rozgwieżdżonym niebie i chwile nieopisanego szczęścia. Jakieś zwierzęce zadowolenie z życia. Dziś tu, jutro gdzie indziej, słoneczne dni i gwiaździste noce.

Montpellier, 7.9.1940

Spaliśmy tak, jak się tylko śpi w tym wieku i w takich okolicznościach. Trochę twardo po wspaniałych łóżkach hotelowych w Carcassonne. Rowery położyliśmy obok namiotu i zamknęli na kłódkę. Tadzio, nie znając jeszcze Francji, nie może oswoić się z tym, że tutaj śpiącym w namiocie nic nie grozi; że nie ma tych podwsiowych czy podmiejskich „oprychów" z nożami, co szukają awantury, węszą za rabunkiem itd. Można spać o 200 metrów od wsi i o 10 metrów od szosy i nikt nie zwraca na to uwagi. Nie ma pijanych awanturników, CIEKAWYCH (to osobna kategoria) i tym podobnych polskich rozrywek. Tadzio kręci głową i mówi: „Kultura i cywilizacja". Ale ja kręcę też głową i mówię mu, że przede wszystkim bogactwo. Pewnie — jest w tym także sporo kultury i cywilizacji, ale jeżeli chodzi o złodziejstwo i rabunek byle czego, to jestem wyznawcą skrajnego materializmu. Człowiek, który ma co jeść, który ma coś swojego — niech to będzie nawet mało — jest mniej skłonny do kradzieży niż nędzarz. Francuz, przynajmniej dotąd, zawsze COŚ miał. I też kradnie, tylko na innej płaszczyźnie; na wyższej. Nie napada z nożem na byle kogo — robi to samo, wypełniając deklarację podatkową, skubiąc klientów, oszukując najbliższych krewnych we wszelkiego rodzaju interesach finansowych i obchodząc prawo wszędzie tam, gdzie się tylko da. To wszystko jest łagodne, subtelne, niewidoczne. Nie wiem, czy KULTURA to nie jest także łagodniejszy przebieg pewnych chorób etyki i moralności, chorób wrodzonych i odwiecznych w każdym człowieku i narodzie, których rozwój zależny jest tylko od klimatu ekonomicznego. Są okolice malaryczne, trochę malaryczne i zupełnie wolne od malarii; ale panują tam wtedy inne choroby, równie niebezpieczne. Nie wierzę, jak mi ktoś mówi, że tam i tam nie kradną. Nie kradną w znaczeniu przyjętym u nas, ale kradną INACZEJ. Tu nie kradną tak, jak to Tadzio sobie wyobraża; ale to wcale nie znaczy, że w ogóle nie kradną i „kultura i cywilizacja". Morderca, bandyta, rabuś, awanturnik, złodziej, złodziejaszek, Figaro, niebieski ptak, „Skąpiec", Gobseck i Nucingen to tylko stopniowanie. Kultura odgrywa w tym tylko rolę schodów, po których ta sama ludzka cecha wrodzona idzie do góry i na każdym stopniu zmienia strój w zależności od zawartości portmonetki. Tadzio to doskonale zrozumiał i ujął znacznie krócej ode mnie. Oparł się na drążku od namiotu i stwierdził: „Znaczyt sia zawsze..., lecz inny strój". Oczywiście! Aż go uściskałem. A on z pańskim gestem powiedział: „W takim razie proszę to zapisać". O. Wilde miał rację: życie naśladuje sztukę. Tadzio mówił to tak jak Jaracz w „Rodzinie" Słonimskiego. Aż usiadłem; Tadzio nigdy o tym nie słyszał i tylko jest dumny, że ja „wszystko zapisuję", także o nim. Teraz śmiałem się do łez, wyciągnąłem zeszyt i od razu zapisałem. „Masz, patrz, przez samo «H» jak «herbata», «habit» i przede wszystkim «heca». Naprawdę heca".

Na śniadanie wypiliśmy po „kuble" kawy z mlekiem kondensowanym (niebo w gębie) i zjedli jakąś niesamowitą ilość chleba z konfiturą; po czym grzebaliśmy się dość długo z pakowaniem, bo nie mamy jeszcze wprawy z tymi betami. Dużo tego i wszystko potrzebne. Słońce już dobrze grzało, gdy wytoczyliśmy nasze czołgi na szosę. Jedzie się nam coraz lepiej i bierzemy bez zsiadania niemal wszystkie wzniesienia. Niestety nie mamy przy naszych rowerach przerzutek (zmiany biegów). We Francji, która tylko na północy jest płaska, jest to niemal konieczne. Koło południa przejeżdżamy Hérault. Przed wjazdem do Montpellier postanawiamy się w niej wykąpać. Zjechaliśmy wobec tego w bok, schowali rowery w krzakach winogron i zabrawszy mydło, ręczniki i przybory do golenia, poszliśmy nad brzeg. Winnica dotykała rzeki. Najpierw narwaliśmy trochę winogron, olbrzymich i słodkich, i zaczęliśmy jeść. Leży się na trawie, poprzez liście drzew prześwieca białe słońce, a do ust wpycha się całą kiść i ogryza ją jak jabłko. To całe przeżycie; mógłbym pisać o tym na dwudziestu stronach. Ale nie wiem, czy można by oddać rozkosz tych chwil — trzeba to samemu przeżyć, żeby zrozumieć. To wszystko w takich, właśnie w takich okolicznościach i w żadnych innych. Bo na przykład w czasie urlopu lub wakacji, w normalnych czasach, każda przyjemna chwila jest zatruta, choćby podświadomie, tym, co będzie po powrocie: to i to będzie się musiało zapłacić, pan X jest świnia, a trzeba z nim utrzymywać stosunki, bo „on wiele może", itd., itd. Ten cały balast myśli w normalnych warunkach, balast przyszłości, odpadł. Jest wojna, usiłuję wrócić do Paryża, co będzie jutro albo za miesiąc zupełnie nie wiem i nic mnie to nie obchodzi. Ta przyszłość może być taka i owaka, lecz na pewno nie ta, jaką mógłbym sobie wyobrazić. Więc nie myślę o niej — to, co jest poza linią wzroku, nie odgrywa roli. Jeżeli ta cała cywilizacja nie jest wiele warta, to jednak dokonała jednej wielkiej rzeczy na większości kontynentów: potrafiła doprowadzić do tego, że w jej obecnym stanie człowiek najtrudniej umiera z głodu. Jeżeli i to diabli wezmą, no to cześć. Tymczasem jednak to nie grozi, więc jem winogrona. Najważniejsze jest TERAZ i trzeba się nie bać wyssać to TERAZ do końca, potem odrzucić i zastanowić się, jak by następne TERAZ najlepiej wykorzystać. Zastanawia mnie w tym tylko jedno: nie jest to ani *Carte idem* Horacego, ani *après nous le déluge*[1]. Do pierwszego potrzeba spokoju, do drugiego znudzenia lub zmęczenia. Nie wiem.

Leżę, patrzę w słońce przez ciemnozielone okulary liści i jem winogrona. Są świetne. Potem zapalamy papierosy. W południowym upale dym ściele się

[1] Po nas choćby potop.

nisko i czepia każdej trawki. Golimy się z namaszczeniem, włazimy do wody, jeden drugiemu myje plecy i w końcu wypływamy na środek rzeki, pozostawiając za sobą smugę mydła. Prądu prawie nie ma, woda jest głęboka i ciepła. Kąpiemy się oczywiście nago, pomimo że most jest o sto metrów dalej. Można – tu nikt nie jest CIEKAWY, można rozpłynąć się w powszechnej obojętności. Chyba że się kogoś zaczepi i o coś zapyta. Wtedy ten ktoś odpowiada z uśmiechem, powie coś wesołego, zapyta, jak nam się jedzie, i idzie dalej. Starzy ludzie lubią się rozgadywać i wtedy z nimi gadam. Tadzio kręci głową i mówi: „To same obojętniaki". Jedziemy.

Do Montpellier jest jeszcze kawał drogi. Szosa jest pusta, od czasu do czasu mijamy wielki wóz na dwóch kołach. Jest gorąco i ogarnia nas takie rozleniwienie, że ledwo kręcimy. Nie ma benzyny, więc nie ma samochodów i droga jest cichą aleją. To też wyjątkowa okoliczność, która się już nie powtórzy. Toniemy wśród winnic; na lewo i na prawo, jak okiem sięgnąć, same winnice. Co pewien czas przejeżdżamy przez jakąś wieś i oglądamy budynek kooperatywy winnej producentów wina. Jest to zawsze największy i najokazalszy gmach każdej gminy. Każdy z tych posiadaczy winnicy właściwie nie pracuje tak ciężko. Wino rośnie, a pracują przy nim za psie pieniądze robotnicy hiszpańscy, włoscy lub polscy. Patron chodzi i dogląda, a potem idzie się czegoś napić do bistra. Przy winobraniu jest trochę hałasu, potem kooperatywa zakupuje zbiór lub wino, patron inkasuje gotówkę lub weksel i żyje z tego aż do następnych zbiorów. Słońce świeci, ptaszki ćwiergolą, niebo jest szafirowe i pastis jest żółty. Życie jest proste, ustabilizowane od lat. Prawdopodobnie filoksera narobiła tu więcej zamieszania niż ta cała wojna.

Koło piątej po południu wjeżdżamy do Montpellier. Z miejsca widać, że ładne miasto. Odszukujemy ulicę, na której mieści się Czerwony Krzyż belgijski, bo chętnie zobaczyłbym Dr. G. Niestety wyszedł, ale wróci niedługo. Opieramy rowery o ścianę i rozglądamy się. Włóczy się tu trochę belgijskich żołnierzy w obszarpanych mundurach. Czekają na wydanie cywilnych ubrań i na zapisanie do pociągu reewakuacyjnego. Tadzio powiada: „Andrzejku, trzeba będzie trochę oszabrować ten Czerwony Krzyżyk; niech nam co dadzą – my też zbolałe ofiary wojny". Właśnie wchodzili państwo G. Podchodzę i witam się. Oni ucieszyli się, zaczęli oglądać nasze rowery i pytać, gdzie jedziemy. Do Paryża? A czy macie co jeść na drogę? Wspaniałe – do Paryża przez Monte Carlo – *c'est formidable!*[1] (bez Pekin do Otwocka, mówiła służąca w „Lekarzu bezdomnym" Słonimskiego). Z całą swoją żywością kazał nam wprowadzić rowery do hallu, zawołał żonę i zamknął się z nami w jednym pokoju. Potem otworzył jakieś inne drzwi do drugiego pokoju i zaczęło się oszabrowywanie Czerwonego Krzyżyka. Protestowałem, bo nie mieliśmy na rowerach miejsca, ale Tadzio kopał mnie w „kostkie" i szeptał: „Milcz, jak pragnę podskoczyć". Oni nakładali nam to na ręce, a my latališmy i składali wszystko w kącie. Sardynki, pasztet w puszkach, cukier, mleko w proszku, ser, czekolada, mydło, pudło keksów, koszulki

[1] Wspaniałe!

trykotowe, kalesony, skarpetki, espadryle. Dr G. biegał, szukał, co nam jeszcze wetknąć, i w końcu kazał nam to upakować, bo musi zaraz wyjść. Przepraszał, że wieczorem nie będzie się mógł z nami widzieć, ale jutro rano mamy przyjść na śniadanie do nich. Rowery możemy tu zostawić, a naprzeciwko jest dużo tanich hoteli. P. G. wyszedł, a dla nas zaczęła się tragedia, gdzie to upchać. Porobiłem pudła z tektury i powoli jakoś się to rozłożyło. Potem zdjęliśmy szorty i włożyli spodnie. I na miasto.

Wynajęliśmy pokój w jakimś malowniczym hotelu godzinowym, złożyli tam nasze drobiazgi i znowu do miasta. Na kolację było za wcześnie. Zatrzymał się koło nas mały zielony tramwaj — taka krakowska jedynka. Wsiadamy i jedziemy. Potem z powrotem. Byle jeździć i patrzeć przez okno. Chodzimy, oglądamy wystawy. Sklepy sportowe wspaniałe. Na ulicach pełno młodych dziewcząt i chłopców. Zapada ciepły wieczór, jesteśmy już niemożliwie głodni. Montpellier przestanie jutro istnieć, będzie jakieś inne miasto. Czasu nie ma — nie liczy się. Jestem cały wzrokiem, pochłaniam, łykam i nie myślę, bo nie da się myśleć. Każde głupstwo jest urocze i nawet każdy papieros smakuje bardziej niż zwykle. Na kolację jest zupa, fasola z mięsem (*cassoulet*), makaron z sosem pomidorowym, brzoskwinie. Potem kawa w jakimś czerwono oświetlonym bistro, pełnym wymalowanych ladacznic. (Ubóstwiam to słowo). Już jest ciemno, łazimy z kąta w kąt. W końcu trafiliśmy na ulicę, na której są same domy publiczne. Z każdych drzwi, z każdego okna dolatują śmiechy, śpiewy, dźwięki pianoli lub harmonii, klekot zsuwających się ze stóp pantofli, brzęk szklanek, szczęk naczyń, spuszczanie wody w ubikacjach... Na podświetlonych ekranach firanek w otwartych oknach rysują się jakieś cienie, tu światło gaśnie, tam się zapala. Gwar cichnie nagle, potem znowu hałasy. Przypomina mi się jeden z najlepszych wierszy O. Wilde'a, czytany w świetnym tłumaczeniu niemieckim, „Hurenhaus". Cały ten wiersz jest zgrzytliwy, *cassant*[1], rymy w rodzaju „Grotesken", „Arabesken", suche, równocześnie sztuczne i duszne. Znowu cisza, nagła i nieoczekiwana — słychać gdzieś ostry, rzężliwy kaszel płuc, w których już brak powietrza. Płucna czkawka. Ten cały kąt robi wrażenie dusznej piwnicy, pełnej jakichś sztucznie hodowanych kwiatów, jadowito pachnących, o zblakłych, wężowych łodygach, rozpełzniętych po ścianach ruchem glisty — ciekawe, pełne swoistego uroku i wstrętne, oślizgłe i śluzowate. A równocześnie pociągające. Myślę o absyncie, o rysunkach Constantina Güysa, o „*Fille Elisa*"[2] Goncourta. Mam nieprzepartą ochotę wejść do środka, zaglądnąć, zobaczyć kolory, zakłuć się głębiej tym czymś ostrym, co jest w całej atmosferze. Ale Tadzio mnie ciągnie: „Jędruś, uciekajmy stąd". Idziemy. Siedzę przy stoliku i piszę. Okno naszego pokoju wychodzi na malutkie podwórko i w domu naprzeciwko znowu „Hurenhaus". Śmiejemy się. Noc jest duszna, spocona. Z któregoś okna powyżej dochodzi śpiew. Ciepły, głęboki alt kobiecy śpiewa jakąś tęskną piosenkę po hiszpańsku. Nawet Tadzio zasłuchał się i przerwał

---

1 Toporny.

2 „Kurtyzana Eliza", Warszawa, 1928.

opowieść o swoim szwagrze, który mu „podiwanił cały komplet narzędzi, sprzedał i potem był bity aż do utraty pierwszej przytomności". Słuchamy. Melodia obija się po dachach i płynie leniwie, błądzi w kleistym mroku podwórka, przygasa i nagle wybucha w jakichś słowach o wielkiej ilości „r". Wtem inny głos kobiecy, zachrypnięty i zdarty (stara płyta gramofonowa) zaczął komuś wymyślać i śpiew ustał. Tadzio zaklął i zaczął się rozbierać. Teraz już głośno oddycha. W takim upale wydaje mi się, że światło żarówki sypie się z góry jak piasek. Dopiero teraz czuję, że jestem zmęczony.

W pustyni Camargue, 8.9.1940

Wstaliśmy przed ósmą. Na oknie leżały winogrona i Tadzio wyszedł z łóżka, żeby je mnie podać. Zatrzymał się przy oknie i zamarł w bezruchu, jak wyżeł wystawiający kuropatwy. Kiwa ręką, żeby cicho podejść. Wyłażę z łóżka, zbliżam się i — to trudno opisać. Mroczne podwórko, rozświetlone z góry słońcem, dolatujący gdzieś z bliska zgrzyt cyrkularki, tnącej deski. O piętro niżej, naprzeciwko, otwarte okno; jaskiniowy, ciemny pokój, w którym nie widać ciemnych mebli i tylko łóżko, przykryte czymś burym — też ciemne. Na tle olbrzymie kobiece uda, rozchylone; bliżej łydki splecione dziwacznie. Reszta ciała w potwornym skrócie z ześlizgującymi się na boki piersiami i stożek zadartej w górę brody. Cyrkularka skrzypi, bierze co chwila jakieś przeraźliwie wysokie „C" (pewnie na sękach). To ciało świeci w tym mroku, wiąże wzrok, fascynuje. Cicho szeptam: „Tadziu, to jest Schiele" (chyba tak się nazywał). Tadzio oczywiście nie rozumie. Pamiętam, że gdy kilka lat temu Franek pokazywał mi album z rysunkami tego austriackiego rysownika, nie chwytałem przejmującego do kości realizmu tych okropnych ciał prostytutek, rysowanych genialnie w jeszcze okropniejszych pozach. Powiedziałem, że to jest „silenie się" i że to jest „nieprawdopodobne". Ależ to było genialne. Ściska mi teraz gardło z pasji, że nie umiem rysować. Nie — to tylko Schiele mógłby dobrze palnąć. Zwał brzydoty, odpychający i przyciągający swoją niesamowitością. I ten skrót — monstrualny. Tadzio jest nieznośny.

— Ja bym ją, owszem, ale jakby mnie uśpili. A teraz pobudka, ty proletariacie miłości! — I zaczyna ją bombardować kulkami winogron. W nim samym jest teraz okrucieństwo tłumu. Odepchnąłem go od okna. Nie wiem dlaczego, ale ten odruch był u mnie podyktowany tym samym, co skłoniłoby mnie do obrony jakiegoś świętego obrazu przed świętokradztwem.

Było jeszcze za wcześnie na pójście do państwa G. Wybiegliśmy na miasto. Ranek słoneczny i świeży, ale czuło się już, że upał skrada się cicho i wyskoczy razem ze słońcem spoza dachów. Na ulicy, obok hotelu, wielki targ. Łazimy między straganami, szukając klucza szwedzkiego, ale nie było. Przekupki wrzeszczały, ostry zapach serów zmieszany z wonią wielkich brzoskwiń. W Montpellier nazbierało się mnóstwo ludzi z wszelkich kątów Francji i Belgii. Na ulicach wielkie dwukołowe wozy farmerów z północnej Francji z doczepionym do nich całym inwentarzem żywym: krowy, woły, klacze ze źrebiętami, kilka owiec. Boki wozu poobwieszane klatkami z drobiem: kury, kaczki, gęsi, indyki — a w samym wozie cała rodzina, rozłożona na stosach bielizny i ubrań. Przejechali tak setki kilometrów i teraz będą wracać. Wędrówki ludów. W tym zgiełku tego starego miasta, w tym zamieszaniu i bezczasowości tego wszystkiego czuję jakby średniowiecze. Wędrówka „Narcyza i Złotoustego" poprzez świat, który oderwał się, szuka... Kolorowe i mroczne, jak witraż w kamiennej rozecie.

Koło dziewiątej poszliśmy do pp. G. Czekali już na nas; stół ślicznie nakryty, a na stole MASŁO. Od wyjazdu z Paryża nie widziałem masła. Pani G. wniosła olbrzymi rondel dymiącej czekolady na mleku. (Zanotować w notesie: zapach gorącej czekolady w słonecznym pokoju o dziewiątej rano, otwarte okna, z których wpada ten specjalny chłód, jaki jest tylko przed upałem). Zaczęliśmy jeść i daliśmy z Tadziem koncert przy akompaniamencie uśmiechniętych: *prenez, je vous en prie*[1]. Gadaliśmy dużo o powrocie naszym i ich, o tym jak się ułożą stosunki i w ogóle o wszystkim. Oni roześmiani, bo przed dwoma dniami dostali wiadomość, że ich dwoje dzieci żyje i że odnalazły się. Z początkiem maja wysłali je na jakieś kolonie wakacyjne, potem wszystko runęło; nie mieli możności dojechać do nich i uciekali razem z całą falą uchodźców belgijskich. Od maja do teraz nie wiedzieli, co się z dziećmi dzieje. Może najokropniejszą rzeczą w tej wojnie jest to rozpędzenie ludzi na wszystkie strony i niemożność odszukania się. Zaczęło się to w Polsce, poszło na całą Europę.

Zapukano do drzwi i harcerz belgijski zaraportował p. G., że kilku zdemobilizowanych żołnierzy francuskich prosi o wsparcie.

— Francuskich? *Tiens, tiens*[2].

Wyglądnęliśmy przez okno. Stało ich sześciu, obdartych, brudnych, niemal boso. P. G., wskazując mi na nich ręką, powiedział:

— Widzi pan, to tak codziennie, a mają swój francuski Czerwony Krzyż, tylko że tam ich wyrzucają i nie chcą nic dać. Wszędzie u nich bałagan i wielka administracja. Francuski Czerwony Krzyż tutejszy ma za zadanie wspomagać ludność cywilną i wobec tego o żołnierzy nie troszczy się wcale. Z jakiej racji my, Belgowie, mamy jeszcze dawać Francuzom?

Pani G. zaczęła się upierać, żeby im nic nie dać. *Rien!*[3] Dlaczego kobiety, gdy zaczynają pracować społecznie, zmieniają się tak często w antypatyczne małpy bez serca? Z przemiłej, miękkiej, flamandzkopulchnej kobiety wylazła w jednej chwili jakaś ostrość i bezlitosność. Większość Belgów mówi o Francuzach jak o jakieś podrzędnej kategorii ludzi. Jeszcze nad morzem G. powtarzał mi często, że ta tak zwana wielkość narodu francuskiego, geniusz narodu, to starannie podtrzymywany gmach zbudowany przez dawne generacje i odmalowywany ciągle w coraz to jaskrawszych kolorach i coraz tandetniejszą farbą. A teraz zabrakło im nawet farby.

---

[1] Proszę, częstujcie się.
[2] No, no.
[3] Nic!

Tymczasem Francuzi na dole dobijali się z uporem. Tadzio spojrzał na nich i też z pogardą orzekł: „Dać im tam co — po co się jeszcze odgrywać na tych ślimakojadach". Pan G. zapytał mnie, co Tadzio mówi, i musiałem przetłumaczyć. Określenie *escargophage* podobało mu się i wobec tego kazał im wydać po parze pantofli na sznurkowej podeszwie, skarpetki, koszule i swetry. Chcieli jeszcze mydła, ale tego im nie dał. *Pourquoi du savon? Ils se lavent si peu...*[1] Poszli. Cała ta scena zastanowiła mnie. Ile na tym świecie zależy po prostu od dobrego lub złego h u m o r u kogoś, od jakiegoś p o w i e d z o n k a? Każdy z nas chodzi z kapeluszem wypełnionym karteczkami z losem i wyciąga go jedną ręką do kogoś drugiego, ciągnąc drugą ręką taką samą karteczkę od kogoś innego. Gdy zrobię komuś coś dobrego, to czy nie jest to po prostu tylko to, że ten ktoś wyciągnął ze mnie dobrą karteczkę, że miał szczęście? No i jakież uczucia mogą istnieć między narodami? Chyba tylko mniej lub więcej życzliwa pogarda. Gdy obustronna pogarda osiąga równe natężenie, narody zaczynają się wzajemnie t o l e r o w a ć, zachowując przy tym przepisy dobrego wychowania, wpojone im przez wspólną kulturę jak przez rodziców. Niemcy, pomimo wszystkich pozorów, zostali chyba wychowani przez innych rodziców niż reszta Zachodu i ciągle zachowują się po chamsku. Nienawidzę ich nie z powodu wojny, ale z powodu zdrady rodziny i rodziców. Ta wojna to już nie jest bitka przy wspólnym stole o to, kto dostał więcej kremu czekoladowego, lecz walka dorosłych o spadek, o cały spadek i dorobek. Wojna w roku 1870 to był spór o krem. W 1914–1918 Niemcy zaczęli postępowanie spadkowe, przegrali w pierwszej instancji i teraz apelują. Ale na litość boską, chyba jest jeszcze sprawiedliwość. (Patrzę w rozgwieżdżone niebo i modlę się o nią). Stop! — system Scarlett O'Hara — pomyślę o tym później.

Było już dobrze po dziesiątej, gdy zaczęliśmy się zbierać do odjazdu. Pani G. wcisnęła nam jeszcze olbrzymią torbę mleka w proszku (była znowu miękka i pulchna i mleko podała mi takim ruchem, jakby dawała mi je ze swojej wielkiej piersi), dodała sera i mydła. Tak zaopatrzeni, pakowaliśmy rowery. Przybyło nam w sumie kilka kilogramów, a przy takim przeciążeniu każde sto gramów jest cetnarem. Koło jedenastej zaczęliśmy się żegnać. Może jeszcze kiedyś ich zobaczę.

Kierunek Arles. Niebo pochmurne, ciepło. Nîmes zostawiamy po lewej stronie i jedziemy szosą drugiej kategorii. Unikamy w ten sposób patroli żandarmerii, której trudno tłumaczyć, że t ę d y jedziemy do Paryża. Chwilami spada kilka kropel deszczu. Kręcimy wolno. Liściaste laski wśród stawów, wszędzie płasko. Tadzio mówi: „Zupełnie jak w Wawrze". W Saint-Gilles pijemy piwo z lemoniadą na werandzie wielkiego bistra. Tadzio mnie tyranizuje: „Czemu nie piszesz, do cholery? Potem śrajbujesz do późnej nocy i zabraknie nam świec". Nastrój sennej niedzieli w małym miasteczku. Po ulicach snuło się kilku stacjonowanych tu lotników, chodzących z dziewczętami, inni stali koło domów grupami, a wszystkim brakowało słońca. Tutaj dzień bez słońca to jak sałata

[1] Po co mydło! Tak rzadko się myją...

bez oliwy i obiad bez wina: trudno przełknąć. Było ponuro, a popielate kamienne domy wyglądały, jakby były zbudowane z kurzu. Zupełnie bezbarwne, beznadziejnie monotonne. Huk motocykla był tu stukaniem młotka w pustym pokoju. Jeans pisze, że słońce wysyła na dobę ileś tam tysięcy kilogramów światła. Tu, na południu, dzień bez słońca jest naprawdę „niedoważony" i czuje się najwyraźniej to oszustwo na wadze. Ma się ochotę zwrócić taki dzień z oburzeniem. Zasypiałem na krześle. Po oglądnięciu mapy skonstatowaliśmy, że jeszcze dziś trzeba wydostać się dobry kawał poza Arles, żeby jutro być w Marsylii. Wzięliśmy szybsze tempo i przez Arles przelecieliśmy szybko. Ciągle ten szary dzień, głupi i połowiczny. Inaczej nie można tego określić. Nie chciało mi się nawet zobaczyć areny rzymskiej. Kupiłem za to jajek.

Skręcamy na południe i wjeżdżamy w pustynię Camargue. Przejście od strefy zieloności do bezkresnej, rudej i kamiennej równiny jest zupełnie nagłe. Pod wieczór pogoda poprawia się i tylko na północnej stronie zamarła w bezruchu masa czarnych chmur. Camargue jest naprawdę pustynią: droga świetnie asfaltowana i nic więcej. Po bokach, jak okiem sięgnąć, ruda płaszczyzna usiana kamieniami. Czasem jakieś karłowate drzewko lub krzak kolczasty. Niepokoi nas to, bo wody nigdzie nie można się spodziewać. Mija pięć kilometrów tej pustyni — nic. Mija dziesięć i też nic. Jest już późno i powoli zapada mrok. Po piętnastu kilometrach dalej pustka. Jak zwykle w takich wypadkach chce nam się podwójnie pić. Ale już krzyczę do Tadzia: „Jest!" — „Co?" — pyta z tyłu. — „Oaza!". Przy drodze widać czarną kępę krzaków i drzew, a dalej, już prawie na horyzoncie, zarysy jakiejś fermy. Dojeżdżamy do oazy, która jest wielką elektryczną studnią. W budynku studni pracuje z cichym szmerem elektryczny motor, pompy ciągną wodę i rozlewają ją do kamiennego koryta, skąd ścieka do rowów, rozprowadzających ją dalej. Obok studni jest pas trawy i krzaków, dalej poletka winnic i trochę młodego lasku. Zielono jest tylko w obrębie rowów nawadniających — za zewnętrznym rowem pustynia. Kępka włosków na łysinie, konserwowana starannie Silvicrinem. Oczywiście na widok wody odechciało nam się pić. Szybko rozbijam namiot, Tadzio zbiera drzewo. Miejsce na nocleg doskonałe. Gotujemy rytualny rosół z makaronem, jajecznica z pomidorami, kruszone keksy w mleku z winogronami, wino. Wyszedł księżyc i świeci oślepiająco. Na północy, w czarnej masie chmur, poskakują błyskawice. Zaczyna opadać tak gęsta rosa, że włazimy do namiotu, żeby nie zmoknąć. Cudowna noc. Tadzio, jak zwykle, usypia z palącym się papierosem w ustach. Cisza jest absolutna, bo nawet studnia przestała tykać. Wyłączyli ją na noc. W dogasającym ogniu czasem coś syknie, trzaśnie, wyskoczy płomyk i schowa się. „Ojcze nasz, który jesteś w niebie...".

La Bedoule, 9.9.1940

Wstaliśmy po szóstej. Dzień słoneczny, pogodny, ani jednej chmurki. Namiotu nie można było zwijać od razu, bo mokry od rosy jak po ulewie. Mycie i śniadanie. Słońce paliło coraz bardziej i już o ósmej rano był upał. Mamy przed sobą jeszcze ponad godzinę pustyni. Ruszamy po dziesiątej. Po kilku kilometrach pustynia ożywia się: na lewo i na prawo hangary lotnicze, olbrzymia baza, reflektory, ziemne światła itd. Gdzieś w oddali chodzi kilku ludzi. Tadzio patrzy i mówi: „Jakbym zobaczył samolot, to to mogłaby być tylko ta jakaś fatamorgana". Śmieję się; wszystkim nam pokazywano przed tą wojną fatamorgany i wmawiano, że to prawdziwe. Szczególniej w lotnictwie. Rozmawiamy o fatamorganie. Podobno zdarza się tutaj, ale nie wiem, czy to prawda. Dziwna jest ta pustynia.

Dojeżdżamy do morza, mijając małe miasteczko Fos, ślicznie położone, z cudnym kościołem romańskim. Potem brzegiem morza. W Martigues przeskakujemy na drugą stronę zalewu morskiego po wąskim drewnianym moście. Przy wjeździe na ten most o mały włos nie wywróciłem się. Na szczęście stał tam żandarm, który mnie podparł w ostatniej chwili. Zbladłem. Teraz zażąda papierów. Gdzie tam... żałował nas, że musimy jechać tak obładowani. Jeden upadek i rower jest pogięty. Jestem pewny, że w tej krótkiej rozmówce przypominałem Flipa, który coś zbroił i stara się wszystko załagodzić. Wtedy rusza się rękami ponad miarę, chrząka i głupio uśmiecha. Jest taki upał, że pot leje się z nas ciurkiem, zalewa oczy i szczypie. Na górze, ponad zalewem, zatrzymujemy się. Postanawiamy coś zjeść i układamy się w skąpym cieniu paru sosenek. Pod nami mamy szafirowy zalew, w nim utknęło kilka okrętów. Niebo jest niebieskie z kilkoma białymi obłoczkami. Kolory są przeraźliwe: jak coś jest białe, to jest naprawdę białe, a jeżeli szafirowe, to t y l k o szafirowe. Nie ma półtonów; kolory są rąbane jak gama C-dur, jednym palcem, z pedałem. Cały ten koloryt jest wręcz prymitywny — pejzaż można by chyba malować temperą, bez mieszania; co wyjdzie z tubki, to dobre. Mówię o tym Tadziowi. „Tak, masz rację, te kolory są nachalne". Tadzio jest zwięzły i — wspaniały. Czy to określenie „nachalny" nie byłoby także dobre dla obrazów Styki Afrykańskiego?

Nie odpoczywaliśmy długo, bo do Marsylii jeszcze daleko, a po drodze trzeba coś kupić na kolację. W jakimś miasteczku dostałem dwa befsztyki i cały bochenek chleba, pomimo że chleb wolno tu sprzedawać tylko do dwunastej w południe (?). Ale byłem tak wymowny, że rzeźnik sprzedał mi również chleb, a mięso dał bez kartek. Późnym popołudniem dojeżdżamy do jakiejś góry. Szosa wije się stromą serpentyną i trzeba zejść z rowerów. Idziemy i idziemy; za każdym zakrętem góra coraz wyższa. Potem wariacki zjazd w dół. Po kilku kilometrach wpadamy na przedmieścia Marsylii. Niepokoi mnie jakiś dziwny wiatr. Dzień był gorący, wiatr jest chłodny. Od razu wiem, że to tutejszy mistral; teraz pod wieczór powoli budzi się, miecie kurzem ulicznym i zasypuje nam oczy. Mówię Tadziowi, że trzeba przelecieć przez Marsylię jak najprędzej, bo mistral dmucha tu z taką siłą, że nieraz przewraca ludzi na ulicach. (Tak mi opowiadano). Jak nam dmuchnie z jakiejś przecznicy, to położymy się razem z rowerami. Niestety, łatwiej powiedzieć niż wykonać. Od razu na przedmieściu zaczyna się taki bruk, że kocie łby wileńskie to stół w porównaniu z tymi skałami. Rowery zaczynają nam tak skakać, że trzeba zupełnie zwolnić, żeby się nie rozsypały na proszek. Do tego gumy mamy pompowane na miękko z powodu gorąca i po asfalcie idzie wspaniale, a tu „dobija" raz po raz. Trudno — jedziemy. Mija godzina, jesteśmy ciągle na przedmieściu. Po półtorej godziny dopiero wjeżdżamy do śródmieścia. Bruk ten sam, a nawet jeszcze gorszy. Ludzi na ulicach pełno, wszyscy łażą po jezdni, bo chodniki zastawione stolikami i zarezerwowane dla gadułów. Ci stoją grupami i mówią wszyscy naraz; wrzeszczą i wymachują rękami. Do tego dochodzą szyny tramwajowe, które trzeba omijać. Jazda przez te ulice jest naprawdę sztuką. Każdego trzeba omijać, nikt nie reaguje na dzwonienie. Tadzio rozgląda się i powiada: „Jędruś, jak pragnę zdrowia, to Nalewki". Tymczasem mistral rozhulał się na dobre. Słońce zrobiło się miedzianoczerwone i na ulicach wirują trąby kurzu i śmieci, w które my nurkujemy z pochylonymi głowami. Mijają dwie godziny i końca Marsylii nie widać. Ten potworny bruk też nie chce się skończyć. Jesteśmy tym tak zmęczeni, że mnie pięty zaczynają drgać bez przerwy i prawa łydka ciągle drętwieje. Ogarnia mnie zupełnie szalona wściekłość; gdybym spotkał mera Marsylii, byłbym zdolny go obić za ten bruk. Mija trzecia godzina tej piekielnej jazdy i wiem już z góry, że wyjadę stąd z urazem psychicznym do Marsylii na całe życie. Takie wielkie miasto i główne ulice tak podle brukowane. Trzy i pół godziny, krok za krokiem. Widzę jakiś hotel i zaczynam się zastanawiać, czy nie przenocować. Ale w Marsylii to dość ryzykowne. Podobno wyłapują Polaków i wsadzają do pobliskiego obozu w Carpiani. W końcu wydostaliśmy się z tej stolicy Mariusza i Fanny. To było s t r a s z n e. Bolą nas nerki, plecy, ręce, wszystko. Mistral dmie już na dobre. Jest tak zimno, że wciągamy swetry. Słońce zaszło, ale jedziemy dalej, bo nigdzie nie ma dobrego miejsca na nocleg. Mijamy Aubagne i w prawo na La Ciotat. Jest ósma, gdy wjeżdżamy do jakiegoś wąwozu. Znowu serpentyna pod górę i musimy złazić. Zrobiło się ciemno i wyszedł księżyc. Górą, wśród wielkich drzew, huczy wiatr, na drodze w wąwozie jest cisza. Droga jest właściwie prześliczna, ale zmęczenie znieczula nas zupełnie. Pchamy rowery i trochę gadamy. Nigdzie kropli wody; idziemy godzinę, dwie — ciągle pod górę. Ręce drętwieją, droga wspina się dalej, ściany wąwozu są tak strome, że o rozbiciu namiotu nie ma mowy. Dopiero o wpół do jedenastej dochodzimy do czegoś w rodzaju bardzo rozległej przełęczy. Widać było kilka domów, na lewo łagodny stok i kilka sosen. Za to wiatr dmie tu ze wszystkich stron. Dziki huragan — chwila ciszy, zupełnej, martwej — potem nagłe uderzenie, zimne i przenikliwe. Zostawiamy rowery na drodze i po długich poszukiwaniach znajdujemy metr kwadratowy mchu pod jednym z drzew. Wyciągamy rowery, wkładamy na siebie wszystko, co mamy, i zapalamy papierosy. Od drugiej nie paliliśmy. Szybko stawiamy namiot, żeby wleźć do środka i rozgrzać się. Na tym wichrze jest to bardzo trudne. Jeden nieostrożny ruch i namiot pójdzie w strzępy. Wszystkie sznurki splątały się. Stawiamy w momentach ciszy, a gdy nadlatuje ten szatan, trzymamy rękami i nogami wszystkie części wiszące jeszcze luźno. W końcu „hotel" stoi. Wbijam kołki aż do końca, naciągam sznurki, ale i tak przy każdym podmuchu dach wciska do środka. Nareszcie jest nam ciepło. Nie gotujemy kolacji — ser, sardynki, pomidory i konfitury polane winem. Leżymy jak dwie kłody. Teraz już pewnie nawet kochane sztuki Pagnola będę oglądał — przez marsylski bruk. Mistral cichnie, huczy, szarżuje.

Tulon, 10.9.1940

Spaliśmy tak, że gdyby mistral zerwał nam znad głów namiot, to prawdopodobnie spalibyśmy dalej. Było nam ciepło i przytulnie. Nawet głupi namiot ma w sobie coś z „własnego domu". Zresztą to wszystko, co mam ze sobą, jest dla mnie jakby żywe. Można by to nazwać „smakiem sprzętu". Mistral wył dalej i o zapaleniu ognia na tym huraganie nie można było nawet marzyć. Chciałem jednak koniecznie wypić coś ciepłego; wziąwszy termos, maszynkę do kawy i rondelek, zaszedłem do tych kilku domów, które widzieliśmy wczoraj. W pierwszym z brzegu dostrzegam otwarte drzwi i wchodzę. Izba czysta, pod kuchnią ogień, przy piecu stoi jakaś stara kobieta. Przywitałem się z nią, powiedziałem, że śpimy w namiocie tam wyżej i że chciałbym zrobić sobie kawy. Staruszka ożywiła się, nalała od razu wody do rondla i postawiła na ogniu. Zaczynamy rozmawiać — pytam, czy mieszka tutaj sama.

— Nie, z synem. Poszedł dzisiaj szukać roboty, ale teraz ciężko o pracę. — Po akcencie poznaję, że to nie Francuzka. Pytam i o to.

— Nie, jestem Włoszką, i mój syn także.

— A ja jestem Polakiem, Madame.

Staruszka ożywiła się:

— Mój syn miał przyjaciela Polaka. Był taki miły. Poszedł do wojska i nie wiemy, co się z nim dzieje. Wy, Polacy, jesteście teraz biedni — my, Włosi, też. Mojego syna już dwa razy wzywali, żeby wrócił do Włoch i stawił się do wojska. Ale on nie chce, *oh non*. A zresztą tam bieda. Po co ta wojna?

Nic nie odpowiedziałem. Pytała się dokąd jedziemy i skąd mamy jeszcze prawdziwą kawę. Z mojej maszynki unosił się mocny zapach. Dałem jej garść kawy i powiedziałem, żeby ją schowała tylko dla siebie. Wlałem wszystko do termosu i zacząłem żegnać się z nią. Uścisnęła mnie za głowę i pocałowała w czoło; potem z włoską pobożnością zrobiła znak krzyża na czole i miała łzy w oczach. Pocałowałem ją długo w grubą, spracowaną rękę. Biedna starowinka. Cóż jej zostało na tym świecie? Syn i kawa, i szept modlitwy.

Z dwukilowego chleba został nam po śniadaniu tylko kawałek. Opowiedziałem Tadziowi o włoskiej babce i też się rozczulił. „Popatrz, Jędruś — ludzie tak osobiście są porządni, a wszystko razem do kupy banda s...!". Wiatr szalał dalej, ale dzień był słoneczny i trochę cieplej. Upakowaliśmy czołgi i ruszyli dalej. Po chwili wjechaliśmy do właściwej osady — jest ślicznie położona. Naokoło lasy, przy domach małe pólka melonów. Kupiłem olbrzymiego melona za 2 franki i przywiązałem go do kierownicy. Potem zjazd w dół — cudowny zjazd serpentynami wśród lasu. Nagle — nie, tego nie można opisać. Wpadamy nagle zza zakrętu na odcinek drogi kuty w litej skale. Długi balkon, w dole próżnia — ze 150 metrów przepaści — dalej szafirowy płat morza z białą pianką wzdłuż poszarpanego wybrzeża. Wiatr trzasnął nam w twarz z taką siłą, że bez hamowania zwalniamy. Wzrok gubi się w szafirowym horyzoncie morza, z lewej strony popielata ściana skał z przyklejoną do nich szosą, z prawej przepaść i drugie morze zbitej, niemal czarnej zieloności u stóp. Wszystko pogrążone w przewianym wiatrem świetle słońca. Kolor słońca jest zupełnie inny w czasie wiatru; jest jakiś zimny jak emalia. Dojeżdżamy tak prawie aż nad wodę, na sam koniec cypla skalnego, i zawracamy w lewo. Wpadamy znowu w półmrok leśny. Opony cichutko kwilą na asfalcie i na każdym zakręcie kładziemy się miękko na bok. Przy dużej ilości serpentyn jest to po prostu tańcem na rozpędzonej maszynie. Obciążony rower „leży" przy takich szybkościach wspaniale. Do tego Tadzio porozciągał nasze wąskie, wyścigowe kierownice i leżymy na nich wygodnie, rozparci szeroko i pewnie. Po dwudziestu minutach wylatujemy z lasu jak dwa pociski z lufy i wpadamy na prosty kawałek drogi. Z lewej strony niewielka zatoka, z prawej jakaś wyspa z zameczkiem i cyprysami. Böcklin w świetle słońca. Koloryt wody jest zupełnie bajkowy: szafir, plamy seledynowe i jasnoniebieskie pasma posypane białymi grzywkami fal. Rozpętanie barw, zupełny obłęd. To już La Ciotat. Szosa biegnie teraz brzegiem morza, mijamy wille i po raz pierwszy zalatuje mi Riwierą. Wielkie palmy są w tym wichrze jakby jeszcze bardziej postrzępione, od morza ciągnie wilgotnym chłodem i solą. Mistral huczy ciągle i w całym tym niemożliwie (nachalnie) kolorowym otoczeniu panuje jakieś rozbuchanie, rozhuśtanie i zgiełk. Mistral robi wielkie porządki i przewietrza te spokojne, zastygłe w upale kąty.

Zostawiamy rowery na szosie, a sami z jedzeniem zbiegamy na sam brzeg, na wielkie kamienie. Jemy wolno, rozkoszując się każdym kęskiem. Wybieramy sobie zawsze na jedzenie jakieś ładne miejsce; dziś miejsce jest tak cudowne, że popadamy niemal w odrętwienie. Każda sardynka, każdy kawałek sera jest wielkim przeżyciem. Słońce świeci, wiatr chłosta w twarz i chwilami spada na nas deszcz kropelek wody rozbijanej na kamieniach. Przy każdym uderzeniu fali wybucha tęcza, trzyma się chwilę w powietrzu i niknie. Można dostać naprawdę pomieszania zmysłów od tego dzikiego natarcia kolorów. Jarmark barw. Są pewne widoki, które zaliczyłbym do kategorii „intelektualnych". Na przykład jesienny zachód słońca nad Sekwaną. Mosty toną w mgiełce, zapalają się na nich punkciki latarń, olbrzymie drzewa zamierają w bezruchu, światło słońca jest przefiltrowane przez zupełnie specjalne chmurki, z których każda powinna by mieć napis „Made in Paris". Byle kto niczego nie dopatrzy się w tym widoku. Tu byle „ciemniak" i „przeciętniak", mówiąc słowami Tadzia, dostanie od razu w łeb i jeżeli już nic innego, to w każdym razie rozdziawi gębę. Musi. Jak na widok wspaniałej kokoty, ubranej jaskrawo i elegancko. Wrażenie Tadzia: „To jest naprawdę święto morza".

Zjadamy naszą południową rację i jedziemy dalej. Do Bandol mamy jeszcze około 20 km. Droga robi się górzysta. Znowu złazimy z rowerów i idziemy pod górę. Droga jest tak cudownie prowadzona, że nawet przyjemniej iść na piechotę niż jechać. Co chwila przez gęsty las przebłyskuje w dole morze. Powietrze jest nagrzane, pachnie żywicą i mistral nie dobrał się tutaj. Skacze po wierzchołkach drzew. Na jednym z zakrętów spotykamy pogrzeb. To niemożliwe. Ludzie tu umierają? Samochód karawan jedzie z góry wolno, piszcząc niemiłosiernie hamulcami, za nim idą ubrani na czarno żałobnicy. Na przodzie drepta ksiądz w białej komży. W tym wesołym, roztańczonym otoczeniu, w pogodzie dnia i w tym słońcu wygląda to zupełnie nienaturalnie. Nie pasuje. Nie podchodzi do tego stopnia, że patrzymy na to zupełnie obojętnie. (Nie całkiem — chciałbym to namalować tak jak Bonnard). Tadzio fachowo zauważa: „Jakby mu teraz hamulce nawaliły, to czcigodne zwłoki miałyby prawo zmartwychwstać ze strachu". Zaczynamy snuć dalsze przypuszczenia na ten temat: „Przede wszystkim przejechałby księdza. Przy potrąceniu tego chłopca z krzyżem mógłby dostać krzyżem w głowę. Familia przyspieszyłaby początkowo kroku, potem zaczęłaby biec, a w końcu (Tadzio konkluduje zimno) wdowa powinna uczepić się karawanu i krzyknąć do szofera: „Hamuj na sprzęgło, jeśli ci życie nieboszczyka miłe". Tadzio opowiada to w ten sposób, tak obrazowy, że widzę już tylko ten „jego" pogrzeb, a nie ten prawdziwy.

Zjeżdżamy znowu z góry. Tak wpadamy do Bandol. Jest czwarta po południu. Bandol jest klejnocikiem w czarującej oprawie. Leży nad niewielką zatoką, nad brzegiem morza szeroka promenada zasłonięta od strony lądu kolorowym parawanem białych domów, domków i willi. W kącie zatoki, pod wzgórzem zatłoczonym domkami wśród drzew, malutki jak zabawka port z białymi kreskami żaglówek. Koło portu kręci się kilku rybaków i grzebie wśród rozpostartych sieci. Tak wolno, jak to czasem pająk, gdy kontroluje, czy wszystko w porządku. Na widok tutejszych rybaków odnoszę zawsze wrażenie, że oni się bawią w rybołówstwo; pojedzie kawałek na morze, coś tam podłubie, złapie trochę ryb i wraca. To nie ten twardy byt rybaków z mórz północnych i z wybrzeży Atlantyku.

Zostawiam Tadzia z rowerem obok portu, a sam idę z wizytą do Madame Allègre. Jestem w stroju trochę niewizytowym, bo w szortach i w koszulce, ale to trudno. Pierre Plane jest na górze i po kilku minutach dzwonię do „Pauline". Serce bije mi tak, jakbym czekał, że otworzy mi sama Katarzyna Mansfield. Otwiera mi jakiś chłopak. Mówię mu, że chciałbym się zobaczyć z Mme Allègre. Uśmiechnięty, prowadzi mnie; wchodzę do małej, czystej kuchenki — jakaś kobieta prasuje bieliznę. Mme Allègre, malutka, pomarszczona staruszeczka, krząta się żywo koło naczyń. Przedstawiam się jej dość oryginalnie jako ten, który w zeszłym roku wysłał jej z Paryża fotografie. Mówię jej o Hance i o Franku — doskonale ich sobie przypomina; fotografie dostała. Zaczyna się komicznie śmiać, bo *madame* i *monsieur* nie umieli po francusku, ale z *monsieur* można się było doskonale porozumieć. „On taki śmieszny". I śmieje się tak, że i ja nie mogę wytrzymać i wtóruję jej zgodnie. Opowiadam jej, kim są dla mnie, że teraz wracam do żony, do Paryża. Po chwili wszyscy wesoło rozmawiamy. Mme Allègre przynosi lekko podsuszone figi z wielkiej deski w ogrodzie, napycha mi nimi kiszenie. Wyszliśmy do ogrodu.

Mały pawilonik obok „Pauline", w którym mieszkała K. Mansfield. Mały kamienny stolik; malutki, jak dywanik przed łóżkiem, taras. Na tym stoliku pisywała, że tam, w dole, na morzu, zatrzymał się okręt wojenny, że dzień był szary i zimno. Kilka słów — pamiętam i nie pamiętam. Też była wtedy wojna... I pamiętam napis na jej grobie w Avon: *But I tell you my Lord fool out of the nettle danger we pluck this flower safe*. I mnie się tak udaje. Zrywam cało i zdrowo kwiaty, unikając kolczastego niebezpieczeństwa. Usiadłem przy stoliku i patrzyłem. Czy potrafiłbym opisać ten widok stąd tak prosto i naturalnie jak ona? Dobra, prawdziwa proza jest jak suknia od Paquin lub Molyneux: niby nic, a jest w tym wszystko. Coś zupełnie nieuchwytnego. To są odbezpieczone granaty, które autor daje czytelnikowi, którymi go wypycha, aby wybuchły w nim. Czym dłużej eksplodują, tym pisarz jest większy. Wszelkie wspaniałe eksplozje wokół czytającego mogą być wspaniałe, mogą na chwilę ogłuszyć, ale w końcu nie zostaje z nich wiele.

Potem rozmowa. Dowiedziałem się, że mój strój jest obecnie zakazany na całym wybrzeżu. Nie wolno chodzić w szortach; na rowerze można w nich jeździć, ale pokazywanie się w szortach w mieście jest surowo zakazane. Kazałem powtórzyć to sobie dwa razy, bo nie mogłem uwierzyć. Nagle umoralniają się — i to w ten sposób. Ależ to przecież żałosny widok, to pachnie na kilometry secesją, dulszczyzną. To na pewno nie jest zarządzenie niemieckie. W tym jest cała śmieszność autorytatywnego *règime'u* Pétaina, który w TEN sposób zaczyna rządzić. Każe Francji zakryć nogi (ma takie ładne) i będzie ją równocześnie namawiał Bóg wie do czego. Oczywiście wszyscy śmieją się z tego; nawet stara Mme Allègre chicha śmiesznie i piska.

Żegnam się. Życzą mi dobrej drogi i szczęśliwego powrotu. Jeszcze jedno spojrzenie w stronę kamiennego stolika i wyszedłem. Tadzio siedział na ławce sam i rozglądał się. Dałem mu fig — był nimi zachwycony. Podjechaliśmy kawałek promenadą i zatrzymaliśmy się przed małą kawiarnią. Bandol jest dobrze osłonięte od wiatru i mistral nie wieje tutaj tak przeraźliwie. Przy stoliku, w słońcu, było ciepło i zacisznie. Piwo z lemoniadą. Obok siedziała jakaś starsza pani, brzydka jak pekińczyk i zupełnie niemożliwie wymalowana. Cynober, sjena palona, karmin, błękit wokoło oczu — truskawki w oczodołach (?), Tadzio ciągle na nią spoglądał ukradkiem i nie mógł się uspokoić: „Jędruś, czego te zgliszcza, ten rupieć, te gruzy mogą się jeszcze spodziewać?". A zgliszcza przypatrywały nam się ciekawie i, co gorsza, uśmiechnęły się do mnie zalotnie. „Ooo — niech cię znudzi!" — wrzasnął już głośno Tadzio. Mnie zrobiło się nieprzyjemnie. Od razu zrozumiałem, co odczuwa młoda dziewczyna, gdy starszy pan rozbiera ją oczami. Dalej siedziało kilku panów, wytwornie ubranych w znaczeniu nadmorskim. Jakieś wspaniałe sandały, wełniane blezery, kolorowe spodnie z żaglowego płótna; z nimi dwie kobiety o wybitnie ładnych nogach, jaskrawe i ostro wyperfumowane. Co chwila powiew wiatru przynosił w naszą stronę zapach tych perfum, zmieszany z solą i wonią ciała w słońcu; zalotne uderzenia wachlarzem po twarzy. Promenadą przeszło kilka kobiet. Są jak róże na wietrze: pochylają się, płatki ich sukien strzępią się i furkocą. I kiedy już przejdą, przylatuje od nich zapach. Właściwie do kobiet należałoby podchodzić pod wiatr...

W całym otoczeniu jest coś takiego, że każdy czuje się tutaj czymś, chociażby całe życie był niczym. Z wyjątkiem tubylców wszyscy mają jakąś nonszalancję w ruchach i w stroju, chód giętki i leniwy. Mam wrażenie, że ci ludzie nawet chodzą tu ponad stan. Jak u nas: wszyscy chodzili i ruszali się ponad stan, siąkali nosy ponad stan, byleby tylko nie zachowywać się naturalnie. Ale może naturalność też jest tylko pozą? (O. Wilde). Patrzę poprzez żółte okulary na lśniący blat stołu, na lśniące w słońcu golenie nóg kobiecych i śmiać mi się chce z tych myśli. Były takie czasy, w których człowiek marzył; dziś marzenie jest czymś tak bezsensownym, że można je uprawiać tylko po to, żeby nie wyjść z wprawy. Jak stawanie na rękach. Zagadnienie życia, zwyczajnego życia, nabiera takiego znaczenia, jak nigdy dotąd. Nie wiem, jak czują to inni – u mnie jest wyraźna dwoistość: jestem ja i jest życie moje i Basi. Kiedy o tym myślę, zachowuję się jak lekarz nad łóżkiem chorego: badam, nasłuchuję, patrzę. Świetnie – jeszcze zipi. O to chodzi. Teraz jadę przez Côte d'Azur, ale nie odczuwam tego jakiegoś podniecenia, jakie odczuwałem chociażby co sobotę, wsiadając w nowym ubraniu do Lux-torpedy, z ilustracjami w ręce, w reniferowych rękawiczkach i z paczką heli w kieszeni. (Zapalać papierosa bez zdejmowania rękawiczek). Ciągły niedosyt, który nie pozwalał mi nigdy na właściwe oszacowanie tego, co się posiada. Wtedy nie zauważałem, że kobiety są cudne pod wiatr. Myśląc o tym, bawię się w kieszeni tymi kilkoma koralikami zebranymi na chodniku w Carcassonne. Będą zawsze grzechotać osobno; na żaden sznurek ich nie nawlekę...

Wypaliliśmy już po dwa papierosy i trzeba się zbierać. Wszyscy przyglądają się nam z podziwem. Szczególniej rowery są oglądane z szacunkiem. Wsiadamy i jedziemy dalej, na Tulon. Przy wyjeździe z Bandol droga tak zbliża się do morza, że jedziemy w pyle rozbitych na skałach fal. W powietrzu wisi tęcza. Tusz tęczowy, chłodny i przyjemny. Jest zbyt późno, aby jeszcze dziś minąć Tulon. Okolica jest tu jednak tak gęsto zamieszkana, że trudno gdziekolwiek rozbić namiot. Dojeżdżamy pod sam Tulon. Wszędzie domy i brudno. Szukamy miejsca. Znajdujemy je w podmiejskim lasku, pustym, rozwalony dom obok. Mistral oszalał i denerwuje już nas. Jest nudny, głupi, kretyński, niepotrzebny, tępy. Ja mu pokażę. Zawziąłem się i jednak wodę zagotowałem. Trwało to półtorej godziny. Smażone mięso, ładowanie żołądków miarowe i solidne. Każda łyżka niesiona do ust jest jak dźwig w porcie napełniający okręt. Tam, w dole, widać ich kilka. Usypiamy z jednym jedynym pragnieniem: żeby mistral ustał. *But I tell you my Lord fool out of the nettle danger we pluck this flower safe.*

Le Lavandou, 11.9.1940

Dziś już siódmy dzień naszej jazdy. Właściwie jedziemy całkiem dobrze i gdyby nie to pakowanie bagaży i to pisanie przede wszystkim, można by wyjeżdżać znacznie wcześniej. Nieraz zapisuję pewne rzeczy wprost, na drodze. Stajemy kilka minut i piszę. Czuję, że inaczej mogłoby uciec. Wystarcza kilka niepowiązanych słów w notesiku. Jest to potem rolką filmu ze zdjęciami; negatyw wywoływany wieczorem i rano. Tadzio zachowuje się w tym jak mecenas sztuk. „Ty tam pisz, już ja wszystko zrobię. O ten prawy hamulec nie martw się". Wyciąga linkę z pancerza, smaruje wazeliną, reguluje, poprawia, dokręca, zbiera graty, układa. „Jędruś – popatrz, czy tak jest dobrze?" – „Dobrze". – „No to siajn, sa wa, nespa?"[1] – *Qui, ça va très bien*[2].

---

[1] Fonetycznie: *ça va, n'est-ce pas?* – w porządku, prawda?
[2] Tak, bardzo dobrze.

Dziś wstałem koło ósmej. Tadzio jeszcze spał. Zostawiłem mu kartkę, że idę po zakupy i że pewnie wrócę koło dziesiątej. Nie wiedziałem właściwie, gdzie iść, ale jakaś babcia w zupełnie pustym sklepie powiedziała mi, że w odległym o trzy kilometry La Seyne może coś znajdę... *Mais pas grande chose, vous savez; maintenant... oh là là, c'est bien difficile...*[1] Idę do La Seyne. Po lewej stronie zalew morski. Na nim grzeją się w słońcu łodzie podwodne. Nie lubię łodzi podwodnych; mają w sobie coś z płaza. Smukłe, szare ciała, od których bije jakby chłód głębin, po których wiją się płochliwe, kąsające po nogach z determinacją tchórza. Wstrętna broń. La Seyne jest przedmieściem Tulonu; na ulicach ruch, szczególniej przed sklepami. W bistrach marynarze z czerwonym pomponem na czapce. Wszędzie ich pełno; widać, że nie wiedzą, co począć z czasem. Po co Francja marynuje te okręty? Nasi już dawno byliby gdzie indziej. Przecież oni tutaj poddali się na pewno korespondencyjnie, listownie albo telegraficznie. Ci marynarze nie mają chyba nerwów, serca i nawet rozumu. To są rzeczy, których nie jestem w stanie pojąć. To nie jest już nawet — kartezjańskie.

W jednym ze sklepów znalazłem dwie puszki fasoli. Szukam sera, ale o to trudno, a gdy w końcu znalazłem ostatni Cantal w całym La Seyne, dali mi tylko pół funta. Szukam wszędzie konfitur; nigdzie nie ma. Jest już upał. Mistral ustał. Wchodzę na piwo. Przy kontuarze jakiś marynarz i dwaj cywile. Głośna dysputa.

— *Mais, j'te dis*[2], że największa bitwa była nad Marną. To była najważniejsza bitwa.

— *Mais non!*[3] Pod Reims. Tam się naprawdę wszystko zdecydowało.

— Pod Reims? Czy dlatego, że poświęcili tam sto tysięcy Amerykanów?

Nie wiem, czy tam poświęcili Amerykanów, czy chodziło im o pierwszą, czy o drugą bitwę nad Marną, ale wiem, że tam na zalewie leżą łodzie podwodne. A dyskusja toczy się dalej, kaskady niepowstrzymanych słów o liściach laurowych już dawno zasuszonych, dobrych jako przyprawa; oni ciągle starają się je podać jako gorące danie główne, tak zwany *plat de résistance*[4]. Jest takie medyczne określenie na pewien rodzaj pomieszania zmysłów, łagodny, polegający na tym, że chory dwa pierwsze zdania wypowiada do rzeczy, a potem mówi, mówi i mówi — wszystko od rzeczy. Nazywa się to *la logorrhée*. Wyciek słów podobny do wycieku ropy przy pewnej chorobie wenerycznej. *La logorrhée* jest chorobą Francji — i to już od wielu lat. Wydaje mi się, że to piwo ma taki sam stęchły zapach jak te słowa przy kontuarze.

Wchodzę jeszcze do wędliniarni i pytam o — konfitury. Są, ale w kilogramowych puszkach, i patronka ostrzega mnie, że bardzo drogie — 20 franków puszka. Proszę, żeby mi je pokazała. Przynosi świetne morele, jedna z najlepszych marek francuskich. Nie chce mi sprzedać dwóch puszek. Zalewam ją strugą szeptu o nędzy ludzi wracających na rowerach do Paryża. Wpycha mi w kącie

---

1 Ale mało co mają, tu teraz ze wszystkim trudno.

2 No mówię ci.

3 Ale skąd!

4 Danie główne.

dwie puszki, żeby inni nie widzieli. Wspaniale. Jeszcze chleb, jajka. Wracam obładowany. Żar zrobił się nieznośny i idę wolno. Nie patrzę już na zalew, odwracam głowę. Coś we mnie pękło, coś bulgoce, do ust podchodzą słowa, których dotąd nie ośmieliłbym się wypowiedzieć głośno. W całym moim życiu żeniłem się ze wszystkim z miłości. Nie uznawałem innych małżeństw. To nie jest wygodne, ale co robić, gdy nie można inaczej? Z Francją ożeniłem się z wielkiej miłości młodego. I nagle tu, w Tulonie, widzę, przeczuwam wszystko, domyślam się; domyślam się tej perfidnej korespondencji i flirtów uprawianych między Clermont-Ferrand i Tulonem. Tu widzę Francję nagą, leżącą w Tulonie, jak dziwka. Czeka i uśmiecha się z rezygnacją, rozchyla nogi... Zdradza mnie. Pot cieknie mi po policzkach, szepcę jakieś słowa. Och — może to jednak nieprawda? Odwracam głowę. Leżą cicho, popielate, smukłe. Tam dalej dwa krążowniki. Nie widziałem ich przedtem.

Przychodzę do namiotu. Tadzio rozpalił ogień, pachnie kawa. Kręci się, zbiera, porządkuje. „Dzień dobry, Tadziu — jak się spało?" — Cisza. „Wiesz, dostałem wspaniałych konfitur. Płynne złoto w puszce". Tadzio nic nie mówi, zachowuje się, jakby mnie nie było. Podchodzę, obejmuję, nachylam się do twarzy. „Czy gniewasz się na mnie o co?". Odsunął mnie i powiedział: „Ty ze mnie zejdź, bo mnie duszno". — „Co ci jest? Czujesz się niedobrze?" — „A jak mam się dobrze czuć? Chodź!" — Ciągnie mnie na skraj lasku. Jesteśmy na górze i roztacza się stąd szeroki widok. Tadzio zauważył to samo co ja i pieni się: „No, popatrzże się na ten szmelc" — wskazuje na łodzie podwodne i na okręty — „Widzisz, jak się poustawiali? A na co oni czekają? Na opakowanie. Żeby Niemcom w zębach przynieść. Tu się ucz, że Westerplatte i Warszawa to dobre, ale do fotografii. A oni tymczasem raz flaczki, raz ziemniaczki, raz kuperek z kaczki... Szkoda każdego słowa". Wielka rewia soczystych przymiotników i rzeczowników.

Wracamy do namiotu. Tadzio przełyka tak głośno, że słychać każdy łyk kawy. Od czasu do czasu pochyla się, zagląda popod liście i prostuje się. We mnie jest smutek, zawód — w nim bunt, bezkompromisowość człowieka młodej rasy i klasy. Czuję, że ten gniew udziela się także mnie. Mam ochotę spluwać i zwyczajnie kląć — nie, nie zwyczajnie: barwnie, przeciągle i skomplikowanie. Tadzio zaciąga potem rzemienie w chlebakach, tak jakby zaciągał je na czyimś gardle... Urywa jeden i trzeba zmienić system pakowania. Zabiera nam to tyle czasu, że jesteśmy gotowi dopiero koło pierwszej w południe. Nie ujedziemy dzisiaj daleko.

Przejeżdżamy przez Tulon. Śliczne miasto. Nowe, ładnie rozplanowane. Ulice szerokie, gładkie, wysadzane drzewami i palmami. Olbrzymie białe gmachy rażą oczy, kawiarnie przestronne — wszędzie dużo powietrza i oddechu. Budowane z rozmachem w ładnym, nowoczesnym stylu francuskim.

Za Tulonem skręcamy w prawo. Jest wprawdzie krótsza droga do Hyères, przez które musimy przejechać, ale wolimy szosę nad morzem. Dzień upalny, bez jednej chmurki. Od morza chłodzi nas lekki, słonowilgotny powiew. Wszędzie pusto i cicho, bo nie ma samochodów i tłumu. Czyste, odcedzone piękno wybrzeża.

Przetaczamy się wolno przez Hyères. Nagle ciszę rozsłonecznionego popołudnia rozdziera wycie syren samochodowych i przez ulice przejeżdżają w pędzie dwa olbrzymie szare mercedesy; w nich, upchani równo i prosto, Niemcy. Mignęli, ale wydało mi się, że dostałem pięścią w żebra. W ryku motorów, w zadartych wysoko rondach czapek, w tych bez zarzutu graficznie rozwiązanych orłach odezwała się rzeczywistość. Tadzio podjechał do mnie i pokazał głową w tył.

— Na inspekcję do Tulonu. Będą im salutować, mersi, pardon...

Niemcy. Jeszcze ciągle o nich zapominam. Koło piątej, po przejechaniu odcinka cudownej drogi, dojeżdżamy do małej miejscowości kąpielowej, Le Lavandou. Właściwie dopiero odtąd zaczyna się łańcuch tych miasteczek zabawek letniskowych, przechodzący pod St.-Raphaël w prawdziwy Côte d'Azur. To już przedpokój. Ładna piaszczysta plaża; las i zieloność dotykają niemal brzegu. Postanawiamy tu nocować. Schodzimy z rowerów i brniemy w piasku do kępy wielkich krzaków. Tablica z napisem *Camping interdit*[1]. Rozglądam się. Do nas zbliża się dwoje młodych ludzi i równocześnie pod jednym z drzew dostrzegam namiot. Pewnie jego mieszkańcy. Podchodzę i pytam, czy tablicę należy traktować poważnie.

— Nie, to tylko w normalnych czasach obowiązuje. Teraz można na całym wybrzeżu stawiać namiot, gdzie się chce. Nam pozwolili, więc i panowie mogą się rozłożyć.

Chłopak jest uprzejmy, dziewczyna bardzo ładna i zgrabna. Tadzio spogląda na nią dość żarłocznie i mówi:

— Dobry warsztat, imadełko z klasą, robota idzie. W tym ichnim namiocie wszystkie sznurki obluzowane i wygląda jak łach.

Namiot istotnie wykazuje wiele luzów, ale tłumaczę Tadziowi, że na dzień zawsze popuszcza się sznurki. Śmieje się i radzi odejść daleko. „Czego uszy nie słyszą, tego oczy nie widzą". Słońce powoli zachodzi, Tadzio zbiera drzewo na ogień, przegląda rowery. Ja będę robił kolację. Postanawiamy się objeść nieludzko, bo od dwunastej nie mieliśmy nic w ustach. W tym Tulonie trudno było przełykać jedzenie. Miało się raczej ochotę na coś odwrotnego.

Zapadła noc, na niebo wyszedł jasny księżyc. Jest zupełnie widno, cisza, lekki plusk morza. Rozkładamy koc na piasku, z małej walizeczki Tadzia robimy stół i jemy. Tej kolacji chyba nigdy nie zapomnę. Noc ciepła i jasna, srebrzystopopielaty piasek i staniolowe morze. Apetyt. Nieopisana rozkosz, bezmyślna i zdrowa. Piękno nie porusza tu żadnych wspomnień, nie kojarzy się z niczym, ani z muzyką, ani z poezją. Jest pięknem, które się je tak samo jak te sadzone jajka ze szpinakiem z puszki i zapija szklanką czerwonego wina. Nie czuje się potrzeby wykołatania z siebie żadnych uczuć czy wzruszeń, tęsknoty lub marzeń. Tu za jednym zamachem można się oduczyć tej „słowiańskiej tęskliwości", niebieskookiej, łanowo-równinno-zbożowej.

Tutaj piękno jest; jest na talerzu, jest tak uchwytne, że jem jajka, szpinak, księżyc, morze, sałatkę z pomidorów, fasolę, i oblizuję się. Może właśnie ta

[1] Kemping zabroniony.

uchwytność nie powoduje ani chęci, ani potrzeby rozpuszczenia myśli, „przeciągu w duszy". Skowronki? Tu się je strzela i zjada pieczone. Nic innego nie przychodzi mi na myśl przy skowronku. Żadne jakieś „boży kmieć", żadne tiu, tiu, a frr, a frr.

Keksy z winem i z cukrem, winogrona. Potem kładziemy się na piasku i palimy, wydmuchując dym w księżyc. Nie chce nam się iść do namiotu. Leżę i piszę przy księżycu. Już pierwsza.

Saint-Raphaël, 12.9.1940

Obudziliśmy się koło dziewiątej. Dzień cudowny. Ledwie przetarłem oczy, zaraz rozebrałem się (nad ranem bywa już chłodno) i położyłem się na słońcu, żując czekoladę. Rozgrzany, wskoczyłem do wody; odpłynąłem ze 200 m od brzegu i zrobiłem długi rajd wzdłuż całego Le Lavandou. Wzrok ślizga się nisko po szafirowej powierzchni wody, pędzi do brzegu i tam, jak hydroplan, rwie świecą w górę; pas żółtego piasku, biało-czarna klawiatura domów i willi nadbrzeżnych (ciemne szpary między domami są jak czarne klawisze), pasiaste zasłony w oknach we wszystkich odcieniach żółtego, pomarańczowego i czerwonego, krople różnobarwnych parasoli na tarasach, potem ciemna zieleń lasów i bladoniebieskie niebo, farbka do bielizny. Tam krążę i znowu woduję. Nie, nie — biłbym, gdyby mi ktoś powiedział, że to, panie, ładne, ale widzi pan, to nie to co Koluszki... Tam, panie, w Koluszkach... itd. To nie ja jestem snobem; to ten osobnik z Koluszek byłby snobem. Jak bardzo Mickiewicz musiał nie znosić Paryża i do jakiego stopnia musiał czuć się w nim źle, skoro napisał „Pana Tadeusza".

Pływałem przeszło godzinę; woda ciepła, przezroczysta, miękka. Potem pięć szklanek kawy i kilogram chleba z pasztetem i z konfiturą. Mamy ochotę zostać tu cały dzień i musimy zmuszać się do odjazdu. Stąd do Paryża mamy jeszcze około 1200 km. Kręcimy wolno, bo upał. Zresztą droga tak cudownie prowadzona, że nie można jechać prędko. Mijamy szereg takich zabawek jak Le Lavandou. Leżą jedna przy drugiej, pochowane w lasach nadbrzeżnych. Między nimi wille, stojące samotnie, z własną malutką plażą u stóp, a często z małym prywatnym portem dla żaglówek. Przejeżdżamy przez Cavalière, La Canadel, Le Rayol, Cavalaire. W jakimś przydrożnym bistro, położonym wysoko nad morzem, pijemy zimne piwo z lemoniadą. Wynosimy butelki na taras, siadamy przy stoliku, opierając nogi na drugim krześle, i grzejemy się w słońcu. U stóp morze w ramce zieleni, nad głowami błękit i słońce. Wrażenie Tadzia: „Świat jest piękny, tylko ludzie są sk...". Myśl o wojnie, o wzajemnym zabijaniu się w sposób wybitnie skomplikowany, wydaje się tutaj... Nie, w ogóle nie wydaje się.

Jestem opętany przez myśli. Odbywa się u mnie w głowie strzelanie do rzutków. Najpierw wylatują w powietrze te okrągłe czapki niemieckie, widziane wczoraj, i zamieniają się w bezkształtne obrazy książek i nazwisk: Luther, Hegel, Marks, Nietzsche, Hitler, Rosenberg — i w uszach surmy Wagnera: Ta, ta taaaaa... ta, ta, ta, ta, ta, tiiiiiii — Tra, tara, tara iiiii... Trzeci akt „Lohengrina". W oczach twarz panny Dory Vogel, nauczycielki niemieckiego, siedzącej ze mną nieraz długo ponad godzinę, dla jej własnej przyjemności (liczyła tylko za godzinę) i karmiącej mnie tą kulturą z całą nieszczęśliwą, jak to raz powiedział Słonimski, miłością Żydówki do Niemców. „Niech pan jeszcze to przeczyta". Na następny raz 50 stroniczek „Nathan der Weise" w różowym wydaniu „Universal". Raz kazała mi napisać jej charakterystykę. Zacząłem od zdania: „*Fräulein V. hat grosse Zaleten, aber auch grosse Waden*"[1]. A właśnie łydki miała cienkie i była bardzo malutka. Bardzo ją kochałem. Nazywałem ją Minna von Barnhelm. A ona z uporem tuczyła mnie jak gęś, którą zresztą wtedy byłem. „Będziemy czytać Schnitzlera, ale niech pan mamie nic nie mówi". „Pan" miał 16 lat.

Co zostało mi z tego? Nie pamiętam, ale czuję teraz najwyraźniej jeden sens: histerię niemieckiej myśli; histerię, którą Niemcy powoli zatruli nas wszystkich. To jeszcze pamiętam: Luther pisał, że nie może się modlić, nie przeklinając. Kiedy mówił „święć się imię Twoje", musiał dorzucić: „Przeklęci niech będą papiści i ci wszyscy, którzy Ci bluźnią". To gdzieś w tych okolicach puściło oczko. Ileż histerii kryje się w Marksie, odziedziczonej potem przez jego wyznawców. Cała teoria nadwartości przyprawiona została w sosie histerii. Pamiętam, jak raz wyszedłem z teatru z Frydką po głupiej i wesołej komedii francuskiej. I nagle, na Szpitalnej, mówi mi: „A teraz rozpatrzmy to z punktu widzenia walki klas". Histeria! Święć się imię Twoje, Proletariacie — przeklętą niech będzie burżuazja itd. Kto rozpętał tę histerię? Niemcy, niemiecka myśl, pełna oparów, niewyżyta, gotycka jak katedra w Kolonii, której nie mogę znieść. Niemcy stworzyli ten język, mętny, okropny, w którym nigdy nie wiem, co naprawdę oznacza słowo „Kultur". Czy chodzi im o mieszkanie z łazienką, o Goethego, czy może w końcu o „*Marsch, marsch*". Niemcy nauczyli nas histerycznego posługiwania się przymiotnikami, z którymi trzeba być tak ostrożnym jak z odbezpieczoną bronią. Oni swoje, my swoje. Oni *Volk*, *Blut*, *Boden*[2], a my „socjalizm", „komunizm" — wszyscy zachłystują się na niemiecki sposób. Świat histeryków. W tej chwili, już, natychmiast chciałbym mieć książki, żeby udowodnić, że mam rację. Przede wszystkim wybór pism Lutra. Hegel niepotrzebny, bo i tak go nie ruszę. Innych, wielu innych. Rozłożyć na kierownicy i czytać. Po tym zapachu, który został mi po latach, dojść do tego, co czuję teraz tak wyraźnie. Od „Fantazji chromatycznej i fugi" J. S. Bacha przeszliśmy do Wagnera... Jest to strzelanie do rzutków. Opadło mnie właśnie teraz. Staję, wyciągam notes i piszę: „Luther", „Marks", „Wagner". Mnie też opadła teraz histeria przymiotnika „histeryczny". To przez te czapki i Tulon. W Tulonie Tadzio i ja staliśmy się histerykami.

Oddalamy się teraz od morza i przecinamy u podstawy coś w rodzaju prostokątnego przylądka, na którego cyplu leży Saint-Tropez. Mijamy sporo drzew figowych rosnących przy szosie. Jemy figi. Są ciepłe z wierzchu i chłodne

---

[1] Panna V. ma wielkie zalety, ale też wielkie wady (polskie słowa „zniemczone" przez dodanie niemieckich końcówek gramatycznych, niem. *Waden* — łydki).

[2] Naród, krew, ziemia.

wewnątrz, słodkie. Do Saint-Maxime mamy około 10 km. Wybrzeże jest skaliste, skały mają kolor rudoczerwony. Droga jest miejscami kuta w litym kamieniu i pokryta jedynie cienką warstwą teru i szutru. Dziesiątki małych zatoczek w dole, otoczonych skałami. W jednym miejscu, o jakieś 50 metrów pod nami, mała plaża i biegnące wprost od drogi w dół kute w skale schodki. Nie wytrzymałem. Zostawiliśmy rowery przy balustradzie i sami szybko zbiegli na dół. Zdjąłem szorty i koszulkę i do wody. Wdrapałem się na wielki kamień i skoczyłem z niego. Woda jak kryształ — nurkowałem z otwartymi oczami. Na dnie wielkie kamienie i las koronkowych wodorostów. Kolory obłąkane. Pustka wokoło.

Do Beauvallon długi zjazd ostrymi serpentynami; niektóre mają kształt „U", zakręt o 180 stopni, cięciwa tego łuku ma najwyżej 20 metrów. Wiraże są podsypywane jak tor wyścigowy i jazda jest wprost pasjonująca. Dancing. Po południu przejeżdżamy przez Saint-Maxime. Tu już Riwiera na całego. Wille, pałacyki, mały port, jachty, plaża, palmy. Ludzi prawie nie ma, pustki. Ci, co są, wyglądają na stałych mieszkańców; rentierzy i inni ubodzy w sensie francuskim. Przeważają starsze panie, ubrane z fenomenalną pretensjonalnością i wymalowane — nie, po prostu wybetonowane wszelakimi *produits de beauté*[1]. Jest tu już typowa promenada i typowe wielkie hotele w stylu klasycznej secesji. Różne żelazne bluszcze, złote girlandy, wszystko podobne do gmachu Au Printemps w Paryżu. Bije z nich skondensowana secesja, że byłem gotów: *Fin de siècle*, „Wachlarz Lady Windermere" i w końcu mimo woli zacząłem sobie deklamować półgłosem „Esik w Ostendzie". Największy rozkwit tych miejscowości to lata 1890–1914, i z tej atmosfery przetrwało tu wiele. Lata powojenne były już tylko nieudolnym naśladowaniem świetnej przeszłości. Coś się tu czai wokoło, coś jest w tym ze staroświeckiej broszki brylantowej w szufladce toaletki zbankrutowanej hrabiny. Resztki dawnej fortuny, trochę smutku.

Od Saint-Maxime bierzemy ostrzejsze tempo. Chcemy jeszcze dziś minąć Saint-Raphaël. Całe wybrzeże jest jak paleta. Przed Saint-Raphaël mijamy wielkie lotniska i bazy hydroplanów. Przy szosie, co kilkaset metrów, sterczą z ziemi kretowiska betonowych blockhauzów — nowiutkich, skończonych jakby niedawno; może już po zawieszeniu broni? U Francuzów jest to zupełnie możliwe. Kto wie, czy ze względów administracyjnych (na przykład jak zaksięgować transport cementu, dostawę itd.) nie budowali ich jeszcze w lipcu?

St.-Raphaël jest ładne; mniej secesyjnych hoteli, nowocześniej. W samym mieście zatrzymujemy się, żeby kupić owoców i idziemy na ciastka. Jemy sześć, potem jeszcze dwa, znowu dwa — piekarka gapi się, więc my dalej dwa. Dla pamięci obrywam winogrona i układam je na kasie. Są jeszcze takie, których nie próbowaliśmy, więc trzask dwa. Patronka uśmiecha się, ludzie też; to znaczy nie ludzie, a takie różne baby, co przyszły wieczorem po chleb.

— *Mais vous avez un appétit terrible...*[2]

---

[1] Kosmetykami.

[2] Ależ macie panowie spust...

— O tak, po 150 kilometrach — bujam. Przyglądają nam się i chyba jest czemu. Jesteśmy koloru czekolady i włosy mamy zupełnie białe.

— *Vous êtes Allemand?*[1] — zawsze mnie o to teraz podejrzewają.

— *Mais non; Polonais*[2].

Teraz uśmiechają się życzliwiej, a piekarka zaczyna od razu dysputę polityczną. Kobiety na pewno lepiej zdają sobie sprawę z tego, co spotkało Francję, niż mężczyźni. Jedynie kobiety francuskie mają odwagę powiedzieć czasem na głos, że „nasi uciekli i nie chcieli się bić", a jak się powie: *Polonais*[3], to patrzą od razu jak na bohatera. „Wy biliście się — *Varsovie ne voulait pas se rendre*, ale wy byliście słabi. *Mais la France... c'est honteux!*"[4].

Ta piekarka grzmi tutaj zza lady jak kapitan na mostku. Aprobujący pomruk klientek dodaje jej sił. „*Nos hommes?*[5] Ależ to lenie. *Ça mange, ça vient, ça dort*"[6]. — Biedny ten piekarz. Ale piekarka ma rację, gdy mówi, że przed tą wojną opowiadano im tylko „*balivernes*"[7]. Trąbili im wokoło, że „Naród francuski to forteca kultury", „kolebka wielkiej myśli", „*Esprit français invincible*"[8] itd., itd. No i żeby poprzeć to dowodami, to zaczynało się cytować: Descartes, Voltaire, *La Révolution*, Napoleon albo Louis XIV i przykłady kończyły się zwykle na Fochu lub Lyauteyu. A z tego wszystkiego wyszedł — Pétain, czyli Peten, jak go nazywa Tadzio. Wszyscy byli przekonani o swojej wielkości, zdawało im się, że Molière i Racine (z tym mam na pieńku) umarli wczoraj, wszystko jest *formidable*[9] i wszyscy szli spokojnie spać, przysięgając na to wszystko, co już dawno zostało zaprzysiężone. Karmili świat odgrzewaną wielkością. Ciągłe jedzenie odgrzewanych potraw odbija się fatalnie na zdrowiu.

Jedni Niemcy przeznali tę Francję na wylot. *Nous vaincrons parce que nous sommes plus forts*[10]. Francuzi wierzyli w to; Niemcy przeczytali ten slogan jak „*Dubo-Dubon-Dubonnet*"[11] i kiedy Hitler powiedział, że „oni sami się rozłożą", to Francja kpiła z tego w jesieni zeszłego roku i w tym roku na wiosnę. W kwietniu powiedział, że 15 czerwca będzie w Paryżu. Śmiech doszedł do zenitu. A kto wie, czy sztab niemiecki umyślnie nie zwalniał marszu na Paryż, aby słowa Führera sprawdziły się całkowicie.

Ileż złudzeń potworzyliśmy sobie na odległość. Swoboda krytyki? Ach, jak oni nie boją się krytykować! Dobrze, ale czego? Krytykują polityków, krytykują urządzenia socjalne, krytykują innych, lecz nigdy siebie. Bo naród francuski jest wielki, jest wspaniały, genialny, ale wydany na pastwę tego i tego, takiej

---

1 Jest pan Niemcem?
2 Skądże, Polakiem.
3 Polak.
4 Warszawa nie chciała się poddać [...] Za to Francja... wstyd!
5 Nasi mężczyźni?
6 Tylko jedzą, łażą, śpią.
7 Bzdury.
8 Niezwyciężony duch francuski.
9 Wspaniałe.
10 Zwyciężymy, bo jesteśmy silniejsi.
11 Slogan reklamowy alkoholu Dubonnet.

instytucji, takich ludzi itd. Ty, narodzie, jesteś piękny i dobry, i dzielny, i pracowity, wydałeś tych i tych (cytowana w tym wypadku osobistość miała najczęściej cały naród w pięcie i dobrze wiedziała, co o nim myśleć. Inaczej nie byłaby wielką osobistością), ale na tobie żerują. Naród nie jest winien nigdy? Tam, w Tulonie, nie są winni marynarze i aspiranci, i młodzi oficerowie, lecz „góra". Zdradzają. Wojnę przegrali, bo była zdrada. Gdzie są dowody? Czemu ci marynarze, aspiranci i młodzi oficerowie nie wypływają na morze? Na co czekają? Na „opakowanie"? U nas wielcy uciekli, ale bił się naród. U nas, w Warszawie, nie czekali na rozkazy. „Żbik", „Ryś", kontrtorpedowce poszłyby u nas na morze bez rozkazu. Bo my nie jesteśmy wielkim narodem. Całe szczęście! Im się wydaje, że myślą, więc są. To już dziś nie wystarcza. Dziś trzeba czuć, żeby być. Wyczuwam, więc jestem. Gdy będę tylko myślał, mogę łatwo nie poczuć, że biją mnie po twarzy... Oni nie czują, już nie CZUJĄ.

Zjedliśmy jeszcze cztery ciastka, razem osiemnaście, i po zapłaceniu wychodzimy.

Przejeżdżamy dalej przez Saint-Raphaël; wille i pałacyki ciągną się bardzo daleko. Trudno znaleźć dobre miejsce na nocleg. Dostrzegam wreszcie małą zatoczkę, brzeg kamienisty, ale płaski. Do tego dużo trawy morskiej, wyrzuconej falami i zupełnie suchej. Rozbijamy tu namiot. Wewnątrz robimy grube posłanie z trawy. Jest miękko, jak w gnieździe. O dwa metry dalej morze. Poszedłem szukać wody. Nigdzie nie było. Dopiero w ogrodzie jakiejś niezamieszkanej willi znalazłem studnię. Przelazłem przez furtkę i oprócz wody przyniosłem także kota. Kot, okropny pieszczoch, od razu usadowił się w namiocie jak u siebie w domu. Jemy znowu przy księżycu. Kot zasnął ze mną bardzo grzecznie.

Nicea, 13.9.1940

Pogoda. Od samego rana gorąco. Prosto z namiotu wskoczyłem do wody i wypłynąłem daleko w morze. Woda letnia. To chyba najlepsza gimnastyka poranna. Wdech, wydech — ruch ramion i nóg. Mogę pływać godzinami bez żadnego zmęczenia. Kiedy zawróciłem do brzegu, nie poznałem naszej skały. Wyglądała jak zielone wzgórze, pokryte makami; usiana czerwonymi plamkami. Dopiero z bliska zobaczyłem, że to kompania Murzynów w czerwonych fezach na głowie przyszła na poranny spacer nad morze. Z daleka nie widać ich czarnych twarzy. Siedzą grupami, kilkunastu kręci się koło naszego namiotu; Tadzio żywo gestykuluje, jakby oganiał się od pszczół. Pokazują w moją stronę. Ostatnie kilkadziesiąt metrów płynę crawlem i słyszę radosne gulgotanie rozbawionych tym Murzynów. Gdy tylko wyszedłem z wody, uciszyli się i coś szeptają. Jedynie Tadzio biega naokoło, zbiera porozrzucane rzeczy i do stojących najbliżej wygłasza długie przemówienie. Coś w rodzaju: „Kompran pa franse[1], na — o włosek dalej, nie tak blisko; a od...że się, ty czarny łbie niewiadomego pochodzenia, bo cię skrzywdzę. Jak nie chcesz, żebym ci przytegiesił w kłapacz, to się odsuń, bo ta

---

[1] Fonetycznie: *comprends pas le français* — nie rozumiem po francusku.

pałatka to nie twoja zawszona hacjenda afrykańska, budowana ze słomianek. No już, płyń, bracie, stąd i prędko wyschnij, bo tu bakalii nie rozdają... Jędruś, nie doliczym się majątku. Powiedz im, niech się cofną". Wytarłem twarz i ręce, wyciągnąłem paczkę papierosów i poczęstowałem najbliższych.

— Wyście skąd?

— Z Madagaskaru — odpowiada mi jakiś śmielszy. Mówi jak dziecko.

— A dobrze wam tutaj?

— Dobrze. — Już teraz wszyscy naraz chcą mówić. Opowiadają mi, że ich przywieźli na wiosnę; mieli się bić, ale ostatecznie na froncie nie byli i za tydzień wracają na Madagaskar.

— No to cieszycie się?

— Bardzo, bardzo — śmieją się wesoło, coś gulgotając do siebie. Mówię im, że jesteśmy Polakami. Znowu się uśmiechają i jeden z nich powiada:

— *Polonais bon soldat — Français pas bon, oh — pas bon... Français*[1] — i pokazuje czarnymi palcami szybki bieg. Francuzi uciekali. Jest mi przykro. Oj, Francjo, nawet ci czarni... Wstyd mi za Ciebie. Może teraz inni wstydzą się za Ciebie bardziej niż Ty sama... To ciekawe, jaką sympatię zdobyli sobie Polacy u czarnych. W Tuluzie, w tym zbiorowisku wycofanych oddziałów. Murzyni wyrzucali z obrębu swoich kwater żołnierzy francuskich, a gdy któryś pokazał się tam, obrzucali go puszkami od konserw, skórkami od chleba, czym popadło. Polaków zapraszali, gościli, karmili i podobno wielu polskich żołnierzy mieszkało z nimi stale. Polacy i Murzyni kryli tyły uciekających Francuzów, kryli tyły kultury, cywilizacji. Czy kultura, która kryje swe tyły — barbarzyńcami, czy ta kultura zdolna będzie jeszcze promieniować? Kto nie ma siły, by jej bronić, ten nie potrafi natchnąć nikogo poszanowaniem jej. Czym jest ta kultura dla tych Murzynów, dla Tadziów? Staś stał się wielki dla Kalego od momentu zastrzelenia Beduinów. Kali lubił Stasia za jego dobroć, za jego kulturę, której wyższość odczuwał, ale go nie szanował. Zaczął go szanować, gdy Staś potrafił stanąć w obronie tej swojej kultury, tych zasad (właśnie), które kazały mu traktować NAWET Kalego jak człowieka. A tu chodziło przecież nie tylko o obronę tego, żeby NAWET tego Murzyna uważać za człowieka, lecz o to, żeby W OGÓLE człowieka traktować jak człowieka. Ci Murzyni tego na pewno nie wiedzą — i Tadzio tego nie wie, ale może oni to czują? I dlatego nie mają szacunku. Na ich poziomie subtelności finezje *de la raison pure*[2] nie liczą się.

Oficer, jakieś białe gogo w białych rękawiczkach, nadęte, z trzcinką, gwizdnęło nagle na zbiórkę i Murzyni odmaszerowali. Szczęśliwcy! Za trzy tygodnie będą na Madagaskarze. Chętnie pojechałbym z nimi. Już po dwudziestu sześciu latach, w tak młodym wieku, Europa wyłazi człowiekowi bokiem i gardłem. Kolebka kultury... Żal mi, że nie zdążyłem już wyjechać. Może życie z początku byłoby trudne, ale byłoby życiem z jakimś planem. A nie taką zabawą z losem w ciuciubabkę, życiem systemem węgorza, prześlizgiwaniem się o jeden dzień

---

[1] Polak dobry żołnierz — Francuz niedobry, oj, niedobry...

[2] Czystego rozumu.

dalej. I zamiast chodzić po ziemi, to chodzi się po galarecie ze świńskich nóżek i cielęcych głów.

Kot pije żarłocznie mleko w proszku i wylizuje starannie źle rozpuszczone resztki, a my zalewamy się kawą. Po śniadaniu odniosłem kota do pustej willi, długo żegnałem się z nim i musiałem odpędzać, bo biegł za mną. Jedziemy dalej. Przed oczami rozwija się kolorowy dodatek filmowy „Côte d'Azur". Dojeżdżamy do Miramar. Znowu kilka wielkich hoteli secesyjnych i trochę „zgliszcz" obojga płci. Bodajże Sienkiewicz („Listy z podróży"?) napisał raz, że w południowej Francji można się zestarzeć, ale nie sposób umrzeć. Ci tutaj to chyba właśnie tacy: starzeją się, jeżeli są kobietami, to malują się nieludzko, i „śmierci na nich nie ma", jak mówi Tadzio. Przejeżdżamy przez La Napoule i w godzinach największego upału zatrzymujemy się w Cannes. Plaża tutaj ładniejsza niż w innych miejscowościach. Przed wjazdem do samego miasta, dosyć i zupełnie „miejskiego", siadamy na tarasie małego bistra pod płóciennym dachem i pijemy lemoniadę. Upał jest rozleniwiający, a lekki powiew od morza usypia. Drzemię, drzemię na cały ten świat.

Po godzinie ruszamy dalej i wjeżdżamy do Cannes. Jest tu niewielki, ale ładny port, zapełniony jachtami żaglowymi i parowymi. Błyszczą w słońcu i bielą się jak olbrzymie łabędzie. Koło portu promenada, wielki skwer zacieniony drzewami, wille, hotele, kawiarnie — głębiej miasto; i jak każde południowe miasto — wonne i brudnawe. Ustawiliśmy rowery pod drzewami, Tadzio usiadł na ławce, a ja poszedłem kupić coś do jedzenia. Brak wielu artykułów spożywczych ma tę zaletę, że aby coś kupić, trzeba zwiedzić prawie całe miasto. Łażę, rozglądam się, szukam zawzięcie jajek i puszki grochu. Tego nie ma. Za to wystawy sklepów z galanterią i biżuterią są równie bogate i wytworne jak na Boulevard des Italiens w Paryżu. Po godzinie wałęsania się znalazłem wszystko i wracam powoli do Tadzia, niosąc część produktów w poszewce od jaśka, a część w berecie.

Tadzio siedzi na ławce, pali obojętnie papierosa i jest otoczony grupką ciekawych. Oglądają nasze rowery, kiwają głowami i zagadują o coś Tadzia. Siedzi jak mumia. Na mój widok podskoczył.

— Jesteś nareszcie! Czego te żabojady przeklęte strzępią do mnie jadaczkie? Jakaści arystokracja tutaj — popatrz na tego cudaka w białych kamaszach; to jak hrabia z „Trędowatej".

Starszy pan, ubrany wykwintnie, popielate spodnie, ciemna dwurzędówka i białe getry, jest bardzo miły i rozmawia się z nim przyjemnie. Pyta mnie na odmianę, czy jesteśmy Anglikami, dokąd jedziemy, jak to można jechać na tak obładowanych rowerach itd. Nudzi mu się na popołudniowym spacerku, w Cannes teraz nudno, więc jest zadowolony, że może porozmawiać.

Dowiedziawszy się, że jesteśmy Polakami, bardzo nas obżałowuje, a potem wygłasza głęboką filozoficzną myśl: „tak, tak *enfin*[1], wy jesteście przyzwyczajeni cierpieć, ale my?... Co to będzie?". Wybuchnąłem serdecznym śmiechem.

---

[1] W końcu.

Załatwił się z nami krótko i logicznie. „*Oh, mon cher Monsieur, n'ayez pas peur*[1]. Francuzi przetrzymają to na pewno z mniejszą szkodą niż my, choć – *comme vous le dites*[2] – my mamy wprawę. To kwestia odporności narodowej przysparza nam zawsze tylu cierpień. *Vous connaissez un peu notre histoire?*[3] Od stu pięćdziesięciu lat chcieli nas wynarodowić i nie udało się – to przez to tyle cierpień! Wy? Pieniądz i dobrobyt zjadły wam serce, rozum was znieczulił (za Tulon, masz za Tulon); wy nie będziecie cierpieć. Gdy wy mówicie: „*Mon Dieu*[4], co wyście wycierpieli" to myślicie o głodzie, biciu, rozstrzeliwaniu, więzieniach, ale nie o tym, co dla nas jest tym największym cierpieniem. Nas mogą złamać, zabić – Francja wgniecie się jak gumowa gruszka i albo zostanie wgnieciona, albo wyprostuje się".

Staruszek jest wyraźnie zaskoczony. Powiedziałem to zupełnie spokojnie, jakby z melancholią, tocząc starannie zdania. Gorzkie pigułki trzeba im dawać zawsze w opłatku, bo inaczej nie przełkną. *C'est le ton qui fait la chanson*[5]. Dziadzio połknął, ale czy go ruszy? Żegnam się z nim uprzejmie; myślę, że spłynie, bo nie dosięgnie serca. To nasza wina. Uczyliśmy ich zawsze tylko litości; no i nauczyliśmy. Mówią: *vous êtes malheureux*[6], z tą samą łatwością z jaką się spluwa. Źle napisałem, że nie dosięgnie serca; nie dosięgnie rozumu. W dzisiejszych czasach próbować dosięgnąć serca to próżny trud. Ludzie nie mają już serca. Tak – jeżeli je okazują, to jest to splunięcie – sercem; z przyzwyczajenia. Nie chcę od nikogo litości – chcę zrozumienia; wtedy serce odzywa się często samo i bije szlachetnie.

Wyjeżdżamy z Cannes i za chwilę jesteśmy w Juan les Pins. Miejscowość modna już po wojnie i od razu to widać. Pomimo pustki panuje tu wrzaskliwość, architektura rumbowo-jazzowa, wille saksofonowe. Ponieważ widzę pasztet w puszkach, więc wchodzę i kupuję. Swoim zwyczajem gadam i dowiaduję się, że Polski Czerwony Krzyż otworzył tu schronisko dla żon i dzieci polskich oficerów, którzy zdołali wyjechać do Anglii, są w niewoli lub zaginęli. Zadrżałem i prędko wybiegłem ze sklepu. Uciekamy, nie chcąc wpaść na jakąś grację z tej warstwy naszej inteligencji. Jeżeli morze zacznie tu wyrzucać po dwóch miesiącach żółć i wątroby tudzież jadowitą pianę, to wiem, że pochodzić będą z tego schroniska. Ani chybi! Powiało mi dobroczynnymi obiadami na L. i tym towarzystwem, a szczególniej „naszymi paniami".

Późnym popołudniem przejeżdżamy przez Antibes. Juan les Pins, tylko że nazywa się Antibes. Wille puzonowe. Do Nicei chcemy przyjechać oporządzeni, czyści i wytworni. Dojeżdżamy do ujścia Varu i prawym brzegiem w górę rzeki. Chcemy tu rozbić namiot, żeby jutro umyć się w słodkiej wodzie, porządnie, mydłem. W wodzie morskiej mydło „nie chwyta". Dolina Varu jest bardzo

---

1 Och, drogi panie, niech się pan nie obawia.
2 Jak pan mówi.
3 Zna pan trochę naszą historię?
4 Mój Boże,
5 Nieważne co się mówi, ważne jak.
6 Jesteście nieszczęśliwi.

szeroka, z obydwóch stron resztki Alp Morskich, na horyzoncie bariera gór. Po obu brzegach rzeki rozpościerają się w dolinie wspaniałe ogrody warzywne i owocowe. W ogóle cały pas, poza miejscowościami kąpielowymi, to ogrody i ogrody. Stąd większość nowalij wiosennych w halach i na targach paryskich. Wszędzie domki i ogrody, nigdzie nie można dostać się nad rzekę. W końcu znajdujemy jakąś ścieżkę pomiędzy sadami, przywaloną niemal płotami gnącymi się pod ciężarem winogron, i wybieramy miejsce na nocleg. Zbieramy suche trzciny, robimy z nich sprężystą podściółkę i nad tym tapczanem rozbijamy namiot. Wieczór nad wodą zapada chłodny i Tadzio co chwila woła: „Uwaga – nalot!". Komary atakują nas w locie nurkowym i głośne klapnięcia po udach, po rękach, po twarzy są jak wybuchy. Nalot jest piekielny. Zapalamy szybko ogień i gotujemy kolację. Dorzucam do ognia trawy i dym rozpędza je. Nie nadlatują już w formacjach. Zabijam jednego, biorę do ręki, oglądam i mówię Tadziowi, że to samica. „Skąd wiesz?" – „Zobacz". Tadzio ogląda, świeci latarką. Śmieję się. Nie chce wierzyć, że wśród komarów gryzą tylko samice. „No to co wbijają samce?". Nie wiem; w każdym razie krwi nie piją. Tadzio zwraca się do nich w rodzaju żeńskim i wygłasza szereg antyfeministycznych poglądów. „Pomyśl sobie, ilu ludzi te komary pozarażały malarią w Rumunii; wszystkie najgorsze choroby to z bab". W namiocie zamknęliśmy się hermetycznie, wybili wszystkie komary i usnęli.

Nicea, 14.9.1940

Miękko było na posłaniu z trzcin i spaliśmy wspaniale. Rano budzimy się i na przezroczystym dachu namiotu zauważam jakieś czerwone bańki, tak samo przezroczysto-matowe jak dach namiotu. Patrzę bliżej i rozumiem. Mamy namiot bez podłogi, niezupełnie szczelny, i komary wlazły na piechotę. Gryzły w czasie mocnego snu bezkarnie i teraz siedzą tak opite krwią, że w ogóle nie mogą latać. Zdejmujemy je delikatnie i uśmiercamy z przyjemnością. Nie można ich było zostawić, bo przy składaniu namiotu poplamiłyby nam cały dach. Tłuczemy je dobry kwadrans, a Tadzio ma do każdego skazańca dłuższe przemówienie.

Potem włazimy do wody. Var przypomina Dunajec. Kąpiel i śniadanie. Następnie większe pranie bielizny i tak zeszło nam do południa. Wyjeżdżamy. Po trzech kwadransach wtaczamy się na Promenade des Anglais, która wyginając się w łuk, niknie gdzieś daleko. Z prawej strony morze, z lewej wille, hotele, ogrody i palmy. Jest upalne popołudnie i rozpalone powietrze drga nad asfaltem. W pewnej chwili mam wrażenie, że oglądam dodatek filmowy. Tadzio woła: „Jędruś – hotel". Widzę niewielki, trzypiętrowy dom, okna i balkony wychodzą na promenadę i na morze. „Petit Ideal Hôtel" idealnie położony. Idę zapytać o cenę i nie mogę uwierzyć. Patronka pokazuje mi wielki pokój, wyłożony dywanem, łóżko jak lotnisko, kozetka, balkon wychodzący na promenadę i na morze – wszystko razem 15 fr na dobę. Płacę od razu za dwa dni i zbiegam do Tadzia. Odwiązujemy nasze juki, rowery wprowadzamy do pralni i idziemy na górę. Tadzio jest olśniony dywanami, wbudowanym bidetem, umywalnią, łożem, kozetką. Odkręca kurek w bidecie, puszcza wysoki strumień wody w górę jak fontannę, zapala papierosa i pyta niedbale: „A pan w jakiej sprawie?". Nawet nie układamy naszych rzeczy w szafie. Wybiegamy na balkon. Pod nami Promenade des Anglais, szeroki pas morza, na lewo Nicea. Za 15 franków na dobę. Tadziowi wydaje się to śmiesznie mało i jest niespokojny, czy to przypadkiem nie z „obsługą", której trzeba potem dać 100 franków. – „Może to jaki dom schadzek i za chwilę wejdzie jakaś robotnica?".

Wyjmujemy z plecaków ubrania i wieszamy w szafie, żeby „odeszły" na jutrzejsze Monte Carlo. Potem ubieramy się na wizytę do H. Może dostała już jakieś listy od reszty kolegów? Wkładam granatowe spodnie, biały sweter z olbrzymim herbem Carcassonne na piersi, białe pantofle. Tadzio ma szare spodnie w olbrzymią kratę i popielaty sweter. Wyglądamy jak Sherlock Holmes i Dr Watson. Przed wyjściem wypełniamy kartki meldunkowe i zasięgamy informacji o jakieś jadłodajni. Postanawiamy wypocząć (?) i obżerać się regularnie.

Żwawym krokiem wchodzimy do Nicei. Znowu wille, pałace i pałacyki, hotele i pensjonaty schowane w zieleni ogrodów i ogródków, dużo palm, jednym słowem wszystko to, co widziało się na pocztówkach albo w kinie i na widok czego myślało się „może kiedyś pojadę", z tym samym uczuciem co „może kiedyś wygram na loterii". Teraz idę promenadą. Cały Côte d'Azur przejechałem, wydawszy coś tam ponad 300 franków, i jest mi dobrze, bo w kieszeni mam całą fortunę, około 1000 franków. Oczywiście, że nie mam smokingu, że nie mieszkam w wielkim hotelu, że nie będę łaził po nocnych lokalach i spijał szampana, bo i po co? Francja tak mnie oduczyła tego idiotycznego polskiego snobizmu i tych różnych tęsknot bardzo przewartościowanych, że znacznie lepiej czuję się jako pełnowartościowy i stylowy włóczęga niż to jakieś „ni to, ni owo" z dawnych czasów. A zresztą – koraliki. Są – są w kieszeni. Nie lubię nocnych lokali i krytych pływalni. Teraz problem bytu i poradzenia sobie z polipem losu jest znacznie ciekawszy. Może być, że powodem tego specyficznego snobizmu polskiego było wieczne nienasycenie, spowodowane rozpiętością pomiędzy wychowaniem, dążeniami itd. z jednej strony a cenami i niedostępnością całego szeregu drobiazgów z drugiej strony. Gdy nie stać człowieka na drobiazg, nawet na drobiazg, na zwykłą rzecz – marzy o niezwykłych. Jakaś śmieszna właściwość natury ludzkiej; może dlatego, żeby po prostu zapomnieć się, zapomnieć, że brak na TAKIE głupstwa. Pamiętam, że nie mając nawet dosyć pieniędzy na kupno roweru, w ogóle o rowerze nie myślałem: marzyłem od razu o samochodzie. Nie mając samochodu, zachowywałem się przynajmniej TAK, jakbym go miał. I mając do pracy dziewięć kilometrów prostej drogi, jeździłem do niej podmiejskim pociągiem, naokoło, z przesiadką, wytwornie, godnie i myślałem o – samochodzie. Nie mając na drugą klasę w ogóle, w podmiejskim pociągu jeździłem drugą klasą – przynajmniej w podmiejskim wyżywałem się. Jeżeli „Wiadomości Literackie" szły tak doskonale, to dlatego, że zastępowały książkę, na jaką nie było stać tych wszystkich, których poziom dorastał „Wiadomości" i tematów poruszanych w tym tygodniku, a którzy nie mieli nieraz nie tylko na książkę, ale nawet tych marnych 80 groszy na

— „Wiadomości". Było to chodzenie nago w cylindrze, z białym motylkiem przypiętym do rodowej (ale bez herbu) brodawki i wiecznym snem o reszcie garderoby. I tak właściwie wyglądała cała gospodarka państwowa: Gdynia, COP, BGK, wspaniałe gmachy, rozmach, STATYSTYKA, wiecznie dodatni bilans handlowy kosztem eksportu tego, CO było najkonieczniejsze; kosztem wywozu broni, której zabrakło na własną obronę, wysoki kurs złotego, a przeciętny obywatel nie miał pieniędzy, jeżeli od kogoś nie pożyczył, jeżeli nie kupował na raty i nie brał ciągle zaliczek. I gdy pożyczył pieniądze, to wydawał je często nie na przedmioty konieczne, ale na jakieś luksusy. Było to szczególniej częste wśród inteligencji. Nie miał na rolkę papieru klozetowego, ale kupował rolki filmu do aparatu Leica, koniecznie Leica, i używał „pożyczonego Kurierka". W takim człowieku działo się wszystko tak jak w kamienicy bez schodów, bez mieszkań na piętrach. Suteryny i szóste piętro, połączone windą. Jeżdżenie windą między suterynami i szóstym piętrem. Guzik przyciskało się palcem w łosiowej rękawiczce, w takiej, co to „byłaby doskonała do kierownicy". Nie forda, Boże broń, od razu delage'a, bugatti, buicka, minerwy. Gdy tylko pojawiły się na rynku bardziej dostępne wozy niemieckie i małe simki, ludzie zrobili się rozsądniejsi. Marki samochodów z powieści zamieniły się na marki samochodów z ŻYCIA. Ludzie też. Byli od razu bardziej naturalni i w tej dziedzinie stali się z dnia na dzień jakby INNYMI Polakami — znośnymi, do rzeczy, do rozmowy prostej i fachowej na temat samochodów i motorów. Picie wina Makowskiego w ten sposób, jakby piło się prawdziwe wino, jest obraźliwy dla jabłecznika i dla wina. A właśnie u nas wiele rzeczy z działu kultury robiło się „na niby". Mówiło się o „nożycach cen"; ale „nożyce" kultury i rzeczywistości były znacznie bardziej rozchylone i chyba to było powodem tej jakiejś psychopatii kulturalnej. Literatura, sztuka, muzyka były oderwane od codziennego życia, stanowiły ucieczkę, nienaturalne oddzielanie, zachłystywanie się, polski snobizm, zupełnie specjalny i specjalnie antypatyczny. Uczyło się ludzi potrzeb elementarnych, a paczka papierosów kosztowała 1/250 (płaskie) lepszej, nie średniej płacy urzędnika i robotnika. Patefon, aparat fotograficzny, rower, flaszka wina, sardynki francuskie, koniak, dobre perfumy i cały szereg innych głupstw nabierało w tym cech nadprzyrodzonych, magicznych. Nie można być normalnym, gdy je się skumbrie w tomacie z myślą o sardynkach, gdy nie żyje się w centrum, a przeważnie na jakimś obwodzie marzeń, pragnień. I wskutek tego ten jakiś przedziwny, święty podział ludzi na inteligentnych i nieinteligentnych. Słowo „inteligentny" miało u nas znowu całkiem specyficzne znaczenie i — głupie. Określenie „inteligentny" powstawało zwykle w rozmowie „na wysokim poziomie", w której życie było kotletem pożarskim z buraczkami (coś, o czym w „inteligentnej" rozmowie nie mówi się), i osobnik obdarzony tym przymiotnikiem zaliczany był do kategorii śmietanki. Trudno właściwie określić, co to było, ale wiem na pewno, że to niepowiązanie prowadziło do schorzeń psychicznych bardzo poważnych i ta wyraźna dwoistość czyniła z nas ludzi, których obcy w gruncie rzeczy nie lubili. Nie miejmy złudzeń — nas nie lubią; nie lubią nas za to jakieś pretensjonalne chamstwo. Mając raz w życiu szampana w ustach, zachowujemy się tak, jakbyśmy go pili codziennie do obiadu. Tymczasem zwykłe piwo pijało się — od niedzieli, bo butelka kosztowała 90 groszy.

Myślę o tym, idąc po Promenade des Anglais, i czuję, że wiele rzeczy zaczyna mi się wyjaśniać. Jestem wdzięczny Francji, że dzięki dostępności głupstw, zwyczajnych przedmiotów, drobnego „sprzęciku", wyleczy mnie z tej jakiejś gorączki, która tak wielu z nas spalała niewidocznie, paczyła charakter, czyniła niesympatycznymi. Tak — Francja była bogata i tak było przed wojną. Teraz zaczął się drugi etap, bardzo ciekawy. Nie ulega wątpliwości, że Niemcy zrabują Francję w szybkim tempie, a tym samym zubożą. Otóż jestem ciekawy, jak długo Francja potrafi żyć z kapitału. Zacznie się teraz bezrobocie, spod sienników i z pończoch będą ciągnąć, ile wlezie. Tu dopiero można będzie naocznie przekonać się o ich zamożności. Dotąd wiedziało się o niej, czuło się ją wszędzie (już to samo dodaje człowiekowi odwagi), ale trudno było ją wymierzyć. Pewnie ją zobaczę tak, że będzie można zmierzyć, i ciekawi mnie wynik eksperymentu. To znaczy wynik będzie ten sam co i u nas — jedynie czas konania królika różny. W ogóle żyje się w czasach tak ciekawych, że gdyby nie były za ciekawe, to mogłyby być naprawdę interesujące.

Idziemy. Rozumiem, dlaczego nasz hotel jest taki tani: stoi niemal na początku Promenade des Anglais i do centrum miasta jest daleko. Dochodzimy wreszcie do Boulevard Gambetta i zanurzamy się w miasto. Nicea jest wielkim miastem w pomniejszeniu. Mały Paryż. Po ulicach jeżdżą tramwaje, dworzec kolejowy nie jest chyba mniejszy od Gare Saint-Lazare i o 200 metrów od morza trudno je sobie wyobrazić. Wielkie kawiarnie, kina, sklepy — w normalnych czasach musi tu być ruch jak na Bulwarach paryskich. Oglądamy wystawy. Jedynie do księgarń nie zbliżam się wcale. Lepiej nie — papier dużo waży. H. ucieszyła się nami bardzo; opowiada nam, że część „wspólnego pokoju" jest w schronisku Czerwonego Krzyża pod Grenoble. Pewnie ich odwiedzimy. Wchodzi także jej matka, bardzo piękna pani. Zaprasza nas na herbatę. Rozmawiam z nią. Ta rozmowa to „Strzępy meldunków" z trasy Zamek-Klonowa. O ludziach i zdarzeniach dawno minionych mówi się w czasie prawie teraźniejszym, tak głęboki jest nałóg przeszłości. Zauważyłem to już wiele razy, że szereg ludzi zatrzymało się na dacie 1 września 1939 i utknęło na niej w miejscu. Potrafią się cofać, w przód ani kroku. To, co było przedtem, ciągle żyje, ludzie sprzeczają się o jakieś tam rzeczy dawno leżące w gruzach, a rzeczywistość jest dla nich jak sen męczący. Ludzie, których rzeczywistość przejechała jak pociąg. Nie mogli lub nie próbowali do niej wskoczyć; dali się przejechać. To są właściwie trupy. Ale rozumiem to: ta rzeczywistość jest w gruncie rzeczy tak okropna, że nie ma co się dziwić. Do tego oni zdążyli już COŚ mieć i wszystko stracili; ja nic nie miałem, więc dobrze mi mówić. No i jestem młody. A w ogóle musi być bardzo źle, żeby młody wspominał.

Wypiliśmy herbatę i wychodzimy z H. Ona twierdzi, że bardzo drogo płacimy za hotel. Są inne, w których można mieszkać za 7-5 franków na dobę. Matka żegna nas czule — szczególniej mnie. W rozmowie ze mną zapomniała o wojnie i przez dwie godziny nurzała się w plotkach, ploteczkach i plociuchnach *ancien régime'u*. Jest już ciemno, gdy dochodzimy do Promenade des Anglais. Świeci księżyc, morze lśni, a na tle wody ostro rysują się czarne kontury palm. W restauracji obok naszego hotelu zjedliśmy doskonałą kolację razem z H. i odprowadzamy ją do domu. Wracamy sami. Wszędzie już pusto. Usiedliśmy na ławce, na Promenadzie, zapatrzyli w księżyc. Słuchamy morza. Potem siedzieliśmy jeszcze u nas na balkonie, jedząc winogrona i paląc. Księżyc już wyszedł wysoko i całe morze było srebrne. Drzwi na balkon otwarte. Usypiamy na miękkim łóżku. Na całym świecie nie ma na pewno tak wygodnych łóżek jak we Francji.

Nicea, 15.9.1940

Przebudziliśmy się koło dziewiątej. Prosto z łóżka wyskakuję na balkon. Dzień jest słoneczny, od morza silny wiatr i duża fala. Każdy wał, łamiąc się na brzegu, wyrzuca fontanny wody i piany. Będzie kąpiel na fali.

Śniadanie w restauracji. Miałem dłuższą rozmowę z patronką na temat naszego jedzenia. Powiedziałem jej, że jesteśmy zmęczeni, że długa droga przed nami i że musimy dobrze i dużo jeść, a przy tym tanio. Wobec tego do normalnego menu będzie nam dodawać półmisek makaronu z sosem pomidorowym lub z tartym serem gruyère. Potem wróciliśmy do hotelu i po naprawieniu namiotu i wypraniu szortów poszliśmy się kąpać. H. czekała już na nas na plaży, która tutaj jest marna. Drobne kamyki i ani ziarnka piasku. Francja na gwałt umoralnia się: tu wyszło rozporządzenie, że nie wolno leżeć na plaży nogami do Promenade des Anglais; tylko głową — nogi w kierunku morza. Poza tym głosi się walkę z alkoholizmem. Mają zabronić sprzedaży „aperitifów" zawierających ponad 15% alkoholu. Natomiast wina, ile kto chce, koniaku, rumu, likierów, ile dusza zapragnie. Grunt, że można powiedzieć i, co jeszcze ważniejsze, napisać, że rząd Pétaina zabrał się do „rekonstrukcji" kraju. I oni w to wierzą, tak jak wierzą, że strefa nieokupowana jest istotnie wolną Francją. Tymczasem trudno byłoby wymyślić coś bardziej niszczącego niż taki podział kraju na dwa kraje. Niemcy podzielili w ten sposób nie tylko Francję, lecz także każdego Francuza.

Na plaży nie ma prawie nikogo, bo w Nicei w ogóle pustki. Fala jest wysoka. Łapię moment pomiędzy złamaniem się jednego grzbietu i drugiego i wypływam. Huśtawka: raz widzę cały brzeg, raz tylko góry wody. Potem leżę w słońcu i drzemię. Myślami przebiegam to wszystko, co matka opowiadała mi o tych miejscach. Było, minęło i nie wróci. Świat z każdym rokiem ubożeje pomimo tego, że mógłby stawać się coraz bogatszy. Nic dziwnego — w każdej produkcji, przed wytworzeniem jakiegoś określonego typu produktu, najwięcej kosztują doświadczenia, eksperymentowanie. Cały świat, może pod wpływem techniki, rozpoczął już od dawna eksperymentowanie w urządzaniu życia podobne do tego, jakie odbywa się w fabryce samochodów przed wypuszczeniem nowego modelu. Niestety, w fabryce samochodów robi się to znacznie uważniej niż w produkcji ustrojów. Huxley („Ends and Means") ma rację: trudno pojąć, że w tym wieku techniki, w którym od zwykłego inżyniera wymaga się wysokich kwalifikacji, ustrój i polityka są domeną otwartą dla każdego. Byle kto może przyjść i zacząć paprać jak pokątna akuszerka, fabrykantka „aniołków". No i produkcja dorosłych aniołków wzrasta z roku na rok. To dziwne, że Huxley, pisząc tę swoją książkę tak niedawno, nie dostrzegł, jak bardzo jest już niemodny z tą całą dyskusją i walką przeciwko zasadzie „cel uświęca środki". Przecież z tym pogodził się już każdy od dawna. „Ends and means" przypomina chwilami odnawianie dyskusji o ilości aniołków mogących się pomieścić na końcu szpilki. Jesteśmy już znacznie dalej: „Cel uświęca ludzi, którzy do niego dążą". Uświęcone środki były tu zjawiskiem wtórnym. Jeżeli dziś są one tak straszne, to dlatego, że podejmuje je byle kto z piętnem świętości na czole, przydatnym mu natychmiast po wykrzyczeniu kilku frazesów o konieczności „zbawienia świata". Chwila zastanowienia wystarcza, żeby dostrzec, że jeżeli chodzi o tę dziedzinę, żyjemy w okresie potwornego obskurantyzmu. Huxley zdaje się zupełnie nie dostrzegać, że istotne przyczyny zła tkwią dzisiaj przede wszystkim w niezrozumiale wielkim potencjale AKCEPTACJI byle czego: ludzie stali się tak samo cierpliwi jak papier.

Po kąpieli poszliśmy na obiad. Świetny. Potem krótka drzemka i przebieramy się. Zbliża się wielki punkt dnia: Monte Carlo. Tadzio zupełnie nie może uwierzyć, że naprawdę jedziemy do Monte Carlo, i jest rozgorączkowany. „Czy nas wpuszczą? A ile tam można stawiać? Czy tam wolno wejść w TAKICH spodniach?" itd. Wkłada najładniejszą koszulę, spinki, moczy włosy wodą kolońską, kryguje się i mizdrzy przed lustrem. „Inteligencji" tymczasem nie wiążemy, bo na tym upale można by się udusić. Już i tak w marynarkach i w pończochach czujemy się jak spętani. Z Nicei do Monte Carlo jest 25 km. Wyciągamy rowery i wyruszamy przed godziną piątą. Od razu na początku o mały włos nie powywracaliśmy się. Po dziewięciu dniach jazdy na obciążonym rowerze czujemy się głupio. Droga z Nicei do Monte Carlo jest wspaniała.

Podjeżdżamy pod stromą górę; to drugi koniec zatoki. W dole miasto, port, na prawo morze, na lewo ciemna ściana Alp Morskich. Morze ma jakiś niesamowity kolor błękitno-zielonkawy, przesiany smugami wszystkich odcieni niebieskiego i zielonego. Droga wije się wzdłuż brzegu, raz w górę, raz w dół. Na prawo morze, na lewo strome zbocza, pokryte willami i tarasami ogródków. Gdzieś wysoko, w skałach, prześlizguje się linia kolejowa, połykana co chwila przez tunele. Zakręty są ostre i nieraz, jadąc z góry, pędzimy wprost w morze. Droga chowa się za załomem skały, zakręt — i znowu wyskakuje się nad jakąś zatoczkę, ponad wodą i zielenią. Jedna z najładniej prowadzonych dróg, jakie dotąd widziałem. Wszystko skąpane w słońcu i w błękicie. Pędzimy. Wpadamy do Villefranche, które jest prześliczną zabawką. Pokój dla lalek. Pomimo że wszystko w tych miejscowościach jest naturalnej wielkości (z wyjątkiem Francuzów), każda rzecz wydaje się mniejsza. Tymi białymi żaglówkami w porcie miałbym ochotę bawić się jak okręcikami w basenie luksemburskim. Dojeżdżamy do Monte Carlo. Na drodze, przy wjeździe, stoi monakijski policjant w białym mundurze obszytym złotymi galonami, w olbrzymim czaku z pióropuszem. Wygląda imponująco. Tadzio zbaraniał i szeptem, pełnym czci, mówi do mnie: „Pięęęękna glina". Nie — to prawdopodobnie żołnierz gwardii. Jesteśmy spoceni i zmęczeni. Marynarka, spodnie, pończochy, buciki dławią nas i duszą. 25 km przekręciliśmy w godzinę dziesięć. Staczamy się w dół do Monte Carlo. Stare miasto leży na górze, na prawo – droga do kasyna jest na lewo. Poznaję je z daleka. Budynek przypomina luksusową kasetkę na papierosy. Wchodzimy do wielkiego parku i umieszczamy rowery w komisariacie policji. Wąsaty policjant od razu nam proponuje, że gdyby zabrakło nam pieniędzy, to on chętnie kupi rowery. Rower jest teraz poszukiwanym wehikułem. Śmiejemy się: *Sommes pas si bêtes*[1]. Wiążemy krawaty i siadamy na ławce w parku. Pot leje się z nas ciurkiem.

Tadzio rozwalił się na ławce i powiada: „Masz pojęcie? M o n t e C a r l o. I to TAKIE lejtki jak my...". Postanawiamy przeznaczyć na grę 30 franków, to znaczy po 15 franków każdy; wygrana równo na połowę, niezależnie od tego, kto wygra.

— Tak, ale czy ty wiesz, jak to się gra? — pyta niespokojnie Tadzio.

— Nie.

— Ja też nie; grałem w trzy karty, w oko, w durnia, ale w ruletkę nigdy.

— Zobaczymy tam w środku — i patrzę na wejście. Ludzie wchodzą, wychodzą, siadają na ławkach, wstępują do wielkiej i wytwornej kawiarni opodal. Obydwaj mamy jakieś głupie wrażenie, że wszyscy przyglądają się nam z ironicznym uśmiechem. W końcu podnosimy się z ławki i okrężną drogą, koło kilku sklepów z fantastyczną galanterią i biżuterią, podchodzimy do wejścia. Tak niedbale i obojętnie — z miną i ruchami starych graczy. Ale czuję, że w sumie przypominamy Flipa i Flapa. Przestępujemy próg i ogarnia nas półmrok.

Portier wskazuje nam drzwi na lewo, gdzie wydają karty wstępu. Siedzi tu kilku panów, sprawdza dowody osobiste, wypisują wszystkie dane na blankiecie i odsyłają to do kontroli. Po chwili kontrola wyraża zgodę na wpuszczenie nas i otrzymujemy imienne karty wstępu. Płacimy za nie „temu kasiarzowi" (kasjerowi — Tadzio nabrał animuszu) po 5 franków.

Wchodzimy do sal. Znowu półmrok, nad stołami wielkie lampy elektryczne, cisza i właściwie słychać tylko suchy trzask podskakującej w misce ruletki kulki przy najbliższym stole. Kiedyś nie wpuszczali tu na pewno takich „lejtków" w sportowych spodniach, ale teraz widzę tu sporo innych, podobnych do nas. Niektórzy panowie pozdejmowali nawet marynarki i siedzą w koszulach. Wygląda to raczej na partię pokera na Dzikim Zachodzie, a nie na ruletkę w świątyni kasyna, tego najsławniejszego kasyna. Stajemy przy jednym ze stołów. Ludzie siedzą wokoło, trzymają przed sobą małe zeszyciki i tabelki pełne cyfr, skrzętnie notują wychodzące numery. Jakiś maniak pracuje zawzięcie przy pomocy suwaka logarytmicznego i szepce coś do siebie. Od czasu do czasu typ, pogrążony całkowicie w cyfrach i w „swoim systemie", stawia na jakiś numer i – przegrywa. Poza kołem siedzących przy stole stoi drugi szereg graczy, mniej poważnych. Ci rzucają niedbale sztony na stół, dyktując numer po każdym sa-

[1] Nie jesteśmy tacy głupi.

kramentalnym *faites vos jeux* krupiera. *Rien ne va plus*[1] brzmi, jak *item missa est* w czasie cichej mszy w pustym kościele. Stoimy i gapimy się. Tadzio zachowuje się jak w katedrze. Nie wytrzymał. Szepce mi do ucha: „Jędruś – już rozumiem – to tak jak u nas: bęc kaczkie w brzuszek, tu się gra, tu się wygrywa, wapno, cukierki, siuwaks, czekolada, skumbrie...". Parsknąłem śmiechem i kilka osób spojrzało na mnie groźnie. Tadzio (już go wzięło) plecie: „To ci kopana kulka – skacze, jakby ją pchły gryzły. Jędruś – już rozumiem. Kupuj te «siajbki» (sztony) i trącamy kaczkie".

– Tak, ale gdzie to kupić?

W tej samej chwili stojący obok pan nienaganną polszczyzną i mefistofelicznym szeptem cicho podpowiedział:

– Pan chcesz sztonyyy? Kup je pan u krupiera!

Tadzio pociągnął mnie do innego stołu. Kupujemy sześć sztonów po 5 franków i zaczynamy grać. Gra Tadzio. Nigdy dotąd nie zdradził się, że tak dobrze umie francuskie liczebniki. Pewnym ruchem obstawia jednym sztonem dwa numery i głośno mówi: „Trez-katorz"[2]. Przegrywamy. Stawiam ja, tylko na trzynastkę. Nic. Tadzio na siódemkę i też nic. Pozostawiam zabawę Tadziowi. Stawia jeszcze dwa razy i przegrywa. Zostajemy z ostatnim sztonem. Tadzio stawia już po raz drugi na 13–14. Kulka skacze, ślizga się i – wygrywamy. Tadzio spąsowiał. Już bardzo głośno mówi do krupiera: „Messie – isi – trez-katorz"[3]. Krupier nie spieszy się i Tadzio wpada w pasję: „Czemu ten ogrodnik tutaj do nas nie grabi? – Messie, isi, trez-katorz" tu, proszę pana, trzynaście-czternaście. Ten obrzucił go trochę drwiącym spojrzeniem i spokojnie wręczył mi rulon sztonów – 85 franków. Od razu odkładam sześć sztonów do bocznej kieszeni jako kapitał zainwestowany, który się wrócił, i dwa daję Tadziowi. On jest już w transie; oczy mu błyszczą, drepta i pcha się między ludzi otaczających stół. Tak musiałby się zachowywać w kasynie Donald – kaczka Disneya. Nareszcie wiem, kogo Tadzio mi przypomina: oczywiście Donalda. Przegrywa raz, potem stawia na 35–36 i wygrywa. Drugi rulon sztonów wędruje do moich rąk. Daję Tadziowi cztery i nie zważając na grę, patrzę na ludzi. Pełno tu jakichś starszych pań, wymalowanych apokaliptycznie, ubranych krzycząco i staromodnie, w kapeluszach z epoki kankana. Łańcuszki na szyi, bransoletki, koronki, perfumy żrąco-duszące. Wszyscy wpatrzeni w kulkę, w grabki, odprowadzają zazdrosnym spojrzeniem każdy rulon sztonów wręczany komuś, kto wygrał. Wielkie siwe płachty pięćsetfrankówek przechodzą z torebek do kieszeni krupiera, wieżyczki sztonów raz przesuwają się do kogoś, raz odsuwają i nie wracają lub wracają w znacznie większej ilości. Niektórzy mają wypieki na twarzy, tej pani trzęsą się ręce, tamta uporczywie ściska w dłoni chusteczkę do nosa i usiłuje zrobić z niej kulę. Mężczyzna obok mnie nie sięga nawet po chusteczkę i szybkim ruchem obciera pot z czoła i z karku – krawatem.

---

[1] Zwroty używane przez krupiera przy grze w ruletkę: pierwszy zaprasza do obstawiania, drugi informuje, że nie można więcej obstawiać.

[2] Fonetycznie: *treize-quatorze* – trzynaście-czternaście.

[3] Fonetycznie: *Monsieur, ici, treize-quatorze* – tu, proszę pana, trzynaście-czternaście.

Czuje się, że nie jest to JEGO ruch; to odruch spoza zasięgu jego świadomości. Wszyscy zachowują się spokojnie i tylko po małych gestach można poznać, co się w nich dzieje. Przypominają mi kocioł parowy w czasie próby: też nic nie widać. Jedynie strzałka manometru przekroczyła już czerwoną kreskę i czuję, co tam dzieje się poza ścianami.

Nie rozumiem, jak można poniżyć się do tego stopnia, by uzależniać cały swój spokój wewnętrzny, ład i harmonię, wszystko — od trzydziestu sześciu numerów i kulki. Patrząc na tych ludzi, myślę, że wysiłek nerwowy tych graczy, siła woli w utrzymywaniu pozornego spokoju, to wszystko nie jest proporcjonalne nawet do wielkiej wygranej. Podchodzi do mnie Tadzio; jak inni, tak i on jest już „gotów". Wkłada mi znowu do ręki rulon sztonów. Przegrał trzy razy, na ostatni wygrał przy innym stole. Przeliczam i widzę, że „jesteśmy wygrani" i że cały pobyt w Nicei zapłaciło nam kasyno. Biorę Tadzia na bok i mówię „dosyć". On jakby spadł z księżyca: „Jędruś, nie — jeszcze raz — coś mnie mówi, że na 21 wyjdzie...". Patrzę na zegarek. Już po szóstej.

— Dosyć, Tadziu, nie mamy reflektorów przy rowerach, za godzinę zacznie się ściemniać i zamkną nas za jazdę bez światła.

Tadzio poddaje się, więdnie, powraca do życia. „Dobrze, żeś mnie wstrzymał — już mnie zaczęło brać. Jakbym tak grał, to przegrałbym i te nasze siajbki i swoje pieniądze. Jędruś — to straszne — tu masz prawo zapomnieć o żonie, o dzieciach i splantować się na równo...". Wyszliśmy na taras. Potem wymieniliśmy sztony na pieniądze. Wychodzimy. Słońce chyli się ku zachodowi i jest już chłodniej. Pijemy piwo i piszemy kartki. Tadzio do Warszawy, ja do Krakowa. Jakby nigdy nic. Może dojdą. (Doszły).

Nad Niceą jesteśmy już o zmroku. Zapalone lampy na Promenadzie są sznurkiem pereł. Po kolacji postanawiamy jeszcze wyjść i poszukać tańszego hotelu. Może można by zostać tu dłużej? Chodzimy po mieście i znajdujemy jakiś mały hotelik. Wchodzimy i patronka przyjmuje nas z miłym uśmiechem. Pokoje? Są — po 10 franków, proszę. Prowadzi nas na pierwsze piętro, otwiera pokój, pokazuje. My wchodzimy, rozglądamy się. Patronka trzasnęła drzwiami i znikła. Co jest? Za chwilę puka, przynosi ręczniki i z zawsze miłym uśmiechem powiada: „Jak panowie (to ich *quand ces messieurs*)[1] skończą, to proszę wyjść przez podwórko, bo *la grande porte sera fermée*"[2]. I wyszła. Nie rozumiem nic, ale Tadzio już kwiczy ze śmiechu: „No, Jędruś, rozbieraj się i musisz być moim — nic taniej...".

Już bardzo dawno tak się nie śmiałem. Położyłem się na łóżku, cichłem i znowu dostawałem konwulsji. Wyszliśmy i dusząc się ze śmiechu, wytłumaczyłem patronce, że to nie chodziło o TO. Patrzyła na nas z wyraźną podejrzliwością — jacyś nienormalni...

Długo siedzieliśmy na balkonie. Noce księżycowe są tu prześliczne i żal iść do łóżka. Teraz dopiero odczuwamy zmęczenie. A przecież mieliśmy tutaj od-

---

1 Kiedy ci panowie.

2 Główne drzwi będą zamknięte.

poczywać. Odpoczniemy jutro. Wyciągam wszystko z kieszeni przed rozebraniem się i wyjmuję sześć odłożonych sztonów. Zapomniałem o nich zupełnie i nie wymieniłem. Odpoczniemy! Tadzio już tarza się po łóżku i piszczy: „Tak widocznie było sądzone; jutro jedziem abarot do Monte Carlo i na pewno wygrywamy. To jest znak. Ja nie będę spać...". Tadzio jest Donaldem Disneya i Kubusiem Fatalistą w jednej osobie.

Nicea, 16.9.1940

Śniadanie o dziesiątej. Mimo wszystko postanowiliśmy jechać jutro dalej. Trzeba łapać pogodę wrześniową. Jedziemy przez Alpy. Nie kupiłem mapy górskiej, bo nie chcemy już z góry przerażać się ilością podejść. Poza tym kupiłem spirytusu do palenia. Może już być tak zimno, że trzeba będzie gotować w namiocie, a nie bawić się z ogniem w chowanego na chłodzie lub deszczu. Niestety sprzedano mi tylko pół litra, pomimo że użyłem przy tym wszystkich chwytów *de mon charme slave irrésistible*[1]. Całe przedpołudnie upłynęło nam na naprawach i praniu bielizny. W południe kąpiel naprzeciwko naszego hotelu. Znowu upał. Po obiedzie poszedłem prasować nasze przeprane rzeczy do staruszki Rosjanki, która mieszka w naszym hotelu, w pokoiku obok pralni, i za mieszkanie pierze i prasuje hotelową bieliznę. Dowiedziawszy się, że jestem Polakiem, zaczęła się żalić nad naszym losem i porównywać ich sytuację do naszej. Powiedziała mi, że przez długie lata mieszkała w Wilnie, i okazało się oczywiście, że zna prawie całą rodzinę mojej matki. Przyjaźniła się szczególnie z jedną z kuzynek, okropną małpą. Ta staruszka Rosjanka wcale nie wspominała Rosji. Dla niej rodzinnym miastem zostało właściwie Wilno. Rozmawialiśmy jak starzy znajomi. Prasując, chodziłem po Wilnie. „Reduta" miała teatr na Pohulance, wujcio Julek miał „Essexa" i co trzy tygodnie przychodził do nich komornik pieczętować mieszkanie za długi „Reduty", ja kochałem się najpierw w Hali, potem w bladej Ali, do której zawsze po szkole dryblas Towiański (do tego nazwiska został mi uraz) starał się podejść i w końcu dostał ode mnie piórnikiem przez wyszerszeniały łeb. Miał na głowie takie łaty bez włosów. Była to awantura, po której ojciec w domu wziął mnie na kolana i był bardzo dumny. „Pamiętaj, że zawsze w takich wypadkach należy bronić kobiety. Tylko nie piórnikiem. Mężczyzna robi to pięścią". A matka mówiła: „Henryk, bój się Boga, ładnie ty go wychowujesz". Miałem wtedy osiem lat. Na Wielkanoc „kaczało się jajka". Hazard piekielny. Czytałem „Dzieci kapitana Granta" i zaczynałem nie umieć ułamków. To mi już zostało. W ogóle nie lubię ułamków — żadnych.

Potem pojechaliśmy do Monte Carlo. Tym razem całe ubranie schowaliśmy do juków i ubraliśmy się dopiero przed miastem, na drodze. Z godnością przekroczyliśmy próg kasyna. Zanim zdążyłem rozglądnąć się po ludziach i przypatrzeć się grze, już podszedł do mnie Tadzio ze smutną miną i powiedział:

---

[1] Mego nieodpartego słowiańskiego uroku.

„Możemy spłynąć – siajbki poszły". Nie chcieliśmy ryzykować więcej, bo jeżeli zapomniane sztony nie przyniosły szczęścia, to „nie warto dyskutować na ten temat", jak mówi Tadzio. Wobec tego wyszliśmy do hallu i rozpoczęliśmy grę w automatach w coś w rodzaju *rouge et noir* i *paire et impaire*[1]. Wrzuca się jednego franka, naciska dźwignię i czeka się. Zaczęło mi nawet dobrze iść i ciągle wysypywały mi się do ręki jednofrankówki. Tadzio za każdym razem walił w ten aparat pięścią „na wszelki wypadek" i zachowywał się niemożliwie. Na widok tak jawnego sprzyjania fortuny podeszła do nas jakaś stara łupa, wymalowana tak, że aż nogi ugięły się pode mną, i rozpoczęła towarzyską rozmówkę z wyraźną chęcią przymówienia się do kilku franków. Było w tym coś tak wstrętnego, obleśnego i upokarzającego (Boże, jej śmiech), że Tadzio pogładził się z zakłopotaniem po włosach i nagle przyskoczył do niej, wyciągnął ręce i wrzasnął: „Zgiń, przepadnij, czy widzisz pański krzyż? A kysz, psiakrew. Jędruś – spluń za siebie trzy razy..." (Skąd on zna to „a kysz"?). Obydwaj uciekliśmy. „Chryste Panie – takie próchno, taki gruz..." – szeptał Tadzio. To „próchno" sterczy pewnie pod kasynem cały dzień, wyżebruje po kilka franków i idzie potem próbować szczęścia w ruletkę. Żyje z żebraniny i z ruletki. Jej strój był uosobieniem *fin de siècle*. Od razu przypomniała mi się ta powieść Weyssenhoffa o Riwierze. Nie pamiętam tytułu. Jakże daleko jesteśmy już od tych czasów i od tych powieści.

Usiedliśmy w parku przed kasynem. Jest wspaniały, pełen egzotycznych roślin, oranżeria pod gołym niebem. W kioskach z gazetami (nie czytam) sprzedają niezliczoną ilość broszurek pt. „Pewny sposób wygrania w ruletkę" i inne tym podobne publikacje o „jedynym systemie". Zaiste – głupota ludzka jest nieograniczona i bezbrzeżna jak wszechświat; to znaczy łatwiej wyobrażam sobie granice wszechświata aniżeli głupoty. Umysł ludzki nie jest zdolny tego ogarnąć. Kamień filozoficzny, balsam jerozolimski w złotym aniele i system ruletkowy, to niewinne próbki z tej dziedziny. Znacznie gorzej z ideologiami i religiami, jedynymi i prawdziwymi. Widać to dzisiaj. Gdy byłem w zeszłym roku, w jesieni, w Mézières (prawie na linii „frontu"), widziałem w mieście afisze pouczające o tym, jak należy gasić pożar. Początek był taki: „Pewien emerytowany naczelnik straży pożarnej mawiał: w pierwszej minucie gasi się pożar szklanką wody, w drugiej minucie wiadrem wody, w trzeciej minucie toną wody, a potem robi się, co można". Robimy, co można... Takiego pożaru nie gasi się tak łatwo. Jedyna i prawdziwa ideologia zaprószyła ogień. Ideologia? Religia? – Nie. Ten podział jest już przestarzały tak samo jak „cel uświęca środki". Ideologia jest dziś religią, religia ideologią, a ja staram się być w tym pierwszym chrześcijaninem. I zazdroszczę tym naprawdę „pierwszym". Bo czuję, że mimo wszystko trudno mi wykołatać z siebie TAKĄ wiarę. Tamci „mieli dobrze" – ho, ho. Świat cały walił się w gruzy, wszystko pękało, a oni szli naprzód zapatrzeni w krzyż. Ten krzyż był dla nich laską, protezą, wszystkim. A teraz? Kto wie, czy nie rozpadamy się tak, jak rozpadał się Rzym – na całego. Tylko co z tego wyniknie. Człowiek, myśląc nad czymś, dochodzi zwykle do punktu,

[1] Czerwone i czarne [...] parzyste i nieparzyste.

w którym może choć z grubsza sprecyzować rezultat rozumowania; tu absolutnie nic nie można sprecyzować. Coś się czuje (nawet aż za wiele), ale jest się jak ślepy od urodzenia, który rozpoznając laską kształt, nie umie go określić. Właściwie boję się tych myśli. To dziwne, że dopiero teraz, może pod wpływem „tego wszystkiego", przypominam sobie nagle dawno czytane książki, zaczynam rozumieć ich melodię, nie pamiętając już zupełnie tonów, odnajduję jakby użyteczność tego, co mnie nudziło, co uważałem za niepotrzebne, a do czego rodzice zmuszali mnie. Muzyka, języki (matka) — sprawność ciała, realizm, i to, co po niemiecku nazywa się *Handfertigkeit*, to znaczy obróbka drzewa, metali i innych materiałów (ojciec), wykształcenie w ogóle (ojciec i matka razem) — wszystko to na łeb na szyję pędzi mi w głowie do tego stopnia, że nie potrafię się opędzić. Gdy to piszę, przypomina mi się, że pierwsze lekcje strzelania do ruchomego celu rozpoczął ojciec od wygłoszenia wielkiej zasady: „Odkładaj poprawkę". Butelka huśtała się na sznurku, a ja odkładałem poprawkę i strzelałem. W kilka lat później (dobrze strzelałem już wtedy) tę samą zasadę powtórzył mi ojciec przy pierwszej dyskusji. „Odkładaj poprawkę". Było to znacznie trudniejsze niż przy strzelaniu... Chciałbym nauczyć się tego kiedyś naprawdę. Ale jak, u diabła, myśleć w tym świecie z „odkładaniem poprawki"? Robi się, co można, i kwita. Zresztą ta butelka, jeżeli myślała, gdy do niej strzelałem, na pewno nie „odkładała poprawki". Do nas strzelają! Powiedziałem to półgłosem do siebie, bazgrząc w notatniku negatywy. Tadzio spojrzał na mnie z wyraźnym niepokojem.

Pojechaliśmy do starego Monte Carlo. Gdyby istniały tego rodzaju muzea, to stare Monte Carlo należałoby w jednym z nich umieścić. Po wyjeździe z miasta rozbieramy się. Wieczorny powiew od morza jest chłodny, światło jest miękkie i puszyste, spokojne. Całe wybrzeże przed pójściem spać ściera dzienną szminkę. Wzrok odpoczywa. Po kolacji siedzimy długo na Promenadzie przy księżycu. Pomimo wszystko już nas ciągnie dalej. Z zupełnie jednakowym apetytem jemy makaron i kilometry. Przed zaśnięciem winogrona i papierosy na balkonie. Cisza tak zupełna, że słychać było uderzające o asfalt pestki.

Gdzieś w górach, 17.9.1940

Wstaliśmy wcześnie. Dzień „jak carski rubel" według Tadzia. Pakowanie, pożegnalna wizyta u H. i wczesny obiad. Patronka dogadzała nam: obiad i kolacje z pięciu dań z winem po 14 franków. Zdawało mi się za każdym razem, że zjadam nie tylko obiad, ale i resztki — Francji. Przy kawie powtarzałem sobie nieodmiennie, że było to za piękne, aby mogło długo trwać.

Za Niceą zakręt na północ: Route de Napoleon. Jechał tędy po ucieczce z Elby. Opowiadam Tadziowi o jego pobycie na tej wyspie, o stu dniach i o Waterloo. Opis tej bitwy jest chyba najlepszy u Stendhala w „Chartreuse de Parme"[1]. Proste zdania, zupełnie niewyszukane słowa, a wszystko razem tak przenikliwe

1 „Pustelnia parmeńska".

i obrazowe, że nie sposób „nie brać w tym udziału". Gdy to czytałem, brałem udział w bitwie i cofałem się. Droga Napoleona biegnie cały czas doliną Varu. Po godzinie jazdy góry z obydwu stron zacieśniają się i wjeżdżamy już zupełnie w Alpy Morskie. Po tylu miesiącach szerokiego i bezbrzeżnego horyzontu czujemy się jak w klatce. Góry walą się na głowę ze wszystkich stron, przytłaczają; jest nam jakby ciasno i niewygodnie. Właściwie ciągle wyciągamy pod górę; jednak wznoszenie się jest tak łagodne, że go nie widać. Dostrzega się je jedynie w łydkach i w udach: mięśnie wychodzą na wierzch, przebijają skórę. Droga jest miejscami kuta w zboczu, w dole rzeka, po drugiej stronie ściana górska. Tak dawno nie byłem już w górach. Jadąc pod cienistą ścianą kamienną, po której sączy się woda, z rozkoszą wpadam w ten chłód i zapach wilgotnych skał, zmieszany z zapachem niewidocznych świerków. Dolina raz jest wąska, raz rozszerza się i faluje zielonymi zboczami pastwisk lub pól uprawnych. Tu wąwóz ma nie więcej niż 30 metrów szerokości, tam rozległe, pełne zieloności przestrzenie. Droga jest prześliczna i Tadzio stwierdza w końcu fachowo: „Wiedział ten Napoleon, którędy wracać".

Jedziemy wolno. Góry zupełnie inne niż Tatry. W Tatrach jest właściwie ciasno, ścisk szczytów. Tatry są jak poduszeczka nabita gęsto szpilkami. Tu jest olbrzymi masyw, rozległy i potężny. Szersze miejsce doliny to cały kraj. Przejście od morza do gór jest tak nagłe, zapach wiatru tak inny, że chwilami nie chce mi się wierzyć, iż o 20 km stąd jest morze, palmy i plaża.

Po południu rozkładamy się przy drodze i jemy podwieczorek. Na deser mamy białe winogrona, zerwane w krępej winnicy powyżej. Mają smak zupełnie inny niż winogrona z nizin; są jędrne i małe, orzeźwiająco kwaskowate i pokryte takim puszkiem, jakby wewnątrz nich panowała temperatura poniżej zera. Słońce grzeje łagodniej i góry wokoło toną w niebieskawej, już jesiennej mgiełce. Wszędzie pustki. Po drodze spotkaliśmy zaledwie jeden samochód i trzy osoby. Drzemiemy, potem dalej.

Słońce trącało już o wierzchołki gór, gdy dojechaliśmy do Puget-Théniers. Małe miasteczko, całe z „Piotrusia Pana". Nie ma tu osobnych domów; wszystkie są ze sobą pozlepiane, często połączone, a to, co można by nazwać ulicą, kończy się nagle przed wielką sienią — przechodzi się sklepioną sień — z drugiej strony dalszy ciąg tej samej „ulicy". Zresztą trudno nazywać to ulicami; są to raczej prostokątne, kiszkowate, rombowe lub trójkątne podwórka. Całe miasto jest właściwie jednym domem i jednym podwórkiem i wszystko jest „tu"; o żadnym domu czy sklepie nie można powiedzieć, że jest „tam". Między tym wielkie drzewa, rozłożyste, dużo podcieni i szerokich sklepionych bram.

W jednym z małych sklepików w „tu" dostałem konfitury. W Nicei o konfiturach można już tylko śnić. Resztki dawnej Francji można teraz kupować jedynie w małych miasteczkach, odległych od kolei. Nie ma benzyny i samochodów, więc nie ma dowozu. Brak samochodu podcina całą gospodarkę aprowizacyjną. Większe miasta są wygłodzone i objedzone; dziesiątki mniejszych miast nie odczuwa żadnych braków poza tym, że i one przestały otrzymywać produkty ze wsi. Teraz widać, jakie braki są w sieci kolejowej Francji. Jeżeli na przykład w Niemczech, w Belgii, w Austrii sieć kolejowa jest naprawdę siecią o okach prostokątnych, to we Francji jest to niedokończona pajęczyna. Paryż jest siedzibą pająka i od niej rozchodzą się nitki szyn do większych miast, prawie bez wiązań poprzecznych. Mają wielkie linie o układzie gwiaździstym (Paris-Bordeaux, Paris-Strassbourg, Paris-Marseille itd.), a pomiędzy ramionami gwiazdy leżą setki miejscowości dostępnych jedynie dzięki świetnym *Routes Nationales* I i II kategorii, *routes départementales* i wreszcie *routes communales*[1], które są nieraz świetne, wcale nie ostatniorzędne. Sieć dróg jest za to tak gęsta, że nieraz oglądając mapę, miałbym ochotę powiedzieć, że to po prostu przesada. Do każdej dziury można dojechać z pięciu stron. Do tego TAKIMI drogami!

Gdzie kolej nie sięga, tam są jeszcze konfitury, konserwy, czekolada, mleko kondensowane, jednym słowem *douce France*[2]. Ale i to niedługo zniknie. Tymczasem jednak obiecujemy sobie używać tu, w górach, bo nie było tu uchodźców ani kolej nie włóczy się często po tych okolicach. Jadącemu obok Tadziowi mówię o egzotyce Francji. Francja jest egzotyczna. Dziwny kraj. Bo na przykład: w Paryżu, biorąc przeciętnie, począwszy od czwartego piętra starych i nigdy nieodnawianych kamienic wzwyż, oświetlenie jest naftowe, gotuje się na spirytusie lub na węglu drzewnym. Klozet i woda bieżąca są na korytarzu albo na schodach. Po francusku „*comfort*" oznacza często klozet w mieszkaniu (a nie na schodach!, zaś mieszkanie z łazienką zalicza się do luksusu; czynsz za pokój z łazienką i z kuchenką (tak zwane studio) jest stosunkowo dwa-trzy razy wyższy niż u nas. Rury od centralnego ogrzewania i rury gazowe prowadzone są z zasady wierzchem — po prostu przyczepione do ściany, a przewody elektryczne są też prowadzone wierzchem, pokryte jedynie drewnianą listewką. System zamykania okien nie zmienił się od Ludwika Świętego i jeszcze ciągle obliczony jest na krzepkie ręce rycerzy średniowiecza. Wszystkie okna otwieram zawsze ja, bo Basia nie ma siły. Klamki przy drzwiach nie są w ogóle znane. Łóżka francuskiego, zaścielonego według przepisów, nie da się przewietrzyć bez ciężkiej pracy w pocie czoła. Dywaniki i koce trzepie się z okna sąsiadom na głowę. To dlatego, że prawem z któregoś tam roku w ogóle nie wolno trzepać; wolno tylko znieść dywan na podwórze i czyścić go szczotką. Papiery, puszki, skórki, popiół i niedopałki papierosów rzuca się na ziemię. Użycie popielniczek ograniczone. Wagony kolejowe są brudne i nigdzie nie widziałem w nich haczyków do powieszenia palta. Żadne palto, zarówno męskie jak damskie, uszyte lub kupione we Francji, nie ma pętelki do powieszenia go. We Francji śruby nie są znormalizowane. W naszych rowerach co śruba to inna — do tego w moim inne, a w Tadzia inne, bo mamy rowery różnych marek. Wobec tego kupiony przez nas klucz wypukły ośmiokalibrowy odkręca zaledwie jedną trzecią wszystkich śrub. Teraz rozumiem, dlaczego klucz francuski nazywa się francuski. Odkręca każdą śrubę, co przy tych milionach śrub we Francji jest konieczne. A ponieważ trudno żeby we Francji taki klucz nazywał się francuski, więc nazywa się angielski. Tak jest z kluczem i tak jest z francuskim pieskiem, który tu jest

---

1 Szosom głównym [...], drogom departamentalnym, [...] drogom gminnym.

2 Słodka Francja.

un chien anglais[1]. Lekarze lekceważą chorych i medycyna jest tu takim samym „zawodem" jak każdy inny. Gdy nasza konsjerżka złamała rękę w sobotę, to pomimo znajomości zawodowych Dr P. nie mógł jej nic poradzić i musiała czekać do poniedziałku, bo *samedi et dimanche on ne travaille pas*[2]. Takich brudnych krów jak w tutejszych fermach i takich brudów jak po tutejszych wsiach prawie nie spotykało się u nas. Pracowałem w wielkiej fabryce amunicji (5000 robotników), w której o naukowej organizacji pracy zaledwie coś tam słyszano. Ale to może dlatego, że była to *une usine nationalisée*, czyli upaństwowiona. Wszyscy mieli tam wszystko gdzieś. Księgowość prowadziło się w ten sposób, że pomyłki wszelkiego rodzaju uważało się nie jako możliwe, lecz wprost konieczne. Rezultat: przy każdej wypłacie robotników było przeciętnie 3000 (słownie: trzy tysiące) reklamacji. I znowu mylili się przy poprawianiu pomyłek. Polacy od razu zorientowali się, jakie to daje możliwości, i po każdej wypłacie, czy trzeba, czy nie trzeba, zwracali swoje *feuilles de paye*[3] — „na wszelki wypadek". I udawało się; często dopłacali mu, słusznie albo i niesłusznie. Bogdan, taki niesamowity warszawiak, o którym Tadzio mawiał żartobliwie, że to jest „dziecię rynsztoku", powtarzał mi zawsze: „Panie B., u nich wypłata to jak loteria państwowa". Może u Citroëna lub w Somua było lepiej. Nie wiem; wiem, jak było u nas. Ktoś, kto zauważył nawet ten bałagan, mówił zwykle to, co o Francji mówiło się zawsze: „Tak, ale w sumie trzyma się w tej Francji wszystko kupy". Trzymał to w kupie pieniądz i bogactwo; stać ich było na nieporządek. No i był pokój. Uderzyła w nich wojna i wszystko pękło jak purchawka. Pieniądz nie pomaga w takich wypadkach. Wspaniała Francja zawaliła się prędzej (relatywnie) i sromotniej niż żebracza Polska. Czy oni zechcą to sobie powiedzieć? Czy zechcą szukać winy w sobie, a nie w okolicznościach, w „zdradzie", „bo Ameryka nie pomogła", u innych?

Mówiąc o tym wszystkim Tadziowi, staram się równocześnie nauczyć go ROZUMIENIA; tego, że jeżeli TU jest tak, to niekoniecznie U NAS wszystko było lepiej. Nie znoszę tych „bo u nas w Koluszkach" i tej „kultury", która pani pułkownikowej kazała nie zgodzić się na zamieszkanie w pokoju hotelowym z „wbudowanym" bidetem (to są zwykle najlepsze pokoje) i stwierdzić z hooburzeniem, że „ja w domu publicznym nie mam zamiaru mieszkać". Ta „egzotyka" Francji ma także swoją wartość. Pytanie: jakiego rodzaju „niedociągnięcia" są właśnie zbawienne dla kultury? Gdy dokręcam lub odkręcam te różne śruby, klnę plugawie — to prawda; lecz równocześnie myślę, MUSZĘ myśleć o tym, że te śruby zostały zrobione przez ludzi, a nie przez maszyny. Zresztą rowery są doskonałe, chyba najlepsze na świecie. Nawet w tych rowerach jest coś z Francji.

Okolica wokoło nie nadaje się na rozbicie namiotu. Var płynie tu rozległą doliną, wilgotną i chłodną. Mijamy jakąś fermę, przy której dostrzegam szopę

---

[1] Angielskim pieskiem.

[2] W soboty i niedziele nie pracujemy.

[3] Dowody wypłaty.

ze słomą. Można by się przespać wygodnie i bez kłopotu. Zajeżdżam pod dom, witam się z patronem i proszę o nocleg. Jest dość sztywny, ale zgadza się od razu. Po akcencie wydaje mi się, że to nie Francuz. W dalszej rozmowie pytam go o to. Mówi mi, że jest Hiszpanem, a kiedy ja z kolei przedstawiam się jako Polak, jego pozorny chłód znika i od razu zaprasza nas do domu. Tu poznajemy resztę rodziny. Matka, starsza kobieta, wita się z nami uroczyście, a kiedy pocałowaliśmy ją w rękę, urosła momentalnie i zaczęła się zachowywać naprawdę jak *une grande dame*[1].

— Niech panowie będą łaskawi usiąść, panowie pewnie zmęczeni; może wina? Przepraszam, że muszę panów opuścić, ale trzeba pilnować ognia pod kotłami z konserwą.

Ja proponuję pójście razem i wychodzimy. Na podwórzu pod dwoma kotłami pali się ogień; w kotłach grube butelki od szampana, obwiązane pęcherzem lub korkowane i przewiązane drutem. Przygotowują w nich na zimę pomidory, groszek, fasolkę zieloną. Przy kotłach poznajemy obydwie córki — 17- i 15-letnią Inez i Angelicę. Obydwie ładne, o wielkich czarnych oczach, i zgrabne. Tadzio natychmiast zaczął się szastać i pleść, tym bardziej że obydwie dziewczyny zachowywały się wprost wytwornie. Wszyscy mieli jakąś godność i towarzyskie maniery zupełnie niezgodne z bosymi nogami i starą odzieżą.

Rozmawiałem z nimi i chwilami trudno było mi uwierzyć, że rozmowa toczy się z biednymi, obdartymi farmerami. Córki były czarująco naturalne, niczym nieonieśmielone, swobodne, wdzięczne. Rozmowa toczyła się o programie szkolnym i o Francuzach. I było znowu to, co zdarzyło mi się już wiele razy: cudzoziemiec mieszkający długo we Francji śmiał się z Francuzów i nawet pogardzał nimi. Francuz jest niezaradny, nie umie pracować. Coś w rodzaju pogardy człowieka zdrowego wobec człowieka o słabej woli, chorowitego. Duża przymieszka pobłażliwości, wypływająca z poczucia własnej siły i zaradności. Córki patrzyły na nas trochę jakby z podziwem: Polacy. Czytały o obronie Warszawy, o Westerplatte, o postawie Polaków na tutejszym froncie. Alcazar i Westerplatte wytworzyły duchowe pokrewieństwo. Rozmowa jak na herbatce u państwa X lub Y.

Inez pomagała nam gotować naszą kolację, a Tadzio przeszedł samego siebie w udawaniu niezgrabnego, bezradnego chłopca. Wywracał swoimi niebieskimi oczkami i rozśmieszał panny. Dla nas dwóch nakryto przy osobnym stoliku — cała rodzina jadła osobno. Na kolację przyszedł jeszcze ich syn, przystojny młody Hiszpan, pracujący obok w cegielni. Przed jedzeniem cała rodzina pomodliła się. Po kolacji gadaliśmy jeszcze długo i koło jedenastej my z Tadziem poszliśmy na słomę po długich i wytwornych przeprosinach ze strony ojca, że nie może ofiarować nam wygodniejszego noclegu. Są biedni — mówił to jakby z lekkim wstydem. Ziemia tutaj niewdzięczna i wymaga wiele pracy. Ale on gryzie to, co Francuz opuścił, co było dla niego *trop difficile*[2].

Tadzio przewracał się na słomie i wreszcie nie wytrzymał:

---

[1] Wielka dama.

[2] Za trudne.

— Jędruś, a może by tak zakiełkować pod okno tej Angeliki. Wszakże Hiszpanki Polaków cenić umieją, gdy Tadeusza poznały...

— Skąd ty umiesz „Alpuharę"?

— Sie w wojsku śpiewało... Ale ta młodsza to cukierek. Oj, pieściłbym, buzi fundował... Można by tu zostać ze dwa dni...

— Śpij, Almanzorze z Pragi. Dobranoc.

W górach, 18.9.1940

Spaliśmy właściwie na powietrzu, bo szopa miała tylko dach. Jak łódź podwodna zanurzyliśmy się w słomie i wystawili tylko peryskop nosa. Ciepło. Obudziłem się nad ranem. Już szarzało. Gwiazdy były blade, od rzeki szła mgła i rozwlekała się na pastwiskach. Powietrze było jak woda źródlana. Połknąłem kilka olbrzymich łyków i usnąłem po raz drugi.

Po śniadaniu wyjechaliśmy dalej, żegnani przez całą rodzinę. Dali nam na drogę mleka i jajek. Pieniędzy nie przyjęli i byliby obrażeni, gdybym próbował nalegać. Inez i Angelica kiwały nam długo rękami.

Kilka kilometrów za fermą droga rozchodziła się: na lewo Route de Napoleon w kierunku na Digne, w prawo Route des Grandes Alpes do Barcelonette. Skręcamy w prawo. Droga zaczęła się piąć pod górę coraz bardziej. Słońce i upał. Są to jeszcze ciągle Alpy Morskie, lecz coraz potężniejsze. Jest to jak wypłynięcie daleko w morze: przy brzegu fala była krótka, ostra, nieregularna — dalej zaczyna się coraz dłuższa i wyższa. Tak jest teraz z górami. Var zwęża się i nieraz trudno go odkryć wśród wielkich głazów na dnie doliny. Wąska, świetnie asfaltowana droga skręca się w serpentyny i musimy zejść z rowerów. Idąc wolno pod górę, gadamy. Tadzio paple i usta mu się nie zamykają. Czuję, że podchodzimy na jakąś wysoką przełęcz, pod którą leży malutka wioska La Salette, podobna do osady psich bud. Zaczynamy zjeżdżać. Wściekłe serpentyny, miejscami długie tunele. Jest to już jazda naprawdę wysokogórska. Oślepieni słońcem wpadamy do tuneli zupełnie ciemnych i ślepniemy. Kierunek utrzymuje się tylko dzięki jasnej plamie wyjazdu z tunelu widocznej na końcu. Droga jest poprowadzona jak trasa trudnego biegu zjazdowego. Z tunelu wypada się na zbocze, leci się na kilka stromych serpentyn i wpada się z powrotem w tunel jak w bramkę. Rozwija się przy tym szybkości zupełnie nierowerowe — do 60 km/godz. Tak wpadamy do miasteczka Guillaumes. Leży na dnie doliny wśród gór, oświetlone południowym słońcem, ze swoimi zlepionymi razem domkami. Opieramy rowery o ławkę, siadamy i zapalamy papierosy. I już po raz nie wiem który, patrząc na te domki, na ludzi chodzących spokojnie i wolno po wąskich uliczkach, wstępujących do sklepików, mówię sobie: „Tu chciałbym pomieszkać". Zaczyna się dodatek filmowy, kolorowa rysowanka marzeń: roczna renta o zmiennym skoku jak śmigło samolotu (na wypadek dewaluacji franka), trzy pokoje z kuchnią, dużo książek, bardzo dużo książek, trochę dobrego sprzętu sportowego, w zimie narty i Nicea pod nosem; tu śnieg, tam palmy, cytryny i pomarańcze, malutkie „*clementines*", wonne i soczyste, morze... Jak ładnie można by życie i los wystrychnąć na dudka... Idę kupić coś do jedzenia. Jest wszystko, ludzie są tu JESZCZE szczęśliwi, czas zepsuł się tu jak stary budzik i nie chodzi, nie dzwoni. Niestety — trzeba go będzie dać do zegarmistrza i nastawić na godzinę TERAZ-tą. A wtedy brzęknie przeraźliwie... Nie — życia i losu nie da się „zbajerować", jak mówi Tadzio. Można robić, co się chce, i doprowadzić najwyżej do tego, że los pozwoli od czasu do czasu połaskotać się w piętę. Między bezlitosnością uderzeń i twardą myślą losu a wysiłkami i marionetkowym szarpaniem się człowieka jest ta sama rozpiętość co pomiędzy pragnieniem posiadania pięknej kobiety a studiowaniem w tym celu odmiany słowa *amo*. Tadzio zdrzemnął się na ławce. Budzę go i ruszamy dalej. Już wiem — dla świata nastąpił teraz okres rachunku sumienia i spowiedzi. Po czym będzie on — dalej grzeszył. Gdybym był Bogiem, tym razem nie dałbym światu rozgrzeszenia. Bóg jest stanowczo za dobry.

Droga coraz cięższa i coraz częściej schodzimy z rowerów i idziemy na piechotę. Koło piątej po południu Tadzio przebija tylne koło. Postanawiamy dalej nie jechać i rozbić namiot na małej polance przy szosie. Tadzio zabiera się do klejenia dętki, ja gotuję. Dni są coraz krótsze, a tu góry skracają je jeszcze bardziej. Słońce wcześnie chowa się poza szczyty, czerwieniąc je. Jesteśmy już chyba w prawdziwych Alpach. Potężne masywy są najpierw pomarańczowożółte, potem przechodzą przez wszystkie odcienie ceglastego i w końcu są krwawoczerwone. Zapada cudowna noc w górach o tej specjalnej ciszy; cisza wnętrza skrzypiec, cisza „akustyczna". Z pobliskiej fermy pożyczyłem wiązkę słomy, siedzimy przy ogniu i gadamy. Kiedy jeździ się pociągiem lub samochodem, mieszka po hotelach i wydaje pieniądze nawet na rozmowy z ludźmi, można kraj tylko zobaczyć, ale nie poznać. Poznać można go tylko wtedy, gdy musi się w nim żyć, zarabiać i liczyć z groszem.

W górach, 19.9.1940

Bałem się o pogodę w górach, ale jakoś trzyma. Dzień słoneczny, soczysty i świeży jak oranżada z lodu. Zapomniałem już o morzu i jestem cały górami. Góry zmieniają ruchy, wydłużają szyję (wzrok skierowany jest ciągle w górę) i stwardniają coś tam wewnątrz. Po prostu w górach czuję się bardziej mężczyzną. Niedawno koszona polanka przycięta jest na jeża i na sztywno stroszących się trawkach osiadły wielkie krople rosy. Wypełzłem z namiotu i leżąc na brzuchu, przytuliłem twarz do ziemi. Trawa moczyła i kłuła w wargi i w powieki; pachniała ziemią, zielenią i dziewiątą godziną rano, w górach. Poczułem na piersiach chłód od przemoczonej wiatrówki i usiadłem. Żułem czekoladę ze słońcem i zaciągałem się dymem z papierosa zmieszanym z poranną mgiełką. Górskie nargile. Dach namiotu parował. Odniosłem słomę, bo tu mają jej mało i patron prosił mnie o zwrot naszego materaca. Jakiś zwierz wypił nam przygotowane wczoraj wieczorem mleko. Kawa pachnie dymem, a dym kawą. Ruszamy.

Nie ujechaliśmy daleko, bo droga zaczęła się piąć pod górę zupełnie niemożliwie. Drogowskaz wskazywał „Col de la Cayolle — 17 km". Będziemy podchodzić cały czas. Szosa zwija się na tej całej przestrzeni jak nadepnięty wąż. Prowadzona jest tak stromo, że musimy dobrze zapierać się nogami, żeby utrzymać rowery. Po godzinie milczącej wspinaczki wychodzimy na pierwsze piętro. U stóp mamy całą dolinę Varu i widać już stąd więcej szczytów. Wzrok ogarnia coraz szersze przestrzenie, przestrzenie, o jakich nie miałem wyobrażenia. Dolina pod nami to cały kraj. Za nami wąska taśma drogi, na której widać wielkie białe słupki kilometrowe. Liczymy je — jest ich jeszcze trzynaście. Wydaje się małe: odcinki 100-metrowe. Patrzę na całe trzynaście kilometrów. Licząc odpoczynek, mamy jeszcze cztery godziny podejścia przed sobą. Tadzio nie wierzy i twierdzi, że za dwie godziny można być na górze. Zapewniam go, że ledwie dowlecze się na przełęcz. Podchodzimy dalej. Tadzio zaczął gadać, ale przestał bardzo prędko. Pot leje się z nas strumieniami, bo stok jest południowy, a droga jest tak stroma, że z wysiłkiem utrzymujemy ciężkie rowery. Idziemy krokiem robotów; wolno, miarowo, twardo. Po półtorej godziny bije mi w skroniach i lecę z nóg. Łydki drgają i ręce drętwieją od trzymania roweru. Odpoczywamy.

Wkładamy swetry i kładziemy się na trawie. Pulsa biją mi w skroniach, w nogach, w rękach, w dołku — wszędzie. Lekki wietrzyk jest tu już ostry — siecze i mrozi w gołe nogi pomimo słońca. Jemy czekoladę z cukrem i z chlebem. Masujemy uda i łydki. Potem dalej. Mijamy dwa słupki, jeszcze pięć. Chwilami szosa pnie się tak stromo, że trzymając rower za kierownicę, nogami zapieramy się aż poza tylnym kołem. Niemal leżymy nad asfaltem. Ostatnie dwa kilometry są najgorsze. Przełęcz wisi nad głową i nie można wyskoczyć jednym susem. Podchodzimy już nie na nogach, lecz na nerwach. Wali mi w skroniach tak, że aż przymykam oczy, oddech skrócił się i słyszę mocne i szybkie uderzenia serca. Rowery uciekają w tył i gdy stajemy, żeby odetchnąć, trzeba ściskać hamulce. Jeszcze jeden kilometr. Oczywiście zupełnie bezwiednie przyśpieszamy kroku. Przypominamy na pewno dwie ryby wyjęte z wody i podchodzące pod górę. Ostatni kilometr robimy w 14 minut i wytaczamy się na przełęcz. Nareszcie rower przestał uciekać. Dopadamy do wielkiego słupa z granitu. To granica dwóch departamentów: skończyły się Alpy Niskie. Ładnie niskie! Czytam dalej i nie wierzę: „Col de la Cayolle 2326 m". I to tylko przełęcz, a nie szczyt. Szczyty piętrzą się nad nami, daleko majaczą Alpy włoskie, bielą się wieczne śniegi. Zapomniałem na chwilę o zmęczeniu. Ale wieje zimny wiatr. Słońce już chyli się ku zachodowi i od potwornych ścian skalnych i upłazów ciągnie jak z lodowni. Opieramy rowery i nakładamy swetry i wiatrówki; kaptury na głowę. Chowamy się do ziemianki, która została tu po wojsku francuskim.

W ziemiance jest ciepło. Wyciągam całą tabliczkę czekolady 500-gramowej (tak zwany duży blok) i jemy ją po połowie. Nie wiem, czy kiedykolwiek czekolada smakowała mi tak jak w tej chwili. Tylko w takich wypadkach można odczuć PRAWDZIWY smak rzeczy; smak krańcowy. Nogi oparliśmy wysoko na ścianie, głowy na ziemi i jemy czekoladę. Potem Gipfelzigarette. Zdobyliśmy Cayolle i jest nam dobrze. Tak przyjemnie być młodym i móc bezkarnie męczyć się dla przyjemności, męczyć się bez celu, dla radości życia. Siedząc teraz w ziemiance, rozumiem naprawdę Sotiona z „Dysku olimpijskiego" Parandowskiego i rozumiem, co chciał on poprzez niego wyrazić. Betonujemy się czekoladą i po godzinie odpoczynku wyłazimy z ziemianki. Słońce zapadło już poza górami i jest przeraźliwie zimno. Szczękając zębami, siadamy na rowery. Ledwie ruszyliśmy, przebijam przednie koło na gwoździu z buta wojskowego. Klniemy. Zgrabiałymi z zimna palcami nie możemy niczego porządnie zrobić. Po gołych nogach tnie lodem; zerwał się wiatr przewiercający do kości, twardy jak pogrążone w cieniu ściany skalne. Po dwudziestu minutach startujemy do tego biegu zjazdowego na rowerach. Z Cayolle do Barcelonette jest 30 km. Droga jest szaleńcza. Kładziemy się na kierownicy, zaciskamy palce na hamulcach i zaczynamy spadać w dół, zlatywać w tempie ponad 60 km/godz. na prostych odcinkach. Strzałka na szybkościomierzu dochodzi wtedy do 60 i zatrzymuje się na sztyfciku. Nie nadąża. Przed każdym zakrętem piszczą hamulce, pochylamy się, szczęk odpuszczonych dźwigni przy kierownicy i rower skacze do przodu, jakby miał motor. Na 30 metrach prostej osiąga się szybkość ponad 50 km. Po dziesięciu kilometrach tej jazdy ręce mam zupełnie zdrętwiałe. Przymarzły do hamulców. Nóg nie czuję w ogóle; zbite lodowatym wiatrem, zwisają przy siodełku jak obcy przedmiot. Jedynie na piersiach, pod swetrem, jestem spocony i z wysiłku, i z emocji. Upijam się prawie do nieprzytomności szybkością, furkotem wiatru przy uszach i tańcem na zakrętach. Raz tylko spojrzałem na przednie widełki i na krótką chwilę struchlałem: co stałoby się, gdyby widełki pękły. Przy tej szybkości i obciążeniu drgały one od nasady do osi koła, drgały tak szybko jak uderzony kamerton. Ach — co tam; znowu prosta. Puszczam hamulce, skaczę od razu na 40, 50, 55, 60 — strzałka znowu utyka i utyka oddech w piersiach. Zakręt, skok mostem na drugą stronę rzeki, zapach mokrych bierwion ułożonych przy drodze, żywicznych i sękatych, mroczne wrota krótkiego tunelu. W tunelu asfalt jest wilgotny i opony mlaskają na nim tak, jakby pociągnięty był klejem. Pachnie pleśnią i grzybem. Rośnie gwałtownie jasny otwór wyjazdu, zbliża się, majaczy popielata wstęga drogi i wali się w dół, w las, w świerkową zieleń i przedwieczorną czerwień pni. Słońce przedarło się tu jeszcze przez jakąś szparę, z której wypryskuje jak pęk promieni z małego okienka kabiny operatora w kinie. Ekran czerwonej zieleni, a na nim pędzi mój rower. Czasem, w ciągu ułamka sekundy, widzę swój cień. Gdy znika, wydaje mi się, że go przegoniłem i że nie może za mną nadążyć. Zakręt w lewo, potem w prawo, znowu na drugą stronę huczącego potoku, wzdłuż skalnej ściany. Droga zaczyna opadać łagodniej i po chwili wpadamy wprost na rynek w Barcelonette. Patrzę na zegarek, ledwo utrzymując się na nogach. 32 km w ciągu 43 minut. Przeciętna 45 km/godz. Twarze, ręce, uda i łydki mamy zupełnie sine, pomimo opalenizny. Palce tak sztywne, że nie możemy wyciągnąć zapałki z pudełka. Jest to chyba najładniejszy dzień całej naszej podróży. Ale jesteśmy piekielnie zmęczeni. Czuję to teraz, stojąc na rynku i paląc papierosa. Ręka mi drży i drgają mi usta, zupełnie tak, jakbym miał wybuchnąć płaczem. Sześć godzin podejścia i 32 km piekielnego zjazdu. Tadzio powiada: „Ten dzień będę pamiętał nawet po śmierci".

Barcelonette jest małym miasteczkiem, i trochę egzotycznym. Francja jest tu przemieszana z Meksykiem. Wielu ludzi stąd pojechało do Meksyku i powróciło z zarobionymi pieniędzmi z powrotem do rodzinnego miasteczka. Niektórzy noszą jeszcze meksykańskie kapelusze i zachowali coś w stroju. Trudno nawet powiedzieć co. I ruszają się inaczej niż Francuzi. O tym Meksyku opowiada mi jakiś dziadzio, który poprosił nas o ogień do rozczochranego i nieudolnie skręconego papierosa. Trzęsą się ręce staruszkowi, to i nie może równo nałożyć tytoniu. Gwarzy z nami, cmokając głośno. Mówi, że są tu tacy, co przed tamtą wojną jeszcze pojechali szukać złota do Meksyku. Dziadzio pali z takim smakiem swojego papierosa, że mam ochotę rzucić swojego i odebrać mu tego żylastego skręta. Wchodzę do kilku sklepów — jedzenia w bród: konserwy mięsne, groszek, fasola i fasolka, konfitury, mleko, czekolada. W mgnieniu oka wydaję ponad 100 franków i zaopatrujemy się od razu na kilka dni. Robi się szaro. Naradzamy się z Tadziem, czy jechać dalej, czy zaraz za miastem rozbić namiot. Nie — dosyć na dzisiaj. W młodym lasku, parę kilometrów za Barcelonette, zapadamy na noc. Dolina jest tu rozległa, wokoło siedzą potężne szczyty. Jest tu wspaniała rozrzutność i zupełne nieliczenie się z miejscem w tym alpejskim umeblowaniu. Preludium Rachmaninowa, grane na organach, to jedyne porównanie, jakie nasuwa mi się, gdy patrzę na to państwo olbrzymów. Tatry to góry w kieszonkowym wydaniu. Objadamy się nieludzko i od razu usypiamy.

Za Gap, 20.9.1940

Wieczór był wczoraj chłodny, toteż włożyliśmy na siebie wszystko, co mamy ze sobą, i gotowaliśmy kolację w namiocie, na spirytusie. Około wpół do szóstej rano obudziliśmy się jak na komendę. Tadzio wrzasnął: „Jędruś — zamarzłem na śmierć". Ja w ogóle nie mogłem słowa wydusić, bo zamieniłem się w sztabę żelaza. Stalowy wlewek. Miałem wrażenie, że resztki mnie zwinęły się w kłębek i ułożyły w okolicach przepony, drżąc z zimna, a całe ciało — ten drugi ja — jest już martwym przedmiotem. Ale ruszyłem się; tak ruszałby się prawdopodobnie mały człowieczek z drzewa służący malarzom do uchwycenia ruchu nóg lub rąk, których pełno sprzedają na rue Bonaparte w Paryżu. Nalałem do menażki wina, wrzuciłem cukru i rodzynek i zapaliłem maszynkę. Po chwili w namiocie zrobiło się gorąco i błogosławiliśmy spirytus. Piliśmy gorące wino, parząc sobie usta, i rozgrzaliśmy się prawie natychmiast. Nawet było za gorąco, bo maszynki nie zgasiłem. Wtedy wyleźliśmy z namiotu. Widok był taki, że zamiast poruszać się dla rozgrzewki, stanęliśmy jak dwa słupy.

Niebo różowiło się od strony wschodu i poprzez komplet wszystkich odcieni ceglastego, pomarańczowego i cytrynowego przechodziło w fiołkowy szafir, na którym błyskały jeszcze gwiazdy. Wszystko w dolinie pokryte było szronem ciskającym nikłe ogniki jak miliardy rozrzuconych brylantów; wierzchołki gór, lekko zaróżowione, zawinięte były w pasma przezroczystej mgły. Powoli wschodziło słońce i sypało coraz to nowymi kolorami. To samo drzewo, ten sam szczyt zmieniały się, zrzucały jeden strój i odziewały się w inny. Świerki zmieniały także klejnoty, bo stopiony słońcem szron stawał się wielkimi kroplami wody o wszystkich barwach tęczy. Ciemny szafir nieba rozwodnił się, stał się bardziej fiołkowy, aż do niebieskiego. Gwiazdy gasły w oczach i robił się dzień. Jeszcze kilka poprawek, niedbałych pociągnięć pędzlem słońca i obraz był skończony. Jeżeli piękno całego wybrzeża od St.-Raphaël do Monte Carlo było ziemskie, uchwytne, wprost gęste, to tu rozpływało się ono i było nieskończone, nieosiągalne w swojej całej pełni, jak zbyt wysokie tony dla ucha.

Staliśmy tak prawie pół godziny i znowu było nam zimno. Teraz jednak słońce zaczęło przygrzewać. Usiedliśmy przed namiotem, myśląc o śniadaniu. Och, gdyby tak ktoś zechciał przynieść mi śniadanie „do łóżka". Jestem rozleniwiony. A poza tym tak trudno doczekać się i patrzeć, jak woda nie chce się zagotować od razu, już, natychmiast. Z pogodą mamy szczęście; znowu słoneczny dzień. Po śniadaniu dalsze 35 km zjazdu. Zjazd jest znacznie łagodniejszy niż wczoraj, ale dochodzimy do tych samych szybkości. Droga opada w dół szeroką doliną. Po bokach olbrzymie, wygodnie rozparte wsie i miasteczka naraz — plastyczna mapa w podziałce 1:1. Na przestrzeni kilkunastu kilometrów przed sobą można sunąć palcem po wstędze szosy, zatrzymać się na jakiejś *bourgade*[1] — tu w prawo — dalej — można tyczyć trasę bez wyciągania mapy z kieszeni. Cały ten widok przypomina mi obrazki malowane na tyrolskich zegarach z kukułką albo alpejskie litografie z końca zeszłego wieku.

W południe zatrzymujemy się nad rzeką, kąpiemy się i jemy. Słońce grzeje, wzrok gubi się w szczytach. Ogarnia mnie to typowe lenistwo górskie. Można leżeć godzinami, patrzeć, gryźć czekoladę z rodzynkami, palić. Można przestać być człowiekiem i stać się jakąś tam istotą jednokomórkową, amebą lub planktonem.

Po południu dojeżdżamy do Gap. Miasteczko większe od Barcelonette. Jedzenia ile żołądek zapragnie. Jest tu olbrzymia fabryka mleka kondensowanego Nestlé i dużo tartaków. Kupuję kilka puszek cukrzonego mleka. Jemy to w tym samym celu, w jakim Kubuś-Marynarz Fleischera odżywia się swoim szpinakiem. Jest także spirytus; kupuję od razu dwa litry, żeby skończyć z gotowaniem na ogniu. Oczywiście zakupuję także wielki transport czekolady. Rowery zostawiliśmy na opiece patronki bistra i poszliśmy się przejść. Wspaniałe sklepy sportowe z doskonałym sprzętem: świetne buty narciarskie i narty. Wszędzie zachodziłem pogadać z kupcami i „dotknąć". Chętnie pokazywali mi wszystko i gadali, choć wiedzieli, że nic nie kupię. Podobało im się, że znam się na towarze. O mały włos nie kupiłem ślicznego bukłaka hiszpańskiego na wino, ze skóry. Ale był za drogi i z żalem wyszedłem ze sklepu. Ciemniało mi w oczach na widok plecaków z rusztowaniem za 250 franków. Ale muszę odwieźć parę groszy do Paryża. Właściwie ze strachem myślę o tym powrocie; teraz im bliżej, tym częściej. Pomyślę o tym później.

Prosto z Gap podchodzimy na Col Bayard — 7 km. Podchodzimy już pod wieczór. Idziemy bardzo wolno. Mamy zamiar zostawić sobie kawałek na jutro i rozglądamy się za miejscem na nocleg. Wybieramy łąkę przy drodze z małym strumykiem. Niebo zachmurzyło się, góry znikły we mgle i jest duszno, upalnie. Pewnie będzie deszcz.

---

[1] Wiosce.

Za La Mure, 21.9.1940

Koło dziesiątej wypogodziło się i zrobił się upał zupełnie nie do zniesienia. Podchodzimy dalej na przełęcz Bayard. Po nogach tną nas końskie muchy. Przełęcz ma 1230 metrów. Prawie tyle co Turbacz. Z przełęczy zjazd; stromy, ale długi, prostymi odcinkami. Szybkościomierz w ogóle stanął na 60 i nie wystarcza. Czuję wyraźnie opór powietrza. Nagle słyszę stuk i brzęk; wypadła jedna butelka ze spirytusem. Nie zwolniłem. Tadzio zrównał się na chwilę ze mną, sklął butelkę i „wszystkie takie zjazdy na pysk" i z powrotem schował się za mnie. Męczą nas już te ciągłe zjazdy. W najbliższym miasteczku odkupuję spirytus. Stoimy przed jakimś domem i podchodzi do nas dwóch żandarmów. Byłem pewny, że zechcą przeglądnąć nasze papiery. Ale oni stali i tylko gapili się. W końcu jeden podszedł i zaczął pogawędkę: „Ależ jesteście obładowani". Uśmiecham się. „A dokąd jedziecie?" — „*A Paris*"[1], odpowiadam. „*Oh, là, là* — to kawał drogi jeszcze. A macie *plaque de vélo?*" — Jest to blaszka świadcząca o zapłaceniu podatku od roweru. *Bien sûr*[2] — mówię i nawet nie sięgam, aby mu ją pokazać. „No to dobrze — *bon voyage*!"[3]. I poszli dalej. Tadzio długo spoglądał na dwie czarne sylwetki na drodze i wypowiedział kilka pochlebnych uwag pod adresem wszystkich „glin francuskich".

Francuski policjant nie zawsze jest mądry, bywa nawet głupi, ograniczony, ale często jest dobroduszny i łatwy w pożyciu. Nasz też nie był mądry, ale był za to złośliwy i upojony władzą. Mieszanina znacznie gorsza. Jak rzadko było się traktowanym przez naszą policję jak człowiek. Dla niej obywatel polski był przede wszystkim osobnikiem „rzekomo niekaranym". To „rzekomo niekarany" było specyficznie polskim określeniem policyjnym, z którym trudno chyba spotkać się w reszcie świata. Nic ci jeszcze nie udowodnili, niewiele o tobie wiedzą, a już jesteś „rzekomo niekarany". Pierwsze pytanie naszego policjanta, jeżeli kogoś legitymował, było „Co pan robi?". Jeżeli powiedziało się „nic", to uważane to było za kpiny, za lekceważenie władzy — areszt, a raczej „przetrzymanie śledcze" pewne. We Francji, w normalnym kontakcie z publicznością (na przykład sprawdzanie papierów), żaden policjant nie zadaje takich głupich pytań. Papiery w porządku, okrągła pieczęć z Republiką, i można iść w spokoju. Od chwili wyjazdu z Carcassonne dziś po raz pierwszy zbliżył się do nas żandarm, i to w celach rozmówki towarzyskiej. Zapytanie o *plaque* było tylko subtelnym przypomnieniem nam (i pewnie sobie samemu), że jednak pełni obowiązki stróża porządku. Można na nich wygadywać, ale czuje się tutaj swobodę, resztki tej swobody, jaka istniała w Europie przedwojennej za czasów moich rodziców. A i to przepisy dotyczące cudzoziemców zaostrzyły się dopiero od dziesięciu lat. Jestem ciekawy w jakim współczesnym kraju, w czasie wojny, dwóch cudzoziemców mogłoby tak swobodnie włóczyć się setkami kilometrów

---

[1] Do Paryża.

[2] Oczywiście.

[3] Szerokiej drogi.

bez żadnej kontroli. O, *douce France*! Życie tu łatwiejsze i prostsze, człowiek był przede wszystkim człowiekiem. Tak łatwo i przyjemnie można tutaj mieć wiele rzeczy „w nosie" lub „w pięcie". Jest coś tragicznego w tym, że te swobody, dobrobyt, boskie *je m'en fiche*[1] były także przyczyną ich upadku. Kto wie... Nie! To nie może mi się nigdy pomieścić w głowie. Wykluczam tę możliwość...

Droga stała się ciężka. Raz w dół, raz w górę. Trzeba złazić z rowerów, pchać je przez pół godziny, potem zjazd w ciągu kilku minut i znowu pod górę. Jest to bardziej męczące niż jedno długie podejście. Chcemy przejechać jeszcze dzisiaj przez La Mure i jutro być w Uriages, pod Grenoble. Jest tam schronisko PCK i kilku kolegów z „wspólnego pokoju" w Carcassonne. Może uda się odetchnąć ze dwa dni po Alpach. Przez całe popołudnie droga jest ciągle taka sama. Ze trzydzieści podejść i zjazdów. A wreszcie gwóźdź do trumny — 6 km podejścia do La Mure. Co robić — podchodzimy. Około ósmej wieczorem jesteśmy w La Mure. Wieczór jest chłodny i jesteśmy tak zmęczeni, że wleczemy się ulicami noga za nogą. Chciałbym kupić mięsa na kolację, więc stajemy pod murem i rozglądamy się. Obok nas przechodzą jakieś dwie dziewczyny i mówią po polsku. Tadzio od razu podskoczył i mówi: „Królowo kochana, kwiecie bzu, Polki najdroższe i rodaczki, gdzie można tutaj kupić mięsa dla dwóch znędzniałych obywateli?".

Dwa „kwiaty bzu", rumiane i pełne (podwójny bez), zaczęły się podśmiewać i gadać. A skąd? A dokąd? A jak długo? A ciotka ma bistro, to może coś wam sprzeda, bo ma także sklep przy bistrze. Tadzio, nie czekając, objął inicjatywę: „Ozdobo Francji, prowadź — pójdziem za tobą choć do łóżeczka (hi, hi, hi)" i tak wylądowaliśmy w bistro cioci. Tadzio po drodze robił prywatne spostrzeżenia w rodzaju: „Parzygnaty, zgryzoty emigracyjne, rakiety (?), tłuki" itd., itd., ale na głos czarował: „A to czemu się pani śmieje, kwiateczku kochany — tak nie można — to niełładnie...", a do mnie półgłosem: „Patrz, Jędruś, na te nogi — dobre, ale tylko na po domu albo na błoto, co?"...

W bistro cioci było sporo Polaków, emigrantów. Poprosili nas do stolika i trzeba było gadać. Tadzio był nieszczęśliwy, bo jak prawie wszyscy Polacy, którzy przyjechali do Francji w czasie wojny, nie znosi w gruncie rzeczy emigrantów. Rozumiem go, ale staram się także i jego nauczyć rozumienia tego zupełnie specyficznego elementu. Stary emigrant pozostał w duszy Polakiem i dał tego liczne dowody, ale ciałem — najczęściej podświadomie — przestał już być Polakiem. Z tego punktu widzenia można by mówić o zupełnie osobnej narodowości, narodowości emigranckiej. Ten polski emigrant to wypadkowa wielu zjawisk i warunków życia polskiego i francuskiego; cocktail nie zawsze smaczny, często trudny do przełknięcia, przyrządzony przez bezlitosny los. Kto emigrował do Francji? Przeważnie niewykwalifikowany i niewykształcony robotnik rolny. Kariera takiego emigranta była zwykle ciężka. Zmuszony nędzą w kraju, wsiadał do pociągu z tabliczką na szyi, jak bydlę prowadzone do rzeźni, jeszcze w Polsce podpisywał cyrograf, sprzedając siebie francuskiemu farmerowi lub

[1] Mam to w nosie.

fabrykantowi na trzy lata, i jechał. Przyjeżdżał do Francji i pracował u farmera za życie i 400–600 franków miesięcznie. Równocześnie patrzył na swobody i demokrację francuską, posiłki jadał przy jednym stole z patronem, przez rok był oślepiony, po dwóch latach, poznawszy innych, już był „mądry", a po trzech uciekał z roli do miasta na robotnika fabrycznego. W fabryce dotknął się śrubokrętu i pilnika, z typowo polską zręcznością i inteligencją „chwytał" to, czego od niego wymagano, i wobec tego uważał się za „wykwalifikowanego ślusarza". I teraz już gwizdał na cały świat. Oderwany od własnego organizmu państwowego i dyscypliny obywatelskiej swojego kraju, żył równocześnie poza nawiasem życia obywatela francuskiego. Stąd, wrodzony zresztą każdemu Polakowi, swego rodzaju anarchizm emigrancki, wzmagany stylem tutejszego życia. Zarabiał dobrze, miał na sardynki i na szampana, „tu, proszę pana, nie tak jak u WAS w Polsce, proszę pana, bo tu jest, proszę pana, egalite i, proszę pana, liberte; tu pan, proszę pana, robotnikowi nic mówić nie będzie, bo robotnik jest za szanowany — wuala, proszę pana!". W głębi pozostał niedouczonym, nieoświeconym mózgiem biednego, bezrolnego robotnika wiejskiego, powleczonym cieniutką warstwą wysokiej cywilizacji i standardu życia opierającego się głównie na dostępności tego wszystkiego, co „proszę pana, u WAS w Polsce tylko inteligencja miała dla siebie — wuala!". Dostępność tego, co w Polsce nawet dla „inteligencji" było często zbytkiem, kształtowała tu jego umysłowość. Od razu był najmądrzejszy ze wszystkich, pan, hrabia, wszystko umiał i wszystko potrafił, i wszystko było „bo u WAS w Polsce". Stężona mieszanina tego, czym jest właściwie każdy Polak, mieszanina denaturatu, szampana i rzadkiej — politury obyczajowo-kulturalnej. Są wyjątki, szczególniej wśród górników, tego elementu zwartego i mądrego mądrością i niebezpieczeństwem swej pracy. I tu też można by zrobić rozbicie: emigracja i górnicy.

Zapomniał mówić po polsku, kaleczy po francusku, zamiast „tak" mówi „si" albo „wuj" i trzeba sobie otwarcie powiedzieć, że w większości wypadków tylko ujemne strony swobody francuskiej i francuskiego *laissez-aller*[1] dotarły do jego rozumu. Wrodzona pracowitość i inteligencja każą mu lekceważyć Francuza, mniej twardego i wytrzymałego. W fabryce pracowałem z emigrantami, z naszymi „z Polski" i z Francuzami. Dostrzegłem wiele. Nasi „z Polski" w ogóle emigrantami pogardzali, zresztą z wzajemnością. Ileż razy słyszałem naszego w szatni, jak pobłażliwie klarował emigrantowi: „Człowieku, te wszystkie ubezpieczenia, płatne urlopy, to u nas już było od początku. Francją mi nie podjeżdżaj — ty jesteś ciemny, co z tobą gadać?". Tadzio zwykle nie krępuje się: „Po co z panem dyskutować, jakeś pan mądrzejszy. Panie, mów pan po polsku; co za «wuj»? Aniś pan mój wuj, ani krewny — nie rozumiem — kompran pa!"[2].

Czasem cierpienie uszlachetnia, ale zwykle tylko tych, którzy przedtem nie cierpieli. Tych, którzy cierpieli od początku, cierpienie uszlachetnia bardzo rzadko. Ci emigranci cierpieli najpierw w Polsce, potem tu. Gdy przyszedł we

---

1 Francuskiej dezynwoltury.

2 Fonetycznie: *comprends pas*! — nie rozumiem.

Francji kryzys i większość obcokrajowców pozwalniali z pracy, nasz emigrant zapisywał się na bezrobocie. Jako bezrobotny nie płacił za mieszkanie, brał zapomogę, a ponieważ kontrola bezrobocia, jak każda kontrola francuska, była wysoce problematyczna, bezrobotny pracował pokątnie (brykolował). Tu naprawił piec, tam odmalował mieszkanie, jeszcze gdzie indziej zakładał łazienkę lub centralne ogrzewanie (Polacy wszystko potrafią) itd. – w sumie żył w wielu wypadkach znośnie. Stosunek do świata „I co mi zrobisz?". Rządy Bluma i znacznie większa łatwość życia we Francji, bezrobocie, *bricolage*[1] – okoliczności pozwoliły mu na to, co jemu wydawało się jego dziełem. Czytanie lewicowej prasy francuskiej, wspaniale demagogicznej, dokończyło jego edukacji. Element zewnętrznie niełatwy w pożyciu, trzecia płeć Polski, wewnętrznie na pewno znacznie więcej warta, przy tym w sumie łatwowierna, z czego korzystała nasza polityka w ten sposób, że wielu z nich pozamieniała w ateistów polskiej państwowości. Stąd to wieczne „bo u WAS w Polsce". Zbyt często ich okłamywano.

Ci emigranci tutaj, w La Mure, życie mają ciężkie. Praca okropna. Prawie wszyscy pracują w tutejszych kopalniach ołowiu. Zarobki niskie, a czasy dzisiejsze nie pozwalają im wyrwać się z tych kajdan i poszukać lżejszego lub po prostu zdrowszego chleba. Rozmawiamy o Polsce; osiemnaście dni obrony biednej Polski w porównaniu z czternastodniowym spacerem Niemców przez Francję poruszyło w nich wszystkich dumę. Prawie żaden z nich nie wyrwał się z odwiecznym „bo u WAS", natomiast słyszę ciągle „bo u NAS w Polsce". Ale na „inteligencję" naszą wyklinają i chyba mają rację. Odbiło im się tą naszą inteligencją jak podłym tłuszczem, gdy zobaczyli tę naszą zjełczałą śmietankę po ucieczce z Polski. Wielu z nich dostrzegło w emigrantach NOWYCH PODDANYCH, nowy narodzik w miniaturze, którym z punktu można było rządzić. Emigrancka cierpliwość wystawiona została na ciężką próbę. Polski nie wyparli się jednak, choć pokusy były wielkie: Francuzi chętnie brali ich do swego wojska pomimo układu z rządem „Reginy". Emigracja biła się i biła się dobrze.

Wypiliśmy piwo i zaszli do sklepu cioci. Do kupionych przez nas rzeczy dołożyła nam za darmo 2 puszki pasztetu i 2 tabliczki czekolady. Ja byłem po prostu naturalny, ludzki, a oni byli poczciwi, wcale nie „bezczelni" i „aroganccy". Czasem z logiką u nich gorzej, bo więcej połknęli, niż mogli strawić, ale gdy mu powiedzieć, że gada głupstwa i dobrym przykładem (nienaciąganym) wykazać, że plecie, wówczas cichnie i słucha. Lubi słuchać LUDZKIEJ mowy. Zaczęło się już ściemniać. Wyszliśmy z bistra, żegnani hucznie przez wszystkich. Ofiarowywali nam nawet nocleg i oczywiście od razu zaczęli się sprzeczać między sobą, u kogo byłoby nam wygodniej. Wolałem jednak jechać dalej, bo czułem, że skończyłoby się na potwornym pijaństwie. Już i tak pociągaliśmy z Tadziem nosem w tym bistro, czując zapach rumu. Otaczające nas towarzystwo było tak głośne, że dwaj żandarmi sprawdzili nasze papiery, po czym razem z innymi

[1] Fuchy.

biadali nad tym, jak my dojedziemy. O zmroku wyjechaliśmy z La Mure. Jest tu rozległy płaskowyż, ciągnący się aż do Vizille. Mgła opada na łąki, zimno i wilgotno. Po kilku kilometrach, już w ciemnościach, rozbijamy namiot tuż przy drodze, zasłonięci tylko kilkoma krzakami. Noc jest czysta i prawie przezroczysta. Kolację gotujemy w namiocie, po czym Tadzio natychmiast usypia. Ja piszę przy świeczce. Świerszcze pstrykają, a chrobot chrząszcza łażącego po dachu namiotu jest wprost hałaśliwy. Jestem tak zmęczony, że nie chce mi się spać.

Uriage, 22.9.1940

Od rana słońce. Obudziliśmy się wcześnie, jak zwykłe z głodu. Pierwsze słowa Tadzia to „Jędruś — jeść". Wyciągam czekoladę i jeszcze drzemiąc, żujemy powoli. Potem papieros i dzień zaczyna się na dobre. Ja idę po wodę i po mleko. Tadzio zwija obóz. Lubię te moje, niemal codzienne, spacery poranne. Biorę butelki i okutany w swetry i w szaliki (rano bywa już szron — jesień) wlokę się wolno drogą, potem polnymi ścieżkami, zaglądając do ferm. Zwykle cały dom jeszcze śpi i tylko patron krząta się po podwórku z całym orszakiem kur, kaczek i indyków. Łażą za nim krok w krok, czekając, aż im coś rzuci. Staję cicho za płotem i patrzę. Toczy się między nimi ożywiona dyskusja. Patron powiada: *Allez, allez, attendez*[1], a kury coś głośno odgdakują, kaczki z świszczącym szeptem łapią go za nogawki od spodni, zaś indyki, z minami dyrektorów koncernu przy porannej poczcie, zataczają z daleka niedbałe łuki i zachodzą od przodu. Chodzą tak, że jestem pewny, iż ręce trzymają w kieszeniach, a w dziobach grube cygaro. Jest cisza, każdy odgłos jest wyraźny, w nic nieoprawny. Nad łąkami wiszą mgły, trawa lśni, a wokoło piętrzą się olbrzymie masywy gór. Przenika to do duszy prostą drogą i zachwyca spokojnie, bezpośrednio. Patrząc na to, wydaje mi się, że jakaś starsza, mądra i piękna kobieta mówi i opowiada niskim i równym głosem, a każde jej słowo jest pełne, przeżyte i odczute do końca. A kiedy indziej wydaje mi się znowu, że jest to wspaniała, zwarta i prosta nowela nastrojów, jak nowele Bunina lub K. Mansfield, gdzie nic się nie dzieje, a równocześnie już tyle stało się; gdzie strony nie są pisane od lewej ku prawej, lecz w głąb, w głąb bez dna. I teraz przestoję nieraz pod płotem lub pod drzewem, wpatrzony, nic nie myśląc, odwracając tylko i nadstawiając to coś w człowieku, na czym dźwięk, kolor, promień słońca, zapach i powiew najsilniej wygrywają. Zamieniam się w jakiś instrument i daję na sobie grać. Nie ma w tym żadnej egzaltacji — jest to taki sam tusz duszy jak tusz ciała, i odczuwam tę samą przyjemność. Przy jednym i drugim tuszu tak wspaniale i soczyście czuje się życie. Pod zimnym tuszem piję zawsze wodę, która chlasta mi w twarz, tu — pod płotem, pod drzewem — piję życie. Każdy z nas ma w sobie skrzynkę biegów, ale niewielu umie się nią posługiwać. Ja odkryłem ją dopiero kilka miesięcy temu. Najpierw wyłączyłem tylny bieg, dość długo tkwiłem w martwym punkcie, a potem zacząłem „wkleszczać" inne biegi. Teraz jadę na

[1] Już, już, spokojnie.

czwartym, o ile nie w ogóle na tak zwanym „*Schnellgang*", czyli nadbiegu, który mają podobno te wielkie mercedesy. A może się mylę? Może nie człowiek sam przestawia te biegi, wyłącza sprzęgło? Może robi to los? Nieraz przez całe życie człowiek chce siebie wygrać dla siebie — i nie może. To loteria, na której pada mało wygranych. Najstraszniejsze jest chyba ciągłe mijanie się z samym sobą, ciągłe czekanie na tę największą wygraną, jaką w życiu każdego człowieka jest na pewno wygranie siebie dla siebie. Bo tylko od tej chwili człowiek taki może być prawdziwą wygraną także dla innych. Prawdziwą — inne nie są prawdziwe. Papier zawilgł mi od mgły i chemiczny ołówek pisze tak wyraźnie. Wszystko przez te indyki. Przypomniały mi poranną pocztę, dyrektorów koncernu i mnie, zgiętego w usłużnym ukłonie, pod drzwiami. Ja tam chciałem siebie wygrać. Cóż za nieporozumienie... Tragiczne!... Brr...

Mleka nie dostałem, ale to nic nie szkodzi: mamy nasze, w proszku. Jest doskonałe. Koło dziesiątej ruszamy dalej. Po godzinie dojeżdżamy na skraj płaskowzgórza i u stóp mamy Vizille, leżące nisko na dnie doliny. Szosa przypomina kręcone kuchenne schody: z szóstego piętra na łeb. O mało nie leżałem. Asfalt świeżo wysypany szutrem, który nie wbił się jeszcze w ter. Przyhamowałem już na zakręcie i tylnym kołem zrobiłem rasową christianię. Kamyki prysły jak śnieg, a Tadzio przeraźliwie wrzasnął. Wpadamy do Vizille. Na rynku jest cicho i dostojnie — niedzielnie. Pijemy piwo i jemy ciastka. Upał i rozleniwienie. Do Uriage jest tylko 9 km. Po drodze trzeba będzie się wykąpać i ogolić, żeby przyjechać w formie do tego polskiego schroniska. Tam pewnie sama noblessa, a *noblesse oblige*[1]. Po dokładnej toalecie za Vizille ubieramy się odświętnie: białe szorty, granatowe koszulki. Uriage jest małą miejscowością letniskową, wille, pensjonaty — płuca Grenoble, odległego o 10 km. Zieleń i góry. Polskie schronisko mieści się w jednym z wielkich hoteli. Nie jedziemy tam od razu. Siadamy najpierw w parku, żeby ochłonąć, bo upał tropikalny. Przechodzą obok nas jakieś trzy panie: jedna starsza, w długiej sukni z gazy, dwie inne młode, równie wytworne. Na rękach polne kwiaty, zwieszone z wdziękiem. „Na głowie liliowy wianek, w ręku zielony badylek, Przed nią bieży baranek, a nad nią leci motylek..." (z pamięci). Mówią oczywiście po polsku. Ukłoniliśmy się i pytamy o hotel PCK.

— A to tutaj, zaraz na lewo — panowie pewnie nowi pensjonariusze... Witamy, witamy...

— Nie, my tylko przejazdem. Chcemy odwiedzić kolegów.

— Ach tak. A gdzież to panowie tak podróżują?

— Jedziemy do Paryża. Wracamy, bo tam...

— Co? Do Paryża? Do Niemców? Zdrhhaajcy! Zosiu, Helenko, chodźcie. Z tymi panami nie ma o czym mówić... — I poszły, duszając rupkami.

Tadzio zrobił się purpurowy i szepnął tylko coś o starych... i że jeszcze zobaczymy, kto zdrajca. Ja zacisnąłem pięści. Tadzio: „Widzisz, jak ci ładnie powiedzieli dzień dobry? Tak z serca, po polsku, za forsę Czerwonego Krzyża...".

---

[1] Szlachectwo zobowiązuje.

Uspokajałem go, jak mogłem, i przygotowywałem na inne niespodzianki. Już ich trochę poznałem. Pani pułkownikowa fałszowała w Paryżu kartki na darmowe obiady, a gdy ją raz na tym złapałem, nic nie pomogło. Za trzy dni zrobiła to samo i był skandal, bo za drugim razem nie darowałem. Pani... kradła mandarynki, pani... twierdziła, że znowu wydała niepotrzebnie pieniądze na metro, bo dzisiaj kaszanka na obiad — „niech mnie pan zawsze uprzedzi, kiedy ma być kaszanka". — „Telefonicznie czy pneumatykiem?", zapytałem ironicznie. Połapała się. Równocześnie było mi przed Tadziem wstyd. To jednak moja rodzina...

Wreszcie podjechaliśmy pod hotel. Miałem wrażenie, że zajeżdżam do pensjonatu w Zakopanem. Znalazło się tu poza naszymi trzema kolegami z Carcassonne jeszcze kilku inżynierów. Towarzystwo ważne, nadęte, wyelegantowane, sztywne kołnierzyki, ubrania jak z igły — jednym słowem wytwornie. Nasi dwaj koledzy z Carcassonne, C. i S., ledwo raczyli się do nas odezwać i od razu znikli, bo właśnie mieli grać w bridge'a z panem dyrektorem i z panem konsulem — już czekają na nich w hallu. Jeden poczciwy Stefan Hołuj ucieszył się nami, pomagał nam rozpakować rowery i obiecał wynaleźć pokój na spanie. Potem nas wziął na bok i zaczął od serca: „Nie macie pojęcia, co to za banda. Tu, gdzie wszyscy powinni jakoś starać się żyć, gdzie każdy powinien mieć jakąś czynność, to są ciągłe awantury, bo cała inteligencja, ci panowie prezesi, inżynierowie i inni odmawiają na przykład skrobania kartofli, gdy wypada kolejka na nich, i chcą, żeby to robili robotnicy i żołnierze. Do stołu nie ma kto usługiwać, bo nasze PANIE nie chcą, żeby ich córki zajmowały się TAKIMI rzeczami, bo to nie są ŻADNE pokojówki, tylko PANIENKI Z DOBRYCH DOMÓW, i wobec tego podają do stołu OCHOTNICY mężczyźni, a te «panienki» z dobrych domów nawet palcem nie kiwną. Wyższe sfery chodzą na wycieczki, grają w siatkówkę, do późnej nocy w bridge'a, a gdy raz siadłem do obiadu w wiatrówce, zwrócono mi uwagę, że do obiadu mógłbym włożyć marynarkę. No a przecież wiecie, że ja wszystkie rzeczy straciłem w czasie ucieczki z Paryża. Jeżeli człowiek chce dostać się do takiego schroniska, to musi mieć protekcję, bo to nie tak łatwo dostać przydział. Decydują o tym różni dyrektorowie PCK w Vichy, w Lyonie i w Tuluzie. A na to wszystko patrzą się ci ludzie, którym każą skrobać kartofle poza ich dyżurem, bo byli tylko prostymi ludźmi, a nie czymś. Ale *à propos* — przebierzcie się i nie paradujcie tak w szortach, bo to «nie wypada» i możecie się narazić kierownikowi schroniska".

To w skrócie obrazek, jaki roztoczył przed nami Stefan, wprawdzie inżynier, ale także człowiek. Odpowiedziałem mu, że miałem zamiar odpocząć tu dwa dni, ale wobec tego jedziemy jutro dalej. Ciskało mną. Nie — ludzie tej kategorii muszą zniknąć. To się powinno tępić jakimś Flitem czy innym Fumigatore Cimex. Nic ich nie nauczyło, a teraz siedzą na koszt publiczny, dalej się dmą, drą nosy, pomiatają ludźmi „niskiej kondycji" i gardzą „brudną robotą" w kuchni. Panny, panienki z dobrych domów, z papierosami w zębach, w pończoszkach, siatkówka, flirt, spacery. O ileż bardziej szanuję *ces demoiselles*[1]

[1] Te panienki.

z paryskich niedobrych domów... Horda rozbrydżowana, tępa, nieczuła, nieprzyzwoita. Miałem od razu ochotę rzucić kilka starych doniczek na głowę tym panom, gdy patrzyłem na nich z okna pokoju Stefana. Czuję, że teraz Stefan wstydzi się tak samo jak ja przed chwilą, gdy uspokajałem Tadzia. Siedzą tam na dole, grają w karty i pewnie każdy z nich mówi to odwieczne „do czegośmy doszli". O to chodzi, że właśnie do niczego, i nigdy do niczego nie dojdziecie. Z tą mentalnością...

Po długich korowodach dali nam pokój — tylko dzięki temu, że Stefan uprzejmie go wyprosił. Było z tym wiele zachodu i pytań „co za jedni", ale po upewnieniu się, że to „z tych" (niby ja; a co by było gdyby „z tamtych") jakiś pan mecenas, obecny kierownik schroniska, zgodził się. Stefan miał prosić jeszcze o kolację, ale zrezygnowałem z tej przyjemności. Poszliśmy z Tadziem do restauracji. Wracaliśmy wieczorem. Hotel Basset był oświetlony, grano w bridge'a, a PANIE chodziły z MŁODZIEŻĄ po ogrodzie, na nas spoglądano bokiem. Miałem ochotę zaproponować, żeby mnie pocałowano, ale tylko przez płatek róży, tej z klombu. I kto wie, czy nie znalazłoby się wielu amatorów, gdybym obiecał po 100 franków na buzię. Bo pieniążki to oni lubią i wiele rzeczy zrobią za pieniążki. Oczywiście tak cicho i wytwornie — żeby nikt inny o tym nie wiedział.

23.9.1940

Spaliśmy na jednym łóżku, dosyć ciasnym, i było nam niewygodnie. Tadzio klął i chciał w nocy iść do parku rozbijać namiot. Rano zagrzaliśmy sobie mleka na maszynce i zjedli śniadanie w pokoju Stefana. Dzień słoneczny i gorący. Od razu po śniadaniu zaczęliśmy szybko pakować manatki, żeby wynieść się stąd dyskretnie i po cichu. Atoli pomiędzy obojętnymi panami konsulami i prezesami i innymi tytułami rozeszła się wieść, że wracamy do Paryża. No i gdy wczoraj ani nie spojrzeli, ani się nie przywitali (zdrajcy), tak dzisiaj co chwila któryś z nich brał mnie na bok, przedstawiał się jak młodzieniec proszący nieznajomą pannę do tańca, był słodki i uniżony, przepraszał „za śmiałość", jednym słowem makagigi z lukrecją, bo: „Proszę pana, miałbym wielką prośbę. Wyjechałem z żoną z Paryża tylko z małą walizeczką, a nasze dwie walizki zostały w hotelu — o, tu ma pan adres i pełnomocnictwo. Może udałoby się panu przesłać mnie to tutaj". Albo: „Wie pan, u stróża tej kamienicy (już wpycha mi gotową karteczkę z adresem), gdzie mieszkałem, została moja bekiesza i karakuły żony". Poślij mu to. Inny wziął mnie na bok i po wielkich zaklęciach, że „mnie chyba pan nie odmówi — ach, przepraszam, zapomniałem się przedstawić — jestem konsulem z... (pies ci mordę po włosku lizał) — otóż mam tutaj samochód (*tiens, tiens*)[1] i chciałbym go sprzedać, a nie mogę tego zrobić bez świadectwa kupna. Kupiłem go od pana M. — Francuza (a kiedy?) — mieszka na rue... on panu wystawi świadectwo i pan mi je przyśle...". Interesy,

[1] Proszę, proszę.

interesiki, „pan musi mi to jakoś załatwić, jestem bez grosza i widział pan, w jakich warunkach tu żyjemy". Patrzyłem obojętnie na góry, myślałem o dobroczynnej instytucji skały tarpejskiej i sucho powiedziałem, że te warunki są zupełnie znośne i byleby gorzej nie było. A cały czas myślałem, czy oni w ogóle wiedzą, co to znaczy być w ciężkich warunkach. W końcu Tadzio sam pakował obydwa rowery, bo mnie ciągali na boki, prosili, oczywiście w tajemnicy jeden przed drugim. Jeden z nich zupełnie oniemiał, gdy na jego rozpoczęcie rozmowy od słów „znałem świetnie pańskiego stryja", odpowiedziałem „no to co?". Stracił wątek. Wiem, że postąpiłem brzydko, ale wszystkim odmówiłem: nie wolno nic przewozić przez linię demarkacyjną, a ja sam mam wiele rzeczy kompromitujących (ten zeszyt — jak ja go przewiozę?). Bardzo mi przykro, ale muszę odmówić. Gdyby znalazł się któryś i podszedłszy, powiedział po prostu: „Wie pan, ostatecznie można wytrzymać, ale chciałbym żonie zrobić przyjemność — tak lubiła te swoje lisy... Jeżeli pan będzie mógł, to bardzo proszę, jeżeli nie, no to trudno...", załatwiłbym bez wahania. Ale oni uważali, że człowiek ma obowiązek narazić się dla nich, bo oni jeszcze ciągle SĄ czymś tam i nie chcą zrozumieć, że BYLI, że już nie SĄ. Musisz mu to zrobić, on już na to liczy, bo obok tych dolarów, które ma, i tych wyżebranych zapomóg z PCK to powiększyłoby zapas. Można by jeszcze przez trzy miesiące palić chesterfieldy, dawać bieliznę do prania, żebrać i żyć na koszt Czerwonego Krzyża, a z funduszów prywatnych trzymać fason, rżnąć dalej pana i w bridge'a, wytaczać sprawy honorowe, nie mając go za grosz. Jeżeli naturalność też jest tylko pozą, jak mówi Wilde, to w każdym razie jest to poza najbardziej naturalna. Tej pozy brakuje nam we wszystkim. Nie lubią nas, często wprost nie znoszą, właśnie za jej brak.

Odczepili się i jestem prawie pewny, że teraz jeden przed drugim będzie darł nosa. „Odmówił panu? Mnie przyrzekł załatwić...". I będzie chodził wyższy o jeden stopień służbowy. To schronisko przypomniało mi Św. Helenę. Tylko że na Św. Helenie był jeden Napoleon, dwie damy i kilkunastu dworaków pożerających się nawzajem, a tu każdy jest Napoleonem — nic taniej. I tak jak Napoleon, tak każdy z nich ciągle wraca do swojego Waterloo i wygrywa w głowie nieodwołalnie przegraną bitwę. Kto wie, czy nie zrobili ze mnie agenta Gestapo. Bo jak mu nie załatwisz, jak go to nie „urządza" (to jedno z najpodlejszych słów, najwstrętniejszych), to z miejsca chlupnie ci kubeł pomyj na głowę. Wyjeżdżamy stąd naprawdę z ulgą.

Po półgodzinnej jeździe doliną wjeżdżamy na przedmieścia Grenoble. Przepisy o wydawaniu żywności tylko na kartki są coraz ostrzejsze, a w tutejszym departamencie (Isère) weszły w życie od wczoraj z całą bezwzględnością. Toteż musiałem każdy kąsek żywności, którą kupowałem przed wjazdem do Grenoble, zdobywać wymową, dowcipami, gadaniem. Udało mi się i wyczarowałem nawet dwie tabliczki czekolady, której oficjalnie już nigdzie nie ma. Grenoble jest miłym miastem, otoczonym górami. Przyjemne bulwary nad Isère. Miałbym wielką ochotę zamienić się z powrotem w studenta i uczyć się w Grenoble. Pojeździliśmy po mieście, wypalili po papierosie na ławce nad Isère i dalej. Przy wyjeździe z miasta żandarm sprawdzał nam papiery. Tadzio, poirytowany pobytem w Uriage, miał długą przemowę do władzy, grzebiąc w swoim portfelu. Oczywiście po polsku. Zaczął od tego, że nic tylko „wam te papie pokazywać. Uważaj, żebym ci czego innego nie pokazał, ty urywku marnej powieści kryminalnej. Człowiek zamiast spokojnie jechać, musi dla takiego kaczego kupra wszystkie flaki z portfelu wyciągać i patrzeć, jak takiemu patykowi z prowincji imponuje, że widzi jadących do Paryża. Masz, czytaj, ty czarny kłopocie!" — i pcha mu pod nos wszystkie papiery. Nie wiem co ze sobą robić ze śmiechu, tym bardziej że żandarm na każde trzy słowa Tadzia odpowiada pobłażliwym *oui* i cały ten pęk kwiatów warszawskich uważa za objaśnienie. Żegna nas miłym *bon voyage*. Tadzio burczy cały czas i w ogóle po tym schronisku nie może się uspokoić. Jest w złym humorze. Milczy. Potem podjeżdża do mnie.

— Czy ty, jakbyś został kiedyś ministrem, mówiłbyś mi dalej „ty" i pozwolił, żebym ja ci też mówił „ty"?

Przyznaję, że byłem zaskoczony. Chwilę milczałem.

— Przede wszystkim nie będę nigdy ministrem.

— Dlaczego? Przecież masz wykształcenie. Mógłbyś być...

— Nie zawracaj mi głowy. Czy ty wiesz, co to jest polityka? Jeden wielki pisarz francuski, Paul Valéry, powiedział, że najpierw polegała ona na zapobieganiu mieszania się ludzi do tego, co ich dotyczy, a potem na zmuszaniu ludzi do decydowania o tym, na czym się oni nie rozumieją. Daj mi spokój.

Tadzio śmieje się. Francuski *esprit* ma to do siebie, że rozumieją go Tadziowie całego świata. Ale nie daje za wygraną.

— No ale gdybyś był ministrem, to mówiłbyś mi „ty" i ja mógłbym ci mówić „ty"?

— Tak, chyba tak. (Lubię być ze sobą szczery i czuję, że tak całkiem to jednak nie jestem pewny. Dlatego dorzucam to „chyba", czując w tym momencie, jak silne jest, mimo wszystko, wychowanie w pewnej klasie).

— A czy ty zauważyłeś, jak patrzyli się na ciebie inżynierowie z naszej fabryki, jak ja ci mówiłem „ty"?

Ja nic nie zauważyłem, ale rozumiem, że Tadzio musiał to zauważyć.

— Nie zauważyłem, ale chyba wiesz, że mało mnie to wzrusza.

— A ja się bałem, czy ci nie przykro, i właściwie tam, w schronisku, chciałem ci mówić „pan". Tylko że mi to jakoś teraz do ciebie nie podchodziło. Jędruś, powiedz, nie było ci przykro?

— Zupełnie nie; i zapewniam cię, że gdybyś to zrobił, dałbym ci w gębę ze słowami „znaj pana".

Tuż za Grenoble napotykamy pierwszy drogowskaz z napisem „Paris — 550 km". Już blisko. Jemy pod tym słupem. Jesteśmy zmęczeni i nie chce się nam kręcić. Droga jest znowu górzysta. Kilkanaście kilometrów przed Les Abrets rozbijamy namiot w gęstym lasku, robiąc materac z suchych liści. Niedaleko jest ferma i pod wieczór idę tam po wodę. Niebo pochmurne, ale jest ciepło. Zupełna cisza. Skrzyp furtki na fermie jest tak głośny, że mimo woli drgnąłem. W izbie świeci się już lampa naftowa, a w jej świetle pochylają się dwie główki dzieci odrabiających zadania. Smarują zawzięcie w zeszytach i skrzypią piórami. Matka ich powitała mnie spokojnym *bon soir, monsieur*[1], tak jakby mnie już dawno znała. Zwróciła uwagę dzieciom — „powiedzcie panu dobry wieczór". Chłopczyk i dziewczynka wstali, popatrzyli na mnie wielkimi oczami z dziecięcych portretów Mariette Lidys, powiedzieli *bon soir, monsieur* i usiedli z powrotem. Patronka, widząc, że jestem w szortach, przyniosła bez pytania cztery jajka i mleko. Jest młoda, ładna, i mówi spokojnym, melancholijnym głosem, miarowym jak tykanie zegara. Mąż w niewoli, jest sama na całym gospodarstwie. Daje mi także pełne wiadro wody. Wiadro odniosę jej jutro rano. Jest już prawie ciemno, studnia piszczy, ona mówi cicho i jednostajnie, jest ładna i smutna jak ten wieczór. Mam ochotę przestać czuć, przestać myśleć, być ciszą — jak to wszystko wokoło.

Powoli wracam do naszego lasku. Tadzio krząta się, podśpiewuje. Gotujemy kolację. W drzewach furknie czasem przebudzony ptak, jakiś owad wędrujący po suchych liściach hałasuje na dziesięć metrów wokoło; woda w rondlu zaczyna grać.

Bourg, 24.9.1940

Pogoda jakoś trzyma. Do Bourg mamy jeszcze około 100 km i właściwie można by tam dojechać jeszcze dzisiaj. Zwiększamy szybkość do 18 km/godz. przeciętnie i rwiemy z pedałów. Pomimo słońca i pogody ten kraj jest już zupełnie inny. Nie jest gorąco, nie jest tak jasno, kolory są inne. Czujemy, że przejechaliśmy francuski równik: południe skończyło się i zaczyna się ta inna Francja, wilgotna i chłodna. Winogrona są kwaśne i winobranie jeszcze nierozpoczęte. Po polach, w powietrzu, wszędzie snuje się już jesienny smutek, którego na południu zupełnie nie odczuwałem. Widoczne na prawo pasmo Alp oddala się i niknie we mgle.

Jutro możemy już być w Châlons i ogarnia nas emocja. Czy Niemcy nas puszczą — czy nie? Tadzio twierdzi, że ma jak najlepsze przeczucia: „Co im zależy na takich lejtkach jak my. Poszprechasz z nimi, ukłonimy się ładnie, powiemy «nach Parysz», na pewno puszczą". Koło pierwszej po południu dzień zrobił się szary i pochmurny. Jemy obiad przy drodze, jedząc na deser białe winogrona, kwaśne jak ocet. W ogóle jest jakoś kwaśno, chłodno i wilgotno. Droga jest monotonna. Po obiedzie ostrzejsze tempo. Po drodze przyczepia się do nas jakiś młody chłopak, dobrze ubrany, i trzyma się cały czas za tylnym kołem Tadzia. Przy podjazdach pod górę wyprzedza nas dzięki przerzutce, ale na równym doganiamy go i znowu siedzi nam na kole. Postanawiamy go zmęczyć i zwiększamy tempo. Podjeżdża do mnie i mówi:

— Ależ wy ciągniecie, i to z takim bagażem.

Zaczynam z nim rozmawiać i opowiadać, skąd jedziemy. On był u swoich dziadków na wsi i wraca teraz do Bourg. Opowiada mi, że przed dwoma tygodniami zdał maturę, że teraz chce zacząć wyższe studia leśnictwa. Inteligent-

---

[1] Dobry wieczór panu.

ny chłopak z francuskiej burżuazji. Zagaduję go o tematy maturalne, o łacinę, o grekę. „Czy mieliście Tacyta, czy Liwiusza?".

— Pan też zdawał maturę? — pyta trochę zdziwiony.

Mówię mu, że i maturę, i *études supérieures*[1]. Ożywił się jeszcze bardziej. Mówimy o jego maturze już z całym znawstwem przedmiotów. Opowiada mi, że z historii mieli temat bardzo aktualny, prawdopodobnie podyktowany przez okupantów: „Rola Anglii w dążeniach Napoleona". Chodziło o to, żeby wykazać, iż Napoleon chciał zjednoczyć Europę, ale Anglia, ta wstrętna i perfidna Anglia, nie dopuściła do tego. Zwierza mi się, że wszyscy trochę się boją — bo napisali o Anglii jako o jedynym kraju, który dzięki swojej nieustępliwej, zimnej krwi i samozaparciu potrafił oprzeć się Napoleonowi i rozbić go w ostatecznej rozgrywce. Nie czytałem gazet i nie słuchałem radia; teraz podobno dzień w dzień i noc w noc Niemcy robią wielkie naloty i chłopak z entuzjazmem opowiada mi o wspaniałej postawie Anglików. Rzeczywiście — wojna. Zastanawiamy się, czy Napoleon istotnie chciał stworzyć pewnego rodzaju Paneuropę pod berłem Francji i kiedy właściwie wpadł na ten pomysł. Na pewno nie zaraz na początku, kiedy zaczęło mu „iść", lecz dopiero później, gdy coraz to nowym podbojom i uciskaniu innych narodów trzeba było nadać cechy myśli wyższej — ideału. Jak dotychczas Hitler nic nie mówił o Europie; mówi ciągle o 80 milionach Niemców potrzebujących Lebensraumu. Kiedy zacznie mówić o Europie i zmieni się z materialisty w idealistę? A może Napoleon miał rzeczywiście taki plan? Tak, ale rozpoczął wojnę z Rosją i to go zgubiło. Zrobił kapitalne głupstwo, którego Hitler chyba nie popełni. Przypominam mu jednak, że przecież początkowo Napoleon spotkał się z Aleksandrem na Niemnie i wszystko szło dobrze. Popsuło się dopiero potem. *Peut-être maintenant ça va changer aussi; on sait jamais*[2]. Śmiejemy się. Pytam go, co myśli o generale de Gaulle'u. „On jeden ratuje nasz honor przed światem". A Pétain? — pytam. — „On stara się ratować naród". Francuzi pracują na dwie zmiany. I wilk syty, i koza cała. Nie dyskutuję z nim na ten temat. Nie chwytam tego rozumowania. Przerzucamy się na Liwiusza i na Tacyta, na Horacego i Owidiusza, a w końcu na literaturę francuską. Jest zachwycony, że tyle czytałem. Tłumaczę mu, że każdy trochę wykształcony Polak zna często literaturę francuską lepiej niż niemiecką — że prawie cały Balzac jest po polsku; opowiadam mu o wpływie kultury francuskiej na naszą. Słucha chciwie. „To ciekawe jak mało Francuzi o was wiedzą". Mówię mu otwarcie, że Francja zanadto zapatrzyła się w swoją wielkość, nie szła naprzód, nie potrafiła wytworzyć młodzieży rzutkiej i z ideałem, w dziedzinie ekonomiczno-ludnościowej zaniedbała się, spoczęła na laurach; nie potrafiła zająć ani w przestrzeni, ani w czasie miejsca, do którego pretendowała. I pękła. Przyznał mi rację, a ponieważ ma zamiar studiować leśnictwo i rolnictwo, więc rozgadał się na ten temat. Powiedział mi ciekawą rzecz: już teraz obliczono z grubsza, że Francja straciła w tej wojnie około 300 000 koni.

---

[1] Studia wyższe.

[2] Kto wie, może teraz także wszystko się zmieni.

„To przez niedbalstwo żołnierzy — powiada. Rekwirowano konie czy trzeba, czy nie potrzeba, spędzano je razem i w końcu zwierzęta zdychały i padały z głodu, od słońca, z pragnienia. Czym będzie się teraz orać i młócić? Przyjdzie głód".

Jakby dla ilustracji naszej rozmowy przejeżdżamy przez małą osadę i musimy zjechać z drogi, bo na drodze — młócą. Ponieważ nie znają klepisk w stodole, asfalt drogi służy im za klepisko. W poprzek szosy poukładali snopki i wywijają cepami. Zresztą dosyć niezdarnie. Kobiety stoją obok ze szczotkami i zmiotkami i po wymłóceniu snopków zmiatają ziarno z asfaltu. Student powiada: „O, widzi pan, teraz tak wszędzie młócą, a gdy jedzie samochód, to musi objeżdżać, bo chłopi nie ustąpią. Wprawdzie Niemcy mają dać 2000 ton ropy na uruchomienie młockarni i traktorów, ale co to znaczy? Tak, najbliższy rok będzie we Francji ciężki...". Pyta mnie, gdzie mamy zamiar nocować. Odpowiadam, że w namiocie. Proponuje mi wobec tego, że tuż przy wjeździe do Bourg zaprowadzi nas do ogrodu przeznaczonego specjalnie na obozowanie i że za jego protekcją możemy z tego urządzenia skorzystać. W lecie, w czasie sezonu, obozują w tym ogrodzie *Eclaireurs* (organizacja harcerska), przejeżdżając przez Bourg. Teren wynajęty jest przez *Eclaireurs* z Bourg i specjalnie urządzony. Zgadzam się z przyjemnością.

Pod wieczór przyjeżdżamy na miejsce. Po przedstawieniu nas dozorcy tego ogrodu, a zarazem właścicielowi przyległej do niego fermy, chłopak pożegnał się z nami i obiecał zaglądnąć do nas jutro rano przed odjazdem. Był naprawdę miły, zdrowy, pełen poczucia solidarności sportowej i bezinteresownego koleżeństwa. Ogród jest właściwie szeroką aleją wysadzaną kasztanami. Na końcu alei jest mały pawilonik z WC, kilka umywalni i kilka tuszów. Proste i celowe. Dalej wielki betonowy śmietnik, oczywiście kryty. Śpi się w namiocie, reszta jak w hotelu. Rozbiliśmy namiot pod jednym z drzew. Dozorca przyniósł nam słomy i — żarówkę elektryczną z długim sznurem. Zawiesił ją na przednim maszcie namiotu i poszedł ze sznurem za drzewo. Po chwili żarówka zapaliła się. „Na noc proszę zgasić — *bonne nuit*". Staliśmy oniemiali z podziwu. Wreszcie Tadzio, drżącym prawie ze wzruszenia głosem, wyszeptał: „Jędruś — to ci jest kultura...".

— To nie jest kultura; to jest cywilizacja — odpowiadam.

Tadzio milczy i nagle wściekł się:

— W takim razie co to jest kultura, a co cywilizacja? Ciągle o tym mówisz, ale jaka tu różnica? Ja nie rozumiem.

Drapię się w głowę.

— Słuchaj, to światło elektryczne, włączone do namiotu, ten cały ogród ze śmietnikiem, z umywalniami i z dołem higienicznym to jest cywilizacja. Natomiast gdy my potrafimy się tym wszystkim posłużyć, jak należy, gdy nie ukradniemy żarówki i drutu nie użyjemy do przywiązania naszych bagaży, gdy nie napaskudzimy po kątach, gdy nie rozbierzemy wychodka na ogień i gdy jutro wyjedziemy stąd, nie pokłóciwszy się z dozorcą i nie obiwszy go po mordzie na pożegnanie, to będzie KULTURA. Cywilizacja i kultura to tak jak hasło i odzew na ćwiczeniach wojskowych. To sobie nawzajem odpowiada. Jedno bez drugiego nie jest kompletne. To śruba i nakrętka, przy pomocy których możesz dopiero coś zrobić, coś skręcić lub przykręcić. Kultura, ta wyższa, ten następny stopień kultury, to byłoby także, gdybym teraz, przy świetle tej żarówki, zaczął ci opowiadać o historii oświetlenia w ogóle, o roli oświetlenia w kulturze narodów. Czy wiesz, że oświetlenie było jednym z najgorzej rozwiązanych problemów przez wysokie cywilizacje starożytne? Zawsze coś kopciło i na przykład wspaniałe wille rzymskie przypominały po nocnej uczcie kurną chatę. Mury były zakopcone i specjalni niewolnicy musieli je za każdym razem czyścić. Tadziu, czy rozumiesz nareszcie, jaka jest różnica między kulturą i cywilizacją?

— Zaraz zobaczysz, że zrozumiałem.

Wieczór jest mglisty i wilgotny. Z jesiennych, podstarzałych i przenoszonych liści kasztanów spada od czasu do czasu kropla mgły i wygrywa jesienny tam-tam na bębnie namiotu. Zimno i smutno. Ubieramy się ciepło i idziemy do miasta na gorące wino. Przed wyjściem zachodzę do dozorcy i mówię mu, że wychodzimy na chwilę i żeby furtki nie zamykał. Tadzio kłania się i mówi już z góry „merci mesie". Potem mruga do mnie: „To jest kultura, co?" — „A żebyś wiedział". Przydrożne bistro jest puste i ciemnawe, butelki na półkach i na kontuarze, za nim gruby patron przelewający coś przez lejek. Wnętrze pracowni średniowiecznego alchemika. Cisza, nikły dźwięk potrącanego szkła. Słychać, jak kot siedzący na ławce drapie się szybko w tempie motorka dwutaktowego. Zapuszcza i gaśnie. Pijemy rum, bo wino chciał nam dać z sachaaryną. Tam, za ciemnymi oknami, nie ma nic. Bistro w zaświatach, pośmiertna karczma. Wilgotny papieros spala się wewnątrz tutki „krytym" ogniem. Płacimy. Skrzypnęła furtka, patron wychylił się z okna. — *Qui est là?*[1] — *C'est nous.* — *Ah, bien, bien. On aura la pluie cette nuit*[2]. Zapalamy światło, Tadzio otwiera puszkę fasoli i puszkę mięsa, bierze latarkę, wychodzi. Słyszę, jak otwiera klapę śmietnika i wrzuca puste puszki. Wraca i wczołguje się do namiotu. „To jest kultura, co?". Śmieję się. „Widzisz, że zrozumiałem". Po kolacji idziemy się myć. Układamy się do snu. W tym momencie w dach namiotu zaczyna bębnić deszcz. Najpierw kilka mocnych uderzeń — bum, bum, bum — potem cała orkiestra. Maszeruje jesień w takt. Pierwszy raz od szóstego września deszcz. Zapomnieliśmy, że istnieje takie zjawisko atmosferyczne.

— Tadziu, czy śpisz już?

— Nie, a co?

— Tadziu, pamiętasz, jak pytałeś mnie tam, w Gruissan jeszcze, co to się faktycznie robi na tym świecie?

— Pamiętam, a co?

— Tadziu, ten świat rzucił hasło, ale coraz mniej ludzi zna odzew. Ten świat rzucił hasło cywilizacji, ale nie uczy ludzi odzewu kultury. Pobudował i chce pobudować takie ogrody z elektrycznym oświetleniem, ale nie uczy ludzi nic poza tym, nie uczy poszanowania niczego. Czy rozumiesz mnie?

---

[1] Kto tam?

[2] To my. — Aha, to w porządku. W nocy będzie padało.

— Jeszcze jak. I wszystkich „cieciów" jeszcze po mordzie okładają. Nie bój się, rozumiem... Żeby nam tylko nie ciekło w nocy...

Deszcz bębni raz mocniej, raz słabiej, czasem z drzewa spadnie większa kropla i stuknie głośno. Jesień — i o niej zapomnieliśmy tam, na południu.

Stajnia w Châlons, 25.9.1940

Całą noc lał deszcz. Budziłem się kilka razy, badałem, czy gdzieś nie kapie, a po upewnieniu się, że jest sucho i namiot trzyma, usypiałem z powrotem. Rano deszcz nie ustał. Siekł zawzięcie i uporczywie. Zjedliśmy po kawałku czekolady, wypalili po papierosie i znowu usypiamy. Tak wspaniale usypia się, gdy deszcz bębni po dachu, jest ciepło pod kocem, oczy zamkną się i myśl piąta bez sensu, niknie, powraca, ucieka. Po raz drugi obudziliśmy się koło dziesiątej. Leje beznadziejnie. Jemy śniadanie „w łóżku". Jak jechać? Tadzio w ogóle nie podtrzymał dyskusji na ten temat, odwrócił się i usnął. Ja wyciągnąłem z plecaka zeszyt i pisałem. Po jedenastej przyszedł nasz student z wizytą, zmoczony i zachlapany. Zapytał nas, czy nam czego nie potrzeba i zaprosił na kolację, jeżeli nie mamy zamiaru dziś wyjeżdżać. „Moi rodzice będą radzi panów poznać". Obiecał zaglądnąć po południu. W południe zalewamy się winem i jemy z nudów. Deszcz pada, zerwał się wiatr i zrobiło się jeszcze zimniej. Tadzio ziewnął, zwinął się w kłębek i usnął. Ja pisałem dalej. Namiot nie przepuszcza ani kropli wody — mamy czas. Nagle Tadzio zerwał się, usiadł i zdecydował stanowczo: „Ciach Mańkie w piach — płyniem dalej". Złożyłem zeszyt i zaczęliśmy się zastanawiać, jak się ubrać i jak ruszyć się z miejsca. Tak czy tak przemoczy nas do nitki. Pomimo zimna zdecydowaliśmy się na szorty i koszulki, na to swetry, na to nieprzemakalne wiatrówki. Upakowaliśmy wszystko w namiocie, przenieśli rzeczy i rowery do fermy, zwinęli namiot i kończyliśmy już pakować w stodole. Deszcz lał. Tadzio plugawie klął. Koło drugiej wytoczyliśmy się na szosę. Całe Bourg wyglądało jak brudne podwórko w dzień deszczowy. Na ulicach błoto, rynsztoki wylały szeroko, ludzie chodzą chyłkiem. Za miastem wzięliśmy ostre tempo, żeby się rozgrzać. Deszcz zrobił się rzadszy, nogi mamy zachlapane błotem aż do pasa. Kręcimy ostro — chcemy jeszcze dziś dopaść do Châlons i przejechać linię demarkacyjną. Puszczą czy nie puszczą? Niemcy! Tadzio powiada: „Przez cały rok przed nimi uciekałem, a teraz sam do nich jadę". Jesteśmy obydwaj zdenerwowani. Tempo tak wariackie, że już o piątej wjeżdżamy do Châlons, a raczej na przedmieście. *Zone libre*[1] przedzielona tu jest od *Zone occupée*[2] Saoną. Posterunki niemieckie stoją przy wjeździe na most, zamknięty barierą. Serce bije mi szybko. Podjeżdżamy pędem i nagle hamujemy. Niemal opieram się o szeroką zielonkawoszarą pierś, przykrytą ciężkim hełmem. Nogi w saperkach rozstawione w ciężkim rozkroku rzymskiego legionisty. Pierwszy raz widzę ich „po tym". Ten żołnierz przede mną wydaje mi się zjawiskiem,

---

1 Strefa wolna.
2 Strefy okupowanej.

potężnym i mocnym. Wyciągam mój *sauf-conduit*[1] i pokazuję. Patrzy, patrzy — machnął ręką i szczeknął krótko jak zamek przy karabinie: „*Nein!*"[2]. — „*Non*", dodał po francusku. — *Warum?*[3] — zapytuję. A potem szybko, w duchu, mówię sobie „dajmonijé". Przecież „dlaczego" to słowo z tamtego świata, z tamtej epoki, słowo przekreślone. Tu już nie wolno się pytać; tu wolno tylko słuchać. Żołnierz nie jest przygotowany na takie pytanie.

— *Haben Sie so einen Ausweis?*[4] — i pokazuje mi przepustkę jakiegoś Francuza, wydaną przez Komendanturę w Châlons. Próbuję tłumaczyć, że moja przepustka jest tak samo ważna. Ze ściśniętego gardła coraz łatwiej wychodzą niemieckie słowa i zdania. „Minna von Barnhelm" byłaby dumna... Ale głos zabrał z kolei Tadzio i nie dał mi skończyć. Machnął ręką i mówi po polsku, wprost, na głos: „Co będziesz z takim opiłkiem (?) gadał. Idź poszprechać do szarży — tu jest jakiś gifrajter, ten ze sztykiem przy boku".

Gifrajter spojrzał i szczeknął krótko:

— *Morgen, kommen Sie morgen früh. Heute ist's zu spät!*[5]

Zajechaliśmy przed barierę spoceni i zmoczeni. Teraz dzwonimy zębami z zimna. Zawracamy i mijamy barierę francuską. Stoi tu żandarm i śmieje się do nas.

— Nie puścili was, poczekajcie, dzisiaj deszcz, to nie puszczają. Może jutro będzie słońce, to was puszczą. Raz puszczają, raz nie puszczają — *on sait jamais de quoi ça dépend; de l'humeur des officiers sans doute...*[6] A tu obok jest stajnia, to możecie tam zamieszkać i poczekać na zmianę humoru. Tam już jest kilku takich jak wy.

Prowadzi nas do stajni, odsuwa drzwi i krzyczy wesoło:

— *Messieurs, je vous présente les nouveaux locataires!*[7]

Towarzystwo w stajni robi tusz scyzorykami po puszkach od konserw i chórem buczy *salut, camarades*[8]. Podchodzą, witają się, ściskają „grabę", jak starzy koledzy. Wskazują wolne miejsca na słomie: „A wasze rzeczy powieście na hakach, bo w nocy szczury wam wszystko zeżrą".

Kilku zdemobilizowanych żołnierzy, jakiś młody chłopak o piskliwym głosie, naiwnym i wesołym. Żandarm udziela im informacji, kogo dzisiaj puścili, kogo nie puścili i dlaczego — „o, tych dwóch Polaków nie puścili, bo oni Polaków nie lubią". Wszyscy wypytują się nas, co nam odpowiedzieli i każdy z nich, na podstawie naszego wypadku, wysuwa wnioski i widoki dla siebie. Jeden czeka tu na jakieś dodatkowe papiery, drugiemu ciocia stara się już o pozwolenie, które ma mu tutaj przysłać, trzeci w ogóle nic nie ma i pięć razy na

---

[1] Przepustkę.
[2] Nie!
[3] Dlaczego?
[4] Ma pan taki dokument?
[5] Jutro, niech pan przyjdzie jutro rano. Dziś już za późno!
[6] Nigdy nie wiadomo, od czego to zależy; zapewne od humoru oficerów...
[7] Panowie, przedstawiam wam nowych lokatorów!
[8] Cześć, towarzysze.

dzień próbuje przejść — aż do skutku; wszyscy coś kombinują, zasięgają rad żandarma, który zamiast siedzieć przy rogatce, ciągle siedzi w stajni i tylko co chwila wyskakuje: „*Il faut que je jette un coup d'œil s'il n'y a pas de clients*"[1]. W sumie wszyscy są rozbawieni; jeden podśpiewuje, trzech bawi się piłką, inni grają w belotte czymś, co było niegdyś kartami. Ktoś wrócił z miasta i zapewnia, że tam i tam jest kiełbasa, a tu, naprzeciwko, są konfitury. Nad wszystkim panuje piskliwy głos młodego chłopaka, praktykanta ślusarskiego (*apprenti*), który bez przerwy plecie głupstwa z poważną miną, wierzy naiwnie we wszystko i chciałby już bardzo być u swojej cioci na rue des Martyrs i zjeść „piękny talerz fasoli" (*un beau plat de haricot*). Od razu przypadliśmy sobie do serca, bo rue des Martyrs to moje *quartier*, a paryskie *quartier*[2] to tak jak osobne miasto. Patriotyzm lokalny przede wszystkim. Już znaleźliśmy wspólne sklepy, już obgadujemy znajomych „episjerów", już obydwaj śmiejemy się z tej przekupki na Saint-Lazare, co to sprzedając kolczaste jeże morskie, drze się na całe gardło: *Allez-y, allez-y, très bon pour la toilette intime! — Tu la connais? — Ah, dis donne...*[3] Widzę mój balkon, tam, wysoko, wśród kominów, jakiś garnek z pękiem anemonów i jasną sukienkę. Siódme niebo. Ściska mnie za grdykę i dusi. *Ah, dis donne... tu sais, Paris...*[4]

Przebieramy się. Wieszamy nasze rzeczy na hakach pod sufitem, przewracamy słomę i zabieramy się do kolacji. Deszcz leje ciągle i zimno jest coraz bardziej przenikliwe. Otwieramy wielką puszkę kapusty kiszonej z kiełbaskami i podgrzewamy. Wino na gorąco. Kapustą podzieliłem się z tym chłopakiem, bo biedak był bez pieniędzy i jadł na kolację suchy chleb. Był wzruszony, a wszyscy orzekli, że jesteśmy świetnie wyekwipowani i że widać, iż znamy się na sporcie. „Jak dłużej z nami pomieszkacie, to zobaczycie, że tu wesoło".

Ta stajnia i bariera niemiecka z ponurymi żołdakami w ciężkich hełmach. Wśród dowcipów i piosenek tych ludzi tutaj tamto jest jak szary mur więzienny. Leżę na słomie owinięty w koc i czuję koło siebie dwa światy. Niemal ręką sięgnąć... I znowu, po raz nie wiem który, myślę o Francji. Pomimo wszystkich zarzutów, które można im robić, jest COŚ w tym narodzie. To jeszcze resztki tego, co było — i to może jest najsmutniejsze. To, co inni przeczuwali, za czym podświadomie tęsknili, Francuzi umieli wcielić i rzucić przed oczy w formie jasnej, zrozumiałej dla KAŻDEGO, życiowej. Nie chcieli „nadludzi" — chcieli człowieka, i może dlatego ich wpływ był tak głęboki, tak ostro przeorał kulturę świata. Potem szli dalej siłą rozpędu. Wojna poprzednia ich wyczerpała. Co dali światu po tamtej wojnie? Już znacznie mniej, niż im się zdawało. Rozkład?

Wszyscy mówią i nikt nie rozumie, dlaczego Niemcy gdzie uderzą, tam zwyciężają. Mówi się o niedołęstwie, o zdradzie, o nieprzygotowaniu; słusznie, ale każdy dziś zapomina, że w swojej krytyce używa złej miary: mierzy wszystko Niemcami. I oczywiście nikt nie może wykazać tu tego samego przygotowania

[1] Muszę rzucić okiem, czy nie ma klientów.
[2] Dzielnica.
[3] Dalej, dalej, świetne do podmywania! — Znasz ją! — Ach, słuchaj...
[4] Ach, słuchaj... wiesz, Paryż...

co oni. Wszyscy poddali się sugestii, odwrócili wielkości i jako miarę własnej słabości uważają potęgę Niemiec. Uważa się ich za zjawisko normalne. Ależ Niemcy są zjawiskiem anormalnym, które uderzyło w normalny świat. Normalny świat okazał się zgniły, zdezorganizowany i niedołężny, jak niedołężnym jest człowiek goły, napadnięty przez uzbrojonego pijaka lub szaleńca. Ani Polska, ani Francja, ani Anglia nie mogły im dać rady i nie byłyby im dały rady, gdyby organizacja ich była nawet stokroć lepsza. Bo żeby móc się z nimi zmierzyć i wytrzymać natarcie, zarówno Polska, jak i inne państwa powinny były przestawić się na styl życia równie nienormalny i obłąkany, jaki był w Niemczech; na tę jednokierunkową ideę i podciągnięcie do niej wszystkich innych zagadnień. I od dłuższego czasu. W czasie wojny światowej starł się przeciwnik z przeciwnikiem, dziś zderzyły się dwa światy, dwie religie. Przecież świata Niemiec nie można uważać za normalny, nie można używać go jako miary. Dzisiaj Anglia poradzi sobie z Niemcami dopiero wtedy, gdy sama przejmie ich metody i sposoby, a może częściowo i światopogląd. Napoleon... I jestem prawie pewny, że choć Niemcy przegrają tę wojnę, to wiele idei z ich koncepcji świata, koncepcji ekonomicznych i społecznych wsiąknie w całą Europę, jak wsiąkły koncepcje napoleońskie, rozniesione JEGO wojną. Widzę dziś zupełnie jasno, że świat nie mógł pobić Niemców, bo po prostu był tym innym, starym światem WOLNOŚCI. Świat wolności, praw wolności — nieraz także okrutnych — nie mógł się oprzeć dobrze zorganizowanemu niewolnikowi. Usprawiedliwiam ten stary świat właśnie tu, na słomie, w tej brudnej stajni, bo słucham piosenek i dowcipów, które zrodzić mogła jedynie wolność i słowa, i myśli, i opinii, brak dyscypliny, brak karności i samozaparcia. Płacimy za to wszystko, cały świat płaci, bo choć może pozornie, lecz kierował się on ideą człowieka ze skóry i kości, a nie ideą istoty poświęcającej się dla dobra tak zwanych przyszłych pokoleń i wielkości, utopii. Jeżeli nie dawał wolności naprawdę, to dawał jej złudzenie. Ten inny nie daje nawet złudzeń... Kulę się pod kocem, bo nagle z przerażającą jasnością dostrzegam, że Niemcy wywracają wszystkie pojęcia, wszystkie wartości. Dotąd wierzyło się w siłę i w wyższość człowieka wolnego — Niemcy nauczyli nas już, wdeptali w głowę myśl, że zdolnym do prawdziwego wysiłku jest tylko niewolnik; że TYLKO on potrafi naprawdę budować i tworzyć. Niemcy niszczą nas bardziej od wewnątrz niż na zewnątrz. Skutki tego mogą być potworne. I równocześnie, gdy myśl pokrywa się gęsią skórką, nucę wewnątrz walca z „Fausta" Gounoda. Myślami też jestem na pograniczu, w myślach też odczuwam linię demarkacyjną. Aż nagle widzę znowu cienkie, wygolone i rude brwi panny Dory. Sypią się słowa niemieckie, układają w zdania, spadają w takt kropel deszczu za ścianą. Wspomnienia, senne i rozmazane. Sens? Te hełmy? Tam, w dżungli Konga, nad brzegami jakiejś rzeki, Frobenius wspominał dziwną termitierę. Wysoki stożek, nad nim przepiękna kopuła, pocięta korytarzami i arteriami, w których malutkie mrówki poruszały się z rytmicznym dźwiękiem. Cicho i spokojnie. Lecz co cztery tygodnie ten spokój nagle pryskał. Z wewnątrz dolatywały odgłosy jakby eksplozji, głuchych wybuchów. Aż w któryś dzień powierzchnia termitiery była zniszczona, kanały otwarte, i tysiące żółtawych trupów walało się w czerwonej ziemi ruin. Kopuła pękała. W nocy, w świetle lampy, widziało się młodą generację tego samego gatunku termitów, która wyszedłszy z dolnych warstw termitiery, mordowała i niszczyła górę bez reszty. Nocy następnej uprzątała trupy i zwaliska, tworzyła swój ład i znowu następował okres ciszy i spokoju... Dlaczego zaczynał książkę, której tytułu już nie pamiętam, właśnie od tego? *Fräulein Dora – was meinte er?*[1] Fräulein Dora wyciągała z torebki papierosa, słuchała, czy nikt nie idzie, i szybko częstowała mnie. Potem płynął i łamał się chwilami jej zgrzytliwy głos:

– *Als höchste Ordnungsform der Menschen wird heute von den Deutschen der Staat betrachtet. Nach der Hegelschen Philosophie war er der höchste Wert auf Erden und verpflichtete als solcher die Menschen, sich ihm bis zur Aufopferung des Lebens hinzugeben...*[2]

– *Fräulein Dora, diese Wertung ist falsch. Das ist faaaaalsch, das ist ein Wahnsinn!!...*[3]

W ciemnej nocy chlupie deszcz, wiatr rzuca strumieniami wody o ścianę i szarpie drzwiami. Leżę pod kocem skurczony jak gąsienica przebita szpilką i wiję się, nie mogąc usnąć. I tylko ciągle coś tańczy w takt walca z „Fausta".

26.9.1940

Musieliśmy wstać wcześnie, bo zegary po tamtej stronie są posunięte o godzinę naprzód, dostosowane do czasu niemieckiego. Według tego czasu oficerowie „urzędują" na „granicy". Deszcz przestał padać, ale dzień jest ponury i zimny. Gotujemy kawę, dożywiamy młodego chłopca. Potem pakujemy się. Pomimo zimna postanawiamy zostać w szortach, bo wygodniej się jedzie. Koło dziewiątej jesteśmy gotowi i ruszamy do odległej o czterdzieści metrów bariery niemieckiej. Nasi towarzysze stoją na progu w komplecie i żegnają nas okolicznościowym *bon passage*[4]. Są tak samo podnieceni jak my. Czy nas puszczą, czy znowu do nich wrócimy. Jestem zdenerwowany i odczuwam coś w rodzaju zgagi; także wstręt. Chciałbym mieć to już jak najprędzej poza sobą. Podchodzimy do bariery.

Stoi tu trzech oficerów w szarych płaszczach skórzanych, w rękawiczkach. Przechodzących obsługują żołnierze i podoficer i tylko wypadki wątpliwe rozstrzygają oficerowie. Pokazujemy podoficerowi nasze dowody osobiste francuskie i *sauf-conduit*[5]; patrzy, zabiera nasze papiery i salutując, podaje oficerowi. Dwaj inni też zainteresowali się i otaczają nas. Oficer czyta i mówi łamaną francuszczyzną:

---

[1] Panno Doro – co on miał na myśli?

[2] Niemcy za najwyższą formę ustroju ludzi uważają dziś państwo. Według filozofii Hegla państwo jest najwyższą wartością na ziemi i tym samym zobowiązuje ludzi, by mu poświęcili wszystko, aż po ofiarę życia...

[3] Panno Doro, to mylna ocena. To błąąąd, to absurd!!...

[4] Powodzenia przy przejściu.

[5] Przepustkę.

— *Vous êtes réfugies?*[1] — Czyta dane w mojej *carte d'identité*[2] i nagle uśmiecha się. — *Wo sind Sie geboren?*[3] — pyta nagle po niemiecku. Jestem straszliwie zdenerwowany i zupełnie odruchowo odpowiadam po niemiecku. Odpowiadam — też zupełnie machinalnie, w ogóle o tym nie myśląc, starym dowcipem:

— *In Wien bei Wiener-Neustadt!*[4]

Mam poważną minę i od razu zaciskam zęby. Oficerowie wybuchają niemieckim śmiechem, takim piwnym i ciężkim. Ha, ha, ha...

— *In Wiener-Neustadt bei Wien*[5] — poprawia mnie — ha, ha, ha — *Anton, er ist doch dein Landsmann...*[6]

Anton ma szczupłą twarz i uśmiecha się kwaśno. Ten Austriak odczuwa to pewnie jako złośliwość ze strony tego Niemca. Taki żarcik, przytyk. Rozmowa towarzyska. Jakim sposobem jestem Polakiem? Objaśniam krótko i węzłowato. Niemiec bierze mi z rąk portfel i zaczyna z niego wszystko wyciągać i przeglądać. Trafia na fotografię ojca w mundurze, jeszcze w stopniu pułkownika. Pokazuje ją tamtym i jest zachwycony: *Was für ein netter Kerl...*[7] Pięści same zaciskają mi się i przełykam dużo śliny. Dalsza rozmowa. Skąd jedziemy, jak długo. Teraz śmieją się z uznaniem na wzmiankę o naszej trasie. Pytają, co mamy w naszych tobołach, czy nie mamy broni i obcych walut. Mój zeszyt jest na dnie, w plecaku. Robię ruch, jakbym chciał od razu rozpakowywać wszystkie bety. *Nein, nein — na, fahren Sie weiter*[8]. Myślałem, że to już koniec, i wyciągam rękę po nasze papiery. Ale on oddaje je podoficerowi i ten prowadzi nas do małego baraku na drugim końcu mostu. Milczymy i pomimo obawy zaczynam sobie przypominać ten wierszyk Heinego do celników. Najgorsze przewożę w głowie...

— *Warten Sie ein Moment*[9].

Czekamy. Opieramy rowery o ścianę baraku. Po chwili podoficer wpuszcza nas do środka. Czego oni jeszcze chcą? Wchodzimy. Tadzio najbezczelniej w świecie, trochę bełkocąc, mówi „Gutwmorde" i kłania się. Potem trąca mnie i ledwo dosłyszalnym szeptem: „Rany Chrystusa — Giestapo". Przy stoliku siedzi dwóch wojskowych. Odpowiedzieli *przyjaźnie Gutmorgen*[10]. Oni trzymają w rękach nasze dokumenty i czytają. Potem otwierają grubą księgę — dostrzegamy spisy nazwisk. Drukowane — a jakże — *Ordnung muss sein*[11]. Jeżdżą paluchami po stronicach. Coś poszeptali między sobą. Oddają nam nasze papiery.

---

[1] Jesteście uchodźcami?
[2] Dowodzie osobistym.
[3] Gdzie się pan urodził?
[4] W Wiedniu pod Wiener-Neustadt!
[5] W Wiener-Neustadt pod Wiedniem.
[6] Anton, przecież to twój ziomek...
[7] Co za sympatyczny facet...
[8] Nie, nie — no, niech pan jedzie.
[9] Niech panowie zaczekają.
[10] Dzień dobry.
[11] Porządek musi być.

— *Na, da könnt Ihr weiter fahren. Warum gehen Sie nach Paris zurück?*[1]

Tłumaczę, że mam tam żonę, że zostawiłem ją bez środków do życia i że już cztery miesiące jej nie widziałem. Jeden z nich uśmiecha się melancholijnie:

— Ja nie widziałem już mojej żony od trzynastu miesięcy — *verstehen Sie*[2] — od trzynastu miesięcy…

Mam głupią minę. Czeka mnie jeszcze większa niespodzianka.

— Jeżeli chcecie jechać pociągiem, to idźcie na dworzec w Châlons. O jedenastej odchodzi pociąg do Paryża.

— Dziękuję bardzo; pojedziemy dalej na rowerach. Jeszcze tylko trzysta kilometrów — to już niewiele…

Uśmiechnął się filuternie.

— *Sagt doch besser dass Ihr kein Geld habt um Buch die Eisenbahnkarte zu kaufen…*[3] No, macie tu dziesięć marek — i wyciąga z portfelu pieniądze. Gdyby sięgnął po pistolet leżący na stole, byłbym mniej zaskoczony. Głupia sytuacja, beznadziejna.

— Nie, dziękuję, nie mogę tego przyjąć. Jeszcze mamy pieniądze, ale CHCEMY dalej jechać na rowerach. Mamy już tysiąc trzysta kilometrów za sobą i to byłoby niesportowo teraz koleją… — tłumaczę gorączkowo.

— *Machen Sie doch keine G'schichten*[4] (raz mówi per *Sie*, raz per *Ihr*[5], zwykle gdy patrzy na Tadzia). — Odeśle mi pan te pieniądze z Paryża. Ja je panu pożyczam.

— Nie, naprawdę bardzo dziękuję. Musi pan nas zrozumieć. To nie jest sportowo po tysiąc trzystu kilometrach ładować się do pociągu — *besonders dass wir weder krank noch müde sind…*[6]

Schował ze śmiechem dziesięć marek i wyszli za nami przed barak. Obmacali rowery z szacunkiem. Zaimponowałem im. Przyglądają się, jak ruszamy z miejsca. Robimy to szybko i składnie. Wjechaliśmy do Châlons. Tadzio oglądnął się i stwierdził:

— A to ci słodki cukierek, kopany w pysk. Co im się stało?

— Propaganda. Mydlą oczy. Chodzi o to, żebyśmy opowiadali w Paryżu, jacy oni są mili i jak idą na rękę. Każdy Francuz dałby się na to złapać — ale po co ta zabawa z nami? Przecież dobrze wiedział, że jesteśmy Polakami. Nie rozumiem.

Wjeżdżamy w ulicę, przy której jest Komendantura. Trzeba zatrzymać się i poczekać, bo właśnie rozpoczyna się zmiana warty, uroczysta, całym plutonem. Żołnierze wychodzą z wartowni, stają w szeregu, oddziela się od nich malutki podoficer. Francuskie określenie mówi o takich, że są tak mali, iż pierdząc, podrywają kurz z ziemi. Komenderuje; wyszczekuje krótkie słowa, żołnierze są jak automaty. Potem krótki marsz krokiem defiladowym. Podkute

---

1 No, możecie jechać. Dlaczego panowie wracają do Paryża?
2 Rozumie pan.
3 Powiedzcie raczej, że nie macie pieniędzy na bilet kolejowy…
4 Niech pan nie robi ceremonii.
5 Per pan, per wy.
6 Zwłaszcza że nie jesteśmy chorzy ani zmęczeni…

buty walą w bruk, na przedzie mały podoficer. Przy każdym zadartym kroku hełm kiwa mu się na głowie jak naparstek wsadzony na zapałkę. Łup, łup, łup — walą podkute buty w bruk tej francuskiej (chyba ktoś przekłuwa mi serce igłą) mieściny, aż echo odzywa się wśród murów starych domów. — *Halt!*[1] Cisza. I znowu marsz. Jest taki wiersz Kiplinga — „Buty". Pamiętam, że co kilka zwrotek powtarza się miarowe słowo „buty, buty, buty". Czytałem go raz, teraz słyszę po raz drugi, recytowany wspaniale, w języku zrozumiałym dla każdego, w oryginale, w języku tych najwymowniejszych na świecie butów i w wykonaniu prawdziwych mistrzów. Mogą się wypowiadać, czym chcą; naprawdę, do głębi potrafią siebie wyrazić jedynie stukiem buta, łomotem podkutych saperek. Tu tkwi ich dusza, ta prawdziwa, bez osłonek. Są artystami. 80 milionów najbardziej utalentowanych kompozytorów muzyki butów.

Zasłuchałem się. Tak samo łupią buty w Oslo, w Kopenhadze, w Warszawie, w Brukseli, w Amsterdamie. Dudnią wszędzie. A gdzie jeszcze będą łomotać? W tej chwili walą w stare kamienie Francji. Czy w każdej kostce bruku jest kawałek mojego serca? Teraz naprawdę czuję, jak bardzo ją kocham. Nie chce mi się wierzyć i te buty gniotą mi serce. Zmiana warty skończyła się i jedziemy dalej. Na ulicach pełno żołnierzy. Chodzą, oglądają wystawy, piją piwo. Są doskonale ubrani i czyści. Szeregowcy noszą rękawiczki. Proporcjonalni, wysportowani i dobrze odkarmieni. Cała Europa wierzyła, że w Niemczech głód; śmiano się, że oni „zaczynają wojnę z kartkami żywnościowymi". Teraz wszystkie narody będą jadły na kartki, a oni będą się obżerać. Na murach porozlepiane wielkie afisze z tonącymi okrętami i z tonącym francuskim marynarzem. Napis: „Pamiętaj o Dakarze". Gdybyż można wymazać ten Dakar i wpisać Tulon... Zgrzytam zębami. Wjechaliśmy do innego kraju. To była jednak granica. Pogoda uzupełnia ten nastrój: niebo, pola, domy i mundury — wszystko jest *feldgrau*[2]. Zimno i beznadziejnie szaro.

Przedwczoraj zrobiliśmy 100 km, wczoraj 80, i jesteśmy zmęczeni. Droga znowu górzysta. Atmosfera jest tak ciężka, że marzę o zaszyciu się w słomie, o schowaniu gdzieś w stodole, żeby na chwilę uciec w siebie. Co chwila przelatuje obok nas niemiecki samochód lub motocykl, poza tym pustka i cisza. Przy szosie leżą jeszcze gdzieniegdzie resztki rozbitych samochodów, czasem grób francuski lub niemiecki z powieszonym na krzyżu hełmem. Groby niemieckie są ogrodzone, ładnie utrzymane, do francuskich ludzie boją się pewnie podchodzić. Robią to za nich Niemcy. Widzimy dwóch żołnierzy, którzy ukończywszy majenie swoich nagrobków, zabierają się w skupieniu do Francuza. *Anständige Buben — und so gut erzogen...*[3]

Zmarzliśmy tak, że w jakiejś wiosce idziemy na rum. Wypijamy po kieliszku od wina i wleczemy się dalej. Zimny wicher tnie po gołych nogach. Postanawiamy już nie spać w namiocie. W stodole na fermie będzie wygodniej i cieplej.

---

[1] Stój!

[2] Polna szarość, kolor niemieckich mundurów.

[3] Porządni chłopcy — i tacy dobrze wychowani...

Chciałbym już być w Paryżu, a równocześnie boję się tego powrotu. Wpaść tak nagle już do tego innego Paryża.

Zegarki posunęliśmy o godzinę naprzód i trudno nam się do tego przyzwyczaić. Gwałcenie słońca, które dotąd było naszym panem i władcą. Wreszcie o piątej po południu schodzimy z drogi i idziemy do fermy. Patron jest uprzejmy i chętnie pozwala nam się rozłożyć w pustej stajni. Zmarznięci i głodni mościmy się na kupie słomy, ubierając na siebie wszystkie ciepłe rzeczy. Rozwieszamy mokry namiot. Patron przyszedł do stajni na pogawędkę. Dowiedziałem się od niego, że zarządzono już tutaj spis całego inwentarza żywego i posiadanych zapasów zboża, kartofli, fasoli, grochu itd. Powiedział mi, że podał do spisu tylko połowę, bo „ja dobrze wiem, po co oni to robią". A jak zechcą szukać, to niech szukają... Uśmiecha się chytrze Père Grandet. Na wsi *ça ira*[1], ale w miastach będzie głód. Pod wieczór wyszedł i obiecał nas jutro obudzić. Jemy kolację i zanurzamy się w słomie. Na dworze wilgotno i zimno. Odzwyczailiśmy się od zimna. Oj — południe... Tak tam było dobrze. Rozumiem ludzi, którzy raz poznawszy południową Francję, tęsknią za nią całe życie. Już tęsknię.

27.9.1940

Patron obudził nas wcześnie rano i przyniósł pół wiaderka mleka. Przed śniadaniem poszliśmy do studni umyć się porządnie, bo właściwie ostatni raz myliśmy się pięć dni temu. Dzień zapowiadał się słoneczny i trochę cieplejszy, ale rano wszystko pływało już w jesiennej mgiełce. Gołębie gruchały na mokrym dachu, a patronka głośno wymyślała wielkiemu kotu, który coś tam nabroił w nocy i teraz uprawiał gimnastykę trapezową wśród dzikiego wina nad drzwiami. Potem rozmawiałem z nią o gospodarstwie. Z głupia frant pytała mnie, czy nie mam srebrnych 10- i 20-frankówek, bo ona to „zbiera". Numizmatyka kwitnie na francuskiej wsi, jak zwykle. Powiedziałem, że nie mam. Pewne prawa ekonomiczne, jeżeli w ekonomii w ogóle można mówić o jakichś „prawach" (jest to chyba nauka najbardziej zbliżona do meteorologii: będzie pogoda, ale może padać deszcz), będą zawsze istnieć, wbrew wszystkim „ekonomiom planowanym", „zamkniętym obiegom pieniądza" i bardzo ciekawym studiom Piersona, Misesa i Barone'a. W żadnym równaniu Barone'a (ministerstwo produkcji w państwie kolektywistycznym) nie znalazłem śladu Ojca Grandet. Lipiński miał zupełną rację, gdy w swych wspaniałych wykładach mówił, że ekonomii należy uczyć się TAKŻE z Balzaca. Jestem ciekawy, czy dojdzie we Francji do inflacji. Jeden dzień utrzymania armii okupacyjnej kosztuje Francuzów 400 milionów franków, to znaczy 12 miliardów miesięcznie, 144 miliardy rocznie. (Tak mi mówili po drodze). Ażeby temu podołać, produkcja franków będzie musiała wzrosnąć. Ojciec Grandet „zbiera" wobec tego srebro. Potem przerzuci się na dolary i złoto; na Ludwiki. Rozmawiając z patronem, dowiedziałem się także, że za kilka dni mają mu przydzielić do roboty jeńców

---

[1] Jakoś będzie.

– francuskich. Niemcy wzięli do niewoli około dwóch milionów Francuzów (trudno mi w to uwierzyć). Część tych jeńców przebywa w obozach, we Francji. Żeby pozbyć się kłopotów z wyżywieniem ich, rozlokowaniem na zimę itd. – Niemcy przydzielają ich francuskim farmerom do roboty. Jeniec francuski będzie pracował u Francuza, który osobiście odpowiada za tego jeńca. Mój patron skrobał się w głowę, krzywił i stwierdził, że nie może sobie tego wyobrazić: „Ja Francuz, też byłem w wojsku, i tylko dlatego nie jestem jeńcem, że dobrze uciekałem, mam rozkazywać i traktować jak robotnika jeńca, też Francuza. Nie mam prawa mu płacić, bo to jeniec, a jak nie zechce mi nic robić, to trudno go pędzić lub skarżyć się na niego, bo to Francuz. Jeść muszę mu dać, bo to jeniec, przydzielony przez Komendanturę, a jak mi ucieknie do domu, to ja za to odpowiadam". Istotnie – sytuacja kłopotliwa. Nieraz wydaje mi się, że Francuzi nie tylko nie chcieli się bić, ale nie chciało im się nawet uciekać. Po śniadaniu pakujemy się i jedziemy dalej. Dzień jest słoneczny, ale chłodny.

W jakimś miasteczku zatrzymujemy się, żeby kupić mięsa na wieczór. Wchodzę do sklepiku, dostaję ładne kotlety i płacę 100-frankówką. Patronka grzebie w kasie i wydaje mi resztę markami, które wyciąga z szuflady przy pomocy wielkich pęsetek. Poczułem, że coś w mgnieniu oka wezbrało we mnie i wybuchnęło dzikim śmiechem. A ona zaperzyła się:

– Ja mam brać TO w rękę? To jest pieniądz – i potrząsa frankami. Te bilety wizytowe tych *messieurs en gris moisi*[1], którzy przyszli nas odwiedzić, to nie jest żaden pieniądz!

Wsadziłem do kieszeni trzy marki (60 franków) z mocnym postanowieniem pozbycia się ich przy najbliższej sposobności. W tych pęsetkach odezwała się Francja, ta moja. Tej patronce powinni dać kiedyś Legię Honorową – jej jako pierwszej. Opowiadam o tym Tadziowi. Zaczyna z miejsca śpiewać: „Bo to się zwykle tak zaczyna...". Tak – zaczyna się od tego.

Wszędzie po wsiach kwaterują oddziały niemieckie. Samochody i motocykle ryczą na szosach. Pomimo ich całej siły to wojsko robi na mnie wrażenie czegoś tandetnego, jak norymberskie zabawki. Uczucie zupełnie niedorzeczne i niemożliwe do umotywowania. Jest coś blaszano-tandetnego w tej armii. To samo zauważa Tadzio, zupełnie niezależnie ode mnie. Może to po prostu instynkt samozachowawczy – takie pęsetki. Nie można inaczej, to chociaż tak. Teraz... Wszędzie obowiązują już kartki żywnościowe i szczególniej o chleb i ser muszę toczyć długie boje. Oczywiście zawsze dostaję bez kartek. Ustosunkowanie się ludzi do Niemców jest milcząco-niewyraźnie-nieprzychylne. Chociaż jedna sklepikarka powiedziała mi otwarcie, że jeżeli chodzi o wojsko, to woli wojsko niemieckie: „Nasi, cofając się, rabowali sklepy i bistra, bili ludzi, gdy sprzeciwiali się rozbojowi. Niemcy mogli wszystko brać; ale chociaż byli tacy, co chcieli im dawać za darmo, oni odmawiali i zawsze płacili. *Ils sont gentils, on peut rien dire...*"[2]. Powiedziałem jej, że porozmawiamy, jak zaczną

---

[1] Panów w zgniłoszarych mundurach.

[2] Są grzeczni, nie można powiedzieć...

się wycofywać Niemcy... Okolica staje się coraz mniej ciekawa i monotonna. O naszej podróży myślimy już jak o czymś, co minęło. W jednej wsi stoi kawaleria niemiecka, w innej czołgi — wszędzie ich pełno. Poznajdowali już sobie dziewczęta i chodzą z nimi po drodze. Tadzio, co zobaczy taką parkę, wymyśla na głos, mijając ich: „Ach, ty flondro zakatarzona, chodź tak, chodź, to zajdziesz... Podbije cię pod pierwsze piętro...".

Żeby choć w jakiś sposób można myśleć o przyszłości, wysnuć jakieś przypuszczenia — nic, nic i nic. Myśleć o przeszłości? Nie ma sensu. Myśleć o jutrze? Czym? Kategoriami wczorajszymi? Nonsens. Pozostaje jedynie chwila obecna. Jeszcze bardziej uprościć swój system myślenia i starać się żyć — wyżyć i przeżyć. A czego się dożyje? Nie wiadomo.

Droga znowu jest górzysta. Idziemy często na piechotę, bo nogi zmęczone. Nie pomagają już nawet klipsy przy pedałach. Podchodząc, gadamy. Rozważamy dalsze możliwości życia w Paryżu. Jakoś trzeba będzie sobie radzić. Tyle razy stawałem już przed pytaniem „co dalej?" i tyle razy nic przed sobą nie widziałem, że w końcu przyzwyczaiłem się; nie nadwerężam się nerwowo i — gwizdam. Nagle dostrzegamy na szosie motocyklistów pilnujących stojącego dalej samochodu. Posterunki nas zatrzymują. Stoimy. Maska samochodu jest podniesiona i dwóch żołnierzy coś naprawia. Brzegiem szosy przechadza się jakieś grube indywiduum w jasnym płaszczu, otoczone kilkoma oficerami. Patrzę, patrzę, z kieszonki plecaka wyciągam okulary, nakładam i oczom nie wierzę. Tam, o sto metrów dalej, przechadza się ze świtą sam Göring. Tadzio też patrzy, pochyla się: „Jędruś — niech skonam — Gieryng!". Na pewno. Nie ma żadnej wątpliwości. Tadzio twierdzi, że „horch" nawalił i że ten (tu wiązka epitetów, wobec której Pantagruel i Gargantua byli niedorozwiniętymi dziećmi) czeka, aż naprawią. Próbują — motor zarechotał. Jeden biegnie i melduje. Tymczasem motocykliści każą nam zejść z drogi do rowu. Męczymy się, bo rowery ciężkie. Tadzio klnie na głos. Wróży „Gieryngowi"... Po chwili samochód przejeżdża obok nas, jeszcze nieprędko. Oczywiście Göring. Widzę go przez chwilę o pięć metrów ode mnie. Ubrany inaczej niż reszta. Że też każdy z tych wielkich wodzów musi mieć takiego pajaca. Napoleon miał Murata, ale Murat pochodził z cyrku i trudno mu brać za złe jego strusie pióra, lamparcie skóry i złote lamy. Dziwne jest to obserwowanie, jak w oczach robi się historia. Ile nafabrykuje się jej jeszcze za rok, za dwa, za trzy? Bo wypadki pędzą. Wynalazek motoru spalinowego i wzrost szybkości spowodował także wzrost szybkości zdarzeń. Historia świata przypomina jednoaktówkę filmową, w której amerykański komik zaczyna nagle pędzić, za nim tłum... „Policjant" z Charlie Chaplinem. Minął dopiero rok. Tadzio ciągle pyta się mnie, ile jeszcze. Mówię mu, że to, niestety, dopiero początek — jeszcze ze dwa, trzy lata na pewno. „A kto wygra?" — Twierdzę, że Stalin. On patrzy się na zmagania tych dwóch potęg i gotów być tym trzecim. Tadzio śmieje się i mówi, że żartuję. Trochę tak, trochę nie. Zresztą nie tylko ja tak myślę — mówią to ludzie po fermach i w sklepach. Widocznie w tej chwili jest taka moda. Zmienia się co miesiąc.

Pod wieczór przejeżdżamy przez Avallon. Pełno wojska, siedzą po bistrach i śpiewają swoje „Liedy". Są już także Niemki, pewnie żony oficerów. Przyjechały już. Mijamy takie towarzystwo, wsiadające do samochodu i rozbawione. Czuję teraz wstręt do niemieckiego, choć kiedyś bardzo lubiłem ten język.

Stare francuskie miasteczko z romańskim kościołem i w tym roześmiana *eine blonde Hure*[1], drąca się na cały głos pod reklamą Pernod Fils: *Rudi da musst Du mir aber eine Aufnahme machen!*[2] Poczułem w sobie natychmiast wszystkie skłonności mordercy seksualnego. Co ja bym z nią nie zrobił... Czują się jak u siebie w domu. Tadzio jest nieostrożny, bo na cały głos odpala mowy: „Nie szastać się tu, psiakrew, i jazda do Anglii robić fotografie. Tam was zdejmą, w morde i nożem, wy szwabskie pieńki (?)...".

Kupiłem funt pomidorów i paczkę papierosów i uciekamy z Avallon. Zresztą trzeba poszukać noclegu na jakiejś fermie, bo wieczór zapada znowu zimny i wilgotny. Do Paryża mamy jeszcze 200 km. Pojutrze można by dojechać. Już po zachodzie słońca pytamy w jakiejś wsi o fermę, w której można by się przespać. Gruby patron przydrożnego bistra daje nam adres starej Mère Marie, która „bardzo lubi takich chłopców jak wy i zawsze wszyscy harcerze u niej nocują".

Mère Marie okazała się wesołą starowinką. Od razu po naszym *bon soir*[3] rozświergotała się i rozbawiła. Plotłem głupstwa i dowcipkowałem, ona była zachwycona. Biegała, sama chciała nosić słomę do pokoju, który nam przydzieliła w pustej części jej domu. Dała nam kołdrę i poduszkę, zagrzała mleka. Chwaliła nam się, że w czerwcu spało u niej dwóch generałów, a potem jakiś dyrektor wielkiego przedsiębiorstwa z całym sztabem sekretarek i stenotypistek. Chichotała figlarnie: „*Vous savez*, spali wszyscy razem, *le directeur et les belles filles de Paris*[4]. Szkoda, że was wtedy nie było...", i cmoka. Obejmuję ją i klepię po ramieniu. Starowinka ma widać taką manię, żeby wszyscy u niej spali. Cała była jak echo tej dawnej Francji Anatola France'a i Daudeta. Poprosiliśmy o wiadro wody. Nie pozwoliła nam go przynieść. Popędziła do studni kudłatego i brudnego Paulota. „To MÓJ jeniec, nasz jeniec, którego mi dali do roboty. On z Paryża — wielki leń i nic nie chce robić; oni wszyscy z Paryża tacy. Biedny chłopak, ale ja go nauczę pracować. Po co macie sami nosić wodę? Cały dzień *il fume ses sales cigarettes et siffle ses chansons de Paris...*"[5]. Dałem temu Paulot kilka papierosów. Przyznał mi się, że Mère Marie go gania. W Paryżu był od dziesięciu lat bezrobotnym. Pytam go się, jaki jest jego zawód. Okazuje się, że ma fach bardzo specjalny: wiertacz pereł. Taki, co robi w perłach dziurki. Handel perłami bardzo osłabł, więc nie mógł znaleźć pracy w tym tak specjalnym zawodzie. I wolał czekać dziesięć lat niż nauczyć się jakiegoś innego zawodu. Oni tacy są. Jeżeli jego zawód jest wbijacz gwoździ, to już za nic na świecie nie podejmie się ich wyciągania, choćby przez całe życie miał być bezrobotnym.

---

[1] Jasnowłosa dziwka.
[2] Rudi, musisz mi tu zrobić zdjęcie!
[3] Dobry wieczór.
[4] Wiecie [...], dyrektor i piękne panienki z Paryża.
[5] Pali śmierdzące papierosy i gwiżdże paryskie piosenki.

Bo wyciąganie gwoździ to nie jego *métier*[1]. Ale Paulot już dość wprawnie czyści konie, rozwozi gnój i pędza krowy. Tadzio też daje mu papierosów i klepie po plecach: „Ucz się, kataniku, ucz. Jeszcze będą z ciebie ludzie, ty oberżłobie". Gotujemy kolację w „naszym" pokoju i kładziemy się spać.

28.9.1940

Wstaliśmy rano i cieszymy się, bo jest słońce. Ciepło nie jest, ale można wytrzymać. Mère Marie dała nam trzy litry mleka i siedzi z nami przy śniadaniu. Świergota od samego rana jak wróble na podwórzu. Postać z powieści. Jest tak skończona i doskonała w swoim rodzaju jak fuga Bacha. Ruszamy dalej. Mère Marie całuje nas w czoło, my ją w rękę, co wprawia ją w trans. Biegnie do ogródka, zrywa astry i obdarza nas bukiecikiem. *C'est pour votre femme – ne les perdez pas*...[2] Tadzio żegna się z kudłatym Paulot: „Salut, ty pastuszku betlejemski, salut". Paulot uśmiecha się kordialnie. Okolica jest nudna, ale jest płasko i jedziemy, nie męcząc się zbytnio. Koło południa niebo zaciągnęło się chmurami i zaczął popadywać deszcz. Już taki jesienny kapuśniaczek, francuska *bruine*[3], mocząca subtelnie i dokładnie. Zimno i ponuro. Mijamy jakieś lotnisko – leżą na nim jeszcze francuskie myśliwce (wyglądają na bristole), na wpół popalone. Deszcz zaczyna tak padać, że musimy się przebrać i upakować nasze rzeczy inaczej. Wchodzimy do przydrożnej fermy i chronimy się w wozowni. Wyszła do nas jakaś starucha z laską, złośliwa i zrzędząca. Przeciwieństwo zupełne Mère Marie. Bardzo niechętnie zgadza się na nasz krótki postój pod dachem wozowni, coś mamrota i pilnuje nas cały czas. Tadzio powiada, że chętnie „wyrżnąłby tę zgniłą trumnę w papugie", ale boi się, że byłoby za wiele pyłu. Wyobrażam sobie, jak ta stara tyranizuje resztę rodziny, która czeka tylko na jej śmierć, żeby zagarnąć spadek. Co kilka słów postukuje laską w ziemię, niespokojnie kręci i świdruje małymi oczkami. Jestem pewny, że ona wszystko widzi: nawet to, co się dzieje poza nią. Skondensowana złośliwość i podejrzliwość w pokurczonym, starczym ciele. Tadzio przebiera się i przepakowuje, podtrzymując cały czas rozmowę ze starą. „No i co się tak patrzysz, ty cytryno – nic ci nie podjedziem z tej twojej parszywej hacjendy. A stukaj, Jagusiu, laską, to ci śmierć kosą postuka. Co? Koca pani szanowna nie widziała, czy co? To nasz, nie twój – ty stara mazepo...". A stara znowu coś tam do niego. Widząc, że już kończymy i mamy zamiar jechać dalej, zaszła nam od tyłu i zaczęła poganiać laską. Tego mi już było za wiele i huknąłem z szlachecka w argot: *F... moi la paix, vieille crécelle, sommes pas des valeurs... Merde!*[4] I usiadłem na dyszlu, wyciągając papierosy. Uspokoiła się i odeszła w kąt. Tadzio wygłosił też dłuższe przemówienie po polsku i zapalił papierosa. Deszcz trochę ustał, stara kręciła się niespokojnie. Wytoczyliśmy się na szosę.

---

[1] Zawód.

[2] To dla pańskiej żony – niech go pan nie zgubi...

[3] Mżawka.

[4] Odp... się, stara wiedźmo, nie jesteśmy złodziejami... Cholera!

Wjeżdżamy do Auxerre. Deszcz znowu zaczął lać i niebo tak jest zaciągnięte czarnymi chmurami, że w mieście panuje półmrok. Na ulicach nie ma nikogo – pustka zupełna. Chcę kupić zapałek i chleba. Ale zapałek nigdzie nie ma. Biegam zmoczony od bistra do bistra; już od trzech tygodni zabrakło zapałek. Wchodzę do piekarni. Patronka, młoda i ładna, nie chce mi sprzedać chleba bez kartek. Tłumaczę jej, proszę, mówię, że wracamy do Paryża i jesteśmy głodni. Nic nie pomaga. Widzę, że chciałaby mi ten chleb sprzedać, ale się boi. Drży cała i bliska jest płaczu: *Chaque soir ILS me comptent les tickets*[1] – nie mogę panu sprzedać nawet grama bez kartek... Po szybach wystawowych piekarni płynie woda jak z przelewającego się wiadra, rynny dzwonią i zachłystują się. Stoję i już nic nie mówię. Milczę. Cisza. I nagle kobieta rozpłakała się na głos, skoczyła do półki, porwała wielki chleb, podbiegła do mnie. Objęła mnie jedną ręką, przytuliła głowę do ramienia i łkała przeraźliwie, drugą ręką wpychając mi chleb. Szlochając, krzyczała prawie. Urywane i wydzierane poprzez płacz słowa: *Prenez, mangez... vous êtes jeune...*[2] Zaczęła grozić pięścią w stronę ulicy *...tant pis... j'ai pas peur... ILS... ILS ont défendu de vendre...*[3] W końcu nie mogła nic mówić, zanosząc się od płaczu i tylko czasem wykrztusiła w moją mokrą wiatrówkę „*ILS*", miotana bezsilną złością i buntem. Pogładziłem ją po głowie, powoli odsunąłem i posadziłem na stołku. Usiadła zgięta, z pochyloną głową. Wyszedłem, nic nie mówiąc. Plusk deszczu na ulicy, półmrok piekarni, ten jedynie zrozumiały i wyszarpywany razem ze szlochami wyraz ONI, to wszystko było tak przeraźliwe jak niektóre nowele Maupassanta. Czytałem taką jedną z czasów wojny francusko-pruskiej. Nie pamiętam tytułu ani nawet treści, ale wiem, że przeżyłem coś takiego i że to tak MUSIAŁO być wtedy. Na głowę i na serce zwaliło mi się coś ciężkiego, jakiś olbrzymi szary hełm żelazny. Hełm ICH. Stoimy pod jakimś daszkiem, otoczeni frędzlami wody. Upycham chleb i cały czas słyszę ten płacz i szlochy w chlupocącej pustce deszczowego dnia. Jeszcze ciągle czuję jej twarz na ramieniu i mam ochotę także płakać... Do ogrodu szczęśliwych dzieci, do kupki piasku, na której bawiły się w słońcu, wdarł się wstrętny chłopak, poburzył babki, skopał zamki, nasypał im piasku do drugich śniadań i szarpie za włosy białe dziewczynki i chłopczyków w białych kryzach.

Ulicą wlecze się jakiś staruszek, zgięty i zawinięty w pelerynę z kapturem. Idzie i postukuje laską w bruk chodnika. Wtem z hukiem przeleciał motocykl, rozbił w pył wielką kałużę i zniknął. Woda bluzgnęła na pelerynę. Stary przystanął, przestał stukać laską, wyprostował się i pogroził pięścią, jęcząc coś cicho, jakieś „He.e...ee..ee". I znowu rozpoczął swą wędrówkę na trzech nogach.

Jestem roztrzęsiony, myśli moje są też tylko jakimś „He.e...eee..ee", i mnie udziela się ten milczący strach. Wszystko wokoło drze nerwy i w całym otoczeniu jest coś więcej niż beznadziejność jesiennej ulewy. Przeczekamy deszcz wszystko jedno gdzie, byle nie w tym mieście. Wciągamy kaptury, wiążę swój

---

[1] Co wieczór liczą mi kartki...

[2] Niech pan bierze, niech pan je... jest pan młody.

[3] Mniejsza z tym... ja się nie boję... Oni... Oni zabronili sprzedawać...

starannie i nasuwam na oczy jak końskie klapy; jedziemy, nurkujemy w ulewie. Kilka kilometrów za miastem znajdujemy przy drodze pustą budę — domek dla robotników naprawiających szosy. Włazimy do środka, zapalamy maszynkę i gotujemy litr wina z cukrem i z rodzynkami. To stawia na nogi. Deszcz powoli ustaje i przejaśnia się. Dalej. Okolica płaska. W jakiejś wsi dostałem jeszcze kawałek kiełbasy i puszkę groszku. Pod wieczór mościmy się w stojącej samotnie na polu szopie pełnej słomy. Zostawiam rower i wychodzę do odległej o kilkaset metrów wsi. Tadzio: „A gdzież ty jeszcze idziesz?" — „Pójdę odszukać właściciela tej szopy i zapytam go, czy pozwala, abyśmy tutaj spali". — „Rozumiem, rozumiem...". Patron zgadza się chętnie: „Tylko uważajcie z ogniem". Wieczór jest lodowaty. Krzątam się przy kolacji i gwiżdżę. Nie wiem skąd, zupełnie nagle, przypomniała mi się symfonia Bizeta. Ale nie pamiętam która. Tadzio słucha. „Jędruś, to jest wspaniałe. Co to jest?". Maszynka syczy. „Ile mamy jeszcze do Paryża?" — „Zobaczymy jutro".

Paryż, 29.9.1940

Myli nas ciągle ten niemiecki czas. Rano jest jeszcze szaro, wydaje się, że to dopiero szósta, a to już ósma. W lecie francuskie zegarki posunięte są o godzinę naprzód. Przyszli Niemcy i posunęli jeszcze o godzinę. Zanim ugotowaliśmy śniadanie i upakowali rzeczy, zrobiła się dwunasta. Dzień już tak zimny, choć lekko słoneczny, że chowamy szorty i wkładamy spodnie i swetry. Wyjeżdżamy na szosę i odszukujemy pierwszy słupek kilometrowy. „Paris 135 km". Popatrzyłem na Tadzia. „Finiszujemy?".

— Jak dobrze czknąć, na wieczór można zajechać. Finiszujem!

Droga równa i od razu bierzemy mordercze tempo. Strzałka szybkościomierza chodzi pomiędzy 25–28 km. Gdyby nie obciążenie, byłaby to jazda prawie wyścigowa. Przy takim wysiłku w ogóle przestaje się myśleć. Myśl staje się kilometrami. Na przednim bagażu mam przymocowany zegarek i wpatruję się w niego cały czas. Kręcimy. Wracam, naprawdę wracam. Nie ma we mnie żadnego uczucia obcości, ani przez chwilę nie myślę o tym, że jestem w obcym kraju. Wracam do s i e b i e. Już zupełnie zatarły mi się w pamięci te długie tygodnie włóczęgi po słońcu. Myślę o m o i c h ulicach w Paryżu tak, jak dawniej myślałem o moich ulicach w Krakowie. Co chwila bieli się w dali słupek kilometrowy, zbliża się, już; teraz znowu 100 m, 200 m, 300 m...

Przelatujemy przez Sens. Na szosie zaczynają się ukazywać żółto-czarne tablice i drogowskazy niemieckie. Podawana na nich odległość do leżących po drodze miasteczek jest zawsze o 1 km lub 2 km większa albo mniejsza od takich samych tablic francuskich. Bo ONI zawsze wszystko lepiej wiedzą: nie 45 km, lecz 46 km. *Das ist ja doch ein Unterschied*[1]. Czy oni to powtórnie mierzyli? U nich wszystko możliwe. W każdym razie wszystkie mapy Michelin są na nic. Nazw miasteczek jeszcze nie pozmieniali. Widocznie Francuzom udało

[1] To przecież nie to samo.

się w tym wypadku być dokładnymi, choć nie wiadomo, czy na przykład Melun nie nazywało się za Karola Wielkiego Mehlein... Dochodzi godzina trzecia. Wpadamy do Montereau. Mamy już za sobą prawie 60 km – zostaje nam około 78 do Notre-Dame. Połowa Montereau w gruzach. Niedziela i ludzie chodzą po ulicach. Zaraz za miastem powracamy do poprzedniej szybkości. Zostawiamy Fontainebleau po lewej stronie i rwiemy do Melun. Znowu wsadzam oczy w szybkościomierz i w zegarek, ale czuję już zmęczenie. Ręce drętwieją i bolą plecy. Nie mogę już utrzymać szybkości. Godzina czwarta. Cztery godziny bez wytchnienia. Przed piątą wpadamy do Melun i prawie nie zwalniając, znowu na szosę. Czuć Paryż. Dużo rowerów i tandemy. On, ona i tandem wyjechali na niedzielny spacer. Jak za dawnych czasów. Włażę na tylne koło jednemu z tych małżeńskich rowerów (tandem przypomina mi zawsze francuskie łóżko) i daję się podciągać. Od razu lżej. Ale po dziesięciu kilometrach nie wytrzymuję. Jesteśmy wyczerpani, od przeszło pięciu godzin szatkujemy bez przerwy, bez odpoczynku, bez kęsa jedzenia. Jeszcze 30 km. Obliczam, że możemy chwilę odpocząć. Zjeżdżamy w bok i zeskakujemy z rowerów. Stoimy nie na swoich nogach. Zamieniły się w twarde szczudła. Siedzimy w rowie i dopiero teraz czujemy te 100 km z kawałkiem, przejechane w pięć i pół godziny. Zwalnianie po miastach zabrało nam wiele czasu. Jemy kiełbasę, ser, konfitury i mleko. Do kubka mleka wrzucam mnóstwo cukru. Po szóstej ruszamy dalej; zaczynamy wyścig z nocą. Na drodze dużo rowerów – wszystkie obładowane. Ciągną przyczepki z workami pełnymi kartofli. Jedziemy już wolniej, nogi nie chcą pracować, każdy kilometr trwa wieki. Słońce zachodzi, czerwone i wielkie. Za wszelką cenę musimy zdążyć przed nocą, bo nie mamy światła. Jeszcze raz zrywam ostatkiem sił. Dojeżdżamy. Przydrożne bistra z ogródkami, przed nimi szare samochody i ONI się bawią. Słychać „Liedy". Nad wejściami do ogródków wielkie napisy *Bier*[1]. Ano – Biergarteny pod Paryżem.

Już niedaleko, już nie wolno jechać drogą i musimy zjechać na specjalną dróżkę dla cyklistów. Oczywiście – Tadzio nagle woła: „Jędruś – tył mi nawalił". Właśnie gdy mamy wjechać do lasku Vincennes. Zatrzymujemy się i krótka narada. W tylnym kole Tadzia siedzi mały gwoździk. „Zostawić – podpompuję, a jak puści, to ją znowu ciach...".

Szara godzina. Jestem coraz bardziej niecierpliwy, tęskno mi do domu. Ona od dwóch miesięcy nie wie, co się ze mną dzieje... Jeszcze raz zrywam. Trzeba jechać jak najprędzej, bo guma Tadzia wolno puszcza, a na każde pompowanie traci się kilka cennych minut. Przejeżdżamy most na Marnie, wjeżdżamy do lasku, Paryż. Koło Ogrodu Zoologicznego musimy znowu pompować. Nie jest jeszcze ciemno, ale właściwie trzeba by już jechać ze światłem. Z Zoo dolatuje tutaj ostra woń klatek lwów i tygrysów, krzyczą jakieś ptaki. Jestem zupełnie rozmarzony. Dopadamy do Porte Dorée i pod górę przez avenue Daumesnil. Jestem tak wzruszony, że mam ochotę płakać. Bo już jest „nasza" fontanna, a tu „nasz" hotel, w którym mieszkaliśmy kiedyś. Witam każdy kamyczek,

---

1 Piwo.

każde drzewo. O — tu pierwszego września zeszłego roku wyrwałem chłopcu „Paris-Midi" i przeczytałem, że wybuchła wojna. Geniuszowi na kolumnie na Place Bastille, na poczciwej Bastoche, mam ochotę podać rękę. *Ça va?*[1] Nie — to nie jest obce miasto, ja naprawdę wracam do siebie.

Jest ciemno. Policjanci są bardzo taktowni i nie chcą nas zauważyć. Od razu widać, że to francuscy policjanci, a nie Gestapo poprzebierane w mundury francuskich „flików", jak nas zapewniali na południu. *République.* Na placu jest pusto i jedziemy sobie najspokojniej bez światła. Paryż ciemny, pogrążony w przeciwlotniczych ciemnościach. Zatrzymujemy się na chwilę i zapalamy papierosy. Wjeżdżamy na Bulwary. Kręcimy wolno. Na rogu Bd. Sébastopol policjant już nie wytrzymał:

— *Vos feux, messieurs!*[2]

Zatrzymałem się i pokazując mu żarzącego się papierosa, mówię z uśmiechem:

— *Mais voilà mon feu...*[3]

Zaśmiał się.

— *Je vous demande votre éclairage.*

— *C'est mon seul éclairage*[4], odpowiadam, wymachując papierosem.

Śmieje się i prosi nas, żeby zejść z rowerów. Zapewnia mnie, że w gruncie rzeczy powinien nam kazać zapłacić karę — *c'est plus comme avant — les temps ont changé...*[5] — dodaje melancholijnie. I ja westchnąłem. *Ordnung muss sein.* Jeżeli jeszcze zmuszą ludzi do przechodzenia jezdni pomiędzy gwoździami, to zacznę mówić o końcu świata. Idziemy na piechotę. Już niedaleko. Bulwary... Po brzegach jezdni pełno samochodów, w bulwarowych kawiarniach pełno żołnierzy. Deutsche Wehrmacht kosztuje owoców Paryża. Jest tak ciemno, że idziemy prawie po omacku. Rue Richelieu, rue Laffitte. Po chwili rozpoznaję widma kolumn Notre-Dame de Lorette. Mówię szeptem Tadziowi, że już jesteśmy w domu. Ulice są puste jak jakieś lochy. Serce wali mi tak mocno, że w tej ciszy słyszę wyraźnie każde uderzenie. Gardło mam ściśnięte. Otwieram bramę. Tadzia z rowerami zostawiam na podwórzu i wbiegam na schody. Dzwonię. Otwiera P. Odpycham go i wbiegam do kuchni. Wypowiedziałem tylko jedno imię i wzdłuż całego mnie poczułem ciepło tulącego się ciała, chowającego się w moich ramionach, zapach włosów, wgłębienia oczu pod ustami, smak łez, słony i gorący...

3.10.1940

Paryż jest cichy. Ulicami jeżdżą tylko niemieckie samochody, a poza tym rowery. Rower jest zasadniczym środkiem lokomocji i Paryż zamienił się w Ko-

---

[1] W porządku!

[2] Panowie, światła!

[3] Już daję ognia... (gra słów: *feu* znaczy i ogień, i światła).

[4] Chodzi mi o reflektor. — Nie mam innego oświetlenia.

[5] Już nie jest tak jak dawniej — czasy się zmieniły...

penhagę. Ruch niewielki, wszędzie Niemcy. Żywność na kartki, ale można wytrzymać. W sklepach Niemcy, którzy wykupują resztki tego, co już wykupili w ciągu trzech miesięcy ubiegłych. Wszystko płacą, oczywiście najlegalniej w świecie, okupacyjnymi markami w stosunku 1 marka = 20 franków. I wysyłają *nach Heimat*[1]. Na każdym kroku czuje się, dotyka prawie tego, jak cała Francja wykupywana jest za papierki, drukowane tam, za Renem.

Nie mamy nafty i wieczorem siedzimy przy świeczce. Gotujemy na spirytusie, o który jednak coraz trudniej. Każde głupstwo urasta do rozmiarów problemu. Może to i lepiej? Nie ma czasu myśleć. Przekopałem się przez wszystkie formalności i pomogłem w tym Tadziowi. Byliśmy w Prefekturze policji, ale tam jeszcze dobrze nie wiedzą, jak postępować z cudzoziemcami. Przystawili tylko pieczątki i zaznaczyli zgłoszenie się. Kartki żywnościowe w merostwach dostaliśmy bez trudności. We wszystkich urzędach jeszcze nieporządek i wszędzie czuje się, że urzędnicy nie bardzo chcą uwierzyć w swobodę, jaką Niemcy pozostawili im tymczasem. Nasza fabryka zajęta przez Niemców — wstęp pod karą śmierci wzbroniony. Dawna dyrekcja urzęduje w sali balowej merostwa. Od jutra pracuję. Opieka prawna i społeczna nad polskimi robotnikami. Francuski dyrektor, inżynier Chappel, zachowuje się w ten sposób wobec Polaków, że brak słów na określenie tego stosunku. W jego każdym geście, w każdym słowie i decyzji można rozpoznać tę wielką kulturę francuską najczystszej wody, odziedziczoną w prostej linii po najszlachetniejszych umysłach Francji. LUDZKIE spojrzenie na CZŁOWIEKA. Nie ma Francuzów, nie ma Polaków — są LUDZIE, opuszczeni, bezradni, którzy potrzebują pomocy. I nic więcej. Ale jest w tym WSZYSTKO. W tych czasach wystarczy jeden TAKI człowiek, żeby uwierzyć z powrotem w ludzkość. I we Francję.

27.10.1940

Nie mogę czytać po francusku. Nie mogę. Każde słowo, każdy zwrot w tym języku dławią mnie. Nie mogę znieść tych krągłych zdań i określeń, tej oschłości i kultu słowa bez uczucia. Wiem, że to jest niedorzeczne, ale nie mogę. Gdy patrzę na moje książki na półkach, bez wyjątku dobre i dobrane, nie potrafię wziąć do ręki ani jednej z nich. Wydaje mi się, że przejadłem się ciężkim, przesłodzonym i przekremionym tortem pistacjowym. Fizyczny przesyt i wstręt do słów, zdań, tematów. I z jakąś wprost barbarzyńską żarłocznością pochłonąłem „Pana Tadeusza", a teraz drę zębami, jak tłusty udziec barani, „Potop". Oblizuję się, cmokam, potłuszczone palce wycieram w spodnie i — żrę. To jest niesamowite: ilekroć czytam „Potop", tyle razy wydaje mi się, że TYM RAZEM Kmicicowi uda się jednak porwać Bogusława, że TYM RAZEM Roch Kowalski złapie Karola Gustawa, że teraz stanie się w tym to, co się nie stało, i nie stanie się to, co się stało. Jedno jest pewne: Kmicic nie jest typem godnym naśladowania. Ciągłym puszczaniem sobie krwi nie okupuje się chyba błędów charakteru

[1] Do ojczyzny.

albo w ogóle głupoty. Okupić je można najlepiej po prostu wykorzenieniem ich. Odpisywać na listy, oddawać pożyczone „do jutra" pięć złotych, mniej kawalerskiej fantazji, a więcej solidności i naturalności. – Ale trudno: czytam „Potop" pewnie dlatego, że tak brak mi wokoło właśnie tej kawalerskiej fantazji. Cambronne powiedział *Merde!*, po czym dodał, zdaje się, że „stara gwardia umiera, ale nie poddaje się". Tym razem powiedzieli *Merde!* i dodali, że „stara gwardia poddaje się i nie umiera". I jest Pétain. A przecież było trzecie rozwiązanie: „Stara gwardia nie umiera i NIE poddaje się". Twierdzą, że obrali właśnie to trzecie rozwiązanie, ale trudno w to uwierzyć.

2.11.1940

Dzisiaj Dzień Zaduszny. Tak jak w zeszłym roku poszliśmy na cmentarz Père Lachaise. Dzień był słoneczny i ciepły, na cmentarzu mało ludzi, bo większość była wczoraj. Poszliśmy najpierw na grób Chopina. Dużo na nim kwiatów, jakiś bukiet przewiązany szeroką biało-czerwoną wstążką. Położyliśmy nasz bukiecik, też przewiązany polską wstążką, i zapaliliśmy świeczki, które nam zostały jeszcze z mojego urodzinowego tortu w zeszłym roku. Na tym grobie nie myślę i nie modlę się. Modlę się melodiami, które jedna za drugą dźwięczą wewnątrz. Najczęściej powracają moje ukochane, a tak rzadko grane „Rondeau" i „Berceuse".

Przy grobie stała jakaś starsza Francuzka i zapytała, czy jesteśmy Polakami. Potem powiedziała, że to ładnie z naszej strony, że tak pamiętamy, że ona co rok przychodzi tu i że bardzo kocha Polaków. „Tak dzielny i szlachetny naród jak wy nie może zginąć i nie zginie". Daj ci Boże zdrowie. Nie mogę już tego słuchać. To tak jak „macie tu, dziadku, grosika, i jak wam czego potrzeba, to sobie kupcie". Po czym zamyka się drzwi, siada w fotelu i czyta książkę, jedząc czekoladki. Odpowiedziałem jej jednak jak na Akademii przyjaźni polsko-francuskiej, to znaczy to samo o Francji. Pierwszy raz w historii i my, i oni jesteśmy w podobnej sytuacji. Chociaż to, co dla nas jest klęską, to dla nich tylko przegraną. Różnica ta jest tak wielka, że trudno porównywać. Gdy my cierpimy, oni z n o s z ą to, gdy my nie mamy nic, oni m a j ą pozory, gdy my nie możemy n i e myśleć, oni n i e m y ś l ą i ż y j ą. Oni są jak człowiek bogaty, który żeby nie wiedzieć ile przegrał, to zawsze jeszcze znajdzie oparcie; my jak nędzarz, który wszystko postawił na jedną stawkę, przegrał wszystko i ma do odrobienia wszystko.

Tak jak w zeszłym roku, tak i w tym, stojąc nad tym grobem, myślałem o podobieństwie Jego czasów z naszymi. W zeszłym roku był tu, w Paryżu, rząd polski, wielka i nieciekawa emigracja, i wszystko było jak we wstępie do „Pana Tadeusza" – jak za Jego czasów. W tym roku rozwiało się wiele nadziei, emigracja powędrowała do Anglii, a w Paryżu zostały niedobitki, które zgodnie z polską tradycją żrą się między sobą pomimo małej liczby. Bridge powinien być uznany za polską grę narodową: licytacja i rozgrywki. To jedno, co nasi potrafią robić bez zarzutu.

Od grobu Chopina poszliśmy na grób Oskara Wilde'a. Mój skromny bukiecik był jedynym, który ożywił ten wielki i aż za wielki grobowiec. Potem jeszcze kilka minut skupienia przed grobowcem Balzaca. Tam, w dole, jego Paryż. Niebo czerwieni się na zachodzie, a bliżej morze sinych dachów we mgle. To te dachy barwią ją tak dziwnie. Puszczają we mgle. Na ścieżkach cisza, tłum grobów i zapach astrów. Wieńce z blachy lub z koralików wyglądają jak obwarzanki.

13.11.1940

Wszystko można znieść na tym świecie, jeżeli ma się choć jedno serce kochane i kochające. Złota myśl z gatunku „kołduny to dobra rzecz". Tak, tylko naprawdę dobre kołduny trudno znaleźć.

15.11.1940

Koło ósmej rano zbiegam na dół, wyciągam rower z piwnicy i jadę do Châtillon. Mam prawie godzinę jazdy przed sobą. Na ulicach jest jeszcze ciemnawo. Przez rue Le Peletier dojeżdżam do bulwarów, przecinam je i wjeżdżam w rue Richelieu. Jest tu ciemniej niż na innych ulicach, bo wąsko i ciasno. Trzeba bardzo uważać. Niemcy ustawiają tu na noc swoje ciężarówki i zostawiają je bez żadnego oświetlenia. Dziś jadący przede mną chłopak uderzył głową w tył samochodu, zupełnie go przed sobą nie widząc. Stracił przytomność. Wszędzie pustki. Podniosłem go i zaniosłem do bistra obok. Zatelefonowałem po pogotowie. Pół twarzy rozbite na miazgę. Wszyscy klęliśmy na głos. Przepisy policyjne są oczywiście dla wszystkich, ale nie dla nich. Za brak czerwonego światła przy rowerze kara do 200 franków.

Przejeżdżam koło Komedii Francuskiej i wpadam do Luwru. Powoli rozjaśnia się. Czasem koło łuku Carroussel maszeruje oddział żołnierzy ze śpiewem. W świeżym powietrzu poranka niemieckie słowa pieśni płyną daleko, obijają się o skrzydła Luwru i giną wśród nagich drzew Tuileries. Jest w tym coś tak smutnego i nieprawdopodobnego, że miałbym ochotę zejść z roweru, chodzić na czworakach i wyć jak pies. Przejeżdżam Sekwanę, przecinam Bd St.-Germain i kręcę pod górę Bd Raspail. Wyjmują tu z jezdni drewnianą kostkę i kładą bruk. Często widzi się, jak ludzie kradną do worków tę wyjętą kostkę. Na opał. Policjant udaje, że nie widzi, a oni gorączkowo wypychają worki i nikną w półmroku. Wszędzie na ulicach pusto i cisza, mgła jest lepka i wszystko wokoło wygląda, jakby pokryte było żabią skórą. Lśniące i oślizgłe. Od Denfert-Rochereau jadę prosto do Porte d'Orléans. Mijam niemiecką rogatkę kontrolującą ruch ich samochodów i wozów. Przejeżdża obok mnie z piekielnym hałasem pluton nowiutkich czołgów francuskich (Renault), obsadzonych oczywiście nimi. Mijają mnie. Z każdej wieżyczki wygląda ubrany w czarny mundur żołnierz. Zatrzymują się przy drodze za miastem, wyłażą z maszyn i otaczają młodego oficera. Ten wyszczekuje ostrym głosem swoje uwagi. Uczą się jeździć na sprzęcie francuskim... Krótka komenda, motory zaczynają ryczeć i cały pluton toczy się znowu ze zgrzytem i brzękiem po bruku.

Przyjeżdżam do fabryki, a raczej do sali balowej. Francuzi sennie zabierają się do grzebania w papierach. Witam się z kolegami, *Ça va? – Ça va!* (U nich zawsze *ça va*)[1]. Zbieram materiał do wyjazdu i wracam do miasta.

Wędrówki po merostwach, Prefektura policji, Ministerstwo Pracy, schroniska. Codziennie trzeba komuś coś załatwić, ułatwić, wydobyć.

Wszyscy słuchają teraz radia z Londynu. Codziennie są jakieś sensacyjne wiadomości. Wszystkim się zdaje, że Niemcy już przegrali, że jeszcze trochę cierpliwości i górą nasi. Mam swoje poglądy na tę wojnę i nie entuzjazmuję się. Cóż z tego, że Anglicy zbombardowali coś tu lub tam. To jeszcze zabawa na długie lata z wieloma niewiadomymi. Niemcy głaszczą Francję i za wszelką cenę chcą przeciągnąć opinię francuską na swoją stronę, chcą zrobić sobie z Francji sprzymierzeńca i ugnieść rząd Pétaina jak plastelinę, dotąd jakby oporną. Są w nim dwa kierunki: jeden proniemiecki, za współpracą; drugi proangielski, za stworzeniem wolnej Francji w koloniach i przyłączeniem się kolonii do Anglików. Krążą różne plotki o tym rządzie, ale prawdy trudno dociec. Gazety są dyktowane. Nie czytam ich.

Na obiad wpadam do domu. Z jedzeniem nie jest jeszcze najgorzej. Na dole, pod naszym domem, kończy się targ, i przekupki z wózkami rozjeżdżają się także na obiad. Jeszcze niektóre pokrzykują, rozsprzedając resztki: *Allez-y, allez-y, tapez dedans, profitez... allez-y*[2]. Po obiedzie wracam do fabryki albo znowu jazda po mieście. Wieczorem mam nieraz w nogach koło 80 km tylko po Paryżu. Pod wieczór wracam. Słońce chowa się w stronie Pól Elizejskich, opada mgiełka. Nasza dzielnica, dawniej spokojna, jest teraz bardzo ożywiona. Wszystkie bary, dancingi i domy publiczne, zamknięte na czas wojny, otwierają się jeden po drugim. Wszędzie napisy *Nur für Deutsche Wehrmacht*[3]. Przy wejściach do domów publicznych widzi się nieraz ogonki. Porządku pilnuje podoficer, pełna bojaźni bożej *Schwester*[4] wprowadza szczęśliwca najpierw na zastrzyk. Przed „Alcazarem", gdzie z wielkim powodzeniem idzie goła rewia, stoi nieraz cały oddział w dwuszeregu. Podoficer załatwia w kasie wstęp, wraca, wywrzaskuje *Rechts um*[5] i cała kompania wchodzi dwójkami do środka. Po przedstawieniu rozwiozą ich autobusami na Place Pigalle, na komendę rozejdą się do domów publicznych i na komendę wrócą. Żeby chociaż Paryż był dla nich Kapuą...

Jeden dzień mija za drugim i już niedługo Nowy Rok. Wszyscy mówią: „Byle przetrwać zimę – na wiosnę znowu coś się ruszy". Zima minie, wiosna minie, wszyscy powiedzą: „Czekamy na lato". Minie lato i znowu powróci problem przetrwania zimy. I tak jeszcze przez kilka lat. Bo nie wierzę, żeby ta wojna mogła skończyć się prędko.

---

1 W porządku! – W porządku!
2 Dalej, dalej, przebierajcie, korzystajcie z okazji.
3 Tylko dla Niemieckich Sił Zbrojnych.
4 Siostra.
5 W prawo zwrot.

20.11.1940

Sytuacja Polaków w Paryżu jest jasna. I właściwie z nieprawdziwego zdarzenia. Niemcy, a raczej Gestapo, utworzyło tu specjalny „Polenreferat", na czele którego stoi niejaki pan radca Schwerbel. Ten Niemiec skończył gimnazjum polskie bodaj we Włocławku, mówi doskonale po polsku i „opiekuje się" nami wszystkimi. Polacy są przeważnie skupieni w trzech schroniskach, które po długich walkach z katolickim Caritasem przejęła tak zwana Markiza, Polka z pochodzenia, Francuzka po mężu. Zaprzyjaźniła się z tym Niemcem, przy jego pomocy wsadziła do więzienia księdza Cegiełkę i zarząd niewygodnej dla niej instytucji przy kościele polskim w Paryżu, Gestapo zrobiło dokładne kartoteki i — jest spokój. Pan radca zdobył sobie po schroniskach łatwowiernych przyjaciół, którzy dają mu listy do rodzin w Polsce („Ja wam to wyślę"), rozmawia o literaturze i kulturze polskiej, *et voilà*...[1] Sielanka, w której może przyjść oczywiście kolej na mnie i na kilku moich znajomych. Ale może nie przyjść. Robię swoje.

We wszystkich urzędach francuskich jest jeszcze zamieszanie, a najgorzej z policją. Czuję się zupełnie pusty. Polityka stała się częścią życia. Wieczne pytania: jak się to skończy, co zrobią Niemcy, co będzie z Bałkanami? Unikam tych rozmów. Wiem jedno: dziś jest 20 listopada i Niemcy w Anglii nie wylądowali. To jedno jest pewne. Gdy myślę o tej wojnie, zawsze kojarzy mi się to z wojnami napoleońskimi. Jest to mój tak zwany hobby, czyli konik. Hitler ma źle skomentowany podręcznik epopei napoleońskiej i według niego wydaje rozkazy i polecenia. Napoleon też chciał lądować, skoncentrował nawet wojska nad Kanałem, narobił Anglikom strachu i rozeszło się po kościach. Wojna obecna jest szeregiem kampanii niemieckich w Europie i ciągłym stanem wojennym z Anglią, z którą nie dochodzi do spotkania decydującego. Niemcy mają już prawie całą Europę, a właściwie nie mają jej. No i najważniejszy w tym problem to ROSJA. Czy w końcu i tu będzie podobieństwo do wojen wielkiego cesarza? Ostatnio widzi się sporo fotografii Stalina. Czy chytrze uśmiechający się batiuszka powie pewnego dnia: „A teraz chodź do mnie — miejsca u mnie dużo"? Niemcy wkroczą do Rosji i rozpuszczą się w tej przestrzeni jak kostka cukru w szklance herbaty. A potem Anglicy i Amerykanie strzepią ich pod jakimś Waterloo. Marzę, jestem Rzeckim, jak każdy Polak po trosze. Ta wściekła wojna będzie długa, a co z niej wyniknie, to Bóg raczy wiedzieć. Mimo wszystko każdy przeżyty dzień, spokojny dzień, jest ważny, bo zbliża do tego niewiadomego końca.

25.11.1940

Jesień w tym roku jest zimna, ale pogodna. Paryskie, emaliowane dni słoneczne. Pod wieczór siedzę przy oknie, patrząc na zachód słońca. Morze

---

[1] No i proszę...

dachów, widoczne z naszej mansardy, robi się coraz bardziej gołąbkowe, potem sine i zimne. Daleko, w mgiełce, wieża Eiffla z zatkniętą na szczycie chorągwią ze swastyką. Doczekała się i tego ta 51-letnia matrona paryska. I ją ubrali. Zapaliłem dziś w piecyku i siedziałem po ciemku, patrząc w rozjaśnione ogniem okienko z miki. Jeszcze ciągle nie mogę przeboleć tych spalonych zeszytów, czasopism polskich. Bohaterowie! P. wiedzieli, że piszę. Po wejściu Niemców do Paryża kazali Basi wszystko spalić. Ze strachu. Dobrze, że tych kilku polskich książek też nie kazali popalić. Pilnowali, żeby Basia zrobiła to przy nich. Wydarła z tych zeszytów kilkanaście kartek. Zostało ich w sam raz tyle, ile we mnie z mojej przeszłości. Niczego nie odtworzę i nie chcę nawet odtwarzać. Już to, co pisze się nawet natychmiast, jest zawsze trochę kłamstwem, zdeformowaną myślą, źle oddanym prawdziwym dźwiękiem. To już zwykle ta sama melodia, lecz napisana na pewno w innej tonacji. Gorzej — często dur wypada jak moll i odwrotnie. Najlepsze ucho nie pomoże. Może dobre jest tylko to, co wynika z bezpośredniego połączenia między piórem i tym dziwnym światem myśli i odczuć? W iluż wypadkach czuje się, że połączenie nie jest bezpośrednie, że mozolnie przebiega przez różne centrale, w których słyszy się głupie głosy telefonistek. Te głosy telefonistek można łatwo rozpoznać w rzeczach pisanych. Z jakim wysiłkiem eliminował je ze swojej prozy Flaubert, ile napaplały w Balzacu?

Jeżdżę po Paryżu przez cały dzień. Z przestrzennych Bulwarów wpadam w mroczne i zawsze inne (albo te same i też zawsze inne) uliczki, patrzę, myślę i nie myślę, podgwizduję, na skrzyżowaniach ulic wyciągam rękę i pokazuję kierunek, w którym skręcam, uśmiecham się do policjanta. Czasem czekam, aż przepłynie kolumna szarych samochodów, i jadę dalej. Zagadam coś do pomnika Moliera, pomnikowi Gambetty w Luwrze powiem zawsze: „Najwyższy czas, żeby cię Niemcy zdjęli" (Niemcy mają podobno ten dobry pomysł), przemknę koło kościoła St.-Germain albo pooglądam obrazy, reprodukcje i antykwariaty na rue Bonaparte. Nurkuję w starych uliczkach i wypływam w przedpokoju jakiegoś ministerstwa lub dyrekcji przemysłu. Wiem, że uda mi się załatwić wszystko, ale za jakieś trzy miesiące. Ci z prochowni też dostaną pieniądze. Tymczasem trzeba pisać listy i sterczeć w przedpokojach. Sterczę. Potem znowu przejeżdżam Sekwanę i wpadam na rue du Faubourg-Saint-Honoré. Piękne i dawniej niewidoczne kobiety chodzą teraz piechotą lub jeżdżą końmi. Powoziki, tilbury, kariolki. Paryż wygląda jak sto lat temu: mała i cicha uliczka, stukot końskich kopyt i mały pojazd z piękną kobietą, ubraną też trochę *à la* Louis-Philippe. Myślę o George Sand, o Lady Dudley, o księżnej De Langeais, o Liszcie... Armia zdobywcza zachowuje się bez zarzutu. Są spokojni, godni, dobrze wychowani. Nie widziałem ani jednego pijanego. Armia opanowanych szaleńców, która wykonuje wszystko pod kierunkiem naczelnego lekarza, też szaleńca. Ale imponują. Czy widział kto, żeby kobietom ustępować miejsca w metrze? Żołnierze niemieccy robią to z gracją. Tysiącem pozorów oswajają Francuzów i przygotowują grunt do „kolaboracji", o której coraz głośniej. No i mamy już EUROPĘ. Przypomina mi się rozmowa z tym studentem napotkanym w powrocie. Słowo „Europa" rzucane jest tymczasem dyskretnie jak pierwsze piłki tenisowe, gdy przeciwnicy nawzajem wymacują reakcję. Ostrożnie, cicho i dyskretnie to wielkie słowo „Europa" zastąpi w oficjalnym języku „Niemcy". Żołnierz niemiecki przestanie się bić za wielkość Niemiec, będzie się bił za szczęście Europy i dla Europy. Zdobywczy nacjonalizm, chcąc utrzymać w ryzach coraz to więcej podbitych narodów, musi rzucać międzynarodowe i idealistyczne hasła i slogany. Zawsze ta sama komedia — komedia napoleońska, powtarzająca się jota w jotę. Tworzenie „niepodległych", nowych państw. Jeszcze nigdzie nie zrobili króla. Na przykład Göring bardzo nadawałby się do tej roli; ten hitlerowski — Prince Murat. Fabryka historii pracuje na trzy zmiany i sprowadziła najnowsze urządzenia. Może najlepszą z nich jest maszyna kłamstwa. Konstrukcja jej jest naprawdę godna podziwu. To kłamstwo jest jak źle podrobione banknoty. Ale już tyle puszczono w obieg, że wszyscy przyjmujemy je i płacimy, jakby nigdy nic. Wiemy, że są fałszywe, ale chowamy do portfelu. Świat? Ludzkość? Człowiek? Proszę! 1500 Kł., tych nowych środków obiegowych; nie mają żadnego pokrycia, lecz nie grozi im dewaluacja.

28.11.1940

Dni mgliste, jesienne. Słońce świeci wymijająco, bez zobowiązania. Liście z drzew opadły i przyjdzie zima. Każdy dzień chowa się za parawanem w kolorze *gris-moisi*[1] z niewiadomą ilością innych i wyskakuje co rano, mija, przechodzi. Jak w liczniku taksówki.

Spotkałem Tadzia Piotrowskiego. Odnajmował pokój u jakiejś Francuzki. Uciekł z Paryża i niedawno wrócił, aby kontynuować studia. Jego patronka spaliła mu wszystkie książki polskie, które miał w swoim pokoju. *Mesure de prudence!*[2] Rozumiem: barbarzyństwo budzi strach, strach pobudza barbarzyństwo. Niemcy nie muszą niczego organizować, do niczego zmuszać; oni STRASZĄ. Reszta robi się sama. Pod wpływem strachu wali się w mgnieniu oka wszystko. Czuję, że gdybym się bał, runąłbym sam przed sobą. I dlatego NIE CHCĘ się bać.

4.12.1940

Podobno kilka dni temu Włochy wypowiedziały wojnę Grecji. „Rzym" podbija Helladę. Tym razem jednak Grecy biją „Rzymian". Sprawa Bałkanów nie jest rozwiązana i czeka na rozstrzygnięcie. Równocześnie plotki, że cały rząd francuski w Vichy siedzi na walizkach i czeka na moment ucieczki do Afryki, żeby opowiedzieć się wyraźnie po stronie Anglii. Tutejsze gazety atakują oczywiście wszystkich ministrów w rządzie Pétaina, nazywając ich proangielskimi zdrajcami. Mówią nawet o jakichś aresztowaniach, ale jakich i kogo — nie wiadomo. W każdym razie rząd Pétaina nie poszedł jeszcze na wyraźną kolaborację. I chciałaby, i boję się... Jeszcze się wstydzą.

---

1 Zgniłoszarym.

2 Na wszelki wypadek!

10.12.1940

Człowiek żyje jak troglodyta. Od rana do wieczora najbardziej interesującym zagadnieniem jest — jedzenie, opał, światło. Niemcy udowodnili, że rzymską zasadę *panem et circenses* można stosować *à rebours* i że wynik jest ten sam. Albo się daje chleb, aby lud nie myślał, albo się go nie daje i lud też przestaje myśleć. Szczególniej tu, gdzie wszelki proces myślenia zależny jest od żołądka. Głowa nie jest składnicą myśli, lecz magazynem żywnościowym. Budzi się jakieś licho i uważa się za swój święty obowiązek szukać okazji bezkartkowych. Cały Paryż wynalazł nowy snobizm. Gdy ktoś mówi, że dostał funt masła bez kartek, należy uśmiechnąć się z politowaniem i wycedzić niedbale: „Kupiłem 3 kilo cukru po 12 franków". Najbardziej godnym pożałowania jest człowiek, który na wzmiankę o maśle rzuca się jak oparzony i wielkim głosem pyta: „Gdzie?". W swej bezgranicznej naiwności spodziewa się, że tamten odpowie mu gdzie. Tamten tylko uśmiecha się i odpowiada wymijająco. *Il faut être malin*[1]. Jeszcze nigdy egoizm i pokryta uśmiechami zawiść nie miały takiego pola do popisu. Wszystkie rozmowy w Paryżu przypominają teraz rozmowy u „Plastyków", gdzie wszyscy topili się nawzajem w łyżce wody. Roi się od wielkich talentów czekoladowych, maślanych, cukrowych i mlecznych, odmawiających sobie nawzajem wszelkiego talentu.

14.12.1940

Przedpołudnie w metrze. Cicho, wagony prawie puste. Na Concorde wsiadła cała rodzina, powracająca z pogrzebu. Kilkanaście osób na czarno. Co jakiś przystanek ktoś wysiadał i wtedy rozlegało się kolejne cmokanie, tak głośne, że nawet turkot kół nie mógł go zagłuszyć. *Allez, mon vieux, il faut descendre...*[2] i pac, pac salwa pocałunków, galop cmoknięć, krótkich, urywanych, to znowu przeciągłych, przypominających odgłos wypijania przez słomkę resztek oranżady z pustej szklanki. Wreszcie została jedna para. Gdy wysiadali, cmoknąłem sobie kilka razy. Oglądnęli się. Cmoknąłem w ich stronę jeszcze raz. Brakowało mi tego do kompletu. Jutro zacznie się pięcioletni proces o spadek i przestaną się cmokać. Jedno o drugim będzie mówiło: *Ah, ça alors... pensez-vous... quel salaud...*[3]

15.12.1940

Zimno. Mgła i kapuśniaczek. Jest tak subtelny i gęsty, że padając na moją nieprzemakalną kurtkę, syczy. Bezustanny syk. Zapadłem w jakimś bistro na rue Broca. Piję gorące wino. Cisza. Ulicą jedzie wóz z browaru, obwieszony

---

[1] Trzeba być cwanym.

[2] No już, stary, musisz wysiadać.

[3] Coś takiego... pomyśleć tylko... co za łajdak...

beczkami. Każde uderzenie kopyta końskiego o bruk jest wyraźnie oddzielone. Zapaliłem papierosa i patrzę. Patron za kontuarem mocuje się z kawałkiem korka w butelce przy pomocy szpikulca do kruszenia lodu. Potem resztki lemoniady z kilku butelek zlewa do jednej i gdybym wziął *panaché* (piwo z lemoniadą), dolałby mi na pewno ten cocktail do piwa. Nie wezmę. Weszła jakaś okoliczna prostytutka w pantoflach na bardzo wysokich obcasach. Ma ładne nogi. Powiedziała: *Quel temps*[1] i wypiła kieliszek koniaku. Spojrzała na mnie i uśmiechnęła się. *Ça va? – Oui, merci, ça va. – Tu veux?*[2] i kiwa przymilnie głową w stronę hotelu naprzeciwko. – *Non, ma cocotte, merci*[3]. One teraz doskonale zarabiają. Płacą wszystko markami. Przedtem miały funty. Nie tylko one. Kilka koleżanek z fabryki też „uczy" się niemieckiego. Jedna z nich pochwaliła mi się przedwczoraj, że bierze lekcje: *Ich lerne Deutsch*[4]. „Z oficerami czy z żołnierzami?" – zapytałem obojętnie. Roześmiała się głupio i poszła. Wszystko dlatego, że jedna marka to 20 franków.

Dziewczyna wyszła. Patron siedzi za kontuarem i patrzy w okno. Ja też. Jest mi dobrze. Jest coś w atmosferze takiego zapadłego bistra w mglisty dzień, co uspokaja. Nerwy zamieniają się we włóczkę z angory i można je nawijać na palec.

16.12.1940

Rozmowa z kasjerką w fabryce, kobietą starszą i mądrą.

– Co pani myśli o wojnie?

– Nic mnie to nie obchodzi. Ludzie się mordują, nie wiadomo po co. A pan co myśli?

– Gdybym miał pewność, że uda mi się dojechać, to pojechałbym do Anglii.

– *Mon Dieu*! Cóż za myśli. Przecież tu jest pan o wiele bardziej pożyteczny. Dlaczego, po co?

– Chyba pani rozumie – jest coś w człowieku, co każe myśleć inaczej, niż nakazywałby rozsądek; to jakieś uczucie, ta chęć powiedzenia sobie prawdy, wiara...

– Nie rozumiem, o czym pan mówi; przecież ma pan żonę, zarabia pan – *il faut gagner sa petite vie et c'est tout*[5].

– Widzi pani, tu chodzi o uczciwość, o p r a w d ę czy wprost o o b o w i ą z e k...

– ???

– No na przykład czy pani kogoś kocha, czy ma pani jakiś ideał, choćby to był nawet człowiek? Chodzi mi może także o ideał.

---

1 Co za pogoda.

2 W porządku? – Tak, dziękuję, w porządku. – Chcesz?

3 Nie, skarbie, dziękuję.

4 Uczę się niemieckiego.

5 Trzeba zarabiać na życie i tyle.

— Tak... Mam kogoś, kogo kocham.
— Czy mogłaby pani zdradzić tę osobę?
— Myślę, że — tak. Ale nie sercem!
— Wszystko jedno. Czy nie odczuwałaby pani potrzeby, niemal obowiązku, powiedzieć mu o tym?
Oburzona:
— Panie, TEGO SIĘ NIGDY NIE MÓWI!!
Rozmowa ta przypomniała mi rozmowę ze znajomym listonoszem, jeszcze przed wojną. Pokazywał mi pornograficzne fotografie z seansów miłosnych we czwórkę: on z żoną swojego przyjaciela, przyjaciel z jego żoną. Opowiadał mi ze szczegółami, jak się to odbywa. Zapytałem go:
— Jak to? To pan pozwala robić temu drugiemu z pańską żoną wszystko? Całować i...
Przerwał mi oburzony:
— Panie, wszystko, tylko nie całować. USTA MOJEJ ŻONY TO JEST MOJA OSOBISTA RZECZ!
I potem dyskutuj z nimi.

17.12.1940

Zimno. Temat wszystkich rozmów: JEDZENIE. Temat wszystkich myśli: JEDZENIE. Przejeżdżając dziś koło Notre-Dame, mimo woli pomyślałem: „Gdybyż te rzeźby były z masła. I żeby nikt o tym nie wiedział!". Po czym starałem się sobie przypomnieć, w których okolicach Tybetu robią istotnie wielkie rzeźby z masła. Wiem na pewno, że tam robią takie rzeźby. A gdy wojna się skończy, zgodnie z życzeniami wszystkich, to... to przede wszystkim przypłyną na wielkich okrętach konserwy amerykańskie... A potem myślałem o wieczności i spostrzegłem, co to znaczy przyzwyczajenie. O wiele łatwiej można sobie wyobrazić, że to nie ma końca, bo tak się od dziecka słyszało. Natomiast zupełnie sobie nie można wyobrazić, że wieczność jest także bez początku. Jest to myśl zdolna przewrócić gałki oczu o 180 stopni.

18.12.1940

Bardzo charakterystyczne. Wieczorem na kolacji w jednej z polskich restauracji. Epopeja litografii i sztychów, którymi sala była przyozdobiona, przedstawiających stroje wojska polskiego z czasów wojen napoleońskich i powstania listopadowego. Po wejściu Niemców do Paryża policja francuska przybiegła i kazała natychmiast pozdejmować ze ścian te plansze. (Dobrze, że nie kazali popalić...). Patronka zbuntowała się i nie pozdejmowała ich. W międzyczasie zaczęli do tego lokalu zaglądać oficerowie niemieccy, mówiący często po polsku. Kilku z nich stało się nawet „Stammgastami". Policja francuska przypędziła po raz drugi i zagroziła, że jeżeli ona nie zdejmie tych plansz, to oni zamkną jej lokal. Pozdejmowała zatem plansze i na ścianach pozostały jasne prostokąty — ślady obrazków. Przyszli Niemcy i podnieśli gwałt. Gdzie są obrazki? Co pani z nimi zrobiła? Opowiedziała im o nakazie policji. Byli oburzeni i kazali jej natychmiast powiesić z powrotem wszystkie obrazki. „My nie mamy nic przeciwko wojsku polskiemu. To był zawsze bohaterski żołnierz. Prawdziwa wojna była w Polsce, a nie tu...". Mówił to jakiś podporucznik z Wehrmachtu. I wszystkie obrazki wiszą na swoim miejscu, a Polacy, którzy tu przychodzą, są często zachwyceni. Nasza łatwowierność nie uległa zmianie od czasów rozbiorów. Pomachać nam biało-czerwoną chorągiewką, złożyć hołd bohaterom, pozwolić zaśpiewać „Boże, coś Polskę", „Rotę", „Jeszcze Polska" i „Pierwszą Brygadę", i można dużo zrobić. Nie można się dziwić, że tak wielu Francuzów daje się codziennie brać na przynętę pozorów ich wielkoduszności, na kolaborację z Niemcami w nowej Europie, o której coraz głośniej. Sądząc z tego, co mówią w radio, Niemcy pokpili całą sprawę u nas swoją głupotą. Całe szczęście. Zanadto nas nienawidzą, żeby kierować się tylko psychologią.

19.12.1940

Bardzo ważnym zagadnieniem życia jest teraz STANIE W OGONKACH. Stoję w ogonku i słucham. Stoję w tłumie bab, w tłumie istot przypominających żywcem karykatury Daumiera, sztychy z czasów Rewolucji w muzeum Carnavalet, trykotantki. Istoty poubierane w jakieś brudne łachy, rozczłapane buty, lepkie od brudu, w opadających pończochach w rozmierzwionym włosem. Każda z nich licytuje się w ilościach ogonków, które już ma dzisiaj za sobą, w ilości przestanego czasu. „Dwie godziny, *pensez-vous*[1], do czego doszliśmy. Wczoraj na obiad musiałam...". Tu następuje szczegółowy opis czynności kuchennych. A potem znowu mięso, cukier, masło, kartofle. Nagle wrzask. Ktoś usiłuje wkręcić się na początek ogonka. Kilka wściekłych bab rzuca się z tyłu naprzód i zaczyna wymyślać tej *resquilleuse*[2], wzywając na świadków najbliższe otoczenie. Po tysiąckroć powtarzane na wszystkie tony: *Ah non, ça alors*[3] kotłuje się w pomruku reszty. Sprawa wyjaśnia się: kobieta usiłująca przepchnąć się poza ogonkiem jest w ciąży.

Obraca wokoło swoim umyślnie uwydatnionym brzuchem i odgryza się babom. Przypomina grubego bąka z blachy, wydającego różne odgłosy i bzyki w czasie obracania się. Kobiety w ciąży mają pierwszeństwo, mają wydaną przez merostwo kartę pierwszeństwa i mogą nie stać w ogonkach. Baby wracają na swoje miejsce, mrucząc: „Nikt się nie chce kłócić o miejsce — *pensez-vous* — ale musi być sprawiedliwość *quand même...*"[4]. Szczególniej wobec kobiet w ciąży są bardzo podejrzliwe, bo z początku, kiedy jeszcze nie było urzędowych kart ciąży, uzyskiwanych na podstawie zaświadczenia lekarskiego, pojawiało się w ogonkach pełno kobiet ciężarnych, żądając *priorité*[5]. Uzyskiwały je dzięki

---

[1] Pomyśleć tylko.
[2] Oszustce.
[3] No nie, coś takiego...
[4] Mimo wszystko...
[5] Pierwszeństwa.

tutejszemu kultowi ciąży. Gdy jednak odkrywano pod suknią lub płaszczem jaśki i majestatyczny brzuch matki okazywał się wypchany, skończyły się dobre czasy. Teraz pierwszym i z trudnością hamowanym odruchem tych wściekłych megier jest obmacać brzuch pchającej się poza ogonkiem. *On connaît bien ces femmes enceintes...*[1] dorzucają zawsze, wpychając się z powrotem na swoje miejsce ruchem pluskwy włażącej za listewkę łóżka.

Chwilowy rwetes uspokoił się – baby znowu gadają. Mięso, cukier, konserwy Olida, smalec, fasola. I znowu od początku: mięso, cukier, Olida... Wiele z nich przynosi do ogonka robotę na drutach i trykotuje. Miałbym często ochotę związać im ręce, jednym z tych drutów przebić język i zostawić. Jak takiej megierze na makabrycznych kartkach primaaprilisowych, które sprzedawano u nas. Od tych rozpraw filozoficznych o jedzeniu można dostać mdłości. Mówią o tym z taką zachłannością, z taką zawiścią, gdy chodzi o kogoś, kto dostał na przykład paczkę ze wsi, iskają tak każdy kąsek, że w końcu cały świat zamienia się w ŻARCIE, PICIE, SPANIE i S... Ciągle któraś z nich wybiega z ogonka i zaznaczając wyraźnie osobie stojącej przed nią *je suis derrière vous*[2] (to świadek w razie sporu lub zarzutów tych poza nią), zagląda do sklepu i wraca z nowinami. Ze złośliwą radością w głosie powiada: „Dla tamtych na końcu już nie wystarczy". Mówi to tak głośno, żeby ją ci na końcu usłyszeli. I na końcu ogonka podnosi się pomruk, coraz głośniejszy, bo baba z przyjemnością dorzuca: *C'est pas la peine d'attendre*[3], trzeba było przyjść wcześniej. Od razu wrzaski: „Nie każdy może przyjść wcześniej... Nie zawsze można...". A baba podtrzymuje dyskusję i zaczyna opowiadać: *Mais MOI... ET MOI... SI JE...*[4] Ona jedna jest wielka, wystarczy JĄ naśladować, a wszystko będzie inaczej. Krzyki i wymyślania. Wtedy podchodzi policjant pilnujący porządku w ogonkach i zaglądnąwszy do sklepu, uspokaja: wystarczy dla wszystkich. Z kolei wszyscy zaczynają wymyślać babie; cały ogonek. I tak w kółko. Ogonki i ogonki, po wszystko i po nic, ogonki dla ogonków, ogonek do ogonka. Mięso, cukier, Olida, kartofle, smalec, fasola...

W tym wszystkim człowiek jest istotą starającą się jedynie o wepchnięcie w siebie pewnej ilości węglowodanów i tłuszczu z białkiem, o wydalenie tego z siebie po przetrawieniu i o ponownie staranie się o węglowodany i tłuszcze. Nie chodzi o to, żeby żyć, ale żeby mieć czym s... Z dnia na dzień. Życie ogranicza się do funkcjonowania przewodów pokarmowych, regulowanego ilością posiadanych pieniędzy. Ohydne.

21.12.1940

Przesłuchanie. Zajechałem wieczorem do Domu Polskiego. Robotnicy mówią mi: „Schwerbel jest na górze, przesłuchuje ludzi w sprawie tych futer, które

---

[1] Dobrze znamy te ciężarne...

[2] Stoję za panią.

[3] Nie ma co czekać.

[4] Ale ja... A ja... Jeśli ja...

markiza dostała dla schronisk, a które sprzedaje teraz po 100 i 150 franków". Rozumiem. Gadam chwilę z nimi, temu trzeba pomóc na merostwie, ten chciałby na południe...

Nagle wpada jeden z nich i mówi: „Pan Schwerbel prosi pana na górę". Zaskoczyło mnie to. Nigdy nie mieszkałem w żadnym schronisku. Już mu powiedzieli... Idę. Przy maszynie do pisania siedzi młody jeszcze mężczyzna, ubrany bardzo starannie, pali angielskie black caty (obłowili się po Anglikach), wita mnie uśmiechem. Mówi doskonale po polsku.

— Dobry wieczór. Pańskie nazwisko jest mi znane albo z literatury, albo z historii...

Boję się, ale mam ochotę wybuchnąć śmiechem.

— Jeszcze ani z jednego, ani z drugiego. Pan się myli — odpowiadam z uśmiechem.

— Aaa... myślałem. Pan co robi we Francji?

— Przyjechałem przed wojną, pracowałem i pracuję u Francuzów...

— Pan w wojsku nie był?

— Nie.

— No, nie potrzebuje się pan z tym kryć. My nic nie mamy przeciwko wojskowym. To obowiązek jak każdy inny. Więc pan w wojsku nie był?

— Nie, nie byłem. Pracowałem. Zostałem zmobilizowany do przemysłu.

— No i cóż? Chciałby pan pewnie wrócić do Polski. Miejsce każdego dobrego Polaka jest teraz w Polsce. Musimy pracować, wziąć się do uczciwej pracy...

— Nie.

Jest zaskoczony, ale zamydla dalej.

— Robię, co mogę, żeby umożliwić wszystkim powrót, ale ta akcja księdza Cegiełki i pewna działalność polskich elementów komunistycznych uniemożliwia mi robotę, opóźnia wszystko...

— Szkoda.

— Tak, i widzi pan, jacy ludzie są głupi. Po co te machinacje? Jak ktoś chce jechać do Anglii, to czemu nie powie mi tego otwarcie? Dałbym mu przepustkę aż na okupowaną przez nas wyspę Jersey, do której okręty Czerwonego Krzyża angielskiego dowożą żywność. Mamy taki układ z Anglikami. I niech sobie taki pan siada na okręt i jedzie do Anglii, do tego piekła. Proszę, niech jedzie!

Milczę, ale mimo wszystko chce mi się śmiać. Szyje powrozem. Trochę zaczynam rozumieć całą tę politykę. Niemcy zostawiają nam swobodę ruchów, chcąc wyłapać jedynie elementy dla nich szkodliwe i nie zaprzątać sobie głowy resztą, zdając tę resztę pod kontrolę markizy w „jej" schroniskach i cały ciężar opieki finansowo-społecznej przerzucając na Francuzów. Mają ważniejsze rzeczy na głowie niż tych kilkuset Polaków. A pan radca umyślnie komplikuje sprawy, zgrywa się, żeby mieć trochę roboty i żeby go nie wzięli do wojska. Kto mu jest niewygodny, to go przymyka. Dzięki swojej „przyjacielskości" ma wielu oddanych informatorów, wszystko wie i w rezultacie nasze pożycie z Niemcami jest spokojno-nieokreślone. Rozmowa ciągnie się dalej.

— Co pan wie o tej sprzedaży futer przez panią markizę?

— Właściwie nic nie wiem.

— Ach, więc pan zeznaje na korzyść tej pani?
— Nic nie zeznaję.

Zapisał to wszystko po niemiecku i przeczytał mi na głos. Podpisałem. Pan radca jest jedynym przedstawicielem Niemców i naszym „duchem opiekuńczym". Żadne inne władze niemieckie nie zajmują się nami — jest ON. I tak się jakoś trwa.

22.12.1940

Nie ma chyba nic bardziej nieznośnego, gdy ludzie, których się nie cierpi, dają tak zwane dobre rady i gdy te rady okazują się naprawdę — dobrymi.

23.12.1940

Smutno. Brak tego uczucia Świąt. Uciekam myślą do tych kilku serc, dla których warto żyć i przeżyć to wszystko. Zimno i szaro. Deszcz ze śniegiem zwala się co chwila na szyby okienne i gniecie je. Nad Sekwaną i koło Madeleine sprzedają choinki. Chciałem kupić, ale są bardzo drogie. Usiadłem przy piecu i czytałem moje notatki z południa. Próbować opisać południową Francję to tak, jakby się chciało malować słońce atramentem. Miałbym ochotę pisać o tym bez końca; szczególniej teraz. Wiatr rusza drzwiami, prześlizguje się przez wszystkie szpary, puka do okna kroplami deszczu albo nagle przysłania dachy płachtą śniegu, lecącą z daleka i jakby porwaną z ziemi. Taki strzęp, brudny, porwany ze śmietnika.

Samotność. Wprost dojmujący ból osamotnienia. Brak śmiechu, rozgardiaszu, ożywienia. To więcej niż samotność; to zupełna pustka, podkreślająca obcość wszystkiego dokoła. Nie jest się do niczego przywiązanym, z nikim związanym. Jesteśmy sami we dwoje i każde z nas trzyma się drugiego jak masztu na okręcie wśród burzy. Przez cały rok można nie odczuwać tego osamotnienia, można być nawet zadowolonym z tego; teraz to boli.

24.12.1940 koło dwunastej

Był wieczór, jak każdy inny. Napaliłem i ciepło. Umyliśmy się w naszej patelni i Basia położyła się do łóżka. Była bardzo zmęczona. Przysunąłem stół, sam usiadłem porządnie ubrany. Na stole ustawiliśmy fotografie i łamaliśmy się opłatkiem, patrząc na nie. Jedliśmy sardynki, barszcz z uszkami, daktyle. I wtedy zrobiłem jej niespodziankę i wyciągnąłem butelkę szampana. Uśmiechnęła się, pocałowała mnie: „Dobry jesteś, że pamiętasz...". Ale choć tak lubi szampana, nie chciała pić. Odwróciłem się, żeby nie widziała, że mam w oczach łzy. Bo było mi naprawdę bardzo smutno. Nie wystrzeliłem z butelki i wyjąłem korek po cichu. Za oknami postękiwał wiatr i koniecznie chciał się wepchać do pokoju. Prawie całą flaszkę wypiłem sam, zagryzając daktylami i paląc fajkę. Świeca skwierczy od czasu do czasu i głośno tyka budzik. „Która godzina?". Pogładziłem ją po głowie. „Śpij — ona minie i przyjdą inne...".

1941

3.1.1941

Jesteśmy na Reuilly w NASZYM POKOJU. Kosztowało... Rano wstałem i pojechałem do Domu Polskiego do Tadzia. Było jeszcze szaro. Wchodzę do ich pokoju. Tadzio jeszcze śpi. Igiełka już wstał i coś tam dłubie, Boruc leży w łóżku i drzemie. Igiełka przywitał mnie z hałasem: „Panie B., z Tadka nie będzie pan miał pociechy, bo wrócił o drugiej nad ranem komplet nadryzgany".

Budzę Tadzia. „Aaaa, Jędruś, już jadziem. Ależ ja jestem pijany. Już się ubieram i idę po wózek". Rzeczywiście wstał i zaczął się grzebać. Tamci dwaj mu dogryzali, on się odcinał. Tadzio jest trzeźwy do połowy. Znam go i wiem, że choć zupełnie pijany, trudno po nim poznać. Tymczasem Igiełka wyciągnął ćwiartkę wódki z kąta, jakąś puszkę pasztetu i chleb i orzekł, że musimy się napić na ten Nowy Rok. Napiliśmy się. Zaczęło nam smakować. Tadzio zauważył, że zaraz mu lepiej, zrobiło się wesoło. W końcu złożyliśmy się i wysłaliśmy Igiełkę po pół litra wódki i śledzie. Poleciał prędko na Saint-Paul do Dombrowskiego i przyniósł. Było już jasno, za oknem zaczął padać wielkimi płatami śnieg. Rozczuliliśmy się wszyscy i „po kuble", jak mówi Tadzio. Bęc, bęc, bęc — chlebek z marynowanymi śledziami i dalej bęc. Ja byłem już dobrze podcięty, Tadzio i Igiełka zupełnie pijani. Ale trzymaliśmy fason. Igiełka zaofiarował nam pomoc.

Wszyscy trzej zeszliśmy chwiejnym krokiem na dół, złapaliśmy się wózka i wyruszyliśmy. Dochodziła dziesiąta. Sypał gęsty śnieg, cicho i spokojnie. Nad Sekwaną pusto, rząd pochylonych drzew, domy, lewy brzeg — wszystko gubiło się w śnieżnej mgle i uciekało sprzed oczu. Śnieg wpadał za kołnierz, moczył twarz i grubą warstwą osiadał na ramionach i na kapeluszu. Był tak gęsty, że Tadzio, machając rękami, krzyczał „rozejść się, przejście dla szanownych tragarzy", walił dłońmi w płatki i monologował.

Koło Arts-et-Métiers poczuliśmy pragnienie i wstąpiliśmy na piwo, a po piwie koniaczek. Wjechaliśmy na Bulwary i koło Porte Saint-Martin zaszliśmy na kirsz. Roznosiło nas. Już teraz i ja byłem prawie pijany. Pletliśmy głupstwa, Tadzio, mijając policjantów, kłaniał się i mówił: „Czuj duch ty... w pelerynie" — jednym słowem karawana pijacka, trzymająca się wózka. Koło dwunastej zajechaliśmy na Saint-Lazare. Z wielkim stukiem i zasapani wyszliśmy na szóste piętro.

Śnieg sypał i sypał, zwalał się bez przerwy na całe miasto. Znieśliśmy rzeczy, ułożyli na wózku, nakryliśmy to namiotem i wyruszyliśmy. Śnieżyca rozszalała się na dobre, czuliśmy, że będzie ciężko. Zaczęliśmy się wlec krok za krokiem, stopy obsuwały się i ślizgały. Z Saint-Lazare na Reuilly jest około sześciu kilometrów. Już na Bulwarach wytrzeźwieliśmy zupełnie. Dysząc ciężko, człapaliśmy noga za nogą. Od Porte Saint-Denis bulwar wznosi się lekko aż do République. Gdyby nam nie pomógł pchać w tym miejscu jakiś Francuz, który zlitował się, widząc nasze próżne wysiłki, to nie wiem, czy ruszylibyśmy z miejsca. Śnieg nie przestawał sypać i pokrył miasto grubym kożuchem.

Umilkliśmy i z uporem posuwaliśmy się metr za metrem. Pomimo mrozu pot lał się nam po twarzy i byliśmy mokrzy od stóp do głowy. W końcu po pięciu godzinach tej jazdy zajechaliśmy przed hotel. Tadzio spieszył się na jakąś randkę i od razu pojechał, ja z Igiełką poznosiłem nasze graty do pokoju. Potem z pustym wózkiem do Domu Polskiego. To było już zabawką, bo rue Crillon blisko. Oddaliśmy wózek, wyściskałem Igiełkę, dziękując mu za pomoc. Gdyby nie on, we dwóch nie dalibyśmy rady. Potem wróciłem na Saint-Lazare.

Byłem tak zmęczony, że usiadłszy na korytarzu, zacząłem zupełnie bez powodu płakać. Dopiero gdy odpocząłem trochę, zeszliśmy z Basią na dół i unosząc kilka ostatnich drobiazgów, pojechaliśmy metrem na Reuilly.

W pokoju hotelowym, prawie nieopalanym, wydało nam się gorąco. Szesnaście miesięcy tego gołębnika wykończyło nas zupełnie.

6.1.1941

Obydwoje mamy wrażenie, że jesteśmy w sanatorium dla nerwowo chorych. Jest nam tak dobrze, tak spokojnie i swojo, że chwilami o niczym nie myślimy. Rozkoszujemy się wszystkim. Rozkoszą jest łóżko, umywalnia, osobna kuchenka, gaz, światło elektryczne, szafy, podłoga kryta linoleum i nawet ludzie: patronka wyklinająca na okupację i puszczająca radio z komunikatami z Anglii na cały regulator, piekarz i piekarzowa, witający nas jak za dawnych czasów, swoim uśmiechem ludzi grubych i dobrodusznych, sklepikarka z córką, chochlikowatą Francuzeczką, czupurny *marchand des vins*[1], były lotnik, darzący Basię wielką sympatią i wykrzykujący na jej widok do swoich klientów: *Voyez-vous, madame est Polonaise. On les aura, n'est-ce pas, madame?!*[2]

Wszyscy nas poznali i z powrotem zaliczyli do swojego *quartier*[3], do wielkiej rodziny stałych lokatorów Hôtel du Commerce. Patronka poleciła Basię do „swoich" sklepów, gdzie zapisali ją bez trudności. Ludzie są tu zupełnie inni, trochę jak na prowincji. Nie ta okropna, zachłanna i bezczelna hołota

---

1 Handlarz winem.

2 Ta pani jest Polką. Prawda, proszę pani, że im dołożymy?!

3 Dzielnicy.

IX *arrondissement*. W hotelu ci sami lokatorzy co dawniej; nawet nasi sąsiedzi zza ściany nie zmienili się. Ona nadal jest gruba i imponująca obfitością kształtów – on malutki, ładny, drobny i młodszy od niej. I znowu dolatują do nas odgłosy ich głośnych i skomplikowanych pieszczot.

Wracam pod wieczór do domu i wydaje mi się, że czas zatrzymał się, że jeszcze ciągle jest „przedtem". Patrzę z czułością na figurę stojącą przed wejściem, na sztuczną grotę obrośniętą bluszczem i na drzewo przed oknem. Śmieszne – w hotelu odnalazłem dom.

Nie chce się nam nic robić, rozpakowywać, urządzać. Kładziemy się do łóżka, zapalamy nocną lampkę i czytamy. Leżeć i czytać. Nie ma już lodowatej kamiennej podłogi, nie ma kłopotów ze spirytusem, nie trzeba chodzić po pokoju w palcie, można ręce myć w ciepłej wodzie i można spać w piżamie bez swetra i szalika na głowie. Jak sen.

7.1.1941

Już wiemy, czego należy się trzymać. Pan radca Schwerbel przyszedł na Wilię do schroniska na avenue Wagram i po Wilii wygłosił mowę do Polaków. Mowa była bardzo pozytywistyczna i zakończona zwrotką z wiersza Asnyka, tą wymowną, programową:

Trzeba z żywymi naprzód iść,
Po życie sięgać nowe,
A nie w uwiędłych laurów liść
Z uporem stroić głowę.

Verstanden?[1] Jest coś pikantnego w tym Gestapo deklamującym pozytywistyczne wiersze Asnyka na polskiej Wilii. Po tej mowie pan radca udał się do pokoju pani markizy i tam śpiewali razem – polskie kolędy. Pan radca jest muzykalny i ładnie śpiewa. A nasi słuchali ich na korytarzach. E., człowiek inteligentny, i B., robotnik (E. zapisał ten wierszyk i od niego mam tę zwrotkę) – obydwaj, opowiadając mi o tym, stwierdzili: „Panie B., to na pewno jest Polak!". Tak, bo mówi wiersze Asnyka i śpiewa polskie kolędy. To już wystarcza. Odpowiedziałem im, że jeżeli on jest Polakiem, w takim razie ja jestem Niemcem. Jeżeli w tym roku pan radca podejmie inicjatywę mszy za duszę Piłsudskiego, Dmowskiego i Daszyńskiego, to cześć! To już Polska jest na pewno niepodległa.

10.1.1941

Od Nowego Roku trzyma mróz i pogoda zupełnie nieparyska. Jest świeżo i ulice pokryte są grubą warstwą śniegu. Sprzątają go bardzo powoli i można by

---

[1] Zrozumiałeś?

świetnie jeździć po całym Paryżu saniami. Z jedzeniem coraz gorzej. Pojawiła się wszędzie wielka brukiew, tak zwana rutabaga. W gazetach podają 1001 sposobów przyrządzania tej jarzyny i przekonują o zaletach i korzyściach odżywiania się tym paskudztwem. Obok tego szał dowcipów na temat jedzenia brukwi. W każdej gazecie jest pełno humorystycznych rysunków. Na przykład rodzina przy pustym stole, ojciec siedzi z książką. „A teraz, zamiast obiadu, przeczytamy sobie ucztę Pantagruela". Podobno niemiecka cenzura jest zaskoczona tym humorem i uważa go za niewłaściwy i szkodliwy. *Schädlich!*[1] Jak można kpić i robić sobie żarty na ten temat w takiej sytuacji. Pamiętam, że w doskonałych „Silences du Colonel Bramble" A. Maurois Anglik powiada do Francuza: „Czy pan wie, dlaczego ta wojna jest tak straszna i tragiczna? Bo Niemcy nie mają poczucia humoru". To jest prawda. Bardzo głęboka. Nie ma prawdziwej kultury bez subtelnego dowcipu. Boję się narodów bez dowcipu, bez lekkości. Między Niemcami a Francuzami istnieje tu przepaść, niedająca się wypełnić niczym; żadną kolaboracją, porozumieniem i nowym miejscem nowej Francji w nowej Europie.

O tym coraz głośniej. Vichy wyrzuciło anglofilów i zaczyna wyraźnie stawiać na współpracę z Niemcami. Urabia się opinię w tym kierunku. Już w ogonku słyszałem parokrotnie zdania, że Niemcy są *gentils*[2], że są dobrymi organizatorami, że przysyłają Francji swoje kartofle. Gdzież, u diabła, podział się ich *esprit de contradiction*[3]. Swój wrodzony krytycyzm wyładowują na *notre gouvernement*[4], na tle którego Niemcy wypadają oczywiście wspaniale. Całą administrację pozostawili w rękach Francuzów, administracja ta oczywiście kuleje, bo nagle zrobiła się bardziej „planowa" niż niemiecka; mnóstwo papierów i formularzy, a brzuchy puste.

20.1.1941

Pan radca jest dobrym psychologiem. Wypożyczalni książek polskich w Domu Polskim nie zamknął. Kazał sobie tylko dać katalog, wykreślił „niebłagonadiożne" tytuły, kazał je sobie oddać i zabrał się sam do ich czytania. Wśród wykreślonych dzieł znalazła się jakaś antyniemiecka książka Axela Munthe. Pan radca przeczytał to i w kilka dni później przyniósł to jednemu z Polaków w schronisku Batignolles. „Niech pan to przeczyta. Jest to chyba najlepsza charakterystyka Niemców". Podobno Axel Munthe przyprawił ich w tym zupełnie dobrze. (Nie czytałem). Czy to ma być ostrzeżenie? On jest naprawdę figlarny. Optymiści twierdzą, iż on, czując, że Niemcy tej wojny wygrać nie mogą, zabezpiecza się w ten sposób na przyszłość. Jesteśmy wielką rodziną, na czele której stoi radca, ojciec łagodny, wszechwiedzący i wszechpotężny. Każde jego powiedzonko lotem strzały obiega polski Paryż. Byłym żołnierzom,

---

[1] Szkodliwy!

[2] Grzeczni.

[3] Duch przekory.

[4] Naszym rządzie.

którzy znikąd nie mają pieniędzy, daje czasem po kilka franków na papierosy. „A gdyby wam policja francuska robiła trudności, że jesteście bez papierów, to przychodźcie do mnie. Już ja im tak zatelefonuję, że was palcem nie tkną". No i ciągle pracuje w pocie czoła nad tym, żeby wszystkim umożliwić powrót do kraju. „Tylko wy, waszym zachowaniem się, nie utrudniajcie mi roboty". I część dzieci jest grzeczna. Ale nie wszystkie...

31.1.1941

Ameryka przypomina kota wchodzącego do miednicy z wodą. Umoczy łapę, otrzepie ją, potem stoi i patrzy. Wsadza drugą i znowu prędko wyjmuje, otrzepując. Może kiedyś zdecyduje się wejść.

C. wyraził dziś poglądy „oświeconych" Francuzów: „Niemcy są jeszcze za łagodni z nami. Powinni tak skręcić śrubę, żeby to czegoś nas nauczyło. To jedyna sposobność podźwignięcia nas z upadku i rozkładu moralnego".

Zapewniłem go, że może nie mieć żadnych obaw. Niemcy na pewno skręcą śrubę, bo to jest jedyna rzecz, którą oni potrafią robić dobrze. Ale to nie dźwignie z upadku Francji. Jestem prawie pewny, że gdy rzymskie legiony wmaszerowały do Grecji, Grecy zachowywali się podobnie. C. opowiadał mi, z typowo francuskim obiektywizmem, o lenistwie i tępocie młodzieży francuskiej, o zaniku rzemiosła i o skandalicznej wydajności robotnika. Żadnej dyscypliny i żadnej karności. Jest wykładowcą w szkole zawodowej istniejącej przy jednej z fabryk. Jako przykład opowiedział mi, że wyniki badań psychotechnicznych przy przyjmowaniu uczniów do tej szkoły są z roku na rok coraz gorsze. W tym roku na przykład szereg czternasto-, piętnasto- i nawet szesnastoletnich chłopców nie umiało opisać, jak spędzili ostatnią niedzielę. Nic — pustka. Z piórem w ręce przesiedział taki całą godzinę i nie postawił ani jednej litery. Swoją drogą nie znam w wielu wypadkach większego subiektywizmu jak właśnie ten francuski obiektywizm. Oni potrafią być wspaniale stronniczy przy zachowaniu pozorów najbardziej urzekającego obiektywizmu.

15.2.1941

Byłem dziś świadkiem na ślubie Antka. Drugim świadkiem był patron jego hotelu, gruby i wąsaty Francuz; sympatyczny okaz prowincjała „pomimo wszystko". Ten nigdy nie będzie paryżaninem. Pojechałem na rowerze, a potem we czwórkę poszliśmy do Merostwa. Tam czekaliśmy chwilę na korytarzu. Przyszedł ospały i oblepiony wstążeczkami orderów woźny i otworzył nam salę ślubów. Jest to specjalna sala, ozdobiona zwykle boazeriami, wysłana dywanem, oficjalna. Można by być wniesionym do niej w głębokim śnie i po przebudzeniu się na pewno nie powiedziałoby się „dzień dobry", lecz *République Française — Liberté, Egalité, Fraternité*[1].

---

[1] Republika Francuska — Wolność, Równość, Braterstwo.

W końcu sali stoi wielki stół, przykryty zielonym suknem. Przed nim dwa wielkie fotele dla nowożeńców, po bokach, pod ścianą, krzesła dla świadków. Dalej rząd krzeseł dla widzów i zaproszonych z rodziny. Jak w kinie. Usiedliśmy tam i czekali na inne pary, bo mer załatwia zwykle seryjnie tę uroczystość. Po chwili przyszła jakaś para z tłumem krewnych. Wszyscy wymalowani już dobrze na czerwono winem. Ciągnęło od nich jak z beczki, z której wysączono przed chwilą resztki *pinard*[1]. Zaczęli gadać wszyscy naraz i oczywiście o jedzeniu i o kartkach żywnościowych. Potem weszły inne pary z rodzinami i w sali zrobił się tłum. Wszedł woźny, zamknął okiennice i zapalił wielkie i lśniące świeczniki i żyrandole. To tak wytworniej przy sztucznym świetle. Podszedł do wejścia i zawołał: *Monsieur le Maire!*[2] Wszyscy wstali, jak dzieci w szkole. Mer wszedł w czarnym ubraniu, przepasany trójkolorową szarfą. Usiadł za stołem i wtedy my także usiedliśmy z powrotem. Dwaj pisarze zajęli miejsca po obydwu stronach stołu. Grzebali w papierach. Tymczasem publiczność zaczęła na nowo gwarzyć. Jowialny patron hotelu, drugi świadek Antka, zapytał mera bardzo głośno, czy na ślub nie potrzeba kartek. Zapytanie to wzbudziło ogólny śmiech. Odpowiedź mera, bardzo dowcipna, jeszcze bardziej wszystkich rozbawiła. — *Non, monsieur, d'ailleurs c'est déjà rationné: une femme pour toute la vie*[3]. Spożycie ograniczone. Ulewa dowcipów i dwuznaczników na temat „jednej kobiety na całe życie".

Tymczasem woźny usadził Antka i jego przyszłą żonę na fotelach, nas na krzesłach świadków. W sali uciszyło się. Podszedłem do stołu, podałem mój *état civil*[4], podpisałem się na akcie ślubu. Jeden z pisarzy odczytał personalia młodej pary, łamiąc sobie język na ulicy Kruczej i na nazwisku panieńskim matki Antka. Mer wstał — z nim cała sala. Odczytał wszystkie paragrafy, małżonkowie wypowiedzieli swą wolę i znowu kilka paragrafów, w których była mowa o tym, że mąż powinien opiekować się i utrzymywać żonę, żona zaś powinna troszczyć się o dom, nawet coś o jedzeniu — krótko i praktycznie — po napoleońsku. Mer pogratulował młodej parze i podał rękę nowożeńcom. Wyszliśmy. Przy wyjściu woźny wręczył Antkowi *livret de famille* — książeczkę rodzinną. Jest to książeczka, w której wpisane są wszystkie dane małżonków i data ślubu. Dalej idą rubryki: dziecko urodzone dnia, dziecko umarło dnia, żona umarła dnia, mąż umarł dnia, rozwód nastąpił dnia... na podstawie orzeczenia sądu itd. Wszystko jest tu przewidziane i na wszystko jest odpowiednia rubryka. Jest to na pewno bardzo wygodne.

Wyszliśmy z Merostwa. Dzień słoneczny i mroźny. W hotelu patron postawił kolejkę aperitifów. Antek drugą i ja trzecią. Wróciłem do domu.

[1] Taniego wina.
[2] Pan mer!
[3] Nie, proszę pana, zresztą żony już są na kartki: jedna na całe życie.
[4] Stan cywilny.

6.3.1941

Jeden z robotników pracujących w Rumunii jeszcze przed wojną opowiadał mi dzisiaj, jak gościnnie przyjmował uchodźców polskich w jesieni 1939 roku: „Miałem cały domek. Wieczorem przychodziło do mnie nieraz i trzydzieści osób. Każdy czuł się u mnie jak u siebie w domu. Po mordach się bili...". Czy można dosadniej i lepiej określić PO POLSKU, do jakiego stopnia goście dobrze się czuli i jak ważną placówką polską był jego dom? Wypowiedział to z dumą, zupełnie poważnie.

1.5.1941

Święto pracy i imieniny Pétaina. Rozlepiono afisze z jego fotografią i z błazeńskim sloganem: „Dotrzymuję obietnic, nawet tych, które poczynili inni" (*Je tiens les promesses, même celles des autres*). Kim są „ci inni"? Że dotrzyma obietnic niemieckich, nie należy w to wątpić... Pod tym orędzie do robotnika francuskiego, przechodzące w swej głupocie wszystko, co zostało na ten temat dotąd powiedziane. — Było źle, bo istniały różnice społeczne i walka klas. Należy doprowadzić do wyrównania różnic społecznych, a wtedy walka klas automatycznie zniknie i będzie raj na ziemi. To wszystko zrobi on — Pétain. Nie — to nie jest takie proste, a poza tym byłby już najwyższy czas przestać robić konkurencję Panu Bogu i jego Rajowi. Raj to bardzo skomplikowana maszyna i nie można jej podrabiać bez otrzymania koncesji i dokładnych planów. Inaczej kończy się na tym, na czym zwykle kończą się takie przedsiębiorstwa — na bankructwie.

Nie wiem, czy istniała kiedykolwiek tak kłamliwa epoka jak nasza. Kłamstwo, poparte siłą, wtłacza się w umysły ludzkie jako prawdę przy pomocy najordynarniejszych metod i pod wysokim ciśnieniem. Każe się wierzyć i kwita. I w tej nawale kłamstwa umysł przestaje w końcu samoczynnie działać, poddaje się i idzie; jak filar mostu pod naporem wezbranej wody lub kry. Ludzie, nie wierząc, wierzą. To jest tą najnowszą zdobyczą obecnego kłamstwa. Wierzchnia warstwa myśli i mózgu, przeznaczona do codziennego użytku, nie jest w stanie oprzeć się i poddaje się nawet już nie tylko wyszukanym, ale wręcz pierwotnym i gruboskórnym kłamstwom. Jedynie głębsze warstwy mózgu i myśli działają normalnie i od czasu do czasu reagują. Wtedy dopiero odczuwa się, w jakich łańcuchach i w jakim spętaniu kłamstwem żyje dzisiejsza ludzkość. Bezsilność wobec tego kłamstwa osłabia jeszcze bardziej odporność i ludzie najbardziej rozsądni zamieniają się w stado baranów. Obserwuję to na sobie: przeczytam coś w gazecie i dopiero po chwili łapię się na tym, że uwierzyłem. Całe narody wytresowano już w przyjmowaniu kłamstwa za prawdę; musisz połknąć — i połykają coraz gładziej, jak chore dziecko rycynę. Po tej pierwszej łyżce następne przychodzą łatwiej.

Starym zwyczajem sprzedawano dziś wszędzie konwalie. Ale ciągle zimno i ponuro. Jugosławia i Grecja należą już do przeszłości. Zwalniają greckich jeńców, a Hitler miał mowę, w której zaznaczył do jakiego stopnia, chociażby z racji swoich studiów, ocenia kulturę tego narodu. Jestem ciekawy, w jakim stopniu odkrycia archeologiczne Schliemanna przewróciły Niemcom w głowie. Im się przecież od dawna wydaje, że to oni są nowoczesnymi Grekami. Są może Spartanami, lecz nigdy Ateńczykami. To straszne, gdy cały naród choruje na jakiś kompleks. Patrzę na nich codziennie i odrzuca mnie nie ich powierzchowność, lecz to jakieś błoto, które wyczuwa się w duszy każdego z nich. W tym błocie są różne rzeczy — ale w błocie. O to chodzi. To błoto oblepia się wokoło każdej myśli o nich, zakleja i zalepia wszystko. Jakieś błoto pierwszego dnia stworzenia.

We wszystkich pismach pełno zdjęć żołnierzy niemieckich na Akropolu, czyli (używając technicznego języka fotografii) „zdjęcia kontrastowe". Bardzo!

6.5.1941

Siedzę w pokoju hotelowym G., robotnika, i słucham. „Wie pan — w tym hotelu poznałem bardzo ładną kobietę. Ma pokój o trzy piętra wyżej i żyje z jakimś Alżerianem (Algierczykiem), który codziennie rano o szóstej wychodzi do roboty i wraca wieczorem. Ja wstaję też o szóstej i zaraz po jego wyjściu idę do niej. Pośpimy sobie do dziewiątej, ona wstaje, robi kawę, chlebek z masłem, dobre śniadanie. Co pan chce; nie mam pieniędzy na jedzenie, a muszę myśleć o żonie. Trzeba jej siebie jakoś cało i w zdrowiu dowieźć do Polski. Nie mam pracy — mam chociaż codziennie dobre śniadanie". To wszystko tonem poważnym, bez cienia ironii. On wynalazł taki system przetrwania.

17.5.1941

Pierwszy raz w teatrze od wybuchu wojny. „Vive l'Empereur" u Sachy Guitry. Doskonała bzdura. Rzecz dzieje się w epoce Louis-Philippe. Kochające się małżeństwo obchodzi uroczyście trzydziestą rocznicę ślubu, na którą zaproszono wszystkich gości ślubnych sprzed lat trzydziestu. Przychodzi towarzystwo, wspaniała próbka francuskiej burżuazji. Małżeństwo z prowincji, sprzeczające się ciągle przy pomocy słówek cienkich, giętkich i ostrych, niedomówień pełnych treści — wszystko łagodzone przez gospodarza ciągłym pokrzykiwaniem: *Et le temps est quand même beau*[1]. Jakiś stary wiarus napoleoński, zajadły bonapartysta i wielka niespodzianka — zaginiony od dawna przyjaciel z młodych lat. Pan domu odszukał go i zjawienie się jego ma być niespodzianką dla żony. Wszak ona go tak lubiła... Zaginiony przyjaciel przychodzi, ale pan domu widzi, że wraz z jego pojawieniem się humor żony i całe jej ożywienie nikną. Wydaje mu się to podejrzane. Zapytuje żonę o przyczynę. Ona wykręca się, w końcu wyznaje, że niedługo po ślubie przyłapała M. Roberta na czułej scenie z jej siostrą. Oczywiście musiała wyprosić go z domu. Wszystko to przypomniało jej

[1] Za to pogodę mamy piękną.

tę scenę, gdy obchodzą z radością trzydziestolecie ich niczym niezachmurzonego małżeństwa, pełnego miłości do dziś dnia.

Mąż, zły z zepsucia się nastroju, prosi Roberta na rozmowę: „Robercie, ja wiem wszystko...". Robert: „To świetnie; widzisz, chciałem ci sam o tym powiedzieć, ale skoro już wiesz... W każdym razie podziwiam cię...". Oczywiście. Mąż szybko orientuje się, że żona zdradziła go z Robertem w kilka tygodni po ślubie — trzydzieści lat temu. Kłopotliwą sytuację przerywa wejście samego pana Daguerre z piekielną machiną fotograficzną. Towarzystwo ustawia się w grupę, która jest po prostu żywą fotografią z tamtych czasów. Wspaniały chwyt, pełen tego specyficznego smaczku Guitry. Teatr trzęsie się ze śmiechu.

Cztery następne akty są wariacjami na temat pierwszego i kończą się zgodą. Biedny mąż waha się, co zrobić. Bo to już trzydzieści lat temu, a równocześnie mimo wszystko zazdrość, podrażniona duma. Pojedynek? Tak radzi stary bonapartysta. „Na szable! Bij na ślepo!". Jako świadek, obeznany ze sprawami honorowymi, przyda się na stare lata. Przyjaciel z prowincji łagodzi. Równocześnie żona jest na niego wściekła, bo on nie chce z nią mówić i nie żąda wyjaśnień. Potwór — nawet nie chce wiedzieć, jak się to stało. Wreszcie, ubłagany, godzi się na spowiedź.

Ile razy — Raz. Jeden, jedyny raz? Można oszaleć. Bo żeby dziesięć, dwadzieścia razy — no, można by zrozumieć.

Żona: — Bo widzisz, moja zdrada była... patriotyczna.

Mąż: — Co?

Żona: — Pamiętasz? Jedliśmy z Robertem kolację we trójkę w tej restauracji. I w ten wieczór przyszła wieść o zwycięstwie pod Austerlitz. Cały Paryż szalał, a ty krytykowałeś Napoleona. Pokłóciliśmy się i ja wyszłam z Robertem. Nie wiem — jakoś tak znaleźliśmy się w hotelu.

Mąż: — W hotelu!... No i...

Żona: — I w hotelu... Kiedy wiesz... no cóż, zwycięstwo, a ty krytykowałeś Cesarza. Nawet w pewnym momencie... tak, w pewnym...

Mąż — W pewnym momencie... psychologicznym...

Żona — Tak; w pewnym momencie psychologicznym krzyknęłam nawet: *Vive l'Empereur!*

Nie wiem, czy Guitry nie zbudował w ogóle całej tej bzdury wokół tego pomysłu, zresztą świetnego. To jest coś absolutnie francuskiego i nie ma w tym nic nieprawdopodobnego. Jeszcze teraz śmieję się.

Potem dialogi i dialogi; błyskotliwe, subtelne. SŁOWO. Pojedynek. Przyjaciel z prowincji powiada, że żona mogłaby zapobiec pojedynkowi już na placu. Wobec tego mąż delikatnie informuje o tym żonę. Gdzie tam — pani ani myśli o interwencji. Przeciwnie: jest zachwycona. Będzie się o nią bił; PO TRZYDZIESTU LATACH. Jak on ją jeszcze kocha!

Można naprawdę oszaleć. Nie będzie pojedynku. Zdradzi ją — z tą ładną uczennicą, która przychodzi do niego na lekcje śpiewu. Zemści się w ten sposób. Kilka scen z młodą Geneviève Guitry, czwartą żoną Sachy. (Czym dalej, tym one są coraz młodsze). Żona coś przeczuwa i postanawia pomóc mu w tej awanturce. Będą wtedy skwitowani. No i nie będzie miał nad nią tej przewagi, że jej nigdy nie zdradził. On wychodzi na zorganizowane przez żonę *rendez-vous*[1]. Wszyscy oczekują jego powrotu. Wraca. NIC. Żona jest wściekła. Wszystko o trzydzieści lat za późno. „Gdybyż to było trzydzieści lat temu".

Sacha Guitry nie miał nawet co grać, tak rola jego była prostą. Stroje ładne, dekoracje podłe, rekwizyty prawdziwe, prawdopodobnie z jego prywatnych zbiorów. Zapadał zmrok, gdy wyszliśmy z teatru. Szliśmy od Madeleine do Opery na piechotę, mówiąc o tej sztuce. Na Bulwarze było pusto i spokojnie. Czasem tylko zadudniło pod ziemią metro albo syknął popielaty samochód niemiecki. Jakaś ładna dziewczyna przystawała co parę kroków przed wystawami i pozwalała zbliżać się powoli postępującemu za nią klientowi. W Café de la Paix pustki. Dwóch oficerów dopijało resztki piwa na tarasie. Wystawy ciemne. Pomimo tej ciszy i pustki wieczornej jednego z najbardziej ożywionych dawniej miejsc świata było coś w nastroju, co jeszcze bardziej zbliżało do tego miasta i czarowało. Przywiązałem się do tych kątów, zżyłem z nimi w codziennym obcowaniu, tym szarym i dziwnym, w codziennych jazdach rowerem. Znam każdy kamyk, każdą nierówność bruku, którą na pamięć wymijam w nocy. A wszystko jest zawsze nowe, pomimo starej znajomości. Zatruły mnie te kąty i kamienie, czy co?

Czy taką sztukę można by zagrać u nas? Nie wiem, czy po przetłumaczeniu zostałoby z tego wiele; czy po przeniesieniu tego z Théâtre de la Madeleine do jakiegoś polskiego teatru nie zgubiłoby się po drodze „to coś", co tak trudno określić. Te francuskie sztuki są do tego stopnia francuskie, że podane w innym klimacie, w innej temperaturze, tracą bukiet. A w nich, jak w winie, właśnie bukiet jest najważniejszy. W innym klimacie przywiązuje się do takich rzeczy albo zbyt wiele znaczenia, albo zbytnio się je lekceważy. Z tego, co tu jest przystawką, przyrządza się u nas często cały obiad, albo wcale się nie je. I trudno się temu dziwić. Tak musi być.

Paryż i francuska myśl mają w sobie coś z szampana, brzoskwiń, burgunda, sardynek, serów. Soczyste, podniecające, łatwostrawne, pikantne, pełne smaku, lekkie. I życiowe. Nie lubią nadludzi i nadmyśli. Tym zawsze przyciągną — choćby miało się ich dosyć z wielu innych względów, a nawet pogardzało jako ludźmi. Może ich postępowanie w tej wojnie jest tylko ludzkie, życiowe i praktyczne? Praktyczne na pewno. Najlepszy dowód, że idę teraz spokojnie z teatru i że mogę myśleć o tych rzeczach. Są bez honoru? To teraz. Bo może w końcu wyjdą z honorem, a jeżeli nie — to i tak świat gotów im to przebaczyć i zapomnieć. Czegóż nie przebacza się pięknej kobiecie, bez której nie MOŻNA żyć? Polska? „Cousine Bette"[2] narodów. Będą nam zawsze mieli wszystko „za złe", jak za złe ma się ubogiej kuzynce wszystko. Żyjemy z ciągłą podświadomą tremą. I gdy mamy wypowiedzieć naszą „kwestię" i zagrać naszą rolę, szarżujemy. Publiczność nie lubi takich aktorów. Szczególniej ta dobra, premierowa. A tak już jest na tym świecie, że opinię wyrabia właśnie ona. Francja pojedzie

[1] Spotkanie.
[2] „Kuzynka Bietka".

dalej opinią, jak ci uczniowie, co ucząc się świetnie do połowy siódmej klasy, zdają jeszcze maturę opinią. Wywiną się. Mało tego: będą bohaterami. I znowu to samo: wczoraj ich nie znosiłem, dziś ich lubię, jutro zeklnę ich... A w dziedzinie myśli pozostaną środkiem przeczyszczającym, zastrzykiem wzmacniającym, lekarstwem na apetyt. Dla wszystkich innych narodów.

24.5.1941

„Listy" Słowackiego do matki. Do okresu mistycznego jest mi bliski i zrozumiały. Potem cześć! Nie mogę, nie przełykam, zwracam. Bardzo dobre uwagi o Francji. Czuje się wyjątkowy dowcip, cienki i pachnący. A potem kurtyna zapada. Ta polska skłonność do popadania w mistycyzm jest aż trochę przerażająca. Jesteśmy często okazami, u których między fizyką a metafizyką nie ma w ogóle granicy. Rozciągają się tam natomiast jakieś „Dzikie Pola", po których bezkarnie buszują różni Towiańscy z wichrem bzdury w zawody. Ale cóż innego może pozostać narodowi wiecznie biednemu, wiecznie niszczonemu i tłamszonemu, a mającemu równocześnie bardzo wysokie wyobrażenie o sobie, kontuszowe i wojewodowo zadyszane. Gdybyśmy byli narodem bogatym, narodem w marynarkach z portfelem (a niekoniecznie z „kiesą"), historia nasza byłaby może najsławniejszą na świecie. A w każdym razie najbardziej bohaterską. Tymczasem ustosunkowanie się świata do nas jest w najlepszym wypadku życzliwo-pobłażliwe. Traktują nas zupełnie tak, jak „kulturalni" antysemici Żydów: „Ostatecznie nie można robić świństwa...". Jesteśmy często jak ten żebrak, co puka do drzwi i gdy częstują go zupą i chlebem, on nagle prostuje się i nadwiślańskim akcentem, lecz po francusku, woła, podkręcając wąsa: *Madame, je ne mange que la langouste au mayonnaise*[1]. Nasza mania cierpiętnictwa nieoświeconego, wieczna gotowość do umierania czy trzeba, czy nie potrzeba, do każdego poświęcenia, doprowadziły do tego, że Francuz albo Anglik jest głęboko przekonany, iż nam łatwiej jest rozstać się z życiem niż osobnikowi jakiejkolwiek innej narodowości. Pewnie — z punktu widzenia czystej etyki i moralności, honoru, jesteśmy godni szacunku w stopniu znacznie większym niż inni; ale świat myśli praktycznie. Ciągły konflikt naszej psychiki z psychiką obcych polega na ustawicznym nieporozumieniu, przeciwstawianiu teorii praktyce, zwalczaniu czołgów kawalerią. (W tę kawalerię puszczoną na czołgi nie mogę jeszcze uwierzyć). Szermujemy pojęciami rycerskiego honoru, mieszając w nich ciągle kompleks niższości z pańskim gestem i — trudno i darmo — chamską pretensjonalnością. Wyciągamy wnioski teoretycznie słuszne i przeciwstawiamy je myśli zimnej, kupieckiej, ściśle wymierzalnej, w której nawet podłość jest usankcjonowana, jeżeli wynika z niej korzyść uchwytna. To przypomina mi zawsze jednego kolegę, z którym grywałem w szachy. Miał on zasadę niebicia figur, niewymieniania, bo na tym cierpiała „estetyka gry". Kiedy zorientowałem się w tym, zacząłem bezlitośnie wykorzystywać każdy

[1] Zjem tylko langustę w majonezie.

moment, w którym czułem, że „dla estetyki gry" robi głupstwa. Podsuwałem mu moje figury do bicia, wiedząc, że nie będzie ich bił. Zyskiwałem nieraz nie tylko figurę, ale POZYCJĘ. To było jeszcze ważniejsze. I biłem mu wszystko. On złościł się, mówił o „estetyce gry" i — przegrywał. Musiał przegrywać. Nas znają już od tej strony. Wiedzą, że dla „estetyki gry" popełniamy takie i takie głupstwo. I biją nam nie tylko pionki, ale figury, choć nie wiem, czy udaje nam się grać kiedykolwiek z prawdziwymi figurami. Na palcach można by policzyć takie gry. A wiadomo, że pionki bije się także *en passant*... Kultura? Kultura jest dla nas często kredką do ust. Parę pociągnięć przed wejściem na przyjęcie. Po czym zachowujemy się wyzywająco. Furkoce Balzac, Flaubert, Montaigne, Chamfort, Marks, Tołstoj, Szekspir, świetne przestrzeganie zewnętrznych form „bon tonu" (nie zawsze) i równocześnie przerażający brak taktu. Ten brak taktu, który tak często my zarzucamy Żydom. Jesteśmy do nich bardzo podobni i tu pewnie znajduje się źródło naszego antysemityzmu.

Czesi. Hacha podpisał, kraj pozostał nienaruszony; za czasów utraty niepodległości nie rzucali się, postanowili w e w n ę t r z n i e nie poddać się i skorzystać z pierwszej sposobności, która pozwoli im odzyskać niepodległość zewnętrzną. I robili pieniądze. Teraz odzyskają niepodległość, bo będą także bohaterami i będą ich bardziej cenić i więcej o nich wiedzieć niż o nas. Opowiadano mi, że w Paryżu jest 240 Czechów uchodźców. Nie tułają się po schroniskach, nie obnażają swej bohaterskiej nędzy przed innymi. Każda z zamieszkałych tu od dawna rodzin czeskich wzięła podobno jednego uciekiniera i pomaga mu. Oni na to mają. A my? Wieczny stosunek zbankrutowanego arystokraty do Żyda pachciarza. Patrz, Żydzie, na portrety moich przodków, patrz na broń na ścianach, patrz na blizny odniesione w pojedynkach o honor i — pożycz chamie parę groszy. A Żyd czasem da z pobłażliwym uśmiechem, potraktuje lekceważąco, bo blizn, czarnych portretów i zaschniętej krwi nie można zastawić. Stara broń? Zależy jaka. I Książę ma pretensję... Nie. Nie żadne „Kupą Mości Panowie". Trzeba siąść spokojnie, zdjąć marynarkę, rozwiązać krawat i wpatrzyć się w szachownicę. I powtarzać sobie „jestem Polakiem" bez piosenki o ułanie i bez mętnej metafizyki. Jesteśmy zbyt wiele warci, zbyt zdolni i lotni, narażeni na zbyt wiele zasadzek, żeby pozwalać sobie na harce po różnych „Dzikich Polach".

Słowacki wyraża się o George Sand z wielkim uznaniem. Coś mi się przywidziało.

31.5.1941

W całej atmosferze Paryża wyczuwa się jakiś niezrozumiały stan podgorączkowy. Wieczorem w „naszym" kinie. Przed wyświetleniem tygodnika aktualności nadają teraz krótkie przemówienie: „Zarząd kina uprasza publiczność o spokojne zachowanie się w czasie wyświetlania aktualności, gdyż jakiekolwiek manifestacje pociągną za sobą zamknięcie kina i ukaranie winnych, a w pierwszym rzędzie właściciela". Jest to zarządzenie Prefektury Policji. Potem wyświetlano tygodnik „Association Cinématographique Européenne".

Jesteśmy już wielką Europą walczącą. Na filmie zestrzeliwano tylko angielskie samoloty i topiono tylko angielskie okręty. Jakiś robotnik francuski za nami powiedział: *En même temps!*[1] w londyńskich kinach strąca się tylko niemieckie samoloty i topi niemieckie okręty. *Ils sont quitte*[2]. Nie – to nie jest naród, który nadawałby się do tępego zaszeregowania go. W Afryce niewesoło. Nie mają czego pokazywać. Pod Tobrukiem walka pozycyjna. W kinie panowała martwa cisza.

1.6.1941

Mam dwa dni wolne. Dziś i jutro. Dzisiaj nagle zrobiło się lato. Słońce i niemal już upał. Nie było wiosny w tym roku. Pierwszy raz od wielu miesięcy zabrałem się do czytania po francusku. Przeszło mi. „Indiana" George Sand. Słowacki zareklamował mi ją i postanowiłem panią Sand poznać bliżej.

Kilka tygodni temu otworzono na Boulevard Saint-Michel wielką księgarnię niemiecką. Urządzona ze smakiem, nowocześnie, wystawy świetnie rozwiązane, książki i oprawy bez zarzutu. Niemiecka grafika pełna prostoty, harmonii, stonowana w kolorach – doskonała. Oglądałem tę księgarnię kilka dni temu. Było słoneczne popołudnie, niebo bladoniebieskie, wszystko pogrążone w tym ostrym, a równocześnie niemęczącym świetle paryskim. Naokoło bistra gwarne jak ule i małe księgarnie, wielkie księgarnie ze stołami pełnymi książek na chodniku. Książki pomieszane, stosy Balzaków po 3 franki. Flaubert, Gautier, Dumas, Pani Sand. „Dama Kameliowa" przygnieciona albumem arcydzieł Luwru, „Cousine Bette" z książeczką o Cézannie, „Trzej Muszkieterowie" z „Panną de Maupain", Listy pani de Sévigné i Listy panny de Lespinasse, Octave Aubry ze swoimi Napoleonami. Okładki takie i owakie, najczęściej żadne. Dałem spokój niemieckiej księgarni i prześlicznym wydawnictwom. Zezłościło mnie to pismo gotyckie, maszerujące sztywno i równo, matematycznie, układ linii i płaszczyzn nieskazitelny i harmonijny jak marsz wojskowy: bum, bum, bum i fifry. Ponure wizje niemieckiego gotyku w cudownie wydanych albumach sztuki. Poszedłem do tych zaśmieconych stołów i zrobiło mi się lekko. Miałem wrażenie, że te wszystkie książki, takie nieefektowne, zwalone na kupę, śmieją się i dowcipkują na temat tej księgarni naprzeciwko. A nad nimi królował uśmiech reprodukcji „Indifférent" Watteau – ten bladoniebieski i aksamitny uśmiech wyższości. Lekki wietrzyk poruszał nim i wydawało mi się, że tańczy. Tak. Na pewno. Tu był duch – tam, w całej nieskazitelności sztuki graficznej na najwyższym poziomie, dudniły podkute buty w takt bębnów i piszczałek.

Patrzyłem z daleka na tę księgarnię niemal z politowaniem i jadłem do słońca naleśnik z hreczanej mąki z konfiturą. Sprzedają je na ulicy bez kartek. Ta niemiecka księgarnia to jedno wielkie nieporozumienie. Palce miałem trochę lepkie od resztek konfitury i grzebałem w książkach swobodnie. Grzebałem

---

[1] Jednocześnie.

[2] Wychodzą na remis.

w tym duchu uśmiechniętym i wolnym, rzuconym tu dla każdego. I kupiłem „Indianę" pani Sand.

5.6.1941

Jeden z robotników, mieszkający w schronisku na avenue Wagram, chory i doprowadzony do rozpaczy szykanami pani markizy (każe im się co trzy dni przeprowadzać z pokoju do pokoju) wyskoczył z piątego piętra. Samobójstwo to zrobiło przygnębiające wrażenie na nas wszystkich. Dziś odbył się pogrzeb tego biedaka. Między innymi był na pogrzebie pan radca i z ramienia Gestapo złożył na grobie wiązankę biało-czerwonych kwiatów. Mowy nie miał i żadnego wierszyka Asnyka nie wygłosił. Pan radca uprzedził mnie do Asnyka i do pozytywistów na całe życie.

Podobno Anglicy mają zaatakować Syrię. Wszystkie konsjerżki o tym mówią. W takim razie to musi być prawda. Aaaaale czczczczy sisisisisisię nnnnnnamyślą?

7.6.1941

Anglicy chyba naprawdę mają zamiar wkroczyć do Syrii. Konsjerżki już wkroczyły, a oni nie. Tytany szybkiej decyzji. Być może jednak, że Francuzi będą się bronić.

9.6.1941

Anglicy weszli do Syrii. Niesamowite! Francuzi postanowili się bronić! Ale bez wypowiadania Anglikom wojny. Niemcom mogą powiedzieć: Widzicie, idziemy z wami. Anglikom powiedzą kiedyś: Wojny nie chcieliśmy — byliśmy z wami. Nie — nie mogę uwierzyć, że TO jest Francja. Nie chcę, bo wiem, jak bardzo jesteśmy skłonni do mówienia innym impertynencji. Ale co się dzieje wewnątrz mnie... Francja ma jednak dobrych adwokatów. Właśnie — chodzi o to, czy MA; czy nie są to zbyt często cienie umarłych przemawiające do nas głosem żywych. To jest tajemnica Francji i Francja umie posługiwać się nią wspaniale. Wielkie pióra i umysły Francji wcale jeszcze nie umarły, choć pochowano je dawno. — Całe szczęście! *Gott sei Dank!* Jeżeli Francja pozwoli im umrzeć kiedykolwiek naprawdę, jeżeli zaprze się ich, wtedy nastąpi jej koniec. I koniec nas wszystkich.

12.6.1941

„Indiana" i „Valentine"[1] pani Sand. Z przyjemnością pogrążyłem się w tej atmosferze francuskiego romantyzmu. Taki romantyzm ogrodowo-przystrzy-

---

[1] „Walentyna", Warszawa, 1930.

żony, księżycowo-bezpłciowy. Słowa są słówkami, zdania zdankami, uczucia zefirkowate, pomimo wszelkich starań nadania im siły huraganu. Trawka, ptaszki, ładnie utrzymane stawy, drzewa i liście na siatce, jak w dekoracjach teatralnych. Organdi. Wrażenie ogólne: staranność i elegancja. Wszystko utrzymane na poziomie, równe i rytmiczne, jak sonaty Karla Czerny'ego grane z metronomem. Nawet zbrodnia lub samobójstwo nie są w stanie wzruszyć. To po prostu forte (Boże broń fortissimo) konieczne w akcji, jak znaki pisarskie w tekście. Samobójstwo lub zbrodnia mają tu siłę wykrzyknika. Nawet nie dwóch wykrzykników, bo nikt szanujący się nie stawia dwóch wykrzykników. *Quelle vulgarité!*[1] Chyba może Balzac, to *enfant terrible* francuskiej literatury, o którym mówi się często z uśmiechem jak o niegrzecznym Józiu. Gdzie jej do Balzaca. Podziwiam go za to, że potrafił pokazać, iż ta uregulowana rzeka francuskiej literatury może burzliwie wylać i pienić się, że to naprawdę wylew, a nie z góry obmyślone otworzenie zastawy. Gdy czytam Balzaca, wydaje mi się, że wszedłem do olbrzymiej fabryki. Stukot poplątanych zdań, tu kręci się jakieś koło, tam się coś popsuło i raz za razem powtarzane „*dont*"[2] zgrzyta jak źle posmarowane łożysko. (...*Un fauteuil d o n t les bras étaient terminés par des têtes de sphinx bronzées d o n t la peinture s'en allait*... — „Cousine Bette")[3]. My nie przywiązujemy takiej wagi do stylu i do dobrej formy jak Francuzi. Dlatego porywa nas on znacznie bardziej.

„Smuga cienia" Conrada. Odkrywam go po raz drugi. Jakaż wspaniała umiejętność oddawania rzeczy nieuchwytnych prostymi słowami. Opisem jakiejś najbardziej materialnej i uchwytnej rzeczy potrafi oddać nastrój, wobec którego język i słowo są właściwie bezsilne. Jakaś zbliżająca się burza jest w najdrobniejszych czynnościach jego ludzi. Nie myśli się o tych czynnościach, lecz cały czas o burzy.

Nareszcie jest lato. Wieczorem wychodzimy do lasku Vincennes. Stawy i zieleń są jak wymuskany pejzaż. Gorzej — jak oleodruk. Z ogrodu zoologicznego dolatują krzyki pawi, po stawie pływa para łabędzi.

13.6.1941

Po południu Boulevard Saint-Michel i Luxembourg. Ciepło i słonecznie; jakieś rozedrganie we wszystkim. Słońce oślepiało. Jadłem naleśnik z konfiturą i mrużyłem oczy. Stukają drewniane podeszwy. Rozrzucone na stołach książki są jak stosy confetti. Miałoby się ochotę brać je garściami i rozrzucać. W Luxembourgu cicho. Szelest kamyków pod stopami przechodniów i pokrzykiwania dzieci nad basenem. Basia zawiera znajomość z jakimś chłopcem i słucha fachowych wyjaśnień o jego żaglówce; ja asystuję przy puszczaniu wielkiej łodzi podwodnej, wystawiając razem z chłopcami język przy nakręcaniu tej

---

[1] Cóż za prostactwo!

[2] Który, którego, których.

[3] Fotel, którego oparcia kończyły się brązowymi sfinksami, z których schodziła farba („Kuzynka Bietka").

machiny. Jakaś żaglówka wjechała pod fontannę i nie może wydostać się spod strumienia wody. Mój chłopiec śmieje się. Łódź podwodna ruszyła i zniknęła; chłopcy pędzą na drugą stronę basenu. Ja założyłem okulary i pędzę za nimi. To bardzo ciekawe. Siadamy potem na ławce, przymykamy oczy i jest nam dobrze. Coś jest w otoczeniu — jakby unosząca się łatwość życia, myśli... To może wiele zastąpić. I naprawdę zastępuje.

14.6.1941

Pola Elizejskie. Słońce i kapelusze, kapelusiki, turbaniki z kwiatów, mgła woalek. Malowane nogi, suknie jak gdyby z nieśmiałymi tiurniurkami, uczesania *à la* 1900. Ciastka z poziomkami na tarasie kawiarni. Przechodzą twardym krokiem Niemcy, wypatrując „zdobyczy". Jest w czym wybierać. Obok nas dwóch Niemców z żonami. Dwie olbrzymie Walkirie o powierzchowności gromu z jasnego nieba w tym kolorowym i jasnym otoczeniu. Wyglądają jak kariatydy wśród figurek tanagryjskich. Czuć od nich kapustą kiszoną i piwem; i taką wspaniałą kuchnią z rzędami fajansowych słoików z napisami: „Reis", „Salz", „Pfeffer". A na ścierkach wyhaftowane złote myśli.

16.6.1941

Przejeżdżam dziś przez Lasek Vincennes. Niemcy mają tam swoje wojenne warsztaty samochodowe. Dziś panował tam gorączkowy ruch. Pakowali, zwijali, odjeżdżali. Ludzie stali i gapili się. Od jakiegoś Francuza dowiedziałem się, że angażują ludzi z ulicy na wyjazd. Dokąd? Zdaje się, że do Polski. To mi wystarczyło. Ogarnęło mnie podniecenie. Zacząłem myśleć nad tym i doszedłem do wniosku, że to wojna z Rosją. Kompleks Napoleona. Jestem zamagnetyzowany tą myślą. Ale komukolwiek o tym mówiłem, każdy uśmiechał się z niedowierzaniem. Na drodze do fabryki jechałem kawałek z jakimś robotnikiem francuskim. Powiedziałem mu o tym. Nie chciał wierzyć. K. rozważał to ze mną i też uśmiechał się z niedowierzaniem.

17.6.1941

Mógłbym pojechać do Polski. Byłem tam jeszcze raz. Dosłownie biorą z ulicy. Właściwie nie obchodzą ich żadne kwalifikacje. Jestem zupełnie pewny. Ale ludzie boją się w to uwierzyć. Mówią, że to byłoby zbyt radosne.

21.6.1941

Od czterech dni upały zupełnie nie do zniesienia. Gorąco i duszno. Potworny, wilgotny żar. Nie ma czym oddychać. Asfalt w niektórych miejscach zrobił się błotnisty. Po pokoju chodzimy boso i w szortach. Noce tak samo gorące i prześcieradło parzy. Przy tym nastrój jest wyraźnie naprężony. Znowu wszyscy czekają. O Rosji mówi się coraz wyraźniej. Byłby to decydujący zwrot w tej wojnie.

22.6.1941

Niedziela. Siedziałem rano w fotelu i czytałem. Basia zeszła do sklepu. Nagle woła na mnie z podwórka. Wychyliłem się przez okno. „Poszli dziś rano na wschód". Myślałem, że wyskoczę przez okno. Nie mogłem uwierzyć. Zamroczyło mnie. Zbiegłem do patronki. Drżącym z emocji głosem mówi mi o komunikacie radiowym: „*Monsieur*, teraz chyba Bosze dostaną solidną wcirę" (*Ils vont attraper une bonne pilule*). Dyskutujemy z zapałem na temat potencjału wojennego Rosji. Francuzi wierzą w Rosję. Przede wszystkim w jej niewyczerpany potencjał ludzki. „Oni mają dosyć ludzi". Ale dziś nie można jeszcze nic powiedzieć. Za trzy do czterech tygodni będzie się może wiedziało coś więcej. Jeżeli wytrzymają pierwsze natarcie i potrafią wydłużyć i przeciągnąć walkę, to kto wie, czy nie będzie to początek końca. Chciałbym, żeby już minął miesiąc i żeby coś można powiedzieć. Bo to jest coś zupełnie innego. Dotychczas następowało starcie się pewnego systemu z pewną ideologią, filozofią raczej, z czymś znacznie szerszym niż system. Teraz starł się system z systemem, obydwa zbudowane na własnej filozofii i bezlitośnie i bezkompromisowo wytworzone w ramach tych filozofii. To, czego dotychczasowym przeciwnikom Niemiec brakowało i za co musieli brać cięgi.

Dojdzie tam do olbrzymiego zmagania się materiału i ludzi. Niemcy wezmą od razu wysokie C i na jednym oddechu będą chcieli skończyć. (Jak Napoleon, myślę oczywiście w tej chwili. Smoleńsk, Borodino...). A Rosjanie mają swobodę ruchów, mogą cofać się bez końca — i będą starali się tak przeciągać, aby każdy kolejny ton Niemców był coraz niższy. Leżę na mapie. Europa jest w porównaniu z Rosją ciasnym, jednopokojowym mieszkaniem.

Po południu w lasku Vincennes. Upał straszliwy. W lasku tłumy ludzi i tłumy papierów. Każdy szuka skrawka trawy w cieniu i spędza niedzielę na łonie natury. Od rozmamłanych i na wpół rozebranych mężczyzn i kobiet dolatuje smród brudnych i spoconych ciał. Paryski ludek cuchnie, śmieci i poci się. Wszyscy czytają gazety i dostrzega się na zmęczonych twarzach pewnego rodzaju skupienie. A może to tylko upał. Mowa Hitlera, a raczej odezwa do narodu, w „Paris-Midi". Stek nieścisłości i kłamstw, naginania prawdy i odwieczne „byliśmy zagrożeni i trzeba było działać". Wracamy do domu o zmroku. Ktoś przechodzi obok nas i słyszę, jak mówi: „Teraz chyba zaczęła się prawdziwa wojna". Na ławce, w półmroku, jakaś para naśladuje „Pocałunek" Rodina, na powracających rowerach bukiety kwiatów. Terczą dynama. W pokoju nie można oddychać. Idę na piwo. Patron i patronka siedzą przy radiu jak przy ognisku i mrugają do mnie. Piwo jest podłe, ale z lodu. W bistro wszyscy już świetnie znają Rosję i mówią oczywiście wiele głupstw. Najważniejsze jest w tym to, że ktoś bije się za nich. Przypomina mi się spotkanie z Murzynami nad morzem. I to dziwne przekonanie, że ten ktoś „ma obowiązek" bić się za to, co oni uważają za słuszne. Myśli są także spocone. „Gdyby Staś... gdyby Kali... to Staś... to Kali...". Konsjerżka powiedziała na podwórzu, wychodząc z klozetu i spuszczając głośno wodę: „Będzie deszcz, bo klozet śmierdzi". Masło wsiąka od razu w chleb, muchy tańczą wokoło żarówki. Wojna.

26.6.1941

Dziś wielki komunikat niemiecki reasumujący wyniki tygodniowej walki. Poszli trochę naprzód i podają zupełnie niewiarygodne ilości zniszczonych samolotów i czołgów sowieckich. Przeszło 4000 samolotów i 2000 czołgów, ileś tam dział, karabinów maszynowych itd. Nikt nie chce brać tego poważnie, wszyscy są podniesieni na duchu i coś ocknęło się nawet wśród Francuzów. Mit Rosji działa. Ale nie tylko mit. Jest w tym coś znacznie głębszego, jest to sympatia klasowa, sympatia ludu w tym kraju niedokończonych rewolucji dla kraju, który zdobył się na dokończenie jej za jednym zamachem.

Oczywiście Anglia uznała Rosjan natychmiast za sprzymierzeńca, Ameryka do pewnego stopnia także. Po ulicach powiewa coś na kształt nadziei. W metrze coraz więcej biletów podartych w formie V — „*Victoire*"[1] albo w formie H — „*Honneur*"[2] de Gaulle'a. Coś się rusza, coś drga w zupełnym zresztą spokoju i w coraz to dalej idących posunięciach kolaboracyjnych Vichy. Syria broni się „bohatersko" przed powolnie idącą inwazją Anglików.

13.7.1941

Piekielne upały. Anglicy zajęli Syrię, pomimo że przedwczoraj rozlepili w całym Paryżu afisze z napisem „Dlaczego bijemy się w Syrii?". Rzeczywiście: dlaczego? Ręce opadają nad głupotą tej propagandy i kłamstwem, podniesionymi do rzędu najwyższej instytucji w dzisiejszej Europie.

Jutro 14 lipca, dzień wolny od pracy; należy święcić go w skupieniu i ciszy — żadnych obchodów i manifestacji. Minęły trzy tygodnie tej „krucjaty przeciwko bolszewizmowi" (oficjalna nazwa obecna) i — nic. Nawet frontu nie przełamali. Rosjanie cofają się wolno, niszczą wszystko za sobą i biją się.

16.7.1941

Nareszcie chłodniej. Wyssały nas te gorąca. Odżywiamy się marnie, mało mięsa, i organizm źle znosi najmniejszy wysiłek. Owoców też niewiele i bardzo drogie. Trudno związać koniec z końcem i musimy dokładać z oszczędności do moich zarobków. Wprawdzie od pierwszego czerwca otrzymałem podwyżkę o 1 fr 15 na godzinę (ogólna podwyżka płac w całej Francji), ale i to nie wystarcza. Pomimo zadekretowania cen wszelkie wysiłki w celu usztywnienia ich nie dają żadnych wyników. Na czternasty lipca były awantury, głównie w Quartier Latin. Rozbili szyby wystawowe w tej niemieckiej księgarni, policja zdzierała ludziom przypięte trójkolorowe kwiatki i rozpędzała dziewczęta chodzące trójkami w niebieskich, białych i czerwonych sukienkach. Dziś ukazały się w gazetach artykuły ostrzegawcze: niech się wam nie zdaje, że możecie robić, co się

1 Zwycięstwo.

2 Honor.

wam podoba. To, co macie, jest jedynie łaską. Pomyślcie o zimie. Od waszego zachowania się będzie zależało wasze wyżywienie itd. Ale w metrze coraz więcej biletów w kształcie V i H.

Zastanawia mnie to nagłe przebudzenie się patriotyzmu właśnie od chwili, gdy przeciwnikiem Niemiec stała się Rosja.

20.7.1941

Chwyt propagandy niemieckiej z tym V jest koroną wszystkiego. Rozlepili dziś olbrzymie afisze z wielkim V i napisem „Victoria", a pod tym „Zwycięstwo Niemiec walczących o Nową Europę". Podszyli się pod londyńskie V i zadowoleni. Na wieży Eiffla powiewa wielki sztandar z V, na wszystkich samochodach V otoczone wianuszkiem laurowym, w radiu marsz „Victoria" — wielkie błazeństwo i operetka.

22.7.1941

Miesiąc kampanii niemieckiej na Rosję minął i Sowiety wytrzymały. Teraz należy myśleć i zastanawiać się, jak długo potrafią jeszcze wytrzymać. Niemcy ciągle prą. Francuzi budzą się. Mam wrażenie, że to raczej komuniści francuscy budzą ich. Dopóki Sowiety były sprzymierzeńcem Niemiec, panowała cisza. Kto wie, czy na dnie całej przegranej francuskiej w 1940 roku nie kryje się właśnie to, czy Francja nie przegrała tej wojny po prostu od dołu, tak samo jak my przegraliśmy nasze powstanie listopadowe. Oczywiście w innej skali, o kilka stopni wyżej, bo od tego czasu wiele zmieniło się. Ale zasada pozostała ta sama.

Londyn podał, że to V w niemieckim wydaniu oznacza „*Verloren*", a Moskwa utrzymuje, że wystarczy spojrzeć na Goebbelsa, aby przekonać się, że nie człowiek pochodzi od małpy, lecz małpa od człowieka. Co kto woli. Jeżeli chodzi o mnie, to spoglądając na całą ludzkość — nie tylko Goebbelsa — przychylam się do moskiewskiej wersji teorii ewolucji.

27.7.1941

Mówią coś o układzie polsko-sowieckim. Wszystko możliwe. Kobra z królikiem też może zawierać układy, choć w wyniku końcowym prowadzą one tylko do jednego: do połknięcia królika przez kobrę. Po dokładnym i pieszczotliwym obślinieniu, żeby gładziej poszło.

30.7.1941

Słowo stało się ciałem i Rosja jest naszym aliantem. Rząd Sikorskiego w Londynie podpisał układ z Rosją. Rosja unieważnia wszystko, co dotyczy zaboru naszych terytoriów z roku 1939. Coś w rodzaju rozmówki: „Ja ci zabrałem zegarek, on mi odebrał zegarek i wobec tego zegarek jest twój". Można też...

Najważniejsze jest w tym to, że w Rosji powstaje armia polska i że zwolnią zesłańców i więźniów politycznych. Ilu? Ilu deportowano? Nic nie rozumiem. Wiem tylko, że Francuzi mówią mi z zachwytem: „Zwolnią wam ludzi, *c'est formidable*"[1]. Ale gdy zapytać ich: „*Et de quoi ils étaient coupables?*[2] – milczą. Co to kogo obchodzi. Kobra obślinia już królika, jest poczciwa, dobra, i robi sobie propagandę. Uderzyli od tyłu, pomogli Niemcom, podpisali rozbiór, wywieźli setki tysięcy ludzi, których jedyną winą było to, że urodzili się Polakami, po czym wspaniałomyślnie zwalniają ich, pozwalają im się organizować i pokazują światu swoją „wspaniałomyślność". I cały świat wierzy, i cały świat jest już przekonany, że to my byliśmy winni i że teraz powinniśmy być wdzięczni Sowietom.

3.8.1941

Niedziela. Pogodny, bladosłoneczny dzień. Po południu poszliśmy się przejść w ciasne uliczki rue Saint-Louis, nad Sekwanę i pod Notre-Dame. Na ulicach pusto i sennie. Myśli rozpływają się w tym otoczeniu razem z dymem i mgiełką, zawieszonymi nad mostami, dachami i drzewami. Można iść „połazić", aby i myśl sobie „połaziła". Błąkając się po zakamarkach ulic, zaszliśmy nad Sekwanę, naprzeciwko Notre-Dame. Skrzynki bukinistów były otwarte. Znalazłem cały komplet karykatur Gavarniego i plik wycinków gazet z reprodukcjami karykatur Daumiera. Jest coś w tych karykaturach — i Daumiera, i Gavarniego — że ogląda się je zupełnie nie jak karykatury, ale jak rysunki przedstawiające ludzi normalnych i typy zupełnie naturalne. Natomiast wystarczy wleźć pół godziny później w jakąś uliczkę i od razu zaczyna się oglądać ludzi normalnych i naturalnych jak karykatury. Jest w tych kreskach coś tak genialnie oddającego ludzi, że sam rysunek niczym nie razi, żadną przesadą, żadnym nadużyciem — natomiast rażą żywe modele, których zawsze pełno wokoło.

Po dwóch godzinach dziobania w kojcach skrzynek usiedliśmy w bistrze tuż za ogródkiem przy Notre-Dame. Podłe piwo i podły papieros nabierają tutaj zupełnie specjalnego smaku. Są świetne i pełne treści w to letnie popołudnie, oprawione kolorami, dźwiękami i snującymi się leniwie myślami. Patrzę na nich, jak chodzą, jak łapią ryby. Wszystko tu jest w zgodzie z samym sobą, ludzie nie mają problemów i kompleksów, nie chcą gwiazdki z nieba. Życie to oni, oni to życie — *il ne faut pas chercher à comprendre*[3]. Brać rzeczy jakimi są, kląć i wymyślać z przyzwyczajenia, bez piany na ustach, z uśmiechem lub dowcipem. I nie kryć się nawet ze swoim egoizmem. Bo człowiek jest tylko człowiekiem i niczym więcej, a życie jest krótkie. Może to wszystko nie jest dobre, może kiedyś będą musieli za to drogo zapłacić — tak nas uczyli. Ale w końcu trzeba by być durniem, aby w takie popołudnie rozrywać duszę myślami, z których

[1] To wspaniałe.
[2] A na czym polegała ich wina?
[3] Nie ma tu nic do rozumienia.

nic nikomu nie przyjdzie. Więc wolę pić piwo i palić papierosa. Dlaczego mam szukać zawsze poziomek wśród czubków drzew z wstydliwym spoglądaniem w dół? Nie wypada zejść, bo tam nie ma wichrów i chmur, szumu i huku...

5.8.1941

Jest coś rewolucyjnego w całej atmosferze Paryża od kilku dni.

7.8.1941

Radio londyńskie opowiedziało dzisiaj, że Niemcy proponowali Anglii pokój. Nieoficjalnie. Zawieszenie broni, wycofanie się z Norwegii, Belgii, Danii i Holandii — w terminie późniejszym z Francji. Zagwarantowanie granic Imperium Brytyjskiego. Alzacja i Lotaryngia wcielone do Rzeszy — zgoda Vichy już jest. Zajęcie Rosji europejskiej na dwadzieścia pięć lat. Polska, Czechosłowacja, Jugosławia i Grecja państwami półniepodległymi. Londyn odmówił.

Wrażenie olbrzymie. Poza tym Niemcy zaczęli się podobno okopywać pod Smoleńskiem. Blitzkrieg diabli wzięli.

Dzisiejsze gazety parysko-berlińskie podały, że dowódcą armii polskiej w Rosji został zamianowany generał Anders. I to bez żadnych ironicznych uwag. Prawie z prawdziwym szacunkiem. Jaki cel tego? W księgarni na rue de Rivoli zdjęto wielką mapę operacji na wschodzie!!! Czyżby kompromitacja?

8.8.1941

Znowu wszystkie gazety podały oficjalnie i zupełnie poważnie, że z Londynu wyjechała do Rosji polska misja wojskowa. Nic nie rozumiem. Gdybym był Rzeckim, wysnułbym cały wielki korowód przypuszczeń... Siedzieliśmy razem z K. za naszym stołem i calutkie rano nicowaliśmy te komunikaty. On ma dobrze w głowie, ale i on nic nie wymyślił. Doszliśmy tylko do wniosku, że „za tym coś musi się kryć".

Zaczyna się metodyczne zrywanie afiszów niemieckich. Komuniści puszczają w ruch swoją organizację. Na miejsce wielkich afiszów z V powieszono afisze z mapą Europy ze strzałkami wychodzącymi z państw biorących udział w wojnie przeciwko Rosji. Podpis: *Croisade contre le Bolchevisme*[1]. Z tego napisu wydrapują teraz litery „l" i „visme" i zostaje *Croisade contre le Boche*[2]. Coś dusi się pod pokrywką normalnej ciszy i spokoju. W Paryżu nie widać niemal Niemców — opustoszało. Jedynie w kilku punktach wałęsa się czasem kilku żołnierzy lub jakiś oficer. Koło Opery, na Concorde, w okolicach Montmartre. Ale nawet na Bulwarach mało ich — *feldgrau* znikł.

[1] Krucjata przeciwko bolszewizmowi.
[2] Krucjata przeciwko Szwabowi.

9.8.1941

Wszędzie zatrzymani. Wobec tego rozpoczęli bitwę o Kijów z Budionnym.

10.8.1941

W Vichy-Etat (czy to ktoś przypuszczał, że napis na etykietkach tej wody mineralnej okaże się aż tak prawdziwy?) wielka konferencja. Podobno Niemcy zażądali od Pétaina wydania Dakaru i floty, przystąpienia Francji do wojny z Rosją, mobilizacji itd. Już im nie wystarcza ten Legion Antybolszewicki, tworzony obecnie z „ochotników" z wielkim szumem i trzaskiem pod patronatem Vichy. Radio zapowiedziało o siódmej wieczorem, że poda wyniki rozmów o dziewiątej. O dziewiątej oświadczyli, że nic nie mogą powiedzieć. Gazety zaprzeczają plotkom — chodzi tylko o sprawy wewnętrzne. A na Francuzów padł blady strach. Znowu gotowi ich zmobilizować. Właśnie kiedy już stało się pewne, że inni wywalczą za nich ich niepodległość.

12.8.1941

„*A Vichy rien*"[1] — taki jest tytuł dzisiejszych artykułów na temat wielkiej konferencji. Panuje ogólne zdenerwowanie.

13.8.1941

Skończyło się na trzęśliwym przemówieniu Pétaina, w którym wprost przyznał się, że jego polityka nie dała spodziewanych wyników, natrafiając wszędzie na niezrozumienie. Wobec tego powiększa pełnomocnictwa Darlana i „*je doublerai l'activité de police*"[2]. Wrażenie fatalne.

Rozmawiałem dziś z B. o wojnie i przedstawił mi francuski punkt widzenia. Prosty i zrozumiały, logiczny, życiowy i lekki.

— Cóż pan chce — powiada — wojna jest rzeczą nieinteresującą. Rozumiem, że w czasach rzymskich wojna mogła coś dać. Młody człowiek narażał się i jeżeli jego kraj zwyciężył i on pozostał przy życiu, to dostawał ileś tam hektarów ziemi, kilkudziesięciu niewolników, parę greckich nałożnic. Było po co się bić. A dziś? Ja w 1919 roku wróciłem do domu, byłem zwycięzcą i dalej musiałem normalnie pracować i płacić podatki. *C'est pas du tout intéressant, la guerre*[3].

Żart, ale z tego żartu przebijało coś ogólniejszego, jakieś westchnienie zmęczenia starego narodu.

---

[1] W Vichy nic.

[2] Zdwoję aktywność policji.

[3] Wojna to nic ciekawego.

14.8.1941

Rozlepiono dziś afisze o rozwiązaniu partii komunistycznej we Francji. Dopiero?

16.8.1941

Po południu w Muzeum Rodina. 1001 figur miłosnych, przy czym nie wiadomo kto z kim, kto komu, kto gdzie, którędy i w jaki sposób. Kilka prześlicznych główek, poza tym bez wrażenia. Ładny pałacyk w cichym i trochę zapuszczonym ogrodzie. Siedzimy nad brzegiem fontanny, dalej biegało kilkoro dzieci, kilka różnokolorowych kulek. Kulki zbiegły się w jednym miejscu nad sadzawką. Pływał tam utopiony ptak i kulki chciały go wyciągnąć. W cichym powietrzu brzęczały muszki. Letnie popołudnie.

Przyzwoitość przede wszystkim. Sika się, czytając afisz o uleczalności syfilisu, przylepiony wewnątrz i niewidoczny, będąc widzialnym od pasa wzwyż przez wszystkich przechodniów.

18.8.1941

Nowe afisze. Milion franków nagrody za wskazanie sprawców ciągłego rozkręcania szyn kolejowych. Wykolejają się jedynie niemieckie pociągi, ostatnio często. Na afiszach niemieckich przylepiają „motylki" z sierpem i młotem. Komuniści wypowiedzieli Niemcom wojnę na terenie Francji okupowanej.

Dzisiejszy komunikat londyński jest prosty i suchy. Właściwie ofensywa niemiecka w Rosji została zatrzymana, obydwie strony przygotowują się do przezimowania.

23.8.1941

Wczoraj zabili jakiegoś oficera niemieckiego. Dzisiaj nowe afisze: wszyscy więźniowie narodowości francuskiej aresztowani przez Niemców lub na rozkaz Niemców będą uważani za zakładników i w razie powtórzenia się zamachów tego rodzaju część zostanie rozstrzelana.

Zaczyna być wesoło. Jeden z moich kolegów francuskich był oburzony: „To nie ma sensu — to za drogo kosztuje". Zaleski, Seyda i Sosnkowski zostali zwolnieni. Prawdopodobnie nie zgodzili się z układem polsko-sowieckim. A może przewidują konsekwencje?

27.8.1941

Pogłoski o aresztowaniu Göringa. Za wcześnie. Głupia plotka.

28.8.1941

Mała, ciasna uliczka w okolicach Jardin des Plantes. Światło poranne przefiltrowane przez mgiełkę. Na ulicy złotawy półmrok, na brzegach chodników jeszcze pełne pudła ze śmieciami, w których grzebią psy. Pod ścianami domów prześlizguje się ociężałym truchtem kilka wielkich szczurów. A środkiem ulicy wlókł się ślepiec z białą laską, ciągnąc ciężko wyładowany wózek na dwóch kołach. Macał laską przed sobą i dociągał wózek do każdego wymacanego punktu. Ruch wózka był ciągiem małych skoków. Z wózka zwieszała się brudna purpurowa szmata.

30.8.1941

Rozstrzelali siedmiu Francuzów i jednego Holendra. Trzech za szpiegostwo, pięciu za udział w manifestacjach komunistycznych przeciwko armii niemieckiej. Rozwiesili afisze.

Policja urządza wielkie obławy i rewizje w hotelach. Aresztowano kilkunastu Polaków, ale Schwerbel natychmiast interweniował na policji i wypuścili ich. Troszczy się to Gestapo o nas jak o własne dzieci i krzywdy nie da zrobić. Ale ksiądz Cegiełka, Konarski i Rosinkiewicz siedzą dalej. Na szczęście jeszcze w Paryżu. Od dwunastego lutego trzyma ich we Fresnes. Podobno twierdzi, że gdyby to całkowicie od niego zależało, to wypuściłby ich od dawna. Ale ksiądz Cegiełka popsuł mu wszystko. Ciekawy człowiek. Miał kilkanaście posunięć wobec Polaków, które trudno sobie wytłumaczyć. Postąpił po prostu po ludzku, nieraz z dużym poczuciem humoru, co u Niemca wydaje się wprost niewiarygodne.

Paryż znowu zawalony żołnierzami. Sprowadzili ich widać umyślnie, aby uspokoić wzburzone umysły. Kończy się lato, dni coraz krótsze.

1.9.1941

Druga rocznica wybuchu tej wojny. Nie chce mi się uwierzyć. Udało się, jak dotąd, udało się przetrwać. Miałem dotąd szczęście. Wstyd mi, ale pomimo wszystko co nas dotąd spotkało jeszcze nigdy w życiu nie czułem się tak szczęśliwy jak przez te lata, nawet te dwa lata wojny. Jeszcze nigdy w życiu nie czułem się tak dobrze. Piszę to w pełni władz umysłowych i nie umiem sobie tego wytłumaczyć. Ale czuję to i nic na to nie poradzę. Może jestem w tej chwili jedynym okazem tego rodzaju? Pochłania mnie życie, to wspaniałe, soczyste życie, ten Paryż czasu wojny, każdy dzień.

3.9.1941

Już wrzesień. Lato minęło jak mgnienie oka. Jestem dziś rozmarzony, myśl snuje mi się po głowie jak dym z papierosa w letni, upalny wieczór. Czasem jakieś głupstwo tak nastraja. A dziś zdarzyło mi się takie głupstwo.

W południe, po obiedzie, wyszedłem z bistra przejść się. Poszedłem w stronę placyku przy kościele w Châtillon. Jest to cichy placyk, zamknięty murami małych domów i gotyckim kościółkiem. Słońce świeciło, ciepło, cały placyk drzemał i wyglądał jak dekoracja w operze. Usiadłem na ławce. Obok mnie zauważyłem kawałek papieru przygnieciony kamieniem. Odsunąłem kamyk i przeczytałem tych kilka skromnych słów: „Marku — wyjdź na górę. Mama pojechała do miasta. Czekam". Położyłem list z powrotem, przygniotłem kamykiem i odszedłem z przymkniętymi oczami. Zdawało mi się, że śnię. Spokój, cisza, słońce, małe domki i kościół, i „Marku — wyjdź na górę...".

Miałem ochotę płakać ze szczęścia za nich dwoje, miałem ochotę pobłogosławić im, ich pieszczotom, ich miłości. Płakać ze szczęścia, że to jeszcze możliwe. Pomimo wszystko.

4.9.1941

Pędzę na rowerze na złamanie karku od Etoile Polami Elizejskimi w dół. Położyłem się na kierownicy, gwiżdżę „Torreadora" i wiozę w plecaku 5 (słownie: pięć) kilogramów chleba, który wydobyli dla mnie nasi robotnicy ze schroniska w Levallois. Mają takiego piekarza, takiego cudownego piekarza, co Polakom daje chleb bez kartek. Bo on lubi Polaków. Znalazł się taki wariat. Za co on nas lubi? Ja wcale nas nie lubię. I poczciwi chłopcy kupują także dla mnie. Z „Torreadora" przechodzę na marsza Schuberta, badam ruchy policjanta i wpadam na Rond-Point z szybkością 60 km na godzinę. Na widok obelisku na Concorde gwizdam marsza z „Aidy", wpadam na brzeg Sekwany, pędzę wzdłuż Tuileries i Luwru. A teraz mały skok w okolice Hal i inspekcja śmietników. Ruchem węża przewijam się po ciasnych uliczkach. Po dzisiejszym targu śmietniki są pełne. Liście z sałaty nie ciekawią mnie. Zresztą w tym poszukiwaniu trzeba mieć system, trzeba mieć kompas. Tym kompasem są psy. Śmietnik, przy którym kręci się pies, może zawierać coś ciekawego, coś z kości lub mięsa. Jest — naciskam hamulce. „Won" mówię grzecznie kundlowi i odpycham go przednim kołem. Warczy swołocz, musi być coś lepszego. Patrzę i oczom nie wierzę. Cała głowa barania. Wyciągam z torby papier, owijam głowę i chowam. Trochę już „czujna", ale za to ile jedzenia. I pędzę znowu nad Sekwaną. Zapatrzyłem się na jakiś afisz „Madame Capet" z Cecile Sorel (śmierci na nią nie ma) i z całym rozpędem walę czubkiem buta opancerzonym w „klipsę" pedałową — w błotnik niemieckiej limuzyny. Błotnik zgina się w okropny sposób. Sabotaż — na szczęście nikt nie widział. Uciekam uszczęśliwiony. Jednak czymś przysłużyłem się ojczyźnie. Wpadam do domu i gwiżdżąc one-stepa „Salome", wnoszę głowę. Narada wojenna z Basią. Czuć? Barana zawsze czuć. Robimy prosektorium. Przepiłowuję czaszkę piłką do żelaza — jest móżdżek. Poza tym ozór i mięso z policzków. Objem się.

Potem siadam w fotelu i czytam. Jest mi tak dobrze. Nieraz, gdy w zawrotnym tempie uwijam się po ulicach na rowerze, gdy świeci słońce, jestem tak szczęśliwy jak jeszcze nigdy w życiu. Odkryłem uśmiech myśli. Nie umiem tego inaczej nazwać. Mam ochotę błaznować sam do siebie, robić głupstwa sam dla siebie; rozsadza mnie jakaś głupia radość i lekkość. Wszystko mi się podoba, wszystko wokoło jest jak muzyka. Chwytane w przelocie nastroje poszczególnych ulic i widoki wiją się wewnątrz mnie jak jakiś roztańczony korowód par, każda w innym stroju. Piję coś wielkimi łykami, czego nie umiem określić. Młodość? Dobrze mi, bo jestem młody i silny; dobrze mi, bo jestem sobą i myślę tak swobodnie jak nigdy dotąd. I mam Basię. Czego więcej potrzeba?

Basia ma rację. Kiedyś na moje pytanie, pełne dumy i zarozumiałości: „I gdzież znalazłabyś takiego drugiego męża?" ona odpowiedziała krótko:

— W Tworkach, kochanie!

Jej dowcip jest zawsze wąskoustny.

5.9.1941

Ranki są chłodne, ale słoneczne. Wszystko kąpie się w przesyconej słońcem mgiełce i lśni delikatnie. Domy, mosty, drzewa nie są domami, mostami, drzewami — są jakby ich delikatnym wspomnieniem, są jak cicho wypowiedziane: „A pamiętasz?". Zanurzam się w ciasne uliczki okolic Jardin des Plantes. Pusto. Tylko pod jakimś domem stoi wózek pełen fiołkowych wiązanek wrzosu. Kilka nikłych promieni słońca błąka się po nich i wtedy wrzosy stają się prawie czerwone. Na brzegach chodników stoją niewypróżnione jeszcze pudła na śmieci. Psy oparte przednimi łapami o krawędzie pudeł węszą i nurkują łbami w ich wnętrzach. Czasem słychać trzask zgryzanych kości, smakowity, mocny. Od razu odczuwam głód i zazdroszczę tym psom. Gdzieś dalej szczęknęła otwierana okiennica. A pod murami tłustym i obleśnym krokiem biegają szczury. Są bure, wstrętne i równocześnie zagadkowe, tajemnicze.

8.9.1941

Przedwczoraj była sobota. Wyszedłem z biura w południe i wstąpiłem do bistra na piwo. Miałem potem jechać na drugi koniec Paryża, w okolice La Muette, po masło i inne produkty kartkowe bez kartek. Stałem i gryząc suchy chleb, popijałem piwem. Do bistra weszli Francuzi od nas. Szef działu finansowego, szofer dyrektora, dwie urzędniczki. Pili aperitif przed obiadem. Zaprosili mnie. „Co pan pije?". „Tylko koniak" — odpowiadam. Patronka stawia przede mną mały kieliszek. „*Non, madame*, proszę w takiej samej szklance jak ci panowie i tyle samo". Panowie aż wzdrygnęli się, panie pozieleniały. Rozmowa zaczęła się od przysłowia czy też raczej powiedzonka *soûl comme un Polonais*[1]. Wyjaśniłem im, że określenie to podobno pochodzi z ust Napoleona i wcale nie jest dla nas obraźliwe. Podobno polski żołnierz był zdolny do akcji nawet po pijanemu, francuski wiarus był do niczego. Dyskusja o Napoleonie. Zaproponowałem i im koniak i zgodzili się spróbować. Dyskusja o Napoleonie rozwija się dalej. Szef finansowy atakuje Napoleona. Po co Napoleon pchał się

[1] Pijany jak Polak.

do Rosji? Bo musiał. Dlaczego nie pozwolił na użycie gwardii pod Borodino? „O osiemset mil od Paryża nie ryzykuje się ostatnich rezerw" — cytuję Napoleona. Ktoś wszedł do bistra, patron ledwo go obsługuje. Oparł się na łokciu i słucha. Piekarka z naprzeciwka przyszła także i słucha. Mamy publiczność. Zamawiam kolejkę koniaków i przerzucamy się na „starą galanterię francuską". Panie oświadczają, że ta przysłowiowa galanteria francuska to po prostu blaga. Jako przykład prawdziwej galanterii cytują zachowanie się Polaków wobec kobiet. Kłaniam się i całuję obie panie w rękę. Kasjerka oświadcza wprost, że nasi robotnicy są „dużo bardziej mili" aniżeli jej właśni koledzy. Szef finansów zapuszcza się wobec tego w analizę zagadnienia i twierdzi, że Polacy mają przede wszystkim *le charme slave*[1] i że to jest co innego niż *galanterie*. Ale ja wyciągam przykład żołnierzy niemieckich. Ustępują miejsca w metrze kobietom. Są lepiej wychowani — a może lepiej wytresowani — aniżeli wy. Wy zatraciliście rycerskość. Potem chwila rozmowy — coś o muzyce. Szofer dyrektora ożywia się. Niemiecka muzyka — Beethoven, Mozart, Schubert. Protestuję — to nie byli Niemcy. Prawdziwy duch Niemiec to Wagner. Może pan strawić Wagnera? Ja nie — wołam i zamawiam kolejkę koniaków. Obydwaj mają już dosyć. Rozmowa przechodzi na Polskę. Szef finansów stwierdza, że właściwie Francuzi zawsze mieszają Polskę z Rosją i znają nas jedynie z kilku nazwisk: Mickiewicz, Maria Leszczyńska, Sienkiewicz, Maria Curie...

— A Chopin? — krzyczę. Protesty. Chopin był Francuzem. Nigdy w życiu. Zaczynamy się kłócić. Nagle spoza kontuaru wysuwa się cicho patronka. Trzyma w ręce wielką encyklopedię Larousse'a i powiada: *„Messieurs — silence!"*[2] Czyta z Larousse'a: *„Frédéric Chopin, compositeur polonais d'origine française"*[3]. Przecina dysputę, panowie spuszczają z tonu. „Sztuka jest międzynarodowa" — pocieszam ich. Kiwają się. Szef finansowy spojrzał na zegarek i zachwiał się — trzecia godzina. Jest zupełnie pijany, panie śmieją się. Rozchodzimy się. Siadam na rower i jadę aż do La Muette.

Dzisiaj pani szefowa finansowa była na mnie obrażona. Zimno podała mi rękę. „Do trzeciej czekałam z obiadem — były *pommes frites*[4] — w dzisiejszych czasach *pommes frites* — i oczywiście zeschły się. Pierre nie jest dzieckiem, mógł zatelefonować..." i tysiąc wymówek pod moim adresem. I co trzy słowa POMMES FRITES.

„Na przyszły raz ja do pani zatelefonuję" — warknąłem. Uśmiechnęła się kwaśno.

11.9.1941

W Paryżu zapanowała moda strzelania do żołnierzy i oficerów niemieckich. 6 września, 10 września i wczoraj ustrzelili kilku. A teraz Niemcy zastrzelą

---

[1] Słowiański urok.
[2] Panowie — cisza!
[3] Fryderyk Chopin, polski kompozytor pochodzenia francuskiego...
[4] Frytki.

zakładników. Komuniści ratują w ten sposób honor Francuzów, którzy po wojnie powiedzą: „To my".

14.9.1941

Wczoraj Roosevelt miał wojowniczą mowę. Kazał swoim okrętom strzelać do wszystkiego co niemieckie. I zwymyślał Niemców wprost ulicznymi słowami. Taki cham! Pani P., Amerykanka z pochodzenia, powiedziała mi kiedyś, że wojna przeciwko Niemcom jest w Ameryce niepopularna i że Roosevelt sprowokuje najpierw Japończyków i via Japonia wypowie wojnę Niemcom. Bo wojna przeciwko Japonii będzie w Ameryce wojną „świętą". Dosyć to skomplikowane, ale w tych czasach trzeba brać pod uwagę opinie nawet starych wariatek. W końcu w domu obłąkanych należy słuchać pomyleńców. Oby tylko wszyscy do końca nie byli obłąkani.

16.9.1941

Afisze o rozstrzelaniu dziesięciu zakładników. Atmosfera zagęszczona.

19.9.1941

Znowu zastrzelono oficera niemieckiego. Nie złapano dotychczas ani jednego z tych myśliwych. Dobrze zorganizowana robota komunistyczna. Wobec tego dziś ogłoszono zarządzenie karne, obowiązujące w całym Paryżu: 20, 21 i 22 po godzinie dziewiątej wieczorem nie wolno chodzić po ulicach. Ludzie złapani po dziewiątej będą osadzeni w więzieniu jako zakładnicy. Generał Stülpnagel ostrzega ludność, że jeżeli dalsze zabójstwa Niemców nastąpią w przyszłości, będzie zmuszony zastosować coraz to ostrzejsze metody. Równocześnie przeprasza mieszkańców Paryża, podkreślając, iż wie, że prawdziwi Francuzi nie mają z tymi zabójstwami nic wspólnego, że są to jedynie komuniści, ale ludność ponosi odpowiedzialność. Niewykrycie sprawców świadczy o pomocy i ułatwianiu zabójstw ze strony otoczenia.

I to cackanie się nazwą następnie okupacją. Mimo to panuje ogólne przygnębienie i nawet oburzenie na komunistów.

Kijów wzięty. Coś im na południu za dobrze idzie. Zaczyna się ta wojna na wschodzie trochę starzeć. Czytam teraz „Lalkę" i spostrzegam, że kopiuję Rzeckiego od dłuższego czasu.

Po południu na Polach Elizejskich z Lolą. Pogoda cudowna, naprawdę złote, jesienne dni. Usiedliśmy na tarasie kawiarni i obserwowali tłumek, pijąc piwo. Zapaliłem papierosa, potem niedopałek rzuciłem na ziemię. Po chwili podeszła jakaś mała dziewczynka, podniosła niedopałek i schowała do wielkiej puszki. Za chwilę przeszedł jakiś chłopak z metalowym pudełkiem w ręce i z oczami utkwionymi w ziemi. Wzdłuż wszystkich kawiarń w Paryżu, tych ludnych i elegantszych, przebiega teraz cały zastęp zbieraczy niedopałków. Od czasu ograniczenia sprzedaży tytoniu (120 gramów na miesiąc na osobę) niedopałki stały się cennym towarem. Paczka papierosów w czarnym handlu kosztuje 40 franków.

Liście na drzewach już żółkną, słońce jest blade. Na Polach Elizejskich pełno. Nagle wynurzył się na jezdni wielki dyliżans zaprzężony w czwórkę koni. Pan młody, panna młoda i goście weselni, rozśpiewane towarzystwo, krzyczą, rozmawiają z ludźmi. Bawią się, jeżdżąc tam i z powrotem od Rond-Point do Łuku na Etoile. W całym otoczeniu jest uśmiech, beztroska. Wesele przejechało. Teraz słychać stukot kopyt. Wyciągniętym kłusem przelatuje mały powozik na dwóch kołach, malowany na czerwono. Koń ma uprząż czerwoną i kopyta polakierowane na czerwono. A jakaś wspaniała kobieta siedząca obok poważnego mężczyzny ma włosy zrobione na niebiesko. Ruch, kolor, zapachy. Przymykam oczy i jest mi dobrze; całkiem po prostu i bezmyślnie dobrze.

22.9.1941

Znowu czerwone afisze. Rozstrzelano 12 zakładników.

Pogoda zupełnie letnia. Słoneczne, ciepłe dni omotane jesienną mgiełką. Siedzieliśmy wieczorem w lasku Vincennes. Cisza zupełna. Tylko co chwila dolatywał od wielkich drzew szelest trącanych przez spadający kasztan liści i głośne pacnięcie o ziemię. W tym spokoju wieczornym liście opadają łagodnie i cicho jak płatki ze zmęczonych upałem róż. Kasztany hałasują. Wieczorem Basia pyta mnie, jak się je krewetki, co w tym jest do jedzenia.

— Szyjki — powiadam.

— To niewiele.

— Tak. Trzeba tego dużo. Chcesz kupić? Nie warto. Ja, bywały zagranicą, znam się na tym...

— Ja też bywałam zagranicą.

Robię wielkie oczy. Wiem, że nigdy nie wyjeżdżała.

— Tak. Na przykład w — Polsce!!!

Moja wąskousta.

27.9.1941

Trzy tomy „Lalki". Wielka trylogia, większa od tej Sienkiewicza. Trudno o lepszą książkę, o lepsze wydobycie wszystkich pechowych cech charakteru polskiego. Tak niewiele zmieniło się to nasze społeczeństwo od tamtych czasów. „Pechowe" cechy charakteru, nie „ujemne", bo może naszym największym nieszczęściem są te głupie i tak trudne do sprecyzowania wady — na tle wielkich zalet — które psują i odbierają tak często cenę i wartość naprawdę niespotykanym gdzie indziej walorom. Jest coś irytującego w charakterze polskim, są te jakieś irytujące drobne cechy, i to objawiane najczęściej w jakiś bezmyślny i nietaktowny sposób. Nie wolno ci zarabiać dla zarobku, a jeżeli nawet to robisz, to nadaj temu cechy „pracy dla kraju". Polska Polską, ale nieraz mam wrażenie, że ta biedna Polska dosłownie usiadła nam na mózgach i nieraz wręcz ogłupia. Po czym służy do usprawiedliwiania popełnianych głupstw.

Zamiast ojczyzny dostrzegam w niej za często *Mädchen für alles*[1]. I czym o niej głośniej, tym bardziej należy się mieć na baczności, bo prawdopodobnie jakiś „geniusz" z pełną gębą Polski przygotowuje coś „genialnego".

Opis Wokulskiego w Paryżu oddaje chyba najlepiej to wszystko, co Prus chciał powiedzieć i co można by najlepszego napisać o tym „czymś", w czym taki Wokulski czuje się dopiero dobrze. Co najmniej tak dobrze jak ja. Nieraz wydaje mi się, że w każdym żywym Polaku tkwi gdzieś głęboko ukryty kompleks winy, iż Opatrzność nie pozwoliła mu umrzeć za ojczyznę. Nawet we mnie tkwi to poczucie winy. I to mnie buntuje. Bo śmierć jest dla mnie zawsze wstrętna, nawet za ojczyznę.

Wieczorem w kinie na „Trois Valses" z Yvonne Printemps i Pierre Fresnay. Stary film, ale uroczy. Niektóre fragmenty jak Degas, zdjęcia plenerowe to Manet na czarno i biało. Przy wyjściu z kina wpada się teraz w zupełną ciemność. Z innych kin wychodzili ludzie, wszędzie błyskały latarki. Wracaliśmy do domu objęci, nuciłem Basi *„Je t'aime quand même"*[2] i doszedłem do wniosku, że w żadnym wypadku nie mam ochoty na umieranie. I w końcu nikt nie ma ku temu ochoty, tylko że wśród nas nie wypada o tym mówić głośno. Wszelkie mity narodowe nigdy nie przemawiały mi do przekonania, a ten najważniejszy najmniej.

28.9.1941

Wspaniały obiad — naprawdę niedzielny. Dzięki Loli, która przyniosła nam wczoraj duży kawałek kury. Jestem teraz bezustannie głodny. Nieraz budzę się w nocy, zjadam kawałek chleba, popijając winem, i kładę się z powrotem do łóżka. Dzień w dzień po 50, 60, 70 km na rowerze po Paryżu i przedmieściach i nic porządnego na ząb.

Po obiedzie poszliśmy do lasku Vincennes. Było ciepło jak w lecie, choć dzień szary, bez słońca. Trawa już zrudziała i wyłysiała, przy każdym podmuchu wiatru leciały stada liści.

29.9.1941

Jeden z naszych robotników, trudniący się czarnym handlem i mieszkający w schronisku na Wagram, wyprawił wczoraj swoje imieniny. Między zaproszonymi znaleźli się markiza de Bonnières, dyrektorka tego schroniska i jedna z wiernych klientek solenizanta, oraz nasze Gestapo w osobie radcy Schwerbla. Towarzystwo bawiło się świetnie, śpiewano ochoczo i w końcu Gestapo zaintonowało „Hej strzelcy wraz, nad nami orzeł biały". Graniczy z surrealizmem.

Opowiadał mi o tym odźwierny z Wagram, naoczny świadek, i K., który tam mieszka i ma szczery zamiar wyprowadzić się stamtąd.

---

[1] Służąca do wszystkiego.
[2] Jednak cię kocham.

30.9.1941

Siedzę na ławce na Boulevard Arago i rozmawiam ze starym mechanikiem. „Wujo" Galant, pijak i awanturnik, przywiózł mi kilogram chleba, ja dałem mu za to trochę tytoniu i tak się żyje.

Słońce popołudniowe zapada gdzieś za Denfert-Rochereau, jest ciepło i złoto. Rozmawiamy o wojnie. „Wujo" był na Kaukazie i w Turkiestanie. Mówimy o przyszłości. „Bo wie pan — powiada stary «Wujo» — po tej wojnie musi to towarzystwo europejskie trochę się zjednoczyć. A nie tak każdy pod siebie. Bez tego ta cała Europa to będzie znowu czysty burdel". Krótko i do rzeczy. „Po tej wojnie...". Kiedy to będzie. Lepiej pogrzać się w słońcu i nie myśleć.

1.10.1941

Pogoda jakiej tutaj nigdy nie widziałem. Od rana do wieczora kolory zmieniają się i wszystkie są delikatne, łagodne, przecedzone przez gazę chmurek. Moja sklepikarka w Châtillon sprzedała mi dziś jakiegoś pasztetu bez kartek. „Co to jest?", pytam. „A czy ja wiem, może to pies", odpowiedziała z całą obojętnością ludzi południa. Jest spod Pirenejów. Hau, hau — wrrrr.

4.10.1941

Ten błazen miał mowę. Powiedział, że od 48 godzin trwa na froncie rosyjskim akcja mająca doprowadzić do ostatecznego zniszczenia i złamania Armii Czerwonej. Że akcja trwa, to jedno, ale czy doprowadzi do zniszczenia Armii Czerwonej, to drugie.

Wieczorem w Vincennes. Staw, drzewa, trawniki, niebo — wszystko jak ilustracje z „Piotrusia Pana". Cisza przerywana packaniem kasztanów.

5.10.1941

Po południu nigdy nienudząca się włóczęga. Louvre, Tuileries, Champs-Elysées. Potem Madeleine, Bulwary, Opera. Kwietniki w Luwrze prześliczne, obsadzone jesiennymi kwiatami. Grupy ludzi zatrzymują się ostentacyjnie pod łukiem Carroussel i czytają na głos wyryty tam napis: „Pod Austerlitz, gdzie złamaną została potęga Niemiec...". Niestety, tym razem nie oni to zrobią. Ale będą mieć złudzenia. To najważniejsze dla nich.

Dzień jest ciepły, łagodny. W Tuileries pełno. W teatrze na wolnym powietrzu grają „Mireille" Gounoda. Wokół niskiego płotu otaczającego teatr stoi i siedzi darmowa publiczność pogrążona w milczeniu. Wyłapują resztki muzyki i śpiewu dolatujące aż tutaj — czasem głośniejsze, czasem mrące wśród drzew. Scena jest platformą przedzieloną w poprzek ścianką dekoracji. Widać aktorów wchodzących na scenę i wychodzących „za kulisy". Mireille odśpiewała swoją arię, wyszła za scenę i usiadłszy na stołku, zabrała się do roboty na drutach. Teraz wyszedł na scenę tenor, biega po kilku metrach desek i ciska się w poszukiwaniu Mireille. Chór rzucił niedopałki papierosów, poobciągał stroje, przybrał za sceną postawę oficjalną i wolno wychodzi. Mireille odłożyła robotę na drutach i również wychodzi. Duet. Sentymentalna muzyka Gounoda płynie łagodnie, na rondo kapelusza spada mi rudy liść; a jakaś zmięta blondyna piątej kategorii całuje w rękę siedzącego obok niej grubasa. „*Chéri*..."[1]. Koniec aktu, słychać rozwodnione oklaski. Paryż 1941 czy Paryż mojej matki?

Koło Grand-Palais gra wojskowa orkiestra niemiecka. Jakieś pot-pourri z operetek. Babcia mówi do małej wnuczki: „Widzisz, *mon petit chou*[2], tutaj grało dawniej nasze wojsko, tak, *les soldats français*..."[3].

Na Polach Elizejskich ciasno. Na tarasach kawiarń siedzą ludzie. Wystrojony, drogi półświatek stuka drewnem fantazyjnych sandałów. I strusie pióra — ostatni krzyk mody.

Plac Concorde rozkopany. Wyjmują drewnianą kostkę i kładą bruk. Fontanny pluszczą. U Maxima ruch — godzina *dîner*[4]. Wystawy na rue Royale coraz uboższe, znikają skórzane torebki damskie zastępowane efektownymi torbami i woreczkami z sukna lub filcu. Model z ostatnich wyścigów w Auteuil — 400 franków. Bulwary. W najdroższych sklepach ceny podskoczyły, ale nie tak bardzo. Tylko że coraz mniej towaru.

6.10.1941

Igiełka był u nas na kolacji. Będzie mi przerabiał płaszcz na spodnie do roweru. Twierdzi, że wysztukuje. To krawiec artysta, krawiec wolny duch. Nie mieszka w żadnym schronisku, gnieździ się w „kajucie" w Armii Zbawienia, bierze bezrobocie na merostwie i dorabia szyciem. Co zarobi, to przepuści. „Raz nie mam co jeść, a raz jem kolację u tego Icka koło Hôtel de Ville za 50 franków, wszystko bez kartek". Ma duże trudności z kupnem nici, dodatków — coraz trudniej. Wtajemnicza mnie w czarny handel, w te fantastyczne transakcje z ręki do ręki. Opowiada o jakimś byłym lotniku polskim, który handluje teraz brylantami. Od tyłu, od kuchni jakichś podejrzanych knajp, gdzie 120 000 franków wkłada się z teczki do teczki.

7.10.1941

Mówią że:

Beck jest w Ameryce i jeździ z odczytami.

Są tacy, co z 40-gramowej paczki tytoniu kręcą 64 papierosy, używając do tego niedopałków i niedopałków z niedopałków. Inna metoda polega na robieniu pięciu papierosów z dziesięciu niedopałków, używając trzech na każdego papierosa. Najpierw robi się trzy papierosy — zostaje jeden niedopałek. Z tam-

---

[1] Kochany.
[2] Kochanie.
[3] Francuscy żołnierze.
[4] Kolacji.

tych trzech zostają trzy niedopałki + jeden = cztery niedopałki. Z tego jeden papieros. Zostają dwa niedopałki. Teraz pożycza się jeden niedopałek, robi się papierosa, wypala i oddaje pożyczony niedopałek. Honorowo — bez długów.

Jedno jest pewne: Hitler przeznaczył pewną ilość ludzi na stracenie i tego dotrzyma.

W strefie nieokupowanej nazywają Pétaina *Saint Philippe qu'on roule*[1].

W jesieni i w zimie ma być dużo mięsa, głównie baraniny, bo Niemcy wybijają wszystkie owce na produkcję kożuszków dla wojska na wschodzie. Najlepszym środkiem płatniczym po wsiach jest tytoń, stara odzież, benzyna i oliwa.

Wojna zacznie kończyć się za trzy lata.

C. opowiadał mi dzisiaj ze śmiechem, że jedna z większych wytwórni narzędzi chirurgicznych, w której dawniej pracował i z którą do teraz jest w kontakcie, otrzymała od Niemców zamówienie na 10 000 wzierników, przeznaczonych dla pensjonariuszek domów publicznych. Każda rozkosz publiczna ma mieć swój osobisty wziernik. A oni będą zaglądać. *Ordnung muss sein*. Typowe.

10.10.1941

P. prosił mnie, abym pomógł i dopilnował opróżnienia mieszkania jednego z naszych byłych attache ambasady (płk. Fydy). Chodziło o przeniesienie mebli z pierwszego piętra na skład do garażu. Ofiarowano mi za to 100 franków i oczywiście nie pogardziłem. Dziesięć godzin ciężkiej pracy we dwóch z jakimś podejrzanym robotnikiem i jeszcze bardziej podejrzaną służącą. Na pewno rozkradną.

Wracałem po ciemku. Padał deszcz zimny i przenikliwy. Z drzew sypały się liście rwane ostrymi podmuchami wiatru. Byłem straszliwie zmęczony, ale z jakąś dziwną przyjemnością nurzałem się w tym deszczu, nurkując w ciemnych alejach koło Trocadéro i Alma-Marceau. Jesień.

11.10.1941

Krytyczna sytuacja na froncie wschodnim. Londyn wcale nie kryje się z obawami i komunikaty angielskie są bardzo pesymistyczne.

16.10.1941

Wieczorem w Odeonie na przeróbce scenicznej „César Birotteau"[2] Balzaca. Sztuka bardzo dobrze przerobiona, gorzej grana. Jeden jedyny Popinot potrafił wyciągnąć z siebie prawdziwego Popinot Balzaca. Sztuka jest na wskroś moralna — i to tendencyjnie moralna. Od pewnego czasu powiewa po Fran-

---

[1] Święty Filip wyrolowany (żartobliwa deformacja nazwy kościoła i ulicy w Paryżu Saint Philippe du Roule).

[2] „Historia wielkości i upadku Cezara Birotteau".

cji wiaterek „odrodzenia", odrodzenia charakteru, moralności, religii, światopoglądu. Szkoda tylko, że szereg naprawdę mądrych ustaw przeprowadzanych jest przez taki rząd. Plan „powrotu na ziemię" (*retour à la terre*), premie za dziecko, dodatek na rodzinę, opieka społeczna — to wszystko rusza się i jeżeli nie dźwiga, to w każdym razie pozwala Francji trwać i przechodzić tę grypkę lżej i bez większych komplikacji. Pétain operuje pieniądzem — płaci. Drukuje i płaci. Właściwie już od dawna zaczęła się inflacja, ale francuska odporność inflacyjna jest bez porównania większa niż w innych krajach. Pieniądz jest częścią ich charakteru, jest ich tradycją, ich historią, ich moralnością, prawie życiem.

Ściśle biorąc, cała moralność Cezara Birotteau, cała moralność tej sztuki to bezkompromisowe ustosunkowanie się tego bankruta do własnych długów — to pieniądz przez wielkie P, wciskający się wszędzie, przypieczętowany życiem. I jeżeli zanalizować całego Balzaca, to moralność i charakter jego osób, które mają być dla czytelnika tym „patrz, takim powinien być człowiek silny, czysty i szlachetny" to właściwie prawie zawsze stosunek tego bohatera do pieniądza. Balzac w nieskończonej ilości kombinacji uderzeń charakterów o pieniądz buduje całą moralność swojej „Komedii ludzkiej". Rzuca ludźmi o pieniądz i opisuje dźwięk. Pieniądz dla charakteru jest tym, czym płytka marmurowa dla pieniądza.

Charakter francuski zmienił się niewiele i Balzac jest ciągle aktualny. Pomijany milczeniem, wraca teraz powoli w roli moralizatora narodu. A Francja usiłuje się odrodzić. Tylko nie wiadomo dzięki komu: czy dzięki sobie, czy dzięki Niemcom. Bo „*retour à la terre*"[1] to po prostu *Blut und Boden*[2], wszystkie pomoce i opieki społeczne to w sumie „*Wintershilfe*"[3], propagowanie rozrodczości i tępego nacjonalizmu to też wynalazek niemiecki.

17.10.1941

C. opowiadał mi dziś o swoim znajomym. Dziesięć lat temu miał ten jegomość małe przedsiębiorstwo i zbankrutował. Poszedł z wierzycielami na ugodę, na 50 procent. Ale pomimo to postanowił spłacić resztę. Wstąpił do małej fabryki jako majster, przez dziesięć lat ciężko pracował i spłacał drugą połowę długu. Trzy dni temu spłacił ostatniego wierzyciela, wrócił do domu i strzelił sobie w łeb. César Birotteau w wydaniu poprawionym.

18.10.1941

Obiad u patronów mojego bistra mógł się udać, ale się nie udał. Wynajęli małe mieszkanko w Passage d'Enfer, uliczka sprzed stu lat. Cisza, pustka, prowincja w samym środku miasta. Od razu przy wejściu konsjerżka daje mi

[1] Powrót na rolę.
[2] Krew i ziemia.
[3] Pomoc zimowa.

telegram. Mam być o drugiej po południu w Châtillon, podpisane „Chappel", czyli sam dyrektor. Siadłem do obiadu wściekły, wszystkim popsuło to humory. Telefonuję o drugiej, aby upewnić się. Okazuje się, że Niemcy chcą zabrać naszej fabryce wszystkie samochody. Mam natychmiast przyjechać i napisać kilka listów po niemiecku. Już od kilku dni nic innego nie robimy z K. jak tylko pisanina niemieckich listów. Musi Niemcom bardzo brakować środków transportowych, jeżeli łakomią się już nawet na stare graty, do tego przerobione na napęd węglem drzewnym.

Przed trzecią byłem w biurze. Dyrektor przywitał mnie słowami: „Chyba nigdy nie spodziewał się pan, że we Francji przyda się panu znajomość niemieckiego". „Tak, a szczególniej dzisiaj"... Zrozumiał aluzję i uśmiechnął się. W godzinę napisałem te bzdury i przed piątą wróciłem, witany owacyjnie przez podpite towarzystwo. Suzy, piekarka z Châtillon, była już dobrze pod gazem i wymanewrowałem z niej obietnicę 350 gramów chleba dziennie bez kartek i bez konieczności przespania się z nią. Miała ochotę, ale mnie zależy bardziej na chlebie. *Mais tu sais que j'te donnerai tout c'que tu voudras. — Donne-moi du pain et ça suffit. — Tu es quand même un peu vache*[1], powiedziała mi. *Vache*[2] czy nie, a chleb muszę mieć. Nieraz zdycham z głodu dosłownie. Ale jeszcze nie doszedłem do tego, żeby oddawać się za chleb. Potem się upiłem i w metrze tak mnie wzięło, że chwilami traciłem przytomność. Na szczęście motorniczy zaopiekował się mną i wysadził na Daumesnil. Do domu trafiłem omackiem i w domu byłem zupełnie gotów. A Basia natrząsała się ze mnie.

20.10.1941

Dzisiaj wysłali mnie do Secrétariat d'Etat à la Production Industrielle, czyli do ministerstwa produkcji, aby napisać im tam kilka listów po niemiecku. W ministerstwie nie mają nikogo. C., gdy to usłyszał, powiedział mi: *Vous pouvez noter cela comme un signe de plus de la décadence française*[3]. Właściwie to ma trochę racji. Najgorsze jest to, że coraz częściej K. i ja musimy odbierać niemieckie telefony z Astorii, czyli z „Zentralkraft". Z pisaniem pół biedy, ale gadanie wcale nie sprawia mi przyjemności. Staram się tumanić ich, ile wlezie, zapuszczając się w dyskusje o niewłaściwym tłumaczeniu. I często tych baranów można zagadać. Ci Niemcy to są jednak barany. I dlatego przegrają i tę wojnę.

21.10.1941

Natarcie na Moskwę zatrzymane. Francuzi twierdzą, że Hitler kompromituje się. Napoleon o tej porze już siedział w Moskwie i zaczął o dwa dni później od nich. 24 czerwca przeszedł Niemen. Poza tym wszyscy są przekonani, że zima

---

1 Przecież wiesz, że dam ci wszystko, co zechcesz. — Starczy, że dasz mi chleba. — Świnia z ciebie.
2 Świnia.
3 Może to pan uznać za kolejną oznakę francuskiej dekadencji.

w tym roku zacznie się także wcześniej niż normalnie, choćby tylko dlatego, aby i to było podobne do 1812.

Popełniliśmy dzisiaj „Rassenschande” i byliśmy na niemieckim filmie „Bel Ami” z Willy Forstem. Przeróbka z Maupassanta. Bardzo dobry. Już dawno nie widziałem tak dobrego filmu. Pewnie dlatego, że Willy Forst to Austriak.

22.10.1941

Niemcy są narodem genialnym, wszystko przewidzą, wszystko obliczą, przetną włos na cztery części, tylko w tych przewidywaniach zawsze czegoś brak. Najczęściej głupstwa, i na tym głupstwie rozwalają się, kładą się na całego.

Przedwczoraj znowu niewykryci sprawcy zastrzelili Feldkomendanta Nantes. Na to generał Stülpnagel kazał rozstrzelać pięćdziesięciu zakładników i pojutrze w południe rozstrzela dalszych pięćdziesięciu, jeżeli sprawcy zamachu nie zostaną wykryci. I teraz Francuzi ocknęli się naprawdę. Cały plan kolaboracji, cała idea kolaboracji obmyślona i wypracowywana od roku (nie bez znacznych wyników) weźmie w łeb.

23.10.1941

Przedwczoraj zastrzelono znowu oficera niemieckiego — tym razem w Bordeaux. I znowu rozstrzelali pięćdziesięciu zakładników z obietnicą dalszych pięćdziesięciu, jeżeli nie wykryje się sprawców. Dzisiaj już się wszystko gotuje. Opinia ogólna: to nie jest zarządzenie karne, to po prostu masakra. *C'est un massacre*. Podobno w szeregu fabryk wybuchły strajki protestacyjne. „My mamy z nimi współpracować? Tu dopiero pokazali czym są naprawdę” — słyszy się wokoło. Gdybym był Hitlerem, wylałbym tego Stülpnagla na zbity pysk. Sknocił potwornie. Wystarczyło od razu ogłosić, że pomimo zabójstwa w Nantes i w Bordeaux żadne środki represyjne nie zostaną powzięte, bo to nie Francuzi, bo nie można uwierzyć, aby to byli Francuzi — to agenci Moskwy i Londynu, prowokatorzy — za to karać niewinnych nie możemy — i cała Francja dałaby się wziąć na to, połknęłaby haczyk. Bo oni w gruncie rzeczy chcą jakiś haczyk połknąć, aby uleczyć nim kompleks, który tkwi w nich od czerwca 1940. Od roku idzie walka o duszę Francji, cała Francja pragnie jakiegoś rozgrzeszenia i szuka go to tu, to tam. I już, już była gotowa przyjąć je z rąk niemieckich *via* Vichy-Etat. I masz. Sami Francuzi to mówią i stwierdzają z pogardliwym uśmiechem: *Ils ne sont pas fins...*[1]

Udało się. De Gaulle w tych dniach pozyskał Francję. Właściwie teraz może już spokojnie spać. Jednym uderzeniem buta Niemcy rozdarli subtelną pajęczynę. Stülpnaglowi powinni dać po wojnie Legię Honorową. Zawsze tacy sami. Teraz będą chcieli to naprawić, bo nie są aż tak głupi, żeby nie zorientować się w ogromie klęski psychologicznej.

---

[1] Brak im finezji.

25.10.1941

Oczywiście! *La magnanimité du Führer*[1]... Sam Führer odroczył rozstrzelanie dalszych stu zakładników. Francja powinna być wdzięczna. Nie — Francja już zrozumiała, ty narodzie kaprali bez cenzusa. Uf — ulżyło mi.

29.10.1941

Śnieg — w południe śnieg z deszczem.

31.10.1941

Śnieg, zimno. W naszej *Salle des Fêtes*[2] jeszcze nie palą i siedzimy przy stołach, urzędując w siedmiu stopniach ciepła. Sypał taki śnieg, że spóźniłem się do pracy, bo było ciężko jechać. Wyszło oficjalne zarządzenie zabraniające słuchania radia londyńskiego. Kara 1000 do 10 000 franków i trzy miesiące do trzech lat więzienia. Oczywiście teraz wszyscy będą słuchać z jeszcze większym zapałem. *Ça fait du sport!*[3] Odroczyli znowu rozstrzelanie tych stu zakładników. Podobno na skutek interwencji Churchilla. Obiecał Hitlerowi rozstrzelać od razu 250 oficerów i podoficerów niemieckich znajdujących się w niewoli angielskiej. Jeżeli to plotka, to w każdym razie dobra plotka, puszczona z całą angielską zręcznością.

1.11.1941

Siedzimy w domu i marzniemy. Zimno przenikliwe i oczywiście nie palą. Siedzę w fotelu z nogami owiniętymi kocem, mając na sobie pięć warstw wełny, i czytam „Napoleona" Bainville'a. Jest to lektura z przezroczami rzeczywistości do tej wczesnej zimy włącznie. Po tej lekturze wszystko już wyjaśniło mi się. Niemcy muszą tę wojnę przegrać i wygra ją Rosja.

2.11.1941

Zimno jest przeraźliwe. Po południu postanowiliśmy wyjść z domu, żeby się rozgrzać. Jak co roku, pojechaliśmy na Père Lachaise. Na grób Chopina. Kupiliśmy kilka astrów i Basia miała dwie świece. Było już mało ludzi, bo późno. Grób Chopina pokryty, jak zwykle, ślicznymi kwiatami. Zapaliliśmy świeczkę i poszliśmy jeszcze na grób Oscara Wilde'a. O nim nikt nie pamięta. Tym razem były jednak dwie śliczne chryzantemy. Położyliśmy nasze kwiaty i zapalili świecę. Nasze świeczki były jedynymi światłami na całym cmentarzu, bo tu nie znają tego zwyczaju. Wiesza się metalowe wieńce i wianuszki — grób

---

[1] Wielkoduszność Führera.
[2] Sali konferencyjnej.
[3] Sport to zdrowie!

wygląda potem jak stragan z obwarzankami. Wracając, wstąpiliśmy jeszcze na grób Chopina. Nasza świeca znikła. Ukradli ją. Praktyczny naród.

Wracaliśmy na piechotę. Jedna z najpaskudniejszych części Paryża razem z tą potworną fontanną na Place de la Nation. Wielka Marianna z brązu obsikiwana zewsząd przez krokodyle w ciąży. Dopiero po naleśnikach z mąki gryczanej z konfiturą — 2 franki sztuka — humor mi się poprawił.

3.11.1941

Roosevelt miał mowę. Powiedział, że padły pierwsze strzały i ustalono, kto strzelał pierwszy. Ale nie to jest ważne, ważne jest, kto będzie strzelał ostatni. Niemcy zatopili już dwa torpedowce amerykańskie (dzisiaj jest w gazetach, że wczoraj utopili trzeci). Poza tym Ameryka została już właściwie zaatakowana, bo w posiadaniu Waszyngtonu znajdują się dwa dokumenty pochodzenia niemieckiego. Jeden z nich to mapa Ameryki Południowej podzielonej na pięć części pod panowaniem niemieckim. Drugi dokument to projekt zniesienia wszystkich religii na świecie (a w każdym razie na terenach podbitych) i zastąpienia ich kultem narodowego socjalizmu: zamiast krzyża — swastyka, zamiast Boga — Führer.

Zrobiło to wrażenie, pomimo cech amerykańskiego humbugu. Prawdopodobnie obliczone głównie na użytek wewnętrzny.

4.11.1941

„O Roku ów...". Uff — w naszym kraju, to jeszcze, ale w Paryżu... Od rana sypie gęsty śnieg, prawdziwy, nie żaden ersatz. Dachy białe, na ulicach śnieg jak w zimie. A cóż tam pod Moskwą, panie dobrodzieju? Ano 27 stopni mrozu, panie dzieju — tak przez radio Angielczyki powiadały. Natarcie utknęło w śniegu. Nadaremnie ten Szwejk z piekła rodem dąsał się i miotał miesiąc temu, obiecując decydujące rozstrzygnięcia. Ani Kronsztad, ani Leningrad, ani Moskwa... I jak pan wygląda? Jak... wielbłąda, panie H. Śnieg sypie.

7.11.1941

Na obiedzie u państwa P. Symfonia. Zupa. Potem ryba z wody. Pieczarki w białym sosie, kartofelki obsmażane w oliwie, do tego Chablis 1926. Brukselka. Gruszki w kremie. Rozegrałem przy stole *eine wirkliche Vernichtungsschlacht*[1]. Zniszczyłem. Opchałem się na całą pojemność skurczonego żołądka.

Wczoraj przemawiał Stalin. Nie ukrywa, że sytuacja jest poważna, ale dadzą sobie radę. Niech Hitler nie myśli, że jest Napoleonem. Materiałowo są osłabieni, ale Anglia i Ameryka podsyłają, a ludzi jest dosyć.

---

[1] Prawdziwą bitwę na wyniszczenie.

9.11.1941

Niedziela. Po południu spacer na Champs-Elysées i avenue Foch. Na Polach Elizejskich pełno ludzi. Przed sklepem czekolady Menier olbrzymi ogonek. Sprzedają filiżankę gorącej czekolady po 5 franków. I ludzie stoją godzinami, żeby móc wypić filiżankę gorącej czekolady. Przed kinami ścisk i także ogonki. Mania ogonków. Na małej przecznicy od avenue Foch dwa wózki z pieczonymi kasztanami. Kupiliśmy sobie dwie torebki. Zupełnie nie ma kasztanów w tym roku. Nawet i to zabierają. Odpadła i ta możliwość pożywienia. Całą jesień zeszłego roku dopychaliśmy kasztanami — teraz kartofle i brukiew w kółko. Mam pełny brzuch i chce mi się jeść. Ceny skaczą. Cukru nawet po 50 franków za kilogram nie można dostać. Obiecali mi za papierosy. Dwie paczki papierosów za kilogram cukru. Może się uda. Mogę sobie na to pozwolić, bo tytoń mam od Loli i moje kartkowe racje papierosów odkładam. Cztery razy w tygodniu mam pół kilograma chleba od Suzy w Châtillon. Z Bretanii dostajemy czasem paczkę z masłem od jednego z moich kolegów. W jesieni ususzyłem sam trochę fasoli, kartofli mamy dosyć dzięki „moim" robotnikom — zwożą mi jak tylko mogą. Zima na karku i trzeba koncentrować żywność. To chyba najważniejszy problem obecnego życia. O czym będzie się myśleć, gdy kilogram cukru przestanie być wydarzeniem historycznym?

Na avenue Foch liście lecą z drzew. Brzegiem jezdni kłusują konno niemieccy oficerowie. Idąc, czytam mowę Hitlera, które miał wczoraj w Monachium. Ale są to tylko wyjątki tłumaczone na francuski. Muszę jutro kupić „Pariser Zeitung".

10.11.1941

Mowa Hitlera w monachijskiej Löwenbraükeller jest buńczucznym, przeplatanym wulgarną ironią usprawiedliwianiem się. Churchill jest „*whiskyselige*"[1]. A ty jesteś „*schneetraurig*"[2]. Od ofensywy przeszedł do defensywy. Już nie on Anglików, ale Anglicy jego niech spróbują zaatakować. *Wenn es den Herren Engländern beliebt, sei es in Norwegen, sei es an unserer deutschen Küste, oder sei es in Holland, in Belgien oder in Frankreich, eine Offensive zu unternehmen, so können wir nur sagen: Tretet an, Ihr werdet schneller abtreten, als ihr gekommen seid!*[3] Ależ to bałwan! Ale trzeba krzyczeć, trzeba zakrzyczeć i otumanić. Na wschodzie zwycięstwo: *Wenn ich zusammenfassend den bisherigen Erfolg dieses Feldzuges umreissen will, dann hat die Zahl der Getangenen nunmehr rund 3,6 Millionen erreicht, d.h. 3 600 000 Gefangene, und ich verbitte mir, dass mer ein englischer Strohkopt kommt und sagt, das sei nicht bestätigt. Wenn eine deutsche militärische*

---

[1] W różowym nastroju pod wpływem whisky.

[2] W czarnym nastroju pod wpływem śniegu.

[3] Jeśli panom Anglikom podoba się szykować ofensywę na nasze niemieckie wybrzeże albo w Holandii, w Belgii czy we Francji, możemy tylko powiedzieć: Zbliżcie się, a odstąpicie jeszcze szybciej, niżeście przyszli!

Stelle etwas gezählt hat, dann stimmt das! (tosender Beifall)[1]. Słabszy argument. I coś takiego trzęsie światem, mobilizuje cały świat, uśmierca miliony ludzi. To jest obłąkane. A co dalej? *Ich hoffe, da ss wir in kurzer Zeit noch ein paar weitere Massnahmen treffen können, durch die wir ihnen Strang um Strang langsam aber sicher abschneiden werden.*[2] Ma nadzieję, że będzie mógł... *Ich hoffe, können, langsam aber sicher*[3] — to wszystko słowa dotychczas niesłyszane. Ale musicie mi wierzyć, bo ja jestem geniuszem, JA i MÓJ ROZUM. *Da kann ich Herrn Roosevelt nur sagen: Ich habe auf gewissen Gebieten überhaupt keine Experten. Bei mir genügt immer mein Kopt ganz allein. Ich ha be keinen Gehirntrust zu meiner Unterstützung notwendig. Wenn also wirklich eine Veränderung irgendwie stattfinden soll, dann entsteht das zunächst in meinem Gehirn, und nicht im Gemrn anderer, auch nicht in dem von Experten. Ich bin auch kein Gymnasiast* (o Boże, to jest mowa męża stanu, wodza) *der in einem Schulatlas Karten einzeichnet.*[4] Teraz na odmianę Roosevelt jest winien, że Polska stanęła okoniem: *Wenn nun der amerikanische Präsident Roosevelt, der einst schon verantwortlich für den Eintritt Polens in den Kampf war, was wir ihm heute genau belegen konnen...*[5] Ciekawe. Ciągle bije się z kimś innym, a każda mowa jest niemal wyłącznie przeciwko Anglikom, z którymi jeszcze się nie zetknął. Z tego przebija właśnie bezsilność, wściekła bezsilność związanego i milimetr po milimetrze żywcem zakopywanego człowieka. I to chamstwo. To jest coś niebywałego.

Nadzieja wzrasta. Jeszcze trzeba czekać bardzo długo. Nie tygodnie i nie miesiące, ale wiadomo już na co czekać.

Anglicy zabrali się do Włochów na Morzu Śródziemnym. Utopili cały konwój — siedem okrętów.

11.11.1941

Mowa Churchilla. Optymizm przyrządzony w przekonywającym sosie rezerwy angielskiej. Lotnictwo angielskie jest już w tej chwili równe niemieckiemu. To najważniejsze.

---

[1] Gdyby chcieć podsumować dotychczasowy sukces tej kampanii, to liczba jeńców wynosi teraz okrągłe 3,6 milionów, tj. 3 600 000 jeńców, i niech mi tu żaden angielski bałwan nie przychodzi i nie gada, że to niepotwierdzone. Jeśli niemiecki urząd coś policzył, to rachunek się zgadza! (burzliwa owacja).

[2] Mam nadzieję, że wkrótce będziemy mogli użyć paru dalszych środków, dzięki którym powoli, lecz niezawodnie zapędzimy ich w kozi róg.

[3] Mam nadzieję, móc, powoli, lecz niezawodnie.

[4] Na to mogę panu Rooseveltowi tylko powiedzieć: W pewnych dziedzinach nie mam w ogóle żadnych ekspertów. Mnie wystarcza zawsze moja własna głowa. Niepotrzebne mi wsparcie trustu mózgów. Jeśli tedy rzeczywiście nastąpić ma jakaś zmiana, rodzi się to najpierw w moim mózgu, a nie w mózgu innych ludzi ani w mózgach ekspertów. Nie jestem też gimnazjalistą [...] który rysuje mapy w szkolnym atlasie.

[5] Jeżeli tedy amerykański prezydent Roosevelt, który kiedyś już odpowiedzialny był za przystąpienie Polski do walki, co możemy mu dziś ściśle udowodnić...

Gdyby nie wczorajszy deszcz, Paryż byłby bez elektryczności. Podobno przemysł południowych Niemiec ma zbombardowane elektrownie i pracuje na energii częściowo belgijsko-holenderskiej, częściowo na północnofrancuskiej. W każdym razie elektrownie zaopatrujące Paryż idą teraz dla Niemców. Paryż bierze prąd z siłowni wodnych nad granicą szwajcarską. Przez cały miesiąc nie było deszczu i zbiorniki opróżniły się.

12.11.1941

Sikorski jest na inspekcji w Egipcie i na Malcie.

13.11.1941

Podobno Weygand zapytany na jakiejś herbatce u Pétaina, co myśli o wojnie w Rosji, odpowiedział: „Dla mnie najważniejsze jest to, że biją Boszów". Był przy tym kolaboracjonista, minister Scapini. Pétain zawołał go i kazał dać mu słowo honoru, że nie powtórzy tego dalej. Widocznie nie dotrzymał słowa, bo wszyscy sobie to opowiadają. Jedna z wielu plotek.

Ponieważ Niemcy zawzięcie głuszyli Londyn na krótkich i średnich falach, Londyn nadaje teraz na długich — 1500 m. Ponieważ jest zakaz słuchania angielskiego radia, można usłyszeć dziesięć razy na dzień tę samą rozmowę:

— *Avez-vous essayé d'ecouter Londres sur 1500?*

— *Qui. Ça va épatemment bien...*[1]

Słuchają teraz wszyscy. Nawet ci, którzy dawniej nie słuchali, wierząc w grube brednie Radio-Paris. Kolaboracja straciła popularność.

16.11.1941

„Listy" Chopina. Utonąłem w nich. Wszystkie biografie, jakie znam, rozpatrują jego muzykę poprzez zachwyt i rozsmakowanie się w niej do każdej nuty włącznie. Niewiele o samej pracy. A tymczasem on pedantycznie pracował, opracowywał, tworzył swój styl z całą świadomością artysty i rzemieślnika kompozycji. Czytając te „Listy", ma się nieraz wrażenie, że po prostu „odwalał kawałki", siedząc godzinami przy fortepianie w Nohant. Żadnej pretensjonalności. Zna doskonale własne możliwości, pracuje dużo nad Bachem, uczy się ciągle, byle czego nie puszcza na rynek, a gdy coś napisze, to „płacić". Wszystkie biografie o nim pisane są w kolorze szarej godziny, nokturnowe, melancholijne. Chopin ponad życiem pływający w mgłach preludiów i etiud itd. A tymczasem wydaje mi się, że był jednym z najnormalniejszych ludzi ówczesnej emigracji paryskiej, umysłem jasnym i artystą, który odkrywszy swój styl i przekonawszy się, że styl ten jest jednocześnie stylem epoki, że jego rzeczy idą — pogłębia go i zupełnie świadomą pracą wywalcza uznanie dla tego stylu tam,

[1] Próbował pan słuchać Londynu na 1500? — Tak, świetnie słychać...

gdzie przyjmuje się on trudniej. Listy proste, czasem kapryśne, bezpretensjonalne i dyskretne. Snob? Może. Ale wolę to jego snobstwo połączone z trzeźwym poglądem na sprawy niż na przykład Mickiewicza, w którym pomimo wszystko jest coś antypatycznego w całym tym okresie paryskim.

Kupiłem sobie trochę nut i po wielu latach zabrałem się znowu do brzdąkania na fortepianie. Wynalazłem u nas w Châtillon stare pianino za sceną, takie „zakulisowe" truchło. I gdy teraz rozczytałem się w nutach Chopina, zachwycam się nim zupełnie na nowo, zachwycam się ich prostotą i wspaniałą robotą. Jeżeli jest w tym melancholia, to zupełnie świadoma, opracowana. Genialna prostota, zrozumiałość, muzyka nie dla nadludzi, żadnej metafizyki czy idei — po prostu muzyka. Z całą bezkompromisowością polskiego serca i polskiej wrażliwości. Jak był inteligentnym, to widać z każdego listu. Urocza inteligencja spokojnego mężczyzny i silnego artysty, u którego talent był na jego usługach, a nie jak się to często dzieje wśród Słowian — człowiek na usługach talentu. Dobre serce, przemiły sceptycyzm i ironia, sporo autoironii jak u wszystkich natur zdających sobie sprawę z własnej wartości — myśl prosta i życiowa, trochę egoizmu. Jak pretensjonalnie i grubo wypada na jego tle George Sand fabrykująca powieści systemem taśmowym, głosząca myśli i kierunki z niepokojem niedopieszczonej samicy i popadająca w końcu w typowo francuskie brudki. Czytając te listy, odnoszę ciągle wrażenie, że on siedzi nad fortepianem, patrzy na to i sądzi rzeczy tak, jak na to zasługują. Wreszcie ma dosyć i zrywa — zrywa na zimno, logicznie i dyskretnie.

Po południu w kinie na „Graczu" według Dostojewskiego. Pierre Blanchar. Doskonale zrobiony film — kąpiel w dostojewszczyźnie. To ciekawe, do jakiego stopnia Francuzi wżywają się i odtwarzają nastrój i atmosferę rzeczy tego rodzaju — pozornie zupełnie im obcych. Może dlatego, że tak jak i Rosjanie mają skłonność do „technicznych" uniesień i kompleksów, niemających wiele wspólnego z prawdziwymi uczuciami. Są mistrzami zimnego nastroju, rozumowych zbrodni i matematyczno-abstrakcyjnych kompleksów duszy, powstałych nie pod wpływem uczucia, lecz myśli. Dla mnie cały Dostojewski jest przede wszystkim sztuczny. Jest tak sztuczny, że absolutnie mnie nie bierze.

Poza tym fenomenalna umiejętność odtwarzania brudu moralnego. Zola ma sporo cech pokrewnych z Dostojewskim. Francuzi celują w umiejętności odtwarzania brudu moralnego, jego właściwości duchowych.

Dodatki filmowe pocieszające. Ten szatański błazen zwiedza kwatery zimowe swoich żołnierzy. Niech zimują.

18.11.1941

Tadzio przyjechał z Mińska Mazowieckiego na urlop do Paryża. Był u nas na kolacji. Przywiózł całą walizkę rzeczy z Krakowa. Cała rodzina złożyła się na jej zawartość. Hanka przywiozła ją do Warszawy, była u Tadziów — opowieści z tysiąca i jednej nocy.

Na widok koszul i kalesonów ojca, które matka przysłała dla mnie, miałem ochotę płakać. Sami nie mają i posyłają mnie... Cukierki od Piaseckiego, papierosy... I Tadzio opowiadający o Polsce. Jeszcze w niedzielę był w Warszawie, a we wtorek wieczorem siedzi u nas. Nie jestem skłonny do patriotycznych wzruszeń, ale coś się we mnie zerwało. Jakaś przenikliwa tęsknota za krajem, za rodzicami, za Hanką i Frankiem, za Maryną — za nimi wszystkimi. Dopiero w tej chwili odczułem może po raz pierwszy naszą samotność, obcość otoczenia i te już niemal trzy lata życia zupełnie innego, w którym wiele uczuć uległo zmatowieniu pod wpływem ciągłego „nie dać się". Od Tadzia, od przysłanych rzeczy powiały wiatr i zapach „własności", „swojego" i „naszego". A Tadzio opowiadał o nadziei, którą tam żyją, opowiadał o sobie, o innych, o wszystkim.

19.11.1941

Czego oni nam nie przysłali... Jeszcze nie możemy ochłonąć. Nawet pieniądze, co mnie wprost zawstydza. Sami nie wiemy, co się z nami od wczoraj dzieje. Kraków zbliżył się na odległość ręki. Chwilami wydaje się, że wojna lada dzień skończy się, że już wracamy, że ktoś do nas najpierw przyjedzie.

Zdawało się mi, że już tak bardzo zżyłem się z naszym otoczeniem i życiem. A jadąc dziś do domu, spoglądałem na wszystko wokoło jak w pierwszy dzień przyjazdu tutaj. Obcość — w najlepszym wypadku powierzchowna i nieobowiązująca znajomość.

20.11.1941

Wieczorem spotkaliśmy się z Tadziem u Rosinkiewiczów. Rosinkiewicz chce wracać i rozmawiał z Tadziem trzy godziny, wypytując o Polskę. Było to bardzo ciekawe. Tadzio co wiedział, to mówił, czego nie wiedział, nie mówił. Znam go. Po raz pierwszy dowiedziałem się czegoś dokładniejszego.

Weygand podał się do dymisji, ma dosyć kolaboracji. Krąży na ten temat mnóstwo pogłosek. Afryka północna nabiera wielkiego znaczenia. Anglicy rozpoczęli w Libii ofensywę w wielkim stylu i twierdzą, że idą naprzód. Opinia ogólna: Niemcy zaczynają przegrywać wojnę i właściwie ją już przegrali. Czas przyszły dokonany.

23.11.1941

Tadzio lata z wywieszonym językiem i skupuje, co się da. Prawie go nie widzimy. Dopiero dziś wieczorem spotkaliśmy się z nim na Saint-Paul w polskiej restauracji. Porcja kury pieczonej 45 franków. Niemcy wzięli Rostów.

Co zrobią z Afryką? Mówi się coś o mającym nastąpić spotkaniu Göring–Pétain. Niemcy chcą floty, Tunisu i Maroka. Z drugiej strony chodzą pogłoski, że w decydującym momencie Afryka oderwie się od Metropolii i ogłosi się Francją wolną. Pétain rozłoży ręce i powie Niemcom: Zdobywajcie.

Ciągle twierdzą, że polityka Pétaina jest grą na zwłokę, że on nie chce prawdziwej kolaboracji. Trudno w to uwierzyć, jak i w to, że Afryka ośmieli się oderwać. Jeżeli oddadzą Niemcom flotę i Afrykę, to nie wiem, co Francja zrobi po wojnie. Dlaczego ta nikczemność, brak ducha i ambicji? Jeżeli ksiądz Trublet powiedział, że Voltaire to „doskonałość przeciętności", mam nieraz ochotę powiedzieć to samo o całym tym narodzie i sposobie rozumowania jednostek. Gdy rozmawia się o tej wojnie z jakimś Francuzem, nawet bardzo skądinąd inteligentnym, można dostać skrętu kiszek. Nie mają żadnej wizji przyszłości. Dla jednych jest to wojna klasowa i rozpatrują ją z punktu widzenia klasowego jako swego rodzaju rewolucję europejską, inni mówią o Francji tak, jakby jeszcze ciągle była tą Francją, która przestała istnieć w czerwcu zeszłego roku, jeszcze inni nie dostrzegają nawet znaczenia tych codziennych wydarzeń, a w końcu wszyscy nie czują, że chodzą na dnie z tym czymś, co można by nazwać kompleksem Lorda Jima. Zawsze „*la France éternelle*"[1] i pretensje do wielkości bez podstaw.

26.11.1941

Basia chodzi po mieście i szuka prezentów dla Krakowa. Wszędzie wydaje się, że pełno towaru. Ale gdy chce się coś kupić, dobrać czy wybrać, to wyboru nie ma żadnego. Wszystko znika w mgnieniu oka, ceny idą w górę. Na wystawach są ładne damskie pończochy, ale do nich poprzypinane karteczki „sprzedane" i ani jednej pary wewnątrz sklepu. Pozornie, bo chowają towar, aby móc sprzedać go potem po wyższych cenach. Tadzio i jego koledzy kręcą się wyłącznie w polskiej dzielnicy na Saint-Paul i oczywiście kupują, co chcą, bo Polacy wszystko wynajdą. Jest tu zresztą już centrum czarnego handlu. Przywieźli po 20 000 franków każdy i skupują tu towar na sprzedaż w Warszawie. Transakcje idą po 5, 10 tuzinów pończoch, herbata, materiały na ubrania, rumy, koniaki — wszystko po cenach astronomicznych.

28.11.1941

Niemcy zaczynają rekwirować „kanadyjki" (impregnowane kurtki podbite futrem) i płaszcze skórzane. Poza tym dobrali się do pomników. Pomniki braci Montgolfier i Victora Hugo już znikły. Oczywiście gazety tłumaczą to tym, że pomniki te zostaną zastąpione pomnikami z innego stopu, bardziej trwałego niż dotychczasowy itp. Bzdury, dostarczające tematów do kpiny i żartów.

29.11.1941

Każdy z tych robotników, którzy przyjechali tu na urlop z Mińska Mazowieckiego, będzie odjeżdżał jak wenecka galera lub hiszpańska karawela z cennym ładunkiem. Tadzio wziął dla mnie 15 par pończoch. Muszę zacząć myśleć, w jaki sposób coś sobie dorobić. Ale na przykład Piotruś F. bierze 15 tuzinów pończoch dla jakiegoś wielkiego eksportera z Saint-Paul. Armator w wielkim

[1] Wieczna Francja.

stylu. Inni biorą damską bieliznę, swetry itd. Jeden udany przewóz takiej partii towaru może pomnożyć kapitał sześć do dziesięciu razy. Jak w handlu korzeniami. Ryzyko podobne. Wobec tego i ja zaryzykowałem i Tadzio wyjedzie stąd jako moja karawela wyposażona w 15 par pończoch. Dla siebie wiezie 3 kg herbaty, materiały na ubranie i inne drobiazgi. Wyjeżdżają pojutrze wieczorem.

Rosjanie odebrali Rostów – Niemcy wycofują się.

30.11.1941

Handel, handel. Pożyczyłem Tadziowi 5000 franków i odbiorę to tutaj z jego zarobków w DKW-Grün. Trzeba będzie potem kupić dolary, bo we frankach nie warto już trzymać.

W XVIII okręgu wyleciał w powietrze burdel dla żołnierzy niemieckich. Zabiło dwóch, kilku rannych. Od dziś dnia cały XVIII arrondissement jest zamknięty od szóstej po południu. Zarządzenie to obowiązuje aż do odwołania. Znowu wszędzie czerwone afisze. Timoszenko goni Niemców za Rostowem. Anglicy jąkają się w Libii, idąc podobno naprzód.

1.12.1941

Dziś wieczorem wyjechał Tadzio. Koło ósmej wieczorem byłem w jego hotelu, ale Tadzia nie było. Jego kolega powiedział mi tylko, że widziano go gdzieś pod silnym gazem. Siedzimy i czekamy. Reszta towarzystwa złazi się powoli. Piotruś, o którym wszyscy mówili, że na pewno przyjdzie zalany, przyszedł trzeźwy w towarzystwie olbrzymich paczek i jakiegoś Żyda o przedziwnym nazwisku Natzweter. Oczywiście wszyscy mówią mu „panie Nadsweter". Wysyła on przez Piotrusia wielką ilość towaru na eksport do Warszawy. Chodzi po pokoju, cmoka, nakłada i zdejmuje kapelusz, drapie się w głowę, w końcu z wschodnią rezygnacją konkluduje: „Albo mi wszystko zabiorą, albo nic". Nagle woła wielkim głosem: „Mokry ręcznik i chemiczny ołówek". Rzuca się na swoje paczki, zwilża mokrym ręc[1]znikiem i pisze wielkimi literami: „D.K.W. Grün — Kriegswerkstätte". Obraca się zadowolony: „Panie — to jedzie jako firmowe paczki, celnicy zgłaszają bezwzględne *désintéressement*[2] na widok takich paczek". Ale zapewniam go, że mu to i tak zabiorą. Łypie złowrogo oczami: „Co pan mówisz? Widać żeś pan całkiem niedzisiejszy...".

Inni pakują jeszcze drobiazgi i zapasy trunków. Piotruś ma olbrzymi flakon z wody kolońskiej wypełniony czystym spirytusem. Skupowali czysty spirytus we wszystkich aptekach Paryża. Wchodzi Tadzio zamaszystym krokiem. Rozbawiony, pijany, wesoły – nic go nie obchodzi. Na szczęście Boguś o nim pomyślał i zapakował go dokładnie. Tadzio kładzie się na łóżku, spogląda na Żyda i zaczyna kwiczeć ze śmiechu: „Panie Pulower, ja już widzę te Niemki w pańskich pończochach. Panie, skąd pan wziąłeś to dziwaczne nazwisko? Bogdan,

---

[1] Warsztaty produkujące dla celów wojennych.

[2] Brak zainteresowania.

ty dziecię rynsztoku, a ruszaj że się!...". W pokoju coraz większy bałagan, bo niedługo trzeba iść na dworzec. Już wszedł wynajęty tragarz (panowie już się nie trudzą) i zaczyna znosić walizki. Wychodzimy.

Noc jest jasna, księżycowa. Tadzio gada, wydaje mi się, że i ja mam wyjechać. Na Gare de l'Est jest już Basia. Tadzio rzuca się jej niemal na szyję, bierze ją pod rękę i o nic się nie troszczy. Chodzi, gada i wydaje dyspozycje: „Boguś walizki na wózek". Wita się z Francuzami, klepie ich po plecach: „*Ça va*, bon-żur Robert, ty ciemnoto francuska". Robert uśmiecha się i mówi: „*Ça va*, ja rozumiem po polska". W końcu idziemy na peron. Tu jednak posterunek niemiecki przy wejściu ogląda bardzo skrupulatnie papiery. Tadzio pokręcił się, znalazł boczny wjazd i niekontrolowani przez nikogo wjeżdżamy z całym wózkiem.

Na peronie ciemno, do wagonów wsiadają Niemcy, jeździ wózek i kobieta woła okropnym akcentem: „*Kuchen, Schokolade, Bonbons, Sekt...*"[1]. Jakaś lnianowłosa Walkiria kupuje pudełko czekoladek. A nasi, wściekli, że nie zarezerwowano im miejsc, drą się i klną po polsku jak u siebie w domu. Pakują się, gdzie kto może. Żegnamy się, ściskamy Tadzia, jeszcze raz powtarzam mu wszystkie polecenia i wychodzimy, znowu bocznym przejściem. Na dworcu już pusto, na ulicach martwa cisza rozświetlona księżycem. A gdzieś pod ziemią dudni głucho metro. Wojna, Paryż, Polacy, Niemcy, Gare de l'Est, na którym Francuzki wołają „*Schokolade, Sekt*". Czasem wydaje mi się, że śnię. Gdyby to już można przebudzić się z tego snu.

2.12.1941

Dzisiejsze gazety dławią się po prostu od artykułów na temat wczorajszego spotkania Göringa z Pétainem. Oczywiście nic się nie wie, o czym mówili. Jedynie krążą domysły: Afryka? Flota? Zwiększenie propagandy „Legionu antybolszewickiego" i mobilizacja przemysłu.

Pertraktacje amerykańsko-japońskie toczą się w zagęszczonej atmosferze. Ameryka robi wszystko, aby Japonia wypowiedziała jej wojnę, a Japonia nie chce. Zimno przenikliwe, mgliste. Przed wielką kwiaciarnią na rue Lafayette siedzi na składanym stołeczku jakaś staruszka owinięta w chustki i szale, przed nią małe sztalugi. Siną od zimna ręką maluje gnące się dziwacznie za szybą wystawową orchidee. Ludzie zatrzymują się, patrzą i idą dalej. Malowanie storczyków na mrozie to chyba szczyt perwersji. A może ona wynalazła taki sposób ogrzewania? Stałem przy niej długo i nagle ogarnęła mnie taka tęsknota za jakimś krajem, w którym kwitną orchidee, że miałem ochotę płakać. Czułem dosłownie ból tęsknoty.

---

[1] Ciastka, czekolada, cukierki, szampan.

3.12.1941

Nasza patronka jest bardzo wojownicza. Słucha radia londyńskiego, co kilka dni mamy długie rozmowy polityczne, kończące się zawsze wykrzyknikiem: *Ils sont foutus!*[1] Całą jedną szufladę biurka ma wypełnioną mapami. Studiujemy front rosyjski, operacje kosmetyczne w Libii. Daleki Wschód. Radzę jej, aby kupiła mapę Pacyfiku. Wygląda na to, że niedługo coś się zacznie i tam.

W Paryżu właściwie cicho. Niemców mało, ladacznice tracą klientelę. „Teraz wstają, żeby wypocząć", jak to dowcipnie określił Mr. P. (*Elles se levent pour se reposer un peu*). Zarządzenie karne w XVIII okręgu zostało dzisiaj odwołane. Pogoda jak zwykle: aspirynowa.

Czytam „L'Amérique d'aujourd'hui"[2] Siegfrieda. Doskonale napisane. Z pewnym lekko pogardliwym tonem Francuza wobec tych „barbarzyńców" i kontynentu bez katedr. W sumie jest to po prostu zazdrość, której nadaje się różne pozory — najczęściej tak zwanej „wyższości kulturalnej". Tymczasem w wielu wypadkach kulturalna Europa wypada na tle Ameryki nędznie. Kultura? Zależy jaka. Kulturą polityczną i ekonomiczną biją już Europę o całą długość. Wszystko, co wiemy o Ameryce, to poza zasobem „mądrych" i stereotypowych sądów sprowadza się do zera.

4.12.1941

Imieniny Basi. Zaraz rano przynieśli jej od Loli talerz czekoladek i ciasteczek, a Chomętowski przysłał śliczną prymulkę. Wniosła to do nas do pokoju hotelowa pokojówka i dzień zaczął się świątecznie.

Ja przed biurem pojechałem na rue Saint-Honoré i kupiłem jej parę rękawiczek, a wracając do domu po południu, kupiłem trzy róże. Lola przyszła po kolacji na herbatę i tak przesiedzieliśmy we trójkę cały wieczór, mówiąc, jak zwykle, o wojnie.

Wczoraj postrzelili znowu jakiegoś oficera niemieckiego w X becyrku i od dzisiaj cały ten „Bezirk" chodzi spać o szóstej po południu. Sikorski był u Stalina, zawarli jakiś układ (na pewno stryjkowo-siekierkowy) i dywizje polskie tworzą się w Rosji. Ofensywa rosyjska posuwa się i Niemcy cofają się. W Libii zakrztusili się, naprężenie amerykańsko-japońskie wzrasta. Wojna amerykańsko-japońska byłaby środkiem trzeciego aktu tej tragedii, punktem kulminacyjnym. Potem należałoby już tylko czekać na zakończenie. Bóg raczy wiedzieć jakie — koniec tej wojny może być gorszy niż cały jej przebieg...

7.12.1941

Roosevelt wysłał osobiste pismo do cesarza Japonii.

---

[1] Są załatwieni!

[2] Właściwie: „Les Etats-Unis d'aujourd'hui".

8.12.1941

Wczoraj Japończycy zaatakowali wszystkie bazy amerykańskie na Hawajach i rozpoczęli wojnę. Sądząc z komunikatów, całe natarcie zostało przeprowadzone lotnictwem z japońskich lotniskowców. Amerykanie zostali zaskoczeni całkowicie, w gaciach, jak się to mówi popularnie. Aż trudno to zrozumieć. Ostatecznie cała wielka eskadra japońska to nie była szpilka w stogu siana, nawet na Pacyfiku. Gdzie wywiad? Gdzie głęboki rekonesans wokół Hawajów? Siedzieli spokojnie, jedli ananasy i tańczyli hula-hula? Dorwali im wszystkie statki w porcie i samoloty na ziemi i w parę godzin flaki. „Oklahoma" i „West Virginia" na dnie, tysiące trupów, nawet z pierwszych komunikatów wynika, że bałagan musiał tam być zupełny. Nie rozumiem, dlaczego Japończycy od razu nie wylądowali i nie okupowali tej perły Pacyfiku. Teraz wojna jest już kompletna, krąg zamknął się.

W Paryżu nowe zamachy na Niemców. Wysadzili w powietrze cały hotel niemiecki na rue de La Convention. Wobec tego od dziś dnia wszelki ruch po godzinie szóstej po południu zakazany. Metro kursuje tylko do piątej. Zarządzenie to zostało przyjęte z dobrym humorem, tym bardziej że praca kończy się o czwartej. B. powiedział mi: *La natalite française va augmenter*[1]. Mówi się jednak, że dalsze zarządzenia odwetowe mogą być gorsze, że na przykład zamkną na kilka dni piekarnie albo unieważnią pewną ilość kartek żywnościowych na grudzień. We francuskim znaczeniu jest to coś najgorszego, co ich może spotkać. Po prostu nic gorszego sobie nie wyobrażają. Ale w całym otoczeniu wytworzyła się jakby solidarność i nawet zadowolenie z tych ciągłych zamachów. Słyszałem dziś w ogonku matki opowiadające, jakie zadania dają dzieciom w szkołach. Na przykład „Co myślisz o Mers-el-Kebir?" albo „Co myślisz o Trzeciej Republice?". Podobno w pierwszym i drugim wypadku dzieci nic nie napisały, a jakaś rezolutna dziewczynka odpowiedziała nauczycielowi: „Jak można myśleć o Trzeciej Republice, skoro jej już nie ma?".

Wczoraj umarł Dymitr Mereżkowskij. W gazetach była tylko malutka notatka. Śmierć jego przeszła bez echa. Matka niemal karmiła mnie jego książkami, a „Leonardo da Vinci" był pierwszą biografią, jaką przeczytałem.

9.12.1941

Sensacja. Podobno nasz niemiecki „opiekun", Herr Schwerbel — znikł z horyzontu. Krążą na ten temat rozmaite plotki, ale nic się nie wie dokładnie. Nie wiadomo także, kto przyszedł na jego miejsce. Polska atmosfera w Paryżu zagęściła się.

---

[1] We Francji wzrośnie przyrost naturalny.

10.12.1941

Odwrót niemiecki trwa ciągle. Ale wygląda to na bardzo uporządkowane. Na Cité pokazały się już choinki.

11.12.1941

Japończycy zatopili Anglikom jeden z najnowszych pancerników „Prince of Wales" i krążownik pancerny „Repulse". Nie ma żadnych wątpliwości, że Amerykanie zostali najzupełniej zaskoczeni. Pani P., Amerykanka, zacierała dzisiaj kościste dłonie i powiedziała mi: „Dobrze im tak — oni spali jak Francuzi — spali na swoich lodówkach elektrycznych, kompotach z brzoskwiń i sokach z pomarańczy. A teraz muszą...".

Dzisiaj wieczorem Niemcy i Włochy wypowiedziały wojnę Ameryce. Hitler miał mowę w Reichstagu. Nasza patronka, nie rozumiejąc ani słowa, wysłuchała całej mowy i zdała mi krótką relację: „Okropnie krzyczał". „To jedno, co mu pozostało", odpowiedziałem. No — kropka nad i została postawiona po dwóch latach, trzech miesiącach i jedenastu dniach. Pamiętam, że Anglicy jeszcze we wrześniu mówili dużo o przygotowywaniu planów na przyszłość, podając w tych obliczeniach rok 1943 jako pewnego rodzaju granicę. Obliczali dobrze.

12.12.1941

Objeździłem ze dwadzieścia kiosków z gazetami, chcąc kupić „Pariser Zeitung" z całą mową Hitlera. Ale nigdzie już nie znalazłem tej szmaty, bo rozkupili w mgnieniu oka. Musiałem zadowolić się sprawozdaniami i wyjątkami z francuskich „Zeitungów". Tym razem naprawdę nie wiadomo, jak to nazwać. Po prostu niemiecki albo kapralski towianizm. Niemcy Chrystusem narodów, narodem wybranym, któremu Stwórca zlecił misję obrony Europy. I tak jej nic nie pomoże. Gęste tłumaczenia, dlaczego zaatakował Polskę, tak gęste, że aż niezrozumiałe i podejrzane. Bilans strat na wschodzie po prostu śmieszny, wreszcie atak na Roosevelta, który tak jak i Wilson jest wariatem, no i kilka słów o pani Roosevelt, co wypadło w ogóle głupio. W sumie bzyk, wściekły bzyk muchy miotającej się w pajęczynie. Na tle tych słów, tego miotania się, na tle anglosaskich „wyczynów" wojennych, jakoś złowrogo i majestatycznie, imponująco i przerażająco rysuje się postać Stalina. Nie ruszył się z Kremla, milczy, wytrzymał, i teraz, podpisawszy układ z zimą, ruszył naprzód. I ciągle milczy. Jego nikt nie zaskoczył — to on zaskoczył cały świat. Bije stamtąd jakaś złowroga i tajemnicza poezja, wielkie i nieodgadnione X, niewiadoma w tym równaniu, które nastąpi po wojnie.

Łagodny grudzień w tym roku, ciepło. I tylko wilgoć przenikająca wszystko jest paskudna.

13.12.1941

Można by dać temu tytuł: „Paryż 1941" i rozpocząć opowiadanie w ten sposób: Samiec wstał z leży, ugotował swą strawę ranną i włożywszy na grzbiet kilka zniszczonych skór, wyruszył na polowanie. Węszył przez cały dzień, spotykał innych samców lub samice, polował podstępem i sprytem, i upolowaną fasolę, groch w puszkach lub masło, kawę, cukier — pchał do wielkiej torby na plecach. I wracał wieczorem do swej chłodnej jaskini, oddawał łupy samicy i ta dopuszczała go do siebie. I takie było ich życie w epoce kamiennej, zwanej XX wiekiem, gdy miliony innych samców wyrzynały się przez miłość dla ludzkości, dla dobra przyszłych pokoleń, chcąc stworzyć epokę brązową, a idąc wprost ku lodowcowej.

14.12.1941

Niedziela. Siedzimy w domu. Czytam. Basia zabrała się do rysowania. Czytam „Bez dogmatu" i krew mnie zalewa. Leona Płoszowskiego należałoby przegrzmocić pokrzywami po gołym tyłku, wsadzić mu głowę do wody z lodem i przez pięć dni karmić solonymi sardynkami, nie dając mu nic do picia. Po czym zapędzić do uczciwej pracy. Chociaż diabli wiedzą, czy typek tego rodzaju nie stworzyłby sobie i w takim wypadku filozofii: wodno-sardynkowo-pokrzywowej. To wcale nie papierowy typ — tego pełno kręci się wokoło. Intelekty spod ciemnej gwiazdy. On musi — psiakrew — myśleć. Zamiast żyć i myśleć, on tylko myśli i wydaje mu się, że jest czymś więcej, bo NIC nie wymyślił. Wie z góry taka kaleka i pokraka intelektualna, że nic nie wymyśli, ale ciągle myśli. *Er denkt, er denkt, der Schlag hat ihn getroffen und er noch denkt.*[1] Czym myśl staje się prostsza we wszystkich zagadnieniach własnego Ja, czym bardziej staje się szczerą i otwartą, opartą wyłącznie na krótkich „tak" lub „nie", do których w końcu zawsze dochodzi się, gdy człowiek zechce naprawdę szczerze ze sobą porozmawiać, tym jaśniej żyć. Niestety nosi się w sobie ciągłą i nieprzezwyciężoną chęć grania przed samym sobą wielkiej roli przy byle sposobności. Nosi się w sobie cały teatr, nie — raczej budę jarmarczną, i odwala się całe sztuki. Widz w człowieku, ten Ja, bierze to najpoważniej w świecie, zachłystuje się i patrzy, rozrzewniając się i mnąc chusteczkę. I nie czuje fałszu, bo ubiera swą myśl w słowa, delektuje się formą, nie wyczuwając, że treść jest podwórzowa.

Jest w człowieku jakiś pęd do szklistego załgania się i jakiś snobski strach, żeby przed samym sobą, nawet przed samym sobą, nie wyjść na prostaczka myślowego. Nikt nie zna cudzych myśli, a ludzie myślą najczęściej tak, jakby liczyli się w tym z opinią. I wobec tego załgiwują się w stosunkach ze sobą samymi tak samo jak w stosunkach towarzyskich. Czy trzeba, czy nie potrzeba. Basia powiedziała mi kiedyś: „Tobie dobrze mówić o prostocie myśli, o jej jasności, skoro jesteś szczęśliwy". Odpowiedziałem jej: „Mylisz się, bo pomyśl jak łatwo

[1] Myśli, myśli, spotkał go cios, a on jeszcze myśli.

mógłbym być nieszczęśliwy". Nie szukam szczęścia, bo doszedłbym do tej wielkiej prawdy, że je znalazłem. Wydaje mi się, że jestem płytki i powierzchowny, bo nie potrafię być maszyną przędzalniczą myśli. W każdym razie nie potrafię być Płoszowskim.

15.12.1941

Znowu jakieś zamachy bombowe na lokale niemieckie w Paryżu i na przedmieściach. Wobec tego dzisiejszy „*Bekanntmachung*"[1] podaje do wiadomości, że zostanie rozstrzelanych stu Żydów, komunistów i anarchistów oraz na Żydów *zone occupée*[2] zostaje nałożona kontrybucja w wysokości miliarda franków. W treści tego obwieszczenia starają się tłumaczyć, że nie dotyczy to przecież Francuzów. Łagodzą. Francuzi i tak są oburzeni. Nawet „Radio Vichy" delikatnie powiedziało, że nie aprobuje takich metod, bo śmierć tych stu ludzi godzi mimo wszystko we Francuzów. Ten delikatny sprzeciw Vichy jest z pewnego względu wprost rewelacyjny, bo tego rodzaju głos zabrzmiał stamtąd PO RAZ PIERWSZY — i to właśnie GDY CHODZI O ŻYDÓW. Mnóstwo ludzi, z którymi dziś rozmawiałem, mówiło mi: „Dopiero teraz, gdy chodzi o Żydów, Vichy protestuje. *Ne trouvez-vous pas cela un tout petit peu — étrange?...*"[3]. Można by snuć wiele domysłów na ten temat, i to domysłów bardzo antysemickich. Zaczęli to teraz robić ludzie, którym przedtem nigdy nie przyszłoby to na myśl i z tego punktu widzenia „protest" Vichy raczej zaszkodził, niż pomógł.

16.12.1941

Jazda metrem stała się teraz jedną z najwyszukańszych mąk — oczywiście w godzinach ruchu. Od paru miesięcy skrócono pociągi, zamiast pięciu wagonów chodzą teraz składy z czterech lub nawet trzech wagonów. Zmniejszono także ilość pociągów i czeka się teraz pięć do siedmiu minut w godzinach ruchu, dziesięć do piętnastu w każdej innej porze. Połowę żarówek, zarówno na dworcach, jak i w wagonach, powykręcano, i wszędzie panuje oświetlenie trupie. Elektryczne schody i windy są zamknięte. Korytarze, dawniej tylko wejściowe, służą teraz i do wyjścia. Między godziną szóstą i siódmą wieczorem metro zamienia się w piekło. Po korytarzach przelewają się wezbrane potoki ludzi, wpadają na siebie, gniotą się i pędzą do swoich pociągów. Dziś wsiadłem do metra na Porte d'Orléans. Na Denfert-Rochereau było już pełno. Powietrze momentalnie zagęściło się. Na każdym przystanku pewna ilość ludzi wylatywała przez drzwi jak korek od szampana, inni wpychali się i znowu drzwi zamykały się z trzaskiem. Jak zamykanie zanadto napchanej papierośnicy: chwilę ugniata się zawartość, w końcu trzask — domknęła się. Wszyscy pocą się, smród i za-

---

[1] Obwieszczenie.

[2] Ze strefy okupowanej.

[3] Nie sądzi pan, że to troszkę dziwne?...

duch. Przesiadam się na Strassbourg-Saint-Denis. Wystrzeliło mnie wprost w objęcia jakiegoś plakatu zapraszającego uprzejmie Francuzów na roboty do Niemiec. Całe ściany w metrze pokryte są afiszami: *L'ouvrier allemand vous invite. Allez travailler en Allemagne*[1]. Jedź do pracy w Niemczech itd. Na korytarzu wrzask. Przed drzwiami automatycznymi stoi ogon ludzi sięgający aż do wejściowych schodów. Przy wyjściu z peronu stoi funkcjonariusz metra i pilnuje, aby ludzie nie wchodzili wyjściem. Obok niego jakaś kobieta z dzieckiem na ręku, która nie chcąc stać w ogonku, chciałaby przejść tędy i wsiąść do swojego pociągu. Ale on nie puszcza jej. Natomiast ludzie z ogonka krzyczą: *Madame, passez!*[2] Wyją i wygrażają. Rozwścieczeni czekaniem chcą, aby przynajmniej ta kobieta przeszła. Tłum ma ochotę rozszarpać urzędnika metra. Kilku mężczyzn w końcu przyskakuje do niego, kobiety krzyczą: „Wrzućcie go na szyny". Kobieta przechodzi, ludzie wrzeszczą zadowoleni. Cały grad obelg sypie się na stróża porządku. *Idiot, imbécile, ballot...*[3] Żołnierze niemieccy duszą się razem z innymi. Już i oni muszą jeździć metrem, nieraz jadą całe oddziały, z rynsztunkiem, plecakami, tobołami. Docieram na peron mojej linii, wpycham się do wagonu. Leżę na plecach jakiejś dziewczyny, ktoś położył się na mnie — duszno i śmierdzi. Dziewczę pcha mi pod nos swoją brudną głowę z całym huraganem misternie ukręconych i sklejonych cuchnącą brylantyną loczków o kolorze zaśniedziałej klamki mosiężnej. W uszach ma kolczyki w kształcie serca i pomimo tłoku czyta jakąś zeszytową powieść. Tytuł fascynującego rozdziału: *La chambre nuptiale*[4]. Zagłębia się w lekturze, oblizując co kilka sekund wylakierowane wargi. Na każdym przystanku, zanim pociąg stanie, jest się skopanym przez wysiadających, którzy wychodzą na siłę. Z ulgą wysiadam na Daumesnil.

18.12.1941

Już nie mogli dłużej ukrywać. Dziś, po raz pierwszy, Niemcy przyznali się w swoim komunikacie, że są zmuszeni do odwrotu. Celem skrócenia frontu i z powodu zimy, która powoduje konieczność przejścia od wojny ruchomej do walki pozycyjnej. Jednym słowem, jak to określił „wujo" Galant, Niemcy idą naprzód, a bolszewicy za nimi. Tymczasem Japończycy robią z Anglikami i z Amerykanami, co im się żywnie podoba. Poza tym pogłoski, iż Niemcy koncentrują spore siły koło Bordeaux i razem z Hiszpanią mają zamiar zaatakować Gibraltar. Poza tym nastrój świąteczny o wiele weselszy i lepszy aniżeli w zeszłym roku.

Przeczytałem „Rodzinę Połanieckich". Takie głupie toto nie jest. Cały szereg doskonałych uwag i spostrzeżeń.

---

[1] Robotnik niemiecki cię zaprasza. Jedź do pracy do Niemiec.

[2] Niech pani idzie!

[3] Idiota, kretyn, tłumok...

[4] Sypialnia nowożeńców.

20.12.1941

Lola zaprosiła nas dzisiaj do Théatre Montparnasse na „Marie Stuart" jakiejś domorosłej autorki. Cała ta sztuka była szeregiem żywych obrazów na tle czarnych kotar – raz flaczki, raz ziemniaczki, to znaczy raz Londyn i co w nim mówią o Marii Stuart, raz Szkocja i co w niej wyprawia Maria Stuart. Stroje ładne, efekty świetlne dobre, ale nic poza tym. Sposób gry francuski, sztuczny, afektowany i patetyczny. Nieznośne śpiewanie tekstu. Każde słowo ma na początku kilka liter, potem nuty, i wszyscy aktorzy, z głównymi rolami na czele, tokują jak stado głuszców. Każdy śpiewa swą rolę dla siebie, zwracając się często do publiczności. Darnley wije się u zamkniętych drzwi sypialni Marii i miażdży ją kupą dyszących żądzą słów: „Mario, twe ciało potrzebne mi jest do życia jak chleb, mięso, wino..." i cały szereg innych produktów kartkowych. Tekst niebezpieczny dla dzisiejszej publiczności, bo ktoś półgłosem zauważył na widowni, że nic nie powiedział o tłuszczach. Był cichy śmiech. Po czym Darnley zwymyślał Marię od kurw, wyśpiewując to „*putain*" we wszystkich tonacjach. Jednym słowem kryminał.

Święta zapowiadają się świetnie. Od 24 do 29 i od 1 do 5 zamykają biuro w Châtillon ze względów oszczędności świetlno-opałowych. Będzie wolne, za które zapłacą.

21.12.1941

Z poważną miną, chcąc się naradzić, powiadam dzisiaj do Basi: „Gdy jutro odbiorę pieniądze od Grüna, rozglądnę się za jakimś ulokowaniem tego. Kupię chyba...".

– Marki i jeny! – kończy sucho i kategorycznie Basia.

Gdyby zimna ironia i nienawiść, z jaką to powiedziała, mogły być zamienione na energię, to można by nimi rozwalić Niemcy i Japonię w ciągu pięciu minut. Złoty dolar skacze z dnia na dzień – doszedł już do 525 franków. Jeszcze trzy tygodnie temu był 450. Rubel złoty skacze tak samo. Chcąc się wczoraj wywiedzieć dokładnie o ceny, zajechałem do znajomego antykwariusza Polaka. Ma ten swój sklep, a raczej kąt z pajęczyną na rue des Francs-Bourgeois, pomiędzy muzeum Carnavalet i place des Vosges. Jeden z zakątków Paryża, gdzie człowiek nie wchodzi, lecz zanurza się. Wjeżdżając w takie kąty, mam zawsze uczucie, że trzeba pochylić się, nadstawić łokcie i ostrożnie wchodzić jak w plątaninę krzaków. Paryskie mateczniki. Pan Zygmuś, antykwarz, jest już sobie starszawym dżentelmenem. Właściwie nigdy nie siedzi w sklepie i buja po całym mieście, zawsze rumiany i trochę urżnięty. Zajedzie się na Saint-Paul – pan Zygmuś pozdrawia szerokim, staropolskim „dzieeeeńdooobry", sepleniąc odrobinkę. Idzie się bulwarem des Italiens – pan Zygmuś jest tu na przechadzce i uchyla wytwornie kapelusza (łokieć przy piersi), wywijając laseczką tkwiącą w łapce obciśniętej w niepokalanie brudną rękawiczkę nicianą, niegdyś białą. Wszędzie ma interesy, w kieszeniach próbki, takie głupstwa: dewizkę złotą za 3000 franków, zegareczek damski z diamencikami za 8000 fr

(Szmelc, proszę pana, nie warto) i w ogóle „nic teraz nie sprzedaję, proszę pana, bo nie warto. Tak... no... jak mi potrzeba pięć, dziesięć tysięcy, to coś tam opylę, ale nie warto. Kupić — chcą drogo, sprzedać — nic nie dają...". Machnie laseczką, uchyli kapelusika, znowu wywinie laseczką i za pół godziny można go spotkać na Champs-Elysées.

W sklepie siedzi jego „spólniczka", jak o niej mówi — stara Francuzka, i pilnuje pająków i całości pajęczyn. Pan Zygmuś tu wpada, coś pogadają i znowu go ponosi gdzieś, hen, daleko. Gdy dziś zajechałem przed sklep, pana Zygmusia nie było. Madame przerwała cerowanie pajęczyn, przyjęła mnie uprzejmie, wysłuchała, o co mi chodzi, po czym zakurzonym głosem, jaki mają wszyscy antykwariusze, wytłumaczyła mi: „Pójdzie pan na prawo, potem pierwsza przecznica na lewo, minie pan jedno bistro po prawej, potem drugie, a za tym drugim jest antykwariat obok sklepu z damskimi bluzkami. Tam pan wejdzie i poprosi Monsieur Josepha".

Podziękowałem i nurknąłem w te uliczki, aż zabulgotało. Znalazłem antykwarnię i poprosiłem o Monsieur Josepha. Ale Mr. Joseph był obok, w bistrze. „Niech pan tam idzie i poprosi Mr. Josepha". Bistro ciemne i tajemnicze. Mrugnąłem okiem do patrona, szepnąłem „Mr. Joseph". Wskazał mi tajemnicze drzwiczki w ścianie, otworzył je i huknął w głąb, aż szklanki brzękły na kontuarze: „Mr. Joseph!". W tej samej chwili Joseph wyskoczył jak pajac na sprężynce z pudełka. Mały, czarny Żydek, trochę brudny, trochę elegancki. „Cena złotych rubli? Równo połowa złotego dolara. Dają panu? Po ile? Daj pan za rubla 260–265 maksimum". Mówi po francusku takim akcentem, że od razu przypomniał mi się Lopek Krukowski. Podziękowałem mu i — znikł. Koło Bastille wydostałem się na powierzchnię, wypłynąłem po wędrówce w głębinach miasta. Tam jedno życie, tu drugie. Tam pan Zygmuś, Mr. Joseph i setki innych zamieniają się w ryby głębinowe, handlują złotem, brylantami, wszystkim. I wypływają od czasu do czasu na powierzchnię, pluskają na powierzchni. Uliczki są ciche, schowane, szemrze w nich jeszcze Paryż Balzaca razem z tą rozmaitością typów, spraw, afer. Szmer koszyka wypełnionego ślimakami. Trzeba znowu poczytać Balzaca.

22.12.1941

Tylko tak dalej, coraz lepiej. Hitler zamianował się wodzem na miejsce Brauchitza i posłał go na spacer. Oficjalnie mówi się, że Brauchitz już dawno prosił o zwolnienie, będąc chorym na serce i że w końcu Führer wysłuchał jego próśb. Jak tam było naprawdę, dowiemy się kiedyś. W tej chwili jedynym wiadomym faktem jest to, że bolszewicy trzepią tym niezwyciężonym armiom skórę i popychają ich. Francuzi zacierają ręce i jeżeli dalej tak pójdzie, to za dwa tygodnie będą opowiadać o Kozakach na Montmartrze. Panują dwie opinie: jedni cuda opowiadają i każdą plotkę przypisują radiu londyńskiemu (Na pewno! Londyn mówił!), przy czym Niemcy już przegrali i kończą się na łeb. Drudzy są sceptykami: Niemcy pokażą jeszcze na wiosnę, co potrafią.

Wydaje mi się, że prawda jest pośrodku. Obecne powodzenia Rosjan nie mają takiego znaczenia, jak to sobie wyobrażają optymiści, ale i nie wydaje mi się, aby Niemców było stać na wiosnę znowu na monstre-ofensywę. Z tego co się słyszy od naocznych świadków, pracujących u Niemców, brak im coraz bardziej surowców i środków komunikacyjnych. A co będzie, gdy dojdzie do głosu masowa produkcja lotnicza Amerykanów? Gdy zaczną tłuc po Niemczech dzień i noc? Zabawa jeszcze potrwa, na szczęście wynik jest już obecnie wiadomy.

23.12.1941

Ubrałem się trochę porządniej, siadłem na rower i pojechałem do miasta zamówić kwiaty dla pp. P. Postanowiliśmy posłać im coś z najlepszej kwiaciarni w Paryżu. Pojechałem na rue Royale do „La Chaume". Jeden z tych wielu wykwintnych sklepów Paryża, gdzie jeszcze ciągle panuje atmosfera „Paris 1900". Jeżeli secesja jest z zasady stylem ciężkostrawnym, to jednak Francuzi potrafili ją podać miejscami jakby lżej i ma ona tutaj nawet swój specjalny smaczek. Nie jest martwa — ciągle żyje i oddycha. Wejście do „La Chaume" niepozorne, wewnątrz marmury, stiuki, złocenia, girlandy z wszystkimi subtelnościami tego najbardziej nienaturalnego naturalizmu, tego stylu burdelowego. Obsługa jak we wszystkich sklepach tej kategorii: starsze panie ubrane na czarno i skromnie, z odcieniem prowincjonalnych bigotek. Jakieś stare panny z podupadłych, lepszych domów, wykrojone żywcem z Balzaca. Kwiaty ustawione są tutaj w nieładzie, pomieszane, żadnej pogoni za efektem. Efektowne mogą być sklepy dla dorobkiewiczów, dla hołotki; natomiast dla tej stałej klienteli, dla prawdziwej „*noblesse*" paryskiej z rue du Bac, z rue de Grenelle, z Ile-Saint-Louis, z Paris 16e po części (tam już sporo nuworyszów) nie wolno być efektownym.

Wszedłem z wykwintną skromnością młodzieńca z dobrego domu. Podeszła do mnie któraś z tych ubogich kuzynek i głosem w tonacji „Zdrowaś Mario" zapytała: *Vous désirez, Monsieur? — Je voudrais un azalée*[1]. Prowadzi mnie w głąb i pokazuje krzak azalii. Ile? 1200 franków. Nawet nie mrugnąłem, choć wewnętrznie ugiąłem się, jakby mi ktoś zarzucił ciężki worek na plecy. Ach nie — *vous savez*[2] — wolałbym coś skromniejszego, mówię wolno. *Mais voilà, Monsieur — 600 francs*[3]. Trochę lżej. Nic nie mówię i rozglądam się. Szacunek ubogiej kuzynki wzrósł. Moje skąpstwo, ostrożność w wydatku zajeżdża niemal arystokracją najlepszej krwi. Tu można śmiało pokazać, że się jest dusigroszem. Takiego szanują, bo na pewno bogaty. Znajduję jakieś mniejsze drzewko, skromniejsze, ale ładne. 180 fr. Biorę i proszę o posłanie tego jutro przed południem, 20, rue Saint-Lazare. Adres wydał się jej trochę dziwny. Udaje, że się przesłyszała. „20, rue Saint-Honore?" — pyta niewinnie. *Non, non* — Saint-

---

[1] Czym mogę panu służyć? — Poproszę azalię.
[2] Wie pani.
[3] Ależ proszę bardzo — 600 franków.

-Lazare. Mignęło w jej oczach wyraźne: „Któż to widział mieszkać w takiej dzielnicy...”. Pani P., podając swój adres w sklepach tego rodzaju, dodaje zawsze: *Provisoirement, vous comprenez, les événements*...[1] Ja nie dodałem. Odprowadza mnie do wyjścia i otwierając drzwi, tonem „teraz i w godzinę śmierci”, mówi: *A votre service, monsieur*[2].

Po południu na Merostwie XVII *arrondissement* w wydziale bezrobocia. Trzeba było wydostać zaświadczenie dla jednego z „baranków”, od kiedy do kiedy brał bezrobocie. Zostawiłem rower w „garażu”. Teraz przed wszystkimi urzędami, merostwami, wielkimi kawiarniami są strzeżone postoje rowerowe. Płaci się franka, wstawia rower pod specjalnie zbudowany w tym celu daszek, dostaje się od dziadka numerek i można sobie spokojnie iść.

Wchodzę do mrocznego pokoju. Przez całą długość ciągnie się niska lada, dzieląc salę na dwie części. Ściany za ladą pokryte są teczkami i papierami napchanymi na półki. Od podłogi aż do sufitu. Kilku starych urzędników siedzi za ladą, rozmawiają, ktoś snuje się wzdłuż półek jak cień i szuka czegoś, czego wcale nie chce znaleźć. Po prawej stronie, pod ścianą, stoi mała oszklona budka z napisem „Informacje”, a w niej łysy staruszek z berecikiem na czubku czaszki. Łupina orzecha na mosiężnej gałce. W górze, pod sufitem, wybite małe okienko połączone z salą za pomocą windy na papiery i dokumenty. Na dole i na górze dwie rolki od firanek, kilka sznurków i stare pudełko od cygar. „Sprawę” wsadza się do pudełka, ciągnie za sznurek, pudełko podjeżdża pod okienko. Tu wychyla się głowa w bereciku, wyjmuje „sprawę”, *le cas est examiné dans les archives*[3], odpowiedź wsadza się do pudełka, pudełko zjeżdża.

Panują tu, przysypane kurzem, cisza i spokój. Kilku klientów czeka, rozmawiając szeptem. Nic tu nie jest ważne, bo wszystko jest ważne — akty, teczki, wyciągi, dokumenty są pieczołowicie przenoszone, z oddaniem, wprost ze smakiem. Pośpiech, metody naukowej organizacji pracy, celowe rozmieszczenie mebli, administracja i urzędowanie sprężyste i szybkie są bzdurą. Skoro tysiące papierków żyje tu od setek lat, to i metody pielęgnowania ich nie muszą się wcale zmienić. Powoli, rozpatrzymy, dostaniesz, co chcesz, ale w międzyczasie można pogadać, powiedzieć coś lub opowiedzieć coś zabawnego i dowcipnego. Nie męczyć się przepisami, organizacją, tym wiecznym „powinno” — raczej nagiąć to wszystko do... Do czego? Do TEGO. Że jest w tym bałagan, moc przepisów głupich i niepotrzebnych, moc czynności i wymagań zbytecznych, to trudno. Prawo i ustawy są prawem i ustawami, obywatele mają wrodzone zdolności i nałóg obchodzenia ich. W tym bałaganie istnieje zawsze możność dyskusji czy to słuszne, czy nie — może można by to jakoś „*arranger*”[4], można pogadać, potargować się „*spirituellement*”[5] i łagodnie, bez zdenerwowania załatwić i odejść. Atmosfera kancelarii starego notariusza.

---

[1] Tymczasowo, rozumie pani, wydarzenia...

[2] Do pańskich usług.

[3] Sprawę badają w archiwum.

[4] Załatwić.

[5] Dowcipnie.

Przy ladzie dwaj klienci, dobroduszne staruszki. Rozmawiają półgłosem. Co chwilę szeleści ich cichy śmiech. Śmiech staruszków ma w sobie coś z szelestu starych papierów. Nasłuchuję.

— *Savez-vous*[1], tego proboszcza zamknęli już kilkanaście lat temu. Za handel miejscami w raju. *Figurez-vous*[2], sprzedawał bigotkom miejsca w raju. Za „*fauteuil d'orchestre*"[3] koło św. Antoniego brał 3000 franków, a za dostawiane krzesło koło tego patrona rogaczy, św. Józefa, 1500 franków. Ale zamknęli go, zanim zdołał wywiesić w zakrystii kartkę, że już ma komplet.

Zaśmiewają się, kiwają się ze śmiechu jak dwa bąki kręcące się wolno pod koniec obrotów. Urzędnik wtrącił się do rozmowy na temat zabobonów i teraz on zaczyna:

— *Vous savez*... Byłem na wakacjach w departamencie Tam. Mała wieś, zagubiona w wąwozach, bez dróg. Pewnego dnia przybiega do mnie kobieta i prosi, żebym zawiózł jej męża do znachora, bo doktór już nie pomoże. On umiera. Boli go gdzieś w d...e, sinieje, niech pan z nim jedzie. Miałem wtedy mój samochód. Wyciągnąłem chłopa z łóżka, wsadziłem do wozu i jedziemy. Droga straszna, samochód podskakuje, chłop jęczy. Dojechaliśmy wreszcie gdzieś wysoko. Pytam gdzie znachor. Mówią, że w polu. Znowu kwadrans jazdy — znachor kosi siano. Zawołałem go, wyniosłem chłopa. Ten jęczy i wije się z bólu, ustać nie może. Znachor pyta się, co mu jest. Mówię, że coś w d...e. Ściągnął chłopu portki, zajrzał w lufę, coś poszeptał, rękami poruszał, dmuchnął, chuchnął — już teraz nie tylko ja słucham, słucha całe biuro i opowiadający urzędnik nad stosem aktów przedstawiającym d...ę chorego wyczynia wszystkie ruchy znachora — coś jeszcze pomruczał, plunął i powiada, że już dobrze. Mogę go zabrać. Wsadziłem go do samochodu, już teraz nawet nie jęczał. Myślę sobie, że na pewno jutra nie dożyje. Znowu jedziemy. Tej drogi nie można sobie wyobrazić. Podrzucało, trzęsło... Zajechałem wreszcie, chłopa oddałem kobiecie i poszedłem na ryby. Nazajutrz przed południem przychodzi do mnie baba, żona tego chłopa, gęś i kura pod pachą, dwa tuziny jajek i śmieje się. *Monsieur* — krzyczy — mój mąż już zdrowy. Uratował go pan, już pracuje w polu. Myślę sobie — zwariowała. Idę z nią, patrzę — i przysięgam na głowy moich dzieci: chłop chodzi po polu. Jeszcze się trochę słania, ale chodzi. Myślicie, że znachor? Miał wrzody w kiszce stolcowej, wytrzęsło go w samochodzie, wrzody pękły i od razu mu ulżyło. Ale cała wieś opowiadała, że to dzięki znachorowi. I co pan poradzi na zabobon?

Wszyscy śmieją się. Dwaj staruszkowie załatwili sprawę, zgarnęli swoje papiery, wykrzyknęli parę razy z uznaniem: *c'est pas mal, votre histoire*[4] i wyszli pochyleni, coś sobie znowu opowiadając. Na podwórku przystanęli, pokiwali się ze śmiechu i poszli dalej.

---

1 Wie pan.
2 Proszę sobie wyobrazić.
3 Miejsce na parterze.
4 Niezła ta pańska historia.

St. Joseph, Je patron des cocus[1]. Niby racja. Cyniczne to, bo cyniczne, ale logiczne, myślę sobie, spoglądając na jeżdżące tam i z powrotem pudełko od cygar. Jest mi leniwo i dobrze. Tu niby urząd, a zacisznie jak w antykwarni. Grzebią sobie w tych papierkach tak samo, jak grzebali w nich sto lat temu. Można się dziesięć razy, dwadzieścia, pięćdziesiąt i sto razy wściekać, kląć Francję i Francuzów, ich organizację, a za sto pierwszym razem ulec zupełnie czarowi tego „czegoś", tej atmosfery. Tu wszystko jest tak związane z życiem, z człowiekiem, z jego spokojnym i uregulowanym bytem. Wszystko się liczy, każdy papierek, każdy dom, każde głupstwo wędruje przez pokolenia, odnajduje się i ma swoje miejsce w życiu, ma łączność, z czegoś pochodzi i ŻYJE. Jak ich ulice, ich zabytki, domy i meble. W innych krajach jest postęp, życie biegnie i z biegiem lat odrzuca na bok antyki i zabytki, tworząc z nich muzeum. Coś wysłużyło się i odchodzi na spoczynek. Nie przenika do współczesności, zrywa kontakt. Zabytki są martwe. Bo wszędzie tam odstawiono je na bok do oglądania. A we Francji jest ciągle oglądanie przy korzystaniu. Nieraz spaskudzą jakiś zabytek, umieszczając w nim na przykład poradnię dla kobiet w ciąży czy inny zakład użyteczności publicznej, ale za to wtopią go w szemrzące wokoło życie, nie pozwolą mu umrzeć. Urok Paryża to może przede wszystkim ciągłe życie zabytków, które gdzie indziej odstawione są do szklanych szafek.

Frank leci coraz bardziej.

24.12.1941

Całkiem inne święta niż w zeszłym roku. Jakoś raźniej i weselej. Już dziś od samego rana miałem wolne i nie musiałem jechać do biura. Po śniadaniu siadłem na rower i pojechałem do miasta kupić coś dla Basi. Kiedyś, już dość dawno, przechodziliśmy przez Boulevard des Capucines i podobał się jej na wystawie ze sztuczną biżuterią malutki słoń przypinka do kostiumu. Pojechałem tam dzisiaj i kupiłem go. Na obiad wróciłem do domu.

Basia kupiła małą choinkę. Po obiedzie sprzątałem pokój, kończyliśmy przygotowania do Wigilii. Wieczorem przyszli nasi goście — Lola i Ch. Dwie sałatki, barszcz z uszkami, kalafior z kartoflami, makaron z sosem pomidorowym, sałatka tutti-frutti, budyń — Lola przyniosła leguminę z makiem i bakalie, Ch. wino. Po Wigilii zapaliliśmy świeczki i ułożyli prezenty. Wszystkim nam było tęskno za swoimi i nikt nie robił sobie złudzeń, że jest to ostatnia Wigilia poza domem. Teraz już późno, stół do połowy sprzątnięty. Basia wystawia resztki jedzenia „na zimno".

25.12.1941

Siedzimy w domu, a ja oprócz tego w fotelu, i czytam Balzaca. I jemy co się da. Święto brzucha.

---

[1] Św. Józef, patron rogaczy.

26.12.1941

Dziś trzecia rocznica naszego ślubu. Jakoś się przyzwyczaiłem. Musiałem być dziś rano w prefekturze w sprawach urzędowych. Ponieważ mój „baranek" nie przychodził, usiadłem na ławce, aby poczekać. Obok mnie siedziała para żebraków, staruszków. Ona trochę pochylona, ale jeszcze pełna życia, on bardziej apatyczny i obojętny. Ubrani obydwoje w resztki starych ubrań, zawinięci w jakąś niesamowitą ilość szmat, łachów, chustek, szalików. A w tym dziesiątki kieszeni i schowków, po których każde z nich wodziło ręką odruchowo, zupełnie automatycznie — jakby chcąc się przekonać, czy wszystko znajduje się na swoim miejscu. Czasem on lub ona wyjmowali coś w na wpół zamkniętej dłoni i prawie nie odsuwając ręki od schowka, patrzyli, przekładali do innej kieszeni lub zostawiali na tym samym miejscu. Robili ten inwentarz wolno i dokładnie, warstwa po warstwie, milcząco... Ruchy podobne do spokojnego drapania się w coraz to innym miejscu. Potem ona pochyliła się w jego stronę i zaczęła mu poprawiać szalik; następnie zdjęła mu kapelusz i wygrzebanym z trzydziestej ósmej kieszonki czwartej warstwy okruchem grzebienia przyczesywała mu długo dwie kępki włosów na skroniach. W końcu ze stojącego u jej stóp worka wyjęła kawałek chleba, łamała go na kawałki i wsadzała mu do ust. A on żuł bezzębnymi szczękami, wprawiając brodę w jakiś dziki taniec wokoło górnej wargi i spoglądając gdzieś w dal przed siebie. Miał w sobie coś z królika, któremu podsuwa się pod pyszczek listek po listku. Od czasu do czasu stara drapała go z czułością pod brodą, coś przy tym mrucząc z zadowoleniem, niemal pomiaukując jak kotka liżąca kocięta. On dawał się pieścić, obojętny i podwójnie nieruchomy w porównaniu z szalonym kołowrotkiem jego szczęk. Rozrzewniająca ohyda.

Mimo woli pomyślałem sobie, że tych dwoje może być szczęśliwszymi niż wielu ludzi na świecie.

27.12.1941

Właściwie jednym tchem przeczytałem „Le curé de village"[1] i „Mémoires de deux jeunes mariées"[2] Balzaca. Trudno lepiej określić i uchwycić to wszystko, co sto lat temu zaczęło wżerać się w organizm Francji i co po stu latach doprowadziło ten kraj do stanu trzeciego stopnia syfilisu polityczno-społecznego, ideowego, moralnego i — pomimo wszystko — intelektualnego. Jest podobno rzeczą dowiedzioną, że początkowo syfilis pobudza organizm, wyzwala z niego pewne ukryte siły, że w wielu wypadkach bywał on jakby drożdżami geniuszu — no ale kończy się nieodmiennie paraliżem postępowym. Można by to właściwie powiedzieć o Francji i kto wie, czy i w tym, właśnie w tym, nie kryje

[1] „Proboszcza wiejskiego".
[2] „Listy młodych mężatek".

się tajemnica tego „czegoś", czego nie znajduje się w innych narodach. Sto lat temu Balzac pisze:

„Rada główna budowy dróg i mostów, złożona częściowo z ludzi zmęczonych długoletnią i nieraz zaszczytną służbą, ale nieposiadających już więcej sił ponad te, które potrzebne są do sprzeciwu i skreślających wszystko, czego nie są w stanie zrozumieć — ta rada jest pętlą służącą do duszenia i niweczenia projektów powstałych w śmiałych umysłach. Rada ta wydaje się być stworzoną na to, aby paraliżować ramiona tej pięknej młodzieży, która niczego innego nie pożąda poza możnością pracy i służenia Francji. W Paryżu dzieją się potworności: przyszłość całej prowincji zależy od «wizy» tych centralizatorów, którzy przy pomocy intryg, o jakich lepiej nie mówić, wstrzymują wykonanie najlepszych planów; najlepszymi planami są zaś w istocie te, które hamują najlepiej zachłanność spółek lub spekulantów, które przeszkadzają lub uniemożliwiają najskuteczniej nadużycia — a nadużycie jest stale silniejszym we Francji aniżeli ulepszenie... Nie można ustawić we Francji jednego kamienia bez tego, żeby dziesięciu gryzipiórków i papierkarzy nie porobiło na ten temat głupich i niepotrzebnych raportów".

On jest wspaniały. Francuska administracja to zagadnienie samo dla siebie. Poznałem ją ze wszystkich boków i już niczemu się nie dziwię. Jeżeli nie zna się tej potwornej administracji, nie zna się Francji. Jest w niej ciągłość od Karola Wielkiego począwszy — ciągłość utrzymana i starannie pielęgnowana poprzez wszystkie rewolucje, zaburzenia, zmiany ustrojów (raczej nastrojów — do radykalnej zmiany ustroju we Francji właściwie nigdy nie doszło). Warstwa na warstwę — i w końcu gruby pokład: olbrzymia i w stosunku do swoich rozmiarów stworzona w rekordowo krótkim czasie synteza — wielka administracja napoleońska. I ta trwa do dzisiaj prawie bez zmian. Sztywna, skostniała, wiecznie żądna milionów druków, formularzy, wyciągów, odpisów, zaświadczeń — PAPIERU. W głowie się mąci, gdy się chce o niej mówić i oddać ogrom, bezwładność i siłę negatywną tego potwora. Francja była wzorem dla całej Europy — i zadławiła się. I dalej Balzac:

„Kraj jest słabym, gdy składa się z jednostek niesolidarnych, którym mało zależy na tym, czy mają być posłuszne siedmiu ludziom, czy jednemu człowiekowi, Rosjaninowi czy Korsykaninowi — byleby tylko każdy zachował swój kawałek pola; i ten nieszczęsny egoista nie dostrzega, iż pewnego dnia odbiorą mu wszystko. Nie będzie innych praw poza prawem karnym i skarbowym, giełdą albo życiem. Najbardziej wspaniałomyślny kraj na całym świecie nie będzie powodowany uczuciami. Rozwiną się tu i będą opatrywane rany nieuleczalne. Najpierw powszechna zazdrość: klasy wyższe zostaną zmieszane razem z innymi, równość pragnień weźmie się za równość sił; prawdziwe, uznane i rzeczywiste umysły co wybitniejsze zostaną zalane falami mieszczaństwa. Można znaleźć człowieka wśród tysiąca, nie można nic znaleźć wśród trzech milionów podobnych ambicji, ubranych w tę samą liberię — w PRZECIĘTNOŚĆ. Ta triumfująca masa nie spostrzeże się, że będzie miała przeciwko sobie drugą straszliwą masę — chłopów właścicieli: dwadzieścia milionów sążni ziemi żywej, maszerującej, mędrkującej, niesłuchającej niczego, chcącej wiecznie więcej, barykadującej wszystko, rozporządzającej brutalną siłą...".

31.12.1941

Rano wyjeżdżam, wracam do domu o szóstej i tak dni biegną, tak minął rok, i jeśli ten nowy nie będzie gorszy od tego, to wystarczy. Urzęduję na scenie, biegam po mieście, tułam się po różnych urzędach, a Francuzi urzędolą dalej w wielkiej „*Salle des Fêtes*" Merostwa Châtillon. My z nimi — dzień za dniem.

Tymczasem Francja usiłuje lizać rany po przegranej wojnie. Rząd Pétaina zachowuje się ciągle tak jakoś, coś gdzieś, niby też to, tędy i owędy, raz kolaboracja, raz coś zgrzyta, a w ogóle nazywa się ciągle, że współpraca Francji z Niemcami jest „życzeniem obydwóch narodów", ciągle jakiś pan z Vichy--Etat mówi, że „ma nadzieję, iż dojdzie do porozumienia". Nie ma tu właściwie żadnych „tak" lub „nie". W sumie Vichy-Etat idzie całkowicie na pasku Niemców, ale Pétain sam nigdy otwarcie nic nie mówił o kolaboracji — ogranicza się do wymijających „nadziei" i „pragnień" i tymczasem stara się odbudować kraj, czerpiąc natchnienie w swych posunięciach ustawodawczo-społeczno-administracyjnych z odpowiednich i nie zawsze głupich urządzeń niemieckich narodowego socjalizmu. Odnawia się kadry urzędników, wprowadza sprężystość i ład w administracji, walczy z francuskim bałaganem, zmienia się ustawy, rozszerza się zakres odpowiedzialności szefów wydziałów i w ogóle zniosło się „*République*" i zrobiło się „*Etat français*"[1]. Francja — jeden z najbardziej zaniedbanych w Europie krajów pod względem ustawodawstwa społecznego — do 1936 roku nie było płatnych urlopów, nie było dodatków na rodzinę, do 1930 roku nie było ubezpieczeń społecznych — Francja od chwili przegrania wojny zrobiła dalszy skok naprzód w dziedzinie społecznej. Pétain fabrykuje ustawy i — płaci, płaci, płaci. Z niecierpliwością czekam na bilans Banku Francji, żeby się dowiedzieć, ile miliardów franków pożyczki Bank Francji dał rządowi. Inflacji jeszcze nie ma, dewaluacja jest jednak wyraźna.

Wszyscy patrzą na wschód. *Ex oriente lux*. Od 22 czerwca wszystko zeszło na drugi plan i cała uwaga skierowała się na wschód. Rosja wytrzymała i dziś jest już w wielkim przeciwnatarciu — do tego zwycięskim. Dziś odebrali Kercz i Teodozję. Co z tego wyniknie, trudno przewidzieć. Niemcy tłumaczą swoje niepowodzenia koniecznością przejścia od walki ofensywnej do walki defensywnej i związanymi z tym trudnościami. Albo Niemcy pękną w tym roku i wojna wejdzie wówczas w fazę końcową, albo nie pękną i historia pociągnie się jeszcze dwa lata. Jeżeli Rosja pobije Niemcy, zacznie się nowy dramat — bolszewizm w Polsce, sowiecka okupacja, i kto wie czy nie bolszewizm w Europie. Nic w końcu nie wiem. Mówią, że w interesie Anglii nie leży zwycięstwo Rosji. Może. Wszystko byłoby proste, tylko wieczny znak zapytania: — Sowiety. Tamerlan bije Atyllę — źle; Atylla bije Tamerlana — też źle. W końcu wszystko odbija się na naszej skórze. Tak to bywa, gdy mieszka się w przechodnim pokoju. Gdzie ci nasi szanowni przodkowie mieli głowę? Lepiej nie mówić.

---

[1] Państwo francuskie.

1942

1.1.1942

Czy w tym roku skończy się wojna? Albo Rosjanie pobiją Niemców do wiosny i wtedy koniec, albo nie — i wobec tego jeszcze dwa lata.

2.1.1942

Pojutrze idziemy na proszony obiad do Chopinów. Ona czuje się dobrze po urodzeniu piątego dziecka i dostaliśmy od nich list z zaproszeniem. Żeby nie iść z pustymi rękami, postanowiłem kupić jego chłopcom jakąś książkę, coś polskiego po francusku.

Po obiedzie wsiadłem na rower i pojechałem na boulevard Saint-Michel pogrzebać w księgarniach. Szukałem „W pustyni i w puszczy", ale nigdzie nie znalazłem. W ogóle żadnych tłumaczeń z polskiego nie można teraz znaleźć we francuskich księgarniach, bo Niemcy wydali do księgarzy okólnik, aby według własnego uznania wycofali ze sprzedaży książki mogące szkodzić propagandzie porozumienia, współpracy, przyjaźni itd. I wobec tego księgarze, w przypływie wiernopoddańczej żarliwości, usunęli wszystko, co ma jakiś związek z Polską. Byłem już zupełnie zrezygnowany i zupełnie odruchowo zatrzymałem się przy wielkiej księgarni niemieckiej, żeby oglądnąć nowości. Stanąłem przed wystawą książek francuskich. — Masz: na środku leżała całkiem ładnie wydana „Contes et légendes polonaises" z ilustracjami Koźmińskiego. Wobec tego wszedłem do środka i kupiłem polskie legendy wraz z opowiadaniem o Wandzie, co nie chciała Niemca — w niemieckiej księgarni, bo u przyjaciół Francuzów próżno szukać ratunku. *Ils sont plus boches que Pétain*[1], jak mówi złośliwe określenie golistów.

Chodziłem jeszcze po innych księgarniach, wypytując ciągle o Sienkiewicza (właściwie gdyby nie Sienkiewicz, to naprawdę nie wiem, co poza tym można by z tej naszej literatury dać obcemu) i oglądając przy sposobności książki, ale

---

1 Są bardziej szwabscy od Pétaina.

nigdzie nie było. Dopiero w jakiejś małej księgarni zasuszony staruszek zaprowadził mnie tajemniczo do składu za sklepem i wyjął — „Krzyżaków" — „Les Chevaliers Teutoniques". Uśmiechnąłem się, on mrugnął i powiada szeptem: *Vous savez ça, c'est très bon, c'est antiboche... oh là là, prenez ça*[1]. Miałem ochotę go uściskać, uratował honor wszystkich żarliwych księgarzy, taki de Gaulle księgarski. Pogwarzyłem z nim z cicha, kupiłem „Krzyżaków" i po krótkim sprecyzowaniu sytuacji na froncie wschodnim (*c'est dur pour eux...*)[2] wyszedłem. Staruszek mnie podbił.

Na murze jakiejś kamienicy „Socrate" — uliczny karykaturzysta — rozwiesił swoje rysunki. Niektóre ma bardzo dobre. Dawniej, jeszcze w 1939 roku, „wystawiał" na boulevard des Batignolles i chodząc na obiady na Lamandé, zatrzymywaliśmy się często przy nim. I tak zawarliśmy znajomość z jego żoną, trudniącą się spieniężaniem jego twórczości. Przez wiele miesięcy nie widziałem ich i dopiero dziś zatrzymałem się z radością, że ten kawałek dawnego Paryża przeżył i jeszcze się trzyma. Madame Socrate mnie poznała i od razu zaczęliśmy długą pogawędkę. Zaczęła mi się żalić, że jej mąż taki nieśmiały, iż nic nie umie sprzedać; że nie chce wystawiać na normalnych wystawach, bo brak mu odwagi i sprytu do wkręcania się w towarzystwo malarzy; i ich intrygi, które są okropne w stosunku do ludzi z talentem, zmuszają ich do szukania chleba na ulicy. Socrate krążył w oddaleniu i pokazała mi go, mówiąc: „Widzi pan, taki nieśmiały, że nawet bliżej nie podejdzie". Malutki ciemny człowieczek w kusym paltociku ze zgasłą fajeczką w zębach. Pożegnałem się z nią i na zakończenie rzuciła mi kuszącą propozycję: „Jak pan kiedy zechce swoją karykaturę, to on panu zrobi — niedrogo — 500 franków".

4.1.1942

Obiad u Robertów. Mały domek w Fontenay-sous-Bois, czterech synów i jedna córka. Zaprosił swojego przyjaciela z czterema córkami i jednym synem. Mały domek pękał, ale było przyjemnie. Obiad wspaniały, zupełnie przedwojenny.

7.1.1942

Jeden z „moich" robotników został przyłapany jeszcze w listopadzie z walizką, w której wiózł do Paryża cztery kilogramy szynki i dwa kilo słoniny. Protokół — jutro rozprawa sądowa w Senlis, dokąd musi jechać. Przyszedł oczywiście po radę. Jadę z nim jutro na rozprawę, bo on ani słowa po francusku. Wyszukam mu tłumacza sądowego, adwokata z urzędu, i może uda mi się chłopa wyciągnąć z tej sprawy, która w dzisiejszych czasach pachnie dwoma miesiącami więzienia. Tak zwany postęp, kultura, cywilizacja — jednym słowem Nowa

---

[1] Wie pan, to bardzo dobre, antyszwabskie... Niech pan to weźmie.

[2] Nie jest im łatwo...

Europa. Kiedy przerzucam czasem słownik, to na widok wielu słów odczuwam coś na kształt wspomnień z lat dziecinnych. A przy słowie „ludzkość", czyli *l'humanité*, można dostać straszliwych kolek ze śmiechu, można się zaśmiać na śmierć.

8.1.1942

Wróciłem do domu i jestem cały pod wrażeniem tego dnia w Senlis. Mam uczucie, jakbym cały dzień pływał po wielkim spokojnym stawie, leżąc w małej łódce, wiosłując od niechcenia i puszczając po gładkiej tafli wody kaczki myśli. Myśli sobie podskakiwały, ja sobie pływałem, a czas sobie przemijał.

Cały dzień, wszystkie jego wydarzenia pokryte były s p o k o j e m, regularną monotonią i tym s o b i e życia małego miasteczka francuskiego.

Wyszedłem z domu wcześnie rano. Na wpół śpiąc, zszedłem do metra, zupełnie odruchowo przesiadłem się na République i drzemiąc, zajechałem na Gare du Nord. Oskarżony czekał już na mnie. Kupiliśmy bilety i wsiedli do pustego jeszcze pociągu. Wszędzie ciemno i wszystkie odgłosy dworcowe dochodziły do przedziału osobno, jak błyski światła. W takich ciemnościach głos jest światłem i najmniejszy dźwięk jest tak brutalny i indywidualny jak promień.

Po chwili ludzie zaczęli się schodzić, wybierać miejsca i siadać. Naprzeciwko nas usiadła jakaś para i zaczęła kończyć w wagonie rozpoczęte jeszcze w łóżku pieszczoty poranne. On wsadził jej rękę pod klapę palta i chwycił krzepko za pierś, co nie przeszkadzało mu troszkę drzemać i stukać nosem we własny krawat; ona zdjęła mu kapelusz, przygładziła włosy i pocierała policzkiem o jego ucho, całując w odstępach 30-sekundowych i coś szepcąc mu czule. On na to odmrukiwał jakieś „ehe — hm — ahu", chwytał ją mocniej za pierś, po czym popadał z powrotem w letarg drzemki.

Pociąg ruszył i oczywiście wszyscy wyciągnęli zegarki, żeby skontrolować czas. Nie zrobiłem tego, bo miałbym w najlepszym wypadku czas Gare du Nord. Ani jeden zegarek we Francji nie chodzi jednakowo, tylko tak jak mu się podoba. Ja mam swój czas, Gare de Reuilly, i nie odstępuję od niego, bo inaczej musiałbym cały dzień przestawiać wskazówki. Dla Francuzów jest to jednak *une petite occupation*[1], przy której można zamienić kilka słów z nieznajomym, a co najważniejsze — okląć jakąś *autorité*[2]. Tak więc nawet śpiący kochanek puścił na chwilę ciepłą pierś, przebudził się, spojrzał na zegarek, mlasnął językiem (*ça va pas...*)[3] i żeby nie męczyć się po raz drugi, położył rękę na jej pulchnym udzie. Ona na to założyła nogę na nogę i przygniotła w ten sposób jego dłoń słodkim ciężarem drugiego uda. W tej czułej i intymnej pozie poczęli drzemać. Ja również. Po trzech kwadransach jazdy wysiedliśmy w Chantilly

[1] Jakieś zajęcie.
[2] Władzę.
[3] Nie chodzi.

i przesiedliśmy się na boczną linię do Senlis. Zrobiło się już jasno. Pociąg ruszył wolnym krokiem. Po dwudziestu minutach wysiedliśmy na malutkim dworcu Senlis. Mały i cichy budynek w kolorze lśniącopopielatym jak sztuczna perła i rysująca się ponad konarami nagich drzew wieża katedry wśród czarnych punkcików krążących wokół niej kawek.

Po zgrzytliwym i tłukliwym jak mycie garnków odjeździe pociągu poszliśmy w stronę miasta pogrążeni w takiej ciszy, że słyszało się niemal opadanie mgły powlekającej wszystko lepką błoną. Czasem tylko od strony wieży dolatywały piskliwe głosy kawek, ostre z początku i rozwleczone dalej echem, niknące jak nagłe postawienie kropki i pociągnięcie od niej coraz to cieńszej kreski.

Wchodzimy do miasta ulicą, przy której jest kilka rozwalonych bombardowaniem domów. Na ulicy snują się ludzie, przystają, aby porozmawiać, i idą dalej. Wchodzimy do Merostwa, szukam konsjerża i pytam, gdzie znajduje się Trybunał.

Wyprowadza mnie za bramę, pokazuje uliczkę i powiada, że Trybunał jest pod katedrą. Miasteczko jest niewielkie i stare, uliczki wąskie i pokręcone, i — jak w większości wypadków we Francji, spotyka się niemal wyłącznie starych mężczyzn i stare kobiety. Wąską uliczką idziemy ku katedrze. Właściwie wszędzie jest spokój i cisza, i cały ten nastrój ogólny przerywany jest poszczególnymi scenami, oddzielonymi jak sceny w sztuce teatralnej.

Scena pierwsza: Spotkanie dwóch staruszek i dialog:

— *Bonjour Madame Duval, ça va?*[1]

— *Bonjour Madame Lepont, merci, ça va, et vous même?*[2]

— *Oui, merci, ça va tout doucement. Ah! Quel vilain temps...*[3]

— *Oui. Il fait froid aujourd'hui... le brouillard...*[4]

— *Et votre monsieur le mari se porte mieux?*[5]

— *Oui, le pied est toujours enflé un peu, mais comment voulez-vous... Avec un temps pareil...*[6]

Między godziną dziewiątą a dziesiątą całe miasteczko prowadzi te same dialogi, spotykając się na ulicy, z okna do okna, w sklepach. Idąc uliczką, spotykamy wielki wóz na dwóch kołach, do którego dwaj starzy robotnicy wypróżniają wystawione przed każdy dom pudła ze śmieciami. Jeden stoi na wozie i udeptuje śmieci, drugi podaje mu pudła na wóz i odbierając już puste, ustawia je przed domem. Śpiący koń sam rusza i sam zatrzymuje się przed następnym. W tej chwili na wszystkich ulicach wszystkich miast i miasteczek Francji powtarza się to samo, z tą różnicą, że w większych miastach robią to olbrzymie samochody o kształtach chrabąszczy.

---

[1] Dzień dobry, pani Duval, co słychać?

[2] Dzień dobry, pani Lepont, dziękuję, wszystko w porządku, a u pani?

[3] Dziękuję, jakoś idzie. Co za pogoda!

[4] Tak. Zimno dzisiaj... mgła...

[5] Małżonek czuje się lepiej?

[6] Tak, noga jest jeszcze trochę spuchnięta, ale jak miałaby... przy takiej pogodzie...

Scena druga: Spoza zakrętu wyszła czarno ubrana staruszka, zatrzymała się koło wozu i powiedziała:

— *Bonjour, Monsieur Paul, ça va?*[1]

— *Merci madame*[2] — odrzekł śmieciarz — *et vous même?*

— *Oui, ça se tasse. Quel travail quand même avec ces boîtes*...[3] Ale jak tak dalej pójdzie, to ludzie nie będą mieli co wyrzucać...

— *Mais oui*[4] — i tu dłuższa i zawsze ta sama rozmowa o brakach w wyżywieniu i aprowizacji. Śmieciarz oparł się o koło wozu, ten na wozie przysiadł, i gwarzą.

Dochodzimy do placu przed katedrą. Śliczna stara gotycka katedra — zresztą znana i zwiedzana. Jak cały gotyk francuski, tak i ta katedra pomimo całej swojej powagi, leciwości i masy jest jakaś lekka, żywa, wtopiona w całość miasteczka — jedna z wielu, bez pretensji. Nie otacza jej żadna specjalna cześć, nikt nie wmawia, że to jest *weltberühmt*[5], nikt nie rozparcelowuje jej na kawałki, wnikając w jakieś pojedyncze kamienie; można z nią rozmawiać jak ze spotkanym przed chwilą śmieciarzem, po swojemu.

We Francji jest tyle katedr, tyle zabytków, tyle starych mebli i starych domów, wśród których płynie życie, że nawet zabytki są rzeczą najzwyczajniejszą. Wchodzą w program codzienności. Należąc do wszystkich, tym łatwiej uważać je można za „moje ulubione" i doszukiwać się w nich uroku, którego nikt nie k a ż e znajdować; łatwiej wejść z nimi w intymny kontakt. I nikt nie zapała świętym oburzeniem, jeżeli spodoba mi się na przykład twierdzić, że Notre-Dame to kicz średniowieczny i że chimery są niczym w porównaniu z zielonymi końmi Picassa.

Trybunał znajduje się w gotyckim domu obok katedry. Szeroko rozsiadły budynek o grubych murach, sklepieniach, schodach szerokich, wąskich i długich oknach. Robi to na mnie zawsze wrażenie olbrzymiego bloku kamiennego, w którym wykuto dom, drążąc sale i pokoje jakimś wielkim dłutem. Zasięgnąwszy informacji u konsjerża, poszliśmy do pisarza sądowego. Siedział wśród wielkich fortyfikacji ksiąg, aktów, teczek — wśród czterech ścian pogrubionych murem wielkich foliałów rozmieszczonych na półkach. Chcąc zaznajomić się na przykład ze sprawą sądową swoich przodków z roku 1680, można by tu prawdopodobnie znaleźć dużo potrzebnych dokumentów. Tu żyją wieki, drzemią na półkach budzone czasem wydarzeniami, które ich jednak nie zniszczyły. Kto im co zniszczył? Trochę na północy, a poza tym prawie nikt i prawie nic. Najwięcej poniszczyli sobie sami w paroksyzmach wielkiej rewolucji po dziesięciu wiekach równowagi, po dziesięciu wiekach życia prawie ni-

[1] Dzień dobry, panie Paul, co słychać?

[2] Dziękuję [...] a u pani?

[3] Powolutku. Ależ ma pan roboty z tymi puszkami...

[4] No tak.

[5] Sławne na cały świat.

gdy nieprzerwanego, ciągłego jak nitka nawinięta na szpulkę. Niszczyli *pour changer les idées*[1], mogli sobie pozwolić na ten kaprys.

Czym jest nasze życie? Nawijaniem na kawałek tekturki krótkich kawałków nitki bez możności powiązania ich ze sobą. Gdzie mam szukać metryki urodzenia mojego dziadka? Gdzie odnaleźć ślad prababki? Do czego przyczepić cofającą się wstecz myśl? Do niczego — do opowiadań, prawie do legend tego kraju, który wynajął sobie w Europie pokój przechodni i przez dziesięć wieków usiłuje urządzić się w nim z wszelkimi wygodami i ze złudzeniem pokoju z osobnym wejściem, wyczerpując całą swą energię w kłótniach i walkach z przechodzącymi. Jak myśleć o urządzeniu tego pokoju ładnymi meblami, bibelotami, serwantkami, gdy błocą ciągle podłogę, rozbijają i obtłukują przedmioty? To nie jest życie — to ciągła tymczasowość życia motyla i dlatego w charakterze naszym jest może tyle cech przypominających tego owada. Jakim cudem mamy być mrówkami?...

Pokazałem pisarzowi pozew do sądu, wytłumaczyłem o co chodzi i poprosiłem o przydzielenie tłumacza sądowego, ponieważ oskarżony nie umie po francusku.

— *Mais parfaitement, Monsieur*[2]; jest dzisiaj kilka spraw innych Polaków, dla których tłumacz został już wezwany, więc tylko na akcie tego pana dopiszę, że i on ma być sądzony z tłumaczem.

Wyszukał *dossier* S., zapisał i odłożył. Ponieważ był bardzo grzeczny, więc z kolei zapytałem o możliwość otrzymania adwokata z urzędu, gdyż mój oskarżony jest bezrobotnym i pomimo braku pieniędzy chciałby skorzystać z prawa obrony. „Ależ oczywiście". Od razu wziął pozew, zaświadczenie bezrobocia i poszedł do prezesa sądu. (*Monsieur le Président*). Po chwili wrócił z nazwiskiem adwokata wyznaczonego przez pana prezesa. Adwokat nazywa się Mr. B. i mieszka tam i tam. Idziemy.

Znowu uliczki i okna niskich domów. Przechodząc, zaglądam: tonące w półmroku pokoje, zastawione starymi, dziedzicznymi meblami, dywany, portiery, zegary na kominkach — atmosfera zasiedziałości, spadku i dostatku. Czuje się stałość, ma się pewność, że ci ludzie urządzili się i żyją, nizając równe, okrągłe i gładkie dni na nitkę życia... Spokój pomimo wszystko!

Otwieramy bramkę żelazną, przechodzimy przez ogródek i pukamy do adwokata. Otworzył nam on sam. Jeszcze młody, pulchny, okrągły i miły jak puszek do pudru. Taki, o którym można od razu powiedzieć: urodzili go, wykarmili, wykształcili, dali pieniądze, ożenili i osiedlili. I jemu dobrze. Jest uprzejmy, prowadzi nas do gabinetu, siadamy, mówię mu, o co chodzi. Opowiadam mu całą historię naszej fabryki, życie naszych byłych robotników po zawieszeniu broni — maluję sepią nasz los we Francji, z której Niemcy nie chcą nas wypuścić, a w której znalezienie pracy jest prawie niemożliwe (lekka przesada), gdy się nie jest Francuzem. Mój kolega na przykład (oskarżony) mieszka z trzema

1 Dla rozrywki.
2 Ależ oczywiście, proszę pana.

innymi w hotelu, z których jeden, pracując u Niemców, dobrze zarabia i pomaga innym, mają wspólną kasę i jeden gotuje etc., etc. Co pięć słów mówię mu: *mon cher Maître*[1], układam ładne zdania, wtrącając jakieś wyszukane wyrazy; udaje mi się zainteresować go nami i naszym wypadkiem. W rezultacie oświadcza, że wątpi, czy jego obrona przyczyni się w znaczniejszym stopniu do ominięcia przykrych następstw wykroczenia, bo od 15 listopada 1941 roku zniesione zostały kary z zawieszeniem w wypadku przestępstw w dziedzinie żywnościowej. Do tego prokurator jest bardzo ostry i formalizujący — no, ale postara się *faire tout ce qui est humainement possible*[2], szczególniej iż widzi, że ma do czynienia z ludźmi *qui ne sont pas, enfin, quelqu'un...*[3] Poznał się na nas! Uśmiechnąłem się i rzuciłem kilka sentencjonalnych zdań o ludzkiej hipokryzji: — Przecież jestem pewny, że ci sami sędziowie, ten sam prokurator zasądzą tego człowieka i setki innych za niesienie w walizce szynki i słoniny, sami będąc po dobrym obiedzie, składającym się w połowie z produktów kupionych na czarnym rynku...

Adwokat zaśmiał się:

— Na pewno nie prokurator; znam go; to człowiek zdolny umrzeć z głodu, gdyby istniała taka ustawa. On z pewnością nie tknie nic, co jest nielegalne.

— Aa, to taki Katon Starszy — *caeterum censeo Carthaginam delendam esse* — ale co było dobre dla Kartaginy, to niekoniecznie może odnosić się do czarnego handlu — powiadam ironicznie.

Zdaje mi się, że nigdzie nie można sprzedać drożej i z większym efektem własnej inteligencji i wyższego wykształcenia aniżeli we Francji. W tym kraju jednego i wielkiego poziomu, dosięgającego świadectwa ukończenia szkoły powszechnej oraz takiego czy innego kursu zawodowego (8000 matur w roku 1938 we Francji — 36 000 matur w tym samym roku w Polsce), wszystko, co wyskakuje ponad tę przeciętność, liczy się jako wyjątkowe, zwraca uwagę, wywołuje coś jakby cień szacunku.

Na mój cytat łaciński, wypowiedziany zresztą akcentem nienagannie francuskim (*seterom senseó Cartażinam...*) adwokat spojrzał na mnie inaczej. A ja ciągnąłem dalej: Nic się nie zmieniło; zawsze ta sama hipokryzja; oburzająca jak oburzająca jest dla mnie zawsze śmierć Lucjana de Rubempré... Oczarowałem go. Pomimo że spieszył się na obiad, opowiedział mi, że studiował w Paryżu (a pan gdzie?), że jego ojciec jest notariuszem miejscowym i że idzie do rodziców na obiad, że to jest jego dom — rozgadaliśmy się. Przedstawił mi w skrócie plan obrony:

— Będę kładł nacisk na to, że kolega pański znalazł się we Francji niedobrowolnie, że pracował tu w obronie tych samych interesów, jak my wszyscy, że wskutek wypadków został skazany na pobyt z dala od ojczyzny; nie zna języka, nie ma nikogo, kto by mu pomógł, że musiał szukać sposobów nabycia

[1] Szanowny panie mecenasie.
[2] Zrobić wszystko, co w ludzkiej mocy.
[3] Którzy w końcu nie są jakimiś...

żywności tą drogą, nie mając znajomych i długoletnich „swoich" dostawców w swojej dzielnicy etc., etc. W końcu jest jedną z wielu ofiar naszego rządu (we Francji zawsze jest winien wszystkiemu rząd — kozioł ofiarny, na którego można zwalić swobodnie wszystko), który angażował go do pracy wtedy, gdy go potrzebował, a teraz pozostawił prawie bez środków do życia i bez możności powrotu do rodziny.

Świetnie — podziękowałem mu uprzejmie i gorąco — do zobaczenia na rozprawie. Mój S. uspokoił się — załatwiłem mu wszystko jak najlepsza niańka. Poszliśmy poszukać restauracji. Jakaś kobieta dała nam adres *ou vous déjeunerez pas cher et convenablement*[1].

Duża jasna sala — pusto, bo nie ma jeszcze dwunastej. Nastrój francuskiej oberży — zacisznie, zamożnie, smacznie — czuje się, że jedzenie jest tu rytuałem. Na środku wielki żelazny piec trzaskający wesoło, pod ścianą pianino. Usiadłem i zacząłem coś brzdąkać. Z kuchni wyszła patronka i powiedziała tonem dobrodusznej cioci: *Ne vous gênez pas, Monsieur, jouez, jouez...*[2] O dwunastej zaczęli się schodzić goście. Widać, że są to ludzie jedzący tutaj codziennie, może od lat — zżyci z domem. Rentierzy i emeryci dobiegający swych dni z dala od kotła paryskiego na cichej prowincji. Kelnerka podsuwa każdemu kartę. Wszyscy czytają uważnie — *Mademoiselle* przywoływana jest tu i tam na krótką naradę. Po ustaleniu, co kto będzie jadł, zapada chwila ciszy. Niemal przy każdym stoliku ktoś wyjmuje jakieś lekarstwa i zażywa przed jedzeniem. Starszy pan, czysto i elegancko ubrany, wyłuskuje pedantycznie jedną pastylkę z tubki, wrzuca do szklanki, nalewa trochę wody, miesza — po czym długo patrzy pod światło, czy dobrze się rozpuściła. W skupieniu, jak ksiądz wypijający wino przy ołtarzu, połyka zawartość. Starsza pani, ubrana zasobnie i trochę *à la* 1900, odlicza nabożnie krople lekarstwa, ruszając przy tym milcząco wargami, jak przy odmawianiu różańca. Inny staruszek nalewa na łyżkę jakiś syrop. Ręka mu drży i szyjka butelki, stukając o metal, wydaje cichy dźwięk.

Patrzę i słucham, widzę i odczuwam coś, co można by porównać do tego momentu, w którym człowiek już prawie usypia. Cisza, spokój, rozprężenie — trzeba poruszyć nogą albo ręką, ażeby poczuć siebie. Przebudziłem się dopiero, gdy kelnerka postawiła przed nami wino, chleb i sałatę z buraków. Jemy obiad niestety w niczym nieprzypominający dawnych czasów. Trzy lata temu zjadłoby się tu za 20 franków tyle dobrych rzeczy — teraz sałatka, mały kawałek mięsa, pomarańcza, ćwiartka wina i kawałek chleba 18 franków. I na to wszystko drogocenne kartki. Przy kawie z koniakiem (extra 4 fr) przeglądam grubą książkę zawierającą spis wszystkich miejscowości departamentu Oise z pewnymi informacjami o nich. Wyszukuję Senlis, a więc: dwie apteki, jeden dom dla starców (*maison de retraite*), przytułek dla ubogich gminy, trzech adwokatów, trzech lekarzy, dwóch notariuszy itd., itd. W końcu spis towarzystw i stowarzyszeń miejscowych. Przetarłem okulary; w tej małej mieścinie było

---

1 Gdzie zjecie niedrogo i przyzwoicie.

2 Proszę się nie krępować, niech pan sobie pogra...

ich ze trzydzieści: Stowarzyszenie łuczników, kuszarzy (nie mieszać: co innego łuk, a co innego kusza), myśliwych, wędkarzy, szachistów, przyjaciół belotki, byłych kombatantów, kilka towarzystw dobroczynnych pod zarządem jakichś pań z nazwiskami „Madame de" i „Madame de la" (*noblesse oblige*); trudno wszystko zapamiętać. Przyznam się, że mi to zaimponowało. Można wątpić w żywotność tych stowarzyszeń i ich celowość, ale uderza ich ilość, a przede wszystkim apolityczność. Nie — po prostu jedni lubią s o b i e strzelać z łuku, inni z kuszy, jeszcze inni grać w belotkę, i wszyscy są wolni. Stowarzyszają się, bo mają czas, robią to dla przyjemności, i znowu to, co mnie napawa zazdrością: s t a ć i c h n a t o. Dostatek... marzenie 98% Polaków żyjących we własnym kraju życiem koczowniczym, w pogoni za większym kawałkiem chleba, bez poczucia stałości, z głową pełną pomysłów, ideałów, kombinatorstwa, Bóg wie czego, pretensji do innych, do całego świata, wykształconych, inteligentów bez przynależności, snobów, artystów z talentem i bez — wszyscy wiecznie z pustą kieszenią, skazani w dodatku na wieczne cierpienie za ojczyznę. Jeżeli człowiek nieraz sobie tak mówi, to nie przez pogardę dla Polski — po prostu przez wściekłość na nasz los, na tego pecha, przez zazdrość, gdy patrzy się na innych, jakże często mniej godnych. Nic nie robią, nie poświęcają się, nie cierpią i los się do nich uśmiecha. Co robić!... Nic dziwnego, że w rezultacie pozostaje nam jako jedyna ucieczka i pocieszenie — narodowy mistycyzm. Serce, myśl, uczucia, oceany nigdy niedocenionego bohaterstwa — przeciwko woreczkowi ze złotem. Wielka nierówna, w której ciągle ulegając, jesteśmy ciągle przekonani o naszej wyższości. Ale trzeba się pocieszać, aby nie bluźnić.

Wychodzimy z oberży i wolno idziemy do sądu. Na podwórzu już ruch; ludzie przystają i rozmawiają, wchodząc grupkami do budynku. Szerokimi schodami idziemy do sali sądowej. W środku schodów wisi na ścianie wielki obraz: Maria Antonina na wózku w drodze na gilotynę. Obraz malowany techniką oficjalnych obrazów — powiększenie z fotografii. Pomimo to robi wrażenie — właśnie tutaj, w tym półmroku gotyckim tak bardzo przypominającym Conciergerie. Pchający się po schodach tłumek jest ten sam co na obrazie; wydziela tę samą atmosferę tępoty, zazdrości, okrucieństwa przytłamszonego bezczelnym tchórzostwem — jednym słowem wszystkie właściwości masy. Czuje się, że są jakieś tajemne nici łączące ten obraz i przedstawioną na nim scenę z rzeczywistością obecną. We Francji do dziś dnia przeżyło coś nieuchwytnego z tej epoki. Zatrzymałem się. Dopiero ktoś klepnął mnie po ramieniu: *Dis donne, mon vieux, sennes un peu à droite, on peut pas passer*[1]. Pomyślałem sobie: — O, to, właśnie to, mówią ci per „ty". Spojrzał na mnie, zaśmiał się i kiwnąwszy głową w stronę obrazu, rzucił: *Pauvre fille*[2].

W sali sądowej jest zimno — publiczność jednakowa: okoliczni farmerzy, w ogóle LUD — francuski ludek, w którym znajdzie się zawsze po kawałku jakiejś warstwy społecznej, które razem wzięte tworzą jedną warstwę. Trochę

---

[1] Słuchaj no, stary, przesuń się trochę na prawo, nie można przejść.

[2] Biedna dziewczyna.

bourgeois, trochę podmiejska lub miejska hołota, trochę chłop, gdzieniegdzie coś „lepszego", co wtapia się w całość — wszystko pomieszane i przemieszane. Społeczny groch z kapustą.

Obok mnie siedzi jakichś dwóch starych obywateli, cuchnących winem i machorką. Przyszli do sądu rozerwać się i posłuchać. Dyskutują fachowo — z całą znajomością prawa, wrodzoną każdemu Francuzowi. Sąd jeszcze nie wszedł, więc wszyscy gadają, palą papierosy — oczywiście nie zdejmując kapeluszy. Nastrój familijno-karczemny. Przez tłum przepycha się jakiś człowiek, niosący na plecach drugiego bez nóg. Tułów i ręce — w klapie marynarki zrudziałe wstążeczki orderów i rozetka Legii Honorowej. Znajomi witają go hałaśliwie i usadzają przede mną. Moi sąsiedzi klepią go po ramieniu.

— *Bonjour, mon vieux*[1], jak się tu dostałeś?

— W każdym razie nie na piechotę (*à pied*) — odpowiada z rzężliwym śmiechem, zadowolony z dowcipu. Inni śmieją się również.

Nagle wszedł woźny i zawołał: *Le Tribunal!* Od razu uciszyło się, pogaszono papierosy i zdjęto kapelusze. Przewodniczący i dwóch sędziów w togach i biretach zasiadło za stołem, prokurator z jednej strony, pisarz z drugiej; adwokaci w ławach razem z oskarżonymi. Sprawy zaczęły się sypać jedna za drugą, szybko, seryjnie.

Jakieś dwie dziewczyny o powierzchowności, którą jedynie Balzac byłby w stanie dobrze opisać. Ludzkie pomyje — rude, poplamione, okropne. Oskarżone o kradzież ubrań z willi zarekwirowanej przez Niemców. Bogata przeszłość kryminalna, wypominana figlarnie i złośliwie przez przewodniczącego. Coś w rodzaju: „No, no — znamy się *mes enfants*[2]; w roku 1937 zbroiłyśmy to, potem włóczęgostwo, potem znowu wyrok...". Dziewczyny uśmiechają się cynicznie.

— No i jak to było ostatnim razem? W tej willi tylko parter był zarekwirowany przez Niemców, a *mademoiselle*[3] wzięła ubranie z szafy w ścianie (*placard*), w kuchni na pierwszym piętrze?

Dziewczyna milczy — wtrąca się jej adwokat:

— Tak, one spały z Niemcami na parterze, ale w nocy *elle est montée dans la cuisine pour, pour...*[4]

Przewodniczący:

— *Oui, elle est montée au premier étage pour se remonter après les émotions de rez-de-chaussée...*[5] — kończy „*spirituellement*"[6] (śmiechy).

Adwokat (śmiejąc się):

— *C'est ça*[7], była trochę wyczerpana i chciała się napić wody, *vous comprenez...*[8]

---

[1] Dzień dobry, stary.
[2] Moje dzieci.
[3] Panna.
[4] Poszła na górę, do kuchni, żeby, żeby...
[5] Tak, poszła na pierwsze piętro, żeby dojść do siebie po emocjach z parteru...
[6] Dowcipnie.
[7] No właśnie.
[8] Rozumiecie...

Przewodniczący:

— *Et au lieu de prendre de l'eau fraîche, elle a pris un manteau, deux robes, des draps et quelques ouiller d'argent comme souvenir*...[1] (śmiechy).

Adwokat nie sili się nawet na obronę; wyrok: dwa lata więzienia. Sprawa drugiej; adwokat starszy, gruby i łysy wygłasza przemówienie obronne bardzo patetyczne i piękne. Jest w nim mowa o św. Magdalenie, o kapłankach Astarty. Przewodniczący słucha z zainteresowaniem; widać, że go to bawi i ciekawi. Adwokat brnie dalej w patos, w cytaty z Pisma św., nie krępuje się. Tutaj patos jest przyjęty, jak każda inna forma wypowiedzenia się. Bo we Francji nie jest ważne to, CO się mówi, ale nieskończenie ważne jest to, JAK się mówi. Dlatego można tutaj tak wiele powiedzieć — byleby zachować formę. Podziw i uznanie dla formy są tak głębokie i wrodzone, że kapitulują przed nimi i treść, i nawet sprzeczne z tą treścią uczucia. Jeżeli umiesz mówić, to wolno ci powiedzieć wszystko.

Przewodniczący, ubawiony dostatecznie, przerwał adwokatowi: „O ile znam historię, to św. Magdalena istotnie była swawolną wykwintnisią (*une femme galante*), ale nie kradła — idzie pan za daleko, *mon cher maître*"[2]. — Kiwnął ręką, przeczytał wyrok: — Półtora roku więzienia.

Sprawy sypią się jedna za drugą, żywo, z temperamentem. Drobne kradzieże, przywłaszczenia, przestępstwa z dziedziny czarnego handlu, zaledwie tylko jedno pobicie. Uderza mnie to, bo u nas większość tych drobnych spraw to bójki kończące się w sądzie. Nie wiem, co lepsze. Przed Trybunałem staje jakiś dozorca magazynów kolejowych, ojciec czworga dzieci, nigdy niekarany, osiemnaście lat nienagannej służby na kolei. Został złapany gdzieś na wsi przez żandarmów, gdy niósł kilkanaście rzemieni skórzanych w walizce. Popełnił tę nieostrożność, iż przyznał się w protokole, że rzemienie te wziął z oddanego mu pod nadzór magazynu. Adwokat wygłasza mocne przemówienie: Sąd wie, że obecnie nie można na wsi nic kupić, jeżeli nie da się czegoś w zamian. Ten człowiek ma czworo dzieci i wszyscy wiemy, że racje kartkowe są niewystarczające. Chcąc kupić trochę jedzenia, wziął z magazynu kilka rzemyków skórzanych, poszedł na wieś i przy pomocy tej „premii" usiłował wydobyć coś od farmerów. A zresztą — oto zaświadczenie jego władz przełożonych, które od razu zrobiły kontrolę magazynu i stwierdzają tu, tym oto papierem, że w magazynie niczego nie było brak i kolej nie zgłasza do niego żadnych pretensji. Ten człowiek nie jest złodziejem! Osiemnaście lat nieposzlakowanej służby na kolei, nigdy niekarany, czworo dzieci!...

Wśród sędziów szepty. Wyrok: miesiąc więzienia. Na sali rozległ się gwar, niezadowolenie i oburzenie buchnęły nagle jak płomień. Tłum się poruszył. Jak to? Kolej stwierdza, że nie została okradziona, a dają mu miesiąc więzienia; do tego automatycznie traci pracę, bo wyrzucą go z posady jako karane-

---

[1] I zamiast napić się zimnej wody, wzięła płaszcz, dwie sukienki, pościel i kilka srebrnych łyżek na pamiątkę...

[2] Drogi panie mecenasie.

go. Przewodniczący ucisza publiczność, ale zewsząd słychać okrzyki: *Ah, non, quand même, c'est honteux – huuuuu – merde – une bande de salauds...*[1] Jest coś porywającego w tym głośnym, śmiałym i wolnym ujęciu się za krzywdą biednego człowieka i otwartym skrytykowaniem Trybunału. Miałoby się ochotę wskoczyć na ławę i krzyknąwszy „*Aux armes, citoyens*"[2], podpalić sąd, powiesić sędziów. W tym momencie rozumiem trochę ten tłum odprowadzający z nienawiścią *la charrette*[3] Marii Antoniny. Przewodniczący wali suszką w stół i krzyczy: *silence*[4], ale tłum ciągle bulgoce. A ja mam w oczach pomnik Kamila Desmoulins w Palais Royal i aż mnie rozpiera od wewnętrznego krzyku, aż dusi w gardle.

Sala w końcu ucichła. Przed Trybunał wzywają beznogiego. Teraz już nikt go nie niesie. Przy pomocy rąk ześlizguje się zwinnie z ławki i ruchem pająka z poobrywanymi łapami potoczył się między nogi uskakujących w bok ludzi. Przewodniczący aż przechylił się przez stół, aby go dojrzeć. Nie dosłyszałem, o co tam chodziło. W każdym razie człowiek tułów śmiało i bezczelnie odparowywał ciosy, uzbrojony w wojnę, Legię Honorową i potworne inwalidztwo. Są to argumenty, wobec których każdy we Francji skłania głowę. Nic dziwnego — poświęcenie nie jest tu sportem narodowym. Skazują go z zawieszeniem. Toczy się ku wyjściu, pogwizdując z cicha, i tam czeka już na niego tragarz. Tragarz schyla się, ten łapie go za szyję i okręcając się małpim ruchem, lokuje się na plecach.

Sprawa jakiejś Polki: wyskrobanie daty ważności w karcie tożsamości (*carte d'identité*) i wstawienie innej. Trzy miesiące więzienia. Tłumaczem jest jakaś młoda emigrantka, opoliturowana we Francji noga stołowa. Włosy utlenione, kapelusz z piórkiem, futro, niezły akcent francuski (pewnie urodzona już tutaj), za to po polsku rąbie wprost spod strzechy: „Jak się nazywacie, ile roków macie, gdzieście rodzeni, a to przyznajecie coście szkrybali w papiurach? A nie trza, nie trza — legitymacja to świenta rzecz... za drapanie kreminał...". Ładny tłumacz sądowy. Ale przewodniczący uśmiecha się do niej, mówi: *Madame, ayez la gentillesse...*[5] i Kaśka jest ważna — zaprzysiemgli jom do sondu.

Już pod koniec przychodzi sprawa mojego klienta. Ledwo przeczytali mu oskarżenie i tłumaczka wykalikowała mu coś po polsku, ledwo nasz *Maître* B. zabrał głos, gdy przewodniczący przerwał mu: „*Maître* — wie pan, że w tej chwili najniższą karą za podobne wykroczenie jest grzywna 1200 franków" i ogłasza wyrok: „1200 franków grzywny". Doskonale — jesteśmy zadowoleni, bo lepiej się nie dało. Teraz już moja głowa w tym, żeby różnymi podaniami, zaświadczeniami bezrobocia opóźnić termin wykonania, albo i całkiem zanulować. Znam już tak administrację francuską, że wiem jak puścić daną rzecz tak, aby pływała przez długie miesiące po morzu papierów i utonęła w końcu

[1] No nie, jednak nie, to wstyd, cholera, banda łajdaków.

[2] Do broni, obywatele (początek refrenu francuskiego hymnu).

[3] Wóz.

[4] Cisza.

[5] Może pani łaskawie...

w odmętach zapomnienia. Może do tego czasu coś się zmieni... Wychodzimy z sądu – jest już po piątej. Ostatni pociąg odszedł do Chantilly o 5.10. Wobec tego postanawiamy iść na piechotę. Z Senlis do Chantilly jest 10 km. Wychodzimy na szosę. Dzień jest ciągle szary, bezgodzinowy. Równie dobrze może być dziewiąta rano, co pierwsza lub szósta po południu. W taki dzień zatraca się poczucie czasu. Mijamy pola, domy, czasem jakieś większe skupisko domów, czyli tutejszą wieś (*commune*). Wszystko jest bezbarwne i płaskie. Budynki, las, pagórki są jak wycinanki z szarego papieru. Gdzieś daleko przed nami wychodzą z lasu stare kobiety, niosą na plecach chrust. Idą wolno, pochylone – jak żółwie na dwóch nogach. Ustępujemy czasem z drogi, gdy jedzie samochód, najczęściej niemiecki.

Po półtorej godziny marszu wchodzimy do Chantilly. Mijamy zamek nad stawem w rozległym ogrodzie; całość urocza. Wśród drzew przeświecają białe ciała rzeźb, gdzieniegdzie czernią się paszcze sztucznych grot lub gną lekkie mostki stworzone do frywolnych westchnień dam rokoka. Widok, którego właściwy i prawdziwy opis można by znaleźć u G. Sand: „*...des paysages frais et calmes, des prairies d'un vert tendre, des ruisseaux mélancoliques, des massifs d'aunes et de frênes, toute une nature suave et pastorale...*" („Valentine")[1].

„*Toute une nature suave et pastorale*"[2], określenie to obejmuje wszystko i oddaje najlepiej charakter tego, co u Francuzów nazywa się „natura", a co dla nas jest zawsze trochę salonem pod gołym niebem. Opisy przyrody po francusku brzmią mi zawsze jak opis dekoracji w sztuce teatralnej. Bo właściwie taką jest ich przyroda, a szczególniej Ile de France.

Wchodzimy do Chantilly, mijając sławny tor wyścigowy. Chantilly żyło z niego kiedyś – teraz żyje z Niemców i z kapitału. Część wielkich hoteli zamknięta, część zarekwirowana na Kreiskomendy i inne instytucje okupacyjne. Po ulicach snuje się melancholia styczniowego wieczoru.

Wbiegamy na dworzec pędem, bo właśnie zajechał jakiś pociąg. Ale dobroduszny kontroler zapewnił nas, że to tylko dla robotników wracających z budowy lotnisk. Mrugnął okiem: „Będą mieli Anglicy gdzie lądować".

Wobec tego poszliśmy do pobliskiego bistra coś przekąsić, bo po lekkim obiedzie i szybkim marszu byliśmy głodni. W bistrze ruch i gwar, godzina aperitifu. Zamówiliśmy chleb z pasztetem i po szklance wina. Zostawiłem wino na kontuarze i opychając mój chleb, łaziłem z kąta w kąt, oglądając jakieś litografie na ścianach. Nagle jakby mnie ktoś oblał zimną wodą. Na szklanej szafce, w drugim końcu kontuaru, przylepiona złota myśl po niemiecku. Podszedłem i przeczytałem: *Sei was du willst, aber vor allem weiss was du sein willst*[3] – Schlageter. A niechże ich znudzi. Wystrzał rewolwerowy w czasie koncertu można by spokojniej znieść niż taką złotą myśl bohatera hitleryzmu we francuskim prowincjonalnym bistrze. Jakież to obce, ponure, sztywne, odpychające. Jest

[1] Krajobraz świeży i spokojny, łąki o łagodnej zieleni, melancholijne strumyki, kępy olch i jesionów, cała przyroda słodka i sielska... (Walentyna).

[2] Przyroda słodka i sielska.

[3] Bądź czym chcesz, ale przede wszystkim wiedz, czym chcesz być.

w tej tak zwanej *Deutsche Kultur*[1] coś, czego nie można przełknąć. Ta nachalność w sposobie podawania jej. Nie — nie chcę nic od nich — wolę być, czym mi się podoba, i niekoniecznie *planmässig*[2] wiedzieć, czym chcę być. Chcę żyć, chcę sobie pożyć... jak dzisiaj.

Płacimy i idziemy na dworzec. Zapada mrok, bierze lekki przymrozek. Wtacza się pociąg. Siadam w kącie i usypiam, budząc się na Gare du Nord. Idziemy jeszcze do bistra na grog z sachapersoną. Patronka siedzi przy kasie z kotem na kolanach i popędza garsonów, jakieś dwie wycofane ze śródmiejskiego obiegu *filles*[3] rozmawiają, kaszląc chrapliwie.

Nastawiam kołnierz i wychodzę. Pod nogami dudni metro.

9.1.1942

Dzisiaj rano zapanowało wielkie ożywienie. Posterunki niemieckie na rogatkach paryskich znikły. Ludzie komentują to w różny sposób i cieszą się, że Niemcy powoli opuszczają Paryż. Spodziewana jest przeprowadzka rządu Pétaina razem z nim samym z Vichy do Paryża. Plotki. W każdym razie ludek paryski cieszy się i mówi, że: *ils foutent le camp, nous serons libres*[4]. I wszyscy są w dobrych humorach. Niewiele im potrzeba. Ale mniejsi optymiści twierdzą, że są to małe oszczędności na wielkie wydatki wiosenne. Noworoczna mowa Pétaina nie została opublikowana w gazetach strefy okupowanej, co wzbudza ogólną ciekawość. „Co Marszałek powiedział? Chyba coś, co nie było po myśli Niemców" — i oczywiście krąży szereg domysłów na ten temat. A w sumie wygląda to na dobrą inscenizację. Niby to zakaz opublikowania tej mowy po tej stronie podniesie „patriotyczny" autorytet starego piernika i będzie się to tutaj czytać niemal z tym samym rozrzewnieniem co ulotki londyńskie.

Znowu przyjechał Tadzio. Jeździ między Warszawą i Paryżem jak „jaki minister spraw zbytecznych", jak to on sam powiedział. Tym razem Janeczka, jego żona, przysłała nam w prezencie kawał słoniny i kiełbasę. Właściwie od listopada jesteśmy ciągle zaopatrywani w zasadnicze i tak trudne do kupienia tutaj artykuły żywnościowe — przez Polskę. Paradoks. Gdy opowiedziałem o tym jednemu Francuzowi, wybałuszył oczy: „Jakim sposobem łatwiej o żywność w Polsce niż u nas?" — zapytał. „Bo my nie kolaborujemy" — odpowiedziałem.

13.1.1942

Jedna znajoma Francuzka dała mi dzisiaj noworoczną mowę Pétaina „przemyconą" ze strefy nieokupowanej. Pewnie Vichy zorganizowało ten „przemyt". Ta mowa jest arcydziełem węgorzowatości języka, w którym można powiedzieć tak wiele, nic na pozór nie mówiąc, lub nie powiedzieć nic, powiedziawszy

---

1 Kultura niemiecka.

2 Planowo.

3 Tu: prostytutki.

4 Spieprzają, będziemy wolni.

pozornie rzeczy wielkie i głębokie. Jest w tej mowie trochę tego i trochę tego. Pétain mówił tylko o Francji — wprawdzie o Francji pobitej z rządem półwolnym, ale o Francji zawsze żywotnej, zawsze wielkiej i twórczej w dziedzinie ducha. „Francja nie może pozostać obojętna na toczące się wypadki. *Puissance européenne, la France connaît ses devoirs envers l'Europe. Puissance civilisatrice, elle a conservé dans le monde, malgré sa défaite, une position spirituelle privilégiée*"[1]. Kataryna.

„Wyjątkowa sytuacja Francji nie może ujść uwadze Niemiec — *elle lui* (Niemcom) *suggérera, nous l'espérons, une atténuation du statut qu'elle nous a imposé après sa victoire. Le rapprochement sincère des deux nations, souhaité par les Gouvernements et par les peuples en découlera Notre dignité s'en trouvera restaurée; notre économie soulagée*"[2]. Potem, aby zawsze móc w razie czego wycofać się i osłabić ten — bądźmy sprawiedliwi — jedyny ustęp kolaboracyjny, rzuca kilka mocniejszych słów: „*Mais le conduite d'une politique française, inspirée des seuls intérêts français, exige le resserrement de l'unité française. Or, l'unité des esprits est en péril*"[3]. Narzeka na nieporozumienia między dwoma strefami — wolną i okupacyjną, i lamentuje, że Francja poddała się pożałowania godnej złudzie fałszywego pokoju. Nazywa dezerterami wszystkich tych, którzy zarówno w prasie, jak w radiu, zarówno w Londynie, jak w Paryżu, przyczyniają się do mącenia jedności. Nowa Konstytucja będzie niebawem gotowa, lecz może być ona datowana jedynie z Paryża i może wejść tylko nazajutrz po uwolnieniu terytorium. Zwraca się do wszystkich, prosząc o pracę, zaufanie i jedność. „*Dans l'exil partiel auquel je suis astreint, dans la demi-liberté qui m'est laissée, j'essaie de faire tout mon devoir*"[4].

Wszyscy są trochę rozczuleni, opinia ogólna, że stary gra na zwłokę i maskuje się. Ale za wiele faktów zaprzecza temu. W rezultacie Vichy jest Sfinksem — bez tajemnic.

16.1.1942

K. dał mi dziś sto dolarów do sprzedania, których sam nie mógł sprzedać, bo są to dolary starej emisji, tak zwane „wielkie". Postanowiłem spróbować, czy Mr. Joseph ich nie kupi, i pod wieczór zapadłem w gąszcz uliczek rue des Francs-Bourgeois. Wszedłem ostrożnie do bistra i szepnąłem patronce: „Monsieur Joseph...".

---

[1] Francja, europejskie mocarstwo, zna swe powinności wobec Europy. Mocarstwo niosące cywilizację, Francja — pomimo swej klęski — zachowała w świecie szczególną pozycję duchową.

[2] Mamy nadzieję, że podpowie im złagodzenie statutu, który Niemcy nam narzuciły po ich zwycięstwie. Doprowadzi to do szczerego zbliżenia obu narodów, którego pragną rządy i ludy. To nam przywróci godność, naszej gospodarce będzie lżej...

[3] Ale prowadzenie polityki francuskiej, kierującej się wyłącznie francuskimi interesami, wymaga ściślejszej jedności Francuzów. A jedność duchowa jest zagrożona...

[4] Na częściowym wygnaniu, które mi narzucono, w połowicznej wolności, którą mi pozostawiono, staram się wywiązać ze swoich obowiązków.

Chwilę przypatrywała mi się uważnie i kiedy mój fantazyjny strój paryskiego *loustic*[1] natchnął ją ufnością, pochyliła się i raczej wargami niż głosem odpowiedziała krótko i dosadnie: *il est pincé*[2].

Zrozumiałem od razu i szybko wyszedłem. Zamknęli go. *Il est pincé*, doskonałe i obrazowe określenie „fachowe" w tym *demi-argot*[3] ciemnych sprawek. Coś w rodzaju pieszczotliwego: „On został uszczknięty; uszczknęli go" – jak źdźbło trawy dziobkiem kaczki.

Wobec tego zajechałem do antykwarni pana Zygmusia. Było już ciemno i prawie po omacku trafiłem do drzwi sklepu. Wszedłem cicho. Pan Zygmuś siedział przy stole oświetlonym jakąś fantazyjną lampą naftową, przerobioną domowym sposobem na elektryczną, i z wysiłkiem wkładał bucik. Na stole stała wielka butla kwasu solnego. Mały czarny kotek siedział na półce nad stołem i bawił się wahadełkiem przy empirowym zegarze, który stanął prawdopodobnie na ostatniej godzinie tej epoki i więcej nie ruszył. Pan Zygmuś sapał, kotek trącał łapką wahadło obijające się z cichym dźwiękiem o złote kolumienki.

– Dobry wieczór, panie Zygmusiu! Pan się chce truć kwasem?

– Aaa, dobry wieczór, cześć... panie, nie ma nic lepszego na nagniotki jak kwas solny. Właśnie sobie – tego – tu właśnie kwasem – cholera z tym butem... – Język mu się plącze, wszystkie „l" wymawia w nieskończoność (najłatwiejsza do wymówienia litera w mocnym gazie), widzę, że jak zwykle zalany, a nawet bardziej niż zwykle.

– Coś pan dzisiaj nie w formie – powiadam.

– Panie... jezdem pijany w d...ę, dali mi dzisiaj rady... pfff... panie... – i tu wznosi palec do góry – ja jak się upiłem 17 września 1901 roku, tak od tego czasu... pan rozumie... cholea z butem... pfff...

Kotek, korzystając z wielkiej przestrzeni zgiętych pleców pana Zygmusia, zeskoczył mu na kark i rozpoczął dzikie harce z frędzlami odrzuconego w tył szalika.

– A poszeee, psiakrew – i bezradnie ogarnia się.

Zdjąłem kota i usadziłem go sobie na kolanach w moim kapeluszu.

– Panie Zygmuś... chciałbym sprzedać większą ilość dolarów... może pan coś tego... daję po 140, ale to „wielkie"...

– Poaż Pan... to cholea... pijany jezdem! Przyjechał taki magnat, panie, to magnat Polak świniarz z prowincji, to potem koniaczek, winko, likierek brzdęk i masz pan... a teraz piję Vichy!...

Przy słowie „Vichy" bardzo mocno mu się czknęło i brzmiało to jak „Vi" a potem długie „szszszszyyyy" uchodzące wraz z gazem z głębin żołądka długo i sycząco.

– Poaż pan te dolay.

---

[1] Cwaniaczka.
[2] Przyskrzynili go.
[3] Półżargonie.

Wyciągam dwie sztuki po pięć. Rozłożył na stole, pogładził palcami, kiwając się na krześle i oglądając uważnie. Zdawało się, że jego oczy pływały w oczodołach nieumocowane żadnym nerwem. Lewe przewracało się, fikało koziołki i tańczyło; prawe uciekło gdzieś w zewnętrzny kąt i tkwiło nieruchome, przyczajone, jakby chciało wyskoczyć i rzucić się na pięciodolarówkę.

— Szeo się pan śmieje? Dobre obrazki… można puścić. Ma pan czas to poczekaj pan… zrobi się.

Dałem mu całą paczkę.

— Panie Zygmuś, może lepiej jutro; pan coś dzisiaj nie tego…

— A skąd pan wiesz, że jutro beee lepiej… dawaj pan! To cholea magnat Polak, świniarz z prowincji… tysiąc franków brzdęk i pijany jezdem, ale pan wie… zaufanie może pan mieć… pffff… — Zdjął kapelusz, wywinął wewnętrzny pasek skórki, podniósł podszewkę i zaczął upychać kapelusz dolarami, wsuwając je pomiędzy podszewkę i filc. Przy tym wszystkim puszczał oczy w tak dziki taniec, że mimo woli odczuwałem w głowie ból i musiałem się powstrzymywać, aby samemu nie zezować.

— Panie Zygmuś… co pan wyprawiasz z tymi oczami?

— Jakbyś pan był pijany przez czterdzieści lat bez przerwy, toby się panu wszystko obluzowało. Orewuar.

Nałożył kapelusz, zamaszyście zarzucił biały szalik, wziął laseczkę z gałką i wyszedł chwiejnym krokiem. Z kuchni wyszła jego „opiekunka" francuska i zaczęła zabawiać mnie rozmową, jako że już poznaliśmy się dawniej. Mówiliśmy najpierw o wojnie, potem o jedzeniu, a w końcu o panu Zygmusiu. „Ci Polacy spod zaboru rosyjskiego — *du côte de Varsovie*[1] — to wszyscy tacy", powiada. „Co zarobi, to wyda, bawi się, używa… on już chyba dwa razy bankrutował; mógł mieć wielki majątek, ale co mu tłumaczyć. Już tak trzydzieści lat się z nim męczę…".

Poczęstowała mnie białym winem i chlebem z serem. Wspomina zeszłą wojnę, Niemców; wojna zaskoczyła ją wtedy na pograniczu belgijsko-luksemburskim. Mówi z dziwną godnością, z tą kulturą kobiety prostej, która dużo przeszła i dużo widziała. Rozmawiam z nią z przyjemnością o wszystkich tajnikach handlu antykwarskiego. Opowiada mi, że teraz w sklepie nie mają nic, bo nie chcą sprzedawać; wszystkie cenne i wartościowe rzeczy przechowują w domu — „kiedy znowu przyjadą do Paryża Anglicy i Amerykanie", powiada z tęsknotą w głosie.

Po półtorej godzinie zjawił się z powrotem pan Zygmuś. „Sprzedałem po 135 (spodziewałem się, zarobił 500 franków). Byłem zaskoczony, bo nikt tych „wielkich" dolarów nie chciał kupić, a ten uwinął się błyskawicznie. Odlicza mi 13 500 franków. K. będzie jeszcze bardziej zdziwiony, dawali mu maksimum 85. Pożegnałem się i wpadłem z powrotem w ciemną studnię pokręconych uliczek. Zrewanżowałem się K. doskonale.

---

[1] Gdzieś spod Warszawy.

17.1.1942

Tadzio zdecydował się wyjechać wcześniej i resztę urlopu spędzić w Warszawie. Wydał wszystkie pieniądze, nakupił mnóstwo rzeczy – i po tygodniu pobytu Paryż mu się znudził. „Jędruś, żebyś wiedział, ten Paryż to czysta kostnica w porównaniu z Warszawą". Od razu z rana pojechałem do niego pomóc mu w pakowaniu. Potem zadzwoniłem do biura, zapytując, czy muszę przyjść, bo mi się już nie chciało. Ale K. powiedział mi, że wczoraj wieczorem aresztowali w Prefekturze naszego najmłodszego „baranka" – 23-letniego Anatola – i że trzeba pojechać, aby go stamtąd wyciągnąć. Prefektura to moja specjalność. Anatol został aresztowany, bo miał wydrapaną w swojej „*carte d'identité*"[1] datę urodzenia.

Wsiadłem na rower i pojechałem do Prefektury. Poszedłem od razu do urzędnika, który załatwia przedłużanie kart. Uprzejmy grubas – znam go od dawna, bo już od dwóch lat załatwia mi „moich" Polaków. Pytam go o Anatolka. Głupia historia. Przy przedłużaniu karty grubas zauważył, że Anatol ma wydrapany rok urodzenia – zamiast 1918 wstawił sobie 1919 – odmłodził się o rok. Grubas, nie mogąc zrozumieć, po co Anatol to zrobił (*il n'est pas une femme et puis les femmes quand elles font ça elles ne se contentent pas avec une année...*)[2] (Nie jest przecież kobietą, a poza tym, kiedy robią to kobiety, nie zadowalają się odmłodzeniem o jeden rok...), wysłał go do domu po paszport, chcąc sprawdzić datę urodzenia w paszporcie, bo Anatol zapierał się i twierdził, że nic nie wydrapywał. Anatol wrócił do Prefektury z paszportem i tu grubas konstatuje, że i w paszporcie rok 1918 jest wydrapany i zamieniony na 1919. Tu już zupełnie zgłupiał, ale i tak chciał załagodzić i nie robić z tego użytku. Ale dureń Anatol nie tylko bezczelnie się wypierał, ale zaczął się po prostu awanturować. Wówczas grubas wysłał go pod eskortą na piąte piętro do wydziału „wydaleń" (*Eloignements*). Jest to taki wydział, w którym odbierają papiery, dają świstek z fotografią ważny na miesiąc, można się po drodze przesiedzieć, jeżeli są jakieś nieregularności – jednym słowem, gdy ktoś tam wpadnie, to przepadło: skazany jest na ciągłe kontrole, przychodzenie, stemplowanie i przedłużenie ważności świstka i inne szykany administracyjno-policyjne.

Znam jednego z szefów tego wydziału, Mr. V, i po dłuższym czekaniu udało mi się go dołapać. Zapytany o Anatola, od razu go sobie przypomniał. *Ah, ce jeune garçon, il est de chez vous?*[3] Od wczoraj siedzi w areszcie. V. nie może zrozumieć, po co on wyskrobywał w karcie datę urodzenia (i znowu to samo: *il n'est pas une femme...*)[4]. Ten francuski *esprit* jest jednak bardzo przereklamowany. W sumie zestandaryzowanie. V. pyta mnie, co myślę o tym. Ja też nic nie rozumiem, ale proszę, żeby go wypuścili, że jakoś się to wyjaśni. V. obiecał mi wypuścić go dziś wieczorem i nawet bąknął o nierobieniu z tego sprawy.

---

[1] Dowodzie osobistym.

[2] Nie jest kobietą, zresztą kiedy to robią kobiety, to jeden rok im nie wystarczy...

[3] To ten chłopak jest od was?

[4] Nie jest kobietą...

Poprawią mu papiery i zatuszują. Nie bardzo chce mi się w to wierzyć, ale od razu jadę do kolegów Anatola uspokoić ich i dowiedzieć się czegoś, bo gubię się w domysłach i nic nie jestem w stanie zrozumieć z tego wydrapywania.

Zastaję Staszka i ten mi opowiada, jak to było. Radził Anatolowi, aby zwrócił się do mnie, ale tamten głuptak odpowiedział mu, że „nie jest dzieckiem" i że sam sobie da radę. „No ale po jakiego diabła zmieniał datę urodzenia i skrobał w dokumentach?". Nagle przyszło mi do głowy zapytać, czy Anatol nie miał przypadkiem drugiej kartki żywnościowej kogoś, kto wyjechał do Polski. Miał. Jest to kartka kogoś, kto miał bardzo podobne nazwisko, urodził się tego samego dnia i miesiąca co Anatol i tylko o rok później. Przy wymianie kartek na merostwie żądają dowodu osobistego i Anatol wydrapał i w *carte d'identité*[1] i na kartce żywnościowej, aby się wszystko zgadzało. Zrobiło mi się zimno. Za drapanie w *carte d'identité* grożą mu trzy miesiące kryminału; jeżeli wyjdzie na jaw sprawa kartek żywnościowych, wówczas rok obozu koncentracyjnego i skończą chłopca.

Na dzisiaj dosyć. Powiedziałem Staszkowi, żeby Anatol przyszedł do mnie jutro. Wróciłem do domu zmęczony i przemoczony. Trzy godziny latania na rowerze wzdłuż i w poprzek Paryża, po ulicach pokrytych rozmokłym śniegiem. Muszę w jakiś sposób wyciągnąć chłopaka.

18.1.1942

Rano Anatol przyszedł do mnie do hotelu. V. dotrzymał obietnicy i wypuścili go wczoraj wieczorem, dając mu powołanie do Prefektury na jutro rano. Źle! Jak zaczną wałkować, to jeszcze się dowałkują. Przede wszystkim zwymyślałem smarkacza, że nie przyszedł do mnie od razu. Dziwne, jak czasem zupełnie nagle odczuwa się, że człowiek posunął się w latach, że jest już innym, że coś tam w głębi uległo znowu jakimś ruchom tektonicznym i nawarstwienia przybrały inną postać. Mając przed sobą tego 23-letniego chłopaka, poczułem ze zdziwieniem moje 29 lat na karku. A jeszcze wczoraj ja miałem 23 lata i tak często wydaje mi się, że nic się nie zmieniłem, że jeszcze ciągle tkwię sobie w tym wieku „dwudziestu paru". Teraz spoglądałem na Anatola jak na głupie dziecko. Chwilami nawet wydawało mi się, że to ja jako 23-letni szczeniak siedzę tam w fotelu, lżejszy o tych pięć lat tak zwanego doświadczenia, znajomości ludzi, umiejętności refleksji i intuicji — o całą górę Życia. Minęło, przeleciało, już pierwsza połowa na ukończeniu. Teraz było mi żal, że go zwymyślałem. Jeżeli starszy wrzeszczy na młodego, to chyba tylko dlatego, żeby po prostu wrzeszczeć i wywrzeszczeć się. Zwymyślałem go także z bezsilności, bo sam diabeł nie potrafiłby wytłumaczyć, dlaczego on zmienił 918 na 919. Dlaczego? Po co? O kartkach żywnościowych nie można nawet wspomnieć. Chłopak nareszcie pojął, co mu grozi, i jest przerażony.

---

1 Dowodzie osobistym.

Przeżywałem prawdopodobnie to samo, co przeżywał Vautrin, gdy mu zamknęli Lucjana de Rubempré. Jak go z tego mądrze wyciągnąć? Zaciąłem się jak stary Vautrin. Chodziłem po pokoju i myślałem. Chodziłem tak godzinę i w końcu wymyśliłem historię zupełnie prawdopodobną i niewinną. Nauczyłem Anatola całego opowiadania na pamięć:

„W roku 1940 w czerwcu pracowałem w fabryce amunicji w Bretanii. Cała fabryka miała być ewakuowana do Anglii. Pojechaliśmy do Brestu. W Breście okazało się, że jest już za późno, ostatnie okręty angielskie odpłynęły. Niemcy byli już blisko, Brest był bombardowany (dotąd prawda — dalszy ciąg lipa). W ogólnej panice, wśród pogłosek, że pracownicy fabryk amunicji będą traktowani jak żołnierze i brani do niewoli, ogarnął mnie strach. Obawiając się, że listy ze spisem nazwisk pracowników fabryki w Quimperlé zostały w fabryce i wpadną w ręce Niemców, postanowiłem zmienić mój stan cywilny na paszporcie — nazwisko, imię i datę urodzenia. Chcąc spróbować, czy ten desperacki pomysł może się udać, zacząłem wydrapywać rok urodzenia, najpierw zaczynając od dolnego brzuszka ósemki przy 1918. Ale widząc, że wydrapywanie jest bardzo widoczne, dałem spokój. Ponieważ w miejscu dolnego brzuszka ósemki, tam, gdzie skrobałem, papier był chropowaty i atrament na pewno byłby zalał, wobec tego — zamiast wpisać na nowo ósemkę — przeciągnąłem od górnego brzuszka cienką kreskę obok chropowatego miejsca, robiąc z ósemki dziewiątkę. Niemcy wchodzą do Brestu, wszystkie pogłoski okazują się najzupełniej fałszywe, zaczyna się normalne życie. I wówczas bojąc się, że rok urodzenia w *carte d'identité* nie jest zgodny z paszportem, co mogło przyczynić się do wielu kłopotów w zetknięciu z administracją francuską i z policją francuską, lekkomyślnie i bez zastanowienia przeprowadziłem taką samą poprawkę w *carte d'identité*, ażeby i tu, i tam rok urodzenia był jednakowy".

Proste i jasne, kartezjańskie i w sam raz dla tych pałogłowców z piątego piętra Prefektury. Anatol jest zachwycony. Muszę przyznać, że ja też. Żaden adwokat nie nakłamałby — przepraszam: *n'aurait pas corrige la vérité*[1] — w lepszy sposób. Teraz wszystko zależy od tego, czy im to wyjaśnienie wystarczy, czy też puszczą tę sprawę w tryby administracji i wtedy będzie gorzej. Umawiam się z nim na jutro na Prefekturę i teraz już nie opuszczę go ani na krok.

19.1.1942

Cały dzień zmarnowany. Miałem ochotę zastrzelić V. i wystrzelać wszystkich policjantów. Po przyjściu do Prefektury idę wprost do V. i wyjaśniam mu wszystko. Cała ta historia trafia mu do przekonania, kiwa głową z politowaniem nad głupotą tego *jeune garçon*[2], ale, ale... Ale żeby to załatwić tak jak należy, Anatol zostanie posłany w towarzystwie jednego z inspektorów policji (*inspecteur* to po prostu tajniak) do Polenreferatu — niemieckiego oddziału

[1] Nie upiększyłby faktów.
[2] Chłopaka.

Gestapo, mającego pod kontrolą wszystkich Polaków. Bo należy upewnić się, czy Anatol, zmieniając swój rok urodzenia, nie chce się ukrywać przed Niemcami. Jeżeli Polenreferat odpowie, że Anatol nie jest przez nich poszukiwany, to wszystko będzie w porządku.

Wszystko gotowało się we mnie. Gdyby mogli, to wleźliby tym Niemcom do tyłka. Cóż za lojalność! Jaka współpraca! Ale nie dałem nic po sobie poznać i z uśmiechem powiadam: „A, to tam na avenue Foch 72, kapitan Engelhaupt". V. spojrzał na mnie z szacunkiem. Obiecał zaraz przydzielić nam agenta, który pojechałby z Anatolem na avenue Foch. Czekamy pół godziny — nic. Godzinę — nic. To są chwile, w których dojrzewa we mnie nienawiść do tej całej kochanej Europy i chęć wyjazdu do jakiegoś dzikiego kraju, w którym nie będę musiał czekać i wystawać po urzędach. Wreszcie V. wyszedł z wszystkimi papierami Anatola, wręcza mi je i powiada: „Nie mam w tej chwili żadnego inspektora, niech pan z nim jedzie. Jak pan załatwi, to wrócicie".

Zbaraniałem. Przede wszystkim strach. Pchać się samemu, bez powodu, tylko do towarzystwa, prosto w łapy Gestapo, narażać się na pytania i w końcu może nigdy już stamtąd nie wyjść?... Bo z nimi nic nie wiadomo. Ogarnęło mnie przerażenie. Miałem ochotę zostawić Anatola, puścić to wszystko kantem i niech mi dadzą święty spokój. Nie miałem po co tłumaczyć V., że ja nie chcę tam iść, bo taki bałwan mógłby tylko pomyśleć, że ja mam coś z Niemcami i jeszcze nabrać jakichś podejrzeń. Anatola nie mogłem zostawić. Na samą myśl o wizycie na avenue Foch zaczął się trząść ze strachu, bełkotać, że jeżeli ja go opuszczę, to on sam nie wie, co zrobi. V. stał z papierami w ręku, ja mocowałem się ze strachem. W końcu wziąłem papiery i powiedziałem, że pojadę. Nigdy w życiu tak się nie bałem jak teraz. Nie pokazywałem nic po sobie i Anatol odzyskał trochę odwagę. Jedziemy na avenue Foch. Szereg wielkich domów, pałacyków i mieszkań ludzi bogatych, którzy uciekli i nie wrócili, jest tu zarekwirowany przez Niemców. Na avenue Foch 72 jest przy wejściu „*die Wache*"[1]. Siedzi jakiś SS, którego pytam o Engelhaupta, nowego kierownika Polenreferatu. Nie ma go — ma być około dwunastej. SS nie mówi słowa po francusku; rozmawiam z nim po niemiecku. Czekamy. Minęła dwunasta, zmarzliśmy, chodząc tam i z powrotem po alei. Wreszcie SS powiedział mi, żeby przyjść o trzeciej.

Strach trochę zelżał, pojechaliśmy na Saint-Paul na obiad, a po obiedzie na Prefekturę. Miałem nadzieję, że V. może odstąpi od swojego projektu. Ale ten kazał mi jechać i koniecznie dostać się do Engelhaupta. O Boże... Ten sam SS siedzi przy wejściu i mówi mi, że Engelhaupta nie ma, ale jest jego zastępca, porucznik Redel. Wyjaśniam, o co chodzi; SS telefonuje do Redla. Redel odpowiada, że jego to nic nie obchodzi i że powinniśmy pójść na Prefekturę policji. Tłumaczę po raz drugi SS-owi, że to właśnie Prefektura nas przysyła — chodzi o to i o to — opowiadam mu całą historię. Dzwoni jeszcze raz do Redla — ten po raz drugi nie chce nas widzieć, wysyłając tym razem do wszystkich diabłów. Je-

[1] Straż.

stem zachwycony. Pełni otuchy wracamy do Prefektury. Mówię V., że Redel nie chce z nami gadać – niech pan do niego telefonuje. Ale V., po prawie półgodzinnym szukaniu numeru telefonu, którego w końcu nie znalazł, kazał nam przyjść nazajutrz. „Poślę z wami inspektora, to będzie musiał przyjąć". Miałem ochotę wziąć go w ramiona i gnieść, tak powoli, wsłuchując się w trzask każdego łamanego żebra z osobna. Mały, szczupły, poręczny do duszenia. Jestem wykończony.

O dziewiątej rano spotykam się z Anatolem w Prefekturze. Po chwili czekania V. daje nam agenta i tym razem we trójkę jedziemy na avenue Foch. Agent jest typowym *fonctionnaire de police*[1] francuskim. Umysłowe niedorozwinięcie posunięte do granic ideału. Przyjeżdżamy. W bramie jest już inny SS. Tłumaczę mu, o co chodzi, agent pokazuje swoje papiery i przymilno-głupawie uśmiecha się do Niemca. Ma zupełnie minę Murzyna z Afryki Centralnej bełkocącego po francusku z całym dodatkiem bełkotliwych ruchów. Jestem straszliwie zdenerwowany (robię w portki po prostu), ale na widok tego agenta mam ochotę wybuchnąć śmiechem. Jeżeli on tak zmaśla się przed podoficerem, to co on będzie wyprawiał wobec oficera?

SS telefonuje, Redel odsyła nas na odmianę na Quai d'Orsay, centralę Gestapo. Wolę avenue Foch. *Mon agent* zupełnie zdurniał, ale na szczęście jest uparty. SS znowu telefonuje i Redel ma widocznie dosyć, bo ustępuje. SS daje agentowi i Anatolowi przepustkę do wypełnienia, chcę i ja zabrać się do tego, ale SS machnął ręką: *Sie brauchen nicht!...*[2] Czuję się – zaszczycony. Jedziemy windą na piąte piętro, wchodzimy do jakiegoś mieszkania zamienionego obecnie na biura, pukamy do pokoju Polenreferatu. Wita nas młody porucznik – raczej sympatyczny z wyglądu, ale, oczywiście bardzo *stramm und wichtig*[3]. Nie mówi po francusku. Wobec tego przystępuję do rzeczy i opowiadam mu, o co chodzi. Redel uśmiecha się. Po mojej relacji podszedł do szufladki z kartoteką, wyszukał nazwisko Anatola, przeczytał.

– Niech pan powie (ruchem głowy wskazuje agenta) temu człowiekowi, że Anatol T. jest nam znany – nie poszukujemy go. W każdym razie to dobrze, że Prefektura nas zapytuje *und ich danke der Präfektur dafür...*[4]

Powtórzyłem agentowi pierwszą część, nie mówiąc nic o uznaniu dla Prefektury. Zaczęliby od razu przysyłać tutaj każdego Polaka. Agent ukłonił się – *oui, oui, parce que... vous comprenez*[5] – i zaczyna przymilnie paplać, że chodzi o wyjaśnienie, że oni nie wiedzą...

Redel słucha z uśmiechem, kiwa ręką:

– *Schon gut* – zwraca się do mnie i pokazując na zielonego Anatola: – *Warum arbeitet er nicht?*[6]

---

[1] Funkcjonariuszem policji.
[2] Nie musi pan...
[3] Sztywny i ważny.
[4] I dziękuję za to Prefekturze...
[5] Tak, tak, bo... rozumie pan.
[6] Dobrze, dobrze – Dlaczego on nie pracuje?

— *Der arme Junge ist Lungenkrank*[1] — walę z miejsca. Anatol jest w ogóle chudy i drobny, teraz wystraszony i zupełnie zielony. Redel spojrzał i pokiwał głową.

— *Und was sind Sie? Wieso kommen Sie mit ihm?*[2]

— *Ich arbeite in Paris. Er ist mein Kamerad. Das ist jung, das ist dumm* — patrzę na Anatola — *man muss ihm helfen. Er spricht nicht deutsch*...[3]

— *Na ja... also*[4] — żegna się. Mnie i Anatolowi podaje rękę, agenta w ogóle nie widzi, choć ten wybija mu pokłony i zaczyna swoje na nowo. *Merci monsieur, parce que... vous comprenez*...[5]

— *Alors... sortons, sortons*[6] — i wyciągam go za rękę z pokoju. Wychodzi tyłem, kłaniając się cały czas i paplając jeszcze od progu: *On sait jamais... vous savez*...[7] Miałbym ochotę zepchnąć go do klatki od windy. Cóż za bydlę! Własnemu prezydentowi nie kłaniałby się w ten sposób, bo *la dignité du citoyen*...[8] itd., ale niemieckiemu porucznikowi wybija wschodnie pokłony. Wielu Francuzów, a szczególniej policjanci, zachowują się wobec Niemców jak dzikus wobec białego Sahiba.

Za drzwiami odetchnąłem. Było mi przykro o to podanie ręki gestapowcowi, ale obyło się bez pytań, bez wielu pytań, których się bałem... Na avenue Foch, grubo pokrytej śniegiem, świeżym i białym, było mi tak lekko i wesoło, że musiałem siłą powstrzymywać się, żeby nie wytarzać się w tym śniegu. Wracamy do Prefektury, ale ponieważ za pół godziny dwunasta, nikomu nie chce się już rozpoczynać pracy koło Anatola. *Venez à deux heures!*[9] Idziemy na Saint-Paul na obiad i o drugiej wracamy. Siadamy przy biurku jakiegoś innego idioty i ten zaczyna spisywać normalny protokół. Całkiem źle. Dyktuję mu do protokołu całe misternie ułożone opowiadanie. Koło piątej kończymy i zabieramy się do wyjścia. Ale urzędnik mnie puszcza, zatrzymując Anatola. Zostanie zatrzymany w areszcie aż do rozprawy sądowej. Rzucam się, szukam V. (wyszedł), nic nie pomaga, taki jest przepis. Wpadł.

Siadam na rower i jadę do jego kolegów, zawiadomić ich, żeby mu zanieśli papierosów i trochę ciepłych rzeczy. Wracam do domu o ósmej wieczorem zachlapany do pasa, przemoczony i zmęczony. Do tego rower goni resztkami sił.

---

[1] Biedak jest chory na płuca.

[2] A kim pan jest? Dlaczego pan z nim przychodzi?

[3] Pracuję w Paryżu. To mój kolega. Młode to, głupie — trzeba mu pomóc. Nie mówi po niemiecku...

[4] No tak... więc.

[5] Dziękuję panu, bo... rozumie pan.

[6] No chodźmy, chodźmy.

[7] Wie pan, nigdy nie wiadomo.

[8] Godność obywatela...

[9] Przyjdźcie o drugiej!

21.1.1942

Bolszewicy odebrali Możajsk. Przy 45 stopniach mrozu. Wielkie wrażenie. Mam grypę i mam wszystko gdzieś.

23.1.1942

Mam lekką grypę i siedzę w domu. „Vieux papiers, vieilles maisons" — dwa grube tomy opowiadań o różnych ludziach z okresu Rewolucji i Cesarstwa. Odżywa w nich Paryż ówczesny, odżywają stojące do dziś dnia domy, w których tyle się stało. Napisane przez jakiegoś szperacza amatora, przez jednego z tych wielu szczęśliwych Francuzów, którzy umiejąc zapomnieć, że żyjemy w dwudziestym wieku, mając rentę, mieszkanie, spokojny i zapewniony byt, mogą sobie pozwolić na jakąś pasję i poświęcić się jej z całym spokojem, smakiem i dokładnością. Z rozkoszą smakosza, z powolną pedanterią kornika wgryzają się i przegryzają przez archiwa merostw, prefektur policji, biur notarialnych, urzędów parafialnych — przez te nieznane i niezbadane dotąd dziewicze puszcze papierów i aktów nagromadzonych w ciągu wieków przez niczym niezwalczoną biurokrację tego kraju, który robiąc coś w tej chwili, pisząc jakiś dokument, kocha się już na zapas w jego przeszłości, żyje przyszłością własnej przeszłości, jeżeli można by to tak określić.

Biurokracja francuska pisze życiorys każdego obywatela i każdej nieruchomości — spisuje kolejne etapy życia na dziesiątkach formularzy, protokołów, i odkłada to do archiwów. I gdy ma się czas, gdy życie nie wisi nad karkiem jak nóż gilotyny — można tu szukać i wskrzeszać osoby i fakty o znaczeniu nawet drugorzędnym, nikomu nieznane, a nieraz ciekawsze i więcej mówiące o epoce niż wszystko inne. Dwa tomy zakąsek i ptifurków historycznych. Desmoulins mieszkał tu, a nie tam, gdzie wmurowana jest tablica. Mieszkanie miał tak i tak urządzone, o czym mówi protokół sporządzony przy opieczętowaniu. I widzi się to mieszkanie, poznaje się małe kłopoty codziennego życia, podczas gdy za oknami Paryż wije się w konwulsjach rewolucji. A ten dziwny fotel na kółkach, poruszany dwoma korbami na końcach oparć i cały z drzewa? To *chaise roulante*[1] Couthona. Do dziś dnia jest w Muzeum Carnavalet. Jest tu cała historia tego fotela, na którym sparaliżowany Couthon pędził w dół stromymi uliczkami spod Panteonu do Hôtel de Ville, gdzie został skazany — koniec Terroru. Zimny Saint-Just, wspólnik Couthona i Robespierre'a w swoistym triumwiracie, siostra Robespierre'a, pierwsze plany małżeńskie nędznego porucznika Bonaparte, złapanie generała Pichegru i inne wydarzenia nieraz wprost nieprawdopodobne, jak na przykład ucieczka pewnego kapitana marynarki angielskiej z Temple. Porobię z tego notatki i kiedy zacznie się okres naszych włóczęg z Basią, będziemy chodzili w ciche i słoneczne popołudnia grzebać wśród domów, uliczek i starych kątów. Nie wiem, czy gdzie indziej i czy

---

[1] Fotel na kółkach.

kiedykolwiek przeżyję podobny okres jak teraz i tutaj. Tak dobrze, spokojnie, równo, bez wewnętrznego skręcania się i rozkręcania, z tą wspaniałą sytością i tym czymś nieokreślonym, co wypełnia każdy najpowszedniejszy dzień. To mnie nieraz buntuje. Czuję, jak pod wpływem tych starych gratów, tej przeszłości sączącej się tu z każdego kamyka coś we mnie usypia, coś odpycha z całej siły teraźniejszość, całą epokę. Usypiam na gratach i na cytatach. Właściwie cała Francja robi to od dawna.

Anatol siedzi w kryminale i dziś dostałem od niego gryps, że rozprawa odbędzie się we wtorek dwudziestego siódmego. Trzeba mu będzie znaleźć adwokata.

24.1.1942

Leżę i czytam. Usypiam, potem znowu budzę się i dalej czytam, i chwilami mi się wydaje, że czytane historie odbywają się teraz. Historyjka o „profesorze języków" Rotondi Rotondo jest wspaniała. Jakiś typ spod ciemnej gwiazdy — Włoch z pochodzenia włóczący się po świecie. Rewolucja chwyta go w Paryżu. 13 listopada 1790 hołota idzie pustoszyć l'Hôtel de Castries na rue de Varenne. Rotondo znajduje się tam także i aby nadać sobie więcej godności, włazi na kopiec kamieni i „dogląda" pracowników rewolucji. Tłumek wesoło i ze śmiechem „oczyszcza" cały budynek, wyrzucając meble przez okna i paląc obrazy. Umówiono się z góry, że rewolucyjni obywatele nie będą kradli. Rotondo ze swojego kopca dodaje animuszu, pokrzykując od czasu do czasu po francusku z akcentem wzbudzającym ogólny śmiech. Jest to francuszczyzna pomieszana z angielskim i włoskim, „*bouillabaisse*"[1] słowna.

W tym momencie przejeżdża przez rue de Varenne Lafayette ze swoją świtą, z trudem przepychając konie przez ubawiony niszczycielską pracą tłumek. Widząc Rotonda na kopcu kamieni, pokrzykującego z werwą i z godnością trybuna ludu, podjeżdża do niego, zapytując, co się tutaj dzieje. Rotondo odpowiada mu coś w swoim fantastycznym narzeczu. Lafayette — zaciekawiony — pyta go: *Ah, ça... et de quel pays êtes-vous donc? Anglais ou Italien?*[2] „Profesor" Rotondo, bardzo przejęty, odbąknął: *Moitié l'un, moitié l'autre*[3]. Będąc jednak w walce z wymową, *moitié*[4] wymówił biedak jak *motié*, co spowodowało szaloną owację ze strony tłumu. Hołota zaczęła wrzeszczeć, bić brawo: „To odpowiedź, słyszeliście? Niech żyje Rotondo!". Odpowiedź Rotonda przelatuje z ust do ust, ściskają go, wygwizdują orszak Lafayette'a. Dlaczego? Lafayette nazywał się „z domu" Motié i w uniesieniu rewolucyjnej demokracji nazywano go tym nazwiskiem podobnie jak Capet oznaczało króla.

Nie wiadomo kto — prawdopodobnie Desmoulins podchwycił odpowiedź Rotonda i zaczął nią obracać w dziennikach i broszurkach. „*Motié l'un, Mo-*

[1] Zupa z kilku gatunków ryb.
[2] Z jakiegoż to kraju pan jest? Anglik? Włoch?
[3] Pół na pół.
[4] Pół.

tié l'autre"[1] — bon mot złośliwe, pełne ironii i ukrytego sensu zdemaskowało Lafayette'a, tego „człowieka o podwójnym obliczu, markiza demokratę, dworzanina rewolucjonistę". Powszechny wybuch śmiechu, radość, odegranie się za osiemnaście miesięcy zachwytu i popularności. Teraz Rotondo stał się sławny. Tak, tylko że on nie wiedział, on jeden jedyny nie wiedział, nie rozumiał dlaczego. Odpowiedział Lafayette'owi bez cienia złośliwości, nawet z obawą, aby nie wpakować się w jakieś tarapaty, nie rozumiejąc zupełnie podwójnego sensu swojej odpowiedzi. Czuje, że powiedział coś „sławnego", rozkoszował się owacjami, ale jednocześnie zdaje sobie sprawę, że jest jednym i jedynym, komu nikt nie wytłumaczy sensu jego własnych słów, i jedynym, komu nie wolno zapytać się, co to oznacza, bo wówczas obali całą swoją sławę, rosnącą z dnia na dzień. W przeciągu trzech dni nic nierozumiejący Rotondo staje się gwiazdą Paryża i rywalem Lafayette'a. Scena pod Hôtel de Castries odgrywana jest w teatrzykach, sto tysięcy *citoyens*[2] podziwia tego patriotę włoskiego, co opuścił swój kraj, by bić się we Francji o świętą sprawę wolności ludów, sto tysięcy innych *citoyens*, biorąc stronę Lafayette'a razem z całą gwardią narodową, wścieka się na tego „etranżera"[3], przybłędę i renegata. *A* on sam *nic nie rozumie*...

U nas w pokoju zimno, ale ja zanurzony w paltach, kocach i pledach błądzę po Paryżu razem z Rotondo. Przymykam oczy, spotykam się z całym tłumem innych postaci, które żyją do dziś dnia w Paryżu, pomimo że nigdy nie istniały, że były wytworem fantazji Balzaca, Flauberta i innych. Drzemię, budzę się.

26.1.1942

Jutro rozprawa Anatola. Zabrałem się dziś do rzeczy, to znaczy od samego rana ruszyłem do ataku na Palais de Justice. Łatwiej powiedzieć niż zrobić. Wszedłem do środka i od razu zgubiłem się w tym labiryncie korytarzy rozchodzących się od sławnej *Salle des pas perdus*[4]. Rozprawy zaczynają się o dwunastej — już teraz krążyli tu adwokaci w czarnych togach — niektórzy z białym futerkiem wokoło szerokich rękawów. Przystawali, witając się z kolegami, chodzili z klientami, poszeptując, gestykulując, naradzając się. Wpadłem po uszy w Balzaca. Ci adwokaci, ten rozpraszający się w ogromie sali szmer rozmów, cała galeria typów chodzących tam i z powrotem z twarzą skupioną, na której zawsze odgaduje się tę samą myśl: „Wymknąć się, wywinąć, wybrnąć, wykręcić" — atmosfera przesycona gęstniejącą tu przebiegłością, sprytem, dialektyką, *esprit*, inteligencją i grą — tą wielką grą, jaka toczy się od wieków i którą tworzy sam człowiek: prawem i obchodzeniem go w sposób legalny. Atmosfera przeładowana tysiącami spraw i odcieni nieuczciwości, spraw splątanych i niezbadanych, skomplikowanych, tak jak skomplikowaną jest dusza ludzka. Stoję chwilę i nagle przychodzi mi na myśl, gdy patrzę na tę salę i jednocześnie

[1] Motié taki, Motié owaki.
[2] Obywateli.
[3] Fonetycznie: *étranger*, cudzoziemiec.
[4] Hallu głównego.

uprzytamniam sobie, co dzieje się poza nią, tam na świecie, że Prawo, istota prawa, to może właśnie ta możność ludzkiego, legalnego i prawnego obchodzenia prawa przy pomocy bronienia się przed jego ślepą siłą, przed martwym paragrafem. Moja nienawiść do Niemców, dziś, na tle wznoszącej się na horyzoncie jak krwawa łuna Rosji, jest jeszcze większa, jeszcze intensywniejsza, bo dopiero na tle łuny rosyjskiej rysuje się straszliwy ogrom zdrady, jaką popełniły Niemcy w stosunku do całej naszej kultury, do kultury, w którą one same włożyły tak wiele i którą dziś tak potwornie depczą, że azjatycka Rosja, obca, zawsze wroga i obca dla każdego, kto nasiąkł zachodem, wydaje się — kulturalna. Rosji nienawidziłem od dziecka, żywiołowo, razem z ojcem, który do tego stopnia jej nie znosił, że już w Warszawie pachniało mu — Rosją. Niemcy znienawidziłem, jak nienawidzi się niewierną kochankę, kogoś bliskiego, kto zdradził, kto zawiódł zaufanie.

Odszukuję biuro Związku Adwokatów mieszczące się na końcu sali z wejściem przez mroczny korytarz. Siwy, uśmiechnięty staruszek, zagubiony w jednym z tysięcy mrocznych, sklepionych pokojów udziela mi wyczerpujących informacji.

— Musi się pan dowiedzieć kiedy, o której godzinie i przed jakim trybunałem będzie sądzony pański przyjaciel. Wtedy przyjdzie pan do mnie o godzinie 11.45 i przydzielą panu adwokata.

— A gdzie mogę się o to poinformować?

— *Aux renseignements généraux*[1].

Idę do wskazanego biura, a raczej błądzę. Jakimś ciemnym wyjściem wpadam wprost na tyły Conciergerie, przez jakąś okratowaną bramkę dostrzegam sławną „łąkę" — tam dalej okna korytarza, przy którym mieści się *toilette*[2]. Znam te miejsca lepiej od przewodników. Zawracam i wpadam wprost na bramę aresztu, przed którym stoi żandarm. Wskazuje mi jak trzeba iść. Przez wielkie podwórze koło Sainte Chapelle wchodzę do drugiego budynku sądu. Trzeba tu czegoś szukać, aby przekonać się o ogromie tego labiryntu sprawiedliwości. Trafiam w końcu na właściwe drzwi — oczywiście czekam — wreszcie podaję kartkę z nazwiskiem Anatola. Szukają, szukają — nic nie znaleźli. „Niech pan idzie do pisarza *petit parquet*"[3]. Znowu błądzę i po długim chodzeniu dostaję się do właściwego miejsca, przełażąc przez jakieś rozwalone drzwi, pokój pełny rusztowań i schody w trakcie odnawiania. Naturalnie czekam, bo pisarz gdzieś wyszedł. Po powrocie z „gdzieś" szuka długo w olbrzymiej księdze o rozmiarach wprost z bajki — przynajmniej metr na metr i 20 centymetrów grubości. Księga złych i dobrych uczynków z Sądu Ostatecznego. Jeździ palcem zakończonym typowo brudnym paznokciem, mruczy, cmoka, powtarza nazwisko Anatola za każdym razem inaczej — wreszcie palec zatrzymuje się i pada krótka odpowiedź:

— Rozprawa odbyła się w piątek.

---

1 W informacji ogólnej.

2 Toaleta.

3 Kolegium.

— A jaki wyrok? — pytam.
— Tego nie mogę panu powiedzieć, czy pan jest kimś z rodziny?
— Nie.
— *Alors je ne peux pas*[1].
— Ale ja wiem, że rozprawa ma się odbyć jutro...
— Nic więcej nie mogę powiedzieć. Może panu powiedzą coś tam i tam.

Idę pod wskazany adres. Po niemal trzech godzinach wędrówek zaczynam się już nieźle orientować. Zacząłem o jedenastej, teraz dochodzi już druga. Przychodzę i znowu czekam, tym razem w ogonku. Czekam przeszło pół godziny. Wreszcie dobrnąłem i jakiś dziadzio, zasuszony w księgach jak kwiatek z majówki zwanej młodością, wymamluje mi bezzębnymi ustami odpowiedź:

— Nie jest pan z rodziny — nie mogę panu nic powiedzieć.
— Jestem więcej niż z rodziny, jestem przyjacielem. Oskarżony nie ma w całej Francji nikogo z rodziny, jest sam.
— Sam! *Il est seul*[2] — i mruga na mnie zaczerwienionymi powiekami zasuszony bratek.
— Gdzie mógłbym się coś dowiedzieć? Niech mi pan pomoże!
— Może tam i tam, ale to nie jest pewne — odpowiada.

Znowu przechodzę podwórze: z gwarnych sal wpadam w zupełnie ciche zakamarki i z powrotem w przesiany gęsto adwokatami tłumek. Czasem mignie i zastuka głośno drewnem podeszew jakaś smukła adwokatka o powierzchowności lesbijskiej i pozostawi po sobie zapach mocnych perfum. Młodzi adwokaci, poubierani z angielska i wytwornie, przechodzą godni i zamyśleni, przysiadają przy stolikach, przewracają w teczkach i „skupiają się". Czyta chwilę, po czym wpatruje się długo zagubionym wzrokiem w dwudziestą trzecią szybkę witraża okiennego. I pewnie marzy o jakichś wielkich sprawach, o karierze, mając teczkę pełną drobiazgu.

Palais de Justice jest całym osobnym światem. Gdzie indziej jest inny świat, wiele innych światów, całych światów. W długich korytarzach metra szemrze i huczy świat metra. W ciasnych uliczkach koło Carnavalet szeleści tajemniczo świat panów Zygmusiów — kapelusze wypchane dolarami, laski z odkręcaną gałką, w której są złote ruble, brylanty i „takie głupstwa". Hale, Place Clichy z łanami utlenionych główek *de ces demoiselles*[3] — to tam, to tu...

Trafiam do wskazanego biura. Mieści się na poddaszu. Mroczno, nisko i ciasno. Od stojącego na środku żelaznego piecyka biegnie zawieszona na drutach pod sufitem długa rura żelazna i wijąc się między półkami, ginie w ścianie. Przy ścianach półki, cały pokój podzielony półkami jak parawanami, wszędzie pełno papierów, teczek i akt związanych sznurkami, tasiemkami lub gumą ze starych dętek samochodowych. Wśród tego stoły, a przy nich kilku chłopców w szarych kitlach obsługujących półki. W ciasnej klatce z mosiężnej

---

[1] Więc nie mogę.
[2] Jest sam.
[3] Tych panienek.

siatki siedzi w rogu pokoju kasjer wypłacający odszkodowania świadkom. Co pewien czas wystawia mumiowatą główkę w bereciku przez małe okienko. Tak wygląda jedno z biur w Palais de Justice. Tak samo wyglądało sto lat temu. Staram się tu czegoś dowiedzieć, ale nikt nic nie wie. Pomimo to stoję i rozglądam się. W pewnej chwili spoza jakiejś półki wyszedł staruszek, stanął koło piecyka i zaczął sobie smakowicie rozgrzewać ręce. Wydawało mi się, że piecze je na rożnie, aby potem schrupać z apetytem. Lubię takich staruszków i mam do nich zaufanie. Podszedłem do niego z miłym uśmiechem i zacząłem zwyczajną rozmowę: „Wie pan – mam taki kłopot – już cztery godziny...". Dobieram słowa, jestem m ł o d y, z a k ł o p o t a n y i n i e ś m i a ł y. Wzruszyło go to. Tym trzem rzeczom żadna starość się nie oprze.

– Właściwie nie wolno tego robić, ale niech pan poczeka...

Dałem mu nazwisko „małego" na kartce i staruszek podreptał. Po dobrym kwadransie wrócił, weszliśmy do kąta, wyciągnął kartkę: „Rozprawa odbyła się w piątek, ale z powodu braku tłumacza odroczona na jutro, godzina dwunasta, sala siedemnasta, ale szszszsz...". Kładzie palec na ustach. „To tylko dla pana – niech pan nigdzie nie mówi, od kogo się pan dowiedział...". Żegnam go wzruszony, dziękując gorąco i zarazem n i e ś m i a ł o. Obydwaj jesteśmy z siebie zadowoleni.

Nareszcie, po przeszło czterech godzinach. Jutro dalszy ciąg. Czuję się jak po długiej podróży – przyjemnie zmęczony i pełen nowych wrażeń.

27.1.1942

Spotkałem się dziś rano z kolegami „małego". Przyszli wszyscy czterej – jeden nawet do pracy nie poszedł, żeby tylko móc być na rozprawie. Zostawiłem ich w bistro naprzeciwko Palais, a sam tylko z jednym (z S. – moim klientem z Senlis. Taki już się trochę zna...) poszedłem do biura Związku Adwokatów. Było jeszcze za wcześnie, musieliśmy chwilę poczekać. Na kilka minut przed dwunastą wszedł jakiś młody adwokat, ubrany wykwintnie. Spod niskiego kołnierza granatowego i mocno szczotkowanego palta wylewał się z pluskiem wodospad białego jedwabnego szala. Mały węzełek krawata schowany w wysokim kołnierzyku *english fashion*, na głowie czarny homburg *à la* Eden. W ręce teczka, białe włóczkowe rękawiczki. Krokiem swingowo-slow-foxowym podszedł do biurka staruszka i niedbale zapytał:

– Jest tam co dla mnie?

Staruszek wskazał na nas i na jakąś zapłakaną kobietę w kącie sali. Młody mecenas obejrzał nas, powiedział *bon* i zniknął na chwilę. Wrócił już w czarnej todze z białym futerkiem. Do zakochania. Wysoki brunet, ostre rysy męskie – jak z powieści Florence Barclay. Prawie Robert Taylor. Zamaszyście zapalił papierosa i zwracając się do nas, powiedział: *Je vous écoute*...[1]

---

[1] Słucham panów...

W kilku słowach wyłuszczyłem mu sprawę „małego". Porobił krótkie, zamaszyste notatki. Potem sprawa kobiety — dosyć kłopotliwa. Pracowała i równocześnie brała bezrobocie. Złapali ją. Ale jak wyżyć z trojgiem dzieci, biorąc 900 franków miesięcznie, mąż w niewoli. Zaczyna płakać — za nią kolejno, jak piszczałki w organach, odzywają się uwieszone przy sukni dzieci. Żal mi jej, miałbym ochotę podłożyć bombę pod ten cały Palais de l'Injustice, ale zaczynam się niecierpliwić, bo już jest pięć po dwunastej. *Maître* uspokoił kobietę, zaciągnął się po raz ostatni wypalonym aż do przednich zębów papierosem, rzucił pięciomilimetrowy niedopałek i nie podnosząc go z powrotem z ziemi, wyszedł z nami na korytarz. Tu, po kilku krokach, nachylił się do mnie i powiedział kilka słów delikatnych i jakże ludzkich — o zwrocie kosztów, *frais de transport*[1] etc. Bez słowa wyciągnąłem sto franków i podałem mu je dyskretnie, tłumacząc się, że niestety więcej nie mogę. Ach — jak on je przyjął. Pomimo całej angielskiej flegmy nie mógł ukryć radości. Stał się od razu bardziej wylewny, zajął się całkowicie nami. Biedna kobieta, pochlipując i stękając, wlokła się daleko za nami, zeszła na drugi plan.

Weszliśmy na salę rozpraw. „Mały" siedział już w osobnej ławce razem z innymi oskarżonymi, których przywieźli z „Santé" na rozprawę. Powitał nas radosnym uśmiechem. Ja do niego mrugnąłem i podniosłem wielki palec.

Po chwili wszedł Trybunał i sprawy poszły jedna za drugą. Po kilku oskarżeniach, na tle których „mały" wychodził na niewinnego anioła (włamania i kradzieże), przewodniczący odczytał nazwisko „małego". — „Narodowości polskiej? Czy jest tłumacz? Nie ma? — Przełożone na piątek". Zacisnąłem pięści. Już raz przełożyli z powodu braku tłumacza, teraz po raz drugi — i zrobią to na pewno jeszcze kilka razy, a ten będzie siedział w „Santé". Ale zanim zdołałem sobie uświadomić całą rzecz do końca, nasz adwokat uniósł się z ławki i zwrócił się do przewodniczącego: „Trybunał zezwoli, że tłumaczem będzie obecny na sali pracodawca (patron) oskarżonego. To Polak, ale mówi świetnie po francusku" i — nie czekając na zgodę sądu, wywołuje mnie z tłumku. Koledzy „małego" wypychają mnie jak torpedę, pokrzykując półgłosem: „Panie B. — zasuwaj pan, klasa, w dechę, nożem ich...". Chce mi się śmiać, ale podchodzę z ważną miną „pracodawcy". Pytają mnie o nazwisko i imię. „Niech pan podniesie prawą rękę". Przewodniczący mruczy pod nosem formułkę przysięgi i głośno powiada: „Niech pan powtórzy: *Je le jure*[2]". Z podniesioną ręką *à la* faszystowskie pozdrowienie powtarzam *Je le jure* i w ciągu kilku sekund jestem zaprzysiężonym tłumaczem. Teraz byłem oczarowany prostotą wybrnięcia z sytuacji. Nie ma tłumacza sądowego, biorą mnie z sali, zaprzysięgają i rozprawa nie jest odroczona. Jeżeli w tej francuskiej administracji jest mnóstwo formalności i chińszczyzny, to jednak olśniewają czasem jakimś niespodziewanym i lekkim, po prostu ludzkim prześlizgnięciem się ponad paragrafami. Może to po prostu instynktowna samoobrona przed paragrafem? Gdyby wszystkie

---

[1] Kosztów podróży.

[2] Przysięgam.

ustawy i przepisy we Francji były dosłownie wykonywane i wcielane w życie, ten kraj już od dawna zamieniłby się w jeden wielki obóz koncentracyjny.

Przewodniczący odczytuje protokół — całą tę baśń wymyśloną przeze mnie — i uśmiecha się dobrodusznie. Za moim pośrednictwem zwraca się do „małego": „Czy skrobał pan w swojej karcie?" — „Mały" kiwa głową i przyznaje się. Na to przewodniczący zwraca się z kolei do mnie jako do „patrona":

— Czy był pan dotąd zadowolony z pracy tego chłopca?

Wygarniam cały hymn na cześć „tego chłopca", dławiąc się od przymiotników: *Un travailleur excellent, toujours parfait, minutieux et soigneux*[1] etc. Jestem ubawiony moją rolą. Wyrok: Osiem dni aresztu z zaliczeniem tego, co już przesiedział. Adwokat od razu podszedł do mnie i dorzucił wytwornie: „Wypuszczą go dzisiaj wieczorem". Wychodzimy wszyscy z sali. Dziękuję adwokatowi — jest bardzo godny i zadowolony z siebie: „Gdyby panowie (ten ma już nas za jakąś szajkę) znowu coś mieli, to proszę się zawsze do mnie zwrócić". Nie ma biedak wizytówki i pisze nam swój adres i numer telefonu na kawałku papieru. Oczywiście mieszka w Quartier Latin i nawet wiem, jaki to hotel. Wychodzimy z sądu i idziemy wszyscy na uroczysty obiad do Janowej na Saint-Paul.

30.1.1942

Od trzech dni jest u nas w pokoju tak zimno, że trudno wytrzymać. Basia jest wykończona. Do tego ograniczyli nam gaz i nie można nawet grzać wody do flaszek. Wracam do domu, jemy i kładziemy się do łóżka. Przestałem jeździć na rowerze, bo opony są już nie do użycia. Jeżeli uda mi się dostać nowe, wtedy odnowię cały rower. Po dziesięciu tysiącach kilometrów przyda się na drugie dziesięć tysięcy.

Rosjanie podobno idą powoli naprzód i są w jednym miejscu o 225 km od granicy polskiej. Są tacy, co się z tego cieszą. Poza tym dali rządowi polskiemu 300 milionów rubli pożyczki, za którą kiedyś... Nie, to defetyzm z mojej strony i nie wolno tak myśleć. Co nie przeszkadza, że myślę... W ogóle wszyscy są bardzo podniesieni na duchu (na umyśle, to ponad nasze siły) i znowu niemal wszystkim wydaje się, że wojna skończy się w tym roku. Nie sądzę.

31.1.1942

Hitler miał wczoraj mowę. Kupiłem dzisiaj „Pariser Zeitung", ażeby mieć *in extenso*. Właściwie powiedział to co zwykle, i tylko już nic nie przepowiadał. Wprost przeciwnie — streścił wszystko w *Ich weiss nicht. Ich kann an diesem 30. Januar nur eines versichern: Wie dieses Jahr ausgehen wird, weiss ich nicht. Ob damit der Krieg sein Ende nimmt, weiss ich nicht*[2]. Bardzo to ciekawe — to

---

1 Wyśmienity pracownik, zawsze wzorowy, sumienny i staranny.

2 Nie wiem. Tego 30 stycznia mogę na pewno powiedzieć tylko jedno: nie wiem, czym się skończy ten rok. Nie wiem, czy przyniesie zakończenie wojny.

„nie wiem", ma jednak tę magiczną siłę, że wszyscy, co to czytają, mówią: „Aha — no to wiem...". Koniec też w tonacji moll: *Herrgott, gib uns die Kraft, dass wir uns die Freiheit erhalten, unserem deutschen Volk, unseren Kindern und Kindeskindern, und nicht nur unserem deutschen Volk, sondern auch den anderen Völkern Europas. Denn es ist ein Krieg für ganz Europa und damit wirklich für die ganze Menschheit*[1]. Już tam byłoby lepiej, żeby o innych ludziach mniej myślał i o ludzkość się nie troszczył. Ludzkość nigdy nie jest tak nieszczęśliwa jak wtedy, gdy ktoś zaczyna się o nią troszczyć. Jeszcze nigdy nic dobrego z tego nie wyszło. Mogliby się raz przestać rodzić ci tak zwani Wielcy Ludzie i urządzać wojny „za całą i o całą Ludzkość".

Dużo ciekawsze jest sprawozdanie Banku Francji za rok 1941. Pożyczki udzielone rządowi przez Bank Francji (po prostu pieniądze wydrukowane i oddane rządowi) wynosiły w roku 1940 — 80 miliardów franków i wzrosły w roku 1941 do 150 miliardów, czyli w przeciągu dwóch lat Bank Francji dał rządowi zastrzyk w wysokości 230 miliardów — papieru. Obieg banknotów daje obraz jeszcze ciekawszy: 1939 — 151,4 miliardów; 1940 — 218,4 miliardów; 1941 — 266 miliardów. Drukują papier, podczas gdy cały kraj jest gospodarczo martwy. Właściwie Francja weszła już w okres pełnej inflacji, i to grubej inflacji. Ceny poszły w górę, ale najdziwniejszym zjawiskiem jest to, że ceny nie poszły w górę proporcjonalnie do zwiększenia się ilości pieniądza i utrzymują się na ogół w większości wypadków na granicy rozsądku. Pomimo inflacji w całym tego słowa znaczeniu nie odczuwa się jej na zewnątrz. Żadnego porównania z Polską, gdzie poziom cen jest zupełnie niebotyczny. Dlaczego? Dlaczego i pod tym względem spadek wartości pieniądza i jego siły nabywczej ma przebieg, jak dotąd, stosunkowo łagodny? Zagadka tkwi po prostu w psychice francuskiej. Od czasu Rewolucji nie było we Francji inflacji. Była dewaluacja, ale inflacja jest dotąd zjawiskiem nieznanym. Frank jest j e s z c z e c i ą g l e czymś i pomimo że coraz mniej można za niego dostać, przeciętny Francuz n i e b o i się jeszcze odkładać go i uważać sumę pięciu tysięcy franków za *une petite réserve* lub nawet *une petite fortune*[2]. Frank leci na łeb, dewaluuje się z dnia na dzień, ale jeszcze ciągle dewaluacja ta nie wgryzła się w duszę. Ludzie wierzą w ten pieniądz i nie mogą się pogodzić z tym, że jeszcze trochę, a z frankiem może zacząć się dziać to, co stało się z marką niemiecką po tamtej wojnie. Mało tego — wierzą we franka do tego stopnia, że nie liczą się z tym, iż po tej wojnie wszystkie waluty europejskie, a z nimi frank, machną strasznego kozła, będąc związane z marką. I wobec tego Francja tradycyjnie oszczędza, tak, jak to robiła dawniej, i wypycha stare pończochy i materace — papierem. Na zdrowie! Moment obecny jest tym momentem przejściowym i zarazem najmilszym w inflacji. Inflacja f i z y c z n a już jest, p s y c h i c z n e j jeszcze nie ma. W obiegu, po kieszeniach, w woreczkach na piersi jest dużo 1000-frankówek,

[1] Boże, daj nam siłę, byśmy zachowali wolność, wolność dla naszego narodu, dla naszych dzieci i wnuków, i nie tylko dla naszego niemieckiego narodu, ale także dla innych narodów Europy. Albowiem to jest wojna o całą Europę, a tym samym naprawdę o całą ludzkość.

[2] Drobną rezerwę [...] małą fortunę.

a równocześnie wszyscy przywiązują do każdej z nich dużą wartość, cenią i uważają jeszcze ciągle, że *un billet c'est quand même quelque chose*[1] (*un billet* w potocznej mowie oznacza płachtę 1000-frankową). Francuz oszczędza – i to nie w czym innym, a właśnie w banknotach. Lubi on odkładać w banknotach (też pewnego rodzaju cecha narodowa), a wskutek tego jeszcze dziś i jeszcze przez pewien czas będzie wycofywał z obiegu pieniądz, osłabiając tym skutki drukowania papieru, czyli inflacji monetarnej. Z inflacją jest podobnie jak z pewną brzydką chorobą. Można ją podzielić na trzy stadia: (Wagemann: „*Wo kommt das viele Geld hier*"[2]).

Pierwsze stadium inflacji polega na tworzeniu (czyli na drukowaniu) pieniądza, który służy do pokrycia deficytu budżetowego państwa. Ten rodzaj inflacji odbija się tylko na pewnej części dochodu społecznego i, podobnie jak to bywa z pierwszymi skutkami pewnej choroby, nie jest on niebezpieczny sam w sobie tak długo, jak długo nie pojawią się inne symptomy inflacji.

Choroba pieniądza staje się niebezpieczniejszą, gdy przyłącza się do niej wtórna forma inflacji, podobna do zarazka przenikającego w krew: inflacja kredytu. Polega ona na tworzeniu pieniądza przy pomocy mechanizmu kredytowego, który rozpętuje spekulację na papierach wartościowych, złocie, walutach i towarach.

Trzecią formą, i to najgroźniejszą, po prostu trzecim stadium inflacji jest zjawisko polegające na wzrastającej ciągle szybkości obiegu pieniężnego, na „inflacji przez kasę", to znaczy na inflacji, która pojawia się, gdy ludność zamienia natychmiast swój pieniądz, swoją kasę, na zakupy. Jednym słowem natychmiastowa zamiana pieniądza na towar – na byle co, byleby tylko nie trzymać pieniądza. Te trzy stadia będą miały przebieg znacznie łagodniejszy w gospodarce normalnej, to znaczy, gdy na rynku jest dostateczna ilość towaru. Natomiast dziś przy ogólnym braku i rzadkości produktów wszelkiego rodzaju, każde z tych stadiów ma przebieg znacznie intensywniejszy. Ceny rosną podwójnie – z jednej strony wskutek nadmiaru pieniądza, z drugiej strony wskutek rzadkości wszystkiego. We Francji jeszcze ciągle z jednej strony oszczędza się, czyli przerzedza pieniądz, z drugiej zaś nie ma jeszcze na rynku towarowym pustki. Stąd ta łagodność i opóźnienie w reakcji. A w jakim stadium inflacji znajduje się Francja? Zaraz.

Poprzez pierwsze stadium Francja przeszła bardzo szybko, i to jeszcze w roku 1939–1940. Pomimo całego jej bogactwa sumy, które należało zgromadzić celem prowadzenia wojny, przekraczały już nie tylko możliwości podatkowe, ale nawet zdolność absorpcyjną rynku kapitałowego. Toteż Banque de France nie miał innego wyjścia, jak drukować pieniądz i „pożyczać" go państwu. Wypłacał rządowi akonta. Od 1939 do 31 sierpnia 1940 wydatki rządu francuskiego wzrosły do 260 miliardów franków – z czego 180 miliardów na wydatki wojskowe (a nie pokazali w tej wojnie nawet za milion). A przecież roczny dochód

[1] Banknot to jest coś.
[2] „Skąd się wzięło tyle pieniędzy".

społeczny Francji wynosił w tym czasie zaledwie około 120 miliardów, czyli że gdyby każdemu Francuzowi odebrano wszystkie jego dochody roczne, otrzymano by około 120 miliardów. Podatki dały 67 miliardów. Dochodów rocznych nie można było odebrać (zresztą i to nie wystarczyłoby) — wobec czego prasa drukarska poszła w ruch — nie mówiąc o innych sposobach pomnażania pieniądza (bony skarbowe itd.). Krótko mówiąc, w ciągu niecałego roku tej sławetnej wojny francuskiej gospodarka pieniężna Francji wyglądała tak jak w Niemczech w roku 1916–1917, w których posługiwano się tymi samymi metodami finansowania wojny. Jest to jeszcze jeden przyczynek do ogólnego obrazu Francji. Do tego ogólnego bałaganu, niedołęstwa i nieuctwa panujących wszędzie. Już w ciągu tego jednego roku *drôle de guerre*[1] francuskiej ceny podskoczyły o 25 procent, a frank zdewaluował się w stosunku do funta o 20 do 25 procent. Potem przyszło zawieszenie broni — i polityka pieniężna nie uległa zmianie. Rząd płacił na wszystkie strony i jeszcze ciągle płaci. Z początku były to wszelkiego rodzaju odszkodowania. Potem bezrobocie. Po zawieszeniu broni każdy brał bezrobocie. Następnie przyszły premie za dzieci i dodatki rodzinne, po czym premie za „powrót na rolę", odszkodowania za zniszczenie bombardowaniami — w końcu miliony zasiłków w ramach Secours National. Francja weszła w drugie stadium inflacji — inflacji kredytu rządowego. Pétain płaci wszystko plus 300 milionów franków dziennie odszkodowań wojennych, które Niemcy wpompowują oczywiście w rynek francuski: bo nie należy mieć złudzeń co do gospodarki pieniężnej niemieckiej i nie należy jej idealizować. Oni krzyczą, że ich metody finansowania są zupełnie inne w tej wojnie niż w zeszłej. Zgoda — ale w końcu nic nowego nie wynaleźli i cała różnica polega na tym, że zamiast drukować swoje marki, oni tym razem drukują franki, złote, korony, guldeny i te tak zwane marki okupacyjne. Cały ciężar inflacji i cierpień za nią idących zwalają na ludy podbite. Francja ze swoimi bogactwami jest kolumną tego systemu. W tym roku obieg banknotów dojdzie na pewno do trzystu miliardów. I mam wrażenie, że struna jeszcze nie pęknie. Dlaczego? Po pierwsze Francuz jeszcze ciągle ma poszanowanie dla banknotu 1000-frankowego i nie boi się oszczędzać we frankach, wycofując tym samym nadmiar pieniądza z obiegu, a po drugie stopień tego oszczędzania jest jeszcze ciągle wysoki. Francuz oszczędza w b a n k n o t a c h. A w jakich proporcjach? W roku 1934 na 80 miliardów franków w banknotach znajdujących się w obiegu 24 miliardy były stale tezauryzowane. Tkwiły w pończochach i materacach, zgodnie z zasadami ojca Grandet (Lewinsohn — „Histoire de la Crise", str. 209). Można zatem przyjąć, że 1/4 banknotów w obiegu jest wycofywana z obiegu przez tezauryzację. W tym roku więc około 75 do 80 miliardów franków będzie tkwiło w siennikach. Kto wie, czy nawet nie więcej, biorąc pod uwagę, do jakiego poziomu doszły zarobki rolnictwa wskutek czarnego handlu. A francuski chłop jest właśnie elementem, który najwięcej oszczędza. Ludzie w miastach, obok zarobków z pracy, ciągną zyski z wszelkiego rodzaju legalnego

[1] Dziwnej wojny.

i nielegalnego handlu. Można zarobić na wszystkim. W rezultacie każdy coś ma. Jeżeli dodać do tego, że Francja była pierwszym krajem na świecie, jeśli chodzi o równomierne rozłożenie majątku narodowego, to łatwo zrozumieć, że przeżywa ten okres stosunkowo dobrze. I jest ruch — pieniądz płynie. Ale to tymczasem. Bo w pewnej chwili dojdzie się na pewno do trzeciego stadium, o ile oczywiście Ameryka nie podeprze natychmiast franka dolarem. Jeżeli to się nie stanie, zacznie się katastrofa, jakiej Francja nie widziała od czasu asygnat rewolucyjnych. 80 miliardów tezauryzowanych banknotów rzuci się nagle na rynek w poszukiwaniu najpierw złota i walut, byle czego, byle uciec od pieniądza. Ruina wszystkich małych fortun, co we Francji oznacza ruinę powszechną, ruina rentierów i drobnych posiadaczy. Francja przegra tę wojnę naprawdę dopiero po wojnie — i to pod każdym względem.

1.2.1942

Śnieg i mróz. U nas w pokoju naprawdę trudno wytrzymać. Zimno i brak dostatecznej ilości tłuszczu powoduje paskudne wysychanie i pękanie skóry. Szczególniej na rękach.

3.2.1942

Amerykańskie samoloty zrzucały ulotki. Świetnie zredagowane. Francuzi przełknęli je z zachwytem. Na pierwszej stronie jest rysunek pomnika Wolności, a pod tym podpis: „Daliście nam niepodległość, zwrócimy wam wolność". Trudno wymyślić coś lepszego, jeżeli tylko zna się Francuzów. Dzisiaj każdy był wojowniczy. Cały Paryż roił się od Papkinów. — *Ah, alors, les Américains, vous verrez*[1]. Niestety. Nam się zawsze zdawało, że Francuzi to ci sami co w bitwie pod Eylau dali się wyrżnąć i nie ustąpili, że to synowie Cambronne'a. I tę legendę trzeba sobie wybić z głowy. Oni się skończyli. Dziś chcą jeść i o niczym nie potrafią myśleć jak o befsztyku, a niech inni biją się za nich. Byleby tylko dali im święty spokój. Zresztą na świecie jest tylko Francja.

4.2.1942

Odwilż.

5.2.1942

Mróz. Można bzika dostać — to jedno, co można dostać, bo poza tym nic. Żadnej jarzyny — nawet brukwi. Ani jednego kartofla lub marchwi. Nic. Gdyby nie to, że sprowadziliśmy w grudniu worek kartofli i trochę zapasów, to nie miałoby się co jeść. Ludzie stali się drażliwi i przysłowiowy humor francuski

---

[1] Ach, ci Amerykanie, zobaczycie.

i familijność znikły. Jeżdżę teraz metrem i autobusem i nie ma dnia, żeby gdzieś nie było awantur. W metrze ludzie kłócą się między sobą, w autobusie wszyscy wrzeszczą na konduktora — niebywałe rzeczy.

Wpycham się dziś rano do metra, obok mnie siada jakiś *citoyen* — potem wstaje i spogląda w głąb wagonu. Wobec tego stojąca obok staruszka z koszykiem w ręce siada na to miejsce. Ale *citoyen* odtrąca ją i powiada: *C'est pour ma femme*[1]. Na to inny *citoyen*, przyciśnięty do drzwi, rzuca się na tamtego z oburzeniem: *Depuis quand les places sont-elles réservées dans le métro?*[2] Ma rację. Wstaję i ustępuję miejsca staruszce. Tamci dwaj już się kłócą. Zbliżywszy się do drzwi i do mającego słuszność obywatela, mówię mu szeptem: *Laissez-le, c'est un goujat*[3]. Mój obywatel, uradowany, że mu podpowiedziałem określenie, którego mu brakowało, drze się od razu do tamtego: *Goujat... regardez-moi ce goujat!*[4] Tamten zrywa się, krzyczy, wymyślają sobie... I tak na każdym kroku.

6.2.1942

Państwo P. byli u kogoś i tam spotkali siostrę ambasadora rządu Pétaina w Waszyngtonie, która wróciła ze Stanów Zjednoczonych. Opowiadała, że życie członków ambasady francuskiej w Waszyngtonie stało się zupełnie nieznośne. Całe otoczenie bojkotuje ich towarzysko, nikt się im nie kłania, oficjalne rozmowy z ambasadorem odbywają się na stojąco, wszystkie domy są dla nich zamknięte — krótko mówiąc, na każdym kroku dają im do zrozumienia, co o nich myślą. Pocieszająca wiadomość.

7.2.1942

Na koncercie Borcharda w Salle Pleyel. Grał Chopina, Liszta i Debussy'ego. Dużo ludzi. Obok nas usiadła jakaś elegancka melomanka i zaczęła rozmawiać z jakąś drugą, siedzącą przed nią. Zawsze zastanawiam się, ile jest lipy i ile jest prawdy w rozmowach o sztuce. Chyba więcej lipy. Nasza sąsiadka w ciągu pięciu minut zrobiła spacer po wszystkich salach koncertowych Paryża i omówiła grę wszystkich ostatnio grających pianistów. Podziwiam zawsze ten niesamowity zapas komunałów, które można wypowiedzieć tonem znawcy. Francuski nadaje się do tego specjalnie. Przymiotniki *merveilleux, sublime, formidable*[5] (chamstwo), *inouï, épatant, saisissant, émouvant*[6] (akademia), są stworzone na to, żeby je wypowiadać głosem i tonem Fedry lub Ifigenii i uchodzić za *très intellectuel*[7], nie wiedząc najczęściej, o co naprawdę chodzi. Język francuski jest

---

1 To dla mojej żony.
2 Od kiedy to rezerwuje się miejsca w metrze?
3 Niech go pan zostawi, to cham.
4 Cham... Popatrzcie tylko na tego chama!
5 Cudowny, wzniosły, fantastyczny.
6 Niesłychany, zdumiewający, zaskakujący, wzruszający.
7 Intelektualistę.

jak strój dzienny i wieczorowy. W tym wieczorowym jest olbrzymie bogactwo, na które początkujący daje się złapać. A w gruncie rzeczy najczęściej jest to forma bez treści. Nasza sąsiadka, podkreślając te dźwięczne słowa ruchem parasolki, wymachiwaniem rękawiczkami i przekładaniem nerwowych nóżek, była, mówiąc językiem wieczorowym, *très vexante*[1], a językiem dziennym *très emmerdante*[2]. Światła przygasły, wszedł Borchard. No i wykonywał polonezy Chopina. Naprawdę można powiedzieć, że *il les exécutait*[3], ale w tym sensie, w jakim wykonuje się wyrok śmierci. Już w połowie pierwszego miałem dość. Spojrzałem wymownie na Basię, ona na mnie, i porozumieliśmy się bez słów. Wolałem obserwować sąsiadkę, która podążała za muzyką.

Oparła czoło na ręce, drugą uchwyciła poręcz krzesła i zamarła w bezruchu. Jedynie malutki pantofelek unosił się i opadał, wybijając takt z dokładnością metronomu. W momentach akordów obydwie rączki zatrzymywały się na wysokości oparcia krzeseł, zawisały w powietrzu i wraz z akordami opadały w postaci białych piąstek na krągłe udo. Pantofelek pracował niezmordowanie cały czas. Tymczasem Borchard pracował stylem dowolnym, to znaczy trenował crawla nad fortepianem i wreszcie zakończył dzieło w pozycji startowej. Z ostatnim uderzeniem ściągnął ręce w tył. Czekałem kiedy wskoczy do fortepianu. Na sali rozległy się brawa i przeraźliwe gwizdy. Na początku drugiej części koncertu powitano wejście Borcharda gwizdami i krzykami. Nie mógł zacząć. W pewnym momencie, korzystając z chwilowej ciszy, krzyknął z estrady: *Les goujats à la porte*[4]. Brawa zwolenników pomieszane tym razem dosłownie z rykiem. Borchard uważany jest za kolaboracjonistę i koncert zamienił się w manifestację polityczną i turniej pomiędzy publicznością. Cały fragment Debussy'ego grał przy akompaniamencie budzika puszczonego w czyjejś kieszeni na sali. Potem znowu wrzaski, hukania i gwizdy pomieszane z brawami. Wyszliśmy przed końcem.

8.2.1942

Niedziela. Siedzimy w domu w potwornym zimnie. Przeczytałem „Chłopów" Reymonta. Bez wrażenia. Czytam „Kubusia fatalistę" Diderota i rozkoszuję się tym pomimo zimna. Właściwie rozgrzewa nawet ten Kubuś. Zastanawia mnie nowoczesność tej pozornej bzdury. I chyba jedna z najdziwniejszych książek, jakie znam.

9.2.1942

Dwanaście stopni mrozu. Ludzie pocieszają się, opowiadając sobie dowcip podobno wprost z Berlina. Optymista powiada: „Jest rzeczą pewną, że przegra-

---

[1] Bardzo dokuczliwa.
[2] Bardzo wkurzająca.
[3] Je wykonywał.
[4] Chamy za drzwi.

my tę wojnę". A na to pesymista: „Tak, ale kiedy?.. *um Gotteswillen*"[1]. Poza tym nadal nic do jedzenia. Francuscy farmerzy trzymają wszystkie jarzyny w gruncie. Teraz, gdy ziemia zamarzła zupełnie, nie można ich wyrwać. Pory, marchew, buraki tkwią w gruncie na polach, wystawiając zmarznięte nacie, i nie można kopać. Wszystkie dostawy do Paryża ustały. Zamiast tego przyznają apteczne racje fasoli i grochu, wystarczające na jeden obiad. Żyjemy kartoflami.

11.2.1942

Jeżdżąc teraz metrem, dużo czytam. Zaciekawiony określeniem Goncourtów, zresztą dosadnym, że „Candide" Voltaire'a to po prostu „Lafontaine prozą. Rabelais wymiszkowany" — przeczytałem to. Zgadzam się z Goncourtami. Trudno lepiej określić „Candide" z punktu widzenia literackiego. Ale tylko literackiego. Poza tym smutna książka — wszystko to można by napisać dzisiaj i byłoby to równie żywe, aktualne i beznadziejne. Może nawet bardziej beznadziejne dzisiaj niż w swoim czasie. Bo czytając taką satyrę w osiemnastym wieku, można się było łudzić, że jednak ludzkość wydobędzie się z tego barbarzyństwa, że zbliża się wiek oświecenia, że coś się dzieje — było jaśniej na horyzoncie. Człowiek wierzył w swoją siłę, przefilozofowywał wszystko z Bogiem włącznie — czuł, że idzie naprzód — tworzył, upajał się własną siłą, patrzył z radosnym uśmiechem na jasny wschód dziewiętnastego wieku. Wolność, Braterstwo, Równość, Prawo, Konstytucja, Parlament, Demokracja — były pojęciami żywymi, praktycznymi. Człowiek w i e r z y ł i mógł wierzyć. A dziś? Dziś „Candide" jest po prostu dziecinną satyrą, bo to, co podlega satyrze, na czym Voltaire z taką zgryźliwością ostrzy swój dowcip i pióro, to wszystko jest naprawdę bardzo niewinne. To wszystko, co Candide wycierpiał, co wykraczało wówczas poza normalne warunki życia i istnienia, to jest dzisiaj udziałem każdego człowieka, to po prostu normalne życie człowieka współczesnego. Biedny Candide zostaje siłą wcielony do oddziału gwardii pruskiej i asystuje przy paleniu jednej — niech będzie nawet dziesięciu — wsi. Widzi jak żołnierze rżną kobiety i dzieci. Kilkanaście — niech będzie nawet kilkadziesiąt — trupów wala się po ziemi. Potem jest w Hiszpanii i ogląda wyczyny Inkwizycji. Jedzie do Ameryki Południowej, gdzie wpada — o zgrozo — w ręce Jezuitów itd. Sielanka — a on się tak oburza, rzucając jadowite pioruny ironii, traktując świat jak jakieś okropne szaleństwo. Mam wrażenie, że gdyby żył dzisiaj, to zabrakłoby mu w ogóle dowcipu. Bo jakże niewinnym był despotyzm i ucisk ówczesnych monarchów i „tyranów" w porównaniu z dzisiejszym niewolnictwem. Ile hałasu o jedną głupią Bastylię, od których roi się dzisiaj cały świat. Taki Oświęcim bije o sto długości Bastylię. I to wszystko dzieje się w imię kultury i odrodzenia świata. Czy my w ogóle wiemy, co to znaczy WOLNOŚĆ i PRAWO? Już moje pokolenie ma bardzo słabe pojęcie o tym. Jeszcze pokolenie mojego ojca może coś sobie przypomnieć, ale ja?.. *Niente*. Gdyby nie to, że poznałem

---

[1] Jak Bóg da.

Francję, jeszcze tę przedwojenną, umarłbym w przekonaniu, że to wszystko, czym żyłem, to była wolność. Można na Francję mówić, co się chce — ja sam zmieszam ją z błotem jeszcze nie raz — ale to było jedyne państwo w Europie przedwojennej, które jeżeli nie dawało wolności naprawdę, to w każdym razie zapewniało jej złudzenie w bardzo szerokim zakresie. A my wszyscy, już przyzwyczajeni myśleć kategoriami niewolników, kategoriami — hm — barbarzyńców, bierzemy im to za złe, widząc jeden jedyny rezultat tego — ich klęskę. I z naszego barbarzyńskiego, młodego i prężnego punktu widzenia mamy rację. Klęska Francji — to zbytek wolności. Może wolności źle pojętej i przypominającej naszą Złotą Wolność z okresu przed rozbiorami. France 1939 pod względem moralnym i ideologicznym to Polska Sasów. „Jedz, pij i popuszczaj pasa". Ale cóż? Skosztowałem jej i wiem — i nie mogę zapomnieć. Dziś czuję to, czego nie mogłem zrozumieć po przyjeździe tutaj. W kilka tygodni po wyjściu z pociągu na Gare du Nord byłem tu bardziej wolny jako obcy niż (o zgrozo) jako Polak w niepodległej Polsce. Nie przerażała mnie niepewna przyszłość, nie gubiłem się w czarnych myślach o tym, co będzie, bo byłem wolny. Mogłem zmienić mieszkanie, mogłem przenieść się do innego miasta, mogłem robić byle co — i nawet sam pan komisarz policji nie był ciekawy. Voltaire pisał — siedział za to trochę w więzieniu. Dziś zgniłby bez sądu w jednej z kilkuset Bastylii. Każda jego myśl i słowo to bluźnierstwo. Humanitarność, prawo, swoboda, kultura (uf) są przecież synonimem przegnicia, destruktu, braku woli, prężności i „radosnej siły". Nie myśl, lecz pomysł. Nie uczucia, lecz instynkty. Nie człowiek, lecz stado baranów z Panurgiem na czele.

15.2.1942

Wobec tego wojna nie skończy się w tym roku. Wczoraj Anglicy wypuścili z Brestu trzy wielkie okręty niemieckie, które zdrowo i cało przedefilowały przez cały La Manche i bezpiecznie zawinęły do jednego z portów niemieckich. I teraz naśmiewają się z Anglików. Mają rację — sam bym się śmiał, żeby mi było po tym do śmiechu.

A wieczorem sam Churchill, sam „*whiskyseliger*"[1] i „*besoffener*"[2] Churchill zawiadomił świat w krótkim przemówieniu przez radio, że Singapore zostało oddane. Same sukcesy. „Scharnhorst", „Gneisenau" i „Prinz Eugen" jeżdżą po La Manche. Japończycy zdobywają „niezdobyty" Singapur, a ty, biedny obywatelu Nowej Europy, musisz wierzyć. W Paryżu powstał nowy dowcip na ten temat. Jaka jest różnica między Anglikami a Panem Bogiem? Żadna. Bo i Anglicy, i Pan Bóg są niewidzialni, lecz trzeba w nich wierzyć.

---

[1] Błogo ululany.

[2] Urżnięty.

18.2.1942

Od trzech dni mrozy. O temperaturze w pokoju lepiej nie pisać. Ja siedzę cały dzień w lokalu dobrze ogrzanym, ale Basia przechodzi męczarnie. Wszyscy mówią teraz o planie amerykańskim. Polega on na tym, aby oddawać Japończykom to, co chcą zabrać, i skoncentrować cały wysiłek w kierunku Niemiec i rozbić je w tym roku. Na wschodzie i na Pacyfiku markować — wszystko przeciwko Niemcom. Piękny plan... I dobra propaganda.

Zimowa ofensywa rosyjska nie daje spodziewanych wyników. Tak jakby jakikolwiek wynik mógł być spodziewany. Oczekuję w tej wojnie tylko rzeczy niespodziewanych. Ale ludzie pocieszają się, jak mogą. Poza tym zapanowała w Paryżu epidemia ospy i wszyscy muszą się szczepić. Czarna ospa w Nowej Europie. A w Paryżu brzmi to wspaniale. Czuję się w pełni średniowiecza, mam zamiar umówić się w bistro z Quasimodem, z Narcyzem i Złotoustym. Miałbym ochotę zachorować na ospę i kiedyś, kiedyś, jako stary człowiek, opowiadać wnukom: „Był rok 1942 i w Paryżu na ścianach wszystkich merostw, na murach kamienic wisiały plakaty o darmowym szczepieniu ludności...". Po czym nie dokończyłbym, zwalony z fotela szalejącą dżumą...

19.2.1942

Spotkaliśmy się dziś z B. i jego przyjaciółką. Umówiliśmy się z nimi w La Coupole na Boulevard Montparnasse. Przyszliśmy trochę wcześniej i zamówiliśmy sucharki z konfiturą i herbatę. Do Coupole zaczęli się schodzić ludzie — ten charakterystyczny tłumek Montparnasse: eleganckie kokoty, wydrowate „sawantki", trochę brudne i trochę wylakierowane, młodzieńcy z długimi włosami, ubrani przesadnie elegancko albo artystycznie zapuszczeni, pociągający nonszalancko nogami i rozglądający się tylko po to, żeby nikogo nie zobaczyć i żeby tylko ich widziano. Gdzieniegdzie wtulona w róg kanapki zaszeptana parka. Obok nas usiadł jakiś młody człowiek, przystojny i męski, o twarzy inteligentnej — całość przyjemnie odbijająca w tym otoczeniu *rasta*[1]. Czekał... Po chwili przyszła ona, bardzo przystojna i zgrabna, świetnie ubrana, w wieku między panną i kobietą. Duża pewność siebie w ruchach, w oczach jakiś zimny odcień, na ustach błąkający się bezustannie uśmiech „w dal" Lukrecji Crivelli Leonarda da Vinci. Mężczyzna ożywił się i pomimo że siedział na miejscu prawie bez ruchu, czuło się, że cały drga i chodzi. Pochylał głowę i zaglądał jej w oczy z maskowaną doskonale kokieterią, robiąc się takim, jakim chciał się jej wydać. Rozkoszowałem się razem z nim. Bo cóż to za przyjemność — można być nagle innym, można rysować siebie w oczach tej kobiety kreskami zamaszystymi, pewnymi, czasem mazać... jak doskonały szkic. Ona wyjęła paczkę papierosów, poczęstowała go, zapaliła sama i patrząc w dal, słuchała. Może czuła grę... może bawiło ją to... Mężczyźni są tak śmiesznie jednakowi w takich

[1] Niechlujnym.

wypadkach. Gdy czasem zdarza się to mnie, mam ochotę wyć z litości nad samym sobą. Poszukiwanie innej kobiety to może przede wszystkim chęć odnalezienia siebie samego w innej postaci, to pragnienie choćby złudzenia i ucieczki od zmonotonizowanej własnej postaci. To nie kobieta mnie nudzi, to ja nudzę się moim własnym obrazem na tle tej samej kobiety.

Przyszła Madame A. — B. spóźniał się. Rozmawialiśmy o wszystkim i o niczym. Mme A. jest osobą spokojną, pełną dystynkcji i raczej milczącą. Nadbiegł B. i narobił ruchu. Już od lata zeszłego roku nie pracuje u nas, a w ciągu pięciu minut zdążył opowiedzieć mi wszystkie plotki — i to takie, o których nie wiedziałem, pomimo że jestem na miejscu. Kto z kim, od kiedy, dlaczego już nie, że C. tak się całował z Mme B. (mąż w niewoli) na przystanku metra Odeon, że aż studenci krzyczeli: *Censure, censure*[1]. Koluszki, a nie stolica świata i wielkie miasto. Na tym samym złapałem raz Tyrone Powera z Annabellą — na wieży Notre-Dame. Ci choć mogli myśleć, że się dobrze schowali.

B. zawołał garsona i zamówił *quatre coupes de champagne*[2]. Postanowiliśmy pójść razem na kolację. Na Boulevard Montparnasse było już zupełnie ciemno. Chodziliśmy od restauracji do restauracji, czytając przy świetle zapałek wywieszone przed wejściem menu. Nędza. Nigdzie nie można było nic znaleźć. Dopiero w jakiejś małej restauracyjce, co do której B. zapewnił nas, że dają tam to, o czym nie piszą, znaleźliśmy możliwą kolację. Mule i krewetki, zupa, dobra kiełbasa na gorąco, jarzyny, gruszki, ser — prawie jak za dawnych czasów w robotniczej restauracji. Rozmawialiśmy o francuskim braku szczerości. B. z całą otwartością oświadczył nam, że jako Francuz zna się na rzeczy i że Francuzi są potwornymi hipokrytami. Ta skromna kolacja kosztowała przeszło 300 franków. Ceny stają się zupełnie niemożliwe. Na zakończenie poszliśmy na lody do Dôme, gdzie panował dobranocny nastrój: po pustej sali chodził kot, obwąchując, co by obsikać, a w kącie siedziała samotna piękność, rozglądając się, kogo by sobą obdarzyć.

20.2.1942

Wczoraj zaczął się w Riom proces sprawców klęski francuskiej. Na ławie oskarżonych zasiedli Daladier, Blum i Gamelin. I od razu, od początku, zaczęła się operetka, bo zarówno obrona, jak i oskarżeni zaczęli po prostu oskarżać — Pétaina i rząd Vichy. Gazety piszą o tym oględnie, ale między wierszami czuje się, że padały tam ostre słowa. Komedia. Wrażenie ogólne w Paryżu ujemne — coś na kształt wstydu i skrępowania.

---

[1] Cenzura, cenzura.
[2] Cztery kieliszki szampana.

22.2.1942

Rano przyszedł do nas Oleś K. i przyniósł nam paczkę z Krakowa. Te paczki nas ratują, szczególniej pod względem tłuszczu.

Po południu poszliśmy do Robertów popilnować im dzieci, bo oni musieli wyjść. W Fontenay cicho jak na wsi. Basia karmiła z flaszki Filipa, co wyglądało dość osobliwie, ja bawiłem się z chłopcami. Urocze stadko. Robertowie wrócili do domu około dziewiątej i zostaliśmy na kolacji. Przemiły dom.

23.2.1942

Gołoledź, jakiej jeszcze nigdy w życiu nie widziałem. Cały Paryż jest jakby powleczony szkłem. Przy trzech stopniach mrozu pada subtelny deszczyk, dokładny i bezustanny. Autobusy przestały chodzić i szedłem z Porte d'Orléans na piechotę. Koło mostu, w połowie drogi, stał w poprzek jezdni pierwszy autobus, który wyszedł rano i ześlizgnął się przy podjeździe pod górę. Ludzie obwiązują sobie buciki szmatami lub sznurkami i chodzą jak paralitycy. A ja szalałem z zachwytu. Podbiegałem kilka kroków i jechałem potem długi kawałek. Każde drzewo, każda gałązka są pokryte lodem. Pracę skończyliśmy o godzinę wcześniej, aby pracownicy mogli wrócić do domu normalnie. Bo gołoledź. Idąc z powrotem do domu, zrobiłem wspaniały długi zjazd na podeszwach sprzed mostu aż daleko poza most. Marzyłem o łyżwach. Można by do samego domu dojechać na łyżwach.

Czytam znowu na funty Balzaca. „Blaski i nędze", „La peau de chagrin"[1]. Jeżdżę metrem z pełną torbą Balzaków.

2.3.1942

Nareszcie ociepliło się. Z ostatnim dniem lutego zima tak jakby się skończyła. Odetchnęliśmy z ulgą. Najważniejsze jest jednak to, że możemy znowu używać gazu prawie bez ograniczenia. Gdy patron hotelu oznajmił nam tę radosną nowinę, poczułem, że cały świat jest niczym wobec tych skromnych słów: *Le gaz à volonté*[2]. Można się już nawet otruć gazem bez obawy, że odratują. Poszedłem do kuchenki i zapaliłem obydwa palniki na cały regulator — niech się pali, skoro *à volonté*.

3.3.1942 (23.20)

Całkiem nieźle. Aż szyby brzęczą. Wróciliśmy właśnie od Loli. Siedzimy u niej i nagle koło dziesiątej jakieś grzmoty. Chwila ciszy i znowu cała gama chromatyczna. Znam się trochę. Przyleciały Żydy i masony. Tymczasem huk

---

[1] «Jaszczura".
[2] Gaz do woli.

i łomot zrobił się niemal bezustanny. Poszliśmy na najwyższe piętro „zobaczyć". W zachodniej części Paryża było jasno. Na niebie zapalały się bardzo jasne światła i wisiały długo, jak gwiazdy. Tak zwane bombardowanie ze świeczką. Słabe odgłosy obrony przeciwlotniczej – podeszli ich. A Anglicy walili i walili bez przerwy. Nie wiem w co, ale taka łaźnia zdarza się po raz pierwszy. Czuło się, że tam wszystko podskakuje.

W pewnej chwili jedno ze świateł zapaliło się nad nami i zrobiło się jasno jak w dzień. We mnie na odmianę dusza zaczęła podskakiwać na ramieniu. Do ust napłynęło mi sporo śliny, szczególniej gdy usłyszałem dyskretne dżentelmeńskie brzęczenie jakiegoś blenheima idącego na nas na małym gazie. Wyobraźnia bardzo pracuje w takim momencie. Już widziałem taką pigułę odrywającą się od kadłuba, jak to było w czerwcu 1940 roku. Ale on nadleciał, oglądnął i — odleciał. Widać go było zupełnie wyraźnie. Basia o mały włos nie wyleciała z okna z radości i miała ochotę krzyczeć. Wśród tych odgłosów znad Tamizy wyszliśmy od Loli i wracali do domu. Ludzie stali na ulicach, w bramach i w bistrach, komentując dziwny fakt niedania alarmu. Syreny nie odezwały się zupełnie. Z daleka słychać było trąbki straży ogniowej i dzwonki ambulansów pędzących gdzieś tam na zachód, w stronę tego piekła. Jeszcze teraz słychać wybuchy. Bombardują od dwóch godzin bez przerwy.

4.3.1942

Może w żadnym mieście na świecie nie można z taką pewnością powiedzieć, że „wszyscy mówią" jak w Paryżu. Tu rzeczywiście „wszyscy mówią" — i jeszcze jak – do tego wyłącznie o tym, o czym wszyscy. Nie ma innego tematu. Dziś od samego rana wszyscy mówią o wczorajszym bombardowaniu. Na ulicy, na peronach metra, w autobusach nie słyszy się nic innego. Już każdy „coś" wie, już „ktoś" był i widział, już każdy z każdym sprzecza się — i dyskutuje. W gazetach jest tylko krótka notatka o „bestialskim napadzie Anglików na ludność i zabudowania cywilne jednego z przedmieść Paryża". A że w tej dzielnicy nie ma niestety ani kościołów, ani szpitali, więc wszystko skupiło się na biednym muzeum porcelany sewrskiej. A niech... krzywdy nie będzie, jak tam trochę tych olbrzymich i strasznych wazonów pęknie. Ale i tak wszyscy wiedzą, że chodziło o co innego. Alarmu nie było, ludzie nie zdążyli się pochować, są ofiary. Trudno. Na ogół panuje zadowolenie i pomimo szeptów o dwóch tysiącach zabitych ogół aprobuje ten krok. Gdzieniegdzie słyszy się ludzi mówiących z oburzeniem, ale są to raczej wyjątki. Poza tym pod wpływem tego pierwszego zdecydowanego posunięcia Anglików obudziły się nadzieje wiosenne. Paryż kipi – wszyscy mówią.

Mówią, że Anglicy bombardowali bombami atomowymi. *Ils ont jeté des bombés atomiques*[1]. Wracałem dziś z pracy z P., inżynierem i lotnikiem. Dyskutowaliśmy te pogłoski. Twierdzi, że to niemożliwe, że prawdopodobnie były to bomby

[1] Zrzucili bomby atomowe.

o dużej sile wybuchowej, że być może używa się jakichś nowych środków wybuchowych. Ale nic nie jest niemożliwe. Louis de Broglie opisuje w „L'Avenir de la Physique", że gdy jądro uranu jest bombardowane przez neutrony, podlega rozbiciu, a jego rozkładowi na jądra lżejsze towarzyszy emisja neutronów, które zasadniczo mogą z kolei spowodować rozbicie innych, sąsiednich atomów uranu. Nie ma żadnego powodu wątpić, że rozbicie raz rozpętane w pewnym punkcie masy uranu nie mogłoby postępować dalej i spowodować olbrzymiego uwolnienia energii. Obliczenia zostały porobione w odniesieniu do tego rozprzestrzeniania się rozbicia (*propagation de la désintégration*) w masie uranu i wykazały, że realizacja tego nie jest „a *priori* niemożliwa" — mówi de Broglie. Niewiele z tego rozumiem, ale wyobrażam to sobie jako wielki skład amunicji. Wybuch jednego pocisku może spowodować wybuchanie sąsiednich, w sumie cholerny wybuch. De Broglie pisze, rozważając trudności takiego eksperymenciku: „Jest oczywiście pożądanym zrealizować doświadczenia, które pozwoliłyby na poczynienie postępów w fizyce nuklearnej (*physique nucléaire*), lecz jest rzeczą równie pożądaną, aby po przeprowadzeniu tego rodzaju doświadczeń pozostali jeszcze ludzie mogący wykorzystać ich wyniki". Pasjonujące. Powinni spróbować. Rozpieprzyć ten cały świat i przynajmniej byłby na zawsze spokój. Wszystko jest możliwe. Rozwój techniki jest tak niesamowicie szybki, przyspieszenie jest tak szaleńcze, że niczego nie należy wykluczać. Wojna wzmaga to jeszcze bardziej. Do tego stopnia, że konsjerżki mówią już o bombach atomowych.

5.3.1942

Wczoraj przyrządzono gulasz i dziś dostaliśmy wszystkie wiadomości w odpowiednim sosie. Pojutrze odbędzie się pogrzeb ofiar, z którego robi się wielką i niesmaczną komedię. Dzień pogrzebu będzie dniem żałoby narodowej — na Place de la Concorde stawiają symboliczny katafalk, dzień ten będzie wolny od pracy *pour donner la possibilité à tous de manifester leur solidarité et exprimer le dédain, etc., etc.*[1]

Dostałem dziś nareszcie nowe opony do roweru. 120 franków i dwie paczki papierosów. Trzeba teraz grata odnowić, bo ledwo dyszy. Ale koniec z metrem, w którym może człowieka tknąć apopleksja. To najważniejsze.

Gazety są wspaniałe: *La France meurtrie, La barbarie anglo-saxonne, Le peuple français et l'ouvrier français en deuil*[2], ale ani słowa o tym, że chodziło o Renaulta i że Anglicy rozwalili na amen te wielkie zakłady. Oni celowali w *quartiers d'habitation*[3], w muzeum porcelany sewrskiej. Ludzie nie dają się zatumanić. Przede wszystkim nie było alarmu. Poza tym przed bombardowaniem przeleciał nad fabryką i pobliskimi domami angielski samolot syrena, Niemcy nie puszczali do schronów, a wtajemniczeni dodają: „Gdy Anglicy już odlecieli,

---

[1] Aby dać wszystkim możliwość zamanifestowania solidarności i wyrażenia wzgardy.

[2] Francja obolała, anglosaskie barbarzyństwo, francuski lud i francuski robotnik w żałobie.

[3] Dzielnice mieszkaniowe.

przyleciały dwa niemieckie samoloty i zrzucały bomby na domy mieszkalne — naumyślnie, *vous comprenez?*[1] Trudno — to jest wojna i ofiary muszą być. Co Anglicy mają robić? Spokojnie patrzeć, jak Niemcy fabrykują czołgi i samochody u Renault? Ludzie ubolewają bardzo nad ofiarami, których liczba wzrasta z dnia na dzień w miarę poszukiwań. Ale cóż robić? Czasem prosty argument bywa wspaniały. Słyszałem dziś w bistrze. Ktoś coś zaczął mówić, że jednak Anglicy nie powinni, że niech lepiej latają nad Niemcami *et qu'ils nous foutent la paix*[2]. Na to jakaś prosta kobiecina: „To wszystko jest z naszej winy. Żeby tu nie było Niemców, to Anglicy nie bombardowaliby". Anglicy w ulotkach i przez radio zapowiedzieli następne.

7.3.1942

Dziś wieczorem odniosłem Olesiowi paczkę dla Tadzia. Oleś stanął tym razem w hotelu przy Place de la Bastille, w samym centrum miłości. Kiedy przyszedłem, Olesia jeszcze nie było. Wobec tego usiadłem w „biurze" patrona i czekałem. Gruba patronka, przypominająca w kształtach główkę maku, siedziała za biurkiem i liczyła pieniądze. Patron leżał na kozetce i głaskał wielkiego czarnego kocura. Tymczasem na schodach i na korytarzu panował ruch. Szła para za parą i dwie pokojówki w białych fartuszkach biegały po całym hotelu. Zupełnie jak panienki w kinie, które każdemu wskazują miejsce, tak tu pokojówki odprowadzały każdą parę do łożnicy. Co chwilę któraś wpadała do biura, porywała z tablicy klucz od pokoju i pędziła zadyszana za parą kochanków. Przed oszklonymi drzwiami biura przesuwały się postacie i przy każdym otwarciu drzwi wpadała na mnie smuga jakichś silnych perfum. Przeważał w tym Chanel 5, bardzo modny w tym roku wśród upadłych aniołów, Loretek i ladacznic. (Strasznie lubię to określenie „ladacznica"). Po schodach szedł młody chłopak ze straży ogniowej w ciemnoniebieskim mundurze, za nim szczupła i skromnie ubrana dziewczyna. Od razu widać, że to „na miłość". Dziewczyna jest nawet trochę zawstydzona, unika wzroku pokojówki i przylepia się do ściany. Chłopak jest czerwony, ale nadrabia miną. Może oni pierwszy raz? To znaczy on z nią, a ona z nim — bo przedtem? To się nie liczy. *Maintenant c'est du vrai amour...*[3] I już następna para: on chudy, nienagannie ubrany w długą marynarkę do pół uda, aferzysta. Ona — skoncentrowana miłość. Jak mleko w puszce. Na utlenionych splotach loczków malutki kapelusik, czarny *tailleur*[4] z olbrzymią białą kamelią w klapie. Pantofelki na bardzo wysokim obcasie i nogi, ach, takie „szczujące". Takie nogi, co to cały czas poruszają się w ten sposób, jakby mówiły: „a gzz", „a wrr" — „weź mnie, weź mnie"... Ruch bioder to poemat, to obietnica kołysania się łodzi na spokojnej fali w upalne południe...

---

1 Rozumie pan?
2 I niech się od nas odpieprzą.
3 Teraz to prawdziwa miłość.
4 Kostium.

Wpada pokojówka i woła: „Butelka szampana i dwa kieliszki pod 32". Patronka leniwie unosi się z krzesła i szuka gdzieś za pasem klucza. Wygrzebuje go i daje pokojówce. Ta wraca z butelką Mercier na tacy i oddaje klucz. Zegar tyka, tablica z kluczami opróżnia się. Coraz mniej błyszczących mosiężnych blaszek lśni w mdłym świetle lampki. Znowu wpada pokojówka: „Nie chcą szampana. Pół butelki musującego. *Merde*...". Patronka wyciąga klucz jak automat i mruczy pod nosem: *Ça fait alors 90 francs tout compris avec la chambre*[1]. Psiakość — tanio. I znowu cisza. Nagle zbliża się do biura jakiś brunet, już bez marynarki. Z tyłu zwieszają mu się szelki, spodnie trzyma rękami: „Znowu dostałem ten pokój obok klozetu: całą noc spuszczają wodę i spać nie można". Patronka spojrzała na niego ponad okularami i tym samym obojętnym głosem przywołała pokojówkę: — *Lucie, changez la chambre, donnez 43*[2].

Hotel zapełnia się i pomimo ciszy czuje się, że tętni i drga jak wielka fabryka. *On y fait l'amour*[3]. Przyszedł Oleś i poszedłem do jego pokoju. Posiedziałem z nim i koło jedenastej wyszedłem. Fabryka była już w ruchu. Z każdych drzwi dochodziły odgłosy i rozpływały się w ciszy wyściełanych dywanem korytarzy. Stąd słychać poklepywanie, tam przyspieszone oddechy i urywane słowa, sylaby rzucane w malignie. Gdzie indziej szepty i nerwowe śmiechy. Jakieś przeciągłe „*Noooon*" brzmi jak skowyt wilczycy (nie broń się, głupia...). Piętro za piętrem, drzwi w drzwi to samo. A na dole siedziała gruba patronka, licząc banknoty. Patron, drzemiąc na kozetce, głaskał przez sen kota. „Msiedam"[4] i utonąłem w ciemnościach Place de la Bastille.

12.3.1942

W dzielnicy bombardowanej przez Anglików trzeciego marca jeszcze ciągle wygrzebują spod ruin ofiary.

Hitler miał znowu mowę. Wiecznie jedno i to samo. Powinni raz zrobić płytę i puszczać ją co miesiąc. Wynik byłby ten sam. Teraz skrytykował proces w Riom. Nie podoba mu się, że Francuzi zamiast doszukiwać się i piętnować „sprawców" tej wojny, krytykują sami siebie i doszukują się przyczyn przegrania tejże wojny. Jemu chodziło o to, żeby Riom wykazało światu, a przede wszystkim jego Niemcom, że to nie on wywołał tę wojnę, lecz tacy panowie jak Daladier, Blum i S-ka. Tymczasem w Riom nie padł ani jeden zarzut dotyczący wypowiedzenia wojny, natomiast cała debata poszła po linii poszukiwań przyczyn przegrania. Führer jest wściekły. Bo Francja stwierdza, że nie miała lotnictwa, że amunicja i czołgi były na tyłach i nie dochodziły do linii, że żołnierz był niezdyscyplinowany, że brakowało tego i tego i że — gdyby nie to, to kto wie, czy Niemcy byliby weszli do Paryża... Generałowie atakują Gamelina, który milczy z uporem. Zarzuty skierowane pod adresem Daladiera rozbijają się

---

[1] W takim razie 90 franków razem z pokojem.

[2] Lucie, proszę zmienić pokój na 43.

[3] Fabryka miłości.

[4] Fonetycznie: *Monsieur, Madame*, do widzenia państwu.

o jego kontrargumenty, z których wynika, że Daladier chciał wiele zrobić, ale wszystkie jego zamiary i posunięcia organizacyjno-administracyjne rozbijały się o marazm, rutyniarstwo i próchno organów wykonawczych. A Blum szaleje i z wprawą socjalistycznego rabina pogrąża wszystkich w potokach wspaniałej frazeologii. Wspaniała opera za trzy centimy, w której oskarżeni wychodzą na bohaterów – szczególniej na tle obecnego rządu francuskiego. Już nawet w jednej z gazet ukazał się dowcip: Blum w todze prokuratora krzyczy: „Oskarżony Pétain – wstać". A napis nad rysunkiem: „*Si on les laisse faire à Riom*"[1]. Cały ten proces wywinął kozła i dziś cały Paryż mówi ze śmiechem: „To nie oskarżanie – to rewaloryzacja Daladiera, Bluma, Gamelina i innych". Więc Führer dąsa się i miota i prawdopodobnie niedługo nakaże cały ten proces umorzyć. Co nie przeszkadza, że figiel już się udał i wszyscy traktują to już tylko jak złośliwy żart.

17.3.1942

W Paryżu z powrotem dużo Niemców. Teraz będzie już Anglikom ciepło. Dziś mijają trzy lata naszego pobytu tutaj i zaczynamy czwarty rok. Ciekawy jestem, do jakiego stopnia zmieniliśmy się, czy bardzo odbiegliśmy od światopoglądu naszych tam i w jakim stopniu znajdą nas oni kiedyś innymi. Bo że będziemy inni, że często nasz punkt widzenia zetrze się, być może nawet dość zgrzytliwie, z ich punktem widzenia – to więcej jak pewne. W ogóle co będzie? Jedno z pytań, które sobie często zadaję. Czuję już naprzód, ile pracy będzie mnie kosztować powtórne przystosowanie się do naszej mentalności. Dziś wiem, ile jesteśmy warci, bo ciągle porównuję i jest to zawsze problem interesujący mnie najbardziej, ale równocześnie wiem, widzę i otrząsam się na myśl o tych subtelnych i parszywych wadach – tych pechowych i niepotrzebnych, które nam samym wyrządzają tyle zła. Jest w nas coś dziwnego: jakaś przedziwna mieszanina bohaterstwa, szlachetności, samozaparcia, a równocześnie hołoty. No i dosiadanie wielkiego konia przy byle okazji. Ale cóż – warunki wyrobiły w nas histeryczny patriotyzm, a ponieważ natura ludzka jest silniejsza i ma swoje prawa, więc tam, gdzie z patriotyzmem trzeba iść na kompromis, tam wyłazi patriotyczna hipokryzja. Coś, czego nie potrafię znieść. Nasza wieczna tragedia to brak pieniędzy. Wrodzona inteligencja – i bystrość (wprost olśniewające w porównaniu z innymi narodami), a z drugiej strony brak, wieczny brak pieniędzy i rozpiętość między pragnieniem a możliwością zaspokojenia go robią z każdego Polaka po prostu kanciarza. Wysokie poczucie honoru wrodzone najgorszemu chamowi w stopniu niespotykanym w Europie (poza Hiszpanią) każe jednak upozorować każdy kant. I tu wyciąga się ojczyznę. Biedna ojczyzna pokrywa wszystko, a jeżeli ktoś o niej zapomni, jest łajdakiem. Zarabia się – dla ojczyzny, bankrutujesz – dla ojczyzny, coś ci zarzucają, mówią żeś złodziej – nie zapomnij krzyknąć, żeś patriota. Wybaczą. Zupełne pomieszanie

[1] Jeśli da im się wolną rękę w Riom.

idei z materią. Jak on szedł w Paryżu do burdelu, to za Polskę, jak pani majorowa chodziła pod koszary i odbierała chleb francuskim k..., to też za Polskę. Dajcie spokój – trzeba raz skończyć z tym. Zarobkowania nie wolno uważać za zbrodnię, trzeba żądać, ale i trzeba dać. Trzeba płacić za godziny nadliczbowe, a nie odrabiać je dla ojczyzny. Ale te wszystkie myśli są na potem. A może się mylę? Może nie mam racji i jestem tylko – Podfilipskim. A zresztą czytaj „Lalkę". Zawsze aktualna.

18.3.1942

Albo to są kpiny, albo zbytek usłużności wobec Niemców, albo zupełny brak poczucia wstydu. Proces w Riom. Zeznaje generał Besson i mówi:

– *Les gens me demandaient pourquoi ils se battaient. Eh bien, j'avais du mal à leur répondre*[1] („Matin", 18.3.42, str. 4).

Ale kto wie, czy tak nie było naprawdę. Żołnierze pytali się generała, po co się biją, a biedny generał nie wiedział, co im na to odpowiedzieć. I tak to oni sobie gwarzyli, czyli Francja 1940. A może oni mieli rację? Kiedyś, gdy już nie będzie wojen (są tacy, co w to wierzą), kto wie, czy mieszkańcy spacyfikowanego globu nie będą uważali Francuzów z roku 1940 za prekursorów Nowego Świata. Francuska ucieczka ocaliła Anglików, Niemcy zamiast atakować Anglię dali się wciągnąć do Francji, napiszę pracę doktorską na temat „Znaczenie i rola burdeli paryskich w decyzjach Sztabu Generalnego Reichswehry" itd. Nie rozumiem, dlaczego ludzie dyskutują i kłócą się. Wszystko zależy od punktu widzenia i wszyscy mogą mieć rację. Kiedyś wydawało się Żydom, że są narodem wybranym, dziś najtęższe głowy modlą się do proletariatu jako do klasy wybranej (skąd ta pewność?), tylko dlatego że sto lat temu pan z brodą ułożył teorię mesjanistyczną proletariatu i nazwał ją „naukową". Odrzuciło się absolut Boga i na gwałt szuka się jakiegoś Ersatza absolutu z fanatyzmem, o którym najbardziej zapalony uczestnik wypraw krzyżowych nie miał pojęcia. Potworne są te epoki, w których ludzkość rzuca się na poszukiwanie absolutu. Hoene-Wroński zrobiłby dziś pierwszorzędny geszeft. Dlaczego nie można żyć bez absolutu? Jak dotąd daję sobie świetnie radę bez niego. A jak go będę potrzebował, to wrócę do Boga. Ma tę olbrzymią zaletę, że nie może być naukowy i udowodniony, czyli można spokojnie wierzyć. Albo nie. Ale to już zależy od nastroju i samopoczucia. Zaczynam podejrzewać, że na dnie tej wojny siedzi jakieś pokraczne poszukiwanie absolutu i śmieje się w kułak. Tak jak ja teraz, w tym mrocznym bistrze po trzech szklankach rumu. Począwszy od Grégoire de Tours i skończywszy na Gidzie mam to wszystko gdzieś, i począwszy od Bogurodzicy i na Nałkowskiej skończywszy, też mam to wszystko gdzieś – ja wyjeżdżam. Mam dość tej całej kolebki kultury i obozów koncentracyjnych, zwanej Europą, mam dość poszukiwania absolutu – ja chcę żyć, po prostu żyć. Czym jest absolut w porównaniu z piersią dziewczyny i jej pocałunkiem?

---

[1] Ludzie pytali mnie, o co się biją. A ja nie bardzo wiedziałem, co odpowiedzieć.

Bzdurą. Chcę rozmawiać ze sobą wprost, a nie POPRZEZ absolut, chcę nauczyć się żyć wolny, WOLNY, bez pragnienia uwierzenia w cokolwiek, chcę być dobry nie dlatego, że katecheta lub Engels tak każe, ale dlatego, że każdego człowieka trzeba kochać, skoro się jest tym bydlęciem — człowiekiem.

20.3.1942

Państwo P. mieli trochę zobowiązań towarzyskich i musieli zapłacić za nie przyjęciem u siebie. Urządzili podwieczorek. Już na dwa dni przed tym Basia poszła do nich pomagać w urządzeniu mieszkania, a raczej czegoś, co przypominając jedynie mieszkanie w dzień powszedni, miało się stać mieszkaniem w dzień podwieczorku. Stojące zwykle w salonie skrzynie, kufry i walizki powędrowały do sypialni jej i jego, a na ich miejsce zniesiono ze wszystkich kątów całej kamienicy wszystkie ruchomości (*mobilier*) przedstawiające wartość i pieniężną, i reprezentacyjną. A więc dywany, makaty, kryształy, obrazy i sztychy z kilkoma meblami — wszystko zabytkowe, stare, cenne. Ze skrzyń w piwnicy wyjęto i przerzucono całą porcelanę, decydując się w końcu na stary angielski serwis, w którym jedna filiżanka ma wartość 500 franków. Salon przystrojono w punktu widzenia „patrz i licz — policz i bądź zazdrosny". Jakiś fotel Directoire trącał empirowe krzesło, robiąc mu wyrzuty za zamach stanu. W kącie puszyła się kozetka *ancien régime'u* Louis XVI, a taburet Louis-Philippe rozsiadł się szeroko i wygodnie, pamiętając jeszcze te ładne czasy. Stary, podobno bardzo drogi obrazek, przedstawiający zad konia z wszystkimi szczegółami (wałach) i wychylającą się zza niego głowę tegoż konia, powieszono obok innego obrazka, na którym z mroków przyciemnionej jakże wielką przeszłością farby olejnej wynurza się ciało wielkiej maciory. Pod tym potworna w kształtach (co najmniej w dziewiątym miesiącu) waza sewrska, ustawiona na tabetycznym i zmęczonym życiem stoliczku. Gdzie indziej bezcenna makata, a na niej kilka sztychów ze śladami wilgoci po brzegach. (Bez tych śladów nie liczy się). Pod ścianami krzesła, każde inne i każde skądinąd — drogie i zmielone wewnątrz szczękami robaczków antyki. Wszystko razem antykwarnia — setki tysięcy franków nagromadzone na jednym miejscu bez smaku i gustu, żeby tylko świadczyć o zasobności gospodarzy. Bo tu na ogół nie chodzi o to, że się coś ma, lecz ile by się miało, gdyby to spieniężyć. Tu wszystko jest najpierw pieniądzem, a potem dopiero daną rzeczą. Nie „jak" i „co", lecz „ile". Uznaje się artystyczną wartość danej rzeczy, ale kompasem wskazującym drogę do tego uznania jest prawie zawsze cena. Mało który Francuz potrafi patrzeć „bezpieniężnie" na to, co posiada u siebie i co mają inni. Kuzyn Pons jest tu wyjątkiem. Meble, dzieła sztuki, garderoba — wszystko wyraża przede wszystkim pewną ilość franków. Ta strona posiadania dostarcza największych wzruszeń. Potem dopiero idą wzruszenia artystyczne, zamiłowania, pasja. Salon pp. P. urządzony był kompletnie i bez zarzutu i został przedstawiony gościom jak weksle do dyskonta. Patrzcie i dyskontujcie — tyle i tyle po sprzedaży.

Kiedy przyszedłem prosto z pracy, goście siedzieli już w salonie i tylko przez zamknięte drzwi dochodził gwar rozmów. Wynajęta na ten dzień Mme X., jedna z tych „przyjaciółek" z ludu, która czasem przychodzi „pomagać" tak jak Basia – grała rolę pokojówki. Czułem się dość głupio, bo zupełnie odwykłem od takich zebrań towarzyskich. Po trzech latach życia „trapera wielkiego miasta" jak przez mgłę przypomniały mi się dawne czasy i zabrałem się do tego z takim samym uczuciem jak ktoś, co kilka lat nie grając na fortepianie, przysuwa stołek do klawiatury i zaczyna przypominać sobie jakiegoś walca, którego umiał na pamięć. W salonie siedzieli wszyscy kołem (*cercle*) i rozmawiali. Usiadłem koło Mr. F., 74-letniego *dandy* – właściciela wielkiego sklepu sportowo-myśliwskiego na rue L... i udziałowca w fabrykach broni w Belgii. Obecnie rujnuje się na swoją pannę sklepową, będącą jego kochanką. Dalej siedziały żona jednego z wielkich adwokatów paryskich (wziął w ręce sprawy spadku państwa P. i stąd ten podwieczorek) i żona wielkiego przemysłowca z Alzacji, który pracuje obecnie z Niemcami. Miał przyjść, ale zatrzymano go oczywiście na jakiejś konferencji. Pani P. była niepocieszona, bo myślała, że może dzięki niemu uda się mnie wkręcić gdzieś do przemysłu na lepszą posadę. Powiedziałem jej jednak, że n a w e t o n a nie zrobi już ze mnie nigdy urzędnika. Wolę być murarzem albo włóczęgą. Trzy lata oddycham pełną piersią, żyję, wyżywam się do nitki, stałem się w końcu „czymś", a tu chcą koniecznie, abym był „kimś". Obydwie panie ubrane były na czarno, bardzo skromnie, ale wykwintnie i drogo – tak drogo, jak drogi może być jedynie skromny wykwint, gdzie sznurek subtelnych pereł jest prawdziwy, schowana w jakimś fałdzie sukienki od Paquina broszka jest cała z brylantów, a na wypielęgnowanych palcach jeden lub dwa pierścionki pozwalają jedynie domyślać się ich ceny. Pantofelki od Pineta, kapelusik model z rue de la Paix. Na tym tle pani P. wyglądała trochę jak wódz Indian, gdyż z całą „bezkompromisowością" swojej amerykańskiej natury obwiesiła się całą zawartością swojej kasy pancernej. Wyglądała jak zeschła i osypana choinka, z której nie zdjęto świecidełek. Zacząłem rozmawiać z Mr. F., wypytując go o jego sklep itd. Chcąc mi się odwzajemnić i dowiedziawszy się, że jestem *Polonais*, opowiedział mi historię wszystkich zamówień na broń myśliwską, otrzymanych niegdyś – od Cara i Wielkich Książąt rosyjskich. To wszystko tonem zadowolonej z siebie kurtuazji: – ty mówisz mi o mnie, więc ja będę ci mówił o tobie. Bardzo ostrożnie, ale dobitnie i jasno wytłumaczyłem mu, że *Pologne* to nie *Russie* i że z Warszawy do Carskiego Sioła jest dużo dalej niż z Paryża do Wersalu. Biedny staruszek stracił wątek i obydwaj zaczęliśmy się przysłuchiwać opowiadaniu żony adwokata, która zaopatruje się w rzadkie dzisiaj produkty na sprzedażach dobroczynnych, gdzie tuzin jajek lub kilo masła idą na licytację i osiągają w ten sposób oficjalnie ceny czarnego rynku. Cała ta licytacja jest legalną sprzedażą po cenach nielegalnych, całość usankcjonowana dobroczynnością. Mąż adwokatowej, znając niemiecki, jest obrońcą we wszystkich procesach toczących się przed niemieckim sądem wojskowym. Broni tych, którzy już z góry są skazani na śmierć – co nie przeszkadza, że zarówno on, jak i ona mają wielki szacunek dla Niemców i podziwiają ich z każdej strony. Ten podziw i szacunek wśród sfer bogatej i średniej burżuazji francuskiej – niemal powszechny – wypływa nie tylko z tego, że tym warstwom najłatwiej udało się zasugerować „czerwone niebezpieczeństwo" i posłannictwo

Niemiec w obronie Nowej Europy, ale także z pewnego rodzaju intelektualnego zaskoczenia. Żyjąc dotąd w typowo francuskim zapatrzeniu we własny pępek (i niżej...), w tej intelektualnej ciasnocie poglądów (nieraz na poziomie), ale zamkniętych tradycją wielkości, doskonałości i przekonania tylko do tego co francuskie – z lekkim, mocno snobskim odchyleniem w stronę Anglii co najwyżej – odkrywają nagle Niemcy. Rząd Pétaina zapewnia im ciągłość i przekonanie, że Francja nadal trwa, okupacja podwoiła im możliwości zarabiania, niemiecka kokieteria zewnętrznie działa i kaptuje na swoją stronę. Pieniądz pozwala im nie odczuwać w tym stopniu braków w wyżywieniu co w sferach uboższych. Ta najboleśniejsza jak dotychczas strona okupacji nie dociera do nich. A równocześnie *Deutsche Kultur* podawana im jest od strony literatury w postaci ukazujących się ciągle nowych tłumaczeń z niemieckiego, występów Opery berlińskiej, odczytów niemieckich sław naukowych itd., itd. Wszystko to dotąd nieznane, podawane zręcznie i smacznie, logicznie, tak jak tylko logicznymi potrafią być perfidia i kłamstwo – trafia na żyzny grunt. Ogląda się Niemców „intelektualnie", nowe myśli i koncepcje ekonomiczno-społeczne narodowego socjalizmu są jak świeży powiew i zachwycają. Ze snobizmem mówi się o własnych wadach i niedołęstwie, porównując wszystko z tym, co stworzono „tam". Moda jest na kompleks niższości aż do s... we własne gniazdo włącznie. Przypomina to w dużym stopniu reakcję mieszkańców Mediolanu po wejściu wojsk Napoleona. Byli oni nie tyle zmęczeni, co po prostu znudzeni panowaniem Austriaków. Francja znudziła się – znajduje rozrywkę w okupacji. W Paryżu jest wszystko modą – obecnie jest moda na Niemców. Przejdzie im to, przejdzie... Rozmawiamy o Pétainie – oczywiście z uznaniem. On jeden trzyma Francję, jest jej symbolem, choć p. P., spiorunowany wzrokiem małżonki, wtrąca także nieśmiało jakiś pasaż o „starym *gaga*"[1]. Mówi się o tym, o owym – pan P. błyska umiejętnością tej typowo francuskiej *causerie*[2]. Robi to czarująco. Francuska rozmowa w salonie przypomina często dialog teatralny.

Przebrana za pokojówkę Mme X. obwieszcza podwieczorek. Zasiedliśmy wokoło stołu i zaczęła się dopiero komedia. Wszyscy robili tysiąc trudności i sto tysięcy ceremonii z wzięciem każdego ciasteczka, każdej tartinki. *Oh, non, merci, c'est vraiment trop, enfin, j'accepte pour vous faire plaisir*[3], itp. ceregiele. Każdy kąsek podawany był przez gospodarzy i wmuszany w zaproszonego siłą, zaproszony bronił się z równą siłą, a wszystkim było wiadomo, że pierwszy zwycięży, a drugi ulegnie. Wszystko razem nazywa się *politesse*[4] i *savoir vivre*. Zetknąłem się z tym po raz pierwszy tak wyraźnie i miałem wrażenie, że nie znajduję się w tak zwanym dobrym towarzystwie, ale po prostu w otoczeniu hołotki, którą zaproszono do pańskiego stołu i która robi wszystko, żeby zachować bon

[1] Ramolu.

[2] Pogawędki.

[3] Och, nie, dziękuję, to naprawdę za dużo, a zresztą poczęstuję się, żeby zrobić pani przyjemność.

[4] Uprzejmość.

ton znany jej z brukowych powieści o arystokracji lub z podręcznika o dobrych formach towarzyskich. Jedzenie tego podwieczorku było męką i zadowolony byłem, kiedy się wreszcie skończyło. Cały czas miałem ochotę rozbić jedną filiżankę (za 500 franków) albo nabrać na talerz pięć tartinek od razu. Jeszcze raz stwierdziłem, że nie znoszę tak zwanego „dobrego" czy też „wytwornego" towarzystwa. „Są to jednostki bez wartości w ciągłym poszukiwaniu zera — zera, które by im nadało wartość dziesiątki" — jak to określa wspaniale Gavarni. Hipokryzja w życiu z ludźmi jest rzeczą, która może najbardziej mnie męczy, a atmosfera hipokryzji panująca w „towarzystwie", czyli w zebraniu ludzi, którzy najczęściej nie mają ze sobą nic wspólnego oprócz zawiści i chęci wyciągnięcia jakiejś korzyści w momencie zbliżenia się, jest dla mnie okropna. Nie wiem, czy jest coś, czego bym bardziej nie znosił, jak „stosunków" — bywania dla „stosunków", przyjmowania dla „stosunków" lub dlatego, że „trzeba kogoś poznać" itd. A życie jednak tego wymaga — bez tego trudno coś zrobić. Co ja zrobię? Toteż każdy dzień mojego życia tu, tego dziwnego życia niezmąconego żadnymi „karierami", snobami, bzdurami i tytułami zamykam w sercu, jak najdroższy skarb.

Gdy skończyliśmy w końcu jeść, a raczej podzióbywać, pani P. wniosła wielkie pudło starannie opakowane i po wyjęciu z niego innego pudła, obwiniętego całymi metrami papieru, zaczęła je odwijać, jak mumię wyjętą z grobowca. W końcu ukazał się oczom zebranych wielki kufer rozmiarów dużego nesesepru, pokryty tłoczoną skórą, złoconą we wgłębieniach. Pani P. uniosła wieko — kufer pełny był czekoladek od Fouchera. Piętnaście kilogramów czekoladek. Wystarczy na tę wojnę — i na następną. Wszyscy krzyknęli z uznaniem „aaaa" i ponieważ całej tej machiny nie można było obnosić ze względu na ciężar, goście ustawili się w ogonek, każdy brał czekoladkę, odsuwał się i wymawiając się od wzięcia następnej, z niecierpliwością czekał na swoją kolejkę. Dalszy ciąg podwieczorku nastąpił wokoło czekoladek — na stojąco. Mme M. przypomniała sobie, że ostatni raz była u pp. P. w 1937 roku na obiedzie i stwierdziła buchalteryjnie, że *au fond je vous dois un dîner*[1], a stary Mr. F., mówiąc z dumą, że urodził się już w roku 1868 i chcąc być *spirituel*[2], dodał: *A un an j'ai manqué...*[3] i mrugnął okiem ze starczą frywolnością. Miało to oznaczać, że jeszcze rok, a byłoby 69 i wówczas data jego urodzenia nie byłaby pozbawiona pewnej — hm, pikanterii... Panie udały — o dziwo — że nie rozumieją. Kilka komplementów dla gospodarzy, kilka tych standardowych i rytualnych zwrotów o „miłym podwieczorku" — i goście rozeszli się. A my z całą swobodą rzuciliśmy się na obfite resztki, nie zapominając oczywiście o natychmiastowym usunięciu ze stołu wszystkich cennych i kruchych 150-letnich filiżanek angielskich i zastąpieniu ich obgryzionymi fajansami „na co dzień". Zapytałem p. P., czy taka chińszczyzna przy stole jest tu kanonem dobrego wychowania. Powiedział

[1] W gruncie rzeczy winna jestem panu kolację.
[2] Dowcipny.
[3] O rok za wcześnie.

mi, że tak, że wypada wszystkiego odmawiać, że trzeba nawet mówić, iż niespecjalnie lubi się to lub owo i *que ça ne me dit pas grande chose*[1]. Będąc z natury łakomy, jak 99 procent wszystkich Francuzów, stwierdził na końcu, że to jest okropne, a kiedy mu powiedziałem, jak jest u nas, słuchał z zachwytem. *Alors je viendrai en Pologne*[2].

Jakiż francuski ten list Mme de Mortsauf pisany do młodego Felixa de Vandenesse w „Le Lys dans la Valée"[3] Balzaca: — „...Grzeczność i uprzejmość, drogi chłopcze, polega na tym, aby wydawało się, iż dla drugich zapomina się o sobie samym... Nie należy być ani nadto ufnym, ani zbyt banalnym, ani zbyt żarliwym. Te trzy rzeczy są jak trzy rafy podwodne... Zbyt wielka ufność obniża szacunek, banalność naraża nas na pogardę, żarliwość czyni z nas obiekt nadający się świetnie do wyzysku... Jeżeli zwiąże się Pan z kilkoma osobami ściślej niż z innymi, niech Pan zawsze zachowa dyskrecję co do siebie, niech się Pan zawsze zachowuje z rezerwą — tak, jakby pewnego dnia osoby te miały się stać pańskimi współzawodnikami, przeciwnikami lub wrogami. Nieprzewidziane wydarzenia życia wymagają takiego postępowania. Niech Pan zachowa postawę człowieka ani nie zimnego, ani zbyt wylewnego, niech Pan potrafi zachować tę linię pośrednią, po której człowiek może postępować, nie narażając niczego na szwank... Jeżeli chodzi o żarliwość, ten pierwszy i wzniosły błąd młodości, który znajduje prawdziwe zadowolenie w szafowaniu siłami i zaczyna w ten sposób oszukiwać siebie, zamiast być pułapką dla drugich — niech ją Pan zachowa dla tych, którzy podzielają pańskie uczucia, niech ją Pan zachowa dla kobiety i dla Boga. Niech Pan nie wnosi do bazaru życia i spekulacyj świata skarbów, w zamian za które dadzą one Panu szkiełka...".

Wspaniałe. Mam wrażenie zanurzania twarzy w wielkim bukiecie białych i pachnących kwiatów. Genialność myśli polega nie na tym, ażeby mówić o rzeczach wielkich lub małych w sposób suchy, oderwany, spekulatywny i chcąc zgłębić człowieka i życie, uciekać od tych rzeczy w abstrakcję, bo słowa wtedy nic nie znaczą, są pustymi znakami. Prawdziwa myśl potrafi ująć i wypowiedzieć to, co każdy czuje podświadomie, z czego nie zdaje sobie sprawy, będąc jednocześnie świadomym, o czym wie, nie wiedząc. I tylko taka myśl — zawsze ludzka — jest naprawdę prawdziwą, przekonywującą, pozostawia ślad w duszy i zmienia świat. W dziedzinie myśli tego rodzaju, wielkich, a zarazem prawdziwie ludzkich, Francuzi są jedynymi. Francja nie wydała Hegla, Marksa, Engelsa, nie wydała żadnego „Uebermenscha" i nie skomponowała tańców myśli nad przepaścią nicości lub piruetów słowiańskiego mistycyzmu. Rosja i Niemcy przekonały każdego myślącego człowieka, że im bardziej chce się być „przyludzkim" lub „nadludzkim" i im bardziej chce się rozwiązać świat, byt i człowieka przy pomocy ideologii „jedynej i prawdziwej", tym bardziej staje się to wszystko nieludzkim, tym bardziej zapomina się o człowieku z krwi i kości.

---

1 Niezbyt mnie to pociąga.
2 W takim razie przyjadę do Polski.
3 „Lilia w dolinie".

Wojna obecna jest wynikiem tego zapomnienia, wynikiem tym bardziej groteskowym, że na dnie jej było pragnienie odnalezienia go. Ale nie odnajdzie się go tak długo, jak długo zamiast „człowiek" używać się będzie epitetów stworzonych gdzieś tam wśród stachanowców, Schaffender Menschów, korporacjonistów i innych wyznawców „izmów". I wobec tego czekajmy cierpliwie na Descartesa, który po bezowocnym i zbrojnym trzydziestoletnim poszukiwaniu człowieka wśród chaosu konających myśli średniowiecza potrafił dać światu myśl z krwi i kości. Zaspokoił na jakiś czas tęsknotę za myślą, tę najniebezpieczniejszą tęsknotę, dla której miliony giną co pewien czas. O ileż byłoby lepiej, gdyby ludzkość zachowała całą swą żarliwość dla kobiety i Boga.

22.3.1942

Skończyłem dziś remont roweru. Dwa tygodnie, dzień w dzień do dwunastej w nocy przy warsztacie. Patron ma w piwnicy cały warsztat z kompletem narzędzi. Żadna część z tych, które kupiłem, nie pasowała, bo w ogóle brak części i trzeba brać, co się znajdzie. Musiałem przegwintowywać nakrętki i pierścienie, pedały i nawet nowy trybik. Lakierowałem sam na rozprysk i rower wyszedł jak nowy. Basia przeklinała mnie, bo przez dwa tygodnie pokój zawalony był śrubkami, kulkami, nitami itp. Wobec tego pojechałem na próbę do lasku Vincennes. Jedna z tych cudownych niedziel wczesnej wiosny. Drzewa lepią się od pączków, cisza, słońce i ciepło. Po południu poszliśmy się włóczyć nad Sekwaną — pić słońce z winem na tarasie jakiegoś bistra, mrużyć oczy, drzemać w jasności i w cieple. Mieliśmy obydwoje miny kotów wyłażących z piwnicy w ciepłe popołudnie. Długie drzemliwe przystanki przed skrzynkami bukinistów. Jakaś książka lub komplet reprodukcji budziły nas czasem, po czym zasypialiśmy na nowo. Po tej wściekłej zimie słońce ogłupiło nas i otumaniło. Sekwana, Notre-Dame, bukiniści, ludzie, drzewa — wszystko było malowane nie akwarelą, lecz wodą, w której rozpuściło się trochę farby. Białe i szare łuki kościoła wyglądają jak szkielet potwora wykopanego z ziemi. Szukam „Mémoires du General Comte de Marbot", ale nigdzie ich nie ma. Wracając do domu metrem, podsłuchujemy rozmowę dwóch kontrolerów. Rozmawiają przez szyny — jeden z tej, drugi z tamtej strony. Słyszymy ciągle powtarzający się w ich dyspucie wyraz „Chateaubriand". Trącam Basię i podchodzimy bliżej zaciekawieni. Na pewno dyskusja literacka — co ludzie tego pokroju mogą mówić o Chateaubriandzie. Jak głęboko jednak przesiąka tu kultura, oczytanie i zainteresowanie. Słuchamy... słuchamy... i obydwoje wybuchamy śmiechem. Bo w tej ożywionej dyspucie chodziło o — befsztyk *à la* Chateaubriand. Chateaubriand przelatuje z ust do ust w postaci grubego i krwawego befsztyka. A my myśleliśmy, że... a potem Wittlin opisuje z zachwytem rozmowę dwóch policjantów o Mauriaku, a tam pewnie chodziło tylko o dobrą butelkę wina Montbasillac, a nie o Mauriac. I tak się tworzy legenda o ich inteligencji. A w rzeczywistości jest im tak samo daleko do Chateaubrianda jak do befsztyka w tej chwili. B e f s z t y k — mówiąc o Francji, nie można zapominać o tym czynniku, o tym n a j w a ż n i e j s z y m zagadnieniu w życiu Francuzów od dołu do góry. Patriotyzm, wolność, ojczyzna? Nie — befsztyk. Gruby, krwawy, soczysty i miękki — *à la* Chateaubriand. Czekają na Amerykanów. Czekają wolności, swobody, niepodległości? Nie. Przede wszystkim „corned beefu" w puszkach i konfitur... Przesadzam? Nie. Teofil Gautier w swoich świetnych „Tableaux de siège" (oblężenie Paryża w 1870 roku) pisze z przejęciem: *On a beaucoup vanté le courage, le dévouement l'abnégation, le patriotisme de Paris... Un seul mot suffit: — Paris se passe de beurre*[1].

Odwaga, poświęcenie, rezygnacja, patriotyzm osiągają rozmiary apokaliptyczne i nawet masło kapituluje wobec nich. Masła nie mają, a jednak bronią się. Narody klękajcie. A może to i racja? Może nie należy tak lekkomyślnie umierać jak my — już nie tylko bez masła, ale bez wody i chleba? Byliśmy zawsze tak skorzy do poświęceń (w imię obcych interesów), że na przykład Francuz przekonany jest, iż nam jest łatwiej umierać niż im. *Vous avez l'habitude*[2]. To wcale nie jest powiedziane, że trudno jest umrzeć za ojczyznę. Czasem o wiele trudniej jest żyć dla niej. Na przykład żyć dla niej bez masła...

Metro dudni i zatrzymuje się na stacjach. Lekkie suknie kobiet wsiadających do wagonu wnoszą strzępki słońca. Tam na górze już wiosna. WIOSNA... ufff...

24.3.1942

Na frontach ciszą, nigdzie nic nowego. Pogoda prześliczna. Właściwie Anglików i Amerykanów słusznie nazywa się Aliantami. Oni są aliantami Rosji w takim samym znaczeniu, w jakim Austria była aliantem Niemiec w czasie pierwszej wojny. Pomagają Rosji wygrać wojnę i z tego logiczny wniosek, że po jej zakończeniu będą mieli w sam raz tyle do powiedzenia, ile do powiedzenia ma — pomagier. Ta wojna jest w gruncie rzeczy wojną rosyjsko-niemiecką, wszyscy inni są statystami w tym krwawym przedstawieniu i niczym więcej. Rozważaliśmy to wszystko dzisiaj z K. i doszliśmy do wniosku, że nie ma co robić sobie złudzeń. A za kilkanaście lat „*die gelbe Gefahr*"[3] Wilusia stanie się naprawdę aktualne. K. ma rację. Powiedział mi dzisiaj: „Największą zbrodnią Hitlera jest zdrada rasy białej i rozpętanie bratobójczej wojny wśród nas samych". I dodał: „Tak, panie Andrzeju — z Europą lepiej pożegnać się zawczasu. Bo widzi Pan — za Franc Jozefa...". I zaczęliśmy się śmiać z goryczą ludzi, którzy rozumieją i widzą rzeczywistość.

25.3.1942

Anglicy wrócili i niszczą fabryki na przedmieściach Paryża. Na murach coraz to nowe afisze zapraszające do pracy w Niemczech. Ostatni afisz przedstawia smutnego bezrobotnego spoglądającego przez okno swej ubogiej izby

---

[1] Często chwalono Paryż za odwagę, poświecenie, wyrzeczenia i patriotyzm... Starczy powiedzieć: — Paryż obchodzi się bez masła.

[2] Jesteście przyzwyczajeni.

[3] Żółte niebezpieczeństwo.

w dal, gdzie na horyzoncie widać wspaniałą fabrykę, słońce i jasność. Napis: „Jeśli chcesz więcej zarobić, jedź pracować do Niemiec". Większość tych afiszów uzupełniana jest przez domorosłych grafików dorysowywaniem samolotów i lecących z nich bomb na fabrykę na horyzoncie. Z takim uzupełnieniem napis: „jeśli chcesz więcej zarobić..." nabiera dodatkowego i zachęcającego sensu. Inne afisze z napisem: „Jedź pracować do Niemiec — rodzina twa będzie szczęśliwa" uzupełniają dopiskiem: „a ty rogaczem" (*Allez travailler en Allemagne — votre famille sera heureuse — et toi cocu*).

26.3.1942

Byliśmy dziś w „naszym" kinie. Francuski film „Mam'zelle Bonaparte" z czasów drugiego cesarstwa. Jeżeli ze wszystkimi gałęziami produkcji jest we Francji krucho, o tyle film kwitnie. Film niemiecki zalewa rynek i wciska się wszędzie, ale Francuzi nie dają się i dotrzymują kroku co do ilości — wyprzedzając Niemców co do jakości. Niemal wszystkie filmy francuskie wyprodukowane już po zawieszeniu broni są dobre, a jeżeli nie całkiem dobre, to w każdym razie można je oglądać. Są odświeżające, pełne tego „czegoś" francuskiego, finezji i podejścia, cienkości i subtelności połączonej z ludzką prawdą.

Ostatni film Pagnola „La fille du puisatier" z Raimu jest świetny. Pełen dowcipu zupełnie specjalnego i niezrozumiałego, jeśli nie zna się choć trochę Francji, pełen dobroduszności i słońca Prowansji — tego życia tam na południu, które ma zupełnie specjalną barwę i ton. Inny film z Alp francuskich „l'Assassinat du Père Noël" jest bajką-opowiadaniem tańczącym ciągle na granicy fantazji i rzeczywistości, rozsnutym na tle życia małej wioski zasypanej i zagrzebanej w śniegach Haute-Savoie. „Le Joueur"[1] według Dostojewskiego z Pierre Blancharem jest pełny tego demonicznego nastroju, światła i obrazów zgrzytających po kości, świetnych. Film „fortepianowy" „Nuits de Décembre" też z Pierre Blancharem, choć nie całkiem wyzyskany, ale na pewno dobry. Podobno ostatni film, z życia Berlioza, jest muzycznie już znacznie lepszy. Nawrót do lat 1820–1850, nawrót gustów publiczności zmęczonej i ogłupionej Nową Europą do tej starej i jednej z najładniejszych Europ. Miejsca na „Damę Kameliową" z Edvige Feuillère w Théâtre Hebertot wykupione są na trzy tygodnie naprzód, nakręcono z nią „La Comtesse de Langeais"[2] według Balzaca, a dzisiejsza „Mam'zelle Bonaparte" także z Edvige Feuillère. Wariant Damy Kameliowej i publiczność się pcha. Filmy niemieckie idą z obowiązku i nie chwytają. Jedynie filmy Willy Forsta mają powodzenie — „Bel Ami" szedł bez końca — ale też Willy Forst jest majstrem niemal francuskim, bo austriackim. Pokrewieństwo kultur najbardziej do siebie zbliżonych działa na francuskiego widza automatycznie.

---

[1] «Gracz".

[2] «Księżna de Langeais".

Dzisiaj rozsiedliśmy się w kinie i po oglądnięciu dodatków frontowych, w czasie których publiczność jest zwykle bardzo zaziębiona i kaszle, a na widok „osobistości" dostaje wprost kokluszu i takiej chrypki, że wszyscy chrząkają, zanurzyliśmy się w epoce Napoleona III. Film dobry i ciekawy — cóż — w najciekawszym momencie światło zapaliło się i — alarm. Anglicy przylecieli. Wszyscy zaczęli wychodzić, ociągając się, dyskutując z bileterkami i robiąc dowcipy *à propos*. Ale gdy okazało się, że bilety należy schować i jutro można przyjść na dalszy ciąg z tymi samymi biletami, tłumek rozszedł się w spokoju. Na jasnych, rozsrebrzonych światłem księżyca ulicach cisza i spokój. Noc do miłości i do nalotu idealna. I jutro idziemy na dalszy ciąg. Niech mi kto powie, że życie nie jest piękne.

27.3.1942

Proces w Riom wywinął kozła na całego. Wyszło z tego zupełnie co innego, niż miało wyjść. Trudno — nie studiowali w Moskwie. Okupacyjne szmaty szaleją. Dziś już otwarcie zapytują: *si c'est un procès de la France ou un procès français*[1]. A z procesu tego wynika jedno: Daladier i Gamelin byli bohaterami i ludźmi honoru. Choć wiedzieli, że Francja jest nieprzygotowana, wypowiedzieli wojnę, aby dotrzymać słowa i traktatów przymierza. Teraz już mówi się głośno, że proces przerwą. Wszystko jedno, bo tak czy tak kłamstwa. Niektóre zeznania świadków są jednak ciekawe. Jakiś pułkownik, z całym francuskim temperamentem, scharakteryzował armię francuską z roku 1940 jako *un troupeau et non les troupes*[2]. Pospolite ruszenie bez broni w ręku i z bronią na tyłach, która nigdy nie zdążyła dojść do linii. Trochę prawdy powiedziano tam jednak i szkoda będzie, gdy skończy się ta operetka.

29.3.1942

W nocy z 27 na 28 Anglicy zaatakowali Saint-Nazaire według wszelkich reguł sztuki desantu. *À la* Zeebrugge w poprzedniej wojnie. Wysiedli nawet na ląd, bili się kilka godzin, weszli do miasta, zniszczyli urządzenia portowe dla łodzi podwodnych, zatknęli na merostwie sztandar i pojechali z powrotem do Anglii. Sensacja. Opowiada się tysiąc plotek na ten temat. Jedno jest pewne, a mianowicie że ludność Saint-Nazaire pomagała Anglikom i że na całe Saint-Nazaire spadły teraz ciężkie zarządzenia odwetowe. A w gazetach piszą, iż Saint-Nazaire dowiodło, że brzegi francuskie *sont inexpugnables*[3]. Faktycznie.

---

[1] Czy to jest proces Francji, czy proces francuski?

[2] Stado, a nie wojsko.

[3] Są nie do zdobycia.

4.4.1942

Drugiego i trzeciego dwa razy pod rząd ciężkie bombardowanie. Gdzieś zza Paryża słychać potworne wybuchy bomb, artyleria przeciwlotnicza szaleje, Anglicy latają nad Paryżem i brzęczą jak wściekłe osy, a po dachach dzwonią odłamki pocisków. Tym razem zamienili na proszek zakłady Matforda w Poissy na dalekich przedmieściach Paryża.

5.4.1942

Wielkanoc. Siedzimy w domu i objadamy się świątecznie. Pani P. wyjechała do Bretanii i mamy spokój. Dzisiaj idziemy do Loli — jutro małe przyjęcie u nas, to znaczy na odwrót: Lola i Janka u nas. Już czwarta Wielkanoc w Paryżu. Siedzę w fotelu i po raz czwarty w życiu usiłuję przeczytać w całości „Wojnę i pokój" Tołstoja.

(Czwarta nad ranem, 5 na 6 kwiecień).

Alarm. Przylecieli Anglicy. Od pół godziny jest jeden nieprzerwany huk. Głębokie odgłosy dochodzące z bardziej daleka, basowe i ciężkie jak grzmoty — to serie bomb. Krótkie i szybkie, urywane, to flak. W chwilach ciszy słychać brzęk samolotów, przelatujących nieraz nad nami. W hotelu nikt nie śpi, ale też nikt nie kwapi się do piwnicy ani do metra. Jedynie słychać ciągły trzask drzwi klozetowych. Taka strzelanina pomaga w trawieniu znakomicie.

W czasie świąt jest to nawet wskazane. Nasza sąsiadka za ścianą przy każdym zbliżaniu się strzałów pokrzykuje „aj" i prowadzi ożywioną obronę przeciwmiłosną, mówiąc w tempie 20-milimetrowego działka. Bo Maurice, korzystając z nalotu Anglików, zaczyna od razu nalatywać na swoją Jane. On poza godzinami jedzenia zawsze stale i o każdej porze robi nalot. Ona woła bez ustanku *Ça me fait mal*[1] i — ulega.

Dochodzi piąta i zaległa cisza. Jest noc księżycowa, tak jasna, że można by czytać. Wracają i pracują solidnie. Znowu jeden nieprzerwany huk. Paryż obstawiony jest flakiem — po nalocie na Renault zmądrzeli. W miarę jak Anglicy przelatują, działa odzywają się gdzieś daleko i potem huczą koleją. Jak na polowaniu na kaczki. Basia otworzyła jedno okno i powiedziała: „Żydy i masony odleciały — możemy spać".

6.4.1942

Zbombardowali Gnome et Rhône w Gennevilliers i zakłady Goodrich w Colombes. Wszyscy mówią teraz, że Anglicy i Amerykanie wylądują w tym roku we Francji. Jeżeli nie wylądują, to w każdym razie dywersja udaje im się nieźle.

---

[1] To boli.

9.4.1942

Pędzę dziś na rowerze przez rue Saint-Honoré i już mam przeciąć rue de la Paix, gdy wprost pod koło wpada mi jakaś fenomenalnie elegancka dama. Zahamowałem tak nagle, że aż mnie zarzuciło. Patrzę. Jacqueline Delubac w całej okazałości. Śliczne nogi w pantofelkach na superwysokim obcasie, popielaty kostium z długim żakietem (i popielaty, i długi — ostatni krzyk mody), na głowie bladozielony turban jedwabny upięty misternie i wysoko — całość dzieło sztuki. Ale na pustej i zbiedniałej rue de la Paix wyglądała trochę smutno ta piękna i wystrojona kobieta. Jak samotny złoty ząb w pustej szczęce.

10.4.1942

Nie mogę. Żona Tołstoja miała naprawdę żelazne zdrowie. Przepisała siedem razy to, czego ja nie mogę przeczytać ani raz. „Wojna i pokój" na pewno jest wspaniałym dziełem, ale nie mogę. Nie przełykam nic rosyjskiego. Wstydzę się tego, ale jest we mnie jakaś tak fundamentalna antyrosyjskość, czy jak to nazwać, że nie połykam. Odrzuca mnie. Pocieszam się tylko tym, że Joseph Conrad, podobno zapytywany, czy czytał „Wojnę i pokój", bąkał coś niezrozumiale, z czego można było zrozumieć, że „w tłumaczeniu", choć znał dobrze rosyjski. Otóż ja ani w oryginale, ani w tłumaczeniu. Obcość, zupełna obcość, odpychająca obcość, coś graniczącego z kompleksem.

Rozważając w pewnym miejscu „Wojny i pokoju" przyczyny wojny, dochodzi do wniosku — może bardzo „wschodniego", ale kto wie, czy nie najprawdziwszego. Powiada, że wojna musiała wybuchnąć, że z wojną jest jak z dojrzałym jabłkiem, które w pewnym momencie spada na ziemię. Botanik stwierdzi, że musiało spaść, ponieważ dojrzało. Że upadek nastąpił wskutek zeschnięcia się ogonka. Fizyk powie, że upadek spowodowany został z jednej strony przyciąganiem ziemskim, a z drugiej strony wahaniem gałęzi pod wpływem wiatru. Kto inny powie, że to łakomy chłopak strącił je kamieniem. I wszyscy będą mieli rację. Ale w końcu jabłko spadło, bo musiało spaść — niezależnie od przyczyn zewnętrznych, których może być tysiące, z których każda na pewno przyczyniła się do upadku, ale nie była całkowicie promotorem upadku. Bo na upadek złożyło się wszystko — złożyło się dojrzewanie i nieunikniona konsekwencja tego procesu zasadniczo nieuchwytnego.

Gdy myślę o tej wojnie, mam zawsze wrażenie, że jednak jej najgłówniejszą przyczyną był łakomy i głupi, niedorozwinięty umysłowo chłopak Hitler, który strącił jabłko kamieniem. Dojrzewanie dojrzewaniem, nieuchwytne procesy itd. — a decyzja osobista, decyzja jednego człowieka odegrała zasadniczą rolę. Może nawet w większym stopniu niż w wypadku Napoleona. Czy ta wojna doprowadzi w konsekwencji do jakiejś nie tylko ekonomii podziału i spożycia, ale i ekonomii CZŁOWIEKA? Do stworzenia systemu całości, a nie tylko wycinka, fragmentu? Bo w tych rzeczach przede wszystkim kryje się „dojrzewanie" w świecie dzisiejszym, te rzeczy wystawione są na kamienie łakomych chłopaków (naprawiaczy świata) z piekła rodem, którzy hipnotyzują półinteligencką ludzkość Bouvardów i Pecuchetów, mędrców broszurkowych. Jeżeli zwycięski świat anglosaski zamknie się z powrotem w egoistycznych krótkometrażowych posunięciach, jeżeli stając w obronie swojego świata i „uczucia życia" (według Frobeniusa kultura to uczucie życia), nie zrobił tego po to, by stworzyć coś nowego i wielkiego, bardziej ludzkiego i jaśniejszego niż jego przeciwnicy – kulturalnie Rosja JEST przeciwnikiem anglosaskiego „uczucia życia" – i jeżeli zabrnie z powrotem w połowiczność, po piętnastu latach będzie nowa rzeź, jeszcze gorsza. Wtedy jabłko naprawdę dojrzeje i wojna będzie „musiała" przyjść.

11.4.1942

Laval jest w Vichy i pertraktuje z Pétainem. Prawdopodobnie Niemcy chcą narzucić go rządowi, aby przy jego pomocy dokładniej wyssać Francję. Równocześnie inne sprzedawczyki, jak Doriot, Déat i inni, jeżdżą z odczytami i wypisują w gazetach, iż wybiła ostatnia godzina: Francja musi wybierać albo kolaborację, albo odrzucić tę jedyną szansę jej zbawienia. Potworny wrzask. Opinia uważa Lavala za zdrajcę i czeka, co z tych pertraktacji w Vichy wyniknie. Znowu mówi się o tym, że Niemcy zażądają mobilizacji, floty itd. Radio paryskie dławi się od idei kolaboracyjnych. Jeszcze nigdy dotąd nie robiono tyle hałasu na ten temat. Musi Niemcom bardzo zależeć na Francji.

Słoneczna, wiosenna niedziela. Poszliśmy do ogrodu luksemburskiego i usiadłszy w fotelikach – po prostu siedzieliśmy. Ostatnio przywiązuję niesłychane znaczenie do takich rzeczy jak „po prostu siedzieć", „po prostu chodzić", „po prostu jeść" i „po prostu s...". Nie wiadomo, czy w przyszłym świecie człowiek będzie mógł sobie pozwolić na jakieś „po prostu". Wolność... Czuję niemal fizycznie, jak z każdym dniem maleje jej terytorium, jak zmniejsza się ta *peau de chagrin*[1]. – Coś zanikającego, np. moralność. Rzeczywiście *de chagrin*. To dziś największe zmartwienie wszystkich poszukiwaczy absolutu, absolutnego szczęścia, absolutnej równości. Obok nas usiadła para staruszków zasobnie ubranych – z tej „lepszej" sfery – i ona czytała mu na głos. „L'histoire de l'Armée Allemande"[2] Benoist-Méchin. Jedna z modnych ostatnio książek wśród intelektualnych sfer Paryża. Zresztą naprawdę doskonała i przeczytałem ją jednym tchem. Z naprzeciwka dolatywał plusk fontanny, z boku dochodził monotonny głos starszej pani czytającej książkę ślicznym akcentem – francuski musi się odstać w rodzinie jak wino w piwnicy – od czasu do czasu furknął przed nosem wróbel żywiący się bez kartek i bez ogonków, chrzęst żwiru pod nogami przechodzących... przymknąłem oczy i rozkoszowałem się tym rozprężeniem, spokojem i łagodnością w całym otoczeniu. Wyciągnąwszy się w fotelu, miałem uczucie tak zupełnego rozprężenia, iż wydawało mi się, że głową

[1] Szagrynowa skóra (gra słów: *chagrin* to rodzaj wyprawnej skóry, a także zmartwienie. Aluzja do powieści Balzaca „Peau de chagrin", tytuł polski „Jaszczur").

[2] „Niemcy i armia niemiecka", Warszawa, 1939.

dosięgam Bulwaru Saint-Michel, a nogami rue de Fleurs po drugiej stronie ogrodu.

I myślałem. Myślałem, że skoro tworzy się dla zwierząt rezerwaty, parki narodowe, że skoro dba się o to, aby choć na ograniczonych terenach nie zniknął żubr, niedźwiedź, jeleń, to byłby już najwyższy czas pomyśleć o stworzeniu jakichś rezerwatów dla ludzi wolnych, rezerwatów wolności. Bo człowiek, który naprawdę chciałby być wolny, który naprawdę kocha to najniezgrabniejsze ze wszystkich stworzeń — wolność, staje się już tak samo rzadki jak żubr lub jeleń. Wystrzeliwuje się go bez żadnych ograniczeń przy pomocy coraz to doskonalszej broni lub zamyka w nowoczesnych rezerwatach i parkach narodowych zwanych obozami koncentracyjnymi. Tępi się go na każdym kroku — w imię wolności. To jest może najlepszy kawał. Nieraz wydaje mi się, że z wolnością zaczęło się naprawdę źle dziać od chwili, gdy zaczęto ją fabrykować na wszystkie strony, gdy byle kto w tysiącach pokątnych gorzelni zaczął pędzić ten wspaniały napój byle jak i byle więcej. I wyszła „hara", potworny samogon, którym upija się miliony, wmawiając im, że to właśnie to. Spytaj, człowieku XX wieku, spotkanego na ulicy człowieka, jak wyobraża sobie wolność. Zacznie od słów: „Najpierw trzeba zlikwidować i wytępić, zamknąć i unieszkodliwić...". Każdy program wolnościowy zaczyna się dziś od kryminału i szubienicy, miejsc odosobnienia i odstrzeliwania pewnej klasy ludzkich ssaków. I w porządku — logicznie. Mało: zrozumiale i należycie. A potem będzie wolność. Jaka, do cholery? Wolność kogo? Niewolników „wolności", galerników. Tylko w niedzielę wolno będzie się wys... „po prostu", a nie za partię, za szczęście przyszłych pokoleń „już wolnych", za ojczyznę, za mać i za k... jej mać, wolność.

Po kilku kwadransach poszliśmy dalej, przeszliśmy przez cały ogród i wstąpiliśmy na tak zwane lody do jednej z kawiarń przy Place de l'Observatoire. A potem długa włóczęga bulwarem Montparnasse, rue de Rennes aż do Saint-Germain-des-Près. Słońce, ciepło, przed bramami domów, z których ciągnie jeszcze zimowym chłodem, siedzą konsjerżki i robią na drutach. U ich nóg wiją się koty jak miękka włóczka, a gdzieniegdzie klatki z ptakami kołyszą się uwieszone na klamkach okien. Patrzę na nie i myślę, że człowiek, aby czuć się wolnym, potrzebuje widoku czegoś zamkniętego. Przez kontrast z ptakiem w klatce ci ludzie czują się wolni. Przez kontrast z milionami ludzi gnijącymi dziś w obozach niemieckich i sowieckich ja czuję się wolny. Przez kontrast można człowiekowi wmówić, że g... to kawior. Cała akceptacja życia odbywa się dziś wśród milionów ludzi przez kontrast. Przez kontrast można zrobić z człowiekiem wszystko i — robi się. Kontrast — to najnowocześniejsza broń wszystkich nowoczesnych ideologii, najdoskonalsze narzędzie. Odbierz wolność jednemu na dziesięć, zdziesiątkuj — a wtedy pozostałych dziewięciu będzie czuć się wolnymi i błogosławić życie. Z przekonaniem. Dadzą się porąbać albo — zamknąć.

Polskie komunikaty z Londynu. Nie powinno się pyskować w tej sytuacji (kontrast — przez kontrast), ale krew zalewa. Niczego się nie nauczyli. *Speaker* radiowy mówiąc o bitwach morskich, nigdy nie wie i nie rozróżnia pancernika od krążownika i kontrtorpedowca od torpedowca. Wiadomości są takie, że nic się z nich dokładnie nie wie, bo robione są przez jakąś dyletancką wywłokę ministerialną, do której rzeczywistość nie dociera. Szczegółów o siłach polskich (nazwałbym to raczej polskimi słabościami — armia, wojsko to polskie słabości) można często dowiedzieć się z komunikatów angielskich, a nawet francuskich — nie mówiąc o sytuacji ogólnej — ale nie z naszych. Bo u nas dają fragmenty sztuk, przemówienia religijne itp. bzdury i szmoncesy, zamiast krótkich i inteligentnych rzutów oka na całość. Polskę oczywiście podadzą nam na półmisku, z sosikiem i jarzynkami, bo tak się tam komuś marzy. Ojczyźniany płacz, mazanie się, szlochy i ochy ułańskie i okienkowe. W Polsce naprawdę cierpią (nie na niby, jak we Francji, gdzie cierpi tylko ten, co naprawdę chce cierpieć), a oni z trzęśliwymi przemówieniami religijnymi i bezpłciowymi informacjami, że na przykład Falter brał udział z ramienia Polski w konferencji ekonomicznej w Waszyngtonie, która radziła nad ustrojem świata po wojnie. Ładny radca dla powojennego ustroju. Łzy. Im w Polsce nawet już tego taniego towaru zabrakło. Ale my lubimy tanio płakać.

14.4.1942

Naprężenie w Vichy doszło do zenitu. Gdy przyszedłem rano do biura, wszyscy opowiadali sobie szeptem, że Pétain uciekł do Afryki z częścią rządu, że został Laval i cała Francja zostaje oddana całkowicie Niemcom. *Nous serons comme la Pologne...*[1] Nie mogłem w to uwierzyć. Jak to? Pétain w końcu zdecydowałby się przestać uprawiać politykę *de leur petit bonheur*[2] — on, który dla tego *petit bonheur*[3] podpisał zawieszenie broni, zamiast uciec do Afryki od razu i tam stworzyć wolną Francję? Francuzi byli przerażeni. Co to będzie? Owszem — chcą wolności, nie chcą Niemców, ale nie daj Boże poświęcić coś ze swojego *petit bonheur*. Niech inni wszystko za nich zrobią, oni już dość zrobili dla ludzkości. Chcą już tylko pracować na dziennej zmianie. Chodziłem pijany z radości. Ileż to kłopotu dla Niemców z taką ucieczką Pétaina... Niestety wieczorem okazało się, że Laval doszedł z piernikiem do porozumienia, wszedł do rządu *et tout s'est arrangé très bien*[4]. To najważniejsze. Francuzi już się przyzwyczaili, każdy jako tako urządził się, umościł, pościelił, ułożył sobie *sa petite vie*[5], razem z sobotą i niedzielą — a tu o mały włos wszystko byliby diabli wzięli. Ale chwała Panu Bogu — *heureusement, parce que, pensez-vous... on souffre déjà assez et encore... rendez-vous compte seulement qu'est-ce que ça serait...*[6]. Zbiera mnie na wymioty.

---

[1] Będzie u nas jak w Polsce...
[2] Dla świętego spokoju.
[3] Świętego spokoju.
[4] I wszystko zostało świetnie załatwione.
[5] Życie codzienne.
[6] Na szczęście, bo proszę tylko pomyśleć, już i tak dość cierpimy, a tu jeszcze... czy zdaje pan sobie sprawę, co by to było...

16.4.1942

Po południu spotykamy się z panem P. na Gare Montparnasse i oczekujemy przyjazdu pani P. Wraca z Bretanii obładowana prowiantami i my, rozdzielając walizki między siebie, mamy ułatwić jej przejście przez kontrolę i *octroi*[1]. Pierwszy raz od czasu ucieczki z Paryża jestem tutaj i chodząc po peronie, przypominam sobie to piekło z czerwca 1940 roku. Co się tu działo... Teraz świeci słońce, jest cicho i Gare Montparnasse przypomina stację „gdzieś w mordobijskim powiecie". Cała Francja, cała Europa to dzisiaj „mordobijski powiat". Od Wołgi po Pireneje biją po mordzie. Pan P. stara się *soutenir la conversation*[2], która się nie klei, i wypowiada setki słów i dziesiątki myśli, które są po prostu konwersacją i niczym więcej. Po peronie snują się tragarze w jasnoniebieskich ubraniach, pchają leniwie wózki i paląc fajki, wystrzykują cienkie nitki śliny między szyny. Pociąg jest oczywiście spóźniony, jak wszystkie pociągi obecnie. Wreszcie wjeżdża i zaczyna się zgiełk. W jednym z okien dostrzegamy panią P. w przekrzywionym berecie na głowie, wzywającą nas ruchami kościstych rąk. Z całą anglosaską pogardą dla innych nacji odgarnęła sprzed okna porcję „tych Francuzów" i zaczęła podawać walizki, kłócąc się z współzawodnikami tym narzeczem tak mało przypominającym angielski i jeszcze mniej francuski. Wychyliła się do mnie i szeptem, słyszalnym prawdopodobnie aż na Montmartre, powiedziała porozumiewawczo: „Fet attenszn, se plejn def...", co w języku Rotondo-Rotondi miało oznaczać „uwaga — to pełne jajek". Ruchem starego grenadiera gwardii wysunęła się wreszcie z wagonu i po hałaśliwych powitaniach poszliśmy ku wyjściu. Każdy szedł obładowany w otoczeniu figurantów do walizek. Przechodzimy przez kontrolę bardzo przezpalcową i idziemy wprost do biura *octroi*. Tam już długi ogonek. Każdy deklaruje skromny tuzin jajek i funt masła (dozwolone w transporcie), mając ich pięć lub sześć, słoninę, mięso — cały sklep spożywczy. Pani P. przywiozła siedemset jajek i mnóstwo innych rzeczy. Urywam się pod ciężarem dwóch walizek. Dwa lata postu robią swoje i dziś już nie jestem w stanie żonglować tak ciężarami jak dawniej. Wstyd mi się do tego przyznać i robię nadludzkie wysiłki, żeby to donieść jakoś do metra. W każdym razie po przyjściu do domu nie czuję rąk. Za to kolacja jest wspaniała. Omlet z „n" plus jeden jajek. Pani P. opowiada o Bretanii, o tym najbardziej patriotycznym, to znaczy proangielskim zakątku Francji. Niedługo prawdziwy patriotyzm będzie polegał na tym, że trzeba będzie być prorosyjskim, proamerykańskim lub proangielskim. Na to, aby być trochę swojej narodowości, trzeba będzie przyjąć całkiem i bezkrytycznie jakąś inną. Ludność w Bretanii żyje oczekiwaniem. Dzięki akcentowi pani P. dawali jej na fermach, co tylko zapragnęła. Co noc słychać odgłosy bombardowania, łuny czerwienią niebo. Bretoni grają w chowanego z Niemcami i chowają, co się da. Przetrwały tam jeszcze tradycje Szuanów, przetrwała jakaś postawa bardziej godna niż

---

1 Podatek za wwóz żywności do miasta, zniesiony w 1948 r.

2 Podtrzymać rozmowę.

w reszcie Francji. „*On était trop heureux*"[1], jak mówią dziś ci, którzy zdają sobie naprawdę sprawę z tego, co się stało. Bo na ogół cała Francja jest jak Gare Montparnasse przed przyjazdem pociągu — czeka na pociąg z żywnością — no i z wolnością.

18.4.1942

Laval utworzył nowy rząd z samych swoich współpracowników lub sztandarowych kolaboracjonistów. *Eine kleine aber nette Gesellschaft*[2]. Pétain pozostał *chef d'Etat*[3], Darlan jest szefem sił zbrojnych lądowych, morskich i powietrznych. No i wszyscy razem zabierają się do odrodzenia Francji według wszelkich reguł sztuki narodowego socjalizmu. Wielkie afisze w stylu *das III Reich* propagują rozrodczość (przy braku rozrywek i innych środków zapobiegawczych może się to udać), młodzież maszeruje ulicami ze śpiewem, wszędzie pisze się *Empire Français*[4], a nie *la France* — jednym słowem, czym więcej tracą kolonii, tym więcej mówi się o *Empire*. Tymczasem *Empire* oddał Indochiny Japończykom, w Syrii są Anglicy, Tahiti i inne wysepki razem z Martyniką są pod opieką amerykańską, a w najbliższym czasie Anglicy zajmą Madagaskar. I co zostanie z *Empire*? Ale operetka idzie w najlepsze.

21.4.1942

Anglicy zrobili dywersję na tyłach, która udała się. Dziś Londyn powiedział, że Niemcy przerzucili pewną część sił ze wschodu do Francji i naczelne dowództwo tych sił zostało powierzone von Rundstaedtowi. I rzeczywiście — od kilku dni znowu pełno Niemców w Paryżu. Z powrotem zagospodarowują się w lepszych hotelach, a miejsca postoju samochodów z tabliczkami *Nur für deutsche Wagen*[5] zapełniły się na nowo po kilku miesiącach pustki. Czasem z wielkim hukiem i brzękiem przejeżdża przez miasto pluton czołgów Renault 7 i chodzą słuchy, że fortyfikują Paryż. Ale to są słuchy. Natomiast wszystkie konsjerżki mówią, że Anglicy na pewno zaatakują Madagaskar i coś na tym musi być. Nigdy nie lekceważę informacji konsjerżek, bo one wiedzą zawsze najlepiej. Właściwością wielkich i tajnych przygotowań wojennych i ofensywnych tak zwanych demokracji jest to, że wszyscy o nich wiedzą na dwa miesiące naprzód. A konsjerżki na trzy.

---

[1] Doprawdy udało się nam.
[2] Nieliczne, ale milutkie towarzystw.
[3] Głową państwa.
[4] Francuskie imperium kolonialne.
[5] Tylko dla pojazdów niemieckich.

27.4.1942

Hitler miał mowę. Trochę inną niż zwykle. Londyn, komentując ją, dowcipnie powiedział: „Czekaliśmy, przeciwko komu Hitler rozpocznie wiosenną ofensywę — czy przeciwko Anglii, czy przeciwko Rosji — tymczasem rozpoczął ją przeciwko własnemu narodowi". Mowa była bardzo stanowcza. Odnosi się wrażenie, że po dwóch i pół roku wojny zaczęło się już coś psuć w Niemczech, że nastąpiło jakby zmęczenie i zobojętnienie, że w poszczególnych wypadkach nawet ludzie na kierowniczych stanowiskach zaczęli wyłamywać się z żelaznej dyscypliny. I Führer zareagował żądaniem od Reichstagu absolutnej władzy. Może i wolno mu teraz posłać tam, skąd się nie wraca, nawet Keitla i wszystkich swoich marszałków. Jest panem życia i śmierci każdego, co dobitnie i niedwuznacznie potwierdził Hermann Göring w przemówieniu zamykającym posiedzenie Reichstagu. Jak na dwudziesty wiek przystało. *Tout va pour le mieux dans ce meilleur des mondes*[1].

28.4.1942

Wrażenie mowy Hitlera jest ogromne. Londyn wałkuje ją na wszystkie sposoby, we wszystkich językach i w każdym komunikacie. Jednym słowem jeszcze trochę i wygramy. To samo w Paryżu: wszyscy mówią, że coś niedobrze, że w Niemczech coś się kruszy i że już niedługo... Krótkowzroczność. Nikomu o tym nie mówię, bo mieliby oczywiście człowieka za złego Polaka, ale wszyscy popełniają ciągle jeden błąd. Zawsze ten sam: nie doceniają siły niemieckiej, na pewno już znacznie osłabionej, ale jeszcze bardzo wielkiej. Nie bierze się pod uwagę tej możliwości, że wojna może się skończyć przy użyciu zupełnie innej broni aniżeli ta, z którą się zaczęła, nie bierze się pod uwagę techniki i wynalazków. Co przygotowują Niemcy? Motor spalinowy jest w gruncie rzeczy takim samym przeżytkiem jak tłokowa maszyna parowa, zastąpiona już dzisiaj wszędzie turbiną parową, zwiększającą niepomiernie ilość obrotów na minutę. Już na kilka lat przed wojną Opel robił doświadczenia z samolotem o napędzie rakietowym, Niemcy zawsze przodowali w technice. Przecenia się możliwości Anglii, właściwie żadne w porównaniu z Ameryką, która dopiero teraz zaczyna wykańczać prototypy i puszcza przemysł na cały regulator. Ze strony Anglosasów tylko preliminarze jeszcze ciągle niewykonane i — Rosja. Gdyby nie Rosja, to naprawdę nie wiem, kto by się bił i szarpał Niemców. I za to trzeba będzie słono zapłacić. Jak dotąd nic nie słychać o wielkiej ofensywie niemieckiej, na którą oczekuje się z niepokojem. Czy Niemcy sobie poradzą, czy też będą musieli drugi raz zimować? Ale w całej atmosferze unosi się nadzieja, że w tym roku wojna skończy się na pewno. Są tacy, co już się cieszą, na zapas.

---

[1] Wszystko idzie ku lepszemu na tym najlepszym ze światów.

30.4.1942

„Mémoires du Général Comte de Marbot" są świetne. Pomimo wszystko ileż dżentelmenerii we wzajemnym mordowaniu się. Angielski sposób wojowania do dziś dnia się nie zmienił. Akcja Wellingtona w Portugalii to kolejne załadowywanie się na okręty i ucieczka, gdy Francuzi są stroną atakującą, tudzież wyładowywanie się z okrętów i marsz naprzód, gdy Francuzi dobrowolnie się wycofują. A w tym wszystkim biją się naprawdę jedynie Portugalczycy i dają się wyrzynać za — Anglików. Zasadniczo akcja bojowa Anglików w Portugalii polegała na tym, że maszerujący korpus marszałka Masséna miał zawsze po bokach kilku oficerów angielskich, którzy podjeżdżali konno bardzo blisko, wyciągali z kieszeni notes i z odległości kilkuset kroków liczyli i notowali stan korpusu. I nigdy nie było można ich złapać, bo jeździli na koniach wyścigowych pełnej krwi, których zwykłe konie francuskiej kawalerii nie mogły dogonić. Cała ich akcja w Egipcie jak dotąd to takie wellingtonowskie chodzenie w tył i naprzód na czele niemal wyłącznie cudzoziemskich oddziałów.

3.5.1942

Kilka dni temu udało mi się kupić okazyjnie damski rower. Dziś rano poszliśmy do lasku Vincennes na pierwszą lekcję. Przewiany łagodnym wiatrem wiosenny i słoneczny dzień. Po kwadransie podtrzymywania Basia zaczęła już jeździć sama, po godzinie nauczyła się zsiadać i wsiadać. Usiedliśmy na słońcu. Potem ja pojechałem do domu, zabrałem chleb, ser i wino i wróciłem do lasku. Jedliśmy przytuleni do siebie, bo wiatr zrobił się chłodny, a potem jeździliśmy już razem po alejach i ścieżkach. I byliśmy bardzo szczęśliwi.

4.5.1942

Skupuję teraz różne części rowerowe, bo chcę odnowić tego grata Basi. Nigdzie nic nie można dostać i trzeba szukać wszędzie, żeby coś znaleźć. Zajechałem dziś do jednego sklepu ze sprzętem rowerowym koło Portes de Versailles. W sklepie było dwóch żołnierzy niemieckich — jeden stary, drugi może 19-letni lub 20-letni chłopak. Kupowali latarkę elektryczną. Szło to ciężko, bo nie mogli porozumieć się z Francuzem, a gdy kupiec zaczął im tłumaczyć, że żarówki im nie sprzeda, bo nie ma, zupełnie nie mogli zrozumieć, o co chodzi, i koniecznie domagali się żarówki, nie chcąc wyjść ze sklepu. Choć nigdy tego nie robię, dziś śpieszyło mi się i postanowiłem skończyć to ciągnące się bez końca nieporozumienie. Powiedziałem im po niemiecku, o co chodzi, wytłumaczyłem, że żarówek do ich typu latarek brak, ale jeśli wezmą całą latarkę francuskiej produkcji, to mogą mieć komplet i części zapasowe. Ucieszyli się bardzo, kupili od razu najdroższą latarkę — Francuz zrobił się dla mnie cukierkowy — i zaczęli ze mną gadać. Jakim sposobem mówię tak dobrze po niemiecku, chyba nie jestem Francuzem. Nie — jestem Polakiem, z Krakowa, ale urodziłem się w Wiener-Neustadt. Obydwaj aż podskoczyli. Starszy, uradowany, chwycił mnie za ramię i krzyczy: *Dann sind Sie mein Landsmann. Ich bin ja auch aus Wiener-Neustadt und der Junge ist aus Baden*[1]. Rodacy — jak Boga kocham. Zaczęli ze mną rozmowę o Wiedniu, jakim sposobem znalazłem się we Francji, czy byłem w wojsku. Mówię, że nie. *Na, na sollen Sie glücklich sein...*[2] Rozmowa robi się coraz to intymniejsza, pytają mnie, czy Polaków we Francji nie gnębią. Mówię, że jak dotąd nie, ale chyba wie, co dzieje się w Polsce. „*Ja — das ist ganz einfach schamlos*[3], ale czy myśli pan, że w Austrii lepiej? Wszyscy muszą pracować, nawet niedołężnych pędzą do pracy, jego matka musi pracować, choć już ledwo chodzi, a on w wojsku. *Schauen Sie sich das an...*[4]". Zdejmuje furażerkę i pokazuje mi siwą głowę. Ma 54 lata. Zaczyna kląć wojnę, Hitlera, wszystko. *Und denken Sie wie viel das kostet, diese verrückte Spielerei... und wozu, warum... weil der sogenannte Führer von Anfang an ein Idiot wurde...*[5] Mrugnąłem okiem i nie chcąc wdawać się w dalszą dyskusję, szybko żegnam się z nimi.

Niemal mnie ściskają, są naprawdę rozczuleni. Ja też.

Po kolacji wyjazd rowerami i włóczęga po pachnących młodą zielenią alejach usypiających w ciszy kończącego się dnia czasu niemieckiego.

Już jest maj, a Niemcy nie zaczęli ofensywy. Tej wielkiej i decydującej.

5.5.1942

Rano atmosfera naprężona — kontredans plotek i komentarzy. Anglicy zaatakowali Madagaskar, desant w Diego Suarez. To znaczy, że konsjerżki miały rację. W wieczornych gazetach ukazał się już oficjalny komunikat o „tchórzliwym zamachu Anglików na francuską posiadłość i o bohaterskiej obronie załogi Diego Suarez". Chociaż to. Już bałem się, że Francuzi oddadzą to Japończykom.

10.5.1942

Rano pojechaliśmy nad Marnę. Dzień ciepły i słoneczny — nad Marną ruch jak na promenadzie w Cannes. Wszystkie wypożyczalnie łódek, kajaków, żaglówek i kanoe otwarte, w przybrzeżnych bistrach i *guinguettes*[6] ruch i gwar zmieszany z muzyką gramofonową, na tarasach i na drodze pełno kobiet i dziewcząt w szortach, mężczyźni w białych spodniach i tłum cyklistów jadących w obydwie strony. Śmiechy, śpiewy, pokrzykiwania. Jak za dawnych dobrych czasów. Pojechaliśmy daleko brzegiem Marny, usiedli naprzeciwko ja-

---

[1] W takim razie jest pan moim ziomkiem. Ja też jestem z Wiener-Neustadt, a ten chłopak jest z Badenii.

[2] No to miał pan szczęście...

[3] Tak — to po prostu bezwstyd.

[4] Niech pan popatrzy...

[5] A niech pan pomyśli, ile kosztuje ta zwariowana zabawa... i po co, dlaczego... bo tym tak zwanym Wodzem od początku był idiota...

[6] Tancbudach.

kichś wzgórz i zbitej masy zieleni, ciemnej jak na pejzażach Courbeta, i znowu było nam dobrze.

Potem wracaliśmy, błądząc po tych małych miasteczkach podparyskich, tak bardzo prowincjonalnych, jakby leżały o setki kilometrów od Paryża. Coś jest tu takiego, że się odpoczywa jak nigdy i nigdzie. We Francji, nawet w samym Paryżu, nie ma w powietrzu nerwowości. Niedziela jest niedzielą, każdy stara się ją wykorzystać jak może, nie troszcząc się o innych. Chcesz żyć, więc pozwól żyć innym, a oni ci dadzą żyć.

Wieczorem Churchill miał mowę. Jak zwykle optymistyczną, i tylko przestrzegł Niemców przed użyciem gazów. Ostatnio dużo mówi się o gazach i mogłoby się zdawać, że Niemcy zechcą ich użyć. Poza tym powiedział, że w roku 1940 sytuacja Anglii była wręcz krytyczna, ale że, oczywiście, od tego czasu wiele się zmieniło, że będzie to, będzie tamto — rozległe preliminarze, w których główną rolę odgrywa Ameryka, dająca sobie tymczasem zabierać, co tylko Japończykom się podoba. Ale trzeba wierzyć.

11.5.1942

Mój S., skazany w styczniu w Senlis na grzywnę, wniósł już raz podanie o anulację. Teraz przyszło znowu zapytanie i *enquête*[1] do jego komisariatu policji. Komisariat przysłał mu powołanie, byłem z nim i sprawa powtórnie odpłynęła na ocean spokojny francuskiej biurokracji. Pożegluje ze dwa, trzy miesiące i wróci — a wtedy ja znowu puszczę ją na jakieś rozległe wody.

Po wizycie w komisariacie włóczyliśmy się w okolicach Place Clichy i wylądowaliśmy w końcu w jakimś bistro na samym placu. Godzina przedwieczorna, ruch, przy stolikach pełno dziewczynek oczekujących klienteli. Obok nas usiadła jakaś starsza i wymalowana. Nie wiem, czy jest coś bardziej odrażającego, a jednocześnie godnego litości, jak prostytutka u schyłku kariery. Na twarzy, w całej postaci znać zużycie, zmięcie i zmęczenie. Tym straszniejsze, że pokryte grubo szminką, jaskrawym strojem i trupimi uśmiechami. Widać, jak z trudem i z rozpaczą czepia się tego, co było, czepia się swej przeszłości, chcąc uczynić z niej teraźniejszość. W jakimś ułamku sekundy przeleciała mi przez głowę myśl: „To Francja". Potem zawstydziłem się i starałem się dostrzec w niej tylko to, czym była. Psyknęła na garsona i ten postawił przed nią pustą szklankę, zabraną z jakiegoś innego stołu. Będzie mogła tak siedzieć godzinę i dwie, aż ktoś mrugnie do niej lub przysiądzie się, zapłaci kelnerowi za aperitif, którego wcale nie piła, kelner zainkasuje całą sumę do własnej kieszeni i postawi nową kolejkę. A potem pójdą do jednego z niezliczonych hotelików przy rue Biot, Lemercier lub Nollet. A może nikt dziś nie będzie chciał... więc na wszelki wypadek uśmiecha się do mnie, mruży lśniące oczy i mruga zasiekami doklejonych rzęs. Jest bez pończoch, a jej gołe, zwiędłe i niepomalowane nogi mają kolor gotowanej ryby. W rozciągnięty nad tarasem płócienny dach zaczął

[1] Kwestionariusz.

bębnić ciepły wiosenny deszcz i ściemniło się. Zapalono czerwone neony. A my sączyliśmy sacharynowy Grenache.

12.5.1942

Niemcy rozpoczęli ofensywę na Kercz. Oczywiście idą naprzód.

14.5.1942

Niemcy ogłaszają zwycięstwo i zdobycie Kerczu, Timoszenko zaczyna uderzenie pod Charkowem. Wieczorem wracaliśmy z miasta metrem i w przepełnionym wagonie ktoś rozpylił proszek do kichania. Wszyscy zaczęli straszliwie kichać i śmiać się na widok trzech żołnierzy niemieckich podskakujących w paroksyzmach kichania. Ktoś w głębi wagonu wrzasnął: „Zakładajcie wasze maski — wojna gazowa została rozpoczęta". Wysiedli, kichając, na najbliższym przystanku. A cały wagon drżał od śmiechu, kołysał się w powszechnym i dobroduszno-złośliwym śmiechu.

20.5.1942

Pod Charkowem jatki, ale ani jedni, ani drudzy nie poszli naprzód. Niemcy twierdzą, że jest to największa bitwa w historii świata i dotychczasowej wojny i że ją wygrają, Moskwa mówi, że jej nie przegra. A Anglicy przypatrują się i dużo mówią przez radio.

Nieraz wydaje mi się, że jestem za szczęśliwy i że trzeba będzie za to zapłacić. I wtedy deklamuję sobie po cichu „Der Ring des Polikrates". Ale nie kończę, bo to za ponure. I wolę szepnąć po francusku: *Qu'est-ce que tu veux — c'est la vie. Quand ça va bien, il faut en profiter et c'est tout*[1].

Pogoda się popsuła i siedzimy w domu. Czytam Bainville'a. „Histoire de deux peuples".

26.5.1942

Darré, minister wyżywienia trzeciej Rzeszy, podał się do dymisji. Führer udzielił mu bezterminowego urlopu.

30.5.1942

Głośna noc. Anglicy poprawiali dziś w nocy Colombes i Gennevilliers pod Paryżem.

---

[1] Cóż chcesz — takie jest życie. Kiedy jest dobrze, trzeba korzystać, i tyle.

31.5.1942

Sensacja. Tysiąc samolotów angielskich bombardowało Kolonię i Zagłębie Ruhry. Niemcy skarżą się, że nawet katedrę im uszkodzili, a człowiek, słysząc takie nowinki, cieszy się i żałuje, że cała katedra nie rozleciała się w pył. To najlepszy dowód, do jakiego stopnia „Grossdeutschland"[1] potrafi robić z nas ludzi kulturalnych. Gdy oglądam w kinie dodatki artystyczne przedstawiające piękno Ratyzbony czy innego jakiegoś miasta niemieckiego zadrzemanego w ciszy gotyku (dużo tych dodatków ostatnio), to jedynym żywszym uczuciem napawa mnie myśl, jakby to było ładnie, gdyby to wszystko zostało zamienione w pył, a na tych gruzach tańczyli Kozacy, pijani *echt kölnisches Wasser 4711*[2]. I dopiero myśl, że może się to łatwo zdarzyć, ale na naszych własnych gruzach, ostudza mnie trochę w zapale.

Rosjanie powiedzieli, że jeszcze dwa lub trzy takie zwycięstwa jak pod Charkowem i będzie koniec wojny. A w Paryżu wiosna. I ponieważ coraz trudniej o wszystko, to jeszcze nigdy nie widziało się tyle tak elegancko i modnie ubranych kobiet i tylu nowych rowerów, co również należy do mody. Przed kinami ogonki, w kawiarniach pełno, ceny coraz wyższe, ale wszyscy żyją i jakoś mają pieniądze. No i oczywiście w tym roku koniec wojny. Przypuśćmy...

1.6.1942

„Matin" z 21.5.1942 w małym artykule pt. „Les visées soviétiques en Europe" pisze: „*...les Soviets désiraient occuper Trondheim, Bergen et Narvik avec leur hinterland*"[3]. Francuski wzbogaca się ostatnio niesamowicie. Obok słów *le Führer, la Wehrmacht, la Luftwaffe, un ausweis, la Kommandantur, le Militärbefehlshaber*, teraz przybył *hinterland*.

Poza tym ogłoszono dziś, że od dnia 8 czerwca począwszy Żydzi całej Francji okupowanej mają nosić na lewej piersi żółte gwiazdy. Gwiazdy te otrzymają na swoich komisariatach policji, oddając w zamian po dwa punkty ze swoich kart tekstylnych. Te dwa punkty z kart tekstylnych doprowadziły mnie do stanu graniczącego z szałem. Francuzi uśmiechają się z politowaniem. Trzeba naprawdę nie mieć piątej klepki, aby potrzebując Francuzów i chcąc ich nakłonić do współpracy, wydawać w tym kraju zarządzenia tego rodzaju i popisywać się w ten sposób przed narodem, który mimo wszystko wydał Deklarację Praw Człowieka i do dziś dnia jest nią przesiąknięty. Tragiczne, wstrętne i beznadziejne.

---

[1] Wielkie Niemcy.

[2] Prawdziwa woda kolońska 4711.

[3] Sowieckie cele w Europie [...] Sowieci chcieli zająć Trondheim, Bergen i Narwik wraz z ich hinterlandem.

2.6.1942

List od Hanki – prawdziwy, bez cenzury. Aż za prawdziwy. Czytam go bez przerwy i wstyd mi, że ja mogłem zapisać pięć zeszytów samymi bzdurami. Tu dwa lata sielanki, tam dwa lata czegoś, czego w ogóle nie można nazwać życiem. Taki list wystarczy. Przetłumaczyłem go na francuski i pokazuję zaufanym Francuzom z krótkim komentarzem.

5.6.1942

Wiele hałasu o Libię, gdzie Niemcy rozpoczęli znowu ofensywę, i o zamordowanie Heydricha w Czechosłowacji. Wielka bitwa pod Charkowem skończyła się remisowo. W Vichy rządzi Laval i procesowi w Riom ukręcono głowę.

7.6.1942

A jednak za Franc Jozefa było „lepij".

8.6.1942

Najnowsza sensacja: radio londyńskie nakazuje ludności francuskiej zamieszkującej wybrzeże opuszczenie tej strefy od północy aż do Pirenejów. Robią wielki szum, że wylądują. Francuzi cieszą się, nikt nie mówi o niczym innym, tylko o desancie angielsko-amerykańskim, o drugim froncie i o tańczeniu na 14 lipca już z „Tommies" przy dźwiękach „Tipperary". A przecież to wszystko jest dobrze wyreżyserowaną komedią, żeby połaskotać Niemców z tyłu. Owszem – wylądują, ale jak już Niemców nie będzie. No, ale cóż to szkodzi podrażnić się troszkę i pofiglować.

9.6.1942

Z tym lądowaniem Anglików Francuzi mają jednak kłopot. Bo co w takim razie będzie z wakacjami? Pół Paryża wybiera się na lato do Bretanii, bo tam najwięcej masła, jajek i mleka, a tu Anglicy zaczynają zupełnie poważnie straszyć. Jedna z moich koleżanek biurowych, jeszcze wczoraj zajadła patriotka, to znaczy proangielska, osoba „wierząca", jak to się teraz mówi o ludziach słuchających radia londyńskiego, i „praktykująca", to znaczy posiadająca radio z możliwością odbioru fal krótkich, o mały włos nie dostała dziś ataku furii. Ładna historia! Ona za dziesięć dni wyjeżdża do Bretanii, *justement sur la côte*[1], a tu gotowo się wszystko nie udać. I to wszystko, co wczoraj mówiła o Niemcach, zacinając usta, dziś mówi o Anglikach. *Ces Anglais – qu'ils nous foutent*

[1] Właśnie na wybrzeże.

la paix – au moins pendant la période des vacances[1]. Druga sensacja: uciekinierzy niemieccy w Paryżu. Podobno po tym zbombardowaniu Kolonii duże ilości uciekinierów niemieckich przyjechały do Paryża.

Żydzi od dzisiaj noszą żółte gwiazdy z czarnym stylizowanym w kształcie liter hebrajskich napisem „JUIF". Staram się ich nie dostrzegać, bo mi wstyd. Ale jakże mało ludzi zdaje sobie sprawę, do jakiej dziczy doszliśmy my, LUDZIE BIALI. Wstyd mi za całą tę rasę, tę wspaniałą rasę, która zbudowała nowoczesny świat, która stworzyła całą technikę, ujarzmiła przyrodę, opanowała już tyle chorób – po co? Aby w 1942 roku zmuszać swoich współbraci, swój może najwartościowszy element, swoje drożdże, do noszenia poniżających odznak, jak trędowatych w średniowieczu. Gdybym był kolorowym, straciłbym cały szacunek do białych. Może kiedyś trzeba będzie zapłacić najwyższą cenę za te zabawy szaleńców. Cenę naszego istnienia. Użyje się naszej techniki i naszej dzikości do zniszczenia nas.

11.6.1942

Niemcy powtarzają uderzenie pod Charkowem i rozpoczynają oblężenie Sewastopola. Bitwa o naftę na Kaukazie rozpoczęta. Jestem ciekawy, jak długo Rosjanom uda się utrzymać Sewastopol. W Libii coraz gorzej. Rommel popycha Anglików. Są to bezustanne spacery nad brzegiem morza. Czas mija tak szybko, że można dostać zawrotu głowy. Kiedy ta wojna skończy się! Pytanie, które zadają sobie miliony ludzi, będące igraszką jakiejś fatalności, nieczystych sił.

Jak straszliwie wszyscy stępieliśmy. Tylko czasem, gdy się spokojnie zastanowić, włosy stają dęba na głowie. Przecież nigdy, w całej historii świata, nie doszło do takiego podeptania elementarnych zasad prawa, do takiego zabicia wszystkiego, co ma jakikolwiek związek ze sprawiedliwością i z humanitaryzmem, z człowiekiem i jego duchem. Czym stał się świat? Zbiorowiskiem istot, które coraz to bardziej zatracają to, co można by nazwać życiem wewnętrznym i kulturą ducha. Życie stało się życiem naskórka, który coraz to szybciej i zachłanniej chce dojść do czegoś, czego nie potrafi sobie nawet uświadomić, zagłuszając się tymczasem szybkością, rozrywkami, opychaniem się wszystkimi zdobyczami cywilizacji bez miary, ponad wytrzymałość nerwów i mózgu. Ustroje polityczne i ekonomiczne zrobiły z całego świata jeden wielki kryminał, w którym miliardy ludzi dźwigają kajdany nałożone na ciało i ducha przez „nowe", „jedyne" i „prawdziwe" ideologie polityczno-społeczne. Czymże są te wszystkie nowoczesne ustroje, nowoczesne myśli i założenia, współczesne poglądy na życie człowieka i jego zadania? Są po prostu jednym wielkim i powszechnym zaprzeczeniem człowieka. To wszystko, co jest w nim wartościowego, co mogłoby się rozwinąć w tym najbardziej nieudanym produkcie Boga i zakwitnąć w ciągu pokoleń – to wszystko zabijane jest w nim systematycznie i dokładnie – naukowo. Do czego doszliśmy? Że dziś za rzecz zrozumiałą

[1] Niech nas zostawią w spokoju – przynajmniej podczas wakacji.

i ogólnie przyjętą uważamy to, na co serce człowieka z epoki kamiennej zabiłoby żywiej. A nasze bije normalnie, bo stępieliśmy, zobojętnieli, i zachowujemy się jak zwierzęta w okresie polowań: od nagonki do nagonki, płaszcząc się i kryjąc, starając się nie zwracać niczyjej uwagi.

Wiek rozpasania najniższych instynktów, i to rozpasania świadomego i opracowywanego przy pomocy najwyszukańszych metod. Wiek XVIII dał Deklarację Praw Człowieka na to, aby XX prześcigał się w wynajdywaniu „jedynych i prawdziwych" ideologii, które pozwoliłyby baranom różnych Panurgów zapomnieć o właściwym sensie i znaczeniu wyrazów „prawo" i „człowiek". Nowoczesne państwo stało się molochem zżerającym ludzi milionami, tworem żądającym bezustannych ofiar i niewolnictwa, w którym człowiek jako jednostka reprezentująca pewną myśl i ducha jest przekreślona, zdeptana, zniweczona. To, co uważamy dziś za prawo, za ustawy i kodeksy, co już — co gorsze — przyzwyczailiśmy się uważać za czynnik rządzący stosunkami między ludźmi, jest przecież zwyczajnym bezprawiem. Dzisiejszy człowiek uważa za rzecz normalną, że list jego jest otworzony i przeczytany, doręczony lub niedoręczony, że mogą wejść do jego mieszkania bez nakazu sądowego, że wpakują go do obozu lub uśmiercają bez sądu. Ustawy i kodeksy nowego świata to bezprawie ujęte w paragrafy, wtłaczane w otępiałe umysły stada dwunogów, które już przyzwyczaiły się do tego i reagują jedynie wtedy, gdy dotyczy to kogoś bezpośrednio. Chciałoby się krzyczeć, wypluć płuca, wyć, że przyjęta i uważana za normalną zasada cel uświęca środki jest ZAWSZE ZBRODNIĄ — zbrodnią, która nas kiedyś pogrzebie.

Bezbronnemu obywatelowi wtłacza się kodeksy bezprawia do głowy przy pomocy rewolweru, karabinu maszynowego, samochodu pancernego i kontroli życia prywatnego. A nad tym rozpościera się propaganda, wyzyskująca wszystkich i wszystko, by kłamstwu, coraz to brudniejszemu i grubszemu, nadać pozory prawdy. Na polach walk giną ludzie, na całym świecie ginie Człowiek, zamieniając się w bydlę, wyprane ze wszystkiego i myślące coraz bardziej o tym, czym zapchać żołądek i co zrobić, aby przeżyć o dzień dłużej niż inny okaz z tego stada, pędzonego batem i szturchanego w plecy lufą nabitego pistoletu. To pozostawi ślad, spodli na lata. Bo na to, by z bydlęcia, jakim jest człowiek, zrobić człowieka — trzeba lat. By zrobić z niego jeszcze większe bydlę, wystarczy chwila. Czy po tej wojnie mamy znowu powrócić do jakiejś odmiany tych ustrojów, które poniewierają człowiekiem? Bolszewizm skopał i zabił człowieka, faszyzm zrobił to samo przy pomocy bardziej „łacińskich" metod, nazizm sponiewierał już pół świata. Pozostaje anglosaski liberalizm, słaby jak każdy liberalizm, ale w końcu jedyny. Czy będzie możliwym stworzenie czegoś nowego jeszcze w tym pokoleniu skopanym i spodlonym, zabłąkanym w przestrzeni i w czasie, nieodróżniającym już często prawa od bezprawia i Boga od diabła? Nie wiem. Pesymizm? Brak wiary w człowieka? Mizantropia? Nie. To tylko chwila zastanowienia, chwila myśli każdego człowieka usiłującego być jeszcze człowiekiem w epoce, w której bezmyślność i ideologie „jedyne i prawdziwe" ustawione są na cokole, a pod nim cała ludzkość odprawia nabożeństwo przy pomocy modlitw wyuczonych z modlitewników pełnych litanii bezprawia, obłąkania, głupoty, zezwierzęcenia i krwi.

20.6.1942

Załatwiałem dziś w Ministerstwie Pracy pewną sprawę. Udało się nam mianowicie umieścić kilkunastu robotników na tak zwanym *chantier de chômage*[1], gdzie kopiąc w ogródkach, mają w południe możliwy obiad. 1600 franków miesięcznie i nie są bezrobotnymi. Wywąchał to K. i opracował plan, ja miałem dokończyć dzieła, uzyskując w Ministerstwie Pracy zezwolenie na zatrudnienie ich. Wybrałem się więc do Ministerstwa Pracy, wprost do jednej z najgrubszych ryb od *main-d'œuvre étrangère*[2], Mr. Pagès. Byłem już u niego parokrotnie i zawsze był bardzo uprzejmy, nie odmawiając mi nigdy audiencji i idąc często na rękę w sprawach robotników polskich. Dziś przyjechałem i po złożeniu wizytówki zostałem od razu przyjęty. Od ręki wydał mi to zezwolenie, nie czepiając się żadnych głupstw, choć papiery niektórych kandydatów były nie całkiem w porządku. Na odchodnym dziękuję mu gorąco. Spojrzał na mnie i nagle powiedział: *Et surtout n'envoyez pas vos ouvriers polonais travailler en Allemagne*[3]. Zgłupiałem i mamrotając jakieś *Monsieur, Monsieur* zbliżyłem się ponownie do jego biurka. Wstał i widząc moje wzruszenie, objął mnie i poklepał po ramieniu: *Allez, allez — vous faites du beau boulot, mon vieux*. (No, no mój stary — odwalasz dobry kawałek roboty — trochę w argot). Argot, zaufanie do mnie, jego zrozumienie — wszystko to rozkleiło mnie. Uścisnąłem mu mocno rękę, mówiąc coś o radości, że są jeszcze tacy jak on na najwyższych stanowiskach, że nie wszyscy... Pogładził mnie po głowie i też ze wzruszeniem powiedział: *Mais nous sommes nombreux comme ça — du courage — on les aura*[4].

Są jeszcze ludzie, i to na wysokich stanowiskach, w tym wypadku kluczowych, którzy nie dali się kupić. Jestem dziś cały pod wrażeniem tej krótkiej rozmowy. Tu odezwała się Francja, którą kocham.

22.6.1942

Anglicy oddali Tobruk. Wrażenie w Paryżu szalone, a propagandowe wyzyskanie tej porażki angielskiej przez Niemców jest bez zarzutu.

Laval miał wczoraj wielką mowę propagandową, w której usilnie namawiał Francuzów do dobrowolnego wyjazdu do pracy do Niemiec. Cała ta mowa była czymś tak nikczemnym, że wprost trudno w to uwierzyć. Ta karta historii Francji będzie naprawdę czarna. Cały ten rząd w Vichy, cała ta polityka to jedna wielka hańba. I gdyby nie tacy ludzie jak Pagès, który pozwolił mi dojrzeć także coś innego przedwczoraj, to można by zwątpić w ten naród.

---

[1] Robotach dla bezrobotnych.
[2] Cudzoziemskich robotników.
[3] A już w żadnym razie niech pan nie wysyła polskich robotników na roboty do Niemiec.
[4] Ależ takich jak ja jest wielu — odwagi — zwyciężymy.

Niemcy oblegają Sewastopol i prawdopodobnie go wezmą, po czym rozpoczną wielką ofensywę, najprawdopodobniej na Kaukaz. Po Tobruku lądowanie Anglików należy do bajek dla grzecznych dzieci.

25.6.1942

A w Paryżu zaczyna się lato. Miasto kąpie się w słońcu i w cieple, życie — dostosowawszy się mniej lub więcej do obecnych warunków — kwitnie z typowo francuską beztroską, uśmiecha się do wszystkiego. Polityka polityką, Sewastopol Sewastopolem, ale cóż to wszystko znaczy wobec tego, że są owoce, dużo owoców. Cały Paryż jeździ na rowerze. Rower jest ostatnim krzykiem mody. Podupadający przed wojną przemysł rowerowy (rozwój automobilizmu) zmartwychwstał. Wszyscy ci, co mieli niegdyś samochody, kupują rowery, płacąc zawrotne ceny, bo o nowy rower coraz trudniej. Za rower płaci się pieniędzmi, masłem, jajkami i tytoniem. Ale pomimo to nowych rowerów coraz więcej. Szanująca się elegantka musi mieć rower. To samo z ubraniem. Nigdy Paryż nie był tak elegancki i tak modnie ubrany jak w tym roku. Wszystkie kobiety mają nowe kostiumy z długimi żakietami, a ponieważ trudno o skórę, więc wszystkie mają wielkie torby skórzane z pasem do przewieszenia przez ramię. Do tego jakieś fantazyjne sandały na drewnianej podeszwie i artystycznie malowane nogi, niektóre nawet z szwem równiutko ciągniętym. Wśród perfum króluje Chanel 5 i Guerlain. Pracuję spokojnie, darmowa wypożyczalnia książek w Merostwie XII arrondissement jest zupełnie dobrze zaopatrzona i dostarcza mi strawy duchowej. Nudno.

26.6.1942

Wprost zastanawiające, do jakiego stopnia Niemcy bawią się z Francuzami. Nie krępując się w żadnym z krajów podbitych, do Francuzów wdzięczą się i mizdrzą. Idą na kompromisy, ściskają za gardło, ale przez rękawiczki, wymuszają, ale proponują coś w zamian. Cztery dni temu Laval miał mowę propagującą wyjazd robotników do Niemiec. Do 15 października Niemcy chcą mieć 150 000 specjalistów. I Laval im to obiecał. Obiecał, że do 15 października 150 000 ludzi wyjedzie dobrowolnie do Niemiec. Zaczął od mowy. Dziś odzew ze strony niemieckiej. *Militärbefehlshaber*[1] wydał edykt, że wobec każdego, kto zaangażuje się do pracy w Niemczech, ustaje ewentualne postępowanie sądowe z tytułu spraw cywilnych lub handlowych.

Mogę wystawić weksel na milion franków, nie zapłacić go, mogę wystawić czek bez pokrycia, mogę — mogę bardzo wiele i po podpisaniu kontraktu na pracę w Niemczech: cześć — mogę się już o nic nie troszczyć. Cóż za kokieteria. To rzeczywiście „nowa moralność" w „Nowej Europie" i w ogóle *l'ordre nouveau*. *À propos* tego *l'ordre nouveau* krąży niezły dowcip. Dwóch *clochards*,

[1] Szef dowództwa wojskowego.

takich co stale mieszkają pod Pont de Grenelle i utrzymują się z grzebania w śmieciach, stoi nad kilku pudłami śmieci (*poubelles*, czyli pubele) i rozmawia, poszukując wśród odpadków cennych zdobyczy. Jeden pyta się drugiego: „Te, słuchaj, co to właściwie jest ten *l'ordre nouveau*"? Długo myślą, ale nie mogą nic wykombinować. Nagle zajeżdża wspaniała limuzyna, zatrzymuje się i wysiada z niej oficer niemiecki. Jeden z *clochards* podchodzi do niego i zapytuje grzecznie, co to jest *l'ordre nouveau*; że chyba on potrafi mu to wytłumaczyć. Oficer uśmiechnął się zadowolony i powiada: „To jest tak. Gdy Niemcy wygrają tę wojnę, to będzie Nowa Europa, a w niej Nowy Porządek. Teraz tylko ja jeżdżę takim samochodem, a wtedy wszyscy będą jeździć takimi samochodami. Zrozumiałeś?". Śmieciarz kiwnął głową, podziękował i wrócił do towarzysza. „No co, wytłumaczył ci?" — „Ehe, to jest tak. Jak Niemcy wygrają tę wojnę, to będzie Nowa Europa, a w niej *l'ordre nouveau*. Teraz tylko my dwaj grzebiemy w pubelach, a wtedy będzie tutaj ogonek z dwudziestu osób i wszyscy będą grzebać. Pod warunkiem, że będą śmieci". Ciekawe, do jakiego stopnia nazizm zbiega się często z komunizmem. Nawet te same dowcipy można by opowiadać i tu, i tam. Ten ma coś z Zoszczenki.

28.6.1942

Niedziela. Śliczny słoneczny dzień. Przepadam za sobotami i niedzielami. Nasza patronka już wie z góry, że jeżeli ktoś do nas telefonuje, to należy odpowiedzieć, że *Monsieur et madame sont sortis*[1] — i mamy święty spokój. Dzisiaj rano otworzyłem okiennice i od razu siknęło do pokoju słońce. Z daleka dolatywały dźwięki radia z zawsze tym samym programem niedzielnym. Od chwili naszego przyjazdu budzimy się w każdą niedzielę przy dźwiękach II Rapsodii Liszta, „Tristesse" Chopina i „Bolero" Ravela. Te trzy melodie są cząstką niedzielnego poranka. I choć śmiejemy się z tego — co niedzielę — to ma to jakiś swoisty urok. Powtarzalność pewnych rzeczy w życiu — do tego w tym obecnym — daje złudzenie stałości. W ogóle wiele tych głupstw, tego, co tak często nazywa się francuskim zacofaniem, daje właśnie poczucie „spokoju pomimo wszystko". Ten robotnik paryskiego metra chodzący wolno po peronie stacji i skrapiający go przy pomocy starej puszki od konserw z podziurawionym dnem, do której leje wodę z dzbanka, ten kierownik pociągu, który do zbiegającej po schodach Basi woła: *Dépêchez-vous, mademoiselle*[2] i czeka z odjazdem metra, ta instytucja konsjerżek, zawsze ciekawych i paplających (napoleońskie gestapo) oraz obowiązkowy kot-piekarz, kot-rzeźnik itd., wylegujący się nieraz na wystawie wśród towarów przeznaczonych na sprzedaż — to wszystko tak jakoś dziwnie wiąże, zamienia życie w łagodne pasmo tych samych „pomimo wszystko" — pomimo Niemcy, pomimo Nowa Europa, pomimo Laval, pomimo Führer. Z coraz większym przestrachem konstatuję, że już tak głęboko wżyłem się w to otoczenie, tak

---

1 Państwo wyszli.

2 Szybciej, panienko.

przyzwyczaiłem się do tego życia i francuskiego podejścia do życia, że trudno mi w tej chwili pomyśleć o powrocie. A może to i przywiązanie do tych kilku lat, które tak bardzo szły mi na rękę w rozbudowie siebie samego. A w końcu może i przywiązanie do kraju, w którym wyrosłem. Wyrosłem wprawdzie w Polsce, ale tam miałem raczej uczucie zapadania się. Coś się we mnie urwało bezpowrotnie, została jakaś obojętność do wielu rzeczy.

Dzień śliczny, ciepły, już letni. Zrobiłem śniadanie. W niedzielę pijemy zawsze herbatę i zawsze jeszcze jest masło do chleba. Potem rozłożyliśmy mapę okolic Paryża i wybraliśmy trasę na dzisiejszy spacer rowerami. Boissy-Saint-Léger. Szorty i wyjechaliśmy. Na rowerze plecak z kocem i z książkami, w torbach chleb, masło, kawałek kiełbasy. Camembert wojenny (*0 — zéro matière grasse*[1]), renklody i flaszka wina. Gdyby nie to *Zéro matière grasse* w Camembert, byłoby prawie jak przed wojną. Znacznie lepiej w tym roku z żywnością i dużo owoców. Mam wrażenie, że gdybym w tej chwili zatelefonował do Krakowa i opowiedział to wszystko, cała rodzina stwierdziłaby, że dostałem pomieszania zmysłów. We Francji okupowanej, w trzecim roku wojny, można jeszcze napchać torbę niezłym jedzeniem, przyczepić do roweru i wyjechać zupełnie swobodnie z miasta gdzieś na łąkę czy do lasu, nie spotykając po drodze ani jednego żandarma niemieckiego, niemal ani jednego Niemca. Czasem gdzieś mignie szary samochód, i to wszystko. Jeszcze ciągle mamy swobodę — już ukróconą, ale zupełnie możliwą. Dziś trzeba się już meldować, gdy zmienia się miejsce pobytu lub zamieszkania, trzeba stosować się do wielu przepisów nieznanych przed wojną. Ale w sumie jest swoboda — i jeszcze dziś słyszy się niemal codziennie jak ktoś w jakimś bistro miesza z błotem Pétaina albo o Lavalu nie wyraża się inaczej jak tylko *per ce sale Auvergnat*[2], i odgraża się Niemcom. Na głos. Tu wolno jeszcze nie tylko myśleć, ale mówić. Ta wolność jest tu tak wrodzona, do tego stopnia tkwi w krwi i w duszy, w całej przeszłości — że bodaj nawet Niemcy odczuwają wobec nich *Minderwärtigkeitskomplex*[3] i boją się brać za pysk, żeby nie mieć kłopotów. I na Niemców działa jeszcze przeszłość Francji, ten mit wielkości, to wszystko, co nas i ich uczono *über Frankreich*[4]. Niemcom się zdaje, że Polaków lub Jugosłowian łatwiej zgnieść i zniszczyć niż Francję. Nie wydaje mi się. Bo Francja jest stara i słaba i bardziej można obawiać się jakiegoś odruchu wśród tych drugorzędnych i zmaltretowanych narodów aniżeli tutaj. Ale cóż? Z narodami jest jak z ludźmi. Tego małego i zdegradowanego zawsze jakoś tak poręczniej i swobodniej walić po mordzie aniżeli tak samo zdegradowanego, ale arystokratę. Francja wśród narodów była arystokratką uznaną i czczoną, szczególniej wśród wspinających po drabinie kulturalnej półinteligentów w rodzaju Niemców. Oni zawsze, jeszcze choćby w duchu, noszą dla Francji podziw i choć *die deutsche Kultur selbstverständ-*

[1] Zero tłuszczu.
[2] Ten śmierdzący Owerniak.
[3] Kompleks niższości.
[4] O Francji.

lich die grösste[1], to jednak wobec Francuzów czują się nieswojo, niezręcznie, zakłopotani. Jak bokser wagi ciężkiej w obliczu wielkiej damy. Z Francuzami Niemcy się pieszczą, ogarnia ich jakby impotencja. Kokietują wprost tak, jakby bali się wybuchu tej energii narodowej, która potrzebnie czy niepotrzebnie, ale tyle razy buchała w ciągu historii. Tymczasem Francja dzisiejsza to już nie ta Francja z 1789, 1830 i 1848. Dziś jeden Niemiec w Palais Royal lub w Hôtel de Ville wystarczyłby, aby wszystko szło dobrze. A równocześnie taki wygodny ten kraj. Jak odziedziczony stary pantofel. Lub fotel.

Piszę to, leżąc w cieniu drzew w jednym z lasków otaczających Boissy-Saint--Léger. Jest gorąco. Basia coś rysuje. Nie miałem zapałek i poszedłem do przydrożnej oberży poprosić o ogień. Stary dom, wielkie podwórze ze stajniami, na bramie blacha z zatartą nazwą i z datą 1828. Pewnie stawały tu dyliżanse. Wszedłem do olbrzymiej jadalni. W jednym końcu wielki i osmolony komin, w drugim tykający miarowo, wysoki jak obelisk zegar. Ileż ten zegar wydzwonił godzin...

29.6.1942

Komunikat po wizycie Churchilla u Roosevelta jest „przyszłościowy". Ludzie irytują się. Tłumaczę jak mogę, ale jestem defetystą, bo mówię, że w „głupim" samolocie trzeba liczyć 18 do 20 miesięcy, zanim produkcja pójdzie w serii. A ta wojna to przede wszystkim lotnictwo i czołgi.

1.7.1942

Londyn dementuje bardzo energicznie jakoby między Anglią i Niemcami istniał *gentlemen agreement* co do niebombardowania sobie stolic. Finlandia demobilizuje starsze roczniki — na zbiory. A wszystko razem nazywa się wojna.

2.7.1942

Sewastopol zdobyty — wielka ofensywa rozpoczęta. Tylko że o dwa miesiące za późno. Walka o Kaukaz i o Wołgę. To kosztuje.

Churchill wyjaśnił, dlaczego w Libii ponieśli klęskę: 1) błędy taktyczne, 2) czołgi niedostosowane do walki w pustyni, 3) przewaga materiału niemieckiego. Tylko — nic więcej. Niemcy od długich lat siedzieli w Egipcie i wypróbowali swoje czołgi do walki na pustyni. Piaseczek nie sypał się, silniki działały w gorącu. Anglicy nie mieli gdzie wypróbować swoich czołgów. A że Anglikom nie brak poczucia humoru, wobec tego te podłe czołgi angielskie przezwano Churchillami, co sam Churchill przyznał z uśmiechem w swojej mowie w parlamencie. Przedłuża się. Miałem nadzieję na koniec 1943 — teraz zaczynam mieć wątpliwości. Vichy z Lavalem na czele kolaboruje, aż iskry lecą. Francja

---

[1] Kultura niemiecka oczywiście [jest] największa.

bierze na siebie ciężką odpowiedzialność. Naród klnie, psioczy, czuje, że coś niedobrze, ale nie zdaje sobie sprawy, w jaką sytuację po wojnie wpędzi ten rząd i ta polityka całą Francję. Tymczasem jednak Paryż nie zajmuje się polityką. Zresztą kartką żywnościową trzyma się cały naród za pysk lepiej niż policją. Ukazanie się w tym roku dostatecznej ilości owoców jest ważniejsze niż wszystko inne. Poza tym wszyscy wybierają się na wakacje. Przeważnie do Bretanii. Tam jada się bez kartek, na *Vive la France*. Mowy nie ma o dostaniu najmniejszego pokoiku w najmniejszej i najbardziej odległej miejscowości. Bilety do pociągów odchodzących w kierunku Nantes i Rennes trzeba zamawiać na dwa tygodnie wcześniej. Wskutek olbrzymiej ilości rowerów kolej nie gwarantuje jednoczesnego przybycia roweru razem z pasażerem. Rower trzeba nadać trzy lub cztery dni wcześniej, na Gare Montparnasse musieli wybudować specjalne hale na rowery. Jednym słowem ruch w interesie, nastrój niemal przedwojenny. Zapominamy o wojnie.

26.7.1942

Nie miałem czasu pisać. Tadzio przyjechał trzeciego, wyjechał dziewiątego. Potem piętnastego przyjechał Bogdan i dwudziestego drugiego wyjechał. Jeżdżą między Paryżem i Warszawą ile wlezie. Zarobiłem na tych podróżach. Zaczynam zbierać pieniądze na wyjazd z Europy. Beznadziejny Kłaj.

Dziś cudowny dzień, letni dzień. Po południu poszliśmy do Galerie Charpentier na wystawę „Sto lat pejzażu francuskiego". Urządzone ładnie, ale słaby zbiór. Kilka dobrych, masywnych w ciemnej zieleni Courbetów, kilka zamglonych Corotów, kilka słoneczno-kwiecistych Renoirów, parę cytrynowych Van Goghów, dwa czy trzy najgorsze Gauguiny, a poza tym cała masa pędzloczynów malarzy współczesnych, którzy szukają i nie mogą znaleźć, ale mają nadzieję, że jednak coś znajdą. Właściwie to jest sens sztuki — wieczna nadzieja znalezienia.

Po wystawie wstąpiliśmy na podwieczorek do Rebattet. Jedna z tych wytwornych i szacownych kawiarni Paryża, gdzie schodzi się niemal wyłącznie sfera zamożnej, starej burżuazji, szlachty i arystokracji w poszukiwaniu straconego czasu. Te stare comtessy ubrane niemodnie i kruchtowo, starsi panowie ubrani z przesadną elegancją i młode pokolenie *fils à papa*[1] i córek obnoszących z nonszalancją najdroższą garderobę i biżuterię. Kelnerki mają powierzchowność ubogich ciotek lub siostrzenic, a na zamówioną czekoladę lub lody czeka się pół godziny. Wszyscy przychodzą teraz tutaj sycić swoje łakomstwo. Obok nas jakieś dwie zakrystie miały przed sobą całą górę ptifurków, które opychały, popychając lodami. Potem zamówiły herbatę i po słoiczku konfitur, wyciągając do tego dyskretnie z torebki własny cukier i własne sucharki. I jadły. Rozkoszowały się, rozpływały się, smakowały, napawały, chłonęły. Łakomstwo na twarzach stawało się wprost masywne, pokrywało je grubą szminką. Mlaskały,

[1] Dzieci z ustosunkowanych rodzin.

cmokały, oblizywały się, obracały w palcach, bawiły się każdym kąskiem jak kot myszą i gadały.

Utorowałem sobie drogę wśród tej wytwornej publiczności dosyć ordynarnie, bo pchali się co najmniej tak samo jak trykotantki w ogonkach, i dobiwszy z moim talerzykiem do oszklonej lady, naładowałem 20 ciasteczek, uchodząc ze zdobyczą. Po dwa franki każdy świdrygałek. Po czym zamówiliśmy lody i zabraliśmy się do wbijania tego. Następnie zapłaciłem rachunek, jakiego jeszcze w całym życiu nie zapłaciłem nigdy za podwieczorek, i z miną chamskiego dorobkiewicza wyszedłem z tego lokalu. W drodze powrotnej przeglądaliśmy wystawy, dyskutując zawzięcie na temat całkowicie wojenny, a mianowicie na temat estetyki opakowań perfum i różnicy między Lanvinem i Lelongiem, Schiaparelli i Guerlainem, Chanelem — nie, to dla służących i dziwek. Chanel — fe, fi donc, kto widział... Basia marzy poza tym o futrze z popielatych baranków. Należy także wyjechać na wakacje.

27.7.1942

Przyjechał Stasiek. Wyjeżdża za dziesięć dni. Potem przyjeżdża Karol. Jeszcze lepiej. Pewne prawa ekonomiczne działają i są niewzruszalne niezależnie od wszelkich gospodarek planowych, ekonomii kierowanej itd. Prawo naczyń połączonych jest żelazne i gdy szwankuje, staje się interesujące. Handluję „twardymi" i „miękkimi" i w chwilach obrzydzenia do samego siebie ratuję się tym, czym zawsze ratują się Polacy: „W tej chwili jest to na szkodę okupanta, a więc patriotycznie. Niech żyje Polska, po ile twarde?".

1.8.1942

Lato. Pogodne, ciepłe. Zaczęły się wakacje. Co trzeci sklep zamyka się i wywiesza ogłoszenie, że będzie nieczynny do 15, 20 lub 31 sierpnia. W urzędach zaczynają się raczej dyżury niż urzędowanie i najczęstszą odpowiedzią bywa: *Après les vacances*[1]. Ten już wyjechał, tamten ma wrócić, a ci, co siedzą na miejscu, też nic nie robią, bo czekają, kiedy „tamten" wróci, a oni będą mogli pojechać. Wszystkim jest gorąco — *quelle chaleur*[2] — w metrze można paść trupem od upału i zaduchu, ale niemal wszyscy gdzieś wyjeżdżają, pomimo że przeciętna cena całodziennego utrzymania i mieszkania w zapadłym kącie (czym bardziej zapadły, tym lepszy) Bretanii czy Anjou wynosi 100 franków dziennie. Jest to prawie psychoza, chęć powetowania sobie tych dwóch lat niepewności i wahań. Nastąpiło już przystosowanie się do warunków, urządzenie się w ramach możliwości, które we Francji są jeszcze ciągle dosyć duże dzięki względnej swobodzie.

Dziś pod wieczór wyszliśmy do miasta. Na ulicach spokój i cisza. Przed Maximem na rue Royale rząd powozów, karet, tilbury, koczów i innych wehikułów

---

1 Po wakacjach.
2 Co za upał.

z minionych epok. Paris 1900. Poszliśmy do kina na nowy film francuski „Le lit à colonnes". Dyrektor więzienia w małym miasteczku ma w więzieniu mordercę kompozytora. Stwarza mu warunki do pracy, wyciąga od niego kompozycje i publikuje je pod swoim nazwiskiem. Z małego, prowincjonalnego i płaskiego funkcjonariusza administracji staje się kimś, puszy się, wydaje za mąż córkę za hrabiego. Ukoronowaniem triumfu jest przyjęcie „jego" opery do Opery paryskiej. Komplikacje — wreszcie śmierć z ręki więźnia, który dowiaduje się o wszystkim. Rzecz dzieje się w latach 90. Gdy ma się w oczach obraz paryskiej ulicy w tej chwili, te kocze i tilbury przed Maximem, film wydaje się niemal współczesny. Grane dobrze, ale nie tylko to. Cały film jest dosłownie obrazem, a raczej galerią obrazów francuskich impresjonistów. Zupełnie coś niebywałego. Patrząc na to, co chwilę zamienialiśmy kilka słów półgłosem, nie mogąc wytrzymać z zachwytu. Stroje, wnętrza, światło i cienie, pejzaże — wszystko było wprost barwne. Czuło się kolory, słońce, odcienie cieni, plamy, podmalowanie, tło... Kombinacją czarnego i białego wyciągnęli wszystkie kolory. Wyszliśmy z kina wprost podnieceni.

4.8.1942

Wyłapywanie Żydów obcokrajowców na terenie Paryża zostało zakończone. Z 14 na 15 lipca urządzono taką noc Św. Bartłomieja, a raczej Św. Adolfa, potem łapano resztki — obecnie na terenie całej strefy okupowanej wszyscy Żydzi obcokrajowcy zostali powsadzani do obozów. Wrażenie wśród Francuzów bardzo wielkie. Szczególnie fakt oddzielania dzieci powyżej trzech lat od matek komentowany jest zajadle. Już tylko notuję. Nie mam sił na komentarze. Wewnętrzne wycie i rozdzieranie się wszystkiego. Jednocześnie, najprawdopodobniej z kół żydowskich, wyszła plotka, że teraz na nas kolej, i wszyscy w to uwierzyli. Zawrzało w Paryżu jak w ulu. Co lękliwsi wyjeżdżali na wieś, inni po kilka nocy nie spali u siebie, teraz wszyscy są przekonani, że lada dzień zabiorą i nas.

Więcej z obowiązku niż z ochoty — stałem się w tym wszystkim fatalistą i zawsze w takich chwilach przypominam sobie Keyserlinga *il faut subir son époque pour agir sur elle*[1] — pozasięgałem informacji, gdzie mogłem, ale nikt z kompetentnych Francuzów nie słyszał nic na ten temat. Prawdopodobnie żydowska plotka, puszczona w rozpaczy, zrozumiała. Mają nas kochać? Jeszcze w 1940 roku stałem raz w ogonku z jakimś znajomym i mówiłem po polsku.

Stojąca obok Żydówka spojrzała na nas z nienawiścią i powiedziała: „Prawda, jak tu U NAS we Francji dobrze? Ale Polski, proszę pana, to już nie będzie". Nie powiedziałem nic na to, choć normalnie jestem mocny w gębie. Może miała rację? Ale i Francja jej nie pomogła.

[1] Trzeba doświadczyć swojej epoki, żeby na nią oddziaływać.

11.8.1942

Jedziemy na wakacje. Robertowie zaprosili nas do domu swojej ciotki do Chambellay, w samym centrum Anjou, gdzie oni co roku całą gromadą spędzają wakacje. Jest to dom rodziny, resztki fortuny Robertów, wywodzącej się z tak zwanej *bourgeoisie terrienne* (burżuazja ziemiańska). Wyjeżdżamy 4 września na dziesięć dni i wracamy razem z nimi do Paryża.

Czytam książkę o Stanach Zjednoczonych. Dochodzę do wniosku, że właściwie nic o Ameryce nie wiedziałem. Oczywiście poza całym stekiem bzdur, które każdy szanujący się Europejczyk znać powinien i od których nie wolno mu odstąpić, bo cóż by wtedy zostało z Europy. Po co to wszystko czytam? Chcę po prostu widzieć rzeczy we właściwym świetle i nie mieć złudzeń. I nie mam ich. Nasza najbliższa i trochę dalsza przyszłość jest ciemna w każdym wypadku. Dziś prują nam brzuch nożem i cierpimy. A potem będą nas truć wolno i z uśmiechem. Dziś krzyczymy, że jesteśmy niewolnikami, czujemy to w każdej minucie naszego życia. I krzyczymy słusznie. A potem, zmęczeni i skopani, staniemy się niewolnikami także, jedynie z tą różnicą, że będziemy mieli wszystkie pozory wolności.

Tymczasem Anglicy, przegalopowawszy z Tobruku aż do Egiptu, zatrzymali się pod El-Alamein. To znaczy nie wiadomo, kto się zatrzymał: czy uciekający Anglicy, czy goniący ich Rommel Africanus. Raczej to drugie. Zapędził się pod El-Alamein, wydłużył linie komunikacyjne zarówno lądowe, jak morskie — i stracił oddech. I Mussolini nie mógł wygłosić wielkiej mowy pod Piramidami. Ot i przykrość. W każdym razie front ustalił się pod El-Alamein i do Kairu nie doszli. Logicznie biorąc, należy spodziewać się, że za jakiś czas Anglicy pogonią Rommla z powrotem. W Afryce każda ofensywa jest *aller et retour*[1]. Znacznie poważniej zapowiada się akcja niemiecka w kierunku Kaukazu z jednej strony i w kierunku Wołgi, z głównym punktem Stalingrad z drugiej. Odebranie Kaukazu i przecięcie takiej arterii komunikacyjnej jak Wołga to wyrok śmierci na Rosję, jeżeli ich w ogóle cokolwiek jest w stanie uśmiercić. Ale nie należy być optymistą. Trzeba sobie otwarcie powiedzieć, że co miesiąc Rosja jest większą niespodzianką. Zaczynam bardzo wątpić, czy Hitler i jego sztab generalny zdawali sobie sprawę z tej siły. Jeden jedyny Brauchitsch połapał się na czas i umył ręce. Ale w tej chwili modny jest von Bock i świeżo upieczony w piecu afrykańskim marszałek Rommel Africanus. Z Rommla gotów być jeszcze bohater narodowy i kto wie, czy nie następca. Gwiazda, większy od Gary Coopera. We wszystkich gazetach i pismach ilustrowanych wszędzie Rommel. Przystojny i ma „coś" jednak w tej twarzy. A w paryskim Vélodrome-d'Hiver zapowiadają „prawdziwe walki byków". *Gran corrida de toros*. Wobec tego lud paryski martwi się już naprzód, czy toreador będzie miał dostateczną ilość kartek mięsnych upoważniających go do zakłucia byka. Czasem naprawdę wydaje mi się, że śnię.

[1] Tam i z powrotem.

16.8.1942

Jestem zmęczony i nic mi się nie chce. Od października 1940 nie miałem urlopu. Po prostu brak mi tych kilku dni pod rząd bez zawracania sobie głowy sprawami innych. Nie mogę już doczekać się wyjazdu.

Ciekawa wystawa w Musée Cognac-Jay. Oryginalne fotografie z czasów II Cesarstwa. Oczywiście wszędzie Napoleon III i Eugenia, Napoleon z Genią razem i osobno, z dziećmi i bez dzieci, dzieci same itd. Ale obok tego mnóstwo fotografii osób znanych i sławnych z teatru i z literatury. Świetne dagerotypy Balzaca, Teofila Gautier, i sporo zdjęć z jednego z amatorskich przedstawień w domu Gautiera w Neuilly, które tak uroczo opisali Goncourtowie w swoim „Dzienniku". A dalej wszystkie tancerki i śpiewaczki Opery paryskiej. Fotografie malarzy i ich modelek, fotografie tych pikantnych aktoreczek z bulwarowych teatrzyków i tinglów-tanglów, za którymi szaleli nasi pradziadowie i dziadkowie. Te kokieteryjne desabile, gorsety, czarne pończochy, biusty przewalające się nad fiszbinami jak fala przez falochron portowy i inne uroki tych czasów. Stary i satyrowaty Alexandre Dumas z młodą, uroczą i naprawdę smaczną loretką. Krynoliny. Cały szereg portretów tak pięknych, że żaden z nowoczesnych fotografów nie potrafiłby czegoś takiego zrobić. Ówczesna fotografia w dziedzinie portretu stała na pewno wyżej niż dzisiejsza. Wskutek wydoskonalenia materiału, „wyostrzenia" soczewek, płyt, filmów i papierów straciła te przejścia między światłem i cieniem, które tak doskonale płyną w fotografii XIX wieku. Dziś wszystko jest rąbane — jak cała nasza epoka. Jaką śliczną modelkę miał Corot. Cóż za wspaniała głowa ten Michelet. Szkoda, że popisał tyle bzdur. Renan, obydwaj Goncourtowie, Flaubert, Gautier, George Sand. Pełno wspomnień, każda twarz specjalnej wartości teraz. Można uciec do nich i zaszyć się w kącie któregoś Balzaca, można schronić się w spiżowym dzwonie prozy Flauberta i nie słyszeć tego gęgania, tego kłamliwego pastwienia się nad zdrowym rozsądkiem, które może przyprawić o obłęd. To już jest kalanie kłamstwa, bezczeszczenie kłamstwa.

19.8.1942

W południe gorączka, zapał, oczekiwanie, tysiące komentarzy przelatujących z ust do ust. Anglicy o świcie wylądowali w Dieppe oraz na południe i na północ od Dieppe. Od rana biją się już w samym mieście. Wylądowali z artylerią i z czołgami. Wszystkie garnizony niemieckie zaalarmowane. Radio londyńskie prosi całą ludność Francji o spokój i niemieszanie się do akcji. Wszystko razem brzmi jak bajka. Cały dzień upływa w napięciu, pomimo że wszyscy zdają sobie jednak sprawę, że nie jest to „prawdziwe" lądowanie, a jedynie coś w rodzaju generalnej próby. Z dekoracjami. Wysadzanie na brzeg czołgów i artylerii wzbudza ogólny podziw. Radio Paris milczy, południowe wydania gazet również, i jedynie Londyn informuje. Wieczorem komunikat, że korpus ekspedycyjny angielski wycofał się w porządku i odpłynął, uwożąc jeńców. Najważniejsze jest to, że Anglicy wysiedli, że cały dzień byli we Francji i że odjechali. Pokazali, że mogą lądować, podczas gdy ani jeden Niemiec — z wyjątkiem Hessa — nie dotknął brzegu angielskiego od początku tej wojny. A przecież mogli, mogli niemal bezkarnie w lipcu i w sierpniu 1940 roku dokazać tego, czego już teraz nie będą mogli. Historia kiedyś pokaże, jak to było. Dlaczego zamiast pchać się w głąb Francji, cała siła nie została skierowana wprost z Belgii i Holandii na Anglię? Hitlera uwiódł mit „niezdobytego" Paryża, do którego w tamtej wojnie przez cztery lata nie mogli się dostać. Mit Francji uratował Anglię. Był potężny.

21.8.1942

Zaczyna się teraz zwycięska katarynka. Odparliśmy atak Anglików, udaremniliśmy stworzenie drugiego frontu, którego Moskwa ciągle żąda, pognębiliśmy Churchilla, śmiejemy się i kpimy, i rozdmuchujemy Dieppe do pobicia co najmniej całej Anglii. I teraz tak będzie przez dłuższy czas. A wszystko razem dowodzi, że robiliśmy w majtki ze strachu, że straciliśmy głowę i że wielkim krzykiem i gadaniem w kółko tego samego chcemy ludziom zaciemnić właściwe znaczenie tego faktu i nie pozwolić myśleć o tym w ten sposób, w jaki należy o tym myśleć. Wszystko to jest świadomym szerzeniem ciemnoty. Na tle tego średniowiecze nabiera rumieńców odrodzenia. Zrobić z masy stado baranów, zabić w niej rozsądek zarówno zbiorowy (jeśli zbiorowość w ogóle może być zdolna do rozsądku), jak i indywidualny, zamęczyć kłamstwem, znieczulić, unicestwić myśl i odruchy sprzeciwu wewnętrznego. Ale powtarzam się. Jak propaganda.

Kupiliśmy dziś z Robertem bilety kolejowe i za dwa tygodnie wyjeżdżamy. Czy Niemcy wezmą Stalingrad, czy nie? Oto jest pytanie.

24.8.1942

Vichy wysłało do Führera telegram dziękczynny za tak skuteczną obronę Francji. Natomiast Führer wyasygnował (z kasy Vichy) 10 milionów franków dla miasta Dieppe w nagrodę za wzorowe i pełne dyscypliny zachowanie się ludności w czasie napadu angielskiego. Wzruszające. Gazety pełne są oczywiście fotografii, opisów, reportaży i sprawozdań o wspaniałej obronie niemieckiej. A ponieważ nie dało się ukryć dzielności Kanadyjczyków, którzy w wielu wypadkach toczyli walkę na pistolety i nożc, to kpi się z „cowboyskich metod walki" i „bójek Wild Westu".

26.8.1942

Jeszcze ciągle Dieppe. Tym razem w nagrodę za wzorową postawę ludności miasta wszyscy jeńcy pochodzący z Dieppe zostali przez Führera uwolnieni. Po krótkim urlopie pojadą na roboty do Niemiec. I ten durny kapral myśli, że kupi sobie tym Francuzów. Kogo? Francuzi są pozbawieni *Volksgemeinschaft*[1]

[1] Wspólnota narodowa [tu: poczucie wspólnoty narodowej].

i taki teatralny gest nikogo nie wzruszy. Gdyby zamiast wypuszczenia jeńców przyznał obywatelom Dieppe poczwórne racje kartkowe, wówczas można by powiedzieć, że jest geniuszem i wielkim psychologiem. Wtedy cała Francja stanęłaby z rozdziawioną gębą i huczała. Wtedy do końca roku wszyscy dyskutowaliby z zazdrością w nieskończoność: *Ah, ça alors, ceux-là par exemple, voyez-moi ça, ces Dieppois ils ont de la chance*[1] itd. Kolaboracja z Francją była pod nosem. Wystarczyło pozwolić Francuzom jeść do woli. Propaganda, wyprawa krzyżowa, misja kulturalna, Arno Breker, nowy ład — wszystko to mija się z celem, gdy chodzi o Francję. Kulturą nic się z nich nie wykrzesa, bo mają za wysokie pojęcie o swojej własnej. W roku 1940, gdy trzy czwarte Francji psychicznie stało za Niemcami, gdy sympatie były liczne i wielkie, gdy Niemcy imponowali, trzeba było podsycić je chlebem, masłem, jajkami, mięsem i winem. Dziś cała Francja stałaby w zaczepnej postawie wobec wszystkich wrogów Niemiec. A tak co? Odpowiedzią na to może być uwaga mojego francuskiego kolegi, wypowiedziana przy stole w naszej kantynie fabrycznej. Mieści się w niej wszystko: „I co Niemcy będą nam zawracać głowę o swojej wielkości i genialności, o wspaniałej organizacji i kulturze, jeżeli oni nigdy nie potrafili zorganizować zwyczajnej, porządnej ludzkiej zagrychy" (*casse-croûte*).

W tym krótkim zdaniu jest — Francja. Nie im imponować poświęceniem „*der deutschen Grenadiere*"[2], Arno Brekerem, Wagnerem, Führerem. Żreć — a potem możemy ewentualnie porozmawiać. Ideały? Nie ma się ich wiele z pełnym brzuchem, a cóż dopiero z pustym.

29.8.1942

Według gazet Anglia przestała już istnieć. Zwycięstwo w Dieppe jest najlepszym tego dowodem. Można naprawdę dostać obłędu. Wychodzi się z założenia, że wszyscy są umysłowo chorzy i że można mówić, co ślina na język przyniesie.

31.8.1942

Nadałem dziś rano nasze obydwa rowery. Żeby nadać rowery, trzeba stać w ogonku. Pojechałem na Gare Montparnasse dość wcześnie i po załatwieniu wszystkich formalności wysyłkowych miałem jeszcze chwilę czasu przed pójściem do biura.

Czuję się jak uczeń przed wakacjami — roznosi mnie. Po wyjściu z dworca wstąpiłem do jakiegoś bistra na piwo. Nie ma chyba nic przyjemniejszego niż w duszny poranek lata paryskiego zaszyć się w kącie jakiegoś bistra i sączyć zimne piwo. Zapalić papierosa i po prostu — istnieć. Nic więcej. Żyć i modlić się. Coraz częściej modlę się nad szklanką piwa lub kieliszkiem rumu, bo są to

---

[1] No tak, patrzcie tylko, tym z Dieppe to się dopiero poszczęściło.

[2] Niemieckich grenadierów.

momenty, w których naprawdę czuję, że jeszcze żyję. I dziękczynię. Dzisiaj też odprawiałem takie poranne modły zapatrzony w niebo, potem w Bd. Montparnasse rozjaśniający się coraz bardziej w słońcu, aż wreszcie zacząłem słuchać rozmowy robotników pijących poranny *coup de blanc*[1]. Rozmowa toczyła się na temat frontu rosyjskiego. Czy wezmą Stalingrad, czy go nie wezmą? Powszechne pytanie. Osobiście wierzę w tę przepowiednię, która głosi, że „nad wielką rzeką w pień wycięci, ze złamanym skrzydłem powrócą". Założyłem się już w dwóch miejscach o grubsze franki, że nie wezmą. Będą bronić samej nazwy, jeżeli już nie czego innego. Zaczyna to coraz bardziej wyglądać na naprawdę „decydującą bitwę". Podobno w Ameryce zakłady idą o tysiące dolarów. Zabawny twór ta tak zwana ludzkość. Przyszłość Europy, tak czy owak parszywa, waży się nad Wołgą.

5.9.1942

Nareszcie na wsi. Wczoraj wróciłem do domu wcześniej i pakowaliśmy się na gwałt. Ponieważ od stacji do Chambellay jest około 40 km, które trzeba było przejechać na rowerach, bagaż musiał być dostosowany do tej wyprawy. Upakowałem plecak i dwie torby. Basia walizeczkę i torbę. Pogoda cudowna, upalny wieczór paryski. Na Gare Montparnasse spotkaliśmy się z Robertem. Mieliśmy miejscówki w drugiej klasie, ale i tak trzeba było przyjść na godzinę przed odjazdem, bo na dworcach dzieją się cuda. Przy wejściu na peron trzeba stać w ogonku, następnie należy dokonać wyczynu dopchania się przez zatłoczony korytarz wagonu do swojego przedziału i swoich miejsc. Wreszcie zasiedliśmy zadowoleni, że się udało. Przed samym odejściem pociągu wagony wypełniły się zupełnie, to znaczy wszystkie miejsca siedzące i stojące w korytarzach i klozetach zostały zajęte. O dziesiątej pociąg ruszył. W oknach story pozapuszczane, przedział oświetlony normalnie. Na wszystkich ścianach napisy: *Achtung mit den Gesprächen. Den Feind hört zu*[2]. Do Sablé mieliśmy zajechać o pierwszej nad ranem, przenocować i rano jechać dalej już na rowerach do Chambellay. Byłem tak podniecony tą podróżą, jakbym co najmniej po raz pierwszy w życiu jechał pociągiem. Dwa lata siedzenia na miejscu, dwa lata gubiące się tak jakoś dziwnie w przeszłości, trudne do umieszczenia w jakichś wymiarach. Cały stosunek do przeszłości sprowadza się dziś właściwie do ogarniającego wszystko zadowolenia, że tyle i tyle czasu minęło i że udało się ten czas przeżyć, że jeszcze się pływa. Nam udaje się jak korkom.

W przedziale zrobiło się straszliwie duszno, bo Francuzi mają wrodzony strach przed świeżym powietrzem. Lekki *courant d'air*[3] równoznaczny jest ze śmiercią. Rozmawiałem z Robertem na temat przymusowej wysyłki robotników do Niemiec. Piętnastego października mija termin wyznaczony Lavalowi

---

[1] Białe wino.

[2] Uważać z rozmowami. Wróg się przysłuchuje.

[3] Przeciąg.

przez Niemców i do tej daty 150 tysięcy specjalistów musi wyjechać. Ale nikt nie jedzie dobrowolnie. Co z tego wyniknie? Wyciągnąłem z plecaka gruszki i paląc papierosy, przeskoczyliśmy na tematy wojenne. Robert, jak znakomita większość Francuzów, nie zna się na Niemcach. Staram się go oświecić, ale ciężko to idzie, bo trzeba walczyć wprost ze swego rodzaju u r o k i e m, jaki Niemcy rzucili na bardzo wielu Francuzów. Nie znając Niemców, będąc przez nich pobici, słabi, złamani, zdając sobie z tego sprawę, widzą w Niemcach kogoś silnego, kto im imponuje, kto przeprowadza u nich wiele reform, których najsilniejszy rząd francuski nie odważyłby się przeprowadzić, kto przejawia witalność wprost nadzmysłową. Jako naród formy zewnętrznej Francuzi podziwiają formę niemiecką, nie przenikają formy i są pod u r o k i e m. Z takim samym uczuciem prawnuk kombatanta wojen perskich oglądał prawdopodobnie legionistę rzymskiego. Kulturalnie jeszcze nim gardził, jeszcze gdzieś w głębi odzywał się dosadny epitet „barbarzyńca", ale już ciało jego wraz z życiową, codzienną warstwą umysłu poddawały się urokowi tej siły i żywotności bijących od rzymskiej machiny wojennej. Francja tonie w przesądach, w błyskotliwych formułkach, w powszechnych słówkach, które tak często mylą. Rozmawia się z byle kim i ten byle kto mówi nagle: „W tej szerokości geograficznej...", albo „fakt ten jest oszałamiający", albo — co gorsze — rzuca w rozmowie jakieś wielkie pytanie, na przykład „i do czego doszła ludzkość"? i „oto nasz postęp". Ileż razy dawałem się na to wziąć i traktowałem za zaproszenie do dyskusji. Zaczynałem i — trafiałem w próżnię, trafiałem na taką ciasnotę i ubóstwo poglądów, o jakiej w ogóle nie miałem wyobrażenia. Francja jest krajem półinteligencji, to znaczy rozwodnionej i szeroko rozprowadzonej inteligencji wśród mas. Kultura mas jest wynalazkiem francuskim, to XIX wiek francuski, ale cała ta kultura zatrzymała się w rozwoju, skamieniała razem z całą francuską kulturą i jej rozwojem. Francja straciła wizję, straciła kontakt z rzeczywistością i — zapłaci za to. Warstwą nadającą krajowi ton i warstwą dominującą jest półinteligencja i ćwierćinteligencja. Kraj pozorów i skostniałych formułek. Umysłowość francuska, oparta na zasadach głoszonych przez 1789 i na garści faktów wbijanych jej w głowę przez niepodlegające żadnej ewolucji od czasów Napoleona szkolnictwo, nie ulega żadnej zmianie. Francja do dziś dnia kultywuje zasadę myśli zamkniętej i karmi się formułkami *made in France*. Nie jest zdolna zrozumieć innej myśli poza francuską, nie potrafi o d c z u ć niczego w inny sposób, jak tylko francuski. Zadowala się wyłącznie działalnością kilkudziesięciu geniuszów francuskich, średnich geniuszów na wysokim poziomie, którzy przeszli do historii, i uważa ich za granicę, poza którą nikt inny nie potrafił i nie potrafi wyjść. Pozory będą zawsze przemawiały na ich korzyść, i s t o t a zdradzi. Francja jest geniuszem f o r m y, ale niemal wyłącznie formy. Żaden naród świata nie potrafił w dziedzinie myśli i jej sformułowań stworzyć form tak doskonałych (Hegla ugryzłem po francusku, po niemiecku, przy całej mojej znajomości języka, nie mogłem) jak Francuzi. Nikt w dziedzinie języka i wyrażania się nie potrafił prześcignąć ich w formie. Stąd ich sława, ale i stąd mylne sądy o nich. Ich geniusz formy rozciągamy na wszystko. Nic w tym dziwnego. Wzrok jest najbardziej zwierzęcym zmysłem człowieka i poprzez wzrok daje się człowiek najłatwiej kierować. Kulturę Grecji jesteśmy zawsze skłonni identyfikować najpierw z tym, co pozostało z niej w formie. Tymczasem forma grecka przetrwała znacznie dłużej niż duch, który ją zrodził. Budowano świątynie i rzeźbiono posągi jeszcze ciągle w tych czasach, w których naród nie był już zdolny do powtórzenia Salaminy, bo duch przegnił i zastygł w formie. Naród już nie żył, ale jeszcze ciągle działał, jak mechanizm puszczony w ruch. Francja jest nowoczesną Grecją. Tym, czym była Grecja dla świata starożytnego, tym była Francja dla świata nowożytnego i rola jej się kończy. Francja przestała żyć, Francja już tylko działa. Nie jest wykluczone, że to działanie może jeszcze coś dać światu, ale będzie to raczej jak wybicie godziny — nawet dźwięczne i piękne — lecz tylko wybicie godziny w zegarze idącym siłą rozpędu, nadaną mu w chwili tworzenia, siłą, która zachwycała i o której ciągle myślimy, że nadal istnieje. Prawdopodobnie jeszcze długo Francja będzie tą Grecją dla nowego świata, który dziś, w naszych oczach powstaje. Ale Francuzi i naród będą dla nas, młodych, tym, czym Grecy i Grecja z epoki helleńskiej byli dla Rzymian. Będzie się ich podziwiać, będzie się zachwycać, ale nie — szanować, jak Rzymianin nie mógł szanować kupca aleksandryjskiego lub Ateńczyka ciągnącego zyski ze swej przeszłości.

Francja weszła już w okres eksploatacji swojej przeszłości, wyprzedaje się, a jeżeli coś tworzy, to jest to w większości wypadków bardzo umiejętnie odnowionym antykiem i jeszcze umiejętniej puszczonym na rynek. Celuje w tym i osiągnęła stopień doskonałości niespotykany gdzie indziej, ale właśnie ta doskonałość świadczy najlepiej o tym, że coś się wyczerpało i że w jakiś sposób trzeba to zastąpić. Jest to gasnący ogień, z którego bucha czasem snop efektownych iskier — bo takie są prawa gaśnięcia.

Robert w swoich przewidywaniach wojennych nie może uwierzyć, że w tej chwili Niemcy są bardziej oddalone od zwycięstwa niż w lecie 1940 roku. Ich triumfalny marsz przez Zagłębie Donieckie i stepy kałmuckie w kierunku Stalingradu i atak na Kaukaz imponują. Tłumaczę mu, że trzeba dobrze spojrzeć na mapę, aby zdać sobie sprawę, że jeżeli cała ta operacja jest na oko wspaniała, to w gruncie rzeczy wygląda na zdecydowanie ryzykancką. Oni sami sobie stwarzają drugi front. Nie trzeba zapominać, że okupacja Zagłębia Donieckiego nie podcina Rosji produkcji w takim stopniu, w jakim Niemcy chcą nas o tym przekonać. Poza tym Anglosasi pchają w nich jak w tuczną gęś i łudzą się, że Rosja im się odwdzięczy. Odwdzięczy się po rosyjsku, tak jak zawsze się odwdzięczała... Hitler twierdzi, że jego zwycięstwa są *einmalig in der Geschichte*[1]. Przypominam Robertowi podobne zwycięstwa: rok 1806, wojna z Prusami. Napoleon nie szczędzi zgryźliwych uwag pod adresem Luizy pruskiej, coś jak uwagi Hitlera o pani Roosevelt, czemu się zresztą nie dziwię. Ten nie lubił Luizy, ten ostrzy swój kapralski dowcip na Rooseveltowej. Po czym Blitzkrieg lepszy od niemieckiego. 10.10.1806 generał Maison bije Prusaków pod Schleitz. 14.10. Jena-Auerstädt. 16.10. kapitulacja Erfurtu, 17.10. bitwa pod Halle,

[1] Wyjątkowe w historii.

18.10. zdobycie Lipska, 19.10. Murat wchodzi do Halberstadt, 20.10. Lannes i Davout forsują Elbę, 24.10. Napoleon w Poczdamie, 25.10. zdobycie Spandau, 26.10. wejście do Berlina, 28.10. Murat na czele 10-tysięcznego korpusu kawalerii bije 16-tysięczny korpus gwardii królewskiej pod dowództwem księcia Hohenlohe i bierze do niewoli księcia Augusta pruskiego, księcia von Mecklenburg-Schwerin, szwagra cara i generała Tauenzien i staje pod Prenzlow. Wreszcie 29.10. Lasalle, na czele 1200 kawalerzystów, zdobywa Szczecin, broniony przez 5 tysięcy ludzi i 150 dział. Tego nawet Wieniawa nigdy nie dokazał w Adrii. W dziewiętnaście dni Prusy pobite są aż do Pomorza, bez oddziałów zmotoryzowanych. Jeszcze tylko Davout opanowuje niżną Odrę, Mortier bije elektora von Hesse-Cassel, zdobycie Lubeki i Magdeburga — cała kampania pruska zostaje zakończona w dwadzieścia osiem dni. I co jest *einmalig in der Geschichte*? Bije wszystkich po kolei, tylko... niestety, gdy przychodzi do spotkania z Rosją, Blitzkrieg bierze w łeb. Pruska Iława jest właściwie krwawą łaźnią. To Charków. Potem Friedland — to obecne zwycięstwa, wreszcie odwrót spod Moskwy. To dopiero przyjdzie. Ale nie jestem pewny, czy należy się tak bardzo na to cieszyć.

Przedział kolejowy w czasie nocnej podróży ulega zawsze tym samym zmianom. Na początku wszyscy są ubrani i siedzą prosto. Potem ktoś coś z siebie zdejmuje lub gdzieś się rozpina, następnie zaczyna się kiwać i zastyga w mniej lub więcej dziwacznej pozycji, możliwej tylko w pociągu. Wreszcie zalega śmiertelny bezruch i cisza. Zgasiłem światło. W sinym półmroku nocnej żarówki „przyzwoitki" cały przedział wyglądał jak pobojowisko, jak jakaś karykatura Goi. Pan pod oknem miał rewolucyjnie rozwiązany krawat i barykadowo rozchlastaną na piersiach koszulę, głowa pochylona i ciało zgięte jak po uderzeniu szablą. Inny, obok mnie, zamarł z szeroko rozkraczonymi nogami, schylił głowę na piersi i pochylił się tak, że wisiał nad przejściem między dwoma kanapkami. Natomiast kobieta naprzeciwko niego odgięła głowę w tył i oparta nią o plusz przegięła się cała do przodu jak łuk, wpychając jedną nogę na krawędź kanapki w sam środek rozkraczonych nóg swego *vis-à-vis*. Wyglądało to jak silne kopnięcie w czułe miejsce, czyli tak zwany po francusku *coup de Vénus*. Basia siedziała z podkurczonymi nogami w swojej ulubionej pozycji klucza wiolinowego, a ja kręciłem się, bo mam zawsze za długie nogi w takich wypadkach.

Koło pierwszej Robert obudził się i zaczęliśmy się przygotowywać do wyjścia. Wyglądało na to, że trzeba będzie wysiadać przez okno, ale dopchaliśmy się jednak do drzwi. Rzeczy miano nam jednak podać przez okno, bo o przejściu z bagażami nie było co marzyć. Pociąg stanął i wysiedliśmy w Sablé.

Ciemno wokoło, na trzy kroki nic nie widać. Po dobrnięciu do kasy bagażowej, gdzie zaspany kolejarz wystawił nam zbiorową przepustkę, wyszliśmy na miasto. Robert znał drogę, nocne powietrze i chłód orzeźwiły nas. Nagle *Halt*[1]. Z ciemności wynurzył się samotny żandarm niemiecki (u nas tak samotnie nie chodzą) i zażądał przepustki. Próbuje zapalić zapalniczkę i pyta:

1 Stój.

Vom Bahnhof? – Ta, ja, vom Bahnhof, nach Hause[1] – powiadam. Oddaje nam nieprzeczytany papier i idziemy dalej. Robert ma tutaj jakąś daleką kuzynkę, u której mamy spać. Komfort – normalnie ludzie siedzą w poczekalniach na dworcach. W miasteczkach francuskich brak miejsca – pełno letników. Stajemy przed jakimś domem, dzwonimy. Otwiera nam sama Madame Vigné. Czekała na nas. Wchodzimy do jadalni – stół zastawiony. Madame Vigné wita nas bardzo uprzejmie, z tą typową uprzejmością starszych, starannie wychowanych Francuzek. Stara dobra burżuazja. Panie z tej warstwy zachowały we Francji do dziś dnia coś z Restauracji Burbonów. Pomimo całej uprzejmości, swobody, subtelnego dowcipu są zawsze w krynolinie z sercem bijącym tak, jak świat na to pozwala. Robert przedstawił nas jako swych przyjaciół Polaków, za co obdarzeni zostaliśmy tym, co po francusku nazywa się *quelques mots aimables*[2]. Siedliśmy przy stole, Mme Vigné podała gorącą kawę z mlekiem. Dwa lata nie widziałem na oczy mleka. Chleb, masło i wspaniałe *rillettes*[3] w małych kamiennych garnuszkach. Na wielkim talerzu przechadzał się wolno obszerny kawałek sera Brie. Zamroczyło mnie. Rozmowa zaczęła się oczywiście na temat braku wszystkiego w Paryżu i obfitości jedzenia na prowincji. „Jeszcze do niedawna prawie nie potrzebowaliśmy kartek – mówi Mme Vigné – teraz już i my oswajamy się z wynalazkiem *de ces messieurs*[4] (Niemców), choć i teraz nie można się skarżyć". Ja nic nie mówię i jem, pomimo że to już druga nad ranem. Mme Vigné opowiada nam o swoim lokatorze. Ma na kwaterze jakiegoś młodego oficera niemieckiego. Mówi o nim z tym uśmieszkiem, z tym czymś nie do opisania ironicznym, z tym zwężeniem ust, w których każdy wyraz nabiera jakby świstu i syku, staje się niesamowicie wytworny w jadowitości. Oficer znalazł sobie jakąś *petite amie*[5], do tego Rosjankę z Krymu. „Widać z tego – mówi z wąziutkim uśmiechem – że nie mogąc uczestniczyć w podbojach tam, podbija Rosję w Sablé". Przestałem jeść. To jest koncert, francuski koncert. Ale gdy piękna Rosjanka zaczęła mu składać nocne wizyty, zdejmując przed domem pantofelki – „drewniane podeszwy nie są specjalnie wskazane do awanturek miłosnych" (Francjo, żyj, na miłość boską, żyj, myślałem, wpatrując się w Mme Vigné z gębą pełną chleba z *rillettes*) – i wchodzić po schodach w pończochach, Mme Vigné wniosła skargę do Komendantury i wizyty ustały. I równocześnie myślę o okupacji u nas, o tym co opowiadają mi chłopcy, co pisała Hanka... Basia ma specjalny talent do rozmów towarzyskich i jej pozostawiłem cały trud konwersacji. Ja JADŁEM. Po trzeciej poszliśmy do naszego pokoju. Pokoik czysty, wielkie łóżko i olbrzymia pierzyna. Prawdopodobnie z przejedzenia nie mogłem usnąć do samego rana.

Rano poszedłem na dworzec odebrać rowery. Dziwnym cudem doszły do Sablé nieuszkodzone. Wróciłem z nimi pod dom i po upakowaniu wszystkiego

---

[1] Z dworca? – Tak, tak, z dworca, do domu.
[2] Kilkoma uprzejmymi słowami.
[3] Potrawa podobna do smalcu, ale z dużą ilością rozdrobnionego mięsa.
[4] Tych panów.
[5] Dziewczynę.

poszliśmy na śniadanie do Mme Vigné. Dzień znowu prześliczny, słońce i ciepło. Srebrna, wrześniowa pogoda. Po nocnym obżarstwie jestem jak tygrys, który pokosztował ludzkiego mięsa — jestem bezustannie głodny. Na śniadanie była gorąca kawa z MLEKIEM, znowu masło, znowu *rillettes* i złociste konfitury z mirabelek. Jadłem i zdawało mi się, że to sen. Życie jest wspaniałym wynalazkiem — pod warunkiem, że można żyć. Po dwóch latach jaskiniowego życia wpadłem nagle w nastrój słonecznego poranka pachnącego kawą i konfiturami. Zapomina się o wojnie i ma się uczucie zupełnej swobody. Zdawało mi się, że odmłodniałem o całe lata, wewnętrzne napięcie obniżyło się i obok zupełnie zwierzęcego rozkoszowania się wszystkim wokoło byłem właściwie roztrzęsiony. Największym wstrząsem nerwowym dla milionów ludzi będzie koniec wojny. Gdy po śniadaniu zbiegłem do ogrodu opadającego łagodnie ku brzegowi małej rzeczki, gdy zobaczyłem znowu lśniące od porannej rosy liście i przyczepioną do kołka łódkę, pod którą woda łakomie mlaskała i cmokała, musiałem sobie wmawiać, że to prawda, że kiedyś było inne życie i że kiedyś, jeśli doczekam, będzie znowu inne życie. Żegnani przez domowników wsiedliśmy na rowery i pojechaliśmy śliczną drogą brzegiem Sarthe. Przejeżdżaliśmy przez miasteczka, w których kwaterują Niemcy. Są to wszystko SS, dywizje gwardii Führera „Adolf Hitler" i „Grossdeutschland", które w lipcu defilowały na Polach Elizejskich. Żołnierze łażą w majtkach kąpielowych ku zgorszeniu mieszkańców. Mają tutaj święte życie. Oszczędzają ich, protegowani. Na dachach domów karabiny maszynowe, w stodołach i wozowniach samochody i czołgi. W każdym miasteczku to samo i w tej chwili cały departament Sarthe obsadzony jest SS-ami.

Droga ciężka, koło południa upał. Wreszcie koło pierwszej spotykamy na drodze Linę z czterema chłopakami. Wyjechała na nasze spotkanie. Basia jest bardzo zmęczona, ledwo kręci, ale jakoś jedzie. Widać już Chambellay. Domy są jak z klocków, a nad tym wieża kościółka. Po bokach, wśród pól, kępy drzew okalające *châteaux*[1] okolicznej szlachty. Tutejszy departament — Maine et Loire — jest jeszcze bardzo patriarchalny i feudalny i w ogóle rojalistyczny. Przy wjeździe do miasteczka mijamy wesele. Weselnicy idą parami, już dobrze podpici, i śpiewają. Kobiety i mężczyźni ubrani są przeważnie na czarno, a gruba baba, zataczająca się i podpierana z wysiłkiem przez małego i chudego mężczyznę, krzyczy i śpiewa, zagłuszając całe towarzystwo. Brak kolorów i życia. Czarne ubrania, panna młoda w modnej sukni i w kapeluszu na tle białych kamiennych domów w słońcu, rwące się piosenki bez melodii, raczej monotonne — wszystko to jest martwe. Sienkiewicz w jednym z listów z Francji napisał „u nas fantazja i poezja ludowa zasila książkową, tu odwrotnie: książkowa ludową". Widać to na każdym kroku. Wieś francuska jest martwa i bezkolorowa. Od razu przypomina się „Eugénie Grandet"[2] Balzaca. Żaden z pisarzy francuskich nie potrafił tak świetnie wczuć się w wieś, w tę jej martwotę, szarość i bezkolorowość, w materializm i bezduszność eksploatacji ziemi, jaka tutaj panuje.

---

1 Zamki.

2 „Eugenia Grandet".

Zajeżdżamy przed dom. Wielki budynek dwupiętrowy o ładnych proporcjach, z czasów drugiego Cesarstwa. Ogród zbiegający prawie nad rzekę. Witamy się, przyjmuje nas pani domu, ciotka Roberta, Madame Bazin. Mała starsza pani, twarz energiczna, włosy siwe, wielka godność w całym zachowaniu się. Kilka lat temu sparaliżowało jej całą prawą stronę. Dziś, dzięki wysiłkom i energii, znowu chodzi, utykając nieznacznie i posługując się zręcznie prawą ręką, prawie bezsilną. Jej język jest wykwintny, zdania mają zapach minionej epoki, przesiane wyrazami już dziś zapomnianymi w potocznym języku. Są poza tym w domu rodzice Roberta i matka jego żony. Jednak od pierwszej chwili czuje się w całym domu rękę Madame Bazin. Oddała nam swój pokój i jesteśmy zachwyceni. Siadam w fotelu, patrzę w okno obramowane żółtymi kretonami i cicho deklamuję André Maurois:

Dans votre salon directoire
(Bleu lavande et jaune citron)
De vieux fauteuils voisineront
Dans un style contradictoire
Avec un divan sans histoire
(Bleu lavande et jaune citron)[1]

Z dołu słychać dzwonek wzywający do stołu. Wchodzimy w czasie modlitwy, śpiewanej przez dzieci. W czasie obiadu rozmowa o naszej podróży, o Paryżu, o Niemcach. Madame Bazin opowiada o nich z tą wspaniałą wytworną złośliwością i pogardą, możliwą jedynie do oddania po francusku. Zasłuchuję się jak w nocy, gdy Madame Vigné mówiła o nich. Kilkoma wyrazami i tonem, tą specyficzną intonacją głosu, nieraz wprost nieuchwytną dla niewprawnego ucha, oddaje wszystko. Czuje się, że każde stąpnięcie podkutego buta na wypielęgnowanym stopniu schodów, na każdej deseczce parkietu, odzywało się w jej sercu jakimś bolesnym ukłuciem. „A tam, na końcu ogrodu, ustawili armatę... i obcinali gałęzie jabłoni, aby poprzykrywać nimi samochody...".

Po obiedzie, zmęczeni i rozleniwieni, przechodzimy do salonu na kawę. Salon jest dziełem sztuki. Rozmowa o rodzinie. Robert przynosi nawet jakieś stare pergaminy i jest wyraźnie dumny ze spacerów po XVII wieku. Historia wzlotu i opadnięcia tej rodziny. Madame Bazin słucha z uwagą, wtrącając co chwila kilka wyważonych słów, poprawek. Przeżywam nastrój, który znałem dotąd jedynie z powieści francuskich. Tu mówię sobie: to Flaubert. Zebranie rodzinne w salonie Madame Moreau, gdy Fryderyk wrócił do domu z Paryża („Education sentimentale"[2]).

Po kawie poszliśmy do siebie i spaliśmy do kolacji.

---

[1] W salonie z epoki dyrektoriatu; (Błękit lawendy i żółć cytrynowa); Stare fotele będą sąsiadować; W stylu, rzekłbym, autentycznie pstrokatym; Z sofą bez historycznego mandatu; (Błękit lawendy i żółć cytrynowa).

[2] „Szkoła uczuć".

6.9.1942

Niedziela. Rano przyniesiono nam do pokoju kawę z mlekiem, chleb i masło. Zabraliśmy ze sobą słoik miodu i cukier, co wszystko razem stworzyło dobre śniadanie. Otworzyłem okna — słońce. Jemy w piżamach. Po śniadaniu ubieramy się i schodzimy na dół. Połowa rodziny była już na mszy porannej, my z Robertem i malutką Elisabeth idziemy na jedenastą. Przy wyjściu z hallu na niskim stoliku leży kilka książek do nabożeństwa dla gości. Bierzemy po jednej i wychodzimy. Proboszczem tutejszej parafii jest Markiz de Chateauvieux z domu, poza tym grand hiszpański, typ jakich mało. Nasz proboszcz markiz ma tu pracę dosyć łatwą, bo cały departament jest tradycyjnie katolicki, konserwatywny i znany ze swych sentymentów rojalistycznych. W drodze do kościoła Robert nie bez dumy opowiada nam, że właściciele sąsiedniego *château* utrzymują własnym kosztem szkołę powszechną, w której nauczyciel historii ma nakazane nie uczyć dzieci niczego o Rewolucji francuskiej. W środku tej demokratycznej Francji. Kazałem sobie to powtórzyć, bo trudno mi było uwierzyć. Francuska demokracja — jeszcze jeden mit, legenda, której nas uczono. Demokracja jest tu cieniutką powłoką zewnętrzną, lekkim płaszczykiem zręcznie skrojonym, pod którym kryje się ciasna i zazdrosna kastowość. Kler jest tu jeszcze ciągle stanem w znaczeniu przedrewolucyjnym, stanem walczącym w oparciu o katolicki odłam społeczeństwa, dzielącego się na kilkanaście zamkniętych odłamów konserwatywnych. Arystokracja, burżuazja rodowa, ziemska bogata, uboga, uboższa, biedna. Warstwy zamknięte, o minimalnej interpenetracji — wszystko pokryte tą półinteligentną masą ni tego, ni owego, tych, co na każdym kroku mówią ci *merci, pardon, excusez-moi, permettez que...*[1] i tworzą lud, *le peuple*, z którym kasta polityków zawodowych (to specjalna kasta) robi, co chce. Demokracja jest formą, wewnątrz panuje feudalna kastowość. Stosunek wyższego do niższego jest demokratyczny w formie, w treści pozbawiony jest jeszcze ciągle punktów stycznych. Toteż jeżeli język polityczny poszedł w całej Europie naprzód, to we Francji jest on jeszcze ciągle na poziomie 1789. Tutejszy robotnik lub *leader* robotniczy mówią jeszcze zawsze stylem broszurek rewolucyjnych. Mam nieraz wrażenie, że ta wielka rewolucja nie załatwiła tu właściwie niczego, utknęła na połowie drogi, doprowadziła do bezustannego fermentu w równowadze, w którym wszystko ciągle się znosi, neutralizuje, wyfermentowuje w gadaninie i połowicznych pociągnięciach. Z całego hasła *liberté, fraternité, égalité*[2] — jedynie *liberté*[3] zdołała jako tako wejść w życie i raczej wszystkie inne kraje z Ameryką na czele i z Anglią na drugim miejscu przesiąkły tym hasłem bardziej, nie mając go w godle państwowym. Nie wiem czy nawet my nie byliśmy krajem bardziej demokratycznym w treści (nie w formie) niż Francja. Pamiętam jedną pogadankę o Polsce, jaką miałem

---

[1] Dziękuję, przepraszam, proszę mi wybaczyć, pozwoli pan, że...

[2] Wolność, braterstwo, równość.

[3] Wolność.

w 1939 roku wśród naszych emigrantów w jednym z najbardziej skomunizowanych ośrodków p o l s k i c h w Boulogne-Billancourt i gdy na wszystkie argumenty z zakresu praw i przywilejów wywalczonych przez tutejszych robotników w oparciu o rządy Bluma w roku 1936 odpowiadałem: „To w Polsce istnieje już od początku odzyskania niepodległości". Po wielu zarzutach pod adresem Polski zrozumiałem, że im chodzi po prostu o formę, o „polskich panów", a Francja imponuje im tym, że inżynier podaje im rękę i pozwala sobie w bistrze postawić kolejkę. Nie wiedzieli, że ten „inżynier" nie był najczęściej żadnym inżynierem, lecz po prostu dokształconym i opoliturowanym sankjulotem i że prawdziwy inżynier jest tu dla robotnika bardziej nieosiągalny niż u nas, że dzieli go przepaść społeczna wielokrotnie większa aniżeli u nas. I on poda rękę, i on zamieni kilka słów *aimables*[1], ale wewnętrznie gardzi tym robotnikiem, tą *canaille*[2], bardziej niż nasz szlachcic, wyzyskuje go tak samo jak Murzyna i jego prawdziwy stosunek jest stokroć bardziej „pański" niż u nas. Rewolucja nie rozwiązała we Francji problemów społecznych i kto wie, czy ich nie zaostrzyła. To, co z niej się uratowało, zamknęło się jeszcze ciaśniejszym murem i jeszcze trudniejszym do przebycia. Wytworzyła nową elitę, która z biegiem lat przyjęła cechy arystokracji rodowej. Cała szlachta napoleońska zamknęła się w swoim kole, a rekrutując się z warstw niskich, będąc neofitą, stała się często bardziej arystokratyczna niż stara arystokracja. Burżuazja, skupiwszy w swych rękach pieniądz, postąpiła podobnie. A w dole pieni się jeszcze zawsze lud, zawistny i pożądliwy, jak każdy lud nieznajdujący wyładowania i upustu w stopniowym przenikaniu wzwyż. Francja jest społecznie skostniała. Rewolucje doprowadziły przede wszystkim do wyniszczenia elity, do osłabienia się jej witalności, do zamknięcia się w sobie, do niesamowitych pokrzyżowań różnego rodzaju pogardy. I jak po każdej rewolucji, tak i we Francji wysuwa się na pierwszy plan chamstwo, chamienie rozszerzające się coraz bardziej, niedostrzegalne na pierwszy rzut oka, bo pokryte francuską *familiarité*[3], pod którą kryje się jednak gruboskórność i brak taktu rzadko spotykane gdzie indziej. Powszechny brak dżentelmenerii, bo tego nie rozumieją. Tam, gdzie płytka *politesse*[4] jest wszystkim, nie rozumie się, że ktoś może być dżentelmenem pomimo braku form. Wracam do formy, bo bez zrozumienia jej nie można zrozumieć Francji. Tu można zrobić najbliższej osobie najgorsze świństwo, można popełnić podłość, zachowując formę. Francuz na ogół nie rozumie różnicy, nie potrafi pojąć tego, że zarówno gdy chodzi o zło lub dobro, forma nie rozstrzyga o istocie rzeczy. Bo tu istotą wszystkiego jest forma. Okupacja może być najlepszym przykładem. Niemcy robią tu stopniowo, w formie złagodzonej, wszystko to, co u nas, ale robią wolniej i pod płaszczykiem legalnego rządu Vichy. I nie ma sposobu, aby wytłumaczyć im, że to właściwie to samo. Gorzej: Francuz nie jest w stanie zrozumieć, że jest wielka różnica w zachowaniu się obydwu

[1] Uprzejmych.
[2] Hołotą.
[3] Poufałością.
[4] Grzeczność.

krajów, że działalność Vichy plami ich historię, plami ich przeszłość. „W takim razie, jeżeli u was robią to samo co u nas, to jakaż różnica, skoro efekt końcowy jest ten sam. I wy, i my musimy się naginać do ich wymagań – dlaczego nie utworzyliście jakiegoś rządu, byłoby wam lżej…" – mówią, nie mogąc pojąć naszego rozumowania, będąc przekonani, że ich rząd zapewnia im obronę i że wobec tego tak jest lepiej. Może…

Weszliśmy do kościoła i usiedli w ławkach. Ksiądz wyszedł z mszą w otoczeniu sześciu ministrantów ze świecami. Oglądnął się w tył, zburczał któregoś za jakieś uchybienie i rozpoczął modlitwy. Ktoś spóźniony trzasnął drzwiami. Proboszcz odwrócił się i warknął na głos: *Il est vraiment temps de venir*[1]. Ewangelię odczytał tonem rozkazu dziennego do żołnierzy i zaczął kazanie. Słów zbytnio nie dobierał i od razu przeszedł do najważniejszego – do donosicielstwa. Niemcy robią teraz po wsiach przeglądy koni i dobre konie od razu rekwirują. To najlepsza maszyna na froncie rosyjskim. W tutejszej okolicy chłopi wzięli się na sposób, a mianowicie do każdego przeglądu wypożyczali od sąsiadów konie uznane za niezdatne, i podstawiali je do przeglądów zamiast swoich dobrych. Wszystko świetnie szło, tylko że oczywiście od razu ktoś o tym doniósł do Komendantury i wysoce sprytny jak na Francuzów proceder diabli wzięli. Ksiądz pienił się: „To już nie pierwszy raz… ta podłość… zawiść… nikczemność". Mówił im o najświętszym uczuciu, o zawiści. Zawiść osiąga tu rozmiary apokaliptyczne. W tej chwili w całej Francji zawiść i nikczemność podały sobie ręce i królują w całym kraju. Wystarczy, aby ktoś z sąsiadów zauważył, że komuś dobrze się powodzi, że robi dobre interesy, już siada i pisze donos do Niemców. Setki jeńców zbiegłych z niewoli niemieckiej zostały już zadenuncjowane, dziesiątki tysięcy ludzi miało większe lub mniejsze nieprzyjemności z powodu donosów, anonim jest do pewnego stopnia symbolem obecnej Francji. To zawiść przemawia, płód niedokończonej rewolucji, płód każdej rewolucji. My zachowujemy się dzisiaj godnie, ale wprowadźmy u nas „dyktaturę proletariatu", a najwięksi patrioci zaczną pisać anonimy do jakiejś polskiej czeki, zacznie się podłość i nikczemność, o jaką nigdy nie posądzaliśmy siebie. Francuzi, przy pomocy Vichy i *Révolution Nationale* Pétaina, pomylili okupację z rewolucją i Komendantury z Komitetami Ocalenia Publicznego i każdego Militärbefehlshabera z Fouquier-Thinvillem. I dlatego jeden z bukinistów nad Sekwaną, gdy wziąłem do rąk z ciekawością „Podręcznik pisania listów anonimowych" (istnieje, owszem), powiedział mi: „To jeden z podręczników (*manuels*) najbardziej obecnie poszukiwanych".

8.9.1942

Pogoda przez cały czas cudowna, dni mijają szybko. Chodzimy na spacery, objadamy się ostrężynami, których pełno przy drogach, pod wieczór pływamy

[1] Rychło w czas.

w rzece. Dziś po południu zrobiliśmy z Robertem 92 km na rowerach i na kolację była gęś pieczona. Po tych prawie stu kilometrach...

9.9.1942

Słońce świeci, na trawniku przed domem bawią się dzieci, a mały Michel w wielkim słomkowym kapeluszu wlazł na krowę i ujeżdża bydlę. Basia gra z Jean-Claude w krokieta, a Robert podszedł właśnie do mnie z gazetą i powiada: „Jest ciekawy artykuł. Dowództwo niemieckie przypomina, że n i g d y nie przepowiadało zdobycia Stalingradu". Uśmiecham się. Niestety nie wezmą. Jestem o tym święcie przekonany.

Po kolacji uprzątną stół i wszyscy będą grać w jakieś gry. A ja z typowo polską namiętnością ustawiam olbrzymie piramidy z kart, które mała Elisabeth będzie burzyć z przyjemnością.

10.9.1942

Wczoraj po południu byliśmy w La Bourgonnière. Jest to duża ferma — coś w rodzaju dworu (*la gentilhommière*), która za dawnych lat należała do rodziny Roberta. Duży, stary dom dwupiętrowy z małą basztą, otoczony niegdyś fosą, z której pozostały do dziś resztki służące jako gnojówka. Całość przygnębiająca. Widać, jakie to było niegdyś ładne. Dziś kupione przez jakiegoś chama z pieniędzmi, oddane w dzierżawę chłopu-farmerowi, wali się, gnije w brudzie i niechlujstwie. Potworny jest ten brud na wsi francuskiej. Żąda się tu od ziemi, budynków i maszyn wszystkiego, nie dając w zamian nic. Jest to zachłanna, rabunkowa eksploatacja, przeprowadzana do tego przy pomocy metod tak zacofanych jak za Kapetyngów. Chłop ma tutaj często samochód, maszyny rolnicze, ale wszystko to tonie w takim zaniedbaniu i niechlujstwie, że pomimo to ma się uczucie zupełnego prymitywu. Tak brudnego bydła nawet u nas nie widywałem. Francja to obraz najbardziej zacofanego kapitalizmu, to rezerwat kapitalizmu XIX wieku, o jakim ja już tylko uczyłem się w historii doktryn gospodarczych.

Chodziliśmy wokół tego domu, zaglądałem do środka. Brud i prymityw, zelektryfikowana jaskiniowość. Robert kręcił się, oglądał i tłumaczył mi, że kiedyś to było tak i tak, że tu stało, tam wisiało... itd. Zachowywał się bardziej turystycznie niż ja. Przypomniała mi się ta kapitalna uwaga Balzaca z „Modeste Mignon"[1]: „...lecz aby spędzić jakoś dzień, polecili osiodłać konie i zapuścili się w okolicę nieznaną im z pewnością tak samo jak Chiny. Bo najbardziej obcą rzeczą we Francji dla Francuza jest Francja".

Balzac jest pisarzem prawie współczesnym, bo poza nieznacznymi przesunięciami społecznymi TREŚĆ Francji, którą on tak wspaniale pochwycił, jak żaden z ich pisarzy, pozostała do dziś dnia ta sama.

---

1 «Modesta Mignon".

Pod wieczór pojechaliśmy na inną fermę, należącą do Mme Bazin. Kręta droga wśród małych pól poprzegradzanych garbatymi drzewami. Lina kupowała gęś, my położyliśmy się przy stogu słomy na kupie sieczki. Na niebie wypryskiwały powoli gwiazdy.

11.9.1942

Madame Bazin miała wczoraj do załatwienia kilka sprawunków w okolicznym miasteczku Château-Gontier, odległym od Chambellay o 16 km. Poza tym musiała odwiedzić jakąś swoją kuzynkę, która tam mieszka w przytułku dla starców. Jakaś chora i stara panna odłożona na brzeg talerza rodzinnego, jak kostka w zupie. Coś tam jednak uratowała z tego rodzinnego pogromu i familijnego rabunku, i otrzymawszy małą rentę, osiadła w przytułku.

Rano zajechał farmer po Madame Bazin, małą kariolką na dwóch kołach. Ona i Lina z małym Jean-Claudem zasiedli w środku, okrywając głowy słomkowymi kapeluszami i palankinem parasolek naszych babek. W alei, zaciemnionej kasztanami, zasypanej plamami słońca wyglądało to jak płótno Maneta i fragment Prousta. Robert, Basia, dwaj chłopcy i ja jechaliśmy na rowerach. Pogoda cudowna. Dzień za dniem słoneczny i prawie upalny. Jedynie ranki i wieczory mglisto-chłodne, pachnące jesienią. Droga ładna, górzysta, jak tutaj wszędzie. Pod górę zeskakujemy z rowerów i idziemy na piechotę, z góry pędzi się jak po stole. Długą aleją platanów ocieniających drogę wjeżdżamy do miasteczka. Jest południe i gorąco. Wąskimi uliczkami podchodzimy do górnej części miasta i rozsiadamy się w jakimś chłodnym bistrze. Mamy zimne mięso, pomidory, chleb, ser i jabłka. Prosimy o wino, ale wina nie ma. To też osobliwość: w samym środku Anjou nie ma wina. Oczywiście Niemcy. Robert jest niepocieszony — nie może mi dać skosztować tej *spécialité du pays*[1], młodego białego wina andegaweńskiego. Wobec tego pijemy wodę sodową z grenadiną o smaku syntetycznym. W mrocznej izbie bistra jest chłodno i przyjemnie i wychodzimy ociężali. Upał jest nieznośny. Siadamy w parku i nie bardzo mamy ochotę ruszać się, ale Robert niemiłosiernie zwiedza Francję i ciąga nas po różnych kątach, pokazując ich piękno z entuzjazmem młodego chłopca. Obydwoje lubimy w nim ten zupełnie niefrancuski entuzjazm, inteligencję i szerokość spojrzenia.

Domki budowane tutaj na stoku wzgórza, jeden obok drugiego. Dach domku stojącego niżej tworzy ogródek dla domku stojącego wyżej. W ogródkach zwiędłe resztki jarzyn, zmęczone upałem nasturcje i sztywne astry. To jednak już jesień. W dole, nad rzeką, trawa jest już zrudziała i tylko w małych ogródkach żyją kwiaty. Ktoś chodzi wśród nich w niebieskim fartuchu i wielkim kapeluszu i podlewa je. W upalnej ciszy słychać szept wody cieknącej długimi nitkami z polewaczki i rozpryskującej się na liściach. Na starość marzę o podlewaniu kwiatów. Ileż tu spokoju. I ludzie, i natura mają łagodność i spokój mi-

[1] Miejscowej specjalności.

łego galicyjskiego emeryta, Basia i Lina zostają w parku, ja z Robertem i z dziećmi idę oglądnąć kościół. Na wielkim placu stoi kilka wielkich czarnych karet. Wszystko tonie w słońcu. Na widok tych karet myślę o „Madame Bovary". Widzę ją, idącą szybko i trwożliwie w stronę jednej z nich, i wydaje mi się, że za szybą dostrzegam zarys mężczyzny w ciemnym tużurku.

Potem idziemy spotkać się z Madame Bazin. Przytułek przypomina koszary. Wielki dom trzypiętrowy ze skrzydłami, wewnątrz wielkie podwórze brukowane, zamknięte od ulicy żelaznym płotem pik z pozłacanymi grotami. Obydwie panie stoją przy wejściu i rozmawiają. Kuzynka Madame Bazin jest kobietą małą, starszą, uśmiechającą się dobrodusznie i mającą w całej postaci coś żałośnie opuszczonego, jak zagubiony pies. Madame Bazin rozmawia z nią z tą pewnością siebie osób posiadających, pokrytą uprzejmościową równością, która jeszcze bardziej uwydatnia miłą protekcjonalność. *Chère amie*[1] przelatują z ust do ust. Madame Bazin jadła u niej obiad, bo jakkolwiek *la cousine*[2] mieszka w przytułku, to jednak ma tam dwa pokoje umeblowane resztkami swoich mebli i młodą dziewczynę do posług. W tych sferach uważa się to we Francji za zupełną nędzę. U Balzaca szczyt nędzy to trzy pokoje i kuchnia, jedna służąca i wino kupowane na litry, a nie *bouché* — korkowane w butelkach. Jednak od tamtych czasów jest postęp, owszem, w dół.

Po czułym pożegnaniu panie siadają do kariolki, a my idziemy do bistra poszukać jednak jakiegoś wina, bo Robert koniecznie chce nam pokazać tutejszą *fillette* (miejscowa nazwa butelki wina o specjalnym kształcie). Po wielkich targach z patronem wypijamy *fillette* białego Anjou. Jest chłodne i świetne. Doganiamy kariolkę. Pod górę kariolka nas wyprzedza, z góry my mijamy kariolkę. Niebo jest popielatoniebieskie, pola szarzeją. Uroczy dzień.

13.9.1942

Całe przedpołudnie na rowerze z Robertem. Łatwiej przyjechać niż wyjechać. Jutro wyjeżdżamy i trzeba było zorganizować podróż. Pojechaliśmy do Châteauneuf dowiedzieć się o pociągi i „zgodzić" samochód. Przy tej sposobności Robert załatwiał sprawy spadkowe z jakąś ciotką. Chodziło o zabranie sreber pozostałych po zmarłym kuzynie, który umierając, zapisał prawie wszystko na cele dobroczynne. Straszny człowiek. Ciotka mieszka w swoim domu, zajętym całkowicie przez Niemców. Jej zostawili tylko jeden pokój. Energiczna, koścista starsza pani, pełna twardego temperamentu, kategoryczna i sucha. Rozmawiając z nami na podwórzu, mówi na głos o swoich lokatorach, traktując ich jako *ces punaises qui ont apparues cette année*[3], i na które to pluskwy nie ma lekarstwa. Na piersiach ma przypiętą wielką broszkę o kształtach trójkolorowego sztandaru. Słoneczna cisza. Odszedłem na bok, zostawiłem ich obydwoje

---

[1] Droga przyjaciółko.

[2] Kuzynka.

[3] Te pluskwy, które pojawiły się w tym roku.

causer les affaires[1], a sam, usiadłszy w cieniu jakiegoś muru, patrzyłem i słuchałem. Siedziałem tak godzinę albo i dłużej, bo Robert z ciotką poszli do jakiegoś klasztoru oglądnąć srebra przechowywane u jakichś sióstr. Ciszę rozdarł nagle śpiew idących do kąpieli Niemców, czasem stuk obcasów stającego na baczność posterunku, ale nad tym wszystkim panował spokój słonecznego placu z pomnikiem w środku i z zieloną trawą rosnącą między kamieniami bruku. Robert wrócił, opowiedział mi historię spadku i sreber, po czym pojechaliśmy na dworzec. Umówiliśmy samochód. Pociąg odchodzi przed siódmą rano.

Po południu wybiegliśmy z Basią narwać ostrężyn na konfitury. Szła burza. Rwaliśmy je prędko, przed deszczem, bo zamoknięte nie wytrzymałyby podróży. Wracaliśmy już w deszczu. Pierwszy deszcz od wielu tygodni. Zmokliśmy zupełnie, ale było nam tak jakoś wesoło. Właściwie zmokliśmy naumyślnie. Po powrocie do domu odczuliśmy milczący wyrzut o to przemoknięcie. Gdyby oni mogli zrozumieć, że człowiek może czasem mieć ochotę zupełnie zmoknąć, to mogliby zrozumieć wiele innych rzeczy, których nie rozumieją.

Wczoraj po południu pojechaliśmy sami na spacer. Wjechaliśmy na polną drogę, w jakieś zarośnięte ze wszystkich stron ostrężynami wertepy. Położyliśmy się na trawie i patrzyliśmy poprzez liście drzew na niebo. Czasem mignęła jaskółka, czasem tłustym lotem przesunęła się wrona. Nie wiem czemu, ale zawsze mi się wydaje, że żadna wrona na całym świecie nie może być chuda. Po ziemi biegały samotne mrówki z głupim wyrazem twarzy. Samotna mrówka, taka „indywidualna", ma zawsze głupi wyraz twarzy. Musi mieć. I nerwowe ruchy. Jak tak dalej pójdzie, to przeciętny człowiek nie potrafi być sam. A jak będzie sam, to będzie miał głupi wyraz twarzy. Potem rwaliśmy ostrężyny i jedli je. Odkrywaliśmy coraz to nowe placery i bonanze i wróciliśmy do domu z czarnymi wargami i zębami. I znowu patrzono na nas z cichym wyrzutem. Przecież ostrężyny to nie owoc.

Ostatni wieczór. Po burzy jest chłodno i pachnąco. Ostatnie zapachy zieleni, jak zapach perfum dziewczyny, która odeszła. I ten sam smutek. Ostatnie gorące słońce. Powiedziałem teraz do Basi: „Jutro wracamy do domu" i obydwoje roześmialiśmy się. Do Paryża — do domu. Dziwne uczucie. Czuję, że cokolwiek jeszcze stanie się w moim życiu, Paryż będzie domem.

15.9.1942

Wczoraj wyjechaliśmy. Z Chambellay wyjechaliśmy wcześnie rano. Było jeszcze ciemno. W Châteauneuf wsiedliśmy do pociągu, który dowiózł nas do Le Mans. Dzień był śliczny i obydwoje staliśmy cały czas przy oknie. Po polach snuła się już jesienna mgła i melancholia. Pociąg wlókł się wolno, lokomotywa zachowywała się jakby miała *angina pectoris*, stacyjki spały nawet w czasie postoju.

---

[1] Żeby mogli pogadać o interesach.

W Le Mans nastrój pękł. Wielki dworzec węzłowy, cały zelektryfikowany. Na ziemi sieć torów, nad głową sieć drutów, splątana w wielki kołtun. Druciany mózg. Gwar, tłum ludzi pchających się we wszystkie strony, perony zawalone bagażami. Do naszego pociągu weszliśmy cudem (uwierzyłem w cuda), gubiąc się w ścisku. My usadowiliśmy się na korytarzu przy oknie i staliśmy aż do Paryża. Elektryczny ekspres pędził ponad sto na godzinę, a ja cały czas myślałem o tym, że któregoś dnia w tym samym tempie powiem *adieu* całej Europie i wyniosę się do jakiegoś rezerwatu, gdzie nie potrzeba się pchać od samego rana.

Na Gare Montparnasse pożegnaliśmy się z Robertami i z resztą rodziny. W metrze tłum i zaduch, duszno i gorąco. W naszym pokoju nieporządek i upał. Dziś pojechałem już do pracy i wpadłem od razu w gorączkowy nastrój wyczekiwania. Obietnica Lavala o dobrowolnym wyjeździe 150 000 robotników do Niemiec nie została dotrzymana, bo prawie nikt nie wyjechał. Wobec tego Vichy wydało ustawę o pracy narodowej. Każdy Francuz w wieku od lat 18 do 50 musi być zatrudniony. Rejestracja na merostwach, fabryki mają dostarczyć listy personelu itd. — jednym słowem przymusowa wysyłka do Niemiec pod patronatem Lavala i Pétaina. Francuzi są zdenerwowani, psioczą, ale boją się wszystkiego. Do tego cała ta wysyłka odbywa się pod znakiem „zmiany warty". Za trzech specjalistów wysłanych do Niemiec Niemcy zwolnią jednego jeńca. Nazywa się to *la relève*[1] i wyjazd do Niemiec staje się czynem — patriotycznym. *Pour la France*[2]. Ale i tak nikt się nie kwapi, choć robi się wielką propagandę. Po tym jednym dniu rozmów, plotek, *on dit*[3], wróciłem do domu zmęczony, jakbym wcale nie wyjeżdżał na urlop. Wobec tego nie myślę.

17.9.1942

Wobec tego wyciągnąłem z jednej z licznych walizek „Education sentimentale" Flauberta i czytam. Czytałem to równo trzy lata temu, gdy mało znałem Francję. Teraz mlaskam. Każde zdanie przybiera na ciężarze, widzę absolutnie wszystko. Flaubert może był starym wątrobiarzem, może przesadzał w „robocie", ale jest wspaniały.

25.9.1942

Znowu jakaś poprawka do tej ustawy o „pracy narodowej". Popłoch. Mam to gdzieś. Bo czytam. Bo Madame Arnoux nie przyszła na spotkanie i Fryderyk zaprowadził do pokoju, przygotowanego dla niej — Rozanetę. „Koło pierwszej obudziły ją jakieś dalekie turkoty i spostrzegła, że łka z głową zanurzoną w poduszce.

— Co ci jest, kochanie najdroższe?

---

[1] Zmiana warty.

[2] Dla Francji.

[3] Pogłosek.

— To z nadmiaru szczęścia — powiedział Fryderyk. — Zbyt długo cię pragnąłem".

To chyba jeden z najbardziej przejmujących końców rozdziałów w całej literaturze świata. Odszukałem strzępki notatek sprzed trzech lat. Pod datą 30.9.1939 mam zapisane: „Wieczorem: niebo zachmurzyło się, a księżyc jest jak przysłonięta ręką świeca. Nie widać go, ale światło wydobywa się bokami. Wyszedłem na balkon z papierosem. Ciepła noc, cisza. Na dole pod nami pusta ulica i tylko jakiś samochód zapuszcza silnik. Warknie przez chwilę i krztusi się. Nade mną czarny zrąb komina i całe niebo, naprzeciwko ktoś kaszle chwilami. Charczący samochód i kaszlący na poddaszu człowiek mają coś wspólnego. Samochód odjechał, kaszel ustał i znowu cisza. Zaczyna padać deszcz. Fryderyk został kochankiem Madame Dambreuse".

Ustawa o pracy narodowej...

29.9.1942

Basia miała dziś w nocy proroczy sen. Jej się zawsze coś śni. W nocy śpi — śni, w dzień, choć nie śpi, też śni. Zapatrzy się na wróble skaczące po drzewie i — śni. Córka księżyca, jak mówił Kali o Nel. Dziś śniło jej się, że na niebie ukazało się wielkie popiersie Waszyngtona. Ludzie zbiegali się i stali na ulicach, wpatrując się w zjawę. I nagle Waszyngton zaczął mówić. Powiedział, że wojna skończy się za 36 tygodni. A więc w czerwcu 1943 koniec. Jeszcze dziewięć miesięcy. Jej się śni Waszyngton, a mnie nawet kawałek *corned beefu* nie może się nigdy przyśnić. Wydaje mi się jednak, że ten Waszyngton dopuścił się na Basi zwyczajnego amerykańskiego humbugu. Staram się jej udowodnić, że to był na pewno Mark Twain przebrany za Waszyngtona. I robi głupie kawały.

2.10.1942

Wczoraj w berlińskim Sportpalast ten szatański błazen miał znowu mowę. Jak zwykle to samo: *Taten gegen Reden*[1] (nazwałbym to raczej *Reden wegen Taten*[2]), *Dilettantische Gegner, Erreichte Ziele*[3]. Faktycznie. W komunikacie z 26 września podali z triumfem, że zdobyli w Stalingradzie — piekarnię. Niesłychane. Brakowało tylko, że ze świeżym chlebkiem. No, ale to nic nie szkodzi. Jadziem dalej. A więc: *Gigantischer Aufbau, der europäische Kreuzzug*[4] (Kreuzratsel, nie?) *erkämpfte Volksgemeinschaft und so weiter*[5]. Straszny jest ten styl jego mów. Demostenes dla chamów. Jest to zawsze kwintesencja wulgarności, płaskich dowcipów i bezgranicznie głupiej pewności siebie. Jest to rzeczywiście

---

[1] Czyny w odpowiedzi na gadanie.
[2] Gadanie z powodu czynów.
[3] Dyletanccy przeciwnicy, osiągnięte cele.
[4] Gigantyczne przedsięwzięcie, europejska wyprawa krzyżowa.
[5] Wywalczona wspólnota narodowa i tak dalej.

język kaprala. Choć nie wiem, czy nie jest to ich cechą narodową i nawet Goethe, zostawszy dyktatorem, przemawiałby może też tylko jak kapral. Bo oni innego języka nie rozumieją. Czyż świat może być inny, skoro jeden z najmożniejszych jego władców wygłasza TAKIE mowy? Pomijam treść. Ale sposób, styl. Słuchając tego, czuję się jak Petroniusz słuchający Nerona. I te beznadziejne proroctwa: „*Wenn wir zum Beispiel in den letzten paar Monaten zum Don vorstossen, den Don abwärts endlich die Wolga erreichen, Stalingrad berennen und es auch nehmen werden — worauf sie sich verlassen können brausender minutenlanger Beifall — so ist das in wen Augen* (w oczach Anglików) *gar nichts...*"[1]. Czy ten bałwan chce się popisywać przed Anglikami? Widocznie mu zależy na ich opinii. W każdym razie Stalingrad nie daje mu spokoju, bo zaraz dalej mówi: „*Jetzt ist es insbesondere die Inbesitznahme von Stalingrad selbst, die abgeschlossen werden wird, wodurch dieser Riegel vertieft und verstärkt wird. Und sie können der Ueberzeugung sein, dass uns kein Mensch von dieser Stelle mehr wegbringen wird.* (*Tosender Beifall*)"[2]. Bez holajzy ani rusz. Ale tak bardzo nie jestem o tym przekonany. Oficerem sztabowym nie jestem, szkoły wojennej nie kończyłem, kapralem nigdy nie byłem, ale mam dobrą mapę i od dawna uważam cały ten front południowy za zbyt wydęty balon. To nie oni Bolszewików, to Bolszewicy ich wciągnęli i wpędzili na trudne pozycje. Cały niemiecki front, biorąc strategicznie, jest nie do utrzymania w razie przytomnie przeprowadzonego przeciwnatarcia. Jestem gotów narysować strzałki z punktów, z których powinno wyjść rosyjskie przeciwuderzenie, i udowodnić tę tezę *jusqu'à la preuve du contraire*[3]. Ale ludzie są tak zasugestiowani tym wszystkim, że szkoda każdego słowa.

Pomimo wszystko Anglicy nie dają spokoju naszemu Führerowi. Też dureń. Po co o nich mówi? Gdyby nie mowy Hitlera, można by o nich zapomnieć. A tak daje im gotowy argument do rozmów ze Stalinem. Mogą mówić: „A jednak Hitler o nas mówi, choć wy, towarzyszu, twierdzicie, że my g... i niczewo". Żeby nie Rosjanie i głupie gadanie Hitlera, to jak Boga kocham nie wiem, czym Anglicy robiliby swoją propagandę przez radio i o czym mogliby mówić. A Hitler znowu to samo w koło Macieju. Po angielsku można by to nazywać *personal talk*, tak osobiście: „*Herr Churchill, Angst haben Sie mir noch nie eingejagt. Aber dass wir nachgrübeln müssen, da haben Sie recht, denn wenn ich einen Gegner von Format hätte, dann könnte ich mir ungefähr ausrechnen, wo er eingreift. Wenn man aber militärische Kindsköpfe vor sich hat, da kann man natürlich nicht wissen, wo sie angreifen — es kann ja auch das verrückteste Unternehmen sein. Und*

---

[1] Jeśli na przykład w ciągu ostatnich paru miesięcy przebijamy się do Donu, w dół Donu wreszcie docieramy do Wołgi, otaczamy Stalingrad i zdobywamy go — czego mogą być pewni (długotrwałe huczne oklaski) — w ich oczach [...] to nic nie znaczy...

[2] Teraz przede wszystkim zakończy się zdobywanie Stalingradu, skutkiem czego to zamknięcie pogłębi się i umocni. I mogą być pewni, że nikt już nie zmusi nas do odstąpienia z tego miejsca. (Burzliwe oklaski).

[3] Chyba że mi ktoś wykaże, że się mylę.

das ist das einzig Unangenehme, dass man bei diesen Geisteskranken (Roosevelt) *oder ständig Betrunkenen nie weiss, was sie anstellen werden*"[1].

Coraz lepiej. On uważa, że *Gegner von Format*[2] powinien mu najpierw dać znać, gdzie uderzy, albo tak zachowywać się, aby on mógł sobie dokładnie wykalkulować, że tamten uderzy właśnie tu. Oryginalne wyobrażenie o strategii – rzeczywiście zupełnie nowe. Na tle tej strategii wolę alkoholową strategię Churchilla. Poza tym Roosevelt jest sparaliżowanym wariatem, Churchill jest pijanym szaleńcem, Londyn twierdzi, że Hitler jest obłąkańcem itd. Jeżeli teraz już jest tak źle, co będzie przy końcu wojny? Stalin, o którym nic się nie mówi, robi na tym tle wrażenie dozorcy w domu obłąkanych.

4.10.1942

Poszliśmy wczoraj pod wieczór na Pola Elizejskie. Pogoda ładna, łagodna i jesienna. Zachodzące słońce czerwieniło jeszcze bardziej opadające liście. W jednym z kin zaczęli grać nowy film Sachy Guitry „Le destin fabuleux de Désirée Clary". Kupiłem bilety na wieczorny program. Byliśmy jednak głodni i na jazdę do domu nie było już czasu. Poszliśmy na kolację do Marignan. Jedna z elegantszych restauracji na Polach Elizejskich. Przyjemnie usiąść na miękkich kanapkach, zamknąć się od strony świata przysuniętym przez szeleszczącego garsona stołem i zagłębić się w studiach nad kartą. Podczas gdy myśl biega po *tomates à la provençale, huîtres, foie grillé aux pommes*[3] itd., garson ustawia talerze i kieliszki, rozsypuje noże i widelce jak drogie klejnoty i rzuca serwetki ruchem krupiera rozdającego karty. Po czym dyskretnie pyta *quel vin Monsieurdame ont choisi*[4]. – *Bordeaux blanc* – odpowiadam pochłonięty wyborem potraw. Najpierw jemy jakąś sałatkę, potem Basia wątróbkę smażoną, a ja nóżkę wieprzową *au vinaigrette*, potem pomidory smażone *à la provençale*, lody, czarna kawa – bardziej czarna niż kawa. Zapalam papierosa. Obok nas je kolację jakiś młody Niemiec w towarzystwie rasowej *fille*[5]. Wielki półmisek ostryg i szyjka butelki od szampana wychylająca się ze srebrnego wiaderka. Dziewczyna je ostrożnie, tak aby nie zniszczyć kredki na kunsztownie wymalowanych wargach, szczebioce, łasi się – zachowuje się z tą pewnością siebie, po której od razu poznać, że nie czuje się pewna siebie. Młody Hans o wyblakłych oczach stara się sobie nadać minę i ruchy dżentelmena, co Niemcom prawie

---

[1] Panie Churchill, strachu mi pan wciąż jeszcze nie napędził. Ale że musimy się dobrze zastanawiać, tu ma pan rację, bo gdybym miał przeciwnika wielkiej miary, to mógłbym sobie mniej więcej wyliczyć, gdzie zaatakuje. Skoro jednak ma się przed sobą wojskowe dzieciuchy, nie można naturalnie wiedzieć, gdzie zaatakują – równie dobrze mogą podjąć najbardziej szaloną decyzję. I to jest jedyna przykrość, że z tymi obłąkanymi [...] albo wciąż pijanymi nigdy nie wiadomo, co zrobią.

[2] Przeciwnik wielkiego formatu.

[3] Pomidorach po prowansalsku, ostrygach, wątróbce z jabłkami z rusztu.

[4] Jakie wino państwo wybrali?

[5] Tu: prostytutki.

nigdy się nie udaje. Jakieś parweniuszostwo kultury zawsze gdzieś tam wyjdzie na wierzch.

Garson wsuwa mi dyskretnie rachunek pod serwetkę. Płacę jednym wielkim banknotem i dostaję resztę. Podobno pieniądz nie daje szczęścia. Bardzo możliwe. Ale gdy się jest szczęśliwym, pieniądz na pewno daje szczęście. Byłem bardzo szczęśliwy.

Weszliśmy do kina. Ułożyłem się w wygodnym fotelu i zapaliłem papierosa. Film *à la* Sacha Guitry, to znaczy nie tyle o Désirée Clary, co o Sachy Guitry. Historia życia żony Bernadotte'a rzucona na tło Empire'u. Sacha Guitry jest tak doskonały w swoich historycznych relacjach, jak Francuzi w ortografii nazwiska panieńskiego swojej królowej, Marii Leszczyńskiej. Nahaftował na temat miłości Napoleona do żony Bernadotte'a, tej miłości rozkwitłej w Tulonie i która według Sachy Guitry przetrwała aż do końca jego dni. Ale nie o to chodzi. Chodzi o to, czy Bernadotte był zdrajcą, i przez cały film snuje się subtelna sofistyka z mniej subtelnymi aluzjami do obecnej sytuacji Pétaina. *Hier liegt der Hund begraben*[1]. Był zdrajcą czy nie był zdrajcą? Nie, powiada Guitry. O to chodzi. Moreau nie został królem, więc jednomyślnie uważa się go za zdrajcę. Święta racja — śmierć przegranym. I Sacha Guitry też nim nie będzie, co jest najważniejsze... Sacha Guitry nigdy nie przegra. On nie z tych.

Göring miał wczoraj mowę. Ponieważ Anglicy od pewnego czasu zaczęli NAPRAWDĘ bombardować Niemcy, więc szef Luftwaffe musiał się odezwać, aby dodać ziomkom odwagi. I on, który obiecywał w 1939 roku, że ani jedna bomba nie spadnie na Niemcy, dziś powiedział, że ludność narażona na bombardowanie otrzyma — dodatkowe racje mięsa. Teraz cały Paryż wyje ze śmiechu, już dawno ludzie tak się nie śmiali. Wszyscy i wszędzie mówią: „*Vous savez*[2] — Göring wymyślił nową broń przeciwlotniczą — dodatkowe racje mięsa". Jednak postęp już jest.

11.10.1942

Wczoraj całe popołudnie włóczyliśmy się po lewym brzegu. Było ciepło i sennie. Ja szukałem we wszystkich możliwych księgarniach „L'avenir de l'esprit" Lecomte du Nouy i wreszcie znalazłem. Basia przerobiła wystawy wszystkich antykwarni. Na rue Bonaparte pokazała mi ciekawy sklep. Jest to mała antykwarnia, specjalizująca się w sprzedaży sztucznej biżuterii z okresu drugiego Cesarstwa. Broszki, agrafy, krzyżyki, kolczyki, kwiaty — wszystko robione z mikroskopijnych kawałków szlifowanej stali, przypominającej diamenty. Niektóre rzeczy ładne i tanie. Po 10, 15, 20 franków sztuka. Basia kupiła sobie parę rzeczy. Najładniejszy krzyżyk na szerokim łańcuszku, wszystko plecione z czarnego drutu grubości włosa. I tak chodziliśmy bez końca po tych kątach, które zna się na pamięć i których nigdy nie ma się dosyć. W pewnej chwili

1 Tu jest pies pogrzebany.
2 Wiecie co...

powiedziałem do Basi, że jeżeli kiedyś wydam ten mój dziennik, to nazwę go „Wojna i Spokój".

14.10.1942

Mr. Pagès z Ministerstwa Pracy telefonował do mnie, że był u niego przeor klasztoru Dominikanów w Etiolles, prosząc go o dostarczenie mu kilku pracowników rolnych. Było to jakieś dziesięć dni temu. Chcąc zbadać warunki na miejscu i rozglądnąć się, czy nie udałoby się tam zadekować kogoś z rodaków, wybrałem się dziś rano na rowerze do Etiolles. Jest to około 37 km za Paryżem w kierunku na Melun. Dzień jesienny, popielaty i pogodny ranek. Wyjechałem kilka minut po siódmej, zabierając ze sobą chleb z serem i kawałek czekolady. Cicho przeleciałem po asfaltowych jezdniach Lasku Vincennes. Drzewa miały kolor zaśniedziałej miedzi — czerwonawozielony, a pod kołami szeleściły opadłe liście. W otaczającej wszystko ciszy, rozsnutej jak pajęczyna, szelest rozgniatanych kołami liści miał w sobie coś z szeptu i potęgował milczenie. Prawdziwa cisza wymaga jakiegoś dźwięku i można ją odczuć naprawdę tylko przez delikatny kontrast. W pokoju nigdy nie jest zupełnie cicho, jeżeli gdzieś w kącie nie tyka zegarek lub nie mruczy usypiający kot.

Stoczyłem się z góry nad Marnę i wjechałem na drogę. Spoza popielatych chmur zaczęło przebłyskiwać chłodne słońce i rozświetlać dachy. Różnokolorowe reklamy fabryk makaronu i suchych ciastek, których tu pełno, rozlewały się na tym tle jak krople farby kapiące na bibułę. Rower mknie cicho po asfalcie i w uszach huczy wiatr. Nastawiam się pod kolory, dźwięki i obrazy jak pod strumienie wody. Prysznic wrażeń. I zabawa. Kręcąc monotonnie pedałami, mówię sobie: „Teraz uwaga na kolory". Po chwili: „Teraz łap szczegóły, te drobne, te nicy". Te „nicy" niedostrzegalne, które w sumie tworzą „wszystko". Te „nicy" to drobiazgi, które wzięte osobno, nic nie znaczą. Ale czym ich więcej, tym silniejszy nastrój, tym silniejsze to „Coś", unoszące się w powietrzu i tworzące atmosferę. Żeby mnie ze skóry odarli, to nie potrafię wczuć się w nastrój Notre-Dame, chodząc wewnątrz, bo brak tam tych „niców" i w rezultacie jest to dostojna, czyli nudna pustka. Interesujące dla kamieniarzy. Ale gdy zajdę od zewnątrz, od strony ogródka, gdy unoszące się na tle nieba gołębie utworzą ruchome punkty, gdy pacnie o ziemię dojrzały kasztan, gdy jakiś staruszek karmi z ręki oswojone wróble i przy ogrodzeniu załatwia się dyskretnie malutkie dziecko — wtedy potrafię odczuć wszystko, potrafię wżyć się nawet w średniowiecze, do którego czuję gotycką awersję. Gotyk jest mi zawsze obcy, widzę go, ale nie odczuwam tak, jak inni to potrafią. Teraz jest on dla mnie uosobieniem czegoś innego jeszcze. Powiedziałem sobie, że bez ich gotyku dam sobie też radę w życiu. Do Dürera z Cranachem! Jeżeli im to średniowiecze trochę popęka pod czterotonowymi pigułkami, to wcale się nie zmartwię. Kilometry skaczą za kilometrami. Dzień zrobił się zupełnie słoneczny. Staję i skręcam papierosa. Te blisko cztery lata tego dziwnego życia tutaj zrobiły ze mnie skończonego włóczęgę. Czuję się najlepiej, włócząc się z celem lub bez celu. A gdy nie mam określonej godziny, potrafię usiąść i kręcić papierosa przez dziesięć minut.

Palę. Jedzie motocykl *feldgrau* – pewnie żandarmeria. Nie – zwyczajni *Morituri*. Oglądam ich zawsze gramatycznie, w *participium futuri passivi* od *morior* – mający być umarłymi. Rozkładam mapę „Paris et ses environs"[1] i kontroluję trasę. Potem jadę dalej. Małe domki w ogródkach, jakiś pałacyk w kępie drzew.

W Etiolles pytam o klasztor. Po chwili przejeżdżam przez bramę i wtaczam się do wielkiego parku. Na prawo wielki budynek w trakcie budowy, na lewo mniejszy i stary. Wchodzę do mniejszego. Korytarz i sala. Na ławkach i stołkach dużo książek – jakieś wydawnictwa katolickie. Dwaj braciszkowie w biało-czarnych habitach wynoszą wielkie tace z blaszanymi kubkami. Pytam o przeora. Zaraz go poproszą. Siadam na jednej z ławek. Wszyscy zakonnicy w klasztorach chodzą tak bezszelestnie, jakby jeździli na pneumatycznych wrotkach. Mój braciszek odjechał i rozpłynął się w mroku sali. Po chwili wrócił i poprosił mnie do osobnego pokoiku. Mała, sklepiona izba, czysto wybielona. W kącie wielki kominek z okapem w kształcie półstożka. Na środku ciężki stół, na nim kilka prześlicznie oprawionych książek, pod ścianami wielkie normandzkie krzesła. Całość prosta, nawet twarda, a jednak pełna smaku. Przerzucam jakąś wspaniałą historię kultury asyryjskiej, tłumaczenie z angielskiego. Wchodzi przeor. Spodziewałem się kogoś starszego, z brzuszkiem, widzę młodego, trzydziestoparoletniego człowieka, smukłego, o twarzy energicznej i uderzająco inteligentnej. W oczach i na ustach błąka mu się coś w rodzaju uśmiechu, coś tnącego i jednocześnie pociągającego. Twarz, na której widok mimo woli zaczynają człowiekowi ciąć uszy wszystkie maksymy Chamforta, La Rochefoucaulda i innych. Przedstawiam się. Chcąc być uprzejmym, opowiadam, jak dojechałem, i patrząc przez okno, wyrażam kilka komplementów pod adresem olbrzymiego gmachu, tej góry betonu i kamieni dźwigającej się wysoko pod niebo. Przeor spogląda na mnie z tym tnącym uśmiechem i mówi: „Owszem, to wielkie, ale sam pan wie, że trudno o tym powiedzieć, aby było ładne. *C'est grand mais ce n'est pas beau*". Roześmiałem się. *Vous ne me permettez pas d'être aimable*[2]. Śmiejemy się obydwaj i w spojrzeniach naszych następuje to przemiłe i błyskawiczne sczepienie się dowcipu i inteligencji. Przechodzę od razu do rzeczy, wypytując o możliwości umieszczenia tu kilku robotników. Niestety teraz jest to niemożliwe. Jesień, poza tym musiał przyjąć do pracy kilku zwolnionych jeńców. Chcę pożegnać się, ale przeor proponuje mi kawę z mlekiem i chleb z serem. Dziękuję za chleb, bo mam swój, ale kawy napiłbym się z ochotą. Przynoszą mi cały dzbanek. Przeor opiera się o kominek i rozmawiamy. Opowiada mi, że Mr. Pagès mówił mu o mnie jako o swego rodzaju ambasadorze Polaków. Wyjaśniam mu, że to lekka przesada, ale że to nasze biuro przy francuskiej fabryce, a właściwie Dr K. i ja jesteśmy w tej chwili rzeczywiście czymś w rodzaju placówki dyplomatycznej. Objaśniam mu naszą pracę. Pyta mnie o moje studia, o poziom uniwersytetów w Polsce. Zawiązuje się jedna z tych rozmów pozostających na długo w pamięci. Dowiaduję się,

---

[1] Paryż i okolice.

[2] Nie pozwala mi pan być uprzejmym.

że tutejszy klasztor jest ośrodkiem studiów, że studenci teologii i uniwersytetów katolickich przyjeżdżają tu na kursy i że w normalnych czasach roi się tu od różnojęzycznego tłumu. Klasztor publikuje poza tym szereg prac, własna drukarnia itd. On przez kilka lat był profesorem prawa kanonicznego przy uniwersytecie watykańskim, gdzie wiele stykał się z klerem katolickim całego świata. W czasie wojny zmobilizowany, był porucznikiem w jednej z nielicznych dywizji zmotoryzowanych, jakie Francja posiadała, i po Dunkierce dostał się do niewoli. Przed rokiem zwolniono go. „Strzelaliśmy waszymi pociskami, a wasze miotacze min były wspaniałe" — powiada przeor, gdy rozmowa schodzi na Châtillon i Fabrykę, przy której siedzę. Klęska Francji? Zepsucie, dekadencja. Francuzi w tej wojnie byli wszystkim — komunistami, socjalistami, pacyfistami, anarchistami, tylko nie Francuzami. Nasz rząd obecny? Smutna operetka, postawienie na złego konia. Lepiej nie mówić. Starzejemy się w piorunującym tempie. Wrażenia z Watykanu? Najwspanialszym elementem katolickim są księża amerykańscy. Tak — to prawdziwy katolicyzm odnowiony, idący z duchem czasu. Materializm się przeżył, wiemy o tym, ale jeszcze ciągle nie możemy z nim zerwać. Nie chcemy przyznać się do pomyłki w rachunku i uznać złego wyniku, bo cały rachunek rozpoczęliśmy ze ślepą wiarą w dobry wynik. Padają spokojne słowa i mądre spojrzenia spoza okularów w złotej oprawie. W delikatnych obserwacjach przebija jakby krytyka „starego" katolicyzmu przesiąknięta jakimś nieuchwytnym świeżym powiewem. Znał kilku wybitnych księży polskich, których nazwisk nie pamięta. „To nie byli ludzie z tego świata. Jeden z nich mówił sześcioma językami i był doktorem trzech fakultetów, *mais vous savez, il nageait dans l'absolu...*"[1]. Okropni są księża hiszpańscy. *Ce sont des fanatiques tout à fait du temps de la Sainte Inquisition*[2]. Już dawno wypiłem kawę i wypaliłem papierosa. Nie chce mi się wychodzić. Ale wreszcie wstaję i żegnam się. Przeor daje mi jeszcze kilka adresów ferm, w których ewentualnie mógłbym umieścić kogoś z naszych. Dziękuję mu, ale przepraszając z góry za szczerość, mówię mu, że wolałbym ich widzieć raczej w obozie koncentracyjnym niż u francuskiego chłopa na fermie w roli pracownika. Przeor uśmiecha się: „Widzę, że dobrze pan poznał Francję". „*Oui* — nie najgorzej, mój Ojcze, nie najgorzej..." — odpowiadam i wychodzę.

18.10.1942

Dzisiaj piekielny wrzask. Wczoraj Anglicy ośmielili się zbombardować zakłady Schneider-Creusot w Creusot. Oczywiście były ofiary, ale niewielkie. Za to krzyk jest wielki — w gazetach oczywiście. Bo ludzie jednak nauczyli się już przyjmować to jako konieczność wojenną. Schneider pracował wyłącznie dla Niemców. Podobno szkody w samej fabryce są wielkie. To najważniejsze. Francuzi powinni Bogu dziękować, gdy Anglicy raczą im coś rozwalić, szczególniej

---

[1] Ale wie pan, bujał w absolucie...
[2] To fanatycy, zupełnie jak za czasów Świętej Inkwizycji.

jeżeli chodzi o zakłady przemysłowe. Powinni się modlić, żeby im rozwalili jak najwięcej. Przynajmniej po wojnie będą mogli odbudować wszystko, wyposażając w nowoczesne urządzenia, a nie pracować w tych rupieciarniach, w których najnowsze maszyny pamiętają sprawę Dreyfusa. I pozwoli im to konkurować skutecznie z tymi wstrętnymi Anglikami, którzy teraz unowocześniają swój przemysł, przyciśnięci wojną. Nie mówiąc o Niemcach, którzy tak samo jak po tamtej wojnie odbudują się za amerykańskie pożyczki.

Od pewnego czasu słyszy się coraz więcej o amerykańskich „latających fortecach". To nie nowe maszyny. Prototyp był już gotowy na dość długo przed wojną, teraz puścili to na seryjną produkcję. Czteromotorowy smok zabierający około ośmiu ton bomb. Anglicy bombardują obecnie Niemcy bombami dwutonowymi, ale słyszy się także o czterotonowych. Niemcy nazywają te bomby *Bezirksbomben*, bo od jednej wali się cała dzielnica. Postęp jest, aż serce rośnie. Człowiek cieszy się jak dziecko, słysząc takie cuda. Do jakiego zdziczenia już nas doprowadzili ONI. Odpłacamy im ich własną „kulturą".

20.10.1942

Laval wygłosił wprost płaczliwą mowę, prosząc robotników, aby jechali na pracę do Niemiec. Robotnicy nie chcą. Skończy się na przymusowym braniu z fabryk. W wielu zakładach ułożono już listy imienne ludzi, którzy muszą wyjechać. Organizuje się transporty, ale na dworzec nie przychodzi ani połowa wyznaczonych. Strach i zdenerwowanie. Ale i tak o ileż to delikatniejsze. Nie ma żadnych łapanek, wywożenia, otaczania.

27.10.1942

Urodziny. Mógłby ten czas trochę wolniej uciekać. Nie zdążyłem jeszcze całkowicie otrząsnąć się z wrażeń, jakich dostarcza niezdanie matury (z polskiego — pewnie stąd to zamiłowanie do pisania), a tu już dziesięć lat minęło od tego czasu. Jako prezent urodzinowy dostałem od Basi cygarniczkę, a od Anglików wielką ofensywę w Egipcie, mającą doprowadzić do pobicia Rommla Afrykańskiego.

1.11.1942

Pierwszy raz od przyjazdu do Paryża nie poszliśmy na Père-Lachaise. Cały dzień przesiedzieliśmy w domu. Czytam dziesięć tomów „Pamiętników Księżnej Abrantès", czyli generałowej Junot. Podobno w pisaniu tych pamiętników pomagał jej Balzac. Zjadliwa baba, tak zjadliwa, że z niektórych stronic aż jad tryska. Cóż za historie... Wściekła patriotka. Ta rżnie Francuzom prawdę w oczy. Ta nikczemność nie daje jej tak samo spokoju jak mnie. Francuzi w chwili wkroczenia wojsk rosyjskich i pruskich do Paryża zachowali się identycznie jak w 1940 roku. To płaszczenie się przed zwycięzcą, to odwrócenie się już nie tylko od Napoleona (to można usprawiedliwić), ale w ogóle od honoru, dumy i poczucia godności własnej było już wówczas tak samo przerażające jak przed dwoma laty. Pamięć ma baba dobrą i nieraz krępującą, bo popartą dokumentami. Potrafiła przytoczyć dokładny spis klejnotów i wotów, które Lannes pokradł w kościołach Saragossy. Ponura historia z tym oblężeniem Saragossy. Jeden generał za drugim, jeden marszałek za drugim łamią sobie zęby na każdym domu, podczas gdy tam, w Paryżu, więdnie liść po liściu na wieńcu laurowym niezwyciężonego Cesarza. Czytam to i tuż przed oczami mam to samo obecnie. Tam, nad Wołgą, o każdy dom Stalingradu kruszą sobie kły generałowie i marszałkowie niezwyciężonego Führera. Dzień po dniu więdną listki na „Eichenlaubie" i opadają. I nie pomagają nowe nominacje i ordery, jak wtedy nie pomagały już majoraty i tytuły nadawane przez Cesarza.

2.11.1942

Stalingradu nie wzięliśmy. I — co gorsze — mamy zamiar dostać w tyłek pod El-Alamein. Montgomery jak pocisnął 27 października, tak ciśnie dalej, a nam zaczyna brakować tchu. Piszemy już o „gniotącej przewadze przeciwnika" i przygotowujemy opinię do „zwycięskiego odwrotu".

6.11.1942

Veni, vidi, vici. Tak może sobie powiedzieć Sir Montgomery. Rommel Africanus przerżnął bitwę pod El-Alamein i cofa się na złamanie karku, goniony przez roje samolotów angielskich, obrzucających go bez przerwy bombami. Lotnictwo niemieckie zaczyna nawalać, prawdziwy początek końca. Wobec tego Rommel zostawia na pożarcie Włochów, którzy kupą i ochoczo rzucają się do niewoli. Patronka przy radiu dostała już zupełnego bzika i tylko bredzi: *Dites donne, ils ont dit que... ils ont expliqué... enfin je ne sais pas répéter...*[1] i skacze koło aparatu radiowego. Ludzie chodzą rozpromienieni. Najwyższy czas, że Anglicy coś zrobili, bo można myśleć, że wojna jest wyłącznie między Niemcami i Rosją.

7.11.1942

Wieczorem w Odeonie na nowej sztuce Paul Raynala pt. „Napoléon unique". Trzy akty zaludnione jedynie pięcioma osobami, to znaczy Napoleonem (jak sama nazwa wskazuje), Józefiną, Madame Mère, Fouché i Talleyrandem, są nieudaną próbą skoncentrowania wielkiego dramatu, jakim był rozwód z Józefiną, na przestrzeni kilkunastu nieskończenie długich dialogów.

Sprawa rozwodu z Józefiną nie jest czymś nowym w roku 1809. Mówi się o niej od dawna i Józefina coraz to bardziej odsuwana jest od dworu. Narażona na afronty tych, którzy jeszcze nie tak dawno płaszczyli się u jej stóp,

---

[1] To dopiero, powiedzieli, że... wytłumaczyli... no nie potrafię powtórzyć.

a którzy teraz odwracają się od niej, nie widząc już żadnej korzyści w adoracji upadającej bogini. Józefina wycofuje się powoli z życia dworu i stworzywszy sobie swój mały dworek z kilku wiernych, lecz nie mniej interesownych przyjaciółek, buja z wrodzoną jej płochością między Malmaison i Paryżem. Starzeje się i tyje. Pozostawiona sama sobie, czując, że coś niedobrego dzieje się za jej plecami, Józefina płacze i śmieje się wśród kolejnych przypływów pesymizmu i odpływów optymizmu, jakby napisał Mr. Prudhomme. Szuka zapomnienia u krawcowych i modystek, obraca się wśród zgrai tej hołotki, mającej zawsze coś do sprzedania. Wizyty przeróżnych *marchandes de frivolités*[1], odwiedziny wróżek i astrologów. Rachunki płyną na biurko Napoleona bez przerwy. A on, ten *Napoléon unique* właśnie, marszczy czoło i — czeka.

Wojna z Austrią opóźniła rozwód, przebieg kampanii przyśpieszył go. Essling, Aspern, Wagram to już nie błyskawiczne zwycięstwa — to ciężko wywalczone gałązki lauru, z trudem dorzucone do wieńca chwały. (Powinienem bym przemawiać na porankach patriotycznych). Francja obficie oblała własną krwią te powodzenia i już nie cieszy się tak jak dawniej. Po wsiach wybuchają bunty przy braniu rekruta, tłumione nieraz siłą. Aby legenda mogła trwać, Francja potrzebuje pokoju. Jest to przełomowy moment w życiu Napoleona. Długo tajone i niemogące się urzeczywistnić z powodu wiadomych wypadków marzenia o dynastii odżywają. (Rzecki byłby ze mnie dumny. Aż mnie samego porywa to wprowadzenie). Napoleon czuje, że musi się ustatkować, że musi zerwać z polityczną lampartką i burzliwą przeszłością. Chce w pokoju spożywać owoce swych zwycięstw. Małżeństwo z Marią-Luizą pozwoli mu wżenić się w sfery prawowitych władców, otworzy drzwi do komnat monarchów i z awanturnika uczyni równego pomazańcom bożym. Rozwód — odwlekany z dnia na dzień, z miesiąca na miesiąc — staje się nieodwołalny, *conditio sine quo vadis*, jak mówił Krzymuski. Ale Napoleon czuje i przeczuwa konsekwencje tego kroku. Rozwód z Józefiną to rozwód z Bonapartem, z tą pełną chwały przeszłością i legendą, upajającą lud. Józefina to młodość, to lata oślepiających błysków geniuszu młodego generała. Napoleonowi jest żal, boi się, wstyd mu przed Francją, a i w głębi tai się jeszcze przywiązanie, odżywają wspomnienia: ślub, Egipt, powrót, mały pałacyk na rue Chantereine, zamach stanu, Pierwszy Konsul. A potem Malmaison. Praca... Mały pawilon koło bramy, stół zarzucony papierami, upalne dni letnie i ciche wieczory. Sylwetka kobiety w białej sukni przesuwająca się wśród drzew, przystająca koło krzaków róż... Tak lubił widok kobiet ubranych na biało wśród zieleni. Nie — to niemożliwe. Raporty przychodzą za raportami, piętrzą się na biurku. Anglicy grożą lądowaniem, raporty z wybrzeża są nieścisłe. Na marginesach dokumentów czernią się nieczytelne dopiski. Rozwód? Tak — to konieczność. Nie może pracować spokojnie. Szybko przebiega pokój, spoglądając przez okno. Jesień, złocą się liście w Tuileries... To ja. A co Raynal? Raynal zupełnie nie wyzyskał tematu. Korzystając z drobnego wydarzenia, jakim było wykrycie podobno szpiega, który jako

[1] Sprzedawczyń ozdóbek.

astrolog dostał się do Józefiny, Raynal osnuł wokoło tego całą akcję. Szpieg był prawdopodobnie kreacją Fouché, który w ten sposób chciał ułatwić Napoleonowi decyzję, podsunąć pretekst. Pierwszy akt jest monologiem Napoleona do Fouché, po czym przyplątuje się do tego Talleyrand, nie wiadomo po co. Chyba po to, aby na końcu aktu wypowiedzieć o Napoleonie opinię, jakiej naprawdę nigdy o nim nie miał. Napoleon mówi, wypomina Fouché wszystko, miesza go z błotem, wścieka się. Jest to jeden z tych napadów gadulstwa, wybuch niekończących się zdań, którym Cesarz ulegał od czasu do czasu. Trwało to dwie, a nieraz i trzy godziny, przy czym bez krępowania się doborem wyrazów i epitetów. *Merde, assiette de merde*[1] i inne dna oka wzbogacały burzliwą przemowę. Raynal dał w pierwszym akcie próbkę jednego z tych wielkich prań. Na szczęście, będąc dość wiernym w ogólnym tonie takiego monologu, nie posunął swej dokładności aż do czasu jego trwania. Ale i tak blisko 45 minut awantury urządzonej Fouché i Talleyrandowi zmęczyło porządnie Mr. Henri Rollan (Napoleon) i publiczność.

Drugi akt w mieszkaniu Madame Mère[2]. Józefina, przeczuwając nieodwołalną zgubę, stara się o pomoc u Letycji. Ale początkowa przychylność Mamy dla sprawy nigdy niekochanej zbytnio synowej niknie, gdy Napoleon opowiada jej o szpiegu. Budzi się w niej lwica, stojąca zawsze na straży swego ukochanego syna. Byłoby wszystko dobrze, gdyby nie zbytni realizm w oddaniu mamy Letycji. Wiemy, że Madame Mère nigdy nie nauczyła się mówić dobrze po francusku i kaleczyła ten język w sposób dość bezceremonialny. Otóż Madame Lily Mounet zrobiła to samo i przez cały drugi akt mówiła z włoska po francusku lub z francuska po włosku. Nie znając jednak włoskiego, starała się pokryć to tak starannie, że jej francuszczyzna była mocno niezrozumiała poza chwilami, gdy zapominała o włoskim i wymawiała kilka wyrazów według reguł Akademii.

Trzeci akt w bibliotece w Malmaison. Noc. Napoleon pracuje. Wchodzi Józefina i zaczyna się po prostu trochę ordynarna scena małżeńska bez świadków. Jedno drugiemu wypomina wszystko, co tylko może, w języku tak swobodnym jak strój Józefiny, która jest w sex-appealowej — koszuli nocnej. Dialog uderzająco przypomina rozmowę dwóch bab w ogonku, kłócących się o miejsce. Autor, jako rasowy Francuz, nie mógł wyjść poza granice zwykłej *engueulade*[3], w której mężczyzna kłapie tak samo i tyle samo co kobieta. Józefina, widząc, że gadaniem nic nie wskóra, stara się wskórać czym innym, wabiąc Napoleona — do łóżka. Stał ten mebel po lewej stronie sceny jak symbol Francji niemal. Józefina zmienia głos, miauczy i drepce jak rasowa kocica paryska, łasi się i ociera, to znowuż kipi zmysłami, prężąc się i dysząc jak pantera z polskiego tanga. Napoleon też syczy, parska, biega — nie. Józefina dotknięta w swej dumie kobiecej w myśl zasady, że nic tak nie dotyka kobiety jak niedotknięcie jej, gdy chce być dotkniętą, poddaje się i — wychodzi. I byłoby dobrze, gdyby po tym

[1] Gówno, kupa gówna.
[2] Pani Matki.
[3] Pyskówki.

wszystkim Napoleon nie dobijał się jeszcze do – otwartych drzwi, których nie chciał otworzyć, i nie wił się na kolanach przy pustym łóżku, podniecając się niezdrowo wspomnieniami gorących piersi, sprężystych ud i innych śliczności. Rzeczywiście *unique* ten *Napoléon unique* Mr. Raynala.

8.11.1942

Zaczynają się dziać cuda. Rano przechodzę koło „biura" patronów i widzę przez szybę, jak nasza patronka kiwa do mnie, tańcząc równocześnie koło radia jakiś dziki taniec Siouxów. Wchodzę i zostaję zalany potokiem wiadomości prawie niewiarygodnych. Amerykanie wylądowali w Afryce Północnej i Wschodniej. Algier, Maroko, Casablanca, Dakar. Lądują wszędzie. Gdzieniegdzie Francuzi udają, że się bronią, ale sądząc z tonu komunikatów, lądowanie odbywa się w miejscach z góry przygotowanych do tego rodzaju brzydkiego kawału. Eurafrykę hitlerowską diabli wzięli. Darlan odleciał podobno do Algieru celem zorganizowania obrony, Pétain wystosował rozkaz do wojska, a Giraud, który uciekł z niewoli, jest podobno także w Algierze. Jednym słowem pasztet, jak się mówiło w mojej rodzinie.

Wrażenie wielkie. Francuzi promienieją. Podobno flota francuska w Tulonie otrzymała rozkaz wyjścia na morze. Wieczorem na kolacji u pp. P. Otwieram radio i słucham mowy Hitlera. Zakradły się jakieś dziwne tony do tej mowy. Führer odpowiada na zarzuty. Kogo? Nie wiadomo. Broni się, że pójście nad Wołgę nie było błędem. Przytacza cyfry na usprawiedliwienie i powiada: *Ich weiss wirklich nicht, ob das alles nur Fehlern waren...*[1] Kto stawia te zarzuty? Czuć było wściekłość w jego głosie. Rzucał się jak g... w przerębli. Dawno go nie słyszałem i muszę się przyznać, że na dźwięk tych słów wyrzucanych z oszalałej gardzieli dreszcze chodziły mi po plecach. Jakbym słuchał samego Lucyfera. Dziesiątki milionów ludzi zdane na łaskę potępieńca i obłąkańca. Widać, że nie liczył się z okupacją Afryki i nie przygotował się. Coś tam szczeknął, że jeżeli Roosevelt mówi, iż Afryki należało bronić przed Niemcami i Włochami, *so braucht man über diese verlogene Phrase dieses alten Gangsters kein Wort zu verlieren*[2]. Tępak, zupełny tępak, i dlatego taki groźny. Przekręciłem na Londyn. Spokojny głos zapowiedział przemówienie Rooseveltowej do kobiet angielskich. Po chwili odezwało się blabolenie pani prezydentowej... Takie bzdurki dla mojej córki. Śmieszna starka, ale rozczuliło mnie to paplanie. Boże, jakiż to inny świat...

10.11.1942

W Algierze zawieszenie broni. Zresztą Darlan dostał się do „niewoli" amerykańskiej. Nasz admirał, nasz wielki kolaboracjonista, który jeszcze tydzień

---

[1] Doprawdy nie wiem, czy to były tylko błędy...
[2] To na ten kłamliwy frazes tego starego gangstera szkoda słów.

temu był na inspekcji w Afryce i miał do wojska wojowniczą mowę. (*Nous défendrons l'Afrique contre qui que ce soit*)[1] — zdradził. Zastępca Pétaina przeszedł na drugą stronę. Nie jest to jeszcze oficjalne, ale wynika jasno z wszystkiego, co się dzieje. Francuzi rehabilitują się. Charakterystyczne, że krętactwem. Walenrodyzm trochę śmierdzący. Ale dobrze, że choć na to ich stać.

Cóż Niemcom pozostawało do zrobienia? Wkroczyli do „*Zone libre*", zajmują resztę Francji. „Zdobywają" to, co już dawno było zdobyte. Aż litość bierze. Hitler wystosował list do Pétaina i wszedł do Francji nieokupowanej. Ktoś tu zakpił z Niemców bezwstydnie. Sam Pétain musiał chyba także maczać w tym palce. Paskudny figiel. No i Włosi zajmują Korsykę, Riwierę i Sabaudię. Nareszcie i oni coś „zdobyli". Niestety Amerykanom zabrakło oddechu na równoczesne obsadzenie Tunisu i Bizerty, gdzie lądują Niemcy, aby bronić posiadłości francuskich. Wszystko razem pożar w burdelu. Gazety nie dostały jeszcze wskazówek z berlińskiej Propagandastaffel[2] i ograniczają się do powtarzania komunikatów bez komentarzy. Ma się wrażenie, że wojna zaczęła się na nowo. „Z Afryki nie tak daleko do Paryża" — mówi się. „Jeszcze kilka miesięcy". Nawet mnie wydaje się, że już niedługo, choć jestem przekonany, że jeszcze najmniej na rok tej zabawy.

12.11.1942

Przeczytałem znowu „Madame Bovary". Teraz dopiero odczułem prawdziwy smak tej powieści. Aptekarz Homais to ten klasyczny typ, którego prawdziwość można ocenić naprawdę, gdy ma się z tymi okazami do czynienia na każdym kroku. I co najgorsze, że Francja „homaizuje" się bezustannie i coraz bardziej. Po przeczytaniu powieść ta wytwarza w człowieku coś takiego, czego nie umiałem określić. Jakby twardo. Dopiero Basia, czytając o jakichś rozmowach Wilde'a z jakimś Francuzem, powiedziała mi dzisiaj: „Wiesz, Oscar Wilde powiedział o «Madame Bovary», że to jest książka, w której nie ma litości". Ciekawe i bardzo trafne. W ogóle w całej francuskiej literaturze prawie nie ma litości. Nie ma żadnego odpowiednika Dickensa. Zastanowiła mnie ta uwaga Wilde'a.

13.11.1942

Darlan zdradził i po herbacie. Vichy, aby zatuszować wrażenie i ułagodzić Niemców, robi wszystko i mówi tak, jakby nie miało nic wspólnego z tym Wallenrodem. Pétain w trosce o *petit bonheur* swych obywateli mówi jak Niemiec, działa jak Niemiec i zasmarowuje nadal historię Francji uczynkami, za które pomimo wszystko powinni go kiedyś powiesić na jakimś starym dębie bez względu na jego wiek. Liże niemieckie buty i politykuje. To taki Heyst z Conra-

[1] Będziemy bronić Afryki przed każdym, ktokolwiek by to nie był.
[2] Sekcji Propagandy.

da, de Gaulle jest Leną, a wszystko razem będzie się kiedyś nazywać „Zwycięstwo". Jeżeli Francuzi w to uwierzą, to znaczy, że naprawdę są już wykończeni.

15.11.1942

Z wizytą u Eleonory D. w Arcueil. Produkt emigracji w najlepszym tego słowa znaczeniu. Ojciec Polak ożeniony z Niemką. Całe dzieciństwo w Niemczech, potem we Francji. Zawsze na usługach Polski. Starsza panna, szczupła, o twarzy świeżej i ładnej, w długiej, szerokiej spódnicy i kaftaniku z szalem zarzuconym na ramiona. Wszystko czarne. Miałem wrażenie, że zeszła do mnie jakaś kobieta z rysunku Grottgera. Ma swój malutki domek w Arcueil pod Paryżem i przyjęła obywatelstwo francuskie. Ale daj Boże, aby wszyscy Polacy byli takimi obywatelami jak ona. Zna nas, oj, jak dobrze zna nasze wady. Ale i zalety. I zna Francuzów. Opowiada nam, że pracując w komisji rozrachunkowej długów wojennych, dostała raz rachunek za order, który Francuzi przyznali jakiemuś Polakowi za dzielność na froncie — francuskim i w obronie Francji. Rzeczywiście szczyt skrupulatności... Mr. Homais.

11.11.1942[1]

Wspaniałe widowisko. Jak w ogonku. Pyskowanie na całego. De Gaulle w Londynie nie może sobie dać rady z Darlanem w Algierze. Londyn po francusku obrzuca Darlana niemal targowymi wyzwiskami, a Niemcy się cieszą. Trudno się dziwić, bo rzeczywiście ucieszny wodewil.

21.11.1942

Po południu w Galeries Charpentier na zbiorowej wystawie Van Dongena. Jeden z tych malarzy, o którym trudno coś powiedzieć. Niektóre płótna dobre, niektóre straszne. We wszystkim jakiś niepokój, ale taki „robiony", taki *pour épater les bourgeois*[2]. Taka pogoń za nowym stylem, tak charakterystyczna dla lat 20.–30., ale pogoń na niby. Są te obrazy współczesne, a jednocześnie stęchłe. Gdy patrzyłem na to, mimo woli słyszałem shimmy, onestepa, bluesa i charlestona. Takie tańce, modne i grane nie tak dawno i równocześnie straszliwie dawno. Nic mnie nie wiąże z tą epoką, odczuwam nawet jakby nienawiść do wszystkiego sprzed wojny. Chyba jedna z najbardziej beznadziejnych epok. Niedawno wpadło mi do rąk „Ostrze na ostrze" Huxleya. Nieczytelne. Po kilku stronach odłożyłem. A wtedy było tyle hałasu z tym.

Paryż jest naprawdę ładny dopiero teraz, gdy brak samochodów i ulicą suną dorożki lub rowery. Jest spokój. Zgasły neony, a z przyćmionych kawiarni dolatują dźwięki walców. W tym wszystkim wszelkie kłopoty w rodzaju przymuso-

---

1 Tak w pierwodruku.

2 Żeby epatować mieszczuchów.

wego wyjazdu robotników do Niemiec i inne „przyjemności" odbywają się jakby poza rzeczywistością. Teatry pełne, do kin długie ogonki, kobiety i mężczyźni ubierają się tak elegancko jak nigdy dotąd. Nikt nie płaci żadnych podatków, czarny rynek zorganizował się już dobrze i jak się ma pieniądze, można wszystko kupić. Do szczytu wytworności należy oglądanie amerykańskich filmów na seansach prywatnych za drogie pieniądze. Po zobaczeniu Clarka Gable'a czy innej gwiazdy ma się i przyjemność ryzyka (seanse są oczywiście tajne), i uczucie brania udziału w ruchu oporu.

Po wystawie u Rebatteta na herbacie i ptifurkach. Chodzę tam na studia łakomstwa. Już o zmroku szliśmy koło Madeleine i bulwarem do Opery. Wspaniały listopad. Sucho i ciepło. Oby tylko zima była łagodna, bo nasz patron w hotelu nie ma tym razem prawie nic węgla.

22.11.1942

Po południu poszliśmy do szpitala Cochin odwiedzić jednego z „moich" chorych. Ciekawy okaz. Szofer z Poznańskiego. Gdy uciekał z Polski, został ranny w czasie bombardowania. Kawałek ściany przywalił mu nogę. W Rumunii rana mu się podgoiła. Bojąc się iść do szpitala, opatrywał ją sam. Z niezagojoną nogą przyjechał do Francji i pracował w fabryce. Z raną działy się dziwne rzeczy. Noga zesztywniała, zerwane ścięgna i pogruchotane kostki zaczęły wychodzić. Wobec tego on sam obcinał je sobie lub wydłubywał scyzorykiem i robił opatrunki. I tak przez dwa lata, aż się zagoiło. Jednak zesztywnienie nie ustąpiło, a noga, będąc teraz za długa, deformowała mu kręgosłup. Zdecydował się na operację skrócenia i naprostowania nogi. Teraz leży już po operacji.

W szpitalach francuskich nie jest teraz wesoło. Głód. Toteż chorzy żywieni są głównie przez rodzinę, która znosi, co może. Pielęgniarki obok normalnych obowiązków są także kucharkami. Gotują dla chorych lub przygrzewają na kuchenkach gazowych. Ludzie przynoszą nawet surowe kartofle. Kto nie ma rodziny, przymiera głodem. Zanieśliśmy mu kartofli i zostawiłem mu trochę kartek chlebowych, bo najbardziej narzekał na brak chleba. Dokupię fałszywych. Po wyjściu ze szpitala poszliśmy po parku Montsouris. Dzień słoneczny i ciepły. Chodziliśmy wśród małych strumieni i strumyczków, sztucznych grot i skałek. Mają talent do urządzania ogrodów i parków.

24.11.1942

Karolek nie może pogodzić się z Darlanem, to znaczy de Gaulle drze koty. Ale jeżeli de Gaulle nie chce mieć nic wspólnego z tą bandą okawuwowców (od kudy witer wieje), to nic dziwnego. Francja daje znowu przedstawienie co najmniej pouczające. W roku 1940 z entuzjazmem wita zawieszenie broni i tworzy rząd z Pétainem na czele pod hasłem współpracy z Niemcami. Ale gdy po roku Niemcy zaczynają z Rosją i nie idzie im, gdy Ameryka przystępuje do wojny i gdy potęga bloku anglosaskiego zaczyna być widoczna choćby w przewadze lotnictwa, *diese kleine aber nette Gesellschaft aus Vichy*[1], zawsze z Pétainem na czele, widzi, że postawiło na złego konia. Że marka spada i dolar idzie w górę. Wobec tego wchodzą w potajemne pertraktacje z Ameryką i przygotowują zamach na Afrykę. Giraud ucieka z niewoli niemieckiej i przyjeżdża do Vichy, gdzie daje Pétainowi słowo honoru, iż nie będzie robił polityki. Darlan objeżdża Afrykę, gdzie przyjmuje przysięgę na wierność staremu piernikowi z Vichy. 8 listopada Giraud jest w Algierze jako głowa i przywódca dysydentów, Darlan niby też zostaje wzięty do niewoli. Nie ma nawet odwagi jawnego i otwartego opowiedzenia się po stronie Amerykanów. A jak wygląda Giraud ze swoim słowem honoru? Być może, że został do niego zmuszony, że bez dania go nie mógłby działać. Ale „cel uświęca środki" jest dobre dla łotrów i jezuitów, a nie dla generałów, i nie uświęca złamania słowa honoru generała. Mój ojciec nie złamał go nawet w czasie wypadków majowych, za co zresztą wcześnie wyleciał z wojska.

Trzeba cieszyć się z tego obrotu spraw, bo ma to olbrzymie znaczenie dla dalszego przebiegu tej wojny, ale nie można powstrzymać się od uczucia pogardy wobec tych figarowych generałów i admirałów, wobec całej tej kabały przeprowadzonej z jakąś wulgarną nikczemnością. Czyżby Francuzi stracili już nawet elegancję, styl? Nawet Niemcy w swoich nikczemnościach mają więcej stylu.

25.11.1942

Wydaje się, że Rosjanie odgadli moje strategiczne kombinacje i rozpoczęli natarcie z punktów, które już od dawna mam zaznaczone na mapie.

27.11.1942

Całkiem źle. Z uporem kursuje plotka, że 22 dywizje niemieckie są otoczone. Rosjanie rozpoczęli ofensywę zimową na południowym froncie.

28.11.1942

Jeszcze lepiej. Niemcy chcieli wejść do Tulonu i zagarnąć flotę francuską. Wobec tego cała flota zatopiła się. Znowu awantura na większą skalę. Od samego rana tylko o tym. Francuzi cieszą się (głupi) i smucą się (inteligentni). Blisko 88 jednostek morskich, najnowocześniejszych na świecie, poszło na dno i na szmelc. Oto do czego doprowadziła polityka „i temu trochę, i tamtemu nie zawadzi". Sam gest samobójstwa floty jest piękny — świadczy, że tak całkiem jeszcze nie zgnili. Ale nie biorąc pod uwagę zadowolenia, że Niemcom sprzed nosa wymknęła się taka gratka, ogarnia człowieka litość nad tą bezbrzeżną głupotą i krótkowzrocznością polityki Vichy. Krew mnie dziś zalewała, gdy nadaremnie starałem się wytłumaczyć francuskim kolegom w biurze, że

---

[1] To nieliczne, ale milutkie towarzystwo z Vichy.

gdy Republika włożyła Francję do trumny, to Vichy z precyzją wbija gwoździe. Nie mogli pojąć. Macie pretensje do Anglików — krzyczałem prawie — boicie się, że *ces Anglais*[1] odbiorą wam po wojnie wszystko, ale nie rozumiecie, że to zatopienie się floty jest jeszcze jednym krokiem naprzód do oddania się na łaskę i niełaskę Anglii, Ameryki, Rosji, a nawet San Salvadoru i innych Hondurasów.

Bo oni widzą tylko ich *petit bonheur*, te zakichane kartki żywnościowe, za które wszystko można jeszcze dostać. Ale nie można być zbyt wymagającym. Mogło być gorzej, mogli posłusznie i *gehorsamst*[2] oddać całą flotę (na przykład na złość Anglikom), i wówczas *adieu* z końcem wojny na dłuższy czas. Ależ Niemcom musi być kwaśno w pysku...

Wieczorem w Théâtre de l'Etoile. Program musicalowy. Akrobacje, tańce, piosenki. Lys Gauty świetna w kilku piosenkach.

2.12.1942

Mussolini miał mowę. To jednak coś trochę innego od szczekania Hitlera, pełnego chamstwa, kłamstwa i samobójczej pewności siebie. Mowa Mussoliniego była poważna i można by niemal powiedzieć — uczciwa. Krył się w niej jakby delikatny wyrzut pod adresem Hitlera. Bo jak to zrozumieć? „To nowe uderzenie Anglików i Amerykanów — powiedział Duce — nie zaskoczyło Osi, biorąc pod uwagę, że posiadaliśmy dostateczną ilość informacji o współdziałaniu wojskowych francuskich z wojskowymi amerykańskimi. Gdy nastąpiło lądowanie, natychmiast powiadomiłem Berlin, iż jedynym możliwym sposobem przeciwdziałania była natychmiastowa okupacja całej Francji z Korsyką włącznie". Kto tu naknocił? Duce powiada, że Führer. Na niego zwala odpowiedzialność i niedwuznacznie mu wypomina, że dał się wystrychnąć na dudka Francuzom. Powiadomił Berlin, co należy zrobić. Czyżby Berlin się wahał? Berlin nie wiedział, czy z chwilą przekroczenia linii demarkacyjnej Pétain z całym rządem nie ucieknie do Afryki. Bo przekroczenie linii demarkacyjnej zrywa zawieszenie broni. Konkluzja: Berlin się wahał, bo nawet Berlin nie liczył się aż z tak dalece posuniętym brakiem godności własnej Pétaina i spółki — Berlin nie mógł sobie wyobrazić, że Vichy jeszcze i to zniesie spokojnie i nie zareaguje. Jest coś wprost komicznego, gdy arcyłotr waha się, nie mogąc sobie wyobrazić, że ktoś może być jeszcze większym łotrem. Jest to jedyne logiczne wytłumaczenie wahań Berlina. Jakiego wyobrażenia o Francuzach nabiorą teraz Niemcy? Pomimo trzech lat okupacji jeszcze mieli złudzenia.

Druga aluzja Duce w stronę Niemiec jest naprawdę *faux pas*[3]. Powiedział otwarcie, że Włochy są jedynym państwem, które otwarcie przyznaje się do swoich strat, publikując listy zabitych i ofiar.

---

1 Ci Anglicy.

2 Najposłuszniej.

3 Nietaktem.

Szczegóły samobójstwa floty w Tulonie są wzruszające. Niemcy stoją na brzegu i patrzą, jak 80 okrętów powoli tonie przy akompaniamencie wybuchów amunicji. Złośliwy figiel. Ale jest w nim jakaś s t a r c z a złośliwość. I to wszystko po tak czułym liście (już drugim) Hitlera do Pétaina. Atmosfera naładowana. Rosjanie idą naprzód, żegnaj Stalingradzie. Rommel zatrzymał się pod El Agheila, Montgomery przegrupowuje się. Jeżeli Rosjanie poprowadzą ofensywę według moich planów, to w marcu Niemcy są nad Dnieprem. Następna linia to już Kłajpeda-Kołomyja. Po czym *finis Poloniae*, jak nie powiedział Kościuszko. Naraziłem się dziś w straszny sposób i prawdopodobnie będzie się mnie uważać za zdrajcę. Powiedziałem na głos: „Chciałbym, aby Polska była okupowana przez Amerykanów". Patriotyczny wrzask. Żadnej okupacji, niepodległość, suwerenność, sufraganność, ani tasiemki od gaci, latyfundia i lafiryndy, królikarnia, rozwody, świadome macierzyństwo i kropla mleka. Przekonali mnie. Do niewracania.

4.12.1942

Imieniny Basi. Mógłbym napisać dzisiaj cały poemat o mojej żonie. Byłoby to dość oryginalne, bo jednak mało jest, zdaje się, poematów o w ł a s n e j żonie. Kupiłem kilka róż w tej wielkiej nowej kwiaciarni na rue Lafayette. Jeszcze nigdy w życiu nie wydałem tyle pieniędzy na róże dla w ł a s n e j żony. Wieczorem kolacja z ostrygami i dobrym białym winem.

5.12.1942

Wieczorem w Théâtre des Ambassadeurs na „Clotilde du Mesnil" (La Parisienne) Henry Becque'a i „Mais n'te promène donc pas toute nue" Feydeau z Alice Cocea. Trzeba naprawdę podziwiać ilość wariantów, na jaką potrafili zdobyć się autorzy sceniczni francuscy, jeżeli chodzi o tak zwany trójkąt małżeński. Bo żeby ze zwykłego trójkąta stworzyć tyle trójkątnych figur, trzeba naprawdę pomysłowości. „Clotilde du Mesnil" została wystawiona po raz pierwszy w 1885 roku i natychmiast uznano ją za utwór klasyczny. Niedługo po tym przechodzi do Komedii Francuskiej. Wielka Réjane umacnia jej chwałę swoim talentem, grając Clotilde w Vaudeville. Jednak największy sukces zapewnił tej sztuce Antoine w swoim teatrze. W czasie całego wieczoru zastanawiałem się na próżno, co było w tym „klasycznego" i wskutek czego sztuka ta przeszła do żelaznego repertuaru sceny francuskiej. Clotilde du Mesnil jest żoną starszego pana, który chce otrzymać jakieś wyższe stanowisko w administracji. W domu bywa przyjaciel męża, który dzięki tej przyjaźni jest także przyjacielem żony, mówiąc językiem przyjaznym. Clotilde jest sprytną samiczką, jak wszystkie kobiety głupie. Ażeby umożliwić mężowi otrzymanie upragnionego stanowiska, co jednocześnie pomoże do ustalenia się (w znaczeniu „pewność", „zaufanie", „spokój", jednym słowem P.K.O. w miłości) stosunków między nią i kochankiem. Clotilde puszcza się marginesowo z jakimś ustosunkowanym młodzieńcem. Mąż uzyskuje stanowisko, kochanek wraca do swojej roli, wszyscy są zadowoleni.

To wszystko przez trzy akty. I żeby to chociaż było pikantne... Jest płaskie. Cała intryga, jeżeli to w ogóle można tak nazwać, jest zupełnie mechaniczna. Czuć w tym konstrukcję, oczywiście niepozbawioną precyzji, ale zupełnie bez nerwu. Clotilde jest skończonym typem paryskiej *bourgeoise*. Z zupełnym chłodem przeprowadza swój plan, zachowując wszystkie pozory dobrej żony i — co jeszcze ważniejsze — wiernej kochanki. Bo w tej sztuce wysuwa się na pierwszy plan nie zdrada męża, lecz zdrada kochanka. Kochanek podany tu jest od pierwszego aktu jako zupełnie zrozumiała część domu Du Mesnilów. Konflikt to zdrada kochanka. Wszystko razem matematyka, zimna i bez omyłek, bez kropli już nie tylko uczucia, ale nawet zmysłów. Nikt tu nikogo nie kocha ani specjalnie pożąda, wszystko jest dobrze załatwioną transakcją dla wszystkich pod przewodnictwem sprytnej Clotilde. Mąż otrzymuje upragnione stanowisko. Kochanek — chwilowo zdesperowany, że utracił nie tyle względy, co swoje wtorki i piątki, do których już tak się przyzwyczaił, że nie umie sobie wyobrazić innego życia — odzyskuje swoją rolę i po chwilowej burzy widzi się znowu posiadaczem swoich wtorków i piątków. A Clotilde, dzięki stanowisku męża, podniesie się o jeden stopień wyżej w hierarchii towarzyskiej, mając szersze pole do popisu dla swojej dyplomacji ogólnie szanowanej (to najważniejsze) kobiety światowej. I tak w nieskończoność aż do klimakterium, gdy na odmianę stanie się dewotką. Może jednak rzeczywiście to jest klasyczne? Bo Clotilde jest klasyczna, jej spryt jest klasyczny, jej hipokryzja jest klasyczna, jej specyficzna inteligencja francuskiej samiczki jest klasyczna. Poza tym mąż jest klasyczny, kochanek, dla którego wtorek i piątek w karecie i w hotelu z Clotilde jest funkcją — też jest klasyczny, wreszcie cała intryga jest klasyczna, nie mówiąc o języku naprawdę klasycznym.

Druga sztuka to bulwarowa jednoaktówka Feydeau z trochę późniejszych lat niż „Clotilde". To już pełny 1900. Żona deputowanego przechadza się po mieszkaniu w nocnej koszuli, w wysokich bucikach i w kapeluszu. Dlaczego? Bo jest lipiec, w Paryżu upał i jej jest gorąco. W związku z tym szereg *qui pro quo* zakończonych wizytą reportera, który zamiast napisać wywiad i reportaż o deputowanym, pisze reportaż, oglądając z zainteresowaniem tyłek pani domu. I co powie na to Mr. Clemenceau, mieszkający naprzeciwko?

Ma to już więcej charakteru. Bulwarowa farsa, na której nasi dziadkowie przestępowali z nogi na nogę, lornetując wdzięki pod nocną koszulą. A że i upolowało się przy tym kawałek nóżki, więc była zabawa. Treść żadna. Tak się to przedstawia z punktu widzenia literackiego. Bo co innego wystawa.

Théâtre des Ambassadeurs pod dyrekcją Alice Cocea jest obecnie najwykwintniejszym teatrem Paryża. Cocea jest świetną aktorką. Wystawa i jej gra uratowały pustkę tych dwóch sztuk do tego stopnia, że wychodzi się z teatru w stanie pewnego rodzaju olśnienia. Dekoracje i stroje projektował bardzo *en vogue*[1] i rzeczywiście zdolny Dignimont. Z właściwym Francuzom wyczuciem tej epoki roztoczył na scenie cały przepych salonu secesyjnego w najlepszym i w najgorszym stylu. Wspaniałe, oryginalne meble secesyjne, bibeloty, tkaniny, kwiaty i palmy. Na tym przebogatym tle Alice Cocea ubrana we wspaniałe suknie i kapelusze z tej epoki, obwieszona klejnotami z tych czasów, pochodzącymi z prywatnych zbiorów Boucherona. W całej wystawie wprost rozpusta, gra Cocea bez zarzutu, klasyczna. To samo w tej jednoaktówce, w której na tle równie świetnych dekoracji potrafiła wydobyć wszystkie cechy tej beznadziejnej gęsi, chodzącej po domu w koszuli i usprawiedliwiającej się z całą perfidną naiwnością *qu'il fait trente-cinq dégrées de latitude dans la sombre* (trzydzieści pięć stopni szerokości geograficznej w cieniu).

W teatrze pełno. Ludzie odwrócili się od modernizmu. Francja, jakby czując swój koniec, spogląda zachłannie wstecz, w te czasy, gdy była jeszcze czymś. Obydwie bzdury mają powodzenie. Jakiekolwiek pamiętniki, gdy tylko ukażą się w księgarniach, są natychmiast wykupione. Jeżeli dalej tak pójdzie, to po wojnie zapanuje moda sznurówek, krynolin, uwspółcześnionej pruderii i skromności, i miłości romantycznej. Publiczność teatrów i innych miejsc rozrywki roi się teraz od nowobogackich, czyli paskarzy, jak się mówiło po pierwszej wojnie. Ludzie dorabiają się fortun na czarnym handlu i obnoszą swoje bogactwa, gdzie mogą. Młodzi ludzie z długimi włosami i w długich marynarkach, tak zwani *zazou*, panie w wielkich kapeluszach lub fantastycznych turbanach. Wszystko nowe, błyszczące, lśniące. *Paris de la belle époque.*

6.12.1942

Słońce i ciepło. Zima zapowiada się lekka. Może to już ostatnia? Czekam z niecierpliwością na ten rok 1943, bo ciągle mi się wydaje, że skończy się to szaleństwo już w przyszłym roku. Są tacy, co mówią, że nie — i pewnie mają rację. Zjedliśmy obiad wcześniej i na całe popołudnie pojechaliśmy na rowerach do Lasku Bulońskiego. W lasku dużo ludzi, dużo rowerów i dużo dzieci. Słońce przygrzewało zupełnie nie po grudniowemu, a w całym powietrzu unosiła się mglista letniość. Przejechaliśmy nad stawem, potem koło Bagatelle, i wjechaliśmy na avenue de Neuilly, gdzie od razu na początku Basia wjechała w — policjanta. Ale on zgrabnie uchwycił rower za kierownicę jak byka za rogi, podtrzymał go i nie pozwolił Basi wywrócić się. Po wzajemnej wymianie uśmiechów i dowcipów — lepiej przejechać policjanta niż kogoś z przechodniów, bo nikt nie potrzebuje wzywać policji... jestem od razu na miejscu wypadku, śmiał się policjant — pojechaliśmy dalej. Wyobrażam sobie naszą glinę w takiej sytuacji. Jakże przyjemnie żyć w kraju, w którym policjant dowcipkuje, a na przedmieściach nie ma „oprychów" i „agarów". W jakimś bistro koło Etoile napiliśmy się gorącego wina. Łuk Triumfalny czerwienił się w promieniach zachodzącego słońca i rzucał długi cień na Pola Elizejskie, usiane

[1] W modzie.

różnokolorowymi plamkami przyczepek „*vélo-taxi*"[1], malowanych we wszystkich odcieniach. Z Etoile zjechaliśmy do Trocadéro. Wieża Eiffla wyglądała jak kolorowa firanka rozpięta na błękitnopopielatym niebie. Trocadéro brzydnie. Zaniedbane od wybuchu wojny, czernieje. Pozłótka na efektownych rzeźbach wyciera się, a brak wody w dolnych basenach zwiększa jeszcze bardziej wrażenie opuszczenia. Całość przypomina luksusową, ale zaniedbaną łazienkę.

Od Trocadéro dalej w dół ku Place Alma. Pomnik Mickiewicza. Z Alma nad Sekwanę. Lubię ten kawałek. Na lewo szklana i secesyjna góra Grand-Palais, na prawo Pont Alexandre III. Olbrzymie złote konie, a tam dalej śliczna perspektywa na Invalides. Wpadamy na Concorde. Wygląda w grudniowym półmroku jak nawa wielkiego kościoła. Ołtarz obelisku, dwie ściany ciemne i olbrzymie Ministerstwa Marynarki, a w głębi kolumny Madeleine, sztywne i chłodne, jak rząd rur w organach. Cicho, po kociemu, prześlizgujemy się wzdłuż muru i ogrodzenia Tuileries, od których powiewa zapachem suchych liści. Luwr. Potem chwila jazdy w mroku jego murów i znowu secesyjna góra szkła. To „*La Samaritaine*". Ale już dalej na tle granatowego nieba czernią się ostre zręby Conciergerie. W mroku giną wypukłości. Wieje grozą i ciszą. Châtelet i place de l'Hôtel de Ville. Na Sekwanie jak wielka tratwa płynie Wyspa Św. Ludwika. Na lewo kłębowisko uliczek dzielnicy Saint-Paul, tworzących czarne otwory w jednostajnym murze obdrapanych kamienic. Wejścia do krecich nor, do jednego z podziemi Paryża, gdzie hotele są brudne, mężczyźni nie chodzą, lecz krążą, a młode dziewczyny przypominają nadgniłe owoce.

Z dworca lyońskiego, ze wszystkich wejść wylewa się czarna lawa tłumu, dzieli się na poszczególne strumienie, jak we wgłębieniach wulkanu, i wcieka powoli w otwory metra lub w ulice. Gdy zajeżdżamy przed dom, jest już ciemno. Przy wejściu zaglądamy do patronów. Madame Bessières ceruje zawzięcie bieliznę hotelową, naprawia i łata. Zapasy kończą się, a nowych prześcieradeł i ręczników nie ma skąd wziąć. Nie przydzielają.

8.12.1942

Uporczywe plotki o wiszącym w powietrzu porozumieniu rosyjsko-niemieckim. Staram się sobie wmówić, że to absurd, że to rosyjski szantaż wobec Anglików i Amerykanów, ale i tak nie daje mi to spokoju. Psuje krew, psuje cały dzień.

11.12.1942

Nic konkretnego. Rosyjska ofensywa rozwija się powoli, ale zdecydowanie. Brak szczegółów, bo ani jedni, ani drudzy nic nie mówią. Montgomery ciągle przegrupowuje się pod El Agheila. A we Francji przymusowy wyjazd na roboty do Niemiec pod hasłem „za trzech specjalistów jeden jeniec wojenny zwolniony". Laval i Pétain pracują *pour la France* jako dwaj najwięksi specjaliści.

---

[1] Ryksz.

Za tych dwóch powinni by zwolnić co najmniej dwie pełne dywizje. *Caeterum censeo Lavalum et Petenum* na szubienicy *post bellum dyndandi essent.*

12.12.1942

Wieczorem w Théâtre de Châtelet na „Ryszardzie III" Szekspira z Dullin w roli głównej. Nie. Przyrządzony naturalistycznie, wypadł ten Ryszard III jak przedstawienie amatorskie na jarmarku końskim w Kłaju. Dullin, podobno doskonały w „Skąpcu", przypominał mi go zanadto w Ryszardzie III. Ilość trupów zupełnie nowoczesna. Bez specjalnego licznika trudno zliczyć. Pomimo że przy każdym trupie wyjmowałem zapałkę z pudełka i wkładałem do kieszeni, nie mogłem połapać się w rachunku, szczególniej w ostatnim akcie. Legło na polu bitwy tylu statystów, przez których inni skakali z takim zapałem, wymachując mieczami, że należało wysypać całe pudełko za jednym zamachem i dokupić chyba drugie, a co teraz wcale nie jest tak łatwo. Toteż dramatyczny okrzyk króla „królestwo za konia" przeszedł bez echa i nie można było absolutnie uwierzyć w tę ofertę, wijąc się od śmiechu na widok statystów skaczących po dekoracjach jak małpy w Zoo Vincennes. Wreszcie króla zarżnęli i można było wyjść, co uczyniliśmy nie bez wielkiej przyjemności. Przyjemnością jest pójście do teatru, ale nieraz wyjście jest jeszcze większą.

13.12.1942

Nie czuje się zupełnie, że to już połowa grudnia. Sucho, słońce i ciepło jak w jesieni. Całe popołudnie na rowerach.

16.12.1942

Rommel znowu przegrał bitwę i cofa się spod El Agheila. Anglicy idą naprzód. Panuje znowu powszechny optymizm. Tymczasem to wszystko wcale nie jest takie proste. Wojnę jest o wiele łatwiej prowadzić aniżeli ją skończyć. Do tego taką wojnę, w której sprzymierzeni patrzą sobie bardzo na palce. Niemcy przegrają ją na pewno, ale trudno sobie wyobrazić, aby Anglia, Ameryka i Rosja równocześnie ją wygrały. Z grona wygrywających musi się kogoś wyeliminować, bo w wojnie, tak samo jak w pokerze, naprawdę wygrać może tylko jeden. Jednoczesne zwycięstwo kilku jest początkiem nowej wojny. A to właśnie grozi obecnie. Pozostawienie Rosji w jej obecnej postaci i dopuszczenie jej do głosu po wojnie przez oddanie pod jej wpływy nas, krajów bałtyckich i Bałkanów, byłoby zalążkiem nowego konfliktu za dziesięć, piętnaście lub dwadzieścia lat. Tę wojnę muszą wygrać wyłącznie Anglosasi. W przeciwnym wypadku cała ta wojna nie miałaby sensu i zakończenie jej postawiłoby Anglików i Amerykanów w obliczu tego samego, od czego zaczęli. Anglicy i Amerykanie powinni przeciągać całą zabawę *waiting and seeing*. Powinni dążyć do jak największego wyczerpania Niemiec i Rosji, aby zadać cios ostateczny i Rosję postawić przed szeregiem faktów dokonanych, których ta nie potrafiłaby obalić, będąc zanadto wyczerpaną. W tej chwili Rosjanie rozpoczęli coś na kształt monstre-ofensywy. Ludzie cieszą się, ale nie rozumieją, iż nie chodzi o to, aby Rosjanie pobili całkowicie Niemcy, lecz o to, aby je pobili do połowy.

17.12.1942

Mglisty, deszczowy dzień. Powietrze przesiąknięte wilgocią wydaje się płynem, w którym pływa się jak ryba w akwarium. Pod wieczór, jeżdżąc po lewym brzegu, wpadłem do jakiegoś bistra na szklankę rumu. Byłem u zbiegu ulic de l'Arbalète i Lhomond i wszedłszy do środka, przypomniałem sobie, że tu gdzieś niedaleko był pensjonat Madame Vauquer. Dzielnica ta do dziś dnia pozostała osobliwa. Jeden z tych mateczników paryskich, które jedynie Balzac potrafił tak opisać, że czuje się je na odległość. Tu mieszkał Ojciec Goriot. Spojrzałem przez szybę. Mrok zapadał szybko i zdawał się wypełzać z rozkoszą z tych ciemnych uliczek, w których drzemie przez cały dzień. Szara, zimowa godzina. Przy kontuarze stało kilku obywateli, wiodąc ożywioną dyskusje polityczną. W rogu, tuż przy ścianie, stała młoda i bardzo ładna dziewczyna. Jakaś okoliczna *fille*[1] mieszkająca pewnie niedaleko i rozgrzewająca się pomiędzy jedną i drugą *tournée*[2] przed swoim hotelem. Wspaniałe nogi, świetnie zbudowana, rasowa. Zacząłem się jej przyglądać dosyć łakomie, popijając rum. Obywatele rozmawiali o tym, co może zrobić dzisiejszy *citoyen* przeciwko gwałtom okupacji. Rewolucja? Z gołymi rękami przeciwko samochodom pancernym, przeciwko przenośnym blokhauzom betonowym, przy pomocy których można pilnować każdego skrzyżowania ulicy? *Non, c'est impossible, c'est fou*[3]. Człowiek jest patriotą, chciałby walczyć, ale nie ma jak. Musi siedzieć spokojnie i patrzeć. Dziewczyna dopijała wolno swoją kawę, słuchając z dziwnym uśmiechem. Nagle roześmiała się chrapliwie, z głębi zniszczonych płuc. Ten śmiech, z głębin mrocznego kąta, zabrzmiał tak niesamowicie, że wszyscy zamilkli i spojrzeli w jej stronę. Podparła głowę na ręce i wygięła się bokiem. Wsparta łokciem na kontuarze, ślizgała się po nim w przód i wstecz, huśtając się całym ciałem, kołysząc biodrami. I śmiała się. A potem zaczęła mówić — głośno i jakoś pieszczotliwie, jak do dzieci: — „Co można zrobić? Każdy może coś zrobić. Ja mam syfilis i częstuję nim Niemców. Każdy wyjeżdża z Paryża z pamiątką. *Je ne fais que ceux qui partent*[4]. Wczoraj zrobiłam już szesnastego". I długi wybuch rzężliwego śmiechu. Rzuciła franka na kontuar i wyszła, śmiejąc się. Jeszcze z czarnej ulicy było słychać jej śmiech. Zrobiło mi się naprawdę zimno.

19.12.1942

Wielki komunikat rosyjski. Woroneż odebrany, wszędzie naprzód. Wygląda na to, że odbiją Stalingrad. Jest to olbrzymie natarcie na całym froncie południowym, z wszelkimi szansami powodzenia. Anglicy bombardują Włochy.

---

1 Tu: prostytutka.
2 Rundą.
3 Nie, to niemożliwe, to szaleństwo.
4 Obsługuję tylko tych, którzy wyjeżdżają.

Niemal co noc przelatują nad Paryżem i wtedy budzą nas strzały flaku. We Włoszech ewakuowano już podobno około miliona ludzi i drogi są zawalone uciekinierami. Żal mi Włochów.

24.12.1942

Wigilia. Sami przy małym stoliku, pogrążeni myślami tam daleko. „Na Sławkowskiej jeszcze nie zaczęli, na Grodzkiej pewnie już...". Uśmiechamy się do siebie. Zapalamy świeczki na malutkim drzewku i gasimy światło. Drzewko stoi na kominku przed lustrem i po całym pokoju rozlewa się miękkie światło kilku małych płomyków odbijających się w szklanej tafli. Buczę pod nosem kolędy, do których brak mi słów. Basia śmieje się. Wpatruję się w sufit i myślę. Myślę, że mi jest dobrze.

25.12.1942

Rosjanie rozpoczęli nową ofensywę na Kaukazie. Rozłożyłem mapę na podłodze, położyłem się i „robię wojnę". W górze natarcie na linii Woroneża, w dole oskrzydlenie na Kaukazie. Górą Charków, dołem Rostów — punkt spotkania się w Dniepropietrowsku i zamknięcie, otoczenie, zniszczenie.

26.12.1942

Siedzimy w domu i czytamy. Po południu na podwieczorku u Robertów, gdzie poznaliśmy proboszcza parafii Fontenay-sous-Bois. Uroczy człowiek. Był w niewoli w poznańskim, gdzie wiele stykał się z Polakami. Nie miał słów zachwytu dla ludności i kolegów Polaków z obozu. Powiedziałem mu, że widocznie był za krótko, a poza tym my w takich okolicznościach jesteśmy przysłowiowymi czarusiami, szczególniej wobec obcych. Basia się na mnie oburzyła, bo jak chodzi o Polskę, to ona jest Oleńka i że „co będziesz Francuzom takie rzeczy opowiadał, już i tak...". Nie potrafiłem i nie potrafię zatumanić się narodowo. Bardzo być może, że nacjonalizmu nie znoszę jeszcze bardziej niż komunizmu i gdybym był bardzo bogaty, to ufundowałbym na jakimś naszym uniwersytecie katedrę kosmopolityzmu i przytomności. Jesteśmy tyle samo warci co inni, a różnica jest w tonacji, nie w melodii. Poza stylem szlacheckim żadnego stylu nie wytworzyliśmy i cała przyszłość przed nami. A przede wszystkim nauczyć się być wolnymi nie tylko w gębie. I nauczyć się wielu, wielu innych rzeczy. Surowiec pierwszorzędny.

31.12.1942

I znowu kończy się rok. Siedzę w fotelu, za oknem flaszka szampana mrozi się na dwunastą i na powitanie Nowego Roku. Jeszcze dwie godziny. Mam ochotę, jak Rzecki, zrobić bilans, popolitykować. Minął znowu rok. „Jak ten czas leci" — jakby powiedział radca Węgrowicz. W ogólnych zarysach całą tę wojnę można scharakteryzować krótko: w roku 1940 Hitler mówił „zwyciężyliśmy", w roku 1941 „zwyciężymy", w roku 1942 „musimy zwyciężyć", a w 1943 powie prawdopodobnie „nie możemy przegrać" i — przegra. Jeżeli w przyszłym roku wojna się nie skończy, to w każdym razie zacznie się n a p r a w d ę kończyć. Olbrzymia i rozreklamowana ofensywa niemiecka nie dała właściwie żadnych wyników istotnych. W każdym razie nie doprowadziła do najgłówniejszego celu: do nafty kaukaskiej i do przecięcia komunikacji na Wołdze. Olbrzymi wysiłek poszedł na marne i skonał definitywnie w opłotkach Stalingradu. Wprawdzie Niemcy wzięli Zagłębie Donieckie, ale korzyści z niego niewiele, a Rosjanie i tak produkują za Uralem. Poza tym pomoc angielsko-amerykańska jest olbrzymia. Bez niej nie wiadomo, co by było. Brak lotnictwa o dalekim zasięgu uniemożliwia Niemcom atakowanie tyłów rosyjskich. A w tej chwili rozpoczęła się potworna kontrofensywa rosyjska, która będąc dobrze przeprowadzoną, może pozbawić Niemców owoców tegorocznych zwycięstw i uczynić ich wysiłek z 1942 roku całkowicie próżnym. Rosjanie mają wszelkie szanse odebrania im tego wszystkiego, co w tym roku utracili. Byłby to wielki sukces. Niekompletny, ale o to tylko chodzi. Z punktu widzenia interesów Polski decyzja nie powinna zapaść na wschodzie w żadnym wypadku. Tam muszą się załamać częściowo i Rosjanie, i Niemcy, zmęczeni gigantycznymi walkami. Zwyciężyć całkowicie powinny Ameryka i Anglia, idąc od zachodu i od Bałkanów. Zresztą trudno cokolwiek o tym mówić, bo o ile strategicznie problem tej wojny jest dosyć prosty do rozwiązania, o tyle z punktu widzenia polityki ma on jeszcze wiele ciemnych stron. Najciemniejszą jest w tym wszystkim strona Polski. Co z nami zrobią, to jeden Bóg raczy wiedzieć. W tym wypadku nie entuzjazmuję się tak łatwo jak inni. Ale jeszcze nie czas na obawy tego rodzaju. Podczas gdy w tej chwili na wschodzie dwa kolosy zmagają się na nowo i męczą wzajemnie, Anglia i Ameryka wzrastają na sile z każdym dniem. Przebieg kampanii afrykańskiej jest tu najlepszym dowodem. Fakt lądowania Amerykanów w Afryce ma bardzo wielkie znaczenie. Tam tworzy się już baza do ataku na Europę. Ostateczne zlikwidowanie Niemców jest już tylko kwestią czasu. Coraz bardziej wyraźny wzrost siły lotnictwa anglo-amerykańskiego. A tę wojnę wygra lotnictwo. Za kilka miesięcy zaczną się dziać pod tym względem cuda, bo wejdzie do akcji masowa produkcja Stanów Zjednoczonych. Nie mówiąc o przewadze liczebnej, nastąpi także przewaga jakościowa. Anglicy, głównie jednak Amerykanie, tworząc całe lotnictwo teraz, wypuszczają typy maszyn nowoczesnych, podczas gdy Niemcy operują właściwie ciągle typami z roku 1939, poprawiając je tylko w szczegółach. W tej chwili sławny messerschmitt ma już ponad cztery lata i choć jeszcze ciągle jest najszybszą maszyną myśliwską, to przy wielkiej szybkości jest mało zwrotny, a stuka nadaje się już właściwie do muzeum. Tak — ale to wszystko trwa już za długo, mówią ludzie. Muszą tak mówić, bo cierpią, straszliwie cierpią. Przyszły rok będzie ciekawy — oczywiście dla tych, którzy mogą sobie pozwolić na tę ciekawość.

1943

2.1.1943

Wieczorem na kolacji u J. Od szeregu lat mieszka przy rodzinie francuskiej, a raczej przy matce staruszce, głowie tej rodziny. Na kolację przyszły obydwie córki. Jedna dziennikarka, pracująca w czasopismach mody, światowa; druga dentystka, skromna i nieefektowna. Rozmowa tego rodzaju, że siłą musiałem powstrzymywać się, aby nie zacząć mówić kpiarskich bzdur, nie nagadać impertynencji. Francuzi, jak papugi, wyuczą się „inteligentnych" pytań, wygłaszają je i potem nawet nie próbują na nie odpowiedzieć. Teraz jest modne „czerwone niebezpieczeństwo", ale w gruncie rzeczy nikt nic o Rosji nie wie. Tak jakby Gide nigdy nie pojechał i nie wrócił, jakby od stu lat nic się nie wydziało. A pisali o niej świetnie już Condillac i Rousseau, Michelet i de Custine, a z nowszych doskonałe studium Bainville'a „La Russie et la barrière de l'est". O Rosji plecie się głupstwa i najprzytomniejsi skądinąd ludzie już dają się brać na pozory. Kilka dni temu słyszałem „Rosja demokratyzuje się". Bardzo możliwe, skoro Stalin kazał. Już Rambaud w swojej historii Rosji pisał, że Piotr Wielki waleniem kijem i nahajkami przyzwyczajał swoich obywateli do czucia się ludźmi wolnymi i Europejczykami. Komunizm jest w tym wszystkim jednym zagadnieniem, a Rosja drugim — i najważniejszym. Bainville pisze już w 1937 roku: „Pod bolszewizmem, zgodnie z prawami niejednej rewolucji zachodniej, urosła druga Rosja. I to odwieczna Rosja jest tą, która porusza się, szuka przestrzeni i oddechu w tym samym znaczeniu, w jakim Rosja szukała ich zawsze. Nie należało zbytnio sobie życzyć, aby Rosja, od czasu gdy jej bolszewicy opuścili nas (Francuzów) w środku walki, stała się znowu silną i ukazała się światu jako mocarstwo polityczne... Nieostrożni ci, co w dalszym ciągu wzdychali do renesansu Rosji. Ona odradza się i pomimo anarchii i nędzy robi to już ku zaniepokojeniu Europy... Sowiecka czy nie, Rosja jest Rosją". Bainville jest w tym studium niemal proroczy. I dziś wcale nie cieszę się, gdy ludzie z figlarnym przymrużeniem oczu mówią mi: „Panie, wiele się zmienia... już w wojsku przywrócono epolety, oficerowie mają ordynansów... pagony i dieńszczyki... powoli przyjdą inne zmiany". Że niby zmiany na lepsze. Wcale nie boję się komunizmu, bo ideologie, nawet tak tępe jak marksizm, nie są wieczne. Boję się Rosji, właśnie tych pagonów i dieńszczyków, i tego wszystkiego, o czym pisze Bainville, a szczególnie tego, że gdy chodziło o Rosję, to właściwie zawsze mylono się w jej ocenie, a głównie od czasu objęcia władzy przez Lenina. „Byłoby zatem nieostrożnością — pisze Bainville (str. 68) — ufać oznakom umiarkowania i rozsądku (*sagesse*), jakie wydaje się wykazywać rząd bolszewicki. Abdul-Hamid i cesarzowa Chin celowali również w sztuce obiecywania reform, gdy potrzebowali szlachetnych łask Europy". Stalin nie jest niczym innym niż rosyjskim Abdul-Hamidem i dla hurricanów, spitfire'ów i amerykańskich ciężarówek naobiecuje Bóg wie co. Komunizm nie jest żadnym problemem, chyba tylko o tyle, o ile jest związany z Rosją, tą odwieczną Rosją, gdzie uczy się ludzi „być wolnymi", waląc kijem po plecach.

Wieczorem postawiłem na Wielkich Łukach czerwoną kropkę. Rosja idzie naprzód. Azja zaczynała się już w Warszawie. Jak dla Micheleta, dla którego świat prawa sięgał Wisły i Dunaju.

10.1.1943

Zima w tym roku bardzo łagodna. Jechałem wolno na rowerze i myślałem. Zaczęło się od taksówki rowerowej, czyli tak zwanej *vélo-taxi*. Rok 1943, a w Paryżu, w centrum Europy, człowiek ciągnie do człowieka. A potem inne myśli... Postęp. Rozglądałem się po ulicy. Szereg kamienic, ulice nawet ładne — ale gdy pomyśli się, że dziesiątki kilometrów kwadratowych, setki i tysiące pokryte są tymi kamienicami, robi się niedobrze. Wielkie miasto, miasto olbrzym, to też postęp. Postęp absurdalny. Ile godzin dziennie traci każdy mieszkaniec miasta na pójście do pracy i powrót z pracy? Pod ziemią dudni metro, w którym ludzie cisną się i pchają, i potrącają, jadąc długie kwadranse w smrodzie i zaduchu. Potem na dworcach to samo, w pociągach podmiejskich to samo. Wracają do domów, w których z wyjątkiem mebli, a najczęściej tylko kilku drobiazgów osobistych, nic nie jest ich. Wstają rano i pędzą do pracy, z którą najczęściej nic ich nie wiąże, w którą nie wkładają ani cząstki z siebie. A nad wszystkim rozpościera się popielaty welon a n o n i m o w o ś c i. Nie wiesz, dla kogo pracujesz, nie znasz tych, od których zależysz, wypełniasz polecenia automatycznie, jesteś termitem, niczym. Szukało się w postępie wolności, znalazło się jeszcze gorsze kajdany, niżby je mógł nałożyć jakiś feudalny władca. Pędzimy naprzód ślepi, z głupią wiarą w postęp, z cielęcym zachwytem dla nowych zdobyczy techniki i dla p o m y s ł u. Tam, gdzieś na dnie, kołacze się jeszcze cicho, jak skryte w lesie źródełko, myśl, ta prawdziwa i spokojna, ale coraz częściej przygłuszana grzmotem i ulewą pomysłów. Iluż ludzi żyje dziś myślą? Żyje się landrynkami gotowych odpowiedzi na w s z y s t k o, rozrzucanych wśród ogłupiałego tłumu.

Paryż jest taki piękny obecnie, bo jest Paryżem bez samochodu. Może już niedługo pokażą się znowu na ulicach sznury samochodów, liście drzew zaczną żółknąć już w czerwcu, uwędzone w spalinach, ludzie rozkrzyczą się i rozpędzą, pijani... Co otrzymaliśmy za tyle cierpień? Rozwój maszyny, której niewolnikiem stał się każdy z nas i oddalił od wszystkiego. Zabił ducha, obiecując wyzwolenie ciała, obiecał wszystko, nie dotrzymał prawie nic. Cały postęp wżarł się w krew jedynym wielkim i prawdziwym uczuciem – STRACHEM. Wyścig do nieznanej śmierci. Oszustwo i kłamstwo, oszustwo w czasie i w przestrzeni.

12.1.1943

„Nowe średniowiecze" Bierdiajewa. Emigracyjny filozof rosyjski. Założył w Paryżu pismo i zgrupował wokoło siebie coś w rodzaju szkoły. Nie lubię słowiańskiej filozofii. Za wiele czujemy i za mało potrafimy myśleć w ten sposób, żeby to jasno i zrozumiale wyrazić. Piszemy uczuciami, a nie myślą. Stąd w całej słowiańskiej filozofii tyle zamętu, nieporządku i mętniactwa. Jest to niezwykle zawiła analiza, pełna nieoczekiwanych syntez, w których skrajny realizm pomieszany jest do tego stopnia ze skrajnym mistycyzmem, że wychodzą potem z tego takie utwory, jak „Księgi Pielgrzymstwa", „Król Duch", Dostojewski, Tołstoj, nihilizmy i leninizmy. Właściwie mam wstręt do filozofii słowiańskiej. Przede wszystkim wynikło z niej wiele szkód dla sztuki słowiańskiej. Ale cóż na to poradzić. Wystarczy, że Słowianin jest utalentowanym osobnikiem, a już w dziewięciu wypadkach na dziesięć bierze się do filozofii. Gdy czytam drugą część listów Słowackiego do matki, mam zawsze ochotę powiedzieć: „Julek, jak pragnę zdrowia twojego i mojego, zostaw to i weź się do uczciwego pisania". W „Wojnie i pokoju" miałbym ochotę powyrywać sporą ilość kartek i poprosić: „Hrabio, w to miejsce trochę opisów, coś w rodzaju Napoleona pod Smoleńskiem lub opisu bitwy pod Borodino". Niestety i hrabia Lew, i Juliusz, i Cyprian, i Wielki Adam, i inni Wielcy Słowianie nie potrafili uchronić się od tej wielkiej choroby. Można niemal przyjąć za regułę, że u Słowian poeci i pisarze stają się filozofami, co szkodzi literaturze i filozofii, podczas gdy na zachodzie występuje często odwrotne zjawisko – z odwrotnym skutkiem. Filozofowie stają się tu często poetami lub pisarzami, co wzbogaca literaturę i uprzystępnia filozofię. Szereg wielkich piór we Francji czy w Anglii to filozofowie pisarze, a w wielu wypadkach poeci myśli – myśli jasnej, prostej, ludzkiej i wspaniale wyrażonej.

Zabrałem się do Bierdiajewa z niechęcią. Słowianie – poza zamętem – mają jeszcze inne, zgoła antypatyczne nałogi: skłonność do tworzenia „systemów", które w mgnieniu oka przeradzają się w „religię". I wtedy koniec – nie trawię. Każdy system filozoficzny obudowuje się od razu świątynią mistycyzmu, formułując DOGMATY. Wschodni atawizm. Wszystkie wielkie religie przyszły ze wschodu, bo tylko na wschodzie człowiek umie naprawdę wierzyć, i jedną z cech charakterystycznych dla Słowian jest wieczne pragnienie jakiejś bezgranicznej wiary w coś. My na przykład mamy zdecydowanego hysia na punkcie Polski. Ta biedna Polska to jak wspaniały obraz powleczony nieskończoną ilością warstw farby przy ciągłym „odnawianiu". Farby o przedziwnym składzie chemicznym, gdzie Matka Boska miesza się z bigosem i barszczem z uszkami, Mickiewiczem i grą w bridge'a (narodowa rozrywka polska), katolicyzmem i Towiańskim, przedmurzem i bizantyjskim anarchizmem (to całkiem specjalna cecha polska, wyrażająca się w skrócie: uwielbiam cię, ty sk...) i absolutnym obowiązkiem umierania za ojczyznę nie tylko, gdy potrzeba, ale przede wszystkim gdy nie potrzeba. Spróbuj wtedy nie umrzeć. Potrzebna śmierć nie liczy się, bo to podejrzane. Umrzyk mógł mieć jakiś interes osobisty. Prawdziwe bohaterstwo to umrzeć niepotrzebnie i koniecznie z fasonem. I umieramy niepotrzebnie i wspaniale.

Dlaczego poszukiwać odpowiedzi zawsze w jakiejś dogmatyczno-mistycznej syntezie, nawet gdyby chodziło o Polskę? Gdy zaczyna się myśleć jak człowiek i naprawdę dla człowieka, to należy umówić się, czy się chce napisać traktat, czy ugotować bigos. Słowianie fabrykują zwykle bigos z przymieszkami nieraz naprawdę pikantnymi, jak siły szatana lub bezsilna anielskość, Bóg, wilkołaki, noc i piekło, potrącające i przewalające się wśród naprawdę wspaniałych spostrzeżeń i rzutów myśli. Ubrawszy to w kolorowe szaty liturgiczne objaśnień, dociekań i innych zapalczywych Słowian, tworzą religię i jej wyznawców, którzy albo marnują w tym swój talent i stają się typami zdecydowanie nudnymi, albo rozpętują takie prawdziwe piekło jak wyznawcy komunizmu. Cały markizm w wydaniu komunistycznym nie jest niczym innym jak socjalizmem w sosie tatarskim i słowiańskim, co każde, nawet niedorozwinięte dziecko wie i rozumie.

„Nowe średniowiecze" jest właśnie mieszaniną wspaniałych myśli, doskonałych spostrzeżeń przyprawionych w sosie Boga i Szatana, Nocy i niesprzeciwiania się złu. Wiele rzeczy objawia w tym skłonność do „nieuniknioności" bez wytłumaczenia. Całą odpowiedzialność zwala się na Boga, siły nieczyste, mieszając przy tym do tego stopnia Boga z Szatanem, że nigdy nie wiem, w co Słowianie bardziej wierzą: w Boga czy w Szatana, w grzechów odpuszczenie czy w wieczne potępienie.

14.1.1943

Wszyscy wiedzą, że Rosjanie odebrali Wielkie Łuki, a Niemcy wypisują niesamowite historie i nie przyznają się do niczego. W całym Paryżu nie można dostać mapy Rosji. Wszyscy słuchają radia i studiują mapę. Pierwszorzędna propaganda komunizmu. Każdy jest obecnie chodzącym komunikatem wojennym, Anglia i Ameryka przestały istnieć. Nie ma ich. Sklepy radiowe robią wspaniałe interesy, bo za jaki taki aparat trzeba płacić 4–5 tysięcy franków. Pogoda wspaniała. Ciepło i brak opału nie daje się odczuwać.

15.1.1943

Pomysłowość niemiecka nie ma granic. Ponieważ w Afryce, po stronie Anglików, biją się Francuzi, wcieleni „przemocą" przez Anglików, wobec tego żołnierze francuscy wzięci do niewoli przez Niemców nie będą traktowani jak jeńcy, lecz natychmiast zwalniani i odsyłani do domów. Wielkie artykuły na ten temat we wszystkich dziennikach paryskich. Wspaniałomyślny gest Führera. Ale to już nie robi wrażenia. Wspaniałomyślne gesty nie działają, gdy się dostaje w d... Trzeba było o tym wcześniej pomyśleć.

Zbiegam na dół do moich patronów, przywołany trzykrotnym mrugnięciem światła w pokoju. Coś ważnego. To taki umówiony sygnał. Rzeczywiście, Mr. i Mme Bessières leżą na stole, wsadzając nosy w mapę. Z głośnika dolatują nazwy odebranych Niemcom miast i miasteczek. Wszędzie naprzód. Cała armia niemiecka otoczona pod Stalingradem. Przeszło dwieście tysięcy ludzi, z których tylko niewielu doczeka końca tej wojny. Berlin bombardowany dwa razy pod rząd. Zaczyna wchodzić do wojny produkcja amerykańska. Czteromotorowe liberatory będą się teraz znęcać nad Niemcami coraz częściej. W Afryce idzie *langsam aber sicher*[1].

19.1.1943

Leningrad uwolniony od oblężenia. Wszyscy dostali gorączki. Ze Stalingradem będzie skandal, a raczej już jest. W gazetach niemieckich propaganda zmieniła metodę. Operuje się pesymizmem. Goebbels już sam nie wie, co pisać w swoim „Das Reich", którego stałem się zapalonym czytelnikiem. Nawet ludzie zupełnie pozbawieni zmysłu humoru zaczynają fabrykować dowcipy z komunikatów „Wehrmachtu" i z „taktyki zadzioru".

20.1.1943

Montgomery jest o 60 km od Trypolisu. Bije Rommla w każdej rundzie i idzie naprzód. Jak na skinienie różdżki czarodziejskiej. Niemcy wszędzie są bici i cofają się. Pod wpływem tego nawet tacy pesymiści jak ja przebąkują od czasu do czasu, że koniec w tym roku nie jest niemożliwy.

23.1.1943

Trypolis zdobyty, Rommel cofa się „artystycznie", ale cofa się. Rosjanie codziennie coś odbierają. Gazety nie kryją już faktów. Propaganda zdarła nagle zasłonę i zaczyna ukazywać nagą prawdę. Zaczyna się operować strachem. Przestraszyć wszystkich czerwoną potęgą i pokazać, jaki los nas czeka w razie jej zwycięstwa. O tym wszyscy wiemy (nie wszyscy, bardzo niewielu w gruncie rzeczy), a jednak tak znienawidziliśmy tę „europejską" kulturę i obłudę, że chwilami jest nam wszystko jedno. Niech i ja zginę, ale niech przed śmiercią zobaczę jeszcze koniec tamtego. Co wieczór zbiegam teraz na dół do patronów na komunikat.

27.1.1943

Wielki komunikat o spotkaniu się Roosevelta z Churchillem na wielkiej konferencji w Casablance. Powzięcie szeregu decyzji w sprawie wspólnego

---

[1] Powoli, ale niezawodnie.

prowadzenia wojny. Nadaje się temu olbrzymie znaczenie propagandowe. Prezydent Stanów Zjednoczonych konferuje poza granicami swojego kraju. Rzecz niemal niebywała w historii Ameryki. No i tak dalej. Nie entuzjazmuję się, bo jest jeden wielki i ciemny punkt. Stalin, usilnie zapraszany, nie przyjechał. Dlaczego? Bo ich ma gdzieś i chce wojnę wygrać sam. Dlaczego, dlaczego? Znowu zamieniam się w Rzeckiego.

29.1.1943

Hannibal ante portas, periculum in mora – to ton niemieckich gazet i propagandy w tej chwili. I wobec tego rozpoczynają wojnę totalną. Totalna mobilizacja ludności w Niemczech. Mężczyźni od 16–65 lat. Z tego wszyscy między siedemnastym i czterdziestym piątym rokiem życia na front. Kobiety od osiemnastu do czterdziestu pięciu lat. To w Niemczech. A co w reszcie Europy? Atmosfera znowu się zagęszcza. Jutro powinien przemawiać ten błazen z okazji dziesięciolecia objęcia władzy. Co powie?

30.1.1943

Hitler nie mówił. Wolał napisać proklamację i dać ją Göringowi do odczytania. Tylko że „*der dicke Hermann*"[1] nie mógł jej przeczytać o godzinie wyznaczonej na tę uroczystość, bo Anglicy przylecieli bombardować Berlin i w sposób najbardziej nietaktowny opóźnili cały ten majufes o dwie godziny. Straszny naród ci Anglicy. Cały Paryż trzęsie się ze śmiechu. Rosjanie gazują na Rostów.

31.1.1943

Śliczna niedziela. Bulwary lśnią w mdłym zimowym słońcu. Wszystko jest jakby polakierowane szkłem. Jest nam za gorąco. Basia narzuca futro na ramiona, ja rozpinam palto i idziemy. Wolno ku Madeleine. W całym Paryżu panuje atmosfera źle tłumionej radości. Styczniowe i anemiczne słońce uważa się już za wiosenne. Ludzie snują się leniwie, przystają, by pooglądać wystawy. Nie ma na nich wiele, bo zgodnie z rozporządzeniem nie wystawia się *marchandise de luxe*[2]. Nie wypada drażnić zbytkiem bohaterskich obrońców Europy, nie wypada roztaczać go w wykwintnych sklepach tu, gdy tam „Europa" krwawi się i cofa pod naporem barbarzyńskich hord. Wystawy są prawie puste. Za to ulica, cała ulica jest wystawą beztroski. Paryski tłumek zrobił się tak elegancki jak nigdy. Kobiety i młode dziewczęta obnoszą z zacięciem tanie futerka z królików we wszystkich możliwych kolorach i fasonach. Jest moda na króliki i nawet wielkie elegantki, posiadające okrycia o wiele szlachetniejsze, noszą króliki przyrządzone przez wielkie domy mody. Z wrodzonym Paryżowi smakiem

---

[1] Gruby Hermann.
[2] Towarów luksusowych.

i artyzmem. Stukają drewniane podeszwy sandałów i małych butków z futerkiem. Wielkie torby zawieszone na ramieniu i długie parasolki dodają ruchom nonszalancji. Kapelusze są coraz większe, o kształtach romantycznych budek. Misterny turban lub fantazyjny beret stały się prawdziwymi dziełami sztuki.

Nawet mężczyźni stali się bardziej eleganccy. Francuzi cywilizują się i młodzież nadaje ton. We wnętrzu oszklonych tarasów kawiarnianych na Boulevard des Capucines i na rue Royale ludzie pływają leniwie jak ryby w akwarium. Króluje moda i kobieta. W jednym z kiosków koło Madeleine kupuję „Das Reich". Co napisał Herr Goebbels? Lubi się łapać kłamstwo na gorącym uczynku. Zresztą wszystko, co pisze Goebbels, ma często nie tylko ręce i nogi, ale nawet głowę, i miałoby ją na pewno, gdyby nie pisał tego — Goebbels. Niemcy są narodem głupim, bez krzty wyczucia. Oto do czego prowadzi ślepa wiara w system. Najbliżsi krewni bolszewików. Czy w ogóle może być mowa o systemie, gdy chodzi o człowieka? Wydaje mi się, że nie. Bo człowiek jest wiecznym atomem ulegającym rozbiciu, które wyzwala coraz to nowe siły. Czasem wydaje mi się, że cały kierunek współczesnej myśli jest jednym wielkim absurdem. W odniesieniu do człowieka nie może być mowy o systemie i — co gorsze — o WIERZE w system. Człowiek to wieczny pożar. Trzeba go gasić tak jak pożar, to znaczy jak s i ę d a. Być może, że i w gaszeniu pożaru jest wiele systemów, ale w rezultacie nie przydają się one na wiele, bo nic nie pali się nigdy według jakiegoś systemu. Człowiek, ta odwieczna niespodzianka, nie da się ująć w system. Jeżeli dziś ktoś zapytałby mnie w jaki ustrój, ideologię lub system wierzę, byłbym w kłopocie. Nie wierzę w żaden ustrój, wszystkie ideologie mam gdzieś i systemami w odniesieniu do człowieka pogardzam. Byłbym raczej skłonny odpowiedzieć, że wierzę w każdy ustrój, ideologię czy system, w którym jest n a p r a w d ę mowa o człowieku. Pozwolić człowiekowi ŻYĆ — oto jedyny system i ideologia. Pozwolić żyć, a nie KAZAĆ żyć, zostawić mu wybór celu jego życia, a nie narzucać mu go z góry. I skończyć z gloryfikacją śmierci.

Wchodzimy do Rebattet. Zamawiam herbatę, kupuję całą górę ptifurków. Czytam artykuł Goebbelsa o mobilizacji ludności i o wojnie totalnej. Jako przykład do naśladowania podaje on swoim Niemcom — Rosję. Mówi o kobietach Leningradu. Rosja. Gigantyczny wysiłek człowieka-termita. Podziw, bezgraniczny i bezkrytyczny podziw ogarnia dziś wszystkich. Bo tam, pod Uralem i za Uralem, w potwornych fabrykach, zakładach i obozach tysiące niewolników-termitów kuje broń dla termitów-wojowników, by pokonać innego termita i cały świat zamienić w wielką termitierę. Czym jest tam człowiek? Nie podziwiam niczego. Wolę podziwiać ptifurki i te ładne, młode dziewczyny, niebroniące żadnego Leningradu, dla których jedynym Leningradem jest łóżko. I tak powinno być.

1.2.1943

Właściwie Stalingrad jest skończony. Ale nie przyznają się. Ciągle piszą o bohaterskich walkach w warunkach beznadziejnych. Ani na chwilę nie wątpię w te beznadziejne warunki. Nikt nie lituje się ani nie podziwia. Cała nienawiść ludzka skupiła się w Stalingradzie. Z zadowoleniem i z największą rozkoszą mówi się o śmierci tysięcy ludzi i nikomu nie przychodzi na myśl, że to też są ludzie. Nawet mnie... Cała Europa okupowana siedzi w cyrku i patrzy z zimną krwią na tę straszliwą arenę. I nie zdaje sobie sprawy, że jakimś szatańskim zrządzeniem losu, piekielnym paradoksem jest fakt, że ogląda równocześnie jakby swój pogrzeb. Śmierć zdrajców Europy i jej grabarzy. K. ma rację. Ich największą zbrodnią jest zdrada Europy.

4.2.1943

No, przyznali się. Z fanfarami, z całą ponurością Wikingów i krzyżackim kłamstwem.

Stalingrad uratował Niemcy od klęski. Stalingrad, wstrzymując na sobie potęgę bolszewicką, pozwolił na zorganizowanie obrony na tyłach, ustrzegł Niemcy od pewnej klęski. Bardzo być może, ale na jak długo? Ale cośmy się ubawili, tośmy się ubawili. Madame Junot, opisując nastrój w Paryżu po kampanii moskiewskiej Napoleona, przytacza kilka okrutnych anegdot i kalamburów, które rozprzestrzeniły się wówczas po całej Francji. Przylepiano je wszędzie na murach, a nieraz wprost pod oknami Napoleona: *Qu'est-ce que tu as fait avec ton armée?*[1] Napoleon odpowiada: *Je l'ai, je l'a* (w wymowie brzmi to jak „żele" i może oznaczać albo „mam ją" albo także „zamrożona"). Miałoby się ochotę przylepić coś takiego pod oknami „Führers-Hauptquartier". Rosjanie odebrali Kupiańsk.

6.2.1943

Idąc dziś do naszej nadwornej łaźni na rue de Charenton, kupiłem po drodze „Colonel Chabert"[2] Balzaca. Przeczytałem jednym tchem. Jest to długa nowela, a nie powieść. Czym jest Chabert, ten pułkownik napoleoński, który uznany za zmarłego w bitwie pod Pruską nawą wygrzebuje się z dołu pełnego trupów i po latach tułaczki na piechotę poprzez całą Europę przychodzi do Francji? Widmo wielkiej i krwawej epopei. Ruina człowieka walcząca z życiem, które już nie jest dla niego. Dla otoczenia to czkawka krwią, dla niego samego to sen kończący się obłąkaniem.

Ilu takich Chabertów zrodzi ta wojna? Sama wojna jest okropna, ale jej rezultaty jeszcze straszniejsze. Jak długo po tej wojnie każde ze społeczeństw będzie pełne tych ruin ludzkich? Ruin byłych wojskowych, ruin byłych jeńców, ruin byłych deportowanych, rozbitych rodzin, umarłych uczuć i wybitej z toru młodzieży? A nad tym rozpięta pomimo wszystko aureola legendy, e p o p e i. Każda nowa wojna rodzi się z legendy o poprzedniej wojnie. Każda wojna jest

---

1 Coś ty zrobił ze swoją armią?
2 „Pułkownik Chabert".

tylko dalszym ciągiem tej pierwszej. Kto wie, czy zabicie Abla nie zostało przybrane w jakąś legendę, która uwiodła następnego Kaina. Mit, legenda poświęcenia, epopeja śmierci nęci każde nowe pokolenie. Za kilkanaście lat Stalingrad będzie tym krzakiem gorejącym, z którego obrazem przed oczami nowi młodzi zechcą iść naprzód, na stracenie. Błędne koło.

8.2.1943

W Niemczech kończą się cztery dni żałoby narodowej z powodu klęski pod Stalingradem. Dla ambicji jednego człowieka. „Colonel Chabert" nie może mi wyjść z głowy. Jak długo przeżyła we Francji legenda Napoleona? Ile krwi przelało się w imię tej legendy już wówczas, gdy on sam od dawna już nie żył. W całej Europie. Legenda krwi, legenda nieszczęść, nędzy i śmierci owiana dymami kadzideł. Trup, zwyczajny trup przesłonięty oparami chwały, wlokącej się jak kula u nogi za szeregiem pokoleń. Czym jest to wszystko wobec milionów żyć ludzkich i łez milionów serc? Jak długo przeżyje w Niemczech legenda Hitlera? Co stanie się jeszcze w imię tej legendy? Dziś znienawidzony w całej Europie, ukaże się w aureoli legendy pokoleniom późniejszym. Opowieści tych spod Sewastopola, Charkowa lub Leningradu zapalą fantazję młodych, nęcić będą wielką przygodą. Od gorących piasków pustyni aż po wieczne lody północy wędrować będzie opowieść tych, co wrócili. Nigdy nie zrozumieją, co się stało, i umrą we śnie. Człowiek kocha cierpienie, a gdy przeminie, stroi je w kwiaty. Wojna nie kończy się dlatego, że ktoś kogoś pokonał, lecz dlatego, że u jednego z przeciwników blednie szybciej legenda. Obraz mitu, ten złożony obraz wytworzony z uczuć, wspomnień, ambicji, dawnej chwały — usuwa się z obrazu zimnej rzeczywistości. Ale upijanie się legendą jest niestety jednym z najuporczywszych nałogów. Katzenjammer jest krótki i prędko przychodzi ochota na nowe pijaństwo. Jak długo potrwa katzenjammer niemiecki?

16.2.1943

Charków odebrany, dwa dni temu Rostów i Woroszyłowgrad. Anglicy, aby o nich nie zapomniano, rozpętali znowu psychozę lądowania i cały Paryż jest przekonany, że w marcu Amerykanie i Anglicy będą we Francji. Po co? Nie tędy droga. Tymczasem zabawa z Tunisem. Rommel cofa się na Tunis, w którym von Arnim zainstalował się przy walnej pomocy Francuzów i stawia czoło Amerykanom, wdrenowującym się z drugiej strony. W wyniku końcowym będzie z Tunisu mały Stalingrad. Pozostaje tylko do wyjaśnienia, czy von Arnim — tak jak von Paulus w Stalingradzie — zostanie mianowany także marszałkiem *in articulo mortis*. Poza tym należy uwierzyć, że Rosja nie jest już Rosją bolszewicką, że to baranek i że można z nią rozmawiać. Abdul-Hamid i cesarzowa Chin... Do czasu...

18.2.1943

Masowa wysyłka robotników francuskich do Niemiec. Oczywiście pod patronatem Vichy. Francja przedstawia obecnie obraz nędzy i rozpaczy. Nikczemność kwitnie, donosicielstwo rozpętało się z siłą żywiołu, brak elementarnych wiadomości o historii, polityce i życiu innych narodów rzuca na pastwę pisanego i mówionego kłamstwa cały naród. Propaganda robi co może, aby rozbić trzeźwą myśl, a Vichy, zawsze z *France éternelle*[1] na ustach, paskudzi historię tego kraju tak, jak żaden rząd dotychczasowy od Juliusza Cezara począwszy. W każdym wysługiwaniu się zwycięzcy istnieje jakaś granica — choćby granica własnej godności. Ale Vichy, prasa francuska i cała ta klika robi to bez żadnych granic. Znajdują się ludzie pióra, F r a n c u z i, którzy wywiązują się z poleceń Niemców z taką żarliwością i z takim brakiem jakiejkolwiek godności własnej, którzy piszą i mówią tak, że w ogóle brak na to określenia. Jest to absolutna ż a r l i w o ś ć w absolutnym znikczemnieniu. Są Francuzi, którzy rozumieją to, ale tych jest niewielu. Ogół przypatruje się temu obojętnie i uważa, że skoro on jest *antiboche*[2], to wystarczy, i nie przejmuje się tym. Co z tego, że większość narodu jest istotnie antyniemiecka (teraz) i antykolaboracyjna, gdy znajdują się w tym narodzie takie asy jak Laval lub Pétain. Każdy rząd jest do pewnego stopnia wyrazem narodu. Francji obecnej nie można identyfikować z tym, co się mówi i pisze oficjalnie, ale nie można również oddzielać z u p e ł n i e tych dwóch rzeczy. Ciągle jeszcze znajdują się setki tych „piesków" okupacji, gotowych wypełnić polecenia niemieckie z większym samozaparciem i żarliwością, niżby to robili sami Niemcy. Gazety redagowane przez Francuzów przesadzają w wypełnianiu poleceń propagandy. Łżą, odwracają fakty dziesięciokrotnie bardziej niż prasa niemiecka. Na tym tle „Das Reich" nabiera cech uczciwego pisma. A przecież Francuzi nie muszą, nikt ich nie zmusza do tego, aby pisali więcej, niż nakazuje „Propagandastaffel in Frankreich"[3]. Ale oni piszą, szczekają, służą na ogonie.

21.2.1943

Wieczorem w Odeonie na „Weselu Figara". Stracony wieczór. To było wszystko, tylko nie teatr. Buda jarmarczna. Dekoracje, stroje, gra — poniżej zera. Jedno było tylko ciekawe: otóż Figaro, zamiast być sprytnym i chytrym Figarem, był cały czas spoufalonym chamem. I co więcej: czuło się najwyraźniej, że wypływa to nie ze sposobu gry, ale z n a t u r y. Figaro był naturalny, był do nitki naturalny we wszystkich scenach z księciem. Personifikował hołotę rewolucyjną, dającą z taką rozkoszą odczuwać wyższym od siebie wolność, równość i braterstwo. Wyższym urodzeniem? Nie — kulturą. Był Figarem Re-

---

1 Wieczną Francją.
2 Antyszwabski.
3 Sekcja Propagandy we Francji.

publiki, a nie Figarem Rokoka. Czuło się węzły ścisłej przyjaźni między Figarem i widownią, widownią i Figarem. Czuło się, że wszystko, co Figaro mówi, jest jeszcze ciągle aktualne dla tutejszego tłumku. Każda *boutade*[1] Figara, cienka i złośliwa, była robiona tu naumyślnie grubo, wulgarnie, programowo. Był to zbuntowany cham republikański, produkt poronionej rewolucji — ku zadowoleniu wszystkich. Zastanawiająca jest czasem ta ciągła aktualność Rewolucji i jej pokrytych kurzem haseł we Francji. Czasem zastanawiam się, czy Rewolucja zamiast pchać ich naprzód, nie tylko nie cofnęła, ale co znacznie gorsze — po prostu nie zatrzymała. Ma się nieraz dotykalne wrażenie, że jak roztrzęśli się 14 lipca 1789 roku, tak do dziś dnia trzęsą się — w tym samym miejscu, na tym samym poziomie.

W Rosji obchodzi się uroczyście 25-lecie Armii Czerwonej. Ludzie gubią się obecnie w domysłach na temat Rosji przy walnej pomocy propagandy angielskiej i amerykańskiej. Pchają w nich jak w tuczną gęś i jeszcze im robią propagandę. Jest to nowoczesne barbarzyństwo i nic się na to nie poradzi. Jeżeli nigdy nie spierałbym się na temat dorobku materialnego Rosji, o tyle uważam, że dorobek duchowy jest tam niewielki — jeśli w ogóle nie żaden.

K. czyta gazety i pisma, ja książki. Codziennie rano, spotkawszy się przy stole na scenie *salle des fêtes* merostwa Châtillon-sous-Bagneux, robimy przegląd sytuacji. K. powiedział mi dzisiaj: „Panie Andrzeju, gdyby w Londynie byli przytomni ludzie, to zamiast przygotowywać się do powrotu, zabraliby się już teraz do budowy silnej i zwartej emigracji". Czasem przyjeżdża P., inżynier i filozof. Mówi cicho i miarowo. „Więc co, sądzi pan, że Anglicy i Amerykanie pozwolą Rosji wejść do środka Europy?". Uśmiecha się. „Pozwolą. Nie miejmy złudzeń. Będą czekać, aż umrze Stalin i potem — zobaczą".

22.2.1943

Wobec tego król angielski ofiarował szpadę honorową miastu Stalingrad. Znowu świetny film „Pontcarral Colonel d'Empire". Idzie już od jesieni, ale z początku nie można się było dostać do kina. A ja unikam, jak tylko mogę, stania w jakichkolwiek ogonkach. Ogonek to jedna z najperfidniejszych metod poskramiania w człowieku samodzielnego myślenia. Staję w ogonku i natychmiast czuję w sobie *la bête humaine lampante*[2], zamieniam się w amebę, w jakiś plankton, któremu wszystko jedno, który skłonny jest pozwolić na wszystko, w którym dusza zostaje skolektywizowana i zamienia się w coś w rodzaju kołchozu: tracę poczucie własności siebie i wreszcie, gdy po długim staniu otrzymam jakiś ochłap, wydaje mi się, że świat jest piękny i że wcale nie jest tak źle.

---

[1] Replika.

[2] Pełzającego robaczka.

Po czym z takim optymistą robi się, co się chce. To też metoda, i to zupełnie inteligentna. Ogonkiem zmiękcza się ludzi, jak w przesłuchaniu śledczym.

25.2.1943

Z okazji dwudziestej trzeciej rocznicy założenia partii narodowosocjalistycznej Hitler rzucił Niemcom i Europie proklamację. Ale znowu nie wygłosił jej sam. Przeczytał ją Esser. Na temat tego czytania tych utworów literackich przez innych krąży oczywiście szereg domysłów. Od ciężkiej choroby aż do śmierci włącznie. Cała ta proklamacja była znowu wściekłym bzykiem muchy uplątanej w pajęczynie. „Nie zawahamy się ani na sekundę, aby narody winne wypowiedzenia tej wojny (?), przymusić do pomocy nam w decydującej walce... W pełnym porozumieniu z naszymi sprzymierzeńcami przystąpimy do mobilizacji materialnej i moralnej Europy". Wiadomo, w wagon i jazda. Dopiero teraz widzi się, jakim wytrzymałym bydlęciem jest człowiek. To przede wszystkim odróżnia go od innych zwierząt. To wszystko, co wyprawia się obecnie, wydawało się nam absolutnie niemożliwym do zniesienia jeszcze dziesięć lat temu. Wojna lotnicza na ten przykład. Wydawało się, że ten, który będzie miał przewagę w lotnictwie, od razu wygra, bo ludzie nie zniosą bombardowania. Tymczasem dziś rozwala się w ciągu godziny pół miasta, giną tysiące ludzi — i zabawa trwa nadal w najlepsze. Londyn przez pół roku trzeszczał pod bombami, teraz południowe Niemcy rozlatują się w kawałki i końca nie widać. Führer ogłasza proklamację, Anglicy zabrali się dopiero teraz poważniej do rzeczy, Rosjanie pokazali to, o co się ich nie posądzało przy najlepszych chęciach. Wojna zaczyna się.

26.2.1943

To dla potomności, jak daleko można posunąć fundamentalną nikczemność, nie będąc wcale do niej zmuszonym. Artykuł Roberta de Beauplan z dzisiejszego „Matin", nr 21420. Może służyć jako ilustracja, wymowna i wszechstronna, tego, co określam absolutną nikczemnością. Robert de Beauplan nie jest jeden. On pisze to, co wielu mówi i pisze z całą kliką Vichy na czele. To, co pisze de Beauplan, to, co piszą inni lub mówią przez radio, n i e j e s t d y k t o w a n e przez Propagandastaffel, bo nawet Niemcy nie zdecydowaliby się podsuwać redakcjom t a k i c h kawałków. Oni sami uważaliby coś takiego za zbyt grube, pomimo że skala ich odczuć jest raczej skromna. Nie — bez złudzeń. To jest francuskie w całej swojej nikczemności. Tytuł tego elaboratu jest „France, pays d'Europe"[1]. I brzmi to tak:

„Jedynie powaga zadań, które zatrzymują go w jego kwaterze głównej, przeszkodziła raz jeszcze Führerowi znaleźć się w Monachium wśród swych najstarszych towarzyszy walki, by wraz z nimi uczcić 23-lecie założenia Partii

[1] Francja, kraj Europy.

Narodowo-Socjalistycznej. Lecz proklamacja odczytana w jego imieniu przez Sekretarza Stanu Essera posiada niemniej znaczenie kapitalne".

„Wojska niemieckie, które dzięki szeregowi zwycięstw przeniknęły aż do serca Rosji, wystawione są od trzech miesięcy na najstraszliwsze ataki czasów współczesnych. Że wódz ich proklamuje w dalszym ciągu swą ufność w wynik końcowy, to nie ma w tym nic niespodziewanego ze strony człowieka, który potrafił dotąd zatriumfować nad wszystkimi próbami, na jakie został wystawiony, a to dzięki swej energii i nieustępliwej woli. Ufność tę zawdzięcza Führer również pewności posiadania za sobą wielkiego, jednomyślnego narodu, który zgalwanizował on swą wiarą i który nie cofnie się przed żadną ofiarą, by osiągnąć cel, wyznaczony mu przez niego".

„Lecz Niemcy nie walczą tylko dla siebie. Bronią one całej Europy przed inwazją bolszewicką, zagrażającą jej. Toteż Niemcy nie liczą na to, by bić się same".

„Kilka słów wypowiedzianych przez Führera odznacza się ważkością treści: «Nie zawahamy się ani na sekundę, by narody winne wypowiedzenia tej wojny przymusić do pomocy nam w tej decydującej walce... W pełnym porozumieniu z naszymi sprzymierzeńcami przystąpimy do mobilizacji materialnej i moralnej Europy». Że słowa te skierowane są przede wszystkim do Francji, któż mógłby o tym nie wiedzieć. My ponosimy, w wielkiej mierze, odpowiedzialność za wojnę, a klęska nasza, wydając nas na łaskę i niełaskę Niemiec, daje im dziś prawo wymagania od nas pomocy, jakiej potrzebują. Niemcy, czyniąc to, nie nadużywają swoich praw. Wykonywują one prawa słuszne (*légitime*). Tak myśli rząd Marszałka Pétain i Prezydenta Lavala, których polityka idzie po linii spontanicznego oddania do usług Niemcom maksymalnych środków rozporządzalnych i naszych sił roboczych. Ktokolwiek zamierzałby się sprzeciwiać tej polityce, zdradziłby swym postępowaniem obowiązki Francuza. Zresztą opór byłby próżny i Führer wyraźnie dał nam to do zrozumienia". (To zdanie jest wprost niesamowite w swojej nikczemnej szczerości, naprawdę rozbrajającej).

„Lecz to nie twardym prawom zwycięzcy podlegamy. Należy oglądać rzeczy z wysoka (z szubienicy). Gdyby Europa upadła, Francja, kraj Europy, zginęłaby razem z nią. Jeśli Europa ocaleje dzięki Niemcom, to zyskamy na tym tylko w tym stopniu, w jakim współpracowaliśmy w tym dziele zbawienia. Taki jest dylemat, przed którym stoimy. Nie mówmy więc, że Niemcy narzucają nam niewolę, gdy one ofiarowują nam szczęście niespodziewane: szczęście naprawienia katastrofalnych skutków naszych błędów i liczenia się z naszymi prawami w rekonstrukcji Nowej Europy".

Czy może istnieć coś bardziej płaskiego w swej służalczości i nikczemnym lokajstwie? Kanalia.

1.3.1943

Rosjanie zagalopowali się. Niemcy przeszli do przeciwnatarcia i już coś tam znowu odebrali. Wszystkim miny zrzedły i nosy wydłużyły się. Niemcy są jeszcze silni. Oczywiście — ale to nie zmieni już w niczym sytuacji.

Bierdiajew pisze między innymi: „W «Utopii» Tomasza Morusa swobodna zmiana miejsca zamieszkania nie jest wcale łatwa. W «Utopii» Cabeta ukazuje się jedyny dziennik, dziennik rządowy, i istnienie organów prasy wolnej jest kategorycznie zabronione. Znało się źle utopie — lub zapomniało się o nich — i zanadto żałowano, że nie można wprowadzić ich w czyn. Okazuje się jednak, że są one bardziej wykonalne, niż zdawało się to dawniej. I stajemy dziś przed pytaniem zgoła inaczej palącym: jak uniknąć definitywnej realizacji utopii?".

Nie uniknęliśmy. Ale nie rozumiemy. „Do czego doszliśmy?" — pyta się dzisiaj prawie każdy z nas. W tym pytaniu zawiera się właściwie cała nasza epoka, a w tych trzech słowach kryje się cały ogrom tragizmu naszych czasów. Pytanie to zaczyna ogarniać wszystko, przesiąkać wszędzie, układać się w wielki znak zapytania w każdym spojrzeniu milionów ludzi. Ci, co nie potrafią myśleć, czują, że stało się coś dziwnego, niezrozumiałego i potwornego. Odczuwa się to, co odczuwałby więzień, któremu obiecano wolność, a którego sprowadza się do coraz to niższych i ciemniejszych cel: gorycz rozczarowania, zdziwienie, strach i w końcu tępą rezygnację.

Myśl szuka odpowiedzi i tłucze się bezradnie w ramach jałowych rozumowań. Wojna? Nie. Wojna nie może być przyczyną, bo wojna jest zawsze tylko skutkiem. Jest tylko objawem długo tajonej choroby. Skutkiem czego? Kapitalizmu, kryzysów, przesunięć w układzie społecznym? Tak, ale... Ale czym dalej się idzie, tym bardziej wszystko się wikła, tym większa tworzy się próżnia. Gdzieś dalej kończy się siła rozumu, cała inteligencja zawodzi w zetknięciu z rzeczywistością. Człowiek nie rozumie i poddaje się.

Tymczasem to wszystko musi mieć jakiś sens, musi się z czymś wiązać. Poddanie się, „niemyślenie", wystarczają tylko na krótki okres czasu. Następne ukłucie rzeczywistości budzi znowu tę samą myśl. W „niemyśleniu", w poddaniu się jest coś upokarzającego. Dziś, w tej epoce, w której człowiek zaczyna się wstydzić tego, że jest człowiekiem, poddanie się myśli, powiedzenie sobie „nie rozumiem" poniża jeszcze bardziej, zbliża jeszcze więcej do zwierzęcia, którym stawał się każdy z nas już od dawna. Nie czuliśmy tego — dziś widzimy. Bo jeśli nawet dziś miliony ludzi nie stały się jeszcze zwierzętami, to grozi im to w najbliższej przyszłości. Jesteśmy w okresie „odczłowieczenia" przyspieszonego. Do czegóż, u diabła, doszliśmy?

W pierwszym ataku na to pytanie epoki każdy z nas czuje się bezsilny. Dostrzegamy, że cała nasza inteligencja nie wystarcza nam na przebicie się przez ten mur pytań budzących się pod wpływem pierwszego. Całe wykształcenie, jakie odebraliśmy, cały sposób myślenia, jakiego nas nauczono, okazują się więcej niż nikłe w zetknięciu z tym życiem, jakie przypadło nam w udziale. Czujemy, że rozum nasz tkwi w jakichś okowach, których nie może rozerwać, że w rozmyślaniach na ten temat zachowujemy się jak tonąca mucha, opływająca wokoło ściany gładkiego naczynia i ześlizgująca się zawsze z powrotem do wody. Nie mogąc znaleźć odpowiedzi w myślach, pełnych zamętu, przestajemy na chwilę myśleć, obserwując jedynie uczucia, jakie budzą się w nas, gdy wszystko zawodzi i gdy stajemy znowu bezradni w obliczu faktów. Uczucie jest podstawą każdej myśli. Uczucie jest surowcem, myśl półproduktem, słowo wyrobem gotowym. Bardzo niedoskonałym, to prawda. Ale jedno bez drugiego nie może istnieć.

Zacząwszy od uczuć i idąc dalej poprzez myśl i słowo, wspierając się na każdym z tych trzech elementów bardziej (w pewnych momentach), kontrolując i segregując, wyrwiemy z siebie dalsze spostrzeżenia. Analizując uczucia, dostrzeżemy, że najwyraźniejszym z nich, które ogarnia wszystkich bez wyjątku, jest piekielny zawód – i to tak wielki, że stajemy wobec niego zupełnie otępiali. Odczuwamy to tak, jakby ktoś głaskał nas długo po głowie przy akompaniamencie pieszczotliwych obietnic i – nagle uderzył. Za pierwszym uderzeniem poszły następne. A gdy tylko podnieśliśmy głowę, sypały się nowe razy, coraz mocniejsze. Wszystko, co włożono nam i ułożono w mózgu, co poklasowano starannie, wije się z bólu.

Przedmioty twarde reagują na uderzenia o wiele gwałtowniej niż przedmioty miękkie. Jeżeli dziś zawartość naszej czaszki pęka, to dlatego, że włożono nam do niej coś bardzo twardego. Tą nieelastyczną materią jest cały system myślenia. Całe nasze nieporozumienie z rzeczywistością polega na istnieniu jakiegoś sztywnego i nienaruszalnego tabu, które zamyka nam dostęp do nowych spostrzeżeń. Widzimy to, czujemy, że myśl nie może się do czegoś nagiąć.

Prawdziwe zrozumienie czegoś opiera się zawsze na ustąpieniu, na zrezygnowaniu choćby tylko częściowym z tego, co uważało się dotychczas za prawdę – celem poznania nowej prawdy. Zrozumieć oznacza upokorzyć się. Zrozumiemy bolesność tych uderzeń, zrozumiemy, że jeśli dziś nie zrozumiemy, to jedynie dlatego, iż mimo woli lub dobrowolnie nie chcemy ustąpić i zrezygnować z pewnych prawd, wśród których wzrośliśmy i którymi nas wykarmiono.

Otępienie i ogrom zdziwienia, ogarniające nas dzisiaj w zetknięciu z rzeczywistością, są wprost proporcjonalne do siły oporu, jaki stawiamy w oparciu o wszczepione nam tabu lub po prostu dogmaty. Bo wiek nasz, ucząc myślenia, którego podstawą był sceptycyzm wobec wszystkiego jako uosobienie wyzwolenia, zakuł nasz umysł w nowe kajdany dogmatów lub tak zwanych prawd niezaprzeczalnych. Cały przebieg konfliktu myśli rozgrywającego się w zetknięciu z obecną rzeczywistością świadczy prawie na pewno, że tak jest w istocie.

Człowiek opierający się na jakichkolwiek dogmatach reaguje na nowe myśli lub zjawiska obalające jego dotychczasowy system myślenia lub wyznanie wiary w sposób zawsze ten sam: przyjmuje je, lecz nie może się z nimi pogodzić. Jest to irracjonalne zaprzeczenie istnienia czegoś, co samo narzuca się – jest to chęć odwrotu od rzeczywistości, strach przed rozpadnięciem się w gruzy tego, co dotąd uważało się za niezniszczalne. Może nic nie wyrządziło na świecie tyle krzywdy, co ta tchórzliwa (często także interesowna) chęć odwrotu od rzeczywistości. Człowiek lub ideologie zatrzymują się w instynktownej obawie pustki, a nie będąc pewnymi, czy znajdą coś poza zakrętem, wolą z uporem dreptać w miejscu. By odwlec katastrofę. Czym droższy sercu był dany dogmat (nigdy umysłowi – dogmat nie wytrzymuje natarcia umysłu), czym większą czcią otoczony, tym pogodzenie się z nową prawdą bywa trudniejsze, tym dreptanie dłuższym. Za dreptanie płaci się najdrożej.

Rozum ludzki zachowuje się jak bankrut, który tając bankructwo i obnosząc resztki swej fortuny, stara się siebie przekonać, iż uda mu się zataić je nie tylko przed innymi, ale i przed sobą. Jest to rozpaczliwa obrona straconych z góry pozycji. W obliczu rzeczywistości dreptamy w miejscu. Czując bankructwo dawnych wierzeń, nie chcemy się do niego przyznać. Rozpaczliwa obrona, natężenie tej walki i wynikające z niej nieporozumienia są najtypowszym objawem konfliktu myśli z dogmatem. Bo dogmat nie jest myślą — jest przede wszystkim uczuciem, tak zresztą jak każde uczucie jest w pewnej mierze dogmatem.

W każdej walce z dogmatem lub w okresie walenia się go niezależnie od naszej woli następuje powszechny zamęt, utrudniający jakie takie zrozumienie wyłaniających się rzeczy, gdyż następuje nie starcie się myśli z myślą, lecz myśli z uczuciem. Najburzliwsze okresy zarówno w życiu zbiorowości, jak i w życiu jednostki, są zawsze okresami walenia się dotychczasowych absolutnych wierzeń — uczuć. Obrona uczuć nie zna kompromisów i nie zna rozsądku. Stąd bezwładny opór konserwatystów, bo zwykle nie bronią oni myśli, lecz uczuć. Wszyscy jesteśmy dziś konserwatystami, a obrona, ślepa obrona dogmatów zaciemnia nam obraz. Wszyscy jesteśmy wyznawcami dogmatów p o s t ę p u w najfałszywszym znaczeniu tego pojęcia, wiary w człowieka i w automatyzm jego rozwoju, fanatykami dogmatu materii i liczby. Nie możemy zdecydować się na obalenie ich, bojąc się zerwania z najdroższymi wierzeniami. Bronimy złudzeń i nie możemy zrozumieć rzeczywistości. Nie potrafimy umieścić faktów w żadnym planie, gdyż każda myśl potyka się o wierzenia, w których nas wychowano i które już n i e w y s t a r c z a j ą. Rozum pląta się, broni straconych pozycji i drepta w miejscu. Nie możemy uwierzyć, boimy się przyznać do bankructwa, do bankructwa wszystkich ideologii.

Tymczasem bankructwo to stało się jasne i jedynie pogodzenie się z nim może nam pozwolić na częściowe choćby zrozumienie tego, co dotąd wymyka się naszemu rozumowaniu. Pogódźmy się z upadkiem dogmatów, a pozwoli nam to na stworzenie sobie — innych. Jak trudno pogodzić się z faktem, że prawdziwa mądrość i prawdziwa wiara nie są wiarą w doskonałość tego, co raz tam okazało się doskonałym, lecz u m i e j ę t n o ś c i ą t r a c e n i a w i a r y w odpowiednim momencie. To także gotowość cofnięcia się zawsze do zera. Musimy cofnąć się do zera i sprawdzić fałszywy rachunek. Jak fałszywy, to widzimy dzisiaj.

Staram się zebrać w jedno te strzępy myśli, które nie dają mi spokoju. Wszystko buntuje się we mnie, bo wydaje mi się, że poszliśmy złą drogą i że jeżeli nie zmieni się kierunku, to przyszłość jest ciemna. François de Curel powiedział raz dowcipnie: „Natura nie ma praw. To ludzie wymyślili je dla swojej wygody". Dowcip pozorny. Bo dziś wszyscy uginamy się pod ciężarem „praw natury" i ideologii wymyślonych i zmyślonych przez tych wszystkich, dla których człowiek, ten zwykły człowiek, stał się niewygodny. Człowiek przez wielkie C to największa zawalidroga we wszystkich systemach i ideologiach. Uginamy się pod brzmieniem „praw", „systemów" i „ideologii" zupełnie już dzisiaj fałszywych. Pędzimy jak maszynista w lokomotywie, wpatrując się jedynie w manometr i w szybkościomierz. I wzrasta tylko ciśnienie, i wzrasta tylko szybkość. Nic poza tym.

4.3.1943

Przedwczoraj znowu bombardowali Berlin. Między Sikorskim i Sowietami wynikł konflikt. O Lwów. My nie chcemy oddać tego, co w tej chwili nie jest nasze, bolszewicy nie chcą się zrzec tego, co nigdy nie było ich. Odwieczne rozmowy o ukradzionym zegarku. Oczywiście Niemcy to wykorzystują. Już dziś wielki artykuł w „Pariser Zeitung" pod tytułem „Polnischer Schulfall"[1]. Jeszcze trochę i Niemcy zaczną nad nami płakać. Zrobią z nas naród umęczony przez bolszewików. I wszystko będzie słuszne. Ale nie będzie słuszne, bo mówią o tym Niemcy. Teraz kłócimy się o Lwów i — mamy rację. Tylko że jak się Anglikom znudzą te kłótnie z ich wiernym sprzymierzeńcem polskim, to nam zamkną buzię i powiedzą Sikorskiemu *shut up*.

7.3.1943

Są o 60 km od Viaźmy. Od dziesięciu dni, w każdą noc, Niemcy są bombardowane. *Deutschland erwache. Und Deutschland erwacht. Jede Nacht.*[2]

Joseph de Maistre podaje w swoich świetnych „Considérations sur la France" małą statystykę, która mówi bardzo wiele i jest niesamowicie aktualna, pomimo swojej starości. W rozdziale VII swoich „Considérations" powiada tak:

Od 1 lipca 1789 roku do października 1791 roku Zgromadzenie Narodowe wydało...	2557	praw	i ustaw
Zgromadzenie prawodawcze wydało ich w ciągu jedenastu i pół miesiąca...	1712	"	"
Konwent narodowy, od pierwszego dnia Republiki aż do 4 Brumaire'a roku IV (26.10.1795), wydał w ciągu 57 miesięcy...	11 210	"	"
Razem	15 479	"	"

„Wątpię — pisze dalej de Maistre — czy trzy dynastie królów Francji razem wzięte porodziły kolekcję o takiej sile. Gdy myśli się o tej nieskończonej ilości praw i ustaw, odczuwa się kolejno: najpierw podziw lub co najmniej zdziwienie. Razem z Mr. Burkem jest się zdziwionym, że ten naród, którego lekkomyślność jest przysłowiowa, wydał aż tak upartych pracowników. Gmach tych praw jest dziełem atlantycznym, którego widok oszałamia. Lecz zdziwienie zamienia się od razu w litość, gdy pomyśli się o zupełnej nicości tych praw. Widzi

[1] Polski przykład.

[2] Zbudźcie się, Niemcy. I Niemcy się budzą. Noc w noc.

się wówczas jedynie małe dzieci, które męczą się w pocie czoła, by wznieść wielki gmach z kart. Dlaczego tyle praw? Ponieważ brak zupełnie prawodawcy. Co zrobili ci rzekomi prawodawcy przez sześć lat? NIC. Ponieważ BURZYĆ nie znaczy CZYNIĆ (*car détruire n'est pas faire*)".

Wszystko to można by powtórzyć dzisiaj w odniesieniu do Francji dzisiejszej, a w przyszłości (jeżeli wszystko pójdzie dobrze) prawdopodobnie do całej Europy. Po zawieszeniu broni, po objęciu władzy przez Pétaina, a następnie przez Lavala Francja puściła się na mętne wody „odrodzenia wewnętrznego" pod hasłem „Rewolucji Narodowej" (*Révolution Nationale* — oni bez rewolucji ani rusz). Pobita, zdeptana, strącona z wyżyn wyobrażenia o sobie (bardzo nieraz przesadnego), postanowiła uderzyć się w pierś i — znaleźć winnych. Zamiast szukać winy w samej sobie, postawiła przed trybunałem w Riom „sprawców klęski". Były to te *circenses* dla ludu, bo brakowało *panem*. Poniżyć i zmieszać z błotem kilku mniej lub więcej wybitnych ludzi ze świecznika narodowego to znaczy wywyższyć tłum, to zadowolić instynkty „odgrywki", zasłaniając jednocześnie prawdę, co w tych wypadkach jest najważniejsze.

Cała ta operetka w Riom miała dać opinii żer, odwrócić uwagę, jednym słowem moskiewskie procesy we francuskim wydaniu. Tymczasem stało się inaczej. Oskarżeni oskarżyli oskarżycieli. Atmosfera gęstniała z dnia na dzień, skandal unosił się w powietrzu, Francja z właściwym jej w takich wypadkach smakiem wchłaniała zapachy z tej kuchni procesowej i bawiła się przy tym nie najgorzej. Ostra cenzura psuła zabawę, ale to, co przedostało się, było pikantne — tak pikantne, że proces przerwano. Wielkie pociągnięcie propagandowe rządu Pétaina nie udało się. To ciekawe, że od stu lat wszystkie ideologie polityczne „jedyne i prawdziwe", od najbardziej prawicowych do najbardziej lewicowych, nie potrafiły nic innego wymyśleć jak tylko głupawe procesy. Toteż ratując resztki swej powagi, mocno nadwerężonej komedią Riom, rząd Vichy rozpoczął kanonizację Pétaina za życia. Taki piernikowaty Stalinek *à la française*. Wszystko zaczęło się dziać z imieniem *Maréchal*[1] na ustach, w ustach i we wszystkich innych częściach ciała. Razem z tym rozpętano propagandę „kompleksu niższości", wstrzykiwaną powoli i jadowicie przez tak zwanych intelektualistów. Patrzcie na Niemcy — oni genialni, oni wszystko wymyślili, oni komponowali najlepszą muzykę, oni są karni, oni są prawdziwymi obywatelami, Hitler jest geniuszem, my prochem i niczym. Zmącić wodę, skłócić Francję samą z sobą, rozbić i poróżnić. To wszystko w imię regeneracji narodu. Vichy, musujące francuskimi entuzjastami totalizmu, zaczęło odradzać Francję — ustawami i prawami, policją tajną i obozami koncentracyjnymi. I tu zaczęła się ta wielka groteska, może największa w dziejach totalizmu, groteska Francji totalistycznej pod dyktaturą Pétaina, obecnie Lavala. Ma to wszystkie cechy makabryczno-komicznego skeczu z trzeciorzędnego musicalu.

Francja postanowiła „odrodzić się", biorąc sobie za przykład Niemcy, a głównie ich orrrrrganizację. Rekonstrukcja, orrrrrganizacja, rrrregeneracja

[1] Marszałka.

stały się hasłami dnia. Najwięksi patrioci francuscy, widząc w przypływie nagłego obiektywizmu wszystkie przyczyny upadku Francji, zobaczyli nagle t y l k o zło. Opinie dobrze płatnych kolaboracjonistów intelektualnych (intelektualiści w takich wypadkach to zawsze największa swołocz i prostytucja), wygłaszane w dziennikach, tygodnikach, miesięcznikach i w radiu, pełne barwnego „kompleksu niższości", połączyły się z sądami ludzi dobrej woli, krytyków dobrej wiary i najbardziej antyniemieckich, opluwając wspólnie swój kraj i posuwając się do najdalej idącego zaprzeczania nawet najbardziej uznanych i bezspornych wartości. Francja jest zmurszała i zgniła — należy ją odrodzić. Jako naród dostrzegający wszędzie i zawsze tylko f o r m ę, a nie treść, Francja odkryła w sobie tylko błędy formy. Nie szukając przyczyn swego upadku w treści, nie szukając w g ł ą b, dostrzegła tylko martwe paragrafy. Zatrzymała się w swej autopsychoanalizie tylko na r e z u l t a t a c h i na ostatnich, najbardziej widocznych przyczynach.

Uznając i rozumiejąc jedynie formę, postanowiła odrodzić się formą, po raz x-ty w ciągu jej dziejów okłamać się i zakłamać f o r m ą. Cała Rewolucja była właściwie formą bez treści i dlatego nie wydała żadnych istotnych rezultatów. Widząc przyczynę wszelkiego zła w niewykonywaniu praw, postanowiła leczyć się — n o w y m i p r a w a m i. Nowe prawa i ustawy miały naprawić zło przeszłe i zapobiec nowemu. Wynik: zdwojono lub potrojono ilość niewykonywanych praw. „Nowa Francja" (*la France Nouvelle*) zasypała kraj lawiną praw i ustaw, których nikt nie chciał wykonywać. By zmusić do tego, do czego żaden Francuz z natury i od urodzenia nie ma skłonności, użyto policji, milicji, szturmówek narodowych i obozów, więzień i grzywien. Francja dzisiejsza siedzi w obozach i więzieniach okupanta, płaci kary i odsiaduje je w swoich własnych obozach i więzieniach, wtrącona tam przez własny rząd, własną policję i administrację w myśl haseł — odrodzenia Francji. Męczona przez Niemców, zadręcza się sama stokroć gorzej (wielu mówi, że w strefie okupowanej żyje się znacznie swobodniej niż w tak zwanej strefie wolnej. Teraz to już nieaktualne) — dla swego „dobra". Jest to jak jakiś szał, który ogarnął nawet zupełnie mocne skądinąd głowy i wiele nieprzekupnych głów. Coś dla Voltaire'a — choć jestem pewny, że ten siedziałby dziś w Vichy.

Nowa organizacja doprowadziła do zupełnego chaosu. Jest to interesujące jako objaw zupełnej bezradności. Ten naród, który stworzył tyle praw i nakarmił nimi cały świat, który ma wprost mrówczą cierpliwość w organizacyjnym rozwiązywaniu wszystkich stron życia przy pomocy osobnych deklaracji, kwestionariuszy, dokumentów i papierków — ten naród jest zupełnie bezsilny, gdy chodzi o dostosowanie teorii do życia. Czym więcej analizuję Francję, tym częściej dostrzegam, że najbardziej charakterystyczną cechą tego narodu jest ciągła rozbieżność między teorią i praktyką. Ciągła walka, ciągłe ścieranie się teorii z praktyką jest i tragedią, i wielkością tego kraju. Wrodzona nieudolność i bezsilność Francuzów, gdy chodzi o wprowadzenie w czyn idei, jest do pewnego stopnia instynktem samozachowawczym. Każdy Francuz jest w gruncie rzeczy urodzonym prawodawcą, teoretykiem, ideologiem. Każdy Francuz ma mniejszą lub większą skłonność do rozwiązywania każdego zagadnienia życiowego przy pomocy prawa i ustawy. Gdyby wszystkie prawa i ustawy, rodzące się z taką obfitością od czasu pierwszego ataku febry rewolucyjnej, zostały literalnie wprowadzone w życie, Francji albo nie byłoby już zupełnie, albo stałaby się krajem automatów i robotów.

To ciągłe ścieranie się teorii z praktyką jest może najistotniejszą przyczyną tych wszystkich nieoczekiwanych, często olśniewających myśli, idei i ruchów, tego bezustannego fermentu, który tyle daje całemu światu. Francja jest w ciągłej walce wewnętrznej, w ciągłym ruchu, w ciągłym przeczeniu, w bezustannym „uniku", używając języka szermierki. Jej tragedia to ciągła walka wewnętrzna, ciągły ferment, który dla niej samej jest wyczerpujący, ale który daje jej jednocześnie wiele tego czegoś, co cały świat jej przyznaje i za czym mu — tęskno. Francja jest ideologicznym poligonem całego świata. Gdy pozna się Francję, widzi się wówczas, do jakiego stopnia robiła ona swoje wszystkie rewolucje — za innych i dla innych. Wyczerpując się w wewnętrznych skrętach i usychając, poiła cały świat. Ideowo wykarmiła całą kulę ziemską, wypróbowywała na sobie złe i dobre, eksperymentowała przy szeroko otwartych drzwiach. Inni wzięli z niej tylko to, co okazało się dobrym, i udoskonalili, wprowadzając w czyn. Francja jest krajem najgenialniejszych reform, krajem miliona reform, a jednocześnie krajem, w którym najmniej z tych reform weszło w życie. Francja ogranicza się do wydawania praw i do wykonywania tych praw ewentualnie w formie. Wszystko, co dotyczy materialnej strony prawa, wykonywane jest ze ślepą dokładnością, wszystko, co związane jest z jego treścią, pozostaje martwym. I dlatego także dzieje się tu tyle bezprawia pod pokrywką prawa.

Ale pomimo to, pomimo przykładów na każdym kroku, Francuz pozostaje fanatykiem prawa, sztuki dla sztuki, przywiązując znaczenie do każdego słowa i każdej litery, gdy chodzi o prawo lub jakąś ideę. Ta łatwowierność „polityczna" jest właściwie dosyć niespodziewana. Tylko dzięki niej tyle rządów i tylu mężów stanu mogło tu bezkarnie tyle nakłamać, tyle naobiecywać i tyle nie wykonać, co we Francji. Przy każdej zmianie rządu, przy każdej mowie jakiegoś dygnitarza Francuz łapczywie chwyta patos i obietnice reform, na zewnątrz często kpi, lecz w głębi WIERZY. Nic nieznaczącą zmianą jednej osoby w gabinecie gasi się tu rewolucyjne wrzenie ogółu. Bo Francuz wierzy — wierzy, że zewnętrzna zmiana, forma, zmieni wszystko. Tak stało się i teraz. Francja, odnalazłszy swe błędy tylko w formie, postanowiła odrodzić się formą i reformą w formie. Niemiecka siła zaimponowała, pruska organizacja olśniła, zwierzęce i trzodne posłuszeństwo narodu, który nie tylko tworzy prawa, ale co gorsze, wykonuje je jak najdokładniej, uderzyły Francji do głowy. I zaczął się taniec, zaczęła się makabryczna groteska.

Balzac w swoich „Les employés"[1] powiada, że we Francji jest około 40 000 urzędników. To znaczy w roku 1840 w całej Francji urzędoli czterdzieści tysięcy osób, tworząc administrację, o której Balzac powiada, że za 60 milionów franków pensji płaconych tym urzędnikom *la France obtient la plus fureteuse,*

[1] „Urzędnikach".

la plus méticuleuse, la plus écrivassière, paperassière, inventorière, contrôleuse, vérifiante, soigneuse, enfin la plus femme de ménage des Administrations connues[1]. Tak, ale w roku 1914 Francja liczy już osiemset tysięcy urzędników, w roku 1924 milion dwieście pięćdziesiąt tysięcy, a dziś przeszła dwa miliony, podczas gdy liczba mieszkańców od czasu Balzaca wzrosła we Francji nieznacznie i być może, że w tej chwili jest taka sama wskutek nieobecności trzech milionów jeńców i miliona deportowanych. To, co rozpętało się w tej chwili, przekracza ludzkie wyobrażenie. Miałoby się ochotę powtórzyć za G. Ferrero: „Faszyzm, który obiecał eksterminację biurokracji, skończył na tym, że ją jeszcze bardziej powiększył, ponieważ wszystkie rewolucje skończyły się na tym, iż pomnożyły liczbę urzędników" (choćby z tego powodu należałoby unikać rewolucji. Warto). Francja pływa i tonie w morzu ustaw, praw i papierów, rozporządzeń i obwieszczeń, regulaminów, edyktów i dekretów wykonywanych przy pomocy ponad dwóch milionów urzędników, którzy ograniczają się jedynie do ścisłego przeprowadzania ich pod względem formalnym i zewnętrznym, zamęczając papierami, deklaracjami, formularzami, kwestionariuszami i biuletynami 38 milionów ludności, która całkiem słusznie stara się niczego nie wykonywać.

A Francja odradza się i żeby odrodzić się „naprawdę", uczy poszanowania prawa rozdzielaniem na lewo i prawo wszelkich możliwych kar. Dziś dochodzi już do tego, że ani urzędnicy, ani obywatele nie biorą już niczego na serio. A z Vichy płyną i płyną edykty „odrodzeniowe", płyną nieprzerwanym strumieniem, regulując ustawą WSZYSTKO. Olśniona w przypływie słabości niemieckim totalizmem i wzorując się na nim, stała się pod względem ustawodawstwa bardziej totalistyczna niż jej wzór — *Grossdeutschland*. Chcąc studiować totalizm w jego wszystkich wyskokach, a głównie w jego morderczej manii regulowania wszystkiego ustawą i prawem — należałoby go studiować w obecnej Francji. I zaczynam wątpić, czy po tym eksperymencie Francja jeszcze kiedyś w przyszłości potrafi być krajem swobody i wolności.

Balzac w swoim „Le Députe d'Arcis"[2] powiedział wspaniale: „We Francji, w tym kraju tak inteligentnym, wydaje się, że upraszczać znaczy niszczyć". Nie chcąc upraszczać, Francja niszczy się — prawem. Ofiarą padają wszyscy, cały kraj. Czym więcej praw, tym więcej sposobności do przekraczania ich, czym więcej idiotycznych praw, tym większa KONIECZNOŚĆ łamania ich. W dzisiejszej Francji istnieje już konieczność łamania prawa, co może służyć jako najlepszy przykład absurdalności totalizmu, upaństwowienia całego życia, wszystkiego. Jeżeli dziś jeszcze żyjemy, to tylko dlatego, że dotąd udało nam się bezkarnie łamać obowiązujące prawa i ustawy. Dochodzi już do zupełnego absurdu, do paradoksów, do surrealizmu, gdzie sam organ prawodawczy musi

---

[1] Francja zyskała — spośród wszelkich rodzajów administracji — gosposię w całym znaczeniu tego słowa: wszędzie najdokładniej myszkującą, najbardziej drobiazgową, najskrzętniej zapisującą i baczną na każdy świstek, wiecznie sporządzającą inwentarze, kontrolującą, sprawdzającą, skrupulatną (tłum. T. Boy-Żeleński).

[2] „Deputowany z Arcis".

łamać wydane przez siebie prawo, aby życie mogło w ogóle iść dalej. Planowanie w gospodarce jest wskazane jako nadzór ogólny. Gdy przekroczy granice, staje się bzdurą. Na przykład ostatnio w całym przemyśle skórzanym zabrakło skór. Skóry otrzymywane z uboju legalnego nie wystarczały. Równocześnie zabicie konia, krowy czy cielaka bez zgłoszenia tego jest surowo karane. Jednak aby zapobiec brakowi skór, wydaje się ustawę, że przyjmuje się wszelkie skóry i że oddawca ich nie jest zobowiązany do żadnych wyjaśnień, w jaki sposób skóra znalazła się w jego posiadaniu. A więc z jednej strony kara za ubój nielegalny, z drugiej strony, ponieważ chodzi o skórę, przyjmuje się ją ze świadomością, iż pochodzi z uboju nielegalnego i — nie wyciąga się konsekwencji. Francuska administracja idzie jednak jeszcze dalej: w jednej wsi pod Paryżem skazano jakiegoś chłopa za to, że ukrył skórę z uboju nielegalnego. Zupełnie jak z Zoszczenki czy Awerczenki. To jeden z setek przykładów. Najciekawsze w tym jednak to, że po tym wszystkim garbarstwo stanęło od razu na nogi. Okazuje się, że jeżeli Francja jeszcze je mięso, to tylko dzięki ubojowi nielegalnemu. Jeżeli ja mam dosyć chleba, to dlatego, że kupuję fałszywe kartki na chleb, które mój piekarz przyjmuje z uśmiechem, mówiąc „doskonale podrobione", i jeżeli cała Europa jeszcze jakoś dycha, to tylko dlatego, że zgodnie z prawem każdy jej mieszkaniec powinien by już od dawna siedzieć w kryminale. Wszelki totalizm prowadzi w końcu do jakiejś potwornej abstrakcji, do szpitala wariatów, w którym nikt nie ośmiela się podać w wątpliwość teorii, choćby praktyka świadczyła o czymś zupełnie innym. Dlaczego tyle praw? Ponieważ brak zupełnie prawodawcy. Nie tylko we Francji — na całym świecie.

Sikorski, w przemówieniu do lotników polskich wracających z bombardowania Essen, powiedział między innymi: „Niech ci, którzy tak krytykują, pamiętają o tym, że w chwili zwycięstwa Anglia i Stany Zjednoczone będą miały też coś do powiedzenia". Słysząc to, mimo woli krzyknąłem do radia brzydkie słowo, coś w rodzaju „g... Panie generale, melduję posłusznie, że g...". Ciekawe. Można sobie oczywiście tylko życzyć, aby generał miał rację i żeby to „coś" do powiedzenia było jak największe. Oznacza to jednak, że w Londynie krytykują i że są ludzie, którzy boją się, aby Anglia i Ameryka nie miały nic do powiedzenia. Mają rację, że się boją.

8.3.1943

Doskonały dwugłos, podzielony stu pięćdziesięciu latami. Paul Valéry napisał w „Rumbach": „Nie cenię i nie mogę cenić innych pisarzy, jak tylko tych, którzy potrafią wyrazić to, co ja znalazłbym trudnym do wyrażenia, gdyby zagadnienie wyrażenia tego pojawiło się przede mną lub narzucało mi się. Jest to jedyny wypadek, w którym mogę mierzyć wartość w jednostkach absolutnych, to znaczy MOICH".

Zmierzyłem tymi jednostkami to, co mówi o Francji de Maistre w XVIII wieku, i to, co mówi o niej Keyserling dziś. Obydwa głosy docierają bardzo blisko sedna rzeczy, uzupełniają się, tworząc dwie strony medalu. De Maistre pisze: „Spośród narodów, które odegrały rolę w historii nowożytnej, żaden być może nie jest bardziej godny, by spoczęło na nim oko filozofa, aniżeli naród francuski. Żadnemu z narodów nie przypadła w udziale misja bardziej wyraźna i wartości bardziej oczywiste, by rolę tę odegrać. Francja, ta, która istniała przed Rewolucją (nikt nie zna losu, jaki ją oczekuje w przyszłości), wyznaczona została przez los, by wywierać przemożny wpływ na wszystkie części Europy w tym samym stopniu, w jakim Europa wywiera go na inne części świata.

Wątpię, czy natura uczyniła aż tyle dla jakiegokolwiek narodu. Francja położona jest w środku Europy i z równą łatwością może wiązać się przymierzami z każdym spośród leżących wokół niej mocarstwem, jak i rozbijać ich koalicję. Położona między dwoma morzami, wabi ona ku sobie handel wszystkich narodów, a jej floty wojenne mogą dosięgnąć i uderzać wszędzie z nieporównaną łatwością i chwałą. Nie ma drugiego kraju tak dobrze bronionego i przez naturę, i przez sztukę. Ocean, Morze Śródziemne, Alpy, Pireneje i Ren. Cóż to za granice. A poza tymi szańcami spójrzcie na ten potrójny szereg cytadel, wzniesionych lub naprawionych geniuszem Vaubana, którego cień wzdycha ciężko ze smutku, iż praca jego poszła dla Konwentu Narodowego. Znajdźcie na całym globie państwo, którego poszczególne części byłyby ściślej ze sobą spojone i tworzyły bardziej imponującą całość. Francja ma wszystko naraz — i masę, i pojemność. Nie ma w Europie liczniejszego organizmu politycznego, ściślejszego, trudniejszego do nadwerężenia, którego uderzenie byłoby straszniejsze. Jej ludność jest olbrzymia, jej produkty jeszcze liczniejsze i nie mniej różnorakie. Jej bogactwa nie dbają ani o modę, ani o opinię. Jej wina, oliwy, drzewa, sole, konopie i tak dalej — tworzą z Francji kraj niezależny od innych ludów, które niemniej zmuszane są płacić jej trybut. I jakby nie dosyć było bogactw naturalnych, Francji przypadło w udziale berło mody, by królując w równym stopniu nad potrzebami i fantazjami, nie brakło jej nic w jej panowaniu.

Wspaniałe rzeki przecinają to rozlegle królestwo i łączą się ze sobą w tłumie małych i spławnych rzek, toczących swe wody we wszystkich kierunkach, rozgałęziając się w nieskończoność, tak jakby ręką inżyniera pobudowanych. Katarzyna de Medicis nie przesadzała nazbyt, mówiąc, iż sama Francja miała tyle spławnych rzek ile reszta Europy.

Naród ten mógłby być straszny dla innych, gdyby potrafił być narodem zaborczym. Lecz nie to posłannictwo przypadło mu w udziale. Niezwyciężony w swych pieleszach domowych, gdy tylko niesie swą broń w narody obce, widzi swe zastępy padające ofiarą swych własnych zwycięstw i błędów charakteru narodowego, topniejące i niknące przed zdziwionym okiem jak lekki opar.

Francuz nie jest stworzony po to, by utrzymać w swych rękach owoce podboju: własny charakter wyrywa mu je z dłoni. Toteż «Przyjaciel ludzi» powiedział dość zabawnie, iż «wojownicy, którym udaje się wygnać Francuzów z kraju podbitego, mogą zająć miejsce w pamiątkowej świątyni obok gęsi z Kapitolu».

Lecz jeśli Francuzi nie mogą opanować zbrojnie narodów obcych, to jednak panowali oni nad nimi zawsze w sposób bardziej chwalebny — panowali opinią i sądami. Od chwili gdy lud ten zestalił się w organizm narodowy, zwrócił on na siebie oczy całego świata i zadziwił tym wspaniałym charakterem, którego mu zawsze zazdroszczono. Karol Wielki był jak Sezostris Wieków Średnich. Jego palatynowie wywarli tak silne wrażenie na wyobraźni ludów, iż stali się czymś w rodzaju osobnej mitologii. A Rolandowie i Amadeusze stali się dla naszych ojców tym, czym Tezeusz i Herkules byli dla starożytnych Greków. By władać tam, gdzie władanie to przypadło jej w udziale, Francja została obdarzona językiem panującym, którego ukryte właściwości są jeszcze tajemnicą pomimo wszystko, co zostało powiedziane na ten temat. Ci, którzy przeczą wyższości języka francuskiego, przyjmują w swych sądach nie co innego, jak skutek bez przyczyny. I istotnie nie widzę, aby było coś do odpowiadania, gdy doświadczenie jest oczywistym. Zanim nawet język ten odznaczył się sławnie dzięki swym wielkim dziełom wszelkich rodzajów, Europa przeczuła jego wyższość — lubiło się go i zaszczytem było nim mówić. Dziś jego panowanie, które stało się tak opłakane w skutkach, jest bardziej niż niezaprzeczalne: tysiąckrotnie powiedziano, że język francuski jest trudny i nieugięty — i powiedziano prawdę. Lecz jeśli w ten sposób zamyśla się go krytykować, to popełnia się wielki błąd: podobny do stali, metalu najtrudniejszego do obróbki, lecz lśniącego najwspanialej, gdy sztuka potrafiła go poskromić, język francuski, obrabiany i opanowany przez prawdziwych artystów, otrzymuje w ich rękach kształty najtrwalsze i najwspanialsze. To, co określa się sztuką słowa, jest wybitnym talentem Francuzów, a właśnie sztuką słowa panuje się nad ludźmi. Ktoś powiedział, że myśl nigdy nie należy do świata, zanim jakiś genialny pisarz nie zawładnie nią i nie wyrazi jej w sposób szczęśliwy. Doskonale powiedziane i oto właśnie źródło wpływu francuskiego: dobrzy pisarze tego narodu wyrażają rzeczy lepiej aniżeli pisarze wszystkich innych narodów i puszczają swe myśli w obieg po całej Europie w czasie krótszym niż potrzeba go pisarzowi każdego innego kraju na obznajomienie ze swoimi myślami własnej prowincji. To ten właśnie talent, ta specjalna właściwość, ten nadzwyczajny dar uczyniły z Francuzów rozdawców sławy. Miłość własna, zręczniejsza i silniejsza niż duma narodowa, objawiła tę prawdę sławnym ludziom wszystkich części świata, których ambicją było uzyskać aprobatę Francuzów, gdyż nie mogli oni ukryć przed sobą faktu, iż byli skazani na reputację lokalną aż do chwili, w której Paryż nie zgodziłby się ich uczcić. Nie wiem czy zauważono, iż literatura angielska zawdzięcza całą swoją sławę Francuzom i że była ona nieznana reszcie Europy, zanim Francja nie rozmiłowała się w produkcjach literackich swej rywalki. Tron tego języka znajduje się między Północą i Południem, język ten nadaje się bez zbytnich trudności dla organów głosowych innych narodów i staje się dla nich powszechnym i nieodzownym tłumaczem przy wymianie myśli.

Wraz z tym językiem «pośredniczącym» natura dała Francuzom inną, analogiczną korzyść: mianowicie smak odpowiadający całemu światu. U obcych pisarzy znajdzie się bez wątpienia fragmenty dorównujące francuskim, a nawet piękniejsze od tego, co Francja wydała najlepszego. Nie fragmentami jednak, lecz całością uderza się naprawdę. Pisarze francuscy mogliby zresztą tworzyć z łatwością fragmenty tego rodzaju, lecz jeżeli spotyka się je u nich rzadziej, to dlatego, że poddają się oni uniesieniu jedynie z pełną rezerwy śmiałością, która chętnie pozwala się unieść, lecz nigdy ponieść: to jest wielką tajemnicą smaku. Gdyż to, co nie osiąga wzniosłości, może być jeszcze zawsze piękne, podczas gdy to, co ją przekracza, jest na pewno głupstwem. Sztuka mówienia co potrzeba i kiedy potrzeba należy wyłącznie do Francuzów. Metoda i porządek są właściwościami odróżniającymi ich od innych i ludzie ci tak lekkomyślni, tak zapalczywi, tak ambitni są najbardziej statecznymi z piórem w ręku. Nie znajdzie się u nich nic twardego ani nic krańcowego, nic niejasnego ani nic, co nie byłoby na swoim miejscu. Zawsze wytworni i wymowni, gdy zajdzie tego potrzeba, najświetniejszy urywek nie pozyska u nich łaski, będąc płaskim, a zasługa myśli nie potrafi okupić braków stylu. On ŹLE PISZE: oto błąd nie do odpuszczenia, śmiertelny zarzut zarówno dla filozofa, jak dla poety i powieściopisarza. Ganiono nieraz tę czułą wytworność Francuzów, ale i to jest błędem: ta wytworność musiała stać się częścią charakteru narodu stworzonego, by panować nad opinią swym słowem pisanym.

We wszystkich rodzajach wymowy Francuzi nie mają rywali. Wymowa adwokacka dała tu mistrzowskie dzieła, niespotykane gdzie indziej. Włochy i Hiszpania, tak religijne i o językach tak wdzięcznych, nie potrafiły nigdy wydać na świat kazania, które by Europa zechciała czytać. Hume, którego nie można podejrzewać o stronniczość, powiada gdzieś, iż wstyd mu przyznać, ale adwokat francuski, broniący sprawy zwrotu konia, jest bardziej wymowny niż mówcy Wielkiej Brytanii poruszający ważkie zagadnienia narodu w Izbie Gmin. Nieoceniony talent, o którym mówię, jest tak specjalną cechą Francuzów, iż nie opuszcza ich ona nigdy, nawet w takich okolicznościach i wszędzie tam, gdzie opuszcza ona innych. Najbardziej suche nauki nie mają dla nich takich kolców, z których nie potrafiliby oni ich oczyścić: fizyka, historia naturalna, astronomia, metafizyka, polityka — wszystko zostało przez nich wyjaśnione, wszystko upiększone, wszystko uczynione osiągalnym dla zwykłego zdrowego rozsądku: i być może, że w Europie nie znało się niczego dobrze, dokąd tego nie wyjaśnili Francuzi. Wymowa zastosowana do rzeczy najpoważniejszych i sztuka wyjaśniania wszystkiego są dwoma wielkimi talentami tego narodu. Tłum ludzi, ciągle odpychany od sanktuarium wiedzy twardym stylem i niestrawnością dzieł naukowych innych narodów, nie może oprzeć się powabom stylu i metody francuskiej. Zaledwie tylko obcy geniusz wyda na świat coś ciekawego, gdy już sztuka francuska zawłada tym odkryciem, ciska nim na tysiąc sposobów, zmusza to do przyjęcia form, które ją samą zdumiewają i napawają dumą, i posyła je w świat na skrzydłach powszechnego języka. Te książki idą na poszukiwanie zarodków talentu rozrzuconych po całym globie, rozgrzewają je, zapładniają i prowadzą do dojrzałości. Nie dają one wiele prawdziwym uczonym: lecz — co jest więcej warte — rodzą ich.

Doświadczenie wszystkich czasów nie pozostawia żadnych wątpliwości co do panowania Francji, jakie ta wywierała zawsze nad opinią i sądami. Ale dziś wpływ ten jest tak wyraźny i Europa opłaca go tak drogo, iż jest rzeczą niemożliwą sprzeczać się na ten temat. Czyż nie jest to zjawiskiem wprost niewiarygodnym, iż ludzie najbardziej przeciętni pojedynczo i spośród których najzdolniejszemu odpowiada tysiące zdolniejszych w całym świecie, że ludzie bez wykształcenia i bez doświadczenia, oddaleni wskutek swego niskiego pochodzenia od wszelkich wielkich zagadnień, nagle zgromadzeni i silni przez połączenie się jak płytki magnesu, które ciągną swe wszystkie siły ze skupienia się w jedno — że ludzie ci potrafili w ciągu pięciu lat poruszyć najstraszliwszym wstrząsem wszystkie ludy Europy?

Można powiedzieć — być może — iż ludzie ci zawdzięczają swe powodzenie jedynie naturze dogmatów, jakie głoszą i które na nasze nieszczęście są zbyt uwodzicielskie dla serca ludzkiego. Ale czyż przed Rewolucją francuską nie było na świecie rewolt i wywróconych tronów? Rewolucja kosztująca Karola I głowę objawiła te same systemy, te same wyskoki i te same szaleństwa. Pamflety demokratyczne, które ukazały się w tej samej epoce, nie pomieściłyby się prawdopodobnie w sali Westminsteru, lecz «okrągłe głowy» i «wyrównywacze» tamtych czasów nie mieli wcale wpływu Jakobinów. I inne ludy, spokojni widzowie tragedii odgrywającej się w Londynie, nie mogły przyjąć trucizny fanatyzmu, jaki wstrząsnął wtedy Anglią. Dzisiaj Europa jest wstrząsana, ponieważ te same systemy są głoszone przez Francuzów, a gdy głosi się coś po francusku, Europa przysłuchuje się i rozumie".

Tak napisał de Maistre w swoich „Fragments sur la France". Pieśń pochwalna dla Francji, dla tej Francji wielkiej i wspaniałej. Minęło sto pięćdziesiąt lat. Jaką jest Francja? Keyserling w swojej przedmowie do „De la souffrance à la plénitude" poświęca cały ustęp Francji i pisze między innymi tak:

„A teraz rozpatrzmy specjalny problem Francji. Francuz, bardziej aniżeli każdy inny Europejczyk czasów obecnych, zachował w głębokich pokładach swej podświadomości tę mentalność chrześcijańską, której nutą przewodnią jest fundamentalny dualizm Bóg-Natura, lub, wyrażając to w dwóch pojęciach będących wykładnikami tych dwóch poprzednich — Duch-Ciało — z akcentem wartości spoczywającym na Duchu. Wieki Średnie, obdarzone witalnością, której żadna problematyka nie jest w stanie podważyć, potrafiły zrealizować na tej podstawie bogatą syntezę życiową. Ustaliła się ona w tej epoce pod postacią pewnego rodzaju równowagi. Renesans «wydał się» rehabilitacją natury — i istotnie objawienie natury, zaniedbane dotąd, datuje się od tej chwili. Lecz w rzeczywistości Duch odkrył w Naturze jedynie nowy i pasjonujący «przedmiot» w ten sposób, że w rezultacie jedynie sam Duch skorzystał z tego kierunku, którego wyniki szybkie i uwodzicielskie pochlebiły mu złudzeniem wszechpotęgi. We Francji Pantagruel Rabelego, będący programem wychowania i nawet formacji nowego człowieka, jest pierwszą książką pozwalającą dostrzec tę nową i niebezpieczną pochyłość, na jaką weszła spirytualizacja. I jakkolwiek typ człowieka idealnego, którego wzorowy obraz przedkłada nam Rabelais, jest jędrny i zdrowy, to jednak cechą charakterystyczną Pantagruela nie jest wcale intensywne życie duchowe, lecz znacznie ciaśniejsza rzecz, a mianowicie apetyt na «wiedzieć», na masywne «wiedzieć», w którym ilość jest ważniejsza od wartości. Tak to Renesans, w rzeczywistości, zaakcentował w Europie Zachodniej tradycyjny dualizm D u c h - C i a ł o i podkreślił w nim przede wszystkim ukryty brak równowagi. W miarę jak wartości duchowe były reprezentowane — proporcjonalnie do osłabienia się witalności, zarysowującego się od tego czasu — przez indywidualności mniej jędrne, brak równowagi na korzyść Ducha stawał się coraz to bardziej oczywisty. Przyczyną tego jest przede wszystkim fakt, że coraz bardziej rozum lub nawet sam intelekt były dla świadomości całością ducha. Ta racjonalizacja i ta intelektualizacja dały się specjalnie odczuć we Francji. Najpierw dlatego, iż wyłom zrobiony w tradycji katolickiej był tu mniejszy niż w krajach, w których protestantyzm stał się potęgą. A następnie dlatego, iż racjonalizacja ta zdawała się wyrażać szczyt: pełny rozkwit kultury wieku Ludwika XIV, kultury wyłonionej jednak, jak się wydaje, z pokładów mających miejsce głębiej niż intelekt i niesionej przez wrodzone popędy bardziej ukryte. Wyrażona oficjalnie i programowo (Descartes, Bossuet, Boileau) kultura ta, kwiat zupełnie specjalnej gleby, zapach gruntu uczuciowego zupełnie specjalnego, wyraz jedynie małej części kraju i narodu, zaczęła odtąd objawiać dążenia coraz to silniejsze do powszechności. Nie brak wprawdzie sprzeciwów. Molier na przykład jest krańcowym wyrazem oporu mieszczaństwa, przeciwstawiającego się nowej kulturze. Jego istnienie wykazuje dostatecznie, iż kultura ta była jedynie wyrazem wysublimowanym, iż przedstawiała jedynie najdalej wysunięte «ostrze» narodu, pomimo że zawierała w sobie — i jakby na przekór tym pretensjom oficjalnym — głębokie wartości czysto duchowe. Ale jakby nie było, wzięła ona górę nad tym oporem i życie Ludwika XIV oznacza symbolicznie pochód kultury, której nadał on piętno: lecz dostrzeżemy dystans, jaki dzieli młodego króla z pięknych lat (1660–1670), rozbawionego, wspaniałego, zapalczywie zmysłowego (choć może mniej pierwotnego niż Henryk IV), «tellurycznego» w popędliwości — od starego męża Madame de Maintenon.

Ten ogólny kierunek myśli i kultury francuskiej nadał się jedynie w przybliżeniu dla typu Francuza, jaki wytworzyła tu długa przeszłość bez głębszych przerw. Jak to już próbowałem wykazać w rozdziale o Francji w «Analizie spektralnej Europy», Francuz jest człowiekiem, którego cechy fundamentalne i zasadnicze nie są z gatunku racjonalnych i intelektualnych, lecz z gatunku emocjonalnych, uczuciowych, i co za tym idzie — moralnych, gdyż to, co nazywa się «morale», nie ma nic wspólnego z inteligencją i rozumem. Wszystkie głębokie źródła duszy francuskiej są z rodzaju irracjonalnych. Toteż Francuz jest W GŁĘBI — na przekór wszystkiemu, co może o tym myśleć — nie najbardziej racjonalnym, lecz najbardziej irracjonalnym ze wszystkich Europejczyków. Inaczej w jakiż sposób, będąc tak inteligentny i subtelny jak jest, rozumiałby tak źle to wszystko, co dzieje się wokoło niego, w jaki sposób trzymałby się silniej swych przesądów niż każdy Europejczyk, w jaki sposób skrzepnąłby w polityce ideologicznej i słownej zakonserwowanej na kształt wykopaliska z epoki minionej, w repertuarze gestów stylizowanych z tej epoki, co powoduje, iż Niemcowi nawet Mr. Blum przypomina raz Robespierre'a, a raz Richelieu — w jaki sposób wszystko to byłoby możliwe, gdyby w gruncie rzeczy nie przeważały w nim siły irracjonalne? Niemniej jednak nie można powiedzieć, że francuski racjonalizm i intelektualizm są w całości powierzchowne: prawdą natomiast jest, że TAKŻE ten racjonalizm jest jednym z wyrazów fundamentalnego irracjonalizmu typu francuskiego. A to z trzech powodów. Najpierw z powodu pasji, jaką Francuzi żywią dla idei: sam fakt, że skierowana jest ona na idee, nie intelektualizuje w żadnym wypadku tej pasji, która pozostaje czystym zjawiskiem emocjonalnym, a ponadto gdy miesza się do tego zamiłowanie (po francusku też «*passion*», tu w sensie zamiłowania, jak na przykład zbieranie znaczków pocztowych), idee stają się wkrótce tylko słowami. Następnie z przyczyn rozwoju historycznego wynika, iż światowe powodzenie idei francuskich od Kartezjusza i filozofów XVIII wieku począwszy zdawało się być jedną z przyczyn wielkości francuskiej i było nią bezsprzecznie, gdy chodzi o *prestige* Francji. Patriotyzm popycha więc Francuzów, aby je czcić. A wreszcie nie zapominajmy, że we Francji bardziej niż gdzie indziej spory między ideami są sporami osób lub klik: wystarczy przeczytać studia André Siegfrieda, Thibaudeta lub Daniela Halévy, by dowiedzieć się, w jaki sposób wśród zamieszek wyborczych zagadnienia ogólne są w gruncie rzeczy zagadnieniami osobistymi — o czym niestety niewiele się wie.

Jest rzeczą niepozbawioną pikanterii skonstatować, do jakiego stopnia Francja oficjalna z lat 1880–1890, naukowa, pozytywistyczna, a w ogólności cały Uniwersytet świecki trudniły się podtrzymywaniem «sumy» idei-mumii, które stały się sakramentalne. I słusznie jeszcze dziś Sorbona uważa się za drzewce sztandaru. Właśnie jedynie ona przechowuje i zachowuje doktrynę oficjalną. Pretenduje ona — i to przez rozpowszechnianie sloganu bieżącej myśli, dewizy, marki fabrycznej, którą można rozróżnić w każdym przemówieniu publicznym, choćby było ono wyrazem polityki najbardziej egoistycznej — do «zachowania Ducha i bronienia go przed mętnymi siłami instynktu».

W punkcie, do którego dochodzimy, refleksje społeczne, jakie pozwoliłem sobie poczynić na temat Francji, wpadają w ogólne zadanie, które stara się ułożyć i rozwiązać ten wstęp. Francja jest znacznie mniej zamerykanizowana, znacznie mniej zmechanizowana, jednym słowem znacznie mniej «stermityzowana» lub «zowadzona» (od owada) aniżeli narody germańskie. Lecz ze względu na to, iż żyje ona jeszcze w znacznej części na przesłankach zbudowanych przez wiek XVII, na przesłankach, które życiowo są przedawnione, stała się ona niezdolną do postępowania naprzód w kierunku syntezy ludzkiej bardziej godnej do osiągnięcia, niezdolną do postępowania naprzód bez rozwiązania problemu ciągłości. Zagadnienie Ciało–Duch lub Ziemia–Duch, w tej postaci, w jakiej stawia je jeszcze Francja oficjalna, nie staje już przed awangardą obecnej ludzkości. Tymczasem nie tylko Francja oficjalna, ale prawie cała Francja intelektualna i literacka reprezentatywna ciągle jeszcze je stawia. Jeżeli świat Amerykanów i ich europejskich współzawodników dusi się w gorsecie mechanizacji zewnętrznej, to świat francuski zagrożony jest uduszeniem się w gorsecie ustalonych przesądów z dziedziny intelektualnej. Jeden przykład spośród wielu innych: nieprawdopodobna wprost ilość intelektualistów francuskich bierze jeszcze dziś (pisane w 1937 roku — to, co dzieje się dziś, w 1943 roku pod wpływem rosyjskich powodzeń frontowych i anglo-amerykańskiej propagandy Rosji, przechodzi w ogóle pojęcie) stronę Rosji Sowieckiej, domniemanego obrońcy demokracji, ducha republikańskiego lub nawet wolności i pokoju światowego, któremu należy pomóc w imię postępu w jego walce przeciwko reakcji. Otóż jeżeli ktokolwiek posiada umysłowość choćby trochę otwartą, ten mógł dostrzec, ba — powinien był spostrzec się od roku 1918, a już w każdym razie od dziś, co jest już dokonanym faktem historycznym, że obecny «ustrój» rosyjski nie przedstawia absolutnie nic, co mogłoby wskazywać na kierunek ku lepszej przyszłości w sensie człowieka. Sowietyzm w swych początkach oznaczał powrót do stanu ducha reprezentatywnego dla Rosji z XV wieku, zaledwie trochę zmodernizowanego przez zapożyczenie się w ideologii XIX wieku i który w dalszym ciągu, w coraz to silniejszym stopniu, stał się ustrojem despotyzmu azjatyckiego bardziej krwawego, bardziej uciskającego, bardziej antyliberalnego aniżeli ustrój Tamerlana. A niemniej mocne głowy francuskie upierają się przy tym, aby nie widzieć wszystkich rzucających się w oczy faktów, i wierzą dalej w możliwości rozwoju w sensie ich ideału, podczas gdy żadna przesłanka realna nie poprzedza tego rozumowania. I jeżeli André Gide po swoim powrocie ze Związku Sowieckiego przyznał się do swojego rozczarowania, to jednak upiera się przy tym, że rozwój, który on opłakuje, stoi w związku z witalną zasadą sowietyzmu. Jest mi wiadome, że nie chodzi tu wyłącznie o racjonalizm przestarzały i zastygły w pewnych sztywnych przesądach, który na przykład gdzie indziej wytworzył taką samą niezdolność widzenia i rozumienia tego, co nie zgadza się z tymi przesądami, wytworzonymi przez nadmierną mechanizację krytyki (Niemcy). Wiem dobrze, że jest to także spowodowane szczerym idealizmem lewicowym, ślepą wiarą, biorącą swe natchnienie w tertuliańskim *credo quia absurdum*, jak również autentyczną pasją rewolucyjną, która na skutek dziedziczności psychicznej, a więc konserwatyzmu, nie potrafi spoglądać nawet w najdalszą przyszłość inaczej, jak tylko w oparciu o hasła odziedziczone po Rewolucji. Lecz nie przeszkadza to wcale, że rezultaty emocjonalnego irracjonalizmu francuskiego zbiegają się w sposób osobliwy z rezultatami zmechanizowania intelektualnego i moralistycznego Amerykanów. Przyznam się, że rozmawiając o tych rzeczach z inteligentnymi Francuzami, często miewałem wrażenie, że rozmawiam z termitami ludzkimi: istoty nadzwyczaj inteligentne, o starożytności tradycji nie tylko godnej czci, ale wprost nieporównanej, istoty wyrafinowane — które jednak zatraciły poczucie światła od epoki węgla kamiennego począwszy. Wiadomo, iż termit żyje całkowicie schowany przed słońcem i że najsłabszy promień zabija go na miejscu.

Ponieważ tak jest, problem Francji, pomimo wszelkich różnic powierzchniowych, jest w gruncie rzeczy identyczny z problemem narodów bardziej zmechanizowanych. Powstaje on po prostu tylko w innych słowach. Proszę zastąpić słowo «mechanizacja» słowem «racjonalizm» lub «intelektualizm», a równanie wiążące przeszłość z przyszłością jest dokładnie takie samo. W pewnym sensie problem Francji jest nawet poważniejszy niż problem narodów bardziej zmechanizowanych. I to dlatego, ponieważ gorset myśli jasnych, ale skostniałych, grozi duchowi uduszeniem w stopniu daleko większym niż gorset mechanizacji zewnętrznej. W rezultacie końcowym zasłania on wzrok. Francja jest zagrożona całkowitą ślepotą. A poza tym wszelki fałszywy kierunek deformuje indywiduum, degraduje je, skarłowacia. Bogaty skarb emocjonalny rasy naraża się na przysypanie. A właśnie jej wyższa emocjonalność, a nie inteligencja, tworzyła wielkość rasy francuskiej".

Doskonałe. Gdy zna się Francję, gdy problem Francji nasuwa się człowiekowi żyjącemu w niej na każdym kroku, gdy od rana do wieczora spogląda się przez cztery lata na Francję tak, jak ja starałem się spoglądać — te dwa fragmenty dają wspaniały obraz i dopełniają mi wszystko, co na ten temat napisałem.

Analiza tych dwóch fragmentów, poparta własną obserwacją, podcieniowana i podbarwiona tam, gdzie de Maistre i Keyserling operują skrótem myślowym, może dać całość i wyczerpać temat na kilka miesięcy. Życie każdego narodu, każdego człowieka, to nieznany film, i nie można powiedzieć, jak się skończy. Ale można go na chwilę zatrzymać, można go puścić wstecz i określić, ile jest wart i jakie widoki rysują się przed nim. Film Francji jest pasjonujący i prowokujący.

Pierwsze cztery ustępy we fragmencie de Maistre'a brzmią jak fanfara. To ta fanfara, przy dźwiękach której wychowała się cała Europa i — Francja. Fanfara głośna, potężna, która ogłuszała cały świat przez tyle wieków i która ogłuszyła Francuzów do tego stopnia, że oni sami ciągle ją słyszą w jej pierwotnej sile, podczas gdy nam pozostały już tylko — echa. I w tym całe niebezpieczeństwo. Bo echo jest złudą, którą łatwo można wziąć za żywy głos. A wówczas cały dalszy kierunek, jaki poweźmie myśl, staje się mylny i grozi zabłąkaniem się lub — co jeszcze gorsze — powrotem do tego samego punktu wyjścia, czyli dojścia donikąd. A także do przyjęcia echa za fanfarę.

De Maistre trąbi jednak ostrożnie i jego mała uwaga w nawiasie, iż nikt nie zna losu, jaki oczekuje Francję w przyszłości, po Rewolucji, jest w tym wypadku wyrazem ostrożności zupełnie niezakrojonej na miarę „*France éternelle*". Bo jeżeli Francuz zachowuje umiar we wszystkim, to jedynie na punkcie Francji w ogóle — nie w szczegółach — daje się ponosić zaślepieniu, graniczącemu z mistyką. Z tą mistyką, z jaką Joanna d'Arc uznała Francję i Boga za jedno. Toteż bardzo być może, że każdy z Francuzów ma w sobie na te tematy coś z uporu Dziewicy Orleańskiej i że jeżeli Sieburg w swej książce pt. „Dieu, est-il Français?" rozpoczyna łańcuch swych obserwacji od Joanny d'Arc, to ma rację.

De Maistre, jak zresztą wszyscy Francuzi, popełnia od razu na wstępie błąd, nie dostrzegając pewnej zasadniczej rzeczy. Opisując wszystkie atuty, z jakimi Francja weszła do gry Historii, uważa je nie za co innego jak za posłannictwo. Uprawia francuski mesjanizm, to znaczy traktuje Francję jako posłankę Boga. Lub Natury. Nie widzi, że Francja po prostu miała szczęście, tak jak my na przykład pecha. Krótko mówiąc, na dnie każdego francuskiego rozumowania odnajdzie się to przekonanie, że skoro Francja jest taka, jaka jest, to dlatego, że już sam los, dając jej to wszystko, przeznaczył ją do wykonywania funkcji pasterza ludzkości. Stąd — i nie skądinąd — wywodzi się w znacznej mierze to, co każdy obcy skłonny jest nazwać „ciasnotą". Francuska „ciasnota", niemożność spojrzenia poza pewne granice, z a w s z e f r a n c u s k i e, rodzi się świadomie lub podświadomie w tym niewzruszalnym przekonaniu „posłannictwa", podtrzymywanego zawsze i wszędzie przez każdego pisarza, myśliciela czy polityka Francji.

To przekonanie o posłannictwie, o monopolu posłannictwa, prowadzi nie tylko do ciasnoty, ale do pełnej nonszalancji obojętności wobec wszystkiego, co nie nosi w sobie pierwiastka francuszczyzny. Ktokolwiek zetknął się z Francuzami bliżej, ten musiał zauważyć, iż dotąd był uważany za człowieka kulturalnego, dokąd bił czołem wobec wszystkiego co francuskie. Z chwilą gdy ośmielił się sprzeciwić, został wysłuchany, oczywiście, ale z tym pełnym wyższości uśmiechem (choćby wewnętrznym), z jakim słucha się — barbarzyńcy. To przekonanie o posłannictwie, które tak barwnie rozwija i popiera dowodami de Maistre w całym swoim fragmencie, a które tkwi w duszy najbardziej nieoświeconego Francuza, sprowadza sądy Francji o innych do dwóch rozbrajających swą prostotą konkluzji: albo uznajesz moje posłannictwo całkowicie, a wówczas będą z ciebie ludzie, albo masz zastrzeżenia i wobec tego jesteś — barbarzyńcą.

Jak bardzo Francja jest pewna tej swojej prawdy, do jakiego stopnia wierzy w swoje posłannictwo, to najlepszym dowodem może tu być jej wielkoduszność, gdy chodzi o jej idee. Francja nie chce nikomu narzucać swej myśli, nie stara się jej wpoić nikomu za wszelką cenę. Ona je daje i czyni zaszczyt. Kto je przyjmuje, powinien zawsze czuć się jakby niegodnym tego daru, powinien przymknąć oczy i szeptać z nabożeństwem: „Francjo — nie jestem godzien, byś weszła do serca mego, ale rzeknij tylko słowo...". Kto zaś nie chce ich przyjąć i dyskutuje, na tego Francja obraża się, odwraca się w milczeniu. Bo Francja uznaje tylko dwie kategorie ludzi: całkowicie nawróconych lub barbarzyńców. Jest w tym uderzająco podobna do starożytnej Grecji.

Przykładów na to można by dać bez liku. Jeżeli uzyskanie obywatelstwa francuskiego przed wojną było stosunkowo łatwe, to nie tylko z powodu spadku urodzin i chęci wyrównania tego deficytu przez absorbowanie świeżej krwi z zewnątrz. Było w tym wiele z tego, co można by określić jako „radość nawrócenia". I bez wielkiej przesady można także powiedzieć, że we Francji jeden „nawrócony" polski Żyd, wrzeszczący przy każdej sposobności *Vive la France*[1], wzbudza w całym otoczeniu więcej uznania i szacunku niż cała sfora Anglików i Amerykanów, wydająca tu miliony franków, ale tak oporna i sceptyczna do *la France éternelle*... Trzeba porozmawiać z tutejszymi emigrantami polskimi, aby dowiedzieć się, przez ile upokorzeń, szykan i nędzy przeszli ci, którzy nie chcieli naturalizować swych dzieci. Francja wchłonie i przyjmie każdego, kto przyjmuje ją — na innych dąsa się i obraża, traktuje jak barbarzyńców.

Nie ma w tym zaczepnej brutalności Niemców, wyzywającej do walki, żadnego „*Drang*"[2]. Francuz jest jak ślimak. Urażony w najczulszy koniec swego rożka posłannictwa chowa go, kurczy się i zamyka w skorupie *d'une indifférence aimable*[3]. Ale na pierwszy odgłos *Vive la France*, wykrzyczany przez byle kogo, gotów jest wyskoczyć nie tylko ze skorupki, ale z własnej skóry. Jest to może jedyna okoliczność, w której Francuza opuszcza na chwilę materializm.

---

1 Niech żyje Francja.

2 Napór.

3 Grzecznej obojętności.

Bez zrozumienia kompleksu posłannictwa, może jedynego, ale tak silnie zakorzenionego — bez zrozumienia, że prawdziwość i wyłączność tego posłannictwa jest do tego stopnia prawdą absolutną, iż Francja nie objawia w nim żadnej agresywności (kto jest zupełnie pewny siebie, przestaje być agresywny — albo słucha, albo nie słyszy), nie można w ogóle zrozumieć Francji. Prawdziwa tragedia zacznie się z Francją wtedy, gdy będzie ona wierzyć w swe posłannictwo — już tylko sama. I to się już zaczyna.

Cała dalsza fanfara de Maistre'a jest już właściwie wariacjami na jeden i ten sam temat, z motywem przewodnim posłannictwa we wszystkich dziedzinach ducha. Wszystko to, co mówi dalej de Maistre, było kiedyś żywym dźwiękiem, było prawdą — przestając nią być obecnie. Stąd coraz to głębsza przepaść myślowa, która nas dzieli z Francją. Bo Francja jeszcze ciągle twierdzi, że to żywy dźwięk, podczas gdy dla nas brzmi to coraz wyraźniej jak echo. A ponieważ już tak bardzo przyzwyczailiśmy się, że Francja grała dotąd nie tylko najgłośniej, ale i najlepiej, i tak bardzo pozostało nam jeszcze we krwi wspomnienie pacierza za panią matką, z którym nam było dobrze, więc chcielibyśmy dalej móc go powtarzać. Tymczasem nie możemy i żal nam — i dąsamy się.

De Maistre mówi o języku, o jego wyższości. Słusznie. Ale i tu zapomina powiedzieć, że — jak we wszystkim — tak i w tym Francja miała szczęście i że jeżeli objęła przewodnictwo w tylu dziedzinach i przez tyle wieków nad całą Europą, a nawet światem, to dlatego, że była PIERWSZA. Jak Grecja w swoim czasie. O tym nie można zapominać, a niestety prawie zawsze się zapomina. Francja, będąc w Europie wynurzającej się z tak zwanych „mroków średniowiecza" pierwszym organizmem narodowym najbardziej zespolonym i jednolitym, połączona najlepiej zachowanymi więzami duchowymi z Rzymem, weszła do historii nowożytnej z olbrzymim handicapem. Francja już dawno wystartowała w tym biegu kultury i cywilizacji, podczas gdy inni zbierali się dopiero na starcie. Gdy Francja pisała, inni nie umieli jeszcze dobrze mówić. Gdy Francja zaczęła myśleć, inni klepali bezmyślnie pacierze. Gdy inni nauczyli się myśleć, Francja umiała już wypowiedzieć to wszystko, czego tamci nie potrafili. To wszystko jest prawdą, ale jest prawdą nie dlatego, że wdały się w to siły nadprzyrodzone, ale dlatego, że Francja była pierwsza i długo biegła na przodzie. Dziś inni dopędzają ją, wyprzedzają, lecz ona tego nie widzi i nie chce widzieć — na pewno ku skrytej rozpaczy bardzo wielu.

Wszystkie walory języka francuskiego i wypływające z nich korzyści, wszystkie zalety pisarzy francuskich wyszczególnione przez de Maistre'a są i prawdziwe, i słuszne, ale tylko w pewnych wymiarach. Są prawdziwe i słuszne dla rozumu i ducha XVIII wieku, na których człowiek naszej epoki opiera się jeszcze w znacznym stopniu (do dziś dnia nie brak ludzi przysięgających na taki pył jak Voltaire), które jednak coraz częściej stają się niewystarczające. Język francuski jest idealny, gdy chodzi o zmaterializowanie ducha. Cała jego sława i cała sława pisarzy francuskich opiera się przede wszystkim na czynieniu uchwytnym tego, co innym wydawało się nieuchwytnym. To, co de Maistre powiedział, iż myśl nigdy nie należy do świata, zanim jakiś genialny pisarz nie zawładnie nią i nie wyrazi jej w sposób szczęśliwy — jest najlepszym określeniem na materializację ducha, którą Francuzi potrafili uprawiać bez konkurencji. Jasność i uchwytność myśli, choć pozostaje zawsze ideałem i powinna nim być zawsze, pociąga jednak za sobą wielkie niebezpieczeństwo — niebezpieczeństwo upraszczania i ograniczania wszystkiego trafnością określeń. O tym mówi de Maistre i nawet chlubi się, twierdząc, że w każdym słowie pisanym Francuzów „zasługa myśli nie może okupić braków stylu". W tej uwadze zawiera się wszystko i z nią wiąże się ściśle szereg innych objawów, pozornie odległych i niepozostających w związku bezpośrednim z tak fundamentalnym dla Francuzów pojęciem „granicy" (*limite*) i stałości (*constance*). Po zwartym i wprost blokowym pojęciu „posłannictwa" — te dwa inne stanowią następne „Jedno" z charakterem każdego Francuza. Cała literatura francuska, a więc dobry kawał myśli, jest tu najlepszym przykładem.

Jasność, trafność, brak nizin i brak wyżyn, takt, równowaga, wzór dla innych, wysoka jakość idąca w parze z ilością, wreszcie to, o czym mówi de Maistre, a co l'Abbé Troublet określił najlepiej, mówiąc o Voltairze, to jest „doskonałość przeciętności". Sumując te wszystkie właściwości, dodając do nich granicę i stałość, otrzymamy wielką sumę — *un grand total* — RÓWNOWAGĘ. Francja jest krajem, może jedynym w obecnym świecie, który osiągnął równowagę i potrafił ją utrzymać pomimo wszystkich ataków przypuszczanych na nią z zewnątrz. Do diabła — Francja w tej chwili, w pełni okupacji, utrzymuje równowagę. Cała jej literatura i myśl, całe jej pojęcie człowieka jako takiego, cała jej kultura wreszcie wypływa w prostej linii z równowagi. Inni — poszukując jej ciągle — siłą faktu przyjęli tę równowagę za wzór. Dopóki każdy z narodów szukał jej na sposób francuski, znikły dysonanse. Gdy jednak zaczęto jej szukać na swój sposób, co jest może bardziej zrozumiałe i zgodne z naturą — powstały zgrzyty.

Cała literatura francuska jest wyrazem równowagi (razem z Marquis de Sade) — równowagi osiągniętej i osiąganej coraz to bardziej kosztem myśli, ale za to równowagi wprost zadziwiającej. Sam język jest już w wielkim stopniu czynnikiem tej równowagi, bo język ma olbrzymi wpływ na kształtowanie się charakteru i myśli każdego narodu. Język francuski, będąc już właściwie „skończonym" od dawna, ustalonym tak jak łacina, z której wyszedł, doszedł do szczytu w XVIII wieku i — zatrzymał się. Stanąwszy, wytyczył myśli granice, poza które ta nie jest w stanie wyjść inaczej jak tylko kosztem ustępstw na niekorzyść języka. To on ustalił pojęcie „granicy" i „stałości", nierozdzielne z naturą francuską. I tu Francja była pierwszą. Rozporządzając językiem najwcześniej skrystalizowanym i jednolitym spośród wszystkich narodów świata nowożytnego, francuski stał się tym, czym łacina dla Średniowiecza. Ale co raz okazało się doskonałe, nie jest zawsze doskonałe. A właśnie Francja w to wierzy.

Francja pierwsza odkryła człowieka, znowu pierwsza określiła go najlepiej w czasie i przestrzeni. To właśnie to, o czym mówi de Maistre na końcu swojego fragmentu, mówiąc o Rewolucji i jej powodzeniu. I na tym pojęciu człowieka Francja zatrzymała się. Uznała, że i tu szczyt został osiągnięty, że człowiek pozostaje zawsze taki sam. Bernard Grasset, w liście do Sieburga, odpowiadającym na jego książkę o Francji, przytacza fragment z Péguy, który może służyć jako najlepszy przykład francuskiej „granicy" i „stałości", jeżeli chodzi o człowieka: „Ludzkość wyjdzie poza pierwsze balony, jak wyszła już poza pierwsze lokomotywy. Po telefotografii będzie ona cały czas wynajdywać «grafie» i «skopie» i «fonie», które nie będą mniej «tele» aniżeli inne, a podróż naokoło świata robić się będzie jak nic. Ale nie będzie to niczym innym niż ziemią, tą tymczasową ziemią. Wejdzie się do jej wnętrza, przewierci się ją z końca w koniec, jak ja przewiercam kulkę z gliny. Będzie to jednak zawsze ziemia-materia. I nie widać, ażeby jakikolwiek człowiek, nigdy, ani jakakolwiek ludzkość — w pewnym kierunku dobrym, mogła rozsądnie szczycić się tym, iż przeszła Platona. Idę jeszcze dalej. Dodam, że człowiek kulturalny, naprawdę kulturalny, nie umie sobie nawet wyobrazić, co to miałoby oznaczać, gdyby ktoś utrzymywał, że przeszedł Platona".

Najlepszy dowód na „stałość". Każdy Francuz — nie zdając sobie zresztą z tego sprawy, uważa, iż pewien stopień znajomości człowieka i jego dobra nie może być przekroczony i że stopień ten został osiągnięty od pierwszej chwili, w której człowiek zaczął myśleć. Człowiek nie zmienia się — zmieniają się jedynie sposoby i formy. Tu leży źródło równowagi francuskiej, podpartej językiem i myślą, tu źródło tolerancji, pobłażliwego uśmiechu dla wszystkiego, co wyskakuje lub stara się wyskakiwać ponad tę równowagę lub spada poniżej niej. *L'homme ne peut se dépasser*[1]. To twierdzenie zamyka wszystko.

Wszystko to było prawdziwe w pewnym czasie i przestrzeni, wszystko to było doskonałe, ale nie pozostaje doskonałym. A Francja w to wierzy. Francja wierzy w „stałość", wierzy w „granicę" — w swoje granice, które były granicami innych, bo ona pierwsza je wytyczyła. Dopóki cały świat był tak czy owak, ale francuski, Francja była prawdą, bo — i to nie podlega dyskusji — potrafiła ona w pewnym czasie dać najlepszą syntezę równowagi we wszystkich dziedzinach. W czasie, w którym de Maistre pisał swe „Fragments sur la France", wszystko było słuszne, bo Francja istotnie biegła na przodzie i to we wszystkich dziedzinach. Trzeba by podkreślić to „we wszystkim", bo mówiąc dziś o Francji, dzieli się zwykle zagadnienia na czynniki materialne i niematerialne, zapomina się o pewnych rzeczach i sprzecza się z zamkniętymi oczami.

Jednym z zasadniczych zarzutów wymierzonych we Francję dzisiaj jest to, iż nie wprzęgła się ona razem z innymi do wozu postępu, że odseparowała się. Dzisiaj wiemy jednak, że to, co jeszcze dziesięć lat temu rozumiało się jako „postęp" — zmieniło sens. Każdy człowiek kulturalny zrozumiał już chyba dzisiaj, że maszyna nie jest w istocie swojej postępem. Francja rozumiała to instynktownie od dawna, lecz nie rozumiała, że nawet ten „postęp" powoduje i musi spowodować w człowieku zmiany, że człowiek nie pozostaje taki sam zawsze i na wieki. Francja broniła się przed postępem w cudzysłowie i przed postępem bez cudzysłowu — i stąd jej urok. Ale broniąc się przed postępem czysto zewnętrznym, broniła się przed postępem myśli. Brzmi to jak paradoks,

---

[1] Nie można prześcignąć samego siebie.

jeżeli nie zrozumie się, że ta „wolna myśl", ten ideał człowieka, to wszystko, co dała nam myśl XVIII wieku i XIX, i co Francja tak świetnie zmaterializowała (w słowach) i ustrawniła — że to wszystko, co jeszcze wczoraj było prawdą, dziś już jest zaledwie jej cząstką.

Kiedy Francja i jej kultura były w najpełniejszym rozkwicie? Wtedy, gdy wyprzedzała ona wszystkich w postępie nie tylko duchowym, ale i MATERIALNYM. Jej powodzenie i jej świetność to okres, w którym nadając ton w postępie myśli, potrafiła ona dać postęp zewnętrzny, wprost techniczny, stwarzając między nimi kulturę, czyli równowagę. Własny sukces, jeden z najświetniejszych w historii (obok Grecji), ustalił ją w przekonaniu, że ta JEJ równowaga jest najwyższą, jaką człowiek może osiągnąć tu na ziemi i że co by się nie stało, ideał człowieka pozostaje taki sam, jego szczęście takie samo. Francja potrafiła być szczęśliwa — niech inni robią tak samo i będą też szczęśliwi. Dopóki działała c a ł o ś c i ą — i duchem, i materią — inni potrafili być szczęśliwi. Dziś inni materialnie wyprzedzili ją, duchowo nie dorastając do własnych wyników. Francja trochę się zmodernizowała, nie ruszając swojej myśli z miejsca. Nieporozumienie wzrasta.

Posłannictwo, ślepa wiara w niezmienność człowieka, granica, stałość — to zasadnicze elementy Francji. Tymczasem świat idzie naprzód, komplikuje się. Prosta i jasna filozofia naskórka XVII wieku nie wystarcza już do rozwiązania problemu człowieka dzisiejszego. To, co mówi Péguy, że wszystkie telewizje, skopie i grafie nie zmienią w istocie człowieka i że człowiek kulturalny nie umie sobie wyobrazić, co by to mogło oznaczać, gdyby ktoś chciał prześcignąć Platona, nie jest prawdą. Być może, że już niedługo trzeba będzie prześcignąć Chrystusa, a nie Platona, po to tylko, aby żyć w jakiej takiej równowadze. Być może, że w pewnym sensie dziś setki tysięcy ludzi już codziennie, w każdym z niezliczonych obozów w Europie i w Azji, wyprzedza Chrystusa, aby tylko żyć. Nie wszystko zostało powiedziane, choć La Bruyère sądzi, że tak nie jest.

Zestawienie tych dwóch fragmentów — de Maistre i Keyserling — świadczy o tym najlepiej. Był czas, gdzie jasna i prosta filozofia XVIII wieku wystarczała, gdzie francuskie pojęcie człowieka pokryło się całkowicie z pojęciami innych, gdzie Francja zrodziła człowieka czasów współczesnych na swój obraz i podobieństwo i gdzie było mu z tym dobrze. Ale dziś konflikt zamienia się w dyskusję między rodzicami i młodym pokoleniem, w której rodzice są nieustępliwi.

Cały wstęp do analizy Francji Keyserlinga uwypukla to, co od razu rzuca się w oczy, gdy patrzy się na Francuzów. Francuz nie rozumie ducha. Gdyby go rozumiał, nie upodlałby go dzisiaj na każdym kroku. Rozumu nie można spodlić, bo rozum jest w człowieku k... od urodzenia, który zawsze potrafi dać wszystko każdemu, a przede wszystkim głównemu klientowi, to jest mnie. Rozum dziś daje Francji wszystko, czego pragnie. W całym procesie Renesansu, w odkrywaniu natury i człowieka Francja wzięła z człowieka jego najbardziej uchwytną część — rozum. Rozwój człowieka zidentyfikowała z rozwojem rozumu. Francuski *esprit*, czyli duch, ma w sobie znacznie więcej pierwiastka rozumu niż gdzie indziej. I po tej linii poszedł jej rozwój, po tej linii poszła jej równowaga. Równowaga francuska, która jest nie tak bardzo równowagą ducha, co równowagą rozumu, stworzyła tu typ człowieka, w którym rozum zabił ducha lub, wyrażając się mniej jaskrawie — typ człowieka, w którym rozum poskromił to, co reszta świata, i nawet Anglosasi, uważają za ducha.

Toteż Francja i Francuz są najbardziej zrównoważonym krajem i człowiekiem. Ta racjonalizacja, to urozumowanie wszystkiego zostało posunięte tak daleko, iż stało się irracjonalnym, dogmatycznym. Francja utknęła w irracjonalnym racjonalizmie, w *credo quia absurdum*, w nieskończonym wierceniu się w bardzo skończonej przestrzeni jej horyzontów myślowych. Popadłszy w automatyzm rozumu, w myślowy system Forda, zagrożona jest ślepotą. I istotnie — Francja coraz bardziej przestaje widzieć, coraz bardziej przestaje dostrzegać całość, coraz gorzej rozumie problem współczesnej ludzkości. Zdezorientowana — ucieka w przeszłość, *elle refuse le présent*[1].

Czy świat może żyć bez niej? Nie sądzę. Jej poczucie miary, granicy, stałości i łączności (nawiązywania) będzie zawsze potrzebne. Ale ona uparła się, zaparła czterema nogami w swym rozumie i obraża się lub pobłażliwie uśmiecha. Patrzcie na mnie — mówi — patrzcie na mój Paryż, na moje małe miasta i na tonące w przystrzyżonym krajobrazie wsie. Gdzie znajdziecie ten spokój, to „wczoraj", które tak często możecie brać za „dzisiaj"? Gdzie szczęście, to małe i powszednie jak chleb, szczęście człowieka zostało lepiej rozwiązane? Gdzie człowiek potrafił być bardziej w zgodzie z otoczeniem i z samym sobą, jeśli nie u mnie? Gdzie człowiek potrafił być w ogóle bardziej człowiekiem niż tu, w tym kraju ciszy i efektownych burz? Tak — to prawda. Ale ta równowaga utrzymuje się coraz trudniej, będąc wyrozumowaną (jak kolaboracja), będąc w zgodzie z człowiekiem i światem pewnej epoki, dziś staje się nierozumną, teraz może wprost zabójczą. Zewnętrzne „wczoraj" Francji, zawsze żywe i tak czarujące, w dziedzinie myśli nie da się długo utrzymać. Grozi to niesamowitym kiksem.

Anatole France w swoich wspomnieniach z dzieciństwa snujących się jak mgła może najlepiej określa to wszystko, co rzuca tu urok na każdego, kto potrafił rozpłynąć się i poddać tej atmosferze: „...poznałem prawie te same odgłosy i kłopoty Paryża, które Boileau opisywał około 1660 roku na swym stryszku w Palais. Tak jak on, słyszałem i ja pianie koguta, rozdzierające świt w środku miasta. Na Faubourg Saint-Germain czułem zapach stajni, widziałem dzielnice, które zachowały swój wiejski wygląd i urok przeszłości... Miłość przeszłości jest człowiekowi wrodzoną. Przeszłość porusza najcieńsze struny małego dziecka i starca... A jeśli poszuka się, dlaczego cała wyobraźnia ludzka świeża lub zwiędła, smutna lub wesoła, zwraca się ku przeszłości, by wniknąć w nią z ciekawością, to odnajdzie się bez wątpienia tę prawdę, iż przeszłość jest naszą jedyną przechadzką i jedynym miejscem, w którym możemy wymknąć się naszym codziennym zmartwieniom, kłopotom — w którym możemy uciec

[1] Odrzuca teraźniejszość.

sami przed sobą. Teraźniejszość jest jałowa i pogmatwana, przyszłość ukryta. Całe bogactwo, cały przepych, cały wdzięk świata tkwi w przeszłości...".

Francja kocha przeszłość, uczy ją kochać każdego, kto razem z nią pochyla się nad tym cichym stawem. Ale przeszłość nie może być celem samym w sobie, nie może stanowić granicy. I dziś jeszcze pieją koguty wśród porannej ciszy Montmartre'u, a w małych podwórkach śródmieścia gdaczą kury lub skaczą króliki. Dziś jeszcze gruby i lśniący kot drzemie na wystawie lub przechadza się majestatycznie po komisariacie policji lub po Prefekturze, karmiony resztkami porcji aresztantów i zatrzymanych, siejąc w całym otoczeniu ciszę i spokój. Ale tych czarów nie można rozszerzać na wszystko. Ten czar zewnętrzny Francji daje wytchnienie i odpoczynek, jej myśl coraz bardziej niecierpliwi. Chciałoby się, by i tu Francja potrafiła pogodzić tak samo przeszłość z przyszłością, by i tu stworzyła tę czarującą *continuité*[1], by i tu potrafiła nawiązać.

Tymczasem Francja nie chce — albo już nie może. Renan napisał w swojej „L'avenir de la science": „Francja reprezentuje znakomicie okres analityczny, rewolucyjny, laicki (*profane*), areligijny ludzkości... Bardzo być może, iż pewnego dnia Francja, spełniwszy swą rolę, stanie się przeszkodą dla postępu ludzkości i zniknie: gdyż role są głęboko różne. Ten kto zrobił analizę, nie robi syntezy". Przepaść myślowa między światem i Francją rośnie, narasta coraz szybciej i gwałtowniej. Francja, w swych warstwach myślących, oddaje dziś dobrowolnie syntezę — Rosji i jej komunizmowi. Ślepnie i zaślepia się. Coraz gorzej rozumie innych, coraz mniej rozumieją ją inni, szukając w niej wytchnienia zewnętrznego, jak w uzdrowisku, lecz nie znajdując wytchnienia myśli. Bo jej myśl, jej pojęcia i jej człowiek już nie wystarczają. Coraz częściej myśl, duch i dusza rozbijają się tu o ślepy upór, o tę sławną niegdyś jasność, która dziś prowadzi do ciasnoty. Rozum nie może być duchem, bo rozum jest k..., a duch nie może być rozumem, chyba że się skur... Francja ślepnie, kur... się, jeszcze pełna uroków i subtelności. Jak starsza dama, pachnąca paczulą, strojna i dowcipna, i wolteriańska, roztacza ona swe uroki, spoglądając z pobłażliwością na szaleństwa młodych. Może ma rację? Osobiście nie zgadzam się z nią. Wiem tylko, że chęć nagłego odmłodzenia się może tu doprowadzić do wielkich nieporozumień. Te nieporozumienia zaczęły się już teraz pod „odmładzającymi" rządami Pétaina i pod etykietą *Empire français*. Jeżeli po wojnie będzie myślała o tym *empire* w ten sam sposób jak dawniej, to nie tylko *empire*, ale i ona sama może się skończyć. Bo nie można odmładzać się, nie starając się równocześnie z r o z u m i e ć m ł o d o ś c i. A Francja tego nie chce, Francja nie chce z r o z u m i e ć.

Jeszcze dziś grają tu głośne echa, mylą i czarują. Myśl skłonna jest przeskakiwać z ostateczności w ostateczność. Już dość dawno napisałem raz, że Francja jest przede wszystkim krajem złudzeń optycznych. Chyba miałem rację. Obraz, forma zewnętrzna zasłaniają tu zręcznie treść. Stąd ta trudność spokojnego sądu. Francja jeszcze ciągle w y t r z y m u j e w z r o k, ale coraz gorzej

---

[1] Ciągłość.

spojrzenie myśli. Komu wystarcza obraz, kto zadowala się „znoszeniem" objawów zewnętrznych, które tu „znosi" się może najłatwiej, komu wystarcza pływanie po powierzchni tej spokojnej wody, temu trudno zrozumieć zmiany, które odbywają się pod powierzchnią. Wolność? Francja przeszła od swobody robienia tego, co się komu podoba, do swobody NIEROBIENIA tego wszystkiego, co bezpośrednio nie dogadza i co musi krępować, gdy nie ma się wewnętrznej dyscypliny. Jest to wolność apatyczna, oportunistyczna, coraz mniej twórcza i nieruchawa. Wolność XVIII wieku dostosowana do typu człowieka zupełnie odrębnego, wolność ducha przede wszystkim, zamieniła się tu w pewnego rodzaju niewolę ducha, spętanego ciągle tym samym, w kółko powtarzanym ideałem. Francja łudzi, odmawia mechanicznie jakiś różaniec jakiejś wolności i jakichś sloganów pożartych przez mole, odnawia antyki i ślepnie.

9.3.1943

Wczoraj telefon od przedstawiciela rowerów Gnôme et Rhône, iż nareszcie zdobył dla mnie dwa rowery. Czekam na nie już od września zeszłego roku. Były one moją *idée fixe* — nie wiem, czy dlatego, że rzeczywiście są to świetne rowery, czy też dlatego, że je bardzo trudno dostać i dlatego tak mi na nich zależało. Trudność otrzymania różnych rzeczy wytwarza zupełnie makabryczny snobizm. Zapalniczka Dunhill, rower Gnôme et Rhône, ubranie z „angielskiej" wełny, papieros *goût américain*[1] itd. zabijają w człowieku teraz cały zmysł równości i „bezklasowości". Śni się, żeby mieć to i to, żeby mieć coś, czego nie ma kto inny, i czuć się — czymś lepszym. Prawdopodobnie w tym świecie jedynie Ameryka potrafi zrównać ludzi naprawdę, bo daje im to, o czym nam się tylko śni i co ma tylko niewielu. Niedostatkiem najlepiej propaguje się klasowość. Rosja zdołała już wytworzyć prawdopodobnie gorszą klasowość niż gdziekolwiek indziej. A teraz z „pagonami" i „dieńszczykami" — ho, ho — „tak łażiś i pomieraj, tawariszcz". I ci zwykli „tawariszczi" pamierają. W każdym razie ja mam dwa rowery jak malowanie, i uspokoiłem się na jakiś czas. Od razu rano zawiozłem opony i dętki do umówionego bistra, gdzie czekał już na mnie poczciwy Mr. Sepot. Te opony i dętki skupowałem już w zeszłym roku, co wcale nie było takie łatwe. Wydobyłem je dzięki pertraktacjom z taksówkarzami rowerowymi, dzięki niezliczonym spotkaniom w tajemniczych bistrach na Belleville i innym handlom czarnowymiennym. Pasjami to lubię. Będzie cholernie nudno, jak już będzie można wszystko kupić normalnie. Pozostanie wtedy tylko kokaina i morfina, komunizm i inne *stupéfiants*[2]. Mam coś w sobie z tego Albertyna z głupawej zresztą powieści Tristan Bernard. „Odprężenia, prawie codzienne, spowodowane wybrnięciem z jakiejś trudnej sytuacji, potrafiły tworzyć sumę radości wcale pokaźną" — powiada T. Bernard. Obecnie, przy końcu każdego dnia, ta sama suma radości bywa u mnie więcej niż pokaźna.

[1] O smaku amerykańskim.
[2] Narkotyki.

Wieczorem przyjechałem do tego samego bistra, gdzie zastałem już nasze rowery. Marzenie. Całe z duraluminium, lekkie jak pianka, lśniące jak gabinet dentystyczny, ze wspaniałymi przerzutkami na górzyste drogi — krótko mówiąc sen. Cieszyłem się jak dorosły. „Jak dziecko" to głupie porównanie, bo dziecko na prawdziwe cieszenie się jest za durne. Musiałem poczekać, aż się zrobi mrok, żeby nie przeprowadzać tej parki za dnia do hotelu, co mogłoby wywołać nieprzyjemne w skutkach komentarze lokatorów. Od razu napisaliby anonim do policji, że zajmuję się czarnym handlem. Już i tak gdy mijam w bramie konsjerżkę, staram się tak manewrować, żeby nie zobaczyła, że mam nowe buciki od Bodnara za 3000 franków. Trzeba być bardzo ostrożnym, bo narodowe uczucie *la jalousie*[1] widzi wszystko. Konsjerżka, jak Sfinks, leży przez cały dzień w bramie i nie daje zagadek do rozwiązywania, ponieważ ona sama stara się rozwiązać zagadki nowych butów, nowego futra, kapelusza lub ubrania wchodzących i wychodzących lokatorów. I aby nie wysilać się zbytnio, każdą zagadkę rozwiązuje jednakowo: *Il fait du marché noir*[2].

Na szczęście nasi patroni w hotelu są mniej ciekawi i — nie lubią konsjerżki. Toteż w naszym hotelu panuje atmosfera zaufania i szczerości. Nasz sąsiad naprzeciwko ma w swoim pokoju cały sklep spożywczy, wszyscy słuchają komunikatów londyńskich „na głos" na niezarejestrowanych aparatach, ktoś tam czasem się prześpi, komu niespecjalnie zależy na dokładnym legitymowaniu się, a wreszcie mieszkający tu dwaj policjanci *sont des chics types*[3], to znaczy tacy, co widząc podrobione papiery, mrugają okiem i mówią, oddając je wytwornie: „Świetnie podrobione".

Rowery kupiłem teraz nie na to, aby na nich jeździć, lecz żeby je mieć. Przeznaczam je na podróż po Francji po wojnie. Umówiłem się więc z patronem, że mi je przechowa w piwnicy. Wieczorem wprowadziłem je do hotelu od tyłu, od avenue Daumesnil. Po czym szybko jeden po drugim wniosłem do pokoju. Miałem ochotę tańczyć, patrząc na te cacka. Rozłożyłem od razu na stole mapę Francji i zacząłem tyczyć przyszłą trasę. W ciasnym pokoju, zawalonym dwoma rowerami, leżałem nad stołem i wykrzykiwałem różne magiczne nazwy: „Bretania — potem na wschód, bo brzeg Atlantyku aż do Bordeaux nie jest ciekawy. Zawadzamy o Massif Central i potem prosto na Biarritz. Po Biarritz Pireneje...". Basia przypomina mi, że zapomniałem o zamkach nad Loarą, ale że tymczasem nie można chodzić po pokoju. Z żalem pozdejmowałem koła, ułożyłem to jakoś w kącie i byłem rozgorączkowany. Basia spoglądała na mnie z pełnym czułości uśmiechem, jak na swojego 10-letniego synka. Zapytała mnie nawet, czy mam zamiar spać z tymi rowerami. Albertyn z powieści T. Bernarda podszepnął mi, że miałbym ochotę.

---

[1] Zazdrości.

[2] On handluje na czarnym rynku.

[3] Fajni faceci.

13.3.1943

Rowery starannie poobwijane, jak drogocenne mumie, spoczęły w sarkofagu piwnicy. Przy tej sposobności patron schował swoje nowe opony samochodowe. Teraz tak ciągle: coś się kupi ukradkiem, coś się chowa w milczeniu. Każdy ma milion tajemnic i wszystko ma niesłychaną wartość. Ta wartość absolutnie wszystkiego też ma swój urok, pod warunkiem że urok za długo nie potrwa. Nieraz siadam w fotelu, odkładam książkę i robię inwentarz, błądząc wzrokiem po pokoju, który jest jak gdyby nigdy nic. A tu tymczasem: tam, na górze, są trzy pary zelówek. Dałem po 100 fr za parę, teraz już na pewno warte są 150 fr. Pod łóżkiem jest 10 kilo cukru. Płaciłem po 150 za kilo, teraz trzeba już dać 220 – i nic taniej. W walizce pod łóżkiem są jeszcze angielskie konserwy. To te z Dunkierki jeszcze, historyczne. Farmerzy zakopywali je i potem sprzedawali. Dałem po 40 fr za puszkę, teraz i za 200 nie znajdzie. Ach – te ryby w oliwie... W innej walizce jest futro Basi. Kupiliśmy je w zeszłym roku w lecie u Andrebruna. Te trzy nowe walizki, obciągane pergaminem, to już na wyjazd do jakiegoś „rezerwatu wolności". Były drogie, ale dziś za byle co oklejone marmurkowym papierem trzeba dać 500 albo 600 franków. Figlarnie spoglądam na szafę. Dwie nowe opony rowerowe na zapas. A nad nimi, w tajemniczym mroku, wisi otyła szynka w wieńcu suchej kiełbasy. Przebijam okiem ścianę do kuchenki i taplam się w garnku z masłem i ze smalcem. Same rozkosze. Wobec tego wbijam się głębiej w fotel, otwieram Hegla, którego nie mogę skończyć i pewnie nigdy nie skończę, i czytam. To rzadka masturbacja umysłowa. Przerywam i myślę, że przyjemnie jest MIEĆ, coś mieć, do cholery. I w razie czego móc mieć więcej. I dlatego myślę coraz częściej o wyjeździe z Europy. Bo tu ludzie tak są zajęci myśleniem o tym, żeby przyszłe pokolenia coś miały, że ciągle te obecne nic nie mają. André Siegfried w swoim świetnym studium „Qu'est-ce l'Amérique" pisze: „W Europie, gdzie marża możliwości stała się bardziej ciasna, na pewno jest trudniej produkować nowe bogactwa aniżeli dzielić się bogactwami istniejącymi. Tak przynajmniej wyobraża sobie ten problem szeroki ogół. Stąd dwie pokusy europejskie charakteryzujące nasze stare kraje: z jednej strony nacjonalizm, to znaczy podbój i podział terytoriów, z drugiej strony rewolucja, to znaczy podział lub pokusa podziału bogactw, czyż nie jest to widok, który stwierdzamy wokół nas?". Jeszcze jaki widoczek. I do tego doszły teraz jeszcze „ideologie jedyne i prawdziwe". Wymyśla się tyle szczepionek, a nie można wymyślić żadnej szczepionki antyideologicznej i antynacjonalistycznej. I mówi się potem, że żyjemy w wieku postępu. Jakaś przyszła Liga Narodów powinna cały swój wysiłek skoncentrować na wynalezieniu gazu antyideologicznego. I jak tylko w jakimś kraju zaczną wznosić się niebezpieczne miazmaty nacjonalistyczne czy ideologiczne, trzask – kilka bomb z gazem przyjemnie pachnącym. Na zapach proponuję Chanel 5. Wszyscy mężczyźni rozejdą się od razu w poszukiwaniu czegoś do łóżka, młodzi zaczną marzyć o miłości i będzie spokój.

Zamiast jakiejś moralności czy etyki uczono nas idealizmu. Cały ten idealizm, a raczej „ideologizm" – ludzi już nie wychowuje się, ich się tresuje w ideologiach — wzbudza we mnie ostatnio jakiś huragan protestu. Kiedyś pęknę. Tymczasem staram się trochę uczyć. Pojęcie ludzkie przechodzi, w jakiej ciemnocie nas wychowywano. I te prawdy przez wielkie P, które mogą stanowić ciekawy materiał antykwaryczny, były i są nam podawane bezustannie jako żywa i „naukowa" nowość. I to wszystko do pustych brzuchów. Jak się jest głodnym, to łyka się byle co, nawet ideologie.

W Paryżu panuje obecnie psychoza „wylądowania". Już, z godziny na godzinę, oczekuje się *Débarquement*. Tajne gazetki zachęcają do ucieczki tych wszystkich, którzy mogą być wysłani na pracę do Niemiec. „Uciekajcie na wieś, ukrywajcie się, nie bójcie się narazić na życie nielegalne, bo godzina wyzwolenia zbliża się". Paryż huczy od *on dit*[1]. Tymczasem jest to sezonowa ofensywa propagandy angielskiej. Jakoś w żaden sposób nie widzę tego lądowania, szczególniej we Francji. Jeszcze za wcześnie. Co noc piekielna strzelanina, bo Anglicy lecą na Włochy przez Paryż. Amerykanie posprzeczali się z Rosjanami, bo Rosjanie zupełnie nie publikują danych odnoszących się do pomocy amerykańskiej i Amerykanów to gniewa. Chcieliby, żeby Stalin robił im w Rosji taką propagandę, jaką oni robią Stalinowi. Naiwni.

20.3.1943

Mam grypę i leżę w łóżku. Odpoczywam. Jest mi bezgranicznie dobrze i bardzo się cieszę, że grypa była tak uprzejma i zechciała przyjść. C. przyjechał z Krakowa na urlop i wyślemy przez niego listy. Ten jeszcze zupełnie niemrawy i ciemny w jesieni Francuz dziś ucywilizował się, nabrał poloru i ogłady, nauczył się nawet mówić, czego dawniej nie potrafił. Podróże kształcą, spanie z jakąś całkiem przystojną krakowianką (pokazał fotografię — *connais pas*[2]) także. Poza tym zrobił ładną podróż. Do Rostowa i odwrót spod Rostowa razem z tymi „*Kriegswerkstätte*", w których pracuje. Podróż ta pozwoliła mu na urobienie sobie trzeźwych poglądów o „raju proletariackim", w którym, według niego, okupacja niemiecka była w wielu wypadkach bardziej rajem niż porządki sowieckie. Mówi, że tu, we Francji, nie chcą mu wierzyć i wszyscy go posądzają o robienie propagandy proniemieckiej. Niemal z rozpaczą w głosie i z prawdziwą logiką prostego i nieuczonego chłopca zapytał mnie: „*Monsieur André*, dlaczego mówienie o tym, co ja widziałem w Rosji, jest propagandą niemiecką? Przecież to jedno nie ma nic wspólnego z drugim. Ja wcale nie mówię, że Niemcy są dobrzy". *Ha, pauvre Candide*[3]. Zauważył ciekawą rzecz: „Gdy przejechaliśmy dawną granicę sowiecko-polską, poczułem, że Europa się skończyła". Zauważył to on, zwyczajny robotnik, niespecjalnie inteligentny, podczas gdy tylu nie chce dojrzeć tej jednej prawdy, że Rosja nie jest Europą, że dzieli nas przepaść kulturalno-duchowa niedająca się w żaden sposób wyrównać, że

[1] Pogłosek.
[2] Nie znam.
[3] Cóż, biedny Kandydzie.

Rosja to barbarzyństwo, chamstwo i wschód, pomimo całego jej postępu materialnego, i to bardzo jednostronnego. Anglosasi twierdzą, że należy zrobić wszystko, aby pozwolić Rosji wyjść zza drutu kolczastego i „zeuropeizować się". Obawiam się jednak, że to raczej Europie i nawet Anglii grozi „zbolszewizowanie się", skoro cała Europa, Anglia i Ameryka nagle „odkryły" Rosję i rozdziawiają gębę. Jest przed czym. Jeżeli czuję nienawiść do tego ustroju, to nie z powodu żadnych uczuć klasowych, ale po prostu dlatego, że czuję nienawiść do wszystkiego, co stara się zabić osobę, mnie jako takiego, jako jedyny egzemplarz, i śmierdzi z daleka termitem i kolektywem, ciemnotą i chamstwem „jedynej i prawdziwej ideologii". Keyserling może nie jest wielkim filozofem, ale ma nieraz świetne wyczucie istoty rzeczy. W swojej „Analizie spektralnej Europy" nie napisał o nas więcej niż jedno zdanie, ale to zupełnie wystarczy: „Polska jest w stopniu o wiele gwałtowniejszym katolicka i zachodnia aniżeli jakikolwiek inny kraj, właśnie dlatego, iż dzięki swojemu słowianizmowi czuje ona specjalnie różnicę, jaka istnieje między nią a duchem rosyjskim". Wystarczy. Ja osobiście bardzo gwałtownie wyczuwam różnicę, jaka istnieje między mną a duchem rosyjskim.

25.3.1943

Leżę i czytam „Nowele" Prusa. Wspaniałe. Jeden z niewielu pisarzy polskich, do którego nie mam o nic pretensji. Olśniewa szerokością spojrzenia, odczuciem i zrozumieniem tego diabelskiego problemu, jakim jest „polski charakter". Widzi on wszystko, dobrotliwie (często pozornie, bo czasem przeziera z tego żółć), a jednocześnie — dla kurażu — pozwala dostrzec wszystkie skarby zalet, drzemiące gdzieś tam głęboko i przysypane całą lawiną nieszczęść zawierających się właściwie w dwóch słowach: historia Polski.

Poznawszy Zachód, dopiero teraz widzę to, co już w kraju tak silnie odczuwałem, że wprost dusiłem się, widzę, ile straciliśmy i do jakiego stopnia wypadliśmy z szyku, tracąc punkty oparcia. Cała Polska to jest taka *bouillabaisse*, taki bigos, że czasem można to znienawidzić. Rasowo Słowianie, kulturalnie łacińscy, z temperamentem bizantyjskim (polski bizantynizm, czyli buntownicza czołobitność nadawałaby się do osobnego studium), intelektualnie mieszanina niemiecko-francuska z powiewami do Rosji — jakiś piekielny konkokt, w którym my sami gubimy się bardzo często.

Czasem naprawdę mam ochotę powiesić się. Szczególniej po rozmowach z rodakami. Gdyby nie K., z którym pracuję, i wizyty P., który jest akuszerką moich myśli (to nie do wiary, ale ten człowiek był pułkownikiem, i do tego inżynierem, i nic go nie zdołało ogłupić), to chyba wieszałbym się trzy razy dziennie.

Po całej niesamowitej hecy dziewięciu wieków odzyskujemy na chwileczkę niepodległość, piętnaście minut wielkiej pauzy historycznej i po oszalałych wysiłkach stworzenia z tego plemienia jednolitego narodu historia znowu dzwoni i już zaczyna się następna lekcja. Kto wie, czy nie najgorsza, długie lata matematyki z całkami i różniczkami. Jeżeli Prus mnie zachwyca, to dlatego, że z pobłażliwym i ironicznym uśmiechem odstawia na bok ułana i dziewczynę, skowronki, łany, bławatki, chabry, zające i szaraki i uczy nas być narodem nie tylko w znaczeniu duchowym, ale przede wszystkim w znaczeniu materialnym, uczy budować od fundamentów, a nie od dachu. Naród to nie dach, ten polskiwstylubizantyjsko-gotycko-adwiślańsko-barokowo-dorycko-rokokowo-powstaniowo-marszałkowo i cholera wie co, ten dach złożony z legend i pieśni, ryczałtów i masochizmu ojczyźnianego, z pełnego tragizmu poczucia wielkości, które inni mają gdzieś, i pretensji do wszystkich i do wszystkiego z Bogiem włącznie, który dla nas nie jest Bogiem, lecz carem (to się jeszcze nie skończyło — to się zaczyna), ale także i fundamenty. Te fundamenty, o których u nas nie lubi się mówić, bo są nieefektowne jak wszystkie fundamenty na świecie. Bo nie są kolorowe, nie są artystyczne, nie mają w sobie dźwięku ostróg i chlupotania wody w głowie, rżenia koni lub walki konspiracyjnej. Jestem „grudniak" i „zimniak" i nic z tego koncertu nie rozumiem. I nic nigdy nie napawało mnie większym strachem i świętym oburzeniem jak gadanie do pustych brzuchów i szczęście tak zwanych „przyszłych pokoleń". I kłamstwo w imię ojczyzny w zawiesistym sosie nacjonalizmu mieczykowatego.

Ktoś mi opowiadał, że lotnicy amerykańscy za każdy nalot na Niemcy otrzymują specjalną premię i że każdy członek załogi bombowca, który po dwudziestu pięciu nalotach wróci cało i zdrowo, dostaje ileś tam dolarów i może wracać do Stanów Zjednoczonych. Wojna jest dla niego skończona i po herbacie. Chciałbym widzieć Polaka, który, słysząc to, w pierwszej chwili nie zasłoniłby twarzy wstydliwie i nie był „do głębi" (my zawsze „do głębi" — nic taniej) oburzony. Nawet mnie wydało się to w pierwszej chwili coś nie tego. Bo niby obowiązkiem dobrego Polaka jest tak długo latać, aż go zestrzelą na chwałę ojczyźnie. Jak można łączyć pojęcie „forsy" z poświęceniem się za ojczyznę? Amerykanie mają rację. Każdy z nas po cichu to przyznaje, ale broń Boże głośno. Hipokryzja na punkcie Polski i Ojczyzny (przez wielkie O — nic taniej) jest u nas zboczeniem narodowym. Hipokryzja ojczyźniana wpędza nas w tę zaściankowość całej naszej kultury, której w gruncie rzeczy nikt nie rozumie. Epatujemy się obcymi pisarzami, ale jak jakiś nasz pisarz napisze coś i nie umieści w tym Polski, Polaka, malw i maków, strzechy, łanów, służącej, ciąży i skrobanki (jeden z narodowych problemów), to on jest zły Polak. Jak Conrad, który raz wreszcie wpadł na świetną myśl pisania po angielsku. I nie o strzechach i malwach. I pomimo że zrobił dla Polski więcej reklamy niż nawet Sienkiewicz, to Orzeszkowa uważała za stosowne mu nawymyślać. I nawet ludzie, którzy się nim zachwycali, nie potrafili jednak robić tego bez jakiejś głębinowej pretensji, „że nie wrócił". Nie wrócił, bo mu się lepiej podobało w Anglii i każdy człowiek powinien mieć prawo żyć tam, gdzie mu się najbardziej podoba. Są tacy, dla których Koluszki albo Radom są wszystkim, i bardzo to szanuję, ale są tacy, którzy wolą włóczyć się po świecie i znajdują w tym świecie więcej niż w Koluszkach lub w Radomiu. I wtedy mówi się ze świątobliwym oburzeniem:

„kosmopolita", czyli prawie – Żyd. A czy może być coś gorszego – tak między nami – niż Żyd?

26.3.1943

Gdyby komunizm się udał i spełnił wszystkie obietnice, przestałby być komunizmem, i dlatego nigdy się nie uda. Cały dowcip w tej „naukowej" ideologii polega na tym, że obiecuje rzeczy niemożliwe, że do us... śmierci można „dążyć", można „czynić wysiłki", można „kroczyć ku" bez końca, z fatamorganą na horyzoncie. I ponieważ jest to nieosiągalne, odległe, „dla przyszłych pokoleń", więc można „wierzyć". To jest najważniejsze. Grunt to wiara, cały witz jest w tej wierze. To kapiszon naboju komunistycznego. Cały witz jest w tym kapiszonie. Grunt to abstrakcja i bez abstrakcji ani rusz. Wywalono za drzwi wszystkie religie i metafizyki, wszystkie słoiczki z opium, i na ich miejsce postawiono *Eintopfgericht* z haszyszu, też dla ludu. I wiara wierzy. Zawieszono wysoko kiełbaskę i każe się skakać. I wiara skacze. Coraz wyżej. I jak już skacze niebezpiecznie wysoko, to się podciąga kiełbaskę wyżej. Bo nie chodzi o to, żeby wiara do tej kiełbaski doskoczyła, tylko o to, żeby coraz lepiej i wyżej skakała, żeby skakała i „dialektycznie". I tak se skaczemy i będziemy skakać aż do us... śmierci i wszyscy w końcu zamienimy się w koniki polne. I będziemy dopiero naprawdę szczęśliwi jako ludzkość szlachetnie i dialektycznie najzupełniej „zowadzona", czyli „zinsektyfikowana". I będziemy se terkać i żenić się z cykadami (samica konika polnego) i będzie byczo. Już się cieszę, ale jeszcze nie wierzę.

28.3.1943

Wstałem po grypie i wyszedłem na spacer. Kupiłem „Pariser Zeitung" i czytając, szedłem wolno przez avenue Daumesnil do lasku Vincennes. Jeszcze ciągle nieprzyjemny chłód i nie czuć wiosny. Artykuł reasumujący wyniki akcji zimowej w Rosji był kwaskowaty. Wszystko zaczyna się od tego, że *wir haben verloren, ABER*[1] i po tym *aber* okazuje się, że to właściwie Rosjanie przegrali tę kampanię i że ofensywa rosyjska spełzła na niczym. Przypomniało mi to ten dowcip o tym żigolu, co każdej kobiecie na dancingu proponował przespanie się. Zapytany raz, czy nie dostaje często po pysku, odpowiedział, że owszem, ale że „per saldo" więcej tego owego, niż bierze po gębie. Niemcy twierdzą, że „per saldo" to oni jednak górą. Poza tym Niemcy twierdzą, że Anglia sprzedała się Rosji, że Ameryka ma zamiar uczynić to samo, w sumie zupełnie do rzeczy. Poza komunikatami wojennymi prasa niemiecka zaczyna zupełnie rozsądnie pisać. Ale to się na nic nie przyda, bo – niemiecka.

---

1 Przegraliśmy, ALE.

1.4.1943

Podobno Rommel Africanus wyjechał z Afryki „z powodu choroby". Egipskie zapalenie oczu, czyli nasypali piasku. Wyewakuował się na czas. Albo go wyewakuowali, bo zaczął być za popularny.

3.4.1943

Wiosna. Nagle zrobiło się ciepło, nagle wróble zaczęły głośniej ćwierkać przed spaniem, nagle powiało zapachem zieleni i kwiatu jabłoni. Jak Faust na odgłos dzwonów, tak ja pod wpływem tych odgłosów i zapachów cisnąłem w kąt myślami i szepnąwszy cicho: *Ich hab schon alles durchstudiert*[1], zrzuciłem z siebie „Luizę Pruską" Sorela, wykopałem się spod Bergsona, Hegla, Spinozy, Huxleya, Le Bona i innych mądrości i wziąłem — „Damę Kameliową". Dosyć tego wszystkiego. Czym to wszystko jest wobec tej odrobiny szczęścia, jaką można upolować w wiosenny wieczór? Do tego z „Damą Kameliową" na kolanach.

Wracając z merostwa, wstąpiłem do bistra na białe wino. Drzwi bistra były już szeroko otwarte, a wpadające do wewnątrz słońce ogrzewało całe wnętrze po długiej zimowej drzemce. Meble, lśniąca maszyna do kawy i nawet kamienna podłoga przeciągały się leniwie i oddychały ciepłym powiewem. Pod ścianami chodził wolnym krokiem czarny kot, przysiadał chwilami, mrużył oczy, znowu przesunął się o kilka kroków i znowu siadał, mrużąc oczy. Na końcach wąsów zapalały mu się tęczowe ogniki, sierść lśniła. Pogłaskałem go i pomyślałem sobie, że jak wojna się skończy, to będę miał dużo kotów. Wyprężył grzbiet, stuknął głową w moją rękę i poszedł przysiąść o parę kroków dalej. W tym kocim spacerze była cała rozkosz słońca. Wino nabrało już innego smaku, bo w kieliszku chlapie się słońce. Przy kontuarach są już gaduły i mówią z patronem o wiośnie. Na pewno wylądują. Na merostwach są już gotowe afisze, które rozlepią od razu po wylądowaniu. „Stoi" w nich, że wszyscy mężczyźni w wieku poborowym mają stawić się do obozów koncentracyjnych. *Si, si, mais oui — j't'assure — on les a vu, ces affiches...*[2] A cóż mnie to obchodzi, skoro świeci słońce i skoro w tej chwili jest mi dobrze.

Koło kropli piwa chodzi mucha. Mam ochotę ją uściskać i żal mi, że muchy nie da się uściskać. Tyle miesięcy nie było much. Pokosztowała piwa, odsunęła się i zatarła przednie łapki z zadowoleniem. Tylnymi pogładziła sobie skrzydła, przyczesała się i powędrowała na piechotę do drugiej kałuży piwa.

Na ulicy furkają rowery. Kobiety w szerokich spódniczkach pokazują wysoko apetycznie wymalowane nogi. Wszystkie są zgrabne i w każdej można by się zakochać na parę godzin. „Piękna" patronka sklepu radiowo-elektrycznego,

---

[1] Wszystko już przestudiowałem (lekko zmienione pierwsze słowa Fausta ze sceny „Noc", „Faust" cz. I.

[2] Tak, tak, naprawdę — zapewniam cię — widzieliśmy te afisze.

zwana przez nas krową elektryczną (?) włożyła już kolorową suknię i patrzy głupio przed siebie. Wystawia się na widok publiczny razem ze swoimi żelazkami i kuchenkami. Piekarka i jej bury kot znowu utyli przez zimę i teraz to widać. Piekarnia często bywała zamknięta za karę, więc pewnie „czarne interesy" dobrze szły. Jestem ciekawy, czy piekarka ma już lożę w Komedii Francuskiej. Teraz wszystkie te panie mają abonamenty w teatrach i obnoszą świeżo nabytą biżuterię. Pieniądz przechodzi z rąk tych, którzy uważają, że go powinni mieć, do rąk tych, o których się mówi, że go nie powinni mieć. Ale — trzeba jeść. Piekarki, episjerki, tenturierki, szarkutierki i kremierki[1] robią majątki, sprzedając od tyłu. Mucha odbyła lot próbny i usiadłszy na żarówce, uczciła tę próbę czarnym punkcikiem. Policjant z naszego hotelu ubrał się już po cywilnemu i żwawo mknie do tenturierki naprzeciwko. Ona wprawdzie ma *elefantiasis* nóg, ale góra jeszcze dobra i kasa też. A on jest ubogim chłopem z Basses-Pyrenées. Co tam jest? Parę krzaków wina i kamień. Ale za to dużo słońca. Jak wojna się skończy, jadę na południe. Teraz trzeba będzie poczyścić rowery i jutro gdzieś wyjedziemy zobaczyć kwitnące jabłonie. Kwitnąca jabłoń jest jednym wielkim kwiatem. Wieże Notre-Dame wyrastają teraz z kwiatów. Piję drugie wino. Gaduły przeszły do stolika, rozścieliły dywanik i rozpoczęły partię belotki. Wyszła przygłucha patronka i zaczęła wolno wycierać kontuar. Okropnie głucha. Zawsze myli *cognac z armagnac* i *bière* z Byrrh[2]. Dziwna rzecz, że im jeszcze nie zabrali na metal cynowego kontuaru. Wszędzie już pozabierali i teraz jest linoleum, przymocowane dwoma listewkami. Bistra stały się ciemne i ponure, bez blasku. A — już zaczynają krzyczeć przy belotce. Wydaje mi się, że śnię, że świat przestał istnieć. Pewnie bzy są w pączkach, a jutro dzieci będą jeździć na osiołkach w ZOO Vincennes. Papugi, wyniesione na powietrze, będą wrzeszczeć i obracać się naokoło dziobów. Będzie je słychać aż nad stawem. I od razu będzie dużo papierów na trawnikach. Jeżeli będą wózki z lodami, to Basia kupi sobie za 5 franków tego czegoś zimnego i ziarnistego. Mówi, że to „pyszne"... Wypiłem wino. Jest mi już za gorąco w wełnianych pończochach. Na podwórzu przed naszym hotelem panuje jeszcze chłód i ciągnie zimną wilgocią ze sztucznej groty. Ale bluszcz jest już zupełnie zielony i stracił zimową szarość.

Siadam w fotelu przy otwartym oknie i czytam. Czytam zachłannie to opowiadanie o wielkiej miłości, Armand i Marguerite pachną wiosną. Wzrok tonie w obłokach kwitnących jabłoni. Cała ta historia jest cicha i beznadziejnie sentymentalna, jak każda miłość. Wyciągam z walizki nuty i otwieram „Invitation à la valse" Webera. Patrzę ze wzruszeniem na ten szybki pasaż, którego Marguerite nie mogła płynnie wygrać. Rzeczywiście trudny. Mam ochotę z nią porozmawiać i powiedzieć jej, że musi to ćwiczyć po jednym takcie i bez pedału. To musi wyjść jak dotknięcie patykiem sztachet płotu, gdy biegnie się wzdłuż niego. Przewracam nuty i cicho gwizdam tę melodię, która już na zawsze zrosła się z Marguerite. Ta cała książka jest jednak szlachetna. Jak każda

---

1 Właścicielki sklepów spożywczych, pralni, sklepów mięsnych i nabiałowych.

2 Koniak z armaniakiem, piwo z Byrrh (rodzaj aperitifu).

prawdziwa miłość. Wydaje mi się, że ktoś, kto naprawdę nie kochał, nie może odczuć tego opowiadania. Głęboka miłość ma w sobie sporo sentymentalizmu i „pompieryzmu", rzeczy na pozór płytkich, nadających się do parodii. Jest mi bezwstydnie lekko, gdy czytam to mydło, i piersi napełniają mi się subtelnym drżeniem. Gdzieś w głębi uśmiecham się przez łzy. Wszystko jest pełne tego bladego uśmiechu Marguerite. Przez otwarte okno wpadają podmuchy ciepłego powietrza i leżący na środku pokoju kłębek kurzu potoczył się pod łóżko. W uszach dźwięczy fortepian. Posuwiste tony walca, biała suknia w świetle świec, a potem wiosenny deszcz szybkich tonów pasażu.

4.4.1943

Słońce i wiosna. Niedziela. Wróble oszalały. Królik konsjerżki uciekł z klatki i zwiedza ostrożnie podwórze. Jedno ucho zwisa mu na bok i jest przekomiczny. Biała kula puchu na nogach. Śmieję się, bo ma w ruchach coś złodziejsko-łobuzerskiego. Wolno wślizguje się w krzaki i nagle wypada z nich prosto przed siebie, pędząc na złamanie karku. Wychylam się przez poręcz i rzucam okruszki z chleba. Wróble nurkują z drzewa na ziemię, porywają zdobycz i uciekają. Królik coś tam zrozumiał, ale nie całkiem. Patrzy na wróble i ma rozczulająco głupią minę. Niemal widać, jak w tej głowie coś się plącze i tumani. Konsjerżka wyszła z „loży" krokiem przetłuszczonej kaczki, coś zakwakała, weszła do klozetu, oczywiście nie zamykając drzwi. Spuściła wodę i wylazła. W ciszy porannej i słonecznej woda szumi jak cały wodospad. Znowu kwaka sama do siebie i stara się złapać królika. Słońce oświetla już dachy domów i niedługo wpadnie do naszego pokoju. Jestem głodny i cieszę się na śniadanie i na pierwszego papierosa. Pojedziemy na rowerach do lasku. Absolutnie nic nie myślę. Żyję. Gorąca herbata, chleb z serem, potem z konfiturą. Papieros. A potem mam ochotę cały wskoczyć do umywalni. Łażę nago po pokoju. Szkoda, że jeszcze nie można jechać w szortach. Z sąsiednich domów dolatuje muzyka z radia. Wykarmiany na Wielkanoc kogut, zawieszony w klatce na jakimś tam balkonie, zapiał. Żeby tylko deszczu nie napędził. Stara Horwatowa, służąca babci, zawsze mówiła, że jak kogut pieje w dzień, to „na plusk". O jednym moim kuzynie mówiła, że „jest taki czysty, że można by się z niego kawy napić". Babcia mówiła „ta stara Horwatka" i twierdziła, że w Krakowie wszystko jest droższe niż w Bochni. Postanawiamy zjeść obiad wcześniej i pojechać po obiedzie. Schodzę na dół do rowerów i nagle piekielny huk. Salwa wszystkich dział przeciwlotniczych w całym Paryżu. Potem odległy grzmot, trwający minutę, może dwie, i stłumione brzęczenie motorów. Wyskoczyłem na podwórze, ale nic nie widać. Przeszli wysoko zagubieni w błękicie wiosennego nieba. Oporządziłem rowery i zjedliśmy obiad. Wyjeżdżamy. Na avenue Daumesnil ciągnie jeden nieprzerwany sznur ludzi w kierunku lasku Vincennes. Wózki dziecinne piszczą, szurgot tysięcy stóp. Wszyscy idą niedbale, rozleniwieni, rozklejeni. Już są wiadomości — bombardowali Renault. Dużo osób zabitych na polu wyścigowym Longchamps, gdzie spadło kilka bomb w tłum ludzi na wyścigach. Nie popisali się ci Amerykanie — gdzie Longchamps i gdzie Renault? Seryjna robota. Tam śmierć, strzępy ludzkie i ruiny domów, setki zabitych i tysiące opłakujące najbliższych, tu słoneczny dzień, tłum rozbawionych ludzi, beztroska perląca się w kieliszkach pitego na tarasach musującego wina. *Garçon, un verre de mousseux*[1]. Śmiechy, chłopiec całuje dziewczynę, matka bawi się z dzieckiem, jadę i cieszę się słońcem. Już krótka chwila napięcia minęła, huk i warkot czteromotorowych potworów zapadł w głąb i przestał istnieć. Życie... Z drzew buchają już iskierki świeżej zieloności, drżą w słońcu i puszą się. Daleko za Paryżem, w pobliżu Joinville, siadamy na trawie. Ziemia jest jeszcze wilgotna i chłodna. Jemy czekoladę i biszkopty, skręcam papierosa i dymię w niebo. Basia pisze jakiś wierszyk. Jeden z tych jej wierszyków, prostych i dziecinnych. Szuka rymu do „fortepian". Też pomysł. Mówię: „sobiepan". – „Jędrek, jakiś ty głupi" – słyszę odpowiedź poetki. Patrzę w niebo i myślę, jakimi słowami można by wyrazić uczucie absolutnego szczęścia, soczystego jak wielka gruszka. Słońce jest białe, płynne, rozlewa się i grzeje. Późnym popołudniem zajeżdżamy do Fontenay do Robertów. Obydwoje są w ogródku i grzebią się w ziemi. Gromadka dzieci jest rozbawiona i na progu stoi najmłodszy Filip. Na wszystko, co się do niego mówi, odpowiada doskonale podsłuchanym u dorosłych „*Hein? Hein?*"[2]. Mówić nie umie, a tego już się nauczył. Basia przegląda greckie książki Jacque'a i konstatuje, że wszystko zapomniała. Mówię jej, żeby się nie martwiła, bo najważniejsze jest to, co się zapomniało, jak to ktoś tam powiedział. Jemy kolację z Robertami i wracamy o zmroku. Jest chłodno i tylko gdzieniegdzie wpada się w falę ciepłego powietrza. Pachną jabłonie i świecą w mroku białością i bladym różem. Czarne zręby zamku Vincennes rozpuszczają się w coraz to ciemniejszym niebie. Życie, to zwykłe i codzienne, może być wspaniałe.

6.4.1943

Skończyłem „Damę Kameliową" i pozostała mi po niej tęsknota. Sam nie wiem za czym. Wiosna rozpędziła się i szasta się na wszystkie strony. Ulice pełne są malowanych nóg kobiecych w sandałkach, trzepocą na wietrze szerokie spódniczki w kwiaty, w nos uderza zapach perfum. Zawsze odróżniam Rumeur Lanvina, bo najwięcej lubię. Jednocześnie odbywa się pogrzeb ofiar przedwczorajszego bombardowania. Na Longchamps został zabity jeden z moich znajomych urzędników z Ministerstwa Pracy. Już starszy pan. Miał w całym swoim życiu dwa zamiłowania: wyścigi konne i Anglię. I zginął na wyścigach od angielskiej bomby. Temat do fraszki dla Swinarskiego. Rozerwało go na strzępki i resztki rozpoznano po szpilce od krawata: złota szpicruta wysadzana małymi rubinami. Wszystko to opowiedziano mi dzisiaj, gdy wpadłem do ministerstwa po jakieś druki i formularze. Dziś jego miejsce za stołem było puste i nikt już nie powitał mnie wesołym: *Monsieur André, comment va la Pologne?*[3] To on już

[1] Kelner, kieliszek wina musującego.
[2] Hę? Hę?
[3] O, pan Andrzej! Jak się miewa Polska?

od kilku miesięcy pytał mnie zawsze, przymrużając jedno oko, jak po wojnie będzie się nazywać Warszawa: „*Varsoviebourg ou Varsoviegrad?*". Pomimo całej anglomanii bał się, że Anglicy sprzedadzą nas Rosji. Ale o to nie tylko on się bał. Boję się zawsze „świętego przymierza" między Ameryką, Anglią i Rosją, które zostałoby zawarte w pierwszym rzędzie kosztem naszej niepodległości, jeżeli po tej wojnie o czymś takim w ogóle można będzie mówić. Z relacji naocznych świadków wynika, że na polu wyścigowym znajdowało się gniazdo niemieckiego flaku i jakiś bardziej sportowo nastrojony bombowiec amerykański opuścił się niżej i zrzucił na nie kilka bomb.

Po wyjściu z Ministerstwa wpadłem znowu w słoneczny sos. Na rue de Vaugirard ruch. I znowu malowane nogi i malowane uda, wychylające się z fałdów spódniczki na rowerze. Wstąpiłem do Dupont na Parte de Versailles. Ktoś wrzucił franka do automatycznego gramofonu i na całą salę chlusnęły synkopy amerykańskiego swingu. Nareszcie jakaś ludzka muzyka, a nie ciągle ten Beethoven, Mozart, Schumann i Schubert. Pod wieczór wróciłem do domu. Okno otwarte, wieczorne odgłosy z sąsiednich kamienic, zapada zmrok. Wróble mówią sobie głośno dobranoc. Życie, życie za wszelką cenę. Nie myśli się, bo nie można myśleć.

9.4.1943

Atakują Tunis *au ralenti*[1]. Wojna rośnie, przybiera rozmiary zupełnie fantastyczne. Kto po tej wojnie będzie mógł sobie pozwolić na prowadzenie wojny? Zaczęło się od wojny państw i skończyło się na wojnie kontynentów. Ta wojna jest bardziej światowa niż pierwsza, jak by mógł powiedzieć Mr. Prudhomme współczesny. Kto po tej wojnie będzie mógł p o w a ż n i e mówić o zbrojeniu się? Jedynie wielkie bloki państw. Jeżeli Polska, Czechy, Jugosławia i inni odzyskają wolność, to czy w ogóle będzie je stać na zbrojenie się? Będą mogły zbroić się jedynie w ramach jakiegoś bloku kontynentalnego. Przyszła wojna (jestem przewidujący) będzie mogła być jedynie „składkową", takim piknikiem jak teraz. Coraz wyraźniej zarysowuje się struktura świata podzielonego na sferę wpływów anglosaskich i rosyjskich. Dokąd te dwa bloki nie zaczną wojny między sobą, wojna będzie właściwie niemożliwa, bo nikogo poza nimi nie będzie stać na prowadzenie współczesnej wojny. Kto wie, czy ta wojna nie jest już szczytem lotnictwa i czy przyszła wojna nie usunie go na korzyść jakiegoś tańszego i jednocześnie skuteczniejszego środka niszczenia. Rakietowe torpedy zastąpią lotnictwo i artylerię. Z Moskwy będzie się bombardowało Paryż, z Londynu Nowy Jork. W głowie się mąci. Odczuwam niemal fizycznie tę szybkość, z jaką pędzimy na rozbuchanym koniu „postępu". Gdy spoglądam na ludzi, wydaje mi się, że patrzę na pijanych. Jesteśmy pijani, zupełnie zamroczeni, coraz trudniej udaje się nam coś sobie „uprzytomnić". I wątpię, czy koniec tej wojny pozwoli nam na wytrzeźwienie. Boję się, że rozwiązywanie

---

[1] Z zwolnionym tempie.

końcowych zagadnień robione będzie przez pijanych i że skutki będą pijackie. Pijanym wydaje się wszystko możliwe.

12.4.1943

Między siódmym i dziesiątym trwało spotkanie Mussoliniego z Hitlerem. Komunikat jest skąpy. Decyzja wspólnej walki aż do ostatecznego zwycięstwa. Jak rak świśnie, powiedziałby stary Rzecki. Na froncie azjatyckim jest wiosenno-odwilżowy nastrój. Podobno Mussolini prosił Hitlera o pozwolenie wycofania dywizji włoskich ze wschodu. Czuje się zagrożony. Z Tunisu do Włoch istotnie nie tak daleko. Ale grunt, że tych dwóch błaznów się spotkało, że błazeńskie gazety mogły na ten temat pobłaznować i jeszcze raz podkreślić, iż pierwszym przykazaniem propagandy jest uważać wszystkich za stado matołów, któremu trzeba wszystko wytłumaczyć. Oni naprawdę potrafią wszystko wytłumaczyć. Jak Rosjanie będą pod Berlinem, to oni to też wytłumaczą. I moim najgorętszym życzeniem jest móc doczekać tej chwili, żeby zobaczyć JAK.

Miałbym ochotę przeczytać znowu — tym razem nieobowiązkowo i nie ze skrótu — „Nieboską komedię" Krasińskiego. Zawsze mi się wydawało, że z tych trzech „wieszczów" on miał najlepszą głowę. Pamiętam, że na ustnej maturze, zapytany o Pankracego, określiłem go jako „wcielenie szatana dziejowego". No i na mocno zdziwione spojrzenia profesorów nie umiałem zareagować odpowiednim objaśnieniem tej „tezy". Teraz wydaje mi się, że to nie było tak całkiem głupie.

13.4.1943

Basia leży z grypą. Wobec tego na targ poszedłem ja. Słoneczny ranek kwietniowy, chłodny i świeży. Do naszego podwórka dolatują ostre głosy przekupek. Czym mniej towaru, tym one głośniej krzyczą. Pod tym względem politycy i przekupki niczym się nie różnią. Drzwi od klozetu na naszym podwórku trzaskają bezustannie. Trzask ten stapia się w jedno z klekotem sabotów przekupek wpadających i wypadających z naszej bramy. „Nasz" klozet na podwórku obsługuje cały odcinek targu przy naszej bramie. Oczywiście konsjerżka pobiera za to okup w towarze. Coś jej tam zawsze przyniosą — taniej i bez ogonka. Toteż w dni targowe kręci się cały czas koło tej budki, nawiązując towarzyskie rozmowy z przychodzącymi. Mężczyźni nie zamykają drzwi i rozmawiają przez ramię, z kobietami konwersacja odbywa się przez drzwi. Czasem zbierze się cała grupa i wówczas tryskają żarty na temat tego, kto siedzi wewnątrz. Plusk wody, śmiechy i klekot sabotów.

Na targu ruch. Wzdłuż stołów snują się baby, wymalowane, ale niedopięte i niedoczesane lub niedomyte „lepsze panie", żony urzędników, których mieszka tu dużo wokoło. Zresztą kto w obecnej Francji nie jest jeszcze urzędnikiem? Z ogonków dochodzą odgłosy zjadliwych kłótni o miejsce, rewolucyjnych okrzyków pod adresem „*priorités*"[1] lub dyskusji ze sprzedającymi, którzy sprawują teraz feudalną władzę nad klientelą. Kupiec jest panem życia i śmierci. Albo raczy, albo nie raczy. Co da, to trzeba brać. Co każe brać, trzeba brać. Aby kupić funt czegoś, na co ma się ochotę, musi się kupić funt czegoś innego, co jest zupełnie niepotrzebne albo co jest nadgniłe. I rozwścieczone „trykotantki" syczą przez zęby i pomstują, ale gdy przyjdzie ich kolej, uśmiechają się przymilnie do przekupki. Bo z nią trzeba być dobrze. Ale przekupka też jest wściekła. Traci tu czas i pieniądze, sprzedając to, za co po cichu dostaje trzy razy tyle.

Ja też jestem nieumyty, też jestem byle jak ubrany i też mam koszyk w ręku. Idę z tłumem i oddycham to serami, to mulami, to rybami. Albo pogrążam się w zapachu wilgotnych jarzyn i łakomie wdycham woń porów. Stoję w ogonku po rzodkiewkę i dostaję wiązkę szparagów. Szparagi są drogie, ale trzeba korzystać. Kupuję sałatę. Jest świeża i jędrna, ocieka wodą i miałbym ochotę wgryźć się w nią. Smutny ten targ. Trochę muszli, trochę ryb, dużo jarzyn i dużo krzyku. Pamiętam, jak cztery lata temu, w pierwszy dzień po przyjeździe tutaj, wybiegłem przed dom i wydawało mi się, że Sezam otworzył się przede mną. Na stołach góry daktyli i suszonych fig, kiście bananów, piramidy czekolady i katedry serów. W innych kramach mięso i drób, langusty i homary. I wszystko tanie. Ale pomimo wojny we Francji jeszcze ciągle widzi się ślady bogactwa. Pomimo rabunku niemieckiego, pomimo ciągłych rekwizycji nie ma mowy o głodzie. Jeszcze ciągle jest wybór, jeszcze ciągle pewna rozmaitość i możliwość urządzenia sobie swojego „małego życia". W całej atmosferze unosi się to coś, z czym tak łatwo być szczęśliwym. Słońce świeci, przekupki krzyczą, zapachy drażnią podniebienie. Wszystko jest tutaj jakby dośrodkowe, a nie odśrodkowe. Nie wiem dlaczego, ale nagle przypomina mi się to tak typowo francuskie określenie szczęścia przez Sachę Guitry: „Szczęście to kochać stare książki i młodych autorów, młode kobiety i starych przyjaciół". To określenie ma w sobie coś gastronomicznego, ma smak dobrej potrawy i pewnie dlatego przypomina mi się tutaj. Jedzenie też wchodzi w zakres kultury. Dobry obiad jest tyle samo wart co dobry wiersz lub dobry obraz. Jedzenie nie jest niczym „niższym", a żywienie się kapustą i kartoflami na pewno wpływa na kulturę. Czyż może być coś bardziej beznadziejnego jak to, ku czemu świat idzie wielkimi krokami — do kolektywizacji jedzenia, do gotowania *en masse* i do rozdzielania tego w kantynach i innych barbarzyńskich zakładach tego rodzaju. Wracam do domu z koszykiem, siadam na rower i jadę do pracy. W południe będę jadł w kantynie. I mam ochotę rzygać.

14.4.1943

Wszędzie to samo. Basia spotkała na ulicy swoją koleżankę szkolną, Żydówkę. Jej mąż wzięty do obozu, wywieziony i ślad po nim zaginął, ona chowa się z trzyletnim synkiem, mając fałszywe papiery. Mieszka teraz na wsi pod

[1] Mających pierwszeństwo.

Fontainebleau. Wszystko straciła, bo trzy walizki „zarekwirował" jej patron hotelu, w którym mieszkała i z którego uciekła w nocy. Gdy próbowała upominać się o to, patron dał jej do zrozumienia, że lepiej dla niej, aby się o nic nie upominała. Będąc z dzieckiem dosłownie na ulicy, trafiła do Kwakrów i ci zaopiekowali się nią. Tam poznała jakiegoś Hiszpana, kombatanta republikańskiego, który się w niej zakochał. Pewnie kiedyś się pobiorą.

I. bardzo miły i spotykamy się od czasu do czasu. On był dziennikarzem i wiele opowiada mi o Hiszpanii. I gdy słucham tych opowiadań, często zapytuję siebie, kto jest narodem bardziej europejskim. Oni czy my? To, co my robimy po wypiciu litra czystej wyborowej, oni robią na czczo. Instynkt samozniszczenia się zupełnie niesamowity. Opowiada mi o nocy św. Jana w Barcelonie. To wielkie święto. Wieczorem ulice zawalone są tłumem ludzi. Na każdej ulicy mianuje się przewodniczącego święta. Ten, w otoczeniu swojego sztabu, urządza po domach zbiórkę starych mebli. Wszystkie te uzbierane meble zwala się na stos i z nastaniem nocy podpala. Namiastka niszczenia. Młodzi ludzie mają uwieszone na pasku petardy i dopiero wtedy zaczyna się prawdziwa zabawa. Pije się wino i rzuca petardy. Ofiarami petard są dziewczęta, które uciekają — nieraz poparzone. Po północy żadna dziewczyna nie śmie pokazać się na ulicy, ulica należy do mężczyzn. Rzuca się coraz to większe petardy. Zapanowuje rodzaj szału. Chłopcy pędzą osmoleni i pijani winem i zapachem prochu. Nad ranem wszyscy biegną nad morze, gdzie już roi się od przekupniów muli. Wszyscy jedzą gorące mule i czekają na wschód słońca. Gdy tylko słońce wynurzy się z morza, cały ten tłum zrzuca ubranie i wskakuje do wody.

Pomimo całej barwności i gorąca bijącego od takich opisów wydaje mi się, że we wszystkim panuje jakiś wewnętrzny chłód. Ma się wrażenie, że przy pomocy tego wszystkiego ci ludzie chcą rozgrzać kawał lodu przenikający ich krew. Bije od tego zupełna obcość, coś tak obcego, że wydaje się, iż nie może tu być żadnych punktów stycznych między nami.

I. znał Pasionarię. Prosta kobieta o jakichś dziwnych właściwościach oddziaływania na tłum. Ma syna i córkę. Córka zupełnie nie wdała się w matkę i w domu dochodziło do piekielnych scen. Opowiada dowcip, że pewnego razu, po jednej z licznych awantur, córka wybiegła z domu i wpada na ulicy na żebrzące dziecko. Dziecko skarży się: „Nie mam matki". — „I ty się skarżysz, smarkaczu?" — odpowiada impetyczna córka.

Opowiada mi o ciemnej roli odegranej przez komunistów w tej potwornej rewolucji, która przerodziła się w długoletnią wojnę domową. „Gdyby nie komuniści, być może, że republika byłaby wygrała. Ale oni zaczęli robić Rosję w Hiszpanii".

15.4.1943

Cała ta historia z dziesiątkiem tysięcy oficerów polskich będących w niewoli rosyjskiej i rozstrzelanych pod Smoleńskiem staje się potworna. Niemcy odkryli i odkrywają coraz to nowe groby masowe, wypełnione po brzegi trupami naszych oficerów. Dalsze badania są w toku i Niemcy obiecują nawet identyfikację licznych zwłok i publikacje listy z nazwiskami. Pierwsze badania wykazały, że ta cała makabra odbyła się wiosną 1941 roku. Niemcom oczywiście nie chodzi o to, że są to oficerowie polscy, ale o propagandę przeciwko Rosji i komunizmowi. I pomimo że mówią o tym Niemcy, którzy w tej chwili uśmiercają w obozach nie dziesiątki, ale setki tysięcy ludzi, wrażenie odkrycia tych masowych grobów jest jednak ogromne. Jako Polak jestem na każdym kroku zapytywany przez sceptycznie i niedowierzająco nastawionych do tego Francuzów. Bo Francuzi n i e n i e w i e r z ą, lecz n i e c h c ą uwierzyć, uważając to za chwyt propagandy niemieckiej i posuwając swą „niechęć do uwierzenia" do twierdzenia, że to sami Niemcy wymordowali tych ludzi. Na pytania odpowiadam krótko: „Nie mam żadnych obiektywnych powodów, aby nie wierzyć, że zrobili to Rosjanie". Jestem od pierwszej chwili przekonany, że jest to istotnie robota GPU. Gdy myślę nad tym, mam uczucie, że od miesięcy już oczekiwałem jakby jakiegoś takiego *coup de théâtre*[1]. Nie ma we mnie żadnego uczucia niespodzianki — wprost przeciwnie — poczucie, że to jest właściwie normalne, że jest w tym konsekwencja, rozwijająca się wolno jak nitka z tego samego kłębka już od wielu miesięcy. Ustosunkowanie się Rosjan do Polski, pomimo wszystkich dyplomatycznych krętactw, jest wrogie. Do dziś dnia rząd polski nie może załatwić sprawy deportowanych do Rosji, nie może doszukać się ludzi. Wymordowanie tysięcy oficerów polskich nie byłoby niczym wyjątkowym. Wprost przeciwnie — niewymordowanie ich byłoby raczej dziwne. Jest to unicestwienie części polskiej inteligencji, o której Rosja wie, że nigdy nie zechce ona pogodzić się z programem komunistycznym. Katyń to po prostu wykonanie jednego z punktów programu, który przygotowany jest dla Polski.

Ale nie tylko Francuzi, lecz nawet wielu Polaków n i e c h c e w to uwierzyć. Jest to klasyczny przykład wiary w iluzję, przykład przemożnego pędu do zakłamania się i do zakłamywania się. Bo Rosja bije Niemców, bo Rosja jest „aliantem", bo Polska powstanie pewnego poranka — oczywiście Wielka, Silna i Niepodległa (dużą literą nawet w przymiotniku). Na tym i na tysiącu innych przykładów widać zgubny wpływ pijaństwa w mgle ideologicznej. Gdy rozmawiam z ludźmi, ciągle słyszę: „Ależ pan jest pesymistą". Nie jestem żadnym pesymistą — mam po prostu zwyczaj mówić, że „teatr jest do połowy pusty" wtedy, gdy inni mówią, że „teatr jest do połowy pełny". Staram się widzieć rzeczy jakimi są i nie stosować do wszystkiego ideologicznej mgły i zadymienia, chorobliwego optymizmu. Ludzie nie chcą myśleć — b o j ą się myśli trzeźwej i raz po raz narażają się na rozczarowania wprost proporcjonalne do stopnia napięcia ich idealistycznego optymizmu, czy jak nazwać tę bzdurę. Jakaś filozofia „happy end'izmu". Właśnie to zakłamanie jest chorobą naszego wieku i uniemożliwia zupełnie dostosowanie się i nadanie jakiegoś lepszego kierunku temu szaleńczemu pędowi, w który zostaliśmy porwani. Coraz bardziej pogłębia się w ten sposób przepaść między człowiekiem i jego kłamliwymi iluzjami a życiem. Coraz dotkliwszym staje się ból i „cierpienie wieku". Nie wolno

[1] Wydarzenia.

idealizować byle czego, bo wówczas wszystko się wypacza. A ludzie uważają za swój obowiązek idealizować nawet g... Bo to ładnie i przede wszystkim wygodnie. Pozornie. I na krótko.

17.4.1943

Po południu na wystawie jedwabiów lyońskich w Pavillon de Marsan. Stare jedwabie z okresu Empire, Restauracji, Ludwika Filipa. Cudowne portiery tkane na dwie strony, wspaniałe obicia na ściany i obicia mebli. Te stare, grube jedwabie są wprost mięsiste i soczyste jak grube liście. Ukradkiem zbliżałem się do nich i brałem je w rękę, rozkoszując się dotykaniem tych resztek dawnej świetności. W pierwszej sali stał tron Napoleona. Prosty, proporcjonalny, obity zielonym jedwabiem ze złotym N i pszczołami. W drugiej łoże Ludwika XVIII, szerokie, wygodne, jedwabne. A dalej obicia, portiery, meble. Ile w tym harmonii, spokoju i taktu. Potem już nowsze rzeczy. To ciekawe, ile uroku ma jednak francuska secesja. Jest w niej lekkość i zupełnie specjalny smaczek. To nie ciężka i niestrawna secesja niemiecka lub austriacka. We francuskiej secesji jest coś z paryżanki. Okres powojenny słabszy. Ciągłe szukanie celem nieznalezienia niczego (gdyby się wiedziało, że się coś znajdzie, to szukanie straciłoby cały urok — powiedział mi raz jeden malarz w Krakowie), wszystkich „izmów" w sztuce zakradło się i do jedwabiu. Zimnokrwistość to cecha całej sztuki między tymi dwiema wojnami. To sztuka wyrażania instynktów — nie uczuć.

„Imprimées" z 1942 są śliczne, pełne smaku i „nawiązane" z całą francuską zdolnością w tym kierunku. Po wystawie poszliśmy do Rebattet na lody i ptifurki. Dzień słoneczny i ciepły. Drzewa w Tuileries pokryte zielonym puchem, lekkim jak mgła. Widać wyraźnie ich szkielety, widać każdą gałązkę na tle błękitnego nieba, a równocześnie jest już zielono. Zdjęcie rentgenowskie w kolorach. Ludzie łażą już letnim krokiem.

18.4.1943

Wstaliśmy wcześnie i po solidnym śniadaniu zakręciłem się koło rowerów. Dzień słoneczny i już prawie gorąco. Upchaliśmy plecak i torby i pojechaliśmy do lasu koło Boissy-Saint-Léger. W południe jest mniejszy ruch i zwykle wyjeżdżamy koło dwunastej. Charenton drzemało impresjonistycznie w słońcu, Marna lśniła na zielono, rozpuściwszy w wodzie wszystkie młode liście wokoło. Za Alfortville wjechaliśmy na szosę wysadzaną jabłoniami. Jabłonie już przekwitają i z drzew sypią się miliardy różowych płatków. Powiedziałem do Basi: „Sypie wiosenny śnieg". Za naszymi rowerami unosiły się tumany opadłych płatków, porywane w powietrze pędem. Jakiś samochód przejechał w różowej zadymce i zniknął w chmurze kwiatów. Na całej szosie można je było zgarniać ręką i jechało się po nich jak po dywanie. Przed Boissy zatrzymaliśmy się, aby się czegoś napić. Uśpiony patron wyniósł nam przed pogrążone w letargu bistro dwie flaszki lemoniady i tajemniczo zniknął. Siedliśmy przy stoliku przed domem. Lemoniada, kawałek czekolady, papieros i słoneczna cisza. Są to te chwile, które chowam w sobie na zawsze, które zbieram i gromadzę na później, wpłacam na rachunek bieżący wzruszeń. Potem mogę nagle usiąść, zamknąć oczy i wypisać szybko czek, przeżywając je z taką samą intensywnością. Całe południe Francji mam w ten sposób wpłacone. Gdy tylko zechcę, czuję upalne wieczory, słyszę dźwięki, oddycham morzem i piaskiem. A teraz leżę u stóp wielkiego dębu, zanurzony po szyję w zaroślach i młodych drzewkach. Listki trysnęły już z każdej gałązki, krzewy pokryte są szronem zieleni. Boję się ich dotykać, żeby nie osypały się. Pode mną trzeszczą suche zeszłoroczne liście i z ziemi paruje zapach zimy. Nie wiem dlaczego, ale ten zapach suchych liści i wilgotnej ziemi działa na mnie podobnie jak mgła: budzi wspomnienia dzieciństwa: wspomnienia lasów koło Lidy i Nowogródka, kontury zamku Gedymina, obraz wilka napotkanego w czasie jednej z przejażdżek konnych z ojcem.

21.4.1943

Katyń jest „gwoździem sezonu" wiosennego, jeżeli w ogóle wypada w ten sposób o tym mówić. Ale trudno to inaczej określić. Fotografie, sprawozdania, wywiady, reportaże. Cała propaganda niemiecka stanęła murem i „skatynizowała się". Na miejsce zjechali eksperci medycyny sądowej, tymczasem tylko z państw zaprzyjaźnionych z Niemcami. Sprawa jest jasna od początku przynajmniej dla mnie. Jedno jest w tym tylko groteskowe (ponura groteska) i stępia ostrze, a mianowicie fakt, że hurtownik denuncjuje detalistę i że obydwaj są z tej samej branży rzeźniczej. To, co Rosjanie zrobili w Katyniu detalicznie — niesamowite jest to zabijanie po jednemu, podprowadzanie do dołu po jednemu, strzelanie z tyłu w nasadę czaszki i układanie trupów jak sardynek w pudełku — Niemcy robią hurtowo, fabrycznie. Zastanawiające jest w tym to, że ta ideologia kolektywizmu zastosowała w tym wypadku skrajnie indywidualistyczny sposób uśmiercania. Ilu musieli mieć „fryzjerów" do tego, bo, na miły Bóg, strzelanie z pistoletu jest męczące. Dużo strzelałem kiedyś i wiem, jak się ręka męczy, właśnie przy pistolecie. A tu każdy, osobiście, po jednemu, po jednej kuli. Tam na pewno wrzucali ludzi niedostrzelonych. Brak słów, okrucieństwo przeszło granice i znieczula. Tam zastrzelono kilkadziesiąt tysięcy ludzi (bo wygląda na to, że Katyń to tylko jeden z zapasów „konserw") — tu setki tysięcy kona powoli i umiera „własną śmiercią" w obozach i więzieniach (poza Katyniem tam też). Różnica jest pozorna — w formie. Toteż wrażenie Katynia nie jest wcale takie, jakiego się spodziewali Niemcy. Ludzie n i e c h c ą wierzyć. A szkoda. To już tak bywa, że gdy szakal oskarża hienę, to ludzie zawsze są skłonni stanąć po czyjejś stronie i nie potrafią uznać, że i ten, i tamten żywi się padliną. Cała ta propaganda trafia właściwie w próżnię. Niemcy tyle już nakłamali, że gdy wyjątkowo mówią prawdę, nikt nie chce uwierzyć. Szkoda. Bo gdyby w to uwierzono, to może udałoby się uniknąć wielu nieporozumień po tej wojnie. Byłoby wiadomo „z czym do gościa". A tak ludzie oduczyli się już hitleryzmu, ale nie oduczyli się komunizmu. Szkoda, że ktoś inny nie odkrył tego Katynia, ktoś, kto naprawdę mógłby powiedzieć: „ja nie". Chodzą pogłoski, że rząd polski w Londynie zwrócił się do Międzynarodowego Czerwonego Krzyża w Genewie z prośbą o ekspertyzę. Oczywiście Ameryka i Anglia nie zgodzą się na to. Rosjanie najpierw milczeli, teraz zaczynają się w żywe oczy zapierać. Twierdzą, że to sprawka tych „bandytów faszystowskich" (wymawiać wyraźnie „w", jak ten „Polak" z Radio-Moskwa). Jestem ciekawy, co o Katyniu sądzą te resztki oficerów i żołnierzy polskich, które cudem i dzięki zręczności Andersa zdołały wydobyć się z Rosji i są obecnie na kuracji zdrowotnej w Iranie. Przypuszczam, że ci tam, w Teheranie, nie mają żadnych wątpliwości.

25.4.1943

Wielkanoc. Pogoda brzydka i siedzimy w domu. Basia maluje, ja czytam jej na głos jakiś zbiorek F. Hoesicka o różnych „znajomych" z dawnych lat. Między innymi list G. Sand do Grzymały na temat jej decyzji w sprawie zakochania się i oddania Szopenowi. Cały ten list jest bardzo dowcipny i błyskotliwy, ale jednocześnie tak zimny i wyrachowany, tak kupiecki, że po przeczytaniu go można dopiero zrozumieć powody zerwania w Nohant. G. Sand nie krępuje się zupełnie. Te wspomnienia o spotkaniu w półmroku pokoju, w czasie którego czuje ona, że „działa" na „małego", te rozważania o jego bólu i tęsknocie i to twierdzenie, że ona chciałaby być dla niego tym, czym Wenecja dla podróżnego i że gotowa jest to zrobić, jeżeli... itd., to wszystko jest w sumie niesmaczne i wydrowate pomimo całej doskonałości formy tego listu. Tam uczucie, serce i szlachetność, na pewno wiele egoizmu, ale tu francuska wydra intelektualna i w ogóle wydra, mająca talent pisania tego wszystkiego, czego naprawdę nie czuje. To przebija w jej wszystkich utworach. „Pisanie jest u pani Sand funkcją" — powiedział raz Gautier, opowiadając o swoim pobycie w Nohant Goncourtom. Wolę Balzaca. Ten miał styl. Podobno raz na jakimś przyjęciu u Gavarniego powiedział: „Chciałbym pewnego dnia być tak znanym, mieć nazwisko tak popularne, tak sławne, w końcu tak pełne chwały, aby upoważniło mnie do pierdzenia w towarzystwie i aby towarzystwo przyjmowało to jako rzecz zupełnie naturalną". To rozumiem.

27.4.1943

Wczoraj cały dzień w domu. Basia malowała w łóżku, ja porządkowałem książki i czytałem. Na gwałt staram się uczyć, bo jestem zupełnie niedouczony. Dziś wielka sensacja. Rosjanie zerwali stosunki dyplomatyczne z rządem polskim w Londynie. To początek końca. Już? Moskwa twierdzi, że rząd polski w Londynie jest faszystowski (wymawiać wyraźnie to „w") i teraz Sikorskiemu nie pozostaje nic innego, jak przenieść się do Berlina. Inna sprawa, że od tej chwili na jego miejscu wycofałbym całe polskie siły na Zachodzie z akcji. Niech nas Amerykanie i Anglicy internują, ale ani jednego życia polskiego więcej.

Teraz wszędzie o Polsce mówi się znowu z łezką, wszędzie mówi się o „nieszczęśliwej Polsce". Jesteśmy strasznie modni. *Pologne, les Polonais, Polen* — jest w gazetach i w radiu z obydwu stron Renu. Niemcy wprost płaczą nad nami. Mam ochotę pójść do N. S. Volkshilfe na Champs-Elysées i powiedzieć: *Ge-*

ben Sie mir eine Fahrkarte nach Katyń hm und zurück[1]. Jestem ciekawy, czy posuniemy nasz patriotyzm do tego, że jeżeli Niemcy zaproszą kogoś z Polaków na zwiedzenie Katynia, to nikt nie pojedzie. U nas wszystko możliwe. Gdyby Niemcy zaproponowali mi podróż, pojechałbym w tej chwili. Każdy naoczny świadek tego może być kiedyś nieoceniony. Tymczasem Niemcy wożą do Katynia oficerów angielskich i amerykańskich będących w niewoli. Jestem ciekawy, co ci o tym sądzą i czy ośmielą się o tym mówić, gdy znajdą się na wolności po wojnie, w czasie Świętego Przymierza. Wszystko razem piekielnie smutne. Zerwanie stosunków z Londynem przesądza właściwie o wszystkim na przyszłość. Rosja uchyla się w ten sposób od wszelkich tłumaczeń i zyskuje wolną rękę w sprawie Polski. Bo nie róbmy sobie złudzeń — tej wolnej ręki ani Anglia, ani Ameryka im nie zwiążą. Gdy wojska sowieckie przekroczą niedługo naszą granicę, zacznie się prawdziwy taniec. To wcale nie koniec naszych cierpień i naszych problemów. Zaczynam się mniej dziwić Mickiewiczowi i Słowackiemu, ich mistycyzmowi i takiej pile jak „Księgi Pielgrzymstwa" razem z całym Towiańskim. Pod koniec tej wojny może powtórzyć się Święte Przymierze, Kongres Wiedeński i Księstwo Warszawskie z namiestnikiem rosyjskim czy jakimś sowieckim Konstantym. Polska jest ością stojącą w gardle wszystkich i wszystkim, w tej całej wojnie jest o jedną jedyną Polskę za dużo. Szalenie krępujące. Bez Polski byłoby znacznie łatwiej rozstrzygnąć losy Europy.

Makabryczny, ale doskonały dowcip w dzisiejszym „Le Petit Parisien". Olbrzymi Stalin pochylający się nad małym Churchillem i mówiący konfidencjonalnie, przysłaniając ręką usta i spoglądając na sylwetkę oficera polskiego, odwróconego do nich tyłem: „Miejsce pewnego generała polskiego nie jest w Londynie... lecz w Katyniu".

Jak będzie za dużo o Sikorskiego, to chociaż jego sprzątną, skoro całej Polski nie można sprzątnąć. Zawalidroga. Na miejscu Sikorskiego zacząłbym się teraz bardzo pilnować.

1.5.1943

Święto konwalii. Dzień szary i chłodny. Ma się wrażenie, że te tysiące bukiecików konwalii sprzedawanych na każdym rogu ulicy marzną i drżą z zimna, że blade i pachnące kwiaty chowają się w pękach liści jak w ciepłym zwoju. W tym roku wyszło rozporządzenie, że każdy ma prawo sprzedawać konwalie bez specjalnego upoważnienia. I ulice roją się od obdartych dzieci i nędzoty, wciskających przechodniom bukieciki. Pod Gare de Lyon było więcej sprzedających niż kupujących. Wracając do domu, kupiłem kilka bukiecików. Zaczął padać deszcz i przyjechałem zmoknięty. Lubię wracać do domu przemoczony.

W związku z konfliktem sowiecko-polskim dzisiejszy „Le Petit Parisien" powiada: „Przyznać rację Sowietom to narazić się na niezadowolenie Ameryki, gdzie Polacy mają wielkie wpływy". Być może, że w tym całym brudzie

---

[1] Poproszę bilet do Katynia — i z powrotem.

politycznym, który coraz to bardziej wypływa na powierzchnię tej wojny Ameryka, jako najmniej „wyrobiona politycznie", zachowa pewną czystość intencji i szczerość działania. Ale to niewyrobienie polityczne kryje w sobie inne niebezpieczeństwa, związane zresztą ściśle z niewyrobieniem myślowym Amerykanów. Tym niebezpieczeństwem jest siła atrakcyjna Rosji, która imponuje i która specjalnie może imponować Amerykanom, przyzwyczajonym do brania pod uwagę f a k t ó w, a n i e i s t o t y zagadnień.

5.5.1943

Przyjechał Tadzio, świeże nowiny z Warszawy. I w Polsce też ludzie nie bardzo chcą uwierzyć w Katyń. Nic dziwnego, skoro u nich ciągle jest Katyń, na każdym kroku, o każdej godzinie. Opowiada o walkach w getcie żydowskim. Niesamowite i imponujące. Po godzinie rozmowy z Tadziem, który zdążył być na Krymie i wrócić, który widział mnóstwo rzeczy i mówi o nich krótko, ale inteligentnie, doszedłem do przekonania, że ta cała wojna zamiast rozwiązać szereg problemów, postawi całą masę nowych. W tej chwili są wszystkie dane ku temu, że koniec tej wojny nie rozwiąże NIC i tylko spotęguje napięcia pomiędzy szeregiem biegunów. Prawdziwy chaos zacznie się po wojnie.

8.5.1943

Tunis i Bizerta zdobyte. To zwycięstwo jest tak nagłe, że aż zagadkowe. Pomimo to nie wierzę już w koniec w tym roku. Optymizm doszedł znowu do szczytu i powoduje we mnie mdłości na każdym kroku.

Wieczorem w Salle Pleyel na „Damie Pikowej" wystawionej przez rosyjski zespół operowy. Siedem obrazów nie do wytrzymania doskonałych. Doskonałość doprowadzająca chwilami do ekstazy, do zaciśnięcia gardła. Cała ta opera została przyrządzona w ten sposób, że nie można wyobrazić sobie niczego lepszego. Cacko, arcydzieło inscenizacji, reżyserii, gry i smaku. Zrobić z opery teatr i równocześnie nie zatracić w tym muzyki, opery, nie jest łatwo. Utrzymać w tym takt i równowagę potrafi jedynie inscenizator wysokiej klasy. A tu Annenkof pokazał, co potrafi. Nie było w tym cienia nienaturalności, opery. Był to teatr i opera do tego stopnia związane i podane, że miało się uczucie absolutnej prawdziwości. Do tego absolutna równość wykonania. Herman śpiewał i grał między innymi, którzy śpiewali i grali tak samo dobrze jak on. Cały czas myślałem o Reducie, przy której całymi okresami wyrastałem. Najpierw w Warszawie w salach redutowych i w Pomarańczarni (Ten „Fircyk" w Pomarańczarni z „Fortuno matko, kiwnij ogonem — a gładko", które mówiłem w duchu przez całe gimnazjum, będąc pytanym z matematyki), potem w Wilnie na Pohulance, potem w Warszawie w podziemiach ZUPU, czy jak się to tam nazywało. Siadywałem godzinami i słuchałem, patrząc na Porębę, na Chmielewskiego, na Kuninę, na Jaracza, na Perzanowską, na Drabika, na ten cały zastęp ludzi dosłownie poświęcających się dla sztuki. Pamiętam, jak płakałem, gdy Poręba, młodszy brat Jaracza i wspaniale zapowiadający się aktor, popełnił samobójstwo. Jako siedmioletni chłopak pętałem się po scenie razem z Elżunią, siedziałem na próbach, na tych nieskończonych nigdy próbach, słuchając głosu „wujcia Julka" (Osterwa był żonaty z siostrą mojej matki) i peror Limanowskiego. Patrząc na tę „Damę Pikową", cały czas równocześnie wspominałem i myślałem, że Osterwa i jego Reduta to była cała epoka w naszym teatrze. Osterwina, moja ciotka, to urocze zjawisko, w którym kochałem się od dziecka. „Ptak", „Papierowy kochanek" Szaniawskiego, „Ponad śnieg" i „Przepióreczka" Żeromskiego — obraz tej zupełnie nie do opisania uroczej kobiety, która od małego traktowała mnie jak dorosłego „mężczyznę" i gasła powoli z uśmiechem. Jej pogrzeb w zimie 1929. Wracaliśmy z pogrzebu na piechotę we trójkę — Osterwa, Elżunia i ja. Na ulicy były stragany z tureckim miodem. Stanęliśmy i wujek Julek, uśmiechając się przez łzy, kupił nam po kawałku tego miodu. Jadłem go, łykając łzy. Wieczorem grał w jakiejś „dochodowej" farsie i cała Warszawa poszła go oglądać. Świętoszki miały mu to za złe. A on ratował się przed dojściem do granicy rozpaczy. Ileż wspomnień przewinęło mi się podczas tych siedmiu obrazów „Damy Pikowej". Pierwszy raz od początku wojny. Nigdy niczego nie wspominam, jestem cały podany naprzód. A tu nagle wszystko powróciło.

Dekoracje świetne. Przy pomocy kilku przedmiotów umieszczonych odpowiednio na tle kotar i przepojonych wystudiowanym światłem osiągnęli nastrój, o jaki trudno w teatrze. To była CAŁOŚĆ, ta całość spotykana tak rzadko na scenie. I ta całość biła we wszystkie punkty odczucia, brała zupełnie i bez reszty. Od pierwszej chwili musiałem się poddać i byłem bez żadnych oporów, jak posłuszne medium.

Drugi obraz, przedstawiający przyjęcie u Luizy, połączony z muzyką i strojami, światłem i dekoracją wściekle sugestywną przez swą skromność, był perłą. Zresztą obraz za obrazem łączył się i pomimo różnorodności były one utrzymane w jednym tonie, tworząc zwartą całość. Muzyka Czajkowskiego, której właściwie nie lubię, jest w tym naprawdę „demoniczna". Taką muzykę mógł też stworzyć tylko Rosjanin. Wyszliśmy zupełnie oszołomieni i z poczuciem „pełni", jakie rzadko ma się w takich wypadkach. To zostaje na zawsze. 29 maja dają „Eugeniusza Oniegina". Oczywiście idziemy.

Dziś imieniny mojej matki. Przypominają mi się wszystkie imieniny, które pamiętam od lat dziecinnych. Matka... „Państwo może wychować dziecko", „Rodzina nie jest czynnikiem koniecznym w wychowaniu" itd., itd. Jakież bluźnierstwa, cóż za kretynizm. To zimno, ten chłód bijące dziś coraz bardziej od ludzi, to zdrewnienie, to wynik obumierania ciepłoty, miłości i miękkości. Ludzie bez matek i bez ojców, ludzie jak cięte kwiaty.

9.5.1943

Wystawa w Galeries Charpentier pt. „Scènes et figures parisiennes". Jedna z najlepszych wystaw, jakie ostatnio widziałem. 10 Degasów, 2 Manety, 3 Renoiry, 13 Toulouse-Lautreców, kilka Berthe Morissot i cała kupa mniej znanych, ciągnąca się w ogonach tych komet. *La belle époque*, esencja Paryża, pikantna, podniecająca, pełna smaku. „Le café-concert" Renoira (zna się na pamięć i zawsze zachwyca, zawsze coś nowego) baletnice Degasa, Bulwary, loże teatrów, ogrody, midinetki — całe przebogate życie Paryża w przeszło trzystu płótnach, szkicach, afiszach.

Co mnie uderza w malarstwie nowoczesnym, to pewnego rodzaju tchórzostwo. Ci ludzie tworzą tak, jakby się czegoś bali, pomimo że każdy stara się nadawać temu cechę śmiałości. Jest w tym jakaś nieprzyjemna hipokryzja. Boją się wszystkiego — światła, rysunku, koloru, z wielu rzeczy przebija paniczny strach przed zarzutem „braku oryginalności", tej zmory każdego malarza. W konsekwencji ten ogólny strach prowadzi często do większej sztancy i na tle tego mniej bojaźliwi, jak na przykład Dignimont, wypadają oryginalnie, choć może nimi nie są. Ten strach przed brakiem oryginalności jest może najbardziej widoczny w malarstwie i w poezji. No i na pewno w muzyce. Trzy rodzaje, w których forma, czysta forma odgrywa bardzo dużą rolę. I ten wyścig staje się niebezpieczny, bo może doprowadzić do tego, że któregoś dnia zaczniemy się z powrotem zachwycać kiczami. Albo starzyzną. Z całej muzyki nowoczesnej na przykład znoszę i lubię naprawdę tylko jazz. Basia w pewnej chwili powiedziała mi: „Mam wrażenie, jakby to nie było malowane pędzlem, lecz mózgiem i nerwami". Na pewno — żyjemy w epoce myśli, przede wszystkim myśli. I dlatego i muzyka, i poezja, i malarstwo starają się wyrażać przede wszystkim myśl. Czy im się to udaje i czy w ogóle może się udać, to jest pytanie. W każdej dziedzinie sztuki, w której forma, kształt są zasadniczym składnikiem, wyrażenie myśli jest piekielnie trudne bez narażenia formy (lub tego, co jeszcze ciągle uważamy jako formę) na szwank. Stąd wrażenie dziwactwa. Jedynie proza wychodzi jeszcze z tego obronną ręką. Kto wie, czy kiedyś sztuka nie stanie się traktatem czystej logiki. I wtedy nagle ktoś zauważy, że ciało ma kolor cielisty — i nastąpi wielkie odkrycie.

Po wystawie poszliśmy do Rebattet. Lody i ptifurki. Widok starych bab i trzeszczących we wszystkich wiązaniach ramolów, pochłoniętych łakomstwem, jakoś dziwnie mnie uspokaja. Ludzie żrą i są zadowoleni. Tu przynajmniej widzi się ludzi, którzy wiedzą, czego chcą i czego nie chcą. Bez kompleksów.

12.5.1943

W szybkim tempie likwidują Afrika Korps. Ogłosili dziś wzięcie do niewoli von Arnima, następcy Rommla. Front afrykański przestał istnieć. Rozwiały się marzenia o Egipcie, o *rendez-vous* na Kaukazie via Azja Mniejsza i sen o marszu na Indie. Chodzą plotki, że przyczyną tak szybkiego zdobycia Tunisu i Bizerty było moralne załamanie się oddziałów niemieckich, które po prostu poddały się. W każdym razie to w niczym nie przesądza dalszych wypadków. Nie wierzę już w koniec wojny w tym roku. Teraz dopiero zaczyna się prawdziwa ofensywa powietrzna na Niemcy. Niemcy przeszli już właściwie do defensywy na całej linii. Ale są jeszcze silni.

22.5.1943

Na koncercie symfonicznym w Salle Gaveau. Trzy symfonie — oczywiście romantyczne. W kinie, w teatrze, w modzie — wszędzie nawrót do romantyzmu. Mam ochotę sprawić sobie aksamitny frak i spać w szlafmycy. Romantyzm unosi się nad ulicami, przebija ze strojów, z wystaw sklepowych. W połączeniu z wiosną daje to zupełnie specjalną atmosferę, w której można zupełnie zapomnieć o wojnie. Na ulicach, w ogrodach jest zacisznie. Brak samochodów, spokój. Jeszcze chyba nigdy Paryż nie był tak piękny jak teraz. Ludzie jeżdżą na rowerach i zwiedzają miasto. Jedna Francuzka powiedziała mi wczoraj: „*Mon Dieu*[1], jaki ten Paryż jest czarujący. Dopiero teraz to widzę. Co niedziela jeżdżę na rowerze po mieście...".

Pierwsza symfonia Schuberta, którą napisał, mając 16 lat, pełna jeszcze reminiscencji Mozarta i Haydna. Kolorowe wstążki na wietrze. Symfonia Schumana bez wrażenia. Dobre „Larghetto". Brahms nie wziął mnie.

Koncert był po południu. Gdy wyszliśmy, było jeszcze jasno. Sobotni wieczór. Tak lubię te letnie wieczory, gdy wracamy razem pod rękę po opustoszałych ulicach. Stajemy przed wystawami, plotę głupstwa i nagle zaczynam iść jakimś przedziwnym krokiem. Basia wyrywa się. „Co ty wyprawiasz?" — „To krok idioty salonowego, który wspaniale naśladował Flaubert. A to «krok wierzyciela» — specjalność Gautiera. Nie masz żadnego zrozumienia dla literatury francuskiej" — odpowiadam. Basia przechodzi na drugą stronę. Doganiam ją. „Powinnaś sobie kupić takie kolczyki, jak teraz noszą, to się na pewno z tobą rozwiodę". Paryż ugina się teraz od sztucznej biżuterii, pęka — zresztą ładnej. Zbiegamy do metra i wracamy do domu. Basia zrobi kolację, po czym nie będzie mogła mnie spędzić z fotela, do którego przyrastam razem z jakąś książką.

24.5.1943

W nocy z wczoraj na dziś Anglicy zbombardowali zapory wodne na Möhne i na Eder. Rozwalili zapory, woda zalała okolice. Podobno straty olbrzymie i wiele ofiar. To można sobie wyobrazić. Jakie to w gruncie rzeczy smutne, choć z punktu widzenia wojennego wyczyn niesamowity. Technicznie musiało to być szalenie trudne. Ale w końcu zaczyna to być beznadziejne. To powszechne rozbestwienie, ten ogrom zniszczenia, setki tysięcy i miliony żyć ludzkich i grób, który Europa kopie dla samej siebie.

29.5.1943

Wieczorem na „Eugeniuszu Onieginie". Mniej udane. Brak było już tej zwartej całości co w „Damie Pikowej". Miejscami wlokło się. Niektóre obrazy wspaniałe, ale niezwiązane. Przedstawienie przeciągnęło się do tego stopnia, że

---

[1] Boże.

musieli je przerwać przed końcem ze względu na metro. W sumie nie wyszło. Na Etoile nie mogliśmy się dopchać do ostatniego pociągu na naszej linii. Był ścisk i gorąco zupełnie nie do opisania. Ludzie pozamieniali się w dzikie zwierzęta. W końcu złapaliśmy jeszcze ostatni pociąg do Vincennes i wysiedliśmy na Reuilly-Diderot, idąc już dalej na piechotę. Noc ciemna i ciepła.

30.5.1943

W ciągu zeszłego tygodnia Niemcy przeszli znowu trzy ciężkie bombardowania. Essen, Dortmund, Zeiss w Jenie. Zaczyna się systematyczne niszczenie przemysłu i niemieckich miast. Po tej wojnie, gdy Niemcy i szereg zakładów przemysłowych w innych krajach będą rozwalone (to dopiero początek), cała Europa będzie spustoszona i wygłodzona. Będzie brak wszystkiego. I przyjdzie pomoc, i wszystko będzie takie szlachetne, wszystko będzie miało nazwę rzewną i bezinteresowną. Pomoc dla ludności krajów umęczonych i szereg innych pomocy. Wszystko będzie dobre... I po cichu będzie się odbudowywać Niemcy. A prasa, radio i kino będą znowu pękać od ideałów, od kołysania nowymi sloganami. Będzie się mówić SAMĄ PRAWDĘ... Raj.

A potem będą ciągnąć sznurki i jakieś pajace będą sobie skakać do oczu. Zatraciłem zupełnie rozsądek. To dlatego, że ilekroć otworzę radio i słucham gadania zza kanału, to zamiast ordynarnego i gruboskórnego kłamstwa z tej strony słyszę stamtąd bujanie. I jakie szlachetne, jakie piękne i pełne PRAWDY... Porzygać się można. I ci, i tamci robią to samo. Dążą do zabicia myśli, zupełnego zniechęcenia człowieka do jakiegokolwiek wysiłku umysłowego. Bo tylko z bandą baranów można zrobić, co się chce. Zamiast człowieka wychowuje się barana. I najpotworniejsze w tym to, że nawet prawdziwe barany nie protestują, choć jako zwierzęta powinny by być mądrzejsze. Ale na pewno beczą, tylko my tego nie chcemy słyszeć. Na wszystko dać mu odpowiedź gotową i łatwostrawną, usunąć sprzed człowieka wszelkie kłody myśli, o które mógłby się potknąć i pod wpływem upadku zacząć myśleć i rozumować. Po co ma czytać — dać mu ilustracje. Uprzedzać pytanie odpowiedzią. Odpowiedź redagować tak jasno, żeby przypadkiem nie przyszło mu na myśl podać jej w wątpliwość. Bo wątpienie budzi myśl. Nie — statystyki, głosy uczonych, „najznakomitszych" (kapłani faraonów?) — wszystko proste, jasne, zdefiniowane jak „walka klas", „prawa historii", stalowe meble i drapacz chmur. Otumanić, zaczadzić, pozwolić zapomnieć o człowieku. Nie ruszać wnętrza człowieka — na powierzchnię, na powierzchnię, towarzysze. Świat — nowy wspaniały świat.

Gdyby nie to, że we wszystkim istnieje prawo reakcji, niezależne, można by zupełnie zwątpić. I czym głębiej spadniemy, tym silniejsza będzie reakcja. Za trzydzieści, czterdzieści lat może obudzić się nowy człowiek. Europa może stać się kulturalniejszą i wolniejszą niż w epoce największego rozkwitu dotychczasowego. Może jeszcze dożyję tej chwili.

Ale tymczasem trzeba mieć anielską cierpliwość i wysłuchiwać tych bzdur niesamowitych, atlantycznych, apokaliptycznych. Co Walter Lippman powie, to jest święte w całej Ameryce, co Goebbels napisze i Hitler wyryczy, to galwanizuje cały naród. A czego Stalin nie powie i co Radio-Moskwa skomentuje stylem wypracowania chłopca z czwartej powszechnej, to chwyta masa i łaknie „raju". Łaknie i wierzy. Jakież ubóstwo myśli w tym wszystkim, jaka tępota i dogmatyzm. Płaski, lepki, intelektualnie spocony.

31.5.1943

Ustawa o mobilizacji młodych. Roczniki 1920, 21 i 22 mają stawić się do rejestracji i jazda do Niemiec. Jest to niemal pobór wojskowy. Popłoch.

Potrzeba im teraz Polski. Wczorajsza „Pariser Zeitung" przytacza artykuł Agencji Stefani: „Odmawiając odegrania roli, która przypadła jej w Europie, roli, której nikt nie zaprzeczał jej, wyciągając kasztany z ognia dla nieprzyjaciół cywilizacji europejskiej od dawna czekających na okazję wojny, aby zdać na ich łaskę i niełaskę kontynent europejski, Polska zdradziła nie tylko swe własne interesy, lecz także interesy tych wszystkich narodów kontynentu, pośród których dzięki zaletom swego narodu, dzięki swej historii i swym tradycjom mogła ona słusznie domagać się honorowego miejsca, jakiego nie miało się zupełnie zamiaru jej odmawiać".

Wspaniałe. 30 maja 1943 świat dowiaduje się, że jednak coś takiego jak Polska istnieje. Bo im teraz żal. Kilka milionów doskonałego żołnierza... Mogli mieć. Nie tylko nas — całą Europę. Ale trzeba było się do tego inaczej zabrać. Nie po prusku i nie po kapralsku. Sama idea nie była głupia i to widzi się teraz coraz wyraźniej.

4.6.1943

Francuzi w Algierze utworzyli Komitet Wyzwolenia Narodowego. Coś w rodzaju parlamentu. Teraz dopiero poczują się w swoim sosie. Będą teraz mogli żreć się, intrygować i gadać, gadać, gadać. Będą wyzwalać naród gębą. Giraud będzie darł koty z de Gaullem, mniejsi z mniejszymi, szum, posłowie — wszystko będzie gadać, gadać, gadać.

6.6.1943

A w Ameryce odbywa się konferencja pod nazwą Hot Springs, od miejscowości, w której się odbywa. Radzą nad podziałem produkcji światowej po wojnie. Virginia jest świadkiem homeryckich bojów o świnie, bekony, cukier, owoce, zboże itd. Delegacja anglo-saksońska zaproponowała, aby Francja, Belgia, Włochy, Hiszpania i kraje skandynawskie poświęciły się hodowli i uprawie jarzyn i owoców, podczas gdy Kanada, Stany Zjednoczone, Rosja, Argentyna i Australia produkowałyby zboża. Ale Chińczycy zwąchali się z Amerykanami i nie chcą pogodzić się z innymi. Wszystkie tego rodzaju porozumienia są bezcelowe, gdy nie ma zrozumienia.

13.6.1943

Zielone Święta. Cudowny dzień. Jedziemy kąpać się. Basia zbiera po kątach jedzenie, ja rzeczy. Miałbym ochotę pisać jak Rej — z uczuciem błogiego szczęścia: „Lato gdy przyjdzie tylko sobie mówić: używaj miła duszo. Masz wszystkiego dobrego dosyć, a wszakoż z bojaźnią Bożą, a z wiernym dziękowaniem Jemu". Używam, ogarnia mnie coś jak zapach „potraweczek nadobnych nagotowanych, grzanek w czaszy w rozkosznym piwie...". Te letnie dni są pełne smaku, są przyprawione, pachnące. Życie staje się w tym ciągłym przeżyciem.

Dzień upalny. Pojechaliśmy nad wielką gliniankę pod Valenton. Jedna z niewielu dzikich plaż pod Paryżem i mało znana. Było pusto. Rozbiłem namiot, aby mieć trochę cienia, i potem było już tylko słońce i woda. Nic więcej nie pamiętam. Przypomniały mi się długie godziny bezmyślnego leżenia na piasku nad morzem w Gruissan. Można nie myśleć i nie można myśleć. Język staje kołkiem w gardle i nie chce się nawet mówić. Potem skok do wody i po wyjściu z wody cudowny głód. Chleb, masło, ser, kiełbasa, świeże jajka, wino. Słońce, leżenie, woda i znowu jedzenie. Do samego wieczora. Wracaliśmy już o zmroku. Na Portes de Charenton jedliśmy lody z wózka i chłodziliśmy się językiem.

14.6.1943

Dzień szary, wiatr i zimno. Wieczorem pojechaliśmy do Robertów. Jak zwykle miło. Zaprosili nas znowu na tegoroczne wakacje do domu ich ciotki, do Chambellay. Bardzo nas to ujęło, ale jeszcze nie wiemy, co zrobimy. Bo w tym roku chcemy mieć także trochę „naszych" wakacji — zaszyć się gdzieś w jakiejś oberży wiejskiej, dobrze jeść i robić, co dusza zapragnie. Marzymy już o takiej oberży od dawna. Jestem zmęczony.

20.6.1943

Basia pojechała przedwczoraj do Thoméry do R. Ja przyjechałem tam dzisiaj. Nastrój grobowy. Gdy wysiadłem z pociągu, Basia i R. powiedziały mi, że wczoraj aresztowali I., tego Hiszpana. Siedzi we Fresnes.

1.7.1943

Nie piszę, nie czytam, nie myślę — robię model jakiejś starej francuskiej awionetki. Fascynujące. Wracam do domu i kleję patyczki w milczeniu, pochłonięty całkowicie rozwiązywaniem trudności montażowych. Basia spogląda na mnie jak na pomyleńca i znosi cierpliwie nieporządek w pokoju, śmieci i bałagan. Wspaniale przy tym odpoczywam.

Muszę teraz pomóc R. Wskutek zamknięcia I. ona została bez pomocy. Teraz jeżdżę i staram się, ale nie wiem, czy to się na coś przyda.

2.7.1943

Wieczorem w Odeonie. Lubię tę ruderę. I publiczność znośniejsza niż w innych teatrach. Dzięki tanim biletom (teatr państwowy) dużo młodzieży, kilka „zacnych" i oszczędnych rodzin w lożach, starsi panowie, profesorowie liceów, często z wyblakłą wstążeczką orderu w przytartej klapie marynarki. Jest tu ciepło i rodzinnie — szczególniej w cichy lipcowy wieczór, gdy na papierosa wychodzi się na wielkie schody przed teatrem i gdy z Luksemburga ciągnie zapach nocnej zieleni i wody. Wzrok gubi się w wąskich uliczkach pełnych antykwarni z książkami. Znam je wszystkie na pamięć i znam możliwości każdej z nich. W czasie dłuższej przerwy sprzedają Eskimo — lody na patyczku. Jemy Eskimo w półmroku, oparci o chłodną kolumnę.

Jednoaktówka Murgera „Le Bonhomme Jadis" pełna mansardowego romantyzmu i sentymentu dla gryzetek. Stary, dobroduszny rentier, mieszkający oczywiście w mansardzie na szóstym piętrze, ułatwia spotkanie dwojgu młodym, biednym i kochającym się lokatorom sąsiednich mansard. A gdy się spotkali, gdy wyznali sobie tajoną długo miłość, staruszek wyposaża ich swoimi oszczędnościami. Macie dzieci woreczek złota, mnie staremu wystarczy to, co mi jeszcze zostało. To wszystko w strojach z minionej epoki, naiwne, z łezką w kąciku oka.

Potem trzy akty śmiechu, *qui pro quo*, szarży Victorien Sardou. „La Papillonne" to taka choroba, na którą zapada większość żonatych mężczyzn po kilku latach małżeństwa. Jest to potrzeba zmiany miejsca, upodobań, przyzwyczajeń, potrzeba przygód i przygódek. Krótko mówiąc stan poprzedzający i sprzyjający zejściu z tak zwanych prostych dróg wierności małżeńskiej. I oto właśnie Mr. Champignac, zbyt szczęśliwy w małżeństwie, jest chory na *papillonne*. Pada ofiarą i daje się uwieść kokieterii pewnej nieznajomej, wyznaczającej mu spotkanie wśród pól pod gruszą, po czym daje się uprowadzić w tajemniczy sposób uroczej subretce prowadzącej go do pewnej Włoszki, której mąż jest piekielnie zazdrosny.

Tymczasem wszystko to jest dziełem uroczej, młodej i doświadczonej ciotki żony Mr. Champignac, odgrywającej rolę tajemniczej Włoszki. *Qui pro quo*, klasyczne i niechybne, spadają jedne za drugimi, człowiek śmieje się i dobrze mu. I znowu stroje z minionej epoki, mężczyźni komiczni w swych brązowych melonikach i kraciastych paltach, kobiety urocze w sukniach z tiurniurami. Sardou szaleje, dawny, wytworny pomimo pewnych śmiałości język — perli się i czaruje.

Paryż krzykliwy, tłumny i drgający przeniósł się pod ziemię, do metra. Na powierzchni jest cisza, terkot rowerów i stary Paryż. Nad ranem pieją koguty, w podwórkach skaczą króliki. Paryż stał się intymny, jak stare i miłe mieszkanie.

5.7.1943

Skończyli go. W wieczornym komunikacie podali, że Sikorski, znajdując się w drodze powrotnej z inspekcji na Bliskim Wschodzie, poniósł śmierć w wypadku samolotowym w Gibraltarze. Zupełnie tragiczne.

Może nie zginął wielki mąż stanu, ale na pewno ktoś, kto rozporządzał jeszcze jakim takim kredytem w Anglii i w Ameryce. Całą jego siłą było może tylko to, że był niewygodny, ale w naszej obecnej sytuacji nawet to było już siłą. Poza tym miał siłę symbolu, symbolu Polski, która w nim (oczywiście dla obcych) przeżyła dotąd na wygnaniu. On i Polska to było dla obcych niemal jedno. Miał wszędzie wstęp, wszyscy go znali. I w tych chwilach, coraz to ciemniejszych dla nas, ginie na bezrybiu ten rak uchodzący pomimo wszystko za rybę. Prześladuje nas pech. Któż został? Nikt. Nie mamy teraz nikogo. Po Darlanie przyszła kolej na Sikorskiego. Myślałem, że będzie inna kolejność. Dwa miesiące temu zaczynałem coś przeczuwać i nawet wkleiłem do zeszytu ten rysuneczek z „Petit Parisien". Kto został w Londynie? Sosnkowski. Tak — wielki generał, ale nie polityk. Jakże wspaniale urządza wszystkich ta śmierć.

6.7.1943

Mają przeprowadzić śledztwo i dochodzenia w Gibraltarze. Trzeba by je raczej zrobić w Londynie albo w Moskwie.

Niemcy mają używanie. Propaganda niemiecka zrobiła tu z Sikorskiego prawie świętego. Dzielny, waleczny, zdolny, antybolszewicki itd. Płaczą nad nim i twierdzą, jak zwykle, że „nie było to dla nich niespodzianką". To jest ostatni wynalazek. Od czasu jak dostają ciągle w kuper, nic nie jest dla nich niespodzianką. Wszystko wiedzą naprzód. Tylko że jakoś nie umieją wyciągać korzyści z tych jasnowidzeń. Tunis dla „miarodajnych i dobrze poinformowanych kół berlińskich nie był niespodzianką", i tak ciągle. No, ale chociaż to wynaleźli. Bo my nic. Dla nas wszystko jest zawsze niespodzianką. Jak nas wykiwają i sprzedadzą, to będzie niespodzianka. W każdym razie niemiła. Bo my liczymy tylko na miłe niespodzianki. Dla miłych niespodzianek jesteśmy skłonni poświęcić nie wiem ile żyć i bohaterstwa. Oczekujemy zawsze cudu. Gdybym był królem (jak mawiał *pontifex economicus maximus* Edward Lipiński), wydałbym edykt, że od tej chwili życie każdego Polaka jest skarbem i poświęcanie go pod jakimkolwiek pozorem jest zbrodnią. Nam się zawsze wydaje, że w polityce popłaca lojalność. Bzdura. Teraz widzę, że gdybyśmy byli poszli od początku razem z Niemcami, mielibyśmy dziś o wiele silniejszą pozycję niż jako lojalni sprzymierzeńcy. Nawet wobec Rosjan. Gdyby dziś przyszedł ktoś do mnie z propozycją wstąpienia do jakiejś organizacji podziemnej, posłałbym go do wszystkich diabłów. Bo o co na ten przykład? O Polskę? O Polskę, o której nie my będziemy stanowić? Mamy skłonność przykładania do wszystkiego miarki „przyzwoitości", lojalności itp., a nie zwykłych miarek handlowych. Gdy myślę o tym, dochodzę nieraz do zupełnie bluźnierczych konkluzji. Polska usiadła nam na mózgu i paraliżuje myślenie. Zamiast być *homo sapiens*, należymy do rasy *homo polacus*, do rasy ogłupionej ojczyzną, do kretynów chorobliwego patriotyzmu i nacjonalizmu.

7.7.1943

Wieczorem w Bouffes Parisiennes na „Ma cousine de Varsovie" Verneuila z Elwirą Popesco. Trzy akty zupełnego kretynizmu. Ale żeby to chociaż było zdecydowanie kretyńskie. Nie – koniec ma pretensje do tak zwanej „walki między uczuciem i obowiązkiem", stara się być „psychologiczny". Trudno nawet powiedzieć, jaką to ma treść. W skrócie wygląda to mniej więcej tak, że Lucienne jest żoną Burela, dawnego bankiera, zmęczonego latami pracy zawodowej. Lekarz przepisuje mu kurację – „literacką". Siedzi ten bałwan w domu i pisze – „powieść". To go ma odprężyć. Ale to siedzenie w domu męża przeszkadza Lucienne w swobodnych stosunkach z przyjacielem domu, Hubertem. Do tego Burel zaczyna coś „widzieć". I wtedy to przyjeżdża, wpada do ich domu ekscentryczna i piękna kuzynka z Warszawy – a na imię jej Sonia. Bo Warszawa to oczywiście tam daleko, w Rosji. Otóż Lucienne postanawia napuścić ją na swojego męża i w ten sposób zyskać swobodę w swych gzinach z Hubertem. Ale Burel też niegłupi. Ze swej strony chce on wyzyskać Sonię także – a jakże. I wobec tego on napuszcza ją na Huberta, dzięki czemu nie będzie musiał dzielić się żoną z tym przyjacielem. I Sonia „walczy", czyją stronę wziąć w tym „konflikcie" itd.

Elwira Popesco wspaniała, olśniewająca, rasowa i leciwa już pinda rumuńska, mówiąca po francusku z wystudiowanie złym akcentem, za którym tutejsza tak zwana „przerafinowana" publiczność przepada, jest na pewno dobrą aktorką. To trudno zaprzeczyć. Jej zawrotny temperament porywa. Ale to i wszystko. Sonia – kuzynka z Warszawy... Ta wojna, jeżeli już nie nauczy Francuzów niczego innego (nie nauczy), to nauczy chociaż odrobiny geografii. Choć nie wiem, czy i w tym wypadku nie ponosi mnie optymizm.

Lola dostała list od patronki oberży, u której spędzała wakacje w zeszłym roku, że będzie miała dla nas miejsce. Jest to mała wieś-miasteczko w departamencie Sarthe, blisko Chambellay. Wezmę prawdopodobnie dłuższy urlop i część wakacji spędzimy u Robertów, część w Joué-en-Charnie.

10.7.1943

Między Orłem i Białogrodem jatki. Amerykanie i Anglicy wylądowali na Sycylii. Jak długo będą się bawić z tą Sycylią i kiedy przyjdzie kolej na Włochy, na pierwsze kroki w „Festung Europa", jak to się teraz nazywa. Jesteśmy twierdzą obleganą przez Barbarzyńców. Wspaniałe jest to wzajemne wymyślanie sobie od Barbarzyńców przez wielkie B. Bo w tym wszystkim jest jakiś straszny *circulus viciosus*, jak mawiała przy byle sposobności jedna z moich wileńskich ciotek. Z jednej strony ludzie coraz mniej chcą być wolni, coraz bardziej błagają o kajdany, coraz bardziej chcą uniknąć wszelkiego ryzyka (wolność to najbardziej ryzykowna operacja i w życiu osobistym, i w życiu społecznym), a jednocześnie od rana do wieczora trąbi się o wolności. Jakiś ci dom wariatów. Człowiek musi się trochę upić, jak ja w tej chwili (już czwarta szklanka rumu Negrita), żeby zacząć przytomniej widzieć. Człowiek nie chce być wolny, my wszyscy mamy w gruncie rzeczy wolność gdzieś – i to od najmłodszych lat. Ledwo się trochę dojrzeje, już marzy się o kajdankach. I wobec tego znakomita większość wolnościowców – żeni się. Jak, niedaleko szukając, ja. I potem zaczyna się pieprzenie o wolności. I w imię wolności lata się z wywieszonym ozorem i szuka się koniecznie jakiejś wolnościowej idei. I ponieważ panuje absolutna susza w tej dziedzinie i absolutna ochota na jakieś kajdany, uplecione na ten przykład z róż, więc trzask – wybiera się jakąś ideologię, najczęściej modną (*la mode avant tout*[1]) i wkłada się umysł i duszę, i ciało. I przysięga się. Teraz wszyscy są skłonni przysięgać na taki stary szpargał nazywający się komunizmem. Bo muszą – psiekrwie – w coś wierzyć. A jak w nic nie wierzy, to mówi, że „będzie lepiej" i że „nie ma złego, co by na dobre nie wyszło". A jak nie będzie lepiej? A jeżeli jest odwrotnie i nie ma tego dobrego, co by nie wyszło na gorsze? Jak na przykład rum. To co? To mam się wieszać albo truć tym gazem *à volonté*? A słońce to pies? A zielone drzewo to takie nic? A mruczący kot na kolanach, to niewarte życia? Koniecznie wiara, co? Wierzę w koty i w rum, i w słońce, i w zielone drzewa, i w wolność. Chcę mieć prawo zdechnąć z głodu, jeżeli sobie nie dam rady. I żyć – na litość boską, żyć trochę tak, jak mnie się podoba, a niekoniecznie tak, jak podoba się jakiejś zas... ideologii. Amen. Mam pragnienie. „Rumu Darby McGraw", jak wołał kapitan Flint w Savannah. Po czym wykitował. Ale co se użył, to se użył.

Sosnkowski został mianowany wodzem naczelnym. Świetnie. Jak reakcja to reakcja. Zresztą to jedyne wyjście, skoro nie chce się mianować zdrajców. Rosjanie w tej chwili nie potrzebują żadnych „mężów stanu" – potrzebują, tak jak zawsze potrzebowali – zwyczajnych zdrajców. Tego Londyn w wielkich rozmiarach im nie da. Więc lepiej tak. Jak się nie ma już co ratować, to chociaż honor. Jakiś Mikołajczyk premierem i jakiś Kwapiński wicepremierem. Moja babcia zapytałaby „a z jakich to?". A ja odpowiedziałbym jak Madzia Samozwaniec: „A z tych babciu, nie z tamtych". Ci na pewno nie będą czterdzieści i cztery. Nawet nie dwadzieścia i jeden. Niech żyje rum i marynowane oliwki.

20.7.1943

Wszystko ułożone. Wyjeżdżamy 2 sierpnia do Chambellay. Zostaniemy tam tydzień. Stamtąd pojedziemy na rowerach do Joué-en-Charnie (około 60 km) i zaszyjemy się w tej oberży na dwa tygodnie. Teraz już o niczym innym nie myślę. W domu kończę na gwałt model samolotu (wściekle trudny do zmontowania, ale poradziłem sobie) i czekam na wyjazd. Będzie komedia z biletami. Na Gare Montparnasse są tak potworne ogonki, że podobno nawet Dante nie przewidział tego w swoim „Piekle". On wielu rzeczy nie przewidział. Zresztą

[1] Moda przede wszystkim.

nie wiem — *connais pas*. Jakie życie będzie nudne, gdy można będzie kupić bilet normalnie. W czym ja się wtedy „wygwizdam"?

26.7.1943

Wakacje... Mam już bilet i dwa miejsca zarezerwowane w kącie. Była to cała ekspedycja. Notuję to dla pokolenia, które w jakąkolwiek podróż będzie się wybierać z tarasu swojego domku własnym helikopterem albo w ogóle spędzać będzie urlop w domu, kładąc się do łóżka i połykając „geograficzną pastylkę" z etykietą „Miami", „Biarritz" lub „Cannes"; śpi się trzy tygodnie, śniąc, że jest się na jednej z plaż albo u jakichś wód — zgodnie z przepisem lekarza, jeżeli ktoś byłby pedantem. To dla mniej zamożnych. Bogaci będą podróżować naprawdę. Uniknie się w ten sposób ścisku. Ale tymczasem nie doszliśmy jeszcze do tego i sam fakt kupna biletów jest tak urozmaicony, że podróż wydaje się już tylko niepotrzebnym dodatkiem. Można by właściwie mieć pretensję, że po tym wszystkim trzeba jeszcze wsiadać do pociągu, jechać, przesiadać się, nie otwierać drzwi podczas ruchu pociągu, nie pluć na podłogę itd.

Bilety należy kupować na tydzień naprzód. A zatem pojechałem przedwczoraj na dworzec Montparnasse i najpierw wszystko dobrze oglądnąłem. Ogonki do kasy są tak długie, że gdyby Paryż nie był tak rozległy, to ci ostatni z ogonka byliby już prawdopodobnie na wsi pod miastem. Cały Paryż wyjeżdża. W przyjaznej pogawędce z policjantem pilnującym tego stada — zresztą spokojnego — ustaliłem dokładnie, gdzie ogonek do kasy zaczyna się ustawiać, w jakim kierunku itd. Następnie wybrałem hotel, z którego byłoby mi najbliżej do mety. Trzeba było teraz wygrać bitwę o pokój. Nie jest to takie proste. Dziś żaden hotelarz nie przyjmuje nikogo, kogo nie zna lub kogo ktoś z jego znajomych nie polecił mu. Bez odpowiednich referencji lepiej od razu iść pod most. System ten jest obroną hotelarzy przed kradzieżą pościeli, jednego z najcenniejszych artykułów „Nowej Europy". Ktoś prosi o pokój, płaci 50 franków i ulatnia się z całą pościelą. Fachowcy nie zapominają również o firankach, serwecie i dywaniku. Małe 50 franków zamienia się z łatwością w wielkie 5000. Toteż nieznajomy klient wzbudza w każdym „patronie" podejrzenie.

Wszedłem i zanim powiedziałem *bonjour*, uśmiechnąłem się — ot, tak swobodnie i naiwnie, trochę nieśmiało, z tym „słowiańskim urokiem", na który oni są tak czuli. Po czym miałem długą przemowę, pełną onieśmielenia, wytwornej francuszczyzny i modnych narzekań. Po dwóch minutach czułem, że go mam. Dyskretnie wsunięta paczka papierosów z gorącą prośbą o przyjęcie ich stworzyła ciepłą atmosferę i — pokój. Dalej mówiliśmy oczywiście o wojnie, o świętym jedzeniu i o departamentach, w których najlepiej się jada. Masło, jajka i mięso decydują obecnie o wyborze miejsca letniego wypoczynku. Paryż wyjeżdża, żeby jeść. Pożegnaliśmy się jak starzy znajomi.

Wczoraj wieczorem spakowałem się w domu: piżama, mydło, termos z kawą, pierwsze śniadanie i na wszelki wypadek drugie, sweter i książka. Namiotu nie zabrałem. O dziewiątej wieczorem pojechałem „wprowadzić się". Jeżeli św. Antoni oparł się zwycięsko wszystkim pokusom, na jakie był podobno narażony w czasie swojego sławnego kuszenia, to tylko dlatego, że nie spał w paryskim hotelu – i to przy Gare Montparnasse. Na puszczy – żadna sztuka. Bóg czy też Szatan oszczędził mu próby nocy w hotelu przy Montparnasse i został świętym. Mnie od samego rana wydaje się, że unoszę się *in odore sanctitatis*.

Dostałem wspaniały pokój, wyścielony pąsowym dywanem. Łoże jak lotniskowiec klasy „Midway". Umywalnia, bidet jak sadzawka w Alhambrze. W takim pokoju, gdy się jest samym, człowiek czuje się nieskończenie opuszczony, niepotrzebny, zapomniany... Gdy doda się do tego wstydliwe światło nocnej lampki oświetlające obleśnie cały pokój poprzez subtelny jak damski negliż abażur i połyski tafli wielkiego lustra (ileż ono widziało...), zapanowuje beznadziejna pustka. Ale to nic.

Rozebrałem się, skręciłem grubego papierosa i zapaliłem go, zgasiłem światło i otworzyłem okno, bo wieczór upalny. Wilgotny, ciężki upał paryski. Cisza. Jeszcze w niektórych oknach kamienic paliło się światło, z dworca dolatywał miarowy i przygłuszony oddech lokomotyw. I nagle gdzieś z kamienicy naprzeciwko, z jakiegoś ciemnego okna, doleciał poprzez duszne podwórko zduszony krzyk kobiety. Ten. Nagle wydało mi się, że jestem wilkiem i że nastawiłem uszy. Cisza – i potem jeszcze głuchszy, ten sam jęk. Było to jak sygnał. W cichym dotąd pokoju obok mnie nagły stuk mebli. Potem szamotanie się i długi śmiech kobiecy, śmiech spod zduszonych pocałunkiem ust. Śmiech samicy poprzez zaciśnięte zęby. I znowu stuk mebli. Cisza. A wtedy poprzez ścianę koło mojego łóżka, z drugiej strony, doszedł mnie inny dźwięk. Monotonny, miarowy, fabryczny niemal skrzyp łóżka. Minuta, dwie, trzy – spoglądam na świecącą w ciemności wskazówkę zegarka – dalej to samo. Staje się to nużące, nudne i beznadziejne. „To jakiś stachanowiec" – myślę, mierząc mu czas. No – nareszcie, bracie. Aż się spociłem. Cisza śmiertelna tam zapadła, za chwilę powinni wejść z noszami. Tymczasem z drugiej strony bawiono się z przytupem. Szelest i tupot bosych stóp. Drobne kroki nimfy i długie skoki fauna. Śmiech, perlisty i dźwięczny. Dźwięczny. Dźwięk szkła i pyknięcie otwieranej butelki szampana. Wyjmowana z wiaderka butelka lubieżnie ociera się o kawałki lodu. Odczuwam potworne pragnienie i oddałbym nie wiem co za długi „flet" szampana, zimnego, *sec*. Coś mnie gryzie. Zapalam światło i niemal w sam nos uderzają mi banieczki – pcheł. Paryski szampan łóżkowy. Tryskają na wszystkie strony zgrabne i zwinne. Jedną złapałem. Gaszę światło i cisza. Nagle piskliwe, przeraźliwe i tnące „aj"... „Oczywiście – stary kawał – myślę. Włożył jej kawałek lodu do łóżka pod roboczą część ciała". I śmieje się chrapliwie, ordynarnie. Teraz już i ona śmieje się. Klient ma zawsze rację. Zapalam drugiego papierosa.

Ciszę uśpionego podwórka rozdziera nagle głos radia: „Na tym kończymy szósty dziennik radia brytyjskiego w języku polskim – usłyszą nas państwo znowu o godzinie pierwszej piętnaście czasu środkowoeuropejskiego". Przez chwilę nie wiem, gdzie jestem. Kilka głuchych poczwórnych uderzeń toczy się po podwórku. Londyn. Skończył się dziennik polski o 11.15. Tubalny głos mówi: *Ici Londres... voici notre...*[1] Zaraz po polskim jest komunikat francuski, ktoś zawadził o koniec polskiego. Słyszę jeszcze: *Russie — les troupes russes après avoir brisé la résistance allemande dans le secteur au nord du Bielgorod, avancent sur...*[2]. Ci zawsze idą naprzód.

Spałem źle. Do późnej nocy słuchałem wszystkich możliwych komunikatów alianckich z Londynu. Ktoś od strony podwórza nie żałował głośnika. Widocznie chory na spleen okupacyjny. Nad ranem z ciężkiego półsnu obudziło mnie pianie koguta. Uwieszony w klatce przy jakimś oknie symbol Francji obwieszczał świt. Czekałem, czy nie rozlegnie się gdzieś ryk krowy, ale nie. W tym Paryżu czwartego roku Nowej Ery wszystko możliwe. Ludzie hodują w śródmieściu króliki, kaczki, indyki, kury i gęsi, a pogoń za zbiegłym drobiem nie jest rzadkością nawet na Wielkich Bulwarach. Metrem przewozi się kozy, kartofle odważa się na automatycznych wagach na dworcach kolejki podziemnej. W mniejszych hotelach wiszą napisy: „Hodowanie drobiu w pokojach wzbronione". Jak za czasów Boileau i *Le Roi Soleil*[3].

Drzemię. Zaterkotał budzik. Jestem zdenerwowany. Jak uda mi się dojść do kasy przed piątą. Wypijam kawę, skręcam papierosa i dwadzieścia minut przed piątą wyślizguję się z hotelu. Przeskoczyłem na drugą stronę ulicy i przemykałem pod murem. Na rowerach przejechało dwóch policjantów, ale nie zauważyli mnie. Z godziną policyjną nie ma żartów. Cicho i wolno doszedłem do miejsca, gdzie zaczyna się ustawiać ogonek — i nie byłem pierwszy. Byłem już tylko dwunasty. Ci przede mną to zawodowcy. Sypiają gdzieś na samym dworcu, w im tylko znanych miejscach, wśród stosu wózków bagażowych, w jakichś załamaniach murów. Zarabiają w ten sposób, biorąc od biletu 150–200 franków. Licząc przeciętnie trzy bilety dziennie, mają około 20 000 franków miesięcznie, czyli tyle ile dyrektor wielkiej fabryki, plus cały dzień wolny. Bo kasy otwierają o siódmej rano i kto jest pierwszy, ten już przed ósmą może iść do domu. Jest to jeden z tych najbardziej może demoralizujących objawów tej wojny. Jak te setki, tysiące ludzi zarabiających dzisiaj w ten sposób duże sumy potrafią po wojnie normalnie pracować i zarobkować? Jak wykorzenić z psychiki tego pokolenia ten zmysł kombinacji i liczenia na poboczne zarobki, na te poważne nieraz sumy spadające z nieba?

Ci tutaj rozmawiają fachowo. Na jakich liniach największy ruch, że noce są chłodne, ktoś wszczyna dyskusję, ile odstępnego powinno się brać za swoją kryjówkę, „ponieważ ja też mam zamiar zapłacić sobie wakacje. A wtedy ja będę odwalał burżuja i ty, François, będziesz stał dla mnie po bilety". Śmiechy. Nagle otoczyło nas kilku policjantów. Spojrzałem na zegarek. Za pięć piąta. Mają prawo zrobić kawał. Istotnie. „Niech każdy przygotuje 15 franków kary i na komisariat" — brzmi surowy rozkaz. *Adieu les vacances*[4] — pomyślałem. Zgromadzenie protestuje. Tymczasem policjanci śmieją się i popychają nas pod wejścia do

---

[1] Tu Londyn... oto nasz...

[2] Rosja — wojska rosyjskie złamały opór Niemców na północ od Biełgorodu i idą na...

[3] Króla Słońce.

[4] Żegnajcie, wakacje.

kas. To tylko żarty. Wybuchają śmiechy i ożywione rozmowy z „władzą". Francuzi skarżą się na swoją policję — tak — bo nie znają naszej. Tu większość policji sabotuje wszystkie nakazy władz mające na celu prześladowanie obywateli. Przed łapankami Żydów mnóstwo z nich uprzedzono o niebezpieczeństwie, a nieraz zdarza się, że gdy przy sprawdzaniu dokumentów na ulicy ktoś pokaże fałszywą legitymację, policjant szepnie cicho: „Dobrze podrobiona, *allez-y*"[1], uśmiecha się i puszcza dalej. Déat, filar kolaboracji, dowcipnie napisał w swoim „L'Œuvre", że „nie jest się pewnym, czy większość policji jest pewna, ale jest się pewnym, że większość jest niepewna". Trudno o lepszy hołd.

Stajemy w porządku pod drzwiami. Dwie godziny czekania na otwarcie kas. Wybiła piąta i w tej samej chwili głęboką ciszą poranku targnęły stuki i tupoty. Wszystkie bramy domów wokoło dworca trzasnęły naraz, a z nich wystartowali zawodnicy. Słychać tupot i klekot drewnianych zelówek — już wpadają pierwsi, zadyszani, bez tchu. W przeciągu pięciu minut mam poza sobą dwieście osób. Teraz będzie spokój aż do przyjazdu pierwszego metra. W międzyczasie zjeżdżają się zawodnicy kolarze. Furkają rowery. Wyścig do końca, bo nawet od miejsca, w którym ustawiają rowery. Rzuca rower na ziemię lub opiera o mur i pędzi do ogonka. Jestem głęboko przekonany, że codziennie pada tutaj kilka rekordów kolarskich w sprincie.

Wtem tupot setek nóg. Gardziel metra, jak olbrzymi gejzer, wypluwa strugę ludzi. Pierwsze metro. Gęsta masa, wydobywająca się spod ziemi, płynie i zalewa długi podjazd. W przeciągu kilku minut mam poza sobą długi ogon, do 2000 ludzi. Ci będą stali tu do wieczora. Policjanci chodzą wokoło, rozstrzygają spory i kłócą się z tymi, co im po prostu wymyślają, nie mogąc wyładować swej wściekłości na kim innym. O żadnych protokołach o obrazę władzy nie ma oczywiście mowy. Wściekłość tego tłumu jest uzasadniona: każdemu z osobna zdawało się, że będzie pierwszy i teraz nie może zrozumieć, jakim cudem jest już tylu przed nim. I rozumieją to policjanci. Lepiej, że mu jeden z drugim nawymyśla, aniżeli gdyby trzeba było uśmierzać bójki...

Otwierają kasy. Policjant odlicza 15 osób i wpuszcza do sanktuarium. Podchodzę do kasy mojej linii Paris-Brest, proszę o dwa dobre miejsca (wciskając *mademoiselle* 20 franków w małą rączkę) i dostaję od razu dwa miejsca w kącie wraz z miłym uśmiechem na dokładkę. Tak jest teraz wszędzie. Wszyscy dają i wszyscy biorą. Nie są to łapówki. To są *cadeaux* — podarunki. Stwarzają one intymność, stosunek urzędnika do klienta zmienia się od razu w miłą znajomość i przy jakiejś innej sposobności idzie się już do znajomego.

Odchodzę od kasy i widzę, że tłum podśpiewuje i śmieje się, że policja z ożywieniem dyskutuje z ludźmi. Pytam się, o co chodzi. Słucham i nie wierzę. Policjanci z rannej służby przynieśli wielką nowinę, nowinę zupełnie niewiarygodną: Mussolini podał się do dymisji!!! I nagle w ogonku, wśród śmiechów i hałasu, ktoś zaintonował na melodię Tarantelli skomponowaną na miejscu

[1] Może pan iść.

piosenkę: *Duce, Duce a démissionné, Duce, Duce on aura la paix...*[1]. Tłum podchwycił słowa i melodię i zdawało się, że pęknie z radości. Cała pogarda tego zawsze wolnego ludu, ludu, dla którego wolność jest istotą życia – wszystko jedno jakiego – odezwała się w tej kpiarskiej piosence, wydrwiwającej „Cezara faszyzmu". Nie było w tym nienawiści – czuło się jedynie zupełnie niemożliwą do opisania pogardę. Tę pogardę, jaką może mieć jedynie tłum dla błazna, którego jeszcze wczoraj musiał szanować pod grozą jako bóstwo. Równocześnie czuło się, że Mussoliniego nikt nigdy nie brał tutaj poważnie. Jestem pewny, że taka sama wiadomość o Hitlerze wywołałaby inną reakcję. Bo Hitler jest błaznem, ale niestety błaznem tragicznym, błaznem ponurym. Tłum podśpiewywał, a przechodzący obok Niemcy udawali, że nie rozumieją. Każdego z nich prowadziło tysiące szyderczych spojrzeń. Wyszedłem przed dworzec. Lubię ten plac przed Gare Montparnasse. Słoneczny ranek. Wstąpiłem na kieliszek białego wina. Miałem ochotę usiąść na progu obok wielkiego kota i grzać się w słońcu. Siedzieć i patrzeć tym wzrokiem, co tylko patrzy i nie myśli. U Duponta naprzeciwko grał automatyczny gramofon i Danielle Darrieux śpiewała „Premier rendez-vous", bulwarem mknęły kolorowe dziewczęta na rowerach, przebierając smukłymi nogami. Wziąłem kota na kolana i pochyliwszy się, szeptałem mu do ucha: mam bilety i Mussoliniego już nie ma.

29.7.1943

Najpierw napisali, że Duce ustąpił z powodu złego stanu zdrowia. Ale w końcu nie udało się ukryć, iż został destytuowany przez Wielką Radę Faszystowską. Władzę objął król, Badoglio utworzył rząd i dziś rozwiązano partię faszystowską. Ludzie nie zdają sobie na ogół sprawy z zupełnie wyjątkowej doniosłości tego faktu. Patrzą na to jedynie z punktu widzenia strategicznego. Tymczasem nie dostrzegają w tym rzeczy najważniejszej – jednego z największych bankructw ideologicznych, jakie świat dotąd oglądał. To nie jest upadek rządu, takiego czy innego *régime'u*, to upadek idei, która przez dwadzieścia lat panowała we Włoszech, na której mniej albo więcej oparły się wszystkie niemal kraje Europy powojennej, która była natchnieniem dla Niemiec, dla Hiszpanii Franco, dla Turcji, dla nas. Zdawało się, że błyskawiczny upadek jej jest niemożliwy. Runęła w ciągu kilku godzin. Dzisiejszy dzień zmusi faszystów i wszystkich wierzących w „ideologie jedyne i prawdziwe" na całym świecie do krótkiego rachunku sumienia. To po prostu upadek religii – prawie to samo, co gdyby papież rozwiązał Kościół. A może nawet więcej ze względu na moment. Bankructwo idei, dla której setki tysięcy ludzi ginie od czterech lat.

Jak proroczo brzmią dzisiaj słowa tego wielkiego humanisty dwudziestego wieku Guglielmo Ferrero, gdy wygnany przez faszyzm, pisał w 1926 roku w swym świetnym studium „Entre le passé et l'avenir"[2], że podczas gdy wszyst-

---

[1] Duce, Duce podał się do dymisji, Duce, Duce, będzie spokój (znaczy także: będzie pokój).

[2] „Między przeszłością a tem, co nas czeka", Poznań, 1927.

kie prawie monarchie upadły po tamtej wojnie, to „jedynie faszyzm, zamiast obalić monarchię, uczynił z niej więźnia, zmuszając ją do podjęcia władzy absolutnej w nadziei, że będzie mógł się nią posłużyć: zobaczymy pewnego dnia, czy dobrze obliczył".

Dziś widzimy, że źle obliczył.

L'Etre Clément, 2.8.1943

Leżę w łóżku, na nocnym stoliku pali się lampka. Reszta wielkiego pokoju tonie w półmroku. Pod ścianą czarny klęcznik, nad nim krucyfiks. Olbrzymia szafa bretońska z żelaznymi okuciami. W kącie stołek, a na nim mundur huzarów z lat dziewięćdziesiątych. Mundur męża Madame Bazin. Okno jest uchylone, noc mglista, zmoczona całodziennym deszczem. Z drzew, z gałęzi dotykających szyb kapią wolno krople mgły i spadają z brzękiem na blachę framugi. W ogrodzie, w lesie za rzeką śmieją się sowy. Gdzieś spadła dojrzała gruszka i klapnęła o ziemię.

W tym domu, w tym pokoju, wśród ciszy i monotonnego stuku kropel cały dzisiejszy dzień wydaje mi się dalekim wspomnieniem. Dzisiaj rano wyjechaliśmy z Paryża. Parę godzin drogi na rowerze, kolacja w jadalni, salon, przedsionek ze starą bronią, Madame Bazin — wszystko stało się snem, w którym trudno przypomnieć sobie rzeczywistość. Jestem pogrążony w letargu. Słucham kropel mgły, patrzę na pokój, na fotografie kobiet w krynolinach i mężczyzn w mundurach z tamtej epoki.

Pociąg odchodził o dziewiątej. Oczywiście na dworcu ścisk, ale przebrnęliśmy szczęśliwie przez wszystkie przeszkody. W pociągu było znośnie. Wychodzę kupić kilka tych pism, które są właściwie pismami niemieckimi po francusku, z tą różnicą, że łżą jeszcze bardziej aniżeli prawdziwe niemieckie. Wracając z kiosku, zauważam, że do wszystkich pociągów idących w stronę wybrzeża doczepione są z tyłu platformy z działem przeciwlotniczym. Jedziemy z obroną. Na platformie zbudowany jest mały domek *für die Mannschaft*[1]. Żołnierze gotują, suszy się bielizna. Jakiś Francuz przechodzi obok mnie i zapytuje, jak mi się podoba ten cyrk wędrowny. Odpowiadam mu, że wolę prawdziwy z prawdziwymi małpami. Ruszamy. Pogoda psuje się. Za Chartres burza z ulewnym deszczem. W Le Mans leje. W Sablé deszcz ustał. Dzień jest pochmurny i ciepły. Lubię taką pogodę. Drzemiemy. Po pierwszej dojeżdżamy do Angers. Wychodzimy z dworca.

Cichy placyk, na ulicach pusto, niebo pokryte szarymi chmurami. S p o k ó j. Wydaje się, że poza tym miastem nie ma świata. Paryż, gazety, wojna, „Wehrmachtsberichty" — przestają istnieć. Są ulice i uliczki, stary autobus kaszlący i krztuszący się, pusta kawiarnia z ogródkiem, małe bistro i kilku obywateli przy winie. Żadne sanatorium nie jest w stanie uspokoić najbardziej roztańczonych nerwów w tak krótkim czasie jak francuska prowincja. Tu żyją

[1] Dla załogi.

jeszcze resztki życia zrównoważonego, tu żyje się w tej godzinie, jaką wydzwania stary zegar, a nie kilkanaście godzin lub dni naprzód. W tej jednostajności, pozornej monotonii istnienia, nie wygnano Czasu i nie zabito rozmaitości. Nic tu nie jest jednakowe, chociaż wszystko wydaje się takie same. Wszystko jest tajemniczo soczyste.

Kiedy pomyślę, że dziś już całe kontynenty jak Rosja, Stany Zjednoczone i Ameryka Południowa stały się jednakowe, że dom zbudowany nad Atlantykiem jest taki sam jak dom zbudowany nad Pacyfikiem, że miasto nad Dnieprem jest takie samo jak miasto nad Wołgą – robi mi się smutno. Jeżeli Amerykanin szuka wytchnienia w Europie, to właśnie dlatego, że odnajduje tu różnorodność, że po kilku godzinach podróży jest rzeczywiście g d z i e i n d z i e j. Jestem na placu przed dworcem w Angers, przejadę przez szereg miasteczek i zajadę do domu Mme Bazin. Co godzina będę gdzie indziej, pomimo że miasteczka francuskie z ich szarymi domami i rzędem okiennic wydają się jednakowe. Będę pił wino, które robią tylko tutaj, a za dwa tygodnie będę jadł masło o innym smaku niż masło bretońskie lub normandzkie. Dawno czytana „Main Street" S. Lewisa zaczyna miarowo wyzgrzytywać mi w głowie: „Na zachód od Pittsburga, a czasem i na wschód, zawsze ten sam skład drzewa, ta sama stacja kolejowa, ten sam garaż Forda, ta sama mleczarnia, te same domy o kształtach pudełek, te same sklepy dwupiętrowe...", to samo, te same... i tak w nieskończoność.

Tu zaczynam darzyć czułą miłością ciasne uliczki z rynsztokami, niewygodne domki i stare meble. Głupstwem jest wyrzekać się postępu, ale zbrodnią jest zaśliniać się z zachwytu nad wielką fabryką czy czteromotorowym bombowcem, uważając je za szczyt geniuszu ludzkiego. Trzeba uznać, że człowiek potrafi bardzo wiele, uznać to za fakt zupełnie zwyczajny i wchłaniając postęp, równocześnie go dyscyplinować... Wartość zupełnie nieocenioną, zapomnianą i pogardzoną Spokoju i Ładu, może zacofanego, ale jakże wzbogacającego, czuje się tu, w ciche popołudnie. Pijąc białe wino, wskakuję cały do kieliszka i rozpuszczam się. Jestem Spokojem.

Odbieramy z bagażu rowery. Dziwnym cudem zajechały cało i zdrowo. Ale to tylko dzięki temu, że znowu połowę wiozłem ze sobą, odkręciwszy w Paryżu wszystko, co tylko można odkręcić. Tak zresztą robią teraz wszyscy. Jedynie bardzo naiwni nadają rower na bagaż z siodełkiem skórzanym, z oświetleniem, łańcuchem i pompką. Siedzę na chodniku i siodłam nasze konie.

Przez miasto idziemy na piechotę. Kocie łby i górzysto. Angers śpi, mieszkańcy snują się po ulicach jak babie lato. Przesuwamy się pod murami i basztami ruin zamku. Wyrasta czarny i pokryty pleśnią znad bukietów kasztanów. Przechodzimy przez most na Maine. Niebo szare, na ołowianej rzece kilka barek i statek pralnia. Pochylone lub klęczące kobiety piorą bieliznę w rzece. Biała bielizna aż razi swą białością w tych wszystkich odcieniach ołowiu. Kapie śpiący deszcz. Zakładamy peleryny. Są z oliwionego papieru i sztywne. Wyglądamy obydwoje jak ciemnozielone chrząszcze. Jedziemy. Mijamy malutkie Avrillé – puste i popielate. Szosa jest cicha. Zmoczony asfalt lśni i jedzie się jak po lustrze. Czasem furknie obok rower, czasem minie się kogoś idącego brzegiem drogi. Gdy zjeżdżamy z góry, wydaje się nam, że płyniemy w próżni. Słychać tylko terkot koła i szelest peleryny. Z drzew przydrożnych dolatuje kwilenie ptaków, to znów ciężka wrona zakrakała wulgarnie, lecąc leniwie. Przebiega wystraszony królik. Zza chmur wyszło słońce i rozrzuca rdzawe kolory, sącząc światło poprzez zwały mgły i wilgoci. Deszcz przestał padać. Zatrzymujemy się — m a m y c z a s. Siadamy przy drodze i jemy podwieczorek. Zapach mokrej zieleni. Sok z gruszek cieknie nam po brodzie. Dużo gruszek w tym roku. Przejeżdża autobus, gnąc się dziwacznie. Zapalam fajkę i jest mi po prostu dobrze. Bezgranicznie dobrze. Potem dalej, dalej... Rząd kasztanów po bokach rozwiera się, kołtunią się krzaki jeżyn, zwieszając niedbale kiście czarnych owoców. Już wielki staw, a nad nim „*château*”[1] markiza de Charnassé. Pasą się owce i krowy. Woda w stawie jest twarda i spokojna. Po chwili spomiędzy dwóch murów jeżyn wpadamy do Chambellay i jesteśmy przed domem Madame Bazin. Otwieram białą furtkę.

Przed dom wyszły obydwie panie. Witają nas. Madame Bazin całuje nas w czoło. Zbieramy rzeczy i wchodzimy do mrocznego przedsionka. I tu Madame Bazin z tą wyszukaną elegancją i równocześnie prostą wytwornością mówi nam: „Pomyślałam sobie, że przyzwyczaili się państwo do widoku z okien, do mebli, więc i w tym roku proszę mi zrobić przyjemność i zająć mój pokój na górze”.

Stało się ze mną coś dziwnego. Ta zupełnie niedzisiejsza delikatność, ten „widok z okien”, rzecz nic nieznacząca, a tak subtelna, całe zdanie wypowiedziane tak, jakby mi je ktoś przeczytał na głos z Balzaca — wybiły mnie zupełnie z epoki. Odnalazłem stracony czas. Pocałowałem ją długo w rękę, szepnąłem *merci* i prawie że łzy zakręciły mi się w oczach. Wchodziłem wolno po schodach i wszedłem do tego żółtego pokoju, do tego samego widoku z okien, do tych samych mebli. Spojrzałem na trawnik, na ogród, na rzekę i na łąki poza rzeką, opasane lasami na wzgórzach. Ten sam widok — po roku. Zdawało mi się, że jestem u siebie. W tym samym widoku, w tych samych meblach pozostała już cząstka mnie. Odnajduję ją teraz i rozmawiam z sobą sprzed roku. Basia usnęła, zmęczona drogą. Daleko śmieją się sowy. Wielka kropla stuknęła w blachę framugi okiennej i po czarnych drzewach przeszedł szum. Zegar na wieży kościoła wybił już pierwszą.

4.8.1943

W tym roku jest tu swobodniej. Może dlatego, że mniej osób. Przynoszą nam śniadanie do łóżka, potem schodzimy na dół. Nie wiem, co się dzieje ze mną, ale nie mam ochoty nawet mówić. Siadam gdzieś w kącie i milcząc, kleję chłopcom mały model samolotu. Potem idę w inny kąt, siadam i patrzę gdzieś przed siebie. Snuję się po domu, pod ścianami ze starą bronią. Wchodzę do naszego pokoju i usiadłszy w fotelu, zatapiam się w bezmyślnym przesuwaniu

---

[1] Zamek.

w głowie obrazów. Jest mi dobrze. Nie chcę i nie mogę czytać, nie chcę myśleć i mówić. Patrzę z okien na trawnik przed domem. Basia siedzi na ziemi w kole szeroko rozłożonej spódniczki i maluje. Nad jej rysunkiem pochylają się główki dzieci siedzących w milczeniu. Mogą tak siedzieć godzinami i patrzeć, jak ołówek biega po papierze, jak po rysunku rozlewa się farba. Są ciche i grzeczne — niemal zaklęte. A dalej chodzi mały Filip, zataczając się w swych pierwszych wędrówkach na nogach. Czasem przysiada, rozgląda się i wygląda tak, jakby bezustannie czegoś szukał i nie mógł znaleźć.

W pokoju jest chłód starego i od lat nieopalanego domu, przez okna wpadają ciepłe powiewy. Zegar kościelny wybija dwukrotnie tę samą godzinę, by tam, w polach, mogli dokładnie ją usłyszeć. Pod wieczór niebo zaciąga się chmurami i przychodzą długie, popielate godziny. Tu wszystko jest bielsze niż u nas i nigdy nie przychodzi mi na myśl słowo „szary". Błądzę po domu i słucham Balzaca. Mówi do mnie obrazami. Gdy o popielatej godzinie oprę się o starą komodę i patrzę na pokój ze schowaną w murze toaletą, z krucyfiksem ponad klęcznikiem, widzę inny dom — ten nad Loire — „La Grande Bretèche". Słucham krótkiego opowiadania doktora Bianchon o Comtesse de Merret. Słucham? Nie. Raczej widzę. I tam mały *cabinet de toilette* w sypialni Mme de Merret miał cztery stopy głębokości. Przymykam oczy i widzę ją opartą o kominek. Słyszała, jak wchodził. On — ten drugi — schował się tam. Comte de Merret zdejmuje ze ściany krucyfiks. „Przysięgam" — szepcą zbielałe wargi. „Głośniej... i powtórz: Przysięgam przed Bogiem, że nie ma tam nikogo". A potem wznoszący się wolno, cegła za cegłą, mur. Giną za nim drzwi małego *cabinet*.

To wszystko wydaje się prawdziwe, jeszcze żyje, było wczoraj. Nigdy dobrze nie wiem, czy zapach pokoi, słowa ludzi i widoki przypominają mi Balzaca, czy też on przypomina mi o nich. Czy to wszystko to on — czy też on jest tym wszystkim. Dopiero w takich godzinach czuje się, że jest to wielkie, nieogarnione Jedno, dopiero tu rozumie się tę wspaniałą uwagę Keyserlinga, że tym, czym był dla średniowiecza Dante i jego „Boska komedia", tym dla dziewiętnastego wieku był Balzac z jego „Komedią ludzką". Nie można jej z niczym porównać.

I widziałem już mera. Był taki uprzejmy, płaski i encyklopedyczny... Widziałem także księdza chodzącego przed kościołem i czytającego brewiarz wszystkowidzącym wokoło okiem. Powiedziałem mu: *Bonjour Monsieur le curé*[1], a on mruknął mi: *Bonjour, bonjour*[2]. Zna już nas, tak jak zna nas całe Chambellay. „To wszystko gaduły o stalowych językach", jak mówiła o Vendôme Rosalie, rozmawiając z Bianchon. A my też wiemy, że stara Comtesse de C., mieszkająca w tym pałacyku, nie może wytrzymać ze swoją służącą, która jest u niej od 45 lat. Będą musiały się rozejść... To będzie temat do rozmów. Pojutrze ma przyjechać nowy prefekt i przemawiać do rolników. Znowu nowy prefekt. Ciągle się zmieniają. Rząd zaczął tak ścisłą współpracę z Niemcami, że żaden porządny człowiek nie chce współpracować z rządem. W administracji jest ciągły taniec.

---

[1] Witam księdza proboszcza.

[2] Witam, witam.

Wchodzę do salonu. Jest tu mnóstwo ciekawych książek. „Bernadotte", „Les Amants de Venise" — historia pobytu G. Sand i Musseta w Wenecji i jeszcze jakieś inne. Nie mam siły wziąć ani jednej z nich do rąk. Wolę wychylić się przez okno i słuchać, jak wiatr szumi w czarnych świerkach otaczających dom. Od strony przyległej fermy dochodzi kwakanie kaczek, pisk pompy i szum wody. Czasem w salonie siedzi Robert i pisze listy. Chowam się za pianinem i słucham skrzypu pióra po papierze. W zupełnej ciszy wokoło dźwięk ten ma w sobie coś zupełnie nieziemsko uspokajającego. Słuchać jak ktoś pisze — to śmieszne...

5.8.1943

Jakie te dni są tutaj długie. Jeden dzień jest tu tak długi jak tydzień w Paryżu. Ludziom wydaje się, że życie jest tak krótkie, iż trzeba w nim zmieścić jak najwięcej. Dla mnie najwięcej dzieje się wtedy, kiedy nic się nie dzieje. Jeden dzień tutaj jest naprawdę kawałkiem życia. Co wart jest dzień, w którym ani przez chwilę nie można pomyśleć lub móc całkiem nie myśleć. Życie coraz to bardziej zamienia nas na istoty myślące do połowy, operujące strzępami, na myślących gałganiarzy. Przeciętna inteligencja człowieka współczesnego, mnie samego, przypomina raczej potłuczoną mozaikę, jakieś niesamowite puzzle, niemożliwe niemal do złożenia w jedną całość. Fragmenty bywają olśniewające, ale brak im tego ośrodka, tego kawałka, od którego można zaczynać budowę całości. I gdy nie wiadomo, co z tych myśli złożyć, odkąd zacząć składankę, człowiek ucieka od nich.

Myśl tych ludzi tutaj nie jest wspaniała, obraca się w granicach skromnych i materialnych, jest po większej części myślą o pieniądzu, o jedzeniu i o posiadaniu, ale j e s t całością, opartą o coś. I tę stałość, ten porządek „pomimo wszystko" czuje się na każdym kroku. W całej atmosferze panuje przede wszystkim indywidualność. I może właśnie to działa tak kojąco. Tu każdy jest t y p e m, jest kimś, coś przedstawia. Po prostu dlatego, że związany jest z ziemią, z domem, z inwentarzem. Zaczynam rozumieć tutaj znaczenie własności i jej wpływu na wewnętrzne kształtowanie się człowieka. Człowiek mający coś swojego nie może stać się termitem, nie może stać się kółkiem w bezdusznej machinie kolektywu. Jeżeli komunizm zaczął od pozbawienia własności prywatnej, jeżeli z rolników zrobił coś w rodzaju urzędników lub robotników państwowych, to uczynił to właśnie dlatego, że wyczuł niebezpieczeństwo i niemożliwość uformowania termita z człowieka związanego w jakikolwiek sposób z własnością. Jeżeli Francja pomimo całego industrializmu wieku dziewiętnastego i dwudziestego zachowała indywidualność, to dlatego, że tutaj każdy c o ś m i a ł, starał się m i e ć lub marzył, aby coś m i e ć. Wszystko jedno jaka, własność wzmacnia szkielet indywidualności. Człowiek mający coś nie potrafi czuć się jednym z wielu, będzie zawsze bardziej sobą, jedynym egzemplarzem. Ziemia i jej posiadanie wzmacnia to poczucie „*unicité*"[1] do kwadratu. Dlatego

[1] Jedyności.

wszelkie hasła ruchu robotniczo-chłopskiego wydają mi się po prostu idiotycznym kłamstwem. Robotnik nie ma nic wspólnego z chłopem — to dwa bieguny.

Jeżeli świat dzisiejszy idzie w kierunku coraz to intensywniejszego odczłowieczenia, insektyfikacji, kolektywu — to dlatego, iż coraz więcej ludzi nie posiada nic, coraz więcej ludzi staje się robotnikami, nie mając żadnej własności poza pewnym potencjałem pracy i inteligencji na sprzedaż. Człowiek bez własności przestaje być indywidualnym i, choć wygląda to na paradoks, staje się większym egoistą, zamienia się w to, co ochrzczono zaszczytnie „szarym człowiekiem", „człowiekiem z ulicy", „nieznanym żołnierzem" (zniósłbym ten upokarzający człowieczeństwo kult n i e z n a n e g o trupa), zamienia się w liść lecący bez oporu za każdym powiewem jakiejś modnej ideologii. Jego logika staje się logiką tłumu, to znaczy żadną. Ginie t y p, giną te jedyne wydania ludzi, niepowtarzalne, niewygodne, nieraz skandaliczne, ale „nieprzemakalne" dla haseł, sloganów i kretyńskich formułek.

Prefekt, przemawiający tutaj jutro, trafi nie na tłum, lecz na zbiorowość ludzi, z których każdy będzie rozumował indywidualnie i nie da porwać się frazesom. Trzy czwarte słów, formułek i „absolutnych" prawd niczym nieudowodnionych (to szczególna cecha absolutnych prawd ideologicznych — i ich siła) — rozbije się o dom, o inwentarz, o dochód, o w ł a s n o ś ć. Cała krańcowość tak zwanych postępowych ideologii społecznych i politycznych trafia naprawdę do przekonania jedynie tych, którzy nie mają nic. Dlatego każda rewolucja zaczyna się od rewolucji mas niczym niezwiązanych, nic nieposiadających, anonimowych. Ale w ich poświęceniu jest zawsze na dnie chęć posiadania. Cały komunizm kiedyś wezmą diabli tylko dlatego, że nic nie dał i nawet odebrał tę resztę, odebrał pozory. Rozleci się kiedyś pod naciskiem mas, które będą chciały c o ś m i e ć, zostanie pożarty przez własne dzieci. I czym większa ilość ludzi pozbawiona będzie własności, czegoś s w o j e g o, tym coraz to większe rzezie będą miały większe szanse powodzenia, tym łatwość umierania za byle jaki slogan, za byle ideologię rzuconą przez „proroka", wzrośnie. Zsocjalizowany świat zagraża znacznie większą ilością konfliktów, znacznie większym burdelem niż jakikolwiek inny. Ideologiczny kolonializm będzie o wiele krwawszy niż ekonomiczny starego typu, który miał przynajmniej tę zaletę, że był zawinięty w bardzo cieniutką bibułkę ideologiczną. Jeszcze trochę i Rosja zagarnie kolonie w środku Europy. Ale to nie będzie kolonializm, to będzie „zwycięski marsz ideologii postępowej". Pierwsze takty tego marsza można już usłyszeć z każdego komunikatu moskiewskiego. A także koszmarny nacjonalizm, to ponętne opakowanie, w którym poda się gorzką pigułkę. Terenów nie brak — wystarczy spojrzeć na mapę świata. Całe kontynenty stoją otworem, kontynenty, które nie przeszły jeszcze przez szkarlatynę dziecięcego nacjonalizmu. Nie cieszę się, nie klaskam w dłonie. Koniec tej wojny, taki jak już zaczyna przeglądać, nie załatwi niczego i tylko wzmoże napięcia. Ale wszystko odbędzie się gładko, bo Rosja ma w swoim posiadaniu najlepszy środek usypiający — „wielką ideologię". I ta wojna, zamiast zadać śmierć wszelkim ideologiom, jest już w tej chwili propagandą innej, tak samo totalitarnej, tak samo bezwzględnej, jeszcze bardziej „egzotycznej" (z punktu widzenia człowieka cywilizacji chrześcijańskiej) niż nazizm i faszyzm.

Drogą przejechał ciężki wóz na dwóch kołach, ciągnięty przez trzy konie idące gęsiego w zaprzęgu. Ktokolwiek go spotyka, mówi „dzień dobry", zamienia kilka słów z farmerem człapiącym obok w ciężkich sabotach. Wszyscy go znają i on zna wszystkich. On jest kimś, coś przedstawia. Nie gubi się w masie i nie ma tu takiego drugiego człowieka jak on. Jego rozumowanie jutro, gdy nowy prefekt rozłoży przed nim kolorowy wachlarz formułek propagandowych, będących teraz w modzie (na ideologie jest taka sama moda jak na kobiece kapelusze, tylko że niestety te mody są znacznie bardziej kosztowne niż kapelusze) będzie j e g o rozumowaniem, na które złoży się sposób myślenia jego przodków, osiadłych tu od lat. Myśl jego będzie dalszym ciągiem myśli poczętej już dawno. Będzie ona surowa i sękata, ale będzie się na czymś opierać. Lecz ilość ludzi pozbawionych punktu zaczepienia ciągle wzrasta. Szary człowiek nie ma nic, nie posiada nic. Zatracił poczucie i wspomnienie swojej przeszłości, jego rozumowanie nie może być „dalszym ciągiem", bo on sam nie uważa się za „dalszy ciąg". Jest anonimem poczętym z niczego, bez korzeni, podatnym na każdy podmuch ideologiczny, na wiaterki i wichury rozpętywane coraz zręczniej i perfidniej. Szary człowiek zatracił s a m o d z i e l n o ś ć w każdej dziedzinie życia. Utraciwszy wolność fizyczną i tracąc ją coraz bardziej, zatraca wolność wewnętrzną, ostatnią redutę człowieczeństwa. I właściwie nie chce jej. Dziś szary człowiek n i e c h c e wolności. Dlatego z taką łatwością nagina kark pod coraz to nowe jarzma. Nie mając nic, czuje się na każdym kroku zagrożony. Bez przeszłości, lęka się teraźniejszości i przyszłości. Lęk ten powiększa się, rośnie z każdym dziesiątkiem lat. Za miraż bezpiecznej przyszłości, za fatamorganę ideologiczną teraźniejszości daje z entuzjazmem swą wolność — rzecz bez wartości, gdy w końcu nic się naprawdę nie posiada. Masa dziś tęskni za kajdanami, jest ślepa, jest w każdej chwili gotowa zamienić swoją bezwartościową resztkę własności — na obietnice i stryczek. I będzie je miała. Tego w najbliższej i dalekiej przyszłości nie braknie.

Leżę na leżaku i strzelam fajerwerkami. Ale te fajerwerki są dla mnie często zapalnikiem. Męczę się. Z wysokich sosen spadają na drzewa owocowe wróble i wydziobują gruszki. Prawdy leżą dalej, niż nam się to chce wmówić. Nie wiem dlaczego, ale w tej chwili przyszło mi na myśl, że gdyby mnie zapytano, jaką postać kobiecą najbardziej kocham ze wszystkiego, co przeczytałem, odpowiedziałbym bez wahania: „Lena ze «Zwycięstwa» Conrada". Bo myśląc o tym wszystkim, czuję na dnie coraz częściej głuche pytanie, czy nie jestem Heystem.

6.8.1943

Michel dzwoni na obiad. Chodzi po całym domu, potrząsając krowim dzwonkiem. Schodzimy na dół i stajemy za krzesłami. Dzieci śpiewają krótką modlitwę straszliwie fałszywym dyszkantem. Madame Bazin siada — wszyscy za nią. Zaczyna się rozmowa, zawsze trochę bezładna. Wczoraj Rosjanie odebrali Orzeł, Anglicy zdobyli się nareszcie na zdobycie Catany, Amerykanie mają Munde. Oczywiście nikt nie wierzy w koniec wojny w tym roku. Robert, zostawszy dyrektorem wielkiej fabryki w N., zetknął się po raz pierwszy z Niemcami i opowiada mi o nich. Przypomina to opowiadanie ślepego o kolorach. Nie wydaje mi się, aby jakikolwiek Francuz był zdolny wczuć się w psychikę innego narodu. Są oni jak zły radioodbiornik — łapią tylko jedną stację: Radio-Nationale. Toteż zwykle po obiedzie, gdy siadamy w kącie salonu z kawą i z cygarem, robię mu krótkie wykłady. Słucha uważnie i jak w każdym Francuzie, budzi się u niego pewien rodzaj podziwu, czy może raczej szacunku dla intelektu. I — jak każdy Francuz — łapie tylko elementy czysto rozumowe. To ciekawe, że ten naród, mający takie zdolności do analizy, nie rozumie niczego, co potrąca o psychologię lub psychoanalizę. Wydaje mi się, iż popełnia się grubą pomyłkę, twierdząc, że Francuzi stworzyli „powieść psychologiczną". To są powieści analityczne — rodzaj chemii nieorganicznej w literaturze. Jeden Balzac poszedł dalej, wyszedł poza granice sekcji, zimnej i precyzyjnej — i do dziś dnia pozostał niezrozumiały. Cały świat podziwia go za to, czego Francja nie rozumie zupełnie. Obcy entuzjasta Balzaca, rozmawiając z francuskim miłośnikiem tego Freuda dziewiętnastego wieku, posiada wszystkie szanse niedogadania się do końca życia. Francuz podziwia go za to wszystko, co p o w i e d z i a ł — my skłonni jesteśmy do położenia nacisku na tym wszystkim, czego on nie powiedział, a co tak wspaniale wyczuwa się. I dialog o Balzacu przypomina szyny kolejowe, które biegną razem do jednego celu, lecz nigdy nie mogą się spotkać. W ogóle wiele rozmów z Francuzami przypomina mi szyny: zdaje mi się, że mnie zrozumiał, a tu okazuje się, iż on tylko biegnie r ó w n o l e g l e. Są mistrzami chemii nieorganicznej w dziedzinie człowieka. Chemii organicznej nie są w stanie pojąć. Jest to zupełne zamroczenie jasnością — ten irracjonalny racjonalizm.

Pomiędzy jednym łykiem kawy a drugim, ciągnąc mocne cygaro, staram się w naszych rozmowach dostosować do tego. Wzmacniam żarzenie, aby przebić się przez te mroki jasności i trafić do tego najbardziej oddalonego zakątka duszy, jakim jest prawdziwe zrozumienie. Jest to dla mnie doskonałą gimnastyką, tym bardziej że francuski *esprit* to nie tajemnicza szkatułka: otwiera się ją najczęściej nie zaklęciami i czarną magią, lecz jednym pociśnięciem ukrytego guzika. Guzik ten kryje się zawsze w doborze słów, które budzą francuski temperament lub emocjonalność. Do Francuza najłatwiej trafić poprzez temperament — błyskotką. Gdy mówię o Niemcach, opierając się na doskonałej analizie Keyserlinga o embrionalności charakteru niemieckiego, gdy mówię o ich kulcie siły, wypływającym z głębokiego poczucia wewnętrznej słabości i galaretowatości; o nacjonalizmie narodu, który ceni go tak wysoko, dlatego że stosunkowo najłatwiej wynaradawia się i podlega obcym wpływom; o nadkompensacji — nie rozumiemy się. Ale gdy rzuciłem tytuł artykułu o Niemcach Emila Ludwiga, gdy powiedziałem „bandyci i muzycy", szkatułka otworzyła się. Tytuł — błyskotka. Nie mam żadnej trudności w objaśnieniu tezy Ludwiga, że kto t a k przeżywa „Dziewiątą" Beethovena wieczorem, temu na rano nie pozostaje wiele z tego, co określa się mianem „szlachetne uczucia". Rano pozostaje bandyta — wolny, niczym nieskrępowany opryszek. *Vous comprenez, la Neuvième Symphonie constitue le dérivatif pour tous les instincts nobles et généreux — reste le bandit et l'assassin*[1].

Wstajemy. Rozchodząc się, słyszę, jak Robert mówi jeszcze do siebie ze śmiechem: *Bandits et musiciens*[2]. Trafiłem na ukryty guzik. Trzy słowa i kontakt osobisty. Gdy mówiłem mu o nich trzy lata temu, nie chciał wierzyć.

Po południu chodzimy nad rzekę kąpać się. Uczę pływać małego Michela. Najstarszy Jacques wykazuje już symptomy „czystego intelektu" — boi się wody i wysiłku fizycznego. Grozi mu wyrośnięcie na jedną z wielu orchidei umysłowych. Żal mi chłopca. Jakże wdzięczny jestem ojcu, że choć nieraz brutalnie, ale uformował mi ciało na obraz i podobieństwo ludzkie. Dziś równie dobrze i łatwo pływam, jak myślę. Myślę całym sobą. Nie mogę natomiast znieść i brzydzę się czystych intelektów. Bywają tak często nieludzkie. Są twarde jak głaz lub oślizgłe jak gad. Skaczę z mostu i płynę obok Basi. Jest nam wesoło — rozmawiamy spojrzeniami i uśmiechem.

7.8.1943

Pojutrze jedziemy dalej. Wielka włóczęga po cichych drogach, po cichych miasteczkach. Bez zegarka, bez czasu...

Wieczorem. Pochmurno i ciepło. Powoli zapadał mrok. Drzewa, żywopłoty, zamek były płaskie. Wycinanki. Zboża już dawno zżęte i ścierniska stały się popielate. Każde pole i pólko otoczone jest czworobokiem żywopłotu, z którego wyrastają powyginane dziwacznie, poskręcane i co rok amputowane na opał dzikie grusze i jabłonie. W oksydowanym mroku wyglądają jak postacie. Usiedliśmy przy drodze. Była taka cisza, że lecący chrząszcz warczał jak silnik samolotu. Opadający liść potrącał gałęzie ze stukiem. Powietrze zamarło i nawet smukłe trawki nie drgały. Mówiliśmy szeptem. Czym bardziej ściemniało się, tym warkot latających chrząszczy stawał się częstszy.

Od czasu do czasu nurknął bezszelestnie nietoperz i zapadał aksamitnym lotem pod czarne korony drzew. A na małym pólku, naprzeciwko, toczył się królik. Toczył się jak jajko. Niżej, wyżej... Stanął i słuchał. Za nim wybiegły z żywopłotów dwa inne. Jadły niewyzbierane kłosy. Po chwili wypadło ich więcej. Coraz to nowe dobiegały i pólko zamieniało się w wielką salę uczty. Podskakiwały, toczyły się i zamierały w bezruchu.

Wierzyłem, że rozmawiały, śmiały się i tańczyły. Patrząc na to, staliśmy się dziećmi. Szukaliśmy wśród królików jeszcze czegoś... Może wróżki, co zaklęła ten zakątek w ciszę, może małych duszków lub krasnoludków w czerwonych czapeczkach...

---

[1] Dziewiąta Symfonia zaspokaja całkowicie ich potrzebę bycia szlachetnym i dobrym — pozostaje bandyta i morderca.

[2] Bandyci i muzycy.

8.8.1943

Niedziela. Rano na mszy w kościele. Doskonałe kazanie. Tutejszy proboszcz, ten grand hiszpański „z domu", posiada tę kulturę, której zazdroszczę im zawsze, gdziekolwiek stykam się z francuskim klerem. Odważne i mocne kazanie, zdecydowanie antytotalitarne. Wspaniały styl, precyzja i umiejętność powiedzenia tylu rzeczy bez nazwania ich po imieniu przygwoździły nie tylko mnie, ale całe audytorium. Czytał najpierw o jakichś widzeniach jakiejś dziewczyny i co jej Matka Boska powiedziała. Było to jeszcze przed wojną. Trzeba przyznać, że te przepowiednie dość się sprawdziły. Ale wiele można było przewidzieć bez Matki Boskiej, a dziś jeszcze więcej. Kompletne zagazowanie świata komunizmem znakomicie ułatwia proroctwa. Ideologie to najnowocześniejsze gazy bez żadnej odtrutki.

Potem słucham radia — walce Straussa. Zastanawiałem się, czy wszelkie wynalazki z dziedziny telekomunikacji naprawdę wzbogacają życie. Pozornie wzbogacają, naprawdę tylko urozmaicają. Czuję to specjalnie tu, odczuwam na tle głębokiego wstrząsu, jakim było to poranne kazanie. Dostrzegam najwyraźniej paradoks naszych czasów: czym bardziej technika ułatwia ludziom kontakty, zbliża kontynenty, zbliża człowieka do człowieka, dając mu coraz to lepsze środki porozumienia się na odległość, tym to porozumienie słabnie, tym bardziej ludzie stają się sobie obcy. Znika z życia kontakt osobisty — jedyny, wzbogacający i zapładniający. Dziś na każdym kroku między człowieka a człowieka wciska się Rzecz, przedmiot. Łączą się kontynenty, obcość wzrasta, człowiek staje się też przedmiotem. Znika osoba, podmiot.

Literatura współczesna zaczyna chronicznie chorować na brak Typu i ucieka się do akcji, w którą rzuca ciągle tych samych ludzi. Konflikty psychiczne współczesnego człowieka zaczynają coraz to bardziej sprowadzać się do konfliktów seksualnych, z którymi nie może on sobie poradzić, nie mając skąd czerpać odpowiedzi na pytania instynktów, ślepych sił. Powieść współczesna, z małymi wyjątkami, staje się męcząca przez swą jednostajność, popada w zapomnienie, nie zostawia śladu. Zjawisko to ukazuje się we wszystkich dziedzinach sztuki, która ma coraz to większą skłonność do „mechanicznego" oddziaływania na człowieka. Literatura, muzyka, malarstwo działają dziś wstrząsami. Przypomina to elektryzację lub zastrzyk kurary. Zamiast przemawiać do tych najszlachetniejszych pokładów w duszy człowieka, starają się one przede wszystkim targać nerwami. Gdy zwiedzam nowoczesne wystawy obrazów, gdy słucham nowoczesnej muzyki, mam zawsze wrażenie, że podlegam uderzeniom prądu. A tu, ze ścian tego domu, ze słów tych ludzi, co pozostały jeszcze osobami, bije jakieś dziwne ciepło. Po południu byłem u mera ostemplować rubrykę *départ* w naszych kartach tożsamości. Mr. C. był znowu niezrównany w swojej płaskości. Należy do tej kategorii ludzi, którzy są na ty ze wszystkim: z całą nauką, polityką, kosmogonią, geografią i solennym tonem wypowiadają wielkie myśli w rodzaju tej, że rzeczą godną uwagi jest fakt, iż wielkie rzeki przepływają u stóp wielkich miast, lub wypowiadają światły sąd z zakresu urbanistyki, twierdząc, że gdyby miasta budowało się na wsi, to powietrze byłoby w nich na pewno zdrowsze. Dziesięć minut rozmowy, zapach bijący od tej kategorii dwunoga i pałogłowca w jednej osobie działa na mnie jak zapach letniej wody z cukrem. Nudzi mnie, coś podchodzi mi do gardła. Uwaga Goncourtów, że ludzie tego pokroju pragną mieć w salonie swój portret w mundurze Gwardii Narodowej — w balonie, jest po prostu genialna.

Mówiliśmy z Mr. C. o wojnie. Jak długo jeszcze potrwa? Stwierdził figlarnie, iż wprawdzie wszystko przemawia za tym, że wojna ta jest wieczna, ale nie przerażajmy się — „nawet wieczność ma swój koniec". Powiedziałem mu, że jest *très spirituel*[1]. Miałem wrażenie, że z nadmiaru zadowolenia zatrze swe krótkie nóżki, schowane pod stołem. W uchylonych drzwiach ukazała się infantka rodu C., wystrojona i ruda dziewczynka. Powiedziałem oczywiście kilka pochlebnych uwag pod adresem tej czerwonej jałówki. Mr. C. wyznał mi „w zaufaniu", że ona jest *très intelligente*[2] i że czyta już *nos classiques*[3]. Nadzwyczajne? I że niedługo będzie się dla niej starał o lekcje łaciny. Jasne? Nie mówiąc o muzyce. Ależ oczywiście. Przypomniałem sobie, że znam już taką jedną — to córka chytrego Roque z „Education sentimentale"[4] Flauberta. Ci ludzie wspaniale ulepszają się w swoich dzieciach.

Ostatni wieczór. Po kolacji siedzieliśmy w pokoju Madame Bazin. Stawiała nam kabałę. Wszyscy śmieją się i — trochę wierzą. Robertowi wypadło wiele trudności na przyszłość. Na jego nowym stanowisku, bardzo zaszczytnym, ale ciężkim, będzie ich miał aż za wiele. Pauline w ostatnich miesiącach ciąży wygląda ślicznie. Należy do tych kobiet, które nie są kobietami, gdy nie spodziewają się dziecka. Będzie to już trzecie wojenne.

Wychodząc na górę do pokoju, patrzę jeszcze raz na starą broń i stare sztychy na ścianach, słucham skrzypu schodów.

10.8.1943

Jesteśmy w oberży „Pod białym koniem". Wszyscy mówią jednak Hôtel de Cheval-Blanc. To lepiej brzmi i dodaje powagi patronom.

Wczoraj rano upakowaliśmy nasze bagaże i odprowadzeni przez Roberta i chłopców do najbliższej wsi, zostaliśmy sami na drodze. Pusta szosa, poranna mgiełka i zupełna cisza. W delikatnych oparach nad polami tańczyły skowronki, uwieszone w powietrzu jak gdyby na cieniutkiej nitce. Słychać szum skrzydeł przelatujących nisko wron, a daleko przed nami przeskoczył przez drogę królik. Są to te chwile, które staram się zawsze uchwycić, w których udaje mi się nieraz przeżyć naprawdę nieuchwytne t e r a z. Czas. Przychodzą na myśl zapomniane „Wyznania" św. Augustyna. Czas to przeszłość, teraźniejszość i przyszłość. Przeszłości już nie ma, minęła — przyszłość jeszcze nie nadeszła, a teraźniejszość, rozpadająca się częściowo w przeszłości i w przyszłości, jest

[1] Bardzo dowcipny.
[2] Bardzo inteligentna.
[3] Naszych klasyków.
[4] „Szkoła uczuć".

nieuchwytna. I właściwie trzy są czasy: teraźniejszość rzeczy przeszłych, teraźniejszych i przyszłych. Jadąc cichą drogą, zatopiony w jakiejś przedziwnej pełności, czuję specjalnie tę wielką fikcję czasu, nieuchwytność teraźniejszości. W człowieku wszystko jest albo przeszłością, albo przyszłością. Teraz przeżywa się poprzez tamte dwa czasy. Bywają jednak momenty, gdy jest tylko to, co jest — chwile tak krótkie, że niedające się wyrazić żadną jednostką, a jednak wspaniałe, bo pełne. Jedynie poczucie zupełnej pełności pozwala na uchwycenie tego teraz. Ale w takich chwilach czas w ogóle znika, nie ma go. I może właśnie ta bezczasowość, to zupełne oderwanie się od matematycznego charakteru czasu wypełnia nas obydwoje czymś zupełnie nieokreślonym, czymś bardzo, bardzo bogatym.

Setki metrów uciekają w tył, wskazówki zegarka suną naprzód, a ja jestem pomimo to w miejscu. Oczy błądzą po ścierniskach, po łąkach, po kępach drzew, gubią się w linii drogi. Wewnątrz jest cisza — wielka i pełna. Czy można powiedzieć, że się „podróżowało", gdy człowiek pokrywa setki kilometrów w kilku godzinach, zatrzymując się — albo i nie — w pewnych punktach? Jestem przekonany, że przejechawszy z Angers do Le Mans na rowerze, będę miał więcej praw i podstaw do twierdzenia, iż odbyłem prawdziwą podróż, aniżeli osobnik przebywający przestrzeń Paryż-Sajgon w trzy dni. Kto z nas dwóch więcej przeżyje? Moja podróż pozwala mi na przeżycie, zbliżając wolno do celu. Cel zaciera się, nie stanowi rzeczy samej w sobie, przestrzeń staje się nie wrogiem, lecz przyjacielem, z którym rozmowa wzbogaca, rozbudowuje. Jest to jak z zagadkami na pierwszej stronie i z odpowiedziami na ostatniej. Przeskoczyć z Paryża do Sajgonu to spojrzeć na zagadkę i, nie zadając sobie trudu, przeczytać rozwiązanie. To przejście od pytania do gotowej odpowiedzi. System ten nie wzbogaca, nie rozwija, nie zmusza do myślenia. Człowiek staje się wówczas istotą najbardziej podobną do pchły, jak mówi Keyserling; żadna pchła nie skakałaby beztrosko, bez pomyłki co do punktu, w jakim ma wylądować, gdyby skacząc, musiała się jeszcze poświęcać kulturze swojego życia wewnętrznego. To, co tworzy jedyność człowieka, to właśnie jego otwartość na świat („Das weltoffenes Tier" M. Schelera). Ale jak można utrzymać swą otwartość na świat, jeżeli nie jest się w stanie zauważyć nic innego, jak tylko to, co możliwe jest do zobaczenia przy szybkości 500 km na godzinę? Człowiek zamyka się, staje się pchłą.

Ten świat tutaj, te mijane wolno fermy z gnojówkami przy drodze, wielkie, dwukołowe wozy, wszystko jest ciepłe. W Sablé pełno letników. Paryż przeniósł się tu na dwa miesiące. Stroje swobodne i eleganckie, jak na Riwierze. Wszyscy ci ludzie siedzą tutaj i nudzą się tylko po to, żeby jeść. Jedzenie jest jedyną rozrywką w tym prowincjonalnym miasteczku, posiadającym — o zgrozo — tylko jedno kino. Mnóstwo nowobogackich. Tych odróżnia się od razu. Oni nie są ubrani — są p r z e b r a n i. Jemy obiad. Popołudnie jest parne i duszne. Potem dalej. Po kilku godzinach wjeżdżamy do Joué. Kościół, plac, droga i dwa rzędy domów po bokach. Zatrzymujemy się pod oberżą. Jeden dzień włóczęgi „zdemoralizował" nas zupełnie. Wszedłszy do domu, czujemy się skrępowani. Pokoik jest malutki i ciasny, z widokiem na plac przed kościołem.

Przed kolacją myjemy się w tym głębokim talerzu, zwanym tutaj *cuvette*, i schodzimy na dół. Oprócz Loli i Janki siedzą z nami patroni, jakiś młodzieniec i małżeństwo dentystów z Paryża z histeryczną pięcioletnią dziewczynką. Po sali jadalnej w Chambellay, po tym języku czystym i ładnym, jak ładnym może być tylko prawdziwy francuski w ustach ludzi umiejących się nim posługiwać, tutaj poczuliśmy różnicę. To okropne, do jakiego stopnia ogół Francuzów mówi źle po francusku. W każdym razie dentyści u nas t a k nie mówili. Za to jedzenie jak z bajki. Pasztet, pomidory w śmietanie, sałata, ciasto i czarna kawa. Ledwo dycham.

11.8.1943

Powoli aklimatyzujemy się. Byłem u mera ostemplować „przybycie". Tutejszy mer ma sklep uniwersalny. Coś w rodzaju Galeries Lafayette w miasteczku liczącym 700 mieszkańców. Wszelkie sprawy administracyjne chodzi się załatwiać do sklepu. Mer jest stary i sympatyczny. Na co dzień pokazuje ludziom twarz o dobrotliwo-głupawym wyrazie. Ale od święta potrafi nadać jej wygląd zupełnie inny i przegląda z niej wówczas głęboka inteligencja człowieka prostego, uszlachetnionego czasem.

Po wpisaniu daty w rubryce „przybycie" wyjął z kieszeni starannie owiniętą pieczątkę i przystawił ją na swoim podpisie. Z rozczuleniem zauważyłem, że jest to jeszcze stara pieczątka z Republiką, z tą siedzącą Marianne, opartą ręką o coś i mającą coś wokół głowy. Na moją uwagę, że tak miło spojrzeć na ten tradycyjny symbol, zastąpiony dziś przez „Francisque" Pétaina, to znaczy obosieczny topór w pęku rózg, oczywiście liktorskich (to takie młode, silne, żywe, jak obóz koncentracyjny, bojówki i milicja) — stary mer uśmiechnął się chytrze i wyznał półgłosem: „Dlatego noszę ją zawsze przy sobie, żeby mi jej nie zabrano. Ja pieczątki nie zmienię — *je suis républicain, Monsieur*"[1]. Wobec tych ludzi nie pomogą Bekanntmachungi, nakazy, ustawy i nowe totalne hasła. Republika, z jej swobodą jednostki i poszanowaniem praw człowieka, wchodzi w skład chemiczny krwi tych starych obywateli. Deklaracja praw człowieka i obywatela, wolność i republika są uchwytne, materialne, jak banknot, wino i chleb. Ale dziś, gdy niemiecki renesans III Rzeszy, głoszony przez Vichy, wślizguje się coraz to głębiej w organizm Francji i odmładza go donosami, więzieniem, karami i obozami, coraz mniej tych ludzi pozostaje na stanowiskach. Na ich miejsce przychodzą mali zdrajcy z nowymi pieczątkami. To obosieczne — jak ów topór...

Ale nie tylko mer — prawie cała ludność jest tu przeciw. To stąd pochodzi ten sławny już dziś w całej Francji j e d y n y obywatel, który odmówił przyjęcia kartek żywnościowych. Powiedział, że ani jego dziadek, ani ojciec nie używali czegoś „takiego" (*de ça*) i wobec tego on też dziękuje za „to" (*pour ça*). Ziemia, jaką posiada i uprawia, wyżywi go bez „tego" (*sans ça*). I tu także jest

[1] Jestem republikaninem, mój panie.

pewien stary, samotny chłop, co powiedział, że dla Niemców ziemi uprawiać nie będzie, wyniósł się z domu i żyje z pracy u drugich, naprawiając buty, piece, uprząż. Ziemię oddano pod zarząd państwa, a stary chodzi i śmieje się. Ci ludzie tchną czymś innym, ożywczym, bo potrafili zostać sobą. Oparli się tym wszystkim zarządzeniom, które nas mają lepiej zorrrganizować, uodporrrnić, zaharrrtować, spoić, odmłodzić, zaprowadzić nowy ład i uszczęśliwić teraz i w godzinę śmierci naszej — Amen. Psiakrew!

Są chwile, w których ogarnia mnie skrajny anarchizm — anarchizm, o jakim nie śniło się nawet tym, co na transparentach obnoszą napis „Śmierć wszystkim".

Anarchizm posunięty do histerii, niemal do szaleństwa. Byłbym zdolny mordować z wyrafinowaniem. Rozumiem dziś, dlaczego bezrobotny kuchcik z taką zimną krwią ucinał kieszonkowym nożem głowę komendantowi Bastylii, De Launay. On nie ucinał głowy człowiekowi, lecz Bastylii, s y s t e m o w i. Okrucieństwa rewolucji były okrucieństwami popełnianymi na systemie, na ludziach, którzy byli jego uosobieniem. Mordowano i znęcano się na systemie p o p r z e z ludzi. Ludzie ci nie liczyli się, nie było dla nich litości, bo mordowano *en passant* — patrząc w dal, słuchając nie jęków ofiar, lecz skrzypu wiązań systemu. Tam, gdzie nie morduje się ludzi, lecz c o ś poprzez nich, nie może być mowy o litości. Człowiek staje się ślepy, głuchy, nieczuły — staje się tak przedmiotowy i suchy jak s y s t e m i o r g a n i z a c j a, którą obala w danej chwili. I dlatego ten pierwszy odruch, dziki, potworny w swoich następstwach, jest w gruncie rzeczy niewinny. To nie jest zbrodnią. Zbrodnia zaczyna się tam, gdzie mordowanie i gwałt stają się s y s t e m e m i o r g a n i z a c j ą, gdzie stają się planowe. Rewolucje nie są okrutne tam, gdzie wchodzą w grę instynkty nieskoordynowane i w gruncie rzeczy zdrowe, instynkty masy, która „ma dość". Bezrobotny kuchcik ucinający tępym scyzorykiem głowę De Launaya nie był zbrodniarzem — on miał dość i inni mieli dość. Mużyk rosyjski rozpruwający brzuch magnata nad Wołgą miał po prostu dość. Nie oni byli zbrodniarzami. Tych Bóg na Sądzie Ostatecznym nie postawi na lewicy i znajdą oni miejsce wśród sprawiedliwych, choć ręce ociekać im będą krwią niewinnych. Ale Marat, Robespierre, Dzierżyński, Stalin, Hitler i Himmler, choć może żaden z nich nie zabił człowieka osobiście, są najpotworniejszymi zbrodniarzami. Bo ze ślepego morderstwa zrobili system, bo z wielkiego i ożywczego płomienia zrobili „wolny ogień", bo utrwalili odruch, bo skalali świętą zbrodnię. Największą zbrodnią jest skalać zbrodnię. Są wyjątki, wielkie i szlachetne, z których nie wolno robić reguły. Do nich należy zbrodnia.

D z i ś, dopiero d z i ś rozumiem krwiożerczość ludzi „mających dość", rozumiem n a p r a w d ę tego kuchcika spod Bastylii i — zazdroszczę mu. Zazdroszczę mu i rozumiem go w tych chwilach, gdy będąc zmuszony do napisania listu i nie znalazłszy w sklepie u mera białego papieru, tylko liniowany — wyrwałem z tego zeszytu kilka kartek i piszę na nich listy. Bo rozhisteryzowany anarchizm, może głupi, ale silniejszy ode mnie, uważa pisanie na linii za ograniczenie indywidualności — osoby. Rozumiem go, gdy chodząc w Paryżu po merostwach, widzę rosnące z każdym tygodniem i miesiącem góry kartotek, adnotacji, informacji, kwestionariuszy tajnych i jawnych. Gdy każdy z nas figuruje nie jako osoba, lecz jako numer, i gdy traktuje się nas jak tekturkę z kartoteki, o ileż ważniejszą od osoby, ode mnie, od tego wielkiego w y j ą t k u, jakim jestem w naturze, będąc c z ł o w i e k i e m. Gdy towarzyszę robotnikom skazanym na deportację na komisjach lekarskich, na których bada się na oko, pędząc ludzi jak bydło do rzeźni. Gdy myślę o milionach ludzi za drutami, w celach, i gdy boję się d o m y ś l a ć — rozumiem kuchcika spod Bastylii i rozumiem, do jakiego stopnia może zafascynować człowieka dotknięcie w kieszeni — pudełka zapałek i tępego noża.

Tutaj odpoczywam. Śniadanie w pokoju, z ubraniem nie ma kłopotu. Koszulka, lniane spodnie i pantofle na sznurkowej podeszwie. Wychodzimy w pola, biorąc z sobą książkę po to, aby jej w ogóle nie czytać. Okolica pagórkowata. Między pagórkami wąskie polne drogi. Wielkie łąki otoczone żywopłotami. Pasą się krowy i owce.

12.8.1943

Nasz stół wzbogacił się o jedną osobę, będącą jego ozdobą. Comte de R., chory do wczoraj na *maladie de vacances*[1], czyli na niestrawność, zjawił się dziś po raz pierwszy za naszej bytności. Znaliśmy go już z opowiadań współbiesiadników. Od pierwszej chwili poczułem do niego sympatię, a przy deserze porozumieliśmy się całkowicie. Nie ma chyba nic przyjemniejszego jak nawiązanie kontaktu w rozmowie wznoszącej się krótkimi spiralami szybko w górę. Comte de R., wysoki i przystojny, w wieku ponad 40 lat, jest tym typowym okazem arystokracji francuskiej, który jeżeli nie jest głęboki, to w każdym razie bywa ciekawy i czarujący. W typach tego rodzaju czuje się wspaniałą technikę, wyrobienie i swobodę. Absolutna lekkość poruszania się wszędzie, w każdej roli. Doskonała umiejętność tego, co można by określić szkicowaniem — umiejętność nie do podrobienia. Subtelny dowcip i naturalność. Przemiły brak „serio" — tego „serio" ludzi, co przeżywają życie od A do Z i będąc nawet przy końcu alfabetu, nie mogą zapomnieć o jego początku.

Comte de R. zaczął życie od P — stąd kryształowe wyobrażenia, brak poczucia rzeczywistości w nizinach i dziecinna naiwność sądu o dołach. Comte de R. jest demokratą i chłopomanem. Jego demokratyzm i chłopomaństwo są tak idealne i absolutne, jego opinia o doskonałości i zaletach ludu tak wygórowana, jak może się to zdarzyć właśnie tylko u arystokraty, młodzieńca 20-letniego (i to nie w naszej epoce) lub u intelektualnie abstrakcyjnego idealisty. Lecz ten idealizm, przejawiający się przeważnie w formach suchych, bezlitosnych, idealizm Robespierre'a, objawia się u niego w formie pełnej serca i sentymentu, jest pełen uśmiechu. Jego pojęcia o uszlachetniającym wpływie natury przepojone są w prostej linii ideologią J.-J. Rousseau, a jedyną do przyjęcia socjologią jest socjologia Ch. Fouriera z jego falansterami. Jest on potomkiem tego

[1] Wakacyjną chorobę.

odłamu arystokracji francuskiej, która wywołała rewolucję i będąc w obliczu gilotyny, uśmiechała się, wierząc jeszcze ciągle w *bonté innée du peuple*[1]. Toteż sądy jego pomimo całej skrajności nie są wyzywające i nie prowokują. Można traktować je tak samo jak zamiłowanie do zbierania znaczków pocztowych. Jest to nieszkodliwa mania i czuje się z góry, że człowiek ten, mając możność wprowadzenia w czyn swych idei na wielką skalę, nie byłby do tego, dzięki Bogu, zdolny. Wrodzona i wielka kultura byłaby tu naturalnym hamulcem. Widząc ludzi tego rodzaju, rozumie się, dlaczego faszyzm odbezpiecza pistolet na słowo „kultura", dlaczego oni i komuniści tępią wszystkich tych, co zdradzają prawdziwe ślady kultury. Bo te ideologie wiedzą, iż człowiek tego rodzaju jest im niepotrzebny. Będąc niezdolnym do krańcowości, do zdecydowanej akcji, posuniętej do ostateczności, wymyka się każdemu totalizmowi, czarnemu, brunatnemu czy czerwonemu, i z a r a ż a innych.

Kultura to równowaga w pojęciu Francuza. Comte de R. pomimo swego furieryzmu i przekonań o dobroci ludu — jest zrównoważony. Jego chłopomaństwo i demokratyzm są jednak manią, potępioną i wyzyskiwaną przez jego rodzinę, która uważa go za niespełna rozumu i stara się za pomocą tego chwytu usunąć go od spadku. Spadkiem jest okoliczny *château — cum boris et lasis*. Comte de R. mieszka teraz w Joué pod bokiem tegoż zamku, aby z bliska móc krzyżować plany swego brata, pragnącego odziedziczyć zamek w całości dla siebie. *Château* stoi opieczętowany, dochody z dzierżaw wpływają do notariusza, nikt nic z tego nie ma i postępowanie spadkowe trwa. Comte de R. jako były wojskowy, attache ambasady francuskiej w Wiedniu i w Londynie, żyje teraz ze skromnej emerytury. Brat jego, bogaty przemysłowiec, ma czas i przeciąga postępowanie spadkowe, aby wymusić na demokracie zrzeczenie się praw. Widząc takich ludzi, przypomina mi się od razu ta wspaniała w swojej trafności uwaga de Rivarola: „Są ludzie, którzy z całej swojej fortuny nie mają nic innego jak tylko obawę, aby jej nie stracić". Comte de R. i jego brat nie mają obecnie naprawdę nic innego. Co gorsze, że inni w ogóle nic z tego nie mają... Te historie spadkowe we Francji bywają zupełnie średniowieczne.

Jedząc świetny biszkopt z kremem, mówimy o obecnej rzeczywistości, skaczemy z tematu na temat. Człowiek? Jeżeli dziś człowiek przedstawia tak znikomą wartość, to w pierwszym rzędzie dlatego, iż zapomniał o własnej wartości, że sam siebie w dziedzinie ducha szacuje za tanio i że zatracił poczucie swojej wyjątkowości, kimkolwiek by nie był. Nastąpiła wewnętrzna dewaluacja i deprecjacja człowieka w człowieku. Tylko to mogło doprowadzić do tego, co jeszcze pięćdziesiąt lat temu wydawało się wykluczone.

W szybkiej wymianie myśli, często półtonami, wytyczamy położenie, określamy pozycję, w jakiej znaleźliśmy się. Nauczono nas brać wszystko dosłownie, oduczono myślenia „z tolerancją". Nauczono nas przywiązywać znaczenie do słów, a nie do s e n s u. Oduczono poszukiwania sensu, myląc słowami ślady rozsądnych poszukiwań. Cały dziewiętnasty wiek nie robił nic innego, jak tylko

[1] Wrodzoną dobroć ludu.

uczył ludzi przywiązywania znaczenia do słów, wypowiadanych przez wielkie umysły z większym lub mniejszym poczuciem odpowiedzialności. Zabrnęliśmy w ciemny scholastycyzm, który doprowadził do największego być może paradoksu naszych czasów: pokolenie wychowane w kulcie rzeczywistości zatraciło zupełnie jej poczucie. Człowiek dzisiejszy jest w większości wypadków barografem. Jak barograf notuje zmiany ciśnienia, nie wiedząc i nie rozumiejąc sensu zjawisk, których jest wykładnikiem, tak człowiek notuje tę rzeczywistość, nie zdając sobie głębiej sprawy z tego, co się dzieje. Notuje się rzeczywistość w postaci strachu, cierpienia, beznadziejności, chwilowego odprężenia, przypływu nadziei. Ale krzywa tych zmian to tylko rezultat, to nie rzeczywistość, nie jej istota i sens.

Vous savez, Sainte-Beuve powiedział gdzieś: *Il faut subir son temps, pour agir sur lui*. Trzeba znieść (jak ból, jak mękę) swą epokę, by na nią oddziaływać. Ale nie we śnie, nie w narkozie. Są operacje, których nie wolno robić ze znieczuleniem, nawet miejscowym. Naszej epoki nie wolno operować, usypiając się optymizmem i idealizmem — w y j ą t k o w o ś c i ą. Bo coraz bardziej zaczyna chodzić nie tylko o prawa człowieka, ale o człowieka w ogóle.

Jesteśmy sami. Na ścianie tyka zegar, z kuchni dochodzi szczęk zmywanych naczyń. Są rozmowy, które pomimo czarnych konkluzji, do jakich dochodzi się, wzmacniają. Są ludzie w tych czasach i będą w tych, co nadejdą, którym może uda się uratować resztki tego, co do tak niedawna było bezsprzecznie największą zdobyczą ludzkości: wolność inteligencji, niezależność intelektu.

Na ścianie tyka zegar. „Umysły przebudziły się — tak dobrze jest żyć" pisał cztery wieki temu Ulrich von Hutten. Czy czujesz zapach tych słów? Jest w nich wszystko.

13.8.1943

Ciekawa książka o wpływie pisma i języka chińskiego na myśl chińską. I właściwie okazuje się, że język i gramatyka chińska jest o wiele logiczniejsza od gramatyki cywilizacji zachodnich. Dorzucenie końcówek liczby mnogiej i końcówek żeńskich jest nielogiczne. Na przykład *trois femmes fardées*[1]. Jeżeli wymienia się liczbę „trzy", to końcówka „s" jest zbyteczną, bo wiemy, że chodzi o trzy kobiety, a nie o jedną. A skoro chodzi o kobiety, to dodanie końcówki żeńskiej „e" — tego drugiego „e" — jest niepotrzebne, bo przecież wiemy, że to nie mowa o mężczyznach. Mówiąc „trzy kobieta umalowana", wiemy wszystko i zasadniczo nie zniekształcamy sensu. Słowo i jego pojęcie, to, co ma ono oddać, robi się bardziej stałe. Wynikają z tego dalsze konsekwencje, z których zasadniczą częścią jest to, iż języki zachodnie, wskutek swej plastyczności, wskutek możności przekręcania i — co gorsze — podstawiania pewnych słów pod myśli nieidące z nimi w parze, są bardziej abstrakcyjne i mniej podat-

[1] Trzy umalowane kobiety.

ne do wyrażania ścisłego myśli. Przy wyrażaniu myśli jakimkolwiek językiem zachodnim istnieje po prostu olbrzymie niebezpieczeństwo przejścia obok myśli, szczególniej w dziedzinie abstrakcji, bo każde słowo ma u nas wielkie marginesy z obu stron. Toteż nic dziwnego, że w dziedzinie myślenia abstrakcyjnego i myśli abstrakcyjnych istnieje u nas prawie nieskończona ilość interpretacji możliwych do przeprowadzenia na tym samym tekście pisanym. Wiadomo, że Biblię lub Ewangelię, nie mówiąc o Apokalipsie, Marksie, Engelsie, Heglu i Leninie, można interpretować na 1001 sposobów, że pewne wielkie idee ulegają zupełnemu zniekształceniu już na płaszczyźnie interpretacji, a cóż dopiero przy wprowadzaniu ich w czyn. W konsekwencji prowadzi to do krwawych nieporozumień. Na drugim miejscu przyczyn śmiertelności na ziemi znajdują się u nas na pewno ofiary „fałszywych" interpretacji wielkich idei. Języki zachodnie okazują się właściwie za ubogie, gdy chodzi o wyrażenie pojęć rodzących się w wyższych regionach ducha i rozumu. Toteż właściwie całą myśl zachodnią wraz z jej religiami cechuje w gruncie rzeczy potworna mglistość, szczególniej gdy przekracza ona pewien poziom. Ta mglistość prowadzi do wielorakich interpretacji, oczywiście „jedynych i prawdziwych", w imię których wyznawcy tej samej wielkiej idei rzucają się na siebie, jak w tej chwili Niemcy i Rosja, dzieci tej samej filozofii niemieckiej z początków XIX wieku. Nie ma w niej żadnej doktryny o osobie, bo przecież cała doktryna Fichtego o „Ja" nie ma w sobie nic z osoby, a staje się wręcz zabójcza w hegeliańskiej doktrynie Państwa. Dwie doktryny bezosobowe, dwie doktryny Państwa wyrastające z tego samego korzenia zwarły się w najbardziej zaciekłej walce. Jeżeli zauważy się, że na Zachodzie większość najbardziej krwawych konfliktów jest wynikiem nie starcia się idei z inną ideą, lecz wynikiem walki jednej interpretacji z inną interpretacją tej samej Myśli, która powinna by nas zjednoczyć, zaczynam się zastanawiać, czy nasz okrzyczany materializm nie jest też złą interpretacją pewnych idei, a raczej najwygodniejszą i najłatwiejszą. A może właśnie ten materializm jest przyczyną krwawej abstrakcyjności? Bo chcemy koniecznie uczynić uchwytnym to, co powinno z natury pozostać na właściwym miejscu. Interpretując Ewangelię, wydaje się nam, że czyniąc ją bardziej uchwytną, zbliżamy się tym lepiej do Chrystusa. Tymczasem nie jestem pewny, czy właśnie wtedy nie oddalamy się najbardziej od Boga. Interpretacja „Nadczłowieka" Nietzschego doprowadziła do stworzenia „Podczłowieka", a interpretacja na wskroś materialistycznej doktryny Marksa spowodowała zabrnięcie w zupełną abstrakcję obudowaną dogmatami, która wyznawcom jej uniemożliwia dostrzeganie rzeczywistości. Zakrawa to po prostu na jakiś szatański dowcip wyrządzony przez materię. Coraz częściej zastanawiam się, czy właśnie ta abstrakcyjność, to znaczy absolutne pragnienie zmaterializowania pojęć i myśli niemożliwych naprawdę do zmaterializowania, nie jest główną przyczyną naszych straszliwych nieporozumień i czy w tym wypadku nie jesteśmy wyznawcami jakiejś oszalałej religii, stokroć bardziej abstrakcyjnej i ezoterycznej od wszystkiego, co w tej dziedzinie wytworzył Wschód. Wschód nigdy nie porywał się na materializację ducha. Może objawia w tym więcej realizmu od nas?

Ideogramy chińskie, to znaczy słowa wyrażające ściśle to, na co u nas często brak słów, zmniejszają możliwość nieporozumień ideowych i — rękoczynów. Chińczycy, materializując w słowach to, co my różnie interpretując i nie mogąc dogadać się, jesteśmy skłonni „dawać do zrozumienia" w sposób czysto zewnętrzny i bolesny, poruszają się swobodniej w pewnych regionach myśli i unikają dzięki temu konfliktów lub też ograniczają je do walki w sferach ściśle im przepisanych. Oczywiście ten ścisły, wyłączny i jedyny sens słów wprowadza do myśli „granicę" i stąd to, co jesteśmy przyzwyczajeni nazywać „chińszczyzną". Ten język, ścisły i precyzyjny, zrodził równowagę myśli chińskiej i „skamienienie" — pojęcie dość względne i słuszne jedynie na tle naszej zachodniej aktywności i apoteozy działania. Jedno jest pewne, a mianowicie że po chińsku łatwiej wyrazić SENS, a to oznacza już bardzo wiele i oszczędza wielu nieporozumień. Brak tej ścisłości słów odczuwa się szczególniej dzisiaj, gdy pewne słowa i pojęcia z nimi związane stały się tak płynne, iż te same zdania można wypowiadać przy dwóch różnych okazjach i to niezależnie od stanowiska myślowego, jakie się zajmuje. Zachód ilustruje dziś może najlepiej przypowieść o wieży Babel. Właściwie prześcignął ją — w obrębie tego samego języka dzieją się cuda. Ten sam komunikat czy komentarz, wypowiadany niemal tymi samymi słowami w Londynie i w Moskwie, jest i oznacza zupełnie coś innego. Użycie pewnych słów, jak „Wolność", „Prawo", „Demokracja", „Osoba" stało się już niemożliwe bez kilometrowego komentarza, bez określenia stanowiska myślowego, przynależności doktrynalnej, religii, pochodzenia, dziadka, ojca, mamy, zamiłowań osobistych, marki pasty do zębów, której się używa, najczęstszych snów i numeru bucików. Bez tego komentarza każde z tych pojęć może być i oznaczać tysiące różnych rzeczy, miliony wolności i miliardy praw.

Szukam wody. W tych małych rzeczkach wijących się pomiędzy pagórkami nie można pływać. Patron oberży pokazał mi na mapie jakieś małe jeziorko o 5 km stąd. Pod wieczór pojechałem tam. Po półgodzinnym szukaniu wpadłem nagle jakby w inny świat. Leśna dróżka rozszerzyła się w kotlinkę, a rosnące po obu stronach wielkie buki zakryły niebo. Dni teraz już coraz krótsze — tu panowała niemal noc. Po chwili zaczernił się przede mną stary i rozwalony młyn, drzemiący u stóp wysokiego nasypu przecinającego kotlinkę w poprzek. Z nasypu wylewał się wąski strumień wody i, gubiąc się w ruinach młyna, wypływał spokojnie i cicho spod rozwalonych murów. Wyszedłem na nasyp. Zamknięte z obu stron zalesionymi wzgórzami i oparte o nasyp spało ciche jeziorko. Niebo było popielate, zapadał zmrok i panował wilgotny upał. Temperatura i zapach cieplarni. W tej ciszy zupełnej, absolutnej, w tym zagubieniu, wśród bujnej i mięsistej zieloności wydało mi się, że cofnąłem się nagle o kilka milionów lat, w epokę dinozaurów i innych potworów mezozoicznych. Wrażenie to było tak silne, że przez chwilę myślałem o jakichś dziwnych rybach, które m u s z ą tu być, a których nie ma gdzie indziej.

Z prawej strony rozciągała się mała kamienista plaża. Kamienie były tu czerwonawe, a wśród nich pełno czarnych i suchych poduszeczek o długich kolcach. Jakaś dziwna roślina wodna wyrzucona na brzeg. Woda miała odcień różowy. Na środku jeziorka coś plusnęło, a z drugiego końca, pokrytego zupełnie liśćmi nenufarów, dochodziły tajemnicze mlaskania. I znowu na środku ryba zawadziła o powierzchnię wody i przecięła ją bezszelestnie jak nożem. Z dna wypływały bańki gazu i pękały na powierzchni. Stałem na brzegu, zapatrzony i zasłuchany. Wszystko było tu nie z tego świata. Pierwszy raz we Francji nie czułem się jak w ogrodzie. Pomimo dziwnej obawy i dreszczu wstrętu coś ciągnęło mnie ku tej wodzie. Zdjąłem szorty i koszulkę. Stałem nago i drżąc, walczyłem z obrzydzeniem. Dotknięcie ręką jakiejś pływającej łodygi wstrząsnęło mną tak, jakbym dotknął węża. Uczułem grubą fałdę dreszczy na kręgosłupie. Woda była letnia, wygrzana. Ochlapałem się, zmacałem, czy coś nie sterczy z dna, i jak torpeda poszedłem crawlem na sam środek.

Po kilkunastu sekundach czułem się już „swojo". Opłynąłem całe jeziorko wokoło. Czasem tylko, gdy zawadziłem nogą o dolną warstwę wody, lodowato zimnej, rzucałem się niespokojnie. Czułem się znowu nie na tym świecie. Woda, noc, jakiś tajemniczy czar, milczące drzewa, ciemne chmury i duszne powietrze weszły we mnie do tego stopnia, że poczułem się stworzeniem, cząstką tej mrocznej natury. I jak wtedy, gdy pociągnięty na morze przez łódź rybacką, odczepiłem się o parę kilometrów od brzegu i wracałem sam w noc księżycową, płynąc dwie godziny, tak i tu odczułem znowu tę pierwotną siłę życia: bulgotanie i pulsowanie krwi, cudowną pracę mięśni i każde uderzenie serca. Każda część mego ciała nie była częścią, była całym mną. Położyłem się na wodzie i widziałem tylko ciemne chmury, sunące po niebie wolno, potoczyście. Piłem do dna tę niesamowitą rozkosz życia. Kiedyż kocha się Boga bardziej, jeżeli nie w tych momentach, gdy człowiek czuje się „tak" jego dziełem? Tym tworem natury najbardziej udanym, którego ewolucja jest bez granic, który ma jeszcze tyle przed sobą, by stać się Człowiekiem. W tych krótkich chwilach modlę się nie myślą, nie słowami, lecz całym sobą. Czuję życie.

Wróciłem na brzeg, otrząsnąłem się jak pies i ubrałem się. Jadąc leśnymi i polnymi ścieżkami, wróciłem do domu. Cały wieczór rozmawialiśmy z Basią o „Dysku olimpijskim" Parandowskiego. Jego humanizm ssałem niemal od dziecka. I może dlatego będę w tych czasach trochę nieszczęśliwy...

15.8.1943

Po obiedzie siadamy na rowery, jedziemy nad jeziorko i siedzimy nad nim do wieczora. Jest prześliczne. Codziennie odkrywamy coś nowego: jakąś dziwną roślinę wodną, wielkie paprocie lub złoże jeżyn, którymi objadamy się po wyjściu z wody. Najczęściej jesteśmy sami, czasem tylko jakiś staruszek kosi ostrą trawę nad brzegiem na podściółkę dla bydła. Gdy słońce przetoczy się ku zachodowi, połowa jeziorka pogrąża się w cieniu. Na liściach nenufarów siedzą żaby srebrnozielone i skrzeczą lub mlaskają w martwej ciszy upalnego popołudnia. Niebo jest bladoniebieskie, a woda spokojna i gładka jest jak błękitne lustro, na które chuchnęło się lekko. Delikatna mgiełka odbiera wyrazistość kolorom. Pływamy razem, opływamy wokoło całe jeziorko i suszymy się, siedząc na wielkim różowym kamieniu. Basia siada pod parasolką. Kupiliśmy ją w okolicznym miasteczku w małym sklepiku za 14 franków. Zdziwieni tak niską ceną, dowiedzieliśmy się, że parasolki te są na składzie od 1912 roku. Starsza madame pokazała nam nawet fakturę. Kosztowała wtedy 3 franki.

Godziny są długie i idą spokojnie ze słońcem — tak, jak być powinno. Dziś niedziela. Ale nie poszliśmy do kościoła. Proboszczem jest tu ksiądz z pochodzenia Irlandczyk. Nazywa się Cunningham. Nienawiść Irlandczyka do Anglii pozostała w nim wraz z kilkoma szczątkami kropli krwi tych opozycjonistów z natury. Anglicy twierdzą, że pierwszym słowem Irlandczyka, z którym przychodzi on już na świat, jest „nie". Tutejszy ksiądz uważa więc, że skoro w przeciwnym obozie jest Anglia, to sam ten fakt dyskredytuje go do tego stopnia, iż trzeba darzyć sympatią Niemców. Wygłasza wobec tego skrycie proniemieckie kazania, a jeżeli nie proniemieckie, to w każdym razie antyanglo-amerykańskie. Mer w ogóle mu się nie kłania i naopowiadał mi na ucho, że *il pourrait être plutôt un sultan qu'un prêtre*...[1]. Poza tym kościelny dzwoni w ten sposób, że dostaje się gęsiej skórki i ma się ochotę zgrzytać zębami. Dzwony kościelne to przecież też instrument.

Do naszej wyprawy nad jezioro przyłączył się dzisiaj Comte de R. Pożyczył rower i pojechaliśmy razem. Wspaniały człowiek. Całe dzisiejsze popołudnie upłynęło pod znakiem jego dowcipu. My kąpaliśmy się, a on chodził po brzegu i opowiadał nam o tutejszej okolicy, którą zna od dziecka. Oglądaliśmy tę dziwną poduszeczkowatą roślinę. Podobno w pewnych okolicach to jedzą. Comte de R. przeciął scyzorykiem jedną z tych poduszeczek i zrobił nam „naukowy" wykład. Była to jedna wielka i wspaniała kpina z profesorskości — głupiej i napuszonej, jaką niestety często spotyka się wśród ludzi nauki. Wspaniale podchwycił ten ton, przedmiotowość suchą i niepodlegającą dyskusji tych ludzi, u których nauka zabiła mądrość, serce i poczucie humoru. Siadłem na ziemi i wiłem się ze śmiechu. Przypominały mi się niektóre marionetkowe figury moich profesorów, którzy tym tonem zastrzykiwali młodym duszom kult faktu, człowieka abstrakcji i podciągania wszystkiego pod naukę. Comte de R. szalał. Wydobywał z siebie cały zapas niesamowitych frazesów, kończąc to patriotyczną przemową o znaczeniu hodowli roślin oleistych dla państwa z powołaniem się na marszałka Pétaina. Wyłem i płakałem.

Gdy po kąpieli wyszliśmy na brzeg, Comte de R. stanął na kamieniu i zaczął nam czytać ustęp z „Méditations sud-américaines" Keyserlinga. Miał w sobie coś z pastora. Obwisłe ubranie i słomkowy kapelusz dodawały mu powagi. Głosem donośnym i cudownym akcentem, tym akcentem, który zachowały jedynie resztki naprawdę kulturalnych Francuzów i którego słucha się jak muzyki — czytał: „Gdyby politycy byli ludźmi najuczciwszymi na świecie, nie pomoże to, że polityka jest z n a t u r y gwałtem, uwiedzeniem, zdzierstwem, wyzyskiem, przestępstwem i w najlepszym wypadku potwierdzeniem i zimnoegoistyczną obroną interesów osobistych. «Książę» Machiavela został nie tylko prześcignięty, lecz pozostawiony daleko w tyle przez nowoczesnego męża stanu, który przy byle sposobności mówi bez zająknienia o ideałach i prawie.

[1] Bardziej nadawałby się na sułtana niż na księdza.

Wywiad, kontrwywiad, prowokacja, wyzyskiwanie słabości drugiego, uparty nacisk, godny Shylocka, na traktaty lub hipokryzyjny wysiłek celem obejścia ich, wszystko to należy do rutyny każdej polityki zagranicznej, ukoronowanej powodzeniem. W tym znaczeniu nie znam zawodu bardziej nikczemnego. Najgorszy w tym zawodzie nie jest jego notorycznie kryminalny charakter, objawiający się jedynie przy sposobności, lecz jego pretensja do reprezentowania lub obrony «prawa». Polityka jest z a w s z e niesprawiedliwa, moralnie z a w s z e zła. I dlatego tyle natur zbrodniczych było wielkimi mężami stanu... Jest tu tylko j e d n o rozwiązanie niebędące ani tchórzliwym, ani podejrzanym, ani kłamliwym: uznać, iż polityka jest z rzędu najniższych nizin (*bas-fonds*) w znaczeniu, w jakim funkcje kiszek należą do najniższych nizin. I z a t e m oddać te niskie elementy w służbę tego, co jest wyższe — w stopniu możliwie największym. I to wcale nie w znaczeniu makiawelicznym, w świetle którego zło jest dobrem w miarę jak staje się użytecznym. Ani nie w sensie maksymy jezuickiej: cel uświęca środki. Lecz w tym znaczeniu, że bierze się na siebie tragiczny los, który chce, iż «*bas-fonds*» tworzą z konieczności część człowieka, że nie można ich nigdy ani umoralnić, ani uduchowić. I że jednak nie można zrealizować Dobra na ziemi, jak tylko z pomocą tego Zła, które pozostaje w i e c z n i e Złem".

Siedzieliśmy chwilę w milczeniu. Te słowa, gwałtowne, padające jasno i dobitnie w ciszę upalną — wypowiedziane — ten tekst „zagrany" i wydobyty z liter, jak utwór muzyczny z nut, zrobił na nas wrażenie. Szczególniej na mnie. Poczułem jakieś pokrewieństwo w tej gwałtowności i nieobliczalności tych myśli. Basia, czytając nieraz to, co piszę, powiedziała mi raz: „Staraj się hamować, temperuj się — ty masz naturę pierwszego człowieka Renesansu". Wybuchnąłem śmiechem. Miałbym ją, gdyby jakiś Renesans był na horyzoncie. Tymczasem widzę przed sobą ciemnię, otchłań tępoty ideologicznej nasuwającej się na świat jak jakaś czarna chmura, bezdeń dogmatów i scholastyki, fanatycznej i tępej religii, poczętej gdzie? W Azji. Cóż za upadek.

Mówimy z Comte de R. o tym wszystkim, co streszcza w sobie ten urywek. Ileż w nim jednak prawdy... Dziś widzimy, do czego doprowadziło i do czego jeszcze doprowadzi mówienie przy byle sposobności o ideale i prawie i próby uduchowienia i umoralnienia tego, co z zasady nie może podlegać ani uduchowieniu, ani umoralnieniu. Gdy robię coś złego, nie ukrywam tego nigdy pod pozorami, nie usprawiedliwiam, nie umoralniam i nie uduchawiam. „Wiadome zło łatwiej znieść niż pokryte obłudą". Co doprowadza nas dzisiaj do tych koszmarnych myśli? Co jest przyczyną tych n a j w i ę k s z y c h cierpień? Nie męki fizyczne, nie mordy i prześladowania, lecz to kłamstwo, potworne kłamstwo i obłuda, to uduchowianie i umoralnianie wszystkiego. Niemcom i Rosji można by wszystko przebaczyć, gdyby popełniając to, co popełniają, nie m ó w i ł y. To t e g o nie można im przebaczyć.

17.8.1943

W wolnych chwilach zajmujemy się skupowaniem jedzenia. Zostaliśmy „wprowadzeni" do pewnych farm, przedstawieni farmerkom, i teraz jeździmy po towar. Wysłałem już pocztą do domu dwa kilo masła i cztery tuziny jajek. Patronka przechowa nam to w lodowni aż do naszego powrotu. Ceny są tutaj takie, że wierzyć się nie chce, gdy się płaci. Mam wrażenie, że nie kupiłem, lecz ukradłem. Tuzin jajek 45 fr, kilo masła 120 franków. Mijają już cztery lata wojny, a tu wydaje się, że wojny nigdy nie było. Gdy wieczorem zajeżdżamy na farmy i rozmawiamy z farmerami (długa rozmowa przed ubiciem targu jest obowiązkiem — inaczej powiedzą, że źle wychowany, i nic nie dadzą), mamy uczucie, że śnimy. Na brudnym podwórku przed domem, z zawsze taką samą gnojówką prawie pod progiem, panuje cisza zmroku. Na tle ciemniejącego nieba, rozświetlonego u dołu resztkami słońca, co dawno już zapadło pod horyzont, rysują się ostro czarne drzewa i krzaki. Dopiero o tej porze zaczynają one żyć. Każde jest inne, każde nabiera kształtów jakiejś postaci. Są wśród nich wszystkie typy, a wiek ich można określić z sylwetki. Stare grusze, dzikie, zapuszczone i pochylone, rozczochrane jabłonie. Krzaki i żywopłoty są jak tłum: burzliwe, nieokiełznane, wrzaskliwe. I ileż tu charakterów... Jadąc drogą lub czekając, aż farmerka wyniesie nam z jakiegoś schowku jajka lub masło, mówimy o drzewach jak o ludziach. Trudno nie uśmiechnąć się na widok starej wierzby klęczącej przy drodze z udaną pokorą dewotki, pełnej uległej złośliwości. Są drzewa dobre, złośliwe, ironiczne, spokojne lub pełne wewnętrznego niepokoju. To wszystko widzi się dopiero o zmroku.

Tak lubimy te godziny, w których księżyc, przekradając słońcu coraz to więcej światła, powleka resztki dnia metalicznym roztworem. Z kurników dolatuje urywany trzepot skrzydeł poprawiających się na grzędach kur. Czasem któraś zagdaka lub kwoknie przed zaśnięciem. Gdy patrzę na nie, usadowione rzędami w ciasnym kurniku, przypomina mi to przedział kolejowy. Mają miny podróżnych. W takiej pozycji nie można chyba naprawdę spać. Z klatek królików dochodzą odgłosy milczących kłótni. Są to dysputy bez słów, a irytacja wyraża się nagłym tupaniem. Króliki są mistrzami pantomimy, a w ich milczącej wściekłości jest więcej wściekłości niż u jakiegokolwiek innego stworzenia. Skromność środków potęguje efekt. Wsłuchując się w te odgłosy twarde, siekane i brutalne, nie chce mi się wierzyć, że są one dziełem tych zwierząt, u których wszystko jest miękkością. Kaczki lubią włóczyć się po nocy. Z lubością przyklejają łapy do błota i z cichym szeptem, przechodzącym w kwilenie, odlepiają je, by przylepić się w innym miejscu. Smakowicie siorbają dziobami w gęstej zupie gnojówki, rzucając od czasu do czasu głośne kwaknięcie. Brzmi to trochę ordynarnie.

Farmerka wynosi czasem przed dom krzesła, siadamy i rozmawiamy. Twarze stają się w mroku jasnymi plamami i pozostają tylko słowa. Wypytują nas o wojnę, o Paryż. Słuchają nas, jak słucha się kogoś, kto przybył z odległych kontynentów. Lubią, gdy mówi się im o głodzie i podgłodzie w miastach, o trudnościach i wstrętnej egzystencji w wielkich skupiskach ludzkich.

O bombardowaniu. Zapalają się wtedy w ich oczach iskierki ironii i czuję, że uśmiech ten staje się skurczem setek zmarszczek, z których każda wyraża utajoną radość, tę *Schadenfreude*[1] pokrytą wyrazami współczucia. Ci z miast, zawsze dumni i butni, pogardliwie zarozumiali, patrzący z obrzydzeniem na ich brudne ręce i gnojówki przed domem, są dziś na ich łasce. Przejeżdżają, poniżają się, skomlą i płacą każdą cenę. Schlebiają, przysyłają prezenty i proszą. Oni to widzą tutaj i śmieją się. Sprzedając, biorąc pieniądze, dają odczuć, że przede wszystkim obdarowują, że „im się tak podoba". Niech tym z miast nie wydaje się, że pieniądz jest wszystkim.

Nas lubią. Wyczuwają jakby instynktownie, że to, co ich otacza, co stało się tak obce i egzotyczne dla Francuza z miasta, dla nas jest zrozumiałe. Opowiadamy o Polsce, o biedzie po wsiach, o tej ciężkiej walce z kapryśnym klimatem u nas. U nich połowa odrabia się sama. A kiedy podziwiamy śliczne stare meble przechodzące z pokolenia na pokolenie, ciężkie kredensy i wielkie szafy z żelaznymi okuciami, czują oni, że zachwyt nasz nie jest udany, nie jest pochlebstwem.

Wracamy po ciemku. Terczy cicho dynamo, zamaskowane światło reflektorka kładzie się przed nami na asfalcie. Gdzieś daleko śmieje się sowa, a na ciemnym granacie nieba nietoperze kreślą zawiłe linie.

19.8.1943

Pisałem dziś całe przedpołudnie listy. Nie lubię pisać listów, bo nigdy nie potrafię ich pisać w skrócie. Piszę zwykle o tym, o czym nie miałem sposobności porozmawiać z daną osobą. I przyszło mi przy tej robocie na myśl, jak bardzo podupadła dziś umiejętność pisania listów. Dziś właściwie już nie pisze się: jest to albo telegrafowanie, albo telefonowanie po zniżonej cenie na papierze listowym. Kogo nie stać na depeszę lub na telefon, ten pisze „list". Z współczesnego życia znikła korespondencja, a w ślad za nią, lub może równocześnie, sztuka rozmowy. Ludzie przestali być czuli na sposób i formę porozumiewania się zarówno pismem, jak i słowem. Styl przemysłowo-handlowy zapanował w tych dziedzinach niepodzielnie. Szkoda. Szkoda przede wszystkim korespondencji tych wielu dobrych pisarzy i wielkich umysłów dzisiejszej epoki, która nie będzie istnieć w wielu wypadkach tylko dlatego, że ludzie ci mogli się porozumieć z innymi w inny sposób, a nie listownie. Brak będzie tych choćby krótkich bilecików, które tyle mówią. Jak ten bilecik Balzaca: „Mój drogi Posperze, (zapomniał o „r" w pośpiechu) przyjdź dziś wieczorem do Laurent-Jana, będą tam k... d... dobrze ubrane — Balzac". Przecież najwięcej warta z całego Flauberta jest jego korespondencja. Może właśnie dlatego, że przywiązywał do listów mniejszą wagę i nie torturował tu swojego stylu.

Przedłużyłem sobie urlop o dwa dni i wyjedziemy dopiero dwudziestego czwartego. Część rzeczy wyślemy autobusem do Le Mans, a sami pojedziemy

[1] Radość z cudzego nieszczęścia.

na rowerach. Są to chyba ostatnie wakacje wojenne. W przyszłym roku nie da się już pewnie wyjechać. Wojna trwa już cztery lata, ale dla Francji jeszcze się nie zaczęła. Dla niej i w znacznej mierze dla innych krajów zacznie się ona dopiero — po wojnie. Niemcy wytworzyli potworną w swych dalszych skutkach równowagę zupełnej nierównowagi. Gdy to pęknie, zapanuje nieopisany chaos. Francuzi śmieją się, gdy mówię im, aby oszczędzali na później. Gdy mówię farmerom, aby właśnie teraz inwestowali zawartość swych sienników w inwentarz i budynki, bo to, co kosztuje teraz 100 franków, będzie kosztowało po wojnie 500, patrzą na mnie podejrzliwie.

Łapiemy te spokojne chwile i magazynujemy na zapas. W tym roku nie może się już stać dużo więcej. Mogą zająć Włochy, Niemcy cofną się, jak zwykle, w Rosji i zabawa będzie trwała. W lądowanie tymczasem nie wierzę. Drugi front trzeba odłożyć na dużo później. Tymczasem nocami przelatują nad nami chmury ciężkich bombowców, lecących na Niemcy lub na Włochy. Pół godziny, godzinę nieraz, słychać jednostajny ryk setek tysięcy koni — głęboki i złowrogi. Lecą Halifaxy, Stirlingi i długie Lancastery. Zna się je z rozrzuconych przez nie fotografii i słucha się ich wycia ze wzruszeniem. Oczywiście tylko tu, gdzie słucha się go spokojnie... W Paryżu wzruszają nas, ale inaczej.

Mijają dni ciche i słoneczne. Pogoda prześliczna, sierpniowe upały. Pachną rozgrzane drzewa, kamienie i ziemia. Popołudnia są jakby przydymione, a krzaki przydrożnych jeżyn pokryte kurzem. Z dala dolatuje przytłumiony łoskot elektrycznych młockarni. Maszyna cichnie, połykając puszyste snopki, zwalnia i męczy się, a wyrzuciwszy słomę, znowu łomota głośniej, swobodniej. W oddali rzuca przenikliwy świst mała, wąskotorowa lokomotywa, dudni i syczy groźnie, chcąc koniecznie udawać dorosłą. Migają wśród drzew miniaturowe wagoniki czerwone i zielone, wiją się i okręcają jak pociąg na karuzeli.

Odpocząwszy chwilę po obiedzie, wychodzimy do garażu po rowery. Mrużymy oślepione słońcem oczy, a nagłe przejście z chłodnego pokoju w rozpalony ogród wywołuje dreszcze. Są to chwile, w których chciałoby się nie chodzić, lecz pływać w powietrzu. Ręce i nogi stają się leniwe, myśli plączą się. Czuję się jak mucha siedząca na starym lepie: co odklei się w jednym miejscu, to przykleja się w drugim. Siadamy na rowery i jedziemy. Budzimy się naprawdę dopiero w cieniu drzew, nad wodą lub w odświeżającym chłodzie wielkich paproci. Szukamy grzybów i suszymy je na słońcu. Jemy wielkie jeżyny, rozgrzane i słodkie. Zapachy budzą wspomnienia i napełniają mgłą tęsknoty... Rozmawiamy. Będąc we dwoje i sami, najbardziej odczuwamy pełnię wszystkiego. Miłość i przyjaźń... Trzeba tylko rozumieć, zawsze starać się rozumieć. Miłość? — Jak wszystko, tak i to wymaga pracy — zwyczajnej, codziennej. Nawet miłości nie można puszczać bez steru, na wiatr. Nic nie jest tak omylne jak tak zwane „nieomylne instynkty".

21.8.1943

Pojechałem dziś z tym tutejszym młodzieńcem do Sainte-Suzanne. Jest to małe miasteczko, odległe od Joué o 30 km i uznane (*classé*) jako zabytek architektoniczny. Młodzieniec skończył „Arts et Métiers", ma 22 lata i tytuł inżyniera. Jednak typowy tutejszy *fils à papa*[1]. W miarę pewny siebie, w miarę ograniczony, sporo dobrych chęci pomimo storturowania umysłowego, jakiego dopuszczano się na nim bezkarnie przez szesnaście lat. Studiuję go jako okaz tego, do czego doprowadza system wykształcenia abstrakcyjnego, w którym człowiek jest równaniem algebraicznym, a cały świat i ludzkość królikiem doświadczalnym.

Rozmowa z moim towarzyszem jest trudna. Wszystkie moje usiłowania rozszerzenia natrafiają na zmysł ścieśniania. Żeby przeszło przez szyjkę do butelki, w której buduje się kapliczkę ideologiczną, system. Długa praca w pocie czoła, praca rozpoczęta w XVIII wieku, gdy taki Helvetius potrafił powiedzieć, iż z najskromniejszego pastucha alpejskiego można dobrowolnie zrobić Likurga lub Newtona, praca kontynuowana przez cały XIX wiek, wydała dzisiaj dopiero swoje owoce. Właśnie z malarza pokojowego i kaprala mamy coś na kształt Likurga, a z niedoszłego popa gruzińskiego nowoczesnego Peryklesa, półboga. Pracowało się na to naprawdę wydajnie. Painlevé, zostawszy ministrem, powie w jednej ze swoich mów, iż całą swą politykę opierał na ścisłości zasad geometrii. A cóż innego dzieje się dziś na świecie? Ten młody chłopak tak samo jak miliony innych młodych w Niemczech, w Sowietach, w Stanach Zjednoczonych i w Azji wierzy, że „wszystko da się zrobić" w myśl tej lub innej teorii, ideologii, systemu. G. Ferrero pisał po tamtej wojnie, że jeżeli cywilizacja starożytna upadła, to dlatego, że w pewnym momencie straciła ona nadzieję na ulepszenie Państwa. Nasza cywilizacja narażona jest na ruinę z przyczyny wręcz przeciwnej: wierzy ona za bardzo w możliwość wszystkich postępów z postępem politycznym włącznie. Co oznacza „postęp polityczny" i wiara, ślepa wiara, w jego możliwości, wiemy to dzisiaj. Rozwijając swą myśl, Ferrero pisze dalej: „W sumie czujemy się tak pewni w naszej mocy stworzenia doskonałego Państwa, iż nie wahamy się poświęcić mu dóbr ocenianych jeszcze wczoraj jako wartości niedające się obliczyć: na przykład wolność. Starożytni chcieli udoskonalić Państwo, lecz wiedzieli oni, że są w stanie udoskonalić je jedynie w pewnych granicach. My straciliśmy poczucie tych granic. Rozumujemy na temat instytucji politycznych tak, jakby były one z wosku, i jakby każda generacja mogła je kształtować według swojego pomysłu; jakby można im było narzucić wszystkie zmiany i rezultaty, jakich wymaga nasza koncepcja dobra publicznego; tak, jakbyśmy mieli swobodę wyboru pomiędzy wszystkimi doktrynami politycznymi, jakie umysł ludzki zdolny jest stworzyć...".

I właśnie w tych milionach „odchowanych" młodych ludzi przestało istnieć poczucie granicy. W myśl tej innej teorii lub chwilowej półprawdy przekreśla się wszystko. Młodość była zawsze idealistyczna, buntownicza, symplistyczna w swoich rozumowaniach, apodyktyczna. Jest to zupełnie zrozumiałe. Ale gdy patrzę na dzisiejszą młodzież, zauważam rzecz zupełnie monstrualną: pełną równowagi zimnokrwistość. To nie jest idealizm burzliwy i gorący, idealizm

[1] Młody człowiek z ustosunkowanej rodziny.

błyszczących oczu, rozdętych nozdrzy i purpury policzków, gromów rzucanych na lewo i na prawo, przyśpieszonego pulsu. Jeszcze w nas, w moim pokoleniu, była przede wszystkim gorąca negacja, zdrowy anarchizm z jednoczesnym pragnieniem dobra i szlachetności, ciepłym i młodym. Dziś ten młody chłopak, a z nim miliony innych, wiedzą w sposób przerażający, czego chcą, rozumują na zimno i „naukowo". Ludzkość, najbardziej złożone zagadnienia życia, są w ich rękach muchą, której odrywa się skrzydła, nogi, głowę. Bo tego wymaga jakaś teoria, system lub ideologia. I oni w i e r z ą. To jest może najpotworniejsze. Oni c h c ą w i e r z y ć. Coraz częściej w zetknięciu z tą nową umysłowością mam wrażenie, jakbym patrzył na kunsztownie wypiłowaną laubzegą kapliczkę umieszczoną w butelce. Cały proces wychowania dzisiejszego w Niemczech, w Ameryce, a szczególnie w Sowietach idzie po linii misternego piłowania rozumu i układania kapliczek w butelce. Ta wojna jest już wynikiem tego kierunku rozwoju umysłowego, bo wszystkie ustroje powojenne, takie czy inne, były „udoskonaleniem" bez poczucia granicy. Komunizm doszedł w tym do zupełnej aberracji. Życie mści się okrutnie, tym okrutniej, czym bardziej ucieka się od niego w dziedzinę teorii, utopii, ślepej WIARY w system. Gdy Francja w czasie Rewolucji fabrykowała jedną konstytucję po drugiej, Young uśmiechał się z politowaniem i pisał po drugiej stronie kanału La Manche: „Jakąż nieostrożnością jest rzucać się w objęcia teorii, by stworzyć konstytucję". Dziś prawdopodobnie porzygałby się na widok tego, co dzieje się na świecie. Nie tylko konstytucje — całe systemy, ba — człowieka nowego chce się stworzyć, rzucając się w objęcia teorii. I jakich... Teorii interpretowanych przez kaprali i chamów gruzińskich, tatarskich, stepowych.

Renesans? Renesans zaczął się od utraty wiary, człowiek Renesansu zaczął zastanawiać się, myśleć, krytykować, NIE WIERZYĆ. A my co? My na grandę chcemy wierzyć, chcemy uczepić się jakiejś innej tratwy, odczepiwszy się od religii, tego „opium dla ludu". I co? I wobec tego narkotyzujemy się ordynarnymi namiastkami. Komunizm jest dziś takim samym „opium dla ludu" jak kiedyś religia. Ma jednak tę wadę, iż jest doświadczalnie sprawdzalny. I na tym się potknie. Bo jeszcze ciągle wierzę, że człowiek nie jest zupełnym durniem, że pokolenia za pokoleniem, bez końca, nie uda się oszukiwać. Temu młodemu, jadącemu przy mnie po cichej szosie miałbym ochotę powtarzać co trzydzieści sekund: „Przestań wierzyć, gówniarzu. A jeżeli chcesz koniecznie w coś wierzyć, to tylko w to, co doświadczalnie nie da się udowodnić. Naprawdę wierzyć można tylko w Boga, w raj, w piekło, bo tego nikt ci nigdy nie udowodni. Więc wierz i przynajmniej jest już dzisiaj gwarancja, że ta twoja wiara nikomu nic złego nie wyrządzi". Ale rozmowa z nim jest trudna. On dalej piłuje piłeczką, dalej potrafi tylko wkładać pęsetkami małe kawałeczki przez szyjkę do butelki i tam rozbudowywać swoją kapliczkę. Żeby choć model okrętu, zegarek z wahadłem, Chambord w miniaturze, nie — KAPLICZKĘ. Kapliczka w stylu całej wielkiej bzdury XIX wieku.

Sainte-Suzanne śliczne. Stare miasteczko na wzgórzu, jeszcze częściowo obramowane murami średniowiecznych fortyfikacji. Pomiędzy murami małe domki, małe ogródki i ciasne uliczki. Ażeby dostać się na mury, musieliśmy prosić o klucz od furtki jednego z ogródków. Są one czarujące. Schowane pod murami, pachnące zielenią i jarzynami, pełne sadzonych ukradkiem krzaków tytoniu. Cała Francja sadzi tytoń, suszy, kraje i łata niedobory małej racji kartkowych papierosów. Każdy z tych ogródków to Francja. Nie można zrozumieć Francji, jeżeli nie „zrozumie" się tych ogródków.

Z murów rozległy widok na przymglone pola i lasy. W środku zamek. Należy on teraz do jakiegoś zbankrutowanego hrabiego włoskiego i został oddany jako kwatera dla kolonii wakacyjnej *Jeunesse Française* czy też jakiejś innej *Pétainjugend*. Wspaniałe i zapuszczone podwórze, na którym jakiś spocony Führer w otoczeniu chłopców budował namioty i budy na jutrzejszy kiermasz. Pełno papierów, szmat, sznurków, desek i płacht.

Zamek sypie się i rozpada na kawałki. Cudowny renesans, odrestaurowany dyskretnie przez rokoko, wali się. Nie zaczepiani przez nikogo i o nic niepytani weszliśmy do środka. Trudno wyobrazić sobie coś ładniejszego, a zarazem smutniejszego. We wspaniałych komnatach pozostały resztki mebli. Cudowne stare szafy renesansowe, rzeźbione skrzynie, krzesła i fotele. A wśród tego sienniki młodzieży, rozrzucona słoma, puszki od konserw, resztki świec rozlane na meblach, brud i *Kraft durch Freude*[1]. Byliśmy zupełnie sami. Otworzyłem jedną z szaf i stanąłem jak wryty. Na półce stał skórzany neseser. Otworzyłem go. Poczerniałe srebro na kryształowych flakonach, ciężkie lustro, szczotki — cacko z czasów późnego Louis-Philippe. Stoi tu zapomniany, niemodny. Miałem wielką ochotę „uratować" go z tego miejsca zagłady.

Gdzie indziej wpadłem na stosy gazet z lat osiemdziesiątych rzucone w kąt ręką dynamicznej młodzieży. Siadłem w fotelu i zacząłem czytać wielki artykuł przeciwko generałowi Boulanger. Francji groziła dyktatura. Tytuł: „Caveant Consules". Pasjonujące. Ogłoszenia domów mody z cenami. Wspaniałe. Zatraciłem poczucie epoki. Korespondencja z Moskwy. Autor przytacza opinię Napoleona o Rosji, wypowiedzianą na Świętej Helenie: „Miałem zamiar iść do Indii. Anglicy bardzo bali się mojego przedsięwzięcia. Oto dlaczego usadowili się ostatnio w Aleksandrii. Ale zobaczą kiedyś, co im się przytrafi z Rosjanami. Ci nie mają długiej drogi do Indii, są już w Persji. Rosja jest potęgą, która idzie najpewniej i największymi krokami ku panowaniu powszechnemu". Oczywiście z Francją, jak sobie życzy korespondent. *Entente Cordiale* nie była w programie. Zabrałem kilka gazet i z emocją archeologa przetrząsałem dalej wszystkie kąty.

W jakimś małym pokoiku na trzecim piętrze znalazłem całą skrzynię albumów nut, wśród tego mnóstwo przepisywanych ręcznie przez jakąś Comtesse de B. Kto to mógł być? Z albumem walców Straussa, datowanym z roku 1848, stałem i marzyłem. A w prześlicznych rusztowaniach dachu, będących jak koronka z belek, świstał wiatr. W niektórych pokojach zapadły się już sufity i tylko okopcone kominki wiszą jeden nad drugim, przylepione do ścian. Ogarnął mnie smutek i wściekłość. Gardzi się tym opuszczonym i niepotrzebnym zamkiem, w proch sypie się klejnocik tej architektury, która nie uważała

---

[1] Siła przez radość (hasło propagandowe organizacji Deutsche Arbeitsfront).

domu za maszynę do mieszkania. Jest źle, gdy patrzy się tylko wstecz, ale i źle, gdy patrzy się tylko naprzód, a może w ogóle nie patrzy? Cały dorobek kultury Mamy Europy wydany dziś zostaje na łup umysłowości ludów bez przeszłości lub europejskiego chamstwa. Stojąc w tym zamku, poczułem grozę — może po raz pierwszy tak wyraźnie — tego potopu. Od wschodu prze cham i barbarzyńca, od zachodu, na czteromotorowych fortecach latających, leci zwierzątko zdrowe i rumiane. A wewnątrz, broniąc podobno kultury — europejski cham chce zniszczyć jej resztki. Rozczulający widok. Zacząłem się śmiać i słuchać echa tego śmiechu w pustych pokojach. Mój młody towarzysz przybiegał do mnie co chwila i wołał: *Venez donc et regardez* — jestem pewny, że to prawdziwy antyk — *ça vaut au moins 100 000 francs*[1]. Francuski zmysł oszczędności i ukochania przeszłości poprzez kapitał, jaki ona reprezentuje, buntował się w nim do żywego.

Wracaliśmy obydwaj podnieceni i oburzeni. Stał mi się od razu sympatyczniejszy. Umiał zupełnie nieźle wyznaczyć ceny tych gratów. To już dużo. Może z nim nie tak źle...

Po obiedzie położyłem się i czytałem te stare gazety. Zdawało mi się, że czytając to, kradnę. Rzeczywiście kradłem — kradłem czas, jak wykradało się ze starego kredensu cukier z głowy lub konfitury.

22.8.1943

A dziś byliśmy z Comte de R. w jego *château*. To znaczy nie tyle „w", co raczej „pod". Bo to opieczętowane i nawet on nie ma prawa tam wchodzić. Jest to o jakieś 3 km od Joué. Popołudnie upalne, ale w głębokich dróżkach, lamowanych żywopłotami i paprociami, panował wilgotny chłód. Comte de R. opowiadał nam, że Szuani zapuszczali się w te okolice, walcząc z „niebieskimi" Republiki. Stare drzewa z wielkimi dziuplami i te niezliczone pólka, każde obwarowane murem żywopłotu i wałem ziemi, stanowiły setki małych fortec. Właściwie niewiele zmieniło się dziś. Przybyły jedynie drogi, wytyczone przez Napoleona. Drogami spacyfikował tych prawicowców. Ścieżka prowadzi przez pola. Co chwilę otwieramy ciężkie zapory z belek zamykające pastwiska. Skrzypią i piszczą, pachną starym, rozgrzanym drzewem. W cieniu krzaków lub drzew stoją nieruchome krowy. Są jak posągi. Nad nimi tańczą w szaleńczych zygzakach tysiące much i muszek.

Château jest wielkim i starym domem na wzgórzu. Jak zwykle tył domu, wychodzący na wielki park, jest najładniejszy. Okiennice zamknięte, pustka. Przez środek parku ciągnie się długa aleja. Dwa rzędy olbrzymich starych drzew tworzą w głębi sinawy i mglisty mrok. Między domem a mrocznym parkiem ogród. Drzewa owocowe, grządki jarzyn i pienne róże wzdłuż ścieżek.

W składzie z narzędziami znajdujemy sierp osadzony na długim kiju i idziemy do sadzawki naciąć olbrzymich biało-różowych kwiatów. Nie są to ani lilie,

[1] Niech pan tu przyjdzie i popatrzy [...] to jest warte co najmniej 100 000 franków.

ani nenufary. Zewsząd sączy się melancholia. Patrzę na smukłą sylwetkę Comte de R. Urodził się tu, zna każdy kąt. Jest u siebie i równocześnie nie u siebie. On też przyszedł tu tak jak i my: zobaczyć. Klęczę nad sadzawką, obcinam wielkie mokre kwiaty i czuję jakiś nieokreślony żal. Czy ten dom i park doczekają się kiedyś mieszkańców, którzy — wszedłszy do niego — nie stratują epoki i jej ducha? Jak wczoraj w Sainte-Suzanne, tak dzisiaj tu poczułem wyraźnie, że coś się kończy. I to kończy się tym tragiczniej, że kończy się d u c h — to coś nieokreślonego, co umiera powoli, ale nieodwołalnie.

Idziemy aleją. Jest jak główna nawa katedry. Po bokach resztki parku. Sztuczne groty, skały i mostki, dziwaczne drzewka i krzaki — cały zasób romantycznej dekoracji. To poczucie końca jest deprymujące. Obchodzimy przyległy las. Comte de R. opowiada nam o komplikacjach majątkowo-rodzinnych, o sprzedażach, lokatach, spłatach, rentach. Jest to tak samo skomplikowane jak każda intryga finansowa Balzaca. I jak w Balzacu, tak i tu nic z tego nie rozumiem. Rozumiem słowa „notariusz", „podpis", „termin" itd. — mówię *oui* — słucham całości, nie rozumiejąc szczegółów. Dostrzegam w tym tylko, że ta francuska *noblesse* zapomniała już dawno o formułkach *noblesse oblige* i że poczucie godności i arystokratyzm ducha są tu tak samo nikłe jak u wszystkich Francuzów. Być może, iż prawdziwy typ „*Grand Seigneura*" istniał tu kiedyś, ale znikł już od wielu wieków. Prosty Polak, Hiszpan, Węgier lub Turek mają daleko większe poczucie honoru i godności. Odznaczają się na pewno większą „pańskością" (w dodatnim znaczeniu tego pojęcia) aniżeli tutejsza *noblesse*. W każdym Francuzie, obok cech nieraz wielkich, tkwi kawałek Figara. Jeżeli tak doskonale potrafię się dogadać zawsze z Hiszpanem, a prawie nigdy z Francuzem, to właśnie dlatego. Jeszcze żadnemu Francuzowi nie potrafiłem wytłumaczyć, dlaczego my nie kolaborujemy. Udało mi się kilku przekonać, ale też tylko do połowy. Mówię tu oczywiście o starszym pokoleniu. Młodzi właśnie zaczęli się ruszać masowo. Tu można by być złośliwym i powiedzieć, że dlatego, iż Niemcy dopiero teraz zaczynają deptać po piętach...

Rozmawiając dziś z Comte de R., słuchając jego wywodów, czułem się nieprzyjemnie skrępowany. Są rzeczy, o których z Francuzem, nawet najbardziej kulturalnym, nie można mówić. Pamiętniki Duchesse d'Abrantes, w których ambicja i poczucie godności grają wielką rolę, zarówno gdy chodzi o osoby, jak i o cały naród, mogą być przykładem klinicznym, co Francja i przedstawicielka jednej z najstarszych rodzin *noblesse* francuskiej rozumie pod pojęciem „godność własna". Przyjęcie, jakie zgotowano obcym wojskom w Paryżu w 1815 roku, i zachowanie się Francuzów było tego rodzaju, że Blücher odmawiał bywania na oficjalnych przyjęciach i pisał „różne rzeczy" o tych Franzosen w swych listach do żony... Gdy w 1871 roku Flaubert przyjeżdża do Paryża, pisze do E. Feydeau: „...dla dobrych paryżan Prusacy już nie istnieją. Znajdują oni wymówki dla panów Prusaków, podziwiają Prusaków, chcą stać się Prusakami. Nigdy, *mon vieux*[1], nie miałem tak olbrzymiego niesmaku do ludzi.

[1] Stary.

Chciałbym utopić ludzkość w moich wymiotach...". Miałem ochotę ku temu i ja w czerwcu 1940 roku i mam ją nieraz dzisiaj. Ale, jak w innych z listów pisze tenże Flaubert, tak i dziś można powiedzieć: „Wcale nie jest miła obecnie ta biedna Francja: naprawdę — ani szlachetna, ani dowcipna. Ale w końcu — to Francja".

I tak powiedzą kiedyś wszyscy. Francji, jak pięknej kobiecie, darowuje się więcej niż komu innemu...

23.8.1943

Rano w cieniu kościoła spotkałem mera. Mrugnąwszy figlarnie jednym okiem, powiedział mi: *C'est fini en Sicile...*[1]. No — nareszcie. Teraz będą lądować w południowych Włoszech. Znowu wszystkim wydaje się, że to już niedługo koniec. Mnie nie.

Jutro koniec tego snu letniego. Nie wiem, kto wymyślił to powiedzenie, że „praca uszlachetnia". Wiem tylko, że zawsze uszlachetniałem się najbardziej wtedy, gdy nic nie miałem do roboty. Zamiast żałować ludzi, którzy muszą tracić najlepsze lata na rozbijanie się za kawałkiem chleba, robi się z tego bohaterstwo. Wracam do Paryża ze wstrętem. Najchętniej osiedliłbym się na wsi i nic nie robił. Moje zupełnie niezmierzone zapasy temperamentu i energii powoli wyczerpują się. Czeka mnie jeszcze kilka ciemnych i ryzykownych interesów, wymagających ruchu i szybkości — po czym mam szczery zamiar popaść w bezruch. Jesień musi być spokojna — wojna i spokój: książki, teatr, spacery. Zresztą to ostatnia okazja. Raz do cholery musi się skończyć ta sielanka francuska i paryskie georgiki. Przyszły rok może być gorszy. Francja jeszcze ciągle jest pod kloszem...

Praca, praca... Ten mit pracy w naszej epoce jest morderczy. Praca, praca, pracujemy, pracuję... Ogłupia się ludzi pracą, stwarza się religię pracy, robi się z pracy cel — jedyny i prawdziwy. Chyba w żadnej epoce nie było tylu rzeczy „jedynych" i „prawdziwych". Mało tego: wszystkie najokropniejsze rodzaje pracy gloryfikuje się. Całe podejście naszej epoki do problemu pracy jest zboczone. I dziś zupełnie nie śmieję się i nie wykpiwam tego, że w roku 1936 Francja utworzyła „Ministerstwo Rozrywek" (*Ministère de Loisirs*). Mit pracy, zboczenie na punkcie pracy doprowadziły do tego, że większość ludzi nie wie, co robić w wolnych chwilach. Pracować potrafi każdy, odpoczywać i nic nie robić — mało kto. Tymczasem kultura to także umiejętność „nicnierobienia". Pierwszym zadaniem nowych ludzi, tej nowej epoki, która nadchodzi, będzie musiało być skontrolowanie pojęć. Normalizuje się śruby i gwinty, dlaczego nie zabrać się do słów i ich znaczenia. Ale w tej chwili nie robi się nic innego, jak tylko naukowo (to jest naprawdę naukowo) wypycha się głowy słomą, zmłóconą już od dawna. Cały problem jest dziś postawiony w sposób zupełnie anormalny. To, co dziś uważa się za pracę, na pewno nie uszlachetnia. Praca

---

[1] Na Sycylii już po wszystkim.

w biurach i w zautomatyzowanych fabrykach, ustawiona na cokole, okadzana, otoczona aureolą, upiększana, wyniesiona do specjalnej godności wśród wszystkich innych prac (na przykład plucia i łapania), nie uszlachetnia. Stępia człowieka, zgrubia, zatumania do tego stopnia, że ginie w tym rozum i cała korzyść odpoczynku. Umiejętność nicnierobienia ginie. Człowiek, który nie potrafi nic nie robić, zamienia się w owada. Tylko zboczeniec może podziwiać pszczołę lub mrówkę. Mnie ich zawsze żal. Do chwili, w której praca stanowić będzie cel sam w sobie, sztukę dla sztuki, dotąd „upszczołowienie" i „umrówczenie" człowieka nie ma szans zatrzymania się. Coraz mniej ludzi dzisiaj tworzy, nawet prywatnie, po godzinach pracy, coraz więcej odtwarza to, co zostało już stworzone. Popadliśmy w szaleńczy i obłąkany taniec Pracy. Stachanowiec jest symbolem, bóstwem. Nie — zboczenie, pomyłka. Trzy czwarte tego, co z pełnym czułości i obłudy ślinieniem się określa się dziś pracą i otacza mitem, trzy czwarte tego mogłyby wykonywać sprytne szympanse (z ciągłą groźbą strajku szympansów z powodu głupiej pracy) i inteligentne uistiti. Nie wolno poniżać człowieka do tego stopnia i uważać tego w dodatku za wspaniale, jedyne, bohaterskie i krzepkie. Jest to smutna konieczność. Ale jak wszędzie, tak i tu kłamstwo jest potworne, eufemizmy monstrualne, w których taplamy się zanurzeni po uszy. Pod tym względem Francja była zawsze szczera i dopiero teraz, pod wpływem „Nowego Renesansu", siekiera, motyka, piłka, kleszcze są na pierwszym planie. W ogóle coraz wyraźniej czuje się, że skoro człowiek nie tłucze kamieni lub nie jest kanalarzem i ubrudzonym *travailleur*[1] — nie ma prawa do życia. Epoka świadomego schamienia wszystkiego i wszystkich. Powszechna i potworna demagogia, a nawet moda. Bo i na to jest moda. Moda na Pracę, moda na człowieka pierwotnego, na *bête humaine*[2]. Im więcej chamstwa w narodzie, tym świetniejsza przyszłość. Bardzo możliwe, że to też sposób na odmłodzenie. Remy de Gourmont powiedział gdzieś, że ciemna masa tworzy w narodzie wspaniałą rezerwę życia. Niestety, nie ma już zupełnie ciemnych mas, bo zrobiono wszystko, żeby uczynić z niej masę półciemną. I to jest może najgorsze.

Morze obłudy. Pacyfik kretynizmu, zaślepienia, wystąpił z brzegów i zalewa wszystko. Ale może to tak musi być, może to i lepiej. Chłopcom u cukiernika pozwala się jeść tyle ciastek, ile zechcą. Może i my przejemy się któregoś dnia tym wszystkim. Ostatni dzień wakacji i chleję rum z rozpaczy. Na szczęście rodzaj mojej pracy jest o tyle znośny, że pozwala mi na dużą swobodę w dziedzinie „nicnierobienia". Na tych zapisanych zeszytach widzę najlepiej, jak olbrzymią rolę odgrywa w życiu człowieka „nicnierobienie" i możliwość „nicnierobienia". Do tego kochany K., który często łapie jakieś papiery i mówi: „Ja to za pana zrobię, niech pan sobie pisze spokojnie". Kto wie, czy to, co nazywa się kulturą Francji, nie wypływa właśnie w olbrzymiej mierze z tego rodzaju możliwości. Francja, jak dotąd, oparła się kultowi pracy. Praca zarobkowa jest tu

[1] Robotnikiem.
[2] Człowieka-zwierzę.

w wielu wypadkach zajęciem pobocznym. Francuz bardzo rzadko jest całkowicie zrośnięty psychicznie z tym, co robi, aby wyżyć. Francuz przejmuje się tym, co robi poza pracą, w domu. Stąd ta opieszałość w biurach, duża swoboda w fabrykach i nieprzywiązywanie wagi do przepisów, dekretów itd. Bywa to czasem nieznośne, ale pracującemu pozwala być człowiekiem, a nie maszyną. Pod tym względem Francja może stanowić kiedyś doskonałą przeciwwagę. Francuz nie zgodzi się nigdy na zupełne zaabsorbowanie go pracą, nie pozwoli na zrobienie z siebie termita. Uratuje go jego ogródek, jakaś *passion*[1], przynosząca nieraz więcej dochodu niż właściwy zawód. Trzy czwarte literatury francuskiej tworzyło się „poza godzinami" lub nawet „w czasie godzin". Ludzie niewyssani do nitki pracą zarobkową mogą próbować swych sił poza pilnikiem lub maszyną do dodawania. No i co najważniejsze, że tutaj nikt nie ośmieli się żądać dodatkowej pracy bez wynagrodzenia, pracy dla państwa, dla dobra ogółu itd. Żąda się poświęcenia, ustaliwszy przedtem stawkę. Po czym śpiewa się Marsyliankę i wszyscy są zadowoleni, a pan minister ma okazję do wypowiedzenia *sublime discours*[2] i podkreślenia *magnifique geste du peuple*[3]. Gdy mowa o państwie, Francuz wiele zrozumie, lecz zawsze zakończy: *Sommes pas quand même des esclaves*...[4]. I pogardliwie patrzy na przechodzącego obok Niemca.

Jeżeli dziś istnieje coraz to mniej możliwości, aby człowiek mógł wyżyć się i wyżyć z tego, ku czemu ma prawdziwe zamiłowanie, trzeba dać mu tę możliwość choćby w sensie psychicznym. Ale to jest niemożliwe, gdy z produkcji taśmowej, gdy w ogóle z pracy, robi się religię. Praca, ta, jaką stała się ona dzisiaj, nie może mieć nic wspólnego z ideałem. Ale i to wmawia się nam z uporem, każąc szukać w tym szczęścia. W odtwarzaniu nie znajdzie się go, w powtarzaniu prototypu nie ma nic człowieczego. Kult pracy w postaci dzisiejszej nie jest niczym innym jak odwracaniem uwagi, ogłupianiem, etatyzowaniem duszy ludzkiej i skromnych resztek rozumu. Tymczasem problem zaostrza się, bo rzeczywistość wykazuje co innego. Kult pracy przy rozwoju dzisiejszej techniki nie może utrzymać się. Tak — ale oswobodzenie się z jarzma kultu pracy grozi swobodą jednostki, grozi wyłamaniem z kolektywu — choćby tylko duchowym. A do tego nie można dopuścić... Z otumanionym pracą człowiekiem robi się wszystko.

25.8.1943

Czar prysł. Znowu Paryż. Mam go zupełnie dosyć. Myślą jestem ciągle w jakimś domku, w jakimś miasteczku, gdzieś we Francji. Zazdroszczę Comte de R. Został tam w swoim mrocznym pokoiku, wynajętym u swojej starej niańki. Odgłosy ze świata dochodzą tam jak odgłosy zza ściany. Dzień i noc mają dwadzieścia cztery godziny. Pomimo trzech tygodni odpoczynku czuję się zmę-

---

1 Pasja.

2 Wzniosłego przemówienia.

3 Wspaniałej postawy narodu.

4 Nie jesteśmy, jakby nie było, niewolnikami.

czony. Jestem zmęczony na zapas, jestem zmęczony tym, że będę zmęczony. To ciągłe życie w czasie przyszłym, zupełny brak teraźniejszości (to, co robi się w danej chwili, staje się automatycznie mało ważne) wyczerpuje najbardziej. Ciągnie się siebie samego za włosy, przeciąga się siebie z dnia na dzień jak ciężki worek kartofli.

Wyjechaliśmy wczoraj w południe. Serdeczne pożegnanie. Rowery obładowane. Jajka, kogut, masło... Joué znikło za zakrętem, pozostał lśniący w słońcu pas asfaltu. Pociąg odchodził z Le Mans po szóstej po południu. Mieliśmy dużo czasu. Jechaliśmy wolno, pijąc zachłannie resztki tych godzin. Droga prześliczna. Wysokie topole po bokach, smukłe, kolumnowe. Gdzie indziej długa altana z niskich i rozłożystych platanów. Serpentyny na zboczach wzgórz i śpiące miasteczka. Przejeżdżając przez jakąś małą osadę, słyszymy cały komunikat z Londynu. *Ici Londres*...[1] mówi znany głos przez otwarte okno. Stajemy i słuchamy. Na całej drodze jesteśmy tylko my, domy są jak wymarłe. Pali słońce i jest taka cisza, że słychać szelest kąpiącej się w piasku samotnej kury. Rosjanie odebrali Charków. Rozpoczęta 5 lipca wielka ofensywa rozwija się. Spychają Niemców nad Dniepr.

Pod górę wspinamy się wolno. Gdy dojeżdżamy do grzbietu, droga przeważa się jak huśtawka z deski. Zjeżdżamy cicho, płynnie. Rząd drzew zamykający się przed nami otwiera się i ustępuje szybko na boki. Le Mans czuć z daleka. Zapach kurzu unosi się w powietrzu. Gdy wjeżdżamy do miasta, rozglądam się z nienawiścią. Comte de R. zaraził mnie swoim furieryzmem i wiejskim idealizmem. Telepiemy się po kocich łbach Le Mans, uciekając od szyn tramwajowych. Samochody z napędem na węgiel drzewny kopcą jak żelazka i wloką za sobą długie treny śmieci i kurzu. Od dworca kolejki wąskotorowej bucha żar rozpalonego słońcem żelastwa i ciągnie mdłym zapachem smarów. Upał. Po ulicach snują się ludzie spoceni i zakurzeni.

Muszę przemóc się, aby załatwić wszystkie formalności, nadać rowery, kupić bilety. Na peronie stoi już pociąg. Znajdujemy dwa miejsca. Cidre zamknięty w termosie nie wytrzymał i eksplodował. Cieknie z siatki na głowę. Upijam, zatykam, nic nie pomaga. Rośnie w termosie. W przedziale upał. Pluszowe kanapki są lepkie. W końcu ruszamy. Patrzymy na migające domki i pola. Przypomina mi się koniec wakacji, te dawne lata, gdy patrząc na uciekające w tył pola i lasy, łkało się z żalu w głębi serca.

Podróżni zaczynają jeść. Jest to wystawa zbytku, rozpasanie. Nikt nie je zwykłego chleba. Wszyscy wyjmują biały *pain brioche*[2], masło, jajka na twardo, kiełbasę, szynkę, zimne mięso, pieczony drób, owoce. Z płaskich flaszeczek z metalowymi nakrętkami leje się aromatyczny, bursztynowy calvados. Roztopiony w upale prawdziwy Camembert zamienił się w gęsty krem o kłującej woni siarkowodoru i amoniaku. Lśniące od tłuszczu wargi mlaskają, tłuste palce oblizywane są z cmokaniem, za okno lecą papiery i łupki. Resztę rzuca

[1] Tu Londyn.
[2] Bułkę maślaną.

się na podłogę. Jest to jakaś orgia i zarazem nabożne misterium, któremu jedni Francuzi potrafią nadać ten zupełnie specjalny ton i klimat. Nie tylko wyczuwa się smak, z jakim oni jedzą, ale widzi się go. Jedzenie nie jest tu tylko zaspokojeniem głodu. Jest ono zmysłową rozkoszą. Tu żaden kąsek nie przejdzie przez usta niepostrzeżenie, żaden atom pożywienia nie wymknie się krytyce podniebienia. Mała dziewczynka otwiera ostrożnie pudełko z serem, dotyka go delikatnie paluszkiem i oddaje matce, mówiąc ucieszona: *Maman, il est bien fait*[1]. Francuzi od dziecka znają się na jedzeniu, na gatunku. Ich łakomstwo jest wstrętne, ale jest jednocześnie dowodem kultury. Jedzenie z puszek lub z kotła byle czego, żeby tylko uśmierzyć głód, dobre jest dla entuzjastów *Eintopfgericht* przypis i innych barbarzyńców. Kuchnia jest sztuką i wymaga artyzmu. Rozróżnianie gatunków ostryg, owoców, mięsa, serów, wina; umiejętność zestawienia menu wymagają takiej samej kultury jak rozróżnianie dobrych obrazów od złych lub umiejętność zestawienia sobie lektury. Pewien robotnik francuski, pracujący u Niemców, powiedział mi raz: *Monsieur*, ludzie „którzy t a k" jedzą, nie mogą być panami świata.

Słońce chyli się ku zachodowi, łoskotają mijane w pędzie małe stacyjki. Za Wersalem zaczynają się już rozległe przedmieścia Paryża. Małe domki z ogródkami, budowane byle jak, bez ładu i składu. Paryż posiada jedną z najładniejszych okolic wielkich miast i równocześnie najbrzydziej zabudowaną. Z daleka przypomina to rumowisko, z którego wyrastają chwasty. Mijamy Vaugirard, przesuwa się ponury sześcian chłodni miejskiej. Krematorium na zimno. Pociąg zwalnia — huczą mosty nad bulwarami zewnętrznymi.

Gare Montparnasse.

Cieknie ku wyjściu gęsta borowina ludzka. Ciężkie walizki pełne żywności. Na wielkim placu przed dworcem tłum ginie w szczelinach metra. Dudnią pociągi. Zduszone w koszykach kury gdaczą, z plecaków wystają długie szyje gęsi otwierających dzioby z pragnienia, w worku rzuca się i wierzga koza. W rękach zwiędłe naręcza polnych kwiatów. Matowe, przyprószone światłem mdłych żarówek plamy kolorów. Na czole krople potu, ściekające wolno po policzkach. *Dis donc, y a une place*[2]. Depczą po nogach, pchają się. Grube, tłuste, zapocone śmiechy. Brudna i mokra podłoga wagonu, śmierdząca zepsutymi rybami.

W naszym pokoju gorąco i zapach kurzu. Na stole filiżanki z niedopitą i zapleśniałą herbatą, kawałek zeschniętego chleba, ogryzki z gruszek, nad którymi krążą wstrętne małe muszki. W pokoju jest jeszcze ciągle 2 sierpnia.

Robimy przeciąg i rozbieramy się. Myję brudne i lepkie ręce.

Minęły dni długie, słoneczne, spokojne. Dni pełne i całe, przesycone... Czym? Nie wiem. Może tym, co brzmi tak skromnie, a tyle mówi: *Douce France*.

[1] Mamo, jest dojrzały.

[2] Patrz, jest miejsce.

1.9.1943

Zaczął się piąty rok tej wojny. Jakże szczęśliwymi byli nasi rodzice. Pozostawało im tylko trzy miesiące do końca. Głupie trzy miesiące. A nam? Może jeszcze rok, może więcej... Wojna dopiero zaczyna się. Właściwie jeszcze nie zaczęła się. Wszystkie problemy, zamiast uprościć się, gmatwają się jeszcze bardziej. Było mi o wiele łatwiej wyobrazić sobie koniec dwa lata temu aniżeli dzisiaj. Dzisiaj nie widzę go, a jeżeli widzę, to w bardzo dalekiej przyszłości. Gdy raz nastąpi dokładne zamącenie wody, trzeba wiele czasu, aby brudy osiadły znowu na dnie. Zamącenie jest dziś kompletne, totalne. We wszystkim. Zmienił się świat, zmienili się ludzie, myśli, kierunki, idee. Powrót do „przed tym" jest niemożliwy. Ale w takim razie co? Oddziaływanie człowieka na to, co ujmuje się ogólną nazwą „ewolucja", jest w gruncie rzeczy dość ograniczone. Prawdziwy wynik końcowy jest zwycięstwem sił, które ścierają się pod powierzchnią, niewidoczne, biorą górę. Tym siłom trudno nadać kierunek. Można je rozpętać, ale trudno nimi pokierować, jak trudno pokierować ogniem lub powodzią. A w tej wojnie, do dziś dnia, nie robi się nic innego, jak tylko rozpętuje ciągle nowe siły. Trudno mi o tym mówić, bo siedzę w twierdzy, bez kontaktu z oblegającymi. Nie wiem, jaki kierunek obrała myśl TAM, po drugiej stronie. Ale to, co dochodzi stamtąd, jest bezładne i chwiejne. Anglia i Ameryka myślą o nas tak samo, jak myślały dawniej. Tymczasem Europa zmieniła się, i to bardziej, niż im się to wydaje. Cztery lata „Nowej Europy", potworne i długie, nauczyły nas zimnego realizmu, nauczyły twardego spoglądania prawdzie w oczy. Niełatwo nas ukołysać byle czym, niełatwo olśnić słowami. W tej gmatwaninie, wśród niedomówień i półsłówek, jedno jest wyraźne: Rosja. Rosja wie, czego chce — i działa. Nie kryje się z niczym. Rosja wie, że każdy rok tego życia czyni nas coraz bardziej „gotowymi na wszystko". I skorzysta z tego.

3.9.1943

Miałem dziś rano coś do załatwienia w mieście i koło Saint-Germain złapał mnie alarm. Usiadłem w ogródku pod kościołem i zacząłem czytać. Za chwilę zaczęła się strzelanina. Wszystkich zaganiano do bram. Wszedłem do jakiejś bramy na placu Saint-Germain i zacząłem rozmawiać z jakimś starszym panem. Profesor gimnazjum z Bordeaux. Rozmowa o książkach. Opowiadał mi o Bernanosie, którego zna osobiście. Zapuściliśmy się w dyskusję o obecnych czasach. Artyleria strzelała. Przeszły nad nami dwa klucze, wysoko. Od czasu do czasu lśniły w głębokim szafirze nieba jak ryby w głębinie, połyskujące białymi podbrzuszami. Czteromotorowe fortece. Strzelanina stała się jeszcze silniejsza. Na niebie pękały tysiące pocisków i samoloty płynęły wśród okrągłych chmurek. Nagle gwizd. Wskoczyłem do bramy. Na ulicy krzyki. Od strony dworca Montparnasse biegną ludzie. Rue de Rennes znikła w tumanach pyłu. Panika. Jakaś bomba spadła blisko. Policja znowu zagania ludzi do domów. Patrzymy na siebie. Mój profesor jest rozanielony. Coś się tu nie klei, skąd te bomby w środku miasta? Tymczasem ktoś wpada do bramy i krzyczy: „Anglicy wylądowali w Kalabrii". Dziwne są te chwile. Wydaje mi się, że śnię. Serce bije mi szybko i jednocześnie ogarnia mnie jakieś potworne zmęczenie. Chciałbym na chwilę przestać istnieć. Wielka chmura dymu i pyłu sunie ulicą i zbliża się ku nam. Lśnią w niej tylko srebrne grzebienie na hełmach policjantów zapędzających ciekawych do domów. Robi się cisza. Prysł urok miłej rozmowy z panem z bródką, rozpłynęły się w powietrzu nazwiska Bernanosa, Balzaca, Flauberta, Maupassanta. W uszach pozostało mi tylko ostatnie pytanie, na które nie zdążyłem odpowiedzieć: „Czy czytał pan coś Rogera Martina du Gard?". Nie — nie czytałem. Jeszcze tyle chciałbym przeczytać. Ale kiedy? Co najpierw? Po co? Żeby rozleciało się w pyle i znikło w dymie? Ryczą samochody straży ogniowej, wyją przeciągle syreny. Koniec alarmu. Świeci słońce, niebo jest szafirowe, z brzękiem otwierają się bistra i pod kolorowymi parasolami na tarasach siadają ludzie. Siadam i ja. *Garçon, un verre de rhum*[1]. Miałbym ochotę się upić.

Potem siadam na rower i jadę. Muszę objeżdżać, bo ulice zamknięte. Bomby spadły na rue de Rennes, na rue du Cherche-Midi. Koło dworca Montparnasse rozwalona sześciopiętrowa kamienica. Tumany pyłu, policja i straż ogniowa. Dzwonią ambulanse. Koło Porte de Versailles, na rue de la Croix-Nivert też kilka bomb. Może któryś z tych amerykańskich bombardierów był w dobrym humorze, wściekł się na ten flak porozstawiany po całym Paryżu i rzucił parę bombek. Na jego miejscu też bym sobie rzucił. Co jest? Wojna czy sielanka w tym Paryżu? My lecimy, strzelają do nas jak do kaczek, a tam na dole rozmawiają o Balzacu, o Maupassancie, o Bernanosie. Masz rację, chłopcze z Illinois lub z Texasu.

W fabryce gorączka. Wszyscy cisną się do telefonu. Cały Paryż telefonuje w tej chwili do rodziny, do znajomych, do krewnych, przyjaciół. Bombardowali Paryż... O rety — trzy bomby w pięciu rzędach i tyle hałasu. Mam ochotę deklamować bukoliki Vergilego.

8.9.1943

Szał, radość, upojenie. Włochy kapitulowały. Właściwie kapitulowały już dawno, sama kapitulacja została podpisana już kilka dni temu, ujawniono ją dopiero dzisiaj — „w momencie odpowiadającym zainteresowanym". Mussolini uwięziony przez rząd Badoglia. Dziś wieczorem wydawało się, że to koniec wojny. Przepraszam — kogo?

13.9.1943

Cudne. Oddziały spadochroniarzy niemieckich uwolniły Mussoliniego. Czytając dziś opisy tego wydarzenia historycznego, wydawało mi się, że czytam coś Dumasa ojca.

---

[1] Kelner, szklaneczkę rumu.

Niedostępny zamek w górach (ale ci niedostępny), uwięziony dyktator bodajże razem ze swoją nałożnicą – wszystko razem hrabia Monte Christo, trzej muszkieterowie i w ogóle Józef Balsamo. Gorsze jest to, że rzeczywiście go porwano i że Niemcy, prawie całkowicie zaskoczeni zdradą Włochów (*vous êtes vulgaire, mon cher. Ça s'appelle une volte-face*[1]), potrafili wyplątać się z sytuacji, która ósmego wydawała się położeniem bez wyjścia. Nie podzielam ogólnego entuzjazmu. Bo Anglicy i Amerykanie chyba też zostali zaskoczeni. Piąta armia amerykańska wylądowała z trudnością w zatoce Salerno i robi rozpaczliwe wysiłki, aby utrzymać się pod ogniem dywizji niemieckich, które wycofały się świetnie z południowych Włoch. Ósma armia angielska ze sławnym Montgomerym robi rozpaczliwe wysiłki, żeby połączyć się z Amerykanami. W pięć dni po zupełnej kapitulacji Włoch, zamiast natychmiastowego lądowania w kilku punktach i zajęcia Włoch aż po Lombardię, odcięcia Niemcom odwrotu, Anglicy i Amerykanie pozwalają na stworzenie linii obronnej w terenie stworzonym do obrony. Pokpili sprawę. Trzeba będzie potem poświęcić wielu ludzi, aby odrobić to, co można było zrobić kosztem minimalnych strat. Wiele krzyku, a korzyść wojenna niewielka. Clark pod Neapolem z trudnością trzyma się skrawka wybrzeża, Niemcy atakują składnie, Anglicy chcą się połączyć z Clarkiem, bałagan i zawracanie głowy. Ale grunt, że można wiele mówić. Prawdopodobnie jestem głupi, bo widzę, a inni mądrzy, bo nie widzą. Nikt od pewnego czasu nie chce widzieć. I nie widzi się.

15.9.1943

Tylko tak dalej i zepchną Amerykanów do wody. Niemcy już pieją o zwycięstwie, ale za wcześnie. Pianie ma zagłuszyć szczegóły zdrady Włoch, dość pikantne.

Byłem dziś wieczorem u Antków, którzy przyjechali ze wsi na kilka dni do Paryża. Nagle alarm. Wyszliśmy na balkon. Flak zaczął szaleć. Od strony zachodnich przedmieść słychać głuchy grzmot bomb. Po chwili na podwieczornym niebie ukazują się wielkie klucze bombowców. Ciężkie, sunące wolno wśród setek chmurek pocisków. Lecą stosunkowo nisko, po 26 w kluczu. Huk dział przeciwlotniczych staje się nieprzerwany i cały Paryż trzęsie się. Wtem w jednym z kluczów błyska ogień. Sekundy. Jak spłonięcie paska magnezji. Maszyna rozsypuje się w powietrzu. Skrzydła spadają, wirując jak suchy liść? Wyskoczą? Nie – nic. Patrzymy na to jak w kinie. Czuję, że nogi lekko drżą pode mną. Wykwita jeden jedyny punkcik spadochronu. Jeden na ośmiu czy dziesięciu wyskoczył. W kluczu robi się luka, ale maszyny spokojnie łączą. Na miejsce strąconego wchodzi najbliższy – inne za nim. I znowu płomień w następnym kluczu. Żona Antka dostaje napadu histerycznego płaczu. Sprowadzamy ją do piwnicy. Powoli ucisza się. Ludzie stoją grupkami na pustych ulicach i rozmawiają. Basia widziała tę całą „corridę" przez okienko w naszej

[1] Mój drogi, jesteś wulgarny. To się nazywa nagła wolta.

kuchni. Obydwoje czujemy coś w rodzaju rozdzierającej krzywdy pomieszanej z niesmakiem. Stać spokojnie i obserwować, jak zabijają ludzi.

18.9.1943

No — udało się złapać oczko w Salerno i naprawili sytuację. Rosjanie monotonnie idą naprzód. Jestem ciekawy, czy Niemcom uda się utrzymać na jakiś czas linię Dniepru. Nie mogąc oderwać się od nieprzyjaciela, zmuszeni są prowadzić ciągłe walki odwrotowe. Straszliwie wyczerpujące, ale robią to znakomicie. W każdym razie zbliża się zmierzch bogów. Czekam teraz na 44.

Powoli przygotowujemy się do zimy. Kartofle, konfitury — zresztą o jedzenie nietrudno, jeżeli ma się pieniądze. Jestem ciągle zmęczony. Rozumiem ludzi mających powołanie klasztorne. Byłbym teraz zdolny zamknąć się na długie miesiące w samotni. Pogrążyć się w ciszy, rozpuścić w monotonii popielatej egzystencji mnicha. Chodzić po zarosłych i wyzłoconych jesienią dróżkach jakiegoś zapuszczonego ogrodu i czytać św. Tomasza z Akwinu, św. Augustyna... Usiąść na jakiejś kamiennej ławce, pisać i zdmuchiwać z papieru małe pająćzki, uparte mrówki i zielone pchły drzewne. A potem patrzeć przez kraty gotyckiego okienka na wielkie czerwone słońce przekreślone kilkoma liniami sinych chmurek. Ktoś wniósłby jedzenie i świecę. A o północy wstałbym na modlitwę...

Tymczasem uganianie na rowerze po przepalonych gorącym latem ulicach. Pomimo podjesiennego chłodu kamienie pachną jeszcze upałem, kurz jest jeszcze letni. Interesy poszły dobrze. Kupiłem kilka ładnych rzeczy Basi, sobie kupuję książki.

25.9.1943

Rosjanie odebrali Smoleńsk, a Mussolini utworzył rząd republikańsko-faszystowski. Wszystko zaczyna być możliwe. Do czego jeszcze dojdziemy? Może do powołania dynastii Romanowów na tron rosyjski przez Stalina, który obejmie posadę Rasputina. Ma pełne kwalifikacje. Ten rząd „republikańsko-faszystowski" podziałał na mnie jak proszek „apsik". Mam ochotę kichać, ocierać łzy i zakichać się na śmierć nad tym bezbrzeżnym oceanem — czego? Głupoty? Kretynizmu? Szarlatanerii? To nie oddaje tego, o co tu chodzi. Jest to jakiś ocean gnoju, zraszany perfumami, w którym kąpie się wielki dom obłąkanych, jakim jest tak zwana ludzkość. Mussolini tworzy rząd „republikańsko-faszystowski", Stalin jest obrońcą demokracji (demokratyczny komunizm — to przyjdzie. Nawet niezłe), Hitler broni kultury zachodu — w ogóle wszyscy czegoś bronią. A poszczególny człowiek, z resztkami mózgu w czaszce, musi się bronić, żeby nie zakichać się na śmierć i nie oszaleć. Największą troską każdego powinno by być w tej chwili nie to, żeby wyjść jako tako cało z tej zawieruchy, ale żeby wyjść z resztkami przytomności. To będzie najtrudniejsze. Jedno jest pewne: gdyby posadzić dziś przy radiu najmocniejszą głowę i zmusić ją do słuchania wszystkiego i czytania wszystkiego, po tygodniu można by zamknąć takiego osobnika w zakładzie psychiatrycznym bez orzeczenia lekarskiego. Po prostu na oko. Wcale nie to, co się dzieje, lecz to, co się mówi i pisze ma w sobie wszystkie cechy dnia nadejścia Antychrysta. To, co się może stać, jest ograniczone, i to, co się dzieje – przemija. Ale raz rozpętana noc dusz i mroki myśli muszą długo czekać na świt.

Odczuwam to wprost fizycznie. Czuję się wsadzony między dwie płyty jakiejś prasy i coraz bardziej ściskany. I równocześnie nie mogę krzyczeć. Bo są rzeczy, wobec których zamiera głos. Pozostaje piekielne w swym milczeniu wołanie duszy. Już dwie noce pełne huku i błysków na niebie. Anglicy latają na Włochy. Dziś w nocy ranny bombowiec, palący się jak pochodnia, przeleciał nisko nad połową Paryża i rozwalił się na dachu Magazynów Luwru. Zwęglone szczątki załogi odnajdywano wokoło. Cóż za atrakcja...

26.9.1943

Zamieniłem się w maszynę rotacyjną do czytania. A więc nie linia Dniepru. Rosjanie przeszli Dniepr w sześciu miejscach, walki toczą się już pod Kijowem. Ciepło, ciepło – coraz cieplej. Niedługo zaczną nas „uwalniać". I uwolnią nas na pięćdziesiąt lat.

„50 ans de vie parisienne" Armory. Sprawa Dreyfusa, galeria minionych osób i przebrzmiałych nazwisk. Willy i Colette, Rachilde, Paryż 1900. Słabo pisane, koniunkturalnie. Jest na to moda, więc trzask.

28.9.1943

Uparte pogłoski o zawieszeniu broni sowiecko-niemieckim. Już wisi w powietrzu, już podjęto kroki za pośrednictwem Turcji. Wygląda to na rosyjski szantaż, przy pomocy którego chcą wymusić na „drogich sprzymierzeńcach" różne rzeczy. Puszczone przez komunistów na rozkaz Moskwy.

1.10.1943

Pogłoski o porozumieniu sowiecko-niemieckim stały się tak uparte, że Niemcy zdementowali je dziś oficjalnie.

We Francji zaczyna się coraz bardziej ujawniać zorganizowany Opór. Młodzi ludzie, skazani na wyjazd do Niemiec, organizują się w oddziały, uzbrajane z powietrza przez Anglików. Robią zamieszanie. Zaczęło się od palenia zbiorów i niszczenia maszyn rolniczych. Teraz coraz częściej dochodzi do zwyczajnych rabunków, bo chłopi niczego nie chcą dać dobrowolnie, i do zabijania kolaboracjonistów. Oczywiście sprząta się przy tym niewinnych i przeciwników politycznych. Francja, dotąd spokojna, zaczyna być niespokojna.

Anglicy i Amerykanie utknęli we Włoszech południowych i będą zimować. Mogło być lepiej... Rosjanie idą naprzód, Niemcy tracą powoli owoce wszystkich zwycięstw.

5.10.1943

M. napisali do mnie z Monceaux, że zabili świnię i żebym przyjechał. 80 km za Paryżem, już w departamencie Oise. Bardzo ich lubię. On, były szofer pocztowy, ona urocza, subtelna kobieta z tej pośredniej warstwy, spotykanej jedynie na Pomorzu. Osiedlili się dwa lata temu na wsi, gdzie on pracuje jako robotnik rolny. Przyszedłszy do dwóch gołych izb, znajdując tak prymitywne warunki bytu, jak tylko znaleźć je może robotnik rolny we Francji (to jest nie do wiary), dorobili się własną pracą i głową niemal wszystkiego. On sam porobił prymitywne meble, pobudował klatki dla kur i królików, chlewik, uprawił poza godzinami pracy spory ogródek. Przyszedłszy tu z Paryża z trzema walizkami, dziś mają niemal małe gospodarstwo — oczywiście ku zazdrości wszystkich Francuzów z ich otoczenia. Bo Francuz, gdy chodzi o cudzoziemca, nie chce dostrzec olbrzymiej pracy, dostrzegając jedynie wynik. U Polaka wszystko jest lepsze, wszystko się lepiej udaje. Dlaczego, o tym zawistny Francuz nie myśli. Uważa to za niesprawiedliwość, wymyśla na *sale étranger*[1], spogląda jak Polak je coraz lepiej i niczego sobie nie żałuje, ale palcem nie kiwnie, żeby polepszyć swoją jaskiniową egzystencję. Bo jest leniwy. Nie widzi, że najgłupszy Polak jest inteligentniejszy od niego, że nie boi się pracy, że ma inicjatywę i pomysłowość, że „potrafi wszystko", bo chce. I musi. Francuz tylko zazdrości, psioczy i nic nie rozumie. Dla Francuza wszystko jest zawsze „niesprawiedliwością". *C'est pas juste*[2] — słyszy się od rana do wieczora. Szczególnie gdy chodzi o obcych.

Polactwo jest zastanawiające. W Polaków wstąpił jakiś diabeł. Wszyscy dają sobie radę, mają pieniądze, handlują, zarabiają, wydają i jedzą, jeżdżą na wakacje, leczą się. Polacy wszystko potrafią: robotnik fabryczny lub mechanik umie utuczyć świnię, dochować się kur, wszystko naprawi, sam zrobi mydło, świece, kiełbasę, szafę lub kurnik, posadzi tytoń, ma najładniejsze pomidory itd. Jesteśmy narodem stworzonym do życia na emigracji, bo tylko na emigracji potrafimy dokazać cudów. U siebie tracimy jakoś cały rozpęd i każdy marzy tylko, aby być — urzędnikiem państwowym. Gdy tylko Polska i ojczyzna nasza święta przestaje nam trochę ujeżdżać mózg, stajemy się jednym z najwspanialszych materiałów ludzkich, ruszamy się, kwitniemy, dorabiamy się. Nawet myślimy, co jest raczej rzadką cechą naszego charakteru.

Wyjechałem dziś rano koło ósmej. Dzień szary, chłodny i mglisty. Długa droga przez okopcone przedmieścia. Dopiero za Saint-Denis wjechałem na właściwą szosę. Jesień. Pożółkła trawa, rdzawe drzewa, skołtunione ogródki z resztkami kapusty, sałaty, marchewki. Jest mi dobrze. Jestem sam i stapiam się w jedno z tą otaczającą mnie szarugą. Pogryzam czekoladę i jadę. Uciekają wolno kilometry. Mijam jakiś *château* pogrążony w zapuszczonym parku. Na walących się murach ogrodzenia czarny napis *Vive le Roi*. Należałoby się uśmiechnąć, ale nie uśmiecham się. Ta zarozumiałość wstrzyknięta nam przez

1 Śmierdzącego cudzoziemca.
2 To niesprawiedliwe.

XIX wiek jest komiczna. I wszystko dlatego, że ludzkość z trudnością zaczęła coś tam widzieć i mówić na g... g..., a nie papu. Każdy dureń zaczął się uważać za „uczonego" i mówić na wszystko, że to „śmieszne". Bo nie jest „postępowe", powierzchowne, kretyńskie, „dostępne dla każdego", płytkie i łatwe. Całą ludzkość zaczyna się kształcić na książeczkach z obrazkami, przy czym komunistyczne książeczki biją wszystkie rekordy. Głupota i zagnojona zarozumiałość rosną i rosną.

W Chantilly wjeżdżam w półmrok lasów. Przed samym miastem wspaniała aleja, na prawo, do zamku Menier. *Chocolat Menier*. Na ścieżkach, obok drogi, kłusują konie wyścigowe, objeżdżane przez małych jak Pigmeje dżokejów. Dżokej i kościelny to chyba dwa najwstrętniejsze okazy rasy białej. Migają kolorowe kurtki w półmroku leśnym. W samym Chantilly kręcą się po ulicy niemieckie telefonistki z torbami winogron w rękach *und sie lachen und essen*[1]. Na ich widok budzi się we mnie morderca seksualny. Kupuję kilogram wielkich czarnych winogron. Za Creil odpocznę i zjem je. Od Chantilly do Creil droga jest prosta i monotonna. Mgła gęstnieje i osiada mi kropelkami na kurtce i na wąsach. Zapach północnej Francji, klimat powieści Van der Meerscha, Creil roi się od robotników różnych narodowości. Niemcy budują tu w okolicy lotniska. Na ulicach charczą Algierczycy i Marokańczycy, łyskają białkami oczu Murzyni, słychać energiczne k... m... wypowiedziane śpiewnym akcentem Małopolski wschodniej. Przejeżdżam ponad dworcem. Jestem ciekawy, kiedy Anglicy to zbombardują. Będzie w co ładować. Dziesiątki lokomotyw, setki wagonów towarowych. Za Creil, w jakimś małym miasteczku, zaszywam się w przydrożnym bistro. Piję kawę i jem mój chleb z serem. Patron z pedanterią wyciera czysty już od godziny kontuar. Wszedł jakiś grubas i zaczęli szeptać w kącie. Dosłyszałem słowa „samochód" i „dwie tony". Jakiś większy obrocik bokiem czegoś kartkowego. Zapili transakcję cidrem. Jadę dalej.

Po godzinie wjeżdżam do Clermont. Cisza pory obiadowej. Koło drugiej jestem w Monceaux. M. przyjmują mnie z radością. Zjadam olbrzymi kotlet wieprzowy i po obiedzie kładę się spać. Niedające się opisać poczucie błogiego spokoju i ciszy. Czuję zmęczenie w wyciągniętych nogach. Na szybach bzykają niedobitki letnich much, z podwórka dolatują głosy kur i kaczek. Patrzę w okopcony sufit i słucham jak M. myje naczynie obok, w kuchni. Plusk wylewanej i wlewanej wody, szczęk widelców i noży. Jestem cały spokojnym odpoczynkiem.

6.10.1943

Po śniadaniu urozmaiconym wszystkimi wynikami świniobicia (pasztetówka, salceson, kiełbasa) wyszedłem z książką przejść się. Dzień bladosłoneczny, ciepły. Szedłem długą aleją pomiędzy zarośniętymi stawkami. Wszystko miało złotawożółty kolor. Małe listki topoli sypały się z drzew, mieniąc się w słoń-

[1] I śmieją się i jedzą.

cu jak cekiny. Szeleściły wśród lekkich powiewów wiatru żółknące i schnące na końcach tataraki i trzciny. Poprzez otwory w tej umierającej zieloności widać było skrawki bladoniebieskiego nieba, powleczonego srebrną mgiełką. Cisza jesiennego przedpołudnia. Lubię czytać, chodząc. Czytam i ślizgam się myślą w krótkich rzutach, jak nartniki na wodzie. Patrzę na nie, stanąwszy nad brzegiem stawku. Woda ugina się pod ich delikatnymi łapkami jakby była czymś plastycznym i gęstym. Chodzą po wodzie, biegają w pogoni za czymś niewidocznym. A z drzew sypią się ciągle na wodę drobne złote listki.

Nie wiem dlaczego, ale w taki jesienny, srebrno-złoty dzień czuje się o wiele wyraźniej przeszłość, miniony czas. Jedno po drugim budzą się wspomnienia, odżywają minione lata z ich nic nieznaczącymi wydarzeniami. Nie myśli się o ważnych rzeczach, lecz o pospolitych, drobnych szczegółach: wtedy matka dawała śliwki. Pokryte były siwym puszkiem i przypominały omszałe butelki starego wina. W niedzielę, po nabożeństwie, szło się na Deptak na Błoniach i kupowało się od święta „Sfinksy". W jedną z upalnych nocy letnich pomagałem Frankom kończyć wystawę do sklepu Janka Grossego. Upalna, letnia noc w Krakowie... Tęsknota i żal, że to nie wróci, że minęły właśnie te głupstwa. Łzy napływają do oczu same, dwoją się i troją spadające z drzew listki. Nartniki ślizgają się po wodzie, plusnęła ryba. A gdy zamknie się oczy, przycięta powieką łza urywa się i cieknie wolno po policzku. Obliż ją, jak wtedy... Łaskota, gdy zatrzyma się w kąciku ust. Tęsknota drżąca w piersiach, żal po minionym czasie, jak po kimś zmarłym. Górą przetoczył się wiatr i sypnął znowu garść złotych confetti na marszczącą się wodę. Życie pędzi, coraz więcej śladów pozostaje w tyle. Wracam na obiad i objadam się na sentymentalno, bo nawet kotlety wieprzowe budzą we mnie wspomnienia. Pod wieczór zwiedzam gospodarstwo M. i S. Kurniki, chlewki, królikarnie pobudowane własnoręcznie ze starych cegieł, desek pozbieranych wokoło, skrawków starej blachy. Potrafili wykorzystać każdy odpadek, klecąc to do kupy po godzinach pracy do późnej nocy. Co Francuz wyrzuci, to Polak naprawi, odnowi i wykorzysta. Dwoje dzieci S. i jego żona chodzą w mocnych skórzanych sandałach, które S., z zawodu frezer, porobił im z resztek bucików poznajdywanych w śmieciach. Francuzi przychodzą do nich i mówią z zawiścią: *Mais vous êtes capitaliste*[1]. Mają rację — każdy Polak od urodzenia jest kapitalistą. I byłby nim, gdyby miał ku temu warunki. I gdyby nie miał Polski ugniatającej mu mózgownicę. Polska zamienia się w Państwo, Państwo w urzędnika, w końcu i Państwo, i minister, i urzędnik, i wszyscy to Polska, robi się bigos i wszyscy głupieją. Po czym, zamiast żeby taki M. albo S. produkował soki owocowe, to jest „Państwowa wytwórnia soków owocowych", a S. i M. są szoferami pocztowymi.

[1] Pan jest kapitalistą.

7.10.1943

Łagodny, słoneczny dzień. Wyjechałem rano i kręciłem wolno. Przysiadałem po drodze. Po czterdziestu kilometrach usiadłem przy szosie i jadłem. Przejeżdżał samochód ciężarowy z jabłkami. Rzucili mi trzy duże jabłka. *Pour votre dessert*[1], krzyknął siedzący na górze koszów Francuz. Kiwnąłem ręką i uśmiechnąłem się. Doskonałe jabłka. Dalej już po prostu wlokłem się. Żal mi było mijać szybko lasy i resztki zieleni. Znowu miasto. W Chantilly udało mi się artystycznie wyminąć patrol żandarmów sprawdzający zawartość pakunków cyklistów. Moja słonina, mięso, jajka i mąka były w niebezpieczeństwie — nie mówiąc o mnie samym. To tępienie czarnego handlu jest głupotą. Koło pierwszej po południu byłem w domu. Odświeżyły mnie te trzy dni.

9.10.1943

Wieczorem w Variétés na „Fanny" Pagnola z Raimu. Raimu to chyba najlepszy aktor francuski. I w filmie, i w teatrze przerasta o głowę cały zespół aktorski Francji. Naturalność, inteligencja, kultura, ukryty czar i dobroć emanują z jego każdego słowa i gestu. Są to jego ostatnie występy przed wstąpieniem do Komedii Francuskiej, gdzie na pierwszy ogień ma grać Moliera „Bourgeois Gentilhomme"[2]. W związku z tym wiele intryg i zawiści. Bo mumie z Komedii Francuskiej nie mogą pogodzić się z faktem, że bulwarowy aktor (to coś w rodzaju linoskoczka) będzie kalał deski pierwszej sceny Francji. Teraz, na pożegnanie, Raimu gra na Bulwarach jako niezapomniany Cezar w „Fanny".

Pagnol cały jest uroczy. Wszystkie jego sztuki, wszystkie scenariusze filmowe, choć podobne jedne do drugich, są zawsze pełne tego, co nigdy się nie znudzi — serca. Wieje od nich ciepłem Południa, beztroską, gadatliwością, dobrocią i dobrodusznością tych ludzi, których radości i smutki, śmiech i łzy kąpią się zawsze w promieniach słońca. Jest w nich nastrój zastygłych w upale godzin popołudnia, cichych wieczorów i pogawędek przy nieuniknionym kieliszku żółtawozielonego pastis. A wszystko przeplecione gwałtownymi wybuchami uczuć, jak podmuchy mistralu. Trzeba poznać Południe, tę drugą Francję, wżyć się w nie i zrozumieć, żeby ocenić naprawdę te drobne szczegóły, słowa i ruchy, z których Pagnol tworzy swoje sztuki i Sztukę. Jest to zwykle połączenie monologów i gestów z prostą i niewymyślną akcją, jakich spotyka się w życiu tysiące. Jego ludzie są ludzcy i to, co robią, robią naprawdę. W ich piersiach bije jedno serce, a prostota ich nie jest pozą. Życie jest tu splecione w jedno ze słońcem, winem, oliwą, i tworzy ten przedziwny roztwór, w którym bodajże największy ból znajdzie ukojenie. Zapłakane oczy spoczną na szafirowej tafli morza, zaszumi wiatr w parasolach sosen, nozdrza napełnią się zapachem smażonej oliwy i ryb, a mroczne i chłodne wnętrze małego bistra zwabi swoim spokojem.

---

1 To na deser.

2 „Mieszczanin szlachcicem".

Bo tu tak dobrze jest żyć, że życie jest najważniejsze. Jeżeli nie będzie takie, to będzie inne — i chyba też dobre; spokojne, przedwieczorne.

Mariusz wyjechał i zostawił Fanny. Uwiodły go pragnienia poznania tych innych światów, oddech mórz i obcych kontynentów porwał go i odebrał kobiecie. Zostawił dwa serca, szarpane tęsknotą — Fanny i Cezara. Mijają miesiące bez wieści. Fanny nie może już dłużej ukrywać się z tym, że ma zostać matką. Rozmowy, zwierzenia, wybuchy gniewu i czułe słowa. Panisse oświadcza się Fanny. Scena w sklepie u Panisse' a, ten pełen uśmiechu splot południowej *vantardise*[1], pióropuszowatości słów i gestów z szlachetnością uczuć prawdziwych i nieudanych, jest wspaniały. Na ruinach szczęścia wykwita nowe. I gdy zjawia się Mariusz, musi odejść, bo tego chce życie, bo tak będzie lepiej.

Jeżeli ta sztuka nigdy nie postarzeje się, to jednak aktorzy, grający ją już od przeszło dziesięciu lat, zdążyli się postarzeć. „Fanny" idzie dziś w Paryżu jeszcze ciągle w pierwotnej obsadzie. Jest to chyba możliwe jedynie w Paryżu i ma wzruszający urok. Tylko że jeśli nie razi to, gdy chodzi o wszystkich starszych, jak Cezar, Panisse, matka Fanny, to jednak na Mariuszu i Fanny ząb czasu zrobił swoje. Zarówno Orane Demazis, jak i Berval są młodą parą w średnim wieku. Wypukły brzuszek Mariusza i niemłoda już twarz i sylwetka Fanny psują trochę obraz i nastrój.

Ale nad wszystkim panuje Raimu. Jego gra jest arcydziełem. Czuje się, że on się nie powtarza, lecz za każdym razem tworzy na nowo. Może stąd ta urzekająca świeżość i czar każdego spojrzenia, gestu, słowa.

Przymykałem oczy i czułem zapachy, ciepło i powiew wiatru. Wieczory w Carcassonne, w Narbonne. Przysypana kurzem twarda zieleń drzew i winnic. Morze, słońce. Tam, w tym słońcu, w mrocznym chłodzie jakiegoś bistra, w szklance rumu, w długich godzinach zupełnej samotności nad brzegiem morza urodził mi się kawałek mnie. I kawałek mnie pozostał tam na zawsze...

Wyszliśmy na ciemny Bulwar. Z kin, teatrów wychodzili ludzie i ginęli pod ziemią. W dusznych korytarzach metra sprzedawali bukieciki róż. To stamtąd.

13.10.1943

Wspaniałe. Gdy dzisiaj w rozmowie z jednym Francuzem, mówiąc o obecnym okresie, wyraziłem nieśmiałą obawę, że cały ten okres może okazać się jednak plamą na historii Francji, odpowiedział mi zupełnie serio: „To nigdy nie będzie stanowić historii Francji — to będzie liczyć się do historii okupacji". To, to, to, właśnie TO, a nie co innego, ich zgubi. Ślepną na grandę. Nacjonalizm i *la France éternelle* otumania ich jeszcze bardziej niż nas Polska.

---

1 Fanfaronady.

16.10.1943

Wieczorem w Théâtre des Ambassadeurs na „Duo"[1]. Przeróbka sceniczna Géraldy powieści Colette. Niewiele z tego zrozumiałem, bo czuję, że w zetknięciu z kobietą tego rodzaju i z „problemem" tego rodzaju zareagowałbym inaczej. Ale bardzo być może, że trudno mi to zrozumieć, bo jestem inny rasowo. I tak samo jak trudno mi zrozumieć de Grieux w „Manon Lescaut", tak i Michel — pomimo całej sympatii, jaką odczuwałem dla niego do końca — nie był w stanie we mnie nic poruszyć.

Alice jest rysowniczką mody, Michel dyrektorem administracyjnym w wielkim domu mody. Przyjechali na weekend do swojej małej fermy gdzieś we Francji. Zupełnie przypadkiem, głupio i niepotrzebnie, Michel dowiaduje się, że Alice zdradziła go kiedyś, już dawno, podczas jego pobytu w Londynie, z dostawcą materiałów i finansistą, Bordierem. Cios jest okrutny, bo Michel kocha Alice i od razu czuje, że zdrada Alice była po prostu „pośliznięciem się" zmysłów, że ten wypadek nie zaważył na jej uczuciu dla niego. Zagryza zęby, opanowuje się. Trzeba być współczesnym, *à la page*. Nawet żartuje i podkpiwa, życie płynie dalej.

Czuje jednak, że nie ma sposobu uniknięcia wyjaśnień. Brak mu sił do zupełnego zbagatelizowania zdarzenia. Nagłe śledztwo. Pytania jedno po drugim. Czy Alice kierowała się uczuciem, czy też był to „wypadek" zmysłów? Małe zwichrowanie uczucia, bez jutra — zapewnia Alice. Michel uspokaja się i zapomni. Po burzy niebo znowu jest błękitne. Ale po raz drugi Michel zaufał zbytnio swym siłom. Tak się składa, że Bordier wpada do nich w drodze do Paryża, aby omówić pewne sprawy finansowe, kwestię ewentualnej pożyczki i kredytu dla domu mody. Michel nie może opanować się. Chwyta Bordiera za kark i wyrzuca go za drzwi. Ale nawet twarzy mu nie rozkwasił. Cały czas myślałem: „Michel — wal — w szczękę, przytrzymaj za krawat, i w kuchnię", a ten nic. Krew mnie zalewała. Dramat odradza się.

Michel wstydzi się swojej „słabości". Przeprasza Alice, że się uniósł. Nie — nic nie zrozumiałem. Zamiast z kolei wygrzmocić Alice, on ją przeprasza. Gdyby chodziło o zwykłe porażenie zmysłów, powiada, łatwiej pogodziłby się z faktem. Lecz Alice oddała Bordierowi nie tylko swe ciało, lecz także cząstkę swych uczuć. Z tym nie może się pogodzić. „Skłamałam — woła Alice — chodziło tylko o zwyczajny *coup de sens*[2]". Przysięga, udowadnia mu to bardzo trywialnym ustępem listu, który Bordier napisał do niej nazajutrz. Michel jest dobity. Udaje spokój, ale gdy tylko Alice uśnie, zmęczona wzajemną szarpaniną, on wyjedzie z domu i — utopi się.

Trzy akty dialogu, stopniowanego. *Piano, forte, con fuoco*. Géraldy doskonale wystopniował to i przykroił do sceny. Doskonale wydobył niedomówienia. Ale i tak nic nie rozumiałem. Koniec zupełnie mnie rozśmieszył. Jak można topić

---

[1] „Ich dwoje", Warszawa, 1935.

[2] Epizod erotyczny.

się. Nie umiał pływać czy co? Mężczyzna w takich wypadkach może próbować tylko jednego rodzaju topienia się: w alkoholu. I po co znęca się nad sobą. Dlaczego nie znęca się nad Alice i Bordierem, skoro już chce się znęcać? Zdaje mi się, że w sumie ta sztuka zaczepia o problem nowoczesnego mężczyzny. Jeżeli tak, to wypadek jest ciekawy.

Nie ma żadnej wątpliwości, że w naszej epoce maszyn i nudy ginie prawdziwy mężczyzna. Reakcje mężczyzn na tysiące zjawisk życia i sytuacji przypominają raczej reakcje histerycznej kobiety. Coraz lepiej trzyma się kobieta, z coraz większą odpornością i hartem przyjmuje ona ciosy i paruje je, coraz bardziej chwieje się mężczyzna. Tę wojnę znoszą kobiety o wiele lepiej. Mężczyźni biją się, bo muszą. Jest wiele bohaterstwa. Ale gdyby zajrzeć głębiej, to nie wiem czy nie okazałoby się, że nawet na frontach tej wojny snuje się nad wieloma rzeczami histeria. Jest to wojna rozhisteryzowanych mężczyzn i dlatego jest tak okrutna. Kto wie, czy mężczyzna nie ginie już nawet w wojnie. Nie mówiąc o życiu codziennym. Odporność mężczyzny maleje. Fizycznie i szczególniej moralnie mężczyzna załamuje się z coraz większą łatwością. To nie współczesna kobieta, umężczyźniona, przypomina hermafrodytę, lecz mężczyzna, który staje się płynny, nieuchwytny, mglisty. O ileż trudniej dać dziś obraz mężczyzny. Nie ma już prawie „słabych" kobiet; są za to słabi mężczyźni i coraz ich więcej. Coraz więcej zdecydowanych kobiet, coraz mniej zdecydowanych mężczyzn. Cała ta nadchodząca cywilizacja zagraża o wiele bardziej mężczyźnie niż kobiecie. Kobieta o wiele łatwiej znosi jednostajność, a za porządek, pewność i ład gotowa jest bardzo wiele oddać. W mężczyźnie może to wiele zabić. Stajemy się po kobiecemu drobiazgowi, czuli w sensie ujemnym, mściwi, bez gestu. Nadchodzą na nas nastroje, w których staramy się zwalczyć poczucie odpowiedzialności, histeria, rozluźnienie, zmienność.

Michel jest doskonałą próbką nowoczesnego mężczyzny, tego biednego mężczyzny wepchniętego w regulamin, zaszeregowanego, ponumerowanego, ogrodzonego godzinami i minutami, ściśniętego automatyzmem — całą dyscypliną zewnętrzną, w której traci się wszystką dyscyplinę wewnętrzną. Nie chce całkiem zwyczajnie „wymasować" Bordiera. Ba — usprawiedliwia się, że delikatnie wyrzucił go za drzwi. Nie ma odwagi przetrzepać żony. To byłoby bardzo prymitywne, ale jej i jemu mogłoby przynieść ulgę. Nie ma odwagi rozstać się z nią, bo życie bez niej będzie jeszcze bardziej jałowe, szare, biurowe i papierowe. Nie chce rozpocząć życia na nowo, bo brak mu fantazji — płomień zgasł. On, reprezentacyjny okaz mężczyzny odtwórczego naszej epoki, nie czuje się na siłach szukać ujścia w jakiejś twórczości czy przygodzie. Stara się rozwiązać problem intelektualnie, rozsądkiem, i przełamać w sobie rozumem to, wobec czego rozum jest właściwie bezsilny. I wobec tego — topi się. Niech cholera udusi. Dobrze mu tak.

Sztuka świetnie grana, choć Valentine Tessier „ubezczelnia" dialog zanadto. Odpowiada i zachowuje się tak prowokująco, że na miejscu tego Michela prałbym ją od pierwszego aktu do ostatniego. Ten rodzaj gry zmienia zasadniczo intencję sztuki i przekręca jej sens.

Za to publiczność fantastyczna. „Panie" i „panowie", hołota wzbogacona czarnym handlem, która przychodzi do teatru nie na trzy akty, lecz na dwa antrakty. Patrząc na nich, zdawało mi się, że jestem w jakimś teatrze na Dzikim Zachodzie wśród poszukiwaczy złota.

17.10.1943

W Moskwie rozpoczęła się konferencja tak zwanych Sprzymierzonych. Eden, Hall, Mołotow, wojskowi itd. Partia pokera rozgrywana wśród koniokradów. Moskwa chce drugiego frontu, naciska, żąda i podobno grozi. Anglicy politykują z wrodzoną im głupotą, co sprawia wrażenie „wielkiej i zręcznej dyplomacji". A Amerykanie powołują się na swoje dostawy do Rosji i dają do zrozumienia, że bez nich byłoby Sowietom ciężko, ale Sowiety nie chcą dorozumieć się. Tymczasem wszyscy siebie nawzajem potrzebują, więc jest nadzieja, że dojdą do porozumienia. Jeżeli za rok zacznie się „to wszystko" kończyć, to będzie dobrze. Ale lepiej nie myśleć „jak".

Wszędzie panują obecnie dwa silne i niezwalczalne przekonania. Najrozsądniejsi ludzie sprowadzają teraz wszystko najpierw do pobicia Niemiec: „Jak Niemcy zostaną pobite, to wejdziemy w nowy okres". Jednym słowem Wolność, Równość, Braterstwo, Dobrobyt, Niepodległość — *wsio*, *tout*, *everything*, *alles*. „Jak Niemcy zostaną pobite, to się ożenię, to masło będzie tańsze, raj na ziemi". Proste, jasne, pewne. Rodzynki w koszyku już przygotowane, bakalie bez kartek. Drugi dogmat to zmiana Rosji. Oni już się zmienili. To są czyste anioły, baranki, ludzie naprawdę wielcy. Oczywiście, tak, „takie" rzeczy są nieuniknione na początku (długi ten początek jak na początek), ale nie ulega wątpliwości, że... To wszystko nieprawda, reakcyjna propaganda, kłamstwo. Katyń — mój Boże — nie wiadomo, kwestia sporna. Jest w tym wszystkim podświadome czepianie się byle czego, absolutna chęć u w i e r z e n i a. Sowiety i komunizm stały się namiastką religii. Wiara w nie zajęła miejsce utraconej wiary we wszystko. Człowiek, stając się coraz bardziej odśrodkowym pod wpływem odśrodkowego ruchu świata i całej ludzkości, nie chce wylecieć z wirażu. I wobec tego brnie z jednego kretynizmu w jeszcze większe kretynizmy.

21.10.1943

Jesień. Gdy wyjeżdżam rano do biura, robotnicy w niebieskich spłowiałych ubraniach zamiatają na szarej avenue Daumesnil zeschłe liście. Układają je na brzegu chodników w wielkie stosy i podpalają. Po ulicy snuje się mięsisty, tłusty dym. Gatunek dymu też zależy od pory roku. Inny jest dym letni, inny jesienny. Jest chłodno i popielato. Zbliża się znowu wojenna zima.

Na rue Saint-Sulpice odkryłem małą księgarnię, w której zgodzili się wyszukiwać mi „trudne" książki. Wszystkim trzęsie tam mały, niewyrośnięty introligator. Książka, szczególniej dobra, stała się dziś tak samo przedmiotem czarnego handlu jak masło, cukier i fałszywe kartki na chleb, w ogóle wszystko. Szereg tłumaczeń z angielskiego, wiele wydawnictw przedwojennych i dziś zakazanych, ma swój kurs zupełnie tak samo jak dolary i luidory. Mój introligator (nazywa się Bardache — zupełnie balzakowskie nazwisko) wtajemnicza mnie w labirynt obecnego rynku. Wysiaduję w jego oszklonej od góry komórce za sklepem, kręcę papierosy dla niego i dla siebie (ma palce lepkie od kleju i nie może sam skręcać, a tym, że ja ślinię, wcale się nie brzydzi) i patrzę, jak przylepia skórzane grzbiety do zszytych książek. Znalazł mi już i Schelera, i Junga, i Spenglera, którego chciałem sobie powtórzyć po kilkunastu latach. Opowiada mi o Pierre Louysie, o szeregu jego książek, co do których nie wiadomo, czy są jego, czy zostały podrobione na użytek poczekalni w burdelach, podaje mi zupełnie zawrotne ceny niektórych *édition de luxe*[1].

Z przyjemnością wdechuję zapach kleju i starego papieru. Potem chodzę wzdłuż półek w sklepie i przeglądam książki. Kompletuję małą bibliotekę. Ale wielu rzeczy nie można dostać. Wobec tego zamawiam. Bardache rzuca w pogoni za danym tytułem całą sforę psów gończych, a ja czekam. Płacę drożej, ale mogę sobie na to pozwolić. Nie można być człowiekiem poniżej pewnej sumy wolnej w kieszeni. Duch bez kawałka kiełbasy i minimalnej choćby możliwości zrealizowania swych potrzeb kulturalnych staje się zupełnie nieludzkim, to znaczy wybitnie skłonnym do tworzenia ideologii, w myśl których należy wyrżnąć połowę ludzkości, aby twórca ideologii i jemu podobni mieli co jeść i czym zaspokoić swoje elementarne potrzeby kulturalne. Właściwie wszystkie ideologie „jedyne i prawdziwe" są wytworami głodomorów — jeżeli nie fizycznych, ta na pewno moralnych lub duchowych.

Poniżej pewnego poziomu nie można być człowiekiem. Można posiadać wszystkie cechy człowieczeństwa, trzymać się, ale kosztem potwornych wysiłków, paczących na pewno duszę. Posiadanie lub otrzymanie pewnej kultury bez równoczesnej możliwości częściowego choćby zaspokojenia potrzeb, które ona rodzi, prowadzi ludzi do zboczeń mniej lub więcej niebezpiecznych dla otoczenia. Głodomory moralne lub duchowe są daleko niebezpieczniejsze niż głodomory fizyczne. Głód fizyczny łatwiej zaspokoić, głód duchowy trwa i nawet rośnie, gdy tamten został zaspokojony. Człowiek z pewną kulturą nie jest i nie może być pełnym, gdy przez cały dzień musi powtarzać: „Gdybym miał... to kupiłbym...". Jedną z przyczyn, z powodu której kiedyś mit komunizmu rozleci się w pył, będzie to, że upowszechni on pewne potrzeby, nazywając je „elementarnymi" i nie dając z drugiej strony możliwości zaspokojenia ich. Na dnie całego konfliktu dzisiejszego tkwi spór pomiędzy dwoma metodami „karmienia". Jedni chcą iść naprzód, chcą dogonić wyobraźnię (Ameryka), drudzy chcą ją zabić, sprowadzając wszystkich na najniższy poziom, chcą „oduczyć chcieć", chcą odzwyczaić ludzi od głodu moralnego, chcą może po prostu głód zabić głodem (Rosja).

Robię doświadczenia na sobie. Od czasu gdy kiełbasa nie jest dla mnie problemem, coś się we mnie wyprostowało. Od czasu gdy wyobraźnia nie tańczy dzikiej sarabandy wokół tytułu jakiejś książki, coś się we mnie pręży. Bo w wie-

[1] Wydań luksusowych.

lu wypadkach MOGĘ, ALE NIE CHCĘ. „Mogę, ale po co" daje jednak sporo godności. Nawet w stosunkach z samym sobą.

23.10.1943

Wieczorem w Théâtre Saint-George na „L'école des ménages" Balzaca. Szedłem do teatru z ciężką tremą. Była to ta obawa o kogoś, kogo się bardzo kocha i o kim się wie, że wszedł na złe drogi. Bałem się kompromitacji, po prostu klapy — miałem rację.

Co do możliwości teatralnych Balzaca zdania są podzielone. Jedni twierdzą, że na scenie nie miał żadnych szans — drudzy utrzymują, że nie miał on czasu opanować techniki i że gdyby żył dłużej, odnalazłby na pewno i tutaj właściwy styl. Nie wiadomo. Jedno jest pewne, a mianowicie że sam Balzac nie miał zbyt wielkiego zaufania do siebie w tej dziedzinie twórczości, gdyż do napisania sztuki szukał zawsze wspólnika. Kończyło się zwykle na tym, że wspólnik zawodził, a Balzac sam — wśród tortur i bólów porodowych odkładał zaczętą rzecz do szuflady. Gdy groziły większe płatności, gdy normalne wpływy gotówki nie wystarczały na pokrycie należności, nerw sceniczny Balzaca odżywał. Teatr. Koniec długów i fortuna. Bo teatr interesował go właściwie jedynie od strony pieniężnej. „Sto pięćdziesiąt przedstawień — wykrzykiwał znajomym — po pięć tysięcy franków każde, to znaczy siedemset pięćdziesiąt tysięcy. A teraz liczcie: dwanaście procent praw autorskich, to znaczy przeszło osiemdziesiąt tysięcy franków czystego zysku. Nie mówiąc o broszurze w dziesięciu tysiącach egzemplarzy po trzy franki sztuka trzydzieści tysięcy...". I odłożona na bok sztuka, niedokończona i pokryta zaschniętym potem całonocnych wysiłków, gigantycznych zmagań się tej olbrzymiej wyobraźni z ciasnymi wymaganiami teatru, wychodziła z szuflady na stół. Tak było z „L'école des ménages".

Po swojej wielkiej podróży na Korsykę i na Sardynię, gdzie sprzątnięto mu sprzed nosa kopalnię srebra, którą chciał kupić i która — o dziwo — okazałaby się naprawdę dobrym, milionowym interesem (dlatego nie poszło), po pobycie w północnych Włoszech i w Guérande (amory z Hélène de la Valette), rok 1838 był stosunkowo mało urodzajny. „Gabinet Starożytności", „Blaski i nędze życia kurtyzan", wykończenie „Cezara Birotteau", „Dom Nucingenów" i „Córka Ewy". Normalne wpływy gotówki skromne. Tymczasem płatności grożą. W lutym 1839 wypada mu płatność 6000 franków. Co robić? Teatr. Za pośrednictwem swojego znajomego, Pérémé, staje układ między Balzakiem i dyrektorem La Renaissance A. Jolly, w myśl którego Balzac otrzyma 6000 franków za natychmiastowe dostarczenie „Szkoły małżeństw" — następna sztuka za pięć miesięcy, następna za osiem... Ocalony.

Natychmiast wyciąga z szuflady „Pierwszą pannę sklepową" (*Première demoiselle*), która jeszcze w 1838 nie podobała się pani Hańskiej, ale która wzbudziła zachwyt pani Sand. Balzac zmienia tytuł. Z panny sklepowej robi się szkoła małżeństw. „Rzucę dramat z życia mieszczańskiego, jak próbny balon — piszę bodajże do pani Hańskiej — bez hałasu, jak coś bez konsekwencji, aby zobaczyć, co powie się o tym, co jest prawdą absolutną". Oczywiście angażuje wspólnika. Jest nim Lassailly. Razem z nim zabiera się do pracy. Szesnaście dni i szesnaście nocy borykania się z niepokonalnymi trudnościami sceny. Zmęczony, stratowany, wyciśnięty jak cytryna, zjawia się ze „Szkołą małżeństw" w gabinecie Jolly. Jolly sztuki nie przyjmuje. „Prawda absolutna", „dramaty z życia mieszczańskiego" nie były wówczas w modzie. Teatr chciał teatru w najgorszym tego słowa znaczeniu dzisiaj, chciał kawałków *à la* „Antony" Dumasa tatusia lub „Hamleta" z happy endem, którego tatuś Dumas tak przykroił dla paryskiej publiczności. Happy end to wcale nie amerykański wynalazek. Kultura masowa, która zaczęła wtedy kiełkować we Francji, wymagała tak samo jak dziś happy endu i optymizmu. „Szkoła małżeństw" Balzaca utonęła w zapomnieniu do — 1943 roku. Między momentem, gdy bezlitosny Jolly odrzucił znękanemu autorowi sztukę a tegoroczną jesienią jest pustka, łącząca jednak i uwspółcześniająca tamte chwile. Idąc do teatru, zdawało mi się, że Balzac jeszcze żyje. Byłem wzruszony, trochę zagubiony w czasie i miałem piekielną tremę. Nie znałem „Szkoły małżeństw" nawet z czytania i drżałem, żeby Honoriusz nie „przefajnował", jak to Boy raz napisał o pani Hańskiej, żeby nie rozszalał się. Ale Honoriusz „przefajnował". Nawet na nasze współczesne wymagania teatralne, o ileż bardziej postępowe od ówczesnych.

Korzystając z nieobecności swego męża, Mme Gérard — wspomagana przez swoje dwie córki, Annę i Karolinę, i po przeprowadzeniu przez Annę podstępnej intrygi przy pomocy Mr. Duval, brata Mme Gérard, oraz Roblot, kasjera firmy — zwalnia z pracy Mlle Adrienne, pierwszą pannę sklepową magazynu Gérarda i jedyną jego zaufaną. Ale zanim Mlle Adrienne zdążyła opuścić dom, Gérard, przyspieszając swój powrót, zjawia się niespodziewanie w domu. Jest niemile zaskoczony, nie zastając swej powiernicy i jedynej przyjaciółki w tym rodzinnym gnieździe żmij. Wybucha dramat, pełen napięcia, gwałtowny, rwący. Miłość — bo Gérard zrozumiał, że kocha Mlle Adrienne ostatnią miłością starzejącego się mężczyzny — podstęp, zazdrość i nienawiść prowadzą wszystkie osoby w czasie trzech aktów do jakiegoś epilogu. Ale jakiego? W czasie tych trzech aktów, mocnych, osiągających w niektórych scenach ponurą wielkość zgrzytającego po kościach realizmu prawie ibsenowskiego, sytuacja zaplątuje się do tego stopnia, że nie widzi się wyjścia. Gérard chce rzucić rodzinę i wyjechać z Adrienne. Nie może się jednak na ten krok zdecydować. Dalsze życie bez Adrienne jest niemożliwe. Pozostanie Adrienne w domu i powrót do *status quo* będzie piekłem. Wyrzec się szczęścia? Nie. Zaznać go z dala, po spaleniu wszystkich mostów za sobą? Też nie. Kompromis? Wykluczony.

Przyznam się, że trzy pierwsze akty zastrzeliły mnie swoją nowoczesnością. Problem jest zupełnie nieteatralny na wymagania teatru z 1839 roku. „Prawda absolutna" przybiera tu już postać scen wprost drastycznych, przyjętych przez nas dzisiaj, ale należących na pewno do tego „o czym się nie mówi" w epoce Balzaca. Stąd na pewno kręcenie noskiem pani Hańskiej, stąd zachwyty G. Sand. Bo Balzac wypowiada tu głośno to, co G. Sand myślała (i robiła) i czego pomimo wszystko, ona, wielka Aurora, nie ośmieliła się wyrazić w t a k i sposób. Jolly odrzucił sztukę, bo ówczesna publiczność nie przełknęłaby takiego — co tu dużo gadać — skandalu. Musiał i Balzac zdawać sobie z tego sprawę i dlatego wprowadził ten niesamowity epilog. Miał to być opłatek, w którym publiczność przełknęłaby gładko gorzką pigułę, a jednocześnie to coś „niesłychanego", w czym tak lubowało się to *enfant terrible* literatury francuskiej i całej Francji. Poniosło go. Epilog ten oparty jest podobno na prawdziwym zdarzeniu (?), które Balzac „upolował" gdzieś w roku 1838. Doczepił je z właściwą mu pasją, podobno za namową księżnej de Metternich.

Akt czwarty przedstawia salon Gérardów. Palą się świece. Czarne fraki notariusza i klerków. Zostali powołani dla spisania aktu, a raczej stwierdzenia urzędowo faktu, iż obecni tu Gérard i Mlle Adrienne nie rozporządzają pełnią swych sił umysłowych. W chwili gdy Gérard wsiadał do powozu, aby wyjechać z Adrienne, obydwoje stracili pamięć i poczucie rzeczywistości. Przestali się widzieć nawzajem, przestali się poznawać. Dziś żyją obok siebie, mówią ze sobą, tęskniąc jedno za drugim, opowiadając o swej miłości i wyczekując śmierci, która połączy ich na wieki. Zakończenie mistyczne, błękitne i srebrne. Opłatek.

Po trzech aktach zgrzytliwego *terre à terre*[1], po rozpętaniu uczuć i instynktów z krwi i kości epilog ten jest jak szklanka letniej wody. Psuje wszystko, przekreśla całe napięcie. Trzy mocne akty walą się w próżni cukierkowego mistycyzmu, całość rozsypuje się w pył. Nic się na to nie poradzi. Dla kogoś, kto nie zna Balzaca, kto go nie otacza umiłowaniem, nie przedstawia to nic ciekawego i jest nieudane.

Dla mnie odżył pomimo wszystko. Czuliśmy jego obecność i gdy mówiliśmy z Basią o pewnych scenach, obydwoje uśmiechaliśmy się. To on, „taki" on tu, i tam, w tym zdaniu, w tej scenie, w tym typie. Jak musiał być dumny z tego epilogu... właśnie z tego epilogu.

W teatrze, pomimo mody na Balzaca, pustki. „Szkoła małżeństw" nie pójdzie i padnie pomimo zupełnie zawrotnej koniunktury teatralnej. Tego bałem się już z góry i nie pomyliłem się.

Wytrawny Constans Remy (Gérard) bardzo dobry, Mary Morgan (Adrienne) świetna.

---

[1] Trywialności.

1944

26.1.1944

Nie pisałem. Od chwili gdy przyszłość stała się zupełnie niezagadkowa, gdy ma się pewność nadejścia nocy, po co pisać? Teraz piąty dzień już mija, jak jestem w szpitalu. Najpierw choroba, coraz silniejsze puchnięcie szyi z lewej strony, gorączka, wreszcie lekarz orzekł, że to „ganglion", czy jak się to tam nazywa, i na gwałt operacja. Podobno w ostatniej chwili i było nawet niebezpieczne. K. okazał się, jak zwykle, tak troskliwy, tak zapobiegliwy, że dzięki niemu mam na ogólnej sali jakby oddzielną kabinę. Na sali „odbywa się" życie, ale nie biorę w nim udziału.

Dziś rano umarł jakiś staruszek. Jęczał cicho. Gdy przyszedł lekarz, staruszek już nie jęczał. Zgasł. Mimo woli dmuchnąłem w powietrze, jakby na świecę, i pomyślałem „to jest życie". Obstawili łóżko staruszka parawanami i życie „odbywało się" dalej. Obok niego leżał młody chłopak. Przynieśli go wczoraj po ciężkiej operacji wyjmowania z gardła otwartej agrafki (gdzie on znalazł w tych czasach agrafkę?), którą połknął. Chłopak, wczoraj ledwo żyw, dziś już wstał i śmieje się. Teraz poszedł na koncert szpitalny. Ja nie poszedłem na koncert, bo nie chciało mi się ubierać. Godzina za godziną wlecze się wolno, godziny bez kropek i przecinków, czas bez żadnej interpunkcji. Wychodzę do umywalni na papierosa — na sali nie wolno palić — i przypominają mi się czasy gimnazjum. Papieros ma w takich warunkach jakiś wyraźniejszy smak. Czytam i myślę. Właściwie mam to, o czym od tygodni marzyłem. Spokój i dużo czasu, i poczucie „odcięcia". Jestem trochę odcięty od świata. A tymczasem na świecie wypadki pędzą — pędzą do końca paradoksalnego i tragicznego. Jak złowrogi cień rozpościera się z każdym dniem bardziej nad całą przyszłością widmo Rosji, idącej twardo do zwycięstwa, do j e d y n e g o zwycięstwa, i podporządkowującej sobie wszystko. Więc co? Więc Europa wschodnia ma popaść pod panowanie tego zmechanizowanego barbarzyńcy, chama, tej ideologii, która zabija w człowieku wszystko, co w nim jest człowieczego? Po tylu latach kłamstwa, tego wstrętnego, duszącego i pętającego myśl kłamstwa, po tylu latach d o g m a t ó w czczych i nieludzkich mamy znowu pogrążyć się w kłamstwie, w dogmatach, w upaństwowionym zakłamaniu? Chyba tak.. Ale czego się boję? Tego, że na miłość boską, k a ż ą mi znowu w coś wierzyć. K a ż ą wierzyć, że jakaś demokracja lub ustrój komunistyczny są doskonałe i jedyne. Że znowu z byle g... porobi się i d e a ł y i i d e o l o g i e, że znowu kłamstwo i propagandę ustawi się na cokole i zrobi się z nich nowego Boga. Mam dość kłopotów ze starym...

Więc na co ta wojna? Dla kogo? Ludzie czują zbliżanie się końca, ale nie cieszą się. Jest jednak we wszystkich jakiś lęk, jakby przed pogrążeniem się w jeszcze gorszych ciemnościach. Jakże nastroje zmieniły się od pół roku...

Siedzę sam i nie chce mi się myśleć, boję się myśleć i domyślać do końca. Jakież wszystko byłoby proste, gdyby można uwierzyć na przykład w tę prostotę radia Moskwa.

27.1.1944

Patrzę w szarość okien. Jestem po opatrunku. Lekarz grzebał mi w ranie i bolało mnie. Człowiek powinien zgadzać się z tym wszystkim, co mu przypada w udziale. Jest to jedyny sposób osiągnięcia spokoju. Protest przeciwko złym stronom życia nie prowadzi do niczego, tym bardziej gdy te złe strony dokonały się. Protestować należy w p r z y s z ł o ś ć. I to jest jedyny konstruktywny sposób protestu. Makabrą komunizmu jest jego ciągły protest w przeszłość, w przeszłość jakiegoś wczesnego kapitalizmu, który już dziś nie ma nic wspólnego z rzeczywistością. Protest w teraźniejszość i w przyszłość jest tam herezją. I ten ich happy end mnie dobija.

28.1.1944

Ciągle szpital. Cięcie goi się powoli. Na łóżku nr 3 leży stary Francuz, wąsaty Breton starej daty. Chodzę do niego gadać, a raczej wysłuchiwać niekończących się opowiadań. Z zawodu jest farbiarzem kwiatów. To taki specjalny fach paryski. Farbuje wrzosy na liliowo, różne trawki i inne nieśmiertelniki. Opowiada mi o poprzedniej wojnie. Był na Bałkanach. Wracał z Konstantynopola do Salonik okrętem, na którym szalał tyfus. Ludzie umierali wokoło i tylko w upalnej ciszy słychać było ciągle plusk wody przy wyrzucaniu trupów.

Jest pobożny, rozczulająco pobożny i wierzący, ale bez cienia bigoterii. Należy do jakiejś kongregacji przy Sacré-Cœur i ma swój własny sztandar, który nosi na wszystkich procesjach. Jest bardzo dumny z tego sztandaru. Zapłacił za niego 3000 franków przed wojną – „i to bez drzewca, bez okuć i bez futerału" dodaje, mrugając okiem. Leży w łóżku i czyta Nowy Testament – po łacinie. Oczywiście nic nie rozumie, ale to taki fason. Pożyczył mi tę książeczkę i czytałem całe rano. Połknąłem cały Nowy Testament jednym tchem. Po łacinie miało to specjalny urok. Naprawdę piękne opisy życia Chrystusa. Tak bezpośrednie, że chwilami wydawało mi się, jakby to było wczoraj, gdy chodził i nauczał, gdy objawił ówczesnemu światu tę wielką i nieznaną rzecz: litość i miłość bliźniego, godność ludzką nawet w najbardziej poniżonych, choć *beati qui persecutionem patiuntur propter justitiam, quoniam ipsorum est regnum coelorum* wydaje mi się trochę demagogiczne. Jest w tym coś z dyskryminacji, jakieś na przykład, że prawo do wyższych studiów mają jedynie synowie robotników i chłopów.

Scena w świątyni z Faryzeuszami jest wspaniała. W każdej rozmowie z komunistami miałbym też ochotę zawołać: *Quid me tentatis hypocritae? Ostendite mihi numisma census... Cujus est imago haec, et superscriptio? Dicunt ei Caesaris. Tunc ait illis: Reddite ergo quae sunt Caesaris, Caesari. Et que sunt Dei, Deo.* Wprost filmowe.

Wieczorem. Powietrze jest ciężkie. Centralne ogrzewanie wsysa z powietrza wszystkie soki ożywcze. Pozostaje smród — smród spoconych ciał, uryny i choroby. Na szczęście mogę otworzyć okno i w mojej kabinie jestem oddzielony od reszty sali. Kolektyw — ideał przyszłego świata. Cholera. Postanowiłem być subiektywny, skrajnie subiektywny. W tej epoce czołgającego się „obiektywizmu" nie można inaczej siebie zachować.

Koło ósmej jakiś operowany dziś po południu chory dostał krwotoku. Słyszę bulgotanie w gardzieli jak w starej umywalce i plusk wychlapywanej strumieniami krwi. Jęk, bulgotanie i chlupot. Cisza. Pielęgniarki biegają tam i z powrotem. Przyszedł lekarz dyżurny. Człowiek konał. Odbiło mu się długo i głęboko. I to był koniec. Już znoszą parawany i obstawiają nimi łóżko. Mój Boże — cóż wielkiego? Dmuchnąłem w powietrze i znowu zgasiłem imaginacyjną świecę. Iluż kona w tej chwili, w tej sekundzie tam, na frontach, w obozach koncentracyjnych niemieckich i rosyjskich, wszędzie. Ja też nie jestem ważny. Loteria.

Na sali jest duszno i pocę się. Trzymam pod nosem chusteczkę skropioną wodą kolońską i myślę o Petroniuszu. Czuję, że nie usnę. Na sali znowu cisza. Po chwili gaszą światło. Śpimy z padliną. Nawet okien nie otworzyli. Pewnie dlatego, żeby zwłoki nie dostały *congestion*[1]. Nie mogę. Zapalam w łóżku papierosa, pomimo że jest to zabronione. Ale nikt nie widzi. Siadam na łóżku i patrzę w liliowy mrok. Mowy nie ma o spaniu. Ubieram się i siadam z książką w fotelu, przy którym pali się dyżurna lampka. Po chwili przychodzi pielęgniarka i każe mi iść do łóżka. To jest niedozwolone. Nawet nie spojrzałem i udaję, że czytam dalej. Już jestem widocznie zdrów, bo palę się wprost do jakiejś awantury. Pielęgniarka gada. Regulamin, porządek, lekarz dyżurny. Zamykam z trzaskiem książkę („Myśli" Pascala), walę nią o stolik i wrzeszczę: *Je m'en fous, comprenez*[2] — nie mogę spać i chcę czytać. Znowu potok słów. Lekarz szef przyjdzie itd. „No to przyjdzie i ja się z nim rozmówię. *Foutez-moi la paix*[3]. Nie mogę spać. To jest higiena, *nom de Dieu*[4], spać z padliną w jednym pokoju w tym za... powietrzu". Przyszedł pielęgniarz i próbuje mnie wziąć za rękę. Czekałem na to. „*Attention, mon vieux, n'y touche pas*[5], bo cię stąd wyniosą na noszach". Przestraszył się. Puszcza mnie i dają mi spokój. Gadają na korytarzu.

---

[1] Wylewu.

[2] Mam to gdzieś, rozumie pani.

[3] Niech się pani odczepi.

[4] Psiakrew.

[5] Uważaj stary, nie dotykaj się mnie.

Jestem wniebowzięty. Czytam. O jedenastej przyszły dwa łapiduchy z noszami wynieść czcigodne zwłoki. Coś tam grzebali w mroku i po chwili przeszli obok mnie. Nosze pokryte czarnym płótnem. Znać było nos i palce u nóg. I tak poszedł człowiek. Kiwnąłem ręką i powiedziałem półgłosem *salut*. Pielęgniarka znowu podeszła zapytać się, czy nie mam zamiaru iść do łóżka. *Non, merde*. Wyszła. Rozciąłem książkę i o dwunastej położyłem się. A na sali upał. Jak jeden zacznie kaszleć, kaszlą wszyscy. A ten naprzeciwko z rakiem tchawicy prycha i rzęzi jak stara lokomobila. Smród. Otworzyłem okno i wleciał komar. W styczniu komar. Klnę na głos, bo śpiewa mi koło twarzy. Pogryzł mi rękę i wreszcie zabiłem go na czole. Można spać.

29.1.1944

Cięcie nie goi się. Ciągle cieknie. Czuję się nerwowo zupełnie fatalnie. Kryminał. Nie nadaję się zupełnie do kolektywnego sposobu życia. Działa to na mnie deprymująco. Mam ochotę wszystko tłuc i rozbijać. Żebym miał przy sobie Jędrka Przybylskiego, to zaczęlibyśmy tu odstawiać klasyczne draki, importowane wprost z Dębnik i z Podzamcza. Pamiętam, jak raz jego ojciec był chory na zapalenie płuc. Tato lubiał pociągnąć, a lekarz zabronił. Mama wyszła i Jędrek słyszy nagle grobowe wołanie: „Andrzeju, synu mój jedyny, ojciec twój skona już niedługo...". Jędrek zaczął płakać, myślał, że ojciec już kituje, a tu ojciec mówi dalej: „i w tej ostatniej godzinie proszę cię, abyś mi natychmiast przyniósł bombę jasnego od Rittermana". Jędrek dał tacie piwa i tato wcale nie wykitował. Jednego wyczynu zawsze mu zazdrościłem: ten drań przygotowywał się do matury — w Feniksie. Brał kawę, obtańcowywał wszystkie fordanserki i w przerwach między jednym tangiem i walcem angielskim wkuwał. I zdał. A ja nie. I do dziś dnia jestem przekonany, że tylko dlatego, że nie uczyłem się w Feniksie. Jest ze mną całkiem źle — zaczynam wspominać. Wytworne lekcje tańca. Dwie Wyrwiczówny, Magda Grosse, Szarska — sama śmietanka Krakowa. I do picia dawali cytronadę. Od razu leciałem na wódkę, żeby zabić smak tej lemoniady. Całkiem źle ze mną. Miałbym ochotę na rum, a nie ma skąd wziąć. Basia nie chce przynieść. Może by tak odegrać z nią scenę taty Przybylskiego? „Żono jedyna i umiłowana...". Cholera. Przehandluję trochę tytoniu za wino z jakimś umarlakiem.

Po południu był „koncert". Poszedłem. W jednej z sal, prawdopodobnie wykładowej (ten brud, ten brud) są amfiteatralne siedzenia. Zeszła się publiczność. Goya to pętak. Jego pobojowisko to zwyczajna martwa natura. Tu była martwa natura żywa. Ci chorzy, nędzni ludzie, brudni i śmierdzący. Wymalowane dziewczęta z oddziału skórnego (*c'est notre siphilisation*[1], jak mówi jeden mój znajomy Francuz, gdy mówimy o naszej epoce), chore twarze, gołe nogi i kapoty szpitalne. Cały ten amfiteatr wyglądał jak hiszpański grzebień damski, zapchany łupieżem od góry do dołu. Był w tym nastrój i barwa sztychu,

[1] To nasza syfilizacja.

przedstawiającego szpital w XV wieku. Ludzkie łachmany i ścierwo. Zaczęły się „występy artystów".

Stara, chuda i z nosem jak szydło babcia przygrywała na pianinie. Jakiś młodzieniec odbrzęczał nieruchawo kilka piosenek. To ciekawe, że ten naród bez słuchu i bez poczucia rytmu ma takie zamiłowanie do śpiewania. Potem jakaś *jeune fille*[1] z kolekcji wypotrzebowanych dziewic znowu odpiszczała fałszywie kilka piosenek. Potem jakaś wycofana z obiegu i przehuśtana primadonna skrzeczała coś z repertuaru rok 1925 i posyłała widowni figlarne całusy, zachęcając do wspólnego zaśpiewania refrenu. I łupież buczał.

Potem dyrektor zespołu deklamował. Mówił wiersz, z którego wynikało, że ci wszyscy, co noszą rozetkę Legii Honorowej, są skończonymi szubrawcami, którym Legia dostała się niesłusznie, a ci, co naprawdę przelali krew „*pour la Frrrrrrrrance*", nie mają nic. Łupież bił szalone brawo. Ja też, żeby przekonać się, czy potrafię klaskać. Potrafię, to znaczy mogą być ze mnie jeszcze ludzie. Bo grunt to klaskać, umieć klaskać. A potem mówił długi wiersz Fr. Coppée (to gorsze niż kaszel i Victor Hugo) pt. „Strajk kowali". A wreszcie jakaś *chanteuse fantaisiste*[2] o powierzchowności starej komsomołki lub jaczejki lub czerezwyczajki (jedna moja ciotka w Wilnie zawsze mówiła: „Kobiety są zawsze okrutniejsze od mężczyzn — ot widzisz te czerezwyczajki") śpiewała w argot piosenki do widowni. Coś w rodzaju „Ja się boję sama spać", i proponowała mężczyznom z widowni, aby przespali się z nią. Śpiewając to, weszła na amfiteatr i wybrała sobie jakiegoś młodego śmierdziucha, którego po skończeniu piosenki pocałowała w oba świecące od potu policzki. Zrobiło mi się niedobrze, zmuliło mnie na amen i wyszedłem. Orzeźwił mnie dopiero widok kąpiących się w kałuży wróbli. Słońce zachodziło i wróble, napuszone jak szarobure miotełki z piór, chlapały się w wodzie. Było mi zazdrość. A tam łupież bawił się dalej. W oczach został mi obraz napchanej sali i potworna głowa kobiety bez brody i bez ust. I wreszcie całe rzędy głów, dziwacznych i okropnych. Granatowe kapoty, brudne bandaże, gołe i sinawe, pełne żylaków nogi kobiet. Podarte buty i łapcie, i umalowane twarze, tłuste fryzury i kolczyki. A wśród tego szkieletowy klekot pianina i „śpiewaczki" z cmentarzyska rozbitych artystów, podskakujące i posyłające całusy żywym trupom.

Myślę o Jaśku. Jestem tu dziewiąty dzień i zdycham. A on już cztery lata. Dzień za dniem. To musi być potworne — obóz.

Czytam wspomnienia E. Dujardina o Houstonie Stewarcie Chamberlainie, tym Angliku zniemczonym, który napisał sławne niegdyś „Grundlagen des 19 Jahrhunderts" — rasistowskie i antysemickie. Nazizm uważa go za swego proroka. Anglicy są jednak wszechstronni. Chamberlain w jednym z listów do Dujardina pisze: „Ostatnio posłałem moją służącą na «Tannhaüsera» i wróciła olśniona: «Ach, jakie to piękne, powiedziała, ale o ileż byłoby to piękniejsze, gdyby całkiem nie było muzyki»". Oto głos zdrowego rozsądku. Ta służąca mu-

---

[1] Panna.

[2] Piosenkarka rewiowa.

siała być wybitnie inteligentna. Stwierdziła mniej więcej to samo co Frobenius w swojej „Historii cywilizacji", który twierdzi o XIX wieku, że w muzyce Weber rozpoczyna dzieło zniszczenia, a Wagner je kontynuuje. Określa to jako „zręczność bez celu", „dźwięki zorganizowane, a raczej zmechanizowane". O Wagnerze istotnie nie można powiedzieć, że mistrz objawia się przez sztukę ograniczania się. Ten parzygnat Chamberlaina to wyczuł.

30.1.1944

Ponieważ od dwóch dni opatrunki robiły mi pielęgniarki i nie mogłem się nic dowiedzieć, zażądałem, aby dziś opatrunek zrobił mi lekarz. Dziwni ci lekarze tutejsi. Nie ma w nich nic z tej iskry bożej, jaka cechuje lekarzy niemieckich, austriackich lub naszych. Nie czuć powołania, artysty. To są urzędnicy, traktujący to jako fach równie dobry jak każdy inny. Żadnego zainteresowania. Tutejszy *interne*[1] ma minę płanetnika, obojętnego kota paryskiego. Czy ich nie uczą psychologii chorego? Zabrał się do mnie, oglądnął, pogrzebał i powiedział to ich odwieczne *ça va, ça va très bien*[2]. A dlaczego nie goi się — pytam. „Bo tylko nacięliśmy, nie usuwając wrzodu, i to teraz powoli wypróżnia się — *ça suit son cours*"[3]. Trochę mnie to uspokoiło. Wróciłem do mojej kabiny, usiadłem na krześle i zemdlałem. Przyszedłem do siebie, jak mnie rozbierali. Widocznie jestem osłabiony. Wściekło mnie to. Pierwszy raz w życiu moje ciało, od którego mogłem dotąd wymagać, czego chciałem, nawaliło. Ale widocznie i z tym trzeba się pogodzić.

31.1.1944

No, zdaje się, że *ça va*. Pielęgniarki zaczynają coś przebąkiwać, że można by mnie odesłać do domu i żebym przychodził na opatrunki. Zobaczymy. Jedno, co mnie trochę oziębia, to temperatura w naszym pokoju hotelowym. Ale zima jest łagodna. To dziwne — w tym roku po raz pierwszy brak mi śniegu i suchego zimna. Za oknami wiosna. Jestem osłabiony.

Hitler miał mowę na jedenastolecie nazizmu. Przyciśnięty do muru, piszczy. Jeżeli Niemcy przegrają tę wojnę, to zginie nie tylko naród niemiecki, ale połowa Europy wraz z całą jej kulturą. Może. Tylko co stałoby się, gdyby Niemcy ją wygrały?

1.2.1944

Mam zamiar posiedzieć w tym przeklętym szpitalu przez rozsądek. Dają mi zastrzyki na wzmocnienie i jem cukier. Od 14 stycznia prawie nie jadłem cukru

[1] Stażysta.
[2] W porządku, wszystko w porządku.
[3] Wszystko przebiega normalnie.

i od razu wszystko mi się pokręciło. Cukru zawsze potrzebowałem bardziej niż czego innego. W dzisiejszym „L'Echo de la France" (cała Francja będzie się niedługo nazywać „L'Echo de la France") ciekawy artykuł pt. „Konflikt rosyjsko-polski wchodzi w fazę krytyczną". Jest to zresztą tytuł artykułu angielskiego „Economist", przytoczony w tutejszej gazecie. Dalej jest streszczenie tego artykułu – dosyć zdumiewające zarówno dlatego, że ukazało się w Anglii, jak i tutaj.

„Dysputa polsko-rosyjska jest znacznie rozleglejsza i skomplikowana aniżeli dyskusja o granice sama w sobie. Z obydwóch stron jest ona kwestią zaufania i wzajemnej niechęci... Deklaracja rosyjska zawiera pewną liczbę zdań niczym nieusprawiedliwionych i natury polemicznej przeciwko rządowi polskiemu, który dalekim jest od stanu «izolacji w stosunku do swego narodu» i który w każdym razie reprezentuje naród w sposób bardziej kompletny, aniżeli robiły to inne rządy polskie – i to pomimo błędów politycznych i *faux pas*, które mógł on popełnić. Deklaracja rosyjska zawiera groźbę uformowania w Polsce nowego rządu, którego zaczątkiem miałaby być Unia Patriotów Polskich w Moskwie. Trzeba, aby zostało ogłoszone jasno, że tego rodzaju rząd byłby uważany przez wszystkie mocarstwa zjednoczone jako «rząd widmo» i że nie mógłby on liczyć na uznanie go. Wydaje się, że najrozsądniejszym krokiem, jakiego Moskwa mogłaby się obecnie podjąć, by umożliwić zbliżenie polsko-rosyjskie, byłoby zupełne rozwiązanie Unii Patriotów Polskich i zdecydowanie się na podjęcie normalnych rokowań z narodami sąsiednimi".

Dosyć ciekawe. Z drugiej strony dzisiejszy „Matin" podaje, że Stalin obdarzył republiki sowieckie autonomią na wzór angielski i że ma to służyć również do rozwiązania problemu polskiego. Znaczyt sia – Polska autonomiczną republiką sowiecką. To mi bardziej odpowiada, bo niczego innego w gruncie rzeczy nie spodziewam się już od długiego czasu. Ale to beze mnie, bo ja nie chcę być „autonomiczny".

Z rany ciągle cieknie i cieknie. Już drugi tydzień. Oni mówią, że *ça se vide* i że *c'est long*[1]. Żeby ich diabli wzięli. No to będę siedział w szpitalu. Trzeba to potraktować jako odpoczynek sanatoryjny.

Wczoraj umarł na atak uremii Jean Giraudoux. Śmierć zupełnie niespodziewana. Jedna ze sław literackich współczesnego Paryża zgasła. W Hébertot grają właśnie jego „Sodomę i Gomorę" z Edvige Feuillère.

2.2.1944

Jakieś nowe prawo o rekwizycji do pracy mężczyzn od lat 16 do 60 i kobiet od 18 do 45. Przygotowuje się nowy transport do Niemiec.

---

[1] Oczyszcza się [...] to musi potrwać.

Kończę czytać „Muson" Bromfielda. „*Hintertreppenliteratur*"[1]. Niezłe opisy obok zupełnego barbarzyństwa nieraz kilkunastu kartek. Nie wiadomo, o co chodzi.

Przeczytałem dziś w gazecie, że otwarto nową radiostację w Paryżu. Nazywa się ona Radio-diffusion permanente. Od siódmej rano do dziesiątej wieczorem nadaje ona wyłącznie informacje. Bez przerwy.

Wspaniałe. W tym naprawdę jest jakieś szaleństwo. Doszliśmy do tego, że całe miasto można by doprowadzić do stanu zupełnego zaćmienia umysłowego. Wystarczyłoby na wszystkich ulicach co 50 metrów zainstalować głośniki i przez cały dzień powtarzać w kółko to samo. Już nas wtrenowują do przyszłego świata.

Znowu zbliża się noc. Te noce są najgorsze. O ósmej gaszą światło. Nie śpię do jedenastej, czasem do dwunastej, i potem popadam w paroksyzmy snu, budząc się koło pierwszej, trzeciej i piątej rano. Najczęściej leżę i wspominam. Wspominam spokojnie, bez żalu, że coś minęło.

3.2.1944

Niemcy twierdzą, że w ostatnich dniach zrzucili przeszło tysiąc ton bomb na Londyn. Churchill zapowiada, że wielkie bitwy, które spowodują wiele wspólnych cierpień dla wszystkich Anglików, są obecnie bliskie. „Daily Herald" mówi o definitywnych przygotowaniach do najśmielszej inwazji w historii. Będą się bili dla Rosji.

We Francji rozpoczęto walkę z bandami „terrorystów". Lekarz, przyciśnięty do muru, powiedział mi, że wszystko dobrze, ale przyśpieszyć tego nie można. Trudno. Czytam i notuję.

4.2.1944

No — wyjęli mi knot, przestało cieknąć, przyłożyli tylko gazę i ma się goić. Za kilka dni może się to skończy. W tych szpitalach zupełne średniowiecze. Wczoraj rano stwierdzili, że jeden z chorych na naszej sali ma szkarlatynę. Leżał z nami do dziś i dopiero pod wieczór przenieśli go na oddział zakaźny.

Padał dziś śnieg. Topniał od razu, ale patrząc na taniec płatków przez okno, było mi jakoś wesoło. Gęsty śnieg z wiatrem jest dla mnie jak muzyka. To gra. Cała symfonia. Każdy płatek jest jak poszczególny ton. Sam nie oznacza nic, razem z innymi tworzy melodię.

5.2.1944

Rzeczywiście goi się. Przynieśli kliszę moich płuc i lekarz powiedział, że wszystko w porządku. Leżę w łóżku obłożony książkami. Lekarz, przechodząc

[1] Literatura brukowa.

dzisiaj, zatrzymał się i zaczął je oglądać. Spojrzał na mnie i — od razu był inny. W tym kraju, uznanym powszechnie za tak kulturalny, widok kilkunastu książek działa jak tajemnicze hasło. Lekarz usiadł na łóżku, zaczął przerzucać Bergsona, potem Pascala, raczył ze mną rozmawiać. Gdy w końcu poszedł, doszedłem do przekonania, że schamienie we Francji zostało już tak daleko posunięte, iż członek jakiej takiej tak zwanej elity intelektualnej, spotkawszy drugiego, czuje tu daleko większą wspólnotę i jedność niż gdzie indziej. Kto wie, czy nie idziemy ku czasom, w których dwóch ludzi, spotkawszy się nawet bez świadków, będzie się najpierw długo „obwąchiwać", jak dwa jamniki (cała ludzkość będzie już wtedy przypominać tylko jamniki), po czym jeden od niechcenia, ot, tak sobie, rzuci półgłosem nazwisko jakiegoś zakazanego filozofa lub autora. „Pascal" — szepnie. Wtedy drugi rzuci mu się na szyję i powie „bracie". Popłaczą się. I umówią się na wieczór w jakichś ruinach, żeby móc godzinę porozmawiać o Pascalu. Ale i to będzie trudne, bo słowa ich będą zagłuszać głośniki jakiejś radio-diffusion permanente ustawione co 25 metrów, a marzeniem i celem każdego zarządu miejskiego będzie zainstalowanie tak gęstego i tak mocnego oświetlenia ulic, aby ludzie nie mogli popatrzeć w górę na wygwieżdżone niebo. Bo w wygwieżdżonym niebie kryje się najwięcej zdradzieckich zasadzek dla myśli nowego człowieka. Mógłby jeszcze jeden z drugim w ogóle z a c z ą ć myśleć. Zaczynam być przekonany, iż Aleksander Wielki stał się wielkim dlatego, że po prostu wolał iść na wycieczkę aż do Indii zamiast wprowadzać w życie „Utopię" napisaną dla niego przez Arystotelesa.

Rosjanie zajęli wczoraj Równe i Łuck. Zaczyna się.

W tej chwili powiedzieli mi, że jeżeli chcę wyjść ze szpitala, to mogę. Od razu zatelefonowałem do Basi, żeby przyniosła mi płaszcz i kapelusz. Mam trzytygodniową brodę i jestem podobny do Nansena.

6.2.1944

W domu. Cóż za rozkosz. Wprawdzie zimno, ale czuję się zupełnie inaczej. Jak po wyjściu z więzienia. Od razu ogoliłem się. Ludzie nanieśli mi różnych rzeczy. Wszyscy ci, dla których zawsze byłem do usług w różnych sprawach, którym potrafiłem pomóc całkiem po prostu, po ludzku, nigdy na nic nie licząc — wszyscy ci dali mi obecnie odczuć, że mnie lubią. Ktoś przyniósł kaszy ze swoich zapasów i jedno jabłko (więcej nie miał, bo to jabłko dostał od kogoś — rozczuliło mnie to). Kto inny postarał mi się o kurę. I., ten Hiszpan, naniósł mi suszonych śliwek i konfitur od Kwakrów, M. przysłali ze wsi kurę i dziś dwa tuziny jajek, W. i S. przynieśli masło, boczek, mąkę, słoik konfitur, kaszę, jabłka i kalafiory — i nikt nie chciał brać pieniędzy. Dr K., mój niby szef, zajmuje się w tej chwili chyba tylko dostarczaniem mi konfitur, jabłek i innych produktów. Ten jest naprawdę nieutrudzony w pracy dla drugich. Dla niewielu ludzi w życiu miałem tyle szacunku.

Wiedziałem, że wielu ludzi mnie lubi, ale nie wiedziałem, że aż tak.

....

....

2.6.1944

Znowu nie pisałem przez kilka miesięcy. Bo po co? Teraz piszę już tylko z obowiązku kronikarskiego, jak do końca pisze się dziennik na tonącym okręcie.

Wyjechałem z domu o szóstej rano. Przejeżdżałem przez Porte de la Chapelle. Ślady bombardowania. Rozprute domy, rozkopane uliczki i ulice. Ranek chłodny i pochmurny. Za Saint-Denis byłem na głównej drodze. Pusto i straszliwa susza. Od dwóch miesięcy ani kropli deszczu i podmiejskie ogródki są wyłysiałe jak pod jesień. Grządki przypominają kupki kurzu. Dalej, w polach, zboża schną od dołu. Po półtorej godziny wjechałem do Chantilly. Wszędzie chłód i zielony zapach liściastych lasów. Potem Creil, zbombardowane już kilkakrotnie. Akordeony wagonów. Ma się ochotę grać na tych harmoniach jakąś skoczną i radosną melodię doskonałego zniszczenia. Pękate brzuchy lokomotyw podziurawione i rozpłatane, ziejące zwojami flaków pogiętych rur płomiennych. Tory i zwrotnice wdeptane w spulchniony bombami grunt. Wokoło olbrzymie leje. Solidna, seryjna robota amerykańska. Przekręciłem już 60 km. Schodzę z roweru, zaszywam się w małym lasku i jem. Wyschło mi w ustach i wino smakuje podwójnie. Kładę się i przykrywam, bo chłodno. Drzemię. W krzakach kwilą ptaszki, poza tym przeraźliwie głośne spacery chrząszczy wśród suchej trawy. Cisza zupełna. Zapadam w ciężki półsen i budzę się o dwunastej. Pochmurno. Gdzieś brzęczą samoloty. Codzienna, monotonna muzyka, urozmaicona bębnieniem. Ruszam dalej. Droga wśród wysuszonych pól. Choć trochę deszczu. Pragnę deszczu tak, jakbym sam był rośliną. Żal mi każdego kłosa, każdej trawki. Wśród tego palą się bezczelnie szkarłatne maki, powiększając jeszcze bardziej uczucie suszy i pragnienia. Po pierwszej zajeżdżam pod dom M. Ucieszyli się moją wizytą. Ona, śmiejąc się swoimi prześlicznymi oczami, mówi: „Odpocznie pan u nas". Oj — odpocznę. Nareszcie. Zjadam wielki talerz ruskich pierogów i popijam kompotem z rumbarbarum. Po obiedzie kładę się i usypiam. Budzę się pod wieczór. Słońce zapada poza lasami, wypogodziło się. Przelatują nad nami dwie formacje ciężkich bombowców, otoczone biegającymi ze wszystkich stron myśliwcami. Lśnią i wyją. Stado owiec opędzane przez szczekliwe owczarki.

Wieczorem przy radio: marsz na Rzym. Niemcy pobici, padły Velletria i Valmontone. Przed zaśnięciem znowu dwugodzinny koncert silników, jednostajny i nieprzerwany. To jest zupełnie nieprawdopodobne, ile oni tego nafabrykowali. Tylko po to, żeby przegrać tę wojnę.

3.6.1944

O piątej rano przyszedł rzeźnik. Wysoki, chudy Francuz. Wstałem razem z M. i postanowiłem asystować przy egzekucji. Świnia nie chciała wyjść z chlewa. Poczuła rzeźnika — zupełnie wyraźnie. Przywiązali ją do kołka za tylną nogę, M. siadł na niej okrakiem i przytrzymywał. Kwiczała. Jak na tajne bicie zachowywała się poniżej wszelkiej krytyki. Uderzenie czekanem w czoło. Przewróciła się z jękiem (opis jak z Zoli). Wbicie długiego noża w serce i fontanna krwi.

M. nadstawiła wielki rondel i miesza krew, żeby się nie ścięła. To na czarne salcesony i na kaszankę. Biedny Mikuś skonał. M. mówią, że to ostatnia świnia. Następnej już nie będą chować, bo przecież Anglicy wylądują. Teraz wszyscy mówią o wszystkim: „Nie warto, bo wylądują". Zwłoki Mikusia obrzuca się słomą i podpala ją, aby opalić szczecinę i brud. Ta sama operacja po odwróceniu tłustego cielska na drugi bok. W porannym chłodzie grzeję się z przyjemnością przy bezdymnym ogniu. Jest mi tak dobrze i spokojnie. Opalona świnia podlega szorowaniu twardą szczotką i starannemu skrobaniu ostrym nożem. Nacina się tylne nogi i wysupłuje spod skóry ścięgna. Są tak mocne, że uczepione na nich na specjalnej drabince 140 kilo martwej wagi trzyma się doskonale. Drabinkę z uwieszoną świnią opierają o ścianę. Długie, cesarskie cięcie. Pęcherz. Walą się do rondli ciepłe wnętrzności. Smród. Zwoje sadła idą od razu na stół, gdzie M. kraje je i wrzuca do kotła na ogniu. Jemy śniadanie. Jajecznica, chleb, „kawa" z mlekiem. Rzeźnik czyści jelita, 18 metrów cienkich flaków i grube popielatoniebieskie kiszki na salcesony. Brudna robota. Jak z tubki wyciska gnój i płucze je gorącą wodą. Świnia wspaniała. Słonina na cztery palce. Głowa, wątroba, nerki, płuca i serce wędrują do wielkiego kotła na podwórku, pod którym zapala się ogień. Rzeźnik ćwiartuje mięso. Od razu zabieramy się do roboty. Krajemy przednie szynki na suchą kiełbasę. Dużo kiełbas, bo jak wylądują, to może trzeba będzie uciekać... Nie przed NIMI. Przed Niemcami, zabierającymi mężczyzn. Po południu fabrykacja kiełbas, pasztetówki, salcesonów i kaszanki. Pogrążeni w zwałach mięsa nie mamy apetytu. Pijemy tylko „kawę" i jemy chleb z masłem. Solenie mięsa do beczki i polowanie na wielkie muchy, które usiłują obdarzyć nas potomstwem. Ale dzień chłodny, więc wszystko utrzyma się. Kończymy o dwunastej w nocy.

Jutro lub pojutrze będą w Rzymie. Słuchamy takiej stacji, która nazywa się Soldatensender Calais. Dywersyjna stacja angielska, ale wspaniała w gatunku. To musi być robione przez nie lada specjalistów, w porozumieniu z angielskim wywiadem. Podobno Niemcy słuchają tego namiętnie. We Włoszech klęska.

4.6.1944

Niedziela. Zmęczeni, spaliśmy długo. Na śniadanie „kawa", chleb z salcesonem, pasztetówka i dalej „kawa". Objadłem się. Wziąłem koc i poszedłem do lasu na słońce. Ciepło. Drzemałem do obiadu. Na obiad smażona wątróbka. Znowu objadłem się. Wieczorem kolacja i radio. Rzym wzięty. Cały dzień latały dziś myśliwce angielskie, kontrolując szosy i ostrzeliwując samochody ciężarowe. Latają na wysokości 10–15 metrów nad ziemią. Czują się jak u siebie w domu. Ani jednego samolotu niemieckiego. Nieźle.

5.6.1944

Anglicy polują od samego rana. Zza lasów wyskakują smukłe maszyny, biorą przeszkody jak konie, wyją i znikają. To głośniejszy, to cichszy ryk silników jest jak naszczekiwanie. O dziesiątej rano leżałem w lasku koło dworca. Zajechała lokomotywa po jakiś transport. Kilka wagonów towarowych nie wiem z czym. I już ją zoczyli. Polatali wokoło, żeby ludzie mieli czas odejść, i potem przeszyli ją artystycznie. Dwa ściegi, para wspaniale syknęła i po herbacie. Maszynista szalał z zachwytu. Jakże radosne jest to niszczenie. Sam łapię się na tym, że lokomotywę lub cokolwiek innego na chodzie uważam za skandal i obrazę boską. Zazdroszczę tym lotnikom. Ciągle ma się tylko w głowie wyrazy w rodzaju „w pył", „na proszek", „na mączkę", „w drebiezgi". Aż skry lecą.

Po wczorajszym słonecznym dniu przyszedł dziś deszcz. Leżę na łóżku i z przyjemnością wsłuchuję się w monotonny plusk i dzwonienie rynien. Piję łapczywie wodę razem z roślinami.

6.6.1944

Wyjechałem koło dziesiątej wypchany słoniną, jajkami, masłem i kiełbasą. Pogoda mieszana. Słońce, wiatr, chmury, przelotne ulewy i zimno. I znowu chwila słońca. Zmieniłem trasę. Mouy, Beaumont, Paryż. Na głównych drogach mogłoby być „za ciepło". Znowu latają od samego rana całymi sforami.

Droga górzysta, śliczna. Wielkie lasy olbrzymich grabów. Płytkie doliny są jak ogrody. Mam ochotę zacząć oganiać się od tych samolotów jak od komarów. Wydaje się, że mnie za chwilę obsiądą. W Beaumont przeprawiam się przez Oise łodzią, bo wczoraj zbombardowali wszystkie mosty. Przy brzegach pływają zdechłe ryby. Mój przewoźnik mówi mi, że po wczorajszym bombardowaniu mostu kolejowego wyłowili przeszło 500 kg ryb. Dziś całe Beaumont jadło na obiad ryby. Nastrój jest dziwny. Gdy w małych miasteczkach pytam o drogę, ludzie odpowiadają mi jakoś tajemniczo i podejrzliwie, oglądając od stóp do głowy. Grupki Niemców — po trzech, po czterech — stoją na rozstajach dróg i czekają na samochody. Za Presles łapie mnie ulewa i wchodzę do przydrożnego bistra. Jakaś starucha daje mi przesłodki „aperitif" na sacharynie i oświadcza, że wobec „tych wypadków trzeba uważać, do kogo się mówi...". Nie rozumiem, ale mówię: *ah, oui, oui*[1]. Częstuję ją chlebem z salcesonem. Odwdzięcza mi się kieliszkiem koniaku. Jadę dalej. Wpadam do Paryża po czwartej. Przy Porte de la Chapelle alarm. Ktoś przechodzący obok mówi: „To już ósmy dzisiaj". Rekord. Za chwilę odgwizdują. Na Boulevard Magenta zbiegowisko. Niemiecki autobus zderzył się z cywilną ciężarówką i wywrócił ją. Wygląda jak przewrócony na wznak chrabąszcz. Znowu alarm. Dławią się i czkają syreny. Siadam na ławce i palę. Koło piątej jestem w domu. „Byłam niespokojna o ciebie". — „Dlaczego?" — „Jak to... nie wiesz? WYLĄDOWALI".

Czekam na prąd, żeby móc włączyć radio. Dopiero koło ósmej: „Jedenaście tysięcy samolotów, szybowce transportowe, spadochroniarze, cztery tysiące okrętów, nie licząc barek". Są, są... biją się w Normandii od Cherbourga aż po Deauville. A słowo ciałem się stało.

---

[1] Tak, tak.

8.6.1944

Anglicy wzięli Bayeux i poszczególne przyczółki połączyły się, tworząc jednolity front o długości 80 km i głębokości 10 km. Ciągle lądują nowe siły.

W Paryżu spokój, życie płynie normalnie. Bombardują wokoło Paryża i na prowincji. Zanudzam się czytaniem „La crise de la conscience européenne"[1] Paul Hazarda.

10.6.1944

W nagrodę za spokojne zachowanie się ludności Oberbefehlshaber i komendant Paryża przedłużył godzinę policyjną do pierwszej w nocy, aby umożliwić ludności chodzenie do kina. Kina zaczynają się późno z powodu późnego włączania prądu. Z żywnością zaczyna być ciężko. Przed piekarniami ogonki po chleb. Zbudowali już dwa lotniska w Normandii. Idą.

11.6.1944

Spokojnie. Tylko dziś, dopiero koło ósmej rano, zdjęto z kolumny na Place Bastille chorągiewki angielską, amerykańską i sowiecką. Wczoraj policja skonfiskowała u jakiegoś kupca na Bulwarach cały zapas chorągiewek angielskich i amerykańskich. Był tego pełny samochód ciężarowy. Pewnie jakiś kolaboracjonista.

Siedzieliśmy cały dzień w domu. Próbuję czytać, ale mi to nie idzie. Takie czytanie jest wbijaniem gwoździ w sęk. Mam ostatnio straszliwe sęki w myślach. Wieczorem wpadł Robert bardzo zdenerwowany, bo stracił kontakt z rodziną w Niort.

Wiele artykułów o Polsce w prasie amerykańskiej w związku z wizytą Mikołajczyka u Roosevelta. Pani Roosevelt napisała nawet artykuł o Polsce, opublikowany przez paręset dzienników. Biedna ta Polska. Podobno Mrs. Roosevelt nie wystąpiła w stroju krakowskim. Całe szczęście. Bo wtedy wszyscy powiedzieliby, że wszystko załatwione i że wszystko w porządku.

12.6.1944

Cztery lata temu, 12 czerwca, schowany wśród opon na samochodzie ciężarowym uciekałem z Paryża. Był taki sam ciepły dzień, a z daleka słychać było głuche dudnienie artylerii. Niemcy przechodzili Sekwanę. Tłumy ludzi szły na południe po drogach, które były za wąskie. A dziś już cztery alarmy, pomrukują z daleka serie bomb, w czystym błękicie brzęczą samoloty. I ani jednej maszyny niemieckiej. Czuję, jestem prawie przekonany, że są to najładniejsze momenty tej wojny.

---

[1] „Kryzys świadomości europejskiej 1680–1715".

Koło czwartej byłem w Ministerstwie Pracy porozmawiać z kierownikiem wydziału „etranżerów". Lubię go bardzo. Wysoki, szczupły, subtelny. Kocha Prousta i sam w sobie ma coś proustowskiego. W chłodnym pokoju, przysłoniętym portierami, stały na jego biurku rozkwitłe piwonie, olbrzymie, rozchylone i pachnące. Ten bukiet kwiatów przerzucił mnie nagle w jakąś inną epokę, może właśnie w „A la recherche du temps perdu"[1]. Powiedziałem mu: „Te kwiaty i pan są dla mnie jakby jakąś całością". Uśmiechnął się i zrozumiał, co chciałem przez to powiedzieć. Rozmawialiśmy o ostatnich wydarzeniach, potem o Maeterlincku. Opowiedziałem mu o korespondencji Flauberta, co pchnęło nas w rozmowę o Maupassancie. Zgodziliśmy się obydwaj, że jest „coś" w Maupassancie, co tak bardzo odpowiada nam właśnie dzisiaj. Styl? Utajona bezlitosność? Nie wiem. W oczach mam ciągle pęk piwonii i czuję ich zapach, uderzający falami.

Wychodzimy razem na zalaną słońcem rue de Vaugirard. Mówi mi, że „Antygona" Anouilha jest świetna i radzi mi pójść zobaczyć to przedstawienie. I nagle zatrzymuje się: „*Monsieur* — o dwieście kilometrów stąd toczy się potworna walka...". Tak — życie jest przedziwne. Żegnamy się. Wsiadam na rower i jadę do domu. Czasem przemknie rozsłonecznioną ulicą samochód niemiecki, „umajony" zielenią. Trudniej go dostrzec tam, na drogach, nad którymi warczą uparcie TYLKO alianckie samoloty. Nosił wilk razy kilka...

Na Saint-Germain siadam na tarasie kawiarni. Migają w słońcu rowery i kolorowe plamy ładnych kobiet. W ciepłe dni wszystkie kobiety są jakby „otwarte", jak kwiaty. A może tylko są to resztki wrażenia, bo w oczach mam ciągle bukiet piwonii. Amerykanie zajęli Carantan.

13.6.1944

W nocy też ciągłe alarmy. Cały Paryż jest trochę śpiący i niewyspany. Ludzie drzemią, jadąc metrem. Zaczyna być głodno — nawet jarzyn brak. Mówią, że w przyszłym miesiącu nie wydadzą już kartek na chleb i będzie zapisywanie się u piekarzy. Nie znoszę piekarzy. Teraz zaczynają się już zachowywać tak, jakby ONI dawali chleb. Ma się wrażenie, że oni są rządem. Rząd piekarzy, to byłoby chyba straszne.

Po słonecznym dniu wczoraj dziś jest znowu pochmurno. Ludzie martwią się, bo to utrudnia działania lotnicze. Z drugiej strony Francuzi zaczynają już wygadywać i szemrać. Bo jak Anglicy przyjdą, to zrujnują ich gospodarczo. Teraz już lądują z „fałszywymi" frankami, a potem będą tylko wyzyskiwać, atarata ti, a tiriti ti, a turutu tu... wszystko tonem zgorzkniałej ironii. Bardzo ich lubię, ale dziś miałem dość i w czasie obiadu w kantynie przejechałem się po moich kolegach. Jak przyszli Niemcy z markami okupacyjnymi, to było dobrze. Szybko przyzwyczaili się. Gdy przychodzą Anglicy z frankiem okupacyjnym, który na pewno jest więcej wart i posiada lepsze pokrycie (chociażby pokrycie

[1] „W poszukiwaniu straconego czasu".

silniejszego), to źle. A poza tym to zwyczajna ostrożność, bo inaczej chłopi żądaliby od razu dolara za jedno jajko i funta za funt masła. „A w ogóle jeżeli jesteście zmęczeni i słabi, to powiedzcie po prostu, że rasa Latynów, do jakiej wy należycie, jest w pełnej dekadencji, i nie wygadujcie. A jeżeli wam się coś nie podoba, to starajcie się także przeciwdziałać. Gadaniem i ironią, i *esprit*, nawet najlepszego gatunku, nie osiąga się niczego. Od stu lat wszyscy was «wyzyskują», z Anglikami na czele, a wy tylko potraficie gadać, żalić się, ronić łzy nad *pauvre France*[1]". Trochę się uniosłem, K. szturchał mnie pod stołem, i byłem pewny, że skoczą na mnie. Tymczasem nic. I to mnie bardzo zmartwiło...

Jak już wylądowali i widać, że mają wszystkie szanse utrzymania się, to mówią z pogardą: „No, mieli cztery lata na przygotowanie się" albo „oni robią wojnę materiałem, a nie ludźmi — to nie sztuka". Nieraz z jakąś okrutną wyrazistością czuję w tym zachowaniu się coś, co przypomina pretensje starej i znakomitej aktorki, która zdaje sobie sprawę, że pewne role nie są już dla niej, ale nie umie przyznać się do tego sama przed sobą i przestawić się na inny repertuar, bardziej dla niej stosowny.

Anglicy wzięli do niewoli w Normandii spory oddział tych szarych telefonistek niemieckich. Tych Niemek nie mogę znieść — jeszcze bardziej niż Niemców.

14.6.1944

Jem śniadanie i alarm. Po chwili ryk motorów nad dachami i obfite serie karabinów maszynowych. Dorwali jakiegoś Niemca i gonią go po dachach. Po kilku minutach grzmoty bomb gdzieś niedaleko. Zawsze boję się trochę o ten dworzec obok nas. (O dworzec...). Na wszelki wypadek idziemy do metra. Tam już pełno. Pod ścianą jakiś chłopczyk z pieskiem na rękach. Pytam go, czy jego piesek też się boi. Odpowiada mi z powagą: „*Mais si, Monsieur*, niech pan patrzy, jak on drży". Po szynach gonią się dzieci i pokrzykują. Grupa młodych robotników i robotnic z fabryki obok rozsiadła się wokoło. Śmiechy, pocałunki, dziewczęta siadają chłopcom na kolanach. Jeden pali papierosa i podaje „dymka" dalej. Dziewczęta parskają i krztuszą się.

Zabrałem ze sobą „Machinisme et Philosophie" Schuhla. Aby przeciwdziałać złemu użytkowi wynalazków, Bacon odwołuje się w swoim „Novum Organum" do „prostego rozsądku i świętej religii". Odwołuj się, biedny człowieku XX wieku, do „prostego rozsądku i świętej religii", gdy i rozsądek, i religia należą już częściowo do pojęć prehistorycznych. W każdym razie rozsądek na pewno. Gruby, goliatyczny sklepikarz powraca ciągle do strzelaniny nad naszą dzielnicą: „Jak usłyszałem, że oni tam w górze strzelają, pomyślałem sobie *ça va mal*[2] i powiedziałem klientom, żeby wyszli". I za chwilę to samo: „Jak usłyszałem...". Szkoda, że go nie zastrzelili. A może to piekarz? Straszny. Tacy jak on są przekonani, że wojnę wygrywa się dla nich.

---

1 Biedną Francją.

2 Niedobrze.

Alarm skończył się o dziesiątej i w kwadrans później pojechałem do fabryki. Na moście Austerlitz dwie kobiety rozstawiły sztalugi i najspokojniej malują odwieczny widok Sekwany i Notre-Dame. Po tym długim alarmie, po grzmocie bomb i trzepocie walki powietrznej nad dachami jest w tych sztalugach coś bezgranicznie uspokajającego. Mija mnie elegancki czarny samochód półciężarowy firmy szampana Pommery-Greno, pełny grubych butelek. Narobił mi takiego smaku, że wstąpiłem do najbliższego bistra i wypiłem kieliszek musującego wina z lodu.

Wieczorem słuchałem radia i złapałem jakąś audycję niemiecką, z której wynikało, że wskutek braku mydła rozpoczęto tam akcję pod hasłem „*Dreck ist nicht gefährlich*"[1]. Jakiś profesor napisał w jakimś tygodniku medycznym, że czy matka położy spać dziecko brudne, czy czyste — to dla zdrowia dziecka jest to zupełnie obojętne. Jaka szkoda, że takiej akcji nie rozpoczęto, kiedy byłem dzieckiem. To były męki z tym wieczornym myciem. Postanowiłem się odegrać i idę dziś spać, nie myjąc się. „*Dreck ist nicht gefährlich*". O Boże — cóż to za naród.

15.6.1944

Alarm. Wobec tego wyszedłem z naszej „*Salle des Fêtes*" i pojechałem do Bagneux, do parku. Z pobliskiego lotniska Villacoublay prysnęły na wszystkie strony niemieckie myśliwce. Uciekają po dachach.

Leżę na trawie, która jest sucha i twarda jak heblowiny. Znowu ani kropli deszczu i pogoda wspaniała. Powietrze tak przejrzyste, że widzę stąd wyraźnie Sacré-Cœur, oddalone o dobrych 15 km w linii powietrznej. Leżę i czytam takie krótkie studium o pani Hańskiej pt. „Cudzoziemka", napisane przez Polkę, Korwin-Piotrowską. Nie lubię tego podejścia do tematu. Pani Hańska zrobiona na eteryczno, co zresztą zupełnie nie wychodzi, bo wiadomo, że była właścicielką nie tylko rozległych włości, ale i okrągłości. Na 209 stronach jest tu wszystko: kuligi, dożynki, Hoene-Wroński, Emir Rzewuski, konfederacje, filomaci i filareci, bigos, romantyzm itd. A w Neuchâtel był tylko pocałunek (na wyspie broń Boże nic się nie stało. Godzinki śpiewali) i „Balzac przeczuwał, że jego związek z panią Hańską nie przyniesie im żadnych radości, nic prócz egzaltacji ducha". Kochali się w „niebie mistycznym". Po co pisać takie rzeczy? Przecież ich spotkanie w Petersburgu w 1843 roku na pewno nie było takie „mistyczne". Wracając z Petersburga do Paryża, Balzac zwiedza po drodze Drezno. Jest trochę rozczarowany i Drezno nie wywiera na nim spodziewanego wrażenia. I wtedy pisze: „A więc trzeba będzie powrócić do Drezna z Tobą, aby obrazy przemówiły do mnie. Oprócz kobiet Rubensa nic poza tym mnie nie wzruszyło, ponieważ jedynie kobiety Rubensa przypominały mi pewną Ewę...". Nie przysięgam, czy ten ustęp listu brzmi dokładnie tak, ale przypominam sobie, że na pewno był w tym sensie. O ileż to wymowniejsze. Od razu widzi się panią Ewelinę. I jakie to naturalne, zrozumiałe i mile nie „mistyczne". Nie

[1] Brud nie jest groźny.

znam Rubensów drezdeńskich, ale przypuszczalnie nie są inne od wiedeńskich i tutejszych. Swoją drogą nie lubię Rubensa. Malarz cielistych baleronów. To okropne, że gdy u nas pisze się monografię czy biografię czegokolwiek lub kogokolwiek, to nie pisze się o danej osobie: opisywana osoba lub ruina jest tylko pretekstem do „sprawy polskiej". Polska szpuntuje nam wszystko. I potem wychodzi z tego eteryczna pani Hańska, która w rzeczywistości ważyła na pewno 200 funtów.

Koniec alarmu. Szkoda. Niemcy wracają na lotnisko po dachach. A ja myślę o Balzacu, o plotkach, które otaczały jego podróż. Mówiono, że Car zapłacił mu za napisanie książki, która byłaby odpowiedzią i sprostowaniem „paszkwilu" Coustina o Rosji. Czasem można mieć zupełnie uchwytne uczucie absurdu... I jakby przewinienia.

Wskutek zbombardowania wszystkich mostów na Sekwanie cały „Nachschub"[1] niemiecki przechodzi przez Paryż. Patrzę na nich z przyjemnością, jak jadą spoceni i zmęczeni tam, na front. Miałbym ochotę podchodzić do tych stojących samochodów i mówić z niewinną minką: „Co sądzicie — czy Balzac znal się na obrazach?" i wykręcać się na pięcie, jak taki mały chłopak, co opowiada, że on ma zegarek — ehe — a ty nie masz, a...

Znowu wszędzie ogonki. Suszymy chleb.

16.6.1944

W naszej szkole rzemieślniczej przy fabryce odbywały się ostatnio konkursowe egzaminy wstępne. Kandydaci mają 14 lat. Przeglądałem dziś wypracowania na temat „Dlaczego chcesz wstąpić do tej szkoły?". Wśród wielu odpowiedzi oklepanych, wyuczonych i gotowych było sporo spontanicznych. Na przykład takich: „Za trzy lata wstąpię do fabryki rządowej, a następnie po trzydziestu latach pracy zacznie się spokojne życie, emerytura". Inny ujął to szerzej: „A jak będę na emeryturze (*retraite*) i zbuduję sobie domek za zaoszczędzone pieniądze, będę mógł żyć szczęśliwy". Cytuję dosłownie. Vivat — życie zaczyna się po sześćdziesiątce. Szczęście też. Jak na 14-letnich chłopców to nieźle. Przewidujący. Jakiś napisał otwarcie, że „byłbym rad wstąpić do tej szkoły, bo się w niej dobrze jada". To rozumiem, to już znacznie lepiej.

Nie wiem, co o tym myśleć, żeby nie być niesprawiedliwym, żeby nie dać ponieść się tej naszej słowiańskiej krzepie, też często fałszywej. Jednego jestem pewny: nie jest dobrze, gdy 14-letni chłopak w ogóle wie, co to jest emerytura, a cóż dopiero, gdy uważa ją za szczyt swoich ambicji, za szczęście. To chyba oznaka jakiegoś fundamentalnego zmęczenia rasy. Jakaż ilustracja dla charakterystyki ras latyńskich Le Bona. W tych wyznaniach chłopców jest absolutna gotowość poddania się państwu, zdania się na łaskę i niełaskę Państwa. A więc gdzież ten przysłowiowy indywidualizm? Le Bon twierdzi, że w gruncie rzeczy etatyzm jest tym, do czego Francuz naprawdę w cichości ducha wzdycha. Je-

[1] Posiłki, uzupełnienia.

stem gotów przyznać mu rację. Powiedziałem Robertowi, że te wypracowania mnie przeraziły. Uśmiechnął się melancholijnie. On należy do tych Francuzów zdobywczych, do tych, którzy dziś tysiącami giną w walce. Ale nie ma ich wielu i po tych zadaniach zaczynam się bać, że będzie ich coraz mniej. Byłbym w wielkim kłopocie, gdyby dziś zapytał mnie ktoś: „Jak pan sądzi, czy Francja jest «wykończona»"? Ale boję się o ich przyszłość w czasach, które nadchodzą.

Niemcy podali dziś, że użyli tajemniczej broni odwetowej, przy pomocy której mają zamiar zburzyć Londyn. Londyn mówi, że wczoraj w dzień i ubiegłej nocy Anglia została zaatakowana samolotami bez pilota. Rodzaj samolotu-bomby. Jak szybko ludzkość zaczyna wchodzić w coraz to nowe epoki. Równocześnie Londyn oświadczył, że stalownie japońskie zostały zbombardowane przez superfortece latające, większe o pół raza od tych, które widzi się teraz codziennie. Ich zasięg wynosi 6000 km. Te superfortece należą do jednostek Lotnictwa Światowego z głównym dowództwem w Waszyngtonie.

Słuchając tego, mimo woli poprawiłem się na stołku, bo nagle zrobiło mi się za ciasno. Potem rozpiąłem kołnierzyk. I w końcu, pisząc o tym, mówiłem sobie ciągle w myśli: „Nie piszesz powieści fantastycznej — zapisujesz fakty". Wyraźne uczucie otchłani pod stopami. Stoję nad nią i nie widząc nic, nie wiem co myśleć. Zamknąłem radio i trochę otępiały, zacząłem dziobać w półce z książkami, jak kura w kojcu. Miałem na pewno idiotyczny wyraz twarzy kury. Wyjąłem Bergsona „Les deux sources de la morale et de la religion"[1]. Przerzucając to i odczytując popodkreślane zdania, trafiam na dziwną myśl: „Z drugiej strony bywają społeczności, które pozostają na tym samym poziomie, z natury rzeczy niskim. Lecz podlegając zmianom pomimo wszystko, wytwarza się w nich już nie intensyfikacja, która byłaby postępem kwalitatywnym, lecz pomnażanie lub przerost cech pierwotnie posiadanych: wynalazczość — jeżeli w takim wypadku można jeszcze użyć tego określenia — nie wymaga już wysiłku. Od wierzenia, odpowiadającego pewnej potrzebie, przejdzie się do nowego wierzenia, podobnego zewnętrznie poprzedniemu, w którym położy się akcent na danej oznace zewnętrznej, nieodpowiadającej żadnej potrzebie. Odtąd, drepcząc w miejscu, dorzuca się i dopełnia bez przerwy. W podwójnym wyniku powtarzania i przesady irracjonalne staje się absurdalnym, a osobliwe potwornym".

Zastanawiam się, czy my już od dość dawna nie drepczemy w miejscu, jedynie dorzucając i dopełniając bez przerwy. Nie intensyfikacja, lecz tylko zwyczajne pomnażanie i przerost cech pierwotnie posiadanych. — Ach, *mon cher*[2], jakie to wszystko efektowne... Mój Boże. Efekciarstwo myśli, cytat w tych czasach, w których wokół zwyczajnych, codziennych słów rodzą się całe wielkie, nieogarnione światy. „Pić" szeptane gdzieś tysiącami spalonych warg, „jeść", „żyć" — żyć za wszelką cenę. I ten osobny świat, niebieskawy i spokojny jak

---

[1] „Dwa źródła moralności i religii".
[2] Mój drogi.

świt, który tworzy się dziś wokół tego małego słówka „cisza". C i s z a. Chleba i ciszy daj nam dzisiaj...

Jestem ogłuszony i nie mogę nadążyć. Myśli zwijają się pode mną tak samo jak nogi człowieka uderzonego w głowę. Ta nadchodząca epoka będzie wymagała ordynarnych uproszczeń we wszystkich dziedzinach tylko dlatego, żeby w ogóle móc żyć. I ja boję się tych uproszczeń. Nie jest to żaden lęk „arystokratyczny" — nie, po prostu lęk umysłu, przyzwyczajonego pomimo wszystko do odrobiny myślenia bez uproszczeń.

18.6.1944

Po południu w ogródku Robertów w Fontenay. Dzień szary i zimny. Robert kopał w ogrodzie, jak na prawdziwego Francuza przystało. Usiadłem pod krzakiem porzeczek i objadałem się. Dopiero drugi raz w tym roku mam w ustach owoce. Rzuciłem się na soczyste gronka z żarłocznością szarańczy. Jadłem, jadłem i jadłem. I tylko od czasu do czasu, dla osłodzenia ściągniętych kwasem ust, przerzucałem się na słodki agrest. Potem położyłem się na trawie i patrzyłem w niebo z popielatej tafty. Wiatr szarpał czarnymi liśćmi kasztanów.

Amerykanie doszli do Barneville i odcięli czubek Cotentin razem z Cherbourgiem. Rosjanie idą ciągle naprzód. Dziś mijają cztery lata, jak Petain poprosił o zawieszenie broni. Mam w oczach ten dzień.

20.6.1944

Rano na Pont d'Arcole, w drodze do prefektury policji. Na moście zatrzymują się trzy ciężarówki, wypełnione rannymi Niemcami. Lżej ranni siedzą, kiwając zwieszonymi nogami. Brudne, wyblakłe twarze, zakurzone i podarte mundury, zakrwawione bandaże i szmaty. W głębi siedzą inni, z zamkniętymi oczami. W tej kupie szarozielonego brudu wszystko co białe i purpurowe odcina się ostro. W pewnej odległości, wokół samochodów, paryski tłumek. Patrzą jedni na drugich i milczą. Samochody ruszyły. To już armia w całkowitym negliżu. Rosjanie wzięli Wyborg, w Normandii ciężkie walki.

Wieczorem był u nas Robert na kolacji. Ma wiadomości o rodzinie i odżył. Rozmowa o Dekobrze, o literaturze pornograficznej, o burdelach i prostytucji w ogóle, o różnicy między burdelem a domem schadzek w szczególności. Oraz ostatni dowcip paryski: wojna trwa i wszyscy już wyginęli. Jedynie wokoło ziemi gonią się jeszcze na supermyśliwcach jeden Anglik i jeden Niemiec. Gdzieś pod równikiem przychodzi do spotkania. Wymiana strzałów i obydwa samoloty spadają w puszczę, grzebiąc pilotów pod szczątkami. Wielki samiec małpa obserwuje to, siedząc na drzewie, i powiada do samicy: „No, stara, teraz trzeba wszystko zaczynać od początku".

Potem przyszedł jeszcze I., ten Hiszpan. Wrócił od Runki spod Fontainebleau i przywiózł nam pudełko wspaniałych czereśni. Rzuciłem się na nie. Na pytanie, czy Sowiety rozpoczną generalną ofensywę, odpowiedział mi: „Muszą przecież wybić ostatnich komunistów i utorować drogę stalinistom". Jako były republikanin, czerwony i kombatant, ma ustalone poglądy na tematy tak zwanej „walki o wolność proletariatu" itd. „Już więcej nie będę nadstawiał karku na to, żeby ci, co krzyczą o wolności, prawach ludu i tyranii zasiadali na wygodnych fotelach i zgniatali wolność i prawa ludu, będąc sami gorszymi tyranami niż ci, przeciwko którym rozpoczęto walkę".

Opowiada mi o swoim dobrym znajomym z czasów, gdy sam od piętnastego do dwudziestego drugiego roku życia był anarchistą. Juan Garcia Oliver był jednym z asów hiszpańskiego anarchizmu. Życie jego było podzielone pomiędzy akcję wywrotowo-zamachową i siedzenie w więzieniu. Przeszedł on niemal przez sądy całej Hiszpanii. Po przewrocie republikańskim został — ministrem sprawiedliwości w gabinecie Caballero w 1937 roku. I. poszedł go odwiedzić w towarzystwie adwokata, który bronił obecnego ministra w szeregu procesów o zamachy. Weszli do wspaniałego biura — „u nas zwykły woźny ma wspaniałe biuro, cóż dopiero minister", dodaje I. — on w mundurze oficera republikańskiego zasalutował, adwokat podszedł do swego dawnego klienta i poufale chwycił go za rękę: „*Qué tal Juan* — jakże rad jestem..." czy coś w tym rodzaju. Juan Garcia Oliver spojrzał zimno, strącił rękę adwokata i wycedził: „Nie Juan, lecz minister sprawiedliwości". Adwokat wziął to za żart. Pan minister nacisnął dzwonek. „Proszę tych panów odprowadzić do wyjścia". — „Był zresztą dobrym ministrem sprawiedliwości — dodaje I. — Znał prawie wszystkich komisarzy policji, wszystkie więzienia. Miał czas poznać, gdy z kajdankami na rękach przewożono go z miejsca na miejsce". Wyciąga z tego dalsze wnioski. Kto raz zasiadł w fotelu, ten niełatwo z niego wstaje. A dziś w Rosji coraz więcej ludzi zajmuje fotele. Na moje pytanie, co w takim razie myśli o ruchach ludowych itd., odpowiada mi dowcipnie: „Wierzę w Boga, ale nie wierzę w księży".

21.6.1944

Wczoraj Niemcy opieczętowali „Service social d'aide aux émigrants"[1]. Wielu Polaków pobierało stamtąd zasiłki, które teraz odpadną. Znajdą się w ciężkiej sytuacji. Dr K. zaczął oczywiście od razu myśleć, w jaki sposób my moglibyśmy choć częściowo ten *service*[2] zastąpić. Ten jest niewyczerpany. Zaczęliśmy z grubsza obliczać, ile zdołaliśmy we dwóch (więcej on niż ja) wyciągnąć przez te lata od Francuzów na pomoc dla Polaków. Wyszło coś około dwóch milionów. „A my nic z tego nie mamy" — powiedział ze śmiechem. „Bo dobrało się dwóch uczciwych idiotów" — odrzekłem.

Anders, Gawlina i Papée zostali przyjęci przez papieża, Polska uratowana. Spoglądam jednak z niepokojem we wspaniałą przyszłość, jak napisał dowcipnie D., przysyłając nam masło La Ferté Bernard. List jego szedł tak samo długo jak ostatnia kartka z Krakowa od mojej matki. A to dlatego, że jak pisze D.

[1] Biuro pomocy dla emigrantów.

[2] Biuro.

— „z powodu braku ruchu na kolei naczelnik stacji zamknął dworzec i wraz z rodziną wyjechał na wieś”. Francja jest jednak urocza. Marzę o zostaniu naczelnikiem stacji.

Przed kolacją musiałem pojechać jeszcze na Place Bastille. Jakiś młody, ledwo wypierzony policjant zagwizdał na mnie na avenue Daumesnil, bo jechałem środkiem ulicy. Po prawej stronie jest zły bruk. Zaczął oglądać moje papiery i zażądał kary 15 franków. Tak mnie to wściekło — do tego spieszyłem się — że wyrwałem mu z rąk moje papiery, dałem 15 franków ze słowami „masz tu na piwo — *merde*” i pojechałem dalej. Nie pisnął ani słowa. Gdy wracałem, stał jeszcze ciągle w tym samym miejscu. Zrobiło mi się wstyd i podjechałem do niego, aby go przeprosić i tym razem uprzejmie obrugać „pod logikę”. W końcu on był zawstydzony i przepraszał mnie, że „musi spełniać swoje obowiązki”. Powiedziałem mu, że zgadzam się z nim, ale pod warunkiem że będzie to robił inteligentnie. *Intelligemment, vous comprenez, intelligemment*[1]. Odjechałem w najlepszej zgodzie. Jeszcze trochę, a byłbym go doprowadził do przeproszenia mnie za to, że w ogóle jest policjantem.

22.6.1944

Dziś pod wieczór, koło siódmej, wielki nalot. Bombardowali coś na północno-zachodnich przedmieściach Paryża. Prawdopodobnie jakieś zbiorniki z benzyną lub olejami, bo nad całym zachodnim Paryżem unosiła się gęsta chmura dymu, zasłaniając całe niebo. Bombowce leciały nad centrum miasta — około setki. Widać je było doskonale. Stałem w bramie na Châtelet i choć flak walił gęsto, wysunąłem się, żeby popatrzeć. Ludzie stali i obserwowali ten przemarsz, wskakując do bram tylko wtedy, gdy pociski pękały wprost nad nami. A po białawym niebie sunęły wolno klucze czarnych krzyżyków. Nagle na ulicy krzyk, jakiś długi jęk. W ostatnim kluczu buchnął płomień, zgasł. *Touché*[2]. Ciężka maszyna wypada z szyku, zwija się, podrywa na chwilę i zataczając coraz ciaśniejsze kręgi, zwala się w dół. Ludzie po prostu jęczą. Nie udane, szczere współczucie tłumu.

23.6.1944

Kilka bomb z wczorajszego nalotu spadło w sam środek Paryża. Dziś zawrócono mnie z rue Censier. Na rogu rue Censier i Geoffroy Saint-Hilaire zasypana gruzem ulica, wystrzępione domy i okna bez szyb.

Mój dwutygodniowy zarobek wypłacono mi dziś znowu nowym banknotem 1000-frankowym. Obecnie są już trzy różne 1000-frankówki w obiegu. Drukowanie nowych banknotów jest już od dość dawna jedynym działem produkcji francuskiej, który naprawdę kwitnie.

---

[1] Inteligentnie, rozumie pan, inteligentnie.

[2] Trafiony.

Na wsi brak soli i chłopi przestali bić świnie. Od początku tego miesiąca nie mieliśmy kawałka mięsa w ustach. Hitler dał rozkaz załodze Cherbourga, aby broniła się do ostatka. A do Niemiec przyjechała jakaś najznakomitsza skrzypaczka japońska, dostała od Goebbelsa w prezencie prawdziwego Stradivariusa i ma zostać przedstawiona Führerowi celem zagrania mu kilku „*Lieblingsstücke*"[1]. Może by tak „Umarł Maciek, umarł"...

24.6.1944

Na imieninach u Janki. Rozmowa o Francji, o Balzacu, o pani Hańskiej i o Hoene-Wrońskim. O Hoene-Wrońskim nie mogłem dyskutować, bo go nie czytałem i wcale mnie do tego nie ciągnie. Ale wziąłem go pod włos z innej strony, ku oburzeniu towarzystwa. Hoene-Wroński to oczywiście znowu POLSKA, a nie Hoene-Wroński. Bardzo możliwe, że sprzedawanie, a raczej odsprzedawanie na raty „absolutu", i to za grubą sumę, nie było samo w sobie aż tak oszukańcze, aby uważać go za oszusta, niemniej między nim a Cagliostrem lub Dunikowskim (tym od złota) nie ma wielkiej różnicy. (Co też pan wygaduje...). Dlaczego Norwid, który również nie miał środków na publikowanie nie tylko swoich idei, ale — co gorzej — wierszy, nie zrobił tego samego? Zamiast sprzedać za grube pieniądze rysunek Rafaela Francuzom (był w nędzy), on d a j e go Polsce, zarabiając na życie jako prosty robotnik.

Poza tym rozmowa o wojnie — w międzyczasie cztery salonowe alarmy. Jedna z pań, Francuzka, opowiadała, że dwa dni temu widziała Sachę Guitry na wystawie obrazów w Galeries Charpentier. Był z jakąś młodziutką dziewczyną. Jak tak dalej pójdzie, to zacznie sobie dobierać przyjaciółki w przedszkolach. Odczytał tam podobno jeden rozdział ze swojej nowej książki pt. „Od Jeanne d'Arc do Filipa Pétain". Jest to tak zwany kurwizm absolutny. To tak jak słuch. Nie mówiąc już o połączeniu tych dwóch nazwisk. To tacy Francuzi budzą to coś w człowieku, po czym ma się ochotę napisać książkę pod tytułem „Od Napoleona do Tino Rossi".

W metrze, gdy wracaliśmy wieczorem, jakaś pijana dziwka dawała dowody swojego patriotyzmu, wymyślając samotnemu żołnierzowi niemieckiemu. *J'suis Frrrrançaise*[2], nie boję się go, nie boję się więzienia, *merde*... Koleżanka, trochę mniej pijana, uspokajała ją, jak mogła. Ale skutek był wręcz odwrotny. Łamaną niemczyzną, fragmentami plugawych wyzwisk i słów wyuczonymi w łóżku, kiedy patriotyzm nie przeszkadzał jej spać z Niemcami, lżyła Szwaba dalej. To też kurwizm absolutny i jestem ciekawy, czy Sacha Guitry zrobi tak samo. Żołnierz stał jak sztywna figura Arno Brekera. Nie drgnął. Rozumiał wszystko i tylko nieznacznie się uśmiechał. Ludzie też się uśmiechali. Wysiadła na Place d'Italie, odgrażając się jeszcze z peronu. Pewnie dziś wieczorem będzie dawać za darmo — Francuzom.

---

[1] Ulubione kawałki.

[2] Jestem Francuzką.

Amerykanie przekuwają się przez fortyfikacje Cherbourga. Rosjanie przewalili się przez linie niemieckie po obu stronach Witebska. W Londynie „nieprzyjemnie", w Paryżu alarmy kameralne.

25.6.1944

Cudowny dzień. Niebo błękitne, bez jednej chmurki. Koło pierwszej pojechaliśmy na rowerach do Lasku Vincennes, zabierając obiad ze sobą. Avenue de Tremblay, biegnąca w poprzek lasku w kierunku pola wyścigowego, zamieniła się w corso. Jeszcze nigdy nie widziałem takiej ilości ludzi. Tysiące rowerów, przepełnione omnibusy konne z zeszłego wieku, karety, kariolki i dorożki. Rozbawiony, migający w słońcu tłum. Furkocą kwieciste spódniczki dziewcząt na rowerach i obracają się nogi, odsłonięte wysoko. Ktoś śpiewa, ktoś gwizda. Brzegiem, w cieniu drzew, idą ludzie na piechotę. Wojna? Gdzież tam. To wesoła niedziela z dawnych, dobrych czasów pokoju. Patrząc na to, myślę, że wczoraj, w czasie bombardowania Wersalu, zginęło 225 osób i było ponad 500 rannych. Ale tu wszystko wydaje się złym snem. Rozścielamy koc, jemy, czytam i usypiam.

Wracamy koło siódmej. Ten sam tłum płynie zewsząd w stronę Paryża. Na kierownicach rowerów bukiety kwiatów. Koło domu łapie nas alarm. Strzały. Na skos przechodzą trzy formacje bombowców. Oczywiście zestrzelili trzy. Te naloty pod wieczór są mordercze. Widać ich jak na dłoni.

Właściwie Cherbourg jest już wzięty. W czasie nalotu na Berlin rozbito podziemia katedry i zniszczono sarkofag ze szczątkami Fryderyka II.

27.6.1944

Basia nie dostała dziś nic na targu. Stała w ogonku dwie godziny po odrobinę białego sera, przypominającego raczej gips. Z dodatkiem mleka w proszku z naszych zapasów będzie to można jeść. W naszej kantynie fabrycznej zmniejszono nam obiad o jedno danie. Dr K. i ja chodzimy głodni i wściekli.

G. Ferrero „Aventure — Bonaparte en Italie 1796–1797". Doskonałe. Już dawno, czytając korespondencję Napoleona, miałem wrażenie, że cała ta osławiona i opiewana kampania włoska ubrana jest od stóp do głów w legendę. Ferrero beznamiętnie wydobywa prawdę i rozszczepia światło aureoli otaczającej od stu pięćdziesięciu lat głowę Bonapartego.

Przede wszystkim plan kampanii pochodził od Dyrektoriatu, będąc zbiorową pracą młodych oficerów Rewolucji i wojowniczych cywilów. Bonaparte wykonał go co do joty. Marsz na Cevę i zdobycie jej — pokój z Piemontem w Cherasco. Dalszy przebieg wyprawy, a raczej awantury, jest równie niespodziewany dla Bonapartego, jak i dla Dyrektoriatu. Włochy nie tylko nie stawiają oporu, ale wręcz kapitulują. Mała, 40-tysięczna, źle uzbrojona i wygłodzona armia młodego generała byłaby padła ofiarą własnej zuchwałości, gdyby nie marazm Włoch. Ten stary świat, skamieniały w formach *ancien régime'u*, osłupiał na widok zuchwałości tych obdartusów, depczących i miażdżących wszystko: porządek, ład, prawa, zasady i wierzenia ustalone od lat. Zwycięstwa Bonapartego? Zastosowanie awangardowych metod wojennych Guiberta, gwałcących wszystkie zasady i kodeksy wojny XVIII wieku, który potrafił ująć wzajemne mordowanie się w ramy pewnych praw i złagodzić je do maksimum. Bonaparte przechodzi Pô[1] nie w tym miejscu, w którym obwarował się Beaulieu, lecz na jego tyłach. Genialne. Tak, ale robiąc to, gwałci neutralność Księstwa Parmy, popełnia rzecz, na jaką nie zdobyłby się żaden wódz XVIII wieku. Jest ruchliwy, szybki. Tak — ale maszeruje bez magazynów, żywiąc armię z kraju. Metoda nieznana w obyczajach wojennych XVIII wieku. Zwycięża, bo depcze i gwałci. Wyzwala siły i siłę, stając się potem jej niewolnikiem. Zwycięstwa Bonapartego we Włoszech, marsz na Wiedeń, Austria pobita i prosząca o pokój, zakładanie republik i ukazujący się po raz pierwszy lwi pazur przyszłego cesarza. Tymczasem zwycięstwa są dziełem nowych metod, chamstwa wprowadzonego do tej misternej i dżentelmeńskiej gry, do której udało się doprowadzić wojnę w tym *siècle galant*[2]. Marsz na Wiedeń? Awanturnicze przedsięwzięcie młodego śmiałka, z którego cudem wyszedł cało. Hoche i Moreau nie przeszli równocześnie Renu i Bonaparte znalazł się w Austrii sam, z rewolucją i chaosem na tyłach, z całą siłą Austrii i groźbą głodu przed sobą. Chwilowe przerażenie Wiednia mija szybko i to Bonapartemu, a nie Austrii, zależy na pokoju. Stąd tak łagodne warunki wstępne. Bo czuje, że musi się cofnąć, a chciałby się cofnąć z honorem. Pertraktacje pokojowe ciągnące się miesiącami, gdy Bonaparte czuje, że nawet w Paryżu blednie jego legenda. Campo Formio to owoc pogróżek i próśb, dyskusji i prawie obelg rzucanych przez młodego wodza zimnym dyplomatom monarchii. Nie wszystko było tak, jak się to mówi i głosi. A raz rozpętany chaos, podeptanie praw i „reguł gry" tam, na równinach Lombardii, ciągnie się do dziś dnia. Kult siły i nienawiści oślepia nas. Stąd legenda Bonapartego. Gwałt powoduje inny gwałt, gdy jeden zdepcze prawo, depczą je wszyscy. Gwałt narasta jak lawina, pod którą ginie ten, kto pierwszy naruszył chwiejną równowagę drobin śniegu. Ale z nim giną i inni, a nieraz cała kultura i cywilizacja, panujące dotychczas. Rosja będzie musiała postawić kiedyś pomnik Hitlerowi... Wytępi „prieklatych jewreiw" i wprowadzi ich do Europy. Tego nawet Piotr Wielki nie potrafił. I obok miedzianego jeźdźca stanie drugi. Ale powinien by być na ośle.

Robert jest tak niespokojny o rodzinę, że zamierza jechać do Niort na rowerze. Przeszło 400 km ciężkiej drogi. Ale nie dziwię mu się. Inna rzecz, że w dzisiejszych czasach sześcioro dzieci to wprost przeżytek. My, chwała Bogu, nie mamy ani jednego, a i to wydaje mi się ciągle, że o coś w tym interesie za wiele.

[1] Pad.

[2] Wytwornym stuleciu.

28.6.1944

Rano niepotwierdzona wiadomość, że Philippe Henriot, minister propagandy i arcysprzedawczyk, został dziś w nocy zastrzelony. W południe, o 13.20, Laval przemawia do kraju i potwierdza poranną pogłoskę. „Zginął śmiercią bohatera" — mówi Laval. Słucham tego razem ze wszystkimi kolegami i koleżankami, stojąc pod otwartym oknem mieszkania dozorcy, z którego ryczy radio. Któraś z kobiet warknęła w ogólnej ciszy: „Stul pysk — *sale Auvergnat*". Aprobujący śmiech. Po przemówieniu Lavala — Marsylianka. Wrzask i zmuszono dozorcę do zamknięcia radia. Biedna ta Marsylianka... Ale to nie będzie się liczyć do historii Francji — to będzie historia okupacji. Grunt, że Henriot przestanie skrzeczeć co wieczór przez radio. Był on niebezpieczny. Jego silna i przekonywająca dialektyka, bardzo kartezjańska i jakby kształcona na najlepszych wzorach moskiewskich, zręczna, umiała podawać wiele rzeczy bardzo „po francusku".

Pod wieczór spotkałem p. Zygmusia. Bardzo dawno go nie widziałem, bo miał tam jakieś „przykrości" dolarowe i uważał za wskazane pływać w zanurzeniu. Jak zwykle trochę pijany. Na moje pytanie, co słychać, odpowiada bełkotliwie: „Ach, wszystko dobrze. Je się codziennie mięsko, pije się bordo i człowiek czeka, aż będzie lepiej". Zaprasza mnie do swojej antykwarni: „Niech pan wpadnie do mnie, zawsze tam kropla dżinu albo koniaku znajdzie się gdzieś w kącie".

Rosjanie wzięli Mohylew, w Bobrujsku walki. Idą na Mińsk z dwóch stron. Finlandia nie kapituluje i podpisała pakt z Niemcami, którzy mają jej wysłać posiłki. Mają *esprit de suite*[1], który podziwiam. Kto wie, czy nam taki *esprit de suite* nie byłby się lepiej opłacił... Ale z Hitlerem nie można było gadać i w tym cała pociecha. Podobno komendanci Cherbourga, generał von Schlieben i admirał Hennecke, poddali się w sposób skandaliczny. Wyszli ze świetnych schronów, poddając się wcześniej niż reszta wojska. Było to tak rażące, że oficerowie amerykańscy po prostu ich zwymyślali. Jeden Francuz powiedział mi dziś najspokojniej w świecie: „Wie pan, Amerykanie okazali się doskonałymi żołnierzami. Zdobycie Cherbourga było bez zarzutu. Nawet Francuzi nie potrafiliby tego lepiej zrobić...". Jest to tak zwany szowinizm absolutny, a raczej kłopotliwy. Dla mnie bardzo. A dla nich szkodliwy — i to ich zgubi.

29.6.1944

Na avenue de la Porte de Châtillon olbrzymie stado krów. Cały ruch wstrzymany. Krowy pędzi kilkunastu żołnierzy niemieckich z karabinami zawieszonymi na szyi, z hełmami u pasa i z kijami w rękach. Widok jest tak niezwykły i komiczny, że ludzie zaśmiewają się na cały głos. Ktoś krzyknął: „To jeńcy z Normandii" i salwa śmiechu. Ale po chwili zmysł praktyczny bierze górę:

---

[1] Siłę charakteru.

„Zabierają nam naszą rację mięsa, a może to było właśnie dla nas". Kult befsztyka, chciałoby się powiedzieć „świętego", odzywa się we wszystkich. Tymczasem żołnierze biegają wokoło i zganiają z chodników ogłupiałe cielęta. Jak przez mgłę przemknął mi obraz z „Dziennika" Goncourtów: stada bydła spędzane do Paryża w 1870 roku. Czy Niemcy zamierzają się tu bronić?

Życie w mieście płynie normalnie. Panuje przekonanie, że za miesiąc Alianci tu będą. Ludzie oswoili się już z lądowaniem w Normandii i czekają teraz na „prawdziwe lądowanie". Ma to oznaczać, że Normandia nie jest najważniejszym działaniem. I wobec tego mówi się: „Jak oni naprawdę wylądują, to..." itd. Ludzie zachorowali na gigantyzm. Nic dziwnego. Podawane codziennie cyfry w rodzaju 1000 bombowców pod ochroną 1500 myśliwców, litanie zbombardowanych miejscowości i różne inne obliczenia mogą zawrócić w głowie. Ślepe upojenie potęgą — do tego cudzą.

Na froncie wschodnim odwrót Niemców przybiera cechy olbrzymiej klęski. Po ośmiu dniach od chwili rozpoczęcia natarcia. Grzmią w Moskwie salwy z 224 (?) dział, płyną słowa długich i pompatycznych rozkazów dziennych Stalina, dziwnie znajomych, zajeżdżających 150-letnią pleśnią. No, ale tam to właśnie ostatni szlagier. I ta zatęchła filozofia, to zatęchłe słownictwo, ma rządzić nami, połową Europy? Sto pięćdziesiąt lat temu tym samym stylem, kubek w kubek, pisane były rozkazy dzienne Dyrektoriatu. Podobieństwo jest uderzające i beznadziejne: „Sława nieśmiertelna zwycięzcy spod Lodi! Sława i honor dla generała głównodowodzącego, który potrafił przygotować zuchwały atak na most tego miasta, przebiegając zastępy wojowników francuskich, wystawiając się na najbardziej morderczy ogień wroga i rozporządzając wszystkim tak, by go zwyciężyć! Honor dla odważnego Berthiera, który rzucił się na czele tej niebezpiecznej i straszliwej kolumny republikańskiej, co stratowała i powaliła wroga! Honor dla generałów Masséna, Cervoni, Dellemagne, dla dowódców brygady Saluces, Dupas i Sugni, dla kapitana Toiret z 3. batalionu grenadierów! Sława dla dzielnego 2. batalionu karabinierów, który zdecydował o losach tego dnia! Sława dla dzielnej dywizji pod dowództwem generała Augereau i dla jej dowódcy! Sława dla komisarza rządowego Saliceti!". Uff — zmęczyłem się. Siła francuskiego stylu rewolucyjnego jest zdumiewająca. Ten styl jest ciągle żywy i Stalin wie, czym podniecić to swoje chamstwo, umierające za kajdany. W rosyjskich rozkazach dziennych ten styl tętni do dziś dnia.

Wszystko stało się tak szybko, że dopiero teraz ludzie zaczynają sobie uprzytomniać fakty. Witebsk, Orsza, Mohylew, Bobrujsk. Rosja, ach Rosja! Ma się wrażenie, że cały świat spogląda w tamtą stronę, jak w słońce wschodzące i wspaniałe. Na ślepotę nie ma lekarstwa. Nikt nie chce widzieć, zrozumieć. Masowa sugestia, powszechna i absolutna. „Oni się zmienią, oni już się zmienili". Może się zmienią, ale czy się zmienili? Rozmawiałem przedwczoraj z R., który był na Wileńszczyźnie od 1939 do 1941 roku. Mam tymczasem inne zdanie o tym. Tak zwane wyrobione...

Niemcy zmienili zdanie. Gdy trzy tygodnie temu front wschodni był najważniejszy, teraz jest generalna zmiana dekoracji. We Włoszech i w Rosji „obrona elastyczna" do chwili pobicia Anglo-Amerykanów na zachodzie. A potem uderzenie na Rosję. Apiać do Stalingradu, jakby powiedział Wiech. Proste, zupełnie proste. Jak parasol.

Nowa broń nazywa się oficjalnie V-1, skrót od „Vergeltung", czyli odwet Nr 1. Przewidziane są następne. Nawet patetyczne.

Jestem bardzo ciekawy, czy poza stylem szlacheckim potrafimy kiedykolwiek wytworzyć jakiś inny styl. W każdym razie po tej wojnie grozi nam poważnie styl „męczeński" połączony z typowo polską bufonadą. No i jestem także ciekawy, czy po tym zniszczeniu, które Polska przeszła i któremu jeszcze na pewno ulegnie, gdy linia frontu rosyjskiego będzie się przez nią powoli przesuwać, czy po tym zniszczeniu będziemy usiłowali urządzać i odbudowywać wszystko koniecznie „tak, jak było dawniej", czy też zdobędziemy się na coś nowego. W każdym razie jestem pewny, że pewien stylik snobsko-szlachecki odbuduje się najprędzej, i to niezależnie od ustroju, jaki nas czeka. I jeżeli ustrój będzie komunistyczny, to cześć i po herbacie — ta utopia wyniszczy nas bardziej niż całe sto lat zaborów i obydwie wojny. Nie można o tym mówić, bo Rosja dosłownie rzuciła na najbardziej przytomne umysły UROK. Zupełne średniowiecze, człowiek boi się mówić. Psychoza, wobec której nazizm wydaje się w tej chwili zupełnie nieudolnym naśladownictwem.

Ale nie zapominajmy o jednym: Świat, panie dzieju, zawsze spogląda na nas. Oni nic nie mówią, ale zawsze, panie dzieju, z nas biorą przykład. Bo Polak, panie dzieju, to pan wie... ha... psiakość... pan wie, Polak, to rozumie pan... jak by to powiedzieć, panie dzieju... Właśnie. JAK BY TO POWIEDZIEĆ?

30.6.1944

Nareszcie dostałem kilogram masła. 700 franciszków. Poza tym pęczek rzodkiewek na targu, kupiony p o k r y j o m u od przekupki handlującej przędzą i nićmi. Jemy groszek, resztki kartofli, makaron. Po dwóch godzinach jestem głodny.

Zwłoki Henriota wystawiono na Place de l'Hôtel de Ville i paryżanie defilowali przed katafalkiem, składając bukieciki kwiatów. Znaleźli się tacy... Na siedem godzin przed śmiercią żegnał na dworcu francuskich ochotników SS. „Paris-Soir" zamieścił fotografię z tej uroczystości. Na wagonach napisy: *„Vive la France, Heil Hitler. Vive Henriot"*. To nie historia Francji, to historia okupacji...

Jeszcze raz przerzucam „Nawracanie Judasza" i skręca mnie. Nie — nie skręca — to za słabo powiedziane. Dlaczego „lud robotny", „zachcenie", „fetor"? Dlaczego ponad tym idealizmem Nienaskiego czuje się przede wszystkim brudną bieliznę, zasmarkane chustki do nosa i brudny pokój z samowarem, i dlaczego czuje się to wszystko „bez powodu"? Tak nie znosił Rosji, a tak nią przesiąknął. To śmieszne, do jakiego stopnia osobiste wspomnienia uniemożliwiają mi spokojne podejście do tego wielkiego pisarza.

Pamiętam, że jako mały chłopak byłem zaproszony do nich na coś w rodzaju „kinderbalu". W pewnej chwili postanowiono pokazać mi księżyc. Wszedłem do ciemnego pokoju. Żeromski zarzucił mi bodajże swoje palto na głowę i kazał uważnie patrzeć w wyciągnięty rękaw, jakby przez lunetę. I nagle chlusnął mi od przodu, poprzez rękaw, szklankę wody. Woda zalała mi twarz i nos, zacząłem się okropnie krztusić i kaszleć, o mały włos nie zwymiotowałem podwieczorku. Ale nie to było najważniejsze. Chodzi o to, że w tym samym momencie otworzono drzwi tak, że światło wpadło do pokoju. Razem z nim naśmiewające się ze mnie dzieci. Wiem, że i to jakoś zrozumiałem, ale zacisnąłem pięści na widok Żeromskiego. Stał z boku, obserwował, jak ja się krztuszę, i cicho śmiał się, złośliwie i z satysfakcją. Ten jego śmiech, jakby żółto-zielony, dostrzegam teraz we wszystkim, co czytam. Wiem, że to jest niesprawiedliwe, ale nie potrafię inaczej. To dziwne, a to wspomnienie należy do najbardziej wyrazistych, jakie zachowałem z wczesnego dzieciństwa. Żółto-zielony śmiech. Za to określenie dostałem raz dwóję, jeszcze w gimnazjum.

Byłem bardzo dumny.

2.7.1944

Niedziela. Siedzimy w domu. Po południu podwieczorek u Loli. Osiem osób w malutkim pokoiku, ale przyjemnie. Po wyjściu gości wychodzimy z Lolą oglądnąć programy kinowe w naszej dzielnicy. Same stare, przedpotopowe filmy. Jak śmiesznie, brzydko i nieestetycznie wyglądają stroje kobiet, już dziś niemodne. A przecież gdy były modne, nie widziało się tego. Tylko na ideologie śmierci nie ma. Od stu lat ta sama moda, a teraz najbardziej zapleśniałe stają się ostatnim krzykiem.

Z Lasku Vincennes wracają długie sznury rowerów. Wieczorem wpada Robert, przynosząc nam duży kawałek mięsa i p r a w d z i w y Camembert. Dostał wielką paczkę z Niort przez okazję. Oczywiście siedzi do dwunastej, ale z nim można siedzieć.

W Rosji kryminał. Przeszli Berezynę na szerokości 120 km, zajęli Wilejkę i Stołpce, odcinają Niemcom odwrót z Mińska. Podają, że w ciągu dziesięciu dni Niemcy stracili 230 tysięcy ludzi i że nowym dwustu tysiącom grozi otoczenie w rejonie Mińska. Co jest? Czyżby Niemcy zupełnie załamali się na tym odcinku? Tak wygląda. Anglicy odpierają przeciwuderzenia niemieckie na linii Tilly–Caen.

3.7.1944

Szaro i duszno. Od jutra zamykają niektóre linie metra w całości, na innych liniach całe odcinki. Będzie metro w skróconym wydaniu. Autobusy łączące Paryż z dalszymi przedmieściami przestają także kursować. Życie powoli zamiera i jedynym środkiem komunikacji staje się rower.

Żyje się obecnie zielonym groszkiem. W fabryce dostaję codziennie dwa kilogramy groszku, czasem trochę sałaty. A najchętniej piłbym ocet, zagryzając korniszonami. Rosjanie robią, co im się żywnie podoba. Ma się wrażenie, że tam armia niemiecka przestała niemal istnieć.

Po południu wpadłem do mojej księgarni zobaczyć, czy nie przynieśli mi którejś z zamówionych książek. Tak lubię wślizgnąć się do introligatorni i poprzerzucać oprawiane książki. Zapach kleju i skóry, rozmowa z Bardache. Pożyczył mi dziś pierwszy tom „Corps et âmes"[1] Van der Meerscha.

Cena fałszywych kartek chlebowych skoczyła ze 150 na 250 franków. Po pracy wpadłem do pani R. Rozmowa o Sowietach. Jak wszyscy tak i ona „wierzy". Na moje uwagi o Rosji, „ciasne" i „niepostępowe", wytoczyła wielki argument: „A jednak jakich wielkich muzyków wydała Rosja. Czajkowski, Głazunow, Rimskij-Korsakow, Rachmaninow, Skriabin, Prokofiew...". — „Zawsze bałem się i jestem bardzo ostrożny z narodami, które wydały wielu i wielkich muzyków" — odpowiedziałem jej. Ale pewnie nie zrozumiała.

4.7.1944

Przez całe rano alarmy lotnicze. W Paryżu krążą niesamowite historie o maśle sprzedawanym przez szoferów niemieckich przewożących benzynę i amunicję do Normandii. Wszyscy mówią, że tu lub tam Niemcy sprzedają 1 kilo masła po 100 franków. Tylko że nikt dokładnie nie wie gdzie i kiedy. W każdym razie wyobraźnia stwarza tony masła i Paryż ma kompleks masła.

Poza tym następną tajną bronią Niemców ma być również bomba latająca, a raczej rakieta o znacznie zwiększonym zasięgu. Aż do Waszyngtonu. Przydałoby się, ale niestety to chyba nieprawda. Rosjanie zajęli Połock, w Normandii ciężkie walki.

5.7.1944

Od trzech dni prąd elektryczny włączają dopiero o dziesiątej wieczorem. Mówią, że kilka dni w ogóle nie będzie światła. Wszelkie wysyłki robotników do Niemiec zostały wstrzymane.

6.7.1944

W drodze do pracy zawadziłem o niemiecki samochód. Zastawili wyjazd z garażu olbrzymim ciągnikiem i mijając go, nie zauważyłem wyjeżdżającego z bramy samochodu. Na szczęście podniosłem odruchowo nogę i tylko pedałem walnąłem w zderzak. Pedał skrzywiony do wewnątrz prawie w haczyk. Ale jakoś nawet nie wywróciłem się. Niemcy stanęli i patrzą się. Nie opanowałem się i rozwarłem pysk: *Ihr habt ja keine Hupe drinnen, was? Zu viel Arbeit auf das Ding zu drücken wenn ihr rauskommt...*[2] Przeraziłem się i nawet nie mogłem uciec. Ale oni patrzyli na mnie krowim wzrokiem, po czym usiłowali mi udowodnić, że to moja wina. No, no. Wobec tego uciąłem krótkim: *Erzählen Sie mir keine G'schichten*[3]. Ale już nie użyłem „*ihr*"[4]. Wziąłem rower na ramię

[1] „Ciała i dusze".
[2] Nie macie klaksonu czy co? Szkoda wam zachodu, żeby nacisnąć, jak wyjeżdżacie...
[3] Niech mi pan nie opowiada głupstw.
[4] Wy.

i wszedłem do francuskiego garażu naprzeciwko, prosząc o narzędzia. Ale młody robotnik, który widział całe zajście, wyrwał mi rower i sam zabrał się do naprawy. W pół godziny potem mogłem jechać dalej. Ten robotnik cały czas mówił mi o Rosji. O Normandii nawet nie wspomniał.

Hitler wyrzucił Rundstaedta ze stanowiska głównodowodzącego na zachodzie i na jego miejsce mianował von Klugego. Widocznie boi się Rommla, choć go ma tu pod ręką. Poza tym Führer miał wczoraj mętną mowę do Reichsindustrieleiterów, którzy złożyli mu wizytę pod przewodnictwem Speera. Po czym Speer wszystkich udekorował orderami. To nagminne ostatnio dekorowanie wszystkich przypomina trochę ostatnie namaszczenie. Wieczorem w kinie na „Goupi les mains rouges". Świetny film z życia chłopskiej rodziny, całego klanu chłopskiego. W dodatkach Caen, zamienione na mączkę. Na obiad groszek, na kolację groszek i chleb i ogonki po chleb.

7.7.1944

Biura administracji cywilnej niemieckiej w Paryżu, czyli sławny hotel Majestic i archiwa Gestapo, zostały przewiezione do Nancy. Czyżby początki ewakuacji Paryża?

8.7.1944

Wieczorem na malutkim i przemiłym przyjęciu u P. Była tam młoda Francuzka, jej uczennica, mówiąca zupełnie dobrze po polsku. Nauczyła się polskiego w ciągu kilku lat — teraz czyta Żeromskiego bez słownika. Dyskusja o Żeromskim. Gorszę moimi sądami absolutnie wszystkich. Czuję, że u wielu osób rodzi się od razu wątpliwość, czy ja jestem istotnie „dobrym Polakiem". W każdym razie na pewno nie stuprocentowym... Tadzik P. krytykuje nieśmiało jego język. Ja przyznaję wszystkie wartości temu przebogatemu językowi, powodzi przymiotników nieoczekiwanych i „swingowi" (zgorszone spojrzenia) przysłówków, ale atakuję zdecydowanie „duszę" tych utworów. Dlaczego rzeczy brudne są w tym brudniejsze niż w rzeczywistości, a wstrętne staje się lepkim i lubieżnym? Po co to badanie „pisanek" Nienaskiego (nogi krzeseł ugięły się...) przez jedną z pań w nocy, w karecie? Dlaczego Prus będzie zawsze na czasie i w czasie? Bo jest w nim tchnienie jakiegoś odwiecznego ładu, czegoś niezniszczalnego, co kryje się w byle odłamku greckiej rzeźby. Tam nieład i nieporządek, *„polnische Schweinerei"*[1], niedokończenie silniejsze niż wszystko — strukturalne.

Oczywiście wybucha powstanie przeciwko mnie. Stara historia: ja nie krytykowałem wcale Żeromskiego — ja o b r a ż a m Polskę". Bo przecież to „taki polski pisarz" (*tant pis pour lui*)[2]. Co znaczy „taki"? Wcale nie uważam go za „takiego". Po czym największy kaliber, po którym człowiek powinien rozsypać

---

1 Polski chlew.

2 Tym gorzej dla niego.

się w proch: „On tak kochał Polskę". No to cóż z tego? Piekielnie wygodny argument ta Polska, kiedy brak innych. To u nas taki „balsam kapucyński w Jeruzalem w złotym aniele", używany na wszystkie dolegliwości. Skutek gwarantowany. Jak się nie ma odwagi lub ochoty iść do końca, to spuszcza się biało-czerwony szlaban...

Wracamy przed dziesiątą, dojeżdżamy do Châtelet i nie łapiemy już połączenia. Idziemy z Châtelet do domu na piechotę. Przeszło godzina spaceru pustymi i ciemnymi ulicami. Smętnie kapie deszcz i jest duszno.

Amerykanie wzięli La Haie du Puy. Lotnictwo szaleje. Ci tego nafabrykowali. Rosjanie zajęli Baranowicze i biją się na przedmieściach Wilna.

9.7.1944

Przez cały dzień nie ma prądu i nie można posłuchać radia. Mówią, że niedługo może w ogóle nie być gazu i prądu, a gazety doradzają delikatnie wyjazd z Paryża. Czytam, potem zeluję sandałki Basi. Przed czwartą jedziemy na podwieczorek do Szymonów K. Wskutek zatrzymania całych odcinków metra musimy przesiadać się dwa razy, żeby dojechać pod Operę.

K. zna się na malarstwie i wyłapuje tu na licytacjach polskie płótna, nieraz za bezcen. Ostatnio upolował Gierymskiego. Widok poprzez most na Sekwanie na Panteon. Nie wiem, czy jest jaki francuski malarz, który by był tak „paryski" jak Gierymski. W jego Paryżu jest cały Paryż, bez reszty.

Lubię ten dom. Można tam odetchnąć „prawdziwym mieszkaniem", czymś, co już powoli też zaczyna przechodzić do historii.

10.7.1944

Paryż stał się miastem roweru. Wszyscy chcieliby kupić rower. Najgorsza tandeta, sklecona z nic niewartych, pękających i gnących się części osiąga cenę 7, 8, i 9 tysięcy franków. Opona rowerowa dosięga ceny 2200 franków. Na ulicach koło szóstej po południu panuje tłok. Trzeba uważać, bo wśród tych tysięcy rowerzystów kręci się pełno debiutantów, o których nigdy się nie wie, co zrobią w ostatniej chwili. Od razu po obiedzie wróciłem do domu, bo nie miałem siły wysiadywać godzinek popołudniowych nad papierkami. Położyłem się i spałem trzy godziny. Za oknem pluskał deszcz, szaro. Basia wróciła przed siódmą ze szkoły. Przegląd szkiców. Wykończona metrem. W metrze dzieją się teraz dzikie historie. Potem wpadł na chwilę młody A. i wypełnił pokój gaworzeniem 22-letniego dziecka. „Rosjanie zajęli już chyba Wilno, a tu mi spuchło, bo miałem pryszczyk i podrapałem się brudnym scyzorykiem i lekarz przepisał mi ziółka na oczyszczenie krwi, a jak czytam, to lubię dłubać w nosie...". — „Po czym pan to ze smakiem zjada" — dokończyłem, wyrzucając go niebawem za drzwi. Szkoda chłopca. Taki „najmłodszy" zmarnowany przez matkę i ciotkę. No, Rosjanie zaczęli „uwalniać". Lida jest już „uwolniona". Baranowicze też. Paryski i kolaboracyjny tygodnik „La Gerbe" ogłosił niedawno ankietę wśród znakomitości francuskich na temat co myślą o bombardowaniu katedr. Wielu pisarzy, uczonych, lekarzy itp. wstrzymało się od odpowiedzi. Natomiast Céline, sławny L. F. Céline, faszystowski Céline i proniemiecki Céline, odpowiedział świetnie: jeżeli by tylko zależał od tego koniec tej rzezi (*tuerie*), to ofiarowuje on wszystkie katedry francuskie i chętnie dołoży wszystkie katedry niemieckie. Dosłownie. Tak liczyli na jego głos i jego brudny, plugawy język i styl. A Céline zrobił im taki kawał. Powszechne oburzenie wśród piesków okupacyjnych, wycia i naszczekiwania.

Zgadzam się z nim. Cóż warte są te wszystkie katedry, co w ogóle mówić o katedrach, o martwym kamieniu, gdy równocześnie wylewa się potoki żywej krwi niewinnych? Nie zasługujemy na katedry. CO TAKIEJ ludzkości po katedrach? Mówią mi, że jestem pesymistą. A ja po prostu obawiam się tych wszystkich wspaniałości, które obiecuje się po tej wojnie. To stanowczo za piękne, ta demokracja, te reformy, ten rrrraj.

Po obiedzie w kantynie wpadłem na chwilę do Świątka pogadać. Kopalnia krakowskich ploteczek. Doszliśmy do wniosku, że grana obecnie sztuka w Mathurins jest zwyczajnym plagiatem. „Niespodzianki" Rostworowskiego. Ś. opowiadał mi, że „Niespodzianka" została przysłana na konkurs ogłoszony przez teatr krakowski i że to on nakłonił Rostworowskiego do przysłania jej, obiecując mu z góry pierwszą nagrodę. Było to o tyle usprawiedliwione, że nadesłane sztuki nie przedstawiały żadnej wartości i jury było w kłopocie. Wtajemniczonym w całą kabałę był także Zygmunt Nowakowski. Ś. opowiadał mi o różnych reakcjach członków jury. „Niespodzianka" biła bezsprzecznie o całą długość nadesłane sztuki. Otóż większość nie poznała się. Chwistek twierdził, że czytała to jego żona i że to słabe, niewyrobione. Natomiast Haecker z „Naprzodu" poznał się i wykrzykiwał: „To musi być jakiś chłopski syn, człowiek z ludu, który nigdy pióra nie miał w ręce, ale ma talent. Prawdziwy, jurny, zdrowy talent proletariacki". Podobno miał wspaniałą minę, gdy chłopski syn okazał się — hrabią Rostworowskim. Rostworowski opowiadał, że oparł „Niespodziankę" na prawdziwym zdarzeniu. Bardzo podobna historia miała się zdarzyć w jakiejś wsi białoruskiej i podobno Pusłowski znał szczegóły. „Malentendu" jest żywcem skopiowane. Do tego stopnia, że rzecz dzieje się nie we Francji, lecz gdzieś w Mołdawii.

Na wszystkich frontach idą naprzód. Rosjanie powinni skończyć z Wilnem lada chwila. Działa tam już otwarcie nasza Armia Podziemna. Polacy walczą o Wilno dla sowieckiej Litwy.

Wieczorem był u nas Tadzik P., potem przyszła Lola. Przegadaliśmy cały wieczór. Z poczuciem rzeczywistości jest u nas zupełnie źle. Anglicy, Amerykanie i Rosjanie przygotowują wszystko dla nas, specjalnie dla nas, i w ogóle nie mają innych zmartwień oprócz Polski. No bo jakże? Przecież dywizjon 303, Przecież Monte Cassino, a wszak AK właśnie pomaga Rosjanom w zdobywaniu Wilna i dywizja Maczka itp. Można by sobie wyobrazić, że obcy pozaciągali u nas takie długi, że aż do ponownego chrztu Polski (po latach okupacji sowieckiej) będziemy mogli leżeć albo siedzieć i tylko podpisywać kwity „otrzymałem". A co będzie, jeżeli każą nam dalej płacić? To zupełnie prawdopodobne. Ilu Rosjanie już wywieźli i ilu jeszcze wywiozą?

12.7.1944

Z jedzeniem zaczyna być naprawdę cienko i krucho. Obiad w kantynie był skromny i bardzo przewiewny. W godzinę potem byłem głodny. I wtedy to B., przemiły i młody Francuz, zrobił mi długi wykład o jakiejś nowej filozofii czy też systemie filozoficznym, którego nazwę można by przetłumaczyć jako egzystencjonalizm. Powiedział mi, że jest to filozofia przyszłości. Słuchałem, słuchałem i pomimo że nie jestem zupełnym tumanem, nie mogłem nic zrozumieć. Patrzyłem na jakąś robotnicę, która właśnie wyciągnęła spod bluzki białą pierś i zaczęła karmić dziecko. Samochód pod stacją benzynową. W końcu B. zapytał mnie: *Avez-vous compris?*[1] Byłem tak głodny, że chętnie byłbym zastąpił to dziecko przy piersi. „*Qui* — odpowiedziałem — z tego wynika, że gdyby nie nadzieja, że się kiedyś umrze, to należałoby się od razu powiesić". Lubię Myśl, przepadam za Myślą, ale za Myślą, w której byłoby coś z zapachu zieleni o świcie, w której byłyby żyłki pełne gorącej krwi, jak te sinawe żyłki na piersi tej matki. Chciałbym naprawdę czegoś nowego, a nie tych „postępów", w których robi się wszystko, aby gloryfikować nagle to, co już bezapelacyjnie powinno by być odłożone do archiwum.

Do domu przyjechałem zupełnie głodny. W mieście wszędzie ogonki, po wszystko ogonki. Oczywiście awanturowanie się na każdym kroku, bo ludzie są rozdrażnieni. Rozczochrane i śmierdzące harpie toczą oczami wokoło, szukając na kogo można by otworzyć plugawy pysk. Zachłanność i zawiść, zazdrość i nienawiść kurczą wszystkie twarze.

Koło dziesiątej straszliwe wrzaski na naszym podwórku. Pędzą ze wszystkich stron siwe Gorgony. Co jest? BRZOSKWINIE. Cały samochód brzoskwiń, sprzedają tu, pod domem. Łapię koszyk i pędzę. Już jest długi ogon. Mam przed sobą jakąś Furię, która tłustym i zaśniedziałym kokiem, upiętym na niemytej od urodzenia głowie, głaska mnie pod brodą. Gadają, kłócą się, wypryskują z ogonka, żeby „popatrzeć". Wystarczy czy nie wystarczy? Baba zwraca się do mnie i mówi: „Pewnie nie wystarczy". „To nic nie szkodzi" — odpowiadam spokojnie. „To po co pan tu stoi?" — „Tak sobie, ja lubię stać w ogonku". Odsuwa się trochę z obawą i nareszcie przestaje mnie pieścić tym kokiem. Od czasu do czasu spogląda na mnie z ukosa i już nic nie mówi. Robi się ciemno i nie mogę czytać. W końcu jest już zupełnie ciemno i przekupki wrzeszczą, że nie mogą wydawać reszty, bo nic nie widać. Po czym kończą się dobre brzoskwinie i zaczyna się sprzedaż *au plateau*[2]. Za 10 franków bez wagi do koszyka. Walą mi ze 3 kg zgniłych brzoskwiń. Pędzę do domu, bo z koszyka cieknie. Przebieramy, wycinamy nadpsute kawałki, ratując resztę. Lepsze to niż nic. Przed wojną zostawały w Halach całe góry takich brzoskwiń. Dziś sprzedają je po 10 franków po półtorej godziny ogonka i jeszcze wielka radość. To taki komunistyczny sposób wprawiania człowieka w optymizm i dobre samopoczucie. Już

[1] Zrozumiał pan?
[2] Na skrzynki.

dawno oswoiłem dwa gołębie. Przylatują codziennie do okna i nic się nie boją. I dziś było mi bardzo wstyd, bo złapałem się na myśli jak by tak... hm... gołąb nie jest zły.

13.7.1944

Dziś w fabryce była rewolucja. Do kooperatywy przyszła kapusta. Po 300 gramów na osobę. Wypadały trzy główki na dziesięć osób. Co robić? Dzielić? Ustąpić swoją część? Gadali i dyskutowali godzinę. Wreszcie zaproponowałem, żeby to rozlosować. Zgodzili się. Myślałem, że ci, co przegrali, zjedzą razem z główkami kapusty tych, co wygrali. Między innymi mnie. C. powiedziała mi z uśmiechem lewostronnym, że „dobrze" to wymyśliłem. To miało znaczyć, że ja już z góry wiedziałem, że wygram, i dlatego zaproponowałem losowanie. Wykrzywiłem się do niej i powiedziałem: *J'suis pas bête, moi, hein?*[1]... Jeszcze nie ma głodu, jest dopiero trochę ciężej, a oni już pozjadaliby się nawzajem. Ogarnia mnie straszliwy wstręt, gdy patrzę na te twarze. Wydaje mi się, że widzę otwarte brzuchy ze śmierdzącymi zwojami jelit. Prawie nie mówi się o wojnie. Mówi się wyłącznie o jedzeniu, rozpatruje wszystko z punktu widzenia żarcia.

Na wschodnim froncie potop. Rosjanie wzięli Wilno, są pod Pińskiem, idą na Grodno i Białystok, otaczają, przełamują. W Normandii idzie dobrze.

14.7.1944

„Quatorze Juillet"[2]. Grzmi Marsylianka w Radio-Paris, w Vichy, w Algierze, z Londynu. Reportaże radiowe z obchodów w uwolnionej Francji.

15.7.1944

Wieczorem długi spacer na rowerach. Nad Sekwaną. Boulevard Saint-Germain, pod Odeonem. Oglądnęliśmy program. Może pójdziemy w przyszłym tygodniu. Potem siedzieliśmy w Luksemburgu. Ciepły, pochmurny wieczór. Jakieś dziecko chciało koniecznie wepchać nam w szprychy długi kij. Poszło potem nad sadzawkę i moczyło zawzięcie oparcie ze swojego wózka. Jacyś chłopcy puszczali motorówkę. Cisza, terkot mechanizmu zabawki, przedwieczorny spokój nieba, bukiet drzew i kwiatów. Tam, gdzie były dawniej trawniki, rosną teraz warzywa. Fasolka i róże. O wpół do dziesiątej zaczęli trąbić zamknięcie. Pojechaliśmy dalej. Bd. Montparnasse. Na ulicach pustki. Jedynie w Le Dôme i w La Coupole trochę sennej publiczności na tarasach. Mężczyźni wożą kobiety na rowerach. Po damsku na tylnym bagażniku. Wygląda to zupełnie wdzięcznie. Bd. des Invalides. Stare pałacyki, złota kopuła Inwalidów. Przejeżdżamy obok ambasady polskiej. Mieści się tu Instytut niemiecki. Niedługo

[1] Cwany jestem, no nie?

[2] Czternasty lipca.

będzie „*rrraus*"[1]. Pałacyki na Quai d'Orsay, Izba Deputowanych. Wjeżdżamy w bulwar Saint-Germain i siadamy na tarasie Deux Magots. Dziesiąta wybija na wieży i ściemnia się. Wjeżdżamy w piwniczną rue Bonaparte i potem już nad Sekwaną. W mroku rozmazuje się sylwetka Notre-Dame i klamerki mostów. Woda jest czarna i oleista. Place Bastille, wstrętna rue du Faubourg Saint-Antoine. Po wpół do jedenastej jesteśmy w domu, przesyceni ciszą i spokojem tego dziwnego miasta. Paryż jest teraz wspaniały. To ten Paryż pozostanie na zawsze w moich wspomnieniach. Londyn mówi dużo o polskości Wileńszczyzny. Mówił dziad do obrazu...

16.7.1944

Woda na herbatę gotowała się prawie dwie godziny. Gaz jest tak słaby, że ugotowanie czegokolwiek staje się prawie niemożliwe. To straszne, okropne, nie do wytrzymania, ple, ple, ple. Potem potworny krzyk na schodach. Moja sąsiadka, ta gruba, wybiega z pokoju, astmatyczny sąsiad wyłazi krokiem goryla, słyszę gwar i poszczególne zdania: *C'est fini, rien à faire, c'est perdu*[2]. Myślę o froncie w Normandii i z lekkim dreszczem także wylatuję z pokoju. Okazuje się jednak, że to coś znacznie gorszego: nasz sąsiad poszedł do klozetu z kartkami żywnościowymi w tylnej kieszeni spodni, która była odpięta. I wszystkie kartki wpadły do „lunety". Ale on o tym nie wiedział i połapał się dopiero, gdy je już zaszpuntował resztkami tego, co otrzymuje na te kartki. No i wrzask. „One tam są, widać je, ale głęboko". Wyszedł na górę patron i wielka narada. Wzywać straż ogniową czy nie wzywać? Czy pompiery są konieczne, czy obejdzie się bez nich? Może wycior wystarczy? Wróciłem do pokoju. Po pewnym czasie radosne okrzyki. *Ça y est. Quelle chance*[3]. Kąpią je i suszą na oknie. Radość. Słusznie. Bo to nie byle co musieć sobie wyrabiać drugie. Człowiek bez kartki żywnościowej w ogóle nie jest człowiekiem. Podejrzany, kombinator, nie obywatel. Jakieś zero po prostu. Uf.

Przerzucam „Dziennik" Goncourtów i trafiam na taką scenę: „W Bibliotece Narodowej, przechodząc przez salę lektury, dostrzegłem mężczyznę zatopionego w czytaniu; trzymał w dłoni rękę młodej kobiety siedzącej obok niego. Przechodziłem w dwie godziny później. Mężczyzna ciągle czytał i ciągle trzymał rękę młodej kobiety. Było to jakieś małżeństwo niemieckie. Nie — TO BYŁY NIEMCY!". Mam ochotę rozbijać wszystko w pokoju z zachwytu. Cały dzień chodzę i ciągle powtarzam sobie tę scenę. Wspaniałe. To całe jest jak błyskawica. Zdania-błyskawice Juliusza. Edmund nigdy nie zdobyłby się na taką subtelność. Pisane wykałaczką umaczaną w czerwonym winie.

Po obiedzie w Lasku Vincennes. Leżymy na trawie po zjedzeniu części naszego królika, rzodkiewki (dziś był przydział 500 gramów jarzyn na osobę), chleba

---

1 Prrrecz stąd.

2 To koniec, nic nie da się zrobić, wszystko stracone.

3 Udało się, ale mamy szczęście.

z masłem i agrestu. Nie rozumiem, dlaczego jedzenia nie sprzedają w aptekach. Jakaś zła organizacja. Na ścieżce obok nas chudy Titi czy Coco uczy jeździć na rowerze swoją wielką i tłustą rozkosz. No, puścił ją samą w drogę, klepnąwszy w rozległy areał uprawy. Aż echo poszło wśród drzew. Siodełko w ogóle zniknęło w tych czeluściach i wydaje się, że ona siedzi nabita wprost na rurę. Alarm.

Brzęczą samoloty. Po chwili zaczynają się rozrywać nad nami pociski. Huk. Idziemy do altanki obok, żeby nie dostać odłamkiem po głowie. Ludzie zbiegają się z polanek i z lasu. Po chwili wszystko ucichło i ludzie rozchodzą się. Już znowu dzieci bawią się piłką (a Titi uczy wsiadać na rower swojego hipopotama). Potem w ogródku u Roberta. Tęskni za rodziną i nie w humorze. Leżymy i rozmawiamy o głębokim tłoczeniu blachy na zimno i na gorąco. Potem o technice w ogólności. Wydaje mi się, że są takie czasy, w których jeden krok w głąb wart jest więcej niż tysiące kroków naprzód własnym samochodem lub samolotem. Nawet własnym.

17.7.1944

Wpadł mi dziś do ręki artykuł wydawanego do niedawna tygodnika „socjalistycznego" (raczej narodowosocjalistycznego) „Germinal". Tytuł brzmi: „Socjalizm Platona", a autorem jest jakiś Félicien Challaye. I taki ustęp: „Pierwszą teorią socjalistyczną, która wyraźnie rysuje się w historii myśli europejskiej, jest, w piątym wieku przed erą chrześcijańską (era chrześcijańska...), teoria Platona (427–348). Początek dodający odwagi: pierwszy spośród naszych wielkich towarzyszy (*camarades*) w porządku chronologicznym jest potężnym geniuszem, głębokim filozofem i wspaniałym artystą".

No nic, jakoś to przełknąłem, ale odbijało mi się tym „towarzyszem Platonem" przez całe popołudnie. Wieczorem, znowu zupełnie przypadkiem (nie czytam tych szmat) przeglądałem „Signal", poświęcony „Duchowi Europy". Fotografia rzeźby Platona, krótki życiorys i w nim: „Jest on także pierwszym nacjonalistą Zachodu".

Zmiąłem to dokładnie, cisnąłem o ziemię i miałem ochotę modlić się do Flauberta. Och, święty Flaubercie, co napisałeś raz do Louis Bouilheta: „Lecz my nie korzystamy z niczego, jesteśmy sami. SAMI, jak Beduin w pustyni. Trzeba zakryć sobie twarz, owinąć się szczelnie w nasze płaszcze i uderzać z pochyloną głową w huragan — i zawsze — bezustannie — aż do ostatniej kropli wody, aż do ostatniego uderzenia serca". Nie — jeżeli po tej wojnie nie zrobi się wszystkiego, aby Platon był przede wszystkim Platonem, zwyczajnym Platonem, po prostu Platonem, to w takim razie nie ma o czym mówić. Jeżeli tego nie zrobi się, to trzeba będzie wynieść się tam, gdzie o Platonie wcale nie słyszano. Są jeszcze takie miejsca na świecie. To stanowczo lepsze i łatwiejsze do zniesienia. Nie pamiętam już, kto użył tego określenia „czworobok głupoty", ale jest wspaniałe. Tylko jakich sił będzie potrzeba do rozbicia tych wielu innych czworoboków, które ustawiają się dziś jeden za drugim. Czworoboki kłamstwa, obłudy, pomylenia pojęć, IDEOLOGII jedynych i prawdziwych. Cywilizacja nasza — wbrew pozorom — nie grzeszy tak bardzo uczynkiem. Grzeszy straszliwie myślą i mową.

„Przeciwko głupocie mojej epoki odczuwam strumienie nienawiści, które mnie duszą. Gówno podchodzi mi do ust, jak przy zduszonych rupturach" — pisze w innym liście święty Flaubert. I tragiczne w tym jest to, że nie proletariat i plebs jest głupi, ale że tak zwane warstwy oświecone stają się coraz głupsze. „Należy oświecić warstwy oświecone — pisze jeszcze w innym liście Flaubert. — Zacznijcie od głowy. Ta jest najbardziej chora, reszta przyjdzie sama".

Czy w społeczeństwie towarzyszów „towarzysza Platona" można będzie się oburzać? Basia telefonowała do mnie, że jedzie do szkoły na rowerze. Sama, pierwszy raz do miasta. Zburzy pół Paryża... O wpół do szóstej mamy spotkać się na „*carrefour*"[1] Raspail-Saint-Germain i wrócić razem do domu.

Spotkałem się z Basią. Przejechała szczęśliwie cały Paryż. Nie chcę, ale muszę uwierzyć. Co ta wojna z ludzi nie robi...

— Nie potrąciłaś naprawdę nikogo?

— Nie. Wszyscy jakoś mnie omijali. Ale boli mnie głowa od słońca.

Odpowiedź w stylu *das ewig weibliche*[2]. Wszyscy ją omijali... Mówię jej, że mam kilogram pieczarek i dwa kilogramy brzoskwiń oraz 1600 gramów młodych kartofli. Uśmiecha się i zapomina na chwilę o bólu głowy.

— To raz nie będzie groszku i makaronu — powiada głosem zwiędłego fiołka.

Jedziemy. Na Place Saint-Germain siadamy w café Bonaparte na tarasie i pijemy lodowaty, musujący cidre. Jest upalne popołudnie ze świeżym wiatrem. Wokoło nas suną strumienie rowerów. Godzina wyjścia z pracy. Ilość rowerów jest zupełnie zawrotna, wszyscy jeżdżą na rowerach. Słońce, granatowe niebo bez chmurki. Rowery, spódniczki w kratę i jedwabne sukienki, sandałki, wystawa nóg aż do pasa, bo wiatr podwiewa lekkie tkaniny. Aż dławię się poczuciem cudowności życia.

Przez rue Bonaparte przechodzimy na piechotę. Basia zagląda do „swojej" antykwarni, ja oglądam książki. Potem jedziemy do domu, cały czas nad Sekwaną. Po kolacji wieczorynka u Loli. Dyskusja o Rosjanach. Ktoś tam gdzieś powiedział, że to wcale tak źle nie jest. I oczywiście uchwyciła się tego. Bo jak miliony, tak i ona n i e c h c e widzieć. Gdy ja mówię o i s t o c i e, przeciwstawia mi fakciki. Stwarza się fakty, by zakryć nimi istotę rzeczy.

18.7.1944

Podobno w Moskwie odbyła się wielka parada. 57 tysięcy jeńców niemieckich z wziętymi do niewoli generałami niemieckimi na czele przedefilowało przez ulice Moskwy. Czym musiał być ten pochód dla kilkunastu generałów niemieckich, to można sobie wyobrazić. Szli jak barbarzyńcy za rydwanem triumfatora rzymskiego. Oni, generałowie Wielkich Niemiec, Grossdeutschlandu...

Lecz gdy otrząsnąć się z pierwszego odruchu zadowolenia i gdy pomyśleć, że to jest dwudziesty wiek, że TO i wiele innych rzeczy, gorszych, dzieje się po tym

---

[1] Rogu.

[2] Wieczna kobiecość (z zakończenia *Fausta* cz. II Goethego).

wszystkim, co zostało napisane i tylekroć podkreślone krwią, wówczas ogarnia człowieka czarna noc. Coraz częściej mam wrażenie, iż obok huku bomb słyszę huk rozsypującej się w gruzy kultury, tej od „Deklaracji praw człowieka" i innych bzdur.

19.7.1944

Cały Paryż nie mówi o niczym innym jak tylko o cukrze. Bo w innych departamentach dają z góry po 5 kilo cukru na osobę na „tiket" O. Wobec tego organizuje się z Paryża całe wyprawy po cukier na prowincję. Nasza fabryka wysłała cały samochód i „tikety" wszystkich pracowników. I już drugi dzień mówi się tylko o cukrze. Co to kogo obchodzi, że padły Livorno i Ancona, że Amerykanie wzięli Saint-Lô, że Rosjanie są o 14 km od Lwowa i biją się na przedmieściach Brześcia nad Bugiem. Cukier. Będzie czy nie będzie?

20.7.1944

Przy wyjeździe z biura wywróciłem się na pierwszym zakręcie. Głupio i niepotrzebnie — sam nie wiem dlaczego. Całe lewe ramię i ręka zdarte do krwi na befsztyk. Byłem tak wściekły, że wsiadłem z powrotem na rower i dopiero na Porte d'Orléans wstąpiłem do apteki, żeby to zawiązać.

Upał. Duszne powietrze, rozpalone i martwe. Od asfaltu bije żar jak od pieca w stalowni. Samochody, rowery, warkot i duszący zaduch spalin z motorów napędzanych gazem drzewnym. Na Alesia dostałem zawrotu głowy i na wszelki wypadek zsiadłem z roweru. Całe lewe ramię mnie rwało. W końcu wpadłem w boczne uliczki. Ulice koło więzienia Santé jeszcze ciągle zabarykadowane kozłami z drutem kolczastym. Na 14 lipca był tam bunt więźniów i podobno zabili kilku dozorców. W gazetach nic o tym nie pisali. Teraz ich „pacyfikują".

Basia opowiada mi, że nasz *„épicier"* zapytał ją dzisiaj: „Co pani myśli o ostatnich wydarzeniach? Czy nie będzie trzeba, aby Polska oddała Rosji jej granice etniczne?". Basia zapytała go spokojnie: „Czy pan nie sądzi, że Francja powinna by oddać Indochiny Indochińczykom, Madagaskar Madagaskarczykom i Algier Algierczykom?". Stracił wątek. To zaczyna być nadprzyrodzone, do jakiego stopnia wszystko „chwyta", gdy chodzi o Rosję. Nie ma niczego poza Rosją. To nie jest straszne, gdy masa jest głupia, bo każda masa jest głupia, ale prawdziwe piekło zaczyna się dopiero, gdy ta masa zaczyna posługiwać się takimi zwrotami jak „granice etniczne". A jednak pomiędzy tą powierzchownie opoliturowaną Francją i Sowietami istnieje jakaś tajemna i bardzo mocna nić, duchowa nić chamstwa tego, które mówiąc o „granicach etnicznych", nie potrafi równocześnie posługiwać się swobodnie nożem i widelcem. Jest jeszcze coś innego także: jedna Rosja obiecuje dziś to, co jest praktycznie nieosiągalne w jej systemie. I dlatego wszyscy wierzą. Komunizm zastąpił dziś religię i stał się sam tym, o co oskarża inne religie: opium dla ludu. Francuzi mieli zawsze wielki pociąg do rzeczy praktycznie nieosiągalnych i do głębokiej wiary w rzeczy nieosiągalne. I stąd ta powszechna sympatia dla Sowietów.

Wieczorem znowu porcja nowin. Zamach na Hitlera. Hitler niestety tylko poparzony, szereg jego współpracowników rannych. Bomba zegarowa wybuchła w Führers Hauptquartier. To wygląda poważnie i pachnie zorganizowanym spiskiem. Ale brak dokładniejszych wiadomości.

Rosjanie rozlewają się jak powódź. Zajęli Augustów i są o kilkanaście kilometrów od Prus Wschodnich.

21.7.1944

Niestety ten zamach na Hitlera nie udał się. Powódź plotek. Nie słucham tego, bo po co? Graf von Stauffenberg, jeden z tych „*blaublütige Schweinhunde und Reaktionäre*"[1], spudłował straszliwie, i to jest najważniejsze. Konanie przedłuża się.

B. podszedł dzisiaj do mnie, wyciągnął z kieszeni suwak logarytmiczny i wyliczył mi z dokładnością do trzeciego miejsca dziesiętnego, że jeżeli Rosjanie będą nadal szli naprzód z szybkością, z jaką idą ostatnio, a Alianci nie zwiększą swojej w Normandii, to spotkanie nastąpi za dwa miesiące na Montmartrze. Bardzo go lubię, ale pomimo że dzisiaj żartował, zaliczam go i tak do kategorii umysłów określanych przeze mnie jako studnie kartezyjskie. Są to ludzie, którzy do wszystkich zjawisk w życiu podchodzą z suwakiem w ręce. To byłoby straszne — świat ludzi z suwakami.

Po południu na herbatce u N. On jest młodym inżynierem chemii i kolegował za studenckich czasów z Van der Meerschem. Podobno szereg osób ze sfer lekarskich w Lille odnalazło siebie w „Corps et Amés" i dlatego atak na tę świetną powieść był taki ostry. N. są praktykującymi katolikami i czynnymi członkami Stowarzyszenia Rodzin. Stowarzyszenie to ma na celu obronę rodziny. Na przykład gdy właściciel kamienicy nie chce wynająć mieszkania rodzinie obarczonej licznym potomstwem, wówczas oni interweniują. Gdy ktoś tam — oczywiście zamożny, znany, powszechnie szanowany itd. — łapie nieletnią dziewczynkę, przywabiając ją cukierkami, to przez stosunki z wielkim adwokatem (tylko wielkim — mały nie dałby rady), uzyskuje się wyrok. Inaczej taki pan — zamożny, znany, powszechnie szanowany, kawaler Legii Honorowej — wywinąłby się z opresji, jak to zwykle dotąd bywało (i pewnie ciągle bywa). W tej chwili proboszcz ich parafii, czynny i rzutki, zorganizował sprzedaż jarzyn dla ubogich, półkolonie dla biednych dzieci i obiady po 5 franków dla tych dzieci. Coraz więcej pracy, bo oczywiście dzięki temu liczba „katolików" gwałtownie wzrasta i wszyscy przypominają sobie nagle, że kiedyś ich ochrzczono i że byli nawet u pierwszej komunii. Proboszcz, zapytany, co myśli o tych wszystkich nieszczęściach obecnej wojny, odpowiedział N.: „Gdyby nie te nieszczęścia, wszyscy zapomnieliby o Bogu". Madame N. dodaje: „Rzeczywiście — od chwili wylądowania coraz więcej ludzi przychodzi do kościoła".

---

[1] Łajdacy i reakcjoniści o błękitnej krwi.

Muszę jutro poprosić B., żeby mi wyliczył na swoim suwaku, ilu ludzi można z powrotem nawrócić jedną bombą lotniczą. Mam zamiar ułożyć tabelę od bomb 50-kilowych począwszy. Bardzo proste. I potem wyślę to Amerykanom i do Rzymu. Załączę suwak, aby inne zagadnienia ludzkości rozwiązywano też przy jego pomocy. A potem zbudujemy świątynie, ułożymy w nich suwaki i stworzymy nową religię — suwakizm. I wszystko będzie dobrze.

22.7.1944

Mówią, że Hitler prowadził pertraktacje pokojowe z Sowietami i że doszli do wstępnego porozumienia. Że wobec tego Anglicy chcieli go sprzątnąć za pośrednictwem tego Stauffenberga. Ale że i tak Niemcy już podpisali jakieś zawieszenie broni, a w każdym razie zatrzymanie się Rosjan w jakimś miejscu jest kwestią dni lub nawet godzin. Może plotki, może nie. Ale skąd się to bierze? Ten jakiś Mikołajczyk oświadczył, iż gotów jest pojechać do Moskwy celem rozmówienia się ze Stalinem. Jeszcze jeden, co „wierzy". Oni takich pasjami lubią. Scena uliczna: chłodny i orzeźwiający ranek lipcowy. Na ulicach jeszcze pusto i cicho. Przed jednym z domów na rue Broca stoi na środku jezdni wysoka kobieta w żałobie, za nią chłopak z olbrzymim wieńcem, który go zupełnie przykrywa. Z okna pierwszego piętra wychyla się jakiś mężczyzna, jeszcze w nocnej koszuli, z rozczochranymi włosami. Toczy się między nimi ożywiona rozmowa. Przystaję. W pustej uliczce słychać każde słowo.

— Przyszłam wam pokazać wieniec... to na pogrzeb tego biednego Pierre... drogi, ale popatrzcie się, wszystko z prawdziwych kwiatów. To nietrwałe, ale i tak bardzo ładne... Jak wielkie wschodzące słońce ukazała się w oknie żona mężczyzny. Wpychała się wolno — WSCHODZIŁA — zasłaniając w końcu zupełnie to coś, co potocznie określa się słowem „mąż". Poza poręcz okienną chlupnął bezszelestnie wielki biust, spętany luźno szmatą szlafroka (zupełnie jak kożuch przy wlewaniu mleka do filiżanki — plusk) i zawisł nad ulicą. Balony na uwięzi. Najeżony zasiekami papilotów łeb pochylił się i struga wykrzykników chlusnęła z góry:

— A jaki piękny. Te kwiaty wcale nie gorsze od sztucznych. Biedny Pierre. I pomyśleć, że to wszystko przez jedzenie. (Kobieta na dole popycha chodzący wieniec pod okno). No tak, muszą już robić z prawdziwych kwiatów, bo blachy nie mają. Zdajesz sobie sprawę (papiloty mówią w głąb pokoju) z jedzenia. Żołądek. Ani mięsa, ani wina. I dziś pogrzeb.

Kobieta w żałobie manewruje wieńcem, popychając chłopaka w różne strony.

— Widzicie — jeszcze dziś rano polałam go wodą, żeby był świeży.

Pojechałem dalej. Psiakrew, co za czasy. Nawet blachy na wieńce już brak. Do czego doszliśmy. Szkandał. Za żadną cenę nie zgodziłbym się teraz umrzeć.

24.7.1944

Nasza kooperatywa fabryczna wykazuje nadspodziewaną obrotność. Dziś dostałem 5 kilo cukru po 15 franków. (W czarnym handlu cukier kosztuje 165 fr). Poza tym codziennie niemal jakieś jarzyny. Jemy znowu zupełnie dobrze, tym bardziej że Świątek stara się zawsze o owoce. Śliwki, brzoskwinie, agrest, wiśnie. Świątek jest wspaniały. Cóż to za kopalnia krakowskich plotek. Te kawały, które opowiada o Chwistku. Jest zawsze elegancki, wyczyszczony i wyperfumowany. Biedny człowiek przeżarty STRACHEM. Ze strachu przed Niemcami udawał wariata na to, żeby go zamknęli do domu obłąkanych. I dopiero Dr K. gdzieś go wywąchał i z tego szpitala wyciągnął. Tylko K. potrafił tego dokazać. I teraz z własnej kieszeni dokłada do utrzymania ruiny tego człowieka.

Po południu spotkałem się z Basią na Raspail. Jeździ brawurowo sama po Paryżu i twierdzi, że to wcale nie takie trudne, „bo trzeba tak jechać, jakby nikogo nie było na ulicy". Rozumiem — pewnie dlatego wszyscy ją omijają. Jak ona wsiada na rower, to ja zamykam oczy i zatykam uszy, bo pierwsze dziesięć metrów są zaprzeczeniem wszystkich praw równowagi. Ale ma taką silną indywidualność, że nawet te prawa nagina do siebie. W L'Européen naprzeciwko Gare de Lyon pijemy zimne piwo. Całe metro paryskie zredukowane do paru zasadniczych linii i podobno dzieją się tam teraz cuda. Wolę tego nie oglądać.

Wieczorem w ustach gorzki smak zjadanych od pół godziny myśli. Już przedwczoraj, po okupowaniu („uwolnieniu") Chełma, Rosjanie zagrali „Jeszcze Polska". Dziś ogłosili zdobycie — przepraszam — „uwolnienie" Lublina i znowu „Jeszcze Polska". No i Związek Patriotów Polskich w Moskwie proklamował rząd londyński jako nielegalny, utworzył Komitet Wyzwolenia Narodowego i jakąś Radę Narodową, która podobno zaczęła już urzędować. Od momentu, jak to usłyszałem, zupełnie automatycznie, brzmi mi w uszach aria „Ridi payazzo" z „Pajaców". Śmiej się, polski żołnierzu-pajacu, polski lotniku-pajacu i marynarzu-pajacu, i wy, panowie-pajace. Śmiejmy się wszyscy. Za pięć lat cierpień, za pięć lat „niezłomnej postawy", za niekolaborowanie z Niemcami, za brak Pétaina i Quislinga, za obozy, łapanki, egzekucje. Za to wszystko masz Polskę, która zaczyna się w Chełmie, masz Radę Narodową z Wasilewską. Uwalniają nas, oswabadzają, dają wielką i niepodległą Polskę. Pięć długich lat czekaliśmy i nareszcie zajaśniała „jutrzenka swobody", czerwona gwiazdka. No, cieszmy się, śmiejcie się, klaskajcie w rączki, pajace! Śmiejcie się, psiakrew — jazda, chórem, ochoczo! Obsypcie kwiatami termity Nowego Świata, posłańców z Raju, wolnych obywateli generalissimusa Stalina. Piszcie ody. Jeszcze Polska nie zginęła, póki ONI żyją.

Jestem śmieszny, patetyczny i uparty. Bo ja widzę tylko, że walcząc z totalizmem, brniemy w jeszcze gorszy. Wszystko skręca się we mnie z bólu. I to nie z bólu polskiego — nie — z kosmicznego.

25.7.1944

Goncourtowie opisują swoje wrażenia przy czytaniu dokumentów Rewolucji, które studiują do jednej ze swoich sztuk: „Tak, odjąć Rewolucji krew i wykrzyknik «cóż za głupota» nasunie się na usta wobec tego chaosu kanibalskich idiotyzmów i ludożerczej retoryki. Trzeba to przeczytać, aby uwierzyć — aby uwierzyć, że działo się to we Francji niecałe sto lat temu... I jaka hipokryzja, jakie kłamstwa, ta Rewolucja. Dewizy, napisy, mowy, historia — wszystko kłamie w tej epoce. Ach, jakąż książkę można by napisać, dając jej tytuł: BLAGI REWOLUCJI".

Tak — odebrać rewolucji rosyjskiej krew i co zostanie? Głupota i kłamstwo, i hipokryzja podniesiona do n-tej potęgi w porównaniu z Rewolucją francuską. I dziś ta głupota, ta hipokryzja i to największe w dziejach kłamstwo ideologiczne uznane są za JEDYNĄ PRAWDĘ. Do takiego upadku poziom umysłowy ludzkości jeszcze chyba nigdy nie doszedł.

Przykład: Mołotow wydał proklamację, iż rząd sowiecki zawarł porozumienie z Polskim Komitetem Wyzwolenia Narodowego w Chełmie, w myśl którego celem armii sowieckiej jest uwolnienie Polski, stworzenie silnej i niepodległej Polski, niemieszanie się do administracji kraju i nienarzucanie żadnej formy rządu niezgodnej z pragnieniami narodu. Uwierz temu i napij się wody. Ale ludzie wierzą. Miliony wierzą. Rozkoszne.

Na to Londyn oświadczył, że Polska Agencja Telegraficzna z o s t a ł a u p o w a ż n i o n a do ogłoszenia komunikatu, iż osoby, z których składa się tak zwany Komitet Wyzwolenia Narodowego, są całkowicie nieznane i nie mogą reprezentować narodu polskiego. Komitet składa się z reprezentantów nielicznej w Polsce partii komunistycznej i nie odzwierciedla pragnień i dążeń narodu. Kto upoważnił PAT do publikowania takich bzdur? Osoby są znane aż nadto dobrze, ja sam znam osobiście połowę. Wandzia Wasilewska, żyjąca z tym murarzem z Krakowa, Mańkiem Bogatko, któż jej nie znał? Wszyscy ich znali, siedzieli całymi dniami w Turze. Bolesław Drobner nieznany? Generał Rola Żymierski też nie? Andrzej Witos i generał Berling mniej znani. A jak doszlusuje do nich cały ZNMS i koło Pacyfistów z prezesem Józkiem Cyrankiewiczem na czele, to też będą nieznani? Chodzi o to, że tak znani, iż już dziś można przewidzieć, kto uformuje polskie Vichy. Ale to nie to samo... Nieznani — aż od razu swojsko się zrobiło. Julek i Frydka wypłyną pewnie niedługo jako „towarzysze ministrowie", Józek na pewno zostanie grubą rybą, bo zawsze miał do tego niemal sanacyjne zacięcie, a Krysce będzie żal, że przestała z nim chodzić. Nieznani — hej, łzy się kręcą... Nie miałem nosa, fatalny brak węchu. A raczej za czuły: oni wszyscy już przed wojną pachnieli mi zanadto *cuir de Russie*[1]. I dlatego byłem „mętniak".

Od dziesięciu dni Rosjanie stoją u granic Prus Wschodnich. Z początku było z tym wiele hałasu. Od dziesięciu dni wszystko ucichło. Dlaczego Rosjanie postępują tak szybko na terenie Polski, nie postępując ani w części z podobną szybkością na innych odcinkach frontu? Dlaczego nie przekraczają granicy Prus Wschodnich ani na jeden metr? Przecież jeden hektar zajętych Prus Wschodnich byłby o wiele lepszym uderzeniem propagandowym niż zajmowanie Polski. Czy przypadkiem Rosjanie jeszcze ciągle nie czekają na COŚ i dlatego nie weszli do Prus? Jestem podejrzliwy i trzęsę się ze strachu o nas.

---

[1] Skórą z Rosji (aluzja do wody kolońskiej Cuir de Russie).

27.7.1944

Goebbels miał wczoraj wielką mowę i opowiedział, jak to było z tym spiskiem. A potem mówił o mobilizacji totalnej, której jest kierownikiem. Twierdził, że cały ten zamach i rewolta wyjdą narodowi tylko na dobre. Jestem pewny, że trzy czwarte Niemców w to uwierzyło. Ja jakoś nie mogłem. Obiecał nową broń, nowe wynalazki i w ogóle początek nowej wojny.

Poczty paryskie odmawiają od dziś przyjmowania listów do Warszawy. Po Paryżu krąży uporczywie plotka, że Hitler ze Stalinem podpisał zawieszenie broni, które ma się zacząć 1 sierpnia.

Po wyjściu z biura długa rozmowa z B. (bez suwaka tym razem). Mówiliśmy o przyszłości świata. Przypomniałem mu w końcu jedną scenę z Goncourtów, których teraz czytam wieczorami na uspokojenie. Rozprawiano o przewidywaniach naukowych Berthelota i Claude Bernarda. I wtedy ktoś powiedział: „Jeżeli tak dalej pójdzie, to pewnego dnia nie będzie innego wyjścia, jak tylko to, aby Szanowny Starzec z brodą zstąpił na ziemię i donośnym głosem, jak woźny w muzeum, powiedział: *Messieurs, on ferme*[1]". Śmialiśmy się obydwaj. A przez ulice przewalały się transporty niemieckie.

28.7.1944

D. pisze z Ferté-Bernard: „Niedługo pójdę z pewnością do kryminału albo do szpitala, gdyż mam nieodpartą chęć kuć w mordę każdego interlokutora, który mi mówi ze szczerą życzliwością: «A co? Niedługo Polska będzie uwolniona, Rosjanie są tam i tam». Zdanie to słyszę po kilkanaście razy dziennie, i to od ludzi, których dotychczas uważałem za normalnych i inteligentnych. Zaczynam się bać o siebie, gdyż to wariatom całe otoczenie wydaje się składać z ludzi umysłowo chorych, a ja doszedłem do tego wniosku".

Ja w Paryżu też mam ochotę kuć w mordę, ale musiałbym to zmechanizować, bo to Paryż i nie kilka osób na dzień, lecz dziesiątki i setki dają codziennie wyraz swej uprzejmości, gratulując mi na prawo i na lewo. (Dosłownie wszyscy). Mnie już mają za pomylonego, bo gdy oni chcą mi zrobić przyjemność, ja niemal krzyczę *merrrde* i każę im się popukać w głowę. Nikt, absolutnie nikt nie chce wierzyć. Mam chwilami uczucie koszmaru, duszności, muchy uplątanej w pajęczynę. Co „uwolnione" miasto, to te barany gratulują. Przestałem odpowiadać.

29.7.1944

Basia pojechała sama na rowerze na ślub jednej ze swoich koleżanek aż do Neuilly. Mam ochotę odmawiać różaniec. Jadłem obiad w restauracji w Fontenay. Za odrobinę fasoli z dwoma kiełbaskami wielkości palca każda, za mały

---

[1] Proszę państwa, zamykamy.

trójkącik „camemberta" z karafeczką cidre'u (chleb mój) zapłaciłem 113 franków. Przyjechałem do domu o drugiej i położyłem się spać. Po południu Basia wróciła z Neuilly na rowerze, sama, i gdy weszła do pokoju elegancka i ożywiona, wyglądała jakby wysiadła z rolls-royce'a, a nie zsiadła z roweru. Ogląda moją rękę i jeszcze ma czelność powiedzieć: „Ja się teraz tak o ciebie boję, jak ty jedziesz na rowerze". Cholera. Pewnie — mnie „wszyscy nie omijają".

Grupka osób, z których każdą z osobna bardzo się lubi. A razem to tak: rozmowa o nowych systemach palników gazowych, dających duży płomień w godzinach słabego ciśnienia, o piecykach na papier (kręci się kuleczki i bezustannie wrzuca i można na tym gotować), o Rosjanach (same głupstwa), o maśle z Normandii (rozmowa o duchach — wszyscy o tym mówią, a mało kto widział), w sumie meee, meee, miau, miau i hau, hau.

Wczoraj zdobyłem całą nogę baranią z szynką i mamy na niedzielę mnóstwo mięsa. Ale właśnie gaz „ucik". W Paryżu tragedia. Elektryczności nie ma w dzień, a w nocy dopiero od 10.15. I tylko do oświetlenia. Kobiety nie mogą sobie robić wiecznej ondulacji. Ale już znalazła się rada i na to: jeden z wielkich zakładów fryzjerskich — bodajże Antoine — skonstruował aparat napędzany tandemem. Zaangażowali czterech asów cyklizmu i ci kręcą na zmianę przez 8 godzin. Jakiś music-hall na Montmartrze ma zamiar oświetlać scenę przy pomocy takich tandemów.

Kina i teatry zamknięte już od dwóch tygodni. Wszystkie konsjerżki mówią, że *ça ne peut pas durer comme ça*[1], bo jakaś babka, umierając dziś w szpitalu, powiedziała, że wojna skończy się trzynastego w niedzielę. Najbliższa wypada 13 sierpnia. A w ogóle czym jest raj w porównaniu z UNRRA? Biedna J. skarżyła mi się dzisiaj, że J. prawdopodobnie ją zdradza. Sądzę, że na pewno. Ale jej powiedziałem, żeby się nie przejmowała, bo UNRRA *vous arrangera tout ça*[2].

Ten Mikołajczyk dojechał już do Teheranu i jutro powinien być w Moskwie. Rosjanie są na przedpolach Warszawy.

30.7.1944

Pod wieczór w Lasku Vincennes. Siedzieliśmy nad stawem i mówiłem Basi o przyszłości. Jak będziemy mieć swój domek z ogródkiem, to Basia będzie robić w lecie mnóstwo konfitur, a ja wina owocowe i nalewki. A jak będziemy mieszkać w bloku i nosić ubrania wzór Nr 1 i jeść według tygodniowego jadłospisu i czytać jakąś „Polskę Proletariacką", redagowaną przez byłego członka ZNMS, to Basia nie będzie robić konfitur, a ja win owocowych i nalewek. Będziemy chodzić na zebrania, dyskutować Marksa, Lenina i Stalina i wmawiać sobie, że dopiero teraz życie jest piękne i że „dla Polski". Otóż nie — nie widzę powodu, dlaczego Polska i dlaczego wszystko dla Polski. To, że się urodziłem Polakiem, jest takim samym przypadkiem jak to, że należę do pewnej warstwy

---

[1] To już długo nie potrwa.

[2] Wszystko załatwi.

społecznej, a nie do innej, że jestem biały, a nie czarny. Warstwa społeczna, kolor skóry — to są przesądy i można na nie gwizdać, a ojczyzna to koniecznie coś świętego. Dlaczego? Nacjonalizm stał się też religią, i czym bardziej tępy, czym bardziej ślepy, tym bardziej godny poszanowania. Teraz już się mówi: „Naszym obowiązkiem jest wracać niezależnie od tego, co będzie". Dlaczego? Tylko człowiek nie jest fikcją — wszystko inne jest fikcją. Cały świat może być ojczyzną i każdy człowiek bratem. Bo świat to człowiek, przede wszystkim człowiek. I także już teraz na „niewracanie" znajduje się usprawiedliwienie w Polsce. Nie wracam dla Polski. Dlaczego? Nie wracam, bo po prostu nie mam ochoty i jeżeli uda mi się ruszyć dalej w świat, to się ruszę, bo mnie to ciągnie, bo ciekawi mnie świat i inni ludzie, bo życie w zakorkowanej butelce ojczyzny zupełnie mi nie odpowiada. Ale do tego nie ma się prawa. Dlaczego? Mikołajczyk nie dojechał jeszcze do Moskwy. Niepokój. Jakby od tego w ogóle co zależało. Francuskie radio z Londynu powiedziało, że Rokossowski pochodzi ze szlacheckiej rodziny polskiej. To bardzo ważne. Już wieszcz powiedział: „...łotr wielki, jak się zwykle dzieje z Polakiem, co w służbie carskiej zmoskwicieje". Rokossowski jest na przedpolach Warszawy. I teraz pewnie niedługo zerwiemy się do „bohaterskiego boju", aby Warszawę oddać — Rokossowskiemu. Z polskiej, i co najważniejsze, szlacheckiej rodziny. Być Polakiem to naprawdę nieraz piekielnie skomplikowane. Mit narodowości to jeden z wielkich mitów, który nie ma zamiaru rozlecieć się w pył. Panu Bogu już dali radę, religiom dali radę, ale narodowości, nacjonalizmowi nie poradzili. Wprost przeciwnie. Ten mit ma jeszcze wielką przyszłość przed sobą. I dopóki będzie żył, dotąd o LUDZKIM świecie nie ma co marzyć. Świat mitów, nie ludzi.

Ta wojna niczego nie rozwiąże. Gorycz, wstręt — wstręt do wszystkiego i zupełna nieumiejętność zagadania siebie lub zgody na zagadanie przez innych.

31.7.1944

Brak wieści o Mikołajczyku, Romerze i Grabskim. Powinni już być w Moskwie. „Może Stalin kazał ich aresztować?" — pytają ludzie. Za mądry na to — potrzebuje teraz takich naiwniaków, bo bez ich pomocy nie wmówi nikomu, że Polska to Polska. A jeżeli chodzi o Polskę, to Polacy niczego tak nie pragną jak wmawiania.

1.8.1944

Mikołajczyk jest w Moskwie. Podobno Rosjanie skoncentrowali milion ludzi pod Warszawą. W Warszawie zostało już tylko wojsko i Gestapo.

2.8.1944

Polska Armia Podziemna rozpoczęła wczoraj otwartą walkę o uwolnienie Warszawy. Podobno Warszawa się pali i walki na ulicach. Po co? Myśli, myśli, pełno myśli i obawa słów, z których każde mogłoby być niewłaściwe.

Jeden z moich kolegów francuskich powiedział mi dziś „w zaufaniu", mrugając tajemniczo okiem, że jeżeli Amerykanie przeprowadzili w ostatnich dniach tak udaną ofensywę, to dlatego, że mają francuskich doradców. „*Vous savez, les Américains se laissent conseiller*[1]. Anglicy nie chcieli nas nigdy słuchać. I dlatego nigdy nie idą naprzód". To ich może zgubić. Ten Francuz przypomniał mi Sieburga „Dieu, est-il Français?". Natomiast inny, nauczyciel naszej szkoły rzemieślniczej, przysiadł się dziś do mnie w czasie obiadu i też „w zaufaniu", prawie szeptem, stwierdził, że V-l jest tylko początkiem. Niemcy mają przygotowane inne niespodzianki. „Zobaczy pan — powiada — V-5. To jest wynalazek francuski (otóż to ich zgubi), który Niemcy tylko udoskonalili" (Niemcy nigdy nic sami nie wynajdują — oni tylko udoskonalają francuskie wynalazki). Nie chciał mi powiedzieć, co to jest, ale w końcu wyszeptał: „To są bomby, które w promieniu trzystu metrów obniżają temperaturę powietrza do minus trzystu stopni, a w promieniu 30 km do minus trzydziestu".

Spojrzałem na niego i powiedziałem mu, że żal mi jego wychowanków. Na moją uwagę, że uważam to za zupełny idiotyzm, gdyż po pierwsze temperatura zera absolutnego wynosi minus 273 stopnie, a praktycznie można się do niej zbliżyć (minus 272 stopnie) tylko przez skroplenie helium, którego Niemcy nie mają — może pan wie lepiej, ja nie jestem profesorem szkoły rzemieślniczej — i po drugie, wybuch bomb ze skroplonym powietrzem mógłby obniżyć temperaturę tylko na bardzo małej przestrzeni, mój „wielki wtajemniczony" odparł: „Cała rewolta generałów była spowodowana tym, że chcieli oni już użyć tych straszliwych wynalazków, podczas gdy Hitler nie zgodził się. Nie chciał uciec się do tak okrutnego prowadzenia wojny".

Cichutkim szeptem zapytałem go, ile mu płacą za opowiadanie TAKICH rzeczy, i poprosiłem o adres biura, w którym płacą. Ja też chcę zarobić. Należy do często napotykanego obecnie sadysty moralnego. Ludzie tego rodzaju wyżywają się, wprawiając innych w zdenerwowanie, siejąc strach i beznadziejność. Czują się silni w swojej okrutnej głupocie, widząc naokoło słabnących. Nauczyłem się niczego nie wykluczać i nie wykluczam istnienia rzeczy znacznie gorszych od tych bomb-lodówek. Możliwości techniczne niszczenia są nieograniczone. Ale ludzi tego rodzaju co ten „wtajemniczony" zamrażałbym bez litości.

Amerykanie odcinają Bretanię. Zajęli Rennes, przełamali front. W Warszawie straszliwe walki. Armia Podziemna opanowała Mokotów, Filtry, kolonię Lubeckiego i Aleję Wojska Polskiego na Żoliborzu.

4.8.1944

Jestem namiętnym czytelnikiem napisów w paryskich „pissoirach". Ta wymiana myśli między ludźmi nieznanymi i nieznającymi się, ta anonimowa korespondencja na cynowych ściankach, umieszczona trochę wyżej ponad

[1] Wie pan, Amerykanie pozwalają sobie doradzać.

punktem, w którym się ją skrapia, jest nieraz wspaniała. Francuska gadatliwość i *émotivité*[1] nie przepuszcza żadnej sposobności wypowiedzenia się.

Dziś widziałem całą dyskusję. Pierwszy napis: „Bravo Sowiety – ZSSR zwycięży". Pod tym uwaga czerwonym ołówkiem: „Głupcze – niedługo będziesz musiał bić się przeciwko nim". A jeszcze pod tym krótka konkluzja, imponująca swoim spokojem. To jakiś „*normalien*[2]". „To nie jest pewne" (*C'est pas sûre*).

Na rue de Vaugirard był napis: „*Stalingrad – sic transit gloria mundi Germanorum*". Jakiś uczony, wyższa kategoria z wykształceniem klasycznym. Ale naraził się ludowi, bo pod tym pełno dopisków w rodzaju: „*Merde* – pisz po francusku, jak chcesz, żeby cię rozumieli. – *T'es chinois, toi? – On est chocolat avec ton latin*"[3] (to jakiś z południa) etc. Wobec tego dopisałem na końcu: *Vox populi – vox Dei*.

W Warszawie barykady, poczta, drapacz chmur, gazownia, elektrownia i szereg dzielnic w rękach Polaków. Mówią, że Niemcy pędzą na barykady ludność, chowając się poza nią. Chce się przestać myśleć. Mikołajczyk rozmawiał przez dwie i pół godziny ze Stalinem. Wygląda na to, że Londyn dał rozkaz do powstania, aby mieć tak zwany atut w ręce. Ładny atut... Boję się wymówić słowo „bezsens", ale samo podsuwa mi się na każdym kroku, gdy o tym myślę. Tym bardziej że od czterech dni Rosjanie nie posunęli się ani o metr. Drugie słowo, którego się boję, a które też ciągle brzęczy w głowie, to „prowokacja".

5.8.1944

Pod wieczór nad stawem w Lasku Vincennes. Pusto. Czytam na głos „La terre des hommes"[4], Saint-Exupéry. Świetne. W Warszawie dzieją się potworności. Rosjanom to tylko na rękę i dlatego wcale się nie spieszą z wzięciem jej... Amerykanie odetną lada godzina Bretanię, dochodząc do Loary. Z drugiej strony dochodzą już do Brestu i do Lorient. Rosjanie wzięli Stryj i są o 50 km od Krakowa.

6.8.1944

Goncourtowie piszą wszędzie, że Francję zabija blaga. Mają rację. Nas wszystkich zabija blaga i mity.

Koło ósmej jedziemy do W. Prości ludzie, ale mili. Kilka miesięcy temu znalazłem mu pracę, a raczej poleciłem tym polskim szewcom-oficerom (aj, oficerom-szewcom). Zaczął tam pracować przy wyrobie modnych bucików damskich i dziś doskonale zarabia, bo wyrabia takie buciki także u siebie w domu. Przyjmują nas wspaniałą kolacją. To zupełnie niesamowite, ile pieniędzy potrafią wydawać (gdy mają na to) prości ludzie na jedzenie. Mięso, kartofle,

---

1 Pobudliwość.
2 Absolwent prestiżowej Ecole Normale Supérieure.
3 Chińczyk jesteś, czy co? – Nic się nie da skapować z tej łaciny.
4 „Ziemię, planetę ludzi".

w ogóle wszystko ocieka tłuszczem, tym drogim tłuszczem (masło 700–800 fr kg, słonina 400–450 fr kg). W. przyznaje mi się, że prawie cały swój zarobek wydaje na jedzenie.

Po wyjściu od nich przychodzi mi na myśl, że cała zawiść proletariatu ogniskuje się nie tyle na tym, co posiada „inteligencja", lecz na tym, czym się ona o d z n a c z a. Oni wiedzą, a raczej przeczuwają, że tego, o co im chodzi n a p r a w d ę, nie potrafią osiągnąć od razu, w jednym pokoleniu, nawet gdyby mieli dosyć pieniędzy. Nie zazdrości się pieniędzy, lecz przede wszystkim u m i e j ę t n o ś c i wydawania tych pieniędzy. Te proste kobiety, teraz wzbogacone, mają więcej od nas i wydają sumy na stroje. Ale ciągle zazdroszczą, ciągle są z tamtej strony barykady, bo nie potrafią d o b r a ć i nie potrafią w y g l ą d a ć tak, jak skromnie i tanio ubrana kobieta z „ i n t e l i g e n c j i". Chcą złapać nieuchwytne i — nienawidzą.

Cały nacisk rosyjski na Warszawę osłabł i komunikat generała Bora w Warszawie jest gorzki, pomimo że większa część miasta jest w naszych rękach. Mikołajczyk, Romer i Grabski spotkali się w Moskwie z przedstawicielami „polskiego" Komitetu Niewolenia Narodowego. Ano, wielka dyplomacja.

7.8.1944

Warszawa zamieniła się w piekło. Walczy właściwie cała ludność. A Rosjanie przyglądają się. Jak Niemcy wyrżną Polaków, to Rosjanie zajmą Warszawę. Będzie to zawsze o kilkadziesiąt tysięcy najlepszych obywateli mniej, czyli o kilkadziesiąt tysięcy przeciwników komunizmu i sowieckiej Polski mniej. To już jest całkiem jasne. Kto wie, czy pokolenie polskie, które śpiewało „Kto mi powie, że Moskale są to bracia nas Lechitów, temu pierwszy w łeb wypalę pod kościołem Karmelitów", nie miało racji... Nie umiem powtarzać w kółko „jakoś to będzie" i nigdy nie potrafię uważać Moskali za braci nas, Lechitów. I co nam się wydaje? Otworzyć jakikolwiek komunikat i wszędzie tendencja do przemilczania Warszawy, kłopot. A tam, w Warszawie, ci biedni chłopcy i te dziewczęta na pewno myślą, że cały świat spogląda na nich i wydaje im się, że umierają na oczach świata. Polska to nie tylko problem dla Polaka, to problem dla świata, który mąci wszystkim spokojny sen.

Bądźmy szczerzy, ale tak naprawdę: emigracja to nie ucieczka DLA Polski, to ucieczka OD Polski, od grobów, od nieszczęść, od ciągłych próżnych wysiłków. Ucieczka od ciągłego kłopotu, od ciągłej pracy bez wynagrodzenia, od entuzjastycznej śmierci. Można chować się za wiele pozorów, na dnie pozostaje zwyczajne i bardzo ludzkie uczucie prawa do szczęścia. Nie można zaznać go tam, szuka się go gdzie indziej. Oczywiście gdy nie ma się skłonności do samoudręczania się i do nadawania temu także szczytnych pozorów. Ale to zrozumiałe — samo gołe, czyste nieszczęście jest nie do zniesienia i zawsze będzie wymagało bukiecika kwiatów takiego lub innego. To dlatego, że K. powiedział mi dziś z gorzkim uśmiechem: „Z emigracji nie wraca się". I pewnie nie wrócę.

8.8.1944

Rano w Ministerstwie Pracy. Rozmowa z C. Przypominamy sobie ten stary film według powieści Wellsa, w którym po jakiejś olbrzymiej wojnie toczy się dalej wojna. Biją się między sobą kacykowie, przywódcy band, właściciele własnych wojsk. Idziemy ku temu. Ponura rozmowa, ale orzeźwiająca. Wydaje mi się, że „oświecony pesymizm" jest wzmacniającym eliksirem w czasach „oświeconego analfabetyzmu". W każdej rozmowie z tym człowiekiem odczuwam coś w rodzaju melodii, która snuje się wśród słów. Mówiliśmy o samotności, o Leonardzie da Vinci. I przez cały czas miałem w oczach dawno widziany obraz.

Jechałem wtedy brzegiem Sarthe i wstąpiłem do Opactwa w Solesmes. Był słoneczny wrześniowy ranek. Wszedłem do kościoła i stanąłem przy uchylonych drzwiach, wiodących do zakrystii. Światło słoneczne wpadało jasnymi smugami przez jaśniejsze szybki witraży i przecinało łagodnymi pasmami półmrok rozległej i sklepionej komnaty. Pod ścianami czerniły się wielkie mahoniowe szafy i ziały całkowitą czernią pootwieranych wnętrz. Na środku, na długim stole przykrytym ciemnozielonym suknem, lśniły złote kielichy wysadzane kamieniami, kryształowe dzbanuszki i kilka rozłożonych ornatów. Dwaj zakonnicy, chodząc wolno i cicho, to błyskali, to nikli, nadając przy tym smugom słońca różne kierunki, rozpraszając je lub przecinając. Światło przeskakiwało, gasło, zapalało się, grając na rozłożonych na stole przedmiotach jakąś przepiękną etiudę. Zdawało mi się, że słyszę światło. Stałem zapatrzony i zasłuchany. I jednocześnie przepełniony tęsknotą, której ogromu nie potrafiłbym nigdy wyrazić. Dziś — rozmawiając z C., poczułem, że wtedy była to przede wszystkim tęsknota za równowagą. To w takich chwilach ludzie często nawracają się, dochodzą do wiary. A może była to tęsknota za tęsknotą. Bo czy tęskni się dziś za czymkolwiek naprawdę? Serce ludzkie zamienia się w silnik, zwyczajny silnik, obliczony na tyle i tyle godzin pracy dla świata bez serca, dla świata silników stalowych, dla człowieka produkcji i konsumpcji. „Oczywiście — powiada C. — porównanie przesadne, ale czy jeżeli pójdziemy dalej po tej drodze, to czy pan, ja i nam podobni nie zaczną się czuć, nie będą się czuli jak Leonardo w swojej epoce? My nie tkwimy w tyle, jak się chce nam to wmówić, i do tego KTO chce nam to wmówić — nieprawda — my wyprzedzamy już czas, nie nadając się do atmosfery tej epoki, lecz tamtej, która — jeżeli człowiek nie zamieni się w owada — musi nadejść. Głupota jest zawsze najoporniejsza, ale nie jest wieczna". I przy pożegnaniu jeszcze parę zdań z uśmiechem: „Dziwne — dopiero dziś zaczynam rozumieć znaczenie klasztorów w średniowieczu. Spotykali się tam ludzie, by uciec od otaczającej ich nocy, by odizolować się od ciemnoty i rozmawiać ze sobą tak, jak my teraz — nie ryzykując spalenia na stosie".

Męczę się, bo nie potrafię być efektowny nawet z samym sobą. Gdy piszę, myślę równocześnie: „A więc idź i kup bukiecik fiołków, wsadź duszę w jakiś piękny cytat i wystrzel się z czasu, Wertherze epoki lodówkowej". I nie potrafię.

A poza tym „biegną dni zwyczajne jak podwórzowe zwierzęta" (Kuncewiczowa). Paryż czeka na dni nadzwyczajne, jak zwierzęta z zoo. Amerykanie zajęli

Le Mans i biją się w Angers. A w Warszawie Niemcy mordują Polaków, Armia Podziemna robi co może, Rosjanie przypatrują się i — zacierają rączki.

9.8.1944

Wcale nie jest tak trudno opisać rzeczy dostrzeżone. O wiele trudniej jest dostrzegać. Prawdziwy pisarz to nie ten, który dobrze pisze — to ten, który najwięcej dostrzega.

10.8.1944

Pogoda zupełnie niebywała. Lazurowe wybrzeże, a nie Paryż. Nad całym miastem granatowe niebo bez chmurki. Ciemny szafir w środku, jaśniejszy na horyzoncie i przechodzący z jasnego błękitu w biały opal. W południe alarm. Dudnią ciężkie maszyny i pada zaledwie kilkanaście strzałów. Jeżeli w tej chwili broni Paryża jedna bateria rozstawiona na czterech rogach miasta, to dużo.

Po południu wiadomość, że kolejarze zastrajkowali. Metro staje w sobotę o 13.30 i będzie nieczynne do poniedziałku do 13.30. Oczywiście nikt nie pójdzie do pracy. W Paryżu zaczyna się wyczekiwanie. Już są w Chartres. Miasto huczy od plotek. Amerykanie rzeczywiście zrobili śliczny manewr pancerny. Zdolny ten Patton. Niemcy ciągle kontratakują w Normandii. Właściwie trudno zrozumieć, jaki jest ich plan.

W Warszawie sytuacja krytyczna. Kwapiński oświadczył w Londynie, że pomoc jest w drodze (????) i że będzie skuteczna (????). Prosi Polaków o zimną krew i daje do zrozumienia, że w kołach polskich w Anglii panuje oburzenie i rozgoryczenie. Zupełnie zrozumiałe. Zła wola Rosji jest zupełnie widoczna. Ale jak można było liczyć na dobrą? Mikołajczyk, odbywszy drugą rozmowę ze Stalinem, wyjechał dziś z Moskwy. Oświadczył, że na cały problem zapatruje się optymistycznie (o Boże...), ale że w całym szeregu punktów nie doszli ze Stalinem do porozumienia. W sumie nici. A tam Warszawa... Raczkiewicz wyznaczył Arciszewskiego jako swojego następcę.

Na kolację przyszedł Tadzik i Lola. Rozmowa oczywiście o Warszawie. Gorycz i tylko gorycz. To zaciemnia i odbiera chęć cieszenia się, że tu już może za kilka dni skończy się okupacja. Wychodzimy wieczorem nad Sekwanę. Słońce zaszło i zapada mrok. Na tle różowego i przechodzącego w gołąbkowy kolor nieba rysują się czarne wieże Notre-Dame. W dali, jak mgła, snuje się po niebie wieża Eiffla. Od wody ciągnie przyjemny chłód. A ulicą przejeżdża ze szczękiem, opatulony gałęziami, stalowy mamut. Niemiecki „tiger" toczy się gdzieś samotny i ginie w mroku. Tylko z potężnych rur wydechowych buchają sine płomienie i sypią się iskry.

11.8.1944

Oczekiwanie narasta w powietrzu. Po południu mówią, że wysunięte patrole amerykańskie dochodzą do Trappes. Przy hotelach niemieckich stoją ciężarówki wypchane walizkami, pudłami, gratami. Upał. Na odcinku Falaise weszła do akcji polska dywizja pancerna pod dowództwem generała Maczka. O co my się teraz bijemy? Szkodą życia każdego żołnierza. Niemcy piszą, że na Wileńszczyźnie Rosjanie rozbroili naszą Armię Krajową i poaresztowali oficerów. Byłoby to logiczne i nie widzę powodu nie wierzyć temu. Stalin miał żądać od Mikołajczyka, aby Polska wypowiedziała układ o wzajemnej pomocy z Anglią. To nie wydaje mi się prawdopodobne, bo co może Stalina obchodzić nasz układ z Anglią? To, co doprowadza mnie do szału, to mówienie o Rosji, jakby to był zupełnie normalny kraj, partner Anglii i Ameryki itd. Naprawdę ciemnota, naprawdę zupełne średniowiecze. Jest to taki sam totalizm jak każdy inny, ale nie wolno o tym mówić. Odwracając sławne powiedzenie Ulricha von Huttena, ma się ochotę ciągle mówić: „Umysły zasnęły, tak źle jest żyć". I totalizm sowiecki jest w sumie straszniejszy od hitlerowskiego, bo przeżera także duszę, wgryza się głębiej, atakuje całego człowieka. Ale nikt nie chce WIDZIEĆ.

Niemcy zaczynają zabierać rowery. Żandarmeria „urzędowała" dziś na Porte d'Orléans i w Nanterre. Stare, nowe — wszystko szło na ciężarówki dla „zroweryzowanych" dywizji Wielkich Niemiec.

12.8.1944

Alarm. Siedzę w „moim" ogródku w Bagneux. Po granatowym niebie wiją się pasma dymu. Dwie srebrzyste formacje pterodaktyli zniosły daleko swoje jajka i słychać teraz postękiwanie goniącej je artylerii. A w schronach w ogródku siedzą dzieci ze szkoły obok i mają lekcję śpiewu. Nauczyciel stoi przy wejściu i uczy chłopców śpiewać „Tipperary". Dziecięce głosiki piszczą: *„It is a long long way to Tipperary – it is a long long way to go..."*. Oj, tak długa droga przed wami, moje dzieci. A potem śpiewają Marsyliankę. Na targu w Fontenay sprzedawali już dziś małe chorągiewki — tymczasem francuskie — po 82 fr. Od samego rana słychać już armaty. Głos jest odległy, ledwo uchwytny. Dochodzi od strony Wersalu.

Po południu siedzimy w domu. Cisza. Na podwórku specjalnie zamówiony przez naszych patronów malarz odmalowuje rzeźbę przed hotelem. Będzie jak nowa — *couleur de bronze*[1]. Gdy zapytałem patronkę, co skłoniło ich do tak zbytkownych wydatków, uśmiechnęła się tajemniczo.

Wieczorne wiadomości skąpe. Armia Czerwona straciła cały rozpęd. Po warszawskiej rzezi odzyska go znowu. W Warszawie nadal walki — imponujące i tragiczne. Bombardują Riwierę włoską i francuską. Będą pewnie lądować na południu. Amerykanie zapowiedzieli, że przed upływem dwóch dni nie będą podawać żadnych wiadomości o ruchach wojsk, żeby nie pomagać Niemcom.

---

[1] Koloru brązowego.

13.8.1944

Pogoda, słońce, upał z porywami łagodnego wiatru. Upalna cisza i tylko z daleka słychać głuche wybuchy, przeplatane odległym brzękiem samolotów. Od czasu do czasu przelatują Niemcy tuż nad dachami. Podobno Niemcy zaczęli aresztować paryską policję i dziś rano zabierali rowery na Place Bastille. Po południu jesteśmy zaproszeni na podwieczorek do Szymonów K. i jedziemy. Jak zabiorą, to zabiorą — mam ładniejsze w piwnicy. Koło czwartej wyjechaliśmy. Miasto przedstawia dziwny widok. Puste. Trochę ludzi wlecze się ulicami, kilka rowerów. Wszędzie i we wszystkie strony pędzą ciężarówki niemieckie. Czasem przewala się wspaniały „tiger", drążąc miękki asfalt stalowymi gąsienicami. To ładne czołgi.

W pustym, rozpalonym upałem mieście bezustanny ryk motorów. Nastrój jest trochę niesamowity. U K. potworny atak wymiotów. Musiało nam coś zaszkodzić i powtarza się to w drodze powrotnej do domu. Nad Sekwaną Basia tak słabnie, że przenoszę ją na rękach na drugą stronę ulicy i układam na ławce. Upalna sierpniowa noc, jak na południu. W domu kładziemy się obydwoje zupełnie stratowani tymi atakami. W pokoju nie ma czym oddychać. Kotłownia.

Warszawa walczy. Nadają wyjątki z przemówienia Arciszewskiego do kraju. Dużo im to pomoże. Dlaczego skazuje się tych młodych na tyle bohaterstwa, o którym nikt nie będzie chciał wiedzieć? Rosja, jak zawsze, nie chce tej Polski i takiej Polski, jaką ona sama chciałaby być. Niemcy i Rosjanie unicestwiają TO SAMO, są zgodni w unicestwieniu TEGO SAMEGO. Niemcy na pożegnanie, Rosjanie na powitanie. Od początku używam jak najwięcej słowa „Rosja" i „Rosjanie", bo tu nie chodzi o żaden komunizm, o zmianę ustroju. To są dobudówki — istota to Rosja, odwieczna Rosja, która nie zna i nie rozumie pojęcia „wolność" do tego stopnia, że jej nie potrzebuje. Tylko Rosja była zdolna do stworzenia z marksizmu, z kiedyś częściowo słusznych teorii Marksa i pomocników, takiej karykatury, takiego „czworoboku głupoty", wobec którego człowiek staje zupełnie bezsilny. I może właśnie ta bezsilność łamie dziś najświatlejsze umysły i każe im pchać się w ciemność. Wobec tej nocy, która zapada, średniowiecze wydaje mi się okresem odrodzenia. Stoją tuż, po drugiej stronie Wisły, i przyglądają się, jak tam tysiące młodych, w najszlachetniejszym porywie, walczy kamieniami przeciwko najbardziej nowoczesnej armii. Jest w tym cynizm, który przekracza wprost zdolność reakcji, zamieniając się w coś abstrakcyjnego w swojej doskonałości. Do wielu rzeczy, których nie możemy im przebaczyć, dodają to, czego nie będzie wolno im nigdy przebaczyć. Nienawidziłem ich zawsze, od małego dziecka, dziś nienawidzę ich tak samo „czysto", jak „czystym" jest ich cynizm. Nie wolno nienawidzieć, ale może są czasem takie nienawiści, tak usprawiedliwione, że zrezygnowanie z nich byłoby zrezygnowaniem z siebie samego.

14.8.1944

Rano w mieście. Na ulicach większy ruch niż wczoraj. Słońce i ciemny błękit nieba. W ogródkach i na ławkach przy Bulwarach siedzą Bouvardy i Pécuchety i radzą tajemniczo. Gdzie są Amerykanie? Po ulicach jeżdżą rozebrani Niemcy i rozebrane Paryżanki. Wystawa męskich torsów i kobiecych ud, starannie wymalowanych na kolor opalony. Ulica przypomina finał w Folies Bergères. W małych uliczkach jest cicho i tylko z daleka dobiega wycie motorów i szczęk pędzących czołgów.

Właśnie w tym słońcu, w nagłych porywach chłodnego wiatru przepowiadającego pogodę, to wszystko wydaje się zupełnym absurdem. Jak można umierać w takim słońcu? Myślę o tych chłopcach i dziewczętach w Warszawie, o tych wspaniałych chłopcach, którzy chcą albo po prostu muszą umierać w słońcu. Dlaczego los skazuje nas zawsze na tyle bohaterstwa? We wszystkich komunikatach radiowych o Warszawie wyczuwa się skrępowanie. Za wiele bohaterstwa. Jesteśmy znowu sami razem z tym czymś, co tylko my potrafimy pojąć i zrozumieć. Byle kto lub byle co żąda od nas ofiary życia i — otrzymuje ją, założyć nam rurociąg na krew i — dostarczamy jej strumieniami byle gdzie i byle dla kogo, powiedzieć „śmierć" i krzycząc „życie" jesteśmy wszyscy zgodni.

Od rana nic nie jadłem i znowu rzygam. Czystą żółcią. I żal mi tylko, że nie mam jej dosyć, żeby zarzygać cały Luwr, cały świat. To może z tych myśli. Siedzę na schodkach tego Luwru i staram się tak myśleć, żeby nie myśleć. Miotam się pomiędzy patosem i cynizmem całego mojego pokolenia, życząc przyszłemu więcej cynizmu, a mniej patosu. W tym świecie cyników dalej nim zajadą niż my. Nasza droga skończona. Więc pamiętajcie, dzieci: pielęgnujcie cyniczną nienawiść, cichą, skrytą, zimną, bez patosu. W tym świecie Volponów bądźcie Supervolponami. Cynizm lub patos, gdy rzeczywistość przekracza miarę i wkracza w dziedzinę absurdu. Linia myślenia — cóż to jest? Ta linia załamuje się pod wpływem jednego skurczu serca. Można wyuczyć się siebie jak tabliczki mnożenia — i nagle o wszystkim zapomnieć. Znowu mnie nudzi, znowu będzie mną szarpać i będę rzygał poza kolumną, ale ze śmiechem i z nadzieją, że może uda mi się wyrzygać siebie samego. Albo to coś, co powoduje, że łkam głośno w słońcu, pisząc te głupie, niepotrzebne zdania. Wielka Improwizacja, spowiedź dziecięcia skurwywieku. Dzieci — nie wierzcie w NIC, absolutnie w NIC. To bardzo trudne, ale to zdrowsze. Całą żarliwość zachowajcie dla kobiety i dla Boga, jeżeli jej potrzebujecie.

Jakaś pani przyszła z małym pieskiem i usiadła obok mnie. Hodujcie pieski zamiast ideologii, to zdrowsze. Od Tuileries nadleciała chmurka wróbli. Ryk motorów.

Wieczorem. Generał Bór rzuca z Warszawy rozpaczliwe wołania o pomoc. Nie można myśleć. O jedną Polskę za dużo w tej wojnie. Nas nie słyszą. Apel Sikorskiej do kobiet całego świata jest wołaniem na puszczy. Mikołajczyk spotkał się z Edenem, a „Times" twierdzi, że są wszystkie szanse porozumienia, bo „polski Komitet w Moskwie NIE OKAZAŁ SIĘ CAŁKOWICIE NIEUGIĘTY". Na czyj rozkaz i po co Warszawa zerwała się do walki? Największe bohaterstwo, gdy jest bezcelowe, budzi gorzkie politowanie i nic więcej. Mówi się o nim jak o bohaterstwie szaleńca, który rzuca się pod pociąg, by go zatrzymać. Dla Rosji znaleziono już wytłumaczenie. Opowiada się wiele o przestawianiu osi wagonów na tory europejskie. Potem będą poszerzać tory, aby azjatyckie chamstwo mogło wjechać do Europy szeroko i wygodnie.

Rozkaz Eisenhowera do wszystkich sił inwazyjnych jest pełen tajemniczej powagi. Czuć trupem. Amerykanie zachowują radiowe milczenie i nie wiadomo, gdzie są. Jednego nie rozumiem: 9 sierpnia, patrząc na mapę, czułem, o co chodzi Amerykanom, nie mogąc zrozumieć, dlaczego Niemcy tkwią ciągle w Normandii od Domfront poprzez Mortain, Vire, Thury-Harcourt aż do Caen. Po co silą się na przeciwuderzenia, zamiast cofać się na Sekwanę, gdy był jeszcze czas. Może jeszcze uda im się wymknąć, bo oni są majstrami, ale pierze poleci. Amerykański manewr jest wprost klasyczny, wspaniały.

15.8.1944

Strajk policji, metro nieczynne. Idę do Loli. Mąż patronki hotelu Loli jest policjantem i okazuje się, że policja istotnie zniknęła z ulic Paryża. On też nie poszedł do służby i na noc wybiera się spać gdzie indziej. Pożyczają mi dzisiejszy „Petit Parisien" z obwieszczeniem komendanta Paryża, von Schotitza, do ludności miasta. Ostrzega przed manifestacjami: „Nie zawaham się przed zastosowaniem środków represji najbardziej brutalnych...". I tak grzecznie. Słucham komunikatu: wojska Aliantów wylądowały na południu pomiędzy Niceą i Marsylią. To już naprawdę inwazja w wielkim stylu. Nie rozumiem Niemców. Robią głupstwo za głupstwem. Wydaje się, że obrona linii Sekwany jest już niemożliwa. Bardzo być może, że Paryż wyjdzie dzięki temu cało. Niemcy dopiero teraz zaczęli wycofywać się i wygląda na to, że Amerykanie uniemożliwią im wycofanie się na Paryż, spychając na zachód. Odezwa de Gaulle'a, aby Francuzi rozpoczęli strajk powszechny i podejmowali pracę dopiero po wejściu Aliantów. Przy Porte d'Orléans ludzie wysiadują całymi grupami do jedenastej w nocy (godzina policyjna), wyczekując na Amerykanów. *Douce France*. W Warszawie bez zmian. Umierają w słońcu.

16.8.1944

Jak strajk, to strajk — siedzę w domu. Dopiero koło jedenastej telefonuję do biura. Okazuje się, że K. przyszedł na piechotę. Z Passy do Châtillon. W takim razie i mnie nie wypada siedzieć w domu, więc siadam na rower i jadę. W mieście ruch, przed piekarniami znowu ogonki. Od razu po pracy odwożę Szymonom K. cukier, który udało mi się dla nich dostać w naszej spółdzielni. W mieście piekło. Pochmurny, duszny upał. Na Alésia kierują ruchem Niemcy. A po ulicach toczy się wezbrana rzeka ciężarówek, rowerów i pieszych. Jazda na rowerze staje się w tym cyrkową sztuką. Na Bd Raspail przed wszystkimi hotelami niemieckimi ciężarówki. Pakują się na gwałt, gorączkowo, zabierając hotelową pościel, materace i meble. Stanąłem obok jakiejś ciężarówki wypełnionej nocnymi stolikami (??) i patrzyłem. Nie mogłem się napatrzyć. Biegali w koszulach spoceni, zziajani i ładowali – nocne stoliki. Po cholerę im nocne stoliki? I ciągle mówiłem sam do siebie cichym szeptem: „oni uciekają". Miałem serce w gardle. W mieście ani jednego policjanta francuskiego i ruch zawrotny. Tłumy ludzi chodzących całymi kilometrami na piechotę. Koło Opery zupełny zamęt. Ruch, jakiego nie pamiętam nawet przed wojną. Chcąc przejechać przez Bd. des Italiens, zsiadam w końcu z roweru i przebiegam go na piechotę. Odpoczywam u K. Napięcie uwagi przy przejechaniu ośmiu kilometrów miastem wyczerpało mnie. Z rue Lafayette dolatuje bezustanny warkot motorów. Ciężarówka za ciężarówką, pełne walizek, pakunków, tobołów. Wyjeżdżają. Ale jednocześnie K. mówi mi, że mają nadzieję wrócić. Wszędzie tam, gdzie odnajęli lokale i zapłacili do 1 stycznia 1945 roku, wyprowadzają się z prośbą o dalsze zarezerwowanie im apartamentów po 1 stycznia. Nie są jeszcze pobici. Ale pomimo wszystko nie mam uczucia KOŃCA. Rozmawiamy z K. Stosunek Moskwy do Polski jest zupełnie jasny. Warszawa jest najlepszą próbą – ta walcząca Warszawa, otrzymująca pomoc – z Anglii. Bo to bliżej...

W Paryżu wchodzi od jutra w życie tak zwany plan D. Rzeczywiście De... Zupełne wstrzymanie gazu, elektryczność od 22.30 do 24.00, całkowite zatrzymanie metra oraz zapisy na przydział potraw gotowanych lub surowych. Niemcy wysadzają wokoło Paryża obiekty wojskowe.

17.8.1944

Rano odwożę cukier Tadzikowi P. Potem jadę do Ministerstwa Pracy przedłużyć Loli kartę pracy. Tadzik dał mi bony na dwa litry spirytusu do palenia i oprócz tego mamy trochę węgla drzewnego. Muszę tylko znaleźć piecyk. Wszystkie piecyki, których jeszcze przedwczoraj było pełno w całym mieście, znikły. Nie wiem, co robić. I nagle na rue de Vaugirard zauważam przed sobą rowerzystę z wielkim workiem na przednim bagażniku, w którym podzwaniają jakieś blaszane przedmioty. Podjeżdżam do niego i zaczynam rozmowę. Pytam się go, czy w tym worku nie wiezie piecyków na węgiel drzewny. Mówi mi, że tak. Zaczynam się śmiać i tamten nie rozumie. A ja śmieję się, bo w tym życiu wyrabia się w człowieku jakiś dodatkowy zmysł. Żeby w huku ulicznym, w tym oszalałym ruchu posłyszeć chrzest przedmiotów z blachy, skojarzyć to z piecykami, których się szuka, skoczyć w pogoń i nie pomylić się, to rzeczywiście jakiś zwierzęcy instynkt. Bo ja od pierwszej chwili byłem pewny, że on m u s i mieć w tym worku piecyki. Odwozi te piecyki do jakiegoś sklepu w Issy-les--Moulineaux. Jadę razem z nim. Na Porte de Versailles mija nas kilka samochodów osobowych z czerwonym krzyżem i z rannymi oficerami wewnątrz. Zachlapane krwią twarze, zamknięte oczy, zielonoszare kukły rzucone w kąt tylnego siedzenia.

W Issy-les-Moulineaux wchodzę razem z rowerzystą do sklepu OD TYŁU i pomimo że na piecyki jest już zapisanych 50 osób, wytargowuję jeden dla mnie. I od razu obok, w jakiejś małej księgarence, dostaję „Dziennik Gen.

Gourgaud". Jeden z najciekawszych dokumentów ze Św. Heleny o ostatnich latach Napoleona. I podobno jeden z najprawdziwszych.

Po południu pogłoski, że Chartres, Dreux i Orléans zajęte już przez Amerykanów, że Amerykanie są już o 50 km od Paryża i że Paryż zostanie uznany za miasto otwarte. Niemcy mają opuścić Paryż w przeciągu trzydziestu sześciu godzin. Po pracy jadę do Dr. K. na Passy. Niemcy wyprowadzają się zewsząd na łeb na szyję. Na avenue Mozart ładują całe urządzenia garaży. Pędzą motocykle. Zgiełk i zamęt. Przejeżdżam cały Paryż. Na Trocadéro stoją grupki ludzi i patrzą na odległe pożary. Niemieckie samochody pędzą na wszystkie strony. Pod drzewami na Cours Albert I-er stoją czołgi i samochody. Żołnierze są brudni, nieogoleni, obszarpani. Jakiś oficer biega w koszuli i w czapce, drze się i wyklina. Nikt nie zwraca na niego uwagi. Ludzie położyli się w kurzu alei i śpią. Inni siedzą oparci o drzewa i patrzą bezmyślnie przed siebie. Chwilami trudno mi w to uwierzyć. Nad Sekwaną stoją lekkie czołgi. Żołnierze powyłazili z nich usmoleni od stóp do głów i siedzą lub drzemią wsparci o maszyny. Tłumy ludzi przyglądają się im w milczeniu. A w dole, nad wodą, Côte d'Azur. Paryski tłumek kąpie się w Sekwanie w środku miasta, korzystając z nieobecności policji. Słychać piski dziewcząt, nawoływania, śmiechy. I jak zwykle las wędek i tłumy rybaków. Widok jest jedyny, wprost sielankowy. Wśród wojskowych wozów pojawiają się teraz samochody prywatne. Ludzie obrzucają je nienawistnymi spojrzeniami i mówią: *Les collaborateurs s'en vont*[1].

Na rogach ulic grupy ludzi czekają na cywilne ciężarówki, które podwiozłyby ich bliżej domu. Na wszystkich ulicach jest auto-stop. Koło Bastylii stoją na rogach ulic rowerzyści i krzyczą, żeby nie jechać przez plac, bo „*les Boches*" zabierają rowery. Fala rowerów łamie się i spływa bokami.

Patronka mojego hotelu zwierza mi się z wielkiego kłopotu. Zamówiła w Galeries Lafayette sztandary i chorągiewki, ale metra nie ma i nie może pojechać. Rzeźba przed hotelem, już odmalowana na *couleur de bronze*[2], czeka na przybranie jej kolorami sprzymierzonych. Uprosiłem ich, żeby sowieckich nie dawali, i zgodzili się. Goła Pomona zostanie przepasana trójkolorową szarfą i dostanie w dłoń trzy chorągiewki. Jak „*girl*" z Folies Bergères w finale. W całej dzielnicy pracują zajadle „tenturierki", farbując płachty na sztandary. Ludzie znoszą nawet prześcieradła do farbowania. Mężczyźni siedzą w bistrach i radzą. Niemcy mają wysadzać w Vincennes jakieś składy i wszyscy ostrzegają się nawzajem z błyskami odwagi i zuchwałości w oczach: „No, nie trzeba się bać...". To wszystko ma cechy jakiejś dobrze wyreżyserowanej farsy z happy endem. Nie przychodzi im w ogóle na myśl, że mogłoby być inaczej. Boże — jakże bezczelnie idzie im karta w tej grze. Od samego początku.

---

[1] Wyjeżdżają kolaboranci.

[2] Brązowo.

18.8.1944

Nie idę do pracy i siedzę w domu. Od samego rana słychać wybuchy. Niemcy wysadzają wokoło. Potem brzęczenie samolotów i trzy serie bomb niedaleko od nas. W każdym razie drzwi skaczą w zawiasach. Koło południa wychodzimy na targ. Pogoda znowu wspaniała. Na targu słoneczny nastrój. Basia pyta się o jakiś materiał na podszewkę. 150 franków za metr i bez „punktów" tekstylnych. Cały kram sprzedaje wszystko bez punktów. Obiad gotujemy na węglu drzewnym. Godzina policyjna zaczyna się dziś o dziewiątej wieczorem. Mieszkający w naszym hotelu młodzieniec, członek Organizacji Oporu (*Résistance*), przynosi Basi trójkolorowe opaski z prośbą o wymalowanie na nich krzyża lotaryńskiego (znak gaullistowski) z napisem „12^{e}Arr.". Są to opaski dla Komisarzy Republiki naszego okręgu. Koło siódmej idziemy się przejść. We wszystkich bistrach pełno ludzi. Tłumek pije piwo i patrzy się, jak Niemcy wyjeżdżają. A Niemcy jadą bez przerwy. Skończył się sen o Europie.

Wieczorne komunikaty obfite. Bitwa w Normandii została przez Niemców przegrana i Niemcy cofają się na dolną Sekwanę bez widocznej ochoty do obrony. Amerykanie są na przedpolach Paryża. RAF i Południowi Afrykańczycy starają się dowieźć do Warszawy trochę broni i amunicji. Z Anglii... bo Rosjanom to za daleko... Stracili już dwadzieścia bombowców w tych wyprawach nad Warszawę. Brak siły do myślenia o tym.

19.8.1944

Od samego rana ruch. Odgłosy bezładnych rozmów w bramie i wreszcie wpada do nas Lola. To już koniec, powiewają chorągwie, tłum na ulicy. Lola nas ściska, jesteśmy wzruszeni. Na podwórku patron upina trójkolorową szarfę na naszej rzeźbie. Głośne spory o sposób upięcia. Ktoś mówi: *Elle aura un beau soutien-gorge*[1]. W hotelu u nas ruch i ciągłe telefony, bo tu mieści się sztab generalny Résistance. Ubieram się i schodzę na dół. Okazuje się jednak, że to jeszcze nie koniec. Są to tymczasem samodzielne odruchy Francuzów. Niemcy wcale Paryża nie opuścili.

Po południu odgłosy strzelaniny ulicznej. Samochody niemieckie jadące ulicami strzelają od czasu do czasu na wszelki wypadek. Już nikt nie wychodzi na ulicę. Podobno gmach Prefektury Policji się pali i na Bd. Saint-Michel są „walki". Paryż stara się naśladować Warszawę. Na naszym merostwie Résistance destytuowała już mera i odbyły się tymczasowe wybory. Nasz młodzieniec z hotelu został wybrany *conseiller municipal*[2] i wobec tego pijemy na dole za jego zdrowie. Wszystko to jest podniosłe jak co najmniej jakiś wodewil Labiche'a. Mam ochotę ciągle się śmiać. Przychodzą inni młodzi — jeden na czterech ma jakiś damski pistolecik nie większy od puderniczki. Ale to nie szkodzi — robimy

---

[1] Będzie miała piękny stanik.

[2] Na radnego.

Rrrrewolucję, obalamy mera, aresztujemy kolaboracjonistów. Oczywiście tych pomniejszych, dzielnicowych. Najważniejszym motywem tych aresztowań jest zwykle to, że „ona sprzedawała to i to po takiej i takiej cenie". Bo aresztujemy głównie okoliczne sklepikarki i epicierów. Nasza patronka każe sobie pokazać listę nazwisk kandydatów do aresztowania i przy każdym nazwisku pokrzykuje: „O, znam ją, bardzo słusznie – zarobiła miliony na czarnym handlu... *Oh là là* – ten on się nam zawsze odgrażał... tak, tak... tę trzymajcie mocno, *c'est juste*[1]...". Rewolucja jak cholera.

W bramie stoją lokatorzy dwóch kamienic i gadają. Gdy słychać strzały, konsjerżka zatrzaskuje wrzeciądze i wszyscy gadają podwójnie. Strzały cichną, brama zostaje ostrożnie otwarta i najodważniejsi siadają na ławce na bulwarze. Ulica jest pusta i tłumek gwarzy z bramy do bramy. Pod wieczór przelatuje nisko cała eskadra myśliwców „naszych", zgrabne mustangi. Radość, wszyscy w oknach. Myślę o Warszawie... Z wieczornych komunikatów wynika, że Amerykanie doszli do Sekwany pomiędzy Mantes i Vernon i starają się obejść Paryż od wschodu. Całkiem mądre, bo w takim razie Paryż padnie automatycznie. Obejście Paryża wygląda na zamiar jeszcze jednego zajścia von Klugemu na tyły. W mieście operetkowa strzelanina.

20.8.1944

W nocy silna burza. Przez całe przedpołudnie strzelanina na mieście. Po południu wszystko cichnie i na murach pojawiają się afisze. Dzięki obietnicy Niemców nieatakowania gmachów publicznych zajętych przez tymczasowe władze i obietnicy wycofania się z Paryża pomiędzy Résistance i Niemcami zostało zawarte zawieszenie broni. Wspaniałe. Postrzelali, nadmuchali Niemcom pająków do tyłka i po jednym dniu ugoda. I Niemcy, i oni przestają pukać, ludzie wychodzą sobie na spacer i po herbacie. Spokojnie czeka się na łaskawe wkroczenie Amerykanów. Jak w bajce dla grzecznych dzieci. A kiedyś, kiedyś wszystko razem będzie się nazywać „bohaterskim zrzuceniem jarzma okupanta przez patriotów francuskich i lud Paryża" itd. Wygląda na to, że całe przedstawienie zaczęło się za wcześnie, że źle obliczyli czas, myśląc, że Amerykanie wejdą już dzisiaj. Więc prędko zrobili zawieszenie broni. Tym smętnym resztkom Niemców oczywiście to dogadza, bo wolą poddać się regularnemu wojsku i Amerykanom niż tej „bohaterskiej" hołocie.

Pod wieczór poszliśmy się przejść razem z Lolą nad Sekwanę. Po ulicach jeżdżą hucznie i buńczucznie samochody Résistance z kilkoma pętakami wewnątrz, uzbrojonymi w korkowce. Motocykle z młodymi lekarzami w szortach i z opaskami czerwonego krzyża z elegancką pielęgniarką jako *sex-bagage* z tyłu na siodełku. Przed użyciem lekko wstrząsnąć... Do twarzy tym pielęgniarkom w tych hełmach malowanych na biało z czerwonym krzyżem. Do fotografii. A na moście Bercy Niemcy spokojnie przetaczają resztki jakichś pociągów,

[1] Należy się jej.

resztki lokomotyw i wagonów. Stoją na moście z karabinami wymierzonymi na ulicę, posępni i groźni, ale w rezultacie nikt nikomu krzywdy nie robi. Przechodzę pod tymi lufami o wiele spokojniej, niż gdyby stały tam te pętaki z FFI (Fifi). Myślę o Warszawie... I o Tadziu. „Panie B. – tutaj wszystko jest o wiele łagodniej. Klimat łagodniejszy, krowy nie bodą, psy nie rzucają się na koty, zamiast pluskiew subtelne pchły, Niemcy zachowują się po ludzku, a teraz cała Francja uwalnia się z bukietem w ręce, z pertraktacjami, z afiszami, pod narkozą" – powiedziałby mój Tadzio. Jak wtedy, na „rzemskim" moście w 1940 roku. Wszystko idzie bezboleśnie i szybko. Trzymam pod rękę Basię i Lolę i myślę o różnicy. I zupełnie mimo woli myślę o rysunkach Grottgera i o Manecie lub Renoirze. Różnica nastrojów jest taka sama. Emigracja to ucieczka od rysunków Grottgera. Całkiem po prostu i bez pucu.

Nad Sekwaną jest cisza. Na nieruchomych barkach i berlinkach suszy się bielizna, na brzegu chodzą kury i skaczą króliki z barek i berlinek, które mają „wychodne", a obok siedzą niewzruszeni wędkarze. Na niektórych domach powiewają ostrożnie flagi francuskie. Pod bramami siedzi tłumek i słucha opowiadań „bohaterów".

Wieczorne komunikaty mówią, że Amerykanie są w Melun, w Fontainebleau, że idą na Montargis. W Warszawie piekło. Tam się nie pertraktuje i nie gada.

21.8.1944

Amerykanie bawią się pod Paryżem w chowanego. Przeszli Sekwanę na zachód i na wschód od miasta, są podobno w Corbeil. Siedzimy w domu i czekamy. Przeszła już ta pierwsza radość i teraz już jesteśmy jak gdyby uwolnieni. W Paryżu panuje bezkrólewie. Kręcą się jeszcze jakieś resztki Niemców, jeździ Résistance, czyli Fifi.

Wieczorem nie łapiemy żadnego komunikatu, bo elektryczność gaśnie po dwudziestu minutach. Pod wieczór wyszliśmy na spacer. Spokój i cisza. „Wojna i spokój".

22.8.1944

Od rana słychać działa. Na mieście znowu strzelanina. Teraz już są pewni, że lada godzina wejdą Amerykanie, więc zaczęli na nowo pukaninę. Paryż „walczy". Po południu jadę do G. Na wszystkich ulicach tłumek siedzi przed domami. Nastrój rewolucyjny. Nikt nie pracuje i dopiero teraz widzi się ten cały *peuple de Paris*[1]. Oni wszyscy teraz SĄ. Na naszym bulwarze można jeszcze wytrzymać, ale w okolicznych ulicach i uliczkach tłum króluje. Oczywiście nastrój wojowniczy i władczy. Na murach rozlepiają ciągle nowe afisze, które idzie się czytać w skupieniu, przybierając postawę pełną godności i pewności

[1] Lud Paryża.

siebie. Po czym robi się niesłychanie logiczne i inteligentne uwagi. Słowa *c'est logique, c'est très intelligent, c'est juste*[1] wymawiane są z pełną namaszczenia aprobatą. Można by teraz wydrukować nie wiem co, powypisywać najpotworniejsze idiotyzmy — wszystko zostałoby przyjęte z rytualną powagą, mądrym zmarszczeniem czoła i obrzędowym skrobaniem się w tyłek. Po ulicach śmigają na rowerach gazeciarze. Otacza się ich, wykupując w mgnieniu oka cały stos wolnych gazet. Oczywiście pierwsza pojawiła się komunistyczna „L'Humanité". Żąda się prawa powrotu dla dezertera Thoreza. *C'est logique*. Poza tym obietnice zwyżki płac o 40 procent i 40-godzinnego tygodnia pracy. Bractwo kiwa głowami z uznaniem. *C'est logique*. Obiecać im teraz raj i uwierzą. Cała siła atrakcyjna komunizmu mieści się w tej obietnicy i w NIEDOTRZYMYWANIU JEJ. Jest to bardzo zręczne uwieszenie kiełbaski na sznurku i podciąganie jej wyżej, gdy masa chce ją naprawdę uchwycić. Nie chodzi wcale o to, żeby ją dostać — chodzi tylko o to, aby coraz wyżej i lepiej skakać, tak jak chce tego wszechmocne Państwo i Partia. Od czasu do czasu daje się tę kiełbaskę polizać i mówi się: „Widzicie jakie to dobre — jeszcze trochę skakania i skosztujecie". I tak pokolenie po pokoleniu umiera zawsze z wiarą, przekazując ją swym potomkom. Grunt to wiara.

Obywatele czytają te wypociny społecznych kuglarzy, po czym obradują w bistrach przy kieliszku wina. W gazetach wielkie tytuły: *Paris conquiert sa liberté par les armes, Paris se libère lui-même*[2], i w ogóle cała Francja uwalnia się sama przy skromnej zaledwie pomocy Aliantów. Za tydzień w ogóle przestanie się mówić o Amerykanach i Anglikach. Kogut — trudno o lepszy symbol tego narodu. Całe to bractwo rajcujące po bramach i w bistrach trzepie skrzydłami i pieje, potrząsa grzebieniem — i czeka na amerykańską czekoladę i konserwy. A gdy z daleka nadjeżdża motocykl niemiecki, w przeciągu trzech sekund ulica jest pusta, bramy zamykają się i przy dziurkach od klucza następuje walka wręcz, żeby „zobaczyć". Paryż „walczy".

„Ce soir" pisze, że o godzinie piętnastej natarcia Niemców na Ratusz i Prefekturę Policji zostały odparte pomimo użycia przez Niemców czołgów, że Paryż „jeży się od barykad", że na Place de la République i na Boulevard de Bonne-Nouvelle walki „przy użyciu lekkiej artylerii". Kukurykuuu. Bo ja o czwartej jestem na place Voltaire, a więc o kilometr od République, i widzę, jak tłum wskakuje nagle do bram. Przejeżdżają Niemcy, rzucają na wszelki wypadek dwa granaty pękające z takim hukiem, że w trzy minuty po ich wybuchu nikt nie ośmielił się wystawić nosa.

Pod wieczór wychodzimy na spacer. W bramach domów, nie wiadomo skąd, sprzedają sałatę i rzodkiewkę. Kupujemy na zapas. Chowamy się na chwilę w jakiejś piekarni, bo ulicą przejeżdża motocykl niemiecki, strzelając na wszystkie strony. I Niemcy się boją, i ludzie się boją — wszyscy się boją. Według wieczornych komunikatów w Warszawie ciężkie walki. Zdobyli Centralę

---

[1] To logiczne, mądre, słuszne.
[2] Z bronią w ręku Paryż zdobywa wolność. Paryż sam się wyzwala.

Telefoniczną przy pomocy miotaczy płomieni zdobytych na Niemcach. Poza tym zaczęli sami fabrykować miotacze min i pociski i zabrali się do fabrykacji samochodów pancernych. Jeden już wszedł w użycie i opancerzenie wytrzymało. Powinno się całą Polskę przetransportować do Ameryki i po pięćdziesięciu latach Ameryka jest — polska. I wielka. I na tym tle „Paryż walczy". A ty, świecie, posikaj się z podziwu dla *France éternellement héroïque et insoumise*[1].

Niemcy przerzucają wojsko z Włoch do południowej Francji. Pewnie znowu intuicyjny plan kaprala... Upalna noc. Na ulicy padły dwa (słownie: dwa) strzały. To Paryż walczy. *Paris conquiert sa liberté par les armes*[2]. Koenig został mianowany komendantem wojskowym Paryża. Kukurykuuuuu.

23.8.1944

Nic nie wiadomo. Wobec tego konserwujemy na wszelki wypadek wodę. 0,05 grama chloraminy na litr wody. Cały czas słychać dalekie dudnienie dział. Znowu upał, ale pochmurno. Na ulicach od czasu do czasu kilka strzałów. O wpół do piątej otwieram radio i słyszymy nagle, że „Paryż jest wolny". Reportaż z ulicy w Nowym Jorku, krzyki ludności i śpiewy na wiadomość o uwolnieniu Paryża. Potem przemówienia naszpikowane jedynym i oceanicznym patetyzmem: „Po czterech dniach krwawych walk Paryż uwolnił się. Data 23 sierpnia pozostanie na zawsze datą... Ten Paryż, który ugiął się, ale nigdy nie załamał...". Coś nawala w tej historii robionej na kredyt, bo właśnie gdy radio ryczy o uwolnieniu Paryża, przelatują nad nami samoloty i artyleria niemiecka strzela do nich tak, jak się to jej już dawno nie zdarzyło. A gdy wychodzimy przed dom, dowiadujemy się, że na Place Daumesnil budują barykady. Zachodzimy do Loli. Lolę krew zalewa. Poszła do fryzjerki i zastała tam 12-letniego chłopca, którego mama wysłała do wiecznej ondulacji. „To tu budują barykady, cały dzień huczą działa, a matka posyła 12-letniego chłopaka do wiecznej ondulacji. Cóż za naród..". Idziemy zwiedzić barykady. Trochę kostki powyrywanej z jezdni, kilka starych łóżek i kuchenek pościąganych ze strychów, okoliczne ławki, kilka worków z piaskiem i trochę ściętych gałęzi z drzew. Do fotografii w sam raz. Gdyby motyl tupnął, rozleciałoby się to od razu. Na murach odezwy: „Mobilizacja powszechna", „Mężczyźni, kobiety, dzieci do roboty barykad. Niech lud Paryża pokaże, iż nie zapomniał tradycji z roku 1830 i 1848...". Jeżdżą samochody i rozrzucają ulotki. Jedna wielka farsa z doskonale wyreżyserowanym „nastrojem". I wszyscy grają świetnie.

Wieczorem gazety pieją. Podają przepisy na fabrykowanie butelek przeciwczołgowych. „Czołgi niemieckie przestaną być niezwyciężone. Ta forma oporu (butelki) odpowiada wspaniale popularnemu i spontanicznemu charakterowi powstania paryskiego i przypomina improwizacje z roku 1830, 1848 i Komuny Paryskiej". Można się ubawić i cały świat rozweselić. Niestety cały świat bę-

[1] Zawsze bohaterskiej i nieugiętej Francji.

[2] Z bronią w ręku Paryż zdobywa wolność.

dzie to brał bardzo poważnie. Prawdopodobnie data 23 sierpnia przejdzie do historii jako data uwolnienia Paryża, choć nikt na oczy nie widział alianckiego żołnierza. Ale to dobrze ułożone. W ten sposób Paryż „uwolnił się sam". Boję się tylko, żeby Niemcy nie mieli dosyć tej zabawy w powstanie i nie zrobili gdzie prawdziwej masakry dla nauczki. Jak dotąd przeważająca ilość trupów i rannych rekrutuje się z gapiów.

Wieczorem „apiać" o wolnym Paryżu.

24.8.1944

Jeszcze jeden dzień oczekiwania. Leje deszcz. Już nie strzelają, bo prochy zamokły. Ale Paryż walczy. Po południu wszystko ustraja się już na dobre w chorągiewki. Mówią, że już są na Porte d'Orléans.

25.8.1944

Na mieście cisza. Wobec tego postanawiam wyjechać do miasta. Dzień jest prześliczny. Już we wszystkich oknach powiewają flagi francuskie i alianckie. Wygląda to wspaniale. Szare i okopcone mury kamienic pozamieniały się w kwietniki. Wszystko odbywa się tak, jak tylko można było sobie wymarzyć. Niemcy niczego nie wysadzili, niczego nie zniszczyli. Koło Gare de Lyon muszę zjechać na bok, bo strzelają. Niewyłapani Niemcy i kolaboranci strzelają z dachów. Na Place Bastille kilka strzałów. Pusto. Ale od strony Pont d'Austerlitz dobiega stale wzrastający gwar. Podjeżdżam. Tłum. Widzę pierwsze czołgi i ciężarówki. Żołnierze kiwają rękami, ludzie krzyczą. Przed oczami mam wysokie piramidy czołgów, hełmy amerykańskie, małe jeepy. Ryk silników, chrzęst gąsienic i rozentuzjazmowany tłum. Stoję pod drzewem, patrzę i wydaje mi się, że śnię. Ale nie. Jadą ciągle nowi. Zielone koszule, spodnie i getry. To już ci inni. Ci, na których czekało się tyle długich lat, już naprawdę ONI. W niecałe trzy miesiące po wylądowaniu są w Paryżu. Wyglądają wspaniale. To wjeżdża inny świat, wjeżdża wolność. Może niedoskonała, może... może..., ale czym jest ta garść zarzutów wobec tej nocy, która panowała dotąd i która nadchodzi na wschodnią połowę Europy teraz, w tej chwili. Na jak długo? Myślę nagle, że tej nocy nie grozi mi już żadna rewizja, żadne niespodziewane pukanie do pokoju, żadne... Boże. Jak przez mgłę widzę ciągle nowe ciężarówki z żołnierzami w zielonych koszulach i w hełmach pokrytych siatką. Czuję, jak łzy same ciekną mi z oczu, jak krzyczę razem z innymi, wymachuję rękami. Na widok uśmiechniętych twarzy pod ciężkimi hełmami, twarzy ruszających się miarowo, łapię się na tym, że sam do siebie krzyczę po polsku z dzikim entuzjazmem: „Oni żują gumę". I śmieję się sam z siebie. No tak – ale w tym dotychczasowym świecie nie żuło się gumy. Ta guma rozczuliła mnie zupełnie.

A potem wielka, bezbrzeżna radość ustępuje smutkowi. Koło mnie zatrzymuje się kolumna ambulansów. Samochody są prowadzone przez młode i ładne dziewczęta o nienagannym *maquillage*. Opieram się o jeden z tych ambulansów i patrzę, jak jadą przez most coraz to nowe ciężarówki i czołgi. Zaczynam nagle płakać, prawie łkać półgłosem. Dziewczyna siedząca za kierownicą ambulansu patrzy na mnie i pyta nagle po angielsku, dlaczego płaczę.

– Jestem Polakiem i myślę o Warszawie – odpowiadam cicho. – Oni tu mogą być szczęśliwi, nam jeszcze nie wolno.

Chwila kłopotliwego milczenia. Dziewczyna sięga do kieszeni, częstuje mnie chesterfieldem i bąka coś zdawkowego. Wziąłem papierosa i uciekłem. Nie mogłem nie przyjąć. Oj nie – są rzeczy, których nie da się załatwić nawet miliardami papierosów, konserw i innych darów. Nie, nie i nie. Trzymałem w rękach tego pierwszego papierosa o ulubionym smaku i wreszcie zapaliłem go. Pachniał trochę wodą kolońską, trochę jakby mydłem, no i chesterfieldem. Paliłem go, myśląc, że jest w nim świat, który pewnych rzeczy nie jest w stanie pojąć. Może dlatego, że on sam nigdy nie był zmuszony do palenia niczego gorszego od chesterfielda. Ulicami jechały czołgi i samochody, a nad tym szczęśliwym miastem płynął jeden wielki krzyk radości.

KONIEC

Posłowie

Roman Zimand

Wojna i spokój[1]

26 maja 1940 r., w dobrym — jak dla kogo — mieście Paryżu, pewien 26-letni ekonomista zaczął prowadzić dziennik. Zakończył to swoje pisanie 25 sierpnia 1944 r. Później, znalazłszy się na drugiej półkuli, wracał czasami do diariuszowania, ale tak — od przypadku do przypadku. Zapisy z owych czterech lat i trzech miesięcy wojny, wydane w 1957 r. przez Instytut Literacki pod tytułem *Szkice piórkiem. Francja 1940–1944*, to jedna z najwybitniejszych pozycji XX-wiecznej polskiej diarystyki, całe zaś fragmenty dziennika to po prostu znakomita proza. Stwierdzenie powyższe stanowi aksjomatyczną podstawę niniejszego referatu, co znaczy tyle, że nie będę go dowodził. Zajmę się czym innym.

Przed tym jednak wypada sprostować błędną informację zawartą w zdaniu pierwszym. Rzecz w tym, że ów ekonomista dziennik zaczął prowadzić wcześniej. Kiedy — nie wiemy. Wiemy tyle, co zapisał 25.11.1940 r.: „Jeszcze ciągle nie mogę przeboleć tych spalonych zeszytów, czasopism polskich. Bohaterowie! P. wiedzieli, że piszę. Po wejściu Niemców do Paryża kazali Basi wszystko spalić. [...] Pilnowali, żeby [...] zrobiła to przy nich. Wydarła z tych zeszytów kilkanaście kartek. Zostało w nich w sam raz tyle, ile we mnie z mojej przeszłości. Niczego nie odtworzę i nie chcę nawet odtwarzać”[2].

---

[1] Tekst niniejszy dyskutowany był na seminarium „Zaniedbania historyków literatury”. Dziękuję uczestnikom; z wielu ich uwag pozwoliłem sobie skorzystać.

[2] Andrzej Bobkowski, *Szkice piórkiem. Francja 1940–1944*, Paryż, 1957, t. I, s. 206. W dalszym ciągu liczby w nawiasach oznaczają tom, stronicę i datę zapisu w tym wydaniu.

Znamy również jeden fragment owych ocalonych kilkunastu kartek. Oto on, wpisany w całość dziennego zapisu: „25.9.42. Znowu jakaś poprawka do tej ustawy o «pracy narodowej». Popłoch. Mam to gdzieś. Bo czytam. Bo Madame Arnoux nie przyszła na spotkanie i Fryderyk zaprowadził do pokoju, przygotowanego dla niej — Rozanetę. «Koło pierwszej obudziły ją jakieś dalekie turkoty i spostrzegła, że łka z głową zanurzoną w poduszce.

— Co ci jest, kochanie najdroższe?

— To z nadmiaru szczęścia — powiedział Fryderyk. — Zbyt długo cię pragnąłem».

To chyba jeden z najbardziej przejmujących końców rozdziałów w całej literaturze świata. Odszukałem strzępki notatek sprzed trzech lat. Pod datą 30.9.1939 mam zapisane: «Wieczorem: niebo zachmurzyło się, a księżyc jest jak przysłonięta ręką świeca. Nie widać go, ale światło wydobywa się bokami. Wyszedłem na balkon z papierosem. Ciepła noc, cisza. Na dole pod nami pusta ulica i tylko jakiś samochód zapuszcza silnik. Warknie przez chwilę i krztusi się. Nade mną czarny zrąb komina i całe niebo, naprzeciwko ktoś kaszle chwilami. Charczący samochód i kaszlący na poddaszu człowiek mają coś wspólnego. Samochód odjechał, kaszel ustał i znowu cisza. Zaczyna padać deszcz. Fryderyk został kochankiem Madame Dambreuse».

Ustawa o pracy narodowej..." (II, 139–140).

Czy na podstawie kilku zdań wolno powiedzieć, że Andrzej Bobkowski, bo tak nazywał się nasz diarysta, przed 26 maja 1940 r. pisał tak samo jak i po? A dlaczego miałby pisać inaczej? Fakt, iż *Szkice piórkiem* zaczynają się w dniu, w którym Niemcy są już w Arras i Amiens, to czysty przypadek; być może on podyktował autorowi pomysł zakończenia diariusza w dniu wkroczenia do Paryża wojsk amerykańskich. Tyle gwoli ścisłości.

A teraz wróćmy do założenia wyjściowego: wybitne dzieło diarystyki. Fragmenty świetnej prozy. I... „arcydzieło nieznane". W literaturze krajowej, w faktycznym obiegu kulturowym nie to, że „źle obecne", a po prostu nieobecne. I tym faktem, próbą wyjaśnienia sobie i słuchaczom owej totalnej nieobecności chciałbym się zająć, do tego ograniczyć. Jest to jednak o tyle niemożliwe, że skoro mam udzielić odpowiedzi na pytanie „dlaczego arcydzieło jest nieznane?", to, biorąc pod uwagę, że jest nieznane, wypada o nim to i owo powiedzieć. A przynajmniej sporządzić repertuar pytań, tematów, problemów związanych z, pojawiających się w...

Więc po pierwsze, co składa się na dziennik Bobkowskiego? Najbardziej powierzchowna, ale w końcu jakoś tam niezbędna odpowiedź winna brzmieć: dziennik składa się z czterech bardzo nierównych części:

— panika w Paryżu poprzedzająca ewakuację (20.5.–12.6.1940);

— ewakuacja i pobyt na południu Francji w Carcassonne i Gruissan (12.6.–5.9.1940);

— podróż rowerem w towarzystwie warszawsko-paryskiego robotnika, Tadzia, z Carcassonne do Paryża (6.9.–29.9.1940);

— pobyt w Paryżu, przerywany dwoma dłuższymi i dwoma krótszymi wypadami na prowincję (3.10.1940–25.8.1944).

Dodać do tego trzeba, że zapisy nie są prowadzone codziennie i że najdłuższa przerwa obejmuje okres od 7.2. do 1.6.1944 r. Powiem od razu, że mówiąc o znakomitej prozie, miałem na myśli przede wszystkim ową podróż rowerem z Carcassonne do Paryża. Choć nie tylko. Równie świetny jest opis rozprawy sądowej w Senlis (II, 11-34, 8.1.42), sprawa Anatola (II, 31-37, 41-47, 17-19. 1.42 oraz 26-27.1.42), oba opisy pobytu w Chambellay (wrzesień 1942, sierpień 1943). Sam fakt wyróżnienia tych fragmentów — a mógłbym dodać sporo innych — związany jest z nierówną jakością zapisów. Co prowadzi nas bezpośrednio do tematu „jak zrobione są *Szkice piórkiem?*", o czym za chwilę.

Druga z elementarnych spraw, którą wymienić wypada, to pytanie o autentyczność tekstu. Kwestionował ją jedynie Ścibor-Rylski w 1958 r.[3] Ścibor był wówczas świeżo po wydrukowaniu „odwilżowego" opowiadania pt. *Czarne ściany*, w którym znalazło się wiekopomne zdanie: „Głębiej, głębiej! — krzyczała gryząc poduszkę". Jego felieton o *Szkicach piórkiem* jest na poziomie tego zdania. M.in. sugeruje on, że publikując dziennik po 13 latach, Bobkowski dodawał antydatowane zapisy, mające świadczyć o jego przenikliwości. Aluzyjnie wskazuje przy tym na komentarz Bobkowskiego do komunikatu PAT-a, komunikatu, w którym mowa, iż w skład tak zwanego Komitetu Wyzwolenia Narodowego wchodzą nikomu nieznane osoby.

Bobkowski: „Osoby są znane aż nadto dobrze, ja sam znam osobiście połowę. Wandzia Wasilewska, żyjąca z tym murarzem z Krakowa, Mańkiem Bogatko, któż jej nie znał? Wszyscy ich znali, siedzieli całymi dniami w Turze. Bolesław Drobner nieznany? Generał Rola Żymierski też nie? Andrzej Witos i generał Berling mniej znani. A jak doszlusuje do nich cały ZNMS i koło Pacyfistów z prezesem Józkiem Cyrankiewiczem na czele, to też będą nieznani? Chodzi o to, że tak znani, iż już dziś można przewidzieć, kto uformuje polskie Vichy. [...] Julek i Frydka wypłyną pewnie niedługo jako «towarzysze ministrowie», Józek na pewno zostanie grubą rybą, bo zawsze miał do tego niemal sanacyjne zacięcie, a Kryśce będzie żal, że przestała z nim chodzić. [...] Nie miałem nosa, fatalny brak węchu. A raczej za czuły: oni wszyscy już przed wojną pachnieli mi zanadto *cuir de Russie*. I dlatego byłem «mętniak»" (II, 411-12, 25.7.44).

Otóż rzecz w tym, że w *Szkicach* Bobkowski kilkakrotnie wspomina ZNMS (krakowski i warszawski), a m.in. rzeczoną Frydkę (I,70, 25.8.40; I,118, 2.9.40). W oparciu o te zapisy możemy przypuszczać, że Cyrankiewicz był dla niego Józkiem, a Julkiem, prawdopodobnie, Hochfeld. Ton tych wkraplanych mimochodem wspomnień jest zawsze ten sam: diarysta mówi o dobrych kolegach, z którymi dyskutował, ale też i o tym, że nigdy nie był i nie chciał być uważany przez nich za „swego". To biorąc pod uwagę, nie mamy powodu wątpić w autentyczność zapisu kwestionowanego przez Ścibora.

Przyznać muszę, że spotkałem paru czytelników Bobkowskiego, którzy mają mu „za złe" fakt, iż w *Szkicach* wszystkie przepowiednie sprawdzają się, a nawet

[3] Zob. Aleksander Ścibor-Rylski, *O za długiej książce*, „Nowa Kultura", 1958, nr 11.

suponują, że coś tu jest nie w porządku. Zważywszy, że ludzi, którzy znają *Szkice* jest niewielu, warto się tą obiekcją kilku osób zająć bliżej.

Prognozy w *Szkicach* dzielą się na konkretne, najczęściej militarne, oraz ogólne, dotyczące stanu kultury europejskiej i postępów totalitaryzmu.

Zacznijmy od tych drugich. Generalnie rzecz biorąc, Bobkowski miał rację — miał rację, gdy dostrzegał schorzenia kultury europejskiej, jej nieumiejętność przeciwstawiania się ideologiom totalitarnym. Ale akurat w tym punkcie autor *Szkiców* nie był oryginalny, choć zapewne należał do mniejszości. Jego zapisy mieszczą się w „katastroficznym" nurcie refleksji kulturowej i politycznej. Wyróżnia go nie przeświadczenie o „chorobie" Europy i sile totalitaryzmu, lecz własny, diarystyczny sposób zapisu tej refleksji. A więc uwikłanie jej w kronikę okupacyjnej codzienności, w zapis smaku wina, w opis pejzażu. Wyróżnia też Bobkowskiego w sposób istotny to, że był katastrofistą antymetafizycznym, ceniącym piękno chwili, smak drobiazgu, radość wysiłku fizycznego. Filozoficzne zaplecze przeświadczenia o tryumfie Sowietów, o upaństwowieniu człowieka, sformułowane jest w tomie pierwszym, w którym prognoz *sensu stricto* nie ma. Oto niektóre tezy — ogołocone z diarystycznego „mięsa" brzmią wręcz banalnie: kultury rozpadają się od wewnątrz, nasza zbudowana jest na sfałszowanych wartościach (I,73, 27.8.40); „państwochwalstwo" (I,79, 30.8.40); skłonność do akceptacji byle czego (I,134, 15.9.40); ideologie „jedyne i prawdziwe" (I,141, 16.9.40), heglizm (I,182, 25.9.40). Do tego dodać należy rosyjsko-napoleońską obsesję diarysty, który ewentualność wojny niemiecko-rosyjskiej, oglądanej przez pryzmat 1812 r., rozważa już w listopadzie 1940 r. (I,205).

Kto zatem suponowałby, że ogólno-polityczne profecje Bobkowskiego z lat 1943–1944 dopisane zostały znacznie później, powinien konsekwentnie mniemać, że prawie cała książka „dopisana" została w latach pięćdziesiątych. Co jest skądinąd pomysłem błyskotliwym, lecz nie do obrony.

A prognozy militarne? Podejrzliwym chodzić może np. o zapis dotyczący początków sowieckiej kontrofensywy pod Stalingradem: „Wydaje się, że Rosjanie odgadli moje strategiczne kombinacje i rozpoczęli natarcie z punktów, które od dawna mam zaznaczone na mapie" (II,160, 25.11.42). Z supozycji, że Bobkowski dopisał to zdanie, oddając książkę do druku, rodzi się pytanie: dlaczego w takim razie pod datą — powiedzmy — 3.10.42 nie „donotował" tych „punktów na mapie"? Bez tego cytowany przed chwilą zapis jako „dowartościowanie" własnej przenikliwości nie ma sensu.

Tak naprawdę dla badacza diarystyki jako szczególnego gatunku literackiego w całej historii przepowiedni trafionych czy nietrafionych w dziesiątkę ważna, ciekawa, warta obszerniejszej analizy jest zupełnie inna sprawa. Bobkowski mianowicie świadomie bawi się w Rzeckiego, o czym zawiadamia nas we wspomnianym przed chwilą zapisie o wojnie rosyjsko-niemieckiej. Nie jedyna to zresztą wzmianka o Rzeckim. Jest to taka dziwna zabawa, w której diarysta czytał nie *tylko Pamiętnik starego subiekta*, lecz również Froebeniusa, Bierdiajewa, Huxleya. Stąd i literacko-zabawowy charakter niektórych, poważnych skądinąd, prognoz. Językiem Rzeckiego zapisuje Bobkowski takie uwagi: Amerykanie i Anglicy „pomagają Rosji wygrać wojnę i z tego logiczny wniosek, że po jej zakończeniu będą mieli w sam raz tyle do powiedzenia, ile do powiedzenia ma – pomagier" (II,80, 24.3.42).

Dodajmy jeszcze, że wszystko to notowane jest w świecie, w którym roi się od plotek, wróżb, przepowiedni. Bobkowski pół żartem, ale i pół serio notuje gdzieś, że w Paryżu wszyscy wiedzą wszystko na dwa miesiące naprzód, a konsjerżki – na trzy.

A niezależnie od tego: oddając do druku, przerabiał czy nie? Z góry można założyć, że redagował, to znaczy przerabiał. Co najmniej trzy fragmenty noszą ślady takich zmian redakcyjnych.

Jest mianowicie wysoce prawdopodobne, że w rękopisie Bobkowski używał nazwy Kozia Górka, co oddając do druku, przerobił na Katyń (II,254, 21.4.43). Dwie następne poprawki to użycie słowa „helikopter" (II,237, 26.7.43) oraz określenia „kultura masowa" (II,350, 23.10.43). Ówczesna polszczyzna nie znała ani jednego, ani drugiego. Jawność, oczywistość tych anachronizmów językowych nie powinna, moim zdaniem, podważać naszego zaufania do autentyczności *Szkiców*. Wszak sprytny, dobrze władający piórem oszust, gdyby dorabiał sobie po czasie szczególną przenikliwość, dbałby o to, by nie popełniać tak jaskrawych błędów.

Dopóki tedy nie zostanie przeprowadzone „śledztwo" wśród znajomych i przyjaciół Bobkowskiego, dopóki nie porównamy tekstu drukowanego z rękopisem – o ile się zachował, nie mamy powodu zakładać, że *Szkice* są dziennikiem oszukanym.

Tyle filologii.

Następny temat: biografistyka. Warto mianowicie sporządzić porządną biografię Bobkowskiego i porównać ją z tym, co sam o sobie mówi w *Szkicach* oraz diariuszach gwatemalskich. Nie po to, by go przyłapywać na „oszustwach" – wątpię, by popełniał ich więcej, niż się to zazwyczaj uczciwym diarystom zdarza, lecz by zobaczyć, jak „robiony" był dziennik. Jak mało w nim np. wspomnień z Polski, jak szczątkowo są zapisane. Dodajmy, że wśród tych nielicznych są dwie wspaniałe anegdoty: o kinderbalu u Żeromskiego oraz o ustnej maturze z polskiego. Ze *Szkiców* wyłania się niejasny zarys fascynującej rodziny, nietuzinkowego wychowania, atmosfery tolerancji, wysokiej kultury. Wrażenie to potwierdzają strzępy wspomnień drukowane w 1962 r.[4]

Czy fakt, że w *Szkicach* tak mało mówi się o przeszłości, wynika jedynie z gatunkowej różnicy dziennik – wspomnienia? Bynajmniej. Główna przyczyna tkwi gdzie indziej. Dziennikiem Bobkowskiego rządzi t e r a z, ale nie jest to t e r a z diarystyczne, lecz filozoficzne. Temat to odrębny i związany z problematyką indywidualizmu oraz wolności. Tu możemy jedynie odnotować potrzebę opracowania go. Dodać jednak trzeba, że mimo całego znaczenia owego filozoficznego t e r a z Bobkowski jest diarystą w wielu sprawach bardzo

---

[4] Zob. Andrzej Bobkowski, *Fragmenty wspomnień*, „Wiadomości", 1962, nr 32/33. Wszystkie materiały dotyczące Bobkowskiego i pochodzące z „Wiadomości" zamieszczone zostały w tym właśnie numerze, wobec czego w dalszym ciągu ograniczam się do zapisu bibliograficznego „Wiadomości".

dyskretnym. Jeżeli nie zanotował, że współpracował z francuskim Ruchem Oporu (dostarczanie fałszywych papierów) oraz że uratował kilkunastu Żydów[5] — o tym wszystkim wiemy od Chciuka, działały tu pewne względy bhp. Jedynym być może śladem tej działalności Bobkowskiego w *Szkicach* jest historia koleżanki Basi, tj. żony autora *Szkiców*, Runki, i jej przyjaciela I., Hiszpana, republikanina, antykomunisty. Otóż I. osadzony został w Fresnes, o czym dowiadujemy się z zapisu datowanego 20.6.1943. Następnego dnia Bobkowski notuje: „Muszę... pomóc R." (II,2671). Po czym I. pojawia się, „jak gdyby nigdy nic", w zapisie z 6 lutego 1944 r. Diarysta niczego nam nie wyjaśnia, choć z Fresnes w owych latach nie wypuszczali co dzień, a już szczególnie Hiszpanów — chyba że nogami do przodu[6]. Niemniej myślę, że nie chodziło tu jedynie o elementarne zasady konspiracji, lecz o coś więcej. Poetyka *Szkiców* jest programowo, manifestacyjnie cywilna i antyheroiczna. W ramach tej poetyki „łatwiej" jest zanotować wzmiankę o handlu dolarami niż zapisać, że produkuje się fałszywe papiery dla Résistance. Nadto — co jest domniemaniem z tak podejrzanej sfery jak psychologia autora — nie wykluczam, że Bobkowski wstydziłby się pisać o tego typu działalności. Jeśli pomagał Żydom czy utrzymywał kontakty z Ruchem Oporu, to w dzienniku nie wspomina o tym na podobnej zasadzie, na jakiej nie pisze, lub prawie nie pisze o erotyce.

A skoro padło słowo „erotyka" — zapytajmy, jakiego typu dziennikiem są *Szkice piórkiem*. Tymon Terlecki skłonny jest zaliczać je do „dzienników intymnych"[7]. Nie lubię słowa „intymny": kojarzy mi się z Sartrem. Wolę słowo „osobisty", ale nie będę się upierał. Zapytam raczej, co wyznacza „intymność" danego dziennika. Myślę, że opozycja w stosunku do tego, co w danej kulturze czy subkulturze jest nieintymne.

Pisany dziś dziennik, poruszający „bez osłonek" sprawy seksu, może być dobrze lub źle zrobiony, ale żadną miarą nie intymny w proponowanym tu rozumieniu. Dodatkowo rzecz komplikuje sprawa dyskrecji, bynajmniej nie tożsama z intymnością. Przykład: Lidia Czukowska w swoich *Notatkach o Achmatowej* sugeruje, że spotkanie poetki z Izajaszem Berlinem miało również charakter erotyczny[8]. Berlin w swych wspomnieniach opisuje przegadaną do rana

---

[5] Zob. Andrzej Chciuk, *O Andrzeju Bobkowskim i jego listach*, „Wiadomości". Przy okazji chciałbym ustosunkować się do jednej uwagi Chciuka. Pisze on mianowicie, że Bobkowski był „raczej niechętny Żydom". Nic w tekstach Bobkowskiego nie potwierdza tej opinii, a niemało jej przeczy, w szczególności przytoczone przed chwilą *Fragmenty wspomnień*. Myślę, że sprawa miała się tak. Chciuk był tak zwanym filosemitą, Bobkowski zaś miał do Żydów stosunek normalny. Zważywszy jego temperament i „niewyparzony pysk", mógł nieraz przy Chciuku powiedzieć coś, co dla filosemity brzmiało jak nietakt, jeśli nie bluźnierstwo.

[6] Być może innym śladem związków Bobkowskiego z Ruchem Oporu jest kilka niejasnych zdań w zapisie z 23.8.1943 r. (II,323) Pomijam je: sprawa wymagałaby zbyt obszernego komentarza i zbyt wielu niedających się dowieść założeń.

[7] Tymon Terlecki, *Andrzej Bobkowski*, „Wiadomości". Dalej cytowane jako Terlecki.

[8] Zob. Lidia Czukowskaja, *Zapiski ob Achmatowej*, Paris, 1978, t. II.

noc, wielki dialog o... Bo ja wiem — o wszystkim[9]. Załóżmy, że domniemanie Czukowskiej jest trafne. Różnica między sugestią zawartą w *Notatkach o Achmatowej* i milczeniem Berlina nie byłaby związana z intymnością czy nieintymnością wspomnianych tekstów w przyjętym tu rozumieniu, lecz odnosiłaby się do sfery dyskrecji. W diarystyce to, co nazywam intymnością, i to, co nazwałbym dyskrecją, to dwie różne i niewykluczające się cechy tekstu.

Wróćmy do Bobkowskiego.

Jego dziennik jest intymny. Młody, zdrowy Polak, na dodatek od dzieciństwa oswojony z bronią palną[10], pisząc w tamtych latach dziennik objętości ok. 750 stron druku raz jeden wspomina o ewentualności przedostania się do Anglii. Co więcej, formułuje tę ideę w takich słowach: „Gdybym miał pewność, że uda mi się dojechać, to pojechałbym do Anglii" (I,210, 16.12.1940). Horrendum! Nawet nie udaje jak Mickiewicz w Poznańskiem, a przecież Mickiewiczem nie był. W kulturze polskiej nie sposób już być bardziej intymnym.

No więc dziennik intymny. A jak zrobiony?

Cokolwiek byśmy mieli w tym przedmiocie do powiedzenia, zacząć trzeba od oczywistej, ale istotnej sprawy. *Szkice piórkiem* nie są dziełem zawodowego pisarza. Ich autor jest człowiekiem oczytanym i stale czytającym, dla którego literatura i sztuka stanowią istotną część życia, niemniej nie jest pisarzem. Twierdzenia tego nie zmienia zapis z 11.10.1942 r.: „...jeżeli kiedyś wydam ten mój dziennik, to nazwę go «Wojna i Spokój»" (II,145). Zauważmy, że jest to tytuł o całe niebo lepszy niż *Szkice piórkiem*. Nawet drugi pomysł pochodzący z 1945 r., o którym wspomina Chciuk, *La douce France*, też wydaje mi się lepszy, choć już nie tak znakomity[11].

Kiedy zastanawiałem się nad tym, jak przedstawić państwu sprawę roboty pisarskiej w *Szkicach*, uświadomiłem sobie rzecz w końcu raczej prostą i oczywistą. Otóż czytelnik domniemany eseju *Jak zrobiony jest „Płaszcz" Gogola* jest kimś, kto dobrze zna *Płaszcz* Gogola. Ten zatem typ analizy ma sens jedynie wówczas, gdy dany utwór funkcjonuje w kulturze, odbiorca dobrze go pamięta, wie o nim masę rzeczy, których krytyk — powiedzmy Eichenbaum — nie musi pisać.

C'est pas le cas. Szkice piórkiem nie funkcjonują w kulturze polskiej, są w niej nieobecne, co na autora analizy „jak zrobiony jest dziennik Bobkowskiego?" nakładałoby serwituty, z których bym się w tym tekście nie wyrobił.

Kilku uwag nie mogę sobie jednak podarować.

Pierwsza to propozycja dla kogoś, kto wreszcie *Szkicom* poświęci więcej niż kilkanaście stron, więcej niż esej. O wszystkim naraz. Otóż jedną z cudownych właściwości tej książki jest fakt, iż została napisana „na luzie", kontrastowanym jedynie chwilami jakby przesunięciem się chmury gradowej. Najwyraźniej ów luz wyczuwalny jest w zapisach czynionych w czasie pobytu na południu

[9] Zob. Isaiah Berlin, *Meeting with Russian Writers in 1945 and 1956*, w tomie *Personal Impressions*, ed. by Henry Hardy, Penguin Books, 1982. Ostateczna redakcja tekstu pochodzi z 1980 r., o czym świadczą przypisy i przedmowa autora.

[10] Zob. Andrzej Bobkowski, *Z notatek modelarza*, w tomie *Coco de Oro*, Paryż, 1970, s. 223–24.

[11] Tytuł *Douce France* nosił jeden z trzech odcinków dziennika.

Francji i w dniach rowerowej wędrówki do Paryża. (Pierwotnie mój szkic miał się nazywać „Rower jako narzędzie poznania"). Można powiedzieć, że w tej części dziennika Bobkowskiego poczucie luzu ma swe źródło we wspaniałym geście wypięcia się na Dzieje. Ale byłaby to potrójna nieprawda. Po pierwsze to, co nazywam poczuciem luzu, towarzyszy lekturze innych partii *Szkiców piórkiem*, właściwie – pomijając ostatnie zapisy – całości. Po drugie nawet w czasie wędrówki z Carcassonne do Paryża Dzieje dopadają autora, i to w jak dramatyczny sposób, mam na myśli epizod z francuskimi łodziami podwodnymi w Tulonie. Tym bardziej kontrastowy, że zapisany w dzień po bardzo osobistej pielgrzymce Bobkowskiego do domu, w którym mieszkała Katherine Mansfield (I,108–114). Po trzecie zaś dziennik jest literaturą, a w każdym razie zapisem. Poczucia luzu nie uzyskuje się tu wskutek wykonywania pewnych gestów, lecz jedynie dlatego, że się te gesty w określony sposób zanotowało. I analiza tego porządku słów wydaje mi się kolejnym zadaniem pierwszorzędnej wagi, którego tu nie wypełnię.

Chciałbym natomiast zwrócić uwagę na coś, o czym już wspomniałem: jako literatura *Szkice* są tekstem nierównym. Obok fragmentów znakomitych mamy partie gorsze, niektóre, zdawałoby się, wręcz zbędne. Po co na przykład – pyta czytelnik – Bobkowski streszcza jakieś kiepskie farsy, np. *Ma cousine de Varsovie* (II,270–71, 7.7.43) lub sztuki znane, jak *Fanny* Pagnola (II,340–42, 9.10.43)? Mówiąc inaczej, czytelnik zachwycony opisem pobytu w Gruisson, zapisami o p. Zygmusiu czy zakończeniem *Szkiców*, powiedzmy od zapisu z 31 lipca 1944 r. rad by wyrzucić to, co uważa za balast, i otrzymać czyste arcydzieło. Jest to operacja możliwa do wykonania (w ramach gustu danego redaktora), tyle że jej rezultatem byłaby przeróbka dziennika na coś, co dziennikiem nie jest. Sądzę bowiem, że ów „balast" stanowi niezbywalną część *Szkiców*, a to dlatego, że współtworzy ich autentyzm. Myśl „Dżokej i kościelny to chyba dwa najwstrętniejsze okazy rasy białej" (II,338, 5.10.43) może się wydawać całkowicie zbędna. Ale nie jest, choć trudno by mi było powiedzieć, dlaczego miałbym się brzydzić akurat dżokejami i kościelnymi i czy miałbym sądzić, że dżokej Murzyn oraz kościelny Hindus to coś zupełnie innego.

Nieco podobnie ma się sprawa z datowaniem. Na ogół uważamy stawianie dat w dzienniku za oczywistą, choć raczej obojętną czynność informacyjną. Tak bywa, ale nie zawsze. Data może pełnić funkcję kształtującą odbiór. Proszę sobie przypomnieć cytowany tu zapis, z którego pochodzi zdanie „Fryderyk został kochankiem Madame Dambreuse". I datę 30 września 1939 r. Ten sam zapis datowany np. 2 lipca 1947 r. staje się czymś innym. Dotyczyć to może nie tylko okresów czy wydarzeń historycznych, lecz w równym stopniu dat istotnych w życiu diarysty: zapis po śmierci kogoś bliskiego, dwa dni przed popełnieniem samobójstwa itp. I w przypadku „balastu", i w przypadku datowania reguły sterujące odbiorem prozy diarystycznej i reguły rządzące percepcją prozy fabularnej są różne.

Na pograniczu specyfiki diarystyki i możliwości prozy w ogóle leży cecha pisarstwa Bobkowskiego, którą nazwałbym efektem kontrastu. Po części wynika ona z biegu wydarzeń, nad którym diarysta nie panuje. Ale sam bieg wydarzeń to kontrastowość *in potentia*, możliwość wyboru. Zapis jest już rezultatem decyzji piszącego. Bobkowski efektem kontrastu posługuje się bardzo często i w bardzo różny sposób. Na przykład przejście od lektury Hegla do zachwyconej lektury *Damy kameliowej* (II,239-242, 3.4.43). Albo złośliwy opis przyjęcia u państwa P., zakończony rozważaniami o szaleństwach myśli niemieckiej i rosyjskiej (II,71-78, 20.3.42). (Uwaga, w *Szkicach piórkiem* jako państwo P. zakryptonimowane są dwa różne małżeństwa: Polacy, ci, którzy kazali spalić notatki Bobkowskiego, oraz para francusko-amerykańska, u której odbywa się wspomniane przyjęcie).

Oczywiście najdramatyczniejszym kontrastem *Szkiców* jest zestawienie powstania i wyzwolenia Paryża z Powstaniem Warszawskim. Krzysztof Dybciak niebezzasadnie uważa tę część *Szkiców* za stronice mające „mało równych sobie w literaturze polskiej, poświęconej II wojnie światowej"[12]. Chciałbym jednak zacytować inny przykład:

„W oczach — twarz panny Dory Vogel, nauczycielki niemieckiego, siedzącej ze mną nieraz długo ponad godzinę, dla jej własnej przyjemności (liczyła tylko za godzinę) i karmiącej mnie tą kulturą z całą nieszczęśliwą, jak to raz powiedział Słonimski, miłością Żydówki do Niemców. «Niech pan to jeszcze raz przeczyta». Na następny raz 50 stroniczek «Nathan der Weise» w różowym wydaniu «Universal». Raz kazała mi napisać jej charakterystykę. Zacząłem od zdania: *Fräulein V. hat große Zaleten, aber auch große Waden*. A właśnie łydki (*die Wade* — R. Z.) miała cienkie i była bardzo malutka. Bardzo ją kochałem. [...] A ona z uporem tuczyła mnie jak gęś, którą zresztą wtedy byłem. «Będziemy czytać Schnitzlera, ale niech pan mamie nic nie mówi». «Pan» miał 16 lat.

Co zostało mi z tego? Nie pamiętam, ale czuję teraz najwyraźniej jeden sens: histerię niemieckiej myśli; histerię, którą Niemcy powoli zatruli nas wszystkich. To jeszcze pamiętam: Luther pisał, że nie może się modlić, nie przeklinając. Kiedy mówił «Święć się imię Twoje», musiał dorzucić: «Przeklęci niech będą papiści i ci wszyscy, którzy Ci bluźnią». To gdzieś w tych okolicach puściło oczko. Ileż histerii kryje się w Marksie, odziedziczonej potem przez jego wyznawców. Cała teoria nadwartości przyprawiona została w sosie histerii. Pamiętam, jak raz wyszedłem z teatru z Frydką po głupiej i wesołej komedii francuskiej. I nagle, na Szpitalnej, mówi mi: «A teraz rozpatrzmy to z punktu widzenia walki klas». Histeria! Święć się imię Twoje, Proletariacie — Przeklętą niech będzie burżuazja, itd. Kto rozpętał tę histerię? Niemcy, niemiecka myśl pełna oparów, niewyżyta, gotycka jak katedra w Kolonii, której nie mogę znieść. Niemcy stworzyli ten język, mętny, okropny, w którym nigdy nie wiem, co naprawdę oznacza słowo Kultur. Czy chodzi im o mieszkanie z łazienką, o Goethego, czy może w końcu o «*Marsch, marsch*». Niemcy nauczyli nas histerycznego posługiwania się przymiotnikami, z którymi trzeba być tak ostrożnym jak z odbezpieczoną bronią. Oni swoje, my swoje. Oni *Volk, Blut,*

[12] Krzysztof Dybciak, *Personalistyczna krytyka literacka. Z teorii opisu nurtu z lat trzydziestych*, Wrocław, 1981, s. 138.

Boden, a my «socjalizm», «komunizm» — wszyscy zachłystują się na niemiecki sposób. Świat histeryków. [...] Oddalamy się teraz od morza i przecinamy u podstawy coś w rodzaju prostokątnego przylądka, na którego cyplu leży Saint-Tropez. Mijamy sporo drzew figowych rosnących przy szosie. Jemy figi. Są ciepłe z wierzchu i chłodne wewnątrz, słodkie. [...]" (I,117–119, 12.9.40).

Chciałbym jeszcze wskazać na trzy cechy pisarstwa Bobkowskiego: umiejętność konstruowania opowieści, sposób budowy pejzażu oraz dowcip.

Sprawa pierwsza przekracza zdecydowanie czasową pojemność tego referatu. Trzeba by było posegregować te opowieści chociażby wedle długości. Bo są tu i krótkie anegdoty, jak ta o córce Dolores Ibarruri czy anarchiście, który został ministrem (II,249, 14.4.43 i 381, 20.6.44). Są *short stories*: opis zdobywania biletu kolejowego i nocy spędzonej w hoteliku przy dworcu Montparnasse (II,273–279, 26.7.43) czy opis świniobicia (II,368, 3.6.44). Jest wreszcie opowiadanie „całą gębą" — wspomniana już rozprawa sądowa w Senlis (II,11–25, 8.1.42).

Sprawa druga — humor, dowcip, komizm w *Szkicach piórkiem*.

Zacząć może trzeba od tego, że Bobkowski był z jednej strony wyczulony na komiczne aspekty rzeczywistości, z drugiej zaś organicznie nie znosił tromtadracji, wielosłowia, mistycyzmu, mesjanizmu i typu religijności, który nazywał sufragaństwem.

Myślę, że poczucie humoru i dowcip Bobkowskiego sytuują się na takim trójkątnym polu, którego boki stanowią: wyczulenie na komiczny aspekt rzeczywistości, swoboda poruszania się po europejskim dziedzictwie kulturowym i niechęć do wzniosłości.

Bliżej pierwszego z wymienionych znajdują się takie fragmenty, jak historyjka sąsiada, któremu kartki żywnościowe wpadły do ubikacji (II,401–2, 16.7.44), czy wspaniała scena uliczna z wieńcem pogrzebowym (II,408–9, 22.7.44).

A oto przykład dowcipu usytuowanego w całości w kulturze: „Po pracy wpadłem do pani R. Rozmowa o Sowietach. Jak wszyscy, tak i ona «wierzy». Na moje uwagi o Rosji, «ciasne» i «niepostępowe», wytoczyła wielki argument: «A jednak jakich wielkich muzyków wydała Rosja. Czajkowski, Głazunow, Rimskij-Korsakow, Rachmaninow, Skriabin, Prokofiew...». — «Zawsze bałem się i jestem bardzo ostrożny z narodami, które wydały wielu i wielkich muzyków» — odpowiedziałem jej. Ale pewnie nie zrozumiała" (II,393, 3.7.44).

I wreszcie humor usytuowany wzdłuż trzeciego boku trójkąta — niechęci do wielkich słów: „Przypominam sobie, jak ojciec mój, szef sztabu 11. Dywizji Piechoty w czasie wojny bolszewickiej, został otoczony razem z całym sztabem i z generałem (nie pamiętam nazwiska) w czasie słynnego odwrotu. Opowiadał mi, że siedzieli za jakimś wzgórzem i wtedy to generał zaczął odprawę słowami: Panowie, musimy teraz umrzeć, itd. Mój ojciec ośmielił się wtedy zauważyć, że «jakkolwiek wydostanie się z tej sytuacji proponowane przez pana generała jest najprostsze, to warto byłoby przedtem spróbować jakiegoś bardziej skomplikowanego środka ocalenia». Oczywiście w końcu wydostali się. Wyobrażam sobie, że generał ten wspominał do końca życia nie to, że się wydostali, lecz pełne patosu przemówienie, w którym «wszyscy byli gotowi umrzeć». Wcale nie wszyscy. Na przykład mnie byłoby potrzeba bardzo wiele, żebym tak był całkiem «gotów». I chyba każdemu. Ale u nas uchodzi to za rzecz nieprzyzwoitą mówić o tym po prostu, bez takiego jakiegoś zupełnie specyficznego zakłamania. W sumie ma się wrażenie, że łatwiej nam jest umrzeć niż odpisać na list lub oddać pożyczone «do jutra» pięć złotych.

Wieczorem pożegnalny rum i pożegnalna partia szachów w kawiarni nad kanałem" (I,81-2, 30.8.40).

Proponowane tu nazwy dla boków owego trójkąta są w oczywisty sposób niedobre, jako że ani wyczucie komizmu sytuacji, ani niechęć do patosu nie mogą być przeciwstawione kulturze. Myślę jednak, że w źle dobranych słowach przekazałem dobrą myśl. Bowiem samo istnienie takiego właśnie pola humoru w *Szkicach piórkiem* wydaje się nie ulegać wątpliwości. Ciekawe, że notujący skrzętnie „knajacki", a więc w znacznej mierze czysto słowny dowcip Tadzia, sam autor *Szkiców* dowcipem słownym posługuje się raz tylko, a i to po francusku (II,55, 7.2.42). Był tu znacznie bliższy Boya niż Tuwima, Słonimskiego czy Witkacego.

Wreszcie sprawa z „warsztatowych" ostatnia, sprawa pejzażu. Zacznijmy od cytatu:

„W jakimś bistro koło Étoile napiliśmy się gorącego wina. Łuk Triumfalny czerwienił się w promieniach zachodzącego słońca i rzucał długi cień na Pola Elizejskie, usiane różnokolorowymi plamkami przyczepek «vélo-taxi», malowanych we wszystkich odcieniach. Z Étoile zjechaliśmy na Trocadéro. Wieża Eiffla wyglądała jak kolorowa firanka rozpięta na błękitnopopielatym niebie. Trocadéro brzydnie. Zaniedbane od wybuchu wojny, czernieje. Pozłótka na efektownych rzeźbach wyciera się, a brak wody w dolnych basenach zwiększa jeszcze bardziej wrażenie opuszczenia. Całość przypomina luksusową, ale zaniedbaną łazienkę.

Od Trocadéro dalej w dół ku Place Alma. Pomnik Mickiewicza. Z Alma nad Sekwanę. Lubię ten kawałek. Na lewo szklana i secesyjna góra Grand-Palais, na prawo Pont Alexandre III. Olbrzymie złote konie, a tam dalej śliczna perspektywa na Invalides. Wpadamy na Concorde. Wygląda w grudniowym półmroku jak nawa wielkiego kościoła. Ołtarz obelisku, dwie ściany ciemne i olbrzymie Ministerstwa Marynarki, a w głębi kolumny Madeleine, sztywne i chłodne, jak rząd rur w organach. Cicho, po kociemu, prześlizgujemy się wzdłuż muru i ogrodzenia Tuileries, od których powiewa zapachem suchych liści Luwr. Potem chwila jazdy w mroku jego murów i znowu secesyjna góra szkła. To «*La Samaritaine*». Ale już dalej na tle granatowego nieba czernią się ostre zręby Conciergerie. W mroku giną wypukłości. Wieje grozą i ciszą. Châtelet i Place de l'Hôtel de Ville. Na Sekwanie, jak wielka tratwa, płynie Wyspa Św. Ludwika. Na lewo kłębowisko uliczek dzielnicy Saint-Paul, tworzących czarne otwory w jednostajnym murze obdrapanych kamienic. Wejścia do krecich nor, do jednego z podziemi Paryża, gdzie hotele są brudne, mężczyźni nie chodzą, lecz krążą, a młode dziewczyny przypominają nadgniłe owoce" (II,166-67, 6.12.42).

„Wyznawca Goncourtów", zauważa w swoim wspomnieniu Czapski[13]. Ale czy wyznawca zaślepiony i czy jedynie Goncourtów? Może również czytelnik Witkiewicza ojca? Warto by pogrzebać w opisach Paryża — francuskich i polskich — zestawić, porównać. Ucho podpowiada, że jest tu własny ton Bobkowskiego, że jego malarskość oparta była nie tylko i nie tyle na lekturach pisarzy, co na własnej wiedzy o kolorze, światłocieniu, bryle. Ciekawe, że większość „pejzaży" Bobkowskiego to opisy miejsc wielokrotnie opisywanych: południe Francji, Alpy, Paryż. (Choć nie tylko, bo i opis zapuszczonego stawu w okolicach Joué, II,306–7, 13.8.43). Wyróżnia te opisy coś, co nazwałbym aktywnym udziałem w pejzażu. Jeśli Morze Śródziemne lub inny zapuszczony staw — to Bobkowski w nich pływa. Jeśli Alpy czy Paryż — to oglądane z siodełka roweru. To znaczy najpierw zanotowane w ruchu, a potem przemyślane, skonstruowane, tak by Plac Zgody i kościół św. Magdaleny mogły się pojawić naraz, co jest oczywiście możliwe tylko w przypadku, gdy ktoś stoi na rogu ulicy Królewskiej i placu Zgody i kręci się w kółko. A i to nie jestem pewien.

Wróćmy do pytań zadanych na początku, dorzucając jeszcze jedno.

Co składa się na dziennik Bobkowskiego?

Dlaczego ten *chef d'œuvre* jest *inconnu*?

Jakim układem odniesienia — ograniczając się jedynie do literatury polskiej — należy się posługiwać, mówiąc o *Szkicach piórkiem*? Wydaje się, iż tematycznie rozbić można dziennik Bobkowskiego na następujące warstwy, *de facto* oczywiście przemieszane, nierozgraniczone, wzajem się przenikające: — diariusz, czyli życie codzienne Paryża i prowincji francuskiej w okresie klęski 1940 r. i w latach okupacji;

— dziennik lektur, a także spektakli, filmów, wystaw;

— prognozy i notatki polityczne oraz militarne;

— refleksje na temat kultury europejskiej z wydzielonymi wyraźnie partiami francuską, niemiecką, polską i rosyjską[14].

Mogłoby się wydawać, że nad tą ostatnią partią Francja dominuje tak wyraźnie, że należałoby owe rozważania o Francji i Francuzach wydzielić jako temat oddzielny. Wittlin wręcz nazwał Bobkowskiego „zawiedzionym kochankiem Francji"[15]. Francuską dominantę potwierdzałyby i fragmenty tekstu w rodzaju „Francja absolutnie była swego rodzaju dogmatem..." (I,66, 17.8.40) i wspomniany pomysł tytułu *La douce France*. Może raczej *France la douce* — jest taka komedia Billy Wildera, *Irma la douce*, której bohaterką jest uratowana w końcu przez Amerykanina panienka pełna wdzięku, ale jednak lekkich obyczajów.

---

[13] Józef Czapski, *Querido Bob*, zamieszczone jako przedmowa do tomu *Coco de Oro*, *op. cit.*, s. 13. Pierwodruk „Kultura", 1961, nr 9.

[14] Krzysztof Dybciak, *Personalistyczna krytyka literacka...*, proponuje podział zapisów w *Szkicach...* na trzy grupy: „drobne spostrzeżenia i pomyślenia, obrazki reportażowe, mikroeseje", *op. cit.*, s. 134.

[15] Podaję za Czapskim, *Querido Bob*, *op. cit.*, s. 11.

Mówiąc poważnie, trzy argumenty przeważają za tym, by nie wyodrębniać w *Szkicach* – przynajmniej przy tak ogólnym ich oglądzie – wątku francuskiego z rozważań o kulturze europejskiej.

Pierwszy, najmniej ważny, jest natury biograficznej: do Gwatemali Bobkowski uciekł nie od Francji, lecz od Europy: „Mam dość tej całej kolebki kultury i obozów koncentracyjnych zwanej Europą, mam dość poszukiwania absolutu..." (II,71, 18.3.42).

Drugi daje się ująć następująco: gdybyśmy nawet w celach poznawczych wydzielili temat „Bobkowski o Francji i Francuzach", i tak okazałoby się, że część tych notatek ma charakter porównawczy. Co nie zmienia faktu, że z radością czyta się – przynajmniej ja – uwagi o stosunku Francuzów do befsztyka, o ich „małym szczęściu" lub o konwersacji: „Podziwiam zawsze ten niesamowity zapas komunałów, które można wypowiedzieć tonem znawcy. Francuski nadaje się do tego specjalnie". I cała stroniczka na ten temat (II,55, 7.2.42).

Najważniejszy jednak jest argument trzeci. Otóż centralnym problemem *Szkiców piórkiem* nie jest Francja (czy Polska, czy wojna). Jest nim wolność jednostki i jej antynomie. Twierdzę, że nie można poprawnie zrozumieć tego, co Bobkowski pisze o Francji, o Polsce, o nazizmie i bolszewizmie, o sztuce i przyrodzie, o ideologii, pracy i własności, jeśli zapoznaje się fakt, iż zapleczem wszystkich tych rozważań jest problem wolności jednostki, aż do wolności umierania włącznie: „Chcę mieć prawo zdechnąć z głodu, jeżeli sobie nie dam rady. I żyć – na litość boską, żyć trochę tak, jak mnie się podoba, a niekoniecznie tak, jak podoba się jakiejś zas... ideologii" (II,272, 10.7.43). A w osiem lat później, w Gwatemali: „Jestem nareszcie tak wolny, iż mogę swobodnie umrzeć z głodu. Pozwolą mi. I to jest najwspanialsze uczucie"[16]. „*Live and let die*".

Tymon Terlecki pisze, że w jednym ze swoich listów Bobkowski określił się jako „chuligan wolności", i dodaje, że on nazwałby go „euforystą wolności"[17].

W *Szkicach piórkiem* wątek wolności sformułowany *expressis verbis* pojawia się w zapisie z 12.6.1940 r. – przypominam, że dziennik rozpoczyna zapis z 20.5.1940 – „Pierwszy raz w życiu piszę, notuję. I tylko to mnie pochłania. I poza tym nasycić się tą wspaniałą wolnością, chaosem, wśród którego trzeba sobie radzić" (I,22).

Od razu zatem, mimowiednie zapewne, diarysta formułuje wolność jako radość i zadanie do rozwiązania, jako cudowną trudność, z którą i w której trzeba sobie radzić. Stąd przedmiotem refleksji Bobkowskiego są nie tylko ustroje totalitarne, lecz w równej mierze problem ucieczki od wolności, na co chora jest Europa i jej kultura.

„Bo człowiek, który naprawdę chciałby być wolny, który naprawdę kocha to najniezgrabniejsze ze wszystkich stworzeń – wolność, staje się już tak samo rzadki jak żubr czy jeleń. Wystrzeliwuje się go bez żadnych ograniczeń przy

---

[16] Andrzej Bobkowski, *Na tyłach*, w tomie *Coco de Oro*, *op. cit.*, s. 77. Pierwodruk „Kultura", 1949, nr 17/18.

[17] Zob. Terlecki.

pomocy coraz to doskonalszej broni lub zamyka w nowoczesnych rezerwatach i parkach narodowych, zwanych obozami koncentracyjnymi. [...] Nieraz wydaje mi się, że z wolnością zaczęło się naprawdę źle dziać od chwili, gdy zaczęto ją fabrykować na wszystkie strony, gdy byle kto w tysiącach pokątnych gorzelni zaczął pędzić ten wspaniały napój byle jak i byle więcej. I wyszła «hara», potworny samogon, którym upija się miliony [...] Spytaj [...] spotkanego na ulicy człowieka, jak wyobraża sobie wolność. Zacznie od słów: «Najpierw trzeba zlikwidować i wytępić, zamknąć i unieszkodliwić...». Każdy program wolnościowy zaczyna się dziś od kryminału i szubienicy, miejsc odosobnienia i odstrzeliwania pewnej klasy ludzkich ssaków. I w porządku — logicznie. Mało: zrozumiale i należycie. A potem będzie wolność. Jaka, do cholery? Wolność kogo? Niewolników «wolności», galerników. Tylko w niedzielę wolno będzie się wys... «po prostu», a nie za partię, za szczęście przyszłych pokoleń «już wolnych», za ojczyznę, za mać i za k... jej mać, wolność" (II,87-8, 11.4.42).

Ten fragment pisany jest być może przez „chuligana wolności", ale są przecież liczne inne, pełne trafnych obserwacji, świadomie i nieświadomie uplątanych w antynomie. Stanowisko Bobkowskiego daje się sformułować jak następuje: wolność może być jedynie wolnością jednostki, zatem wszelka zbiorowość z natury rzeczy jest tej wolności zagrożeniem. Diarysta nigdy nie pisze tego wprost. Na szczęście — gdyby bowiem tak postąpił, nie mielibyśmy *Szkiców piórkiem*. Oto dwa cytaty. Pierwszy pochodzi z roku 1951, jest więc o dziewięć lat „młodszy" od dziennika, i może właśnie dlatego rzuca jasny snop światła na zapisy z lat wojny.

„Mogę i muszę liczyć tylko na siebie. Tam, na ulicach Paryża, bałem się tego najbardziej. Nie żadnej «próżni». To różne próżnie i «europejskość do szpiku kości» wielu ludzi [...] jest często brakiem odwagi odczepienia się od jakichś pieniędzy, które tam albo siam jeszcze istnieją albo będą. D a d z ą. [...] Tu czuję, do jakiego stopnia zdążyłem w ciągu wojny i głównie tych lat powojennych — «zdipisieć», stać się człowiekiem liczącym przede wszystkim na czyjąś pomoc [...] Razem z kilkudziesięcioma milionami dawniej okupowanych i nieokupowanych [...] Europejczyków i ich rządów uwierzyłem już, że udzielanie pomocy nawet nierobom, trutniom i niedorajdom jest «polityką społeczną», a nieudzielanie jej skandalem. I ja już zacząłem myśleć: Jak to — co jest, m u s z ą dać. Kto? Państwo, rząd, I.R.O., Marshall, Francuski Czerwony Krzyż, Aide aux Emigrants, Kwakry, Armia Zbawienia, Joint, Arcybiskup Paryża, itp. Europa kilkudziesięciu milionów dipisów, wiedziona przez «zdipisiałych» mężów stanu, preliminujących kulawe budżety, z «Muszą dać» jako główną pozycją wpływów, wpatrzona w porty, opłakująca upadek kultury i równocześnie niezdolna wydrukować nic, co mogłoby być wehikułem tej kultury i cywilizacji"[18].

To w Gwatemali. A w Paryżu, w 1944 r.:

„...jak będziemy mieszkać w bloku i nosić ubrania wzór Nr 1 i jeść według tygodniowego jadłospisu i czytać jakąś „Polskę Proletariacką", redagowaną przez

[18] Andrzej Bobkowski, *Na tyłach, op. cit.*, s. 76-77.

byłego członka ZNMS, to Basia nie będzie robić konfitur, a ja win owocowych i nalewek. Będziemy chodzić na zebrania, dyskutować Marksa, Lenina i Stalina i wmawiać sobie, że dopiero teraz życie jest piękne i że «dla Polski». Otóż nie — nie widzę powodu, dlaczego Polska i dlaczego wszystko «dla Polski». To, że się urodziłem Polakiem, jest takim samym przypadkiem jak to, że należę do pewnej warstwy społecznej, a nie do innej, że jestem biały, a nie czarny. Warstwa społeczna, kolor skóry — to są przesądy i można na nie gwizdać, a ojczyzna to koniecznie coś świętego. Dlaczego? Nacjonalizm stał się też religią, i czym bardziej tępy, czym bardziej ślepy, tym bardziej godny poszanowania" (III,415, 30.7.44).

Powyższy cytat stanowi dobry przykład stale obecnego w *Szkicach piórkiem* „konfliktu metodologicznego". Jest to sprzeczność, na którą skazany jest każdy skrajny indywidualista piszący o kulturze. Ściśle, każdy taki indywidualista, który nie jest nihilistą. A Bobkowski na pewno nihilistą nie był. Kultura jest sprawą zbiorowości i poza zbiorowością nie istnieje. Tak też jawi się Bobkowskiemu: kultura — Rosja, kultura — Polska, kultura — Niemcy, kultura — Francja, Gwatemala, bogaci, biedni... Na szczęście dla dziennika i dla nas, czytelników, Bobkowski nie zdaje sobie sprawy z „metodologicznych" źródeł antynomii, w jaką uplątane są *Szkice*. Tej nieświadomości zawdzięczamy wielki pojedynek pisarza z polskością, czy żale zawiedzionego kochanka Francji.

A właśnie wyczulenie na sprawę wolności podsuwa Bobkowskiemu niezwykle trafne prognozy polityczne: 27 lipca 1941 — „Mówią coś o układzie polsko-sowieckim. Wszystko możliwe. Kobra z królikiem też może zawierać układy, choć w wyniku końcowym prowadzą one tylko do jednego: do połknięcia królika przez kobrę. Po dokładnym i pieszczotliwym obślinieniu, żeby gładziej poszło" (I,246).

Inna sprawa, że niemałą rolę musiała tu odgrywać zdumiewająca intuicja autora *Szkiców*. Oto jeden przykład, z pozoru odległy od spraw, o których mowa. Pod koniec lat 50. pisze Bobkowski sztukę *Czarny piasek*. Jedna z występujących tam postaci to młoda, zatruta totalitaryzmem dziewczyna — Iza, która świeżo trafia z Polski do Ameryki Łacińskiej. Do pierwszej kwestii wypowiedzianej przez Izę autor dodaje przypis: „Szereg poniższych tyrad Izy wziąłem z Adolfa Rudnickiego i K. Brandysa, bo nic doskonalszego w tym ideologiczno-ojczyźnianym żargonie nie byłbym w stanie wymyśleć"[19]. Skąd człowiek, który wyjechał z Polski wiosną 1939 r., którego kontakt z językami ideologicznymi, totalitarnymi był w końcu ograniczony, wie, że ideologia daje się wyrazić jedynie w nowo-mowie i że Rudnicki oraz Brandys — z tamtych lat — prezentują coś, co można by nazwać literacko-salonowym wariantem ideologicznej maligny? Lub inaczej: człowiek, który siedząc od 10 lat w Gwatemali i mając kontakt jedynie z pisaną „krajową" polszczyzną, chwyta istotę sprawy, taki człowiek obdarzony być musi zdumiewającą intuicją czy przenikliwością, daleko wykraczającą poza przeciętną.

[19] Andrzej Bobkowski, *Czarny piasek*, „Kultura", 1959, nr 11.

Przechodzę do odpowiedzi na pytanie o układ odniesienia pozwalający usytuować *Szkice piórkiem* w literaturze polskiej ostatnich lat czterdziestu. Niezależnie od pokoleniowej propozycji Dybciaka rad bym odnieść *Szkice piórkiem* do dziwacznego z pozoru zestawu nazwisk: Jan Nowak, Tadeusz Borowski, Witold Gombrowicz.

Zacznijmy od kuriera z Warszawy. Nie będę tłumaczył, dlaczego powiedzieć można, że polska literatura dokumentu osobistego poświęconego wojnie daje się umieścić na osi, której biegunami są właśnie *Kurier z Warszawy* i *Szkice piórkiem*. Do tego, co można by na ten temat powiedzieć, do niepowiedzianego, dorzucę jedynie dwie uwagi. Gdy czytałem *Kuriera z Warszawy*, uderzyło mnie, że sądząc ze wspomnień, Nowak nie przeczytał w czasie wojny ani jednej książki. Ponieważ nie mogę w to uwierzyć, skłonny byłbym rzecz ująć raczej tak, iż nic z tego, co przeżył jako kurier z Warszawy, nigdy nie skojarzyło mu się z żadnym tekstem literackim. Czysto już zabawowym zbiegiem okoliczności jest, że obaj autorzy są z wykształcenia ekonomistami.

Opozycja druga: Borowski. To zestawienie budzić może silne opory, bo niby co ma jedno do drugiego? A ma. Mianowicie i pisarstwo Borowskiego (obozowe), i diarystyka Bobkowskiego dają wyraz bardzo silnie przeżytemu kryzysowi kultury europejskiej. Tyle jedynie, że autorzy z przeżycia tego diametrialnie różne wyciągnęli wnioski. Bobkowski — przypominam — pisał, iż ma dość tej kolebki kultury oraz obozów koncentracyjnych i dość poszukiwania absolutu. Borowski — niestety — z poszukiwania absolutu nie zrezygnował.

Wreszcie opozycja Bobkowski — Gombrowicz. Tu sam miałbym zastrzeżenia, wynikające przede wszystkim stąd, że *Dzienniki* są dziełem zawodowego pisarza. Niemniej sądzę, że temat wolności jednostki i pojedynek z polskością w diarystyce Gombrowicza i Bobkowskiego czeka na autora.

Tak oto doszliśmy do sprawy ostatniej: do nieobecności *Szkiców piórkiem* — i w ogóle pisarstwa Bobkowskiego — we współczesnej kulturze polskiej. Może ktoś zauważyć: prawda, mówiło o nim niewielu, ale za to kto: Czapski, Jasienica, Łobodowski, Miłosz, Tymon Terlecki, Wierzyński. I z wymienionych chwalili go wszyscy. Nawet Miłosz, który uznał, że musi się „odegrać" za wyrażoną w liście prywatnym[20] niepochlebną opinię o *Umyśle zniewolonym*, nawet Miłosz chwali *Szkice piórkiem*[21]. A jeśli chodzi o kraj, to wiadomo: cenzura.

Sprawa nie jest tak prosta. Na emigracji opublikowano o Bobkowskim głównie wspomnienia, w tym bardzo piękne Czapskiego. O próbie poważnej analizy jego pisarstwa mówić można jedynie w przypadku przywoływanego tu szkicu Terleckiego.

Otóż istnienie pisarza w kulturze nie na tym polega. Istnieje ktoś, czyje teksty są cytowane, przywoływane, wracają — jeśli wolno tak powiedzieć — pod cudzymi piórami. Teksty żyją w innych tekstach, w rozmowach, w rzadkich

---

20 Zob. Andrzej Bobkowski, *List do A. Chciuka z 9.5.1956 r.*, „Wiadomości".

21 Zob. Czesław Miłosz, *Uwagi do uwag Gombrowicza*, „Kultura", 1962, nr 12.

wypadkach w zachowaniach niewerbalnych. A nie we wspomnieniach z okazji czy w podręcznikach historii literatury.

W kraju nie wszystko da się zwalić na cenzurę. Żaden tekst Bobkowskiego nie trafił do drugiego obiegu[22]. W okresie 1980–1981 zdążył się on jedynie przedostać do książki Dybciaka. Był do tego stopnia nieznany, że wątpię, by istniał był „zapis" na jego nazwisko. A zarówno w tomie *Coco de Oro*, jak i w samych *Szkicach* są całe stronice, które spokojnie można przytaczać, nie budząc niczyjej podejrzliwości. I mimo to bez trudu daje się stwierdzić, że dziesiątki oczytanych i otwartych na emigracyjną literaturę ludzi w ogóle nie zna tego nazwiska.

Czapski cytuje list Bobkowskiego, w którym ten pisze, że jeśli chodzi o kraj, jest on *Totschweigen* — skazany na śmierć przez przemilczenie. Myślę, że sprawa nie daje się sprowadzić do polityki, że skazany na śmierć przez przemilczenie został Bobkowski nie wskutek działań Głównego Urzędu Kontroli Prasy, lecz przez kulturę. Mianowicie tak o wojnie w Polsce „się" nie pisze. *Szkice piórkiem* naruszają tabu zakorzenione tak głęboko, że niemal całkowicie uwewnętrznione.

Przykładem — jedyny obszerniejszy tekst krajowy poświęcony wyłącznie Bobkowskiemu: *Kosmopolak z Gwatemali* Tadeusza J. Żółcińskiego.

„Bobkowski — czytamy tam — w momencie wybuchu wojny francusko-niemieckiej początkowo uległ ogólnej panice i za wszelką cenę chciał się wydostać nie tylko z Paryża, ale w ogóle z Francji. Stąd jego wielosetkilometrowe wędrówki rowerowe po południowych departamentach Francji. Dopiero kiedy stwierdził, że właściwie ucieczka nie ma sensu i że żona została w okupowanej stolicy Francji — wraca do Paryża"[23].

Wszystko nie tak. Wojna francusko-niemiecka wybuchła, jak wiadomo, 3 września 1939. Bobkowski wyjeżdżać z Francji nie miał zamiaru, a Paryż opuszczał bardzo niechętnie. To, że zostawił tam żonę, wiedział od pierwszej chwili. Po południowych departamentach wędrował najpierw dlatego, że urządził sobie wielkie wakacje, potem zaś dlatego, że wracał do okupowanej stolicy.

Nie jest też prawdą — jak twierdzi Żółciński — że do 1949 r. waha się, czy wrócić do Polski, czy jechać dalej na Zachód. Po pierwsze ani mu się śniło wracać do kraju, po drugie do Gwatemali wyjechał w 1948 r., o czym można dowiedzieć się ze starych roczników „Tygodnika Powszechnego". Pogląd, iż miał uraz psychiczny, który przeszedł w obsesję i „zaważył na całym stosunku pisarza do patriotyzmu", jest, łagodnie mówiąc, dyskusyjny.

Ponieważ nie sądzę, by autor piszący w 1963 r. do „Więzi" świadomie rozmijał się z prawdą, przeto myślę, że Żółciński wyczytał w *Szkicach* nie to, co jest tam napisane, lecz to, co wydawało mu się, że powinno być napisane. Fascynujący pojedynek skrajnego indywidualisty z ojczyzną jest czymś, czego Żółciński najzwyczajniej w świecie nie rozumie.

---

[22] *Szkice piórkiem* zostały wydane w drugim obiegu dopiero w 1987 w Krakowie (przyp. wyd.).

[23] Tadeusz J. Żółciński, *Kosmopolak z Gwatemali*, „Więź", 1963, nr 7/8.

Najbardziej zdumiewające jest może to, że esej Żółcińskiego napisany był nie po to, by Bobkowskiego zdeprecjonować, lecz by go czytelnikowi polskiemu w dobrym świetle przedstawić. Otóż mniemam, iż żaden z rażących błędów tego szkicu nie wynika z obawy przed ingerencją Urzędu Kontroli Prasy, lecz z głęboko uwewnętrznionej cenzury kulturowej. Tej właśnie, która powoduje nieobecność pisarstwa Andrzeja Bobkowskiego w faktycznym obiegu kultury polskiej.

„Nieobecność" Bobkowskiego w czasie sławnych pięciuset dni można wyjaśnić tym, że „krótkość czasu stała na zawadzie". Myślę jednak — a nigdy tego nie dowiodę — że przyczyny były głębsze. Zapaleni egalitaryści z wizerunkiem Matki Boskiej w klapie nie mogą żywić szczególnej sympatii ani do skrajnego indywidualizmu, ani do trudnej wsobnej religijności, którą odnajdujemy w opowiadaniu *Spadek* czy w notatkach pisanych pod koniec życia. Z tych samych powodów nie wróżę Bobkowskiemu uznania w dającej się przewidzieć przyszłości.

Gdybyż przynajmniej istniał klan „wtajemniczonych", wąskie grono wyznawców. Choćby tak, jak istnieje klan „tolkienistów" czy jak niegdyś istniał klan wielbicieli *Pod wulkanem*. Mimo snobizmu takie nieformalne grupy bywają bardzo dla kultury pożyteczne. Ale nie, nawet tego nie ma. Co drugi krytyk jest z Gombrowiczem na ty, a o Bobkowskim nie wspomni nikt. *Totschweigen*.

To wszystko napisawszy, czuję się dość głupio. Jak gdybym sam się mianował kustoszem wspaniałych zbiorów Muzeum roweru i wolności im. Andrzeja Bobkowskiego. A na dodatek zachowuję się nie jak kustosz, lecz niczym kiepski przewodnik, który popędza wycieczkę, omijając jedne sale, w innych zaś wyrzucając z siebie w szybkim tempie stereotypowe uwagi: tu, na lewo, ładne, tam, na prawo, ciekawe, proszę, idziemy dalej.

A przecież zatrzymałbym się z przyjemnością przy każdym eksponacie, wliczając w to nieudane. Tu spora salka o jedzeniu i piciu; tu niewielki eksponat — opis mężczyzny uwodzącego kobietę; konsjerżki, prostytutki, polski *high life*, zawiść proletariatu, szmuglerzy, Tadzio — kto wie czy nie najlepsze *exemplum* warszawiaka (a ja tego stereotypu bardzo nie lubię), itd. I żaden galop — powoli, smakując, wybrzydzając, grymasząc...

A może mimo całego pośpiechu kogoś przekonałem? Choć jednego czytelnika? „Tylko człowiek nie jest fikcją — wszystko inne jest fikcją". 30 lipca 1944 r.

Kwiecień–maj 1983